国家社科基金
GUOJIA SHEKE JIJIN HOUQI ZIZHU XIANGMU
后期资助项目

西方刑法思想的起源与进化

——以西方文学罪罚观为视角

上册

Research on the Origin and Evolution of
Western Criminal Ideology:

From the Perspective of Crime and Punishment of Western Literature

刘春园 著

中国人民大学出版社
·北京·

国家社科基金后期资助项目
出版说明

后期资助项目是国家社科基金项目主要类别之一，旨在鼓励广大人文社会科学工作者潜心治学，扎实研究，多出优秀成果，进一步发挥国家社科基金在繁荣发展哲学社会科学中的示范引导作用。后期资助项目主要资助已基本完成且尚未出版的人文社会科学基础研究的优秀学术成果，以资助学术专著为主，也资助少量学术价值较高的资料汇编和学术含量较高的工具书。为扩大后期资助项目的学术影响，促进成果转化，全国哲学社会科学规划办公室按照"统一设计、统一标识、统一版式、形成系列"的总体要求，组织出版国家社科基金后期资助项目成果。

全国哲学社会科学规划办公室
2014 年 7 月

序一

刘春园博士的著作《西方刑法思想的起源与进化——以西方文学罪罚观为视角》，建立于其法学博士学位论文的基础之上，经过三年的思考、修正、补充，得以完成。该部学位论文的撰写过程，包括从开题报告会对论文选题的论述与证明，到预答辩阶段对论文体系结构的审视、对论文所秉持观点的辨析，再到历经严格答辩并顺利通过学术委员会的考察、最终入选中国法学会刑法学研究会首届"全国刑法学优秀博士学位论文"，我是了解一二的。对于此部著作的问世，我表示衷心祝贺。

研究部门法学，难以绕过对该部门法学思想与观念的阶段性、整体性考察，这是对实证法学与社会法学进行研究的基础。无论是东方还是西方，刑法思想的萌芽、演进之脉络与同时代人文背景有着深厚的血缘关系，文学作品正是考察某一时期人类社会人文背景的载体之一，它对于人类社会实然、应然状态的关注，时间上与刑法思想理论的形成大致同步、更多时候甚至先于刑法意识的觉醒。

不可否认，西方文学是对西方刑事司法效果的镜像化呈现，其中积淀着刑法制度在世俗社会中得以运行的心理基础，反映着公众对刑法实然运行状态的检视，涵盖了公众对刑法思想与司法实践各个层面的预期性回应，在一定程度上促进或者阻碍着刑法思想的进化。刘春园博士的该部著作，正是采用历史考察与比较分析的方法，在从远古时期到 20 世纪的历史视域中，对西方文学与刑法思想的发展脉络进行梳理，从西方文学作品蕴含的价值观中抽绎出罪罚思想，考察西方"刑法思想与文学思想"、"刑法思想与道德伦理"、"法律正义与自然正义"三对范畴间的演变趋势，较为客观地呈现了西方刑法思想与同时期人文价值观交互生长、进化的过程，为刑法学专业人士开辟了一个较为新鲜的研究视角。

呈现西方刑事实体法在世俗社会运行过程中形成的不同司法观，是本著作的另一特点。众所周知，法典中的法与行动中的法具有差距，文学作品作为行动中的法之有效载体，是专业人士与普通民众法律思想进行激烈交锋的平台。借助对这种交锋的分析，考察西方刑法思想在世俗社会如何得以维持，并历经不同层面、不同角度的解释与批判逐渐变得强大与坚固，这一过程尤其值得我们关注。

就我个人看来，该部著作的学术与实践价值至少包括以下诸方面。第一，刑法思想领域，无论是理论法学还是规范法学、社会法学，西方国家法治进程所面临的一系列法律难题，同样横亘于我国刑事法治现代化过程中。研究西方文学，主要是着眼于其对刑法思想已经产生的批判性建构作用，预见性地汲取其经验与教训，形成真正适合我国国情的本土化刑法理念。第二，司法实践领域，相对于特定时期刑法思想体系的统一化而言，文学作品具有较为宽松的发展空间，该著作以文学作品为脚本，通过对犯罪原因、犯罪行为（行为人）、合法性与合理性、违法性与危害性、刑罚本质与功能、刑罚适用效果进行深入探讨，探索"罪"与"罚"之内涵在刑法思想与文学中多元化价值诉求的异同，为我国司法实践与法治改革，包括犯罪圈的扩大与缩小、刑事政策对死刑制度存废的影响、恢复性司法的良性运作、犯罪人再社会化运动等提供理论支持。第三，研究方法领域，拓展了刑法学科研究视角。该部著作以文学作品为工具进行刑法学理论研究，全面梳理西方文学与刑法思想之间相互影响与渗透关系，是对社会科学、人文学科跨域研究进行的有益尝试，有效填补了我国刑法学科研究在该领域的空白状态，对增强学科建设、推动学科研究视角向广阔、纵深发展具有重要的理论意义与实践价值。第四，法学教育改革领域，该部著作将西方文学中之人文主义内涵引入法学教育，为法科学生提供了全面的西方刑法思想发展人文图谱，对开拓其理解法律的新思维、更新其对法律之创造性认识，促进其以历史辩证主义观点把握刑法学的本质与精髓，引导其成长为法律素养与人文素养兼具的法学研究者、司法工作者有所裨益。第五，人文发展领域，为具有不同心理需求的群体提供文化支持。例如，可以作为监狱服刑人员、社区被矫正人员试用教育读本，以文学作品为脚本进行普法，使其于潜移默化中受到熏陶与教化，承载正面价值指引与有效心理矫正、顺利再社会化双重任务。再如，为司法工作者提供人文读物。各种社会冲突的理性化解决过程中，亦需要司法实务工作者对人情世故、对人性的感悟与把握，该著作可为司法工作者提供理性与感性兼具的分析工具，使其历练为法律伦理与人文情怀的兼备者。

当今世界的竞争与角逐，已经渗透至文化价值观领域，是核心价值之间的深层对话，各个国家刑法思想的孕育与刑事制度的选择，均是建立于尊重民族精神积淀、审视历史变迁轨迹的基础之上，这是历史进化的必然。由于文化底蕴与民族精神与西方各国形态迥异，我国刑法思想与制度不可能对西方模式进行全盘移植。研究西方法学思想的目的，是为了对其在借鉴中的修正、同化后的吸收，既致力于西方刑法思想的本土化实践，同时亦将中国法律思想推向世界；既有效地保留中华法治文明的根基，又为整个人类的共同进步与发展做出卓越的贡献。

希望刘春园博士以此部著作为契机，向前再走一步，也能推开中华文学与法学思想之门——我相信，她看到的将是一幅更加瑰丽灿烂、博大精深的图景。

是为序。

高铭暄

2015年11月

序二

  坦率而言，指导刘春园同学进行关涉文学作品与刑法思想之间关系的课题研究，是在录取她为刑法学博士研究生之前就产生的想法。按照当时中国人民大学博士生录取规定，专业课笔试之前，会安排学生与导师的基础性面试。记得刘春园同学在面试时，曾经说过自己除却刑法之外，比较喜欢法理学与法哲学，理由是"没有自然法学的滋养，对规范法学的研究将会迷失方向"、"所有部门法学的研究，最后只有回归法哲学的怀抱，才可能得以升华"；还说比较喜欢阅读文学作品，认为于她而言，"一部经典文学作品中包蕴的刑法思想，可能胜过多本刑法教科书"。我当时对其独特的观点与表述印象比较深刻。后来，刘春园同学如愿以偿，进入法学院学习。在我与她交流之过程中，发现她的阅读背景比较广阔，思维进路也比较落拓，因此萌发了指导她从文学作品角度解读刑法学的念头，整个课题研究方案固然不甚具体，目标轮廓却逐渐清晰起来。学位论文选题阶段，我与她进行了严肃认真的交流，确定选题、探讨研究的可能性，并征求其本人意见，记得当时她的反应比较复杂，惊喜与困惑兼具。

  论文研究与撰写阶段，对于她的这篇学位论文将会形成一个怎样的结果，我的心中并无设计好的模板，只好彻底放开手，让她自己去摸索。只是有一点，我一再提醒她，不要预设课题的研究结论，然后试图去证实或者证伪，更不要在预设结论的基础上主观裁剪各项客观资料；只要扎扎实实做好客观资料的搜集、梳理与分析，这项课题的研究结论自然会水到渠成。刘春园同学基本领略了我的意思，她也比较听话，坐得住冷板凳，去认真搜集资料，并且踏踏实实地对其进行分析。这两年之中，她经常会向我请教一些专业或者跨专业的问题，我扮演的角色则是帮助她把握方向、修正思路，为她提供专业资料索引、引荐专业领域的学者、专家为她答疑解惑，或者干脆说是鼓励她坚持完成这篇论文。

  最终，刘春园同学的论文初稿形成，却与其之前向我陈述的设想大为不同。根据她之前向我提交的开题报告，论文规模应当是非常"宏伟"的，分析脚本包括东方文学与西方文学，研究领域涉及东西方刑法思想。例如，从论文主要脉络看，她原先准备从通史体例、断代史体例以及国别史视域下来发掘并整理东西方文学思想与刑法思想的隐性融合或者悖离状态；最终，却囿于资料搜集资源与精力、时间限制等一系列原因，果断放弃了将东方文学（包括我国文学）作为分析脚本的打算，而仅将对西方文学与刑法思想的研究作为行文的主要脉络。再如，从论文的整体架构来看，她原先制定的行文大纲包括五个方面：第一，从自然法学角度还原文学作品对刑法思想"逻辑原点"的刻录（涉及刑法哲学与刑法学原理，包括刑法的产生与功能、基本原则、价值、罪之本质、罚之内涵等子问题）；第二，从历史法学角度挖掘文学作品对刑法思想"民族精神"的承载（涉及刑事法律的形成来源问题，从社会环境、历史变迁角度讨论法的发展动力，包括习惯法与制定法的关系，法律推行的力量来源、法官裁判的解释规则等子问题）；第三，从分析法学角度解读文学作品对"法律规范"的解释（涉及规范刑法学对规则、规范与制度的研究，包括行为、行为人、违法性、刑事责任等子问题）；第四，从法社会学角度归纳文学作品对"法之实效"的检视（涉及行动中的刑法学问题，概括司法的实际作用与预期作用，包括对社会控制、刑事政策的解释，以及对作为国家机器的侦检控司法人员、陪审团、辩护人、犯罪嫌疑人、被告人以及罪犯等社会角色的综合剖析）；第五，从后现代法学角度延伸文学作品对"非主流话语"的关注（涉及传统刑法学所面临的自身合法性的危机问题，以"反基础主义、反内部视角"的基本立场，以不同于现代主流法学的认识论进路来颠覆现代法学流派所诠释的各种本质性话题，化解由权力建构行成的客观标准，包括对传统文化下被认为是违反自然法则与法律规定的社会个体行为包括死亡权、堕胎权、同性恋权等话题的探讨与分析）。然而，非常遗憾的是，临近预答辩期间，当她向我提交初稿时，已是满脸疲惫、不堪重负，却仅完成了开题报告设想架构的第一部分，关涉其他四个部分的极少数内容则是以一种巧妙的、或者说是偷懒式的方法融入了第一部分内容的架构之中。

即便如此，这篇论文的篇幅与所包含的内容已经是蔚为壮观了，读者可以自行阅读体会，恕不赘言。需要指出的是，如果仅看到现在的行文架构，并不会感觉有何不妥之处；但是，如果你了解到我前文所陈述的刘春园博士拟定的原始论文的架构设想，可能会心发感慨。自己的学生，其学术研究潜力，我是了解一二的。博士学位论文形成著作，并获取国家社科基金资助顺利出版，理应祝贺。但是，我更希望刘春园博士不要放弃自己对所青睐的学术领域的热爱与执着，不要忘记当初与同门师兄围坐泊星地咖啡桌前的欢乐畅谈与大胆设想。

　　另外，我并不十分赞同这部著作的书名《西方刑法思想的起源与进化——以西方文学罪罚观为视角》，固然其中具有课题申报等原因，可以理解；我还是比较认可刘春园博士学位论文的原始题目"西方文学与刑法思想关系研究：以历史变迁为视域"。

　　是为序。

2016.5.20

摘　要

本书采用历史考察与比较分析的方法，在从远古时期到 20 世纪的历史视域中，对西方文学与刑法思想的发展脉络进行了梳理，旨在考察西方人文价值观与刑法思想形成、发展、演进之间的相互影响与渗透。全书包括导论、绪论、第 1 章至第 9 章以及余论四部分。

导论介绍了本书的研究背景。包括选题、局限性与研究难点、研究现状、研究方法四部分。

绪论部分概括介绍了西方刑法思想与西方文学的发展史，指出二者之间具有某种程度的隐形契合。接下来通过以下 9 章的揭示、分析与归纳，试图使二者之间的关系进一步明朗化。

第 1 章涉及远古时期的刑法思想。刻录远古时期人类社会生活图景的《古希腊神话》，充分彰显着童年时代的人类张扬个性、放纵原欲、肯定个体生命价值的人文特征，其中蕴含着根深蒂固的世俗人本意识，这种原欲型文化模式逐渐积淀为西方文明的两大源流之一。从西方刑法思想史角度考察，古希腊城邦司法制度产生之前，人类文明早期对侵害者的惩罚大多源于生物学意义上的护种本能，以私力复仇为主要方式的朴素报应观是解决纠纷与仇恨的通行法则。公元前 6 世纪左右，已经在自然状态下演化了千年之久的罪罚现象，逐渐进入了西方人的理性思考范围，人们开始思考城邦刑罚权的正当性，人类社会开始由荒蛮步入文明。古希腊哲学家以朴素、直视的观点考察犯罪与惩罚现象，鼓励人们将其当做大自然的一部分或者在大自然的延长线上加以把握，并引导人们重视家族利益、城邦利益，"与自然相一致"地生活。希腊化时期，马其顿帝国击溃希腊城邦，文化中心亦转至两河流域，不同民族间开始混居，异质文化得以融合。马其顿君主制摧毁希腊民主制，市民参与国家管理的权利消失，维系整体利益的观念受到侵蚀，价值重心由城邦移至个人，如何获得个人幸福成为哲学思想的重要课题。此时产生了与个人幸福、个体利益攸关的斯多葛学派与伊壁鸠鲁学派，该理论对日后西方功利主义刑法思想的影响颇深。征服了希腊城邦的古罗马帝国崇尚武力，追求社会与国家、法律与集权的强盛与完美。面对辉煌灿烂的古希腊文化，罗马人毫不掩饰其惊叹与崇敬之情。他们将《古希腊神话》中的神祇巧妙地更改为罗马姓氏，借以开创了自己的民族神话；古罗马文学气质庄严，蕴含着更强的理性精神与集体意识。在刑法思想层面，古罗马人以务实的精神承袭了古希腊人所尊崇的自然法观念，作为古罗马刑法渊源的《十二铜表法》，内容侧重于刑罚权对公领域的介入，刑法亦由对个人、家庭的保护向宗教、城邦强势渗透。

　　第 2 章涉及中古时期的刑法思想。无论形式还是内容均臻于完美的古罗马刑法并未能阻止帝国的轰然坍塌。当时的欧洲人普遍认为，不可一世的罗马帝国的毁灭原因之一，是罗马人对古希腊原欲型文化极端化、片面化的推崇，造成了群体理性与个体原欲间制衡关系的失调。此时是希伯来—基督教文明的鼎盛期。与古希腊—罗马文明相反，它是一种强调群体本位、抑制原欲，并肯定超现实之生命价值的宗教本位思想。这种抑欲型文化模式逐渐发展为西方文明的第二条源流。追寻理性生活的群体性心理需求为教会刑法思想的渗透与蔓延提供了良好的精神土壤——强调抑制原欲、鼓励精神规训、注重群体本位的教会刑法逐渐发展为严密强大的逻辑体系，与罗马法、日耳曼法并列成为欧洲近代三大刑法渊源。随着教权执掌者对教谕的恣意解释与对苛刑酷罚的滥用，上帝成为人的异己力量，人们对它的反叛在所难免，对新的文化模式的追寻成为历史发展之必然，文艺复兴运动蓄势待发。

　　第 3 章涉及文艺复兴时期的刑法思想。文艺复兴前期，古希腊—罗马文明与希伯来—基督教文明产生大规模的冲突、互补与融合，西方社会的整个价值基础面临着新的选择与缔造。历经文艺复兴的洗礼，被压抑已久的西方人终于冲破基督教的桎梏，从肉体到精神均酣畅淋漓地浸润于古希罗文明的"个性自由、心智自主"的模式中。其中以彼得拉克、薄伽丘、拉伯雷的作品中反叛色彩最为浓厚，这是一种对古希罗文明的回望与翻新。在古希罗文明提倡个体主义与原欲精神的映衬下，教会刑法的擅断、残酷与对人性的悖逆成为众矢之的，刑法思想亦由教会把持的神性向世俗人性回落。文艺复兴后期，西方社会的群体心理再次萌发出向原欲型、放纵型文化模式涌动的迹象。旧伤未愈的欧洲人回首罗马废墟，心悸犹存，于惶恐之中再次寻找着理性制约。在新的文化思想尚未诞生的情况下，他们不得不再次匍匐于基督教文明庇荫之下。我们可以从文艺复兴后期托马斯·莫尔、塞万提斯、莎士比亚的作品中体

验到这种对原欲型文化的刻意回拨。文艺复兴时期是西方文化模式的重
组时期，新的价值取向与精神内蕴使得西方社会的人文传统既吸纳了古
希腊—罗马文明的世俗人本意识，也囊括了希伯来—基督教的宗教人本
思想，从而完成了"放纵原欲——禁锢人性——释放人性——原欲泛
滥——理性回拨"的人文精神的转换。至此，完整意义上的"人文主
义"思想积淀成型，指引着其后数百年西方社会价值观的波动与变迁。

　　第 4 章涉及理性主义时期的刑法思想。该时期是文艺复兴向启蒙思想
过渡的重要时期，自然科学的发展将宗教上帝从世俗世界中逐渐驱逐。然
而，面对肉欲横溢、道德失范的社会现实，西方人于惶恐之中又急迫地寻
找着世俗社会中的"上帝"，企图以"皇权"代替"神权"，来抵御原欲中
蠢蠢欲动的"撒旦"。对"理性与秩序"的渴望使得国家利益、集体利益
被幻化为至高无上的地位，对政治理性的追逐亦上升到前所未有的高度。
体现在文学作品上，主要出现了英国清教徒文学与法国理性主义文学。前
者祭出以"因信称义"为核心思想的宗教改革；后者则着重强调个人义务
与群体责任。此时的刑法思想中，"契约论"逐渐成型。无论是格劳秀斯、
斯宾诺莎还是霍布斯、洛克，其"契约思想"中均包含以下三个要素：其
一，公民自愿订立"理性契约"；其二，契约中权利的保存者与保护者为
君主；其三，犯罪行为是对社会整体利益的破坏与侵犯。契约论的逻辑前
提是由于"人性本恶"而导致的自然社会的无序状态。由于人性之固有原
恶，人类若想获得安定的生活秩序，就必须以理智战胜情感，让个人利益
服从于群体、国家、民族利益。这样，以个人义务、群体责任以及国家利
益为核心的刑法思想逐渐萌芽、发展，强调"以皇权代替教权"，"群体理
性代替个体纵欲"，"成文法代替习惯法"，刑法观念由宗教走向世俗。

　　第 5 章涉及启蒙思想时期的刑法思想。启蒙思想家的"理性"以天赋
人权为理论核心，主张自由、平等、博爱，提倡教育与科学，这种"理
性"从根本上不同于 17 世纪崇尚君主王权和封建伦理的理性主义。启蒙
思想文学是对"王权崇拜"狂热心理的反拨，体现着人类对彻底摆脱蒙
昧、张扬人智、获取自由的追求与渴望。一批代表资产阶级利益的思想
家，大力抨击阻碍资本主义发展的封建专制制度，批判中世纪以来身份
的、擅断的、残酷的、神学的刑法，提出民主、自由、平等、天赋人权等
口号，宣传从人性论出发的自然法，力图将刑法从皇权束缚下解放出来；
以理性主义与功利主义为基础的刑事古典学派得以创立。古典学派所提出
的人类意志自由、社会契约理论、刑法与宗教分离、罪刑法定、客观主
义、罪刑均衡、报应刑罚观等法学思想至今被西方刑法学奉为圭臬。然

而，启蒙学者高举理性大旗，鼓舞与引导人们去探索、发现自然，解决当下的生存问题，却忽视了对人生终极意义以及信仰、伦理与道德问题的思考。这种轰轰烈烈的科学启蒙背后的隐形人文缺失，已经引发了一些目光更为深邃、感触更为敏锐的启蒙学者的检讨与反思，包括卢梭、狄德罗、伏尔泰、孟德斯鸠等在内的启蒙思想家，其法学、哲学思想著作与文学作品中所表述的思想并不一致。在后者中，他们流露出更多对启蒙理性带来的功利主义与价值低迷等负面影响的深切忧虑。总之，18世纪启蒙运动实质上是文艺复兴早期原欲型人本主义的延伸与发展。不同的是，文艺复兴的人本主义侧重人的感性欲望，启蒙运动的个性主义则强调人的智识。同样，正如文艺复兴末期的刑法思想最终走向世俗人本与宗教人本主义相融合的道路，启蒙运动后期的刑法思想亦包容着理性精神与宗教信仰的双重取向。

第6章涉及浪漫主义时期的刑法思想。法国大革命后，启蒙理想遭到质疑，理性主义与现实之间的差异使得西方人的目光从启蒙运动时期对外在世界的关注，逐步转向对内心宇宙的检视。人文思想由客观转向主观、由理性向感性退缩，浪漫主义思潮诞生。与此思潮相对应，此时期的刑法思想亦一改启蒙时期所追寻的纯粹的"客观主义"，开始向"主观主义"迈进，注重探索行为人的精神世界，并尝试将主观与客观统一于近代刑法学体系的建构之中。无论是黑格尔的以"绝对观念"为原点派生出的罪罚本质观，还是费尔巴哈的以"心理强制说"为中心建立的刑罚论体系，或是边沁的以"人之趋乐避苦的潜意识"为基础创立的立法原则，均将对行为主体内心世界的探索与规训提升到前所未有的高度。他们一方面继续坚持启蒙刑法学者的客观主义犯罪观与刑罚观，另一方面积极开拓刑法思想研究的主观主义疆域，赋予该时期刑法思想以崭新的内涵，为近代西方刑法的理论体系勾勒出初步轮廓。

第7章涉及19世纪的刑法思想。随着资本主义的迅猛发展，人们对自然科学的崇拜达到空前狂热的状态，"科学与理性"企图将上帝彻底驱逐出人类精神世界。由于自然科学的发达、学科方法论的推广，无论是文学还是刑法学均开始采用实证方法进行研究，整体向排斥价值判断色彩的客观主义倾斜。盛极一时的自然主义文学，主张用实验方法进行写作，强调绝对的客观性与真实性。刑法学领域则诞生了刑事实证学派，包括人类学派与社会学派两个分支。前者完全运用自然科学观点与方法对犯罪与刑罚进行剖析，特别注重罪犯的生物学因素；后者则认为社会环境是人类个体实施犯罪行为的决定性因素。二者均对启蒙思想学者意志自由论产生质疑，认为人的意志由生物学与社会学领域内的多种因素决定，主张对犯罪原因进行多层次、广角度的考察，研究重心亦由犯罪行为向犯罪行为人过渡，刑罚则由报应刑开始向目的刑、教育刑转变。

第8章涉及20世纪的刑法思想。两次世界大战给人类带来了空前灾难，人类相互残杀的惨烈现实摧毁了人们对科学与理性、自由与民主的全部幻想。西方人普遍存在着因高度的"科学理性"与"物质文明"所带来的异化感与危机感，再一次感觉到现实生存空间的非理性与荒诞性。西方现代主义文学将理智与情感、禁欲与原欲、灵与肉、善与恶、罪与罚等二元对立的人文母题推向纵深，悲观主义与虚无主义盛行。20世纪50年代以后的信息时代，传统社会道德与价值观念更是受到全面质疑与挑战，步入多元文化并存期，西方社会文化观发生重大裂变，各种文明观念规范着不同族群的心理机制与行为模式。西方文学流派的显著特征逐渐退隐，文学作品亦由传统的宏观叙事模式分裂为碎片式、私语式，从不同角度与相异旨趣出发，塑造着每个人心目中不同的"罪恶"与"救赎"图景。刑法思想层面，历经了两次世界大战对人权、自由与民主的极端蹂躏，保障个人尊严与权利的重要性被重新认识，罪刑法定主义与刑法的程序正义得到了应有的强调。此背景下孕育出多维共竞的刑法思想，刑法各学派间的理论开始妥协、折中与融合，并重视刑事诸科学的协调与合作：安塞尔的新社会防卫论与格拉马蒂卡的激进社会防卫论相互抗衡；韦尔策尔之目的行为论试图取代传统的因果行为论；在道义责任论与社会责任论长期对峙的格局下诞生了具有折中色彩的人格责任论；由李斯特创立、耶塞克继承并发展的刑事诸科学协调合作的设想亦得到普遍重视。在刑事政策方面，出于对个体生命的尊重，国际刑法学界开始对死刑的存废予以关注；对谦抑思想的广泛认同与对异元文化的理解包容使得犯罪圈在世界范围内呈缩小趋势，同性恋、吸毒、卖淫、安乐死、堕胎、通奸、非自然性行为等基于人类道德、宗教基础的犯罪被逐渐清理出犯罪圈。传统刑法思想所蕴含的人文观念面临着又一次的价值重塑，西方刑法学也因此进入多元观念之间全面冲撞、竞争、融合的新时代。

第9章从前8章的结论出发，考察了西方刑法思想与文学思想、刑法思想与道德伦理、法律正义与自然正义三对范畴之间的演变与发展趋势，并对刑法思想与文学作品中关于罪与罚之本质的观点进行对比，继而归纳出西方实证法在世俗社会运行过程中所形成的民众司法观。9.1节对前8章进行了简要总结。9.2节涉及刑法学与文学之间的冲突与融合。首先从本质与使命、价值诉求载体、事件解读视角以及价值输出方向四个方面揭示了文学与刑法学的异质性；其次从学科性质的交叉性、研究方法的互鉴性、社会功能的同质性以及文学家与刑法学家角色的互融性四个方面解释了文学与刑法学之间的客观联系。9.3节涉及"罪"之定义在刑法思想与道德伦理之间的相同与相异之处。通过对人之本性、犯罪原因与犯罪人类型、犯罪行为与犯罪行为人、合法性与合理性、违法性与危害性的分析，得出刑法思想的进化史就是其与道德伦理不断剥离、分化的过程之结论。9.4节涉及"罚"之内涵在刑法思想与道德伦理之间的相同与相异之处，对刑罚权根据、刑罚的本质与功能、刑罚的适用效果以及终极救赎方式进行探讨。9.5节涉及文学作品所反映出来的民众司法观，大致包括敬畏刑法、利用刑法与对抗刑法三种类型，三者之间存在着交叉渐进关系。

　　余论探讨了本书对我国刑法思想发展的借鉴作用，指出一国刑法思想的孕育与刑法制度的选择均是建立在尊重该国民族精神积淀、审视该国历史变迁轨迹的基础之上的，这是一种历史进化的必然，也是一种自然选择的结果。但是，我国对西方刑法思想的移植却并非是本土人文精神滋养浸润的结果，而是与我国近现代的"启蒙运动"几乎保持着同一步调，甚至先于"启蒙运动"的步伐发生。这不能不说是我国与西方刑法思想酝酿、发展之人文背景的极大反差。如何应对这一历史原因造成的客观事实，这是日后学习中将继续探索的话题。

　　关键词：西方刑法思想；起源；进化；西方文学；罪罚观

Abstract

This thesis sorts out the skeleton of western literature thoughts and criminal law thoughts from the Ancient Times to the 20th century from the aspect of historical review and by the method of comparative analysis, aiming to investigate the influence and infiltration between the generating, development and evolution of western criminal law thoughts and humanistic values. The thesis can be divided into four parts: introduction, preface, nine chapters and epilogue discussion.

The introduction gives an overview of the background of research outlining including the basis for the selected topic, overseas and domestic research dynamic, major point innovation and deficiency and research methods.

The preface of the paper summarizes briefly the history of the development of western criminal law thoughts and western literature and points out that there is a certain degree of invisible relationship between them. It will try to make the relation between the two sectors further and clearer through the following nine chapters by revealing, analyzing and summarizing related materials.

Chapter 1 is mainly focused on the Ancient Times. The Greek Mythology fully displayed the unique characters of the childhood of human being, who extended individualities, indulged original desires and prized the value of life and contained the secular humanistic consciousness. This pattern of culture owned unbridled appetites which accumulated into western civilization later became one of the two main origins of western culture. From the investigation of western criminal law thoughts, criminal punishment was from the biological significance of most kind of instinct, and private force relief as an original simple revenge recompense is the popular way of resolution for disputes and hatred before the judicial system built. Before the 6 B. C. or so, the phenomena of crime and penalty which have evolved over one thousand years in the natural state gradually stepped into the scope of western rational thoughts, people began to think about the legitimacy of the power of city—states , then human society went into civilized human society from the wild status. The Ancient Greek philosophers investigated the crime and punishment in a simple direct view, took them as natural phenomena, and guided people to pay attention to city—states interests and as part of natural consistent with their lives. During the Hellenistic period, Macedonian empire system crushed Greek city—states, and the cultural center also transferred to two river basins, different nationalities began to mix and cultures merged into a whole. During the Hellenistic Period, the city—state democracy was destroyed and the core value shifted from the city—state to individual interests, then how to obtain personal happiness had been the important topic of philosophy. At this time there produced the Epicurus school and the Stoic school of philosophy both of them cared about personal happiness. After conquering the Greek city—states, Roman advocated militaristic and pursued the perfect joint between power and society, as well as laws and concentration of power. Reflected in literature, they changed the surname of Gods of ancient Greek Mythology into Roman surname subtly, so as to start their own national myths. The Roman literature has rational spirit and the collective consciousness, and has the temperament of sublimity. Reflected in criminal law thoughts, the Romans followed the Ancient Greeks which gave exalted opinion to natural law by pragmatic attitudes and their enacted some criminal laws such as the Twelve Tables which focused on the public power intervene into criminal punishment and the law contents shifted from individual and family gradually to religion and states.

Chapter 2 is related to the Medieval Times. After the Roman Empire collapsing, the Europeans generally assumed the reason of the destruction of the Roman Empire was the Ancient Greek desired—type culture and it was the highly praise about ancient Greek one—sided culture that caused the disorder of relationships balance between group rationality and individual desires. Christian - Hebrew literature was prosperous at this time. It is some kind of religion standard culture which emphasized on group standard, inhibited desires and valued the surreal life from religious opinion. The type of desire suppressed culture developed into the second origin pattern for western civilization gradually. The pursuit of rational life of group psychology demanding the religion thoughts provided a good spirit soil for the infiltration and spread of religious criminal law which had the principles of stress inhibit desire, paid attention to the spirit and encouraged group standard, then finally developed gradually powerful and logical system and became the origins of modern criminal law with Roman law and German law. As the magisteriums at the helm who gave arbitrary interpretation of teachings and executed abused penalty, the God became the alien force against human, and the rebellion against him was inevitable. At the same time the pursuit for the new mode of culture was on the way, the Renaissance movement was gaining momentum.

Chapter 3 relates to the Renaissance Times. During the former period of Renaissance Times, the Ancient Greek and Hebrew—Christian civilization conflicted and produced complement and integration, the fundamental value of western society faced new choice and creates. After the baptism of the Renaissance, westerners finally broke the shackles of Christian discipline after a long time repressing and thoroughly deserved from the physical to spirit to infiltrating in ancient Greece and Rome civilization of individual freedom, mind— independent mode. Francesco Petrarca, Giovanni Boccaccio and Francois Rabelais are most rebels among all the Renaissance pioneers, their works were some kind of refreshment and renovations of the Ancient Greek culture. At this time, the religious criminal law's principles of judicial peremptoriness, inhuman and anti—humanity factors became the target of public criticism. During the latter period of the Renaissance, the western society group psychology sprouted to the original desire type again, surged to the cultural patterns of indulgence signs, Europeans looked for rationality and crawled to the feet of religion again. The Renaissance was the period of recombination of the western culture mode. We can feel the deliberate callback of the original desire culture from the works of Saint Thomas More, Miguel de Cervantes Saavedra and William Shakespeare. The traditional western humanities absorbed the ancient Greece and Ancient Roman literature's secular human consciousness, also including Hebrew — Christian religious humanistic thoughts from the new value orientation and the spiritual implication, and finally completed the humanistic spirit of conversion from indulging original desire culture to suppressing culture of human nature, from releasing Culture of human nature to addicted culture, then to rational callback culture. So far, the complete meaning of western civilization about humanism accumulated had been formed and it would direct the changes and development of western social values for hundreds of years.

Chapter 4 is about the Rationalism Period. It is an important transition period from the Renaissance to the enlightenment thoughts, and the development of natural science gradually expelled Religious God from the secular world. At the end of the Renaissance, the western group psychology sprouted to the original desire type and the patterns of indulgence again, Europeans resorted secular society for imperial power or authority as the God instead of religion as to resist the desire of Satan. The thirsty for order and rationalism made the interests of state and collective become the supreme status on the political ration. There appeared the British Puritans Literature and French Rational Literature. The former offered justification by faith as the core of religious thoughts reform, the latter focused on the personal obligation and group liability. Contract theory has gradually forming at this time of criminal law thoughts. The theory included the following three factors in the concepts of Hugo Grotius, Benedict de Spinoza, Hobbes and Locke: the first, citizens concluded the rational contract voluntarily. Secondly, the preservation of power and patronage of the contract is the monarch. Thirdly, crime is of the destruction and infringe upon the interests of the whole union. The premise logic of contract theory was due to the human's nature evil in natural social disorder. Because of the inherent evil, if anybody wanted to lead a stable life, he had to conquer emotional by ration and get instead of personal interest by the state and national interests. Reflected in the criminal law thoughts, it emphasized imperial power and group rationality instead of individual, statutory instead of the common law, criminal law thoughts also went back to the common world from religious horizon.

Chapter 5 is about Enlightenment Period. Enlightenment thinkers took rationalism and natural rights as their core theory, advocated freedom, equality, fraternity, promoted education and science. As we all know the rationalism here was fundamentally different from the rationalism and the feudal ethics of monarchy in the 17th century, which is the political ration for the loyalty to the empire. Enlightenment literature was the backwash of the crazy worship of the kingship; it freed the human thoroughly from ignorance and guided people to get human intellect and to pursuit the desire of freedom. A number of capital representatives attacked the hinder of the feudal autocratic system vigorously which blocked the development of capitalism. They criticized the criminal law with the character of identity, cruelty, judicial peremptoriness and theology, put forward democracy, freedom, equality, talent slogans such as human rights, human nature from the natural law of publicly, and tried to set the criminal law free from the bondage of imperial power. They advocated the rationalism and utilitarianism, and criminal classical school was established. Classical school proposed human has free will, the social contract theory, separation between criminal law and religion, objectivism, keeping balance between crime and punishment. However, enlightment scholars exalted rational standard, encouraged and guided people to explore, discover nature, solve the immediate survival, but it was so regret to neglect the ultimate meaning of life and beliefs, ethical and moral problems of thinking. There was the invisible lack of humanistic which hid behind the magnificent and victorious science, and it had draw the attention and reflection of the enlightment scholars who had more abstruse eyes and more perceptive feeling including Rousseau, Denis Diderot, Voltaire and Montesquieu. It was quite different between the law paper, philosophy works and literature works of these enlightment scholars. In the latter, they showed deeper anxieties to the utilitarianism and value downturn of the negative effects through enlightenment. In short, the Enlightenment of 18th century was essentially the return of the socialist personality, which was the extension and development of early Renaissance humanism of desire. The difference is the Renaissance humanism of focused on emotional desire, while the enlightenment of the personality focused on the knowledge. Also, as the same way of combining from the criminal law thought eventually lead to the secular human and religious humanistic at the end of Renaissance, the late criminal law thoughts also contained rational spirit of religious belief and the dual orientate of the late Enlightenment Period.

Chapter 6 is about the Romantic Period. After the French revolution, from the18th century to the 19th century, the difference between rationalism and real situation made the enlighten ideal be questioned and the eyes of the western gradually turned to the inner universe from the external world. At the same time the humanism culture had shift from objectivism to subjectivism, from the rationalism to the emotion and romantic thoughts was born. Corresponded with the thoughts, this ideology of criminal law of the period was also a change from the enlightenment of pure objective doctrine to subjective doctrine, paying attention to explore the spiritual world of actor, and trying to be subjective and objective which being united in modern construction of system. Whether Hegel's essence of crime and penalty derived a view of absolute idea for the origin of sin, or Ludwig Feuerbach's penalty system from the psychological forced theory, or Jeremy Bentham's legislation principles established on the bitter subconscious were all put the foundation on behavior subject to the heart of the world exploration and discipline to the ascend of the unprecedented levels. They continued to insist on criminal law scholars' objectivism crime view of enlightenment and positively developed punishment law of the subjectivism, gave new connotation of criminal law thoughts to the period, made the initial contour for the modern western criminal law theory.

Chapter 7 focuses on the criminal law thought of 19th century. There was rapid development of capitalism and people were all in the natural sciences worship and pursuit material wealth with unprecedented frenzy, science and reason expelled God completely out of the human spirit world. Because of the developed natural science and the promotion of subject methodology, both literature and criminal law is beginning to use empirical methods and the whole thoughts sprung to reject value judgment of objectivism. The natural literature appeared and advocated to use experimental method for writing, stresses absolute objectivity, and authenticity. On the field of law, criminal empirical school was born. The criminal empirical school included two branches. The former completely used natural scientific views and methods of crime and punishment for analysis, and paid special attention to the criminal's biological factors; the latter thought social environment as human individual factor of crime. Both scholars queried enlightenment ideas of free will of individuals and believed the will is decided by biology and sociological field and so on. They claimed on the investigation to the crime reasons of multi—level and wide angle, and the study center shifted from criminal acts to offenders, and retributive punishment to purpose punishment and education punishment.

Chapter 8 relates to the 20th century. The first and second World War brought human beings unprecedented disaster, the deadly reality of killing each other destroyed all fantasy of the scientific and rational, free and democratic. Westerners dropped commonly into the state of irrationality and absurdity. Western modern literature interpreted this kind of mental and emotional status, abstinence and desire, the spirit and the flesh, the good and the bad, such as crime and punishment of binary opposition to the depth of the humanities motif. Irrational thoughts and pessimism and nihilism were all in vogue. During the information age, the traditional social morality and value had been totally questioned and challenged, the whole human society split into various cultures coexistence period, there were all kinds of civilization concept of different norms of psychological mechanism and behavior patterns. Western social orders and cultural concepts got further evolution, while the western literature smashed the unity mode of the hundreds of year's schools, and the features of the schools of literature were also gradually retreat. Literature mode of that period also changed from macro narration to fragmentary and whispering type which shaped the sin and salvation pictures of each people's minds from different angles and different purport. As criminal law thoughts, after the extreme ravaged to human rights, freedom and democracy, the importance of protecting the personal dignity and criminal procedural justice nationalism had been brought to the emphasis. At the background it gave birth to multi—dimensional competition criminal law thoughts and the whole criminal law thoughts showed subjectivism tilt once again and paid attention to the social individual rights. Criminal law theories started compromise and got integration between every schools and paid attention to the coordination and cooperation from each other. On the Criminal policy, it began to pay attention to the topic of abolish death penalty out of respect for the individual life, the restrain thoughts of criminal law had been recognized widely and the criminal period and circle was within a narrow trend by understanding and tolerance of the different culture, some crimes was gradually cleared out the crime actions such as homosexuality, drugs, prostitution, euthanasia, abortion, adultery, sodomy, religious crime and so on. The traditional criminal law thoughts inhabited by the virtue of the humanities concepts faced another value remodeling; western criminal law went into the multiple collisions between the comprehensive, competitive notions and entered the new era of fusion.

In Chapter 9 the thesis investigates the evolution trend between three categories of criminal law thoughts and literature viewpoints, criminal law thoughts and moral thoughts and ethics, legal justice and natural justice of criminal law from the analysis of the chapter 8 conclusion, compares the viewpoints about the nature of the sin and penalty between literature and criminal law, then concludes the empirical method in secular society in the process of operation by the formation of the public judicial view, finally gives the discussion about the topic of how to keep national independence during the evolutionary process of criminal law thoughts. The first section gives the summary of the foregoing involved chapter one to chapter eight. The second section involves conflict and integration between literature and law, reveals the heterogeneity of the literature and criminal law from nature and mission, carrier of value aim, direction of value and output, interpret angle of events. Then explains the mutually nature from nature and cross of discipline, research methods of both discrimination, homogeneity of social function, the same role of criminal jurists and writer. The third section involves the same and different definition of the "sin" between criminal law thoughts and moral ethics. By discussing the nature of the crime, types of crime and criminal act, offenses and offenders, the legitimacy and rationality, the illegality and the hazard to the society concludes that the criminal law thoughts is constantly stripped and differentiated from the moral and ethical. The fourth section involves the connotation of "penalty", from the authority of penalty power, the essence and function of the penalty, the ultimate effects of the penalty and the redemption. The fifth Section involves the people's judicial views reflected in the literature, including paying respect to the criminal law, playing with the criminal law and against the criminal law.

The complementary part discusses the thesis as the reference to the development of Chinese criminal law, points that the hotbed of criminal law thoughts and choices of judicial system are all created on respect for the country's national spirit accumulation, gazed at the track on the basis of historical change, this is a kind of historical evolution inevitable, as well as some kind of result of natural selection. But the transplantation of criminal law thoughts from western of our nation nowadays was not of the result of native humanistic spirit nourishment and infiltration, and it kept almost the same pace with "enlightenment period", it even happened before the "enlightenment period" . So there was great contrast between China and the western countries in brewing, development cultural background of the criminal law thoughts. So it is not surprising for us to find the uprooted phenomena of the law modernization procedure of China. Then how to cope with the problem caused by historical reason? This is the topic we continue to explore in the future.

Keywords: Thoughts of Western Criminal Law; Origin; Evolution; Western Literature; Crime and Punishment

总目录

上册目录

导　论

0.1　选题

0.1.1　研究对象

本书的研究对象，是西方文学作品中所蕴含的"罪与罚"的价值观念与同时期刑法学思想之间的契合、交叉与悖离关系，旨在考察特定的西方人文价值观与刑法思想形成、发展、演进之间的相互影响与渗透。

本书的研究对象属于"法律与文学"的研究范畴。大体上，该研究领域可以划分为两个分域——"文学中的法律"（law in literature）与"作为文学的法律"（law as literature）。本书将论域界定于前者，即对"蕴含于文学作品中的刑法思想"进行探讨；而将后者，即"如何在刑事立法、司法文书中借鉴文学修辞理论"以及"如何将文学解释、批判工具运用于刑事法律的解释"两种意义上的研究排除在外。

0.1.2　选题依据

人是一切文明的创造者与承载者。刑法学对人类社会特有的犯罪与刑罚现象进行研究，无论是古典学派，还是实证学派，其理论体系的构建均以特定的人性假设为逻辑原点，刑事立法与刑事司法的价值归属也始终指向社会中的人。"文学即人学"，文学作品所衍射出的价值诉求来源于现实之中，却又超越于现实之上，开启了批判现实的多重维度。二者所要研究的客体具有同源性，均为特定社会制度与人类意志、行为之间无穷尽的矛盾与冲突。

在社会控制角度下，刑法学注重对社会人的外显行为进行规制，以刚性规范强化人类意识、指引人类行为，运用强制手段恢复社会秩序；文学则更倾向于对人类内心世界的感化与引导，激发人类对公平正义的向往，于潜移默化中完成对民族气质的塑造。刑法学以解决社会冲突、维持社会秩序为己任；文学则以多元的视角、敏锐的触觉再现了冲突萌芽、发展与激化的过程，着力于探索其形成背后深刻的社会背景与历史根源。刑法学的社会科学属性决定了它在维护人类尊严、促进社会进步的同时，亦需要洞悉人性的非完美性，以谦抑的品质、温暖的方式诠释冷峻的法则；文学则以其散发出来的独特而浓郁的价值关怀，解读着人类个体与社会之间的共栖图景、揭示着人性的本质。因此，以文学视角透视西方刑法学，有助于我们把握刑法学应蕴含的人文关怀，有效地为刑法学的理性分析提供感性支撑。

"人是一切社会关系的总和"，同为人类社会上层建筑的刑法学与文学，均以"尊重现实、遵从人性"为探索起点，以对人性的深刻关怀为终极价值。在人类由必然世界迈向自由王国的过程中，对"平等、正义、自由"的追求既是刑法学的必然使命，也是文学作品之永恒主题。在此意义上，刑法学的理性与文学的感性殊途同归。

0.1.3　选题价值

第一，对西方刑事司法效果的镜像化呈现。[①] 逻辑与理性并非刑法学的全部生命。即使是具备了最大程度封闭性的刑法规范，针对同一有待评价的客观事实，不同评价者的解读角度不同，则适用效果相异。我们无法强求刑法的法律效果与社会效果的完美统一，但也必须正视这种分裂会带给社会心理一定程度上的紊乱——公众行为上基于法的威严而对其服从，内心却基于自然情感而困惑、质疑甚至反抗。而在一个失去了法律信仰的社会群体中，个人与群体的关系将可能以失常状态呈现，此时的刑法将走向人性的对立面。故而，我们很有必要通过各种渠道关注刑法适用的社会效果，倾听公众关于刑法理念的非专业化解读，尊重公众对自然正义的充分想象——文学作品的镜像意义正在于此，它在一定程度上反映了公众对刑法实然运行状态的检视与评价，涵盖了公众对刑法思想与司法实践各个层面的预期性回应。本书试图对西方文学作品所透射出的"罪与罚"的价值内蕴进行解读，以文学作品为平台，创造世俗刑法观与刑法理论之间平

---

① 在文学理论中，文学具有"镜像"功能的观点可以追溯到古希腊的柏拉图与亚里士多德。他们认为文学是对现实社会的模仿，文学作品来源于对社会生活的真实体验，具有镜像特征，能够对特定时期的世俗观念进行仿真复制。参见〔美〕勒内·韦勒克、奥斯汀·沃伦：《文学理论》，刘向愚等译，北京，文化艺术出版社，2010，第96页。

等的对话机会，考察文学作品的价值取向与刑法学思想发展之间的互动状态。

第二，对西方刑法思想断裂点的还原。一套完整的刑法思想体系是人类理性建构的产物。既然是建构，话语权运作过程中难免会对特定群体的价值诉求进行压制、对特定历史阶段的人文旨归进行回避。在政治属性层面，相对于特定时期刑法思想的统一化而言，文学作品具有较为宽松的发展空间。本书首先将尝试通过文学作品对上述断裂点进行还原，考察具有宏观叙事传统的西方刑法学基础理论体系是否果真一脉相承、浑然无隙；其次，试图将潜含于西方主流刑法学理论中的先验性前提、假定，从后台置于前台，考察其是否经得起蕴含于西方文学作品中多元化价值诉求的质疑与检视；最后，佐证、支撑、发展现代西方刑法思想，或者对其中矛盾之处予以揭示。

第三，对西法移植与历史承继的探讨。在"法律全球化"理想图景的笼罩下，西方价值观念强势输出，冲击、瓦解着异域民族的传统文明，对各国法律制度、法律文化产生了难以衡量的影响。此种状况下，应当如何坚持现代刑事法治的中国化实践？本书试图以文学作品为载体，通过对西方刑法思想形成过程中人文背景介入状况的考察，探讨民族文化根基对一国刑法思想的孕育、司法制度的选择之间的相关性与相关度，以期为我国刑法思想与实践发展坚持民族性与独立性提供理论支撑与信念支持。

第四，刑法学研究视角的外倾。当代科学不断交叉、融合的结果，使得方法论由"以学科为中心"转向"以问题为中心"，从不同侧面或视角出发，以社会问题的解决为最终目的。具体到刑法学领域，很难找到特定的研究进路，能够一劳永逸地适应刑事法运作环境的复杂性；同时，囿于单一流派的理论体系，亦不可能完成刑法学研究的历史使命。如果说希望借助一种分析工具，可以将各种刑法学派的观点有机融合，将刑法学研究进一步推向纵深，那么这种工具需要具备极大的包容性以及对社会现实异常灵敏的反应能力——文学作为一种被社会科学研究放逐已久的工具，应当重新回归我们的视野。本书以文学作品为工具进行刑法学研究，尝试着对刑法学专业研究视角"由内及外"的转换，或者说是学术研究姿态的合理外倾，不仅可以有效拓展刑法学研究视野、关注实际问题的解决，也是对自然科学、社会科学、人文学科之跨类研究进行的有益尝试。

第五，在具有强烈人文关怀偏好的文学作品中进行刑法学理论探讨，将为刑法学的发展提供崭新的视角、开辟广阔的维度。人文学科运用于社会科学的研究过程，并非意味着非理性。事实上，在社会科学研究领域，每一个研究者均难以完全摆脱人文关怀的羁绊而保持价值无涉的纯粹面孔；价值偏好在某种程度上影响着研究者对课题范围的选择，而针对问题的本身，研究者还必须秉持实证、客观的态度。从另一个角度而言，在包容兼蓄的学术氛围内，既然研究者所搜集的资料皆为客观存在，他们对资料所进行的各种解释亦应享有相对自由。如果整个刑法学界的价值取向是多元而非一元的甚至是有组织的，则各种价值取向既可以成为研究兴趣与动力之源，又可以在总体上形成互纠互补，使得各种"片面的深刻"共同促进知识增量的生产。这样，固然每个研究者均无法做到价值中立，但整个刑法学界却可以实现价值中和，继而建立起自己客观、实证的公信力。

0.2　局限性与研究难点

任何一种社会科学的具体研究均具有局限性与研究难点，在研究过程中研究者需要注意的不是消除而是清醒地意识到这种局限性与难点，努力将其控制在合理范围内，使其不至于影响研究结论的一般性。在此将对本书的研究需要特别注意之处作出必要说明。

0.2.1　分析样本选择范围

在西方文学范围内进行刑法学研究，是笔者经过深思熟虑后作出的选择。最初的设想是将东西方文学作品统摄入本书的研究视野，但是在完成资料的初步搜集以及粗略分析后，笔者认为东西方历史发展进程不同，继而其文化、价值理念的形成与演变亦各具特色。若将二者并入统一研究层面，涉及领域过于庞大、历史脉络过于繁密、理论层次过于复杂，囿于笔者的学识与思维层次，无法驾驭、难以完成。以拥有数千年深厚底蕴的中国文学为例，仅在上古诗歌、神话故事与先秦诸子散文中疏略穿梭，即可发现这些文学作品中蕴藏着丰富的近、现代刑事法理念，其中的深邃思想与远见卓识令人惊叹不已。例如载《庄子·胠箧》篇之"窃钩者诛，窃国者诸侯"，寥寥数字即准确揭示了刑法的阶级本质；载《管子·心术上》之"事督乎法，法出乎权，权出乎道"，则剥离了"法治"思想所笼罩的华服，一针见血地指出"制定法"来源于绝对的权力，而该权力由无可名状的"道"所赋予、控制，揭示了法律"驭民"之工具本质；孟子认为：人之皆有恻隐、羞恶、恭敬、是非四性，完美揭示了"性善论"的内涵，其中所蕴含的"对人类怜悯与正义情感的违背"正是现代西方刑事责任的根据之一。中华文明博大精深，充满美感并兼具智慧的文学作品俯拾皆是，即便管中窥豹，也恐难可见一斑。由于笔者综合素养条件所限，只得暂时放弃对此领域的研究，留待客观条件具备后再行认真探讨。

同时，以西方文学文本为工具对刑法学进行研究，并非置我国法律本土化要求于不顾。首先，现代意义上的刑法学源于西方，无论是理论法学、规范法学还是社会法学领域概莫能免。中国刑事法治的建立是一个漫长而艰难的过程，无论承认与否，从清朝末期到新文化运动时期、直至今天的社会主义刑事法治建设时代，我们已经人为地将中国的刑法思想与数千年灿烂悠久的民族文化割裂，走上了移植西方现代刑法思想、模仿西方现代刑法制度的道路。在某种程度上，我国古代文学所诠释出的传统刑法思想与价值取向同我们当今所追寻的刑法理念之间存在着尴尬的错位。因此，我们对中国古代文学中的刑法制度与观念的解读必须持谨慎态度，否则其研究结论的现实意义可能将大打折扣。其次，研究西方文学对刑法思想的演绎发展可能产生的影响，目的是为了进一步对我国文学与刑法思想进行研究和资料搜集与范式实验。任何对其他民族的人文研究与学术探讨最终均必须回归本土，一名学者的学术生命只有扎根于本国的沃土中才可能被赋予持续发展的潜力。目前，我国正处于法治建设过程中，面临着种种理论与现实之间的磨合。西方国家从启蒙思想时期至今三百余年中所面对的一系列刑事法治难题，同样横亘于我国的刑事法治现代化过程中。之所以研究西方文学，本书主要着眼于其对西方刑法思想可能产生或者已经产生的批判性建构作用；通过西方文学作品对西方现代刑事法治进行的质疑与反思，希望获取刑法学理论在扬弃基础上的完善与重建。在继受与消化西方近现代刑法理论的同时，我们应当预见性地汲取他们的经验与教训，尽力避免"试错——修补——滞后"模式的法治构建模式，摒弃代价昂贵而内容虚化的法治神话理念，形成真正适合我国国情的本土化刑法理念。从以上意义讲，选择西方文学为研究文本虽具有一定的局限性，同时也具有历史发展视域的必然性与合理性。

虽然在现代西方，尤其是在英美国家中，"法律与文学"运动轰轰烈烈地进行着，但通过文学作品来进行其他学科学术研究的进路并非是西方舶来品，我国自古有之。例如，肇始于汉代的考据学①以及近现代国学和

---

① 所谓考据，就是通过对历史文献、文学经典进行研究，通过整理、校勘、注疏等，从诸多文学作品中考证出其关键所在，来解决政治、历史、地理、典章制度、民俗、军事等学科的相关理论的真伪。它作为一种治学方法，始自汉代，历经魏晋、宋明、隋唐的发展，到清代乾嘉学派达到巅峰。

史学大师王国维、陈寅恪等均曾经使用"以文证史"的方法，并且获得了世所公认的成就。① 再如，在我国古代的司法判决中，司法官往往需要"引经据典"，究其实质即为为法律规范注入价值考评因素的过程；而我国古代许多判词更是讲究词章、注重用典，虽然它们主要是叙述事实，适用法律，同时又具有浓厚的文学意味，反映出司法官较好的文学素养。这种判词是法律与文学无意识结合的产物，反映了中国古代法律文化的鲜明特点。如此，我国自古对"法律与文学"所进行的不自觉的实践在事实上已经涵摄了西方当代"法律与文学"的所有研究领域（包括"文学中的法律"与"作为文学的法律"）。

0.2.2　分析样本选择原则

为了制约在研究过程中可能出现的对文本选择与文意解读的主观倾向性，必须制定出规范性原则与客观标准，以期最大程度地保证相关研究高效、准确、客观地进行。

第一，历史阶段划分，原则上兼顾文学史与刑法史。本书的很大部分将涉及对文学思想、理论与刑法学思想、理论的交互性研究，对历史阶段的划分与选择是影响研究结果是否具有客观性、真实性的重要的因素。以目前国内外教科书为依据，文学发展史比刑法学思想史的阶段划分更为细致，并且从时间上完全包含了刑法思想的发展阶段。为了保证分析资料在时间上的紧密过渡与衔接、不遗漏、循序渐进的发展阶段，本书以文学发展史作为主叙事线索，刑法学思想史与其相互印证。

第二，体裁选择标准，原则上以戏剧、小说、影视为主。本书的分析文本仅限于神话故事、戏剧、小说、影视作品。之所以将分析对象限制于上述体裁，是研究对象的客观要求使然。对文学中的法律现象进行研究，要求文学作品载体应当具备叙事性，并且最好持开放性观点、具有多维度视角，故而只能选择神话故事、戏剧、小说、影视等文学作品。当然这也并非绝对，例如荷马的《伊利亚特》《奥德赛》、但丁的《神曲》以及古代西方国家的《民族史诗》等即为以诗歌形式谱写的叙事文学，本书均将其

---

① 步入现代，国学大师王国维的治学之道亦是由美学、文学而进入史学，并使其成为中国新史学的开山鼻祖。王国维的学生，现代历史学家、古典文学研究家陈寅恪先生，也继承了乾嘉学派研究风格，对文学资料穷本溯源，其成就甚至超过了乾嘉时期的学者，他的代表作《元白诗笺证稿》是以诗证史，《柳如是别传》是以文证史，《顺宗实录与续玄怪录》是以小说正史。乾嘉学派与陈寅恪等将文学作为脚本研究史学，与本书将文学作为脚本研究法学具有相同本质，不过是同种研究方法的跨学科运用而已。

列入研究的文本范围。

第三，艺术性选择标准，原则上侧重西方文学史上的经典作品。① 分析文本的选择，除了叙述内容与刑事法律相关、可能提炼出一般性理论之外，还必须考虑作品的影响力。首先，"读者很少会自己去阅读分析者提及的文本，为了保证文本的开放性，防止分析者的知识霸权，最好是利用读者比较熟悉的文本"②。其次，何谓经典作品？世上并无当然正确的标准或论据供我们参考。本书所遵循的标准，无非是"历史积淀筛选、世代读者取舍"的结果而已。每一部流传至今的文学作品本身所具有的神秘力量，使得它们均能够在生活于不同时代、社会背景因而具有不同文化传统的读者心中产生共鸣。这种神秘的力量主要源于经典文学以揭露人性矛盾、描述人类的普遍困境为己任。在此意义上，这些文学作品已经挣脱了时间、地域、文化传统的束缚，它们所具有的普遍性在一定程度上可以矫正"拿此时此地的道德与政治标准，去衡量彼时彼地的作家作品"③ 之缺陷，继而具备了刑法学分析脚本所必需的客观性与普适性。

第四，传播技术意义选择标准，原则上与传播媒介、技术的演进历史相契合。人类传播媒介在不停地演进，不同时代的文学作品必然会打上同时代传播媒介的烙印。本书分析文本的选择与传播媒介的发展演绎有着客观上的必然联系：口口相传时期的文学作品主要选择神话故事与诗歌；文字书写、印刷时期的文学样本主要选择戏剧剧本与小说；而在以电子技术为媒介的立体传播时期主要选择影视作品。

0.3　研究现状

"法律与文学"作为一项新兴的跨学科研究，到目前为止，学者们对该领域研究范围的界定并未达成共识。已经存在的学术研究大体分为两类："文学中的法律"与"作为文学的法律"。本书的研究范围倾向于前者。

---

① 经典作品，本书以 1900 年为标志在两个特定领域中选取。1900 年之前在世界文学发展史中各个时期的代表作品中选取，1900 年以后在"诺贝尔文学奖"获奖作品以及世界文学发展史中各个时期的代表作品中选取。

② 朱苏力：《在中国思考法律与文学》，见：《法学前沿》编辑委员会编：《法学前沿》，北京，法律出版社，2003，第 5 辑，第 82 页。

③ 参见冯象：《木腿正义》，北京，北京大学出版社，2009，第 19 页。

0.3.1 国外

0.3.1.1 发展脉络

1922 年，美国法学教授约翰·魏格摩（John H. Wigmore）向伊利诺伊州《法学评论杂志》提交了一篇论文，其中开列出一个"法律小说书单"（A List of Legal Novels），指出四类小说可被视作"法律小说"①，该书单影响颇大。后来，学者又将上述分类进一步扩张至戏剧与史诗中。魏格摩教授也许是有据可查的最早于文学中进行法学研究的西方学者。而正式暗示"法律与文学"之间具有某种关联性的，则是美国社会学派大法官、法学家本杰明·N. 卡多佐，他在 1925 年的《耶鲁评论》上发表了一篇题为《法律与文学》的论文。与魏格摩教授的思考角度不同，该文主要从法律文本的角度出发，探讨了文学风格与修辞对法院判词的影响②。卡多佐法官在其司法生涯中力践其主张，为后世留下了许多精彩绝伦的判决词。由此可见，早在 20 世纪初的西方，已经有两位学者分别从不同角度对"法律与文学"这一领域进行了开拓性探索；而二者所分别关注的视域，恰好开创了半个世纪以后该研究领域的两大支派。遗憾的是，魏格摩教授与卡多佐法官的倡导在当时并未得到积极的响应，无论是支持还是批判，回应者寥寥。

半个世纪后，"法律与文学"领域再度受到关注，发轫于法学界对法律经济学的集体质疑与排斥。20 世纪 50 年代后期至整个 60 年代，法经济学是美国最流行、影响最大的法学流派，它高举"科学、理性"大旗，试图用严密的逻辑分析、精确的数学公式来解释法学领域的一切现象，借以营造以经济学为支柱的法律帝国。一些具有人文教育背景的法学家对法经济学坚决抵制，认为"经济学家被自然科学模型所迷惑，趋于把经历了

---

① 小说中的审判描写了技巧性很强的交叉询问场景；小说刻画了典型的律师、法官以及他们的职业生涯；小说描写了刑事案件侦查、起诉与审判中的法律方法和程序；法律影响了小说中人物角色的权利和行为。In 1922, this very learned scholar, Wigmore, submitted an essay to the *Illinois Law Review* entitled, "A List of one Hundred Legal Novels"（＃ 17, p. 26）. Wigmore broke his list down into four categories: (A) Novels in which some trial scene is described - perhaps including a skilful cross-examination; (B) Novels in which the typical traits of a lawyer or judge, or the ways of professional life, are portrayed; (C) Novels in which the methods of law in the prosecution and punishment of crime are delineated; and (D) Novels in which some point of law, affecting the rights or the conduct of the personages, enters into the plot. See http://www. blupete. com/Library/Law/Wigmore. htm.

② 卡多佐认为："在司法判决的荒野上，文学风格不仅不是一种罪恶，只要运用得当，它甚至具有积极的益处。"参见〔美〕本杰明·N. 卡多佐：《演讲录：法律与文学》，董炯、彭冰译，北京，中国法制出版社，2005，第 113 页。

数千年争论磨炼的伦理学理论看得无关紧要"，将导致"语言的笨拙与论点的浅薄"①；同时，大量经济学思维、术语、方法的引入，会使法律人均变为斤斤计较、唯利是图的庸俗之徒。1973 年，美国密歇根大学英语与法学教授詹姆斯·伯艾德·怀特（James Boyd White）发表了著作《法律想象：法律思想和表述的属性研究》。该书一方面认为文学名著是发现法律价值、意义的媒介；另一方面认为文学研究类似于法律中的解释活动，二者的进行均依赖于语言与阅读、书写与说话的方式，并包含着相似的解释实践。② 这部探讨文学研究对法律教育存在着重要启发借鉴作用的著作，成为"法律与文学"流派的奠基之作。

接下来十年中，围绕"法律与文学"为主题的学术争论涌现，研究方法也从法学领域扩展至文学理论、文艺批评、心理学、社会学等学科领域。其中最重要的争论发生在怀特教授与理查德·A. 波斯纳（Richard A. Posner）教授之间。波斯纳作为法律经济学领袖之一，针对怀特教授在《法律想象：法律思想和表述的属性研究》一书中所持观点，用经济学的"分析"理论来质疑文学的"想象"，认为法律是自给自足的学科，不应也不需借用其他学科来加以分析、阐释。1988 年，波斯纳教授出版了《法律与文学——一场误会》一书对自己的观点进行总结。有趣的是，波斯纳教授的初衷是借助法律经济学理论驳斥"法律与文学"之研究价值，抗议充满了"感性、想象力与激情"的文学作品对严谨、缜密的法律体系的负面影响。但随着对该领域的深入研究，波斯纳教授的立场与观点在潜移默化中得到了倾斜——1998 年该书再版时，该书题目中的"一场误会"被删除；表明法经济学对法律与文学研究进路的抵制已经由全面、绝对弱化为相对性限度。③

怀特与波斯纳之间旷日持久的论战，使得法理学界对"法律与文学"的内涵与外延有了重新定位，将其引导至更加宽广与深入的理论研究空间。围绕二者的论争，英美法学界涌现出一大批从事研究"法律与文学"的专家学者，以及大量研究"法律与文学"的专著。如怀特的《当语词失

---

① 〔美〕罗伯特·考特、托马斯·尤伦：《法和经济学》，张军等译，上海，上海三联书店、上海人民出版社，1994，第 15 页。

② 怀特认为："文学名著为法律的各种人文价值提供了最好的伦理描述"，"将文学带入到对法律和秩序的属性、正义与非正义、法律的人文背景等问题的分析中，有助于法律伦理属性研究"。See Edited by L. Ledwon, 1996：*Law and Literature：Text and Theory*, p. 21.

③ 波斯纳教授认可文学在法科教育范围内的作用，认为阅读文学作品有助于塑造法科学生的人文情怀，但仍然抵制文学对规范法学领域的侵入。参见〔美〕理查德·A. 波斯纳：《法律与文学》，李国庆译，北京，中国政法大学出版社，2002，第 77、79 页。

去其意义时：语言、特色和共同体的构成及重构》（1984 年）、《海格立斯的弓：法律修辞学和诗学文集》（1985 年），罗伯特·佛格森的《美国文化中的法律与文学》（1984 年），理查德·维斯伯格的《语词的失败：现代小说中作为主人公的律师》（1984 年），布鲁克·托马斯的《对法律与文学的诘问》（1987 年），罗宾·魏斯特的《叙事、权威与法律》，托马斯·摩哈维兹的《文学与法律》，莱德翁的《法律与文学：文本与理论》，沙恩福·德莱文森和史蒂文·迈尔洛克斯合编的《解释法律与文学》（1988 年）。此外，还涌现出一些重要专著，包括托马斯·格雷的《华莱士·斯蒂文斯研究：法律与诗歌实践》（1991 年），玛莎·努斯鲍姆的《诗性正义：文学想象与公共生活》（1995 年）。关于法律与文学的评论集、文选和一般性著作持续不断涌现，包括 J. 尼维尔·特纳和帕米拉·威廉斯合编的《幸福伴侣：法律与文学》（1994 年），伊安·瓦尔德（Ian Ward）的《法律与文学：可能与视角》（1995 年），布鲁斯·L. 洛克伍德的《法律与文学的视角》（1996 年）；期间也出现了执业律师撰写的法律与文学著作，例如丹尼尔·康斯坦的《宰了一切律师？莎士比亚的法律呼吁》（1994 年），威廉·道姆纳斯基的《在法院看来》（1996 年）。① 同时开始出现了两本新的刊物——《卡多佐法律与文学研究》和《耶鲁法律与人文评论》，前者全部有关法律与文学，后者部分有关法律与文学。如今，涉及"法律与文学"领域的研究论著与论文逐渐增多，论述视域逐渐扩大，并且越来越多的论者结合大众传播技术的演进，通过对影视传媒、网络媒介所反映的思想价值的追踪，对社会变迁过程中的法治现状进行反思，将反思西方法律制度的实践推向研究领域的前沿。

0.3.1.2　主要内容

关于"法律与文学"的研究焦点大致跨越两个层面，即"文学中的法律"（law in literature）与"作为文学的法律"（law as literature）。② 前者

---

① 参见〔美〕理查德·A·波斯纳：《法律与文学》，李国庆译，北京，中国政法大学出版社，2002，前言Ⅰ、Ⅱ。

② "法律与文学"研究领域可以更为细致地划分为以下四个分支：文学中的法律（law in literature），作为文学的法律（law as literature），穿过文学的法律（law through literature）以及有关文学的法律（law of literature）。"文学中的法律"侧重对文学作品中法律现象的探讨；"作为文学的法律"侧重于对法律解释的探讨；"穿过文学的法律"侧重对法律文书的文学修辞化探讨；"有关文学的法律"侧重对知识产权的法律保护以及对色情、暴力、种族歧视等文学的法律规制。See Richard A. Posner, *Law and Literature*, 2nd ed., Harvard University Press, 1998; Peter Brooks and Paul Gewirtz, *Law's Stories*, *Narrative and Rhetoric in the Law*, Yale University Press, 1996, p. 3; Gary Minda, *Postmodern Legal Movements'*, *Law and Jurisprudence at Century's End*, New York University Press, 1995, p. 150.

着眼于经典作品与大众文学中对法律制度的描述；后者则将法律文本与司法实践看作文学文本，对其进行修辞和叙事的研究，或者以类似于对故事的解读方法，对法律文本进行解释。

"文学中的法律"，脱胎于文学法理学（literary jurisprudence）的名著方法，即研究经典文学或大众作品中所呈现的丰富的法律文化、法律现象以及凸显的法律问题，借此开拓认识法律的新视角、促进理解法律的新思维、更新对法律之创造性认识。首先，这一研究体现了"法律与文学"领域的伦理学意义。法理学学者们关注小说、戏剧等经典文学中的法律问题，认为法律倚重理性而文学诉诸情感，文学比法律更能反映社会现实，更能体现人类的道德、情感、伦理和思想。其次，律师、法官之所以对文学作品中的法律案件格外看重，一方面表明自己的文学修养；另一方面他们也确实认为文学素养可以弥补法律在实践运用中的不足。最后，对客观的纯粹法学的概念，如果从文学角度予以解释，极具有启发意义。

"作为文学的法律"，是将法律视为文学作品一样可以被解释与理解，运用文学批评理论作为媒介来分析法律文本；或者将文学修辞技巧如隐喻、象征等运用于立法与司法文件之中。文学理论在以下两个方面对法律有所裨益：第一，法律解释是文学解释的一个特殊类型，对文学作品的批判与解释理论可以被法律解释方法所借鉴，运用文学批评方法来构建解释的策略，适用与揭示法律文本的含义。第二，文学创作手段与工具，皆可以为法律文书的撰写所采用，通过"文学性"语言的参与，提高法律判决书的"智识品位"。

文学、解释与叙事是法律与文学领域研究的基本要素，它们在不同的方向上推动该领域的研究向前发展。西方自 20 世纪 70 年代开始对"法律与文学"之间的关系进行探讨，扩展了法学界与文学界等学术研究的视野，带来了一系列的新方法、新范式，尤其在语言与权力等方面的争论和研究更具反判性。由此归纳出支撑"法律与文学"研究领域的两大理论特征。

第一，反基础主义。基于对启蒙时期以来法学界关于"永恒真理"与"人类解放"故事的质疑、对宏大叙事话语的"不信任"，继而派生出对"基础主义"、"普遍主义"的广泛批判。本质上，"法律与文学"研究领域与 20 世纪 60 年代以来兴起的后现代主义①思潮相联系,是后现代法律发展的一支,具有强烈的反基础主义、反内部视角等倾向。在法律领域,表现为后现代法律学者对所谓的自然法、理性、功利、历史、上帝、不证自明的权利、人类尊严、法律的独立、自治等基础理论的解构。传统的法律解释为了维持法律秩序及其保护的社会统治阶层利益,人为地限制了对法律语言进行多元解释的可能性,坚信在社会价值与目标共识的基础上能够找到每一个法律问题的正确答案。但是,随着主体概念在后现代主义中的消解,任何标准均已消失,上述法律基础理念也受到质疑。后现代法律的特征就是反对知识存在共识性,不接受建立在共识基础上的"正确"答案,从而向传统哲学家所信奉的客观性、合理性和普遍性提出挑战。

第二,反内部视角。后现代法律具有自己独特的外部视角,其与多元视角相关、与内在视角相对。内部视角一般是指司法工作者与学者对法律采取的视角,主张对法律作专业内的理解。外部视角则以旁观者身份去看待与分析法律,其中包含社会学、伦理学等其他学科对法律的客观理解与解释。视角外转集中表现在文学批评中多元话语的释放,而这种多元话语在法律中一直是被湮没的,因而造成了法律自给自足的神话。直到对"法律与文学"研究的兴起,反内部视角为打破学科与学科间的界限提供了可借鉴的先例,人们将文学批评中的多元话语理论引入法律解释,才说明了外部视角研究对法律的重要性,并且推动了"法律与文学"研究领域的发展。

0.3.1.3　缺失与不足

目前西方对该领域的研究,笔者认为存在以下问题有待进一步突破与探讨。

第一,对文学的解读未能超越法律职业的视角、未能自觉跳出内部视角来审视在另一种风格的叙事中所竭力展示的事实。以文学为工具对法学进行研究实际上蕴藏着一种颠覆性潜能,即当文学作品所希冀表述的刑法价值理念与现代刑法学理论相一致时,前者可以看作对后者的有效支

---

①　后现代主义(postmodernism),是从理论上难以精准下定论的一种概念,因为后现代主义理论家均反对以各种约定成俗的形式来界定或者规范其主义。目前,在建筑学、文学批评、心理分析学、法学、教育学、社会学、政治学等诸多领域均就当下的后现代境况提出了自成体系的论述,均反对以特定方式来继承固有或者既定的理念。由于它是由多重艺术主义融合而成的派别,因此要为后现代主义进行精辟且公式化的解说是无法完成的。但是,后现代思潮颠覆绝对主义、设定相对主义;并非不讲道德,而是反统一道德;并非否认真理,而是设定有许多真理的可能性,从个人的角度、情境的、文化的、政治的、甚至是性的角度,来反对连贯的、权威的、确定的解释。参见高中:《后现代法学思潮》,北京,法律出版社,2005,第 21 页。

撑；然而，倘若文学作品中的叙事与现代刑法主流理论存在出入、甚至大相径庭时，该研究视角卓尔不群的特性才真正显露出来。这种特性的充分发挥与"对作品的选择与解读"两个环节密切相关。我们不仅要将发出"不同声音"的作品纳入研究视野（而非刻意忽略与主观裁剪），选择一种"适当的立场与态度"对其进行解读亦十分重要。针对第一个环节，在"法律与文学"运动发展之前，无数文学作品已经向刑法学领域发出"不协调声音"企图作出提醒与警示，但这些呼声均石沉大海。针对第二个环节，当刑法学家们终于将目光投射于文学文本之上时，对其判断与分析的态度却依旧理性而刻板、甚至傲慢而慵懒，亦更多地运用分析法学中的逻辑、理性化方法来处理法律与文学之间的关系。不少法学学者对饱含人情世故的文学作品的分析冰冷无情，更倾向于抱着一种所谓科学理性与客观态度对文学作品进行剖析，对文学作品本身对多面人性与莫测人生所抱有的出乎自然、本能的矛盾情感视而不见。例如，波斯纳教授在《法律与文学》中，对卡夫卡的《审判》、加缪的《局外人》等法律小说所作出的法理学分析，将一部虽不一定优秀但绝对可能引发读者诸多思考的作品肢解得苍白晦涩、索然无趣，虽然他本人亦是一名文学爱好者。以这样的方式来解读文学作品，已经违背了我们利用文学作品进行法学研究的原始初衷。

第二，西方关于"法律与文学"的主流著作，往往是针对法律经济学所宣称的法律与文学是"一场误会"之观点进行驳斥，未能建立自己的理论体系；同时，这些著作往往仅以一部或者两部文学作品作为整个理论研究的支撑文本，同一文学作品的作者所认可的价值观与所扮演的社会角色的单一性，固然可以使得整个理论逻辑丝丝相扣、自圆自洽，同时也必然造成研究结论的狭隘性。

第三，西方关于"法律与文学"的系列著述，更多的是置身于宏观视域，从法理学角度、方法论的层面来阐述，未能深入具体部门法学，使文学作品的叙事与实证法真正搭界，因而它是一种"阳春白雪"式的理论探讨，无法验证该研究方法适用于部门法学的可行性以及研究结论的可靠性。

第四，西方关于"法律与文学"运动发展至今，出现了新的趋势——更多的研究建立于"作为文学的法律"之上，对法律的解释与司法文本的修辞进行研究，而忽略了"文学中的法律"这一主题。由于过分拘泥于对"文本"、"语言"与"解释"方面的研究，丧失了该交叉学科领域本应具有的灵性，继而研究进路逐渐变得狭隘、甚至趋于静态，在某种程度上成为它原本反对的东西，违背了研究初衷。

0.3.2　国内

0.3.2.1　历史

由于中西方学术传统的不同，我国自古对各门学科的研究方法并非很重视，更未能尝试着对该种方法的科学性进行论证。而西方则不然，19世纪以来，随着自然科学的迅猛发展，西方学者对逻辑体系非常敏感，任何研究的前提都需要建立一个强大的方法论体系进行佐证，这样才出现了后现代法学"法律与文学"的研究，甚至愈演愈烈地发展为一场运动，此乃东西方思辨的差异性使然。因而，从时间上讲，所谓"法律与文学"的研究于西方而言晚至后现代时期始形成，于我国却可以追溯到汉代考据学的实践运用，只不过未能旗帜鲜明地演绎为一种学说、一个流派、一场运动而已；本书亦并非局限于西方当代"法律与文学"领域内作研究，而是验证文学作为一种工具普遍适用于各个国家的刑法学研究的可行性，既包括英美法系、也包括欧陆法系。① 美国法理学家波斯纳教授曾将文学与法学间的关系比作是"一场误会"，但我个人认为，文学与法学之间的联系如果用"必然"中的"偶然"来解释可能更为客观——文学当然可以拿来用作法学研究分析的工具，但它在偶然之时才会落入法学研究者的视野，更多时候，法学研究将这种有效的工具放逐于视野之外。

0.3.2.2　现状

中国法学界对"法律与文学"现象在中国的发展状况给予了一定的回应和关注。20 世纪 90 年代起，我国法学研究者从"无意"到"自觉"，以各种研究进路迈入"法律与文学"领域。一方面，学者们翻译了大量西方著作，向国内法学界介绍国际最新的学术动态；另一方面，学者们结合我国文学作品与法律现状，对推进"法律与文学"的本土化进行了不懈探索。我国对法律与文学的研究大致涉及法理学与法史学两个层面。

---

① 对"法律与文学"的研究在英美法学界比较活跃，而在欧陆法学界却反响不是很大。这是由英美法系法律传统决定的：1. 法律解释。英美法系的判例传统使得法官造法成为其显著特征，司法适用过程中必须注入法官的价值判断，而这种判断是由法官的意识形态所决定的，文学作品可以在某种程度上影响法官的价值偏好。2. 对抗式诉讼制度。律师面对陪审团，情感征服甚至比论理论证更为重要，因而文学作品成为律师庭前辩护的必要工具之一。3. 判决书的撰写。英美法系的法官对于判决书的撰写非常重视，法官会竭尽全力斟酌文学修辞、润饰司法文书，以显示自己的综合素养。4. 英美学科建制。英美法学教育体系是在通识教育基础上进行的法学专业性教育，很多法学生具有多种学科背景，当然也包括文学，所以在法学范围内进行文学探讨是可能并理所当然的。

法理学。从法理学角度出发阐述法学与文学的关系，从文学文本中追寻法学的踪迹、提炼法学理念、探讨法律问题。余宗其教授可以说是我国大陆地区最早涉及"法律与文学"的学者，1995 年出版的《法律与文学的交叉地》，强调社会生活乃是"法律"与"文学"互相影响、互相作用的立足点，着力突出了文学之法律理解的可能性与重要性；而后其陆续撰写的《法律与文学漫话》《外国文学与外国法律》《中国文学与中国法律》对古今中西经典文学作品中的"涉法文学"用专题解说的方式予以全方位的法律解读，构成了一部简明的涉法文学史。朱苏力教授在《法律与文学：以中国传统戏剧为材料》《法治及其本土资源》中对"法律与文学"的西方观点引入与对本土化理论的探索，丰富了当前中国法学理论的研究模式，拓展了传统的法学研究领域，倡导法学理论研究应当回到生活实践中。冯象教授的著作《木腿正义》与《政法笔记》为我国未来的"法律与文学"研究提供了广义的社会学或法律社会学的整合框架。另外，一些学者以随笔的形式侧重于从社会事件或文学作品中提炼出中西法律文化差异性。如梁治平教授的《法意与人情》，主要以古代文人的笔记、小品、故事为材料，比较中西法律文化差异；史彤彪教授、张建伟教授在《法学家茶座》《人民法院报》发表的一系列法学随笔以社会现象为原型，将抽象法学理论转化为平实的语言与公众进行广泛交流与对话；刘星教授所作的一系列涉及西方法律文化的随笔，后来汇集成册以《西窗法雨》出版；强世功教授的论文《安提戈涅、窦娥与鲍西娅：文学中的法律——女权主义视角及其批评》中带有浓重的中外法律比较的色彩；柯岚教授的《法律与文学中的"局外人"》一文从方法论角度探讨了在法律与文学领域进行研究时的文本分析原则。

法史学。首先，一些学者侧重于法律史学研究角度，从中国古代文学作品中发掘古代法律史料。如徐忠明教授遵循"以文证史"的研究思路，多年来一直坚持史学家"诗史互证"的路子，在法律与文学研究中作出了长久、持续的努力。① 其次，一些学者从中国古代文学作品的判词出发，研究中国古代司法制度。如汪世荣教授的《中国古代判词研究》从中国古代判词（包括文学作品中的判词）来研究中国传统的法律制度。贺卫方教

---

① 其代表作有《包公故事：一个考察中国法律文化的视角思考与批评》《解读中国法律文化》《法学与文学之间》《雅俗之间：清代竹枝词的法律文化解读虚构与真实》《明清时期司法档案的修辞策略》《包公：清官之象征与法律之神明》《法律的历史叙事与文学叙事》《解读包公故事中的罪与罚》《从话本〈错斩崔宁〉看中国古代司法》《武松：好汉还是强盗》《〈金瓶梅〉公案与明代刑事诉讼制度初探》《从薛蟠打死张三命案看清代刑事诉讼制度》等。

授的论文《中国古代司法判决的风格与精神——宋代为基本依据兼与英国比较》，考察了古代官吏司法判决书写作的文学色彩，所谓"文人判"是古代法律与文学无意识结合的产物，恰好与当前"作为文学的法律"路径暗相契合。

在我国台湾地区，对此领域研究较为成体系的是台湾东海大学的张丽卿教授，著有《法律与文学》一书，代表作包括 2003～2005 年于台湾《法学讲座》中发表的"文学与法律案例"系列论文以及 2006～2007 年于台湾《月旦法学教室》中发表的"法律与文学讲座"系列论文。另外，张教授在《台大法学评论》（英文版）发表的文章"The Research of Comparison between Law and Literature：As Illustrated by Kafka's 'The Trial'"也具有一定的借鉴研究意义。台湾东吴大学的林东茂教授在其专著《一个知识论上的刑法学思考》中亦对"法律与文学"的研究作了方法论意义上较为详细的探讨。

0.3.2.3　缺失与困境

西方学者研究过程中所具有的不足之处在我国法学界同样醒目地存在着。另外，我国在该领域进行研究的客观环境也存在着先天不足。

在我国法学界，"法律与文学"是一个初涉的研究领域，甚至仅为一种思维方式。它没有自己的核心理论，缺乏独特的理论进路，远未成熟发展为一个学科。[①] 尤其在我国的刑法学领域中，对"法律与文学"所赋予的关注少之又少，没有形成对"法律与文学"系统的研究、分析、批判。

第一，从国外译著数量、引文频率、关注度层面看，基本持"反对"法律与文学立场的学者理查德·波斯纳的声音占据了中国"法律与文学"研究的主流，其著作的多个版本在我国广为流传。而作为西方"法律与文学"研究主流的专著例如维斯伯格、玛莎·努斯鲍姆等人的译著则较少或陪衬性地出现在讨论当中，甚至于魏格摩、怀特、斯坦利·费什、魏斯特等学者的专著尚无译本——看来他们的声音是被刻意地忽略或压抑了。这也成为"法律与文学"研究在我国发展过程中的一个令人深思的问题，后现代法学所竭力追寻与倡导的多元价值基础被颠覆。

第二，在"文学中的法律"层面，可供我们研究的文本无非古代文学

---

① 参见苏力：《可别成了等待"戈多"——关于中国"后现代主义法学研究"的一点感想或提醒》，见：朱景文主编：《当代西方后现代法学》，北京，法律出版社，2002，第41～50页；参见朱苏力：《在中国思考法律与文学》，见：《法学前沿》编辑委员会编：《法学前沿》，北京，法律出版社，2003，第 5 辑，第55～80页；参见胡水君、南溪：《法律与文学：文本、权力与语言》，见：朱景文主编：《当代西方后现代法学》，北京，法律出版社，2002，第281～322页。

与现代文学两大类。但是我国目前的刑事法律制度与中国古代文学作品所反映的概貌存在着严重错位。自远古时代形成的特色鲜明的刑律文化传统，所承载的刑事法律价值观与西方刑事法律有着根本性的差异。在近、现代中国法制现代化的过程中，中国刑法的文化传统几乎丧失殆尽。在目前几乎全盘西化的刑事法律背景下，对这些文学作品进行分析，其现实意义也许要大打折扣。另外，近、当代中国文学作品所固有的缺陷，也在一定程度上妨碍了研究结果的客观性。这种缺陷主要涉及文学作品的政治"一体化"思想与涉法表述的准确性两个方面。由于特殊的政治需要，在相当长的一段时间内，我国文学界客观存在着包括文学机构、出版、传播、阅读、评价等环节高度"一体化"的组织方式，该背景下文学形态的主要特征表现为题材、主题、艺术风格、方法等趋同倾向。对这些高度一体化的文学作品，恐难进行真正有效的法学解读。我国强调"专业性"、忽略"通识性"培养目标的法学教育体制，使得法学与文学之间出现一道深渊，导致文学作品涉及刑事法律的叙事经常有模糊、错位的表达，也在一定程度上造成了对当代中国文学作品进行刑法学解读的障碍。

第三，关于"作为文学的法律"的研究，在我国的发展也几乎呈现空白状态。雪莱曾说，"诗人乃世界未予承认的立法者"①。如果被公众赋予权力的立法者也能够以诗人般细腻的笔触来刻画人世间的正义，该是多么令人欣慰。考察我国刑事立法文件的现状，直到 1979 年，我国拥有了第一部刑法典，真正揭开了刑法学走向繁荣的帷幕。但该部法典是在"宜粗不宜细"的立法原则下制定的，立法标准在相当长时间内呈摸索状态，立法技术需要改进，法律语言需要推敲。这样就造成被解释的对象——刑法规范的语言构成的粗疏与封闭，自然没有给针对其所进行的解释留有更多的空间来充分借鉴文学理论、文学批评的方法。此外，与公众相比，刑事法官应当在专业知识、道德操守、社会阅历等方面具备更为卓越的资质，但现实状况并非如此。目前，我国许多刑事法官不愿展示所谓的推理过程，判决书难以做到论据严密、逻辑分明、分析透彻、情理法浑然一体，而是多遵循公文固定模式，给公众造成冰冷、坚硬、甚至不够"讲理"的印象。对此领域的深入研究，还保留着学术空白。

第四，与西方一样，我国该领域研究者多具有法理学学科背景，且许

---

① "Poets are the unacknowledged legislators of the world." See Percy Bysshe Shelley, A De-fense of Poetry, in Essays, Letters from Abroad, Translations and Fragments, Mrs. Shelley ed., Edward Moxan, London 1840, p. 57.

多学者已成为特定领域的权威，故而他们对文学作品的解读亦不愿跳出"内部视角"进行法学分析的进路。例如，涉及《安提戈涅》剧本解读时，学者们往往将其内涵诠释为自然法与实在法之间的冲突与张力，或者将关注点集中在自然法高于或应当高于实在法的规范性命题之上，视安提戈涅的悲剧为自然法不可亵渎的例证。但是，法学家们恰恰忽视了，从另一个角度上讲，该部著作暗示了安提戈涅所象征的适法者对于国王克瑞翁所代表的执法者的背叛，以及文学中高度真实、复杂的人性对于法学中预先设定的人性的反抗。上述作品所描述的现代社会中权威与服从之间的矛盾冲突、个体的异化等伦理问题，是远远不能用纯粹科学来进行分析的。我们不应将法律规范视作僵死的、简单的文字符号，使得法学研究思想仅仅停留在法律技术层面，法学研究思维由于追求逻辑性而导致机械化。我们所关注的不应仅是法律规范在文学中的体现，更应该从文学中汲取营养，理解法律所蕴含的人性与伦理光芒。

第五，与西方"法律与文学"运动具有相似性，我国对其分支"文学中的法律"的研究，也普遍缺乏理论支持，更没有形成完整的体系，给人的感觉是分散的、支离破碎的，始终无法上升至一个更高深、宏远的境界。原因之一，可能在于所有的研究几乎都是基于对某一具体文学文本的讨论或具体文学批评理论的运用，刻意从特定文学作品中寻找单一参照系来进行探讨，必然造成研究结论在一定程度上的狭隘性与非普适性。原因之二，缺乏以特定部门法学所关注的焦点来完成文学作品与文学理论的模型建构，没有形成追寻法律与文学的历史发展脉络、继而探讨二者比较意义上的理论体系的自觉。上述缺陷同样是本书行文的难点之一，继而对其的克服与突破也将成为本书的亮点。

0.4　研究方法

第一，历史考察方法。一切社会现象均有其产生、发展的过程。抛开历史联系，就无法正确把握蕴含于刑法学与文学思想中人文主义的演进历程。本书很大部分涉及对文学思想、理论与刑法学思想、理论的交互性研究，对历史阶段的划分与选择是影响研究结果是否具有客观性、真实性的一个非常重要的因素。故而，在研究中首先采取断代史的划分方法，将同时期的文学作品与刑法学思想置于同一大致确定的历史范畴内，紧密联系当时的政治、历史、哲学思潮等背景，对二者之间交互性影响作一考察。

　　第二，比较分析方法。比较分析是刑法学研究的重要方法，根据一定标准对相关事物进行考察，不仅可以掌握不同事物的质的规定性；由于共性寓于个性之中，还能从更广阔的视角探索事物发展的规律性。本书将涉及相同刑法学派不同时期思想的比较、相同时期不同刑法学派思想的比较；不同时期文学思想的比较、相同时期不同国家文学思想的比较，以及相同时期文学思想与刑法学思想的比较。上述比较客体组合的目标指向不同，却又有着必然联系，共同支撑着研究结论向客观性与真实性靠近。

　　第三，理论联系实际方法。刑法学作为社会科学，必然以适用效果作为其进步性的重要评估标准。在一定程度上，文学是现实生活的镜像化反映，于文学作品视野下对"法律适用效果"进行解读、分析，将刑法学理论研究的触角探入社会实在，扩展实证主义思维定式下所难以穷尽的资源，使得刑法理论运用于实践从广度与深度两个方面加以拓展、延伸。

　　第四，跨学科研究方法。当代科学在经历了高度分化后又走向高度综合，形成了一个统一的整体。刑法学作为社会科学，其理论上的突破也寄希望于多学科、多视角、综合性的研究进路。本书的研究过程中，不仅会运用刑法基础理论，也会运用到犯罪学、刑事政策学、法理学、法史学、文学、哲学、社会学、大众传播学等基础理论知识。

绪　论

近现代西方刑法思想的"源头"在何处？法学教科书通常会引导我们追溯至古希腊时期。作为西方文明的发祥地，古希腊在文学、哲学、律法、艺术、数学、天文等领域取得的卓越成就，几乎渗透至西方文化的每个角落，其中既包蕴着近现代西方价值体系的雏形，也奠定了西方文化模式的进化基调，同时深刻影响着西方文明的发展进程。面对辉煌灿烂的古希腊文化，恩格斯曾言："没有希腊文化和罗马帝国所奠定的基础，就没有现代欧洲的一切。"[①] 德国哲学家黑格尔则将希腊喻为灵魂深处的永恒圣境："一提到希腊这个名字，在有教养的欧洲人心中，尤其在我们德国人心中，自然会引起一种家园之感。"[②] 英国诗人雪莱的情感表达更为浓烈奔放："我们都是希腊人！我们的文学，我们的宗教，我们的艺术全部植根于希腊！"[③] 今天，若希望触摸到西方法律文化积淀之遗韵、追踪到西方刑法思想演变之轨迹，我们首先应当将目光投向这片广袤星空。

从西方刑法思想史角度考察，人类社会之雏形初现伊始，个体与族群间的矛盾便已经存在，由此导致的攻击与复仇行为亦如影随形，贯穿整个社会的进化史。人类文明早期，对侵害者的惩罚大多源于生物学意义的护种本能，在古希腊城邦司法制度产生之前，复仇规则体系由私力救济所主宰，朴素的报应观是解决纠纷与消灭仇恨的通行法则。公元前6世纪左右，古希腊哲学家开始考察犯罪与惩罚这一现象，将人类的犯罪行为看作大自然不可或缺的组成部分，并引导民众重视家族利益、城邦利益，鼓励大家在劳作与生活中"与自然规律保持一致"。[④] 希腊化时期，马其顿君

---

①　《马克思恩格斯全集》，北京，人民出版社，2003，第20卷，第196页。

②　〔德〕黑格尔：《哲学史讲演录》，北京，商务印书馆，1959，第2版，第一卷，第156页。

③　The Complete Poetical Works of Percy Bysshe Shelley, Oxford Edition. Edited With textual notes by Thomas Hutchinson，M. A. Editor of The Oxford Wordsworth，1914. A Penn State Electronic Classics Series Publication，Copyright in 2003，The Pennsylvania State University，Volume 2，p. 191.

④　吕世伦主编：《西方法律思潮源流论》，北京，中国人民大学出版社，2008，第2版，第4页。

主制摧毁了希腊民主制，市民参与国家管理的权利消失，维系整体利益的
观念不复存在，价值重心亦由城邦转移到个人，继而在思想领域产生了以
个人幸福、私己利益为视角的斯多葛学派与伊壁鸠鲁学派①，二者与 18
世纪的功利主义刑法思想分享着共同的理论基石。古罗马时代，罗马人以
务实的精神承袭了古希腊人所尊崇的自然法观念。与古希腊刑法对私人领
域介入较多的司法实践相异，古罗马刑法侧重于刑罚权对公领域的介入，
考察《十二铜表法》之"第八表"、"第九表"，可以看到，刑法的威慑范围
由个人、家庭逐渐向宗教、城邦领域渗透。罗马帝国轰然坍塌后，西方陷
入长达千年之久的中世纪文明，此时政治、法律与文化事务完全由教会把
持，刑法思想也被打上了鲜明的神学烙印。文艺复兴时期，教会刑法的专
横、擅断与残酷遭到来自于世俗社会的猛烈抨击，其对人性的悖逆与摧残
成为众矢之的，在该时期，刑法思想逐渐挣脱桎梏，由宗教神性向世俗人
性回落。启蒙思想时期的到来，预示着中世纪基于神学与身份的刑法思想
被自由、民主、平等、天赋人权等观念所替代，启蒙思想家宣传以人性为
基础的自然法则，指明教会与皇权操纵下的刑法的擅断、愚昧与残酷特征，
将刑法从神权与皇权的双重束缚下彻底解放出来，为现代西方刑法思想奠
定了坚实的基础。此后，刑事古典学派得以创立，其主张的意志自由理论、
社会契约理论、政教分离制度、罪刑法定原则、罪刑均衡原则、报应刑罚
观等客观主义法学思想至今被西方刑法学奉为圭臬。19 世纪，随着自然科
学的发达与学科方法论的推广，刑法学亦开始将实证方法纳入研究视野，
即以实证（确定）的事实为依据进行学科研究，标志着刑事实证学派的诞
生。② 在理论上，实证学派被划分为人类学派与社会学派两个分支，前者完
全运用自然科学的观点与方法对犯罪与刑罚现象进行剖析，特别注重罪犯
的生物学因素；后者则认为社会环境是个体实施犯罪行为的决定性因素，
必须在学科分析时对多重因素的综合作用予以关注。二者均对意启蒙思想
时期产生的意志自由论提出质疑，认为人的意志从来未能达到完全自由的
程度，而是由生物学与社会学领域内多种因素决定的，因此主张对犯罪原
因进行多层次、广角度的考察。在这段时期内，刑法理论的研究重心由犯
罪行为向犯罪行为人过渡，刑罚方面则由报应刑向目的刑、教育刑转变，
主观主义色彩颇为浓厚。20 世纪，历经了两次世界大战对自由、民主与人
权的极端蹂躏，刑事法律体系保障个人尊严与权利的功能被重新评估，罪
刑法定主义与程序正义得到重点关注。在此背景下孕育出多维共竞、折中

---

① 关于斯多葛学派与伊壁鸠鲁学派，详见本书 1.3 部分。

② 参见马克昌主编：《近代西方刑法学说史》，北京，中国人民公安大学出版社，2008，第 161 页。

融合的刑法思想，诸项刑事法律科学协调合作的设想亦得到普遍重视。另外，出于对个体生命的尊重，国际刑法学界开始对死刑的存废予以探讨，对刑法谦抑思想的广泛认同与对异元文化的理解包容使得犯罪圈在世界范围内呈缩小趋势，传统刑法思想所蕴含的人文观念面临着再次的价值重塑，刑法学也因此进入多元观念之间全面冲撞、竞争与融合的新时代。

从西方文学史角度观照，西方文学的演进与发展来自于两大源头：其一是古希腊—古罗马文学，其二为希伯来—基督教文学，二者统称"两希文学"。古希腊—古罗马文学萌生于原始社会，呈现出张扬个性、放纵原欲、肯定个体生命价值的人文特征，蕴含着根深蒂固的世俗人本意识；希伯来—基督教文学鼎盛于西方中世纪时期，强调群体本位、提倡对原欲的抑制、肯定超现实的生命价值的宗教本位思想。文艺复兴是西方文化模式的重组时期，新的价值取向与精神内蕴使得西方社会的人文传统既吸纳了古希腊—古罗马文学的世俗人本意识，也囊括了希伯来—基督教文学的宗教人本思想，从而完成了"放纵原欲——禁锢人性——释放人性——原欲泛滥——理性回拨"的嬗变。至此，西方文明完整意义上的"人文主义"思想积淀成型，并指引着其后数百年社会价值观的演化变迁。17世纪，西方社会开始步入理性化时代，人们挣脱了彼岸上帝的法袍，却又立刻匍匐于人间上帝的足下。以高度"政治理性"为价值指归的古典主义文学对专制王权热烈颂扬，展现了君主专制极盛时期个人主义向集体主义的主动回归。18世纪的启蒙思想文学是对"王权崇拜"狂热心理的反拨，体现着人类对彻底摆脱蒙昧、张扬人智、获取自由的渴望。18世纪末至19世纪初，浪漫主义文学登上历史舞台，该文学流派产生于法国大革命前后。历经暴风骤雨的洗礼之后，人们发现启蒙理性与现实社会之间的异质性难以融合，"回归自然"才是人类自由精神与生命意识的最高境界，其中彰显着人类对现代文明的第一次反叛。19世纪的批判现实主义文学形成于资本主义巩固期与迅猛发展期，人们对自然科学的崇拜、物质财富的追逐达到空前狂热的状态，"科学与理性"将上帝彻底驱逐出人类精神世界，工具理性取代价值理性[①]，主宰着人们的肉体与灵魂。批判现实主义文学

---

① 工具理性（Instrumental rationality）与价值理性（value rationality）是法兰克福学派批判理论中的一个重要概念，其最直接的渊源是德国社会学家马克斯·韦伯所提出的"合理性"（rationality）概念。韦伯将合理性分为两种，即价值理性和工具理性。价值理性从某些具有实质的、特定的价值理念的角度来看行为的合理性，注重行为本身所能代表的价值，即是否实现社会的公平、正义、忠诚等，不计较手段和后果，不看重所选择行为的结果。工具理性则认为行动仅由追求功利的动机所驱使，行动借助理性达到自己需要的预期目的，行动者纯粹从效果最大化的角度考虑，而漠视人的伦理情感与精神价值。参见〔德〕马克斯·韦伯：《新教伦理与资本主义精神》，上海，上海人民出版社，2010，第72页。

展示着单一物欲观驱动下人类灵魂的异化图景，呼吁自然人性的回归。20世纪，两次世界大战给人类带来空前灾难，人类相互残杀的惨烈现实摧毁了人们对科学与理性、自由与民主的全部幻想；西方人普遍存在着因高度科学理性与物质文明所带来的异化感与危机感。现代主义文学将理智与情感、禁欲与原欲、灵与肉、善与恶、罪与罚等二元对立的人文母题推向纵深。20世纪50年代之后，自然科学的快速发展以及信息工程技术的广泛应用激发了人类自信心的空前膨胀，人们一贯遵从的社会道德与价值观念受到全面质疑与挑战，人类社会步入多元文化并存时代，各种文明观念规范着不同族群的心理机制与行为模式。自此，西方文学击碎了数百年来的统一流派模式，文学流派的显著特征逐渐退隐，文学作品亦由传统的宏观叙事模式分裂为碎片式、私语式，从不同角度、相异旨趣出发，塑造着每个人心目中不同的"罪恶与救赎"图景。

上述西方刑法思想与文学思想萌芽、发展、演进的大致脉络，似乎向我们展现着多幅具有同一血脉渊源或遗传基因的进化图式，也暗示着二者之间可能存在的某种隐形契合关系。不仅如此，从文学角度进行考察，我们还能发现，对现代西方刑法学产生了深远影响的古希腊—古罗马刑法思想，并非是由奥林波斯山诸神直接赐予西方人的，它们显然受到了古代东方、尤其是西亚地区刑法思想的巨大影响。佐证之一是古希腊—古罗马神话对东方神话的拙稚模仿——关于宇宙起源的浪漫传说，折射出童年时期的人类对罪与罚的古朴看法，其中彰显着浓郁的人本主义观①；佐证之二是基督教文学对希伯来"圣经文学"的完美承袭，其中所蕴含的"原罪论"与"救赎观"，对整个西方刑法思想体系的构建具有基础性意义。考察西方文明各个历史阶段，上述例证俯拾皆得，浩如烟渺的文学作品为刑法学的研究提供了宝贵的外倾视角。借助该种多维视域，我们是否可以尝试着从中观照西方刑法思想的演变轨迹，探索西方刑法思想形成过程中所

---

① 古希腊地处地中海文化圈中心，具有外向、奔放的海洋性民族性格。公元前3000年，古希腊文明诞生之前，与之隔海相望的北非埃及与西亚两河流域的苏美尔文明、巴比伦文明以及亚述文明就通过爱琴海域进入克里特岛，使得还处在野蛮时期的古希腊沐浴到世界上最古老文明的甘霖，开始向文明转化。希腊人从古老的东方文化中汲取了丰富的营养，希腊文学也因此具有显著的东方色彩。例如，古希腊继承了世界上最早的宗教文学——形成于公元前4000年至公元前3000年埃及的《亡灵书》，该书包罗了古埃及人的思想信仰及各种细节，其朴素的神学观赋予古希腊神话无穷的创作之源。再如，于公元前3000年至公元前2500年流行于苏美尔地区的世界首部史诗《吉尔伽美什》，以活泼的生活气息体现了神祇世俗化的思想，该种思想在古希腊神话中得以继承、发展。古希腊神话中还处处可以追寻到古巴比伦神话的影踪，而神话故事"乌特那庇什提牟秉承神意造方舟躲避洪水、战胜洪水"的影响更是极为深远，它包蕴着《圣经》中水漫人间、"诺亚方舟"救赎人类等核心故事的雏形。

接受的人文精神的滋养，继而分析人文环境的浸润在何种程度上参与着刑法思想的变革与进化？

　　本书第 1 章至第 8 章拟从宏观层面对西方刑法思想的变迁进行梳理，抽绎出西方刑法思想所蕴含的人文关怀；并以同一时期西方文学作品的人文价值取向作为参照，发掘、归纳二者之间的客观联系。具体展开四个递进层次的论述：远古时期西方刑法思想的萌芽、中世纪西方刑法思想的形成与蜕变、近现代西方刑法思想的变革、当代西方刑法思想的走向。

第1章　原欲中舒展的人性：
远古时期的刑法思想^①

（公元前12世纪～公元前5世纪）

克洛诺斯伏在母亲肚脐处，等待乌拉诺斯与母亲交合时，右手挥动镰刀……乌拉诺斯在被阉割的瞬间发出痛苦的低吼，与地母盖娅轰然分离、腾空而起，从此永远固定在世界最高处。从他体内流出的血中产生了复仇三女神；从他的性器在海里溅起的泡沫中诞生了性爱之神阿芙洛狄忒。克洛诺斯顺理成章地做了第二任神祇之王，史称"镰刀夺位"。

——［古希腊］赫西俄德《神谱》

阿喀琉斯跨上战车，挥舞着赫克托耳金光闪闪的盔甲，扬鞭驱策健马飞一般地奔驰。赫克托耳赤身裸体，双脚从脚跟到脚踝的筋腱被割开，穿进系在战车上的皮带上，浓密褐色的卷发飘洒向两边，俊美的脑袋沾满了厚厚的尘土。

——［古希腊］荷马《荷马史诗·伊利亚特》

今天，你们开始了第一场法庭审判；今后，你们将永远保留这种法庭；将来，这里就是审判谋杀亲人罪的庄严场所。法庭将由城里最公正廉洁的人组成。他们不应受贿赂，必须廉正、严明、全力地保护所有人民。你们都应该维护它的尊严，把它当作全城的支柱。希腊的其他地方和外国都还没有这种神圣的法地，这便是我对未来的希望。现在，法官们，请站起身来，记住你们的誓言，为裁判此案投票吧！

——［古希腊］《希腊神话故事》

---

①　在该时期西方社会由原始社会步入奴隶社会，起始于古希腊原始社会，历经希腊化时期，结束于西罗马帝国的灭亡。

　　向我宣布这项法令的不是宙斯，正义之神也没有为凡人制定这样的法令；我不认为你，一个凡人所颁布的一道命令竟敢僭越天神制定的、永恒不衰的不成文律条，它的存在不限于今日和昨日，而是永久，没有人知道它在时间上的起源！

——〔古希腊〕索福克勒斯《安堤戈涅》

1.1　与神共舞：浪漫神话与刑法思想

古希腊人最早生活在地中海流域的希腊半岛①，这里海岸线平缓、视野宽阔。温和、湿润的海洋性气候赋予古希腊人自由奔放、蓬勃向上的外向型民族气质。他们的体内燃烧着永不枯竭的原始欲望，他们保持着勇于冒险的开拓精神，他们对智慧与力量倍加赞美。神秘莫测、威力无穷的自然现象在给古希腊人带来困惑与惊惧的同时，也孕育了他们追求现世生命价值、注重个体荣耀的文化价值观。

古希腊神话②源于古老的爱琴文明，充分展现了原始人性的活泼与美丽，描绘了自由、乐观的人类童年时期的图景。在这个浪漫的神话王国里，处处蕴含着古希腊人对个体正义的追求与对个性自由的向往，洋溢着初民社会的民众渴望与自然和谐一致、同生共存的美好愿景。与伊壁鸠鲁学派③所倡导的快乐主义相契合，古希腊神话中，无论是人还是神，均具有强烈的个体本位意识。他们以独立不羁的姿态享受着人生、日夜狂欢取乐；面对危险与困境，却又表现出百折不挠、英勇无畏的精神。正是与大

①　古希腊的疆域包括今天的巴尔干半岛南部、爱琴海诸岛以及小亚细亚西部沿海地带、意大利南部、西西里岛和黑海沿岸。

②　公元前 11 世纪、公元前 12 世纪到 7 世纪、8 世纪间的古希腊被称为"神话时代"。"古希腊神话"亦称"希腊圣经"，多来源于古希腊民间口头文学，以艺术与哲理的方式展示了希腊社会生活最真实的面貌。它是关于希腊之神、英雄、宇宙的神话，大体分"众神故事"与"英雄传说"两大部分。神的故事涉及宇宙起源、造人传说、神的降临及其谱系等内容，他们掌管着自然与生活的各种现象，组成以宙斯为中心的奥林匹斯神统。英雄传说起源于对祖先的崇拜，主人公大都是神与人的后代、半神半人的英雄，体现了人类征服自然的豪迈气概与顽强意志，是古代民众集体力量与智慧的化身。这些集体创造的神话故事，经由时间淬炼，被史家统称为"古希腊神话"。古希腊神话最初均为口耳相传，直至公元前 7 世纪，才由吟游诗人荷马统整记录于《荷马史诗》，其系列还包括赫西俄德的《工作与时日》和《神谱》，奥维德的《变形记》，埃斯库罗斯、索福克勒斯和欧里庇得斯的戏剧。参见"古希腊神话"，See Greek mythology, Wikipedia, http：//en. wikipedia. org/wiki/Greek _ mythology，2011-8-17。

③　伊壁鸠鲁（Epikouros，公元前 341～公元前 270 年），雅典人，其伦理学中心是快乐主义，相信自保与追求个人幸福是人生目的；承认自然规律性，要求人同自然和谐一致地生活。在幸福内容与获得方法上伊壁鸠鲁学派与斯多葛学派的方法大相径庭，它否认斯多葛学派的理性论、宿命论与禁欲主义，提倡个人快乐与功利主义，认为快乐是人的自然本性，是最高的美德与善；快乐不仅限于抽象意义，还必须含有功利要素，即以肉体的实际感受为标准，又以不放荡与服从理性为限度；国家、社会、法律都应建立在个人主义基础上，否则就没有价值。伊壁鸠鲁提出"个人优先于国家"的观点，推翻了亚里士多德"国家优先于个人"的命题。参见吕世伦主编：《西方法律思潮源流论》，北京，中国人民大学出版社，2008，第 2 版，第 33 页。

自然的不断抗争激发出他们蓬勃旺盛的生命意识，充分展现了人类对现世价值的认可与追逐。古希腊神话中的神祇，上自权柄在握、英俊孔武的帝王宙斯，下至卑微乖戾、丑陋残疾的神匠赫淮斯托斯，再到半人半神、骁勇善战的阿喀琉斯，无不以及时纵欲享乐为人生真谛——与东方神话传说中"神化的人"迥然不同，他们是一群"人化的神"，除了拥有肉身不亡的特权，他们对人类拥有的七情六欲趋之若鹜：贪享美食、耽迷美色、心胸狭隘、易被激怒、工于心计、善于报复甚至动辄置仇家于死地。古希腊神话充分彰显出西方人童年时期的原欲型文化模式，其中所裹挟的浓厚的生命意识、强烈的人本意识以及绝对的自由观念逐渐发展为西方人文价值的二元母题之一。

从刑法思想层面考察，人类文明早期对侵害者的惩罚大多源于受害者及其血亲的应激性反应、亦即生物学意义上的护种本能。[①] 古希腊神话对这一观点进行了生动的阐述，无论是原始神统秩序的建立，还是长达十年的"特洛伊战争"，再到著名的"俄瑞斯忒斯审判"，无一不隐喻着西方罪罚思想的萌芽与发展。我们从中可以看到，城邦司法制度产生之前，私力复仇作为朴素报应观的本能性反应，是人们所奉行的解决纠纷与消灭仇恨的通行法则。神祇与神祇之间、神祇与凡人之间、凡人与凡人之间，出自生物性本能的攻击与复仇主题得到丰富而持久的彰显。古希腊神话即以神祇间残酷的篡位与复仇揭开序幕，其中饱含着母子、情人、手足间的是非恩怨与悲欢离合。

1.1.1　私力复仇的源起："宙斯弑父篡权"

在古希腊神话中，原始天神卡厄斯[②]是存在于宇宙形成之前的一

---

① 奥地利精神分析学家弗洛伊德认为：人类的本能包括两类，一类是生的本能，另一类是死亡本能（攻击本能）。生的本能包括性欲本能与个体生存本能，其目的是保持个体的生存与种族繁衍。死亡本能则派生出攻击、仇恨、谋杀、破坏、战争等一切毁灭性行为。当生的本能遭受侵害或者威胁时，死亡本能或者攻击本能就被激发。参见〔奥地利〕西格蒙德·弗洛伊德：《精神分析引论》，高觉敷译，北京，商务印书馆，1984，第37～39页。

② 卡厄斯（Chaos，意即"混乱"），是宇宙形成之前的一片黑暗空间，彼时没有光，因此其状不可描述。卡厄斯的产物是古希腊神话中第一代神祇，包括盖娅（Gaea，大地）、塔尔塔罗斯（Tartarus，大地底层囚禁神的敌人之处）、厄洛斯（Eros，性欲）、尼克斯（Nyx，黑夜）、厄瑞波斯（Erebus，黑暗）。其中厄瑞波斯和尼克斯女神结合，产生了埃忒耳（Aether，光明）和赫墨拉（Hemera，白昼）。参见〔古希腊〕赫西俄德：《工作与时日·神谱》，张竹明、蒋平译，北京，商务印书馆，1991。

片黑暗空间，它通过自体繁殖产生大地盖娅①。盖娅从自己的拇指指端产生天空乌拉诺斯，并与其结合产下六男六女"十二提坦"。夫妻间的猜忌、父子间的专制、手足间的嫉恨导致其后家族复仇绵绵不断。② 最后，盖娅与乌拉诺斯的幺子克洛诺斯从盖娅体内救出十一位兄姐，大家一致投票推举克洛诺斯为第二代神王。愤怒的乌拉诺斯对其子克洛诺斯进行诅咒——后者亦将被自己的子女推翻。于是克洛诺斯娶其妹瑞亚③为妻后，做出了一个残忍的决定：把生下来的孩子全部吃掉。第六个孩子宙斯④出生时，母亲瑞亚用石头替换了他，宙斯侥幸生存下来。⑤ 宙斯长大后，利用武力解救出五个兄弟姊妹，并与他们达成协议，合力击败父亲克洛诺斯与另外十一提坦。战后，宙斯严守承诺，与手足论功行赏，成为第三代万神之王，始创奥林波斯神统之原始秩序。

古希腊神话中，原始秩序建立在循环复仇的基础之上，而"杀戮"这

① 盖娅（Gaea），大地之神，开天辟地时，由卡厄斯所生，是宙斯的祖母。盖娅生了天神乌拉诺斯（Uranos），并与他结合生了十二个提坦巨神、三个独眼巨人及三个百臂巨神，这便是世界的开始，所有天神都是盖娅的后代。参见〔古希腊〕赫西俄德：《工作与时日·神谱》，张竹明、蒋平译，北京，商务印书馆，1991。

② 盖娅产生乌拉诺斯后，乌拉诺斯覆盖于盖娅身上、二者完全叠合。乌拉诺斯代表阳性天空，盖娅则是阴性大地。乌拉诺斯不停地在盖娅怀抱中发泄淫威、享受性爱。不仅如此，乌拉诺斯还非常贪恋权利，他将与盖娅所生的孩子全部捆缚在盖娅体内。最终，盖娅再也无法忍受了，对孩子们说："听我说，你们的父亲侮辱我们，你们应该起来反抗你们的父亲。"其他11个小提坦都吓坏了，只有最小的儿子克洛诺斯（Cronus）答应帮助母亲推翻父亲。盖娅在自己体内用骨头制作了一把镰刀，放在克洛诺斯手中。克洛诺斯伏在母亲肚脐处，等待乌拉诺斯与母亲交合时，右手挥动镰刀，割下父亲的生殖器抛向大海。乌拉诺斯在被阉割的瞬间发出痛苦的低吼，与地母盖娅轰然分离、腾空而起，从此永远固定在世界最高处。从他体内流出的血中产生了复仇三女神；从他的生殖器在海里溅起的泡沫中诞生了性爱之神阿芙洛狄忒。克洛诺斯顺理成章地做了第二任神祇之王，史称"镰刀夺位"。参见〔古希腊〕赫西俄德：《工作与时日·神谱》，张竹明、蒋平译，北京，商务印书馆，1991。

③ 瑞亚（Rhea），盖娅与乌拉诺斯所生十二提坦神之一。瑞亚与克洛诺斯结合生了六个孩子，分别是德墨忒尔（Demeter，丰产女神），赫拉（Hera，主管婚姻和家庭），赫斯堤亚（Hestia，灶神），哈德斯（Hades，冥王），波塞冬（Poseidon，海神）和宙斯（Zeus）。参见〔古希腊〕赫西俄德：《工作与时日·神谱》，张竹明、蒋平译，北京，商务印书馆，1991。

④ 宙斯（Zeus），古希腊神话第三任神王，奥林波斯山统治者。宙斯同女神和凡间女子生下大量子女，他们或为天神，或为半人半神的英雄，因此宙斯又被称为天神和凡人之父。参见〔古希腊〕赫西俄德：《工作与时日·神谱》，张竹明、蒋平译，北京，商务印书馆，1991。

⑤ 宙斯降生后，瑞亚以襁褓裹石诓骗克洛诺斯吞之，而把婴儿暗中送往克里特的迪克特山中。宙斯成年后用计救出被父亲吞下的五个兄弟姊妹，并阉割了克洛诺斯，与手足合力推翻十一提坦，登上王位。参见〔古希腊〕赫西俄德：《工作与时日·神谱》，张竹明、蒋平译，北京，商务印书馆，1991。

一极端的复仇模式亦在弑父篡位的过程中屡试不爽。克洛诺斯通过阉割其父乌拉诺斯篡位成功，因此被手足推举为第二代神祇之王；其子宙斯采取同种方法推翻父亲的统治，成为第三代万神之王。推翻了以父亲克洛诺斯为代表的旧神系后，宙斯完全履行了自己的诺言，与兄弟姊妹"约法三章"，为立功者分配荣誉与地位。从此，每个神与英雄均被安排在维持世界秩序的确定位置上，执掌权力，履行义务。由此可见，绝对地位才能产生绝对权威，宙斯首先通过弑父篡权获取王位，继而在权力的保障下通过与兄弟姊妹签订"契约"建立起领域内的秩序。此时维护秩序的"契约"即权力的产物，这亦是"强权即正义"的原始表述。另外，作为最高统治者，宙斯自然希望维持权力控制范围内的井然秩序，因此不得不插手各种纠纷的裁判与排解，扮演着不同裁判者的角色，大致分为三种。

1.1.1.1　"普罗米修斯①盗圣火案"

第一类案件中，宙斯扮演独立裁判者的角色，铁面维护秩序，严厉惩罚敢于违抗圣谕之人。

　　与中国神话中的女娲造人、基督教文学里的上帝造人不同，古希腊神话中，人类的父亲与导师是普罗米修斯。普罗米修斯不仅是人类追求幸福生活的导师，同时也是人类利益的坚定维护者，多次指点人类与宙斯的贪婪与专制进行抗争。屡遭戏弄的宙斯终于恼羞成怒，拒绝赐予人类"火种"这一迈向文明社会最关键的自然力。普罗米修斯对人类充满怜悯，也对宙斯的背信弃义深感愤怒。他捡了一根长长的茴香枝，埋伏在太阳神巡游的必经之路上，将其探入火车中偷取火种、撒向人间。人间的熊熊烈焰升入天空，宙斯大发雷霆，决定给普罗米修斯和人类最严厉的惩罚。众神出面劝阻，均遭到宙斯的断然拒绝。火神赫淮斯托斯②对普罗米修斯的果敢与智慧非常钦佩，愿意出

---

　　①　普罗米修斯（Prometheus），提坦神伊阿佩托斯与正义女神忒弥斯之子，宙斯的堂兄，人类的创造者与庇护者，其名含义是"先知"与"预见"。为了表现人类从自然中取得了火种的胜利，同时也为了表明该过程的艰巨与壮烈，古希腊人创造了普罗米修斯的伟岸形象，标志着希腊人从原始阶段向文明时期的过渡。古希腊首位悲剧大家埃斯库罗斯为了让世人永远纪念这位英雄，创作了《被缚的普罗米修斯》，歌颂其不畏强暴、牺牲自己、造福人类的光辉形象；英国诗人雪莱也创作了诗剧《解放了的普罗米修斯》，马克思曾高度评价普罗米修斯为"哲学史上最崇高的圣者与殉道者"。参见〔德〕古斯塔夫·施瓦布：《古希腊神话与传说》，高中甫、关惠文译，北京，中国书籍出版社，2005。

　　②　赫淮斯托斯（Hephaestus），火神，宙斯与赫拉之子，性爱神阿芙洛狄忒之夫。他相貌奇丑，却心地善良，锻造手艺精湛，非常受人敬重。参见〔古希腊〕赫西俄德：《工作与时日·神谱》，张竹明、蒋平译，北京，商务印书馆，1991。

面调解宙斯与普罗米修斯之间的仇恨，条件是普罗米修斯必须归还火种，并向宙斯道歉，普罗米修斯斩钉截铁地拒绝了他。对于无视最高圣谕也不知悔过的普罗米修斯，宙斯恼怒至极，判决剥夺他三万年的自由，并用一条铁链将他缚在高加索山的陡峭悬崖上。在那里，普罗米修斯将永远无法入睡，疲惫的双腿亦无法弯曲。此外，一只秃鹫奉宙斯旨意，每天降落至普罗米修斯的胸口啄食他的肝脏，转瞬间这些肝脏又会恢复完好。普罗米修斯不得不承受着永无止境的撕心裂肺的痛楚。严惩盗火者后，宙斯并未善罢甘休，他开始迁怒于人类——普罗米修斯盗火罪行的受益者。为了消除火给人类带来的好处，他制造出美女"潘多拉"，诱惑普罗米修斯的胞弟埃庇米修斯与之结合①，将灾难、罪恶与痛苦撒向人间。②

在普罗米修斯盗火案中，普罗米修斯坦然挑衅宙斯的无尚权威，盛怒中的宙斯并不关注普罗米修斯盗火行为的动机与目的，也毫不顾及众神的劝阻，坚持对违抗圣谕的普罗米修斯施以最严酷的刑罚。甚至在普罗米修斯被大力神解救后③，宙斯仍然要求他永久佩戴镶有高加索石子的脚环，以示羞辱与告诫——这与当今各文明法治国家刑事犯罪人的"案底保留制度"颇有相似之处。案件中的赫淮斯托斯扮演着温和的调解者的角色，他企图说服普罗米修斯归还火种并以真诚的悔罪来消弭宙斯的怒火与冷酷，遗憾的是他的努力并未能缓解犯罪者与审判者之间紧张对峙的气氛。接着，余怒未尽的宙斯开始追索涉案"赃物"，努力无果后不惜利用美人计对人类进行祸害，借以消除"火种带给人类的好处"。

这个神话故事首先反映了古希腊哲学家普遍认可的"恶法亦法"之观点，认为神法具有绝对的先验性与正确性，人们必须无条件地遵守。其

---

①　埃庇米修斯（Epimetheus），伊阿佩托斯与海洋女神克吕墨涅之子，普罗米修斯之胞弟，美女潘多拉之夫。其名意即"后见之明"，代表着人类的"愚昧、贪婪与好色"。参见〔古希腊〕赫西俄德：《工作与时日·神谱》，张竹明、蒋平译，北京，商务印书馆，1991。

②　宙斯首先命令火神赫淮斯托斯将水土混合做出一个可爱的女性，再命令爱神阿芙洛狄忒赋予其媚态、智慧女神雅典娜赋予她聪慧、神的使者赫尔墨斯赋予她甜言蜜语等天赋。众神为她命名"潘多拉"（Pandora），意即"具备一切天赋的女人"。宙斯将潘多拉送给埃庇米修斯，后者忘记了普罗米修斯的警告，快乐地接受了宙斯的赠礼。潘多拉将宙斯的礼物呈现给丈夫，一打开盒盖，所有的灾难、瘟疫和祸害都飞出来，人类从此饱受折磨。智慧女神雅典娜为了挽救人类命运，曾经悄悄地置于盒底一样最美好的物品——"希望"，但潘多拉依照宙斯的告诫，趁它还未飞出时便关闭盖子，因而希望就永远被关在盒内了。参见〔德〕古斯塔夫·施瓦布：《古希腊神话与传说》，高中甫、关惠文译，北京，中国书籍出版社，2005。

③　3 000年后，宙斯之子大力神赫拉克勒斯砸断铁链，解救了普罗米修斯。参见〔德〕古斯塔夫·施瓦布：《古希腊神话与传说》，高中甫、关惠文译，北京，中国书籍出版社，2005。

次，同时揭示了当时社会对犯罪者进行刑事追究依据"绝对责任"，无论其行为的正当性与合理性，只要违背律法，必将招致厉刑处罚。再次，神话中刻画了首位刑事案件调解者的角色，赫淮斯托斯瘸着双腿往返周旋于两位有不共戴天之仇的当事人之间，其善良、温厚的形象给血腥残酷的故事增添了一抹温情的色彩。最后，追根溯底，整个案件事实上起源于宙斯的贪婪与私利——他曾经多次尝试着利用人类的愚钝与蒙昧与人类签订显失公平的契约，却在普罗米修斯的干预下屡遭失败，最终不得不以对自然力的垄断作为撒手锏迫使人类屈服。当普罗米修斯再次挫败他的计划后，宙斯将其全部宿怨借助刑罚权施行于前者。不仅如此，他还设计出"潘多拉之盒"，借此对与普罗米修斯利益攸关的人类施以报复、株连摧残。至此，这位"万神之王"被剥离了神性光环，其集贪婪、狡黠、暴虐、忌恨于一身的性格特质令人感慨，也从另一个角度揭示了古希腊人对"恶法亦法"刑法思想的反思与质疑。

1.1.1.2　"帕里斯裁断金苹果案"

第二类案件中，宙斯因具有特殊身份而主动回避裁判过程，其中最具代表性的莫过于"帕里斯①裁判金苹果案"。

> 希腊英雄珀琉斯为迎娶海女神茜蒂斯，在珀利翁山大宴宾客。奥林波斯山众神均都受到邀请，唯独遗漏了"争执女神"厄里斯②。厄里斯心怀怨恨降临婚宴，抛出一个刻着"给最美丽的女神"字样的金苹果。当场就有三位女神宣称自己是苹果的所有者：第一位是宙斯的妹妹兼太太、天后赫拉③；第二位是宙斯的女儿、战神与智慧女神雅典娜④；

---

① 帕里斯（Paris），特洛伊王子，与斯巴达王后海伦私奔，继而引起"特洛伊战争"，为兄复仇射杀希腊英雄阿喀琉斯。在特洛伊城被攻陷前，帕里斯被杀。参见〔古希腊〕荷马：《荷马史诗·伊利亚特》，罗念生、王焕生译，北京，人民文学出版社，1994。

② 厄里斯（Eris），争执女神，黑夜女神尼克斯之女，最喜挑起不和，最著名的成就是以一只金苹果挑起了"特洛伊战争"。参见〔古希腊〕赫西俄德：《工作与时日·神谱》，张竹明、蒋平译，北京，商务印书馆，1991。

③ 赫拉（Hera），奥林波斯山十二主神之一，主管婚姻与家庭，是克洛诺斯与瑞亚之长女，宙斯之胞姐与妻子，战神阿瑞斯、火神赫淮斯托斯及青春女神赫柏之母。参见〔古希腊〕赫西俄德：《工作与时日·神谱》，张竹明、蒋平译，北京，商务印书馆，1991。

④ 雅典娜（Athena），宙斯之女。宙斯与聪慧女神墨提斯幽会以后，被预言所生的儿女将会推翻宙斯。宙斯遂将情人墨提斯整个吞入腹中，因此得了严重的头痛症。火神赫淮斯托斯劈开他的头颅，一位披坚执锐的女神从其裂开的头颅中跳了出来，光彩照人、仪态万方，她就是智慧与力量的完美结合——女战神与智慧女神雅典娜。参见〔英〕托马斯·布尔芬奇著，〔美〕史密斯·巴尔内改编：《希腊神话》，赵海燕、徐福弟、郑土生译，北京，航空工业出版社，2008。

第三位是性爱女神阿芙洛狄忒①。争议本应由主神宙斯进行裁判，但他既怕得罪妻子又怕惹怒女儿，因而不断征求其他男神的意见。男神们更是噤若寒蝉——三位女神手段毒辣，得罪她们中的任何一个都会为自己招致无法预知的厄运。狡猾的宙斯感叹道："看来，只有人类才能看到女神的不完美之处"，然后便将这个烫手的山芋抛给正在伊达山脉放羊的特洛伊王子帕里斯。② 为了赢得最美丽女神称号，三女神面对人间裁判官使出浑身解数：赫拉向他许诺权力与财富；雅典娜的礼物是智慧与军事才能；阿芙洛狄忒则答应送给他人间第一美女。面对赤裸裸的贿赂，帕里斯决定以权谋私——如世间所有男人，他毫不犹豫地决定用苹果换取美女，也因而得罪了另外两个女神，以至于在其后的特洛伊战争中，天后赫拉与战神雅典娜均怀着仇恨与嫉妒帮助希腊联军一方。③

在"帕里斯诱拐海伦"一案中，海伦已是成年人，其智商与精神状况并无缺陷。帕里斯虽然引诱海伦，但并未违背其意志；两情相悦、红拂夜奔，强奸与诱奸罪是算不上的，最多属于"通奸"行为，虽然在当时通奸行为也是一项重罪，当事人可以直接进行私力救济。但是，帕里斯不仅拐诱了王后，而且还煽动士兵将王城的珍宝与女奴扫荡一空，这就引起了希腊人的极端愤慨。按照当时同态复仇之例，斯巴达国王墨涅拉厄斯拥有对帕里斯与海伦的惩罚权、对盗窃财产（包括女奴）的追索权。如果还不解恨，墨涅拉厄斯甚至可以将帕里斯的妻子与女奴也一并虏获到斯巴达，这桩公案便可以了结了。不幸的是，海伦代表着所有希腊男人的尊严，本该由国王一身承当的个体复仇遂升级为氏族仇恨，其后更是演变为一场历时十载、骇人听闻的跨国战争。正是这场战争将原始自然复仇模式演绎至巅峰状态，私力救济之局限亦初露端倪。

"帕里斯裁断金苹果"一案于某种程度上揭示了古代社会法官与仲裁人的产生过程。作为人间首位"法官"，帕里斯的裁判权由主神宙斯授予，

---

① 阿芙洛狄忒（Aphroditus），意即"出水"，性爱与美之女神。乌拉诺斯被阉割后，从其生殖器扔进水中溅起的泡沫中，诞生了阿芙洛狄忒。〔古希腊〕赫西俄德：《工作与时日·神谱》，张竹明、蒋平译，北京，商务印书馆，1991。

② 人间美男子帕里斯因被预言将会导致特洛伊城的灭亡，被其父兄赶到山上放羊。参见〔古希腊〕赫西俄德：《工作与时日·神谱》，张竹明、蒋平译，北京，商务印书馆，1991。

③ 〔古希腊〕赫西俄德：《工作与时日·神谱》，张竹明、蒋平译，北京，商务印书馆，1991。

这恰好与远古社会合法裁判权来源于"神的授予"的思想吻合。在人类社会早期，原始裁判机构中无论是祭司、酋长还是族长，对纠纷的解决在不同程度上都借助了神的权威。有了合法的授权，才具有公认的权威；有了公认的权威，才可以作出令人信服的裁断，因而，合法授权是法官或仲裁人裁判正当性的唯一来源。

同时，在此案中，我们可以窥探到司法审判回避制度的萌芽。宙斯之所以将棘手案件授权给凡人裁判，是因为他与争执当事人之间存在着姻亲关系，一个是自己的妻子，一个是自己的女儿，一个是自己的姑妈。而其他天神也与被裁判人有着或多或少的姻亲关系，因此皆不愿参与。这种情形下，为了避免可能出现的难堪与混乱，无论狡黠的宙斯的初衷是推诿责任，还是其真正具有卓越的公平、公正意识，他所提议的裁判回避制度毫无疑问是进步的。

有趣的是，在当今司法体系中屡见不鲜的暗箱交易，居然也可以从数千年前的裁判案例中觅到踪影，它充分证明：许诺公权力之外非分私人利益的获取，包括财富（由赫拉提供）、权力（由雅典娜提供）、美色（由阿佛洛狄忒提供）等，在各类公权力的履行过程中具有令人难以抵御的魔力——无论是对人，还是对神。

1.1.1.3 "赫拉克勒斯[①]误杀利诺斯案"

第三类案件中，宙斯将裁判权完全下放给人类，由人类自己审理自己的纠纷事务。

当今法学界通常认为，西方最早的世俗审判发生在战神山，由雅典娜组织十二长老对"俄瑞斯忒斯弑母案"的裁判，其实不然。我们可以从希腊神话中追溯至更为久远的一场审判——"赫拉克勒斯误杀利诺斯案"审判，亦是宙斯向人类法官授以裁判权的典型案例。

> 赫拉克勒斯是宙斯的私生子，他名义上的父亲是底比斯国安菲特律翁。当安菲特律翁由神意得知这个儿子将获得巨大的光荣，便开始对赫拉克勒斯施以英雄应有的教育——不仅注重对赫拉克勒斯体力的锻炼，更注重对他智力的培养，精心请来各路英雄教他读书、写字、

---

① 赫拉克勒斯（Heracles），又名海格力斯，是宙斯诱奸底比斯国安菲特律翁之妻阿尔克墨涅后，与安菲特律翁的儿子伊菲克勒斯一同诞生的双胞胎兄弟，希腊神话中最伟大的半神男性。赫拉克勒斯力大无穷、胸怀正义，完成了十二件英雄壮举，并解救了普罗米修斯。罗马皇帝均以赫拉克勒斯后代自居。参见〔古希腊〕赫西俄德：《工作与时日·神谱》，张竹明、蒋平译，北京，商务印书馆，1991。

抚琴、唱歌。尽管赫拉克勒斯显示出惊人的才能，但他在知识与音乐方面的成绩远远比不上摔跤、射箭和搏斗的成绩，他对前者也并不感兴趣。赫拉克勒斯的音乐教师——白发苍苍的利诺斯，虽才华横溢却缺乏耐心，有时甚至会严厉地体罚赫拉克勒斯。一次，赫拉克勒斯不愿学习音乐，并与利诺斯顶嘴，利诺斯动手打了他，赫拉克勒斯顺手抓起齐特尔琴朝利诺斯的脑袋上打去。赫拉克勒斯虽然年幼，但因为喝过天后赫拉的乳汁，因而具有比成人大得多的力量，利诺斯被砸倒于地、顷刻身亡。赫拉克勒斯未料到自己的力量竟如此之大，十分后悔，跪在尸体前痛哭不已。国王安菲特律翁匍匐至阿波罗神殿前，乞请神谕。阿波罗立刻与宙斯商议此案，最终，在宙斯的允可下，阿波罗暗示国王将案件交给人间法庭审理。赫拉克勒斯因杀人罪被传唤到法庭，并对自己的行为进行辩护。为人正直而又知识渊博的法官拉达曼提斯①详细了解案情后，宣布杀人者无罪，理由包括两点：其一，赫拉克勒斯并非故意杀害自己的老师；其二，利诺斯对赫拉克勒斯的责打行为失当。随后，拉达曼提斯颁布了一条新律法，即"出于自我保护目的而致人死亡者无罪"。赫拉克勒斯虽免于一死，却被父亲安菲特律翁国王驱逐至山区牧羊，并令他从此不得返回城邦，以示惩戒。②

这是希腊神话中关于世俗刑事审判的最早记载。从此案中，我们可以推断拉达曼提斯的裁判是公正的，并未受到世俗王权的影响与限制。因为据希腊神话记载，拉达曼提斯具有神祇身份，贵为主神宙斯与腓尼基公主欧罗巴之子，是宙斯亲自任命的主管人间裁判的法官。拉达曼提斯并不听命于世俗王权，所以没必要故意减轻赫拉克勒斯之罪行以谄媚君主。另外，我们可以看到，早在数千年前，希腊人即借拉达曼提斯之口，在定罪过程中考虑犯罪人的主观过错，赫拉克勒斯的过失行为虽然导致了恩师惨死的结果，但是其并不具有杀人的主观故意，因此不能定性为故意杀人，此项判决预示着对刑事案件的审判由"绝对责任"向"过错责任"转变。

---

①　拉达曼提斯（Rhadamanthus），宙斯与欧罗巴的私生子，具有半神身份，是最为公正无私的审判人间案件的法官。死后与米诺斯和埃俄科斯一起成为冥界三法官。拉达曼提斯审判东方人，埃俄科斯审判西方人，米诺斯具有决定性的一票。参见〔德〕古斯塔夫·施瓦布：《古希腊神话与传说》，高中甫、关惠文译，北京，中国书籍出版社，2005。

②　参见〔古希腊〕赫西俄德：《工作与时日·神谱》，张竹明、蒋平译，北京，商务印书馆，1991。

同时，本案首次将防卫情形确定为出罪条件，认为赫拉克勒斯之所以拿起琴砸向老师，是因为老师首先动手对其实施侵害，属于事出有因。这里，拉达曼提斯并没有考虑到防卫过当的问题，因此也未斟酌加害者是否应当受到处罚，而是大笔一挥宣判其无罪释放。以拉达曼提斯的智慧、公正与严谨，很明显他在这桩案件中打了马虎眼，其原因究竟为何我们不得而知，也许是其忌惮赫拉克勒斯本身显赫的威力，也许是预见到赫拉克勒斯即将肩负的历史使命，也许仅为了向主神宙斯与欧罗巴女神示好。不管怎样，这桩案件为日后防卫性刑事案件的评估提供了价值取向。需要注意的是，赫拉克勒斯虽然没有受到来自法庭的惩罚，却难逃家法约束，国王安菲特律翁盛怒之下将其流放至底比斯山区，并令其"终身不得返回"。王子犯法，与庶民同罪，这种惩罚可能是西方刑法制度中"流放刑"的最早记载。

应该指出，在奥林波斯神统秩序中，虽然出现了权力者执掌裁判制度的萌芽，但由于没有统一的律令羁束，并且神祇之间、人类之间、神祇与人类之间的纠纷与冲突过于频繁，绝大多数冲突仍然是通过私力救济——血腥复仇来解决的。即使如此，我们也不应否认西方司法制度的萌芽与上述纠纷、裁判、复仇故事在客观上存在着较多融合之处，而这种融合关系在下文中将以更为明朗的图景呈现。

1.1.2　私力复仇的巅峰："特洛伊战争"①

血亲复仇源自人性护种之本能。随着人类智商的进化与群居习性的养成，维系族间稳定关系的血亲复仇行为愈演愈烈，逐渐发展为大规模族群性厮杀，复仇烈度不断升级、复仇对象循环往复，往往导致家族甚至更大族群的灭绝。《荷马史诗》（公元前 8 世纪）中著名的"特洛伊战争"即为典型代表，其根源可以追溯至上文所述的"帕里斯裁判金苹果案"。

　　　　阿芙洛狄忒如愿以偿得到金苹果后，认真履行诺言。在阿芙洛狄

---

① 斯巴达王后海伦被特洛伊王子帕里斯诱拐后，为了荣誉，以斯巴达国王墨涅拉厄斯（海伦之夫）与其兄阿伽门农为首的希腊联军，进攻以帕里斯及赫克托耳（特洛伊王子，帕里斯之兄）为首的特洛伊城，开始了十年攻城战。参见〔古希腊〕荷马：《荷马史诗·伊利亚特》，罗念生、王焕生译，北京，人民文学出版社，1994，第69~77页。

忒的筹划下，特洛伊王子帕里斯成为斯巴达国王墨涅拉厄斯与王后海伦①的座上客，并与王后海伦私奔至特洛伊。希腊人为了捍卫自己的尊严不得不跨海远征，发动了长达十余年的特洛伊战争。②

《荷马史诗·伊利亚特》以"阿喀琉斯的愤怒"开篇，生动地描述了希腊大英雄阿喀琉斯③与希腊联军统帅阿伽门农④之间的争执与仇恨。

> 围城第十年，迈锡尼国王阿伽门农抢占希腊大英雄阿喀琉斯的女奴布利塞斯，阿喀琉斯索要未果，愤而离营、退出战斗。其后希腊联军无人能敌特洛伊王子赫克托耳⑤之勇猛，屡战屡败。阿喀琉斯的挚友帕特罗克洛斯⑥看到己方士兵死伤惨重，遂穿上阿喀琉斯的铠甲，假扮其模样出战，却被特洛伊王子赫克托耳斩于马下。阿喀琉斯被激怒，指名与赫克托耳决斗，最后将赫克托耳刺死在枪下。⑦

阿喀琉斯身为希腊第一勇士，却顾全大局，忍痛将心爱女奴让与统帅阿伽门农。之后，面对好友惨死，他又秉持复仇规则，忠诚地为挚友复

---

① 海伦（Helen），即阿芙洛狄忒所述人间第一美女，人间之父是斯巴达国王廷达瑞俄斯。海伦成年后，求婚者遍及希腊所有王国的年轻才俊。养父廷达瑞俄斯不得不抽签决定海伦的丈夫。为了缓解英雄们之间的紧张气氛，廷达瑞俄斯事先要求在场英雄盟誓，一旦中签者因为海伦而陷入麻烦，在场之人一律有义务随时为海伦发兵援助。这亦是特洛伊战争前夕，希腊能如此迅速地集结兵力的原因之一。最终，迈锡尼王子墨涅拉厄斯中签。由于墨涅拉厄斯的长兄阿伽门农即位成为迈锡尼王，墨涅拉厄斯遂入赘斯巴达，并在廷达瑞俄斯死后成为斯巴达国王。参见〔古希腊〕荷马：《荷马史诗·伊利亚特》，罗念生、王焕生译，北京，人民文学出版社，1994，第67页。

② 参见〔古希腊〕荷马：《伊利亚特》，罗念生、王焕生译，北京，人民文学出版社，1994，第64页。

③ 阿喀琉斯（Achilles），希腊第一勇士，是凡人英雄珀琉斯与海洋女神忒提斯之子，所有半人半神英雄之中最耀眼的一位，历来以其勇气、俊美与体力著称。参见〔古希腊〕赫西俄德：《工作与时日·神谱》，张竹明、蒋平译，北京，商务印书馆，1991。

④ 阿伽门农（Agamemnon），迈锡尼国王，希腊诸王之王，特洛伊战争的集结者与统帅。有史料认为特洛伊战争的爆发是因为他想称霸爱琴海，而其弟墨涅拉厄斯的妻子海伦被特洛伊的王子帕里斯拐走只是导火线。参见〔古希腊〕埃斯库罗斯：《埃斯库罗斯悲剧集——阿伽门农》，陈中梅译，沈阳，辽宁教育出版社，1999。

⑤ 赫克托耳（Hector），特洛伊王子，帕里斯胞兄，特洛伊第一勇士，为人正直、品格高尚，是古希腊传说与文学中非常高大的人类英雄形象。在《伊利亚特》中，他先是怒斥海伦的无耻行径，坚决反对城邦为了帕里斯的私事向希腊希军队应战。战争爆发后，他又义无反顾地率领特洛伊人与希腊大军作战，最后英勇战死在阿喀琉斯手下。参见〔古希腊〕荷马：《伊利亚特》，罗念生、王焕生译，北京，人民文学出版社，1994。

⑥ 帕特罗克洛斯（Patroclus），阿喀琉斯最亲密的朋友，也有史料分析二人是同性恋人。参见〔古希腊〕赫西俄德：《工作与时日·神谱》，张竹明、蒋平译，北京，商务印书馆，1991。

⑦ 参见〔古希腊〕荷马：《伊利亚特》，罗念生、王焕生译，北京，人民文学出版社，2008，第1～26页。

仇，赢得了所有人的尊敬。然而，紧随其后发生的事情却变得骇人听闻了。也许是对帕特罗克洛斯的感情太过深厚，也许是英雄心中早已窝着一团无名之火，阿喀琉斯在杀死特洛伊王子赫克托耳之后，其复仇烈焰并未熄灭，竟然在两军对垒、众目睽睽之下实施了令人发指的虐尸行为：

> 阿喀琉斯跨上战车，挥舞着赫克托耳金闪闪的盔甲，扬鞭驱策健马飞一般地奔驰。赫克托耳赤身裸体，双脚从脚跟到脚踝的筋腱被割开，穿进系在战车上的皮带上，褐色的卷发飘洒向两边，俊美的脑袋沾满了厚厚的尘土。①

> 阿喀琉斯不仅虐待赫克托耳的尸体，甚至不允许其入土为安，扬言要将其尸葬身狗腹。如此虐尸暴行引起了众人的惊骇与悲哀，也激起了神祇的愤怒。太阳神阿波罗劝诫阿喀琉斯将赫克托耳的尸体归还特洛伊安葬，却被后者当场拒绝。随后不得不由宙斯亲自出面，安排特洛伊老国王赎回儿子的尸体，进行隆重安葬。而阿喀琉斯亦由于过激的报复行为冲破规则限度，引起人神共愤，最终导致灾难降临：特洛伊王子帕里斯在太阳神阿波罗的指点下，知晓了阿喀琉斯的罩门，一箭射中其脚踵②，为哥哥赫克托耳报了仇。③

《荷马史诗》（公元前 8 世纪）是承载古希腊"荷马时代"④ 的唯一文字史料，也是考察该时期刑法思想的重要来源。囿于人类初民社会发展的滞缓性，上古时代的历史往往以口耳相传的形式在先民部落的记忆中得以保留，然后行吟诗人将其编为歌曲在民众间传唱，这就是民族史诗的雏形。民族史诗并非严格意义上的史学著作，其中却折射出不同时期的历史事件在民众记忆中的镜像，因而具备了史料的价值与功能。⑤ 与古希腊浪

---

①　参见〔古希腊〕荷马：《伊利亚特》，罗念生、王焕生译，北京，人民文学出版社，2008，第 515 页。

②　阿喀琉斯出生后，其母海洋女神忒提斯曾提着他的脚踝将其浸泡在冥河中，希望使他全身刀枪不入，唯有脚踝（被忒提斯手握着，没有浸入冥河）成为他的致命之处，最终被帕里斯一箭射中脚踝身亡。此即西谚"阿喀琉斯之踵"的来源。参见〔德〕古斯塔夫·施瓦布：《古希腊神话与传说》，高中甫、关惠文译，北京，中国书籍出版社，2005，第 176 页。

③　参见〔古希腊〕荷马：《伊利亚特》，罗念生、王焕生译，北京，人民文学出版社，2008，第 515 页。

④　公元前 11 世纪至公元前 9 世纪。

⑤　理查德·A. 波斯纳在谈论《荷马史诗》时，曾惊叹道："尽管在文化层面上这些作品离我们如此遥远，尽管缺乏系统的论辩或者证据，但它确实应该改变我们有关复仇在刑事司法制度、全球政治或者日常生活中的适当作用之观点。"〔美〕理查德·A. 波斯纳：《作为公共知识分子的文学评论家》，徐昕译，见：《公共知识分子》，北京，中国政法大学出版社，2002，第六章。

漫神话一脉相承，整部《荷马史诗》亦处处洋溢着追求自我价值、释放自我欲望的"人神同性"之人文价值观，这体现在史诗中诸多人物对神祇意志的违抗与挑衅行为之中。史诗中各路英雄的性格均随心所欲而又粗犷拙稚，血液中潜藏的原始野性随时会给他们带来种种原欲冲动——永无止境地征服、残酷凶蛮地掠夺、肆无忌惮地杀戮、刻骨持续的恨以及热烈灼烫的爱，这一切野性乃至兽性均成为力与美的象征，体现着古希腊人对个人意志的主宰与生命欲望的放纵。这些人物包括早已从母亲口中得知自己将毙命于疆场、却毅然出征的希腊英雄阿喀琉斯；明知己方力量薄弱，仍然披坚执锐、吻别爱妻幼子、毅然踏上不归路的特洛伊王子赫克托耳等。无论是人还是神，主人公均具有鲜明的自我意志、并勇敢地将其付诸行动，个人荣誉与生命意义维系甚密。

"阿喀琉斯的复仇"在整部《荷马史诗》中占据着显赫地位——它生动刻画出同态复仇习俗的残酷与野蛮，并向我们揭示，此时的原始罪罚观念中，私力复仇的手段由复仇者自主选择逐渐过渡到区分合理与暴虐的阶段。阿喀琉斯的虐尸行为突破了人们心中的复仇底线，引起人类对私力复仇手段与程度的必要限制进行反思，"合法复仇"的观念开始形成——即使是复仇，也必须以自然正义为必要限度。阿喀琉斯虐尸案中，我们可以发现"公权力"，包括阿波罗、宙斯等"神祇的力量"对私人领域的介入，实际上是被动的、不得已而为之的。当私力复仇的结果产生行为主体无法控制的倾向时，公权力不得不被动介入，以保证社会心理的整体平衡。由此可见，各种律令与规则的产生均扎根于统治者对社会控制的客观需要，并且萌芽于社会冲突发生、激化与解决的自然过程，正如复仇规则的产生与复仇行为的无序升级密切相关。

《荷马史诗》对《古希腊神话》的超越之处在于，它在充分肯定了人之尊严、价值与力量的同时，亦隐含着人类对个体命运无法预知、难以控制的深切悲哀与恐惧。当时的希腊人已经意识到，在人力主动控制范围之外，还存在着一个人力所难以企及的未知空间，冥冥之中似乎确有一种力量在左右着个人乃至城邦的命运——无论是肉胎凡体的赫克托耳还是半人半神的阿喀琉斯，一旦背叛了神祇的意志、挑战至高无上的自然法则，或者过度放纵自己的欲望，滥杀无辜、倒行逆施，均会导致天谴与惩罚。从中可以看到，虽然希腊神话中人类的原始野性充满着勃勃生机，随时伺机冲破"度"的限制，但假"神意"出现的"规则意识"也逐渐渗透至人们思维之中，制约着野性，使它难以恣意妄为。囿于人类童年时期思想的幼稚性与局限性，他们将这种潜意识中对理性与秩序的渴望归结于无所不能的、神秘的"自然法则"，并进一步演绎为无法预知、无法抗拒的宿命，刑法思想之"意志决定论"得以萌芽。

1.1.3　战神山上的庄严法庭："俄瑞斯忒斯①的审判"

在私力救济盛行的"众神时期与英雄时代"，仇恨与复仇的故事贯穿于神与神、人与神、人与人之间。当时的血亲复仇是每个部族成员生而担负的荣耀使命，客观而言，正是这种同态复仇观在很大程度上强固了部族成员的群体意识与责任感，演变为原始部族的复仇伦理。考察同时期的文学作品，其中产生了复仇女神欧墨涅德斯②的形象，其外形特征亦被赋予强烈的报应色彩，代表着原始社会对血亲复仇制度的崇尚与认可。③

在关于欧墨涅德斯的神话中，最著名的是对"俄瑞斯忒斯案"的审判。俄瑞斯忒斯是特洛伊战争中希腊联军的领袖阿伽门农之子，犯下弑母重罪。案由如下：

> 阿伽门农杀害迈锡尼国王堤厄斯忒斯，夺得王权，俘虏了王子埃癸斯托斯④及其堂妹克吕泰涅斯特拉，并霸占后者为妻⑤。在随后的

---

①　俄瑞斯忒斯（Orestes），阿伽门农之子，成年后手刃其母与情人为父复仇。参见〔古希腊〕埃斯库罗斯：《埃斯库罗斯悲剧集——阿伽门农》，陈中梅译，沈阳，辽宁教育出版社，1999，第321页。

②　欧墨涅德斯（Eumenides），产生于乌拉诺斯被儿子克洛诺斯阉割后的血液中。欧墨涅德斯为复数神祇，名字分别为提亮丰（意为"向凶手复仇"）、阿耳刻托（意为"永无止境"）和美嘉拉（意为"记恨"）。参见〔古希腊〕赫西俄德：《工作与时日·神谱》，张竹明、蒋平译，北京，商务印书馆，1991。

③　她们诞生于被阉割的乌拉诺斯的血滴中，执掌管教人类、维护伦理秩序的神鞭，具有极其崇高的地位与权利。她们无往不胜，尤其对各种破坏亲族秩序的行为严惩不贷。欧墨涅德斯性格残暴、身材高大、双眼血红，一手执着火把，一手握着浸淬着怨恨的匕首，口中发出索命之音，执着地追究着每一桩凶恶残暴的案件，令罪人陷入无穷无尽的悔恨当中，最后陷入颠狂。欧墨涅德斯无处不在、无人能够逃脱她们的惩罚。与奥林波斯神祇不同，她们是古老的第二代神祇，即使宇宙之王宙斯也不能为了保护罪人而得罪她们。参见〔古希腊〕赫西俄德：《工作与时日·神谱》，张竹明、蒋平译，北京，商务印书馆，1991。

④　埃癸斯托斯（Aegisthus），阿伽门农的叔伯兄弟。迈锡尼国王阿特柔斯因其胞弟堤厄斯忒斯诱奸妻子并骗取金羊毛，杀死堤厄斯忒斯的两个儿子坦塔罗斯和普勒斯忒堤斯。之后堤厄斯忒斯的小儿子埃癸斯托斯将阿特柔斯杀死，堤厄斯忒斯篡夺了兄长的王位。阿特柔斯的儿子阿伽门农长大后回到迈锡尼，杀死堤厄斯忒斯后称王，埃癸斯托斯获得赦免。参见〔德〕古斯塔夫·施瓦布：《古希腊神话与传说：第二十六章——坦塔罗斯的后裔》，高中甫、关惠文译，北京，中国书籍出版社，2005。

⑤　克吕泰涅斯特拉（Clytemnestra），海伦之胞姐，阿伽门农杀害克吕泰涅斯特拉的丈夫及新生儿后占有了她，后克吕泰涅斯特拉伙与情夫埃癸斯托斯将阿伽门农杀死在浴缸中。参见〔古希腊〕埃斯库罗斯：《埃斯库罗斯悲剧集——阿伽门农》，陈中梅译，沈阳，辽宁教育出版社，1999。

特洛伊战争中，阿伽门农不惜杀死女儿伊菲革涅亚向狩猎女神阿耳忒弥斯献祭，因而触怒了欧墨涅德斯，她诅咒阿伽门农将大祸临头。灾祸果然接二连三地降临阿伽门农家族。其妻克吕泰涅斯特拉因为阿伽门农杀死自己的丈夫与新生儿并将自己的女儿献祭，对他充满仇恨，在阿伽门农率军攻打特洛伊期间，与阶下囚——自己的堂兄兼情夫埃癸斯托斯共同夺取迈锡尼政权；阿伽门农胜利归来后，克吕泰涅斯特拉与埃癸斯托斯在浴缸中杀害了他，为儿子、前夫与女儿复仇。阿伽门农与克吕泰涅斯特拉的儿子俄瑞斯忒斯目睹了这一幕，长大后，俄瑞斯忒斯亲手杀死母亲及其情夫，为父报仇。[①]

按照当时血亲复仇的规则，俄瑞斯忒斯必须向杀死生母的凶手（俄瑞斯忒斯本人）复仇，私力复仇因此走向不可调和的尴尬境地。杀害母亲之后，欧墨涅德斯的索命之音日夜伴随在其左右，令俄瑞斯忒斯发疯。俄瑞斯忒斯不得不离开自己的王国，寻求阿波罗的庇护。阿波罗深知自己无法与复仇女神抗衡，唯一解救俄瑞斯忒斯的方法是彻底为他洗脱罪名。于是，他吩咐俄瑞斯忒斯去雅典祈求雅典娜的公正裁决。俄瑞斯忒斯与复仇女神同时到达雅典，站在帕特农神庙前要求雅典娜作出最后裁决。雅典娜决定亲自审判这件离奇的人间弑母案，并警告复仇女神，在审判之前，俄瑞斯忒斯处于自己的保护之下。

审判当天，在战神山上，雅典娜召集雅典十二位长老组成法庭。复仇女神与俄瑞斯忒斯及其庇护者阿波罗爆发了激烈争论。俄瑞斯忒斯认为其母犯有杀夫重罪，他杀母亲时是将她视作弑父仇人的。复仇女神反诘道，血亲复仇只限于母系，妻子与丈夫并无血缘关系，俄瑞斯忒斯的弑母行为才是不可饶恕的大罪。阿波罗慷慨激昂地充当了辩护人与证人的双重角色，承认俄瑞斯忒斯是在他的指引下弑母，而这一切均得到了宙斯的认可。阿波罗还认为，父亲比母亲更重要，父亲是真正的播种者，一个人可以没有母亲，但绝不可以没有父亲。[②]

辩论完毕，雅典娜起立，向她庇护之下的公民发出了庄严的宣告，这是世界文学史上对人类法庭应当承载基本功能的经典描述："今天，你们

---

① 参见〔古希腊〕埃斯库罗斯：《埃斯库罗斯悲剧集——阿伽门农》，陈中梅译，沈阳，辽宁教育出版社，1999。

② 阿波罗此言暗示宙斯吞吃情人后，雅典娜是从宙斯头颅中产生的。关于阿波罗的这一观点，苏格拉底颇为赞同。参见〔希腊〕墨奈劳斯斯蒂芬尼德：《帕拉斯·雅典娜（波塞冬-赫斯提亚）/希腊神话系列》，邹海伦译，北京，中国对外翻译出版社，2005，第一章"雅典娜的诞生"。

开始了第一场法庭审判；今后，你们将永远保留这种法庭；将来，这里就是审判谋杀亲人罪的庄严场所。法庭将由城里最公正廉洁的人组成。他们不应受贿赂，必须廉正、严明、全力地保护所有人民。你们都应该维护它的尊严，把它当作全城的支柱。"

雅典娜还设计了法官们的表决模式：在一个小钵子内投入石子，黑色代表有罪，白色代表无罪；投票后，由另一批推选出来的居民担任数票人，结果竟然是黑白石子一样多。随后雅典娜投出了具有决定意义的一票——宣判俄瑞斯忒斯无罪。① 复仇女神对判决结果表示愤怒，诅咒整个雅典城，认为正是他们的愚蠢践踏了古老的法律。雅典娜耐心地安抚复仇女神，说明白色与黑色石子数目相等正代表着宙斯的神意，她们应当去找神祇进行申诉，而不能向法官与民众施加伤害。接着，雅典娜又以显赫的地位与永久的荣誉来诱惑复仇女神放弃向宙斯的申诉——如果复仇女神认可这次裁判结果，雅典城邦将会把她们看作"庄严女神"来祭祀、膜拜。最终，复仇女神对雅典娜的建议欣然接受。在此之前，复仇女神是母系亲族的保护神，致力于维护母系血缘关系，严厉打击杀害母系亲属的罪人。如今，欧墨涅德斯的性质发生了变化，她们从维护母权制度的神祇变为捍卫法庭判决的神祇，因而人们也将"复仇三女神"改名为"庄严三女神"。② 埃斯库罗斯的作品《俄瑞斯忒斯》是西方文明史上里程碑式的作品。我们可以将其所包含的文明变迁过程描述为从"耻感文化"（shame culture）到"罪感文化"（guilt culture）的过渡③，在此文化背景下，刑法思想也开始从"本能报复"到"理性复仇"、从"严格责任"到"过错责任"的演变。俄瑞斯忒斯接受的观念是血缘复仇，他向母亲施加的杀害行为是为了死去的父亲阿伽门农能获得灵魂的安息。但是，我们还应该记得，埃癸斯妥斯之所以与吕泰涅斯特拉密谋杀死阿伽门农，也是为了血亲复仇——其父即为阿伽门农所杀害；而吕泰涅斯特拉对阿伽门农的痛恨则基于三重血亲复仇的基础之上——阿伽门农将自己的亲生女儿杀死祭神、阿伽门农杀死了自己的丈夫、阿伽门农杀害了自己襁褓中的幼子。根据复仇规则，谋杀案一般应交由受害人的亲族来处理，因此这种血缘同态复仇

---

① 参见〔德〕古斯塔夫·施瓦布：《古希腊神话与传说》，高中甫、关惠文译，北京，中国书籍出版社，2005，第26章"坦塔罗斯的后裔"。

② 参见〔古希腊〕埃斯库罗斯：《埃斯库罗斯悲剧集——阿伽门农》，陈中梅译，沈阳，辽宁教育出版社，1999。

③ E. R. Dodds, The Greeks and Tne Irrational, University of California Press, 1971, pp. 28 - 63.

极可能导致的后果是冤冤相报，永无尽头。该种状态如同西方古典法学派所设想的自然状态，虽然"血亲报复"的复仇规则和"以牙还牙"复仇程度体现了自然正义的本色内涵，却导致了循环复仇的恶果，人类社会的基本秩序将丧失殆尽。为了避免这种私力救济模式带来的毁灭性后果，必须寻找某种公权力或者借助某种集体权威来实现基本正义、维持基本秩序。雅典娜组织十二长老审理弑母案即凸显了这种替代救济模式出现的及时性与必然性。

如果忽略该案裁判结果与实质正义的差距，我们可以惊喜地发现，在对阿伽门农家族内部血腥冲突的事务处理中，包孕着近现代西方刑事审判的某种雏形：

首先，故事中出现了颇具专业色彩的司法者角色。雅典娜扮演着不偏不倚的法官角色，价值中立，优雅沉稳，及时为陪审团提供业务指导；十二长老则组成了事实上的陪审团，其成员皆为雅典城邦公认的善良、博学、公正、素有威望之人，掌握着对被告的生杀予夺之权；复仇女神担任检察官，对被告的犯罪事实进行指控；俄瑞斯忒斯为刑事被告；阿波罗则兼任证人与辩护人。裁判过程中，被告人与控诉者交替呈交证据、相互辩论质证，最后十二长老投票决定被告人犯罪与否，与目前西方刑事案件陪审团审判的程序基本吻合。

其次，庭审前，雅典娜将俄瑞斯忒斯从复仇女神的索命之音中解救出来，安置在自己享受祭祀的帕特农庙堂之内，并向复仇女神宣布了对俄瑞斯忒斯的保护令，声明审判结束前禁止任何人对被保护者施以私刑，确立了"任何人未经合法审判，不得推定有罪"的原则。同时，阿波罗扮演着证人与辩护人的双重角色，他积极参与审判、陈述事实、阐述观点，并引经据典与案件的追诉者复仇女神激烈对抗，充分展现了旨在减轻或免除被告人刑事责任的辩护技巧。上述程序充分体现了保障刑事被告基本人权的先进刑事司法理念。

再次，当复仇女神对审判结果表示不满并对整个城邦进行诅咒时，雅典娜对复仇女神的告诫充分阐述了刑事法庭、刑事法官与陪审团的独立性与权威性。雅典娜认为，法官、陪审团与案件本身没有任何利益关系，他们完全遵照法定程序履行了自己的义务，因此任何刑事案件参与人均不得对判决的公正性产生怀疑，进而对裁判者产生报复心理。这里，雅典娜严词强调审判结果的严肃性与唯一性，宣告司法公信力不可亵渎。

最后，该案中，当由无利害关系的第三人（十二长老）切断复仇链条之际，来自远古的原始正义就演变为通过法庭实现的程序正义，私力复仇的行为最终被规训，原始复仇制度土崩瓦解，西方文学作品最早描述的民主法庭就此诞生。这种由集体模式出现的由第三方参与的审判制度的出现，将人类从无穷无尽的世代杀戮中解脱出来，从此规则的力量遏制了原始冲动，公力救济时代即将到来。

另外，透过该案我们可以看到，在刑事责任的确定中，被告行为的合法性与正当性之间产生了不可调和的冲突。很明显，俄瑞斯忒斯并不强调自己的弑母行为具有正当性，杀死母亲，他也心存内疚；他请求雅典娜裁判的是该种事实行为的合法性，只有该行为被判定为合法，才能摆脱复仇女神的追缉。俄瑞斯忒斯的辩护理由十分简单——母亲联合情人杀死了父亲，他杀死弑父凶手为父复仇。他认为父亲的地位要高于母亲，因此才作出了该种选择。从文献考察，这一行为与当时的伦理观与道德观是相符合的。① 而雅典娜亦最终肯定了该行为的合法性，认为这种行为虽然是谋杀，却因其具有社会相当性而被免除刑事责任。对俄瑞斯忒斯弑母案的最终判决，揭示了当时的刑法思想已经开始由自然正义向法律正义过渡。

关于性别歧视伦理观对当时司法裁判的影响与渗透，我们还可以从俄瑞斯忒斯的辩护词与雅典娜的裁判词中得以窥视。如上文所述，地母盖娅怂恿并策划了儿子克拉诺斯对其夫乌拉诺斯的血腥阉割事件，这可以说是西方文学中所刻画的女性对男性控制的首次反抗；复仇女神由第一代神祇之王乌拉诺斯惨遭妻儿暗算后汩汩流出的血液凝聚而成，因此对亲缘间的杀戮行为深恶痛绝。该时期正是母系社会上升阶段，神话故事遵循现实，真实描述了乌拉诺斯对妻子的控制权被推翻、对世界的统治权被篡夺的过程。待到斗转星移，随着母系社会的分崩瓦解，自幼没有母亲、"直接从父亲脑袋中蹦出来"的雅典娜在战神山上主持了人类第一次审判，该案的判决结果在今天看来显然是偏袒弑母凶手俄瑞斯忒斯的；"复仇女神"亦不得不屈从于雅典娜的淫威，领受"庄严女神"的名号，不再为母系亲缘间的杀戮行为复仇，转而为人间法庭效力。这是复仇女神所代表的"自然正义"与雅典娜所创设的"法律正义"的首次分离，同时亦暗示着西方社

---

① 当时社会的共同生育观为：父亲是子女唯一的生育者，给予子女生命、灵魂与理性，而母亲仅起着"容器"的作用。例如，柏拉图认为："只有男人的身体才具有生殖力，他们到女人那儿去生孩子。他们的后代，会如他们所希望的，将来把他们铭记在心，让他们愉快，使他们不朽。"亚里士多德也持同样看法，他认为："男子占有生殖和运动的原则，女子仅仅与那件事有关。男子是标准，女子只是一个不生育的男子，是一个无能的畸形人。"See Diana H. Coole Women in political theory from ancient misogyny to contemporary feminism. Lecturer in politics University of leeds wheatsheaf Books sussex Lyme Rienner Publisher Boulde，p. 18，p. 19，p. 29. 转引自汪树民：《古希腊社会妇女观》，《河池师专学报》，2006 年第 9 期。

会中男性的强势地位得以恢复的过程。

1.2　宿命下的叹息：希罗悲剧与刑法思想

刑事古典学派普遍认为人类个体意志自由，而古希腊悲剧①却演绎出相反的命题——命运变化诡谲，人们难以预测更无法主宰。古希腊神话与史诗中固然折射出童年时期人类的自信与乐观，我们也不难看到其中饱含着初民社会特有的盲目与幼稚，这种天真与自信在随之而来的惩罚与灾难中得到印证——自然界存在着一种令他们无法解释、无法预见的支配命运的神秘力量，它比任何一个神祇都更令人敬畏。这种神秘力量当然包括人之力量无法企及的自然力，同时还有因人类本身难以名状的蒙昧与野性冲动付出的代价。这是西方文明史上人与命运之争的重要主题，亦饱浸着处于此历史阶段的西方人对"罪"与"罚"的悖谬关系的初始质疑与苦涩探索。

1.2.1　对意志自由的质疑：《俄狄浦斯王》

素有"戏剧界的荷马"之称的索福克勒斯②，是雅典民主全盛时期的文学家。他的悲剧通常被称作"命运悲剧"，往往表现为出于自由意志的行为与不可抗拒的命运之间难以调和的冲突，其目的是引发观众对剧中角色的怜悯与对无常命运的敬畏。索福克勒斯悲剧中的主人公往往具有世间英雄的一切美德与气概，却在与命运的抗争中屡遭挫败。索福克勒斯哀叹

---

①　古希腊悲剧早于喜剧产生，起源于祭祀酒神狄奥尼索斯的庆典活动，这种原始的祭祀活动逐渐发展为一种有合唱队伴奏、有演员表演并依靠幕布、背景、面具等塑造环境的艺术模式，即西方戏剧的雏形。古希腊悲剧大多取材于神话、英雄传说和史诗，所以题材非常严肃。亚里士多德曾在《诗学》中专门探讨悲剧的含义，认为古希腊悲剧主要不是写悲，而在于表现崇高壮烈的英雄主义，它的发生与该民族的心理承受力相适应。当苦难的警钟开始敲响时，人对神祇的、命运的、自身局限的挑战也拉开了序幕。参见罗念生：《罗念生全集》，上海，上海人民出版社，2007，第一卷、亚里士多德《诗学》《修辞学》、佚名《喜剧论纲》。

②　索福克勒斯（Sophocles，公元前 496～公元前 406 年），出生于雅典西北郊的克洛诺斯，早年受过良好教育，是伯利克里时代的著名作家。后来索福克勒斯进入政界，于公元前 443 年出任以雅典为盟主的城邦财政总管，后又两次担任军职务；公元前 440 年，索福克勒斯当选雅典十大将军之一，进入雅典最高层；公元前 413 年，进入雅典的"十人委员会"。政治上索福克勒斯是温和的民主派，在希腊各城邦中都享有极高的声誉。他去世时正逢雅典与斯巴达战争期间，斯巴达将军闻讯，下令暂停战争，等待索福克勒斯遗体归葬故里。参见罗念生：《罗念生全集》，上海，上海人民出版社，2007，第二卷，埃斯库罗斯悲剧三种、索福克勒斯悲剧四种。

人类命运多舛，亦感叹个体行动的盲目性与毁灭性，其作品饱浸忧伤，充满着穿越时代的张力。其代表作《俄狄浦斯王》（约公元前430～公元前426年首演）标志着希腊悲剧艺术的最高成就，它以倒叙方式讲述了俄底浦斯王全力缉捕弑父凶手、最终却发现自己即为"弑父娶母"之罪魁祸首的惨剧。

忒拜国国王拉伊俄斯年轻时犯下罪过，诱拐他人子嗣，导致被拐者身亡。拉伊俄斯之子俄狄浦斯出生时，神谕表示他将被此子所杀。为逃避命运，拉伊俄斯刺穿新生儿俄狄浦斯的脚踝，令人将其丢弃野外。奉命执行者却心生怜悯，偷偷将婴儿转送给科任托斯国王，后者对俄狄浦斯视如己出。俄狄浦斯长大后，德尔菲神殿神谕预言他将弑父娶母，不知科任托斯国王与王后并非自己亲生父母的俄狄浦斯为了避免预言成真，毅然离开科任托斯，浪迹天涯。他流浪到忒拜国附近时，俄狄浦斯在岔路上与一群陌生人发生冲突，失手杀了人，其中正包括其生父拉伊俄斯。此时忒拜城被狮身人面兽斯芬克斯所困。① 忒拜城宣布，谁能从斯芬克斯口中拯救城邦，便可继承王位并迎娶国王美丽的遗孀伊俄卡斯忒为妻。俄狄浦斯解开了斯芬克斯谜题，解救了忒拜城，因而被拥戴登基并娶了自己的亲生母亲，生了两个女儿安堤戈涅和伊斯墨涅以及两个儿子波吕尼刻斯与厄忒俄克勒斯。

不久，忒拜城再遭厄运，庄稼歉收、牲畜瘟死、妇人流产，城邦在血红的波浪里颠簸不定。神谕指示必须惩罚杀害老国王的凶手，才能挽救濒于毁灭的忒拜城，先知却预言俄狄浦斯就是杀人凶手。在争执中，王后伊俄卡斯忒挺身为俄狄浦斯辩护——当年先王曾得神示，他将死于其子手中，但事实证明先王在三岔路口被强盗所杀，而非死于其子之手，可见神谕不可尽信。俄狄浦斯闻言大惊，详细地向伊俄卡斯忒询问先王相貌、被杀地点与出行人数。恰在此时，科任托斯国报信人带来科任托斯国王的死亡讯息，请俄狄浦斯回国继位。为了安慰俄狄浦斯，报信人吐露秘密：俄狄浦斯并非科任托斯国王亲生，他幼时被抱到宫殿，两只脚踝被铁钉钉在一起。一切都应验了。王后伊俄卡斯忒闻言面容惨白，绝望地冲出宫去。俄狄浦斯亦疯狂嘶喊着冲进卧房，寻找他和他的儿女共有的母亲，却发现伊俄卡斯忒已悬梁自尽。他从伊俄卡斯忒尸体上摘下两支金别针，诅咒命运，刺瞎自己的

_____

① 斯芬克斯抓住每个路过的人，提出谜题，如果对方无法解答他出的谜题，便将对方撕裂吞食。

双眼，自我驱逐出忒拜城，行乞涤罪。①

在这部被浓厚的宿命论所笼罩的悲剧中，命运固然不可战胜，但俄狄浦斯并不是消极地等待，而是展开了悲壮的反抗。他的高贵品德彰显于不惜代价寻求真相的决心与行动中，谱写了一曲人与命运殊死搏斗的悲歌。戏剧中，俄狄浦斯并非有意弑父娶母，其本人非但无罪，反而是一个为民除害的英雄、受人拥戴的君王。在命运面前，俄狄浦斯不是俯首帖耳或苦苦哀求，而是奋起抗争，设法逃离"神示"预言；继而，他用智慧破除女妖谜题，为民除害；最后，为了帮助人民摆脱灾难，他不顾一切地追查杀害前国王的凶手；一旦真相大白，他又勇于承担责任，刺瞎双目、主动请求放逐城外行乞涤罪。对于这样一个为人民、为城邦做了无数好事的英雄所遭受的厄运，剧作家深感愤慨，他控诉命运的不公与残酷，发出了对"神之正义"的质疑。

然而，作为刑法学分析的脚本，我们不能完全沉浸于索福克勒斯赋予俄狄浦斯王灿烂炫目的光环中。以法学视角分析俄狄浦斯的行为、责任与受到的惩罚，有三个细节应当引起注意：

第一，俄狄浦斯的父亲年轻时的罪过。因为无子，拉伊俄斯曾经诱拐了皮沙国国王佩洛普斯英俊的儿子克吕西波斯，导致克吕西波斯抑郁自尽。佩洛普斯向主神宙斯祈祷降祸于拉伊俄斯。当拉伊俄斯祈求神恩赐他一个儿子的时候，神一边答应了他的请求，一边却预言他的儿子将弑父娶母。这是故事发生的前因。因此，俄狄浦斯所遭受的苦难直接来源于其父的罪过，二者具有因果关系。如此看来，神祇的安排并不荒谬，这是远古时期父债子偿的古朴思想的具体体现。第二，俄狄浦斯在忒拜城郊外岔路口杀害父亲的行径。当时忒拜国国王拉伊俄斯身着便服、带着侍从匆忙赶往德尔斐神庙，求解神谕来破除狮身人面兽带给城邦的灾难。三岔路口狭窄，为争夺优先通过权，强健的俄狄浦斯夺过父亲手中挥舞的权杖，将父击毙。如果说俄狄浦斯造成老父惨死是因为年轻气盛产生的过失后果，那么其后，俄狄浦斯索性将父亲随从全部杀害的行为（只有一个随从得以逃脱，在俄狄浦斯即位后隐名逃匿）则无论如何逃脱不出杀人的犯罪故意。因此，在岔路口通行事件中，俄狄浦斯身负数命，重罪在身。第三，俄狄浦斯由于除掉斯芬克斯怪兽获得忒拜城民众推崇，继承王位、迎娶母亲，并生下两儿两女，尽掌国权、尽享天伦，却只字不提他多年前犯下的命

① 梗概及本节所有引文来源于罗念生：《罗念生全集》，上海，上海人民出版社，2007，第二卷，埃斯库罗斯悲剧三种、索福克勒斯悲剧四种。

案，也丝毫未显示出对自己莽撞行为的忏悔之情。在国泰民安的平和景象下，这场忤逆乱伦惨剧愈演愈烈，最终连神祇也看不过去，遂降下灾难，逼迫俄狄浦斯自曝荣耀下潜藏的罪恶人性。从此层面分析，俄狄浦斯因弑父而接受惩罚是必然的，他具有犯罪故意与犯罪行为，却无悔罪之心。

从意志自由的角度考察，《俄狄浦斯王》是西方文学史上最早揭示人性无穷魅力之作品，其中包含着古希腊人对罪恶与惩罚之悖谬关系的叹息与恐惧。现在我们来作出判断，俄狄浦斯的意志自由吗？他竭力逃避神谕所示之命运，而这种逃避本身恰恰在实践着神谕；他的每一次抗争，均进一步接近命运设计的缜密残酷的圈套，其悲剧感染力使人震撼。从某种意义而言，俄狄浦斯是无辜的罪者，他的命运在出生之前就已经确定，他根本没有自由选择的机会，他比莎士比亚剧中的丹麦王子更令人怜悯：哈姆雷特的利剑可以直指弑父娶母的叔父，而俄狄浦斯挥剑狂舞的结局却是将自己刺得遍体鳞伤。另外，俄狄浦斯的悲剧还在于自己身份的混乱、交叉与冲突：他既是忒拜国高贵的王子，又是被刺穿脚踝遗弃山谷的弃婴；他既是科任托斯国王的养子，又是遭人嫉恨、受人辱骂的继承人；他既是母亲的儿子，又是母亲的丈夫；他既是儿女的兄长，又是他们的父亲；他既是拯救忒拜百姓于水火之中的英明国王，又是弑父娶母、万死难辞的双重罪人；在追凶惩恶的过程中，他既是原告又是被告，还是最终的裁判者、受刑者与执刑人。俄狄浦斯身份所交结的种种冲突、对立与交叉状态，恰好述说着人类永恒的谜题。

俄狄浦斯王的悲剧本身为我们深刻揭示了人的复杂性，一个追求正义的人，可能正是罪恶的制造者；高尚与卑鄙、正义与邪恶、天使与魔鬼往往互为真幻。俄狄浦斯猜中了斯芬克斯的谜题，却未能洞悉自己命运的莫测与世间情状的多变。也许，这正是太阳神阿波罗神殿上镌刻着"认识你自己"的箴言的原因，同时也记载了该时期的希腊人逐渐褪除了盲目自信与生命野性，转而俯首于神秘、残酷的自然法则的过程。

1.2.2　对自然法则的背叛：《安堤戈涅》

《安堤戈涅》（公元前 441 年首演）是索福克勒斯"忒拜三部曲"的最后一部，剧情承接《俄狄浦斯王》，描述了俄狄浦斯家族后嗣之间自相残杀的悲剧。

安堤戈涅是俄狄浦斯与其母伊俄卡斯忒所生，就血缘关系而言，安堤戈涅同时是其父之妹，其母之孙。与她命运相仿者还有其胞兄厄忒俄克勒斯、波吕尼刻斯和胞妹伊斯墨涅。当俄狄浦斯因弑父娶母自我放逐时，安提戈涅始终陪伴在父亲身边照顾父亲，直到俄狄浦斯在克洛诺斯郊外死去。安葬父亲后，安提戈涅返回忒拜城。不久，波吕尼刻斯与厄忒俄克勒斯为争夺忒拜统治权发生冲突，波吕尼刻斯被厄忒俄克勒斯赶走后，愤而召集了包括其岳父、阿尔戈斯国王在内的六位英雄攻打忒拜，引发了希腊神话中著名的"七将攻忒拜"事件①，结果是两兄弟同归于尽。战争结束后，安提戈涅的舅父克瑞翁继承王位，为守卫忒拜城的厄忒俄克勒斯举行了隆重葬礼，同时宣布攻打忒拜的波吕尼刻斯是城邦叛徒，禁止任何人埋葬他，否则将被处以"被乱石打死"的极刑。而安提戈涅不顾禁令，两次出城在哥哥尸体上覆盖沙土、祭奠清酒，完成埋葬仪式。面对安提戈涅对律令的公然违抗，克瑞翁处境尴尬——安提戈涅既是其姐与姐夫的托孤对象，同时也是自己未来的儿媳。但为了城邦律令被遵守以及自己口谕被尊重，他还是下令将安提戈涅砌入地墓。安提戈涅在墓中自尽，她的未婚夫海蒙（克瑞翁之子）得知其死讯后在安提戈涅身旁殉情，克瑞翁之妻悲恸之下亦服毒身亡。②

《安提戈涅》是古希罗悲剧的经典之作。从历史阶段考察，安提戈涅公然违背克瑞翁的禁令，以抔土盖尸、杯酒祭奠叛国者的惊世骇俗的行为，发生在自然风俗与城邦立法产生激烈冲突的图景下，而安提戈涅与克瑞翁之间的尖锐冲突以及二者言行所彰显的价值理念，亦留给后人无尽的探讨空间。从黑格尔开始，"自然法"与"人定法"的效力高低之辩即成为各个法学流派津津乐道的话题。更令人惊讶的是，不同时期的歌剧、话剧版本基于各种目的，从不同角度对原始剧作进行着解读——从封建社会初期、中期、末期到资本主义初期、垄断时期、纳粹时期、"二战"后时期乃至苏联时期，各个国家的执政者均将其作为有效的宣传工具，并从中寻找出大量支持自己统治政策的观点。《安提戈涅》脚本所呈现的旺盛包容力着实令人惊讶。

---

① 俄狄浦斯王长子波吕尼刻斯被弟弟厄忒俄克勒斯从忒拜逐出，来到阿耳戈斯，成为国王阿德勒斯托斯的女婿。阿耳戈斯国王阿德拉斯托斯、波吕尼刻斯，堤丢斯、预言家安菲阿剌俄斯、国王之侄卡帕纽斯以及国王之兄弟希波迈冬和帕耳忒诺派俄斯，共七位英雄率领七支军队远征底比斯，以帮助波吕尼刻斯夺回王位。最终，波吕尼刻斯与厄忒俄克勒斯决定单独决斗。厄忒俄克勒斯一剑刺中波吕尼刻斯腹部，认为他已取得胜利，在弯腰捡拾兄长武器时却被垂死的波吕尼刻斯一剑刺死。至此，俄狄浦斯家族几乎全部毁灭。参见罗念生：《罗念生全集》，上海，上海人民出版社，2007，第二卷，埃斯库罗斯悲剧三种、索福克勒斯悲剧四种，"七将攻忒拜"。

② 梗概及本节所有引文来源于罗念生：《罗念生全集》，上海，上海人民出版社，2007，第二卷，埃斯库罗斯悲剧三种、索福克勒斯悲剧四种，"安提戈涅"。

在刑法思想研究领域，安堤戈涅已经演绎为一个符号，代表着更高层次的自然法对国家实证法的颠覆。剧中有一段安堤戈涅与克瑞翁辩论时的陈辞，已然成为刑事古典学派与规范学派之间论战的经典引辞：

> 向我宣布这项法令的不是宙斯，正义之神也没有为凡人制定这样的法令。我不认为你，一个凡人所颁布的一道命令竟敢僭越天神制定的、永恒不衰的不成文律条，它的存在不限于今日和昨日，而是永久，没有人知道它在时间上的起源！

客观而言，此时克瑞翁代表着城邦利益，肩负着维持战争后的社会秩序的重任，他的禁葬令即为国法，任何人不得违反；而安堤戈涅遵守神律，冒死履行血亲必尽的义务，目的是让兄长早日进入冥界、抵达最后归宿，她所维护的是自然法的效力。剧中的冲突围绕氏族社会遗留下来的宗教信仰、习惯法与城邦社会的制定法之间的权威与效力展开。20 世纪之前，法学家大都从自然法效力高于人定法的角度，阐述了恶法非法，民众可以违背甚至有权推翻的观点。进入 20 世纪，越来越多的法学家却认为制定法相对习惯法而言具有历史进步性，他们从罪刑法定之角度肯定克瑞翁对法律的忠诚与坚守，并对其因恪守律法而遭遇妻离子散的家庭悲剧深表同情，赞誉其是制定法战胜习惯法过程中的殉难者，而安堤戈涅则是愚昧宗教与狭隘伦理观念下的牺牲品。

但是，如果移去法学滤镜，我们看到，索福克勒斯本人在剧本中并未强调自然法与制定法的对立关系，也未对冲突关系某一方表现出倾向性同情，他所坚持的观点恰恰为"世间无人是美德与正义的独占者"，该观点在剧本中借助立体场景进行了多次表述。

第一，伊斯墨涅曾尖锐地讽刺姐姐不顾苛律、执意埋尸行为的动机："你并不爱哥哥，你爱的是你自己所谓正义的姿态，你希望借这种姿态赢得不朽！"从伊斯墨涅独特、细腻的女性视角出发，她对安堤戈涅犯罪动机的洞察应该是较为准确的——安堤戈涅此时生活在一个坐标系完全紊乱、令人颓丧的世界中。如前文所述，她贵为忒拜城公主，却在一夜之间成为世人耻笑的对象，家庭乱伦引发的悲剧使幼小的安堤戈涅饱受惊吓，难以适应眼前的一切：是其母亲又是其祖母的伊俄卡斯忒自尽身亡，是其父亲又是其兄长的俄狄浦斯王刺瞎双目自行放逐，剩下四个兄弟姐妹相依为命，其中两个哥哥却自相残杀死于非命，唯一的妹妹伊斯墨涅偏偏胆小怕事、噤若寒蝉。面对接踵而来的家庭惨剧，此时的安堤戈涅很可能具有主动请死的动机。这一点我们可以从作品中求得证明——安堤戈涅叹道：

"世上没有一种痛苦、灾祸、羞耻和侮辱我没有亲眼见过！我母亲的婚姻所引起的灾难呀！我那不幸的母亲和她亲生儿子的结合呀！我的父亲呀！我这不幸的人，哥哥呀，你这一死真的要害死了你这还活着的妹妹！"历经家族惨剧，安提戈涅认为自己的生存意义几近消失，她引以为豪的高贵血统转眼变成人间耻辱，为了最大程度地恢复家族荣誉，她必须采取一些惊世骇俗的行为。

第二，安堤戈涅的反抗行为，并不意味着对制定法的蔑视，相反，她认为正是自然法毁了她一生的幸福。她认为克瑞翁的禁令并非是所有人必须遵守的法律，而是仅针对她个人的阴谋，因此她对伊斯墨涅哀叹："这就是高贵的克瑞翁针对着你和我——特别是针对着我宣布的命令。你现在知道了这消息，立刻就得表示你不愧为一个出身高贵的人，要不然，就表示你是个贱人！"在安堤戈涅眼中，哥哥死后，父亲的王权已经完全被舅父克瑞翁篡夺，克瑞翁现在的身份就是僭主。面对克瑞翁"专门为她制定"的酷令，安堤戈涅满腔的怒火与羞愤终于爆发了。她既然对生已经毫不留恋，希望在死亡中得到解脱，克瑞翁的律令便是她寻求洗刷"家庭耻辱"的最好借口。面对伊斯墨涅对其建议的拒绝，安堤戈涅指责道："我要埋葬哥哥。即使为此而死，也是件光荣的事；我将永久得到地下鬼魂的欢心，胜似讨凡人欢喜。"当伊斯墨涅向她保证不会告发她时，安堤戈涅淬道："呸！贱人！尽管告发吧！你要是保持缄默，不向公众宣布，我反而会更恨你！"事情败露之后，面对克瑞翁的严厉追问，安堤戈涅傲然回答："像我这样生活在无尽的羞耻与灾难中的人，死了反而是件幸事。"安堤戈涅甚至对克瑞翁的犹豫态度甚为不满，催促克瑞翁立即执行死刑："我无法得到更大的荣誉，除了我因埋葬自己的哥哥而领受死亡。那时，所有人将会对我交口称赞。"由此可见，安堤戈涅在某种意义上确实希望通过获罪来取得冥界的通行证，以摆脱世间无穷的羞辱与烦恼。进一步说，安堤戈涅对自然法的态度并非是崇敬与热爱，恰恰相反，她对自然法发出了诅咒与刺怨——正是自然法给她的家族蒙上奇耻大辱，正是自然法剥夺了她幸福的未来，正是自然法将她内心的伦理坐标系搅得天翻地覆，令她生不如死。她的一生都被自然法残忍地毁灭，她的荣誉也必将通过自然法来重新获取。对于前者，安堤戈涅无法主宰，只能归咎于宿命；后者却是她可以选择与控制的。因此，高傲、纯洁、勇敢的安堤戈涅选择了死亡，选择了以主动请死的极端方式来涤荡家族耻辱。

第三，以克瑞翁当时的处境而言，他确是一个执法为公、尽职尽责的国王。即位之初，他曾在大殿对所有长老慷慨陈词："一个人的品德、智慧与魄力来自于他立法与执法的实践。这种实践可以看出这个人是否顾及私情，将个人的利益置于国家之上。而法律的基本功能就是臧否褒贬、赏善罚恶。"这段话充分展示了克瑞翁推崇"族群优于个体"、"城邦利益高于一切"的观点，并高度赞美了立法者与执法者的应有品格。如果克瑞翁强硬到底，严格遵照自己的谕令法办安提戈涅，也不失一国政权执掌者威严与声望。遗憾的是，念及安提戈涅的身份，克瑞翁并未按照规定执行"石刑"，而是将她幽闭在一座阴冷黑暗的墓穴之中。克瑞翁并未预料到，自己的怜悯之举触犯了神界与世间的双重大忌——命令将死人留在世间不准入土（波吕尼刻斯王子被暴尸荒野），却将活人囚禁于墓穴之中（安提戈涅公主被囚禁墓室），因而引起了人神共愤。

　　第四，该剧从一个侧面展现了民众认可在制定法实施过程中的重要作用。冲突旋涡的中心是禁葬令，然而，从古希腊人传统的宗教观点来看，禁葬令不但违反风俗，更将祸及人民。① 这一点克瑞翁并未加以考虑，在他眼中，波吕涅刻斯是城邦的叛徒，下令其暴尸于荒野是维护社会秩序的必要手段；而在民众眼中，无论波吕涅刻斯是否罪恶深重，既然人已死亡，就必须入土为安。因此，克瑞翁维护城邦的举动在民众眼中却是危害社稷的。如此看来，克瑞翁的禁葬令既触犯神律、违反风俗，又将祸及人民、殃及城邦；而安提戈涅冒死葬兄的行为则获得了城邦民众的交口赞赏，因而成为忒拜民众眼中克瑞翁暴政下的牺牲者。由此可见，一部刑律，无论其内容如何先进合理，一旦超越特定时期民众的伦理观念与认知水平，便无法获得普遍认同，实施效果也会大打折扣。

1.3　远古时期刑法思想的演变

　　随着古希腊神话、《荷马史诗》、古希罗悲剧中惩罚模式的源起、鼎盛与衰落，我们可以清晰地透视公力救济与司法裁判制度萌芽、发展、成熟

---

　　① 荷马时代规定：战役胜利之后，必须让敌方埋葬他们战士的尸首。马拉松之役胜利后，雅典人将波斯人的尸首埋葬了。阿耳癸努赛之役（公元前406年）胜利后，因为风浪过大，无法打捞战士的尸首，雅典人竟把战胜的将领们处死。由此可见，公元前5世纪的希腊人依然很重视埋葬的礼仪。这是死者亲人必尽的义务，因为古希腊人相信，人死以后必须入土，否则他的魂魄无法得以安息，将会殃及城邦。参见罗念生：《罗念生全集》，上海，上海人民出版社，2007，第二卷，埃斯库罗斯悲剧三种、索福克勒斯悲剧四种，"安提戈涅"。

的脉络。至公元前 6 世纪，古希腊刑罚思想的内涵开始逾越单纯的生物本能，注入理性因素，并以生存繁衍需要、心理秩序维持等客观理由来求证刑罚的正当性，人类社会悄然由荒蛮时代步入文明社会。以普罗塔格拉、柏拉图、亚里士多德为代表的古希腊哲学家引导人类迈出了这伟大一步。他们以朴素、直视的观点来考察犯罪与惩罚现象，认为罪与罚若江河湖海、飞禽走兽般均属于自然现象，鼓励人们将其视作大自然的一部分或者在大自然的延长线上加以把握，引导人们"与自然一致"地工作与生活。①

毕达哥拉斯（Pythagoras，约公元前 580～公元前 550 年）认为，人类生活离不开"秩序"，而"秩序"即"数的协调，均衡或者和谐"。② 自然伦理道德、风俗习惯都是自然赋予的，无论神祇还是凡人只能服从，不能改变。赫拉克利特（Herakleitos，约公元前 540～公元前 470 年）认为，神法随心所欲地支配一切、超过一切、是绝对正确的。"普罗米修斯盗火案"充分说明了这一点。宙斯所制定的法律至高无尚，即使普罗米修斯盗窃火种是为了整个人类的利益也难辞其咎，必须按照神的法律予以惩罚。在此观点上，赫拉克利特与智者学派代表苏格拉底观点一致。苏格拉底（Sokrates，公元前 469～公元前 399 年）声称，国家起源与人类"生而合群"的本性相互一致，他否定国家与每个人的意志具有任何关系，认为法律也是自然法与神意的表现，特别强调守法的绝对性，并提出"恶法亦法"的著名论题。③ 普罗塔格拉（Protagoras，公元前 481～公元前 441 年）从"三代神祇政权更迭"的神话故事出发，从个人的、技术的、功利的角度，为国家与刑法的产生成功地涂上了契约色彩。这是世俗社会最早的关于契约精神的表述。④ 德谟克利特（Demokritos，公元前 460～公元前 370 年）强调，赤贫与豪富均会破坏伦理、骚扰灵魂，诱使人们犯罪，因而刑法作用堪比国家暴力，均是为了实现世间伦理秩序；对于破坏法律之人必须科以严刑峻法，赦免罪犯是不义的表现。该观点可以在古希腊神话中得到验证——无论神祇之间还是凡人之间的复仇，一旦启动，必将进行到底，很少因怜悯与宽恕之情而终止。另外，德谟克利特首次提出正当防卫概念，认为人之本能不应受到刑罚惩罚，这与"赫拉克勒斯误杀利诺斯案"的描述也是相符的。⑤

柏拉图（Plato，公元前 427～公元前 347 年）认为，"节制就是正

①②③④　参见吕世伦主编：《西方法律思潮源流论》，北京，中国人民大学出版社，2008，第 2 版，第 4 页。

⑤　同上书，第 7、9 页。

义"，奥林波斯山上众神的混战肇始于诸神对欲望的放纵，而长达十年、牺牲无数希腊英雄的"特洛伊战争"也仅仅由一枚诱发虚荣心的"金苹果"引起。柏拉图在鼓励人性得到自然释放的同时，指出兽性必须得到抑制，应当通过节制欲望来控制犯罪。只有"智慧的拥有者（治国者、哲学王）"、"勇气的拥有者（卫国者、武士）"、"节制的拥有者（被统治者、农民与手工业者）"各尽其位、各司其责，才能构成理想社会的正义与美德。他还指出，人类的一切纷争均起源于私利，这在古希腊神话中得到了淋漓尽致的体现（所有争端均因私利而引发、所有纠纷皆因私情而升级），因而提出"共产、共妻、共子"的原始命题。① 柏拉图认为，既然连神话中的神祇也难以避免人性的弱点，刑法必须建立在人性基础之上，立法者必须考虑人之趋乐避苦的自然本性。与赫拉克利特、苏格拉底观点相左，柏拉图认为刑法就是正义，当它不义的时候，即非真正法律，人民不必承认与执行。例如，普罗米修斯公然违抗宙斯之命，为人类盗取火种，他并不应受到被绑缚于高加索山脉、遭受烈日暴晒、鹰啄内脏之酷刑。柏拉图指出，犯罪的原因在于对美好事物的无知，他首次提出教育刑与预防刑相结合的思想，认为刑罚的主要意义在于改善而非威吓，在于预防而非补救；对于任何犯罪，社会都必须承担责任，该观点颇具刑法社会学派思想雏形。②

亚里士多德（Aristotleles，公元前 384～公元前 322 年）继承并发展了苏格拉底关于国家起源的观点，认为人类天生具有群居天性。③ 与《伊利亚特》《奥德赛》以及《安堤戈涅》所展现的价值归属一致，亚里士多德认为城邦利益理所当然优先于个人、家庭、村落，开创了国家利益至上论；而人作为城邦动物，必须具有善、美德、正义的秉性。④《荷马史诗》中，敌对双方主角，无论是特洛伊城王子赫克托耳，还是希腊联邦主将阿喀琉斯，均以可歌可泣的英雄行为践行了上述价值旨归。与柏拉图观点相仿，亚里士多德亦认为法律的优劣以是否符合正义为标准。法律必须具有毫无偏私的中道权衡，法律就是正义，它绝不可制造出新的不平等。⑤ 关

---

　　① 参见吕世伦主编：《西方法律思潮源流论》，北京，中国人民大学出版社，2008，第 2 版，第 17 页。

　　②③④ 同上书，第 13～19 页、15 页、21 页。

　　⑤ 参见正义分为"普遍正义"与"个别正义"，个别正义又包括"平均正义"（基于人的等价性，亦即交换物品价值相等）、"分配正义"（基于人的天然永恒的不平等性，亦即比例相称）与"矫正正义"（是一种平均正义，指对违法与犯罪的惩罚）。参见吕世伦主编：《西方法律思潮源流论》，北京，中国人民大学出版社，2008，第 2 版，第 21 页。

于法之效力，亚里士多德认为，自然法永恒普遍，具有最高效力；人定法必须符合自然法，当人定法与自然法相左时，必须予以更正。《安堤戈涅》的悲剧充分验证了亚里士多德该项结论的实践基础。① 对于犯罪原因，亚里士多德秉持"人性本恶"的观点，即便柏拉图所提倡的"共产、共妻、共子"的理想状态也无法消除犯罪，因为财富、名位、荣誉均会引起犯罪。亚里士多德将犯罪原因分为三类：第一是缺衣少食（物欲），第二是温饱之余受肉欲驱使（情欲），第三是追求权威恣意妄为（权力欲）。相应的预防犯罪与矫正措施为有：第一是赋予其相当资财与职业，第二是培养其"克己复礼"品性，第三是教育感化其知晓满足。②

希腊化时期③，马其顿帝国击溃希腊城邦，君主制摧毁希腊民主制，市民参与国家管理权利消失，维系整体利益的观念逐渐消隐，思想理论中心由城邦转移到个人，如何获得"个人幸福"成为重要课题。此时产生了与个人幸福与利益攸关的斯多葛学派（禁欲学派）与伊壁鸠鲁学派（快乐学派）。斯多葛学派，又称"禁欲学派"，其创始人芝诺（Zenon，公元前336～公元前264年）深受犬儒思想影响，认为自然法即普遍理性，顺从自然法就是顺从人的本性，个人对自己享有绝对自主和裁决之权，仅服从自己的理性，彰显绝对的个人主义。按照自然法要求，善恶根源在于能否做到适应外部环境、遵循理性原则来抑制自己的原始欲望，与自然协调一致的生活。而刑法的唯一作用是强制丧失理性之人，使之服从自然法。关于刑罚，斯多葛学派认为，所有人均是神的儿子，彼此是绝对平等的兄弟，世间依靠人类之爱与普遍理性维系，而不需要依靠政治的刑法与物理的刑罚来维持。④

伊壁鸠鲁学派，又称"快乐学派"，创始人伊壁鸠鲁（Epikouros，公

---

① 参见吕世伦主编：《西方法律思潮源流论》，北京，中国人民大学出版社，2008，第 2 版，第 13～19 页。

② 参见上书，第 28 页。

③ 希腊化时期始于亚历山大大帝征服波斯帝国之后，通常起点视为亚历山大于公元前 323 年逝世开始，结束于罗马共和国公元前 146 年征服希腊本土（公元前 334 年至公元前 1 世纪，马其顿亚历山大大帝征服了中亚、西亚、希腊城邦与北非）。这段时期战争频仍、俘虏奴隶数目激增，文化由希腊向周边的单向输出转变为双向融合，文明中心由地中海迁移到欧亚大陆交界处和两河流域，地中海世界的文明也走向整个西方。希腊化文明被后来的罗马帝国继承，而当今西方文明则是在罗马帝国文明的基础上建立。See http：//zh. wikipedia. org/wiki/%E5%B8%8C%E8%87%98%E5%8C%96%E6%96%87%E6%98%8E，the last retrieved date 2011-12-10.

④ 参见吕世伦主编：《西方法律思潮源流论》，北京，中国人民大学出版社，2008，第 2 版，第 33 页。

元前 341～公元前 270 年），其伦理学中心是快乐主义。与斯多葛学派一样，伊壁鸠鲁学派承认自然规律性，要求人类同自然一致生活，相信"自我保存"与"追求个人幸福"是人生目的，但在幸福内容与获得方法上与斯多葛学派大相径庭。它否认斯多葛学派神的理性论、宿命论与禁欲主义，提倡个人快乐与功利主义，认为快乐即人的自然本性，是最高的美德与善。伊壁鸠鲁学派眼中的快乐不仅限于抽象心灵上的感受，还必须含有功利要素，即以肉体的实际感受为标准，又要以不放荡与服从理性为限度。在这种快乐观的基础上，国家、社会、法律必须以"个人主义"为架构，否则即无价值。很明显，伊壁鸠鲁学派推翻了亚里士多德"国家优先于个人"的命题，提出个人权利应当优先于国家。另外，该学派还将普罗塔格拉的"契约论"大大推进了一步，首次明确提出了国家起源于人们相互间契约这一命题——国家是一个"自然的公正物"，是引导人们避免彼此伤害的互利的约定；公正没有独立存在的空间，而是由互相约定而来的，即国家是一个社会互利的约定——契约的产物；社会、国家、法律因人们追求个人幸福与功利的冲动逐渐形成。① 对于公平、正义与律法的关系，伊壁鸠鲁学派认为，公平与正义在具体适用时，总是对于某些人是"恶法"，但它们一旦被宣布成为法律，就变成了"真正的正义"。② 可以看出，伊壁鸠鲁学派赞同"恶法亦法"的观念，但又超越了苏格拉底的思想，提出正义与非正义之间的辩证关系，在这一点上，伊壁鸠鲁学派同汉斯·凯尔森关于纯粹法学的观点一致。

　　斯多葛学派与伊壁鸠鲁学派的影响颇大，向前基本涵盖了整个古希腊时期的哲学思想成就，向后辐射至若干世纪后的西方刑法思想，并直接促成功利主义刑法理论体系的建构。

　　综上所述，远古西方文学所演绎的价值内蕴与同时期刑法思想史丝丝相扣，是初民社会对自由意志与个体意识观念的世俗化表述。无论是文学作品还是刑法学思想，皆蕴含着根深蒂固的世俗人本意识。在《古希腊神话》中，人的欲望潜藏在神的性格与气质中，神之形象就是人类理想的图腾。无论是神祇，还是半神半人的英雄，他们恣意放纵的文化心理与行为模式均隐喻着远古时期人类对实现原始欲望的潜在冲动，彰显着浓郁的个人本位伦理观。在《荷马史诗》中，集体观念开始萌芽，出现了对集体正

---

　　① 参见吕世伦主编：《西方法律思潮源流论》，北京，中国人民大学出版社，2008，第 2版，第 33 页。

　　② 参见上书，第 35 页。

义与个人正义关系的探讨，暗示着城邦律法对自然人欲的制约。而"古希罗悲剧"则将自然法进一步神化，以自然法的最高效力对抗当时具有旺盛生命力、处于萌芽状态的制定法，甚至落入宿命论的窠臼。总体而言，远古时期刑法思想建立在与自然法则充分和谐的原则之上，包含着肯定个体意志自由、认可本能报复行为、追求自然公正等刑罚观的基本理念，蕴含着张扬个性、崇尚人智、放纵原欲、肯定个体荣耀的价值旨归。

第2章 原罪里挣扎的人性：
中古时期的刑法思想

（公元前476年~14世纪）

耶稣站起身来向女人走去，立刻被愤怒的市民，不怀好意的法利赛人以及凶狠残酷的文士所包围。他平静地指着地上葡萄的女人说："你们谁没有罪，可以首先拿石头砸她。"

——《新约·约翰福音》（8：7）

……摩西代表众人与上帝约定的"摩西十诫"，其中后五条内容涉及刑律——不可杀人。不可奸淫。不可偷盗。不可作假见证陷害人。不可贪恋人的房屋，也不可贪恋人的妻子、仆婢、牛驴，并他一切所有的。

——《旧约·出埃及记》（20：13~20：17）

你吩咐以色列人说："你们过约旦河，进了迦南地，就要分出几座城，为你们作逃城，使误杀人的可以逃到那里。这些城可以作逃避报仇人的城，使误杀人的不至于死，等他站在会众面前听审判。"

——《旧约·民数记》（35：10~35：15）

梯埃里赢得了决斗……藩王组成的审判团惊呼："上帝显灵了！绞死嘉奈隆是天意，做保的30名亲族也应该同罪处死。"

——［法］《法兰西史诗——罗兰之歌》

一个欧洲人可以不相信基督教信念的真实性，但他的言谈举止却逃不出基督教文化的传统，并且依赖于该种文化才有意义。如果基督教消失了，我们的整个文化也将消失。接着你便不得不痛苦地重新开始，并且你也不可能提得出来一套现成的新文化来。你必须等到青草长了，羊儿吃了，长出毛来，你才能用羊毛做出一件新大衣。在此期间，你必须经过若干个世纪的野蛮状态。

——［英］T.S. 艾略特《基督教与文化》

2.1 重返流淌着奶与蜜的故土：教会刑法的产生与发展

由希腊化时期至古罗马时代，跨越了罗马王政时期、共和国时期与帝国时期三个阶段。以耕牧作业为主要生产方式的古罗马属于典型的内陆民族，具有与古希腊海洋性民族截然不同的气质——上古农牧民族特有的淳朴、粗犷、保守与蒙昧勾勒出古罗马的古朴基调。然而，古希腊文化具有极强的涵摄力，在古罗马以武力征服希腊大小城邦的同时，希腊文明亦成功地对古罗马进行了反征服。灿烂炫目的希腊文明被罗马人继承后，随着罗马帝国版图的迅猛扩张，与欧洲各民族文化融合、发展，逐渐演变为整个西方文明的摇篮。古罗马人以希腊神话为母题，巧妙地将神话中的神祇姓氏更改为罗马姓氏，创造出自己民族的神谱。总的来看，本土化后的古罗马神祇具有庄严崇高的气质，却少了希腊神祇无拘无束、灵动活泼的个性特征。

统一后的罗马帝国穷兵黩武，追求法律与集权的强盛与完美。反映在刑法思想层面，罗马人以务实的精神承袭了古希腊人尊崇的自然法观念，刑事处罚逐渐介入宗教、城邦、家庭、个人四个领域，该种司法模式随着罗马帝国的扩张蔓延至整个欧洲。《十二铜表法》[①]（公元前 450 年）被公认为罗马刑法典的鼻祖，其中"第八表（私犯）"与"第九表（公犯）"即为罗马刑法的渊源。《十二铜表法》规定了至详的刑法规范，现代刑法基础理论几乎在《十二铜表法》中均有所涉猎，其中包括犯罪概念的表述、犯罪故意与过失的划分、犯罪阶段与犯罪停止形态的界定、犯罪责任要件（刑事责任年龄）的满足等。另外，《十二铜表法》还建立了疑罪从无、任何人未经审判不得处以死刑等司法原则与制度。[②] 然而，无论形式还是内容均臻于完美的《十二铜表法》未能阻止罗马帝国的轰然坍塌。习惯于以武力征服获取荣耀的古罗马人，其文化底蕴却相对贫瘠。征服古希腊后，面对希腊人强调个体本位的原欲型文化内核，罗马人感到无比新鲜与刺激，很快将其演绎为对肉欲与物欲的放纵。这种直白、浅显的文化解读直接诱发了罗马帝国末期贵族阶层的奢靡颓废，并导致整个社会陷入对原欲的狂热追逐之中。

---

① 参见〔英〕梅因：《古代法》，沈景一译，北京，商务印书馆，1964，第 207 页。
② 参见《十二铜表法》第八表、第九表。

一位马赛诗人对 5 世纪古罗马的堕落作出如下描述："帝国境内……均滑向罪恶深渊，他们将酗酒当作时尚、将通奸看作荣耀，却给节制与美德蒙上羞耻的面纱……奄奄一息的罗马帝国正在迈向死亡。"① 中世纪经院哲学家圣·奥古斯丁②（Augustinus，354～430 年）亦描述过罗马人酒神节的狂欢情景："狂欢而又放荡……人群将巨大的男性生殖器摆上马车，高声歌唱、招摇过市；城中身份最高贵的妇人将花环一圈圈挽上它的根茎，纯洁的处女们伸展双手向它祈祷……这种堕落可怕的仪式，恐怕连一个妓女遇见也会掩面离去。"③ 民间醉生梦死，皇帝的德性也颓败之至，塔西陀的《编年史》中记载了尼禄皇帝荒诞离奇的丑态："装扮后的尼禄变成了一名奴隶，侍从们拥簇着他在妓院与酒肆中游荡。他们专门偷窃商店里的东西，并丧心病狂地随意袭击路过的百姓。"④ 帝王如此，贵族们自然亦步亦趋，其奢靡生活被罗马诗人马蒂里尽收眼底："绿衣贵族坦卧绸塌，千娇百媚的侍妇宽衣解带卧在其侧、轻摇绿扇。少奴用陶瓷金板挥赶蚊蝇，女摩挲师为他进行全身推拿。失势的奴隶紧张地等待着他的弹指信号，敏捷地将头靠近、安静地吞下他的小便，专注地凝视着尊贵荣耀的主人。"⑤ 在这样一幅幅糜烂堕落的图景中，人类的耻辱感与罪恶感荡然无存，这正是罗马帝国末期危机四伏的表征。最后数个世纪中，罗马国饱经战火蹂躏，日耳曼铁蹄践踏之处，生灵惨遭荼毒。"此时，一个来自遥远、陌生国度的声音由远及近，它是那样空灵、温柔、微弱，与罗马世界的粗鄙张扬、醉生梦死有着天壤之别。这首梦幻般的圣曲以恬美的音符、舒缓的旋律感动了辗转于苦难中的人们，以纯洁的信仰对抗罗马帝国的物质主义，以理性的禁欲节制来抵御罗马帝国的放纵骄奢。质朴、虔诚的日耳曼民族挥动着'上帝之鞭'抽打着彪悍凶猛的罗马人，摧毁了不可一世的罗马帝国。"⑥

欧洲人立于古罗马的废墟上发出感慨，认为罗马帝国的毁灭是多种因

---

① 〔美〕威尔·杜兰特：《世界文明史》，北京，华夏出版社，2010。

② 圣·奥古斯丁，古罗马帝国时期基督教思想家，欧洲中世纪基督教神学、教父哲学的重要代表人物，他的理论是宗教改革之救赎思想的源头，著有《忏悔录》与《上帝之城》等文学著作。

③ 〔美〕波高·帕特里奇：《狂欢史》，上海：上海人民出版社，1993，第 40 页。

④ 〔古罗马〕塔西陀：《编年史（下册）》，王以铸等译，北京，商务印书馆，1981，第 25 章。

⑤ 转引自徐葆根：《西方文学：心灵的历史》，北京，清华大学出版社，1988，第 42 页。

⑥ 赵林：《西方宗教文化》，武汉，长江文艺出版社，1997，第 149 页。转引自蒋承勇：《西方文学人的母题目研究》，北京，人民出版社，2005，第 62 页。

素共同作用的结果,从文化层面考察,则应归咎于古罗马人对原欲型文化的过度推崇与沉溺,导致了群体理性的湮没与个人原欲的泛滥,二者之间的制衡关系失调。文学作品《上帝之城》中,奥古斯丁对古希腊神话放纵情欲的众神厉言诅咒,认为是他们造成了古罗马人放荡不羁的灵魂。在此批判基础上,奥古斯丁虚构出至善与至美的永恒世界,引导人们放弃对现世物欲、肉欲的追求,皈依充满希望与光明的彼岸世界。[1] 欧洲人在惊惧与哀伤中开始反思,试图寻找自我救赎的途径,逐渐意识到人类内心原欲的邪恶,渴望以理性来与它抗衡。这种群体心理为来自东方的希伯来宗教文化的渗透与蔓延提供了精神沃土——在罗马帝国轰然崩塌的惨痛教训面前,希伯来文化关于人之"原欲"即"原罪"的警告具有无比雄辩的说服力,基督教文学所提供的清新圣洁的彼岸之景亦给西方人失序的心理注入了无穷希望。[2] 他们充满虔诚地将上帝迎入灵魂的圣殿,希望以上帝的慧目来监管内心的邪恶,加重人性天平上的理性砝码,遏制原欲的涌动。可见,上帝被西方社会普遍接受和教会刑法在欧洲的盛行是出于特定时期人类生存与发展的需要,正是群体性心理需求促成了强调抑制原欲、注重精神寄托、鼓励群体本位的教会刑法的萌芽,并逐渐发展为严密的逻辑体系,与罗马法、日耳曼法并列成为欧洲近代三大法律渊源。[3]

2.2　摩西与耶和华之约:"摩西十诫"与原罪

持续千年的中古时期,希伯来—基督教一统天下,认为人类祖先由于违背上帝诫律偷食禁果,才获取原罪、遭受永劫之苦。由于人的祖先犯有原罪,原恶就蛰伏于人类本性之中。如此,古希罗文化中人之"原欲"转变为希伯来—基督教文化中人之"原罪",这种原始欲望既是人类生存繁

---

[1]　奥古斯丁时期,罗马帝国迅速衰落。本书写作的背景是公元410年,罗马市遭西哥特人的洗劫。异教徒乘机对基督教信仰进行攻击、责难。奥氏批驳了异教徒对基督教的责难,通过对罗马史的评论告诉世人,罗马的毁灭是咎由自取,与基督教无关,并对上帝的创造与人类的起源、发展、结局进行阐述,歌颂上帝的伟大创造与救赎计划。罗马帝国无足轻重,真正重要的是"上帝之城"的发展,即人类精神的进步。基督教理所应当是实行这种进步的媒介,无论皇帝是异教徒、基督徒或是野蛮人都没有罗马教皇与基督教重要。该书包含着一种完整的历史观,对欧洲发展有巨大影响,其学说为教会与国家之间的长期斗争打下了根基。参见〔古罗马〕奥古斯丁:《上帝之城(上卷)》,王晓朝译,北京,人民出版社,2006,序言。

[2]　参见赵林:《西方宗教文化》,武汉,长江文艺出版社,1997,第149页。

[3]　参见〔法〕勒内·达维:《当代主要法律体系》,漆竹生译,上海,上海译文出版社,1984,序言。

衍的活力之源，也是其沉沦于感官地狱的原始驱动，人类在繁衍与毁灭、创造与破坏、美德与邪恶间轮回辗转，永无停息。如前所述，古希腊—古罗马文化（以下简称古希罗文化）中，原欲以极本色的面目出现，文学作品对人类个体价值充分认可、对自然释放的人之原欲热烈赞美；而在希伯来—基督教文学中，原欲被打上了原罪的烙印，不时向人类敲响警钟，告诫人类应当不断涤荡罪恶、接近圣洁。

　　《圣经》是基督教的正式经典，包括《旧约全书》和《新约全书》两个部分。"约"即盟约之意——《旧约》即耶和华通过摩西与希伯来人所立之约，《新约》则为上帝通过耶稣与信者的另立之约。① 谈到《圣经》的形成，必然关涉希伯来人（Hebrew）民族宗教——犹太教的产生。值得一提的是，希伯来人②是世界上唯一因为遵从同一部律法书而形成的民族，该民族的整个历史均浓缩在一部宗教法典《圣经·旧约》之中。③ 希伯来圣经文学不仅在东方文学史上占有重要地位，而且由于希伯来民族苦

---

　　① 《新约》成书与基督教的确立密切相关。基督教由犹太人创立，时间约在公元1世纪，起初为犹太教的一个派别，后来独立成教，信奉耶稣为基督（救世主）。基督教奉承犹太教《圣经》为经典，同时编辑另一部经典，并将二者合在一起，称前者为《旧约》，后者为《新约》，统称《圣经》。

　　② 希伯来人是今犹太人与以色列人的古称。希伯来人的国家位于亚洲西南部今巴勒斯坦地区（从地中海东岸至约旦河、死海周围一带），属欧罗巴人种地中海类型闪米特族的一支。希伯来人的祖先原本生活在两河流域，公元前14世纪左右，经过一次大迁徙，从两河流域来到迦南地区，并与迦南族人融合共处。希伯来12个游牧部落逐步形成南北两个部落联盟，南方是犹太，北方是以色列。公元前11世纪，建立统一的国家。第一任国王扫罗（公元前1028～公元前1013年在位）在反抗腓利士人的侵略中献出生命。大卫继位（公元前1013～公元前973年在位）后，建都耶路撒冷，完成统一大业。大卫死后，其子所罗门登基（公元前973～公元前933年在位），在位期间是以色列犹太王国的鼎盛时代。公元前925年，以色列犹太王国再次分裂为两个国家，北是以色列，南是犹太。自此国力日渐衰弱，不断受到周围大国侵略。公元前722年，以色列王国被亚述所灭，结束了该国200余年的历史。公元前586年，巴比伦人又攻占了犹太王国首都耶路撒冷，带走数万犹太人作为俘虏，史称"巴比伦之囚"，犹太王国随之灭亡。其后，这个地区先后为波斯、马其顿和罗马等帝国所统治。在此期间，犹太人多次反抗，却不断遭到镇压。最终，犹太人被驱逐出自己家园，流落世界各地。See http://zh.wikipedia.org/wiki/%E5%B8%8C%E4%BC%AF%E4%BE%86., The last retrieved date 2012-3-22.

　　③ 按照希伯来传统，圣经分为39卷、四部分（法律书、历史书、先知书、杂著）。"法律书"即"摩西五经"——《创世记》《出埃及记》《利未记》《民数记》《申命记》，内容包括天地创造，伊甸乐园、洪水方舟等神话和族祖亚伯拉罕、摩西等传说，以及犹太教的教规国法，托名创国英雄摩西受命于天而著，被称为"经"或"律"。"历史书"包括《约书亚记》《士师记》《撒母耳记》等十卷，是以色列和犹太立国到亡国的史记。"先知书"包括从《以赛亚书》《耶利米书》以下十五卷。所谓"先知"是先知先觉的社会改革家和思想家，他们愤怒地谴责社会的不平等，奔走呼号，演说、诵诗唤醒群众，警告欺压者。"诗文集"包括《诗篇》《雅歌》等抒情诗集，《箴言》《传道书》等哲理诗集，《约伯记》大型剧诗和《路得记》《以斯帖记》《但以理书》等小说。

难的迁徙史，伴随着希伯来人的足迹遍布欧洲乃至整个西方，希伯来圣经文学与欧洲各民族文化交融发展，对西方文明产生了深刻、久远的影响。希伯来人在"巴比伦囚徒"时期创造的犹太教，更是直接影响并促成了西方基督教的诞生，成为整个西方人信奉的宗教，在中古时期发展为庞大、严密、完整的教会刑法体系，统治西方刑法学理论界逾千年。①

从某种程度上讲，圣经文学是古希伯来人的神话故事与民族史诗，但它显然缺少了古希腊神话与史诗中神祇、半人半神英雄以及世俗人类洋溢着蓬勃生机的灵性。我们在圣经文学中只看到"神化的人"，是人性向神性的无限提升、人之主体性萎缩消失，而非古希腊式"人化的神"，由神性向人性下滑、人之主体性高扬凸显。希伯来神话是一神世界，而古希腊神话是多神空间，众神形态俊美、七情六欲俱全，喜欢与人类交混嬉戏，热衷于参与人类的纷扰争执，与人类同喜共悲。与上帝相比，宙斯对于人类是相当宽容的，这也许是由于宙斯本人比人类更为放纵原欲；上帝则清心寡欲，几乎没有任何人类欲望，他孑然代表着人类原欲的对立面——理性。

《旧约》之《出埃及记》记载了犹太创国英雄摩西带领希伯来族人逃离埃及、重返"流淌着蜜与奶"的故乡——迦南的故事。这是希伯来民族一部历时久远、壮烈磅礴的迁移史，其规模与气势完全可以与古希腊之《荷马史诗》相媲美。但是，由于其中的圣者摩西被抽空了人的血性与原欲，虽然彰显了其神祇般崇高，却也缺失了人之生命的亮丽。同样作为战争的主角，《伊利亚特》中的希腊勇士阿喀琉斯与摩西之别迥异。阿喀琉斯是人间国王珀琉斯与海洋女神忒提斯之子，血统为半人半神，外在形象俊美健硕，表现了人向神的提升，内在情欲上却全然是神性向人性的滑落，七情六欲皆备，性格火暴难以羁绊。上文关于《荷马史诗》的文学解析中，阿喀琉斯为了心爱的女奴不惜与希腊最高统帅阿伽门农剑弩相向，为了给好友复仇竟然做出导致人神共愤的虐尸暴行，这两个事例充分证明

① 希伯来《旧约》的成书与犹太教的确立密切相关：在彻底改变希伯来人命运的"巴比伦之囚"后 500 年间，希伯来人挣扎在存亡线上，但这 500 年恰恰是他们文化史上最为重要的时期——希伯来人完成了一神论的犹太教义，整理希伯来民族历代的文学遗产，并重新编订了教规、信条，作为颠沛流离、寄人篱下的希伯来民族唯一的精神寄托，至公元前 2 世纪大功告成，被基督教称作《旧约》，与其后产生的新约相区别。《旧约》反映了希伯来民族的发展与王国兴亡的全部历史。最早的作品离我们已经 3 000 余年，最晚的距今 2 000 余年，其思想特点是一神论的犹太教思想。《旧约》深受四邻文化古国的影响，如天地创造、洪水方舟等神话与巴比伦史诗《吉尔伽美什》极为相似；箴言、格言等"智慧文学"则深受埃及宗教文学《亡灵书》的影响。作为文化传播载体，《旧约》架起了东西方文化沟通、融合的桥梁。

了阿喀琉斯的世俗人性。相比之下，摩西出身低贱，仅是一名犹太奴隶的后代，远征途中，摩西的英勇与智慧却是上帝隐性神力的再现，而摩西的继承人约书亚、亚伯拉罕、耶稣等亦均如此。摩西形象的刻画具有深刻的历史原因，犹太民族是一个饱受苦难、屡受挫折的民族，作为该民族的领袖，摩西必须具有阿喀琉斯等英雄所缺乏的优秀品质——自我牺牲的精神、集体主义责任观以及浓郁的民族忧患意识，却不得享受世俗人类七情六欲的纷繁生活。与古希腊推崇的个体本位恰好相反，在摩西身上体现的是一种卓尔不群的群体本位价值观，这种群体本位观念在销蚀了狭隘的民族意识乃至民族偏见后，在《新约》中升华为一种拯救人类脱离苦难、热爱整个人类的博爱主义。

从刑法层面考察，《圣经·旧约》前五章被合称作《摩西五经》，其中"摩西十诫"针对整个民族进行的规训，措辞严厉，彰显着浓厚的集体本位价值观以及否定个体价值、抑制个人欲望的教谕旨归。"摩西十诫"相传为犹太先知摩西根据上帝耶和华的旨意而著，主要内容覆盖了戒律与惩罚诸方面，又被称作"律法书"，是希伯来犹太教律的核心组成，其后由基督教继承、发展，成为中世纪教会刑法的直接渊源，并对后世西方刑法产生了决定性影响。

《旧约·创世纪》记载，上帝耶和华创造了人类与万物，并选中希伯来人作为子民。他与摩西约定，他将赐生存、繁衍、富足于希伯来人。而作为回报，第一，希伯来人必须永远信奉他的教谕；第二，希伯来男子必须实行"割礼"作为二者之间的立约记号。希伯来最伟大的先知与导师——摩西率领族人摆脱埃及法老的奴役，逃离埃及、途经西奈山时，为了整顿族人秩序，耶和华在西奈山上显圣，用手指刻画十条诫律于石板之上授予摩西，摩西将神意颁布于众。这就是摩西代表众人与上帝约定的"摩西十诫"，其中后五条内容涉及刑律——不可杀人。不可奸淫。不可偷盗。不可作假见证陷害人。不可贪恋人的房屋，也不可贪恋人的妻子、仆婢、牛驴、并他一切所有的。[1]（20：13～20：17）

现代法学家将《摩西五经》视作成文法，内容归纳为 613 条戒律，其典型特征是具有浓厚的同态复仇色彩。[2] 作为人类早期社会的常见现象，一提到"同态复仇"，人们就伴随着一种偏见，认为这是一种进化缓慢、

---

[1] 参见《旧约·出埃及记》，第 19 章、第 20 章。

[2] See Hyman E Goldin, Hebrew Criminal Law and Procedure, New York: Twayne Publishings, INC., 1952, p. 12. 转引自何勤华、夏菲主编：《西方刑法史》，北京，北京大学出版社，2006，第 67 页。

愚昧残酷的惩罚原则。事实上，这种表面上看来较为残忍的习俗体现着一种对等报应的本质，是朴素正义观的原始载体。需要说明的是，在刑罚制度演变过程中，《摩西五经》与先于其出现的《汉谟拉比法典》①所载同态复仇的含义并不相同。《汉谟拉比法典》颁布于古巴比伦汉谟拉比王执政期间（公元前1792～公元前1750年），极力维护社会等级制度，保留了同态复仇原则与神明裁判习惯。但是"享有"同态复仇权利的"犯罪人与受害人"必须是巴比伦的自由公民，奴隶以及没有公民权的自由人毫无权利可言，"倘人毁他人之目，则毁其目；倘人断他人之骨，则断其骨"的同态复仇并不公平地及于所有公民。与《汉谟拉比法典》相比，《摩西五经》中的同态复仇是一种鲜少有阶级属性而更为进步的刑罚观，反映了民众之间利益的对等性与一致性。例如，《旧约·创世纪》第9章规定："凡流人血的，他的血也必被人所流。因为神造人是照自己的形像造的。（9：6）"《旧约·出埃及记》第21章规定："若有别害，就要以命偿命，以眼还眼，以牙还牙，以手还手，以脚还脚，以烙还烙，以伤还伤，以打还打。（21：23～21：25）"不难发现，上述律法几乎抹杀了一切等级特权意识，彰显出强烈的平等刑罚理念。

进一步讲，《摩西五经》中的同态复仇并非仅停留于机械的"以眼还眼、以牙还牙"的层面，而是首先将犯罪意图划分为"故意、过失"，根据不同过错形态适用不同刑罚的量刑规则，同时强调多方采证、相互质证的证据适用规则，并且重视个体生命，禁止赎金刑置换生命刑的刑罚替代原则。例如，在《旧约·民数记》第35章中，以列举方式详细描述了故意杀人与过失杀人的区别，刑罚报应主义色彩鲜明：

> 倘若人用铁器打人，以致打死，他就是故杀人的。故杀人的必被治死。若用可以打死人的石头打了人，他就是故杀人的。故杀人的必被治死。若用可以打死人的木器打死了人，他就是故杀人的。故杀人的必被治死。报血仇的必亲自杀那故杀人的，一遇见就杀他。（35：16～35：19）

> 倘若人没有仇恨，忽然将人推倒，或是没有埋伏把物扔在人身上，或是没有看见的时候用可以打死人的石头扔在人身上，以致于

---

① 《法典》由序言、正文和结语三部分组成，序言和结语约占全部篇幅的五分之一，语言丰富，辞藻华丽，充满神化、美化汉谟拉比之辞，是一篇对国王的赞美诗。正文共包括282条法律，对刑事、民事、贸易、婚姻、继承、审判等制度均作出详细规定。参见杨炽译：《汉谟拉比法典》，北京，高等教育出版社，1992，第114页。

死，本来与他无仇，也无意害他。会众就要照典章，在打死人的和报血仇的中间审判。（35：22～35：24）

无论谁故杀人，要凭几个见证人的口把那故杀人的杀了，只是不可凭一个见证的口叫人死。（35：30）

故杀人，犯死罪的，你们不可收赎价代替他的命。他必被治死。若有在地上流人血的，非流那杀人者的血，那地就不得洁净。（35：31～35：32）

在《旧约·民数记》第 35 章中，甚至专门划出"逃城"对误杀之人作出庇护，其中体现的刑法思想与古希腊神话"俄瑞斯忒斯弑母案"中雅典娜对刑事被告的庇护如出一辙，二者均对审判之前的被告人予以特殊保护，防止愤怒的血亲在会众庭审之前私自行刑处死行为人。不同的是，雅典娜所保护的俄瑞斯忒斯对于母亲实施了"故意杀害行为"，雅典娜将其庇护于帕特农神庙内，主要是为了阻止复仇女神的追缉；而逃城的庇护仅限于"误杀"者，对于故意杀人者则"必被治死"，而且鼓励血亲一定要亲自复仇，"一遇见就杀"。从这个角度来看，"俄瑞斯忒斯弑母案"所体现的是审前对刑事被告基本人权进行保障的司法理念，亦即"无罪推定"原则的具体适用，而《摩西五经》已经开始较为理性、严谨地区分故意犯罪与过失犯罪的主观恶性，并根据过错程度施以不同处遇措施：

你吩咐以色列人说："你们过约旦河，进了迦南地，就要分出几座城，为你作逃城，使误杀人的可以逃到那里。这些城可以作逃避报仇人的城，使误杀人的不至于死，等他站在会众面前听审判。"（35：10～35：15）

特别值得一提的是，以希伯来语编著的《摩西五经》中，并无与犯罪（crime）、刑法（Penal Law）相对应的词汇，而是用宗教色彩浓郁的罪孽（sin）、救赎（redemption）取而代之。这是因为《摩西五经》确认世间只存在一种犯罪——人生来具有之"原罪"。这种独特的犯罪观代表着一种非常宽容进步的刑法思想，即犯罪的严重程度不在于对人或财产的侵害程度，而是对上帝的冒犯与不恭，因此，除了伤人身体或者性命的故意行为，对于盗窃、抢劫、通奸等行为并不会适用极刑。可见，"限制死刑"的观念已经在《摩西五经》得以阐述。有些刑法学者以《摩西五经》中的戒条不具有强制执行效力为由，否认其具有刑事法典的性质，这恰恰是因为对上述文化背景知识的缺失。希伯来民族的刑罚制度与其独特的罪刑观念相契合，亦即所有世俗民众的罪孽均应由上帝进行审判，上帝明确规定为罪恶的，可以由人来代替上帝执行刑罚；上帝没有明确规定为罪恶的，禁止人类惩罚同类。这也可以说是"罪刑法定"与"授权司法"思想的最初表述。

2.3 耶稣与上帝之续约："登山宝训"与宽恕

据《圣经》所述，摩西死后，以色列人忘恩负义、撕毁与耶和华之约定，耶和华降大灾难于他们，使得这个民族饱尝战火蹂躏、被逐出家园、颠沛流离。其后，仁慈的上帝希望拯救苦难深重的人类，与其重新立约，是为《新约》。①《新约·希伯来书》中记载：

> 所以主指责他的百姓说，日子将到，我要与以色列家，和犹大家，另立新约。不像我拉着他们祖宗的手，领他们出埃及的时候，与他们所立的约。因为他们不恒心守我的约，我也不理他们。主又说，那些日子以后，我与以色列家所立的约乃是这样。我要将我的律法放在他们里面，写在他们心上，我要作他们的神，他们要作我的子民。我要宽恕他们的不义，不再记念他们的罪愆。既说新约，就以前约为旧了。但那渐旧渐衰的，就必快归无有了。（8：8～8：13）

《新约·马太福音》章，涉及"登山宝训"（The Sermon on the Mount）的记载。传说在加利利海西岸，耶稣将天国中的法则向基督徒传授，作为其在世俗社会的修行准则。"登山宝训"很大程度上突破了"十诫"的内容，其精神内涵也由惩罚他人向羁束自我转变。

第一，是关于幸福的解释，亦即"福音书"应有之义："虚心的人有福了，因为天国是他们的。哀恸的人有福了，因为他们必得安慰。温柔的人有福了，因为他们必承受地土。饥渴慕义的人有福了，因为他们必得饱足。怜恤的人有福了，因为他们必蒙怜恤。清心的人有福了，因为他们必得见神。使人和睦的人有福了，因为他们必称为神的儿子。为义受逼迫的人有福了，因为天国是他们的。人若因我辱骂你们，逼迫你们，捏造各样坏话毁谤你们，你们就有福了。应当欢喜快乐，因为你们在天上的赏赐是大的。在你们以前的先知，人也是这样逼迫他们。"②（5：3～5：12）很

---

① 《新约全书》共27卷，成书于公元1世纪，包括福音书、历史书、使徒书信和启示录。与旧约使用希伯来语不同，新约使用希腊文编撰而成。

② 《新约·马太福音》，第5章。

明显，与《旧约》不同，《新约》的教义开始向隐忍与宽恕过渡，"天国八福"要求基督徒清心寡欲、严于律己、与世无争地度过一生。不仅要严于律己，"登山宝训"还要求教徒必须宽恕他人。

第二，是针对报复、爱仇敌以为饶恕的解释："你们听见有话说，以眼还眼，以牙还牙。只是我告诉你们，不要与恶人作对。有人打你的右脸，连左脸也转过来由他打。有人想要告你，要拿你的里衣，连外衣也由他拿去。"①（5：38～5：40）"你们听见有话说：'当爱你的邻舍，恨你的仇敌，只是我告诉你们：要爱你们的仇敌。为那逼迫你们的祷告。这样，就可以作你们天父的儿子。因为他叫日头照好人，也照歹人，降雨给义人，也给不义的人。"（5：43～5：45）②"你们饶恕人的过犯，你们的天父也必饶恕你们的过犯；你们不饶恕人的过犯，你们的天父也必不饶恕你们的过犯。"③（6：14～6：15）很明显，在《旧约》"以牙还牙、以眼还眼"之等害罪刑观之外，《新约》还建立了一种颇为新奇的对待仇人与敌人的喻世之道——"以善治恶"。上述教谕分为上下两段，上段肯定《旧约》教谕的教诲，下段则提出《新约》对基督徒的要求。这些为人处世之道不仅包括"被打右脸，连左脸也转过来由他打"的宽恕与隐忍，更包含"爱邻舍，也爱仇敌"的博爱精神。只有如此，才能在末日审判时获得天父的宽恕，顺利抵达天堂。

第三，涉及"成全律法"，是关于律法颁布、遵守、实施以及审判权、刑罚权的解释。开篇点明主旨，基督降世并非为了行使"十诫"中的某一条诫命，也并非为在律法中增加新意，其使命是将律法刻至世人的心灵，并在适用律法时保持整体观与体系观。首先强调了律法存在的必要性，即使天崩地裂，律法的效力亦应岿然不动，世人举念动静，皆以律法为准。同时针对制定律法者、执行律法者做出训诫，要求二者必须首先遵守律法。如果法度适用不平等，造成厚此薄彼的结果产生，则为末日审判时步入天堂之门的大忌；而遵守律法并且一视同仁适用于全体子民者，才可能获得天父眷顾，安享极乐："莫想我来要废掉律法和先知。我来不是要废掉，乃是要成全。我实在告诉你们，就是到天地都废去了，律法的一点一画也不能废去，都要成全。所以无论何人废掉这诫命中最小的一条，又教训人这样做，他在天国要称为最小的。但无论何人遵行这诫命，又教训人

---

①②　《新约·马太福音》，第 5 章。
③　同上书，第 6 章。

遵行,他在天国要称为大的。"① (5:17～5:19)另外,在论及律法的制定原则与适用规律时,"登山宝训"阐述的观点与我国古语"己所不欲,勿施于人"具有异曲同工之妙:"所以无论何事,你们愿意人怎样待你们,你们也要怎样待人。因为这就是律法和先知的道理。"② (7:12)

关于审判权与刑罚权,"登山宝训"继承了"摩西十诫"的教谕,认为世俗人类没有资格审判自己的同类。人类最常见的错误是"只见芒刺,不见梁木",自身不洁,一叶障目,如何去审判他人?其实施的刑罚又怎能令世人心服口服?因此,所有的罪孽均应在天父面前得到最终裁决,所有的惩罚均应由天父亲自启动,其理由仍然建立于原罪伦理基础之上:"你们不要论断人,免得你们被论断。因为你们怎样论断人,也必怎样被论断。你们用什么量器量给人,也必用什么量器量给你们。为什么看见你弟兄眼中有刺,却不想自己眼中有梁木呢?你自己眼中有梁木,怎能对你弟兄说,容我去掉你眼中的刺呢。你这假冒为善的人,要先去掉自己眼中的梁木,然后才能看得清楚,去掉你弟兄眼中的刺。"③ (7:1～7:6)

第四,是关于七宗原罪之"色欲"的解释。如上所述,《旧约》中,"摩西十诫"之一即"不可奸淫",主要限制奸淫的行为与举止;而在"登山宝训"中,却将奸淫戒律的内涵扩充至思想领域,起心动念皆为禁止,必要时甚至可以挖眼断腕以呵护内心的圣洁,这与我国古语"万恶淫为首"的观念颇具相似性。毫无疑问这是典型的意淫犯罪观,于宗教尚教谕可理解,运用至法律层面就令人匪夷所思了。因此,当后来启蒙思想者扛起人性与自由的大旗声讨教会文化的荒谬与专横时,思想犯罪首先是其诟病的重点目标:"你们听见有话说,不可奸淫。只是我告诉你们,凡看见妇女就动淫念的,这人心里已经与她犯奸淫了。若是你的右眼叫你跌倒,就应剜出来丢掉。宁可失去百体中的一体,不叫全身丢在地狱里。若是右手叫你跌倒,就砍下来丢掉。宁可失去百体中的一体,不叫全身下入地狱。"④ (5:27～5:29)不仅如此,建立于上述奸淫观念基础上,"登山宝训"中还对夫妻关系与制造淫乱关系的行为做出了颇具新意的解释:"又有话说,人若休妻,就当给他休书。只是我告诉你们,凡休妻的,若不是为淫乱的缘故,就是叫他作淫妇了。人若娶这被休的妇人,也是犯奸淫了。"⑤ (5:29～5:32)按照当时法利赛人的教导,男子可以随时休

① 《新约·马太福音》,第5章。
②③ 同上书,第7章。
④⑤ 同上书,第5章。

妻，只要写一纸休书即可，因此所宣传的婚姻关系稳定性较弱。"登山宝训"要求基督徒的标准必须高于法利赛人，只有在一种情况下才可以休妻——"淫乱的缘故"，除此之外不得休妻。按照这样的观点，如果有人休了妻子，女方必然会被世人"叫她作淫妇"，这是一种世人眼中的"淫妇"，其客观事实包括两种：其一，女子确实违背了"不可奸淫"之戒律，罚当其罪；其二，女子并没有触犯戒律，却背负上莫须有的罪名。在第二种情况下，如果有人娶了该女子，即使该女子身心仍然纯洁，该婚约行为也与有夫之妇淫乱行为具有同等效果，因此男子会背负同样罪名。可以看到，不是由于淫乱的缘故而休妻，是一种不公平的行为，也丧失了公义性，男子在神的眼中就是在制造淫乱，其罪过与本身淫乱者相比有过之而无不及。

综上所述，如果说形成于公元前的犹太教义《旧约》所强调的是"有罪必罚"的严厉刑罚观，这一点在《旧约·申命记》中耶和华对子民的告诫中得以诠释："所以，你要知道耶和华你的神，他的神，是信实的神。向爱他，守他诫命的人守约，施慈爱，直到千代。向恨他的人当面报应他们，将他们灭绝。凡恨他的人必报应他们，决不迟延"①；那么，公元后产生的基督教教义《新约》则彰显了宽恕与博爱的胸怀。前者"有罪必罚、绝不迟延"的罪罚思想在《索多玛城的毁灭》的叙述中得以生动再现；后者所提倡的"人皆罪人，但求宽恕"的罪罚精神则在《行淫时被捉的女人》的故事里得以完美诠释。

2.3.1　无罪者永享荣耀：《索多玛城的毁灭》

《旧约·创世纪》中，索多玛（Sodoma）这座城市罪恶深重，所以上帝决定毁灭它。亚伯拉罕得知后，为索多玛即将遭遇的大灾难而悲哀，因此代替全城居民向上帝请求宽恕。数番讨价还价后，亚伯拉罕终于为索多玛城的幸免于难争取到一线希望——只要城中能够找到一定数目的义者，上帝就收回成命，宽恕这座城市。

> "假若那城里有五十个义人，你还剿灭那地方吗？不为城里这五十个义人饶恕其中的人吗？将义人与恶人同杀，将义人与恶人一样看待，这断不是你所行的。审判全地的主岂不行公义吗？"耶和华说："我若在所多玛城里见有五十个义人，我就为他们的缘故饶恕那地方的众人。"亚伯拉罕说："我虽然是灰尘，还敢对主说话。假若这五十

---

① 《旧约·申命记》（7：9~7：10）。

个义人短了五个，你就因为短了五个毁灭全城吗？"他说："我在那里若见有四十五个，也不毁灭那城。"亚伯拉罕又对他说："假若在那里见有四十个怎怎么样呢？"他说："为这四十个的缘故，我也不作这事。"亚伯拉罕说："求主不要动怒，容我说。假若在那里见有三十个怎么样呢？"他说："我在那里若见有三十个，我也不作这事。"亚伯拉罕说："我还敢对主说话，假若在那里见有二十个怎么样呢？"他说："为这二十个的缘故，我也不毁灭那城。"亚伯拉罕说："求主不要动怒，我再说这一次，假若在那里见有十个呢？"他说："为这十个的缘故，我也不毁灭那城。"耶和华与亚伯拉罕说完了话就走了；亚伯拉罕也回到自己的地方去了。①

遗憾的是，亚伯拉罕为索多玛居民所做的辩护与争取是枉然的——整个索多玛城竟然连 10 位义人也未能凑齐：

> 上帝随后派两位天使下降索多玛，明察暗访当地风俗习惯、人性品格。天使们化作异乡人，借宿在义人罗得家中。傍晚，全索多玛城的人，男女老少蜂拥而至，要求罗得将两个貌美的异乡人交出，任他们凌虐。罗得苦苦哀求，甚至提出以自己还是处女的两个女儿来代替异乡人承受苦难，依然遭到全城人的拒绝与羞辱。天使愤怒了，使出法术将罗得一家救出，警告他们迅速离开此地，天亮之前这座荒淫无道、被上帝所厌弃的城市将消失在滚滚烈焰之中。上帝严格信守诺言，无奈人类罪愆深重、无法救赎，因而不得不将整个城市付之一炬。只有罗得一家逃出了这座罪恶之城。②

《索多玛城》的故事生动诠释了《旧约》教义中古朴的罪刑观。首先，有罪必罚。这种惩罚来自于上帝，因此更具有确定性与威严性。索多玛居民顽劣不化、野性未除、罪孽深重，面对天使的数次感化，并无改过之心，行为也未有丝毫收敛，末日到来时，无人能够侥幸逃脱上帝的审判。其次，酌定量刑情节的提出。亚伯拉罕在索多玛居民与上帝之间担任着辩护人的角色，屡次挺身而出为人类辩护，争取利益。上帝亦深谙亚伯拉罕之苦心，最大可能地作出让步，彰显其仁慈、宽厚的胸怀。最终审判者与被审判者达成协议——以部分义举换取整个城邦的刑罚豁免权，"10 个义人"成为整个索多玛城居民可酌定减轻、豁免量刑情节。无奈这座城市的

---

① 《旧约·创世纪》（18：24～18：33）。
② 同上书（19：1～19：25）。

罪愆积重难返，最终天使搜遍全城，仅发现罗得、罗得之妻、罗得两个女儿共计 4 个品德高尚之人，与全城民众得以豁免的数目要求相距甚远。最后，绝不罪及无辜。罗得一家得以幸免，是因为他们平素言行善良虔诚、远离罪恶，尽管其也居住于索多玛城，属于索多玛居民，但明察秋毫的上帝在严惩罪人的同时，绝不会滥杀无辜。换句话说，索多玛城的故事以平实、浅显的语言向基督徒们讲述了一个基本的罪罚观——有罪者难逃惩罚、有罪者可以自我救赎、无罪者永享荣耀。

2.3.2 申冤在我：《行淫时被捉的女人》

公元前 1 世纪清晨，薄雾中的耶路撒冷城。耶稣在大殿中开始布道，突然，一群法利赛人和文士牵着一名女子闯入大殿，并将她扔在耶稣脚下。女子衣冠凌乱、披头散发、身上伤痕斑驳，身躯因恐惧而发抖。一名文士质问耶稣："这名贱妇与人行淫时被当场抓获，根据摩西律法，当受乱石打死之罚，不知您认为如何？"言语中充满着挑衅，法利赛人也在旁煽风点火。大殿里聆听耶稣布道的市民们被激怒了，责难声越来越大，纷纷要求惩处这个邪恶的女子。耶稣站起身来向女人走去，立刻被愤怒的市民，不怀好意的法利赛人以及凶狠残酷的文士所包围。他平静地指着地上匍匐的女人说："你们谁没有罪，可以首先拿石头砸她。"众人震惊，长时间的沉默后，众人从老至幼一个个从大殿鱼贯而出，法利赛人与文士也恨然离去。大殿中只剩耶稣与那位妇人。妇人呜咽着爬到耶稣脚边，耶稣将她扶起询问："那些人呢？没有人治你的罪吗？"妇人答："仁慈的主啊，没有。"耶稣低声言："我也不定你的罪，你离去吧，以后不要再犯罪了。"①

《圣经·新约》中，这是一个非常著名的关于原罪与救赎的故事。此处的行淫女子事实上扮演着三个角色、承载着三重寓意——在法利赛人与文士手中，她是他们挑起民愤、攻击耶稣的可悲工具；在普通市民眼中，她是他们隐藏自我罪孽、发泄心中恐惧的遮羞布；在耶稣的脚下，她却是他传播道义、教育民众、哀悯救赎的真正的人。耶稣对行淫女子的判决蕴含着基督教《新约》教义之罪刑观的三重含义：其一，从上帝的视角观察，人人皆为原罪的承载者。既然如此，谁有资格审判他人？谁又有权力惩罚他人？因而上帝才是唯一对人类进行审判与惩罚的合法主体。其二，

———————

① 参见《新约·约翰福音》(8：3～8：11)。

人间制定的罪与上帝眼中之罪内涵不同。故事最后，耶稣对女子低声抚慰："我也不定你的罪，你离去吧，以后不要再犯罪了"，其中提到了两个"罪"，其含义迥异：第一个罪是指上帝眼中的罪，这是一种源自人类劣根性的"原罪"，耶稣知晓自己并非上帝，因此无权给女子定罪；第二个罪是指世俗法律规定的犯罪，诸如通奸，诸如不守妇道。由于原罪与世俗之罪的来源不同，因此对待世俗之罪与原罪的制裁方式亦应有所不同。世间每个人皆为原罪之身，对人世间罪行的审判必须秉持宽容态度，对罪者要怜悯与宽恕；对上帝眼中之罪的审判则是一种末日审判、良心审判，其特质是睚眦必报、丝毫不爽。

以上两个故事分别来自《圣经·旧约》与《圣经·新约》，二者对比可以得出以下结论：根据精神实质不同，《旧约》教谕所代表的是"法的宗教"；《新约》教谕传布的则为"人的宗教"。在法的宗教中，法是人类外在行为的规范，因此教谕中均为全知全能的耶和华对人类的吩咐，字里行间没有对话，只有独白，权威上帝的声音凌驾着一切，覆盖着世间万物。作为"人的宗教"的基督教，《新约》的行文以民众与先知间的质疑与回应形式展开，包孕着多重冲突的复调色彩。耶稣及其使徒突破了时间与地域的桎梏，走下殿堂，深入民间进行布道：他们穿梭往返于庶民市场、下等客栈、餐馆酒肆甚至澡堂妓院，他们医治好盲人的眼疾[①]（9：7～9：12）、瘸子的双腿[②]（9：1～9：8），他们使得麻风病人重返世俗社会[③]（17：12～17：15），他们接受人皆鄙视的妓女的香膏供奉[④]（7：37～7：50），他们对窃贼的悲苦境遇给予同情[⑤]（10：10～10：12），他们对行淫女人的无知愚昧进行宽恕[⑥]（8：3～8：11），其中一位最著名的隐忍顽强的布道者，以悲悯智慧的声音不停地与世间俗子进行对话，感召着芸芸众生——这即为《新约》的典型叙述形式。与犹太教《旧约》之禁止、惩罚的观点相左，基督教《新约》的精髓在于道成肉身与受难赎罪。基督耶稣舍去了英雄与王的桂冠，化身为社会地位最为卑贱的木匠之子，降临至世间最肮脏秽乱的马槽中[⑦]（1：28～1：31）、（2：6～2：12），一

---

① 参见《新约·约翰福音》，第9章。
② 参见《新约·马太福音》，第9章。
③ 参见《新约·路加福音》，第17章。
④ 同上书，第7章。
⑤ 参见《新约·约翰福音》，第10章。
⑥ 同上书，第8章。
⑦ 参见《新约·路加福音》，第1章、第2章。

生布道救人，直至最终蒙冤入狱、头戴荆冠，被鞭打、虐杀于十字架上①
（15：12～15：37）。由此不难发现，《新约》宣传着"隐忍、忏悔"的赎罪
观（妓女、淫妇、小偷、强贼等皆可获得救赎），其教谕的精神内涵已经从
他报的报复刑过渡至自罚的教育刑，隐忍与宽恕成为鲜明的价值旨归。

　　《旧约》与《新约》为我们诠释了两个完全不同的宗教世界。前者的
恪守、报复、自律与后者的隐忍、宽恕、博爱形成鲜明对立，同时暗示着
西方刑法思想由"以眼还眼、以牙还牙"的罪罚报应观，向宽恕、隐忍思
想的变迁——"有人打你的右脸，连左脸也转过来由他打"，其至要原谅
他，"不是到七次，乃是到七十个七次"。② 如此看来，《旧约》倡导严格
的报应主义与平等的同态复仇；《新约》则认为"申冤在我、我必报应"，
否认世俗社会对同类的审判，强调只有全知全能的上帝才可操持生杀予夺
的刑罚权。《旧约》的平等主义彰显于现世的同态复仇，不分贵贱，一律
苛求形式上的平等；《新约》的人人平等只存在于来世，只有洗刷罪愆、
升入天国者才可得到这种平等，"刑罚谦抑"思想开始萌芽，刑罚价值亦
由"恪守、报复"转为"自律、宽恕与博爱"。其后数个世纪，《新约》教
谕历经圣·奥古斯丁与托马斯·阿奎那等思想家的归纳与演绎，逐渐发展
为规模庞大、逻辑严密的经院哲学。基督教亦得到日益稳固的地位，与崭
新的政治格局一统欧洲长达千余年。在经院哲学的渗透与影响下，西方人
挣扎在"原罪—赎罪—末日审判"的轮回之中，以宗教理智抑制肉体欲
望、否定现世价值、宣扬来世幸福，压抑个体价值、赞美群体责任观，最
终导致人的主体性无限萎缩。

2.4　民族气质与法的精神：西方英雄史诗

　　作为一种典雅、庄严、豪放的文学体裁，史诗是叙述重大历史事件或
者歌颂英雄人物的叙事长诗。前者被称作创世史诗，主要以远古时期的歌
谣与神话为素材，反映了一个民族童年时期朴素的自然观；后者被称作英
雄史诗，往往以氏族复仇、部落战争、民族迁徙等重大历史事件为主题，
所歌颂的人物大多真实存在，记载着民众对先祖所开创丰功伟绩的赞美与
景仰。无论是创世史诗还是英雄史诗，均为民族集体创作的结晶，经过世

---

① 参见《新约·马可福音》，第 15 章。
② 参见《新约·马太福音》，第 5 章、第 18 章。

代口口相传、润饰修改、逐渐定型，集中反映着一个民族的基本价值观与伦理观，蕴含着一个民族独一无二的精神气质与心理特征。

西方中世纪英雄史诗可以分为两大类。一类史诗创作于中世纪早期，反映了处于氏族社会末期的蛮族的生活状况。此时欧洲人基本上还未迈入封建化进程，基督教也未开始传入西方世界，因而史诗作品中浸润着浓厚的多神教色彩，较多反映的是人与魔怪（代表着变幻莫测的自然）之间的斗争，典型代表是英格兰史诗《贝奥武甫》。另一类史诗是欧洲封建化以后的产物，此时基督教已经渗透至整个西方文明的血液中，因而作品中洋溢着浓厚的基督教义与部族秩序观念，较多反映的是人与人、君与臣、个人与国家之间的关系。此时英雄的荣誉观突破了个人的桎梏，上升到集体与国家的高度。他们的爱国热情亦往往体现在维护国家统一、抗击外侮以及对异教徒的征剿与掠夺的史实中，典型代表是法国《罗兰之歌》、俄罗斯《伊戈尔远征记》以及西班牙《熙德之歌》。"九功之德皆可歌"①，英雄史诗是英雄与历史的完美结合，史诗中所述的英雄是一个民族在草创、开拓、发展的进程中战胜者的群像。通过对其所立功勋的颂扬，通过对其历经磨难的回顾，这些美丽的传说在漫长的岁月中逐渐定型为一个民族所特有的精神图腾，在祖祖辈辈的交口传颂中最终积淀为民族意志的坚固磐石。

从刑法学研究角度考虑，由于记载中世纪刑事法律制度的文献现已大部分失轶，而场景恢宏、气势磅礴的民族史诗蕴含着一个民族在发展、进化的过程中所蕴含的特殊文化密码，我们不妨尝试着从以下七部著名的西方史诗入手，从中发掘、分析、了解中世纪时期的西方人对良善与邪恶、公道与正义的根本看法。令人惊喜的是，关于罪与罚的法律故事几乎占据着每一部民族史诗的显赫主题，为我们架起了一面映射西方早期法律思想与司法制度的明镜。②

2.4.1　古罗马史诗：《埃涅阿斯纪》

《埃涅阿斯纪》③（公元前 30～公元前 17 年），古罗马文学的巅峰之

---

①　《左传·文公七年》。

②　对西方英雄史诗的介绍，主要目的是通过文学作品探讨西方七个主要国家的民族精神，继而考察其法律思想得以孕育、萌发的人文环境的相似性。

③　这部作品严格意义而言不应列入中世纪英雄史诗中，它属于早期古罗马民族的创世史诗。但由于其是西方首部文人史诗，具有较高文学造诣，其叙事风格与主人公所代表的精神形象与中世纪史诗十分相近，可以说是其后六部史诗的雏形与模板，因而将其置于同一节中，与其他史诗一起进行比较研究。

作，由罗马最杰出的诗人维吉尔①（Vergilius Publius V. Maro，公元前
70～公元前 19 年）历经十载苦吟而成。公元前 19 年，维吉尔未经修改史
诗初稿便憾然离世，临终前嘱咐好友将其尽数焚烧。好友并未遵照维吉尔
的遗嘱将其手稿烧毁，而是将其手稿呈递屋大维阅览，后者对此手稿赞誉
颇高，下令原文发表，这部史诗才得以精心保存、流传于世。《埃涅阿斯
纪》共计 12 卷，叙述了特洛伊城邦失陷后，特洛伊王子、维纳斯之子埃涅
阿斯率领特洛伊幸存者历尽艰险、漂泊至意大利拉丁姆建立罗马城的故事，
是一部罗马帝国的"史记"。作品师承《荷马史诗》叙事结构，前半部分叙
述埃涅阿斯漂泊经历，后半部分叙述残酷战争；同时，《埃涅阿斯纪》又并
非对《荷马史诗》的简单模仿，还彰显着罗马鲜明的民族特色。

　　故事仿《荷马史诗·奥德赛》的叙事结构，卷一开篇描述特洛伊
人在埃涅阿斯的带领下，漂泊 7 年，抵达迦太基女王领地。女王狄多
爱上埃涅阿斯，埃涅阿斯之母维纳斯亦不愿儿子再受颠沛流离之苦，
遂安排丘比特将爱之箭射中儿子心口。筵席上，埃涅阿斯以倒叙方式
讲述了七年的历险故事。卷二刻画了特洛伊人被木马计欺骗、继而城
市被攻陷，于是，埃涅阿斯携妻挈子逃出城，一夜之间妻子被杀的惨
景。卷三描述了特洛伊百姓之苦难，其中以赫克托耳的遗孀安德洛玛
克与赫勒努斯之间的故事最为凄惨悱恻。卷四讲述了女王狄多与埃涅
阿斯的结合。埃涅阿斯梦中得到神谕，不可贪享男女之欢而忘却立国
大业。于是，埃涅阿斯毅然抛弃狄多，踏上征程；狄多苦劝无果，饮
恨自焚。卷五至卷十描述了埃涅阿斯带领特洛伊人历尽艰辛终于抵达
意大利。其中包括特洛伊妇女因怨恨漂泊生活而焚烧船舶、埃涅阿斯
闯入地府聆听意大利美好前景的预言以及埃涅阿斯与图尔努斯间为争
夺罗马城而展开的血腥战争。卷十一、卷十二讲述了交战双方达成停
战和解，埃涅阿斯因对方悍然挑衅再次发动战争，以及双方再次和
解、图尔努斯决定与埃涅阿斯单独决斗，但对方毁约，双方再次爆发
血战的故事。这是一场杀人如麻、血流成河的决战，连天上诸神都不

---

　　① 维吉尔，出生于意大利北部波河北岸曼图阿附近的安德斯村，该村于公元前 42 年获取
罗马的公民权。维吉尔祖辈世代为农，在田园中度过幼年，后来在米兰与罗马受到良好教育，主
修医学、算学与法学，并出庭做过一次辩护，但由于其口吃遭人嘲笑，因而放弃法律。以后他又
信奉斯多葛哲学派与宗教，在罗马结识了屋大维的幕僚波利欧，通过后者成为屋大维的座上宾。
维吉尔生活在欧洲古代文明的末尾、基督教即将对欧洲开始统治的时期，他的历史地位颇像生活
在中世纪和近代之交的但丁。作为一个自觉的文学家，维吉尔开创了一种新型史诗，脱离了在宫
廷或民间集会上说唱的口头文学传统，其作品具有厚重的历史感与成熟的思想性。

忍继续袖手旁观，朱庇特（即希腊神话中的宙斯）命令拉丁人与罗马人牵手和好。埃涅阿斯在追赶图尔努斯的过程中，一剑将其刺死，终于结束了战争，占据了罗马城。①

《埃涅阿斯纪》背景辉煌磅礴、笔触刚硬遒劲、情节委婉生动、语言典雅优美，是一部卓越的英雄史诗。史诗以极其磅礴的叙事框架将战争情景、政治生活、社会风气、宗教观念、法律观念、命运观念等聚集一处，为我们展开了一幅罗马帝国建立伊始的雄伟画卷。独眼巨怪博姆费慕斯吃人的图景是一幅活生生的罗马贵族生吞活剥奴隶血肉的画像；奥凯摩涅德斯的经历又是一幅奴隶吃野果充饥的饿殍遍野的图景；而尤诺与维纳斯在朱庇特面前的激烈辩论则是当时元老院与法庭辩论的真实呈现。

遗憾的是，这部伟大的罗马著作在文学史上被称作"遵命文学（文人史诗）"。一般认为，它的创作缘于维吉尔为罗马帝国的统治者寻找合理的历史依据。② 在某种程度上，史诗确实是屋大维彰显其血统的纯正与高贵、宣扬斯多葛理论与宗教信仰的有力工具——作品首先将埃涅阿斯确立为神子（茹利安族始祖），奥古斯都乃茹利安之养子，确立了罗马新统治者的显贵出身；继而，将埃涅阿斯的儿子尤鲁斯写成凯撒与屋大维的祖先，肯定了罗马统治者的神统；最后，歌颂了罗马人创业的艰辛，埃涅阿斯历经的战争场景正是创建罗马的先祖流血牺牲的真实写照，洋溢着浓厚的爱国主义色彩。但是，这部史诗并非完全意义上的御用之作，作品的叙事情节虽然由屋大维亲自指定，抒臆格调与潜含寓意却完全为诗人所独有，其中包含着维吉尔对罗马帝国一系列政治、法律制度的颇具个性色彩的看法。

在维吉尔生活的时代，对外的侵略扩张与城邦内部的频仍战乱使得罗马共和国处于风雨飘摇之中。屋大维所代表的新贵族与骑士阶层以铁腕统一全国，使罗马国达到表面的平和与昌盛。屋大维本身具有非常复杂的性格③，维吉尔所雕塑的埃涅阿斯人物形象集中承载了屋大维本身的大部分

---

① 梗概及本节所有引文来源于〔古罗马〕维吉尔：《埃涅阿斯纪》，杨周翰译，南京，译林出版社，1999。

② 参见〔古罗马〕维吉尔：《埃涅阿斯纪》，杨周翰译，南京，译林出版社，1999，序。

③ 屋大维既冷酷无情，又带有清教徒式的狂热，他推崇斯多葛学派的观点，认为世上一切均受自然法、上帝的支配；认为人应当培养坚忍隐忍的意志、吃苦耐劳的品格；他热衷于恢复古罗马的宗教信仰、传统道德和文物制度；他笼络文人，控制言论，以致共和国时期以西塞罗、登克莱修斯为代表的自由风气已荡然无存；他意志坚强，对忠于他的人也同样忠实。参见〔古罗马〕维吉尔：《埃涅阿斯纪》，杨周翰译，南京，译林出版社，1999，序。

特征。维吉尔热烈歌颂虔诚、责任与信神的观念，竭力赞美和平、简朴的生活模式，但是在赞歌背后总掩藏着无限的哀伤与质疑——为了罗马帝国的建立、版图的扩张，英雄们积年累月地流浪、兄弟间反目为仇、朋友间剑拔弩张、失去爱人、失去亲人、田园荒芜，甚至葬身异域，这种所谓的"英雄气概"中包含有多少悖逆人性的因素？上述忧虑与怀疑情绪贯穿作品的始终。

当我们论及埃涅阿斯的性格特征时，感觉最深刻的便是其对神明、国家、集体的虔敬心与责任感，这种品质兼有对神意的服从、对国家的忠诚、对敌人的宽恕、对民众的热爱以及对事务的公正处理。首先，埃涅阿斯是一位骁勇善战、足智多谋的勇士，丝毫不逊色于古希腊民族史诗——《荷马史诗》中的阿喀琉斯与奥德修。不同的是，希腊英雄们的一切行动均是从私我利益出发；而埃涅阿斯的一切行动却是为了建立一个新国家，为此他不惜抛弃个人的幸福与自由。阿喀琉斯完全为自己的荣誉、财富与欲望而战，为了心爱的女奴与首领阿伽门农剑拔弩张、怒目而视；奥德修的魅力则建立于其历经千辛万苦重返家园的对家庭、妻子的忠贞之情上，他的出发点亦是对个人私有财产（甚至将妻子亦视作个人的附属物）的守护；埃涅阿斯身上却承载着巨大的历史使命与集体主义责任感，为此他克服了长期漂泊的倦怠、放弃了迦太基女王狄多的爱情、悖离了自己所向往的自由生活。从《埃涅阿斯纪》开始，欧洲文学中第一次出现了所谓责任与爱情冲突的主题。其次，与阿喀琉斯为给挚友复仇不惜毁尸虐尸、恣意发泄令人胆寒的野性相比，埃涅阿斯具有文明社会所珍视的悲悯情怀——当他刺死为保护父亲而冲锋陷阵的劳苏斯时，深深被后者精神所打动，亲自奔上前去将其抱起，在叹息中歌颂劳苏斯的美德。总之，维吉尔笔下的埃涅阿斯兼具理性与感性、勇猛与仁慈的品格特征，在一定程度上，他的勇猛与刚毅已经被其敬神、爱国、仁爱、公正等美德所掩盖，超越了个人品质的局限，升华为整个罗马民族的精神图腾。

2.4.2　英格兰史诗：《贝奥武甫》

英国文学源于盎格鲁-撒克逊古英语时代（5 世纪起至 11 世纪"诺曼征服"时止），完成于 8 世纪的英雄叙事长诗《贝奥武甫》（约 750 年），作者已无从考稽。但毫无疑问，它是欧洲文学史上继古希腊、罗马史诗后首部以民族语言（古英语）谱就的史诗，其叙事风格颇受罗马诗人维吉尔的影响；它亦是现存古英语文学中最伟大的作品，被视作英国文学之发端，与法国《罗兰之歌》、德国《尼伯龙人之歌》、俄国《伊戈尔远征记》

一起被誉为欧洲文学四大英雄史诗。

史诗故事发生在北欧丹麦、瑞典一带，全文 3 182 行诗，描述了斯堪的纳维亚南部高特族的贵族青年贝奥武甫①降魔伏怪、为民造福的英勇事迹。

全诗由两部分构成。第一部分故事背景是丹麦皇宫。国王霍格斯为了犒赏骁勇善战的武士，特意建造"鹿宫"（heorot）供其玩乐，武士们的琴声与喧闹声惊动了附近沼泽地的妖魔格兰德尔。在长达十余年的时间里，格兰德尔每晚潜入鹿宫吞噬将士，丹麦武士被杀无数。吟游诗人将这个恐怖的消息传颂到瑞典南部高特族，霍格斯家族的世交、高特族王子贝奥武甫闻听此事，带领十四名勇士专程拜访霍格斯，当晚留宿鹿宫，与格兰德尔搏斗并扭断后者臂膀，格兰德尔逃回巢穴后毙命。贝奥武甫将格兰德尔的断臂钉在宫殿墙壁上。第二夜，格兰德尔的母亲前来复仇，贝奥武甫将她赶回老巢，并将她的头和她儿子尸体上的头均砍下来，带回鹿宫。

第二部分的故事背景移至瑞典王国。英雄们带着荣耀回到故乡，国王海格拉克非常赞赏外甥贝奥武甫的威猛，分割了一半国土给贝奥武甫治理。后来，海格拉克与王子在一次战斗中身亡，贝奥武甫统治了整个国家，前后执政五十年，国泰民安。其后，高特国的一位奴隶发现一处宝藏，三百年来一直是由一条火龙看守着。奴隶偷了一个金杯献给自己的主人，因此触怒了火龙，向整个国家进行疯狂的报复。暮年的贝奥武甫再次出征，重伤后与火龙同归于尽。火龙所看守的巨大宝藏被保存至贝奥武甫墓前，作为人们对他的思念与敬意。②

作品主题涉及 8 世纪日耳曼民族的武士生活，此时正逢日耳曼民族大迁徙时期，史诗中的英雄来自日耳曼民族发源地——斯堪的纳维亚半岛，英国人的祖先最初也来自那里，今天英国人仍将该时期的英雄人物视作自

---

① 贝奥武甫是生活在 6 世纪的历史人物，经过吟游诗人的加工、创作逐渐成为史诗的主人公。据学者考证，历史上确有贝奥武甫其人，且确为史诗中高特国王海格拉克的外甥。一次，海格拉克率舰队劫掠莱茵河下游弗罗西亚人的土地，当时该地是法兰克王国的一部分。他们获得胜物甚丰，正欲启程回去，忽遭法兰克士兵袭击，海格拉克死于战场。贝奥武甫杀死一名法兰克旗手，泅水返回高特。此事发生在 521 年，在史诗《贝奥武甫》中穿插提到过四次，正好与法国史学家格利高里的《法兰克的历史》和无名氏的《法兰克史记》所记载的史实吻合。〔英〕佚名：《英格兰史诗——贝奥武甫》，陈才宇译，南京，译林出版社，1999，序。

② 梗概及本节所有引文来源于〔英〕佚名：《英格兰史诗——贝奥武甫》，陈才宇译，南京，译林出版社，1999。

己的祖先，并因是他们的后裔而倍感荣耀。史诗以贝奥武甫的英雄事迹为主线，集中展现了日耳曼民族的传统价值观：具有强烈的荣誉观与复仇心理，崇尚征服与掠夺，对孔武有力、骁勇善战、慷慨热情、英勇不屈的精神备加推崇。贝奥武甫最值得歌颂的品质是"为民族而战"，他的最高美德即忠诚与责任，忠于国王与民族，勇于承担责任。

另一方面，盎格鲁-撒克逊人通过刻画贝奥武甫的英雄形象，客观上传达了他们对伦理、道德与法律的基本看法，凝聚着英国民族的传统罪罚观。

首先，英国是一个通过不断地被征服而形成的国家，它所遭遇的接连不断的外部征服（包括古罗马征服、盎格鲁-撒克逊入侵以及诺曼征服等）① 对民族气质的养成产生了重要影响。英格兰祖先日耳曼人地处高纬度地区，自然气候恶劣（冰冻期长达七八个月，日照时间极短），因此日耳曼人每隔若干年便会更换居住地，主要依靠渔猎、畜牧、种植与劫掠为生，尤其是劫掠，成为他们当时积累财富的主要渠道（5 世纪，盎格鲁-撒克逊人向大不列颠的迁徙，就是一场劫掠性质的远征）。在英雄们的价值观中，荣耀的获取很大程度上来源于对异类的征服与掠夺——无论目的是否正义，过程是否人道。根据公元 98 年写成的《日耳曼尼亚志》② 记载，"出身高贵的青年们会自愿地寻找发生战争的部落，如果他们（日耳曼）的本土常年平静无战事。这固然因为他们生性好动，不喜欢歌舞升平

---

① 不列颠群岛上最古老的居民是凯尔特人（The Celtic），居住在不列颠南部，他们并非现代英国人的祖先，而是自称布立吞人（Bri-tons），不列颠（the land of Britons，意为布立吞人的土地）即得名于此。55 年，罗马军队在裘力斯·凯撒的率领下入侵不列颠，遭到布立吞各部落的顽强抵抗。直到 78 年，罗马皇帝克劳狄一世才彻底征服不列颠，生长在这块土地上的布立吞人沦为奴隶。400 年后罗马帝国逐渐衰落。410 年，罗马军队撤离不列颠。与此同时，欧洲北部的部落开始从瑞典、德国北部入侵不列颠岛，其中尤以盎格鲁人（Angles）、撒克逊人（Saxons）和朱特人（Jutes）为盛。他们占领了原属布立吞人的家园，将他们驱逐到不列颠岛的北部和西部，然后自己定居下来。他们先后建立了许多小国，盎格鲁人势力最大。7 世纪，这些小国联合起来形成英格兰（England），即盎格鲁人之国（the land of Angles），发展为一个渐趋统一的民族——英吉利（English）。但是，不列颠这片土地并未因此平静下来，不计其数的王国、部落之间战事频仍。直到 9 世纪，南方的威塞克斯王国在艾尔弗雷德大帝的领导下成功击败了丹麦人入侵，英格兰的大、小土国才逐步走向统一。11 世纪初，丹麦人再次入侵不列颠，英格兰人开始了长达 25 年的奴隶生活。不久，诺曼人也入侵英格兰，击败了盎格鲁-撒克逊人，并最终征服了整个英国，这一事件标志着盎格鲁-撒克逊时代的结束。盎格鲁-撒克逊人早先信仰多神教，7 世纪时，基督教传入不列颠，盎格鲁-撒克逊人开始信仰基督教，他们建筑了修道院传经布道，于是早期的文学作品通过僧侣们记载下来，作品中不可避免地留下了基督教的烙印。

② 该书是现存最早的记录日耳曼人生活习俗的作品，详细记载了罗马时代日耳曼尼亚和居住在日耳曼尼亚的各个部落的情况。

的世界，更重要的是在一场场征服战争中他们能够为自己、为家族获取永恒的荣誉"。① 日耳曼尼亚贵族青年们甚至认为，"可以用血换取的东西，以汗得来便是懒惰与懦弱。"② 以上特点正是故事主人公贝奥武甫的真实写照。贝奥武甫的一生就是借助蛮力不断征服的一生，他意志坚定、手段狠辣、做事务求斩草除根，不给对手留有一线生路，他对格兰德尔母子的杀害即为明证。至于那条看护宝藏的火龙，它对人类的攻击情有可原——金杯被人类所盗取，火龙唯一的希望是寻回金杯，这是它的职责所在。但不幸的是，它遇到了嗜血勇猛的贝奥武甫，虽然年近八旬，依旧黩武好战。激战中二者同归于尽，火龙不仅未能将失窃金杯寻回，反而搭上自己的性命，也失去了整个宝藏。客观上讲，贝奥武甫征战火龙的目的并非完全是为民除害，他更大程度上是觊觎着火龙看守的巨大财富。贝奥武甫的行为集中显示了该民族对侵略与掠夺行径毫不掩饰的认可与崇敬——贝奥武甫奄奄一息之时，并未因自己性命将尽而忧伤，而是为自己给国民带来的可观财富而欣慰不已。

其次，《贝奥武甫》也是一部表现正教与异教冲突的基督教作品。6 世纪后，基督教传入英国，与之前存在的日耳曼本土文明发生了激烈的碰撞与融合。反映在文学作品上，这部史诗可以被看作"模仿罪与赎的基督教寓言诗"③，故事中的神灵、人物、事件均可以在基督教与异教层面进行解读。例如，格兰德尔被描述为人间第一个被打上记号的"罪人"该隐的后代，贝奥武甫战胜了他，便意味着基督教教徒战胜了异教徒；再如，火龙在基督教教义中常常是撒旦的化身，贝奥武甫降服了它，即象征着基督耶稣最终战胜了撒旦。但是，我们也应当看到，基督教义对贝奥武甫的行为并非完全肯定，尤其是他对荣耀孜孜不倦地追求以及棋逢对手时狠辣凶残的行为模式。这种饱浸着日耳曼传统的荣誉观、征服欲与基督教隐忍、宽恕的教义结合后，发展成为中世纪骑士精神与美德的核心部分，指引着以后西方人文精神双向度同时发展。

最后，《贝奥武甫》对盎格鲁-撒克逊早期社会的复仇传统进行了真实刻画。中古时代初期，比较财产馈赠与地位分配而言（史诗中君主经常以此作为笼络武士的手段），维系社会关系更重要的还是依靠血亲纽带。只

---

① 〔古罗马〕塔西佗：《阿古利可拉传·日耳曼尼亚志》，马雍译，北京，商务印书馆，1997，第 62 页。

② 同上书，第 69 页。

③ 参见肖明翰：《〈贝奥武甫〉中基督教与日耳曼两大传统的并存与融合》，《外国文学评论》，2005 年第 2 期。

要家族成员被害（无论是纷争挑起者还是被动应战者），其家族成员均有复仇的义务与责任，这与正义与否毫无干系。因此，血亲复仇在当时是一种最为稳定的维系族群生存的手段。当然，双方亦可以通过婚姻（彼时新娘被有趣地称作"a weaver of peace"，意即"和平之织补者"）或者由弱者向强者进贡财物（wergild，意即赎命金）等方式阻隔复仇进程。但上述手段仅仅具有暂时性，只能延缓复仇的进程，仇杀最终依旧会爆发，所牵连的无辜者也会成倍增加（后文将介绍冰岛《尼亚尔萨迦》，其家族复仇的进程恰好验证了这一观点）。[①] 在《贝奥武甫》中，亦涉及数个诸如此类的典型复仇情境，在文中均是通过转述、回忆与预言等间接方式加以表述。

案例之一，发生在丹麦部落酋长赫纳夫与弗里西亚国王芬恩之间的纷争，后者是前者的姐夫，结局是家破人亡——赫纳夫以及儿子阵亡，芬恩的儿子阵亡。赫纳夫的忠诚部将亨格斯特与芬恩签订休战协议，为赫纳夫举行火葬。此后双方都伺机复仇，终于又引发了一场血腥屠杀，芬恩被杀，王后希德贝尔（赫纳夫的亲姐姐）遭囚禁。最终亨格斯特赦免王后，携带其返回丹麦。

案例之二，丹麦国王罗瑟迦将女儿下嫁虬髯国国王垠耶德，企图平息因丹麦人杀害其父王而产生的仇恨。婚宴上，一位虬髯国老兵挑拨新兵，说其父亲被公主侍从之一所杀，新兵在婚宴上将公主侍从杀害，喜事变成丧事，丹麦国王以联姻消弭世仇的努力终告失败，两个国家重返敌对状态。垠耶德日后率军侵入丹麦，放火焚烧了贝奥武甫从格兰德尔手中拯救出的鹿宫。

案例之三，瑞典国王奥根索有两子，分别是欧赛尔和奥尼拉。后者继承王位后，想方设法置前者的儿子伊恩孟德与伊吉尔斯于死地。兄弟二人逃至南部高特国，高特国王赫德莱德（海格拉克之子）收留了他们，招致大祸，奥尼拉追杀而至，赫德莱德死于非命。贝奥武甫即位后，派兵支援伊吉尔斯，最后杀死奥尼拉替赫德莱德报了仇。

案例之四，高特国王（贝奥武甫外祖父）雷塞尔原有三个儿子——赫巴德、赫斯辛和海格拉克。赫斯辛自幼残酷无情，以射杀朋友与家臣为乐，却误杀了自己的亲兄弟赫巴德。老国王伤心而亡。后来瑞典人与高特人发生氏族纠纷，新国王赫斯辛阵亡，由海格拉克接替王位。海格拉克最后杀死了瑞典国王奥根索，为兄弟报了仇。

---

① 详见本书 2.4.7 部分。

　　案例之五，高特人与瑞典人之间持续数代的血腥仇杀，仅国王就有四位战死疆场，死伤的将士、平民更是不计其数；在《贝奥武甫》末尾暗示，贝奥武甫去世后，瑞典人将会灭亡高特族，法兰克人也将会参与这一复仇进程。

　　以上的复仇故事均具有史料价值，尤其与主人公贝奥武甫相关的事件，在历史上确有其事。可以看到，在五场复仇故事中，个体的仇恨即为家庭、族群乃至民族、国家的仇恨，而平息仇恨的唯一方式便是复仇——或者是复仇方借修约之机将仇敌置于死地、斩草除根；或者是企图借联姻之机恢复和平但终遭失败，血腥复仇依然被进行到底；或者是争夺王位导致皇族残杀、牵连外邦，引发国与国之间的战争，后以复仇形式终结；或者是皇族后裔间的爱恨情仇转移至外人身上，矛盾不断激化，终以复仇形式解决；或者是国家与国家间的血腥屠杀无限扩大，将愈来愈多的无辜者卷入永无休止的复仇战争。在这些故事中，为了家族、集体、国家的荣誉，公民个人自愿抛弃了个体命运的选择权与决定权，反映出高度的集体本位权利观念，与希腊时期的史诗所追求的个性解放与个体权利本位的价值取向具有天壤之别。

2.4.3　法兰西史诗:《罗兰之歌》

　　与西方其他民族史诗一样，《罗兰之歌》① 作为法国最早的一部民族史诗，最初由吟游诗人在民间传唱了一百年，直到 11 世纪（成书年代约在 1087～1095 年）才出现了最初的手抄本。从《罗兰之歌》的叙事文笔来看，作者显然是一位具有良好拉丁文修养的僧侣，他既虔心于基督教义，也崇尚穷兵黩武的精神——查理曼大帝②的英武神威、奥利维的睿智明理以及罗兰的勇猛刚毅，均是史诗中倾力推崇的品质。史诗素材来自查理曼大

---

　　① 　全诗共 291 节，4 006 行，现存用八种文字（法兰西、英格兰、意大利、尼德兰、日耳曼、威尔士、斯堪的纳维亚、拉丁等语言）撰写的八个版本，历代评论家一致认为牛津收藏抄本的价值最高。根据牛津抄本最后一句"杜洛杜斯叙述的故事到此为止"，可以推断出史诗编者的姓名。至于谁是杜洛杜斯，至今没有具有说服力的、公认的结论。参见〔法〕佚名:《法兰西史诗——罗兰之歌》，杨宪益译，上海，上海译文出版社，1981，译者序。

　　② 　查理曼大帝即查理一世（742～814 年），法兰克国王，768 年继承王位，是中世纪一位具有雄才大略的君主，主张与罗马教廷合作，奠定了基督教统一的基础。他通过征战逐渐成为伦巴德人、托斯卡纳人、撒克逊人的国王。800 年受罗马教皇利奥三世加冕，统治着除不列颠和斯堪的纳维亚以外的整个欧洲，是罗马帝国后的又一大帝国。

帝于 778 年指挥的龙塞沃战役①，作品主人公是查理曼大帝手下十二重臣之一，同时亦是查理曼大帝的亲外甥，最终战死疆场。由于基督教与伊斯兰教在地中海地区争夺异常激烈，民间传说必然会渗入鲜明的政治宗教色彩，经过数代人的口口相传，《罗兰之歌》逐渐被演绎为长期圣战中的重要篇章。

　　查理曼大帝奉教皇旨意，出兵征讨异教徒摩尔人（即阿拉伯人），历时七载，所向披靡。最后一站是萨拉戈萨，萨拉戈萨王马尔西勒奉出人质求和，查理曼决定派出使者与之谈判。这是一个危险的差事，马尔西勒狡猾阴险，曾杀死两名议和大将。但查理曼大帝接受了外甥罗兰的建议，令罗兰的继父、查理曼的妹夫嘉奈隆前往。嘉奈隆认为罗兰有意让自己送死，对其怀恨在心，遂在谈判中与马尔西勒约定：他保证查理曼大帝的部队由罗兰殿后，马尔西勒可以抢劫所有财物，条件是必须除掉罗兰。查理曼大帝听信嘉奈隆之言，班师回朝，并令罗兰殿后，留下十二重臣与两万精锐部队。当罗兰率军行至西班牙与法国交界的荆棘谷时，遭到四十万摩尔兵伏击。罗兰英勇迎战，终因众寡悬殊，全军覆灭，罗兰亦战死疆场。罗兰的亲密战友、贵族后裔奥利维曾数次建议吹响号角向查理曼大帝求救，罗兰却因担心查理曼大帝途中遭遇不测而拒绝。当奥利维濒死之时吹响号角，查理曼大帝率军返回时，满目皆是法兰克士兵的尸体。查理曼下令追击，大败摩尔人。回国后，嘉奈隆受到审判，被判处死刑。②

　　通过恢宏的战争情景，这部纪功史诗再现了一个个鲜活光亮的英雄形象。它虽然以 778 年的龙塞沃战役为摹本，更多的却是反映了 11 世纪法兰克的时代精神。关于基督教与伊斯兰教圣战的历史，不同教派有不同的记载，《罗兰之歌》属于基督教记事模式，自然站在基督徒的角度进行叙事，从中可以看到法兰克民族乃至整个欧洲宗教、伦理、法律观念的主流取向；从罪罚思想、刑事审判制度与刑事司法程序等角度考察，这部史诗

---

　　① 778 年，查理曼攻下西班牙潘普洛纳，撒拉逊人要求讲和。查理曼随后南下进攻萨拉戈萨。萨拉戈萨深沟高垒，固守不降。查理曼围困了两个多月，毫无进展，又听到后方撒克逊人叛乱，遂带军队和人质撤退。这是查理曼远征中的一次挫折，在他生前，法国纪年史缄口不谈此事。829 年，《皇家纪事》首次提到查理曼在 778 年带领大队人马抵达比利牛斯山，为了抄近路借道位于海拔 1 500 米的龙塞沃。8 月 15 日，经过山石峥嵘的峡谷时遭到伏击。一批武装人员从山坡直冲而下，法兰克人长途跋涉，又带了笨重的战利品，只有招架之力。在这次袭击中死了几位重要人物，其中有御厨总监艾吉哈尔德、官廷伯爵安塞姆、布列塔尼边区总管罗兰。〔法〕佚名：《法兰西史诗——罗兰之歌》，杨宪益译，上海，上海译文出版社，1981，译者序。

　　② 梗概及本节所有引文来源于〔法〕佚名：《法兰西史诗——罗兰之歌》，杨宪益译，上海，上海译文出版社，1981。

至少还揭示了以下几方面内涵：

首先，这部史诗对战争过程作了真实、客观的描述，却彻底颠覆了战争性质与结局。778 年的欧洲，烽烟四起，查理曼大帝在金戈铁马中恣意扩张着帝国疆土。为了征服异教徒占领的伊比利亚半岛，查理曼亲征西班牙，南下进攻萨拉戈萨时遭遇到前所未有的困局，连续两个月未进一步。他一筹莫展之时，惊闻后方发动叛乱，遂决定班师回朝，在龙塞沃峡谷遭遇伏击，损失惨重，更重要的是，查理曼在激战中痛失一员爱将——布列塔尼边区总督罗兰。这场战役是查理曼戎马生涯中不愿触及的奇耻大辱，他在有生之年对此缄口不谈。然而，在民间，这场战役却被传开，吟游诗人对其添枝加叶，经过民众之口口相传，龙塞沃峡谷袭击查理曼大帝的基督徒巴斯克人被改作伊斯兰教徒摩尔人，战争性质由扩充疆土转化为基督徒剿灭异教徒的圣战，惨败结局亦被演绎为一场完胜。史诗还杜撰出叛国者嘉奈隆的形象，因为只有以叛徒作祟来解释法兰克军队的大败，才不致伤害他们高傲的民族自尊心。史诗设计了异教徒被剿灭以及叛徒的可耻下场，以此回应人们向往公道与正义的价值诉求。就这样，龙塞沃战役最终被润饰为一部波澜壮阔、气势恢宏的《罗兰之歌》，不仅在法兰克妇孺皆知，而且在整个欧洲广为传颂，成为中世纪骑士精神的楷模。进一步而言，作品对史实的篡改充分体现了中世纪欧洲人的宗教观，当他们接受基督教后，其他宗教信仰皆被视作异端邪说，善与恶、对与错、正义与邪恶的判断标准被简化为宗教信仰的派别之争。当时教徒们普遍认为，基督教代表着正义与神意，伊斯兰等异教却代表着邪恶与不义，基督徒的天职便是将异教徒赶尽杀绝。圣战进行前，士兵均会接受神职人员的布道，认为只要勇猛向前，便会获得上帝的垂眷，生前罪孽一笔勾销，死后灵魂升入荣耀天堂。当史诗作者以充满虔诚的笔触重墨描述基督徒价值观的同时，亦暴露了他们偏执、狂热、嗜血与愚昧的一面。时至今日，在相当一部分西方人眼中，这种狭隘的文化观仍以"西方中心主义"为载体在意识领域内根深蒂固地存在着。①

---

① 这是西方当代文化的一个不自觉的前提，认为西方文化优于、高于非西方文化；或者认为人类历史围绕着西方文化展开；或者认为西方文化特征、价值或理想具有某种普遍性，从而代表着整个世界未来的发展方向，所有这些，都带有西方中心论的色彩。其最极端、粗劣也令人反感的形式是种族优越论；最温和、科学化、概念化的形式是现代化理论，认为西方文化在其特殊的历史环境下发展出来的特殊的社会现象、经济模式、政治制度、法律理念、价值取向均具有全球的普遍意义。See http：//zh. wikipedia. org/wiki/%E8%A5%BF%E6%96%B9%E4%B8%BB%E7%BE%A9，the the last retrieved date 2012 - 3 - 22.

其次，史诗对于罗兰的赞美反映了当时对集体主义、理性精神的充分肯定。对原始力量的赞美与肯定，是自古希罗文学后经久不衰的西方文学母题；在以塑造英雄为核心的中世纪史诗中，更是将这种文学传统发挥至极致状态。同时，中世纪史诗与古希罗史诗的英雄观的异质性也十分明显——罗兰的最大特征即英勇，他追随查理曼大帝屡战沙场，却绝非率性而为，而是以维护民族利益与君主荣耀为前提。《罗兰之歌》不再像希腊史诗那样强调英雄的生物学优势，例如矫健的体魄与健美的身姿，而是更注重表现英雄的理性品质。作为中世纪骑士精神的典型代表，罗兰并非将目光停留在物质奖励与个人荣誉上，也脱离了为个人恩怨拼血肉之躯的莽汉形象；在他的心目中，始终摆在第一位的是民族利益。他将自己的行为自觉地与民族前途融于一体，正视自己的责任，在民族利益的驱动下表现得英勇无畏。毫不夸张地讲，史诗中的罗兰是一位摒弃了个人欲望的理性人，他的言辞与行为均成功地摆脱了感情的羁绊，建立在理性基础之上——无论是拒绝美丽的未婚妻、推迟婚期的决定，还是攻打萨拉戈萨的提议，或是建议自己的继父作为使者前往萨拉戈萨进行谈判，以及战役中制止奥利维向查理曼大帝求援，均是罗兰经过深思熟虑后做出的抉择。如果上述情景发生在希腊神话中的阿伽门农、阿喀琉斯、奥底修斯身上，结局可能会大为不同。《罗兰之歌》对罗兰的赞誉，使我们感受到中世纪英雄观的变化，英雄形象由充满神性色彩的力量型英雄转为注重思考的理性英雄，由注重个体意志、个体欲望满足的个人主义英雄转为注重民族意志、群体利益为中心的集体本位英雄。

最后，史诗生动地再现了中世纪法兰克及其附属地的罪罚观，其中包括盎格鲁-诺曼人习惯法的详细司法制度。该种罪罚观与司法制度均带有浓厚的宗教色彩，以上帝为代表的神意裁决被尊奉为最高权威，包括君主在内的所有世俗民众必须严格遵守并奉意执行。关于这个话题，我们可以从查理曼归国后对叛国者嘉奈隆的审判场景为切入点进行探讨。这段精彩的描述整整占据了史诗的最后 22 个小节（第 270～291 节），罗兰死后的正义正是通过这场奇特的神明裁判得以伸张，罗兰精神的崇高性亦通过文末的神明开示得以彰显。

嘉奈隆在候审期间便已经受到酷刑折磨——他被剥光衣服、绑缚在一根尖木桩上押送回国。这场审判在宏伟的皇家埃克斯教堂进行，法官由帝国的藩主们担任，包括巴伐利亚人、日耳曼人、普瓦蒂埃人、布列塔尼人、诺曼人和法兰克人。

查理曼大帝则充当检控官的角色，以“叛国罪”的罪名向各位藩主慷慷激昂地指控嘉奈隆的罪状：其一，两万法军精锐部队被他害死在荆棘谷；其二，十二重臣无一生还；其三，他最宠爱的外甥罗兰与勇武儒雅的贵族弟子奥利维也战死疆场。查理曼大帝话音刚落，嘉奈隆便开始了第一次辩护，他认为自己杀死罗兰的动机是因为后者"损害了我的荣誉与钱财"，"这与叛不叛国没有丝毫联系"。藩主们认为嘉奈隆的辩护可以成立，众口一词道："这件事情可以辩论"。在藩主们的鼓励下，看到有 30 名皇亲国戚愿作保人与自己站在一起，嘉奈隆"精力充沛，神采飞扬、声音洪亮"地开始了第二番申辩，焦点仍然是矢认叛国行为：他追随大帝南征北战、忠心可鉴，罗兰却视他为眼中钉，唆使查理曼大帝命令他觐见马尔西勒国王，目的是置他于死地。所幸的是，他利用计谋得以成功返回。他确实向罗兰报了仇，但绝未叛国。藩主们被嘉奈隆的言辞打动，同情他的遭遇，纷纷主张"事情到此为止"，约定"中止审判，向国王求情、赦免嘉奈隆"。理由有三：其一，罗兰已死，对嘉奈隆的任何处罚均无法使他起死回生；其二，嘉奈隆是朝中重臣、名门望族，应当保他性命，日后嘉奈隆会更加忠心地辅佐国王；其三，如果判处嘉奈隆死刑，根据当时的律令规定，为他作保的 30 名贵族将会受到牵连，这种处决方式实在太骇人听闻。因此，藩王们一致认为"为此事剑拔弩张不够聪明"。面对藩王们全票通过的判决，查理曼大帝无可奈何，"难过地低下了头"。

　　行文至此，似乎罗兰的冤屈将永无出头之日。但是，史诗文笔一转，给这场看似结局已定的审判带来了一抹生机。一位名叫梯埃里的公爵快步上前，主动请缨，要求以决斗的方式解决此案。他的理由亦有三：其一，嘉奈隆对查理曼大帝的效忠是为臣本分，并不应作为赦免重罪的依据；其二，无论罗兰对嘉奈隆做过任何不义之事，嘉奈隆不应以两万法兰克男儿的生命作为私人复仇之陪葬；其三，嘉奈隆面对死去而无法张口辩驳的罗兰与十二重臣，花言巧语、恣意构陷，更可看出他是一个无情无义的小人。所以，嘉奈隆应当被"千刀万剐，绞死正法"。如果有谁反对，他愿以"腰间的利剑进行辩护"。这种带有赌博性质的神明裁判，在中世纪的欧洲享有至高无上的效力，藩主们不得不接受梯埃里公爵的建议，等待着对方决斗人员的挺身而出。

　　很快，被告方的比纳贝尔将军宣布接受梯埃里的挑战，他的理由十分简单："陛下，执法的是您，哪里容许别人七嘴八舌、议论纷纷。我看到梯埃里自作主张，我要他改口，我要跟他斗一斗。"比纳贝尔孔武有力、面带红光、骁勇善战；梯埃里身材薄削、面露菜色、从未有过出征经历，二者的身体素质与历炼经验差异明显——这是一场毫无悬念的决斗，"十万骑士痛哭起来，他们爱罗兰而怜悯梯埃里，他们深知，梯埃里若想获胜，除非获得上帝力量的帮助"。决斗过程险象环生，梯埃里一度处于下风，毫无招架之力，比纳贝尔剑剑直刺要害，梯埃里却次次奇迹般躲过。最后，垂死的梯埃里"借上帝之手"用利剑劈开了比纳贝尔头盔，后者脑浆迸裂、落马而亡。

梯埃里赢得了决斗，跌宕起伏的剧情发展至此已经毫无悬念，以藩王组成的审判团惊呼："上帝显灵了！绞死嘉奈隆是天意，做保的 30 名亲族也应该同罪处死！"应当说明，此案的行刑过程异常惨烈，为嘉奈隆做保的 30 名贵族被吊死在树上，嘉奈隆则遭受了类似"车裂"的酷刑——"有人牵来了四匹战马，再把嘉奈隆的手脚绑在马上。战马性子暴烈不驯，四名士兵赶着它们，走向田野中央的一条小河。嘉奈隆的下场令人不寒而栗。他的神经被拉长，四肢支离破碎，鲜血溅落在草地上。嘉奈隆作为叛徒、懦夫死去。"

可以看出，罗兰所代表的正义的实现，是通过嘉奈隆受到审判、最终伏法得以完成的。这部史诗向我们揭示了欧洲中世纪的审判情景，包含陪审团、辩护、决斗等司法制度被生动再现。第一，史诗描述了陪审团制度的雏形，充分显示了当时司法制度的特色。查理曼大帝作为一国之君，其扮演的角色仅为检控官，他并无能力主宰案件的最终判决结果；而不同部族的藩王组成的陪审团才是定罪的主体。事实上，从一致建议赦免被告的刑事责任到众口同声要求对被告施以极刑，生杀予夺的裁判大权确实是由陪审团一手掌握着。第二，辩护制度在该部史诗中得以充分彰显。文中对被告嘉奈隆的辩护场景进行了详尽描述，检控者的每一句控诉均会引致被告人长篇大论的反驳与解释，在突出被告狡诈卑劣个性的同时，也客观反映了当时司法程序对于被告人辩护权的充分保障。当然，嘉奈隆的贵族出身也是其享有辩护权的必要条件。第三，司法过程带有浓厚的神明裁判色彩，其载体便是当时西方司法程序普遍认可的决斗制度。面对控辩双方的激烈对抗，藩主们意见不一，主流意见是对报复刑功能的质疑（绞死嘉奈隆亦无法使罗兰复活），以及对未来江山社稷的功利性考虑（希望嘉奈隆戴罪立功、辅佐国王）。另外，由于 30 位族人的担保，如果绞死嘉奈隆，则涉及"连坐"问题。基于上述考虑，法官们倾向于赦免嘉奈隆。整个审判背后的利益交织异常复杂，连查理曼大帝亦无法控制，只能哀声长叹。此时，被湮没的正义、被屠戮的公道必须借助一种超越人间司法桎梏的方式来恢复——具有"神明裁判"性质的决斗参与剧情中顺理成章。在中世纪，"人们对于当今所谓还原事实真相的证据很少具有概念；更为简单的方法是由上天区分有罪与无辜，通过一次次决斗产生的结果，被看作是发现真理的最可靠的方法。"① 梯埃里的决斗宣言开启了这一古老而庄严的程序，一旦敲开了上帝审判的大门，众人无不匍匐听命，所有藩王不得不宣称"决斗是合理的"。正是通过终极的神明制裁，正义才在罗兰身上复活。决斗程序是烦冗的，决斗结果是血腥的，决斗所彰显的裁决是不容置疑的，所有藩王众口一词："上帝显灵了！"嘉奈隆必死，而罗兰永生。

2.4.4　西班牙史诗：《熙德之歌》

西班牙史诗《熙德之歌》（约 1140～1157 年），作者已不可稽考。② 史诗以西班牙著名民族英雄罗德里戈·鲁伊·地亚斯③（1040～1099 年）为原型。全文分三歌 152 节，讲述了贵族熙德一生最重要的传奇经历。第一歌叙述了熙德蒙冤被君主流放的故事；第二歌叙述了熙德在流放途中与摩尔人作战，将战利品进贡君主，最后蒙君主赦免的故事；第三歌叙述了熙德因女儿受辱在御前法庭打官司，终获胜诉的故事。

> 熙德受阿方索国王派遣去塞维利亚征收摩尔国贡品，受朝臣嫉恨，污蔑他侵吞贡品，阿方索下令将熙德流放。与妻女告别后，熙德与部下踏上流亡之旅。国王禁止国内任何人接济熙德，因而熙德一离开卡斯蒂利亚境内，便开始向异教国征战，掠夺摩尔人的财富。熙德屡战屡胜，并将掠夺的财富与妇人慷慨地分给部下，其声誉渐长，许多勇士慕名投奔。攻占巴伦西亚以及击败侵犯巴伦西亚的摩洛哥大军后，熙德从战利品中精挑细选贵重物品进贡给国王阿方索。阿方索约熙德在塔霍河畔会面并宽恕了他，国王还主持了熙德女儿与贵族子弟卡里翁伯爵的后代费尔南多、迭哥的婚礼。两位贵族子弟傲慢张狂，求婚目的是觊觎熙德的巨额财富。当他们因懦弱奸诈受到熙德手下将

---

① 〔法〕孔多塞：《人类精神进步史纲》，何兆武、何冰译，北京，生活·读书·新知三联书店，2003，第 83 页。

② 参见〔西班牙〕佚名：《西班牙史诗——熙德之歌》，屠孟超译，南京，译林出版社，1999，序。

③ 罗德里戈·鲁伊·地亚斯，贵族后裔，由于英勇善战，赢得被征服者摩尔人的尊敬，称他为"熙德"。卡斯蒂利亚国王阿方索六世因熙德对摩尔人作战功勋卓著，将自己的堂妹希梅娜许配他为妻。1080 年，熙德因未经阿方索国王的同意，擅自对托莱多伊斯兰王国发起进攻，引起阿方索的强烈不满，于次年受流放处分。熙德被迫率领一部分亲友和追随者离开卡斯蒂利亚，到占据萨拉戈萨的摩尔国王军中效力，并成为国王的保护人，后来脱离摩尔国王。由于他英勇、慷慨大方、宽宏大量，许多卡斯蒂利亚和周围王国的勇士慕名投奔，熙德的势力迅速壮大，不断地与摩尔人作战，屡战屡胜。1094 年，熙德攻下了巴伦西亚及其周围地区，成为这一地区实际上的统治者。1099 年，熙德在巴伦西亚去世，他的妻子希梅娜携其遗体回到卡斯蒂利亚。

领的奚落嘲笑时，便怀恨在心，向熙德请求携妻回归本土。熙德许可并赠送两个女婿两柄名剑与无数珍宝。费尔南多和迭哥在科尔佩斯橡树林凶态毕露，残忍地侮辱、鞭笞自己的妻子致其昏死，随后将妻子遗弃于野兽出没的森林，企图借野兽之口毁尸灭迹。幸亏熙德派送护持的大将穆涅斯及时赶到，营救了两个妇人。熙德向阿方索提出控诉。国王在京城召集众多贵族与著名的法学家召开御前会议。最终熙德以决斗的方式为自己的女儿索回了正义与公道。①

《熙德之歌》将主人公熙德作为杰出的民族英雄加以赞颂，充分反映了西班牙民众的情感与愿望，也从侧面体现了当时社会所崇尚的伦理价值取向。

首先，史诗宣扬了"忠君、爱国、齐家"的英雄价值观。熙德是谕封贵族，却受佞臣嫉恨诬陷、被国王判处流放，这在当时确为奇耻大辱。但是熙德毫无怨言，反而恭敬地接受刑罚，踏上漫漫流放之途；对于国王提出的九天内离开国境的苛刻履行期限，他亦认真依律履行，没有拖延一刻。这充分展现了熙德忠贞不贰、忍辱负重的宝贵品质。流放途中，熙德作为被贬黜将领，遭受种种不公正待遇，却依然心系百姓，解救西班牙人民于摩尔人侵扰的水火之中，建立了赫赫战功。当然，熙德屡次发动的针对摩尔人的战争，最直接目的是为了保证自己部队的给养供需，因为阿方索国王明令禁止任何人给予熙德部队以援助。史诗中最令人感动的是对熙德流放前与妻子、女儿依依惜别之情的刻画，他的每一句叮嘱、每一次回首均令人动容，丈夫的温柔体贴与父亲的慈爱包容跃然纸上。这也是西班牙史诗超越传统史诗的一个亮点，抛弃以往英雄冰冷的情感世界，细致刻画了一个普通丈夫与父亲的形象，为宏伟瑰丽的史诗增添了人性的温度。这片绵绵舐犊之情为后文做了伏笔，引发出熙德因女儿的悲惨遭遇而冲冠一怒、奋起控诉的精彩篇章。

其次，史诗从正面宣扬了"强者掠夺弱者"的合理性，赞美了熙德慷慨、仁慈的英雄气质。如上文所述，向异教徒的疯狂掠夺是熙德及其部将赖以生存的主要渠道。在基督教盛行的西方世界，这种掠夺行为被赋予正当意义。放眼熙德占领的地域，无论是最初劫掠的卡斯特洪，还是稍后侵占的埃纳雷斯、瓜达拉哈拉、阿尔科塞尔、伯约、巴塞罗那，以及最终封王之地巴伦西亚，均是熙德率部以"屠城"代价而换取的。每场战役结束

---

①　梗概及本节所有引文来源于〔西班牙〕佚名：《西班牙史诗——熙德之歌》，屠孟超译，南京，译林出版社，1999。

后，都有无数的金银珠宝、成群的牛羊牲畜、大批的美貌妇人被熙德赏赐给部将——独乐乐不若众乐乐，这种"慷慨"气质为熙德赢得了极高的赞誉，武士们纷沓而至，希望在这个视屠杀、劫掠为合法的世界里分得一杯羹——"原来是步兵的现在成了骑兵，夺取到的金银数也数不清，参与攻城的人全都成了富人。熙德为自己留下五分之一战利品，总共有三万黄金，至于还有多少别的财宝，谁还能数得清？"

史诗以淳朴、直白的语言对战争的残酷性、破坏性进行了真实、细致的陈述，我们从中可以嗅到浓烈的血腥气息——这是一个嗜血、野蛮、黩武的民族，在动辄"三百人"、"一千五百人"、"五万人"、"满城的少年、壮年男子"被熙德部队屠杀的背后，在熙德手下将领们"跑遍全城，将财富掠夺尽有，将美妇尽揽怀中，将老少男子杀光"的露骨描述中，多少异教徒家庭支离破碎，多少妇孺老少在滚滚战车下被碾为齑粉。熙德将妻子与女儿接到占领地巴伦西亚城时，曾有一段抒情描述——"熙德和妻女登上城堡，几双美丽的眼睛朝四面观望，巴伦西亚城就在他们脚下延伸。一边是一望无垠的海洋，另一边的果园郁郁葱葱，无比宽广，令人神往"。

面对若此美景，"他们举手感谢上苍，赐给他们这么多财富，这么肥沃富饶的田庄"，却完全忘记了这是他们抢夺来的原属于别人的福地，剥夺了原住民的生存权，无视被占领地百姓的饥寒窘迫与悲恸欲绝。不仅如此，"智慧"的熙德甚至与归降的摩尔贵族做起了无本生意，将那些俘虏卖给摩尔贵族。恰好熙德不愿携带男女俘虏同行，因而同卡斯特洪人商议，派人去瓜达拉哈拉打听，出多少钱愿买他五分之一的战利品，尽管买主们盈利十分可观，熙德也会答应。摩尔人的估价是三千银马克，对这个价格熙德感到高兴，第三天买主便交付了这笔现金，熙德也痛快地赚了一笔。

这就是熙德对摩尔贵族的慷慨，在肮脏的奴隶交易中，他奉行绝不还价的原则，只要出价便成交。这就是熙德对奴隶的仁慈，他并未将他们杀害，而是留一条性命将他们卖与他人为奴，妻离子散、生离死别，这种地狱般的情景随时可见。这就是西班牙人心目中的原始英雄观，这就是西班牙民族所热烈赞美的慷慨与仁慈——他们将劫掠视作荣耀，将屠城化为赞歌，在血腥中积累财富、在侵略中扩大疆域，在消灭异族的滔天罪行中完成本民族的文明化进程。这部淳朴、直白的史诗所蕴含的正是当时西方社会所推崇的人性观与正义观。

最后，史诗细致地再现了中世纪西方司法审判全景。

客观事实还原阶段：两个贵族兄弟对妻子实施了赤裸裸的谋杀（未

遂）行为，罪行确实令人发指：省亲途中，二人精谋细算，遣散所有家丁，消除目击证人。接着他们扒下妻子的斗篷皮袄，让她们只剩胸衣。两个忘恩负义之徒皮靴里藏着踢马刺，一根又坚又韧的马肚带拿在手里，夫人们苦苦哀求，继而又以父亲之名对其威吓，但毫不奏效，两兄弟用马刺朝她们身上最疼痛的部位刺进，刺穿了内衣，扎进了皮层，她们鲜血淋淋，紧身胸衣被血浸透，两兄弟对两姐妹使尽力气往死里抽打，一直打到精疲力竭。埃尔维拉和索尔已停止呼叫，两公子以为她们已死，才将她们遗弃在橡树林深处，等待野兽吞食、毁尸灭迹⋯⋯

起诉与庭审会议召集阶段：暴怒中的熙德将贵族兄弟告上御前法庭，指控罪名有四：一是欺君之罪（国王阿方索是主婚人与证婚人）；二是故意伤害罪（鞭笞、残害妻子）；三是故意杀人罪（未遂）；四是诈骗钱财罪（诈骗熙德的巨额财宝以及两柄宝剑）。国王应允了熙德的指控，下令信使奔赴全国各地，"向莱昂、圣地亚哥发了谕旨，还向葡萄牙人、加利西亚人以及卡里翁人和卡斯蒂利亚人传去王命，通知他们前去参加在托莱多召开的御前法庭会议，七星期之内务必到齐，违令不出席者不再是国王的大臣"。"御前法庭如期举行，不仅所有贵族都出席了，王国的许多法学家也参加了御前庭审，他们在卡斯蒂利亚都享有盛名。"接着，国王宣布了法庭审判规则：所有人不得自行使用武力；法官由与原被告双方无姻亲以及利益关系的伯爵担任；对熙德针对两个贵族后裔的指控务必保持公正的判决。在此阶段的描述中，我们可以了解到当时西班牙司法审判组织的构成，陪审团完全由藩王与贵族组成，前提是陪审团成员与原被告方均无利益关系，其他贵族充当审判监督的主体，至于国王阿方索，仅扮演着坐纛者的角色，并不介入案件的实质审理。可以发现，在西班牙早期司法审判中，刑事案件与民事案件同时审理、合并审理，案件参与人组成非常简单，包括陪审团、原告与被告。陪审团负责定罪，原告与被告当庭陈述事实与请求，交相辩论质证，并没有法官主持审判、检控官代为指控的规则。另外，审前程序专门介绍了卡斯蒂利亚各位享有盛誉的法学家参加御前庭审的情形，这应该是西方文学中关于法学理论与法学实践相结合的较早记载。

案件审理阶段：首先，熙德申请婚姻关系的解除，并提出了第一个诉讼请求——卡里翁兄弟将两柄宝剑归还原主。陪审团一致判决："熙德的要求合情合理"。卡里翁家族召开紧急会议，对熙德的诉求进行分析，认为"熙德没有因我们凌辱他女儿而算账，只要国王出来打圆场，这场官司会有好的收场。他只要归还两柄剑，我们完全可以归还，他一拿到剑，御前庭审就会告终",因而卡里翁家族满口答应了熙德的要求。判决生效后立即执行,宝剑当场归还熙德手中。熙德验明真假后,将宝剑转手赠予他人,接着提出了第二个诉讼请求——卡里翁兄弟将熙德赠予的三千马克黄金物归原主。这一要求出乎卡里翁家族意料,因为这笔巨款早已被挥霍殆尽,于是他们请求国王终结御前会议。该项请求遭到国王的拒绝。经过商议,卡里翁家族决定以实物折价的方式归还黄金。陪审团予以认可,同样督促被告方当场履行判决。"跑马、驮马和骡子,全都体壮膘肥,还有若干把镶嵌宝石的利剑,经过法庭估价,熙德全都收下。由于自己财力有限,卡里翁兄弟还向他人借了款。这次裁判使两公子家族狼狈不堪。"清点财物后,熙德不慌不忙地言归正传,直指本次诉讼的真正目的,提出了第三个诉讼请求——"他们还有一桩最大的罪行,我不能不提出申诉,请在座诸位听明,一定会对我产生同情。卡里翁两公子对我进行了这般欺凌,我绝对不会轻易放过他们"。面对熙德的指控,被卡里翁家族收买的陪审团成员加尔西亚伯爵起身驳斥:"卡里翁两公子系豪门望族,熙德的女儿都没有资格做他们的姘妇,怎能做他们的合法妻室?将她们遗弃合情合理,熙德这番申诉我们应当不予理睬。"被告之一费尔南多也起身为自己辩护:"我们是卡里翁伯爵的后裔,原本应娶国王或皇帝的女儿为妻,不应该和你这样的普通贵族的女儿结亲。抛弃你的女儿,我们有这个权利。"庄严审判偏离轨道,转眼变为身份高低之争,人们纷纷发表自己的观点。最后熙德的侄子佩德罗出场,历数卡里翁兄弟令人鄙夷之事:其一,面对摩尔人袭击,卡里翁两兄弟丢盔弃甲,被佩德罗救回一命,事后却与佩德罗约定,谎称摩尔人是由两兄弟打败,领取了熙德的封赏,佩德罗不屑于其卑鄙行径,却也不愿在熙德面前揭发他们;其二,两兄弟数次被狮子吼声惊吓,不得不钻入桌底,被人搀扶出来时已经小便失禁。卡里翁兄弟的逸事引得满堂哄笑,审判无法继续,为了结束这场口水战,也为了不得罪卡里翁与熙德任何一方,国王阿方索提议双方进行决斗——"决斗时间就在明晨,太阳一出就开始,三人对三人"。熙德家族欢呼雀跃,卡里翁两公子却提出异议,以准备武器为名要求延期。国王准许延期,将决斗日期定在三周以后。

判决阶段:决斗场地是卡里翁的领土。国王亲临监督,现场观众甚多,不仅包括贵族,也包括平民百姓。这部诗史最大贡献之一是对当时司法决斗的程序作了极尽详细的描述,因此成为西方社会决斗制度的生动摹本。决斗分为三场,胜多负少者为胜利者。第一场决斗以费尔南多大喊"我认输"而告终;第二场决斗以迭哥主动策马跑出决斗圈(意味着认输)

而告终；第三场也就不必继续进行了。令人迷惑的是，《熙德之歌》对于决斗后卡里翁公子遭受的惩罚语焉不详，原文是如此描述的："国王吩咐熙德的人夜里离开卡里翁领地，这样就不会遭到袭击，不必担惊受怕。他们行为十分谨镇，日夜兼程，终于回到了巴伦西亚城。他们完成了熙德交付的使命，将卡里翁两公子打得差一点丧生。熙德听了无比兴奋，卡里翁两公子则身败名裂。"似乎暗示着熙德本身并未参加决斗，也未在决斗现场督战，这场由国王主持的司法决斗未能产生任何刑事法律后果，仅导致了卡里翁家族名誉扫地（包括决斗现场对卡里翁兄弟的暴打），这不能不说是该史诗在法律文本分析意义上的一大遗憾。

2.4.5　俄罗斯史诗：《伊戈尔远征记》

被誉为世界五大英雄史诗之一的《伊戈尔远征记》（约 1185～1187年）是中世纪俄罗斯文学的扛鼎之作，亦是俄罗斯、白俄罗斯、乌克兰民族共有的瑰宝。它于 1187 年著录成俄文书，所反映的史实是 1185 年罗斯国伊戈尔大公对波洛夫人发动的一场失败的远征。12 世纪末，基辅罗斯由中央集权国家分裂为各个小公国，导致异族入侵。突厥游牧民族的分支波洛夫人，以早年侵占的伏尔加与第聂伯河间的丰美牧场为根据地，对罗斯南部边疆屡屡侵犯，劫掠财物、焚烧房屋、残杀民众等无恶不作。罗斯南部王公曾组成联盟于 1184 年大败波洛夫人。罗斯北部大公伊戈尔未能参加南部联盟的围剿，深感遗憾。为了表示自己对罗斯大公以及南部联盟的忠贞，伊戈尔于 1185 年擅自出兵波洛夫，却遭惨败，仅剩 15 名兵士生还。不仅如此，伊戈尔逃回罗斯的途中，还因战略失误将波洛夫人引入罗斯腹地，为罗斯百姓带来了深重灾难。这是一曲荡气回肠的民族悲歌，也是俄罗斯民族坚强、隐忍、忠贞精神的形象写照。但这部史诗的作者，与中世纪其他西方民族的史诗一样，至今未有定论。但是据多方考证，俄罗斯文学界普遍认为作者的身份是一名武士。[①] 作者在序言中指出，这部悲剧史诗的最大特点是"遵循真实的历史"，而不像其他史诗那样粉饰现实、对王公贵族、英雄武士歌功颂德。而且，该史诗的更大价值在于记录的及时性，由于著书时间是 1187 年，是对两年前发生的历史事件的记录，而非对久远历史与传说的整理，因而比《罗兰之歌》《熙德之歌》及《尼伯龙人之歌》等欧洲史诗具有更强的真实性与鲜明的时代感。

史诗主体由三部分构成。第一部分描述伊戈尔擅自出征波洛夫

---

① 参见魏荒弩：《伊戈尔远征记随笔》，《外国文学研究》，1993 年第 4 期。

人。伊戈尔军在顿涅茨河突袭波洛夫人，首战告捷，波洛夫人弃篷而逃，伊戈尔军掠宝无数。波洛夫人调动主力奔向顿涅茨河，于清晨围歼伊戈尔部队，经过一天半的厮杀，伊戈尔兵败被俘。波洛夫节节追击、深入罗斯腹地，向百姓征敛，人们对伊戈尔的鲁莽出征怨声载道。第二部分描述了基辅大公斯维雅托斯拉夫对伊戈尔的怜惜以及对其擅自出征的谴责，指出他的出征是为了追寻个人的荣耀，"我的兄弟，我的侄子，罗斯大地的民众，你们少不更事、急功近利，等于开门揖盗。上帝作主！我怨伊戈尔行事鲁莽，却也可怜他兵败身俘。"他向诸侯发出号召，为伊戈尔的失败复仇。但是诸侯们同床异梦，甚至私通波洛夫人残害自己兄弟。第三部分描述了伊戈尔之妻雅罗斯拉夫娜对丈夫的祝福与等待，雅罗斯拉夫娜的哭诉与祈祷感动了上天，负责囚禁伊戈尔的波洛夫人将其释放，伊戈尔终于回到祖国。①

与其他西方国家同时期创作的史诗相近，《伊戈尔远征记》中也洋溢着浓烈的宗教色彩与浓厚的忠君情结。整个故事中多次出现神秘的预兆与谶语，例如在伊戈尔出征时曾经出现日蚀异相，这在当时是不祥之兆，预示着战役的失利；再如基辅大公斯维雅托斯拉夫所做的不祥之梦——乌鸦聒噪、宫殿断失大梁，均预示着伊戈尔的惨败与被俘。另外，伊戈尔妻子雅罗斯拉夫娜在多瑙河上哭泣、在普季夫尔城垣上祈祷时，海、风以及杜鹃鸟均现身，带给雅罗斯拉夫娜以无限希望和安慰，太阳为伊戈尔照亮路途，飞禽走兽为伊戈尔站岗放哨，预示着伊戈尔的安然无恙与重返祖国。忠君是史诗的另一个主题，这一点从伊戈尔大败波洛夫人后的心理活动即可看出端倪，"地上插满箭矢，抢走波洛夫姑娘，连同绫罗绸缎和金银首饰；将抢来的车帷、外套和皮袄、还有波洛夫人的各种细软……都献给勇武的斯维雅托斯拉夫。"由此可见，对伊戈尔而言，一切荣耀的来源、一切行动的动机均出自对基辅大公的崇敬与忠贞。即使是这次鲁莽的出征，其出发点亦是为了彰显自己对大公与南部联盟的尊敬。

当时的西方史诗均以忠君、爱国、集体主义精神为主流价值进行宣谕，并对向异邦的掠夺杀戮行为进行肯定与赞美，《伊戈尔远征记》固然亦不例外，但它与同时期其他史诗最为迥异的禀赋，是其中所深藏的基督徒般虔诚的忏悔与赎罪思想。当伊戈尔被俘后，他并未寻找借口、怨天怨地，而是在囚牢里对自己进行了审判，"回顾以前种种，我自知有罪。我

---

① 梗概及本节所有引文来源于〔俄〕佚名：《俄罗斯史诗——伊戈尔远征记》，李锡胤译，南京，译林出版社，1999。

曾经虐杀生灵，流了基督徒的血；我暴力攻打格列波夫城，使无辜教民深受祸害：父母失去子女、兄弟朋友离散、夫妻诀别、情侣分飞。我使百姓陷于掳掠之苦而悲啼，活人反而羡慕死者，临死的人暗自庆幸脱离这场殉教劫火；老者填沟壑，少者受创伤；男子碎尸殒命，女子含冤受辱。我造了孽，今天上帝罚我。我的弟弟、侄子、儿子、亲信、助手、亲兵、我的弟兄们、我的宝马和武器都丧失殆尽。我只得向蛮族人哀求乞命。这是上帝给我的惩罚，是我自作自受。上帝公正不阿，我无地自容。我目睹他人戴荆冠之苦，何不令我一人代受众生之苦？求我主勿终弃我，保护苍生。"伊戈尔回忆着一场场战争的惨烈景象，坚信此番大败是命运使然——是因自己在攻略城池的战役中造孽太多，上帝终于动怒，他的判决公正不阿，他的刑罚轻重得当，因而绝不可怨天尤人，唯有忏悔赎罪。最难能可贵的是，落难如斯、身陷囹圄的伊戈尔依旧心系百姓福祉，坦然将一切罪过承担，祈望上帝呵护苍生、罚己代众受难。与伊戈尔忏悔赎罪的精神一脉相传，基辅大公斯维雅托斯拉夫也颇具浓厚的基督徒气质——当诸侯国分崩离析、内讧迭起、自己的威信日渐式微而无法支撑大局时，斯维雅托斯拉夫同样向上帝祈求降罪与惩罚，以期国家安然渡过劫难，黎民百姓免遭屠戮，"上帝因罗斯有罪而降祸；敌军得胜，非上帝厚于彼，而是因为我有罪过，令我忏悔，不再作恶。上帝又教异族入使罗斯，使我们自省，永绝邪恶"——这段独白与《旧约·出埃及记》中圣徒摩西对族人的训谕具有惊人的相似性。

综观中世纪西方史诗，各民族塑造了形形色色的英雄典型，或是贝奥武甫的勇猛刚毅，或是大将罗兰的骁勇善战，或是熙德爵爷的嗜血狡黠，或是尼德兰王子的英俊多情，乃至其他作为配角的百般人物、百般仪态……在西方人所青睐的种种脸谱中，像伊戈尔这般具有忏悔与救赎精神的角色是绝无仅有的。与《贝奥武甫》屠龙夺宝、《熙德之歌》劫杀异教徒、《罗兰之歌》屠杀摩尔人、《尼伯龙人之歌》对尼伯龙宝物的血腥争夺等功彪千秋的"英勇事迹"相比，《伊戈尔远征记》记载了一场失败的战役，其中流露出的更多是对民族历史的理性思考与深刻反省。固然，这种思考与反省是建立在对东正教的崇拜与信仰之上的，具有不可否认的宿命论与唯心论色彩，但其中所彰显的忏悔、赎罪、救赎观念却在漫长的岁月中积淀出一个优秀民族的永恒灵魂，塑造了一个具有卓尔不群的高贵气质的伟大民族。在这部抒情与叙事结合的史诗中，作者摒弃了概念、僵化、冷漠的文学笔法，赋予所有的自然景象以蓬勃生机，形成了天人合一的奇景，散发着感人肺腑的艺术魅力。这部史诗对后世俄罗斯文学造成的影响颇为深远——无论是普希金、雷列耶夫歌颂自由与光明的诗歌，还是陀思妥耶夫斯基与托尔斯泰作品中对人类灵魂的拷问，或是肖洛霍夫的作品《静静的顿河》中对战争场面的处理，均可从中发现《伊戈尔远征记》所采取的叙事手法与所宣扬的精神内涵。《伊戈尔远征记》所特富的艺术魅力，连同它维护民族统一的价值取向以及反映整个民族躬身自省、追求永恒救赎的精神内涵，使其成为"斯拉夫人民诗篇中最美丽、最芬芳的花朵"①。

2.4.6　日耳曼史诗:《尼伯龙人之歌》

《尼伯龙人之歌》②（约 1202 年）在勃艮第与尼德兰民间传说的基础上创作而成。上述两个传说的形成时间（376～600 年的欧洲民族大迁徙时代）远早于史诗的完成时间，人物形象与故事情节经过数百年的口口相传，在 13 世纪才基本成型。《尼伯龙人之歌》将两个彼此独立的传说连接成为贯穿一致、首尾相连、情节统一的故事，借古日耳曼人的形象展示了13 世纪的社会生活与骑士理想，其人物思想、价值标准与行为方式均打上了中世纪的烙印。③ 故事主要叙述了两位王后在一场筵席上因虚荣而发生争执，以及由此引发的一系列惨绝人寰的复仇血案与国家战争。

> 第 1 歌至第 19 歌为第一部分，叙述了尼德兰国王西格夫里特被暗害以及尼伯龙宝藏被骗走的故事。尼德兰王子西格夫里特英俊威猛，青年时曾有过屠龙取宝的壮举，占有了尼伯龙宝物，他的国家亦被尊称为尼伯龙根王国。在他与勃艮第国公主克里姆希尔德结婚十年后，应克里姆希尔德之胞哥——勃艮第国王恭特与王后布伦希尔德邀请，西格夫里特携妻去沃尔姆斯省亲。席间，两位女人因丈夫地位的高低展开了激烈唇战，小姑子克里姆希尔德羞辱了嫂子布伦希尔德。

---

① 别林斯基语。〔俄〕佚名:《俄罗斯史诗——伊戈尔远征记》，李锡胤译，南京，译林出版社，1999，序。

② 据北欧冰岛歌谣集《埃达》记载，古代勃艮第国有一个王族称尼伯龙，相传他们拥有大批宝物。后人将这个传说与在北方流传的另外一个关于尼德兰英雄西格夫里特打败尼伯龙，占有全部宝物的传说融合在一起，创作了这部史诗。在这部史诗中。虽然"尼伯龙人"不再仅仅指勃艮第国的王族，而是指宝物掌握在谁手里，谁便是"尼伯龙人"，但作品的内容讲的都是"尼伯龙人"从兴盛到衰亡的过程。

③ 从该部作品反映的基本思想与叙事风格推断，作者极有可能为帕骚大主教寺院供职的下层骑士，具有深厚的文学修养，对律法、宫廷礼仪与骑士生活颇为熟稔。史诗原文由中古高地德语谱就，包括 39 歌、2 379 节、9 516 行。参见〔德〕佚名:《日耳曼史诗——尼伯龙人之歌》，钱春绮译，北京，人民文学出版社，1959，译者序。

勃艮第大臣哈根为王后报仇，不但杀害了西格夫里特，还从其遗孀克里姆希尔德手中骗走了尼伯龙宝物并沉进了莱茵河底，勃艮第取代尼德兰成为尼伯龙根王国。

第 20 歌至第 39 歌为第二部分，主要描述了克里姆希尔德的血腥复仇过程以及勃艮第王国的覆灭。克里姆希尔德寡居 13 年，为了替夫报仇、夺回尼伯龙宝物，她远嫁匈奴国王。在皇后位置上辛苦经营 13 年后，克里姆希尔德认为复仇时机已到，遂说服国王，邀请勃艮第国王携家眷、众臣来匈奴做客。筵席上，克里姆希尔德下令砍下了哥哥恭特的头颅，并手刃哈根。勃艮第老帅希尔德勃兰特虽然对哈根等人欺骗女流夺取宝物的行径不耻，但当其亲眼目睹勃艮第与匈奴国众勇士们死于一妇人的计谋时，再也无法保持理智，于悲怒之中杀死了克里姆希尔德公主。故事以众英雄的同归于尽告终。①

可以看到，两条线索贯穿了《尼伯龙人之歌》的始终——一条是明线，讲述了因两位皇后口角引起的三个国家间的血腥复仇；一条是暗线，描述了三国皇室觊觎、争夺尼伯龙宝物的明争暗斗与惨烈厮杀。同样，两个人物的言行心理推动着整个史诗波澜壮阔的发展进程——一个是尼德兰皇后、勃艮第公主克里姆希尔德；另一个是勃艮第重臣、血案的始作俑者哈根。

克里姆希尔德原本是一名温顺贤淑、貌美温柔的少女，然而，强烈的复仇欲望使得她在诡谲多变的宫廷斗争中辗转挣扎，最终变成一名嗜血、残酷的妇人。起初，尼德兰国王西格夫里特占有尼伯龙宝物，国力昌盛，被称作尼伯龙根王国。位于莱茵河中游的勃艮第国国王恭特为与其交好，将妹妹克里姆希尔德嫁给西格夫里特，两国结为姻亲邻邦。少女时的克里姆希尔德目睹了宫廷中的多桩爱情悲剧，决心终身不嫁。但是面对英俊多情的西格夫里特王子，她敞开了心扉。不曾想灾难从此接踵而至，先是夫君命丧勃艮第佞臣哈根手下；接着尼伯龙宝物被哥哥骗夺；最后在匈奴王宫的血腥屠杀中自己美丽的生命随风而逝。以今天的视角来看，克里姆希尔德的复仇行为是正当的。首先，两位皇后的口角是整个史诗的关键，二人在省亲筵席上的争执焦点是国王与封臣之间的权力位阶关系。克里姆希尔德之所以对高傲、刻薄、蛮横的嫂嫂进行斥责与羞辱，是基于对丈夫与自己荣誉的维护。在将荣誉看得比生命还珍贵的中世纪欧洲，克里姆希尔

① 梗概及本节所有引文来源于〔德〕佚名：《日耳曼史诗——尼伯龙人之歌》，钱春绮译，北京，人民文学出版社，1959。

德的行为是完全可以被理解的。其次，丈夫在狩猎途中惨遭暗算后，克里姆希尔德明知凶手就是勃艮第大臣哈根，却苦于没有证据，只得忍气吞声，等待报复的时机。智慧的克里姆希尔德很快设计出一个复仇计划——她拒绝返回尼德兰，而是留在自己的娘家广散钱财、笼络人心，很快便以其慷慨、美貌打动了一大批勃艮第仁人志士的心，大有与哥哥恭特分庭抗礼之势。大臣哈根嗅到了危险，怂恿恭特将妹妹的尼伯龙宝藏哄骗到手。可怜的克里姆希尔德利用财富进行复仇的计划破灭了，她被迫使出最后的撒手锏——下嫁匈奴可汗，伺机为夫报仇。最后，13 年后，克里姆希尔德终于在匈奴国获得了国王的宠爱与大臣的敬意，她认为复仇时机成熟，遂邀请哥哥赴匈奴国叙旧。大殿上，克里姆希尔德义正词严地向哥哥索要被骗取的尼伯龙宝物，并指出哈根就是多年前的弑君凶手。面对哥哥的无情拒绝与哈根的百般狡辩，克里姆希尔德彻底丧失了理智，她不惜以儿子的性命为代价（逼迫哈根斩落可汗幼子之首级），激怒匈奴国王以及武士，对勃艮第宾客大开杀戒，掀起了一场腥风血雨。最终，克里姆希尔德下令杀死哥哥、亲斩哈根，结束了自己跌宕起伏的传奇一生。史诗中所刻画的克里姆希尔德公主，是一位饱受屈辱、历经沧桑却又不失高贵气质的女性形象，她以美貌、忠贞、智慧、坚忍的性格魅力赢得了日耳曼人民的热烈赞美。

史诗的另一个重要人物——勃艮第国重臣哈根，其身上亦寄托着中世纪骑士阶级忠君、护国的鲜明特征。以哈根为代表的封建社会的辅国之臣，将勇敢与忠诚奉为最高荣誉与理想品德。但哈根身上所凝聚的英雄精神已不仅仅表现为披坚执锐、浴血奋战，而是被注入了新的价值观——民族利益高于一切，为了获取尼伯龙宝物，他不择手段，即使承担万世罪责乃至付出生命也在所不辞。首先，两位王后（小姑子与嫂子）间的冲突应当看作是家族内部的矛盾，更严重些是邦国礼仪间的龃龉，无论如何不足以掀起这样一场灭族亡国的腥风血雨。哈根作为两朝重臣、辅君元老，不会分辨不出其中的轻重厉害。但是，哈根始终觊觎着尼德兰国的宝物，这场妇人间的争执为他实现攫夺宝物、复国兴邦的宏大抱负提供了绝佳时机。于是他竭力从中作祟，借为勃艮第皇后恢复名誉的藉口设计将尼德兰国王杀害，手段残忍卑劣。其次，当尼德兰国王命丧黄泉后，哈根本认为攫取宝物如囊中取物般轻而易举。但他很快发现，宝物的继承人、尼德兰国王遗孀克里姆希尔德将自己视作不共戴天的仇人，因而他不得不偃旗息鼓、静待时机。当他看出克里姆希尔德以财宝为诱饵纠集死士、企图复仇的动机时，大喜过望，怂恿国君恭特趁机将宝物攫取。哈根一手策划了这

场弑君夺宝的惨案，扮演着教唆者、策划者与实施者三重角色。具有特殊
意义的是，哈根的所作所为并非为了私利，而是始终以勃艮第国的利益为
旨归。最后，作为恭特的重臣与心腹，哈根早已看出克里姆希尔德公主的
邀约凶多吉少；劝阻无效后，他毅然决定与君主一同前往，并在登岸后将
渡船焚毁，以示断绝后路。在匈奴王宫殿里，面对愤怒的克里姆希尔德，
哈根对杀死西格夫里特的罪行供认不讳，将一切责任揽到自己身上。从此
角度而言，哈根又彰显了忠君护国、视死如归的英雄本色。

　　克里姆希尔德与哈根的形象代表了当时日耳曼民族所认可的伦理观与
价值观，彰显着鲜明的因果报应论与宿命论。作品中的人物勇敢地追逐着
幸福、体验着荣耀，却往往陷入事与愿违的荒谬境地，被命运摆布。各路
英雄结局悲惨，却均是咎由自取，其因果缘由甚至可以追溯至数十年前。
例如，尼德兰国王西格夫里特为了迎娶克里姆希尔德而讨好其兄恭特，曾
经设计骗取冰岛女王布伦希尔德的婚约。新婚之夜，又暗助恭特强行破了
力大无比的布伦希尔德的童贞，这为以后的一系列悲剧埋下了伏笔——西
格夫里特虽然死在哈根手中，直接原因却是为给布伦希尔德恢复荣誉。再
如，克里姆希尔德向哈根透露丈夫的命门所在，原意是为了保护丈夫在猎
狼游戏中不受伤害，结果却使他送了性命。而哈根之所以杀害西格夫里
特、抢夺尼伯龙根宝藏，其原意是为了勃艮第王国的昌盛，最终却成为王
国毁灭的罪孽根源。另外，史诗的最大价值在于摆脱了当时宫廷文学普遍
因袭于法国的风气，是原汁原味的德国本土文学。它扎根于德国民族的历
史素材，综合了民族大迁徙时期不同日耳曼部落的传说，反映了人们对权
势、荣誉的追逐以及强烈的复仇欲望。史诗在题材来源、道德训喻以及神
秘宿命观等层面上与《荷马史诗》有着极大的同源性，与之不同的是其中
隐含着对国家主义与家族荣誉的突出强调，以及对为了履行公民义务而不
惜牺牲个人幸福乃至生命的集体主义精神的宣扬。

2.4.7　冰岛史诗：《尼亚尔萨迦》

　　"冰岛史诗"由四十余部家族史诗构成，是斯堪的纳维亚民族对世界
文明的伟大贡献。史诗创作年代是 13 世纪，反映的却是 930～1030 年冰
岛各大家族的传奇经历；当同一时期其他日耳曼民族（哥特、勃艮第、伦
巴第、法兰克、撒克逊等）已经被位于南部的罗马帝国所征服、融合、同

化、并浸润于基督教的光芒之中时①，主要由斯堪的纳维亚异教徒组成的冰岛由于其独特的地理位置与民风传统，却依然保持着无政府的原始状态与多神教文明的精髓。这种独特的"异族"地位赋予冰岛史诗极其崇高的历史价值——它因此被评价为"对于日耳曼民族与生俱来的，而非来自于罗马人或者基督徒气质的最后也是最完美的记载与表述。"② 从法律角度考察，如果希望通过西方文学作品来了解日耳曼民族的古朴法律观念，以及他们由血亲复仇状态向宗教刑法归化的具体过程，"冰岛史诗"堪称绝佳的分析样本。

冰岛最初的开拓者由两类人组成，一是反抗瑞典"红发王"哈拉尔德的专制揭竿而起的地方贵族；二是为了躲避侵略成性的维京海盗的挪威西南部农民。移民们本身是为了躲避王权专制而离开故土的，因而他们拒绝建立中央集权政府，选择族长式松散管理。930 年，每年一次的议员与市民大会通过了一部以西部挪威地区法律为基础的法典，并选举出"法典宣谕官"，专门向冰岛民众口头宣布铭刻于"法律岩"之上的成文法典，同时充任争议时的法律解释者与裁断者。965 年，冰岛以地域为标准划分为四个区，拥有各自的议会与法庭。1005 年，第五法庭成立，行使上诉法庭的职责。可以说，此时的冰岛法制在日耳曼民族中是最为详尽与体系化的。但是，由于冰岛既无军队亦无警察，依据法典作出的裁判只能由个人执行——这正是冰岛在进入"法制社会"后的最令人匪夷所思之处。

《尼亚尔萨迦》③，约成书于 1280 年，是冰岛史诗中流传最广、篇幅最长的作品，围绕着两个家族的兴衰荣辱，刻画了六百余名个性鲜明的人物形象。其中既包括维京海盗的发迹史，也包括显贵家族间的血亲复仇；既包括第五法庭的创建过程，也包括基督教对冰岛罪罚观的侵袭与引导，跨越了冰岛社会从 960～1016 年的关键历史期。史诗分为两部分，主人公是两名自幼友情甚笃的自由民——慷慨豪放、威猛英勇的海盗贡纳尔和博学儒雅、精通法律与诉讼技巧的尼亚尔。

---

① 哥特人在 4 世纪就有了自己的《圣经》译本；勃艮第与伦巴特人在 5 世纪将罗马法吸收至自己的政治与法律制度之中；撒克逊人在 9 世纪创造了歌颂耶稣的圣歌。

② See k. p. ker, Epic and Romance: Essays and Medieval Literature, reprint, New York: Dover, 1957. p. 57.

③ "萨迦"是一个名词，由动词衍生而来，源出古日耳曼语，本意是"说"和"讲"，即讲故事之意。公元 13 世纪前后，冰岛人和挪威人用散文把过去叙述祖先们英雄业绩的口头文学记载下来，加工整理而成《萨迦》。参见〔冰岛〕佚名：《萨迦选集》，石琴娥译，北京，商务印书馆，2000，序。

第一部分描述了维京海盗贡纳尔的一生。贡纳尔和尼亚尔是发小。贡纳尔从海外掠夺归来成为暴富者，迎娶了貌美妇人哈尔盖德。哈尔盖德生性傲慢刻薄，前两任丈夫均是因夫妻矛盾被其养父谋杀而死。被谋杀者家族与哈尔盖德家族打官司时，聘请了精于法律的尼亚尔为代理人，因此哈尔盖德对尼亚尔素有怨恨。尼亚尔与贡纳尔家族聚会时，因座次问题，尼亚尔之妻贝格托拉与哈尔盖德发生争执；哈尔盖德指使自己的侍从杀了贝格托拉的侍从，从此引发两大家族间连绵数十年的循环复仇。尼亚尔与贡纳尔每次均以高额赔偿金对受害者进行抚恤，但由于两个妻子的唆使，每一次和解的同时亦预示着下一轮凶杀的开端。两个家族在尼亚尔与贡纳尔的共同压制下维持着表面的和平，但已经危机四伏，矛盾一触即发。此时恰逢冰岛陷入饥荒，贡纳尔慷慨地将自己的全部存粮向附近居民发放，哈尔盖德却派人从邻居奥特凯尔家盗窃了两筐粮食。参加议会后返乡的贡纳尔闻知妻子的可耻行径，愤怒地打了妻子一记耳光，然后向邻居奥特凯尔诚恳道歉，希望达成和解协议。奥特凯尔要求议会召开时，传唤哈尔盖德到法庭接受盗窃罪的指控。贡纳尔无法接受这个条件，遂向奥特凯尔提出决斗，奥特凯尔被逼无奈、答应和解。后来，奥特凯尔继续向贡纳尔挑衅、用马刺刺伤贡纳尔，贡纳尔忍无可忍，便与儿子大开杀戒，将奥特凯尔与其朋友共计8人全部杀死。议会法庭对此血案的判决是：7名被害者获得与其身份、财产相当的赔偿，而奥特凯尔的死亡赔偿金与他用马刺刺伤贡纳尔的赔偿金相抵消。在其后的一次马术比赛中，贡纳尔与特里休宁山脉居民结下仇怨，贡纳尔兄弟杀死了14名特里休宁袭击者。背负诸多命案，贡纳尔向尼亚尔请教应当如何应对法庭的询问，尼亚尔利用自己娴熟的法律知识与诉讼技巧为他提供了有力帮助。经过调解，双方以和解告终。但是特里休宁人托尔盖尔对判决不服，联合奥特凯尔的儿子对贡纳尔发动复仇，贡纳尔毫不费力地将二者杀死——这就违背了尼亚尔对他"根据法律，不可对同一家族实施两次复仇"的告诫。经过尼亚尔多方斡旋，贡纳尔终于被法庭判处流放三年，在此期间不得返回冰岛，否则即为不受法律保护之人。贡纳尔不忍离开庄园，他的仇家决定利用这三年时间（贡纳尔不受法律保护，任何人可置他于死地）复仇。当仇敌攻打庄园时，贡纳尔弓弦断裂，苦苦哀求妻子将自己的一缕长发剪下编织成新的弓弦，但哈尔盖德嫉恨他曾经在她脸上留下的一巴掌，拒绝了丈夫的要求，贡纳尔被杀。由于贡纳尔是不受法律保护之人，因而无法诉诸法律手段讨回公道，在尼亚尔的默许下，尼亚尔之子与贡纳尔之子联合起来，以血亲复仇方式将贡纳尔的仇家全部杀死。

第二部分讲述了尼亚尔一族丧身火海的故事。尼亚尔希望给义子霍斯库尔德迎娶族长佛洛西的侄女希尔德龚恩，但希尔德龚恩开出条件，霍斯库尔德必须具有族长头衔。求婚陷入困境后，尼亚尔在例行议会召开时不再以自己渊博的法律知识为人们排解纷争，而是有意制造四个议会法庭间的矛盾，趁机建议成立第五法庭作为上诉法庭，解决其他四个法庭判决的冲突。议会采纳了他的提议，开辟了第五议会与法庭；作为报答，授予其义子霍斯库尔德第五议会族长头衔，这就为迎娶希尔德龚恩扫清了道路。但经人挑拨，尼亚尔之亲生儿子斯卡普赫丁杀死了霍斯库尔德，佛洛西在侄女希尔德龚恩的刺激下（她拿着丈夫的血衣声称只要以血还血，而非金钱赔偿）向尼亚尔家族提出诉讼。法庭当时以罕见的高额赔偿（约 600 盎司银币）进行调解，但最终双方不欢而散。佛洛西带领族人在尼亚尔庄园放了一把大火，尼亚尔家族全部遇难，幸存者只有尼亚尔的女婿卡里。佛洛西与卡里开始为最后的决战征集盟友——卡里聘请了冰岛"三大法律专家"之一的索尔哈尔（尼亚尔生前的得意门生）对佛洛西提起指控，而佛洛西则邀请同样是冰岛"三大法律专家"之一的艾尔约夫作为法律顾问。接下来的法庭辩论好戏连连，虽然索尔哈尔以深厚的法学知识底蕴对佛洛西发起了凌厉攻击，但均被艾尔约夫以令人难以意料的诉讼技巧轻易化解（包括诉讼管辖权的争议与向法官行贿罪的确认）。最终，索尔哈尔无法忍受法律一次次被艾尔约夫玩弄于股掌之上，震怒中从病床上跳起，径直奔向法庭，杀死了他所遇见的第一个佛洛西的血亲，揭开了新一轮复仇大战的序幕。多人丧命后，双方终于达成了一项和解协议——"尼亚尔死亡赔偿金是一般标准的三倍，其他人按身份与地位例行赔偿；佛洛西与所有纵火犯均被判处流放刑，佛洛西是三年，其他人则是终身"。卡里并不承认这项和解协议，他指出法庭将堂堂正正的决斗单挑与卑鄙的纵火杀人混为一谈是可耻的。卡里继续实施自己的复仇计划，接连杀了九个纵火者，并对其余纵火者继续追杀，甚至追至海外，最终杀死了除佛洛西之外的所有纵火者。孤家寡人的佛洛西踏上漫漫罗马之途，寻求教皇的宽恕与庇护；而卡里亦追至罗马，觐见教皇，聆听圣谕。二人暮年之时相逢于家乡冰岛，一笑泯恩仇。

在这部场景浩荡、人物众多的宏伟诗篇中，剧情始终围绕着接连出现的复仇、和解、再复仇、再和解等冲突展开，各项法律制度与诉讼程序占了相当大的篇幅，为我们描绘了一幅典型的中世纪斯堪的纳维亚民族所特有的刑事司法画卷，尤其是审判尼亚尔被灭族案件，对法庭程序与审判过程的描述更是细致逼真，因而又被称作是"最卓越的法律史诗"①。诚然，由于该部史诗在 13 世纪才著录成书，因而它不可避免地带有基督教教义色彩，对 10 世纪冰岛司法状况描述有一定出入，但它的历史价值在于向后人传递了 13 世纪冰岛人对待这段历史的态度与倾向，在某种意义上，正因为这样一段历史距离的存在，使得作者能够从故事发生时的法律危机中抽出身来，以更冷静的旁观者角度进行理性的观察与思考。

首先，史诗对 10 世纪司法状况的描述中，展现了早期冰岛与其他日耳曼民族最显著的区别——即使拥有完美精致的成文法典，暴力也是解决纠纷的最终方式，充分展现了这段时期内法律的孱弱与暴力的张扬。正如有学者曾经对 13 世纪冰岛《灰鹅法典》② 戏谑道："那些表现出洛可可式精致的法典中，如此高度的形式化似乎只是为了自娱自乐"。③ 事实的确如此，其原因并非法律本身存在缺陷，而是当时民众普遍的司法观使然——法律是公之于众的（宣谕官口头向民众宣谕法典），案件事实也是清晰明了的（议会对案件进行审判，认定事实、裁断是非），但只要判决或者和解结果不令人完全满意，就有可能引起新一轮的循环复仇，法典形同虚设。例如，在尼亚尔灭门案的审理过程中，连逻辑严谨、思绪冷静的伟大法律人，史诗中"冰岛三大法学家"之一的索尔哈尔，当他遇到程序正义质疑实质正义的情形时，也毫不犹豫地从病榻上跳起，一脚踢开法律，操起武器解决问题。史诗中的这段描述令人哑然失笑，却并不荒谬，我们可以从冰岛显贵尼亚尔与贡纳尔竭力希望终结这种以暴制暴的风俗，却最终无法控制局面的事例来验证索尔哈尔行为的合理性与真实性。再如，贡纳尔与仇家达成协议，只因贡纳尔不愿离开故乡，因而成为法律不予保护之人，继而仇家便趁此机会一了百了地结果了贡纳尔；其后，贡纳尔的儿子因无法诉诸于法律，因而继续以血亲复仇的形式将仇家一一手

---

① K. p. ker, Epic and Romance：Essays and Medieval Literature, reprint, New York：Dover, 1957. p. 57. 转引自〔美〕西奥多·齐奥克斯基：《正义之镜》，李晟译，北京，北京大学出版社，2011，第 88 页。

② 《灰鹅法典》，1250 年，冰岛将口头习惯法进行书面编撰，形成了第一部成文法典，称作 Gragas，名称来源据称是因为法典封面的颜色或者因全文由鹅毛笔写就。

③ 〔美〕西奥多·齐奥克斯基：《正义之镜》，李晟译，北京，北京大学出版社，2011，第 88 页。

刃。第三个案例是，霍斯库尔德案通过法庭调解已经解决，但由于双方的相互嘲笑使得和解协议成为一纸具文，引发最后的纵火惨剧。尼亚尔一族葬身火海后，人们立刻启动司法程序并竭力促成了和解协议，偏偏尼亚尔的女婿卡里视之如草芥，追遍天涯海角将所有凶手斩尽杀绝，最后在基督教的感悟下与佛洛西握手言和。最令人不解的是，最优秀的法律人、冰岛第五法庭的缔造者、司法改革的倡导者尼亚尔，其设立第五法庭的初始目的居然是为了给自己的养子谋得一份族长头衔。如此种种，整部史诗给我们留下的深刻印象似乎是对法律的不停戏谑与嘲讽——在正义的实现过程中，法律始终缺席，它已经蜕变为一纸具文或者法律人谋求私利的工具。

其次，《尼亚尔萨迦》向我们展示了古日耳曼人如何接受基督教教化、将强烈的复仇情怀转向宽恕与博爱的过程。这种具有代表性的心理转变历程是在教会刑法一统欧洲近千年历史中极其重要的前提。史诗中，古日耳曼人的非基督徒气质得以淋漓尽致的彰显，他们对荣誉无上崇敬、对暴力不懈追求，但是我们亦应看到，史诗在竭力渲染暴力复仇的杀戮与血污中，始终以一条暗线贯穿情节首尾、歌颂着基督徒温良仁慈的品质，为具有浓厚宗教情怀的结局埋下了伏笔。其一，贡纳尔的胞弟皈依基督教。在第一部分结局中，与贡纳尔一起被判处流放刑的还有其弟考尔斯凯格。与贡纳尔选择留在故土因而成为一名不受法律保护的罪犯不同，考尔斯凯格服从法律流亡丹麦，并在那里皈依基督教，受聘于拜占庭皇家卫队，安然终了一生。其二，尼亚尔义子霍斯库尔德之死。当尼亚尔的儿子因仇人挑拨，出于嫉恨杀死自己的义兄霍斯库尔德时，"霍斯库尔德未作任何抵抗，他只是双手合起置于胸前，喊道'主啊，宽恕他们吧'！"因此可以发现，霍斯库尔德的临终行为已经带有明显的基督徒色彩，因而更能够引起民众对尼亚尔亲子的谴责与对其义子的崇敬。其三，尼亚尔之死。发生于1011年的"火烧尼亚尔"惨案是轰动全冰岛的最大仇杀案，同时也是冰岛移民开始后的最大规模的家族械斗案件。以佛洛西为首的仇家联合将近二百余人攻打尼亚尔庄园，尼亚尔家族在烈火中惨遭灭门。面对仇家放火焚烧的卑劣行为，作为一名睿智的法律人，尼亚尔已经厌倦了多年的冤冤相报，这位年近八旬的可敬老人命令儿子们不许抵抗，意图以生命终结这场连绵无尽的暴力循环，这就更符合以生命来救赎罪孽的基督徒的行为模式。其四，面对尼亚尔家族幸存者卡里对纵火者的追杀，西达区的族长哈尔主动放弃了对自己被杀害儿子的追凶行动，希望以此感动冰岛荒蛮的民风，而哈尔与其家族正是冰岛首批接受基督教的人。其五，史诗结局，佛洛西与卡里在罗马教皇的宽恕与感召下，终于捐弃前嫌、握手言和——本来二人仇深似海，除了基督教的宽恕与博爱精神，没有什么可以浇灭卡里的复仇怒火。

综上所述，与对法律的尽情嘲讽不同，作为史诗另一条主线的上述案件最终解决，所依赖的并非异教徒复仇行为，而是对基督教的信仰，象征着冰岛民众由异教徒精神向基督教精神的转变。众所周知，血亲复仇等私力救济模式在公元 6 世纪至 13 世纪的冰岛是完全合法的，《尼亚尔萨迦》似乎在暗示读者，只有借助基督教信仰的威力，才能激活早已存在的成文法典，也只有在此状况下，法律与正义的统一在冰岛的社会共识中才真正开始萌发。

2.5　中世纪的挽歌：但丁与《神曲》

中世纪末期，基督教对社会各方面的统治进入极盛状态，同时也预示着它的衰退即将到来。13 世纪末，意大利文艺复兴前夜，佛罗伦萨诞生了一位横跨两大文明板块的历史巨人——诗人阿利基埃里·但丁（Dante Alighieri，1265～1321 年）。[①] 但丁是屹立于中世纪与资本主义新纪元交界处的伟大人物，身兼新旧文化传承的历史重任，[②] 其最为著名的作品是奏响中世纪挽歌的《神曲》，集中反映了西方文明在中古时期的主要成就，亦透射出文艺复兴时期人文思想的曙光。

《神曲》[③] 由《地狱》（*Hell*）《炼狱》（*Purgatory*）与《天堂》（*Paradise*）三部分构成。

> 诗人被象征着贪婪、强暴与淫欲的母狼、雄狮、母豹追逐，迷失于一片黝黑的森林，在罗马诗人维吉尔的指引下，进入中心位于耶路撒冷的"地狱"。九层地狱居住着生前犯有重罪的灵魂，根据罪孽轻重不同被监禁于各个层级接受永罚。第一层是林劫，监禁着耶稣基督出世前未能接受洗礼的远古时期异教徒；其余八层的罪人按照生前犯

① 但丁，欧洲文艺复兴开创人，以《神曲》享誉世界。出生于意大利佛罗伦萨的一个没落贵族家庭。1294 年加入与教皇对立的白党，并被选为最高权利机关执行委员会的六位委员之一。1301 年保皇派黑党执政，控制佛罗伦斯，宣布放逐但丁，一旦他回城，任何佛罗伦斯士兵都可以处决烧死他。1315 年，佛罗伦萨军人掌权，宣布如果但丁肯付罚金，并于头上撒灰、颈下挂刀、游街一周就可免罪返国。但丁拒绝，从此再也未能回到家乡。

② 参见〔意〕但丁：《神曲》，田德望译，北京，人民文学出版社，2002，序言。

③ 《神曲》（1307～1321 年）原名《喜剧》，薄伽丘在《但丁传》中为了表示对诗人的崇敬，给这部作品冠以"神圣"的称谓，后来的版本便以《神圣的喜剧》作书名。中译本通称《神曲》。

有的妄言、暴虐、邪教、愤怒、贪婪、贪食、淫荡等罪孽接受酷刑。在地球的另一端，"炼狱"与"地狱"相伴而生，也分为九层。除了净界山与地上乐园，还有七级，是有罪灵魂洗涤罪孽之地。生前犯有罪孽但已忏悔的灵魂，按照骄傲、嫉妒、暴怒、懒惰、贪婪、暴食、色欲七原罪分别在这里修炼清洗、逐层上升，待罪恶炼净后仍有望进入天堂。但丁层层游历，最后来到顶层。维吉尔无资格进入天堂，隐身消失。在已逝恋人贝阿特丽齐指点下，但丁进入天堂。这里宏伟庄严，充满了仁爱与欢乐。三位圣人向但丁询问"信念（truth）、希望（hope）、博爱（philanthropism）"神学三美德的真谛，但丁顿感醍醐灌顶，当他欲一窥神秘明丽的"三位一体"之圣像时，所有景象迅然消逝，全诗在极乐气氛中戛然而止。①

这是一部充满着隐喻、象征等浪漫主义色彩与现实批判主义倾向的作品。虽然作品采用了中世纪特有的幻游文学形式，其映照现实、启迪人心的思想内涵却是异常明确的。我们可以从《神曲》中领略到诗人的矛盾心理。

一方面，但丁描绘了当时的政治和社会现实后，对垄断中世纪全部文化的宗教神学意图一统天下的野心，对教会对意大利内政予以粗暴干涉、阻挠民族统一的罪恶，对宗教人士颠倒黑白、罪孽深重的败行劣迹表达了强烈憎恨。他猛烈抨击教皇以基督名义买卖圣职、荒淫奢靡、迫害基督徒的行为，谴责他们用上帝赋予百姓的面包攫取私利的贪婪心态，鞭挞僧侣引诱人民走上邪路、将人间圣境变为"污血的沟，垃圾的堆"。另一方面，基督教神学观念、中世纪思想的偏见等种种矛盾亦于作品中被表现得淋漓尽致——但丁将象征着理性与哲学的维吉尔选作地狱与炼狱的领路人，却将代表着信仰与虔诚的贝阿特丽齐安排在天堂入口守候，说明诗人认为信仰与神学高踞于理性和哲学之上。很明显，但丁反对的并非是宗教神学，而是利用宗教实施专制的教皇与僧侣。当但丁看到保罗与佛兰切丝卡②这对苦命的恋人时，不禁凄恻难耐、哭得昏厥过去，醒来后却将他们打上贪色烙印，投入地狱接受永罚，这充分显示了但丁对禁欲主义摒弃与认同兼具的矛盾心理。

---

① 梗概及本节所有引文来源于：〔意〕但丁：《神曲》，田德望译，北京，人民文学出版社，2002。

② 弗兰切丝卡是但丁游历炼狱时首先遇见的灵魂，她是淫欲的代表。这是来自佛罗伦萨的一个真实悲剧：佛兰切丝卡由于政治原因被迫嫁给贵族家族，因爱上自己的小叔子被丈夫所杀。该案在当时的佛罗伦萨影响很大。参见〔意〕但丁：《神曲》，田德望译，北京，人民文学出版社，2002，第96页。

从刑法思想角度考察，但丁在作品中总结了基督教谕为人类打上的原罪烙印，再次强调了人类与生俱来的弱点，包括骄傲（pride）、嫉妒（envy）、暴怒（wrath）、懒惰（sloth）、贪婪（greed）、暴食（gluttony）、色欲（lust）在内的七宗原罪，表现了基督徒心目中的"罪"（sin）与世俗犯罪中"罪"（crime）之迥异内涵。事实上，七宗原罪并非世俗意义上刑法惩罚的对象，却能够导致世俗犯罪的产生，前者也可以说是激发后者产生的动机，或者是后者希望达到的目的。但丁在《神曲》地狱篇所列举的七宗原罪，抽象出人类迷失本性的三个原因（贪婪、强暴与淫欲），继而在天堂篇指明了人类获得救赎的三项依托（信念、希望与博爱），该种宗教观获得了西方世界的普遍认同与赞美，成为日后文学作品与影视作品进行创作的原始脚本。

从刑罚角度考察，但丁亦未能跳出他所痛恨的基督教教义之窠臼，依然利用残酷的教会刑法对心目中的罪人施以最严厉的惩罚。他将主教、教士放置于地狱第四层反复拷打，将当时还在世的教皇朋尼法斯八世预先打入地狱第八层，接受万劫不复的火刑折磨。可以看出，此时的但丁是极力推行并赞同中世纪处置政治犯的酷刑的。另外，但丁亦具有强烈的王权崇拜意识，其目的是通过王权制约神权，例如，他在天堂给尚健在的亨利七世预留了一个荣耀的位置，希望他带领意大利脱离污淖，走向统一与繁荣。《神曲》始终萦绕于一个鲜明的主题之下，神权必须为王权所替代。关于这一点，但丁于篇章末尾作出了准确的预言——文艺复兴后期，为了追求理性与秩序，人文主义者将不得不谋求王权的支持与保护。作为新旧交替时期的伟大作品，从《神曲》所表现出的矛盾性，我们可以体会到经院哲学对西方文明的钳制是如何根深蒂固，人文主义思想于中世纪末的萌芽又是怎样艰涩可贵。

2.6　对中世纪刑法思想的评价

西方刑法思想通常刻意回避的一段历史是中世纪①，史书通常以"漫

---

① "中世纪"（Middle Ages）一词最早出现于文艺复兴时代，由 16 世纪意大利人文主义语言学家和历史学家比昂多等人首先提出。由于他们是古希腊文化的崇拜者，因而认为在西罗马帝国灭亡和自己所处的时代之间，即公元 476 年至公元 15 世纪，是一段文化衰落的"野蛮"时期，将古希罗和文艺复兴（他们认为古希腊罗马文化在他们的时代得到复兴）之间的时段称为"中间的世纪"（medieval），即"中世纪"。

长而黑暗"等文学化描述一笔带过。从刑事司法角度考察，该时期确实具有罪行擅断、刑罚残酷、适用不平等等刑事司法特征，因而上述评价总体而言具有客观性；然而，该评价仅强调了由于封建教会与贵族对基督教教义的歪曲与滥用导致的司法恶果，却完全忽略了希伯来—基督教文化本身所具有的进步性与合理性，因而又具有一定的局限性。任何一种文化的萌芽、发展与兴盛均具有历史必然性，教会刑法思想亦不例外。从5世纪至13世纪的九百余年间，整个西方社会对宗教神学极为推崇，宗教教义事实上取代了法令律例的地位，履行着维持社会秩序的职责。文艺复兴时期与启蒙时期的学者之所以割断、回避中世纪文明对近现代刑法思想的贡献，目的是为了彻底否定其所依托的上层建筑存在的合理性，这种做法在当时是一种策略，也是人文主义者解放人性运动中对主流价值进行引导的必然结果。今天，时隔千年，我们应当尝试着对被理论构建所刻意回避的断裂点进行某种还原，以期最大程度地接近历史的本来面目。

2.6.1　进步性

客观地讲，融"原罪"、"抑欲"与"群体理性"于一体的刑法思想，作为西方文明不可或缺的一部分，如果对人性只有扼杀、制约的一面而没有人文性，那是不可思议也是难以自圆其说的。我们应当看到，一方面，基督教文明走向异端，蜕变为人的异己力量，牵掣文明发展、扼杀人性，是对人性的反动；另一方面，在西方陷于四分五裂的战争状态的漫长岁月中，正是基督教以强大的宗教力量将各个民族凝聚起来、形成空前的整齐划一的伟大文明（主要以罗马天主教会为核心、拉丁语为书面语言、封建采邑制为制度），维持并传承着信仰与价值体系的统一。基督教是一个以"原罪"与"赎罪"为核心的信仰体系，对罪之本质的理解以及由此形成的罚之观念，不仅影响了当时的世俗刑法观，而且为后来的启蒙思想家解读犯罪本质与刑罚正当性的根据、构建全新的刑法体系提供了思想根源。颇为巧合的是，刑事古典学派理论基石"契约论"以及所倡导的"罪刑法定、罪刑均衡、人道主义"等核心原则，均可以在饱受诟病的中世纪文明中寻觅到踪迹。因此，教会刑法不仅使得欧洲刑法思想在近千年的岁月中保持着完整统一，而且对以后各个时期刑法思想的走向起着一定程度的引导作用。

第一，4世纪时，基督教成为罗马帝国国教，《圣经》作为基督教的经典教义被欧洲社会上至贵族下至百姓间广为传诵、严格恪守。当时对《圣经》经文与典故的引用，无论在宗教裁判所还是世俗法庭均具有无尚的法律效力。例如，某一个平民罪者，如果他在法庭上能够念一段《圣经》经文，其刑罚将会被减轻或者免除。在世俗法庭中，以《圣经》经文作为毋庸置疑的裁判依据的事例更是司空见惯。[①] 但以教谕替代律法必然造成刑法的愚昧性与刑罚的残酷性，同时亦在客观上有力地促进了整个欧洲法律体系由习惯法向成文法的演变。

第二，关于罪之本质的探讨。根据《圣经》所述，人具有原罪，因而人的作恶倾向无时不在；人又拥有自由意志，所以也就有了违背人神契约、弃善从恶的自由选择。在基督教教义中，犯罪的本质是基于自由意志基础上对契约的违背。刑事古典学派以"社会契约论"作为理论的逻辑原点，并非出自启蒙思想家的天才设想，其基因恰隐藏于《旧约》传说（"摩西代表人类与耶和华订立契约"）与《新约》故事（"耶稣与上帝达成协议，代替人类殉难"）中。在宗教文学中，人类与上帝签订了"摩西十诫"与"登山宝训"，将自己的权利完全交给上帝保存，作为回报，上帝将眷顾护佑他的子民。世俗人类，凡是违背约定契约者必将承受来自上帝的惩罚，这种刑罚的确定性是毋庸置疑的；而"申冤在我，我必报应"的训诫则禁止了人类之间的私力复仇，将刑罚权收归上帝一人执掌。如此，上帝自然保管了人类自愿出让的"自由权"，而这些自由权的总和就构成了刑罚权。不难发现，文艺复兴时期、启蒙时代的刑法思想家所拟制的"社会契约"理论，与上述《圣经》故事内容如出一辙，两种结论所包含的理论意蕴一脉相承，不过是后者实现了由"人神之约"到"人人之约"的转换。客观评价，如果没有基督教思想的引导，如果没有臻于完美的宗教文化的启迪，古典学派的刑法学家也许在获取契约概念、继而构建自己的犯罪观的道路上也许还要摸索更长时间。

第三，基督教文化中蕴含着古典法学派"自由意志论"的萌芽，在基督教文学的熏陶与渗透下，"没有意志自由就没有责任"的刑事处罚原则逐渐确立。例如，对宗教哲学产生了巨大影响的教父圣·奥古斯丁认为，"若有人有罪，他必然是曾经自由的"。[②]《圣经》中明确记载，亚当和夏娃堕落前，曾被上帝赋予主宰意志的自由，但他们仍然选择了犯罪。因而，只要承认"原罪"，就必须承认罪人曾经享有的意志自由。换句话说，有罪者必须是在正确行为与错误行为之间可以自由选择的人，这应当是承

---

① 参见〔英〕凯伦·法林顿：《刑罚的历史》，陈丽红译，太原，希望出版社，2005，第221页。

② 参见吕世伦主编：《西方法律思潮源流论》，北京，中国人民大学出版社，2008，第2版，第51页。

担责任、接受惩罚的必要前提。

第四，希伯来—基督教文明为近现代刑法理论"罪刑法定、罪刑均衡、人道主义、适用平等"等原则的确立提供了明确指引，并萌发出教育刑思想。例如，《新约》明确指出，"凡没有律法犯了罪的，也不必按法律灭亡；凡在法律以下犯了罪的，必按法律受审判"①。这与当代刑法思想"罪刑法定"原则之表述完全一致。再如，《旧约·出埃及记》中记录着以下训诫："若有伤害，就要以命偿命，以眼还眼，以牙还牙，以手还手，以脚还脚，以烙还烙，以伤还伤，以打还打。"② 血腥的同态复仇观念彰显着"罪刑均衡"的原则，体现了人类追求等害交换的古朴公正性情感。《新约·福音书》中还阐述了律法存在的必要性，认为即使天崩地裂，律法的效力亦应岿然不动，世人举念动静，皆必须以律法为准，而律法的制定首先应当尊奉"己所不欲，勿施于人"之原则。③

当今刑法思想中广为推崇的"人道主义"理念，在《圣经》故事集群中亦屡见不鲜，每一个宗教故事均承载着浓厚的宽恕、隐忍的价值旨归，通过对教谕指引下虔诚教徒的言辞行为进行评估，向世人传递着博爱精神与宽恕思想。例如，上帝本身就是宽恕隐忍思想的集成者，为了解救世人于苦难之中，他对人类的过错一再容忍，数次与后者签订契约，表现了对"原罪加身"的人类永不放弃的广博胸怀。应该指出的是，在上述价值观的体现方面，在《新约》较《旧约》更为明显。在《新约·马太福音》第五章至第七章中，耶稣对教徒的"登山宝训"即鲜明地体现了这一点，教义开始向隐忍与宽恕过渡，"天国八福"要求基督徒清心寡欲、严谨律己、宽恕他人。在审判权与刑罚权启动程序方面，教义认为除了天父，人类并无资格拥有审判权与刑罚权，因为人类原罪加身，其最大缺点即为"只见芒刺，不见梁木"，继而提出了"以善治恶"、"宽恕"之刑罚观——包括"有人打你的右脸，连左脸也转过来由他打"之隐忍观念，"爱邻舍，也爱仇敌"④ 之博爱精神以及"宽恕他人，才能在末日审判时获得天父宽恕"之中肯谏言。⑤

关于"适用平等"，圣经文学由"人人负有原罪"的宗教思想引出了"刑罚面前人人平等"的命题。奥古斯丁在其宗教小说《上帝之国》中描

---

① 《新约·罗马书》（2：12）。
② 《旧约·出埃及记》（21：23～21：25）。
③ 参见《新约·马太福音》（7：12）。
④ 同上书（5：44）。
⑤ 同上书（6：14～6：15）。

述，人们因为偷食禁果，因而获取原罪，在上帝面前便获得了人人平等承受的义务——"忏悔"与"赎罪"，以期换取来世的幸福。这可以说是"人人平等"刑罚观的最初描述。无论《旧约》还是《新约》，都承认从人的本性上看，人人都是上帝的造物、上帝的儿女，因而在上帝面前一律平等，"我们不拘是犹太人，是希腊人，是为奴的，是自主的，都从一位圣灵受洗，饮于一位圣灵"。① 作为"上帝的子民、迷失的羔羊"，人类生而平等的观念是根深蒂固的。同时，在"登山宝训"中，重点强调了刑罚适用应当秉持的两个原则，其一是具有整体观念与体系观，"将律法刻至世人的心板"，使之成为活动着的律法。② 其二是法度适用平等原则的提出，针对制定律法者、执行律法者做出训诫，要求其适用法度不得厚己薄彼，制造冤狱者与实施犯罪者罪行同等。③ 如此，杰斐逊才在美国《独立宣言》中认为"人人平等"的真理是"不言自明"的，这种"不言自明"正是取自于圣经文化对欧洲人文素养的普遍熏陶意义。另外，对于刑事理论与司法制度而言，正如前文所述，包括"对故意与过失犯罪的区分"、"违法性与责任的阻却理由"、"判决前对嫌疑人、被告的人权保障"以及由"报应刑"过渡到"教育刑"的观点，在《圣经》中均有深刻描述。

　　第五，基督教的原罪思想阐发了人性本恶的论断。由于人性本恶，因此必须制定外在的监督机制，包括制度监督与民众监督。正是这种"性恶论"的逻辑预设深刻影响着西方文明的构建，继而在西方政治、法学思想中催化了权力制衡的观念与较为健全的民主制度。另外，贵族派代表，经院哲学的权威人士托马斯·阿奎那（Thomas Aquinas，1225~1274 年）在解释《圣经》文本时曾经强调，律法的强制性必须通过人们对于刑罚的恐惧心理才能发挥实际作用，是为刑罚功能"心理强制说"的胚胎；同时，阿奎那还指出，君主是上帝选定的使者，虽然贵为一国之主，但是也难免原罪加身的宿命，因此亦必须遵守神的法律，律法应当对君主权力进行约束与限制，是为后期"三权分立、监督制衡"学说的萌芽。④

　　第六，教会刑法在一定程度上廓清了道德与法律的界线。教会刑法认为，世间罪恶包括两种，其一是同"正确"相反的罪行，这是人所共有的劣根性，也是广义的原罪（sin）；其二是人类有意识地自愿作恶，违背了

---

　　① 《新约·哥林多前书》（12：13）。
　　② 参见《新的·马太福音》（5：17~5：19）。
　　③ 同上书（5：14~5：16）。
　　④ 参见吕世伦主编：《西方法律思潮源流论》，北京，中国人民大学出版社，2008，第 2 版，第 57、61 页。

世俗律令，这是狭义的犯罪。前者为道德上的"恶"，只能由上帝进行最后的审判与惩罚；后者为刑法禁止的"恶"（crime），由上帝派往人间的使者进行审判与刑罚。这一学说对近现代刑法中基于道德、风俗因素产生的行为逐渐淡化出犯罪圈的观念起着指引作用。

第七，宗教刑法蕴含的哲学观为后世创立了崭新的法学方法论：中世纪哲学的争论主要围绕共相与个别的区别展开，亦即唯名论与实在论，二者争议的焦点是产生过程究竟孰先孰后，究竟是共相决定个别还是个别引导共相。唯名论强调个别感性事物存在在先，认为共相必须存在于个别事物之后，由所有的个别事物集结而成，否认共相的客观实在性。唯名论直接导致了经验主义研究方法与西方判例法的产生。实在论则认为，共相比个别更为实在，共相先于个别事物而独立存在，所有的个别是建立在共同属性基础之上的，只有确定共同属性，才有区别个体事物的必要，因此，理性分析而非经验列举才是判断自然世界的唯一客观标准。实在论直接促成了理论教义研究方法与西方成文法的产生。①

第八，通过对中古时期西方各民族英雄史诗的考察，我们充分了解到英、法、德等主要西方民族嗜血残酷的原始罪罚观以及教会法出现之前混乱无序的司法状况。从罪罚观角度而言，弱肉强食是公认的生存法则，人们并非以是非善恶等价值判断作为行为导向，而是普遍倾向于出自本能的生物竞争模式。血亲复仇在基督教刑法统治西方世界前完全是一种合法的、普遍的救济途径，复仇手段的残忍、复仇规模的扩大、复仇烈度的升级往往将整个家族卷入复仇链条，甚至引起城邦与国家的覆灭。在这个并不以掠夺与屠杀为罪恶的世界里，英雄们以自己的生命践行着野蛮的"丛林法则"——没有怜悯、没有宽容、无所敬畏、无所顾忌，有的只是对强力占有与蛮力征服的热烈赞美和对财富积累与疆域扩张的无尽追逐。从《罗兰之歌》到《熙德》，再到《尼亚尔萨迦》，镜头中充斥着暴虐与血腥，而每一个恐怖屠城、恣意掠夺的场面亦给读者留下了深刻印象。不得不提的是，在这些故事的结局中，往往因基督教因素的介入而产生了颠覆性的变更，预示着西方人开始尝试以宽恕、隐忍、救赎的心态来取代动辄提剑索命、追杀仇敌的荒蛮习俗；人们逐渐意识到，冤冤相报并非是对抗仇恨的唯一方式，深沉平静的宽恕与博爱才能容纳、消弭世代难以平息的怨恨与怒火；人们日益体会到，只有将对罪犯的惩罚纳入国家刑罚制度中，公民个体才能从原始低级的复仇链条中跳出，以健康的心态与完备的肢体

---

① 参见童德华：《外国刑法原论》，北京，北京大学出版社，2005，第55~57页。

来履行上帝赋予的神圣使命。从中世纪西方史诗中，我们看到了教会刑法的萌芽与发展，西方价值观、刑罚观大一统局面的产生并非出于偶然。它是人类社会发展的必然结果，在西方人文主义进化史中具有显著意义。对宗教长期形成的信赖与信仰的文化传统，对西方民众的法治神圣感起到了潜移默化的作用。可以设想，如果没有中世纪基督教对宽恕、平等、博爱思想的传播与渗透，西方人就不可能激发出在文艺复兴时代对自然权利的热烈向往，更无法领悟启蒙思想时期所提倡的自由、平等精神的内涵。

综上，希伯来—基督教文明为古典学派的刑法理论设立了逻辑原点，并蕴含着现代刑法思想的基本原则；而古希腊—古罗马文明则为刑法思想注入"生命意识、人本意识、自由意识"等人文内涵；西方刑法思想在上述二元价值的冲撞、融合、互补与转化的过程中渐趋成熟。很明显，正是对"古希罗文明"与"希伯来—基督教文明"蕴含元素的不同组合图式，奠定了当今刑法理论不同派别的理论根基，西方刑法思想与刑事政策始终于"人权保障与社会防卫"、"个体权利与公民义务"构成的坐标系间波动，一定时期侧重于对犯罪者人权的保障、一定时期侧重于对社会群体秩序的保护；一定时期强调对个体权利的尊重，一定时期提倡对公民义务的履行。

在不同社会背景下选择相应的刑事政策，各国刑法思想的理论依据无非是对"人之原欲与理性控制"之间关系的分析与权衡，而该理论支撑究其根源形成于西方文明的二重性：其一是古希腊—罗马文明，肯定人之原欲的合理性、强调人的主体性与意志自由，是一种彰显个体生命价值、追求现世幸福的世俗人本价值观；其二是希伯来—基督教文明，强调人对规则与秩序的绝对服从、用理性抑制人的肉体欲望、虚化人的主体性与意志被决定，是一种重视群体责任、追求来世幸福的宗教人本价值观。也就是说，近现代刑法理论框架于中世纪末已基本形成，其后无论文艺复兴时期、理性主义时期、启蒙思想时代，乃至 19 世纪、20 世纪产生的各种学说均难以超越上述视野；不同国家根据不同的文化习惯与公共政策对两种文明的价值取向进行干预、调整与适用，同时亦对上述理论进行形而上层面的探求，使之更为精致化、系统化与完美化。

2.6.2　局限性

启蒙时期刑法学家的贡献，是对被中世纪封建皇权与教权所歪曲、篡改的宗教教义进行谴责与反拨。需要指出的是，他们所反对的重心并非基督教本身，而是隐藏于基督教身后的教皇、神职人员、封建主与封建贵族，正是这些人掌控操纵着教会刑法的解释权与执行权，奉行蒙昧主义，以宗教之名扼杀人性，将上帝异化为人类的对立面。从客观上分析，希伯来—基督教历经古希腊时期人本主义价值观的洗礼，希腊化时期斯多葛学派与伊壁鸠鲁学派的理论引导，以及奥古斯都与阿奎那等经院哲学家的精心构建后，已不单单是一种宗教信仰，而是发展为庞大、严密的神学体系，其间投射出人类社会对自然规律的不断探索与思考，也包蕴着人类不断征服自然与被征服的艰辛历程。这种根深蒂固的宗教人本主义价值观通过千余年的积淀，已经渗入到包括刑法思想在内的整个欧洲文化的呼吸与血液，包括对基督教文化反抗最为激烈的启蒙思想家，其本身也难逃宗教文化的浸润——如孟德斯鸠、伏尔泰、狄德罗、卢梭等启蒙学者的文学作品所特具的矛盾气质即为有力证明。①

　　从本质上讲，希伯来—基督教文化是一种重来世、重精神、群体本位的理性型文化，但并不意味着它全盘地反人性、反人文关怀。从古罗马灭亡后基督教在整个欧洲的迅速传播来看，它的出现对泛滥为"恶"的人之原欲的抑制作用、对西方新价值生成的引导作用是极其显著的。这种理性与制约积极鼓励着西方人存善去恶、追求灵魂与精神的充实，引导西方人调和本能欲求与群体秩序的矛盾，化解个性张扬与道德约束的异质、融合肉体快乐与灵魂安宁的冲突。这一切对于西方社会的生存与发展均有不可否认的进步意义。对于西方独特的刑法文化传统而言，宗教信仰的地位是突出而重要的，它在刑法思想史的过去、现在与未来中永远是不可或缺的价值参与。正如《荒原》作者、著名英国作家 T. S. 艾略特所言："一个欧洲人可以不相信基督教信念的真实性，但他的言谈举止却逃不出基督教文化的传统，并且依赖于该种文化才有意义。如果基督教消失了，我们的整个文化也将消失；接着你便不得不痛苦地重新开始，并且你也不可能提得出来一套现成的新文化来。你必须等到青草长了，羊儿吃了，长出毛来，你才能用羊毛做出一件新大衣。在此期间，你必须经过若干个世纪的野蛮状态。"② 艾略特一语道明基督教文化在西方文明发展历程中的奠基性地位，西方人可以质疑基督教信念的真实性，却难以摆脱整个基督教文化传统对其言谈举止的规训与控制，并且一切个人价值只有倚靠这种文化氛围才具有意义，基督教的消失必将导致整个西方文化的隐退。

---

① 参见本书 5.2 部分与 5.4.3 部分。
② 〔英〕 T. S. 艾略特：《基督教与文化》，杨民生等译，成都，四川人民出版社，1989，第205 页。

　　另一方面，我们亦不得不承认，在希伯来—基督教教谕笼罩与灌溉之下的刑事司法领域中，确实存在着对人性的悖逆与钳制。其中最为典型的规定是依据思想定罪，将奸淫戒律之内涵扩充至思想领域，起心动念皆为禁止，定罪标准由行为主义转变为主观主义。如果将上述规定作为教谕来要求教徒遵守，其本身无可厚非，但是如果将其列为刑事法律、侵入世俗司法领域，就令人匪夷所思了。当世俗教会歪曲教义原旨、将基督教精神推向极端之后，上帝更是成为人的异己力量，人的主体性迅速萎缩凋落，"原罪加身"这一沉重的十字架使得人类个体与自我本质完全割裂，其生命冲动与肉体本能等合理需求受到变态抑制。在此状况下，基督教的人本意识就蜕变为真正的神本意识，教会刑法也由对人之理性智识的运用走向了对人性的摧残与扼杀。但是，如果深入考察西方宗教发展史，可以发现，宗教对人性的悖逆与戕害很大程度上是由神与人之间的中介——教会与神职人员造成的。教皇、主教也是活生生的感性动物，他们具有人性的一切弱点。一旦教会的权势日益膨胀、教职人员获得了出入人罪的权力，他们也就同时拥有了堕落的条件，转瞬间抛弃上帝、追随撒旦。这是宗教文明的悲剧，本质上却是人性的悲剧。也正是由于这种人性的悖谬与复杂，刑法文化中的宗教信仰因素才具有其存在的必然性。当教会的黑暗统治及其倡导的禁欲主义对人的生命冲动抑制太甚，当单一的文化模式对人类思想意识禁锢太深，当盲目的宗教狂热与对外侵略的野心结合，发动了迫害异教徒的十字军东征，当宗教裁判所不仅违背正统的宗教学说并且扼杀真理、借法权戕害生灵时，人们对它的反叛也就在所难免，对新文化模式的追寻也成为历史发展的必然。

第3章 从上帝手中赎回自我：
文艺复兴时期的刑法思想

（14世纪～16世纪）

"……法律应该一视同仁，无论男女；而法律的规定也必须得到奉行法律者的同意……这条法律完全是针对我们可怜的女人，并未征求女人的意见，也未取得女人的同意……所以，这条法律可以说是一点也不公平的。"这件风流案子，牵涉这样一位出名的漂亮夫人，轰动了全普拉托的人，几乎都挤到法庭上来旁听。听到她竟会提出这样一个新鲜有趣的问题来，发出满堂的笑声，并且大声支持菲莉芭的见解。法官先生征得旁听民众的同意后，当下取出羽毛笔，修改了这条既不平等、又无效力的法律。

——［意］薄伽丘《十日谈》"第6天第7个故事"

……人类的血肉之躯取自同样的物质，人类的灵魂蒙主赐予、具有同等的德性。人类天生一律平等……但这条最基本的神的法律却被世俗的律法所掩蔽了。

——［意］薄伽丘《十日谈》"第4天第1个故事"

戒绝这些害人的东西吧！……除非你们医治这些弊病，光是夸口你们如何执法惩办盗窃犯，那是无用的。这样的执法，表面好看，实则不公正、不收效……你们始而驱民为盗，继而充当那办盗的人，你们干的事不正是这样的事吗！？

——［英］托马斯·莫尔《乌托邦》

我又不干错事，怕什么刑罚？你们将大量奴隶当作驴狗骡马一样看待，叫他们做种种卑贱的工作，因为他们是你们出钱买来的。我可不可以对你们说，让他们自由，叫他们跟你们的子女结婚，让他们的床铺得跟你们的床同样柔软，让他们的舌头也尝尝你们所吃的美味吧。你们会回答说："绝对不可，这些奴隶是我们所有的。"所以我也可以回答你们：我向他要求的这一磅肉，是我出了很大的代价买来的；它是属于我的，我一定要把它拿到手里。您要是拒绝了我，那么让你们的法律去见鬼吧！威尼斯城的法令等于一纸空文。

——［英］莎士比亚《威尼斯商人》

千余年来，当中世纪主流文化——基督教文化被教会所把持，并利用对教义的独占解释权塑造出一个理性、专制的上帝，强迫人们机械地服从他、追随他时，世俗文化本身却无时无刻不在轻轻地呼唤着沉睡于西方人心底的那个"人"，在这种暧昧、模糊的意识深处，涌动着对酒神精神①的渴望以及对原始生命力的向往。

1453 年，土耳其人的铁蹄终于踏入拜占庭，引发了东罗马学者的逃亡浪潮，他们携带着古希腊文学、古罗马雕塑、绘画以及朴素唯物主义哲学理论流亡至欧洲。面对这些古罗马废墟中挖掘出的精美绝伦的艺术品。西方人的眼前倏然一亮，毫不掩饰内心的震惊与欢呼，一种难以言喻的心理默契将他们与远古祖先紧密连接在一起——原来这样一种"人"之生活方式古已有之，他们内心深处企盼已久的"人"就存在于古希腊与古罗马被尘封已久的记忆中。随着"酒神之魂"汩汩注入被钳制、压抑千年之久的西方人的心灵，他们枯竭贫瘠的自然欲望于沉睡中被温柔地唤醒；古希腊神话与古罗马雕塑中亮丽、张扬的"人"之生活图景与当时阴晦、压抑的"神"之专制氛围形成鲜明对比，西方人渴望从上帝手中赎回自我的激情呼之欲出。然而，基督教的形成与发展跨越了千余年，庞大、严密的逻辑体系盘根错节，存在于从政治司法到文化生活的每个角落，若没有更为强大坚韧的理论与之抗衡，人们对自然生活的渴望仅是一种幻想。在寻找到这种新兴理论之前，内涵丰富、逻辑严密的古希罗文化恰好成为该时期背叛精神的有效填补，这种对远古精神的复原与张扬具有深刻的历史背景。

在经济政治层面，中世纪晚期，资本主义制度已经开始萌芽，一些工商业者（包括多数犹太商人）凭着自己的智慧、勇敢与辛勤劳作发家。但他们在基督教盛行的社会氛围中一直扮演着撒旦的角色、受尽歧视。从历史视角评价，正是这些乐观进取、精力旺盛、具有无限欲望的暴发户们代表了新生力量的发展方向，当他们发现古希罗文化印证了自己的生活哲学

---

① 在《悲剧的诞生》中，尼采创造了"日神精神"与"酒神精神"两个术语，用以解释古希腊文明发展的独特性。太阳神阿波罗的处事原则是理性与秩序，酒神狄奥尼索斯的处事原则却与狂热、过度和不稳定联系在一起。尼采认为，社会历史似乎总是受制于两种基本的冲动：一是风风火火走向世界的物质性渴望，即"日神精神"；一是清清爽爽走向内心的精神性追求，即"酒神精神"。这两种冲动代表理性与感性两种基本的人生哲学观。尼采借用酒神和日神来象征两种基本的心理经验，自称为"酒神哲学家"。在他看来，酒神精神更为原始。在酒神的影响下，人们尽情释放人类的原始本能，与同伴们一起纵情欢乐，狂歌狂舞，寻求性欲的满足；人与人之间的一切界限完全被打破，人重新与自然合为一体，融入到那神秘的原始时代的统一体中。参见〔德〕尼采：《悲剧的诞生》，周国平译，上海，上海人民出版社，2009，序言。

时欣喜若狂，自然竭力宣扬该种文明，以用作他们抵御世俗目光的有力武器。

在自然科学领域，基督教不仅禁锢着人类的感性欲望，同时抑制着人类的知性意识。蒙昧主义与上帝至上的思想弥漫于整个中世纪的文化精神中，人类的理性与原欲均处于沉睡状态。既然基督教宣称人类今生不过是对来世的准备，人们自然也对今世的外部环境不甚关注，对自然科学知识的追求欲望亦被窒息。中世纪晚期，自然科学领域的成就对人们的刺激逐渐加强——哥白尼提出了日心说、哥伦布发现了新大陆、布鲁诺创造了自然宇宙观，西方人穿透宗教的迷雾看到了宇宙的真实面目。另外，自然科学成就在现实社会的逐步应用，大大改善了人们的生活状态，从另一个角度刺激了人们对上帝以外世界的探索热情。人们逐渐看到了自身所蕴含的无穷的潜力，人类具有智识能力，完全可以主宰自我，并不需要匍匐于上帝脚下对其戒谕亦步亦趋。

在此种背景下，古希腊的"酒神精神"催醒了西方人沉睡千年的主体意识，回应了崇尚自然科学的社会需要；它犹如一道强心剂，使得西方人的人性得以舒展、原欲得以释放，继而发掘出一个崭新的自我。这个伟大的时代被后世称作"文艺复兴"①（Renaissance），作为西方文明基本内核的"人文主义"亦在新旧文明板块的剧烈撞击中逐渐成型。

3.1　冲破藩篱后欢快释放的人性：人文主义前期的刑法思想

文艺复兴"人"的发现，核心意义上是对人之"感性"或"原欲"的发现，而感性与原欲的最敏感载体就是"性"。亚当、夏娃是吃了苹果而获得智慧、知晓风情，继而获得原罪，所以基督教教义将男女欢爱视作万恶之源；文艺复兴初期的人文主义者则争锋相对，以对男女情爱的热烈赞美为序曲，敲响了反叛的钟声。其代表人物是文艺复兴"佛罗伦萨三杰"但丁、彼得拉克与薄伽丘。

---

① 文艺复兴，是指 13 世纪末叶从意大利以后扩展到西欧各国，于 16 世纪在欧洲盛行的一场思想文化运动，揭开了近代欧洲历史的序幕，被认为是中古时代和近代的分界，是西欧近代三大思想解放运动（文艺复兴、宗教改革与启蒙运动）之一。

3.1.1 "我要求凡人的幸福"：彼得拉克与《歌集》

佛朗西斯科·彼得拉克①（Francesco Petrarca，1304～1374 年）是意大利文艺复兴运动的奠基者，其代表作《歌集》由 366 篇情诗组成。当他冲破基督教禁锢原欲的沉闷气息喊出"我爱她的灵魂，亦爱她的肉体"时②，这石破天惊之语是如此大胆而真诚地表露出对性爱的渴慕与赞美。彼得拉克作品的思想中自始包含着双重矛盾：一方面，他宣扬古希罗以原欲合理为主题的感性文明；另一方面，他又肯定并推崇希腊化时期斯多葛学派的禁欲主义，希望将自然感性与宗教理性紧密结合在一起。例如，在他为情人劳拉所作的诗歌中，对后者最高级的赞美词为"圣母劳拉"、"虔诚的劳拉"、"谨慎的劳拉"，可以看到，彼得拉克对基督教文化基本秉持认可态度。在西方文化史上具有重要意义的是，彼得拉克在《歌集》中表达了对"属于人的光荣"的肯定，坦言并不希望获得永恒的、来世的幸福，他心甘情愿地做一名凡人，并渴望凡人所能获取的一切幸福与喜悦，他的诗句"我要求凡人的幸福"最终成为人文主义者的座右铭。

3.1.2 幸福在人间：薄伽丘与《十日谈》

如果说彼得拉克的思想还笼罩着圣母玛利亚的羞涩面纱，其挚友乔万尼·薄伽丘③（Giovanni Boccaccio，1313～1375 年）则干脆扯掉了这最后一丝遮羞物，公然宣称人欲的合理性，主张"幸福在人间"，热情鼓励民众召回失落已久的人性。

在自然本性中，性爱代表着蓬勃生机，是生命活力的重要象征，亦是个体生命得以延续的天赋力量。中世纪晚期，人们的自然欲望在基督教长

---

①　彼得拉克，出生于意大利佛罗伦萨的名门望族，属于白党。黑党依靠教皇与法国军队夺取佛罗伦萨政权后，老彼得拉克遭流放，同时被流放的还有诗人但丁。彼得拉克少年时喜爱古典作品，古罗马维吉尔的诗歌、西塞罗的讲演都强烈地吸引着他。但他父亲作为一名律师，却希望他成为一个法学家。因此，从 1316 年起，他先后在法国的蒙彼利埃和意大利的博洛尼亚大学学习法律。1320 年，父亲去世，他便放弃了法学，投入缪斯的怀抱。

②　出自彼得拉克《歌集》。彼得拉克是十四行诗创造者，23 岁时，彼得拉克于阿维尼翁教堂里遇到一位 19 岁的法国少妇劳拉（Laura），由此对其展开了长达 20 年的追求，并留下 366 首献给 Laura 的情诗，后编辑为《歌集》广为传颂。

③　薄伽丘，佛罗伦萨商人与法国女人的私生子，幼年时母去世，他随父亲来到佛罗伦萨。不久，父亲再婚，他在严父和后母的虐待中度过了童年。后来奉父命学习法律与宗教，但均无法激起他的兴趣。同诸多人文主义诗人、神学家、法学家的广泛交游丰富了薄伽丘的生活阅历，扩大了他的艺术视野，继而创作出流传百世的《十日谈》。

期的禁锢下奔突流动，薄伽丘《十日谈》① （1350 年）的横空出世，引导、推动着这股烈焰的喷涌与蔓延。作为文艺复兴前期的标志性著作，《十日谈》在西方文学史上占据着显赫地位，具有深远的影响，意大利评论界甚至将其与但丁的《神曲》相媲美，称之为"人曲"。薄伽丘不仅笔锋犀利，而且胆识过人，作品锋芒直指天主教会与宗教神学，毫不留情地揭开教会神圣的面纱，将僧侣们奢侈逸乐、敲诈聚敛、买卖圣职、镇压异端等种种黑暗勾当统统暴露于光天化日之下，以戏谑笑骂的口吻对教会中"教士不教、修女不修"的腐败堕落景象进行嘲讽。从刑法角度考察，《十日谈》更是一部惊世之作，其中亲切朴实的平民刑法观念闪烁着真知灼见，字里行间散发着启蒙思想家（两个世纪后登上历史舞台）所宣扬的"自由、平等、天赋人权"的浓郁气息。

　　1348 年，佛罗伦萨黑死病盛行，10 名贵族青年男女逃离佛罗伦萨这座正在走向死亡的城市，前往郊外山区别墅避难。远离奢华生活的贵族青年们难以忍受寂寥枯燥的岁月，因此相约每人每天讲一个故事来打发最令人难熬的时间，10 人 10 天共计讲述了 100 个故事，薄伽丘将其记录归总成集，命名为《十日谈》。

　　第 2 天第 8 个故事：犹太商人贝纳朴与安勃洛乔以自己妻子的贞操打赌。安勃洛乔盗取了贝纳朴妻子西克朗的贴身物件，并设计窥视到西克朗的私处特征，作为西克朗背叛丈夫与己通奸的证据。贝纳朴羞愤交加，输掉5 000金币给安勃洛乔，并派仆人欲杀死失贞的妻子西克朗。西克朗死里逃生，历尽艰险搜集证据，最终恢复了自己的名誉。② 故事向我们描绘出 14 世纪意大利刑事法庭的全景。当事人在国王面前进行对质，御前法庭主持整个审判过程，并且对控方的发言权与被告方的辩护权均进行了充分的保障，国王反而退居次要角色，在一旁沉默聆听。在整个审判过程中，御前法庭并未对任何一方施以刑讯，最后被告在与原告的交叉质证中自愿认罪伏法——这一幕带有浓厚对抗制色彩的英美法系司法程序出现在14 世纪的意大利，不得不令人感到惊讶。该种审判模式与欧洲宗教裁判所的司法惯例相比显得尤为可贵，也为我们进一步探讨英美法系与大陆法系司法程序的融合与分裂挖掘出重要信息、开辟了新的思考空间。另外，薄伽丘在故事末尾细致地描述了安勃洛乔的受刑经过，这是 100 个故事中

---

　　① 梗概及本节所有引文来源于〔意〕薄伽丘：《十日谈》，方平、王科一译，上海，上海译文出版社，2006。

　　② 莎士比亚的晚期喜剧《辛白林》即根据这一题材写成。

唯一一处对刑罚执行过程的详细描述，在发出"害人者害己"的警言的同时也揭露了中世纪刑罚的残虐性，读来令人不寒而栗：安勃洛乔当天就被绑上刑柱，遍体涂满蜜糖，任苍蝇来舔、牛虻来叮、黄蜂来刺——这些虫子在这个国家里本来是再多不过的，所以一刹时它们就爬满了全身，这痛苦真是比死还难受。他死的时候，血肉都被虫子啃光了，只剩下一副骨架。他的白骨串在几根筋上，高挂起来，使过往的行人知道这是恶人的下场。这真所谓"害人就是害自己"。

第 4 天第 1 个故事：唐克莱亲王怨恨女儿与平民私通，以莫须有的罪名将她的情人打入死牢，将其杀害后又将其心脏盛在金杯里送给女儿。公主忧愤交加，将毒液注入心脏，含泪饮下身亡。面对暴怒的亲王，公主勇敢地斥责其因人而异适用律法，质问中充满了对情人纪斯卡多温柔、刚强气质的热爱与对父亲势利、懦弱性格的鄙薄，抒发了对平等精神的渴望之情："……人类的血肉之躯取自同样的物质，人类的灵魂蒙主赐予、具有同等的德性。人类天生一律平等……但这条最基本的神的法律却被世俗的律法所掩蔽了。如果说"人生而平等"是启蒙思想时期的一面旗帜，如果说刑事古典学派的整个理论建立于"法律面前，人人平等"的基石之上，那么，薄伽丘在其经典之作《十日谈》中，已经奏响了人权平等思想的最强音，昭示着崭新时代即将到来。

第 4 天第 6 个故事：安德莱乌拉的情人忽然死在她怀里，她因此被公署拘捕，最后被无罪开释。安德莱乌拉抱着情人的尸体被巡警遇见后，有如下一段描述：那班巡警把她们主仆两个人以及加勃里奥托的尸体带到公署。知事听得报告，立即起身，把她传进内室，盘问她经过情形。他听了她的陈述，就召唤了几个医生来，请他们检验尸体，确认是否有毒死和谋杀等情形。医生检验以后，一致认为死者心脏附近生着一个脓疡，因脓疡突然破裂导致其窒息而死。上述细节给我们提供的重要信息是，在 14 世纪的意大利，法医学已经成为一门显学，并且具有指导案件定性的重要功能；这也为 4 个世纪后在意大利兴起、影响整个西方刑法界的"刑事人类学派"的理论奠定了扎实、深厚的自然科学基础。

第 5 天第 10 个故事：富翁彼得酷爱男色，妻子寂寞难耐，趁机把情人招来。事情败露后，彼得由于己身不正，只得与妻子言归于好，并与妻子一起分享他们共同的情人。这是一个令人匪夷所思的故事，即使放到当今世界文坛上，也会招致众多争议。其中涉及对同性恋之悖谬性的看法，正如彼得之妻的怨恨之词："这个下贱的东西，他撇下了我去干那种事，这是旱地行舟走歪路。我何不另求新欢、找别的男人呢？都只怪他的不是，我是完全说得过去的。我只不过触犯了法律，而他不光是犯法，而且违犯了天理。"彼得之妻一语中的，聪慧地指明了人间律法与自然法则之间的关系，表明了她对同性性爱的蔑视与鄙夷。但是薄伽丘本人却对同性性爱的态度比较暧昧，似乎并不十分反对这种纯粹由自然选择主宰的情感状态："吃过晚饭以后，彼得想出什么办法叫他们三个人都满意称心，我可忘了。只记得第二天早上，那个青年走出去的时候，简直记不清前一天夜里是跟彼得睡在一起的次数多，还是跟他老婆睡在一起的次数多。这段话的出现，在 14 世纪的意大利乃至整个欧洲都是惊世骇俗的，从中我们不得不惊叹于薄伽丘《十日谈》对宗教禁欲思想进行攻击的尺度之大、用力之猛。

第 6 天第 7 个故事：从前，在普拉托地方有一条法律，凡是妇女与情人通奸被丈夫捉住的，其罪与有夫之妇为贪图金钱而卖身者同，一律活焚。美貌多情的菲莉芭因为与人通奸而被判火刑。审判席上的菲莉芭从容无惧，对该条法律进行指责与批判，由犯罪人变为了控诉者。最终，菲莉芭不但逃过了刑罚，且使得那条残酷的法律从此作了修改。"……这件风流案子，牵涉这样一位出名的漂亮的夫人，轰动了全普拉托的人，他们几乎都挤到法庭上来旁听。听到她竟会提出这样一个新鲜有趣的问题来，大家发出满堂的笑声，并且大声支持菲莉芭的见解。法官先生征得旁听民众的同意后，当下取出羽毛笔，修改了这条既不平等又无效力的法律。规定只对贪图金钱而不忠于丈夫的女人，才适用活焚的惩罚。"故事中，法庭上菲莉芭的辩护词①简明扼要，矛头直指立法弊端：首先，这条法律没有体现男女平等，显然是为了歧视、欺侮女性而制定的，因而是不义的；其次，法律的制定必须得到适用者的首肯，既然这条法律根本没有征求适用者的意见，那么它显然是不公平的。菲莉芭用寥寥数语点明了启蒙思想时期刑法学者的两大论题——法律订立的"契约论"与法律适用的"平等论"。另外，故事中的法官所扮演的不仅仅是消极地依照法典定罪判刑的角色，而是平添了主动造法的职能，此处薄伽丘对意大利刑事法庭判案情境的描述与英美法系风格再次产生交融。薄伽丘笔下的法庭宗教专政色彩虚化，"人性法庭"的色彩增强（正好与 18 世纪启蒙主义者的"理性法庭"相媲美）。只有在这样一个彰显人性的法庭里，违背"宗教教义"与"世俗伦理"双重标准的菲莉芭才能坦然以天然欲望的满足为由取得胜诉。

---

① "我不愿意否认这件事实……法律应该一视同仁，无论男女；而法律的规定也必须得到奉行法律者的同意……这条法律完全是针对我们可怜的女人，并未征求女人的意见，也未取得女人的同意……所以，这条法律可以说是一点也不公平的。"

　　第 10 天第 8 个故事：吉西帕斯将未婚妻让与好友第图斯，让他们双双回到罗马。后来吉西帕斯潦倒，流亡罗马，误以为第图斯瞧不起他，气愤之下，但求一死，便将一件命案拉到自己头上。第图斯为了救他，与他争相供认杀人罪，后来真凶自首，案情大白。其中有一段对真凶自首的描述：忽然走进来一个青年，名叫帕白列斯·安北斯塔斯，是个臭名昭彰的恶棍，全罗马没有哪个人不知道他。他眼见这两人平白无故地代他受过，不禁良心发现，就对瓦罗说道："执政官，这回我是命里注定要来排解这两个人的争端的，我也不知道是哪一个神明在鞭策着我的良心，要我非到你这里来投案不可。你们听着：他们两个人争着认罪，其实谁都没有罪。今天破晓时分死的那个人是我杀的。所以我请求你赶快释放了他们，按照法律来判我的刑。"真凶的认罪赎恶的行为说明了恶人也有"放下屠刀、立地成佛"的可能性，薄伽丘对其大加赞赏，故事中设计了屋大维出场，开释了两个无辜的朋友，同时也赦免了另外一个人，理由是"他能爱护那两个好人，说明已经悔过，不再是坏人"。薄伽丘借屋大维之口表达了对"以眼还眼、以牙还牙"报复刑思想的质疑，充满了对犯罪人悔罪向善的期待之情，与启蒙时期刑法学家教育刑、目的刑观念相契合。

　　诚然，以当今目光评价，薄伽丘《十日谈》对人性的理解过于单一、狭隘，"两性欢爱"被视作人生追求的终极快乐，并主要从这一角度对教会文明进行批判。在 100 个故事中，对于超越性爱的其他主题，薄伽丘并没有花费过多笔墨加以阐述，因此，整部《十日谈》初看难免令人感觉庸俗低级，甚至含有纵欲主义倾向，隐藏着文艺复兴后期道德失范的危险。但是，我们必须意识到作品的产生背景——14 世纪中叶，教堂、宗教法庭、异教裁判所等像一张编织严密的蜘蛛网，势力探入每一个偏僻的角落，对广大民众实行全面的、无孔不入的精神统治，《十日谈》瞄准宗教禁欲主义的要害万箭齐发，即使矫枉过正，亦瑕不掩瑜，无损其具有的重大文化价值与历史意义。① 正因如此，罗马教会视薄伽丘为洪水猛兽，在其生前对其横加

---

① 《十日谈》对 16、17 世纪西欧现实主义文学的发展影响颇大，在西方文学史上占有重要地位。英国乔叟的名著《坎特伯雷故事集》（1387～1400 年）在全书的艺术构思上受《十日谈》的启发，其中有三个故事（管家的故事、学者的故事、商人的故事）取材于《十日谈》。法国玛格利特·德·那伐尔的《七日谈》（1559 年）更是在格局上完全模仿《十日谈》的一部故事集。英国莎士比亚写于 16 世纪早期的两个喜剧《辛白林》《善始善终》的故事情节来源于《十日谈》。法国莫里哀根据《十日谈》第 7 天第 4 个故事创造喜剧《受气丈夫》（1668 年）。德国启蒙时期的莱辛以《十日谈》中"三个戒指"的故事改编为诗剧《智者纳旦》（1779 年）。此外，西班牙文艺复兴时期的剧作家维加的喜剧、法国的寓言诗人拉封丹所著《故事诗》，以及英国的诗人锡德尼、德莱顿、济慈、丁尼生，美国诗人朗费罗等都曾从《十日谈》里获取作品题材。

迫害、构陷入狱，他死后竟毁其坟墓、弃其墓碑，罪行令人发指。

我们也可以比照人文主义后期的文坛巨匠莎士比亚，对薄伽丘作品的历史地位作进一步分析。与薄伽丘不同，莎士比亚生活在两个半世纪以后的英国，那时，中央集权在新兴资产阶级的支持下已经进入巩固时期，经济繁荣、国力强盛，他的文学创作是对人文精神的歌颂、巩固与捍卫；而薄伽丘处于文艺复兴早期，其肩负的任务则是呐喊、摧坚甚至冲锋陷阵。另外，薄伽丘对文学理论的探索也发展到了新的境界，与官方所主宰与垄断的宗教文学不同，薄伽丘尝试着以通俗文学的形式担负起唤醒民众精神、涤荡教会罪恶的使命，这种主动躬身民众、反叛主流权贵的无畏精神着实令人倾叹。从某种意义而言，薄伽丘与莎士比亚这两位具有鲜明特点的人文主义文学家，一个拉开了人文主义文学的沉重序幕，一个演绎了人文主义文学的完美谢幕，但他们的作品所担负的历史使命并不完全相同，《十日谈》所表现出来的颠覆性、叛逆性色彩显然要强烈得多。

对于刑法学科研究者而言，这部具有重大历史价值的文学作品蕴含着强烈的人文主义刑法观，100 个市井故事娓娓道来，其中饱含着对"身份刑"、"罪刑擅断"、"残刑酷法"等司法制度的嘲笑与抨击，以及对"适用平等"、"罪刑法定"、"刑罚人道主义"精神的强烈诉求，甚至提出了"立法契约论"、"刑罚适用个体化"、"社会责任论"、"目的刑罚观"等先进的刑法思想。当然，上述思想在该部作品中发出的热量与光芒也许十分微弱，却足以点燃一个世纪后欧洲大陆文艺复兴的熊熊烈火，照亮四个世纪之后启蒙刑法学者追求正义平等的道路。

3.1.3　由人欲走向人智：拉伯雷与《巨人传》

薄伽丘通过一部《十日谈》向罗马教会索要失落的人性，主要是侧重于自然欲望的实现，体现了文艺复兴初期"对人的发现"；完整人性的回归，除了原欲的满足，还需要高贵理性的伴随。继薄伽丘后一百年，法国作家拉伯雷[①]（Rabelais F，1493～1553 年）致力于完成薄伽丘未竟的事

---

① 弗朗索瓦·拉伯雷，出生在法国中部都兰省的希农城，父亲为皇家律师，后成为法官。拉伯雷很小就熟谙各种法律用语与司法程序。十几岁后，他被迫接受宗教教育，并于 1520 年进修道院做了修士。1523～1527 年，拉伯雷随德斯狄沙克在布瓦杜教会巡视，结识宗教界、司法界许多知名人物。1534～1549 年，拉伯雷跟随大主教出使文艺复兴运动的发祥地意大利，研习宗教、哲学、法律、医学等学科。《巨人传》出版不久，就被巴黎法院宣布为禁书。1535 年，法王弗朗索瓦一世改变了在新旧两教之间的平衡政策，完全倒向天主教，公开镇压新教。拉伯雷被宣判绞刑，但因为他处世机敏，加上教会朋友的暗中庇护，终于逃脱了封建教权的屠刀。参见〔法〕弗朗索瓦·拉伯雷：《巨人传》，鲍文蔚译，北京，人民文学出版社，2004，序。

业，将人性从原欲层次提升到智识层次，代表作为《巨人传》（1532 年）。故事中，主人公一生的成长、成熟并非完全依靠自然欲望的推动，起决定意义的还是人类智识的牵引。

拉伯雷诞生时，正逢法国文艺复兴酝酿之时，当他进入《巨人传》的创作时，文艺复兴在法国已成燎原之势。作为一个成熟的人文主义者，拉伯雷将自己的全部思想倾注于笔端，热情地宣传人文主义，作品具有深刻的现实主义精神与显著的进步意义。为了更好地近距离观察社会，1527年，拉伯雷完成了跨越半个法国的游历，对法国各地法庭与大学进行考察，封建司法的黑暗腐败与经院哲学对青年人性的摧残令他痛心疾首。这次游历令拉伯雷收获颇丰，初步完成了《巨人传》的主题酝酿与素材积累。1524 年，拉伯雷的好友让·布歇担任普瓦蒂埃（16 世纪的普瓦蒂埃以市民好诉的传统闻名于全法地区）法庭公诉员，拉伯雷欣喜若狂，通过布歇的引荐接触到法律核心层人员，包括法官、法官顾问、法官助理、律师、执行吏等，这些人物后来成为《巨人传》中主要角色的生活原型。今天重读《巨人传》，其情节的荒诞性也许会令我们哑然失笑，却无法否定该部作品所承载的深厚的现实基础，透过生动离奇的故事，我们可以捕捉到文艺复兴飓风下法兰西时代脉搏的跳动。

通过长达五年之久的环法巡视与游历，加上时任普瓦蒂埃法庭公诉员的挚友布歇的鼎力相助，拉伯雷挖掘出大量关涉司法制度的第一手资料。在作品中，拉伯雷以极大的愤怒对整个国家的司法制度进行了多角度、多层次的揭露与抨击。

首先，拉伯雷将矛头指向了当时精致烦冗的法学著作。在第 2 卷第 8章中，巨人庞大固埃受到家族重视，被派往许多知名法学院研修律法，因此接触到不同时代的法学著作，最终却发出了如下感叹："这些书就像一袭袭华美绚烂的中国丝绸编织的睡袍，抖开一看，里面却爬满了跳蚤"。对于彼时被奉为经典的意大利著名法学家阿库修斯的著作《通用注释》，庞大固埃以嘲讽的口吻评论道："世界上再也没有比《学说汇纂》的文字更美丽、更考究、更文雅的著作了，但是添加在上面的东西，也就是阿库修斯的注释①，却又脏又臭，是令人恶心的垃圾与污垢"。拉伯雷出身于官宦世家，其父为皇家律师与大法官，拉伯雷自幼就熟谙各种法律用语与

---

① 阿库修斯（Accursius，约 1182～1260 年），意大利前期注释法学派的代表人物，于1240 年完成的《通用注释》（Glossa Ordinaria）成为前期注释法学派与后期注释法学派的分水岭。参见李中原：《罗马法在中世纪的成长》，《环球法律评论》，2006 年第 1 期。

司法程序，对法庭辩论阶段律师长篇大论、引经据典、脱离主题且不着边际的行径十分厌恶。为了进一步揭示法学著作给审判实务带来的混乱与无序，拉伯雷借巨人之口讲述了一个十分荒谬的故事：

> 庞大固埃凭借其在法学院所学知识，解决了两位贵族间的一场"重要"官司。这个官司已经在法国高等法院审理了 11 个月，同时聘请了法国、意大利、英格兰最为知名的法学家及大学教授组成论证团进行探讨，却依然没有结论。庞大固埃受理该案后，首先将专家学者们奚落一番，指出意大利注释法学派①所作出的荒谬论断与愚蠢意见正是该案久拖难决的罪魁祸首。接着，庞大固埃命令衙役将堆积如山的法学论著用布袋装着清理出法庭，转身要求原被告双方用自己的语言进行辩论，却发现双方语言疯疯癫癫、牛头不对马嘴，似乎已经忘记了最初案由。庞大固埃制止了怨声四起、嘘声不断的听众，要求大家保持耐心听完双方的发言。然后，庞大固埃挥毫泼墨，当庭拟就判决状，文书语言完全符合《学说汇纂》的风格，法律术语晦涩难懂、推理逻辑颠三倒四。当事人与旁听者仅听懂了最后两句判词："令双方握手言和结案，免除案件审理费。"原被告对判决表示满意，律师、法学家与法学教授们也对判决所引用的华丽辞藻佩服得五体投地。这个判决被誊录在精致的麋鹿皮上，盖上国王的印章传颂至世界各地，并作为司法判决的经典载入史册。

在这个故事中，拉伯雷以戏谑夸张的口吻对《学说汇纂》的语言风格与逻辑模式给予了尽情嘲弄，犀利地批判了意大利注释法学派与评论法学

---

①　11 世纪末，中世纪第一所大学博洛尼亚大学建立。约 1087 年，中世纪第一位罗马法学家伊尔内留斯在博洛尼亚大学法学院执教罗马法，并奠定了注释法学派的基础。伊尔内留斯是一位教授语法与逻辑的文科教师，他通过注释的方法对《学说汇纂》进行考证和说明，旨在使人们全面了解《学说汇纂》的本来面目。自此以后直到 16 世纪，罗马法在中世纪的欧洲进入了一个持续发展时期。在这一时期就法学研究而言，真正有影响的法学派，除了教会法学派外，就是注释法学派。注释法学派又分前期和后期。前期注释法学派的代表人物继伊尔内留斯之后，有号称四博士的巴尔加鲁斯（Bulgarus de Bulgarinis）、马丁鲁斯（martinusGosia）、雅各布斯（Jacobus）和雨果（Hugo de Porta Ravennate），此后最有影响的是阿佐（Azo，约 1150～1230 年）和阿库修斯（Accursius，约 1182～1260 年）。阿库修斯于公元 1240 年完成的《通用注释》（Glossa Ordinaria）成为前期注释法学派与后期注释法学派的分水岭。后期注释法学派又称评注法学派，其对罗马法的研究开始转向更多的实践应用，在方法上也不再固守单纯的注释，而更加注重辩证法在法律分析中的应用。评注法学派的代表人物首推三位一脉相承的师徒：西努斯（Cinus de Pistoia/Cino de Pistoia，1270～1336 年）、巴尔多鲁斯（Bartolus，1314～1357 年）和巴尔都斯（Baldus，1327～1400 年）。转引自李中原：《罗马法在中世纪的成长》，《环球法律评论》，2006 年第 1 期。

派的狭隘、无知、琐碎与固执，认为他们扭曲、篡改了罗马法的自然面目。

　　其次，拉伯雷对当时的司法代言人进行了细致刻画。在第四卷中，庞大固埃周游世界各地时，来到一个叫做"好讼"的地方。这里的民众普遍好讼，法院执行吏养家糊口的唯一方式就是"找打"：当某一个坏了心肠的教士、律师、高利贷者、通奸者希望构陷一位无辜的正派人士时，就会花钱雇用一位法院执行吏到这位正派人士的面前大肆谩骂。与所有正常人的反应一样，正派人士必然会将执行吏暴打一顿；然后这位"找打"的执行吏就会从他的雇主手中获得"足够四个月"的生活费，法院则会立刻下达文书，要求这个正派人士偿付高额赔偿金；如果这个正派人士不履行赔偿，等待他的将是监禁刑或流放刑。在这个故事中，拉伯雷向世人一一历数依附于司法体系上的社会寄生虫，揭露了他们以吸血为生的变态谋生手段。做了多层铺垫之后，拉伯雷最终将批判矛头直指"神圣"的法律本身，将法律形象地比作"蜘蛛网"，仅网罗欺凌比自己弱小的生物，对于那些"牛虻"，对于封建贵族和上层僧侣们则无可奈何，无论这些人如何作恶多端也总是可以逍遥法外。拉伯雷借书中人物之口指出，在这样的法律制度下，世间一切皆被颠倒，"把弊病叫作道德，把邪恶叫作善良，把叛逆名为忠贞，把偷窃称为慷慨；劫夺就是它们的座右铭"，他对教会刑法制度的弊端进行了淋漓尽致的揭露。

　　整个故事中，拉伯雷对司法官员的职业素养与私人道德抨击最为猛烈，将法官比作"穿皮袍的猫"，讽刺他们像猫一般贪婪而愚蠢，对审理案子一窍不通，对勒索贿赂却精通在行。作品对法官最肆无忌惮的戏谑出现在第三卷，主人公布瑞多依是一位有着优秀业绩的老法官，他从业四十多年经手的四千多桩案件中，没有一件被上诉法院改判或者驳回。庞大固埃作为布瑞多依的好友，旁听了一桩针对税收征稽员的案件在上诉法庭的审理。面对百余名上诉法院法官的质询，布瑞多依显得从容自信。他承认自己因年龄而导致视力减退，将骰子上的点数看错了，因而导致了案件的误判。首席大法官吃惊地询问什么是骰子，布瑞多依耐心解释道，他的全部四千多桩案件均是通过掷骰子的方法进行判决，因为根据所有的法谚来看，"正义具有不确定性"。法官要求布瑞多依详细阐述这种奇妙方法的运用程序。布瑞多依的解释具有强烈的喜剧色彩："首先对包括原被告双方的诉状、答辩状在内的所有诉讼程序中产生的文件与证据反复阅读、反复誊录、反复规整、反复消化。"大法官反问道："既然是掷骰子决定案件，为何还要研读诉讼文件？"布瑞多依解释："其一，许多法学名著上均强调，程序正义是实体正义的首要保障；其二，大量的体力劳动能够保障法官的身体健康；其三，烦冗的程序会使得案件拖延很长的时间，这样判决结果就显得审慎而庄重。"在布瑞多依眼中，之所以将案件的判决不断推后、延迟、耽搁，目的是为了让最后的判决因年代久远而显得更加自然，使得争议双方对掷骰子产生的结果不会感到太突兀而难以接受。面对瞠目结舌的上诉法院法官，布瑞多依对这种程序发出由衷的赞美："最初的案子，因为诉讼文书的稀少都显得单薄而不成形，只有诉讼文书一捆捆、一扎扎、一袋袋地增多，案子才开始变得胖嘟嘟的惹人喜爱。"最终，上诉法院请庞大固埃对布瑞多依的渎职行为进行判决，庞大固埃却提醒法庭，不仅应当看到布瑞多依掷骰子时的纯真无邪，更应当强调他从业 40 年来所保持的清白无误的审判记录。

上述故事中，拉伯雷借庞大固埃之口道出了自己的观点，他确实认为布瑞多依是一个称职的法官。布瑞多依深知自己的学识浅薄，也明了案件的扑朔迷离，更洞悉了法典、敕令、条令、解释间的自相矛盾，因而智慧地选择了万能的上帝来做最后的定夺——借投骰子这种看似荒诞不经的手段来承载圣神上帝的旨意。相比其他腐败无耻、邪恶奸诈的法官，布瑞多依以掷骰子方式产生的判决绝不会比那些沾满鲜血、包藏祸心、黑白颠倒的案件判决来得更为不公正。谈及问题的解决之道，拉伯雷再次将矛头对准了法典的编撰者与解释者，认为正是他们破坏了自然法的整体性，将人所周知的法律肢解得支离破碎，而他们这样做的唯一目的就是防止普通民众读懂法典、知晓法典的整体精神，这样，他们就可以"尽情地将法律出卖给权势者"。

16 世纪，西方自然科学取得了长足进步，人类在崭新层面上发现了自我，惊喜地审视、体验着自身的高贵与伟大，试图从上帝的神性之外发掘人智。这是一个需要巨人，也是一个产生巨人的时代。拉伯雷本身就是一个百科全书式的人物，对一切自然知识与人文科学怀有浓厚的兴趣，对科学与理性的崇尚，促使拉伯雷的世界观早已超越了基督教的价值体系。从上述分析可以看到，拉伯雷在《巨人传》中体现的人文观代表了西方人文主义思想的发展与深化。千百年来，人类卑微、怯懦地匍匐于上帝的光环之下，时刻仰视着伟大的上帝，而拉伯雷笔下的巨人却集中代表了人的自豪与乐观。祖孙三代巨人均拥有惊人的食量、健硕的体魄、澎湃的激情，善于追逐享乐，代表着人类自然体格上的健全。这与薄伽丘表述的人文主义思想一致。但是，人类的完善关键在于对自身智慧的发掘，从卷首卡冈都亚喊着"喝呀，喝呀"呱呱落地，到卷末神瓶对庞大固埃发出"喝吧，喝吧"的热情启谕，强烈地表达着拉伯雷对"畅饮知识、畅饮真理、畅饮爱情"的渴望以及将人性内涵由"人欲"提升至"人智"的向往。

3.2　浸润原欲中迷失沉沦的人性：人文主义后期的刑法思想

文艺复兴前期的人文主义始终与古希罗文明一脉相承，标志着"原欲型"文化的苏醒与复兴，对盘踞千年之久的希伯来—基督教价值体系形成强烈冲击，西方人逐渐陷入打碎上帝的镣铐、发掘自我、释放原欲的狂欢之中。发展至 15 世纪末期，出现了三位文学巨匠，将这股摧毁一切旧有信仰的狂潮引入缓冲地带，并在此涡旋、积淀，对文艺复兴前期的激情与纵欲主义有效回拨。他们分别是英国文学家托马斯·莫尔、莎士比亚以及西班牙文学家塞万提斯、维加·卡尔皮奥。

3.2.1　人类社会的永恒梦境：托马斯·莫尔与《乌托邦》

托马斯·莫尔①（St. Thomas More，1478～1535 年）是英国著名的人文主义者，在文学、哲学、法律、宗教等方面均具有独特的体系化见解。14 世纪末，英国出现了资本主义萌芽；15 世纪开始的"圈地运动"导致农民流离失所、茫然无助，提出"宁可要秩序也不愿要自由"的口号来支持王权，希望能够倚靠国王，重新获取被圈去的土地。错综复杂的社会现实带给莫尔深刻的危机感，其不朽名作《乌托邦》②（1515～1516年）即是该种思考与探索的结晶。全书分上下两部，叙述了航海家拉斐尔在奇乡异国乌托邦的旅行见闻：上部对黑暗的社会制度进行嘲讽，下部则描述了理想社会的曼妙图景。就作品所蕴含的刑法思想而言，无论是深度、广度、理论性与系统性均远远超越了文艺复兴前期的《十日谈》与《巨人传》。莫尔借主人公拉斐尔之口提出自己的法治思想与政治主张，预见性地提出了启蒙思想时期才发展成熟的诸多理论与见解，系统性地阐述了刑事古典学派、刑事社会学派的思想精髓。

关于立法的本质，拉斐尔认为其不过是"少数人为了保护自己在无序

---

① 托马斯·莫尔，出生于伦敦，幼年丧母，父亲约翰·莫尔曾担任皇家高等法院法官。托马斯·莫尔毕业于牛津大学，曾当过律师、国会议员、财政副大臣、国会下院议长、大法官。后来被构陷入狱，因叛国罪获刑。国王将其肢解刑改为斩刑。1535 年 7 月 6 日，莫尔走上断头台，头颅被悬挂在伦敦桥上示众。1886 年，莫尔被罗马天主教教皇册封为圣人。

② 《乌托邦》，全名为《关于最完美的国家制度和乌托邦新岛的既有益又有趣的金书》。

状态下获得的利益，制定出规则，然后要求大家必须遵守"①，一针见血地指出了法律的工具性本质，其根本目的是对统治者利益的维护，而非公民间平等订立的契约。关于英国的严刑峻法，拉斐尔眼中的景象是"死刑遍地存在着"，且一次性被执行绞刑的人数令人惊骇——"他们到处执行死刑，送上绞刑台的（人）有时一次达二十人之多！"② 针对当时人们普遍认可的死刑制度，拉斐尔提出了自己独特的观点："英国和世界上大多数地方一样，很类似误人子弟的教书匠。他们宁可鞭挞学生而不去教育学生！他们对一个盗窃犯颁布了可怕的严刑，其实更好的办法是给以谋生之道，使任何人不至于面临因盗窃而被处死的危险！"③ 指出一个国家首先应当重视对国民良好习性的培养，而非对他们施以重罚，对因生活所迫而犯罪的人施以严刑远远不如赋予百姓以谋生之道更为合理。这里通过对死刑滥用司法状况的严厉谴责，揭露了 15 世纪英国刑律的特征以及动荡不安的社会环境，明确提出预防犯罪比惩罚犯罪更为科学的刑法思想，尤其必须重视刑罚的教育功能。

对于"圈地运动"，拉斐尔不无嘲讽地提出了"羊吃人"的著名论断。他对圈地运动的详细描写成为马克思在《资本论》中叙述资本主义原始积累时所引用的生动素材："你们的羊一向是那么驯服、那么容易喂饱。据说现在变得很贪婪、很凶蛮、以至于吃人，并把你们的田地、家园和城市蹂躏成废墟！"④ 不仅如此，拉斐尔认为"圈地运动"也是造成层出不穷的犯罪现象的深刻根源："佃农或者从地上被撵走，或者在欺诈和暴力手段下被剥夺自己的所有，或者受尽冤屈而不得不卖掉本人的一切。男人、女人、丈夫、妻子、孤儿、寡妇、携带儿童的父母，他们离开所熟悉的家乡，却找不到安身之处。他们的全部家当本来值钱无多，既然被迫出走，于是就半文一钱地将其脱手。在浪流中花完这半文一钱后，除去从事盗窃以致受绞刑（'这是罪有应得'，你会说），或者除去沿途讨饭为生外，还有什么别的办法？何况即使讨饭为生，他们也会被当作到处浪荡、不务正业的游民抓进监狱受尽酷刑。而他们非常想就业，却找不到雇主；他们对种田素有专长，可是找不到种田的活；一度需要多人耕作才产粮食的地，现在开始用于牧羊，只要一个牧人就够了。"⑤ 赖以定居生存的土地与牧

---

① 本节所有引文来源于〔英〕托马斯·莫尔：《乌托邦》，戴镏龄译，北京，商务印书馆，2008，第 13 页。

②③同上书，第 17 页。

④　同上书，第 20 页。

⑤　同上书，第 21 页。

场被连抢带骗地夺走，世代以农牧为生的民众被驱逐出家园，面对陌生而动荡的环境，这些毫无生存技能与发展资本的人被逼良为娼。即使是做恶棍，也仅有两种选择——乞讨与盗窃，共同点是他们或者被吊上绞刑架，或者被投入监狱，皆为不归路。这种社会制度本身就是病态与暴戾的。可以看出，莫尔创作此组文学作品时已经敏锐地把握住过渡期资本主义社会的脉搏，矛头直指资本原始积累的血腥过程，对造成大批民众犯罪的社会根源大加抨击，其中隐含着宝贵的刑事社会学派的理论核心。

另外，莫尔还借拉斐尔之口道出了解决犯罪现象的唯一途径："戒绝这些害人的东西吧！用法律规定，少养活些好吃懒做的人，安插一大批有用但闲置的人手，他们或是迄今被贫穷驱使成为盗窃犯，或是目前的流浪者与帮闲者，终究都会沦为盗窃犯。毫无疑问，除非你们医治这些弊病，光是夸口你们如何执法惩办盗窃犯，那是无用的。这样的执法，表面好看，实则不公正、不收效！你们让青年人受不良的熏染，甚至从小就一天天堕落下去，待到他们成长后，犯下他们儿童时代起就总是显得要犯的罪恶，当然会被予以处分。你们始而迫民为盗，继而充当办盗的人，你们干的事不正是这样的事吗！?"① 在这段评论中，莫尔已然意识到社会政策与犯罪率高低具有密切联系，并试图从社会政策角度寻求方法控制犯罪。莫尔解释道，犯罪是一种社会疾病，控制犯罪所应倚仗的是全面而系统的社会政策，而非科以严刑重罚。减少犯罪的最根本出路是关注民生、安排就业，满足人们自食其力的要求；而"迫民为盗、继而充当那办盗的人"是一种最为愚蠢、最令人憎恶的社会政策，只会激发出更多的反社会人格，产生更多的畸形毒瘤，却对控制犯罪、净化社会毫无作用。最终，莫尔以犀利的口吻指出，所谓的"盗窃类犯罪"正是不公平社会制度的产物，因此，整个英国社会是"制造罪犯"的罪魁祸首。他对英国刑律"不教而诛"的弊端进行猛烈抨击。

尤为值得一提的是，作为独立而卓越的人文主义者，莫尔立于历史发展的高度，提出"废除死刑"的建议，在当时的英国引起轩然大波。

> 红衣主教问："亲爱的拉斐尔，何以你认为对盗窃罪不应处以极刑？照现在的样子规定了死刑，依然盗窃成风。一旦盗窃犯知道绝不会被处死刑，还有什么力量、什么畏惧，能制止罪犯？"拉斐尔回答："一个人使别人丧财就得使自己丧命，这是很不公道的。我认为，全部财富都比不上人的性命的宝贵。假如人们说，对这样的罪所以如此

---

① 〔英〕托马斯·莫尔：《乌托邦》，戴镏龄译，北京，商务印书馆，2008，第23页。

用刑，是由于其犯法违禁，而不是由于金钱被盗，那么，大可以把这样极端的执法描绘成为不合法。因为我们既不赞成曼利阿斯的法律准则，对于轻微的犯法就要立即拔刀用刑；也反对斯多葛派的条令，把一切罪等量齐观，杀人和抢钱竟被看成毫无区别。最后，摩西立法虽然严酷，但是对盗窃也只是科以罚金，不用死刑。而且，一个国家对盗窃犯和杀人犯用同样的刑罚，任何人都看得出这是多么荒谬甚至危险的。当盗窃犯发现仅仅对于盗窃判刑竟如同对于杀人同样的可怕，这个简单的考虑就促使他把本来只想抢劫的那人索性杀掉。他要是被人拿获，本不致冒更大的危险，何况杀人灭口，更可望掩盖罪行！对他说来反而较为安全了。这样！我们虽然用酷刑威吓盗窃犯，却也同时怂恿他消灭良好的公民。"[1]

红衣主教与拉斐尔的对话中包蕴着诸多理性、进步的刑法思想，而这些思想直到进入公元 20 世纪才逐渐被各个文明国家所认可。首先，莫尔认为，重刑对于威慑犯罪无效。面对红衣主教重刑止盗的提议，莫尔以客观事实为依据进行冷静反驳，在重刑威慑的环境下，盗窃犯依旧被一批批押解向绞刑架，犯罪行为没有丝毫因畏惧绞刑而有所收敛，说明重刑对于犯罪的威慑作用微乎其微。其次，莫尔提出了罪行均衡的量刑原则，指出如果一部刑事法律在制定刑罚时没有考虑到罪行均衡的原则，或者明显违背了该原则，那么这部法律就存在瑕疵，是一部不公正、不公平、无法有效履行基本指引、评估、预测职能的法律。值得我们注意的是，在作品中莫尔甚至谈到了社会危害性与违法性概念的关联——如果有人认为，盗窃者被判处死刑并非出于"盗窃金钱的社会危害性与被剥夺生命的实害结果相等"，而是由于"盗窃者触犯了法律"因而满足了犯罪构成中的违法性要件，那么这种法律的制定本身就不具有合法性。莫尔接着列举了三个国家的刑律设置作为例证来说明自己的观点。其中包括两个反例，曼利阿斯的法律准则的滥用重刑以及斯多葛派的条令将一切价值等同化、虚无化，通通包含在一个"罪"的内涵中；正例则为摩西律法，虽然严苛，但对盗窃罪仅判处罚金刑，科学合理。最后，对于犯罪实施者而言，刑罚处罚规则具有"阶梯型价目表"的指引作用与预测作用，莫尔强调了罪行均衡原则的坚持对整体社会而言利大于弊，尤其是站在受害者的角度进行考虑。

既然死刑弊端如此之多，对于那些非判死刑不可的罪犯又该如何处

---

[1]　〔英〕托马斯·莫尔：《乌托邦》，戴镏龄译，北京，商务印书馆，2008，第 23～25 页。

理？拉斐尔向红衣主教建议了"死刑缓期执行"① 的行刑方法，具有浓厚的人道主义教育刑色彩。"……要猜测这个制度行之有利或有害，是一件难事，因为完全没有被实施过。宣判死刑后，英王下令暂缓执行，我们试行这个制度，那时实践有效的话，把这个制度当成法律就是正当的。倘若行之不利，然后将已判处死刑的人立即执行死刑，比起现在就执行，会一样有利于公众，而且一样公正。同时，这种试行并不带来危险。"上文中，莫尔借拉斐尔与红衣主教的一系列对话，表达了"恶法非法"、"罪刑均衡"、"刑法谦抑性"、"慎用死刑"、"刑罚人道主义"、"刑罚个别化"以及"预防因立法失误导致的严重犯罪"等刑法思想，并指出"死刑缓期执行"的实践基础，而这些思想与启蒙刑法学家的类似观点相比，提前了将近 250 年。

涉及更为科学的刑罚制度体系的探讨时，拉斐尔列举了一个叫做波利来赖塔的波斯国家的刑罚执行制度，堪称经典。"在这个国家，盗窃犯定罪后需将赃物交还失主，而非送给国王。他们认为国王和盗窃犯都没有取得该物的权利。如原物已失，则应按价从盗窃犯的财产中赔偿，多余的钱全部还与犯人的妻子儿女。犯人本身则被罚令服苦役。如罪行不严重，犯人不至于坐牢，也免于上脚镣，在身体自由的情况下派去为公众服劳役。拒绝劳动或劳动态度差的犯人不但会被加上锁链，而且会受到鞭笞，进行强迫劳动。他们若是做工勤快，绝不会受到侮辱和伤害。""他们的伙食很好，由公库开支，因为他们是替公家做工。关于这方面的办法各地的规定不一样。在某些地区用于他们身上的开支来自筹集救济金，这个办法虽不稳定，然而波利来赖塔人心存慈善，所以其他任何办法所得都不比这个办法更能供应充裕、满足需要。在另一些地区，会拨出固定的公共税收以支付此项费用，其余地区则按人口抽特定的税充当这笔经费。还有若干地区的犯人无须为公众服劳役，任何公民需要帮工，都可到市场雇用他们，按日发给他们固定的工资，略低于雇用自由公民的工资。因此，犯人不愁无工可做，不但可以赚钱养活自己，还可以每天为国库增加收入。"② 上文从两个方面表述了合理的刑罚制度应当包含的内容。其一是对受害者的补偿，重视被犯罪行为破坏的社会秩序的恢复与完善；其二是针对犯罪者的惩罚与矫正，通过思想矫正与职业培训，将助其顺利回归社会作为刑罚矫正的最终目标。从中我们可以清晰地看到莫尔所主张的行刑制度的人道性与科学性，并预示着四百多年后欧美国家"社区劳动"、"罚金刑"等非监

① 〔英〕托马斯·莫尔：《乌托邦》，戴镏龄译，北京，商务印书馆，2008，第 29 页。
② 同上书，第 26～27 页。

禁刑处遇措施的萌芽与发展。其中一些建议，包括对囚犯服刑的财政支出来源也设计得非常细致与完美，在有效减轻国家与纳税人负担的同时，保证了犯罪人始终处于"社会化"的过程中，不会因监禁孤立而产生与社会的隔阂与陌生，理应是最为理想的服刑模式。

当论及"司法独立性"以及法官对刑法所做的"恣意解释"时，莫尔表示出强烈的愤慨。"还有廷臣劝说国王将法官约束起来，听从他的节制。这样，法官判决每一个案件，都将有利于国王。而且他需召法官到王宫，要他们当着他的面辩论有关他的事务。国王的所作所为尽管显然不正当，法官对此或是存心反驳别人，或是羞于雷同于其他意见，或是一意邀宠，总可以在法律条文中找到漏洞，加以曲解。当各个法官的意见不一致时，本来很清楚的一个问题却引起争议，真理便成为可疑。国王正好借此亲自解释法律条文，以此符合他本人的利益。站在国王一边作判决，总不怕找不到借口，只要或是说国王公正，或是死抠法律条文的字眼，或是歪曲书面文字的意义，或是举出无可争议的国王特权——最后这一条，对于有责任心的法官是高出一切法律之上的。"[1] 借拉斐尔之口，莫尔对于所谓的"刑法解释权"的实质产生质疑，一针见血地指出任何国家都必须坚持三权分立的原则，国王不得过问、干涉司法，司法必须保持独立状态。莫尔对法律的解释功能很显然持否定态度，认为所谓的刑法解释不过是任意歪曲法典的原始、自然意义，以迎合权势者欢心的政治需要，这就对英国法庭所谓的"司法独立权"作出了辛辣的解构。

令人难以置信的是，在作品的下部中，莫尔为我们描述了理想世界中"安乐死"的合法性以及实施的可能性。"如果病症非但无从治好，而且痛苦连绵，那么教士和官长都来劝告病人，不要在死亡前犹豫，他可以自愿地容许别人解脱他。他们相信，经过这样劝告的死是荣誉的。听了上述道理而接受劝告的人，或是绝食而死、或是在睡眠中解脱而无死亡的感觉。但乌托邦人绝不在这种病人自己不愿意的情况下夺去他的生命，也绝不因此对他的护理有丝毫的松懈。"[2] 莫尔认为，安乐死合法性的理论基础建立于人之自由权。作为自然人，应当对自己的生命拥有完全处分权，一旦生存状态已经蜕变成一种令人丧失尊严与幸福感觉的折磨，当事人有权对自己的生命做出处分。当然，前提是充分且必须的自愿思考与选择。500年后的今天，当安乐死问题依然是西方刑事法领域中备受争议的话题时，

---

① 〔英〕托马斯·莫尔：《乌托邦》，戴镏龄译，北京，商务印书馆，2008，第38页。

② 同上书，第90页。

回顾 15 世纪末皇室大法官莫尔的文学作品，其中饱含的人道主义创新精神与卓远见识令我们惊叹与崇敬。

综上所述，《乌托邦》是一部承载着诸多进步思想与远见卓识的伟大作品，其创作者必定在人文艺术领域造诣颇深，但许多人并不知道，托马斯·莫尔的官方身份为王室大法官，在公开场合他以国王代言人的面目出现。即便如此，莫尔却对英国政治与司法制度颇为不满，反省并构思着一种理想化的清明政治环境，这种情绪与态度在其著作《乌托邦》中表现得淋漓尽致。可悲的是，《乌托邦》并没有赢得当时英国社会的普遍认可，其中所猛烈抨击的司法制度，在很长的一段时间内仍然未得到明显改进。更为可悲的是，莫尔本人即命丧于该种野蛮、残酷的刑事司法体制之下。从对莫尔构陷入狱，到对其进行审判、裁决乃至执行的整个刑事司法过程验证了《乌托邦》内容的真实性与残酷性。据史书记载，莫尔之死有三个原因：第一，莫尔主张天主教内部改良，用教会代表会议来限制教皇权力，并认为欧洲应由一个统一的教会来维系，以减少战祸，这种观点与当时的国王亨利八世希望以皇权凌驾教权的意见相左。第二，1533 年亨利八世与王后凯瑟琳离婚（后者无生育能力）后迎娶宫女安妮·博林，由于凯瑟琳是教皇指定的皇后，因而莫尔拒绝参加新皇后安妮·博林的加冕典礼。第三，1534 年议院通过《至尊法案》，宣布亨利八世为英国教会的最高首领，全国臣民都要宣誓承认，莫尔却拒绝宣誓。以第三个事件为导火索，莫尔被关进了伦敦塔。在狱中，莫尔曾与朋友诺福克有一段经典对话，彰显了莫尔忠于真理、信仰与自由的铮铮风骨，读来令人动容。诺福克："在英国，谁不服从国王，就没有好结果。"莫尔："我已再三思索，但是，我不能违背自己的良心。"诺福克："托马斯，我怕你将要付出很高的代价。"莫尔："自由的代价的确很高。然而，即使最低级的奴隶，如果他肯付出代价，也能享有自由。"① 在此种状态下，莫尔与亨利八世之间因政见不同产生的龃龉逐渐升级，使得后者对其极其厌恶。很快，亨利八世的检察官作假证诬告莫尔说过"议会无权宣布亨利八世为教会最高首领"之语，构陷其构成叛国罪。莫尔虽然贵为王室大法官，但此刻身陷囹圄，尽管其借助熟谙的法律条文与司法程序据理抗辩，但陪审团依然一致裁决他"叛国罪"成立，应被处肢解刑（该案陪审团成员包括新王后安妮的父亲、哥哥与叔叔）。后来，国王亨利八世将肢解刑从轻改判为斩刑。1535 年 7 月 6 日，莫尔走上断头台，临刑前不忘微笑着安慰精神过于紧

---

① 〔英〕托马斯·莫尔：《乌托邦》，戴镏龄译，北京，商务印书馆，2008，序。

张的刽子手。第二天，莫尔的头颅被悬挂在伦敦桥上示众。

3.2.2　"是那些美德使他发了疯"：塞万提斯与《堂·吉诃德》

与托马斯·莫尔敏锐的政治头脑、严谨的论证体系、犀利的文笔风格迥异，16 世纪末西班牙作家塞万提斯[①]（Miguel de Cervantes Saavedra，1547~1616 年）所著长篇小说《奇情异想的绅士堂·吉诃德》（1605 年），以诙谐幽默的笔触塑造了著名的"堂·吉诃德"形象。与文艺复兴前期文学作品相比，这部历险游记所包蕴的理想与情怀已然发生了微妙变化。

> 没落贵族堂·吉诃德迷恋中世纪骑士小说，用破甲驽马装扮自己，他找到一柄生锈长矛，戴着破旧头盔，并以邻村村姑作为心目中的贵妇，雇了农民桑丘做侍从，以未受正式封号的骑士身份，三次出发展开他的冒险事业，希望创建扶弱锄强的骑士业绩。[②]

这部近百万字的作品塑造了不同阶级的七百多个人物形象，全面再现了 16 世纪末、17 世纪初西班牙政治、法律、道德、宗教、文学、艺术等各方面的风貌。[③] 主人公堂·吉诃德完全脱离了现实存在的客观环境，沉入漫无边际的幻想中，以理想化的原则处理一切事物，因此闯了许多祸、吃了许多亏、闹出许多笑话。塞万提斯在序言中申明"这部书不过是对于骑士文学的一种讽刺"，目的在于"把骑士文学的地盘完全摧毁"。事实上，这部作品的社会意义远远超过了作者的主观意图。一般人们多以人文主义前期思想来衡量堂·吉诃德的行为，将它定性为迂腐、固执、执迷不悟。但是，仔细读来，在含着泪水的笑声中，却饱含着塞万提斯对堂·吉诃德言行模式的深切同情与热烈赞美。正是从此角度出发，拜伦对作品作出如下评价："《堂·吉诃德》是一个令人伤感的故事，它越是令人发笑，就越使人感到难过。这位英雄是主持正义的，制伏坏人是他的唯一目标，

[①]　塞万提斯是西班牙作家、戏剧家和诗人。出生于马德里近郊一个潦倒的外科医生家庭。只上过中学，曾当过红衣主教的随从，在参军抗击土耳其军队时左手残废，后又被海盗俘虏；在任军需员和税吏时曾数次被诬入狱，就连不朽的《堂·吉诃德》也有一部分是在监狱里构思、写作的。1616 年，塞万提斯在贫病交加中去世。参见〔西班牙〕塞万提斯：《堂·吉诃德》，杨绛译，北京，人民文学出版社，1987，序。

[②]　梗概及本节所有引文来源于〔西班牙〕塞万提斯：《堂·吉诃德》，杨绛译，北京，人民文学出版社，1987。

[③]　参见上书，序。

正是那些美德使他发了疯。"① 拜伦的评价是理性中肯的，在堂·吉诃德的心目中，骑士精神盛行的社会是一种理想的社会，那里没有恃强凌弱、弱肉强食，只有自由、公道与正义，所以他情愿为之赴汤蹈火、在所不辞。事实上，堂·吉诃德代表着古希腊戏剧中崇高的悲剧精神，撇开其所幻想的理想社会的实现可能性，仅就其追寻价值的合理性与正义性来考察，堂·吉诃德俨然是一位不屈不挠，为正义、为理想献身的英勇斗士。

诚然，堂·吉诃德性格中所具有的双重性毋庸置疑：一方面他神智不清、疯狂可笑，另一方面他又悲天悯人、深沉智慧，他的身上聚集着无畏、英勇、对正义的坚持以及对爱情的忠贞等高度道德准则。堂·吉诃德的音容形象是可笑的，但谁也无法否认他是人类理想主义的化身。他越是疯疯癫癫，所造成的灾难也越大，几乎任何人碰上他都会遭遇一场灾难，而他的优秀品德亦越发鲜明。在作品中，同村好友桑丘是为了实现做"总督"的梦想而追随堂·吉诃德，后来虽然梦想破灭，却仍不舍得弃他而去，也正是被堂·吉诃德的该种性格魅力所感动。堂·吉诃德对于被压迫者和弱小者均寄予无限同情，热情地歌颂自由，反对人压迫人、人奴役人的风俗与法律，而他的所言所为均受到社会无情的嘲笑与欺侮。正是通过这一典型的塑造，塞万提斯悲哀地宣告了信仰主义在欧洲的终结——这一点恰恰反映了文艺复兴时期旧的信仰解体、新的信仰尚未提出的断裂时期的社会心态。堂·吉诃德的形象是塞万提斯矛盾思想的鲜活载体，他通过角色设计，将愚蠢与博学、荒唐与正直、无能与勇敢、失败与顽强等因素矛盾地融合在一起，塑造出一个可笑但并不可恶，甚至是相当可爱可敬的骑士形象。

在仆人桑丘即将赴任做总督时，堂·吉诃德对他的谆谆教诲显现出哲人般智慧与宽厚仁慈的胸怀。关于如何做一名断案公正的法官，堂·吉诃德提醒桑丘，判决应以案件的客观事实为基础，目光要紧盯案件本身而非案件当事人，不要被当事人的身份与自己的主观感受所影响，不要被与当事人之间的恩怨、当事人许诺的钱财所蒙蔽，更不要被当事人所乞求的怜悯、主动奉上的暧昧之情所诱惑，这样对公正客观地办案没有丝毫好处。"无论是富人许诺或馈赠，还是穷人流泪或纠缠，你都要注意查明真相。""如果你审理某个冤家对头的案子，一定要排除个人感情，实事求是地判

---

① 参见〔西班牙〕塞万提斯：《堂·吉诃德》，杨绛译，北京，人民文学出版社，1987，序。

案。""如果有漂亮的女人请你办案，你一定不要被她的眼泪和呻吟蒙蔽，要仔细研究她所要求的内容，免得让她的哭泣影响你的理智，让她的唉声叹气动摇了你的心。"

关于适用刑罚的裁量，堂·吉诃德建议桑丘以宽恕为本、反对残酷刑罚，并坚持认为应当以人道主义精神对待犯罪人，反对刑讯逼供。堂·吉诃德从宗教角度来支持自己的此项观点，将犯罪行为看做人性之弱点，是每个人均无法避免的原罪，只有上帝才有权利进行最后的裁判，因此宽容、仁爱与公正而非严厉才应当是世俗法官的首要价值取向。"只要能宽恕，就不要严酷苛刻，严厉法官的名声毕竟不如好心肠法官的名声。""对于那些必须动刑的人不要再恶语相向。他受了刑本来就很不幸，就不要再辱骂了。""把你处分的罪人看成是本性未改的可怜虫，尤其是从你这方面不要再伤害他，要对他宽容。虽然仁爱和公正同样是上帝的品德，但我们总觉得宽容比严厉更可取。"

堂·吉诃德还一再提醒桑丘，作为一名法官，一定要秉公执法，不要因徇私情、私利而导致冤案与错案的发生，并向其警示冤错案件将会带来不可挽回的损失——对受害者而言，无法获取应得的正义，也不能有效平复精神创伤；对社会整体而言，伦理与道德体系遭受次生伤害，同时无法恢复已然失衡的法律秩序；对被冤枉者而言，因冤错案件失去了自由甚至生命，这种代价以任何方式均无法弥补、无力挽回；对裁判者而言，冤错案件造成的阴影将是终其职业生涯所伴随的罪恶与耻辱。因此，"你不要徇私枉法。案子判错往往无法补救，即使能够补救，也会损害自己的名誉。"①

堂·吉诃德以寥寥数语点破了"刑罚贵在宽缓"的真谛，同时承载着对桑丘断案时"理智战胜感情"、"客观抑制主观"的希冀，在某种程度上，堂·吉诃德的思想象征着文艺复兴后期人们对理性抑制原欲思想的再次回应。

作品中的另一个角色桑丘，是作为堂·吉诃德的对立面塑造的，在本质上他代表着与理想社会相对的现实社会。这就形成了二者之间一幻一真、一虚一实、一愚一智、一个理想主义一个现实主义、一个信仰主义一个功利主义的尖锐对立。桑丘固然不认可堂·吉诃德的思想与行为，却又为后者百折不挠的精神、崇高的理想深深打动，坚持伴随着

---

① 〔西班牙〕塞万提斯：《堂·吉诃德》，杨绛译，北京，人民文学出版社，1987，第32章。

堂·吉诃德侠游到底。如此说来，塞万提斯对文艺复兴后期欧洲普遍的道德危机与社会矛盾有着清醒认识，后世将其作品创作的初衷仅归结为"扫除骑士小说"，也未免太委屈了其所包蕴的深邃内涵。从这部小说中，我们可以发现塞万提斯对现实社会的危机所做的深层思考，甚至蕴含着对文艺复兴发展结果与意义的冷静批判。在物欲与情欲的刺激下，社会信仰缺失、道德失范、享乐主义盛行，这无疑是前期人文主义想极端化的表现。中世纪的禁欲主义固然应当突破，但极端膨胀的纵欲主义又会将整个欧洲推向何方？塞万提斯矛盾重重，难以像人文主义前期的同行们那样乐观向上、激情澎湃。当他无法越过现实、眺望更远的未来时，只好回顾往昔、沉湎于中世纪文明的一轮残阳——骑士制度，并从中孕育出堂·吉诃德这一伟大而不朽的形象，对放纵原欲、个性膨胀的人文思想作出善意的批评。这种矛盾思想在塞万提斯的另一部小说《惩恶扬善故事集》[①] 中得到了同质性回应。

3.2.3　我本无罪：维加·卡尔皮奥与《羊泉村》

L.E. 维加·卡尔皮奥[②]（1562～1635 年），是西班牙民族戏剧的奠基者，也是西班牙文学史上最重要的代表、最多产的作家。他将初具雏形的西班牙民族戏剧推向成熟，登上西方文明的广阔舞台。维加的作品卷帙浩繁，大部分取材于西班牙本土历史事件或传说，具有浓厚的西班牙民族色彩，主题思想具有前瞻性，跳出了文艺复兴时期的原欲放纵的深渊，与古典主义文学所宣扬的"理性精神"一脉相承，将尊重王权、保持荣誉、维护民族感情与正统信仰的思想发挥得淋漓尽致。

《羊泉村》（1610～1613 年）是维加最为成功的作品之一，创作大背景是尚处于封建割据状态的西班牙，彼时局势动荡，卡斯蒂利亚与阿拉贡庄园农民暴动频发。作品直接取材于 1476 年 4 月 23 日科尔多瓦西北部一

---

　　① 《惩恶扬善故事集》又名《警世典范小说集》，是一部以现实主义手法描写西班牙封建社会各阶层生活的短篇小说集，大致分为两类：第一类以历史或现实生活为依据，描写爱情故事与冒险经历；第二类偏于揭露讽刺现实，宣扬高尚道德，反对封建思想，赞颂个性解放。塞万提斯称这部小说集为"社会的变形"。

　　② 维加·卡尔皮奥是西班牙最多产的作家，出生于马德里供奉宫廷的工匠家庭。他自称写过 1 500 部剧本，保留下来 500 余部。维加自幼聪慧，5 岁就懂拉丁文并能写诗，12 岁时创作第一部剧本《真正的爱人》。1577 年他进入阿尔卡拉德埃纳雷斯大学，后参加了远征阿速尔群岛的军队。期间创作了许多爱情诗与剧本，颇具声誉。1588 年参加"无敌舰队"对英宣战、出征里斯本，归来后移居巴伦西亚，继续为马德里舞台撰写剧本。1610 年回到马德里定居。1614 年接受教职成为僧侣。维加被同时代人称作"天才中的凤凰"、"最富有也是最贫穷的诗人"。

个叫做羊泉村的村民集体暴动、推翻领主统治的史实。

> 羊泉村驻军团长费尔南公爵是一个骄奢淫逸、专横跋扈的贵族子弟，对外勾结葡萄牙贵族阻挠西班牙民族统一，对内不将驻地居民当人看待，动辄强奸村中已婚、未婚女性，众人却敢怒不敢言。当他瞥见羊泉村貌美如花的劳伦夏时，兽性大发，企图当场对姑娘施暴，幸而被姑娘的未婚夫、当地农民佛隆多索挺身相救。在这对新人的婚礼上，费尔南卷土重来、劫走新娘，并决定将新郎以莫须有的罪名绞死。劳伦夏历尽艰险从营地逃回村子，恳求乡亲们施以援手。但慑于费尔南的淫威与暴虐，村民们纷纷消极躲避。劳伦夏见状发表了一番义正词严的演讲，终于打动了淳朴、善良的村民，激起了大家奋起抗争的热情。全村人揭竿而起，攻占了驻军营堡，混乱中将费尔南就地正法。后来，国王亲自审问了这场暴乱，并赦免了整个村庄的集体罪责，将羊泉村收为自己的直辖领土。[①]

这部作品的叙事线索简明、主题明确，处处洋溢着反抗暴政、追求正义、忠诚与秩序的思想，热情歌颂了底层民众为了自由与荣誉而进行暴力反抗的正义性。

女主人公劳伦夏的形象清新隽永，代表着文艺复兴时期文学作品所塑造的女性形象的最高成就，洋溢着浓厚的女权主义精神。面对忍辱偷生、懦弱胆怯的乡亲们，从监狱逃回村庄的劳伦夏哀其不幸、怒其不争，发表了一番慷慨激昂的演讲："别再碰我！你们让暴君将我抢走，就像胆小的牧人，让绵羊任凭豺狼摆布。多少把刀子在我胸前晃动，多少甜言蜜语与威胁恫吓，多少可耻残暴的罪行，就是为了让我屈服于他的淫威之下。看看我沾满血污的面庞！看看我被撕下的一缕缕头发！你们不都是高贵的男人吗？你们不都是父老乡亲吗？你们简直是一群羊！这个地方叫羊泉村正恰当。把你们手中的武器扔给我吧！你们是铁石心肠，你们是胆小的兔子，你们是懦夫，你们竟然双手将自己的妻子、爱女送入恶棍的身子下，却不眨眼地在一旁看着、沉默着！你们佩着的宝剑为了什么？还是将纺锤挂在你们的腰带上吧！上帝在上，我高兴极了，只有通过我们女人的手才能向暴君讨还荣誉！"

另外，该部作品是西方文学对"集体犯罪"行为与"集体责任"追究

---

① 梗概及本节所有引文来源于〔西班牙〕维加·卡尔皮奥：《羊泉村》，尹承东译，重庆，重庆出版社，1997。

状况的首次描述。剧中农民的群塑形象颇为动人，他们最初唯唯诺诺、苟且偷生，任由荣誉与自由被糟蹋、被损害。但随着暴政的加剧，村民们终于忍无可忍，组织了集体暴乱，冲击营地并杀死了领主费尔南，贵族军官也被辖区百姓乱刀砍死。这是一种严重的叛乱行为，国王深感震惊，下令严刑拷问羊泉村全体村民。面对种种酷刑折磨与执行吏的凶蛮逼供，羊泉村村民们始终保持着罕见的忠贞气节——从耄耋老人到黄髫小儿，从刚毅的男人到柔弱的女眷，均一口咬定："费尔南是羊泉村村民杀的!"三天后，国王为他们同仇敌忾的精神所打动，赦免了全村人的罪行，并将羊泉村收归为自己的直辖地。羊泉村人终于用自己的英勇反抗赢得了尊严与安宁的生活。作品中充满着维加对封建领主暴虐罪行的谴责与对崭新秩序的渴望，歌颂了底层民众的抗暴斗争，对国王的权力与智慧大肆赞美，将国王视作民众的保护人，其中已经流露出 17 世纪西方人所热烈推崇的"政治理性"的萌芽。

3.2.4　莎士比亚戏剧中的罪与罚

威廉·莎士比亚[①]（William Shakespeare，1564～1616 年）作品的诞生，标志着西方文艺复兴运动被推向高潮，同时也预示着这场横扫欧洲大陆的喜剧即将闭幕。如果说文艺复兴时期是一个"人性被发现"的时代，那么，只有在莎士比亚的作品中，这个人才被发现得最全面、最深刻，人文主义的内涵才得以完整展现。莎士比亚不仅对中世纪文化有着深刻的认同感，而且对文艺复兴运动所创造的价值取向与现实生活的距离作了深刻的剖析与反思，因而他的作品具有其他时期的作品无法拥有的包容性。在这一点上，莎士比亚与中世纪文明的总结性人物但丁十分相像。不同之处是，但丁从基督教文化的基点出发，前瞻人文主义的曙光；莎士比亚则立于人文主义的基点，反观基督教文化的余晖。两个文化巨人，衬托着承前启后的两个时代，前后呼应。

莎士比亚创作早期（1590～1600 年）又称为历史剧、喜剧时期。当时英国在伊丽莎白女王的统治下进入鼎盛时期，莎士比亚对人文主义理想的实现充满信心。此时期的九部历史剧以君王名号命名，概括了英国百年动乱的史实，以反面君主映衬英明君主的形象，表达了莎翁反对分裂，拥护集权，谴责暴君，建立人文主义政治、法律、道德、伦理秩序的理想。

---

　① 莎士比亚是英国文艺复兴时期伟大的剧作家、诗人，欧洲文艺复兴时期人文主义文学的集大成者。

十部喜剧①则以爱情、友谊、婚姻为主题，创作风格具有乐观、明朗的基本色调，尝试以人文主义来解决作品中的一切矛盾。即使在悲剧《罗密欧与朱丽叶》的结尾处，也洋溢着乐观而理想的暗示——主人翁虽然殉情，却换来了两家世仇的和解。同时我们也应看到，在此创作时段晚期，较为成熟的喜剧《威尼斯商人》（1596 年）中饱含着抑郁的悲剧色彩，反映了基督教社会中弱肉强食、种族歧视等现象，说明此时的莎翁已经逐渐意识到理想与现实之间所存在的难以调和的矛盾。

3.2.4.1　模糊的正义：《威尼斯商人》

《威尼斯商人》讲述了一个恪守法律、追求公正却备受法律不公平待遇的犹太商人的故事。

> 威尼斯富商安东尼奥为了成全好友巴萨尼奥的婚事，向犹太商人夏洛克借高利贷。安东尼奥与夏洛克素有罅隙，前者曾经在公开场合侮辱、唾骂后者放债营利的行径。夏洛克因此怀恨在心，与安东尼奥约定以胸口上的一磅肉的代价承担违约责任。后安东尼奥的船队失事，难以按时返航。夏洛克坚持要求安东尼奥依约承担违约责任。巴萨尼奥的未婚妻鲍西娅假扮律师出庭，支持夏洛克的要求，却又指出必须严格依照合同规定，夏洛克所割的一磅肉必须十分精确，不能多也不能少，更不准流一滴安东尼奥的血，否则将以命偿命。夏洛克因无法履行这道判决而必须承担败诉结果。②

犹太商人、放高利贷者夏洛克是故事中的主角。他爱财如命、复仇心强。在与安东尼奥的债务纠纷中，夏洛克的主观恶性十分明显，他执意要求在被告胸口割取一磅肉，目的就是为了置安东尼奥于死地。当他咄咄逼人地坚持要求严格按照法律履行协议、对公爵的仁慈规劝与善意调解充耳不闻时，人们对他的厌恶与愤恨亦达到极点，他在这场官司中的完败是意料之中的结局。但是，我们是否可以设想一下，当夏洛克拒绝公爵的调解建议时，很可能他脑海中闪现的是安东尼奥于大庭广众之下对他辱骂、吐唾沫的挑衅行为。作为一位丧失尊严的男人，面对可以向加害者进行报复的机会，并且掌握着一种于法有据的正当性报复手段时，夏洛克的选择应该是可以被宽容、被理解的。

① 包括《错误的喜剧》《驯悍记》《维洛那二绅士》《爱的徒劳》《仲夏夜之梦》《威尼斯商人》《温莎的风流娘儿们》《无事生非》《皆大欢喜》和《第十二夜》。

② 梗概及本节所有引文来源于〔英〕威廉·莎士比亚：《莎士比亚喜剧悲剧集——威尼斯商人》，朱生豪译，南京，译林出版社，2010。

另外，夏洛克是一位严守法律的生意人，犹太裔却带给他无尽的痛苦与烦恼，尤其是在威尼斯这样一个痛恨、歧视犹太人的基督教环境中。当夏洛克试图以法律作为武器讨回公道时，却发现威尼斯的法律并不总是很公平的——在一个具有高度偏见的法庭上，在鲍西娅的精彩表演与操纵下，民事案件的原告不仅自身权益未得到维护，反而戏剧化地转变成为刑事案件的被告，因而面临被剥夺财产、更蒙受被迫更改宗教信仰的奇耻大辱。鲍西娅先是借声张正义为噱头、后又以严掌法律为借口，轻易地在民事与刑事案件中倏忽穿梭，将夏洛克玩弄于股掌之上。而伯爵与旁听者对鲍西娅的行径或是颔首默许，或是欢呼支持，这一切均凸显了种族歧视背景下法律与正义间的悖论。客观上说，夏洛克虽然冷血无情，却是严格依照法律争取自己权利的，他的诉讼请求于情不容却于法有据。例如，他一次次强调着"法律"——"我站在这里是为了法律"、"我诚恳地请求法律"、"我要求依据法律做出判决"，却从来不敢轻言"正义"二字，恰因这两个字带有太多的风险与不确定性，他并不知道基督徒手中掌握的所谓"正义"究竟长着怎样的面孔。夏洛克的谨慎与担忧不无道理，很快，鲍西娅就撕掉了伪善的面具，对着夏洛克嚣张大笑："好吧，既然你要求正义，我就给你正义，无论这种正义是否是你想要的正义！"由此可见，法律是严格的，无法轻易操纵；正义却是柔性的，可以由执法者进行解释——夏洛克显然没有得到他所希望得到的正义，所有的非正义判决都落到了这个没有任何违法行为的人的身上。

夏洛克的遭遇体现了威尼斯——这一当时号称欧洲最强大、自由的资本主义城市对犹太人的歧视、排斥与迫害。依据当时的法律规定，犹太人被迫居住在古老厂房或者贫民窟内，周围有围墙隔离。太阳落山后，全城的犹太人都被赶进聚居区，禁止自由出入，并由基督徒负责看守。白天，犹太人只要离开聚居区，就必须将一顶表明身份的红色帽子随身佩戴。因为他们被禁止拥有任何有形财产，为了规避法律的惩罚，犹太人只有将钱财借给他人，通过收取利息维持生活，但是这种放债收息的行为却是基督教戒律最难以容忍的罪孽。

另外，夏洛克们还时时承受着被类似安东尼奥等宗教狂热主义者侮辱与袭击的风险。夏洛克的变态人格正是整体社会歧视氛围的创造物，夏洛克贪婪、冷血、狡黠、睚眦必报，但他远非罪人，真正的罪人是当时反犹、屠犹的社会。夏洛克的形象承载了当时犹太人对所遭受迫害的呐喊与反抗，以及对所谓基督徒的丑恶行径的讥讽与嘲笑。诸如，在法庭辩论时，当公爵谴责夏洛克没有慈悲之心，恐怕不会有好下场时，夏洛克以当时的奴隶制作为靶子，揭示了法律的本质，尽情地呵斥了公爵的伪善与凶残，表达了对整个不公平社会的强烈谴责："我又不干错事，怕什么刑罚？你们将大量奴隶当作驴狗骡马一样看待，叫他们做种种卑贱的工作，因为他们是你们出钱买来的。我可不可以对你们说，让他们自由，叫他们跟你们的子女结婚，让他们的床铺得跟你们的床同样柔软，让他们的舌头也尝尝你们所吃的东西吧。你们会回答说：'绝对不可，这些奴隶是我们所有的。'所以我也可以回答你们：我向他要求的这一磅肉，是我出了很大的代价买来的；它是属于我的，我一定要把它拿到手里。您要是拒绝了我，那么让你们的法律去见鬼吧！威尼斯城的法令等于一纸空文。"

更为有趣的是，莎士比亚对夏洛克的形象设计暗埋伏笔，令人读来忍俊不禁：夏洛克一只手握着锋利的匕首，另一只手高举着精致的天平，目光犀利，面容坚定，于法庭之上义正词严、侃侃而谈，渴望通过法律来获取公平与正义，这恰好勾勒出一副活脱脱的西方"正义女神"的形象。莎翁到底是企图借夏洛克的形象嘲讽人造正义对自然法则的亵渎，还是希冀利用鲍西娅的形象重塑自然正义的内蕴，我们无法得出确切结论。在 21 世纪的今天，西方刑法思想依然在辨别正义的容颜、追寻正义的步履的道路上踯躅前行。

3.2.4.2 妇言蛊惑下的癫狂：《麦克白》

莎士比亚的第二个创作时期是悲剧时期（1601～1607 年）。17 世纪初，英国政权更迭、社会矛盾突出。此时是莎翁思想与艺术创造的成熟期，人文主义的美好理想与冰冷残酷的社会现实发生龃龉，莎翁从幻想中惊醒，为我们描绘了一幕幕恶欲践踏良知、卑贱取代高贵的逼真图画。这一时期的代表作品包括四大悲剧，其中寄托着莎翁对社会、时代与人性的深刻思考。

"这是一个脱榫的时代，这是一个颠倒混乱的时代，这是一个失落了上帝的时代。"四大悲剧的主人公从中世纪的禁锢与蒙昧中苏醒，沐浴在古希腊个体本位的文明中；他们追寻着生机勃勃的生活，渴求实现英雄的抱负与梦想，却又无法克服本性的局限，最终或是丧生于残酷功利的外部环境，或是溺毙于幽深难测的内心欲望。理想的君主成为哈姆雷特梦境中模糊出现的冤魂；克劳迪斯与麦克白之流攫取了现实社会中的至尊席位。克劳迪斯杀兄霸嫂、杀人灭口、权势倾天；"哈姆雷特"意图担当重整乾坤的重任，却空怀大志、无力回天。"李尔王"偏信谗言、不辨忠奸、被利欲熏心的女儿逐出宫门，游荡野外，沦为半人半鬼。"麦克白"本是有功英雄，却无法抵御妇人的蛊惑与权势的刺激，用谋杀夺取政权、以屠戮巩固皇位，被野心与情欲推入永世地狱。"奥赛罗"正直淳朴却又愚蠢鲁莽，在奸人的摆布下杀害忠贞美丽的妻子，在悔恨万分中自戕赎罪。① 莎翁的悲剧中既有人与人之间的外部冲突，也有人物内心正义与邪恶力量的冲突。故事情节在内外两重矛盾冲突中发展变化，最后善与恶同归于尽。所有的人物性格无不揭示着文艺复兴后期原欲泛滥、利己主义萌发的社会现实，他在早期创作中的轻松愉快的色彩被悲愤忧郁的情调所代替。对于颠倒混乱的社会现实，莎翁表现出深刻忧虑，对人性的评价日益低落，认为在原欲中放纵的人类必须依靠理性控制来拯救，大声地呼唤秩序与新的道德理想、社会理想。

　　《麦克白》是莎士比亚四大悲剧之一。苏格兰国王邓肯的表弟麦克白，为国平定叛乱、立功凯旋，路遇三个女巫，预言他将进爵为王。麦克白在夫人的怂恿下谋杀了邓肯，篡夺王位。为掩盖罪行，他嫁祸于人、继而杀人灭口；为防老臣班柯及皇族麦克德夫产生疑心，他害死班柯以及麦克德夫的妻儿。麦克德夫侥幸出逃，与邓肯之子一起去英格兰搬救兵。在众叛亲离的情况下，麦克白夫人精神失常自杀，麦克白也被邓肯之子、麦克德夫与英格兰援军俘获，终被枭首。②

　　《麦克白》（1605 年）是一部心理描写佳作，堪称西方第一部犯罪心理剧。通过对麦克白由英雄蜕变为罪人的过程的描述，作品批判了人类原

---

　　① 《哈姆雷特》（1603 年）被誉为莎士比亚的巅峰之作。作品取材于 12 世纪丹麦王子阿姆莱斯为父复仇的史实。丹麦王子哈姆雷特的叔父克劳迪斯杀害其父，霸占其母。其父化作冤魂指示哈姆雷特为其复仇。最后哈姆雷特与仇敌同归于尽。参见〔英〕威廉·莎士比亚：《莎士比亚喜剧悲剧集》，朱生豪译，南京，译林出版社，2010。《奥赛罗》（1603 年）的主角是威尼斯公国一员勇将奥赛罗，身居高位。奥赛罗与元老的女儿苔丝狄梦娜相爱。但由于他是黑人，婚事未被允许，两人只好私奔。奥赛罗手下有一个阴险的旗官伊阿古，一心想除掉奥赛罗，占据其位。他挑拨奥赛罗与苔丝狄梦娜的感情，并伪造了各种苔丝狄梦娜与人偷情的证据。奥赛罗信以为真，在愤怒中掐死了自己的妻子。当他得知真相后，悔恨之余拔剑自刎，倒在苔丝狄梦娜身上。参见〔英〕威廉·莎士比亚：《莎士比亚喜剧悲剧集》，朱生豪译，南京，译林出版社，2010。《李尔王》（1605 年），年事已高的李尔王意欲把国土分给三个女儿，口蜜腹剑的大女儿高纳里尔和二女儿里根赢其宠信而瓜分国土，小女儿考狄利娅却因不愿阿谀奉承父亲最终一无所得。前来求婚的法兰西国王慧眼识玉，迎娶考狄利娅为皇后。李尔王离位后，大女儿和二女儿将其扫地出门，老国王漂泊荒郊野外。考狄利娅为父复仇率军攻入，父女团圆。但战事不利，考狄利娅被囚禁后杀害，李尔王守着心爱的小女儿的尸体悲痛地死去。参见〔英〕威廉·莎士比亚：《莎士比亚喜剧悲剧集》，朱生豪译，南京，译林出版社，2010。

　　② 梗概及本节所有引文来源于〔英〕威廉·莎士比亚：《莎士比亚喜剧悲剧集——麦克白》，朱生豪译，南京，译林出版社，2010。

欲对理性与良知的侵蚀。在女巫与夫人的蛊惑下，麦克白的雄心逐渐发展为野心，而首次罪行的完美实施又导致了一系列新的罪恶产生，麦克白欲罢不能，一步步滑向深渊。在迷信、罪恶、恐怖的氛围里，莎翁剖析罪人心理，以白描手法记录了麦克白犯意的萌生、罪行的实施、良知的反省与对绝望的忏悔过程，其中麦克白夫妇弑君前后的心理变化层次分明，因此，本剧具有适合犯罪心理学分析的脚本特质。

麦克白的罪恶一生与周围环境对其影响紧密相连。在他实施犯罪的整个过程中，麦克白先是俯首于宿命，其后又对妇人之言亦步亦趋，完全丧失了自我意志，最终铸成大错。作品中，女巫的预言唤醒了麦克白内心深处潜伏的强烈权力欲，但其尚存的良知却又使麦克白对弑君罪行有所忌惮。两难之时，麦克白夫人的鼓励与教唆起到了至关重要的作用。她深谙其夫的弱点，以勇气当做诱饵刺激丈夫，"你宁愿像一只畏首畏尾的猫儿，顾全你所认为生命的装饰品的名誉，不惜让你在自己眼中成为一个懦夫，让'我不敢'永远跟随在'我想要'的后面吗？"为了说服丈夫行凶篡位，麦克白夫人进一步以险恶毒辣的妇人心理进行教唆，"我曾经哺乳过婴孩，知道一个母亲是怎样怜爱那吮吸她乳汁的幼儿；可是，我会在他望着我的脸微笑的时候，从他那柔软的嫩嘴里摘下我的乳头，把他的脑袋砸碎——要是我也像你一样，曾经发誓做某件事的话。"看见丈夫动了杀心，却又担心行刺失败，仍然犹豫不决，麦克白夫人又为丈夫献计嫁祸于人，"我去陪他那两个侍卫饮酒作乐，等他们烂醉如泥、像死猪一样睡去以后，我们不就可以把那毫无防卫的邓肯随意摆布了吗？我们不是可以把这一件重大的谋杀罪案，推在他的酒醉的侍卫身上吗？"麦克白夫人以鼓动性言辞解除了丈夫的后顾之忧，坚定了他杀害国王的决心，但在动手之前，"杀人的恶念"使得麦克白看到异象，突然激发出麦克白善良的一面。面对善恶抉择，麦克白再次退缩。麦克白的夫人随之奚落、嘲笑丈夫的畏首畏尾，"倘不是我看他睡着的样子活像我的父亲，我早就自己动手了。我的丈夫，快动手吧！"杀害邓肯后，麦克白失魂落魄地回到夫人身边，精神恍惚中握着滴血的杀人匕首。麦克白夫人见状命令他立即按照原先计划，将匕首放到国王侍卫的身边，栽赃嫁祸于人。麦克白断然拒绝，承认自己无法面对已经造成的罪恶。此时麦克白夫人挺身而出，帮助胆怯懦弱却又良知尚存的丈夫毁灭证据……可以说，麦克白夫人是文学作品中第一个教唆犯、从犯的形象——首先是她引起了麦克白犯意，继而坚定其犯罪意图，接着打消其后顾之忧，竭力阻挡其犯罪中止，并实施了对证据的湮灭及嫁祸于人等善后行为。在这次凶杀过程中，莎翁将麦克白塑造为一具被显赫权势与无上地位冲昏头脑的行尸走肉，其灵魂被女巫所控制，所有罪恶均是在麦克白夫人的策划与授意下进行，从某种意义上而言，麦克白仅是麦克白夫人实施犯罪的工具而已。

谋杀国王之后，事情进展得异常顺利，国王侍卫做了替罪羊，被麦克白当场灭口，班柯等大臣也做了刀下鬼，麦克白顺利登上权力之巅，成为苏格兰国王。但这位新王并没有获得想象中的幸福，罪恶感使得他难以享有内心的宁静，恐惧和猜忌使得他统治国家的手段越来越血腥冷酷。莎翁不惜重墨，运用大量旁白、梦幻等技巧描写登基后的麦克白夫妇的内心世界，将全剧推向高潮。麦克白辗转挣扎于风暴中心，无力主宰自己的命运，作为骁勇一世的英雄，微弱的外界力量根本无法与其气势相匹配，因而与外界力量的冲突不具备动人心魄的震撼力；只有麦克白内心世界的善与恶、权欲与理性的冲突才具有动人的魅力。与一般犯罪人不同，麦克白在整个犯罪过程中时刻清醒地意识到自己行为的邪恶性与非正义性，甚至经常摇摆于天堂与地狱之间。他不乏善良的本性，他也具有辨别正义与邪恶的智慧，之所以一步步执着前行，是内心的天然欲望太过强烈并且不断受到外在力量的催化与刺激的结果。就在这种犯罪与忏悔、嗜杀与悔悟的分裂人格状态中，麦克白走向了断头台。事实上，早在麦克白杀害邓肯时，他就已经为自己宣判了死刑，他一直在期待着甚至渴望着最后的审判。

3.2.4.3　"诗歌谱就的遗嘱"：《暴风雨》

在莎士比亚的创作晚期（1608～1613 年），其作品主要向传奇剧演化。① 此时，莎翁对人文主义的实现不再抱有原始的热情，但又不愿放弃美好的人文理想，因而将笔触伸进魔幻世界，作品风格亦由批判现实主义悲剧转向浪漫多彩的传奇剧；题材仍然涉及罪恶与复仇、失散与团聚，其中的现实主义冲突却不再锐利激烈，理想与现实之间矛盾的解决往往凭借着一系列的机缘巧合，超自然的力量发挥了决定性的作用，系列作品往往以宣扬宽恕、容忍、妥协、和解告终。莎士比亚此时的作品淡化了其前期喜剧作品明亮欢快的色彩，弱化了中期悲剧作品阴郁愤懑的情怀，却平添了浓郁热烈的浪漫主义情调。《暴风雨》（1612 年）是最能体现该时期莎翁创作风格的代表作。

意大利米兰城公爵普洛斯彼洛被弟弟安东尼奥和那不勒斯国王合

---

① 　主要作品是四部悲喜剧或传奇剧：《泰尔亲王里克里斯》《辛白林》《冬天里的故事》《暴风雨》。

谋陷害、篡夺爵位，与三岁的女儿一起被流放，历尽艰险漂流到一座荒岛，在那里苦苦煎熬 13 年。普洛斯彼洛潜心修研魔法，获得成功，运用魔法将岛上的精灵、妖怪治得服服帖帖，对他俯首听命。一次，安东尼奥、那不勒斯国王及王子航海远游，普洛斯彼洛施展魔法，航船遭遇暴风雨，撞碎在普洛斯彼洛居住岛屿的礁石上，那不勒斯国王的王子被淹死。安东尼奥和那不勒斯国王在面临暴风雨即将给他们带来的死亡面前，在失去自己的骨肉的巨大悲伤面前，方才醒悟，发现生命中有远远比金钱和权力更重要的东西，对自己以往的罪过深感悔恨，发誓痛改前非，重新做人。此时普洛斯彼洛出现，安东尼奥向哥哥表示了忏悔之情，兄弟俩及众人乘船重返米兰。①

在这部作品中，莎士比亚弱化了前期、中期作品中角色间冲突的尖锐性，不再设计正义与邪恶、善良与丑陋之间不共戴天的紧张关系，转而走向调和、宽恕、忏悔、容忍。莎翁认为，人既有源自本性的作恶倾向，又具有天然向善的优良禀性，消灭罪恶并非毁灭造恶者的躯体，因为这种斗争的结局往往是正义与邪恶同归于尽（正如《哈姆雷特》《李尔王》），消除罪恶的模式应当在人性与精神的广阔空间中探索与把握。为了避免悲剧再次重演，唯一可行的途径是利用善的力量去感化恶意、消弭恶行，用宽恕与耐心对待罪者，促使其自我忏悔，最终弃恶从善。作品基调再次向基督教宽恕与博爱之教旨倾斜。可以看到，莎翁作品所包蕴精神内涵的演变轨迹，完美诠释了西方人在文艺复兴时期向理性主义时期过度的精神状态，《暴风雨》中闪烁着真挚的人道主义精神与教育刑观点，暗含着莎翁对自己创作早期抱有的单一报应刑观点的温和批判与纠正，因此被称作莎翁"以诗篇谱就的遗嘱"。②

3.3　文艺复兴时期刑法思想的演变

人文主义前期的文学作品，无论是《歌集》《十日谈》，还是《巨人传》，均生动地勾勒出冲破藩篱后欢快释放的人性图景，提倡以人欲反对禁欲、以人权反对神权、以理性反对蒙昧，追求自由精神的舒展与自然欲

---

①　梗概及本节所有引文来源于〔英〕·威廉·莎士比亚：《莎士比亚喜剧悲剧集——暴风雨》，朱生豪译，南京，译林出版社，2010。

②　同上书，序。

望的宣泄。从刑法学层面考察，集中彰显了人类意志自由、地位平等的精神，其中包含着契约论、罪刑法定、人道主义、刑罚个别化、目的刑主义等宝贵思想的萌芽，历经 17 世纪理性主义时期的酝酿，终于绚烂绽放于启蒙思想时代。

在文艺复兴后期，对人性自然欲望的歌颂与肯定给希伯来—基督教的文化伦理观带来了强烈、持续的冲击；由原欲合理发展而成的个人本位价值观在相当大的程度上导致了纵欲主义与享乐主义的泛滥。[①] 首先，人们普遍以古希腊、罗马英雄为榜样，以其"瑕不掩瑜"的放纵生活态度为准则，整个社会的道德伦理逐渐走向失范状态。其次，在 16 世纪与 17 世纪交叠时期，随着航海科学的发达，欧洲人的目光第一次覆盖整个地球，在产生强烈好奇心的同时，也激发了他们的勃勃野心。在旧信仰解体、新信仰尚未形成之时，面对如此丰富多彩的物质世界的诱惑，人们无限膨胀的欲望必然导致整个社会的道德失范与邪恶滋生。在道德糜烂、原欲横溢的现实面前，人文主义对基督教宗教文化的凯歌高奏逐渐低落下来，人文主义后期的思想家们开始修正人文主义早期的思想与理念，甚至不惜回归基督教文明去寻找治疗病痛的良药。

面对人性善与恶的交织共存，面对社会现实与理想状态间难以弥合的深壑，莎士比亚终其一生在作品中探索思考着。莎翁认为，人应当具有"高贵的理性"，它负责看护灵魂，使其不受原欲侵蚀，从而沦为冲动恶欲的奴隶。莎翁的悲剧中，善的力量每每处于劣势，被恶的势力所击败，最理想的结局不过是善与恶同归于尽，这正说明欲望的放纵带给人类自身的毁灭性灾难。最终，莎翁放弃了以恶抗恶、以暴止暴的对抗邪恶的方法（如《哈姆雷特》《麦克白》等），而是走向了仁慈、宽恕的消弭仇恨、化解罪恶的道路（如《冬天的故事》[②]《暴风雨》）。当然，我们无法以肯定的口吻认定莎翁戏剧中的罪罚观对当时英国乃至欧洲的刑事思想、刑事政策产生了如何深远、重大的影响；但我们不应忽略这样一种客观事实：莎翁作品的忠实崇拜者上至王侯将相（包括伊利莎白女王一世以及詹姆士一世），下至黎民百姓，他们在剧场包厢中、看台上如痴如醉地与剧中角色同喜共悲——戏剧所演绎的自由、理性、宽恕、博爱精神，对公众价值观

---

① John P. Mckay, Bennett D. Hill, John Buckler: A History of Western Society, Volume 1, Boston, 1987, p. 490.

② 西西里国王莱昂特斯怀疑波希米亚国王波利克塞尼斯与妻子通奸，遂毒害波利克塞尼斯，以通奸和谋杀罪逮捕、杀害王后，但二者均未丧命。后波利克塞尼斯以宽大的胸怀宽恕了莱昂特斯，化解了多年的仇怨。

的影响恰如和风细雨般潜移默化，却又根深蒂固。

　　从中世纪末期但丁的《神曲》，到文艺复兴前期薄伽丘的《十日谈》，再到文艺复兴中期托马斯·莫尔的《乌托邦》，直至文艺复兴末期塞万提斯的《堂·吉诃德》与莎士比亚的《悲喜剧集》，从文学的角度折射出西方文明的转轨期：文艺复兴时期的思想史，就是一部"古希腊—古罗马文明"与"希伯来—基督教文明"大规模产生冲撞、互补、融合的历史，西方社会基础价值观面临着重新选择与再次缔造。一方面，西方人的人性与人智被唤醒，全面复兴了古希腊—古罗马时期的人本主义精神，人们从上帝手中赎回人的个体价值与主体精神，人类真正成为"宇宙之精华、万物之灵长"；另一方面，西方社会又承袭了希伯来—基督教文明中的博爱精神与群体责任意识，将理性控制、平等观念与宽恕精神融入人文主义。最终，融古希腊—古罗马文明与希伯来—基督教文明于一体的人文主义价值观在西方社会基本确立。它将指引着西方文明穿越理性主义时代，迎接启蒙思想的洗礼。

第4章 向人间上帝顶礼膜拜：
理性主义时期的刑法思想

（17世纪）

经过深思熟虑，撒旦将决战地点选在伊甸园。这里是人类始祖亚当与夏娃的栖息地，他们安逸舒适、却又蒙昧无知地生活着。撒旦决心唤醒他们的智慧，激发他们的理性，让他们摆脱上帝的影响，成为他反抗上帝专制的斗争工具。

——［英］弥尔顿《失乐园》

撒旦深知，人类追求的欲望，深不见底，永无穷尽；他也明了，打着自由的旗号获取权利，没有什么比这个更能满足欲望。他最有力的武器就是欲望，当他将欲望与自由联系在一起的时候，几乎无往不胜。撒旦满意地发现，获取权利后的人类无一例外地渴望着扼杀别人的自由，他永远乐于看见人类的自我残杀。

——［英］弥尔顿《复乐园》

这个大厅就是一个人的心脏……那灰尘就是使他整个人腐败的原罪以及堕落。那个开始打扫的人，就是律法；而那个提水来并喷洒的少女，就是福音。第一次打扫刚刚开始，满屋就尘土飞扬，无法清扫，而你几乎被窒息……律法不但不能使内心远离罪，反而会使罪性死灰复燃，甚至为罪注入活力，使其在灵魂中膨胀；尽管律法也能够发现并禁止罪恶，但是并不能提供战胜罪恶的力量。而当福音影响你内心的时候，正如那位少女用水喷洒地面使尘埃落地，罪就被征服，被战胜了。灵魂通过信念而得到净化，因此才佩得上成为荣耀之神的居所。

——［英］班扬《天路历程》

　　要成全爱情，就得牺牲我的荣誉；要替父报仇，就得放弃我的爱人。一方面是高尚而严厉的责任，一方面是可爱而专横的爱情！

——［法］高乃依《熙德》

历经文艺复兴的洗礼，被压抑已久的西方人终于冲破基督教的桎梏，从肉体到精神均浸润于古希罗文明的个性自由、心智自主的模式中。文艺复兴末期，西方人已经成功地将彼岸世界的上帝驱逐出现世生活，同时他们亦惊恐地发现，社会群体心理再次萌发出向纵欲型文化模式涌动的迹象。旧伤未愈、心悸犹存的西方人于慌乱之中寻找着世俗社会中的"上帝"，企图以皇权代替神权来抑制原欲中蠢蠢欲动的撒旦。对理性与秩序的渴望使得国家利益与集体利益被提高到无尚的地位，对政治理性的追逐亦上升到前所未有的高度。此时，西方主要国家次第进入巩固、强大的封建社会，资产阶级不断发展，与封建贵族形成对峙；王权则凌驾于两者之上，获取了资产阶级与封建贵族之间的居中调停者地位。脱离了教权控制的西方社会进入繁荣阶段，这也使得王权拥有了圣神性，国王成为人间"上帝"，欧洲历史上的"王权崇拜"正出现在此时期。体现在刑法思想上，即开始强调以皇权代替教权，以群体理性代替个体纵欲，以成文法代替习惯法，西方刑法由宗教领域走向世俗社会。

4.1 重返伊甸园：英清教徒文学与刑法思想

4.1.1 约翰·弥尔顿作品中的罪与罚

17 世纪欧洲文学的主要成就是英国资产阶级革命文学（又称清教徒文学）和法国古典主义文学。英国杰出诗人约翰·弥尔顿①（John Milton，1608～1674 年）的文学创作代表着此时期西方人于政治理性和宗教感性间徘徊往复的矛盾心理状态。

4.1.1.1 撒旦的箴言：《失乐园》

长诗《失乐园》（1667 年）取材于《旧约·创世纪》，作品以史诗般的磅礴气势揭示了人之原罪与堕落的过程。

---

① 弥尔顿，英国诗人、政论家，清教徒文学的代表。出生于伦敦富裕的清教徒家庭，在剑桥大学求学时专修法学，深受人文主义思想熏陶，毕生为资产阶级民主而奋斗。1641 年发表《论出版自由》，大胆攻击当时的英国新闻审查制度；1649 年发表《偶像的破坏者》，主张处死查理一世；1650 年发表《为英国人民辩护》，迎接共和革命的到来。1660 年王朝复辟，下令逮捕弥尔顿，并判处他绞刑。弥尔顿因朋友帮助免于走上绞刑架，却被囚禁于监狱，财产被没收，作品被焚毁。出狱后的弥尔顿不再撰写政治著作，而是调转笔锋，创作了著名的宗教文学三部曲《失乐园》《复乐园》与《力士参孙》。

　　作品开篇描述了上帝与撒旦之间的战争。撒旦原本是一个天使，却崇尚自由、质疑上帝的权威。在撒旦的鼓动下，天使们群起反对上帝，最终被镇压。撒旦因此被逐出天国、坠入地狱。在火焰与毒气弥漫的地狱里，撒旦斗志高昂、毫不屈服。他以超人的毅力忍受着酷刑，静候挣脱束缚的时机。经过深思熟虑，撒旦将决战地点选在伊甸园，这里是人类始祖亚当与夏娃的栖息地，他们安逸舒适、却蒙昧无知地生活着。撒旦决心唤醒他们的智慧，激发他们的理性，让他们摆脱上帝的影响，成为他反抗上帝专制的斗争工具。上帝觉察了撒旦的企图，派天使拉斐尔提醒亚当和夏娃，告诫他们遵奉誓言，并讲述了上帝开天辟地、创造所有生命的光辉业绩。当亚当与夏娃追问天体运转的奥秘时，拉斐尔拒绝回答并转身离去。撒旦看见机会来了，就化作一条毒蛇出现在夏娃面前，承诺赐夏娃以智慧。夏娃在其指引下与亚当一起吃下禁果。上帝看着自己精心培育的人类被撒旦毁灭，悲哀之余剥夺了亚当和夏娃永生的权利，作为惩罚，将他们逐出伊甸园。天使米歇尔向两位罪人宣布上帝的旨意，并为他们勾勒出人类社会的未来图景——战争、灾难、劳作、生老病死及悲欢离合。虽然前途暗淡，但是获得了智慧与勇气的亚当与夏娃停止哭泣，手挽手离开了伊甸园，勇敢地面对充满活力与挑战的现实生活。[①]

　　这部作品中，弥尔顿重墨塑造了一个令传统基督徒避之不及的邪恶角色，他就是斗志昂扬、坚强不屈、反抗权威的资产阶级清教徒——魔鬼撒旦。可以看出，弥尔顿对撒旦抱以深切的同情，赞扬撒旦敢于反叛权威、争取自由的勇气，通过对该种性格的刻画，观照当时西方社会普遍存在的对宗教的反叛心理。但是这种叛逆并非针对万能的上帝，而是针对上帝的使者——教皇与教会，其中浸润着宗教改革的激情。弥尔顿认为，撒旦是人类的启蒙导师，正是撒旦为处于蒙昧状态的亚当与夏娃开启了智慧之门，使其具有知晓羞耻是非、辨别正义邪恶的能力。另外，该部作品中，弥尔顿解释了人类不幸的根源——正是由于意志薄弱，经不起外界引诱，人类才丧失了幸福安详的乐园。夏娃的堕落是由于其对知识与智慧的贪婪，她妄想成为上帝般全知全能的神；亚当的堕落则是因为溺爱妻子，听信妇人之言、沦为肉欲的俘虏。从中我们可以看出，弥尔顿对 17 世纪自然科学的成就与 16 世纪人文主义理想均持肯定态度，同时亦有所保留。

---

　　① 梗概及本节所有引文来源于〔英〕约翰·弥尔顿：《失乐园》，朱维之译，上海，上海译文出版社，2001。

他肯定人类自然原欲的合理性，但又提醒人们必须有所节制；他赞美人类从上帝手中赎回人智，却又谴责由此膨胀而生的野心与骄傲；他崇尚自然科学的进步与物质生活的发展，却认为人类的幸福根植于精神与信仰之中。上述思想正是资产阶级清教徒思想的典型体现，而撒旦被上帝压制、迫害的情景与当时新兴资产阶级饱受封建贵族压迫的处境极为相似。

从另一层面上考察，弥尔顿重墨渲染了撒旦由天使坠入地狱的缘由，是因为他不满意上帝独裁专制的行径，其中撒旦的隐忍与上帝的骄横形成了鲜明对比，生动揭示了撒旦是如何一步步被上帝逼迫、继而奋起反叛，最终沦为阶下囚的过程。即便成为囚徒，撒旦仍然不忘自己肩负的使命，宁愿以生命为代价向人类传授智慧，助其脱离蒙昧混沌的生活状态。从中我们可以考察到对犯罪本质的另类解读，预示着与社会环境密切关联的犯罪学思想的萌生。

4.1.1.2　镌刻于灵魂的印记：《复乐园》

弥尔顿的另一篇长诗《复乐园》（1671 年）取材于《新约·路加福音》，是《失乐园》的姊妹篇。作为弥尔顿失明以后的口述作品，它远远没有《失乐园》的瑰丽与磅礴，却以平实洗练的文笔阐述了更为深邃隽永的法学思想。

> 上帝将亚当、夏娃逐出伊甸园后，感到万分后悔——获得人身自由的人类，意志坚决地奋勇前行，他们永远不会设定人生的目的地，也无暇回顾自己的历史，无穷的欲望彻底俘虏了他们的肉体、蒙蔽了他们的智慧。在得到自由的同时，人类几乎立刻就抛弃了它，因为自由远没有欲望那么诱人。目睹着人类的贪婪与邪恶，上帝决定拯救自己的孩子。撒旦在这部作品中扮演着彻头彻尾的魔鬼角色，为了与撒旦抗衡，耶稣诞生了。面对撒旦遍洒人间的"欲望"与"权利"，耶稣将自由镌刻在自己的灵魂上，为人类指明了一条救赎之路。①

在这部作品中，弥尔顿的思想触须已经深深探入西方文明的根基——探讨着人类终极自由的命题。他一针见血地指出，被捆缚于"欲望"与"权利"之上的自由，已经丧失了自由的本意，沦为撒旦为了毁灭人类所奏响的号角。撒旦打着"自由"的旗号诱惑人类，却竭力推动着原始欲望在人类心灵中恣意蔓延。撒旦深知，人类追求的欲望，深不见底，永无穷

---

① 梗概及本节所有引文来源于〔英〕约翰·弥尔顿：《复乐园》，朱维之译，上海，上海译文出版社，2001。

尽；他也明了，打着自由的旗号获取权利，没有什么比这个更能满足欲望。他最有力的武器就是欲望，当他将欲望与自由联系在一起的时候，几乎无往不胜。撒旦满意地发现，获取权利后的人类无一例外地渴望着扼杀别人的自由，他永远乐于看见人类的自我残杀。

与撒旦对人类的控制与戕害不同，耶稣始终认为，自由是把双刃剑，滥用的结果就是杀死人类自己。只有将自由烙在人类灵魂之上才是自由的终极目标，自由捎带上哪怕是一丝的欲望，都会从天空落入泥潭；当自由被权利美化的时候，它已经枯萎与僵硬，散发着如撒旦般的恶臭。真正的自由不应是工具、不应是武器，而只能是目的，是镌刻于灵魂之上的印记。而刑律作为约束人类自由的最严酷的法令，是人类与上帝自愿订立的契约，其终极目的也应该是自由，而非打着自由的旗号去获取权利，继而借助权利扼杀他人的自由。撒旦永远统治不了世界，因为他的邪恶永远是那么明确；那些打着自由的旗号获取权利的人类，才是彻底扼杀自由的魔鬼。于是，耶稣殉难了，耶稣复活了——复活的耶稣鄙视着充满欲望的自由，拒绝着向往权利的自由，历经涅槃后的终极自由散发着圣洁的光彩。这种自由是不能够被欲望与权利剥夺的，这种永远没有欲望和权利缀饰的自由，才是人类应当追寻的终极目标。

值得我们注意的是，德国古典哲学的奠基者康德在阐述其"报应刑"思想时，亦明确提出"人永远是目的，而非手段"的论断，驳斥当时流行的威吓功利论。康德将人作为刑罚终极目的的思想与弥尔顿将自由作为人类终极目标的理论之间存在着密切关联，身处不同国家、相隔半个世纪之久的两位思想家，拥有着如此默契的思想交集，巧合的背后共同揭示着他们对人类本体的充分尊重，彰显着他们浓厚的人文主义情怀。

阅读这部哲理巨著，我们不得不感慨，早在 300 年前，双目失明的诗人弥尔顿就提出了"自由"与"权利"这一沉重而又隽永的话题。这道思想者的盛宴于 20 世纪 80 年代再次呈现于西方法学的殿堂——法学家们所热烈探讨的关于"权利"、"平等"与"自由"的命题正是《复乐园》所述故事的沿脉与承袭。美国自然法学家罗纳德·德沃金所主张的"平等论"，矛头直指 19 世纪边沁的"功利主义"，同时与当代波斯纳的"法经济学"针锋相对。德沃金平等论的思想核心是以"平等的自由"取代"绝对的自由"，主要包括以下论点：第一，自由是手段，平等是目的，单纯的自由没有任何意义，平等才是根本的价值追求、是自由主义的原动力，捍卫自由是为了达到平等。第二，自由是有界限的，人们享有的自由仅是法律上的自由，而非普遍的自由。第三，政府不能以"某些人更值得关心而有权利获得更多"的理由来分配各种利益与机会，也不能以"某些人关于美好生活的概念比他人更高贵"而限制他人的自由。① 德沃金的平等论体系既反对个人中心权利论，也反对所谓的社会福利至上论，其理论内核是弥尔顿自由思想的进化与延伸。

4.1.2　平民"圣经"：约翰·班扬与《天路历程》

与弥尔顿的身份相似，17 世纪英国作家约翰·班扬② （John Bunyan，1628～1688 年），亦是一名带有民主主义倾向的清教徒作家。其寓意小说《天路历程》（1678～1684 年）是一部写给非学院派人士阅读的讽喻体小说，它用平民化的笔触回答了令人生畏的问题："如何才能得到救赎？"这一作品从整体文化上看与奥古斯丁、但丁的风格相去甚远，它只信奉非黑即白的道德，呼吁纯粹的虔诚；同时指出，这种虔诚只能在人类知识未能触及的蛮荒地带才可存在。

> 作品分为两部分。第一部分出版于 1678 年，讲述了一位虔诚的男基督徒历经艰险、寻找救赎之路的故事。一位居住在"毁灭城"的名叫"粗俗"的男子看到异象，得知自己居住的城市将遭天火焚毁，惊恐不已。这时，一名叫做"传道者"的人指点他必须成为基督徒、逃离自己的故乡，前往天国。基督徒背负着拯救世界的重担，从此踏上艰辛历程，为自己、也为他人寻找救赎之道。从毁灭城出发，历经各种诱惑与凶险，基督徒学会了如何抵制诱惑、战胜困难，最终看到天堂的大门向他敞开。

> 第二部分于 1684 年出版。基督徒的妻子与孩子踏上漫长的寻夫之旅，在一个叫做"无畏"的人的指引下，最终也抵达了天国圣境。同基督徒的历程一样，他们也从毁灭城出发，在到达天国大门之前，遇到了同样的艰难险阻，例如"绝望潭"、"浮华集市"、"怀疑城堡"等。然而这两次旅程却又不尽相同。基督徒独自一人行进在通往天国

---

① 参见〔美〕罗纳德·德沃金：《认真对待权利》，信春鹰、吴玉章译，北京，中国大百科全书出版社，1998，第 6 章、第 10 章。

② 约翰·班扬，英国著名作家、宗教改革家。出生于英格兰东部贝德福德郡的贝德福德，其父是补锅匠人。青年时期曾被征入革命议会军，后在故乡从事传教活动。1660 年斯图亚特王朝复辟，当局借口未经许可而传教，将他逮捕入狱两次，分别监禁十二年、六个月。他在狱中写就《天路历程》，语言简洁平易，被誉为"英国文学中最著名的寓言"，它突破了民族、种族、宗教与文化的界限，风靡全球。迄今为止，这部作品在世界各地已有多达二百余种译本，是除了《圣经》以外流传最广、翻译文字最多的书籍。

的漫漫长路上；基督徒的妻子与孩子却与他人结伴而行，队伍不断壮大，人们相互帮助，相互支持。①

在《天路历程》中，班扬把人之内心比喻成一个大厅，由于从未受过福音恩典的洗礼，这厅里布满的灰尘乃是他的原罪和内心的腐败，把整个人都污染了。第一次来打扫的是律法，而这第一次的打扫，尘埃飞扬，表明律法不但不能洗净人心，却把恶更加激活，罪在灵魂深处更加增多。后一个来打扫的是福音，根据福音，人对人的审判与惩罚是虚妄、是无知，福音带来的是人与人之间的深刻理解和爱。

这个故事有很大部分取材于班扬自己的生平，以及他生命中不同时期忏悔赎罪的历程。由于班扬亲眼目睹了许多人走过的不同心路历程，因而在小说中安排上帝使用不同方法引领公众，使得人类探索精神向不同的广度与深度扩展。例如，故事中有一位"胆怯"先生，与"勇敢"先生选择的是同一条道路，也遇到了相同的关键时刻，应对方式却大相径庭，最终二人都到达了美好的天国，这一点充分说明神对人心的指引在形式方面是不拘一格的。由此可见，《天路历程》集中代表了英国宗教改革时期清教徒的神学思想，借助寓言的形式承载了超越各种教派狭隘视野的、具有极大包容性的思想，在人类历史上首次提出了多元化的宗教理想，对人性弱点的观照尖锐而深刻。班扬所宣扬的"因信生义"理念代表着对中世纪教会所把持的宗教教义的突破与抛弃，因而超越了民族、种族、宗教、时空的局限，逐渐融入西方世俗宗教的精神之中，受到广大民众的深深喜爱，西方人对它的熟悉程度仅次于《圣经》。

另外，《天路历程》对当时现实社会的抨击亦是十分尖锐和深刻的，作品影射了道德失范情境中的人们痛苦挣扎的内心世界。一个对自己所背负的罪恶深恶痛绝的基督徒，在漫漫征途上所遭遇的一系列痛苦、磨难与考验，均折射出真实社会的丑陋。例如在"名利场"的描写中，班扬将世俗社会的罪恶浓缩到一个小小集市中，向我们展示了复辟时期伦敦的景象。这是一个物欲至上，社会的价值与秩序都通过交易、买卖来衡量与维持的人间地狱。荣誉、地位、快乐均可通过金子换取，谋杀、通奸、欺骗、背叛的行为者却逍遥法外。基督徒的生存境况非常恶劣、窘迫，甚至动辄会被送上火刑堆与绞刑架；而其所奉行的坚忍、朴素、虔诚的精神对于社会沉疴的拔除又是非常必要的。

---

① 梗概及本节所有引文来源于〔英〕约翰·班扬：《天路历程》，萧乾、李从弼译，北京，人民文学出版社，2001。

睿智常常携带着沉重，班扬因为对基督教教义的大胆诠释而屡次入狱，狱中所遭受的肉体折磨、人格侮辱、精神冲击与灵魂震撼促使他重新思考人生与灵魂的归宿。他的人生历程的每一步均面临着继续还是放弃的抉择，《天路历程》正是其身陷囹圄十二载所结出的智慧之花。在宽恕、仁慈的上帝面前，班扬对罪与罚的看法超越了"原罪"的桎梏，将目光转向多元的社会现实、政治根源；继而对"罪者"的态度亦由宗教意义上的厌恶排斥，回落到世俗情感中的宽恕与仁爱，孜孜不倦地寻求多种方式、多元渠道改变"罪者"，共同赶往荣耀的上帝之城。

4.2　向规则与秩序俯首：古典主义文学与刑法思想

经过文艺复兴的洗礼，传统宗教价值体系面临着彻底的质疑与挑战，而此时新的信仰体系尚未形成。崇高与卑微、理智与情欲、文明与野蛮、天堂与地狱、善与恶、罪与罚纵横交错、同生共存。在这样一个躁动而又混乱、充满活力又人欲横流的时代中，人之蓬勃生命力难免以享受现世欢乐、无所节制的贪欲等极端利己主义的方式表达出来。对于个性自由的片面追求，导致西方普遍道德水准的下降与价值观的混乱。布克哈特曾生动地描述当时社会的情境："当看到别人通过利己主义实现了目的，他为了恢复自己内心的平衡，就不得不也采用同种手段与价值评判标准。简单地说，他的妻子被别人占有，他会立即采取措施，转向另一个也同样自由的个性，比如他的邻居的妻子。在道德、伦理、宗教、法律的约束面前，他完全拥有自主决定选择哪一个权利，而他的决定建立在对利益、荣誉进行精确算计的基础之上。"① 此时的西方，人之个性经过长期、多向度的发展之后，对秩序与稳定的期盼成为一种普遍的社会心理，而该种期盼的实质是对理性的呼唤，人们内心中渴望着一种新的理性与普遍正义。

在哲学领域中，勒奈·笛卡尔②（Rene Descartes，1596～1650 年）

---

① 〔瑞士〕雅克布·布克哈特：《意大利文艺复兴时期文化》，何新译，北京，商务印书馆，1981，第 445 页。

② 笛卡尔，著名的法国哲学家、科学家和数学家。西方现代哲学思想的奠基人，近代唯物论的开拓者。提出"普遍怀疑"的主张，开拓了所谓"欧陆理性主义"哲学，其哲学思想深深影响了之后的几代欧洲人。

提出了著名的"唯理主义"与"怀疑一切"的口号①，重视理智、规则、标准，赋予人的理性以至高无尚地位。自然科学领域中，艾萨克·牛顿（Isaac Newton，1643～1727 年）的万有引力定律与开普勒行星运动定律间的一致性，展示了地面物体与天体运动均遵循着相同的自然定律，进一步向人类启示宇宙是井然有序的。人们逐渐意识到，人类社会也必须具有自己的规则与秩序，个体人的自由必须合乎群体生活的需要，个人的内心法则必须服从社会群体规则的制约。在上述文化情境下，西方人逐渐迈向理性与秩序：一方面，重视人的思维自主与智识能力，倡导人的主体意识与主动性，否定对上帝的被动屈从，对宗教蒙昧主义进一步进行否定；另一方面，注重理智对情感的制约，对绝对自由进行制约，对文艺复兴后期以原欲泛滥为基础的个人功利思想进行反拨。

在对秩序与理性精神的渴望之中，古典主义②文学诞生了。古典主义最早萌生于法国，并迅速扩展到整个欧洲，代表了 17 世纪西方文学的最高成就。它具有鲜明的特征：首先，在政治思想上主张国家统一，反对封建割据，表现出拥护中央王权的强烈政治倾向性。其次，宣扬理性、要求克制个人情欲，鼓励以理性去处理个人与国家利益、家庭义务与荣誉观念之间的矛盾。文学作品以个人情感、家族责任、国家义务的冲突为主线，在矛盾解决的过程中进行个人服从群体、责任抑制情感的道德宣教。再次，摆脱了古希腊悲剧的灵魂——宿命论，英雄们被塑造成自己命运的掌

① 17 世纪早期的法国，为神学服务的经院哲学敌视自然科学，以火刑与监狱对付先进的思想家和科学家。因此，批判经院哲学、建立新哲学支持自然科学是先进思想家的共同任务。笛卡尔与培根一样，打出了新哲学的大旗，指出经院哲学是一派空谈，只能引导人们陷入根本性错误，不会带来真实可靠的知识；人类社会必须用新的正确方法，建立起新的哲学原理。从此，哲学研究开始重视科学的方法论与认识论。笛卡尔的名言是"我思故我在"，他认为感觉并不可靠，理性是一种先天的认识能力，是一切认识的根源。他还认为，万物之美在于真，真存在于条理、秩序、统一、均匀、平衡、对称、明晰、简洁中，人凭理性才能认识这种真。复杂的事情看不明白，应当把它尽可能分成简单的部分，直到理性可以辨明其真伪的程度。这就是笛卡尔的真理标准，这是在认识论上应用理性主义，即"唯理论"。笛卡尔同时指出，我们已有的观念和论断有很多是极其可疑的，我们处在真假难分的状态中。为了追求真理，必须对一切都尽可能地怀疑，甚至像"上帝存在"这样的教条也要怀疑。只有这样才能破旧立新——这就是笛卡尔式怀疑。这种怀疑不同于否定一切知识的不可知论，而是以怀疑为手段达到去伪存真的目的，所以被称为"方法论的怀疑"。他把怀疑看成积极的理性活动，要拿理性当作公正的检查标准。他相信理性的权威，要把一切放在理性的尺度上校正，认为理性是世间分配得最均匀的东西，权威不再在上帝、教会那里，而是到了每个人的心里。笛卡尔的理论对经院哲学是沉重的打击。

② 古典主义是指 17 世纪流行于欧洲的一种带有浓厚封建色彩的资产阶级文学思潮，因为它在文艺理论和创作实践上都以古希腊罗马文学为典范，并规定了对行文的诸多规则与限制，故被称为古典主义。

控者，不再屈服于超人的自然力量。最后，在"理性与秩序"的影响下，文学创作的技巧和形式也加以规范化，形成了一整套作家必须严格遵循的艺术规范——三一律。①

4.2.1　情欲与责任的冲突：皮埃尔·高乃依与《熙德》

皮埃尔·高乃依②（Corneille，Pierre，1606～1684 年）是古典主义悲剧创始人。其作品《熙德》（1636 年）是古典主义第一部典范作品和奠基之作，生动地描述了两个家族之间的复仇故事。

> 唐罗狄克与施曼娜相爱，这对情人的父亲却因国王选太子傅一事而争吵，话不投机时，施曼娜父亲打了唐罗狄克的父亲一记耳光。唐罗狄克之父向儿子说明所受的侮辱。儿子顿时矛盾起来：父仇不可不报，要父亲还是要爱人？唐罗狄克深爱着施曼娜，但又肩负着恢复家族荣誉的重任，激烈的内心冲突演绎为一段经典的独白："要成全爱情，就得牺牲我的荣誉；要替父报仇，就得放弃我的爱人。一方面是高尚而严厉的责任，另一方面是可爱而专横的爱情！复仇会引起她的愤怒，放弃会引起她的蔑视；复仇会使我失去最甜蜜的希望，放弃又会使我不配爱她。"唐罗狄克对个人幸福的追求尽管强烈，最终还是向家族荣誉与复仇义务屈服了。他找到施曼娜之父，并在决斗中杀死了对方。自己的父亲竟被爱人所杀，施曼娜心中也万分矛盾。最后她掩埋私情，也同样选择了家族复仇，向国王请求处死唐罗狄克。关键时刻，唐罗狄克为国立功击退摩尔人的入侵。于是国王出面调解了两个家族的世仇，一对有情人结为伉俪。③

高乃依的《熙德》与莎士比亚的《罗密欧与朱丽叶》讲述着相同的爱情故事，结局却大为不同。面对不共戴天的家族世仇，罗密欧与朱丽叶最终以双双殉情为代价，换来了家族夙怨的冰释雪融；而唐罗狄克与施曼娜却有情人终成眷属，落得皆大欢喜。在《罗密欧与朱丽叶》中，萨翁所哀叹的是处于家族风暴中心的个人力量的卑微渺小，罗密欧与朱丽叶在家族中的发言权与选择权完全被剥夺，一方是亲密爱人，另一方是严厉家规，

---

① "三一律"规定戏剧的"情节、时间、地点"（plot，time，place）必须保持一致，即剧本的情节只能有一条线索，故事发生在同一地点，剧情在 24 小时之内完成。

② 高乃依，法国剧作家、诗人。出生于诺曼底港口城市鲁昂，祖父是诺曼底议会的掌玺参事，父亲在鲁昂子爵领地担任水泽森林特别管理，祖上几代家境殷实。教会中学毕业后，开始攻读法律，后担任鲁昂王家水泽森林事务律师和法国海军部驻鲁昂律师二十余年。

③ 梗概及本节所有引文来源于〔法〕高乃依、拉辛：《高乃依 拉辛戏剧选》，张秋红等译，北京，人民文学出版社，2001。

除了死亡，一对恋人别无选择。而在《熙德》中，高乃依强调的是，只要将个人幸福与家族荣誉、社会责任维系一处，只要拥有宝贵的理性、坚持崇高的责任，个人完全可以屹立于家族与社会交织而成的旋涡之中，主宰自己的命运。

作品中，男女主人公在情欲、荣誉与义务的冲突中痛苦挣扎、权衡利弊，最终均做出了牺牲个人情欲的抉择，勇于承担家族责任、履行公民义务。这充分表现了当时社会所需要彰显的理性战胜感情、家族利益高于个人利益、国家利益高于一切等思想，以及所赞美的忍耐、宽恕、忠贞、奉献的精神。同时我们亦应看到，作品对国王充满智慧与理性的裁判亦倍加赞赏，这是公民维系家族荣誉、奉献国家利益后仍然得以获取个体幸福的关键所在。因此，这部作品的创作主旨完全符合当时社会心理所亟须的对理性与秩序的渴求，亦迎合了皇权在与教权争夺权力过程中的需要，作品取得巨大成功。

4.2.2　爱欲与理性的较量：让·拉辛与《昂朵马格》

让·拉辛[①] （Jean Racine，1639～1699 年），是又一位杰出的法国剧作家，他所创作的悲剧作品大多取材于古希腊罗马故事，刻画了宫廷间的情杀复仇，揭露了宫廷贵妇的秽乱生活。剧中人物往往受到情欲支配、丧失理性，遭到天神惩罚，走上自我毁灭之路，反映了对理性战胜情欲的呼吁。拉辛创作的系列古典主义悲剧，严格依照"三一律"，风格简明、剧情紧凑、扣人心弦。其代表作《昂朵马格》（1667 年）取自希腊神话传说，描写了特洛伊英雄赫克托耳之妻沦为阿喀琉斯儿子的战俘的故事。

> 爱比尔国王卑吕斯杀死特洛伊王子赫克托耳，并希望占有死者之妻、已沦为俘房的昂朵马格；同时他取消了与希腊公主爱妙娜的婚约。希腊联邦全权代表奥赖斯特到达爱比尔，奉命杀死赫克托耳之子。卑吕斯拒绝了希腊人的请求，却又以此威胁昂朵马格，迫使她就范。为保全儿子的性命，昂朵马格假意答应卑吕斯的求婚。爱妙娜得知未婚夫另有新欢，嫉恨交加，唆使正在追求自己的希腊特使奥赖斯特刺杀卑吕斯。奥赖斯特依其吩咐在婚宴上杀死了卑吕斯，昂朵马格携幼子趁乱逃离。爱妙娜看到情人惨死后痛不欲生，以短剑自刎殉

---

　　① 让·拉辛，法国剧作家、诗人，古典"三一律"的代表人，与高乃依、莫里哀合称 17 世纪法国最伟大的剧作家。生于法国北部的拉费泰米隆，三岁成为孤儿，由冉森教派的外祖母抚养，就读于冉森派教会学校，学习古希腊文学。1673 年入选法兰西院士，1677 年被路易十四封为史官。1678 年、1683 年和 1687 年，他三次随从路易十四出征，搜集战史资料，文学作品多与史实相关。

情。奥赖斯特成了弑君者，并失去了爱人爱妙娜，因遭受过度刺激而精神失常。整个悲剧在一片恐怖、混乱的喧杂声中收场。①

《昂朵马格》是一部典型的宫廷悲剧，色调阴暗、气氛沉郁，真实地反映了宫廷中尖锐、复杂的矛盾，严厉谴责了封建贵族残酷自私、耽迷原欲、对民族利益与公民义务不屑一顾的人生态度。剧中人物无论是君主、公主还是联邦特使，均完全被情欲控制，继而丧失一切理性，结果不仅毁掉了荣誉原则，而且断送了国家利益与身家性命。

曾用战争赢得无限荣耀的国王卑吕斯对昂朵马格一见倾心，为了这个女人不惜抛弃荣誉、国土与君王使命。希腊使节奥赖斯特才华横溢，却疯狂地爱上了爱妙娜公主，不惜为爱人犯下弑君之罪，崇高的骑士荣誉沦为情欲的祭牲。爱妙娜深情地恋着卑吕斯，当她意识到爱人背叛了自己，极度的嫉妒与怨恨导致了她疯狂的报复，但听闻卑吕斯的死讯后，她又毫不犹豫地追随爱人而去。剧中人物均被自己疯狂的爱欲折磨至癫狂状态，他们相互憎恨、相互伤害，最终难逃死亡的宿命。剧本中最大的赢家是赫克托耳的遗孀昂朵马格，由于她理性与感情的高度统一，以及她对爱情与民族的高度忠贞，结果既保住了自己的名节，又保全了儿子的性命，体现了其对责任、义务与感情、私欲之间矛盾的妥善处理，塑造了一名深明大义、以国家利益与公民义务为重的优雅、智慧、高贵妇人的形象。

4.3　理性主义时期刑法思想的演变

从《失乐园》到《复乐园》，从《熙德》到《昂朵马格》，在文艺复兴思想的浸润下，西方人的心智历经了长时期、多向度的自由发展。16世纪末期，一种普遍的惶恐不安、焦躁郁闷的情绪弥漫于西方人的内心深处，人们迷惘地发现，在远离了上帝的监督与约束之后，自己内心的精神支柱也轰然崩塌，整个社会再次陷入古罗马后期道德失范、物欲至上、情欲横溢的危险状态。此时的西方人开始急切地寻找新的信仰，渴求新的秩序。面对驱逐了宗教信仰后贫瘠、苍白、冰冷的精神荒原，西方人环顾四周、茫然无措，最终仍然不得不一头扎入上帝的怀抱，希冀在一种庄严的束缚中找回昔日内心的平静和灵魂的安宁。

---

① 梗概及本节所有引文来源于〔法〕让·拉辛：《拉辛戏剧选》，齐放、张廷爵、华辰译，上海，上海译文出版社，1985。

但是，历经文艺复兴精神洗礼的西方人，拒绝将自己的肉体与精神全部交还给上帝，他们只是希望借上帝之手来塑造一种新的理性。在此背景下，基督教教义必须进行改良，才能迎合当时社会群体性需求。弥尔顿与班扬均是虔诚的新教教徒，弥尔顿在《复乐园》中，所描述的人类获得拯救的途径与加尔文教派的教义完全一致①，而班扬在《天路历程》中所提倡的"因信称义"的精神则是宗教改革家马丁·路德博士新教教旨的文学化、生动化表述。② 清教徒文学成为处于普遍心理失落期的西方人的新福音书，人们从作品中发现了与旧时宗教不同的、崭新的"平等"、"自由"的理念。尤为重要的是，新教中关于"做官执政、蓄有私产、贷钱取利者，同担任教会职务者一样，均可视为受命于上帝"的教谕促成了日后资产阶级以坚忍、无畏的开拓精神来积聚财富的群体价值观念的形成。

另外，西方文明逐步摆脱原欲型的人文主义思想，向着规则与秩序大步迈进。哲学界笛卡尔的"唯理主义"与自然科学领域牛顿的"万有引力定律与开普勒行星运动定律间具有一致性"的论断，为西方人揭开了一个令人惊叹的、充满井然规则与秩序的宇宙。人们逐渐意识到，人类社会也必须具有规则与秩序，个体人的自由必须合乎群体生活的需要，个人的内心法则必须服从于社会群体规则的制约。对沉溺于"情欲"与"物欲"生活模式的批判，对"理性"的崇尚与"规则"的重视，使得整个西方的法律思想由文艺复兴时期的"个人本位"向"公民义务"与"集体主义"持续倾斜。

应该看到，此时西方人所秉持的"理性"观念与18、19世纪的自然理性并不相同，它更倾向于一种政治理性，是强烈的王权意识、国家观念

---

① 加尔文（1509～1564年），曾在巴黎大学研究神学，后又修习律法。主张"先定论"，即人得救与否完全是神所预定的；但他又不赞同"宿命论"，认为虔诚的信仰与完美的德行是得到救赎的基督徒的首要义务。加尔文派宗教教义包括如下内容：一、废除天主教的主教制，建立长老制，长老由有威信的平民信徒担任。二、设立由长老会议和六名牧师组成的宗教法庭，在加尔文的指导下审理各种案件。三、简化宗教仪式。四、严禁一切浮华享乐行为。五、鼓励经商致富，认为积攒财富与适当消费是完成上帝交付人类的使命，可以使上帝荣耀。

② 马丁·路德（1483～1546年），在耳弗大学获文学硕士，后深造半年法律，接着入修道院苦修，1510年成为神父。1512年获威登堡大学神学院博士，随即教授《圣经》，是德国最早用德文对照《新旧约》原文授课的教授。马丁·路德潜心苦修，却无法得到内心的平静，直到有一天他研读《圣经》时，看到"义人必因信得生"（《新约·罗马书》1：17），顿时觉悟，意识到人获得救赎只是因其对上帝的信仰及上帝的恩赐，其他一切律法均不能保证使人得以"称义"。与此同时，马丁·路德目睹了人们购买"赎罪券"的情形，又耳闻教会主教买卖圣职的丑事，遂开始着手攻击教会愚弄百姓的劣行。1517年10月31日，他将所著《对赎罪券的九十五条论纲》张贴于威登堡大学教堂门口，点燃了德国民众反对罗马天主教会的烈焰。

与政治热情的综合产物。这种政治理性的萌发无疑有其经济、政治等多方面的因素。从某种意义而言，"王权崇拜"是人类将视线从上帝身上收回、重视自我的开端。欧洲君主专制制度始于中世纪末期，这恰好是人们对上帝的信仰发生动摇之时。法国于 11 世纪至 15 世纪中叶发展为君主制国家，英国君主制发端于 1066 年的征服者威廉时代，但英、法两个典型封建国家的黄金时期均产生于文艺复兴后的 17 世纪。历经文艺复兴的狂欢，冷静下来的西方人开始思考上帝隐退后由谁来主宰人间秩序的问题。在这个"秩序与安全比自由更加重要的时代"[①]，人们将目光转向了人间的上帝——君主。

君主专制制度在文艺复兴后的西方普遍得到民众的接受与拥护，是因为它适应了该时期政治与经济发展的需要。首先，作为民族精神的代言人，王权在宗教改革运动中为反对罗马教会控制、保护民族利益作出重要贡献；其次，王权的强化有助于结束国家四分五裂的状态，为工商业发展提供方便，得到资产阶级的拥护；再次，王权的强化削弱了封建领主的行政权、立法权、司法权，因而备受压迫的底层民众在一定程度上也予以拥护；最后，新大陆被发现后，欧洲各国间的利益争夺日趋激烈，王权的强化有助于国家在殖民战争中立于不败之地。在此种背景下，西方人抛弃了一个虚幻的上帝，却又塑造了一个具有肉体的上帝。

总体趋向考察，17 世纪是欧洲大陆不断资本化的时代，此时的欧洲刚刚摆脱了教权对皇权的控制，皇权凌驾于封建贵族与资产阶级对峙局面之上，将欧洲的封建专制推向了极盛时代。在英国，当 15 世纪末都铎王朝的第一个皇帝亨利七世建立了西方第一个真正的专制政府时，"许多公民欢迎建立专制君主制来代替无政府状态，中产阶级尤其希望得到一个统一政府的保护"。[②] 17 世纪的法国，在路易十三专制政权的统治下成为西方的主要强国。"太阳王"路易十四以"朕即国家"之姿态，凭借绝对的政治控制、雄厚的经济基础与稳定的社会环境开拓疆土，激起了法兰西民众极大的自豪感，这也为王权专制的存在赋予了合理性、神圣性。在上述政治因素、自然科学发展状况、民族心理动荡不安等多种因素的综合作用下，西方刑法思想也发生了的显著变化。

---

① 〔美〕爱德华·麦克诺·伯恩斯等：《世界文明史》，罗经国等译，北京，商务印书馆，1995，第二卷，第 291 页。

② 参见上书，第 259 页。

4.3.1　马基雅弗利的刑法思想

同时期的哲学、政治、法律思想为西方"国家至上"、"王权崇拜"的政治理性注入了系统而有说服力的支撑。早在文艺复兴末期的意大利，就产生了集权君主论思想，代表人物是马基雅弗利（Niccolò Machiavelli，1469～1527 年）。在其代表作《君主论》（1513 年）中，马基雅弗利指出，国家的产生并非出于神意，更不是道德所致，而是源于"人性的邪恶"。人的本性即自私，原始状态的人们在追求财富与权力的欲望中自相残杀，永无止境。为了防止人类毁灭、维持大多数人的生存需要，人们自愿联合起来，选举出最勇敢的人担任首领，并颁布法律与刑罚，国家因此产生。王权不但需要高度集中，国王还必须诉诸铁腕、狡黠相结合的治理手段，"兼具狮子与狐狸的秉性"。

马基雅弗利认为，人类斗争的手段无非两种，一是依照法律，二是诉诸武力。当第一种较为文明的方式难以奏效时，必须使用第二种本能性手段。因此，一个君主必须熟谙动物本能，为维护国家权力与安全而不择手段，包括使用残暴、狡诈、伪善、谎言与背信弃义等手段，只要有助于君主统治均为正当，亦即"行为在指控他，行为的结果却在宽恕他"——这是其"目的使手段合理化"思想的具体运用。[①] 在西方中世纪史诗中（《尼伯龙人之歌》《熙德之歌》等），我们可以清晰地看到马基雅弗利上述理论的现实基础。

马基雅弗利很少直接论述法律，但作为近代资产阶级政治学说的奠基人之一，他的理论明显摆脱了神学与伦理学的束缚，为法学开辟了走向独立学科的道路；他主张国家利益至上，"将国家权力作为律法存在的基础、而法律与军队又是国家权力的保障"等思想对后世西方的法律理论产生了深远影响。

4.3.2　托马斯·霍布斯的刑法思想

英国人托马斯·霍布斯（Thomas Hobbes，1588～1679 年）继承了马基雅弗利的基本观点，将国家主权说发挥到极致状态。在其阐述国家理论的经典之作《利维坦》（1651 年）中，霍布斯以"利维坦"（Leviathan）这一既保护人类又祸害人类的巨兽来喻指"国家"，认为人民自愿订立契

---

① 参见〔美〕爱德华·麦克诺·伯恩斯等：《世界文明史》，罗经国等译，北京，商务印书馆，1995，第二卷，第 142 页。

约，主张以"国家"这一巨兽来管束邪恶、维持秩序，当然也就默许了巨兽对人类所具有的潜在威胁。

> 利维坦是一种巨大的水生怪物。上帝造人后，人请求上帝再创造一个英雄来保护他们。上帝说却拒绝道："英雄在保护你们的同时，也会欺压你们"。人不听上帝之言，为了抵御各种外来风险，自己创造了一个"利维坦"，一个能让他们有归属感的庞然大物——政府。但政府这个利维坦具有双面性格。它由人组成，也由人来运作，因此也就具有了人性半神半兽的品质，它在保护人的同时又在吃人。所以，就有了人类社会的最高理想，即"把利维坦关进笼子里"一说。①

霍布斯同样以"人之本性邪恶"作为理论基石，认为自然法不是保护每个人基于本能的自然权利，而是限制这些权利。人生而平等、生而自由，但人与人之间无法避免因争执、猜忌与荣耀导致的无休止的掠夺与厮杀。与文艺复兴时期所倡导的观点不同，霍布斯断然否认人类自然状态的理想化色彩，其提出的"人对人是狼"的命题导致了原始社会处于"普遍战争"的混乱状态之中，每一个个体生命的本质均是"孤独、卑鄙、粗野、短促"，为了防止个体对整体的战争状态，人们自愿组成了国家，并将自己的权利交给国家保存，"人民放弃一切，为的是谋求安全这一最大的福利"，"国王有权实行专制，这并非是上帝赐予他的权力，而是人民赋予他的权力"。②

在将国家主权论应用于刑法领域时，霍布斯认为刑法的性质是"由理性发现的律令或原则，用来禁止人们毁灭自身或者放弃保存生命的手段"。我们无法谴责人之本性，所以只能以刑律来规制其野性，借助某种恐怖暴力来强制人们履行约定。至于犯罪，则"不仅在于为法律之所禁为，言法律之所禁言，或不为法律之所令，而且也在于犯法的意图或企图"。③ 霍布斯的上述理论不仅注重行为者的客观动静，分辨言与行，考察为与不为，更是应当深究其犯罪意图，这就初步建立了英美法系主客观二重性犯罪构成的框架。

---

① 梗概及本节所有引文来源于〔英〕霍布斯：《利维坦》，赵闻道译，长沙，湖南文艺出版社，2011。

② 〔美〕爱德华·麦克诺·伯恩斯等：《世界文明史》，罗经国等译，北京，商务印书馆，1995，第二卷，第291页。

③ 参见〔英〕霍布斯：《利维坦》，赵闻道译，长沙，湖南文艺出版社，2011，第27章"论罪行、宽宥与减罪"。

论及犯罪原因，霍布斯认为，一切罪行来源于理解上的缺陷（无知）、推理上的错误（谬见），以及某种感情的爆发（仇恨、淫欲、野心、贪婪等激情）。[①] 在进行罪质界定时，衡量罪行轻重的标准为犯罪人的"理性"参与行为的多寡："恃强斗富动机比畏罪潜逃的罪行更重，明知故犯比错误估计更严重，预谋犯比激情犯恶性更大，劫夺贪污公共财富比诈骗私人财物罪恶更大。"因此，刑罚的目的不是报复，只能是"改正犯过错者，或者指导他人不去犯相同过错"，如果以其他目的去惩罚他人，就是一种残忍。上述观点明确提出了教育刑与犯罪的一般预防论。[②] 可以看出，霍布斯始终将"理性"与"公共利益"置于刑法思想的首位进行考虑。

4.3.3　约翰·洛克的刑法思想

约翰·洛克（John Lockel，1632～1704 年）出生于英国一个清教徒之家，其理论体系深受培根、笛卡尔理性主义的影响，并继承、发展了霍布斯的"契约论"。

洛克认为，"社会契约"的产生，来源于人类社会自然状态的三点弊端：其一，缺少一种事先确定的、众所周知的法律，亦即缺少判断、解决纠纷的准则——这为以后启蒙思想时期的"罪刑法定"思想奠定了基础；其二，缺少一个有权依照法律来裁判争执的公认的裁判，涉及独立司法权的存在；其三，缺少一种权力来支持正确的判决，使之得以执行，涉及执法权的确定。为了弥补自然状态的弊端，洛克第一次提出了三权论与分权论——这是西方世界三权分立制度的思想准备。洛克进一步指出，在这个秩序与安全比自由更为重要的"理性"时代，"如果无人拥有执行自然法的权利以保护无辜、约束罪犯，这种自然法就毫无用处。但是，由每个人来行使刑罚权，又势必造成混乱与失序。正是在违法与惩处两方面不能保证可避免过度行为的情况下，人们意识到社会契约的必要性。人们约定，将权利交给一个强大的足以保护他的臣民免受暴力侵害的统治者，这是完全正当、合理的"。

以自然状态与社会契约论为基础，洛克引申出一系列刑法思想。关于犯罪，洛克认为是"违背社会契约、不符合理性规则、侵害他人

---

① 参见〔英〕霍布斯：《利维坦》，赵闻道译，长沙，湖南文艺出版社，2011，第 27 章"论罪行、宽宥与减罪"。

② 参见马克昌主编：《近代西方刑法学说史》，北京，中国人民公安大学出版社，2008，第 13～17 页。

的行为"。所以刑罚是为了保护"社会法益",刑罚权的基础正是"社会契约",谁打破契约约束、对他人进行侵害,就是对全体人类的侵害。因为人们让渡一部分权力给国家,国家享有刑罚权,对每一桩刑事案件的判决,其实就是公民自己的判决。应当指出,洛克是西方刑法史上第一个提出"罪刑法定"、"刑法适用平等"观点的法学家,他认为"刑罚权来源于全体公民让渡给国家的立法权,国家必须以正式公布和被接受的法律来进行统治,对权贵与平民一视同仁。每一个人都受制于那些他自己作为立法机关所制定的法律;反之,如果公民不知道这是犯罪行为,则不受刑罚处罚。罪犯的名位和党羽数量,除了加重罪行外,并不使罪行有任何差异"①。

在刑罚层面上,洛克反对酷刑与重刑,提倡"罪刑均衡",强调刑罚的作用在于警戒、教育、改造犯罪者或不轨者,"理智地纠正与禁止"是一个人可以合法地伤害另一个人,即我们称之为刑罚的唯一理由。洛克明确支持死刑:"这个罪犯既然已经灭绝理性——上帝赐给人类的共同规则——以他对另一个人所施加的不义暴力和残杀而向全人类宣战,因而可以被当作狮子或老虎加以毁灭,当作与人类不能共处和不能有安全保障的一种野兽加以毁灭。"② 作为自由思想的奠基人,洛克为人民主权与人民保留了"生命、自由、财产"三大不可让与的权利,如果国家与官员侵犯上述权利,公民有绝对的自卫与抵抗权;进一步,洛克最早举例论证了正当防卫的成立要件,具体提出正当防卫的两个要件:"在自己生命受到威胁并且来不及诉诸法律情况下,受害人可以杀死罪犯。"③ 综述洛克诸项论题,无不与"规则、理性","国家至上"等集体主义观念同享渊薮。

4.3.4　胡果·格劳秀斯的刑法思想

荷兰著名法学家胡果·格劳秀斯（Hugo Hrotius,1583～1645 年）认为,国家起源于理性契约,并突出强调了理性在自然法中的地位,认为自然法是正当的理性命令,任何与合乎本性的理性一致的行为就是道义上的公道行为,反之,即道义上的罪恶行为。另外,他还提出犯罪是对整个社会的侵犯,应当受到控诉,即以主权者的名义提出指控,将犯罪与社

---

①②　〔英〕洛克:《政府论（下）》,叶启芳、瞿菊农译,北京,商务印书馆,1983,第 12章。

③　参见马克昌主编:《近代西方刑法学说史》,北京,中国人民公安大学出版社,2008,第17～22 页。

会防卫紧密联系，强调公民的群体观点。①

格劳秀斯坚持刑罚的本质在于报应，刑罚是邪恶行为招致的一种痛苦——"刑罚之苦等于行为之恶"。理性社会必须区别"复仇"与"报应"，"刑罚不是别的什么，而是一个作恶的罪犯自愿地启动了法律施加的惩罚。"但惩罚如果以"复仇"的心态实施则是不符合正义的，私力复仇异常危险，报应必须由国家来完成。

关于刑罚的目的，格劳秀斯认为其不是为了恢复原状而是为了作用于将来，应当包括对罪犯的改造或矫治、对他人的警戒以及对被害人的补偿三部分，他提出了"教育性、预防性与恢复性司法"的观点。

关于刑罚的具体裁判与适用，格劳秀斯指出，必须综合主客观一切因素进行衡量。亦即"除了具体罪行造成的危害，罪犯的意图、目的、动机均应当加以权衡和考虑"。出于对民主与人权思想的考虑，格劳秀斯认为不受刑罚处罚的情形包括四类：思想犯（未转化为外部动静）、激情犯（产生于人类本性难以克服的弱点）、伦理犯（行为结果并不影响他人）和美德犯（仅仅违背同情、宽大、感激等美德）。②

4.3.5　斯宾诺莎的刑法思想

犹太裔的荷兰法学家本尼迪克·德·斯宾诺莎（Benedictus de Spinoza，1632～1677 年）继承并发展了格劳秀斯自然法与社会防卫的概念。他提出，在自然状态下，并没有善恶标准。初民在自然法的启迪下，被迫放弃部分天赋权利交给社会，虽然达成契约，但是"生存权"与"思考权"却永远掌握在个人手中、不可让渡。自然法是"一切事物据以成立的自然规律与法则，在人类中表现为人性与理性"。人定法与国家一起产生，目的在于节制人欲的无限扩张，保护整个社会利益。斯宾诺莎最早提出"刑罚是惩罚行为而非思想"的原则，提倡最大程度地拥有思想自由与言论自由，原因很简单——"社会契约"所转让的是自由行动之权而非理性思考之权。

总结理性时期的刑法学思想，无论是格劳秀斯、斯宾诺莎还是霍布斯与洛克，其理论体系的构建均包含以下三个要素：其一，公民之间自愿订立的"理性契约"是理论的逻辑原点；其二，契约中权力的保存者与保护人是国家（君主）；其三，犯罪行为是对社会整体利益的破坏与侵犯。理性时期刑法契约论的生成与人之本性密切相关，也就是说，契约论的假设

---

① ②　参见马克昌主编：《近代西方刑法学说史》，北京，中国人民公安大学出版社，2008，第 6～11 页。

前提是由于"人性本恶"而导致的自然社会的无序状态。这种"性恶论"的假设我们似曾相识，最早可以追溯至圣经文学中的"原罪思想"。当西方人经过文艺复兴人文精神的洗礼，终于摆脱了上帝对他们的精神控制后，却又不自觉地在人间塑造了另一个至高至尊的上帝；宗教的上帝被人间的君主所取代，西方人打碎了一副枷锁，又立即给自己套上了另一副枷锁。当然，这种现象的出现有其历史必然性。如前所述，17世纪西方人对秩序与规则的坚定追寻是在文艺复兴末期道德失范、价值标准低迷的背景下产生的。旧的信仰体系被打碎，新的价值体系尚未建立，在这片道德、伦理、秩序与规则的真空中，国家利益与君主权力被空前强化，以个人义务、群体责任及国家利益为核心的古典主义刑法思想在理性与规则的指引下逐渐萌芽。该思想认为，公民个体通常处于理智与情感、个人欲望与国家、民族利益的矛盾纠葛之中，由于人性固有的原恶，人类若想获得平静、安定的生活秩序，就必须以理智战胜情感，以群体理性代替个体纵欲，以成文法代替习惯法，使个人利益服从于群体利益和民族利益。在这种政治理性的感召下，西方人向着规则社会与秩序社会大步迈进。

第5章 向理性世界大步迈进：启蒙思想时期的刑法思想

（18世纪）

小人国法庭上竖立的"公理女神"像有六只眼睛，前面两只，后面两只，左右各一只，表示"公理女神"的谨慎周到。同时，她右手拿着一袋金子，袋口是开着的；左手里一把宝剑，剑却插在鞘里，表示她的性格喜欢奖赏而不喜欢责罚。

—— ［英］斯威夫特《格列佛游记》第1卷第6章

这个国家的全部文字由二十二个字母组成，法律中也没有一款条文的词语数目超过二十二个。而且，这些法律均用最简洁的文字书写；这个国家的人民也没有那样的机灵，能从条文中找出一种以上的解释。另外，由于审判程序的简易透明，所以他们的刑事诉讼中并没有什么特殊的技巧可以夸耀。

—— ［英］斯威夫特《格列佛游记》第2卷第7章

"……道德的束缚对于你们也许太严峻了，你们宁愿拜倒在君主脚下，服从他的法律，这比这严肃的风俗反而灵活些。你们将以不触犯刑法、不被刑罚惩罚为满足，至于美德，就根本不谈了！……啊，穴居人！我年寿已尽，不久就要和列祖列宗重新见面。为什么你们愿意使祖辈难过，非让我告诉他们，说我留在你们颈上的枷锁，不是美德，而是什么别的法律。"

—— ［法］孟德斯鸠《波斯人信札》第14封

刑律，与其说是一种特别法，不如说是对其他一切法律的制裁；风尚、习惯、尤其是舆论，这是铭刻人们心底的法律。它每天都从生活中获得新的力量，保持着民族的创新精神，而且可以不知不觉地以习惯的力量代替权威。

—— ［法］卢梭《忏悔录》

17 世纪，人们将目光从"彼岸上帝"转向"人间上帝"，在"王权崇拜"的狂热氛围中，"国家利益"与"公民义务"成为束缚个体自由的新枷锁，文艺复兴以来寻找到的个体自由得而复失。18 世纪，当路易十四赤裸裸地宣布"朕即国家"，并由民众的保护人蜕变为残酷的暴君时，曾经象征着理性与秩序的"人间上帝"变为人类社会进步的扼杀者，君主专制亦完成了其短暂的历史使命。另外，自然科学的成就与理性思潮的传播，彻底驱散了笼罩在西方世界的"教权、君权"浓雾——启蒙运动的"狂飙"再一次涤荡着西方人的心灵，他们抛弃了禁锢肉体自由、钳制精神独立的宗教权威与世俗上帝，由"上帝崇拜"、"王权崇拜"逐渐走向了"自我崇拜"。

目前看来，西方历史上有过两次前呼后应的大规模思潮运动，即文艺复兴与启蒙运动。文艺复兴是启蒙运动的前奏与序曲，启蒙运动是文艺复兴的承继与延续。发生于 18 世纪的启蒙运动规模更大、覆盖面更广、反叛性更强、理论也更深入人心。启蒙思想家也比人文主义者具有更为坚定、乐观、明朗的精神与态度。如果说文艺复兴时期发掘的是感性意义的人，那么启蒙运动则发掘出了理性意义的人；这种理性是真正意义的理性，是在 17 世纪政治理性基础上的显著进化。启蒙运动的产生与发展受以下诸因素的影响。

在政治力量层面，从文艺复兴时期开始，资产阶级经过四百余年的苦心经营，至 18 世纪时，打破了与封建贵族阶级势均力敌的胶着、依附状态，二者的价值观之间发生激烈冲撞。此时资产阶级已经走向成熟，不再需要依靠王权来抵制教权，亦进一步渴求独立、成熟的文化思想来宣传自己的主张。推翻封建专制的政治革命呼之欲出，成为时代的要求与历史发展的必然。在英国，1688 年"光荣革命"推翻了复辟王朝，资产阶级以独立的力量开始活跃在政治舞台；18 世纪中叶的工业革命进一步奠定了资产主义经济的基础，资本主义经济开始迅猛发展。在法国，路易十四执政（1643～1715 年）后，社会等级分化严重，国内矛盾尖锐，政变一触即发。

在自然科学层面，18 世纪的科学家在数学、物理、化学、植物、动物、天文学等方面作出了卓越的贡献，大自然的无限领域被科学征服，未给造物主留下一丝立足之地。正是从科学发现中，人类找到了精神依托，认为凭借自己的知性能够认识、改造自然，创造出类似天国的世界，而人类就是自己的上帝。这一切使得 18 世纪的哲学思想发展到前所未有的高度——自然科学与哲学联姻，诞生了唯物主义。人们不仅进一步否定了"彼岸上帝"对于人的权威，而且也否定了"人间上帝"君主对于生命个体的意义。

在哲学思想层面，英国科学家培根的经验主义哲学和法国哲学家笛卡尔的唯理主义哲学是启蒙运动的两大理论来源。如前所述，对"理性"主义的追求，开始于 16、17 世纪。弗兰西斯·培根的整个理论建立在实验科学基础之上，强调感性经验在人类知识积累过程中的重要性。培根重视感性经验与理性认识的辩证关系，提出将二者结合，以科学实验为手段、客观分析为途径来克服人类认识论的模糊混乱，推动自然科学的进步。其"知识就是力量"的名言本身蕴含着"理性就是力量"的思想，宣示着人类可以凭借理性独立于上帝意志之外。勒内·笛卡尔更是将人的理性与主体性提高到至高无上的地位，认为良心与理智是自然赋予人类个体判断对错、鉴别真假的能力。[①] 因此，16、17 世纪的思想家已经向西方人宣示了人人具有"理性"的真谛，而 18 世纪的启蒙思想家则教会了西方人如何开启、运用这宝贵的"理性"。在这一时期，理性主义成为启蒙思想文化的主流。启蒙学者将宗教、自然、政治制度、法律制度等一切置于"理性"的法庭面前，衡量其合理与否；他们重视生命个体的尊严，对"人权"、"自由"、"平等"与"博爱"精神大力弘扬。他们一开始就高擎"理性"旗帜，认为自己已经破天荒地第一次发现了人类历史前进的真理——只要运用理性，以近代自然科学来启迪智慧、照亮心灵、改善人性，全人类就会妥善地安排自己的生活秩序，获得幸福，从而使社会进入自由、平等、博爱的理想境界。

启蒙文学作为启蒙运动的重要组成部分，在历史上扮演着资产阶级革命前夜舆论指针的角色。它从自然法的高度称颂理性精神，同时肯定人类自我感情的天然性与合理性，强调创造人与人之间平等、自由的社会法则。因此，启蒙文学的特点具有双重性，一是针对宗教精神的彻底否定，二是针对古典主义文学所倡导的抑制个人感情、要求个人服从集体的价值观的回拨。与文艺复兴时代的背景极为相似，欧洲大陆再次风起云涌，启蒙思想家身负历史重任，在哲学家、法学家、文学家等多面角色中穿梭，倾力于开启民众智慧、点亮民众心灵。

5.1　英国启蒙文学与刑法思想

18 世纪的英国早已经建立起君主立宪的资产阶级政权，因此，英国

---

① "那种正确判断与辨别真假的能力，就是我们称之为良知或理性的东西，是人人天然、均等地拥有的天赋。"参见〔法〕笛卡尔：《谈谈方法》，王太庆译，北京，商务印书馆，2000，第 39 页。

启蒙文学的主要任务不是为阶级革命作舆论准备，而是扫除封建残余、揭露现实社会的弊端、促进资本主义的发展。该时期英国文学的主要成就是批判现实主义小说的萌芽与发展，其中以丹尼尔·笛福与乔纳森·斯威夫特的作品最为醒目。

5.1.1　丹尼尔·笛福作品中的刑法思想

丹尼尔·笛福[①]（Daniel Defoe，1661～1731 年），具有"英国乃至欧洲小说之父"美誉，其秉持的启蒙思想较为温和，其创作的文学作品却依然是对古典主义文学理论的重大反拨。

5.1.1.1　国王与臣民的模拟建制：《鲁宾逊漂流记》

风靡世界的代表作《鲁宾逊漂流记》（1719 年），塑造了一个勇于面对自然挑战的传奇人物——鲁宾逊·克鲁索，他具有强烈的进取意识与无穷的精力，是西方文学中第一位接受启蒙思想熏陶的新兴资产者的人物形象。

> 鲁宾逊出身于一个体面的商人家庭。他瞒着父亲出海，经历无数险难，最终购买了一座巴西庄园。由于庄园缺少人力，鲁宾逊再次出海去非洲贩卖奴隶。途中遇到风暴，船舶触礁，鲁宾逊只身飘流到一个杳无人烟的孤岛上，依靠船舶上遗留的生活品以及自己的辛勤劳作在岛上独自生活了 28 年。后来，他从野人手中解救了一名土人，并将他成功驯化为自己的忠实仆人，取名 Friday。鲁宾逊与 Friday 再次营救了一位西班牙人和 Friday 的父亲，被救者亦成为鲁宾逊的忠实仆人，四人组成一个小型帝国。后来，一条英国船舶的水手发动哗变，停泊在这个孤岛附近。鲁宾逊与 Friday 帮助船长从船员手中夺回了船只，并乘船离开荒岛、回到英国，完成了一个时代英雄人物的创业历程。[②]

受同时期真实事例的启发，笛福创作了该部小说。1704 年 9 月，一名叫亚历山大·塞尔柯克的苏格兰水手在海上与船长发生争执，被船长遗弃在南美洲大西洋安·菲南德岛上达四年四个月之久。当他被伍兹·罗杰

---

①　丹尼尔·笛福，英国启蒙时期批判现实主义小说的奠基人，出生于小油烛商人家庭，属于中下层资产阶级。早年经营烟酒、羊毛织品，曾到欧洲各国经商。1702 年，笛福发表了政论文《消灭不同教派的捷径》，用反讽语气猛烈抨击当局迫害不同教派的行径，被当局判处入狱六个月，带枷游行三天。笛福在狱中创作诗歌《枷刑颂》讽刺法律不公。这使得他在戴枷游行过程中，被民众当英雄看待，民众向他投来的不是石块而是鲜花，并且为他的健康干杯。

②　梗概及本节所有引文来源于〔英〕丹尼尔·笛福：《鲁宾逊漂流记》，梁遇春译，北京，人民文学出版社，1997。

斯船长解救带回英国时，已成了比野山羊跑得还快的野人。①

在这部小说中，笛福以白描手法模拟了一场人类由野蛮走向文明的进化史，其中包括自然人的生物性进化、社会的萌芽、国家的产生以及法律的形成。与鲁宾逊的原型——那名叫做塞尔柯克的苏格兰水手不同，笛福笔下的主人公是一个体面的文明人，其文明基础就是那条触礁的船舶。船舶本身是人类文明的产物，而船舶残骸里的载货（《圣经》、淡水、食品、枪弹火药等）则代表着千万年来人类文明的结晶。当鲁宾逊发现自己是遇难后飘落荒岛的唯一幸存者时，他所做的第一件事就是搜寻附近是否有人类文明的痕迹，他发现了那条满载生活必需品的船舶，欣喜若狂，先后十二次登船，将自己认为有用的东西统统用自制的木筏运到荒岛上，运用自己的头脑与双手将荒岛改造成"自己的王国"。物质基础奠定之后，精神寄托便上升为主要需求，鲁宾逊很高兴能够从船舶残骸中找到一本《圣经》，并在它的陪伴下度过漫长岁月。

关于国家产生以及法律形成的模拟过程，笛福在作品中做了非常生动的描述，表现出强烈的资产阶级进取精神与启蒙意识，隐喻着资产阶级对财富与权利的热切渴望。面对空无一人的荒岛，鲁宾逊踌躇满志地说："好吧！这一切都是我的！"这就是国际法中先占法律事实产生的典型环境。当他把土著人 Friday 从死神手中救出后，他立即敏锐地意识到自己必须巩固对整个荒岛的统治权威——如今一个岛屿上存在着两个生物学意义完全平等的个体，必须建立某种权力与服从的稳定架构，于是，鲁宾逊严肃地与 Friday 谈话，最终在二者之间建立了主仆关系，并且用文明社会的精神支柱"基督教"来说服 Friday 安于服从他的统治。在 Friday 眼中，鲁宾逊就是上帝，或者是上帝派来人间的统治者。后来，依照该手法，鲁宾逊又与一个被解救的西班牙人和 Friday 的父亲建立了同样的主仆关系。当鲁宾逊拥有三个仆人后，他心满意足地说："我觉得我已经有不少臣民了！……我的百姓完全服从我，我是他们的全权统治者和立法者。"统治者即立法者，笛福此处明确指出了法律的阶级性本质。

另外，在这部作品中，笛福深刻地刻画出殖民主义永无止境的攫取欲与占有欲，隐含着国际公法中"先占"权的雏形：当一只英国船只来到荒岛上，船长向鲁宾逊求援时，鲁宾逊面对与他一样来自文明世界的船长忧心忡忡，他担心船长觊觎、侵占他的大片领地及三个臣民。于是，在作品中，鲁宾逊与船长见面的第一句话就是——"你绝不能侵犯我在这里的主

① 参见〔英〕丹尼尔·笛福：《鲁宾逊漂流记》，梁遇春译，北京，人民文学出版社，1997，序言。

权"。可以看到，通过对鲁宾逊在荒岛上建立起自己政权、法令，拥有自己臣民以及与"外邦"进行友好往来的过程的细致描述，笛福生动地诠释了国家与立法者的权力来源，继而揭露了法律的工具性本质。

5.1.1.2　"窃贼女皇"的一生：《摩尔·弗兰德斯》

除了《鲁宾逊漂流记》外，人们很少谈及笛福的其他作品。事实上，对刑法学研究而言，笛福其后的系列作品更具有社会学意义，甚至可以被称作是最早的犯罪学小说。在小说《摩尔·弗兰德斯》（1722年）中，笛福出色地讲述了一位"天生犯罪人"历经苦难、最终洗脱罪孽、获得新生的故事。

> 主人公摩尔·弗兰德斯是一个出生在伦敦新门监狱的女盗窃犯的私生女。母亲因盗窃了三块荷兰布被判处死刑，后被流放，小摩尔被一名贵妇收为女佣。幼年的摩尔善良、真诚，对生活充满了热爱，希望用诚实劳动实现独立生活的朴实理想。15岁时，摩尔被主人家大少爷诱奸。此后，她做了12年妓女，先后五次嫁人，并不惜为了金钱与他人私通；人老珠黄后，她又做了12年的贼，成了伦敦赫赫有名的"窃贼皇后"。最终，摩尔的同伙一个个上了绞刑架，她也被捕归案，并被重新投入新门监狱。被囚期间，摩尔终日为上绞刑架而担惊受怕，这是她生命里最黑暗的岁月。也正是这段岁月的经历促成了她精神的觉醒。被判流刑后，摩尔在殖民地种植园内辛苦劳作，成为一名受人尊敬的妇人。临终前，摩尔真诚地忏悔自己的罪恶，终获灵魂的救赎。[1]

通过摩尔一生的经历，笛福指明了启蒙教育对人类发展的重要性。从出身背景看，摩尔乃惯犯之女，出生卑微，在狱中度过童年，因而"自年轻时就开始放荡，不仅如此，她简直就是放荡和罪恶的产物"。但是，笛福在作品中着重指出，摩尔并非是真正的"天生犯罪人"，她在被收养后，受到了伦理教育，懂得了做人的道理，这段早期的教育经历成就了摩尔日后忏悔、悔罪、赎罪的精神基石。另外，笛福笔下的摩尔并非愚钝不堪，而是形象活泼、性格多变，聪颖过人，她的思想具有常人难以比拟的深度与内涵。例如，摩尔对金钱与肉体间的交易关系了如指掌，这与她从小在风月场所摸爬滚打不无关系；又如，与一般小偷不同，摩尔能够灵活自如地运用智慧去行窃、诈骗，甚至能够缓解受害者的对立情绪，对其表示出哀悯和同情；站在法庭上，摩尔屡次以悲惨的身世博得法官的同情，并巧

---

[1]　梗概及本节所有引文来源于〔英〕丹尼尔·笛福：《摩尔·弗兰德斯》，北京，人民文学出版社，1997。

妙地利用"犯罪未遂"以及"已经获取受害人的谅解"等理由为自己开脱罪责。

对于伴随摩尔传奇一生的英国法律，笛福在作品中也做了细致介绍，开篇即以"摩尔的自述"奠定了整部作品的批判现实主义基调。"听说我们的一个邻国……皇帝下过一道命令，当罪人被判处死刑或者罚做摇橹奴隶，或者流放远方时，他们的孩子都归国家管教……成人后，让他们去从事各种行业，可以靠自己的劳力谋生……而我在世界上却没有衣服穿，也无人肯来帮助我，当我还不明白自己的处境以及怎样去想法补救的时候，就已经被人们带得下流了。那种生活不仅可耻，而且很容易使我的灵魂与肉体同归于尽。"这段摩尔的独白与忏悔，点明了整个社会对犯罪现象的产生所负有的不容推卸的责任，这是对当时英国的刑事司法外部环境的深刻反思。另外，对于摩尔长达 17 年的行窃生涯，笛福亦作出了极为细致的刻画，从某种程度而言，这部作品俨然是一部《行窃大全》①。文中对英国刑罚的严厉性屡次涉及并强烈谴责——无论是盗窃还是制造伪钞，无论是行骗还是通奸，均难以摆脱"绑在火柱上被活活烧死"的命运。当然，我们也不应忽略这样一个细节：按照当时的刑律，摩尔和其母亲均应被处以极刑，最终却被流放到了美洲殖民地。究其原因，摩尔的母亲是由于怀孕而要求减刑，最后被法庭改判流刑；而摩尔则因为具有立功表现，最终得以免除死刑改为流放。从法庭对摩尔及其母亲的裁判中，可以考察到当时英国刑事司法在对待女囚的处罚措施方面已经具有开明、人道主义的一面，并且在司法适用中对于立功行为有所认可与鼓励，这是颇为值得肯定的。

笛福的其他作品，例如《杰克上校》（1722 年）与《摩尔·弗兰德斯》情节相仿，主人公因贫困自幼沦为盗贼，长大后为了生存参加了雇佣军，却被倒手转卖到美国的弗吉尼亚为奴。他凭借着机智、勤劳与坚忍的精神，最后终于成为受人尊敬的种植园主。

《罗克萨娜》（1724 年）的女主人公出生于法国一个虔诚的清教徒之家，随母亲流落伦敦后与一个酒商结婚。后来丈夫另有新欢、将她抛弃。她不得不沦为妓女，颠沛流离于英国、法国、波兰、德国、比利时等地。最后终于等来了爱她的荷兰商人，商人却因意外破产被投入监狱。她亦在孤独与愤恨中死去。

---

① 著名英国文学研究者王佐良感叹道："除了笛福，谁还能写出摩尔在靠行窃谋生的时候所用的各种方法，使该小说的一部分甚至可以称为《行窃大全》呢？"参见王佐良：《英国文学论文集》，北京，外国文学出版社，1980，第 177 页。

从上述作品考察，笛福的小说沿袭了一贯的风格，均被打上英国资本主义步入成熟期、开拓殖民主义时代的深刻烙印。他作品中的主人公往往出身低微，当时社会不容许这种人享有人类的尊严，他们在"文明社会"中并无立足之地，为了谋生，只好不择手段，做出一系列欺骗、盗窃以至出卖肉体的勾当，却难逃被残酷刑律惩罚的厄运。相反，在远离人烟的海岛上，在荒芜贫瘠的殖民地中，他们与生俱来的智慧与理性被激发，重新获取了被"文明社会"埋没已久的温婉、善良、勤劳、坚忍等自然人的优秀品质。自然禀赋的回归，使得他们通过辛勤劳作获得成功，成为真正的人。因此，从一定意义上说，笛福的文学作品中蕴含着刑法思想"环境决定论"的萌芽。"肯定自然人的价值"，"建议返璞归真的生活"，该种情怀与思想与法国启蒙思想家卢梭的理论体系具有极大的相似性，我们在随后对法国文学作品的介绍中将做出详尽分析。

5.1.2　童话中的刑法哲学：乔纳森·斯威夫特与《格列佛游记》

与笛福较为温和的启蒙思想不同，爱尔兰人乔纳森·斯威夫特①(Jonathan Swift，1667～1745 年) 是英国启蒙运动激进民主派的创始人。斯威夫特一生发表了大量政论文与讽刺文学，抨击英国殖民主义政策，唤醒爱尔兰人民争取自由与独立。无论是 1720 年发表的《普遍使用爱尔兰工业产品的建议》②，还是在 1723 年"铸币事件"③中化名垂皮尔发表的公开信，斯威夫特均以极大的热情地将"天赋人权"、"人生而自由平等"等自然法观念传递给爱尔兰人民。

1723 年，英王情妇肯德尔公爵夫人获取了在爱尔兰铸造半便士铜币的特许状，又将它转卖给英国商人威廉·伍德，赚了一万英镑。伍德只要用价值六万英镑的铜就可以铸造价值十万零八百英镑的半便士铜币，获暴利四万英镑，这对于贫困的爱尔兰人民是严重威胁。面对反抗，英国首相渥皮坡尔发誓要把半便士铜币"塞下爱尔兰人的咽喉"。斯威夫特化名垂皮尔发表公开信，号召爱尔兰人坚持斗争，一致拒绝使用半便士铜币。公

---

① 斯威夫特出生于爱尔兰首都都柏林的一个贫困家庭，系遗腹子，由叔父抚养成人。早年就读于都柏林三一学院，获学士学位。斯威夫特是英国启蒙运动中激进民主派的创始人，在世期间写了很多具有代表性的讽刺文章，被称为英国 18 世纪杰出的政论家和讽刺小说家。

② 1720 年，斯威夫特发表《普遍使用爱尔兰工业产品的建议》，鼓励爱尔兰人民发展自己工业，拒绝使用英货，以抵制英国殖民者的残酷剥削。参见〔英〕乔纳生·斯威夫特：《格列佛游记》，张健译，北京，人民文学出版社，1979，序言。

③ 斯威夫特在这一事件后受到广大人民的热烈爱戴，成为爱尔兰民族英雄。1726 年，他最后一次访问英国归来，都柏林人民为他鸣钟举火，并组织仪仗队将他护送回寓所。参见〔英〕乔纳森·斯威夫特：《格列佛游记》，张健译，北京，人民文学出版社，1979，序言。

开信热情地将天赋人权、人生而自由、生而平等的自然法观念传输给爱尔兰人民——"你们要知道，根据上帝的、自然的、各国的和你们本国的法律，你们是也应该是和你们的英国弟兄一样的自由人民"。爱尔兰人民在斯威夫特的领导和鼓舞下终于取得胜利，英国当局被迫收回成命。

1729 年，斯威夫特发表了满怀忧愤、惊世骇俗的讽刺作品——《一个使爱尔兰的穷孩子不致成为他们父母的负担的平凡的建议》，提出了一个"没有一丝一毫为个人利益考虑，除了为国家的公共利益——推进贸易、供应幼儿、救助穷人、为富人提供享受"的建议。"为了使幼儿不再成为贫穷父母或社会的负担，也节约孩子们在成长过程中的吃喝消费，同时杜绝这些孩子将来变为盗贼、强盗、娼妓危害社会风气的危险，我提议，每年约 12 万个一岁左右的平民幼童，应该成为成千上万的上等人家的美味佳肴，被剥下的婴儿皮也可制成极好的女式手套和老爷们的夏季皮靴。"① 这项字字含血、句句喷火的建议，向英国统治者对爱尔兰人民令人发指的压制与剥削发出了愤怒的呐喊，斯威夫特因此成为爱尔兰人民心目中的民族英雄。

与上述作品发表时期大致相同，斯威夫特完成了不朽童话著作《格列佛游记》②（1726 年）。作品中塑造了一位外科医生格列佛的形象，通过他在四个不同文化背景国家③的所见所闻，对当时英国上自议会、军队、法庭、教育，下至民众普遍认可的社会风尚进行了无情的讽刺与抨击。全文笔调荒诞离奇、口吻刺怨入骨、处处闪烁着敏锐的智慧与深邃的思想。

第一卷"利立浦特（小人国）游记"通过对小人国的政治与法律制度的剖析，鞭挞了英国腐朽、专制、黑暗的社会现状。在第六章中，斯威夫特详述了小人国的刑事法制度，作为与英国刑法制度的比较。"第一，他们肯定被告人辩护权的意义，这一权利在最严重的叛国罪中亦可得到充分保障。第二，他们具备完善的冤案补偿制度，资金全部来源于皇家金库。第三，他们将诚信看得比天还大，认为欺诈罪比偷窃罪严重，必须判处死刑；忘恩负义亦应判死罪，理由是以怨报德之人，对待民众一定会比对待自己的恩人还要恶毒，这样的人是人类公敌。第四，赏与罚作为刑事政策的两个枢纽，小人国法庭上竖立的'公理女神'像有六只眼睛，前面两只，后面两只，左右各一只，表示'公理女神'的谨慎周到。同时，她右

---

① 〔英〕乔纳生·斯威夫特：《格列佛游记》，张建译，北京，人民文学出版社，1979，序言。

② 本节引用部分来源于〔英〕乔纳生·斯威夫特：《格列佛游记》，张建译，北京，人民文学出版社，1979。

③ 四个国家分别是"大人国、小人国、飞岛和马国"。

手拿着一袋金子，袋口是开着的；左手里一把宝剑，剑却插在鞘里，表示她的性格喜欢奖赏而不喜欢责罚。"在这段描写中，斯威夫特提出了对被告人辩护权的切实保护制度，适用一律平等，即使是十恶不赦的叛国重罪之被告也不例外。斯威夫特提出了完善的冤案补偿制度，关注受害人的精神补偿与物质补偿，而所有的经费均来源于国库，这就从一个侧面肯定了刑事司法的国家机器性质，当公权力对私权利造成侵害后，全体社会成员必须对损害结果承担连带责任。斯威夫特对赏罚兼具的刑事政策颇为推崇，认为赏与罚作为刑事政策的双向枢纽必须同时启用，相比而言，在维护社会秩序的过程中，奖赏比惩罚更为重要，这就形成了谦抑宽缓的刑罚原则的雏形。斯威夫特着重提醒执政者，信用是一国立国之本、驭民之道，无论是私信还是公信，必须作为一个民族、一个国家的伦理共识进行推广。

第二卷是格列佛在"布罗卜丁奈格（大人国）"的游记。大人国实行的是理想化的君主制，国王形象酷似柏拉图笔下的"哲学王"——性情温良、博学宽厚，利用天理、常识、公正、仁慈来治理国家。他对英国的议会、法庭、教会等各方面概况深感兴趣，极其谦卑地邀请格列佛加以介绍。经过五次谈话，国王在第六次召见格列佛时，向他提出了一系列问题。格列佛对英国制度的赞美与粉饰在国王的追问下破绽百出，从而揭穿了英国政治的黑暗和残暴。大人国国王的连续提问包括以下几个方面：审判与结案的时间与期限，底层百姓诉讼费用是否全免，判决不公允时百姓的救济方式，教派与党派是否会对案件审理施加压力，辩护律师是否具有衡平法常识，律师与法官是否能够随意解释法律，律师对案件的态度是否一以贯之，律师是否能够入选议会议员等。接着，大人国国王将目瞪口呆、无法自圆其说的格列佛擎在手中，轻轻抚摸着他的头，温和地说道："我的小朋友，你为你的祖国作了一篇极其堂皇的颂词。它已清楚地证明，在你的祖国，只有具有无知、懒惰、恶习等特性的立法者才能胜任自己的工作；只有那些有能力、有兴趣歪曲、混淆、逃避法律而从中获利的人才能最好地解释、说明和应用法律。""我想，你们原来的一些法律制度或许还说得过去，但其中大半已经被废除了，其余的也将被腐败的政治所玷污。如你所言，似乎在你的国家取得法律职位的人都不需要具有道德。因此，人们以厚德笃行而得到正义报答的事就更少了。"斯威夫特以一系列犀利的反问击破了英国司法制度的民主光环，直指其虚伪本质；不得不承认，对于21世纪的现代文明国家的刑事司法制度而言，大人国国王的诘问依然具有令人闻之变色的威力。

在第七章中，格列佛列举了大人国的立法以及司法特色：在大人国国王的理念中，治理国家并不需要很渊博的知识，只要根据常识与理智、公理与仁慈，从速判决民事、刑事案件即可。至于立法，这个国家的全部文字由二十二个字母组成，法律中也没有一款条文的词语数目超过二十二个。而且，这些法律均用最简洁的文字书写；这个国家的人民也没有那样的机灵，能从条文中找出一种以上的解释。另外，由于审判程序的简易透明，所以他们的刑事诉讼中并没有什么特殊的技巧可以夸耀。斯威夫特借大人国国王之口对于立法技术与原则作出了生动表述，同时对恣意进行司法解释的司法实践进行了批判。另外，斯威夫特还揭示了统治者权力来源于暴力的真相。当格列佛向国王介绍火药枪炮的威力后，还向国王献上了制造绘图与原料表，却遭到国王的严词拒绝。国王对格列佛所描述的火炮造成的后果深感惊骇，斥责格列佛："如此一个卑鄙无能的侏儒，竟敢存在如此不人道的想法，谈起来还随随便便，这是我不能容忍的。"格列佛对国王的行为深感遗憾，慨叹道："国王拒绝接受这个建议真令人难以置信，如果您不放过这个机会，您定会成为属下人民的生命、自由和财产的绝对主宰。"

第四卷"慧骃国游记"介绍了格列佛在马国的历险。在这个由马类掌控的国家中，统治者是理性、公正、善良的马；而人则被称作"耶胡"，供马驱使。"耶胡"本性贪婪、丑陋淫荡、多疑残酷、争勇斗狠。格列佛落入"耶胡"的手中，差点丧命，后来是智马解救了他。格列佛对人类抱有深刻的恐惧，以至于他回国后，一直拒绝人类的靠近，与马厮守终身。在第五章中，格列佛通过向慧骃国国王描述耶胡发动战争的六种方式，进一步阐述了战争的本质，举例详尽，语言诙谐幽默。"有时候，我们的邻国缺少我们有的东西，却拥有我们所没有的东西，结果两国就打起仗来，一直打到他们抢走我们的，我们也得到他们的；如果一个国家发生饥荒、疫病流行，或者国内党派发生内讧、局势紊乱，这时发动侵略战争就有了正当理由；如果我们最亲密的盟国有一个城市我们唾手可得，或者他们有一块领土我们夺来就可以使我们的疆域更为完整，那么我们就有理由和他们打一仗；如果一位君王派遣军队开进别国领土，当地民众又穷又傻，那他就可以合法地把一半民众处死，并使其余民众充当奴隶，采取这种措施是为了开化他们，使他们放弃野蛮的生活方式；如果一位君王请求另一位君王帮助他抵抗敌国侵略，这位帮助别人的君主把侵略者撵出去后，再把将他请来的君王杀死、监禁或者放逐，把他的领土据为己有，这样的行为不失为十分体面的君王之道。另外，血缘、婚姻关系也常常引起战争。血缘越近，发生争吵的可能就越大。"这里，斯威夫特总结了发动战争的六种类型：一是为掠夺财富发动战争，二是趁人之危发动战争，三是为扩充疆域发动战争，四是以解放人民、开化民众的名义进行侵略，五是以救世主的功勋进行侵略，六是因争夺王位发动战争。放眼当今硝烟弥漫的战争，无论属于何种规模的战争，究其原因与借口，均难以超越上述范围。

书中涉及对"律师"的职业分析，斯威夫特形象地描述道："我们那里有这样一群人，他们从青年时代起就学习一门学问——如何搬弄文字来证明白即黑，或者黑即白。例如，一位邻居很喜欢我的母牛，他可以立即聘请律师来证明母牛是他的，而我也不得不花钱请律师来维护自己的利益——法律规定，任何人都不准替自己辩护。正因为我是母牛的合法所有者，所以我反而不会赢得这场官司，因为律师们从摇篮时期开始就被训练为谎言辩护，面对我地位的合法性，他反而很外行，甚至对我的委托抱有怨恨。所以我要保全我的母牛只有两种办法。第一是加倍出钱去买通对方的律师，由他出卖他的当事人；第二是让我的律师尽量把我有理说成无理，好像那头母牛理应属于对方，这种办法如果做得高明，就一定会得到法官的眷顾。"这段文字表述了两层含义。其一，揭示了律师的本质，他们与讼棍无异，唯一的职业信仰就是罔顾事实、颠倒黑白。他们不遗余力地在淳朴民众之间煽风点火，挑起争端，然后跃跃然主动请缨，以赚取佣金。其二，关于法庭审理案件，并非依据事实作出裁决，而是偏向于理亏词穷一方，甚至已经成为法官的职业习惯。这里斯威夫特用反讽的手法对种种失去公平与正义的法庭裁决进行辛辣揭露，义愤填膺、竭尽挖苦，虽不免言过其实，却也体现了其对当时英国社会司法状况的深切忧虑与谴责。

接着，格列佛进一步阐述了何为"法官"职业、何谓"司法判例"。在他眼中，法官的职责即"判断一切纠纷与审判罪犯"，但是由于法官来源于律师，而且只有"最精明老练的律师"才可能入选法官一职，因此我们现在看到的法官均"年纪较大，一生都在跟真理公道作对"，必然袒护"欺诈、伪证、暴虐等行为"。为了与公理与正义作对，这些法官"宁愿拒绝接受公理一方的大宗贿赂，也不肯做违反天性和本分的事，因为他们怕伤害自己的同行"。格列佛也详细阐述了刑事判例制度的来源与发展状况。他认为判例源自如下准则，"凡是有前例可援的事，再发生这样的事就算是合法"，因此，"他们特别注意把以前所有违犯公理、背叛人类理性的判决记录下来，管这些判决叫作'判例'，时时引以为据以替不法行为辩护"。"辩护时，他们有意避而不谈案件的本质，只管高声叫喊、态度粗暴、啰啰唆唆地讲一些毫不相干的话。就以上面提到的那个案件为例，他们根本不问对方究竟有无理由和权利占有我的母牛，却一味地问那头母牛是红色还是黑色，角是长还是短，牧场是圆还是方，在家里挤奶还是在户外挤奶，它容易患什么病症等问题。然后他们就翻查'判例'，一再把这案件搁置，等过了十年、二十年，甚至三十年以后才作结论。"上述文字应该是西方文学史上针对英美法系判例制度所做出的最辛辣的解构与讽刺。

谈及立法技术、法律言辞与普通公民理解力之间的距离，格列佛感到非常迷惑，他认为这群人发展出一套自己的"行话"，晦涩深奥，老百姓是不可能了解的。而所有的法律均以行话谱就，彻底断绝了百姓参与其中的念头。不仅如此，法律人还特别注意法律的"修订"工作，目的是借助该种方法混淆是非。谈及司法过程中实体正义与程序正义之间的关系，格列佛对英国的司法制度深不以为然，将其评价为处于本末倒置的状态。"他们审讯叛国罪的方法却要简单得多，这是值得称道的。法官首先探一探有权有势的人的意见，然后他就能轻而易举地决定是把罪犯绞死还是赦免，在审讯过程中居然还可以严格遵守法律程序。"

作为刑法学研究脚本，《格列佛游记》对西方刑法思想的贡献尤为可贵。斯威夫特以童话形式对英国司法弊端逐一揭露，寓真于幻，涉及司法领域一系列敏感的话题，思想深刻、笔锋锐利、评论老到，显现出作者颇深的法学造诣。盘点全文，斯威夫特的视野涉及刑法制度的各个层面。

在法学理论层面上，斯威夫特提出"诚信至上"、"知恩图报"的美德应当被奉为国民性的基石，这也是一国国君治理国家、立法断案的基本准则。斯威夫特断然否认了刑法作为一门学科的"科学性"，着重强调它的自然理性，认为所谓的"科学性"不过是人们为了自己的私利对自然法的歪曲与谬解；同时，斯威夫特坚持认为，刑法的本质只能是正义而非功利，如果以功利为导向规制立法与司法，刑法在民众心目中的威信与庄严将不复存在。涉及国家统治权的合法性，斯威夫特明确指出，国家统治权来源于暴力，来源于血腥的火药枪炮等杀人机器，君主正是借此"成为属下人民的生命、自由和财产的绝对主宰。"

在立法层面上，斯威夫特提出了科学的立法原则，第一是简洁性，禁止繁复冗杂的语句出现在法律条文中；第二是浅显性，每个老百姓都能读懂每一条法律的含义；第三是明确性，同一个法条禁止有两种以上解读的可能性，这是为了避免在适用法律时对其进行任意解释。总之，立法"贵在简洁明确"，立法者需要提高立法技术、尽量缩小法律与公民理解力之间的距离。可以看到，斯威夫特所倡导的立法技术正是日后西方刑法学"罪刑法定"原则之"法定"的应含之义。

在司法层面上，斯威夫特对"刑事被告辩护权的充分享有"、"效率与正义的关系"、"民意对判决的影响"、"法律解释的本质"以及"判例的实质"等问题进行了深刻反思，文中亦涉及对"律师与法官的职业道德"的深刻思考，以及对"程序正义与实体正义"关系的探讨。上述诸多话题，作为刑法学的基础理论，直到今天依然有着旺盛的生命力，已发展为整个法哲学界、法理论界广泛深入思考的靶点。

在国家制度与刑事政策层面上，斯威夫特提出了"冤案国家补偿制度"和"以赏罚为枢纽"的国家刑事政策的设想，并进一步详细总结出殖民国家发动战争的原因，强烈谴责了战争的非正义性与荒谬性，指出战争是民众犯罪的渊薮。

综上，《格列佛游记》是启蒙思想史上一座难以跨越的高峰。作为激进民主派的创始人，斯威夫特对统治者的酷刑暴政怀有强烈的仇视甚至憎恶，对挣扎于社会底层的百姓则充满了温情与怜悯。对民族独立与解放的热情向往，使他突破了思想家耽于冥想的桎梏，积极投身到追求民主与自由的实践中，此时的文学创作便成为他向社会进攻的有力武器。他对西方特权阶层施以致命报复。首当其冲被评点与挖苦的，即是当时的英国，亦即世界上第一个正在成型的"现代文明社会"——政权更迭、司法腐败、工商繁荣、物欲横流、殖民战争发动频仍，这一切构成了当时英国社会发展的主旋律。而斯威夫特则敏锐地发掘出帝国在特殊背景下的种种弊病，痛下针砭。

具体分析，书中主角格列佛具有着与红极一时的鲁宾逊迥然不同的精神历程——他没有成长为合格的社会中坚力量，而是变成了主流社会的异化者与批判者，从而否定、摈弃了出自笛福之笔的鲁宾逊式的自我提升的人生计划。可以说，在很大程度上，《格列佛游记》是对鲁宾逊们的强烈批判，斯威夫特故意营造出相似的背景，正是为了凸显二者精神上的决裂。我们不难从其所描述的陌生而古怪的事物中辨认出现实社会中熟悉的事物，辨认出人类自身的局限，看到荒谬中的常情、常情中的悖理。在游记最后一部"慧骃国游记"中，斯威夫特将矛头直指罪孽深重、淫秽肮脏、愚蠢贪婪、毫无理性的人类，将对社会现状的批评转化为对人性的怀疑，激烈的言辞与前卫的思想令整个社会惊异不已。很多启蒙思想家甚至认为，"耶胡"的塑造是全盘丑化人类，斯威夫特具有"仇恨整个人类"的恶癖，将其视作疯人。事实上，作品中斯威夫特谈及"耶胡"的"天性"，所折射出的正是 18 世纪英国人的言行方式，展现了生产与生活方式长足发展之际的特定世态与心态。

尤为值得一提的是，斯威夫特是启蒙思想时期首先向"理性主义"提出挑战的先行者。当格列佛向马国国王介绍了英国统治者的种种腐化堕落以后，国王断言："虽然耶胡具有几分理性，却足以助长他们腐化堕落的程度与速度。"如此，斯威夫特逆启蒙学派的观点，将"理性"认作人类堕落的帮凶，将日益被"文明"掩盖的人类的肮脏生理、心理活动暴晒于光天化日之下，不能不说其具有天才般的预见力与洞悉力。半个世纪之后，法国思想家卢梭认为人类文明是一切罪恶的渊薮，提倡人们"返回自然状态"，这种观点与斯威夫特的不谋而合。

在整部作品中，斯威夫特以反语的文学修辞手法对上述刑法思想进行了概括，其中不乏揶揄、讽刺、嘲弄之口吻，或者诟病现实社会里的司法制度和赞美童话世界中的理想制度。斯威夫特不随波逐流、敢于发出真实声音，在厌恨与悲观背后，深藏着不为人所理解的忧世情怀。我们能够从这些亦幻亦真的图景中捕捉到诸多西方近现代刑法思想的萌芽，从作者嬉笑怒骂的戏谑中触摸到一颗充满了正义与激情的、怦然跳动的心。著作发表后不久，斯威夫特就带着对人类深沉的爱与激烈的恨去世了。辞世前，他已经为自己撰写好墓志铭："他去了，狂野的怒火再也不会灼伤他的心"。①

5.2　法国启蒙文学与刑法思想

17 世纪，法兰西在君主集权的统治下展现出一派繁荣；进入 18 世纪，法兰西民族再次掀起了反封建、反教会的思潮，并发展为整个西方启蒙运动的中心，直接导致了 1789 年的法国资产阶级革命，宣告了人类崭新政治制度的诞生。与英国不同，法国的启蒙运动直接负有教育群众摆脱愚昧、学会理性思考、引导其摆脱封建专制和宗教迷信的重任，因而具有极强的冲击力。

法国启蒙运动的核心是理性。为了实现自由、平等、博爱等天赋人权的理想，文学作品成了启蒙思想家宣扬哲理、启发众智的有力工具；这段时期，亦涌现出一大批西方世界文学史、哲学史、法学史上的传世巨著。

5.2.1　"法意"之雏形：孟德斯鸠与《波斯人信札》

查理·路易·孟德斯鸠②（Chahes Louis Montesquieu，1689～1755年）是法兰西第一位真正意义上的启蒙思想家、法学家、文学家。

---

① 参见〔英〕乔纳生·斯威夫特：《格列佛游记》，张建译，北京，人民文学出版社，1979，序。

② 孟德斯鸠出生于法国波尔多附近的拉布雷特庄园，自幼受到良好教育，对法学、史学、哲学和自然科学都有很深的造诣。19 岁获得法学学士学位，出任律师。1714 年担任波尔多法院顾问，1716 年继承波尔多法院庭长职务，获封男爵。1726 年出任了世袭的波尔多法院院长职务，迁居巴黎，专心于写作和研究，当选为英国皇家学会会员。

　　《论法的精神》（1748 年）是孟德斯鸠穷毕生精力完成的一部巨著，包涵了其在哲学、社会、政治、经济和宗教等诸方面的思想总结。这也是一部人类法律的"自然史"，阐述了人类法律发展的前提，探讨了公民自由的条件及其保障。孟德斯鸠提出的著名的三权分立理论，奠定了近代西方政治与法律的基础，并直接为其后法国资产阶级革命做了广泛的舆论准备和理论铺垫。

　　今天，当法学学者谈到孟德斯鸠时，脑海中往往浮现出《论法的精神》这部法学著作；却鲜有人知晓，在《论法的精神》发表前二十年，孟德斯鸠曾经撰写了一篇启蒙哲理小说①——《波斯人信札》（1721 年），讲述了波斯贵族郁斯贝克和黎加游历欧洲、特别是游历法国的故事。波斯贵族郁斯贝克因不满宫廷黑暗与政治腐败，受到排斥打击，遂奏准国王，带了青年黎加，游历西方诸国，考察风俗民情、政治经济、政体法律、人文宗教，最后辗转到了巴黎。波斯的宗教与法律都许可一夫多妻制，郁斯贝克在伊斯法罕内宫也留下一大群妻妾，由阉奴严加看管。郁斯贝克与妻妾频传书信，互诉离情别恨、相思盼归之情。然而，既是流亡，他有国难返，年复一年，归期渺茫。久而久之，内宫逐渐生变，妻妾多有越轨行为。郁斯贝克勃然大怒，命令阉奴残酷镇压，激起内宫女人们的仇恨和反抗。② 整个故事以郁斯贝克与妻妾、阉奴总管的信件为主线，穿插了郁斯贝克与朋友之间对政治、宗教、法律的随笔思想。小说出版后，因宫闱秘事新鲜刺激，议论戏谑生动活泼，吸引了大批读者，孟德斯鸠喜出望外，记录道："《波斯人信札》一开始销路就如此惊人，我真是非常高兴，但是请读者注意，本书的全部风趣，在于杜撰情景与真实事物间永恒的对比。在《波斯人信札》中，最讨人喜欢的就是不知不觉地发现了一种小说类型。在通常小说中，题外话是不被允许的，但是用书信的形式，可以将哲学、政治、法律、道德都用同一条秘密的锁链贯穿起来。"③

　　可以看到，《波斯人信札》的意义和价值，首先在于它丰富而严肃的思想，反映了法国社会变革前夕人们的思想状况及变化，为后来资产阶级

　　① 法国启蒙作家创立的一种新型小说。这种小说虽有人物、情节，但它不注重环境与人物的描写，而是以人物活动为主线，融叙事、议论、抒情、讽刺与一体，表现作家关于政治、法律、道德、文学方面的启蒙观点，富有哲理性。代表作如孟德斯鸠的《波斯人信札》、伏尔泰的《老实人》、卢梭的《爱弥儿》等。参见南帆、刘小新、练暑生：《文学理论》，北京，北京大学出版社，2008，第 89 页。

　　② 梗概及本节所有引文来源于〔法〕孟德斯鸠：《波斯人信札》，罗大冈译，北京，人民文学出版社，2000。

　　③ 孟德斯鸠：《关于〈波斯人信札〉的几点感想》，见：孟德斯鸠：《波斯人信札》，罗大冈译，北京，人民文学出版社，2000，第 285 页。

大革命的爆发做了舆论准备，也为孟德斯鸠后来写作《论法的精神》打下了感性、初步的基础。它所提出的不同寻常的思想与见解，在《论法的精神》中得到了进一步阐述、修正、发展与系统化。

众所周知，孟德斯鸠最重要的著作包括三部，即《论法的精神》《波斯人信札》和《罗马兴衰原因考》（1734 年），其中《罗马兴衰原因考》可以看作《论法的精神》提前发表的一章，因此，归结起来其代表作只有两部——《波斯人信札》与《论法的精神》。前者是文学作品，后者是关于法律制度的政治学著作。二者体例不同，精神内蕴却浑然一致。可以说，孟德斯鸠在《论法的精神》中提出的重要意见，在《波斯人信札》中几乎均已萌芽，只不过一些思想在《论法的精神》中得以更细致化、系统化的表述。反过来说，《波斯人信札》作为小说，却比《论法的精神》更富有生活气息、更富有说服力，因而也拥有更多大众读者，这可以从《波斯人信札》在孟德斯鸠生前就再版二十余次的事实中得以印证。从作者本人角度看，孟德斯鸠从 1709 年到 1720 年花了大约 11 年的时间酝酿作品，初版由 140 余封信组成。其后 30 年间，包括在《论法的精神》发表后，孟德斯鸠对《波斯人信札》不断增补，修订版达二十余次。至 1754 年，孟德斯鸠逝世前几个月，他还在对《波斯人信札》进行着修改与润饰，最终定本为 160 余封书信，足见孟德斯鸠本人对该部小说的喜爱与重视。以下将以信件撰写顺序为线索，探讨这部小说中蕴含的刑法思想。

在第 11 封信至第 14 封信中，郁斯贝克讲述了"穴居人的故事"。"阿拉伯有一个原始民族，叫穴居人。他们个性残暴，彼此间没有丝毫公平与正义原则。国王对待他们十分严厉，于是他们发动叛乱、杀死国王、灭绝王室。事变之后，他们会合在一起推举出共和政府。经过无数争执，设立了一些官职。但是，官员刚刚选定，大家立刻觉得官员约束大家的自由，又把他们统统杀死。人们彻底摆脱了束缚，一味按照他们的野蛮本性行事，认为再也不必服从于任何人，各人只关心自身利益。"故事集中反映了孟德斯鸠秉持的国家观与法律观。这段描写即预设的在国家与法律产生之前，原始人的"自然生存状态"——野蛮残暴、混乱无序，宛若战场。在推翻封建王国的暴力统治之后，国家进入共和国状态，而此刻国家法律尚未制定，公众的政治素养亦远未达到共和政体所需程度，悲剧必将上演。这群未受教化、本性野蛮的民众一旦品尝到绝对自由的甜头，就一发不可收拾，联合起来杀死一个又一个自己推选出来的执政者，人与人之间再无信任与合作可言，每个人为了自己的利益可以为所欲为，整个社会堕入可怕的无政府状态。杀死了封建国王，又推翻了若干共和政府后的穴居人社会继续向前推进，其后接连发生了五个有趣的故事，每个故事均蕴含着深刻的法哲学思想。

故事一：穴居人的土地质量并不一致。一些地区多山，一些地区低洼。天气旱时，高地寡收、洼地丰收；雨水多时，高地丰饶、低地淹涝。由于人们冷酷无情、只顾自己，国土中总有一半地方饿殍遍野。

故事二：有一个人的妻子异常美丽，邻人将她抢走。两人大骂大打之后，均同意找另一名穴居人决断，那人在共和国存续期间曾颇有威信。但那人却说："这女子属于你或属于他，跟我有什么关系？我有我的地要耕，我不能浪费自己的时间替你们排难解纷。"说完便转头去种自己的地。两人之中掠夺人妻的那个比较强壮，宁死不肯交还妇人；另外那个眼看邻人如此卑鄙，仲裁者如此冷酷，满怀懊丧地走向归途。路上，他发现一个妇人年轻貌美，并听说她就是那位对他的不幸无动于衷的仲裁者的妻子，就把那女子抢走，当作自己的妻子。

故事三：穴居国中，两个邻人勾结，强占了另一人的极肥沃的田地。两人之间缔结联盟，相约谁要来抢夺那块地，就一同抵御。于是他们彼此支援数月之久。一天，两人中的一人觉得一切本可独占，老是与人均分实在不胜其烦，遂杀死了另一个，成了田地的唯一主人。而他的天下并不久长——另有两个穴居人欺他势孤力弱、不能抵御，前来袭击，将他杀死，占有了肥沃田地。

故事四：一个穴居人身上一丝不挂，见有羊毛待售，打听价钱。卖羊毛的人心中盘算："我的羊毛也就只希望卖到两斗麦子的钱，可是我要抬价四倍，借此获得八斗麦子。"购者无奈，只好照价付钱。"我很高兴，"卖羊毛者说，"现在我终于可以买到麦子了。""你说什么？"购羊毛者问道，"你需要麦子吗？现在只有我有麦子出售，就怕价钱会使你吃惊。因为你明白，现下到处饥荒，麦子贵到极点……还我买羊毛的钱来，我给你一斗麦子，否则哪怕你饿死我也不会脱手。"

故事五：一种凶恶疾病在穴居国肆虐。邻国来了一位医生，心地善良、本领很好，病人一经他手无不霍然而愈。但他到病人家中索取酬金时，却到处碰钉子，无奈之下回国。不久，他听说同样的疾病又变本加厉地危害那些忘恩负义的国民。穴居国居民跑来求他治病。医生说："滚吧，不义的人们！你们的灵魂中有一种毒素，比你们想治疗的病毒更能致命。你们不配在大地上占据位置，因为你们不知道什么是公道与规则。神祇责罚你们，如果我治愈你们，就是违背了神的旨意。"

通过上述五个故事，孟德斯鸠列举出人类社会生存需要的四个基本条件：满足基本生存需要的物质条件，基本生活秩序的建立（财产所有秩序、婚姻家庭秩序、价值交换秩序），恢复秩序的中立裁断者的产生，诚实守信的国民性的养成。第一个故事阐述了国家政权在高效救济国民生存困境、合理调配国民生存资料方面的功能。在区域性农业、政治、经济基础之上，应当存在一个更高的权威机构，能够灵敏、迅速地对区域间发展失衡的状态做出统一应对与调配，弥补地域间由于自然原因导致的基础性差异与衍生性失衡。民众的基本生物性需求是一项最重要的人权，目前看来，只有国家这一形态才能够对该种需求提供保障，这也是国家存在的基本原因之一。第二个故事描述了法律缺失语境下民众遭遇纠纷时的情境。由于与双方纠纷者没有利害关系的中立裁判者的缺位，由于公权力司法执行机构的缺失，导致民间私力复仇盛行，你抢我的妻，我夺他的爱，恃强凌弱、弱肉强食成为社会常态。第三个故事同样描述了法律缺席情境下的民众生存状态。这个故事涉及生产资料的分配。虽然穴居人形成了原始的部落联盟，但是由于没有法律制度的存在，没有中立裁判者的存在，没有恢复社会秩序的公权力的存在，穴居人依旧信奉以大欺小的准则，在丛林法则中踯躅徘徊，私力复仇的循环往复逐渐将人类引向毁灭之路。第四个故事从生活资料的占有与交换角度阐述了国家与法律存在的必要性，如果没有律法对民间交换进行必要规制，没有具有强制力的机构对这种交换进行确认与保障，基于人之本性，每个居民个体将追求自身利益的最大化，忽略与压制他人利益的合理存在，博弈结果将是两败俱伤，连基本的温饱生存均难以保障，何谈进化与发展？因此，个人利益永远包括在公共利益之中，将个人利益与公共利益强行剥离，不啻于自取灭亡。第五个故事从国民性角度考察了某一邦族部落的兴衰更替。公道意识与规则意识是每一个社会赖以生存与发展的基础，当一个民族的道德伦理基石轰然坍塌时，这个民族将丧失在自然中生存与发展的权利，等待这个民族的只能是灭亡。医生仗义行善却屡遭穴居人欺骗戏弄，最后愤然离去。这个故事从另一个侧面说明了法律规则与伦理道义在构建健康国民性的过程中的重要地位。

上述故事从反面生动地阐述了穴居人如何由于自己的劣根性而遭受灭亡的过程，他们成了自私贪婪、残暴血腥、背信弃义行为的牺牲品。这正是国家与法律产生之前，原始初民漫无秩序、朝不保夕的极端危险的生存图景。诚如霍布斯所言，这是一个"狼与狼"的社会，充满了"一切人对一切人的战争"。

随后，孟德斯鸠笔锋一转，给将要遭受灭族之灾的穴居国注入了一抹生机。"在那许多家庭之中，只有两家没有遭受民族灾难。原来在那地方有两个很奇特的人。他们坚持正义、崇尚道德，却被不配与他们为伍的同胞深深排斥，在国内最偏僻的角落过着平静的生活。他们用德行教养子女，不断地给他们指出本国同胞的重重苦难，使孩子们正视这一可悲的覆辙；尤其使孩子们感受到个人利益永远包括在公共利益之中，要想和公共利益分离，等于自取灭亡。年轻一代幸福地繁衍起来，人数不断增加，团结却是照旧；由于更多的范例与称赞，所有人均加强了德行。"孟德斯鸠赞叹两位特立独行的穴居人的良好品格，坚持正义，崇尚天道，虽然被其他胞民所排斥，却依然坚守底线、从容应对。孟德斯鸠认为，与绝大多数穴居人逐渐衰亡的历史对比，这两名穴居人家族开枝散叶、繁荣发展的事实恰恰解释了个人利益与群体利益的紧密依存关系，并且从另一个角度阐述了社会环境对国民性养成施加的重要影响，人类是天生的群居动物，离开群体社会人类必将难以繁衍生息，个人利益包含于集体利益之中，如果非要强行剥离，必然会造成两败俱伤。

接着，孟德斯鸠的目光转向人类社会发展的痼疾——战争。他认为，战争固然是人类社会的普遍存在，但是客观而言，所有战争大致可以分为两种类型：正义之战与不义侵略，二者归途迥异。正义之战占据天时、地利、人和，得道多助；不义侵略的发动者内心怯懦，动机卑劣，必然失道寡助。"这支穴居族那么繁荣，肯定引起别人眼红。邻近民族啸聚成群，决定掠夺穴居族的牛羊。穴居人得知这个消息，派遣使者对他们说：'穴居族并没有偷你们的牛羊、妇女、田地。你们需要什么，我们会帮助你们。但你们若怀着敌意进入我们的国土，那么我们就指天为誓，必用对付野兽的手段对付你们。'外族人拒绝了讲和，全副武装地侵入穴居族地域。穴居人将妇女和儿童围护在中间。那些卑怯的族类，所求的无非是赃物，并不以逃亡为可耻。面对穴居人的勇敢，他们大败而去。"

此时的穴居国经济繁荣、人口众多、攘除外患、政治安定，立法时机已然成熟，人们开始推选国君、酝酿立法，一致认为必须将王冠戴在最公正的人头上。最终，大家的目光聚集在一位睿智非凡、年高德勋的老者身上。但是这位老者却拒绝参加集会，寝食难安。当他得知自己当选为国王后，竟然仰天长叹："穴居族犯此过错，必定拂逆天意！"面对民众不解的目光，这位智者将缘由娓娓道来。"当我来到世上，看见穴居人都是自由的，今日却眼看他们做了我的顺民。"说到这里，他泪如泉涌。接着，他用严厉的声音喊道："我明白是怎么回事了，啊，穴居人！你们的德行已经开始成为沉重的包袱！道德的束缚对于你们也许太严峻了，你们宁愿拜倒在君主脚下，服从他的法律，这比严肃的风俗反而灵活些。你们将以不触犯刑法、不被刑罚惩罚为满足，至于美德，就根本不谈了！"老人停顿了一下，眼泪流得更加汹涌："唉，你们打算叫我干什么？我怎么能命令穴居人去做一件什么事？难道你们愿意他因为我的命令而去完成一桩道德高尚的事情？虽然即使没有我，单凭他自然的倾向，他本来也能这样做。啊，穴居人！我年寿已尽，不久就要和列祖列宗重新见面。为什么你们愿意使祖辈难过，非让我告诉他们，说我留在你们颈上的枷锁，不是美德，而是什么别的法律。"在这个故事中，孟德斯鸠涉及对"人类自由与君主专制"之间关系的探讨，矛头直指封建政体。与高尚的、天赋的、自然的人之理性相比，关于制定法在群体社会中的作用，孟德斯鸠似乎并不以为然，并提出了"刑法不过是人们借以摆脱道德拘束之工具"的论断。孟德斯鸠认为，17 世纪"王权崇拜"思想的萌发，来源于人类的劣根性——美德的束缚过于严峻，所以大家"宁愿拜倒在君主脚下，服从他的法律"，只有如此，人们才能纵情于享乐奢靡中，以不触犯刑法、不被施以惩罚为满足。穴居国智者的独白一针见血地点明了人类为自己套上枷锁的历程以及制定法律与自然理性之间的关系，其中蕴含的深刻哲理令人不得不掩卷深思、感慨良久。

在第 29 封信中，孟德斯鸠猛烈抨击了当时刑罚的残酷性以及罪行擅断、奉行"有罪推定"的悖逆人性的司法惯例，对宗教思想参与刑事审判的司法制度予以全面否定。"他发誓，说他是个正统派……仍将他作为异端，活活烧死。毫无分辩的余地——等人们想起听他分辩，他早已成了灰烬。别的裁判者，推测被告可能无罪；上述裁判者，总推想被告有罪。如遇疑难，他们的准则就是从严处理。显然因为他们认为人都是恶劣的。"有罪推定、严刑酷法、剥夺被告人辩解的权利，动辄被架上火刑台，这就是教会刑法时期的司法状态，人类文明与良知在这一幕幕惨剧面前畏而却步。孟德斯鸠着重强调，事关宗教信仰的裁判应当避免适用刑罚，因为"宗教与刑罚都是使人畏惧的力量，以一种畏惧来代替另一种畏惧，容易使人的心灵变得残酷起来"。不仅如此，"一些在其他事情上公正不阿的法官，一旦涉及神学的幻影就不再公正，他们浸浴在血泊中还以为是符合神明的意志。"

在第 76 封信中，针对西方当时普遍将"自杀行为"入罪的刑律，孟德斯鸠一连使用数个反诘句，怒斥该规定的荒谬性与残忍性。即使在二百余年后的今天，这些质疑依旧铿锵有力，令人深思。"在欧洲，对于自杀的人，刑律制裁非常严厉，可以说是再一次将他们处死。人们毫不顾全自杀者的体面，将他们在街上拖来拖去、羞辱他们、把他们的财产充公……"孟德斯鸠无法忍受这种法律规定，理由在于该种法律丧失了基本的公道性与合理性。当一位公民经受贫困、痛苦之时，自杀行为即手中唯一握有的解药；当一位公民不愿参与社会群体生活时，也就不必再要求其履行担负的职责。同时，孟德斯鸠质疑契约论中公约的合法性，并非每一个社会个体均参与其签订过程，为何能够命名为"公约"？既然社会是建立于互利基础之上的，当某一社会对于公民个体而言已经成为负担，又有什么理由阻止后者离弃社会？另外，如果某一庶民丝毫不能从这种结社中获取利益，为何仍然逼迫其臣服于君主？特别值得我们注意的是，孟德斯鸠借题发挥，阐述了公民与既定法律间的"契约关系"，明确指出，当契约的成立未得到受其约束者的同意，或者契约的履行未能带给参加者任何恩惠时，参加者完全有权以各种暴力与非暴力方式否认契约的效力。

　　在第 80 封信中，孟德斯鸠涉及刑法学理论中的量刑理论，提出"刑罚宽和"、"罪刑相适"、"刑罚的威吓作用"等思想。首先，孟德斯鸠认为刑罚比例必须适当，针对不同性质的犯罪，应当适用不同严厉程度的刑罚，"无论政府温和或酷虐，惩罚总应有程度之分；按罪行大小定惩罚轻重。"其次，刑法应当具有宽和性。"最完善的政府，是能以较少的代价达到统治目的的政府。""一个法国人受了某种惩罚，声名扫地，也许会懊丧欲绝；但同样的惩罚施之于土耳其人，恐怕连一刻钟的睡眠都不会使他失去。我并未看见在土耳其等国犯罪较少，也未看见那地方的人被严刑重罚所慑服因而比别处更遵守法律。我发现那里的君主，虽然本身就是法律，却比任何别处更不能主宰一切。"此处，孟德斯鸠借用实证主义研究方法，提出如下观点：理性政府的衡量条件之一即是否能够以较少的代价达到统治目的，刑典的轻重并非绝对，不同国家与政体培育了不同的国民性与刑罚环境，这些因素对于刑罚的轻重缓急均会有影响。一般而言，刑罚具有威吓作用，但是任何一个国家的社会秩序不应单纯地依靠这种威吓来维持。政府手段的温和与酷虐与民众素养密切相关，正如"八天监禁或轻微罚款对一个生长在温和国家的欧洲人，其刺激的程度不下于割去一条手臂对一个亚洲人的威吓"。如果一再奉行"乱世用重典"的精神，那么这个国家的政权就岌岌可危了，因为"在这些国内发生的并非小小的叛乱，从怨言偶语到揭竿而起，两者之间绝无距离"。当然，我们也应当注意到，该作品的研究结论带有明显的夸张与偏激，从中我们能够读到孟德斯鸠浓厚的"唯西方中心主义"情结以及面对东方民族显现而出的傲慢、侮辱与歧视。

　　在第 94 封信中，孟德斯鸠以"人生来具有结群而居之本能"为理论基础，生动解释了人类社会的成因。该思想与苏格拉底、亚里士多德关于社会、国家的成因理论基本一致。以此为基础，孟德斯鸠谴责西方世界"公法原则"已经丧失殆尽的现状，而以刑法为主要组成部分的"公法"

本应秉承正义与理性的职责。"人谈公法无不先仔细寻求社会来源，我颇觉可笑。人若相互逃避、憎恶结群，才是怪事。乳儿恋母偎父，天性使然，此乃社会成因。公法在欧洲比在亚洲更为人所熟知，然而，可以说君主的嗜好、人民的隐忍、作家的恭维却腐蚀了公法原则。这法权，按今天来说是一种科学，它教给国君们可以把正义破坏到什么程度而不影响自己的利益。为了硬化他们的良心，企图将不公正的行为列成制度、订出规条、形成原则、作出结论，这是什么居心！"与斯威夫特在《格列佛游记》中所持观点一致，孟德斯鸠亦尽情嘲笑法律被当做一门"科学"的荒谬性，认为公法的社会来源无须探讨，它源自人类结群而居的天性，恰如乳儿恋母偎父之情。但是在欧洲，公法已然沦落为"君主的嗜好、人民的隐忍、作家的恭维"的产物，被君主当作工具理性来为自己的专制与独裁进行辩护，这不能不说是对造物主的蔑视与对人性的背叛。同时，孟德斯鸠对于刑事立法亦颇有微词，认为其唯一作用即充当国君的保护伞，假法律之名行龌龊之事，因此，孟德斯鸠认为成文法典的唯一作用就是为了"硬化他们的良心"，如此才能将法律列成制度、订出规条、形成原则、作出结论。

在第 95 封信中，孟德斯鸠对战争的性质作了划分，以国家之战争与刑罚之适用做对比，强调了刑罚权的正当性以及罪刑均衡原则的合理性，并且得出了饶有趣味的结论。孟德斯鸠认为，世界上有两类战争具有正义性，一类是为了抗拒敌人侵袭而发起的防卫性战争，另一类是对陷入困境的同盟者施以援手。如果说战争发起国是刑事司法过程中的裁判者，那么交战对方则是被宣布为死刑的犯罪人了。由于宣战必须是合乎公道、正义的行动，因此刑罚必须与其过错相称，必须考虑宣战的对方是否该当被处死，因为在战争法中，"对谁宣战，就是想用死刑惩罚他"；在公法中，最严厉的正义行动就是战争，它可能造成摧毁整个社会的效果。除了上述两种战争可以被冠以正义称号，采取报复手段是次一等的正义行动，这种情况下要以对方事实行为的罪恶程度来衡量刑罚。第三等级的正义行动涉及被占领国君主能从我方获得某些优厚条件的情况，当然仍须惩罚与被罚者的妄行相称。第四等级的正义行动应当是最常见的，亦即与令人不满的人民废除盟约，这种惩罚相当于法庭宣判驱逐出境，使罪人与社会隔离。

第 104 封信总结了英国的国民性格，并对比分析了与其性质相符的政治、法律体系的特征。就整个欧洲而言，服从本国君主的程度各有差异，"例如英吉利人脾气急躁，不让英王有足够的时间加重他的权威"，因此"屈服与顺从是英国人最不自鸣得意的品德"。英国人仅认可一条可以维系人心的纽带，那就是感激之情。事实上，在家庭内部存在的夫妻、父子之情，即维系人世间秩序最为普遍也是最为稳固的纽带；感恩知情，虽然动机不一，这种关系却是所有国家与社会的起源。君主与臣民之间的关系亦如此。当君主的统治非但无法赐予人民幸福，反而对人民的精神与肉体横加摧残时，人民服从君主的基础即不复存在，人民有权恢复原始的自由状态。英国人认为，任何无限制的权力不可能是合法的，原因在于权力之根源非法。总而言之，孟德斯鸠讲述了三个层面的意思：其一，"感恩知情"是所有社会与国家的起源，而非暴力与强制、屈服与顺从的对立关系。其二，如果君主对国民精神与肉体加以蹂躏摧残，国民有权而且也应当恢复本来的自由状态。其三，任何无限制的权力即为非法。

对英吉利国民性进行剖析后，在第78封信、第102封信至第122封信中，孟德斯鸠详尽论述了欧洲、亚洲、野蛮人、殖民地等诸多国家与地区关于物产增殖、人口增长的话题，从地理、历史、气候等多方面分析了影响一国国民性养成的诸多因素，俨然是其《论法的精神》中地理风俗决定论的牛刀初试。孟德斯鸠认为，在刑法宽缓的政体中，对国家的热爱、对羞耻的知晓、对道德谴责的畏惧，均可以作为有效的社会约束，防止成员犯罪；而一名合格、智慧的立法者，不应仅仅将目光聚集于对犯罪者的惩罚、对刑罚的适用，更应关注于优良社会风俗的养成以及对犯罪的有效预防，这就涉及犯罪预防的刑事政策。此处，孟德斯鸠将犯罪分为四种，配置不同的刑事处罚：其一是危害宗教的行为，对于这种犯罪者，可以隔离、剥夺其部分权利，但是不得以"为上帝复仇"的思想指导司法，否则容易造成刑罚冤滥。其二是违反风俗的行为，这种犯罪者存心作恶者较少，主要是违反了公序良俗所提倡的男女道德禁例，这些人之所以犯罪，多数是出于情欲与肉体方面的忘乎所以、对私人生活采取不自重的态度，因此应当对其施以罚金刑、羞辱刑、剥夺公权甚至宣布其为不受法律保护的人，但不应判处死刑。其三是危害公民安宁的行为，也就是我们今天所说的违警轻罪或者违反了治安管理条例的行为，对这些犯罪者可以处以监禁、放逐以及矫正的刑罚处罚，处刑不应过重，刑罚设置应当主要针对危害行为的矫治与预防。其四是对公民安全进行侵害的犯罪，只有此种行为才是真正的犯罪，因此刑罚应当体现出浓烈的报复色彩，因为"对于一个企图破坏社会整体安全的人，社会亦拒绝给予其保障与安全"，此乃理所当然。

在第129封信中，孟德斯鸠以戏谑、嘲讽的口吻对立法者猥琐、虚浮的形象大加鞭笞，并对"成熟性、整体性、通俗性、自然公正以及稳定性"等立法原则与技术进行剖析。"大半立法者均系见解狭窄之人，由于偶然原因位居众人之上。他们所参考的只是他们的成见与幻想，订立稚气的法律以为娱乐，在实际上与卑小精神符合。""他们投身于琐碎无用的细节中，钻在一些极其特殊的情况里——这说明他们才具窄小，只见局部，而不能用全面的眼光概括事物；他们往往只追随逻辑意念，而忽略自然公正。他们中的若干人矫揉造作、不用通俗语言——荒谬至极！如果法律使大家不懂，如何能令人遵守呢？""他们常常毫无必要地废除已经存在的法律，将人民掷入必然被这些变换引起的混乱中。当人们发现法律太过严峻时，由于某种公正感，认为有责任避免这种法律。可是这种挽救方法是新的弊病。无论法律如何，必须永远遵守，并应当视为公众的良心，个别的良心必须永远与此符合。"可以看出，孟德斯鸠以反面事例总结了当时刑事立法的诸多弊端：第一是立法者自身素质低下，缺乏客观性思维与庄严的使命感；第二是立法者视野狭窄，思路偏执，一叶障目不见森林，陷入个案特案，缺乏全面、宏观的视野与法哲学思维方式；第三是立法语言技术的残缺性，往往以深奥晦涩的语言编撰法典，民众难以理解，因此才会产生对法律文字的解释与含义的歪曲；第四是未能保持既定法典的稳定性与延续性，立法者过于追求形而上学的意念，玩弄逻辑、法典朝令夕改，忽略自然公正，引起司法适用与民众法治观念的混乱；第五，孟德斯鸠指出，必须强调法律的效力，即使是一部"恶法"，只要它没有被废除，人们就必须遵守，社会个体与法律的关系正如个别良心对公众良心的追随。

最后一封信，第 160 封信是男主角郁斯贝克的宠姿罗克莎娜的绝笔信，也是《波斯人信札》中唯一涉及男女情感的信笺。罗克莎娜被发现与人通奸后，郁斯贝克勃然大怒，下令将她囚禁，等待他回去审判，却未料到罗克莎娜会饮恨自戕。在这封绝笔信中，罗克莎娜坦然承认自己的不忠与越轨行为："是的，我欺骗了你，我引诱了你的阉奴，我激起了你的忌妒心，把你这可憎可怕的后宫改造成行欢作乐的场所。"同时她又质疑郁斯贝克剥夺他人幸福与自由的行为，认为正是这种霸权与不平等的夫妻关系导致了最终的悲剧。"你如何会这样轻信，以为我活在世上仅仅为了满足你的苛求？以为你自己可以放任恣肆，却有权利戕贼我的欲望？你在我身上丝毫没有找到爱情的极乐，因此曾经感到诧异。如果你曾经很好地认识我，就会在我身上发现强烈的憎恨。"事已至此，罗克莎娜悲愤交加却无力回天，她知道等待自己的将是无穷尽的羞辱与折磨。离世之前，罗克莎娜淡然坚定地向自己的主宰者宣示，"虽然生活在压迫中，虽然你禁锢我如奴隶，但我的心是自由的。我将你的律法按照自然规律加以改造，我的精神始终保持独立！"这封信与第 38 封信具有首尾呼应之意，在第 38 封信中，孟德斯鸠对女性附庸于男性的看法进行了批驳："关于自然法则是否要求女子顺从男子？不！自然从未规定这样一条法则。我们加于妇女头上的威力是真正的暴虐。妇女任我们肆行暴虐，无非是因为她们比男子温和，由此之故比男子更富于人道与理性。如果男子通理性的话，本应使妇女得到更优越的地位。"罗克莎娜的血腥报复正是基于如此思想的笃行。很显然，孟德斯鸠以罗克莎娜绝笔信作为全书的终结，是经过深思熟虑的。罗克莎娜认为自己也是人，她不愿做郁斯贝克的玩物，她渴望获取选择爱情、决定命运的自由权。她与郁斯贝克早已貌合神离，她早已决定瞒着郁斯贝克将囚笼般的后宫变为她接待情人、求欢行乐的密室。但是，她的秘密被阉奴们撞破了，她的情人被私刑处决了，她本人亦在等待着主人的冷酷裁决。此时的罗克莎娜已不是郁斯贝克想象中驯顺美丽的玩偶，而是化身为暴怒的母狮，自杀之前，她甚至设计毒死了那群代表郁斯贝克专制暴力的阉奴。可以看到，《波斯人信札》中的后宫悲剧不是以郁斯贝克的胜利为结局的，罗克莎娜才是战争的战胜者。西方文学中，女性向来是感性主义的代表，灵魂中也保留着比男性更多的自然法则的痕迹，好一句"虽然生活在奴役与压迫中，我的精神却始终保持独立！"这句代表着"自然理性"的女性主义宣言，我们在安堤戈涅、美狄亚以及贝特丽采的口中都曾听到。借罗克莎娜之口，孟德斯鸠宣示了这样一个亘古不灭的规律——妄图主宰他人自由的人，始终处于嫉妒、猜疑的疯狂之中，绝不会感到幸福；压迫他人的人，将绳索套在自己颈上并不断地收紧，最终也绝不会得到自由。这种思想与全书反对君主专制、反对侵略与压迫、尊重人权、主张公民自由等精神是契合无隙的。

最后，刑法学者尤为不可忽视的事实是，"近代刑法学之父"贝卡利亚于 1764 年发表了震撼欧洲的《论犯罪与刑罚》，这是人类历史上第一部对犯罪与刑罚原则进行系统阐述的著作，全书洋溢着伟大的人道主义气息，被誉为刑法领域里最重要的经典著作之一。有趣的是，贝卡利亚在1766 年写给他著作的法文译者莫雷莱的信中，谦虚地承认自己是《波斯人信札》的忠实信徒，并将自己的成就归功于"法国人写的书"，正是这些书孕育了他的哲学思想，激发了他的人道主义情怀。"我把一切都归功于法国人所写的书。这些书唤起了我心灵中八年来一直遭受溺信教育扼制的人道情感。仅仅五年工夫，我就完全转而相信这些哲理，并且成为孟德斯鸠《波斯人信札》的忠实信徒……"① 由此可见，该书对贝卡利亚刑事思想的形成影响之深。透过该部文学作品，我们期待着可以从另一个角度考察贝卡利亚罪罚思想与精神的人文源泉。

---

① 〔意〕贝卡利亚：《论犯罪与刑罚》，黄风译，北京，北京大学出版社，2008，第 130 页。

5.2.2　伏尔泰作品中的刑法思想

被誉为"法兰西思想之王"的伏尔泰[①]（Voltaire，1694～1778 年），作为法兰西三个王朝[②]的见证者，目睹了封建专制由盛及衰的过程，并预见了变革风暴的即将到来。伏尔泰是启蒙时代第一阶段的代表，登上历史舞台的时间早于以狄德罗为首的百科全书派与激进民主主义思想家卢梭，他倡导文学为社会改良和宣传启蒙思想服务，不懈地为争取生活与精神自由而奋斗、为正义与法律而呐喊。伏尔泰还是反暴政、反偏执、反酷虐的斗士，"他赞成什么，反对什么，整个欧洲都会倾听"[③]。在伏尔泰传奇一生中，曾数次与刑事司法近距离接触——因为言辞犀利的作品两次被投入巴士底狱、继而逐出国门，在流亡途中也不安分，卷入"卡拉斯"案件[④]，引起了整个欧洲的关注。另外，与"卡拉斯"案性质相同，教会操纵的法庭还对一位 19 岁的骑士拉巴尔与一位年过半百的风水先生进行了残酷迫害，伏尔泰毫不犹豫、坚决果断地再次投入战斗，为二人奔走呼号，终于也使得两件冤案得以平反。[⑤] 流亡期间，伏尔泰一直与外界保持着频繁通信，通信者国籍遍布欧洲，身份涵盖社会各个层次，他通过信件

---

　　① 伏尔泰，法国启蒙思想家、文学家、哲学家。出生于巴黎一个富裕中产阶级家庭，其父是法律公证人，希望他将来做法官，但他对文学产生兴趣，后来成为文人。他曾因辛辣讽刺封建专制主义而两度被投入巴士底狱，作品被列为禁书，本人多次被逐出国门。伏尔泰不仅在哲学上有卓越成就，也以捍卫公民自由、特别是信仰自由与司法公正而闻名，被誉为"法兰西思想之王"、"法兰西最优秀的诗人"、"欧洲的良心"。

　　② 路易十四、路易十五、路易十六三个王朝。

　　③ 〔法〕波莫：《伏尔泰》，孙桂荣、逸风译，上海，上海人民出版社，2010，"伏尔泰评价"。

　　④ 法国朗葛多克地区的图鲁兹有一位颇富声誉的商人卡拉斯，是个虔诚的新教徒。六个子女中有个儿子叫安东尼，原来信奉新教，后为了顺利进入大学学习法科，打算改信天主教。1761 年 10 月 13 日晚，安东尼自尽，吊死在门框上。该案落在一个狂热的天主教法官大卫手里，在天主教士们的煽动下，信奉天主教的民众群情激奋，纷纷指控卡拉斯一家为了阻止安东尼改信天主教而谋杀了他。卡拉斯全家人身陷囹圄，卡拉斯受尽严刑，但终未因此而认罪。尽管没有确凿证据可以证明卡拉斯一家人谋杀了安东尼，但法庭最后仍以 8∶5 的投票结果判处卡拉斯车裂刑。1762 年，卡拉斯被执行死刑。惨案发生后，一位朋友将此事告诉伏尔泰，引起伏尔泰的极度震惊。了解事情真相后，伏尔泰立刻着手为卡拉斯的平反而努力。他用了四年时间发动他周围的朋友、法国上流社会的贵族，甚至惊动了普鲁士王弗里德里希二世和俄国新即位的叶卡捷琳娜二世向法国当局施加压力，使得卡拉斯案轰动欧洲。伏尔泰的申诉最后终于获得成功，1766 年，即卡拉斯遭受酷刑死去的第四年，巴黎法院撤销原判，法王赐予卡拉斯夫人 3.6 万金币作为抚恤金。参见〔法〕波莫：《伏尔泰》，孙桂荣、逸风译，上海，上海人民出版社，2010，"伏尔泰评价"。

　　⑤ 参见〔法〕雨果：《纪念伏尔泰逝世一百周年的演说》，选自《雨果文集》（第十一卷），程增厚等译，北京，人民文学出版社，2002。

成功地宣传了自己的启蒙思想。① 在西方思想史上，伏尔泰为人类争取自由与民主所做的不倦努力为其赢得了巨大声誉，他的名字响彻整个欧洲上空，西方人至今仍然亲切地称他为"欧洲的良心"。

伏尔泰生前以史诗诗人和悲剧诗人著称，他本人亦将史诗与悲剧的创作视为主要工作，将中短篇哲理小说当作"儿戏之作"，认为不值得出版。然而，从19世纪上半叶开始，直到今天，伏尔泰的悲剧和史诗的读者日趋稀少，哲理小说却经受住了时间的考验，特别是《查第格》《如此世界》《天真汉》等作品已经成为18世纪启蒙文学最重要的代表作列入世界文学宝库，被视作全人类的精神遗产。

5.2.2.1　启蒙精神的化身：《查第格》

《查第格》（1747年）以古代东方为背景，通过主人公曲折非凡的境遇，将许多新鲜风趣的故事连缀起来，给读者展现出一个似真亦假、虚实交融的奇异世界。在伏尔泰笔下，查第格是一个善良正直的人物，亦是启蒙精神的化身，他清心寡欲、明哲保身，具有渊博的知识，遇事则具有非凡卓绝的判断能力。

在查第格的政见中，包含着伏尔泰所提倡的重要刑法思想。第一，涉及"法治与人治"观念的博弈，查第格被任命为宰相时，判案理政无不唯法度是瞻，断案清明、理政高效，因此深受民众爱戴，最为重要的是，在这种公正平等的社会氛围中，每个人均能感受到法律的神圣而不慑于其爵位的压力。第二，查第格严守三权分立的原则，广泛实施民主决议，绝不干涉枢密会议的舆论，所有大臣均可发表意见。第三，涉及法官刑法裁量权的合理适用。法官一定要主动作为行使量刑权，当法律太过严苛时，查第格依照案件情节与当事人的社会人格特征加以减轻。如果确实没有法律可引用，他将会以该案为内容提起议案，要求议会讨论另立新法，务必保证每一个案例的判决公平合理，"人家竟以为是查拉图斯脱拉订的"。第四，查第格奉行宽和谦抑的刑罚观，"罚一无辜，不如赦一有罪"，这个流传于各国的伟大格言便出自查第格之口。第五，查第格还非常重视立法的作用，深信"为民援助"与"使民戒惧"拥有同样重要的作用，只有当人民成为立法的参与者，人民才能更加衷心地去遵守它、保卫它。② 我们可以看到，查第格的政见中包含着伏尔泰"法治而非人治"、"言论自由"、"刑罚宽缓"、"立法及时"、"恤刑为义"、"民众参与立法"等重要的刑法

---

① 据统计，仅保存下来的伏尔泰的信件就有一万多封，与他通信的人数累计有七百人之多。

② 本节所有引文来源于〔法〕伏尔泰：《伏尔泰小说选》之《查第格》，傅雷译，北京，人民文学出版社，1980。

精神。

5.2.2.2　邪恶与美德同在：《如此世界》

在《如此世界》（1736 年）中，一位叫巴蒲克的男人接到神谕，因为柏塞波里斯城中波斯人太过混乱与放荡，所以伊多里埃希望巴蒲克去波斯了解一下那里的人性究竟坏到何种程度，然后根据他的报告，再决定到底是惩戒还是毁灭那座城市。

> 巴蒲克目睹了城中许多罪恶，人们如野兽般残忍，毫无缘由地互相残杀，把人间弄得满目疮痍，惨不忍睹；到处是罪恶、污秽和痛苦；各行各业的人鬻官卖爵、贪婪腐败，坏事干尽；男男女女骄横不贞，放荡纵欲，不思悔改。巴蒲克认为："伊多里埃有心毁灭一座灾祸连绵的城市，的确是件好事。"但是，随后他又发现许多慷慨豪爽、仁爱侠义的行为，以及情人之间的忠贞热爱，甚至在那些用腐败手段得到权力的人们当中，也有奉公守职之辈。巴蒲克心里又在祈祷："这样一座可爱的城，伊多里埃想要把它毁灭，简直是跟大家开玩笑了。"深思熟虑之后，巴蒲克想出一个办法。他委托城中最高明的铸匠用各种金属、泥土、石子混合起来，造了一座小小的人像，拿去给伊多里埃，说道："你是否会因为这美丽的人像不是纯金打的或钻石雕的，就要把它砸掉、毁掉？"伊多里埃听了巴蒲克的详细报告后，最后连惩罚柏塞波里斯城的念头都抛开了，决定就让世界"如此这般"下去，感慨道："即使不是一切皆善，一切都还过得去。"[①]

从法哲学角度考虑，伏尔泰在这篇小说中巧妙地利用了辩证主义观点，透射出"犯罪是一种社会常态"的理念，他认为只要是人类社会，就必定有犯罪现象存在。在柏塞波里斯城中，人们如野兽般自相残杀、混乱无序，官场卖官鬻爵之风横行、贪污腐败已为常态，男女放荡纵欲、不思悔改，整个城市污秽不堪。但是，处于一片混沌的柏塞波里斯城中依然孕育着美好与希望，巴蒲克认为这座城市不应是上帝所遗弃的荒蛮之地。他亲眼目睹了慷慨豪爽、仁爱侠义的种种善行，也曾被情人间的忠贞热烈感动得涕泪交加，甚至在那些用腐败手段得到权力的人们当中，巴蒲克也发现了为数不少的"公正的法官、勇敢的军人与能干的政治家"。人类社会的良莠不齐令巴蒲克的身心备受煎熬，他在惊叹之下发出质疑："不可思议的人类，这许多的卑鄙和高尚的性格，这许多的罪恶和德行，你们怎能兼而有之？"同时，伏尔泰摒弃了之前西方思想家普遍认可的"人性本恶"

---

① 梗概及本节所有引文来源于〔法〕伏尔泰：《伏尔泰小说选》之《如此世界》，傅雷译，北京，人民文学出版社，1980。

的观点，赋予社会个体以客观的综合性评价，认为卑鄙与高尚、罪恶与美德是自然人与生俱来的本性。因此人们不必谈虎色变，而是应该将其向正确方向引导，摒弃对犯罪人的歧视，注重对其改造与教育。这与我们当今的刑事政策中认为犯罪与社会之间存在着辩证关系的观点非常相近。

　　另外，我们还可以看到，伏尔泰的此部作品显然是受到《旧约·创世纪》中罪恶之城"索多玛城的毁灭"启发而作①，但观点与后者显然不同。同为即将被上帝遗弃之城，奉命调查的天使在索多玛受到了令人发指的欺凌与残害，民众表现出一种病入膏肓、死不悔改的恶劣道德观，天使因无法找出 10 个义人而在与上帝的赌局中认输，整个城市毁灭在熊熊烈火之中。而在柏塞波里斯城，巴蒲克看到的却是罪恶与美德共存的情景，因此他向上帝的请求也被欣然允许，柏塞波里斯城继续在荣耀与耻辱中铿锵前行。我们可以从迥异的结局中观察到故事本身所孕育的不同内涵。启蒙思想时期，启蒙者高举人性与人智之旗，将人之本性与"原罪"成功剥离，强调人所具有的善恶二重性、情感多面性，因此不能仅仅从单角度对立体存在的人类做出评价，既要尊重人类本身的善良共性，又要尊重与区别个体的差异性，这种辩证主义思维方式与宗教刑法时期基于"性恶说"而产生的论断是截然不同的。

5.2.2.3　蒙昧者的归化与变异：《天真汉》

　　《天真汉》（1767 年）中所包蕴的对人类文明的讽刺意味比其他哲理小说更为直接。它巧妙地通过一个在加拿大未开化"休隆人"部族中长大的法国青年的天真性格与法国社会现实的矛盾，以"自然人"与"文明人"之间的冲突表现了这个高度文明国度的文化矛盾，对自然法、自然理性赋予了崇高意义。天真汉"想说什么说什么，想做什么做什么"的纯朴习性受到社会习俗、法律、宗教的压制，其荒诞与非理性达到了令人难以置信的程度；而当他努力按照这个社会的要求、以《圣经》作为自己的行为准则时，也同样引起了惊世骇俗的后果，这就更有力地暴露了文明社会实际上并不存在唯一道德标准与是非标准的真相，暴露出文明社会是非颠倒、表里不一的特点，体现了伏尔泰对"自然理性"的尊崇与呼唤。

　　在这篇小说里，伏尔泰以赞赏的笔调描写了天真汉"纯朴的德性"与"自然的人情"，首次提出了"法律是自然的女儿"的论断。伏尔泰着重强调，自然法应当单纯源于人之本质，是"每一个精神健全的人心目中都有自然法的概念"，其他法律都是人为法，是基于战争或者强权状态的产物，是自然法面对社会现实所做出的一种妥协，只有自然法调整的社会才是理

---

　　①　参见本书 2.3.1 部分。

想社会。但是，伏尔泰并不认可卢梭提倡的"回归自然"的思想，而是认为纯朴的人更应该"文明化"。在该种思想的影响下，伏尔泰将某些反封建的、启蒙的思想赋予天真汉，塑造了一个理性主义者的标本，安排"天真汉在监狱里学习各种知识，发展成为一个具有高度文化修养的人"。小说的结局具有鲜明的反讽性，天真汉终于成为贵族上流社会的一员，而这个社会本来是与他纯朴的性格完全对立的。贵族资产阶级的"文明社会"同化了主人公的天真，天真汉面对现实社会不得不低头妥协，这种结局虽然反映了伏尔泰思想难以突破的瓶颈——与后文所述的狄德罗有异曲同工之处，却也正说明伏尔泰作为一位成熟的思想家，他已经抛去了更多理想化甚至幻想化的理论，对现实社会的痼疾有着清醒而深刻的认识。

伏尔泰的小说三部曲彰显了其卓尔不群的启蒙思想体系，其中饱含着对人类、对社会、对政治法律的辩证主义分析，这位平易近人的思想者点燃了西方人对真理、秩序、民主的渴望之情与不倦追求。灵魂有生有灭，但是经灵魂所塑造的时代精神永恒不朽。在巴黎法国国家图书馆中，至今仍保存着伏尔泰的心脏，展柜前镂刻着这位伟人的遗言："这里保存着我的心脏，然而，到处流动着我的精神。"①

5.2.3　丹尼斯·狄德罗文学作品中的刑法思想

丹尼斯·狄德罗②（Denis Diderot，1713～1784 年）始终战斗在启蒙运动的最前沿，是启蒙思想时期"百科全书派"③ 的领袖人物。狄德罗虽是法律科班出身，但他厌恶专制王朝的法律，希望对其加以颠覆。1749 年，狄德罗因小说《供明眼人思考的论盲人书简》被扣上"思想危险"的罪名，而被关进巴黎的文森监狱（据说那时的巴士底狱已经关满了犯人），三个月后获释。《百科全书》第一、第二卷出版后，书中承载的思想被教会指责为"异端"，一位高等法院的大法官更是指着《百科全书》叫嚣：

---

① 〔法〕波莫：《伏尔泰》，孙桂荣、逸风译，上海，上海人民出版社，2010，"伏尔泰评价"。

② 丹尼斯·狄德罗，18 世纪法国杰出的启蒙思想家、唯物主义哲学家、文学家，"百科全书派"代表人物，第一部《百科全书》主编。出生于法国兰格尔一个富裕的手工业者家庭。青年时代先后在兰格尔和巴黎天主教专科学校学习法律。

③ 18 世纪中叶以后，法国启蒙思想家逐渐将力量汇集到《百科全书》的编写工作中。这部巨著总结了自然科学、人文科学诸方面的建树，宣传唯物主义思想，打击封建教廷思想体系，为资产阶级世界观打下了坚实基础。当时，几乎所有的法国启蒙思想家均参与了这部《百科全书》的编撰工作，因而他们被称作"百科全书派"。

"哲学家的书烧够了！现在该是烧哲学家本人的时候了！"① 在如此险恶的状态下，多数《百科全书》的作者陆续退出工作，只有狄德罗一人苦撑着局面。

狄德罗创作的小说并不多，长篇小说《修女》（1760 年）因为主题涉及敏感话题，旗帜鲜明地反对教会制度，所以在其生前并未发表，三十多年后（1796 年）才与民众见面。他的另一部小说《拉摩的侄儿》（创作于1762 年）也是在其去世以后（1799 年）才得以重见天日，此时的法国已经接受了 1789 年大革命的洗礼。客观而言，正是这两部小说奠定了狄德罗文学声誉的基础——其反封建、主张民权的激烈思想不仅反映在《百科全书》以及哲理论文、政治论文中，更是渗透至他的文学作品中。《修女》与《拉摩的侄儿》的问世，带给西方人以极大的惊喜——在文学的世界里，狄德罗彻底扯下了以往温文尔雅的面纱，摒弃了一切学究气、说理性的行文桎梏，挥洒自如地刻画出一个与世人印象大相迥异的真实自我，并坦言自己对现有秩序的迷惘与愤懑；其卓越的胆识、不羁的口吻、深邃的洞识令所有阅读者惊骇与折服。

5.2.3.1 祭坛上的刺怨与控诉：《修女》

《修女》在法国乃至世界文学史上均占据杰出的地位，当代著名小说家皮埃尔·戴赞誉它为"一部最激烈与最勇敢的书"。作品以大胆的思想、缜密的逻辑、流畅的文笔控诉了宗教对人性的戕害，揭露了发生在修道院内的种种鲜为人知的罪恶。这是一个虚构的故事，其创作素材却异常真实：第一个素材是发生在 1758 年轰动整个巴黎的"玛格丽特·德拉马尔"案件。巴黎龙桑修道院里一名 45 岁的修女，名叫玛格丽特·德拉马尔，渴望借助法律手段恢复自由，向法院提出申诉，声称被父母强迫出家，要求推翻她的出家誓愿，准予还俗。最终，玛格丽特上诉失败，法院判决她终身幽禁于修道院内，不得还俗，她只得在痛苦中度过余生。② 第二个素材是狄德罗于 1741 年爱上一位比自己大三岁的女子，其父极力反对，并将狄德罗强制关进离特鲁瓦三十余里的修道院，狄德罗在其中度过了一段生不如死的艰难岁月。③ 第三个素材是狄德罗的姐姐曾经进入修道院修习，由于某种无法公开的原因，最后疯癫而亡。④ 第四个素材是 18 世纪中叶的法国，私生子占初生婴儿总数的三分之一。人们一方面尽情纵欲，

---

① 〔法〕安德烈·比利：《狄德罗传》，张本译，北京，商务印书馆，1995，第三部分"文森的囚徒"。
② 参见〔法〕狄德罗：《修女》，陆元昶译，北京，商务印书馆，1997，序。
③ 参见刘板盛：《法国文学名家》，哈尔滨，黑龙江人民出版社，1983，第 87 页。
④ 参见刘板盛：《法国文学名家》，哈尔滨，黑龙江人民出版社，1983，第 85 页。

另一方面却将这些私生子当做欢愉过后的罪恶产物——他们被社会歧视的命运早已注定，尤其是女孩，往往一落地就被送往修道院、幽禁终身，无法接触外面世界的阳光与欢乐；她们必须为父母的一时欢愉而终生赎罪，受尽折磨后悲惨地死去。上述社会现实与生活经历，均为狄德罗的作品提供了可靠而丰富的素材。

> 《修女》的主人公苏珊·西蒙南，家境富裕，却从小得不到父母的疼爱。后来她才知晓自己是母亲的私生女。当父亲的宽厚与忍耐突破极限后，苏珊被送入修道院，为其母亲的邪淫赎罪。苏珊始终认为修道院比监狱还要可怕千百倍，她顽强不屈地一次次尝试着摆脱桎梏，回归自由，也因此受到比其他修女更为残酷的虐待。最后，苏珊终于逃出了这座人间地狱，只身前往巴黎，但她此时的身份十分尴尬——变成了一个不受法律承认与保护的人。为了生存下去，她只得隐姓埋名、落魄度日。①

狄德罗的文学思想与他的法学思想一致，作品深刻揭露了禁欲主义对人本性的悖逆与戕残，热烈宣扬了自然法则的天赋人权。小说将教会的野蛮暴行作了生动描述，对修女的悲惨遭遇给予了真挚的同情——修道院即监狱，二者具有禁锢自由、扼杀自然欲求、摧残人性的同质性。修女即囚犯，被剥夺了人的一切自然情感与生理需求，与世隔绝、凄惶度日，稍有违逆，院长就会滥施残酷的刑罚。一旦迈入修道院大门，长达数十年的绝望与痛苦生活已经为她们预备好。修女们的寿命极其短暂，通常四十岁左右便去世，但更多人等不到这个时间已经被折磨得疯癫、痴呆。苏珊因为对新院长卑劣行为的反抗，被施以最卑鄙、残忍的刑罚。"她被剥去衣物，口中与下体被灌满滚烫的盐水以示涤荡罪愆，然后裹上粗糙的麻布被投入地牢的最深一层。牢中见不到一丝光亮，手指所及之处布满骷髅骨架，捆缚她的绳子深陷肉里。此外，还有一群修女彻夜在她耳边制造恐怖声响，使她的精神濒临崩溃。"最后，苏珊虽然逃离了修道院，但这座牢狱给她带来的肉体与精神上的伤害却永难痊愈。

小说中修道院院长"擅自审判、擅自定罪、擅自处决"的行为与当时的刑事司法制度如出一辙；而宗教牢狱与世俗监狱带给被监禁者的，也同样是无可愈合的肉体与精神上的创伤。除了苏珊，狄德罗笔下的其他宗教人士亦由于悖逆人性而显现出扭曲、变态的心理。阿巴松修道院院长性格怪癖，是一个邪淫放荡的色情狂。纯洁的雅加索、德利丝等修女沦为她手

---

① 梗概及本节所有引文来源于〔法〕狄德罗：《修女》，陆元昶译，北京，商务印书馆，1997。

中恣意发泄情欲的工具。后来，这些修女们不是变本加厉地学着她的模样欺侮他人，就是精神崩溃、一死了之。道貌岸然的教士唐·摩累尔是苏珊在院中的精神支柱，正是他一手策划将苏珊从修道院成功解救出来。但一踏上开往巴黎的马车，摩累尔就迫不及待地企图占有苏珊，并开导苏珊说，"一个人逆性而行，或早或晚总是要变成疯子。这种压制把人引入不正当的情欲里，而这种情欲的出发点越是不正当，它的发泄力就越是猛烈，这就是一种疯狂。"逆性而行终将导致人的精神分裂，粗暴的压制会将人引入不正当情欲之中，这种情欲一旦爆发，没有力量可以抵挡与遏制。小说通过对阿巴松修道院院长的性变态行为和唐·摩累尔的无耻行径的描写，以及对充斥于修女间秘而不宣的同性恋行为的客观揭示，充分暴露出人的自然感情、自然欲望在被钳制后的变异与毁灭。

事实上，狄德罗借《修女》进一步阐明了他在学理性论文中难以启齿的观念：人既是道德实体又是肉体实体，是理性与非理性、正义与非正义、善与恶、社会性与反社会性的统一体。他认为："较好的立法应当更加简单且合乎自然，不反对人们的情欲，相反，它鼓励人们运用情欲于公共利益和个人利益上。"[1] 摆脱了修道院的禁锢是苏珊叛逆、勇敢形象的升华，也是狄德罗赋予苏珊的厚望，其中寄托着狄德罗对所有被压抑人性最终得以释放的坚定支持与热烈向往。然而，与华丽的理想形成强烈对比的是，修女玛格丽特在上诉失败后，再次被幽禁于修道院中，直到1790年法国大革命取得了胜利，年过半百的她依然在一份声明书上漠然签字，承诺"情愿继续活或死在修道院里"。[2]

5.2.3.2　启蒙思想孕育出的毒果：《拉摩的侄儿》

与《修女》批判禁锢人性、倡导回归自然理性的旨趣相反，《拉摩的侄儿》从另一个角度刻画出狄德罗与其在启蒙思想著述中所持政治、法律观点相矛盾的内心世界。这亦是一部惊世骇俗的作品，借助一个放荡无耻的角色——"拉摩的侄儿"之口，狄德罗就伦理、法律、艺术等问题提出了他独到、深邃的见解。马克思称这部小说为"无与伦比的作品"，恩格斯更是将其称作"辩证法的完美杰作"。[3]

> 拉摩的侄儿是个流浪汉，满身恶习，死不悔改；但他又坦率耿直，坦言唾骂、鄙视醉生梦死的上层社会。在他身上，才智与愚蠢、

---

① 马克昌主编：《近代西方刑法学说史》，北京，中国人民公安大学出版社，2008，第33～34页。

② 参见〔法〕狄德罗：《修女》，陆元昶译，北京，商务印书馆，1997，序。

③ 参见〔法〕狄德罗：《狄德罗哲学选集》之《拉摩的侄儿》，江天骥等译，北京，商务印书馆，1997。

高雅与庸俗、疯狂与沉静、传统伦理与激进思想、卑鄙低劣与光明磊落奇怪地融为一体。"我"所代表的是启蒙思想传播之前的传统伦理观，尽管不无虚伪、呆板的倾向，却仍然拥有一丝对道德的敬畏之感。而拉摩的侄儿则是经受启蒙思想洗礼后自私、纵欲的个体代表。他追求官能享受、全无伦理概念，所思所行皆以功利为唯一目的。两种伦理观念的冲突不可避免，拥有道德优越感的"我"不但未能说服拉摩的侄儿，反而在他极其现实的犀利言语中逐渐变得平庸、虚化，直至对他的看法不得不表示认可。①

难道这就是启蒙成果吗？到底什么是启蒙？康德在《答复这个问题：什么是启蒙运动》一文中指出："启蒙运动就是人类脱离自己所加之于自己的不成熟状态。而所谓的不成熟状态，就是不经别人的引导，就对运用自己的理智无能为力。"② 18 世纪的思想家亦认为：理性与道德的进化互为因果、保持同步，二者共同促进文明的全面进步。③ 这种看法可以追溯至苏格拉底，他说"知识就是德行"，"人们犯罪是因为愚昧无知，从未有人会明知故犯，所以德行完美的唯一途径是获取知识"。④ 亦即人有了充分的智识能力就会远离罪恶。矛盾的是，狄德罗笔下"拉摩的侄儿"并不缺乏主体意志的觉醒与智知能力的拥有，他对自我与社会均有着清醒的认识与评价——正是他教导我们"知识只能保证实现目的，并不与目的的价值取向必然相关；知识并不必然能够带来德性，两者也并非一定能和谐共处"。可见，"拉摩的侄儿"身上所拥有的价值观，代表着启蒙思想的宣传与渗透给西方传统伦理观带来的颠覆。在基督教文化被彻底驱逐出人类世界、西方社会信仰呈现真空状态的大环境下，启蒙思想所倡导的工具理性演变为一把双刃剑，它一旦与个人欲望畸形结合，就会释放出无穷的欲望，无论是人性还是理性，均难以逃避被啮噬毁灭的命运。在这种氛围下，又何谈个人与社会的和谐发展？在"拉摩的侄儿"身上，集结着一个令狄德罗困惑不解却又不得不正视的矛盾，即"当人类借理性可以清醒地认识自我个体与社会群体时，为何非但未能实现个体与社会的和谐，反而使得二者无穷对立、渐行渐远？"当社会成为自我欲望实现的场所，他人

---

① 梗概及本节所有引文来源于〔法〕狄德罗：《狄德罗哲学选集》之《拉摩的侄儿》，江天骥、陈修斋、王太庆译，北京，商务印书馆，1997。

② 〔德〕康德：《历史理性批判文集》，何兆武译，北京，商务印书馆，1990，第 22 页。

③ "理智进步势必导致道德进步，从而会促进文明全面进步"。参见〔美〕卡尔·贝克尔：《启蒙时代哲学家的天城》，何兆武译，南京，江苏教育出版社，2005，第 249 页。

④ 〔英〕罗素：《西方哲学史》（上卷），何兆武、李约瑟译，北京，商务印书馆，2002，第128 页。

则成为自我意识不断深化、自我欲望无限膨胀的工具，社会伦理价值体系必将濒临崩溃。

狄德罗这种对"启蒙思想"意义的疑惑与反思，在 200 年后法国哲学家萨特的思想中得以继承、发展——"他人即地狱"的论断与狄德罗时代的社会状况颇为符合。更令人恐惧的是，这一切正在逐渐被大多数社会个体所认同、追逐，直至被合法化。正如席勒在分析西方物欲横流的状态时所言，"启蒙思想似乎对人的精神并未产生多少净化的功用，反而通过理性与规则将堕落与罪恶固定下来"①。狄德罗所面对的困境是，他是一个坚定的无神论者，主张对一切客观存在均要付诸实践的检验，他曾借文学作品中盲人数学家之口表述自己的观点："如果您希望我相信上帝的存在，请您引导我去摸一摸他的脸。"（《供明眼人参考的盲人书简》）因此，当启蒙运动彻底将上帝驱逐出世俗社会，排除了宗教信仰作为人类道德伦理基础的可能性后，启蒙思想家企图以"人性"构建一个自由和谐的社会，以"理性"颁布律法规制世俗秩序。但这种在道德真空下的"人性"与"理性"逐渐走向片面与极端，演变为一种以个体为出发点、以功利目的为中心的工具理性。作为启蒙运动最坚定的维护者、宗教信仰最强烈的批判者，狄德罗此时是痛苦的——对于这种由于信仰真空导致的伦理困境，他不可能无动于衷。可以说，《拉摩的侄儿》刻画出了一个狄德罗已经深刻预见、却又不愿承认、难以回避的启蒙"理性"孕育出的畸形人——"个人主义社会中典型个人的代表"。狄德罗深信人类具有天赋道德，不应是仅沉溺于官能刺激与享乐的动物，肉体的满足并非人所追寻的最高价值，但他又无法明确指出这种价值的基础究竟何在；他敏感地意识到问题的纠结之处——他已经将宗教信仰贬斥为"迷信"，他所能依赖的只有"理性"，而这种"理性"是建立于实验结果与经验总结之上的概念，它虽然能够清晰地描述出人类个体与社会"当前"的客观实在，却无法指明它们"应当"如何、"将会"怎样，亦即这种理性缺乏批判能力与预示能力。在带有致命缺陷的"理性"基础上，"拉摩的侄儿"们以经验主义为依据的功利主义原则自然会大行其道，成为人们自甘堕落的"理性"借口。

面对这个逐渐滑向信仰缺失、价值理性低迷状态的危险世界，狄德罗注定焦虑而无奈。他不得不承认，"拉摩的侄儿"逐渐取代了"我"，成为这个时代伦理原则的典型代表。既然不能依靠先验的道德约束世界，唯一能够对此状态有所修正的便是"理性"的法律，狄德罗开创了自己颇有新意的立法观与罪罚观——他认为刑法是人间的法律，幸福的首要条件是肉

---

① 〔德〕席勒：《审美教育书简》，冯至等译，上海，上海人民出版社，2003，第 40 页。

体幸福。肉体幸福了，人们才愿意接受法律的规范、涤荡邪恶的灵魂、避免犯罪的产生。而制定良好的刑法，就要求立法者关怀人民的肉体幸福，因为"立法者对肉体的关怀将造就出一批健康、强壮、体魄健全的公民，他们自然乐于接受人们企图给予他灵魂的那些有益的指点。肉体痛苦，灵魂永远是邪恶的，邪恶的灵魂永远是犯罪产生的温床"①。

5.2.4　让·雅克·卢梭文学作品中的刑法思想

让·雅克·卢梭② （Jean-Jacques Rousseau，1712～1778 年），是 18 世纪法国最杰出的思想家和文学家，启蒙运动激进民主派代表。其作品《社会契约论》《论人类社会不平等的起源与基础》《爱弥儿》《新爱洛伊丝》以及《忏悔录》分别从政治、教育、人性三个方面阐述了其激进的民主主义思想，奠定了其启蒙大师的地位，每一部作品均对整个西方文明产生了巨大影响。

5.2.4.1　西方宪政的基石：《社会契约论》

1762 年，《社会契约论》发表。在该部著作中，卢梭深入探讨了自由与政府的内涵与关系——"人生而自由，却又无时不处于枷锁之中"，这是《社会契约论》开篇即发出的醒世之言。卢梭将其理论框架完全建立在人生而自由的基础上（这种自由是"意志的自由"），继而构造出现代公民社会的基本原则——公民失去了作为自然人而具有的无所不为的自由，却得到了政治权利与政治自由。在卢梭看来，自由与人性是统一而不可剥离的，放弃权利与义务，则意味着丧失了人性。人的意志不再自由时，其行为必然以失范状态显现，毫无道德章程可循。关涉到任何一个政府，"如果是合法的，每一代人就必须能够自由地选择接受或拒绝它；可如此一来，政府也就不能是任意的了。"现在看来，《社会契约论》所要解决的是人权与法律的有机结合。简要述之，人权属于个体，法律属于国家，个体约定而成的国家的合理性，是政府与法律有效性的终极判断——政府与法律存在的合法性只能来自人民。据此，卢梭作出论断，"自由不是来自法律对个人的保护，而是来自个体对立法的彻底参与，这是切实保障个体自

---

① 马克昌主编：《近代西方刑法学说史》，北京，中国人民公安大学出版社，2008，第33～34 页。

② 卢梭出生于瑞士日内瓦一个钟表匠家庭（祖辈是从法国流亡到瑞士的新教徒），启蒙运动激进民主派代表，18 世纪法国最杰出的思想家与文学家，曾参与《百科全书》的撰写。因《爱弥儿》一书，巴黎最高法院向其签发逮捕令后，他被迫离开法国，流亡日内瓦、普鲁士、英国。卢梭与"百科全书派"的思想家大多相识，却无一例外地因为立场与观点的分歧最终分道扬镳。这些人中包括法国的伏尔泰、狄德罗，英国的大卫·休谟等。

由的先决条件；而公民个体对立法的参与存在于社会契约的订立过程中"。

卢梭指出社会契约的订立必须遵循的原则，并阐述了公民意志与一般意志的关系：第一，参约者将"全部"权利转让给集体，目的是排斥特权的存在空间，建立真正的平等。第二，参约者是将自己的权利交给集体而非个人，以防独裁者攫取公众权力为私人利益服务。第三，通过社会契约组成国家以后，如果自然法缺乏制裁措施，正义法则在人间就是虚幻的，故而必须由社会契约赋予政治以生命，立法赋予政治以意志。在这一过程中，个体利益的"交集"而非"并集"形成了公民意志，反映于主权者的意志之上，构成了一般意志。而这种主权者因为个体的不断参与，其内容是常新的，其利益与个体利益是共容的。一旦民众结为一体，对其成员的任何侵犯也必然构成了对整体的侵犯。总之，社会契约中人失去的是天赋自由和对一切的占有权，获得的是公民自由和对私有财产的所有权。天赋自由与公民自由的区别是，前者仅仅受限于个人的体力，后者受限于人的一般意志；占有权和所有权的区别是，前者只是暴力的结果，后者则是法律的认可。

卢梭进一步论证了犯罪的本质与死刑的必要性，以及刑法宽缓与教育刑的刑法思想。卢梭指出，"犯罪是攻击社会权利、破坏国家法律的行为"。在卢梭的观点中，犯罪者不再具有国家公民资格，此刻国家的生存与犯罪者的生存产生龃龉，"两者必去其一"。因此，犯罪者面临的处遇包括两种，其一是将其当做公约破坏者流放出境；其二是将其当做"公共敌人"处以死刑。卢梭根据"社会契约"的本质与功能肯定了死刑存在的必要性。由于犯罪人是公共敌人，并非社会人，仅为生物人，为了避免其他遵守契约者成为犯罪人的牺牲品，人们同意对罪犯处以死刑，"任何人一旦做了凶手，都得死，这是社会契约缔结的结果"。卢梭的此种观点一出，立刻受到其他启蒙思想家的强烈反对，针对以"人类订立契约时，并未将自己的生命权交出来"为由对死刑合理性提出质疑，卢梭解释道："社会契约的目的是保障契约各方的生存。为了不成为谋杀的受害者，每个人就必须同意，一旦他自己成了谋杀犯，他就得偿命。签订这项契约并非是让人放弃自己的生命权，而是他认为这是使生命更安全的方法。"在坚持死刑正当性的前提下，卢梭并不推崇严刑酷法，反而认为频繁、残酷的刑罚是政府软弱或懒惰的表现，因为每个过错者或者过失者均可能具有其他方面的价值，如果对其宽恕并不意味着会对其他民众造成更多的危险，那么这个犯罪者就不应当被处死，即使可以产生杀一儆百的威慑效应。这就体现了卢梭主张的刑罚宽缓以及教育刑思想。

谈到立法与行政，卢梭认为前者属于社会契约的范畴，而后者并非契约内容，因而也就是可以推翻的。这个理念对后来民主政治的发展有着不可磨灭的贡献。在卢梭之前，孟德斯鸠在《论法的精神》中对三权分立已经有了很好的解释，唯缺卢梭"主权在民"理论的决定力与推动力。

5.2.4.2 周而复始：《论人类不平等的起源和基础》

在《论人类不平等的起源和基础》（1755年）中，卢梭主要阐述的思想是"在什么时候，强权取代了真理，法律支配了自然、强者奴役了弱者，人民以实际受奴役状态换取了想象的安宁"。

卢梭认为，自然状态下的野蛮人，智识未开，生活中并无法律约束，亦无行善与作恶的准则，依靠本能的怜悯心与相爱心压抑着私利心的萌发，"只需履行自然法、风俗、道德的职责，没有人愿意违抗它温柔的呼声"①，此时是人类的"黄金时代"。由自然状态进入不平等社会的关键性步骤是私有制的产生与确定。"谁第一个将土地圈起来宣布享有所有权，并找到头脑简单的人相信了他的话，谁就是文明社会的真正奠基者。"并且，"当一个人发现占有足够两个人吃的粮食的好处时，人与人之间的平等便消失了"②。逻辑原点建构后，卢梭开始分析人类社会不平等的发展阶段：首先，所有权的确立导致贫富差异，贫富差异合法化导致国家的建立，贫富阶级的合法化引起暴君的出现。其次，所有公民的权利与自由在国家暴力机器的压迫下均告湮灭，当这种状态发展为极限时，人民将重新夺取他们失去的一切权利。最后，新的"自然状态"出现，周而复始。在比较了自然人与文明人之间的区别后，卢梭得出如下结论——文明每向前一步，不平等也就向前推进一步。当各种不平等达到极端状态时，又均会向自己的对立面转变，成为二次平等的内因，最终会产生如下结果——在专制暴君之前，大家都是平等的，大家的权利都等于零。这里是不平等的顶点，也是该封闭圆圈的终点，与我们所由之出发的起点相重合。但这种平等并非是原始人的古老的、自然的平等，而是转变为更高级的社会公约的平等。在卢梭的作品中，我们不但已经可以看到与马克思在《资本论》中如出一辙的议论，而且还可以看到卢梭所详细叙述的一系列辩证法：本质上对抗的、包含着矛盾的过程，在每个极端均朝向它的对立面的转化。因此，卢梭在黑格尔诞生前二十余年就已经深刻地预示到黑格尔的辩证法与逻各斯学说，这足以证明卢梭的思想是比他同时代的思想家更为深刻的。当其他"百科学派"思想家将社会进步设想为一个连续不断的链条、

---

① 吕世伦主编：《西方法律思潮源流论》，北京，中国人民大学出版社，2008，第2版，第85页。

② 〔法〕卢梭：《论人类不平等的起源和基础》，李长山译，北京，商务印书馆，1997，第77页。

一种有规则的上升状态时，卢梭已经发现了进步事物本身所包蕴的否定性与对抗性。

　　我们可以观察到，《社会契约论》的前提与基础是一个"假想的自给自足的自然人国度"，然后才有社会契约和公民社会的形成。在《人类不平等的起源和基础》中，卢梭亦花费了大量篇幅来阐述自然状态——"这是一个世外桃源，人们之间只有年龄、健康、体力的差别，不存在政治上或道德上的不平等，他们理性尚未发展，野心、贪婪、嫉妒、虚荣心并不存在。"这里需要澄清一个问题，即卢梭整个理论的基石——关于"原始人的生存状态"的假设，到底是纯粹的浪漫幻想，还是确有实证结果支撑？应该说，卢梭对自然人"黄金时代"的描述并不是完全出于他的浪漫幻想，在各种文学与传记中均可寻找到它的雏形。首先，奴隶制下的许多希腊和罗马诗人曾以黄金时代为题材，歌颂过当时幸福而和平的生活。在这些诗人中，应该特别提到古罗马诗人卢克莱修，他在长篇哲理诗《物性论》中，以极生动的笔调描绘了野蛮状态中的人的生存状态。其次，在近代，无数的水手、商人、传教士从野蛮民族旅行回来，都极力赞扬这些民族的道德品质，鄙弃文明民族的道德品质。旅行家们的记述以真实事实为依据：他们描写了在原始社会里生活的人们的情况，他们在那些人身上发现了在文明社会已经失去的美德。他们的论断给了卢梭这篇论文以某种程度上的事实验证。在这些旅行家当中，提供最有趣报道的往往都是传教士，他们是当时最有文化修养的人，本没有颂扬排斥基督教的野蛮人的必要，因此记述更是真实可靠。在卢梭看过的诸多旅行家的记述中，有一位旅行家叫作拉·洪坦男爵，原本是一位爱冒险的军人，因厌倦了欧洲的生活，因而去和北美印第安人住在一起。拉·洪坦男爵所著《北美回忆录》（1703 年）与卢梭《论人类不平等的起源和基础》的论调基本吻合："是什么原因使欧洲人腐化堕落？那是因为他们有了'你的'和'我的'之分，有了法律、审判官和教士……另外，财产私有制……是欧洲社会混乱不安的唯一根源。"（《北美回忆录》第 3 卷）此外，卢梭也看过神父狄戴尔特所著《法兰西人居住的安德列斯群岛纪事》一书（共 2 册，1667年）、法国大主教菲内龙的《德勒马克》（1733 年）、拉·宫达明的《南美旅行谈》（1745 年）、《奉王命至厄瓜多尔旅行日志》（1751 年）等，这些游记文学均给卢梭的理论假设提供了客观、真实的依据。

　　通过《论人类不平等的起源和基础》，卢梭以辩证的方法向我们描绘了社会历史前进的轮廓，指出正是由于原始契约中的不平等存在，导致了当今政府保护少数人的财富与权利、忽视每一个公民的权利与平等的恶性循环状态，使得不平等成为人类社会发展中的一个永恒特点。如果政府的存在不是为了对每一个公民的权利、自由进行保障，那么它的价值就不复存在。这种思想是法国大革命和美国独立战争的根本理论基础，二者恰恰是卢梭抽象理论的社会实践——罗伯斯庇尔被称为"行走中的卢梭"。而美国宪政的成功亦离不开来自欧洲的理论孕育，尤其离不开卢梭的"主权在民"观念的支持。

5.2.4.3 "新人"的风采：《爱弥儿》与《新爱洛伊丝》

剥去思想家耀眼炫目的光环、褪去政论文犀利激昂的语调，作为文学家的卢梭崇尚自然、呼唤人类回归自然，他将人类社会的沉疴归咎于现有社会制度与文明的观点，并不等于主张人类应当回归原始状态。遗憾的是，当卢梭的哲学思想巨著《论人类不平等的起源和基础》发表后，伏尔泰的《致谢卢梭赠书信》也随之发表，文中对卢梭回归自然的论点针锋相对、百般嘲讽——"从没有人用过这么大的智慧企图把我们变成畜牲。读了你的书，真令人渴慕用四只脚走路了"①。卢梭回信对伏尔泰的质疑予以辩驳，认为既然现有文明不适合自然人的成长，应当顺乎人性去培养"新人"，这种"新人"并非处于蒙昧状态的野蛮人，而是身心得以健康发展的、适应于新的文明社会的人——也就是说，是一种生活在社会契约状态下的人。

我们可以通过《爱弥儿》（1762年）来揣摩卢梭寄予厚望的"新人"的模样。卢梭开篇以一句话概括了全书的主题："出自造物主之手的东西，都是好的；而一到了人的手里，就全变坏了。"② 该书主旨充分体现了卢梭所秉持的"性善论"，认为人的自然本性善良、纯洁，人天生具有自爱心与怜悯感，一切错误和罪恶都是所谓的"文明社会"影响与改造的结果。接着，卢梭从其激进的社会政治观出发，认为在现存的专制主义国家中，人民的主权被剥夺、人民的天赋被践踏、不平等与不公正达到了巅峰状态，在如此类型的国家之中，并没有公民存在的空间，只存在专制君主与臣民之间统治与臣服的关系。为了改变这种根深蒂固的传统社会类型，社会教育的目的只能是孕育"自然人"，继而培养出与臣民完全不同的"崭新人类"——"我想把他培养成为一个自然人，但并不意味着使他成为一个野蛮人，把他赶到原始森林去。他能够不被种种欲念与偏见拖入旋涡中；他能够用自己的眼睛去看、用自己的心去想，而且除了他自己的理智之外，不为其他任何权威所控制。"在这种思想的指导下，《爱弥儿》全书宣扬自然主义教育模式，充分阐述性善论，认为人具有天赋的自由、理

---

① 〔法〕卢梭：《爱弥儿》，李平沤译，北京，商务印书馆，1978，序。
② 同上书，第1页。

性与良心，只要顺应天性发展就可孕育出善良、智慧、忠诚之国民，他们"身心协调、体魄健康、感觉灵敏、思维清晰、良心通畅"。全书分为若干层次，对于体魄教育、感观教育、知识教育、道德教育、宗教教育、女子教育等各方面均提出了改革意见与主张，并细化了目标与手段。

在《新爱洛伊丝》①中，卢梭同样发出了对"新人"自然原欲本能与理性克制精神的双重崇赞。贵族小姐朱莉与家庭教师圣普乐冲破门第观念，热烈相爱，在清新、自然、美丽的阿尔卑斯山麓中，绮丽的田园风光印证着男女主人公感情与肉体结合的自然天成。书中通过对大胆而又浪漫的自然图景的描述，肯定了人类纯真而又美好的天然情欲。在浑然天成的伊甸园中，男女主人公的结合亦为天合之作。然而，囿于对父亲的热爱与责任，朱莉挣扎于爱情与孝心之间。朱莉认为，血缘之情与两性之情一样拥有"自然道德"的根据，血缘之爱与两性之爱同样以人性为根基；遵从父命并遏制爱的激情，是恪守着一种"美德"。而圣普乐也具有非常高贵的美德，经过无数次的挣扎，他的激情被理性抑制，欲念被道德消解。透过这种"美德"，我们可以清晰地看到卢梭认可的带有浓郁人性意味的人伦道德观——朱莉与圣普乐均未沦落成情欲的奴隶，爱的船舶经过急流险滩之后，终于驶入宁静的港湾。

在灵与肉的纠葛中，理性终于抑制了原欲，继而上升为美德，在肯定情欲合理的基础上，倡导理智对情感的引导，但又不悖逆人性——这就是卢梭给我们所塑造的"新人"的思想。无论是《爱弥儿》还是《新爱洛伊丝》，卢梭均是从"自然法则"出发，塑造了理想中的新人形象，勾勒出理想社会的图景，并与当时的文明社会作对比，继而否定现实社会的政治、法律制度。不得不说，这两部小说是《人类不平等的起源和基础》和《社会契约论》等政论文的诗意表述。

另外，通过对卢梭与狄德罗的文学作品的考察，我们可以发现，从某种程度而言，卢梭在《新爱洛伊丝》中揭示的观点与狄德罗企图通过《拉摩的侄儿》表述的对启蒙运动的反思不谋而合——他们都意识到了启蒙思想所倡导的理性逐渐走向片面，演变为一种以个体为出发点、以功利目的为中心的工具理性，人们借着理性的名义沉溺于自私、狭隘的欲壑中，将他人视作实现自我欲求的工具。面对逐渐滑向信仰缺失的危险世界，狄德罗焦虑而踌躇，卢梭却大胆地"走回头路"，向宗教寻求力量，提出了对宗教意义之"美德"的追求。正是这个原因，使得这两位伟大的思想家的

---

① 梗概及本节所有引文来源于〔法〕卢梭：《新爱洛伊丝》，李平沤、和三雅译，南京，译林出版社，1999。

启蒙理想发生了难以调和的龃龉，最终导致分道扬镳、剑拔弩张。

5.2.4.4　"让上帝来审判"：《忏悔录》

《爱弥儿》出版后，法国大理院下令收缴该作品并付之一炬，同时发出逮捕作者的执行令。霎时间，卢梭被污蔑为"野蛮人"、"精神病"，遭受到各方势力迫害，从此踏上了漫长的逃亡之路。他逃到瑞士，瑞士当局下令烧毁他的书；他逃到普鲁士的属地莫蒂亚，教会发表文告宣布他是上帝的敌人；最终，他又流亡到圣彼得岛。官方与教会的通缉与迫害已经使卢梭痛苦难耐，但更残酷的一击又接踵而来——因为思想上的分歧，卢梭与其他"百科学派"的学者产生了激烈冲突。1765 年，一本题名为《公民们的感情》的作品在欧洲各国广为流传，该书着重对卢梭的私生活与个人德性予以谴责。令卢梭痛心的是，该书作者显然是来自于昔日同一阵营的战友。流亡至莫蒂亚的卢梭再无勇气继续跋涉，他驻足回首、眼含热泪，愤然提笔书写了《忏悔录》（1770 年）。在这部自传中，他剥去一切伪饰，向公众袒露胸怀，记录了一个在现实生活中真实的自我——既有爱弥儿、朱莉、圣普乐等"新人"般的美好品格，又具有来自生活本身的真实缺陷。

在四面楚歌、谩骂有加、无处容身的境况下，卢梭在公众面前做出如此惊骇人心的"真实裸露"，不得不令人屏息注目、肃然起敬。现在看来，卢梭的昔日好友、后来却反目为仇的英国思想家休谟对该部《忏悔录》的评价十分中肯："……（他）不仅剥掉了衣服，甚至剥掉了皮肤，在这种情况下，却被赶出去与狂风暴雨进行搏斗。"[1]

在作品中，卢梭坦陈自己幼年时养成了"盗窃"的习惯，甚至演出过一幕栽赃他人的丑剧，令他终生背负罪恶、难以释怀。他忏悔自己在关键时刻抛弃了儿时的好友麦特尔，他忏悔自己为了混口饭吃而改奉天主教。他承认与华伦夫人保持了长达 14 年的情人、母子、供养人与被供养人的复杂迷乱关系，这份感情令他迷惘羞愤却又欲罢不能。他坦诚多次为欲望所捕获，与数名女子发生关系，意图填补华伦夫人不在身边时的空虚与恐惧；他大胆探讨了在与女友采摘樱桃时近乎意淫的内心隐秘；他承认自己具有自慰的嗜好，并称正是这种罪恶的习惯解救了自己，使得像自己这样性格的人免于沉溺于淫逸放荡的生活；他甚至将自己"可耻而可笑"的裸露癖也展现于读者眼前，坦陈自己幼年时已经形成的变态性心理……[2]

---

① 转引自〔英〕罗素：《西方哲学史（下册）》，何兆武等译，北京，商务印书馆，1997，第 232 页。

② 参见〔法〕卢梭：《忏悔录》，李平沤译，北京，商务印书馆，2010。

《忏悔录》是文学史上的一部奇书。卢梭的坦率与真挚到了令人不忍卒读的地步，他对自我形象的塑造剥离了一切朦胧与暧昧，呈现出残酷的真实。在卢梭身上，既有纯洁崇高，也有龌龊卑劣；既有勇敢坚忍，又有胆怯脆弱；既有朴实率真，又有狡黠伪善；既散发出圣徒般的美丽，又笼罩着市井之徒的戾气——这绝不是一尊为了享受历史的荣耀与世人的赞美而被绚丽油彩层层涂抹的雕塑，而是一个真真实实、干干净净、活泼泼、笑吟吟的大写的人。卢梭所忏悔的一切隐秘情感，都是当时"正人君子们"所避之不及、讳莫如深的，而卢梭的伟大之处正在于此，他首先高傲地宣称自己天性善良、生来无罪，同时又因为自己拥有如此多的罪恶，尽管他认为不是本人之罪，而始终伴随着深切的罪感与救赎之念。卢梭将自己的缺陷与恶癖完全暴露于光天化日之下，最直接的意图是向人们证明他那著名的哲理——"人性本善"，是环境的污浊败坏了人类善良的天性，吞噬了人类与生俱来的高尚与圣洁。卢梭尤其指出社会不公平对青年一代的戕害，毁灭了他们的美好理想，逐渐歪曲了他们的人性、摧残着他们的心灵。他自己是如何从完美的理想主义者堕落为市井无赖的？缘由正在于他所受到的不公平与不平等的待遇，在于居无所、食无足的恶劣环境的逼迫，正是强者的暴虐与专横使得他沾染上了自己所痛恨的撒谎、懒惰、盗窃等恶习。卢梭进一步质问整个社会，如果人人处于一种平等的、衣食无忧的社会之中，偷窃、抢劫行为怎能发生？既然整个社会均是强者逍遥法外、弱者受虐遭殃，又怎么可以对一位窃贼动辄判处死刑？对弱者的镇压只能激起更强烈的反抗。卢梭以自己的亲身经历证明，当他的偷盗习惯养成后，逐渐对一次严厉于一次的惩罚不再害怕，甚至认为这是抵消罪愆的有效方式。从这些叙述中，我们可以读出社会环境与人性善恶之间的辩证转换关系。

卢梭以亲身经历为底色，勾勒出理想社会的刑罚制度：他反对频繁使用刑罚，更反对严厉的刑罚，主张对公民进行教育，因为"频繁使用刑罚是一个政府懦弱或无能的标志，绝不会有任何一个恶人，在任何事情上都无法使之为善的"。而且，"严厉的惩罚只是气量狭小的人所发明的，旨在用恐怖来代替他们所无法得到的对法律的尊重"。卢梭也表述了对道德与刑法之间关系的看法——"刑律，与其说是一种特别法，不如说是对其他一切法律的制裁"，而"风尚、习惯尤其是舆论，这是铭刻人们心底的法律。它每天都从生活中获得新的力量，保持着民族的创新精神，而且可以不知不觉地以习惯的力量代替权威"。上述论点充分认识到了刑法的谦抑性，具有极强的辩证法色彩，又因为结合着卢梭的亲身体验，所以其批判性亦更为深刻。

《忏悔录》为我们勾勒出一副纯朴真挚、朝气蓬勃的平民形象，他的思想所诠释的价值观与伦理观，他的形象所代表的民族气质，构成了对18 世纪法国启蒙运动发展的重要注脚。《忏悔录》不仅是法国也是整个西方思想史、文明史中无可取代的一部文学巨著，它使我们得以窥见一位功勋卓著的思想家复杂丰富的内心世界，使我们得以真切地感受到他剧烈起伏的呼吸，听到他浑厚悲怆的呐喊。这是一位屹立于时代潮头之上引导民众摆脱束缚、走向自由的公共知识分子的形象，这是一名虔诚的"忏悔者"的形象，无论在精神领域还是道德领域，他均散发出耀目的、充满诗意的光辉。正是这样一个"小偷"、"诬陷者"、"叛教者"、"乱伦者"、"自慰者"、"意淫者"、"裸露癖者"挥笔著就了举世闻名的《社会契约论》与《论人类不平等的起源和基础》等宏伟篇章，为现代西方宪政奠定了坚实的思想基础。这不正预示着卢梭终其一生所秉承的"人类是人性与兽性的综合体，人之所以成为人在于其具有高贵的理性，可以运用理智抑制原欲，突破自身局限、摒弃罪恶，最终抵达美德境界"的思想吗？再读《忏悔录》，那著名的开篇中集天使与撒旦于一身的矛盾气质具有着震撼人心的魅力，体现着卢梭对"末日审判"的崇敬与渴望——所有的污蔑中伤、侮辱谩骂铺天盖地般砸落，那些对卢梭的行为与精神作出嘲讽曲解的正人君子们，并不如自传中的卢梭更为高尚纯洁、真挚自然。"不管末日审判的号角什么时候吹响。我都敢拿着这本书走到至高无上的审判者面前，果敢地大声说：'请看！这就是我所做过的，这就是我所想过的，我当时就是那样的人……请你把那无数的众生叫到我跟前来！让他们听听我的忏悔……然后，让他们每一个人在您的宝座前面，同样真诚地披露自己的心灵，看有谁敢于对您说：我比这个人好！'"

卢梭，一个钟表匠的儿子，一个身上带着尘土、经常衣食无着的流浪汉，从社会底层走进了法兰西最高层思想界，却与整个上流社会格格不入。即使与同一阵营的思想家相比，卢梭也保持着鲜明的特性——孟德斯鸠出身于世袭贵族之家，拥有大批庄园，经营着工商业，同时游走于上层社会、一生安逸无忧；伏尔泰出身于资财雄厚的大资产者家庭，并与政界要人、贵族关系亲密、走动频繁；狄德罗出身于富裕的中产阶级之家，虽然亦过着清贫朴素的日子，但那是一种刻意为之的高尚追求，他毕竟没有卢梭那种直接来自社会底层的苦难经历。只有卢梭是一个完全来自社会底层的平民青年，却拥有着最为桀骜不驯的气质与深邃激烈的思想——他断然拒绝了法兰西国王恩赐的年金，他对上流社会所谓的高雅奢靡表现出明显的蔑视，他对所谓的"高贵等级"进行了辛辣的嘲讽，认为他们是法律与自由的死敌——"贵族，这在一个国家里只不过是有害而无用的特权，你们是法律和自由的死敌，凡是在贵族阶级显赫不可一世的国家，除了专制的暴力和对人民的压迫以外还有什么？"这一切物质与精神上的宝贵历练，都预示着只有他才有资格将平民阶层的爱与恨、精神与愿望带入 18 世纪的法国思想层。

在首次引起全法兰西瞩目的获奖论文《论科学与艺术是否增进或败坏道德》中，卢梭所显现的对封建文明一口否定的勇气，那种敢于傲视传统观念的叛逆态度，正代表着社会下层民众对御用文学的强烈蔑视与抵制；在奠定其在西方哲学史上的重要地位的《论人类不平等的起源和基础》和《社会契约论》中，卢梭对"不平等与社会进步"辩证关系的剖析、社会契约论与主权在民思想的剖析宣传，正体现了 18 世纪平民阶层对自身政治地位的反省；他那使得"洛阳纸贵"的爱情作品《新爱洛伊丝》热烈赞扬了平民阶层宽厚博大、恪守理智、隐忍宁静的胸怀，散发着宗教美德庄严神圣的光辉，对启蒙思想带来的功利主义思想进行了有力反拨；而在带给他牢狱之灾的《爱弥儿》中更是提出了将平民阶层的儿童当作"新人"来培育、教育其释放自然天性、摆脱奴性的美好理想；在他晚年的自传体文学《忏悔录》中，他通过对自我灵魂的真诚坦露，表现了一个美德与兽性兼具的真实、复杂的人类个体形象。当卢梭大步踏上风起云涌的 18 世纪启蒙运动的历史舞台时，西方思想史、哲学史上长期留白的平民思想家的席位注定为他所填补；其作品中所高扬的自信、自重、智慧、激越的平民精神，指引着旋即而至的法国大革命与美国独立战争。

5.3　德国启蒙文学与刑法思想

18 世纪的德国远远落后于英法两国，仍处于封建割据状态，资产阶级在经济、政治上均依附于贵族宫廷，严重阻碍了资本主义的发展。因此，德国启蒙运动的发生晚于英国与法国，并且始终没有形成像英国、法国那样的政治革命，其任务也与英法有所不同，主要是唤起民众觉醒，反对分裂，建立民族统一的国家。18 世纪 70 年代至 80 年代初，德国的一批年轻知识分子在卢梭"回归自然"思想的号召下，掀起了一场旨在摆脱封建束缚、释放个性自由、构建以自然法则为社会秩序的文学革命，历史上称作"狂飙突进"运动。① 这是德国文学史上第一次全德规模的文学运动，也是英国、法国启蒙运动的继续和发展。"狂飙突进"运动虽然最终

---

① 运动的名称源自德国作家克林格的剧本《狂飙突进》。

未能发展为一场社会政治运动，却有力地促进了德国民族意识的觉醒。

从思想准备层面考察，"狂飙突进"运动是对英法启蒙运动的继承与反拨。首先，它继承了启蒙思想家自然法的思想，肯定个人地位与个性发展的无限空间，反对在肉体、精神上对人的发展进行钳制的一切僵化教条。其次，它崇尚"天才"，认为天才是不受任何世俗规则约束的人，它的行动与思想脱离了任何形而上学理论的控制，它不需要对传统与他人进行模仿，它本身就具有影响社会进步的创造性力量。再次，卢梭的《社会契约论》德语版的面世，在德国掀起了轩然大波。卢梭认为，人脱离和平的自然状态，以及私有制和劳动分工的形成是使人类逐渐步入不平等状态的关键步骤。德国民众热烈赞扬卢梭的理论，将其看作是推翻现有秩序、建造符合自然法则的社会新秩序的理论指引。最后，与启蒙运动对理性的提倡相异，德国的"狂飙突进"运动更重视感情作用，认为感情能够激发人类的潜在能量，使人最大可能地发挥主观能动性。在这种风云激荡的文化背景下，一部影响世界文学历史的德语著作产生了。

5.3.1　上帝与魔鬼的赌局：歌德与《浮士德博士》

约翰·沃尔夫冈·歌德①（Johann Wolfgang von Goethe，1749～1832 年），是德国历史上最伟大的文学家，也是西方文学史上无可或缺的文学大师。歌德的世界观与人生观无疑深受法国启蒙思想家、特别是卢梭的影响。在"狂飙突进"运动中，他创作了大量剧作与诗歌，表达反抗暴虐专制和渴望思想自由的精神。歌德赞同卢梭"返回自然"的口号，主张"个性自由与解放"。但是，较之卢梭的宗教美德情结，歌德更亲近于古希罗文化中的原欲与热情，故而笔下的人物更为激情、狂放、世俗化。"他从大学时代就不安心于书斋，学法律、学植物学、写诗、旅游、做官、沉迷炼金术、一生恋爱无数次，《少年维特之烦恼》即真实记录了歌德亲历的单思之情，甚至他年近八十还给女人写脉脉含情的情诗。"② 在歌德看来，卢梭根本不需要写什么《忏悔录》，因为所有的"道德"与"过失"不过是人生命体验中的应有之意。歌德认为，人的自然欲望本身并非邪

---

① 歌德出生于莱茵河畔的法兰克福。父亲是法学博士与皇家参议，母亲是法兰克福市长的女儿，富于幻想，善于编讲故事，对歌德影响很大。歌德精通英语、法语、意大利语、希腊语、拉丁语和希伯来语。曾先后在莱比锡大学和斯特拉斯堡大学学习法律，也曾短时期当过律师。在德国狂飙突进运动时期成为主将，作品中充满了狂飙突进运动的反叛精神，在诗歌、戏剧等方面均有较高成就。

② 〔德〕比学斯基：《哥德论》，载《宗白华美学文学译文选》，北京，北京大学出版社，1982，第 67 页。

恶，而恰恰是生命之源，因而在一生中追寻自然本真的生活，追求生命欲望的体会与满足，凭着自然感性与生命冲动去体验自我与世界，也同时伴有连绵不断的绝望与痛苦的折磨，这一切均是他所心甘情愿承受的。

《浮士德》（1768～1832 年）是歌德历时六十余载凝聚心血之作，根据一个炼金术士向魔鬼出卖灵魂以换取知识与青春的德国古老传说，反其意而用之，演示了广阔、深邃而崇高的人生内容，激励着人类从书斋理性走向经验理性，永远进取，在不断的行恶、反思、忏悔、救赎中走向终极自由。

> 作品的主要线索是"大小赌局"与"大小世界"。大赌局发生在魔鬼梅菲斯特与上帝之间。梅菲斯特肆意嘲笑人类具有的所谓"理性"，向上帝挑衅，自称可以将人间智者浮士德引诱到满足、怠惰和堕落的道路上。上帝微笑着答应了梅菲斯特的挑战。小赌局发生在梅菲斯特与浮士德之间。年轻时的浮士德自以为是"神的化身"，"与永恒真理近在咫尺"；年老时他却发现，书斋里的冥思苦想得不到任何有价值的成果。在浮士德倍感困惑与愤怒时，梅菲斯特出现了，诱惑浮士德以灵魂作抵押，承诺将他带入五光十色的经验世界，满足他任何高尚或卑下的愿望，条件只有一个——一旦浮士德耽迷于某个美好的瞬间，梅菲斯特便会立即将其灵魂俘获。浮士德对自己孜孜不息的进取本性充满了自信，即刻同意了这场赌局。关于"大小世界"，小世界即感官世界，主要描述了浮士德耽于肉体欲望，在梅菲斯特的帮助下，对少女格雷琴始乱终弃，并陷她于溺子、弑母、杀兄的苦难与毁灭之中。大世界则描述了浮士德在政治、神话与现实社会中所经历的若干次追求与幻灭：他追求政治抱负，改良经济制度，却落得与皇帝的弄臣为伍的卑下境地；他追求以海伦为象征的古典主义理想，但最终爱子惨死，海伦亦化作一缕青烟、缥缈消逝；经历种种磨难的浮士德决心填海造田，追求为人类造福的高尚理想。百岁高龄的他被各种苦难折磨得瞎了眼睛，当听见死灵为他掘墓时铁锹的铿锵声，竟认为大堤即将筑成——在这个幸福的预感中，他忘记了与梅菲斯特的约定，不禁对正在逝去的瞬间发出了"请停留一下吧，你是那样美"的赞叹，随即倒地而亡。最后上帝出面干涉，将浮士德的灵魂从梅菲斯特手中赎回。[①]

作品借浮士德传奇的一生高度凝缩了西方人探索与奋斗的思想历程。

---

① 梗概及本节所有引文来源于〔德〕歌德：《浮士德》，钱春绮译，上海，上海译文出版社，2007。

浮士德欲壑难填，一生都在连绵不断的追逐与毁灭间跌宕起伏，经历了"书斋生活、感官享乐、政治理想、复古思想、利他情怀"五段生命历程的磨炼。第一，作为一名博学多闻的学者，浮士德皓首穷经，将逻辑、公理、律条等作为书斋生活的填充品，老来却觉一无所获、苦闷迷惘，最后不得不迈出书斋，奔向丰富多彩的客观自然与经验人生，这象征着文艺复兴时期西方人自我意识的觉醒以及对经院哲学的彻底背叛。第二，浮士德陷入了对单纯稚气、娇艳丰满的少女格雷琴的疯狂迷恋中，他满腔的柔情蜜意却给少女带来了灭顶之灾，使得格雷琴双手沾满亲人鲜血、饱受酷刑、疯癫而亡，这是对西方人追求狭隘感官刺激、肉体享乐的快乐主义哲学的反思与否定。第三，浮士德无法容忍昧着良心、巧言令色的同僚，也绝不愿意卑躬屈膝对统治者阿谀奉承，因而他的政治抱负无以寄托，豪情壮志难以实现，表明了其寄托于开明君主的政治理想终是春梦一场。第四，他对海伦充满崇敬与迷恋，但与海伦结合后，妻与子却瞬间消亡，证明了古典式理想观念是何等虚幻缥缈，企图以复古思想对当代社会进行改造的观点是何等不切实际。第五，浮士德融入民众，与大家一起对自然进行改造、创造现实生活中的人间天堂。在这个过程中，他终于找到了人生的真谛与幸福的体验。

总结浮士德与魔鬼相伴的一生，他纵情欲望、屡屡作恶，却从未满足于或屈服于肉体、物质享受，也洞穿了理性与法律的虚伪，最后带着自己为人类造福的信念轰然倒毙。如此看来，《浮士德》绝不是一个讽刺世人为了情欲、富贵、权势等向魔鬼出卖灵魂的浅显寓言，浮士德和梅菲斯特之间的交易亦并非感官与灵魂、物质与精神的简单交换，而是回答了在18 世纪末、19 世纪初西方人有关人生理想与人类前途的重大疑问。

首先，作品的最强主题音符——"永无止尽的追求"——是启蒙运动的重要思想。浮士德就是一个永远追求的人物典型，他的一生即不断脱胎换骨的历程，每一次失败与迷途，都使他向真理靠近了一步；每一次尝试新鲜事物后，他又不可避免地走向另一场未知，在每一个局部世界中，浮士德永远是个可悲可叹的失败者，但在整体世界中，他却是个不折不扣的胜利者。其次，歌德以梅菲斯特作为歌德两面人性之一的代表，揭示了善与恶的因素在人的一生中的角逐冲突。浮士德面对的难题，事实上是全人类所面对的难题，每个人在追求自我价值实现的过程中均无法摆脱理智与原欲、冲动与规制、自由与束缚、个体幸福与社会责任之间的两难选择。从某种意义上讲，正是象征着"恶"的梅菲斯特对浮士德的不停引诱与刺激，才从反面发挥着一种作用力，推动着他灵魂的觉醒、精神的升华；从宏观而言，正是善与恶的相伴而生，促进着人类与社会的不断前进。

5.4　对启蒙时代刑法思想的总结

在英国启蒙文学作品的人物中，笛福的"鲁宾逊"与"弗兰德斯"均是历经人类文明熏陶的现代人。当他们被遗弃在杳无人烟的荒岛或被流放到条件恶劣的瘠土、远离人类的文明与法律时，与生俱来的智慧、理性、美德却被激发，终于成为真正的人；斯威夫特的"格列佛"在畅游小人国、大人国、飞岛和马国的过程中，深刻体会、热烈赞美着自然法则"天赋人权"、"人生而自由"的观念；伏尔泰的"天真汉"所散发出的魅力，来自于他的身上保持了原始正义与自然直觉的人性；孟德斯鸠的"波斯人"流亡欧洲数国，所寻找的正是脱离了封建羁绊的自然人性以及与其相适应的社会制度；狄德罗的"修女"尽其一生所追寻的是与宗教生活相对立的世俗幸福；而卢梭笔下的"新人"，无论是爱弥儿、朱莉、圣普乐，还是忏悔中的"我"，均是现实文明的局外人……所有文学角色都是保持了自然情感与自然理性的"自然人"。歌德的"浮士德"更是对西方人自文艺复兴以来不懈追求自由与理性的历史过程的传神摹写，将新人蓬勃进取、追求无限的精神彰显无遗。

与启蒙文学所推崇的"自然理性"思想相契合，启蒙运动时期的刑法学者几乎均为"自然法学派"。他们崇尚自然法，认为自然法先于制定法而存在，并永恒地指引着人类社会的发展、人类文明的进化；他们认为现存的宗教法制违背了自然法则、侵犯了人类的自然权利，因而不符合理性原则，必须加以改造或者废除。在此意义上，启蒙学派的刑法学家所推崇的自然法则与理性近乎同义。此时期的刑法学家提出了"天赋人权"的口号，所谓"人权"的实质是自由，它本源于自然法，是人类生而具有的，包括自我保全、人身及思想自由、追求幸福等权利等，这些权利不允许政府及任何他人侵犯。基于权利的天赋性，刑法学家批判了中世纪以来擅断的、残酷的、神学的刑法，提出了民主、自由、平等的精神，宣传从人性论出发的自然法，力图将刑法从皇权束缚下解放出来，倡导理性主义与功利主义，为现代西方刑法制度积淀了具有影响深远的理论渊源。

5.4.1　刑事古典学派的第一块理论基石：人性论与社会契约论

刑事古典学派理论的第一块基石是"社会契约论"。古典时期与启蒙思想时期对"人之本性"的争执以及建立于人性论基础之上的社会契约论，是近现代西方政治与法律思想萌芽的逻辑前提。而社会契约的缔结却与初民社会的自然状态紧密相关。

提及国家与法律出现之前由人之本性决定的自然状态，在启蒙时期的文学作品中多有生动描述：其中包括霍布斯"人性本恶"的普遍战争论①，洛克"人性无善亦无恶"的双重人性论②，卢梭"人性本善"的黄金时代论。③ 与霍布斯、洛克、卢梭所主张的三种"人性论"相对应，以法律条文为主要载体的"社会契约"亦包括三种：

第一种是霍布斯主张的"君主专制契约"。霍布斯认为，人之本性充满了自私与邪恶，为了结束"一切人反对一切人的战争状态"，对死亡的恐惧与求生的本能迫使人们运用理性，总结出一些和平相处的条款，即自然法则。为了确保自然法则的执行，人们必须缔结一种契约，一方面同意将包括自由权、生命权在内的全部权利与力量交给"最强有力"的个人保存；另一方面为了社会整体的和平与安全，这个"最强有力"的个人应当努力运用从公民那里集合起来的权利与力量，而他为了保障契约的被遵守而获得的权威应当是至高无上、不受法律约束的。这是霍布斯"性恶论"的必然结果，因为只有绝对强大、不受制约的权力才能在"狼与狼的社会"中维持和平与秩序。霍布斯的契约论具有明显的单向性，亦即它仅仅或主要是对签订契约并成为君主统治下的民众产生约束力。民众成为君权庇护下的草芥蚍蜉，他们获得了某种意义上的安宁生存权，却毫无任何自由意志可言。当然霍布斯也意识到这一点，但是，"利维坦"是人类自己的创造物，人们应当两害相权取其轻：一方面是绝对的自由但充满被毁灭的危险；另一方面是绝对的专制但享有安全与和平。很明显，霍布斯认为对后者的选择是人类理性的表现。这一观点在霍布斯的著作《利维坦》中有生动、准确的叙述。④

第二种是洛克所提倡的"君主立宪契约"。与霍布斯对社会安全的极端关注相反，洛克的契约论所彰显的是对自由的追求。洛克认为，人性本无善恶之定论，自然状态是一种完全自由的状态，受自然法调整，人们以与生俱来的天然智慧决定着自己的行为，接受着自然的恩赐或惩罚。一方面，大家是平等的；另一方面，人人都有权对自己认为违反自然法的犯罪行为进行处罚。这种社会的弊端是：首先，人们所享受的自然状态有被他

---

① 在斯威夫特《格列佛游记》之《慧骃国》《波斯人信札》之《穴居人》和狄德罗《拉摩的侄儿》等作品中有详细描述。

② 伏尔泰《如此世界》、卢梭《忏悔录》、歌德《浮士德》等作品包蕴了此意。

③ 以拉洪坦《北美回忆录》、菲内龙《德勒马克》等传记文学的形式为论据。

④ 参见本书 4.3.2 部分。

人破坏、侵害的可能；其次，当人人做法官对犯罪行为依据自然法进行裁判时，容易超越理性规则。于是，人们必须订立一项契约，以保证自然法则在社会中继续发挥作用。根据契约，人们彼此同意组成一个共同体——国家。与霍布斯的"一切权利转移说"不同，洛克的契约论的关键是人们在订立契约后仍然保持着他们的一切自然权利，让渡给国家的仅仅是执行自然法的权力。洛克是西方第一个提出三权论与分权论的法学家，其契约论的实质是约束政府的权力，即将"利维坦关在笼子里"。

第三种是卢梭所呼吁的"民主共和契约"。卢梭认为，自然状态下的野蛮人，处于人类社会发展阶段中的"黄金时代"。他们智识未开，无行善与作恶的准则，以本能的怜悯心与相爱心压抑着私利心的萌发，履行自然法、风俗、道德的职责。私有制是人类由自然状态进入不平等状态的重要步骤，而这种不平等正是社会不断进化、发展的原动力，也是人类文明的肇始者。处于蒙昧自然状态下的人可以享受为所欲为的自由，但伴随着不平等逐渐加剧，人类文明的产生却使人们戴上了永远的枷锁。卢梭的"契约论"的宗旨就是使人类恢复业已丧失的自由状态。这种自由状态并非是原始社会的自由，它建立在充分借鉴人类文明积淀的基础之上，其特征是在这种社会联合的状态下，使得每一个结合个体对契约的服从从本质上而言是对他自己的服从，而社会联合的全部力量将会保障每个结合者的人身权与财产权。亦即"寻找出一种结合形式，使它能以全部共同的力量来卫护和保障每个结合者的人身和财富，并且由于这一结合使每一个与全体相联合的个人又只不过是在服从自己本人，并且仍然像以前一样自由"[1]。为了实现这个目标，每个参加契约的人必须将自己的"全部"权利转让给联合体，且每种权利都是"同等"的，这是为了防止特权者只交付自己的一部分权利；参加契约的人是将自己的权利给了集体而非个人，目的是防止个人在保存、运用集体权利时徇私徇情。另外，通过社会契约组成国家以后，如果自然法缺乏自然的制裁，正义法则在人间就是虚幻的，故而必须由社会契约赋予执行机构、管理机构以生命，由立法赋予政府官员以意志支配下的行动。而法典作为契约本身的载体，是全体人民作出的规定，具有意志的普遍性与对象的普遍性。

5.4.1.1　贝卡利亚的刑法思想

18 世纪启蒙思想家的社会契约论，是贝卡利亚（Cesare Beccaria，1738～1794 年）构建犯罪与刑罚理论体系的基石。很明显，贝卡利亚接受了洛克的"普遍战争状态论"，认为人们"牺牲了一部分自由交给君权

---

① 〔法〕让·雅克·卢梭：《社会契约论》，何兆武译，北京，商务印书馆，1980，第 65 页。

保管，是为了享有剩下的大部分自由"，而刑罚权的产生正是为了防止某些人"试图抢回自己交出去的自由"，或者"霸占别人剩下的自由"而约定的防护与惩罚措施。①

可以看到，"社会契约论"贯穿于贝克利亚的刑法思想的始终。例如，在罪刑法定原则中，他主张只有法律才有权规定犯罪及其刑罚，法律的本质即一种社会契约，禁止刑事司法者对刑事法律的解释，这应该是契约订立者共同的职责与权利，"允许法官解释法律，就会使被告人的命运完全处于飘忽不定的无保障状态，不幸者的生活与自由就会成为某种荒谬推理的牺牲品，或者成为哪个法官情绪冲动的牺牲品。"②

在立法技术上，贝卡利亚认为，由于刑法是全体公民共同签订的契约，因而法律条文应当公开，同时应当以清晰明了、准确无误的语言进行描述——"如果刑法典是一种人民所不了解的语言写成的，就会使得人民处于对少数法律解释者的依赖地位，而无从掌握自己的命运。"③

在刑罚适用平等原则中，贝卡利亚力图证明，由于契约订立者之间交给主权者的权利是平等的，所以刑罚不因身份而异，也不得用司法权以外的权利来妨碍司法权的正当行使，"伟人与富豪都不应有权用金钱赎买对弱者与穷人的侵犯，否则，受法律保护的、作为劳动报酬的财富就成了暴政的滋补品。"④

贝卡利亚还利用社会契约论提出了刑罚的不可避免性原则，否定受害人、司法官或者君主对于具体犯罪人的宽恕权和恩赦权。因为恩赦是人道主义的做法，却根本违背了契约中的公共利益——"契约是全体民众参与的产物，受害人可以处分他的民事权利，但无权取消刑事惩罚，因为刑罚权的来源属于社会的共同约定而非个人"。"作为一种美德，仁慈的光芒应当闪现在法典中，而非运用于司法过程中，司法官无权让犯罪人得到宽恕。如果打碎了罪与罚之间的必然因果链，整个法律体系极可能发生动摇，人们的心理也会发生紊乱。"⑤

在罪刑均衡原则中，贝卡利亚认为严酷的刑罚违背了社会契约，并借此批判死刑的非理性。"人们可以凭借怎样的权利来杀死自己的同类？"死

---

①　参见〔意〕贝卡利亚：《论犯罪与刑罚》，黄风译，北京，北京大学出版社，2008，第51、55、57 页。

②　同上书，第 12 页。

③　同上书，第 15 页。

④　同上书，第 49 页。

⑤　〔意〕贝卡利亚：《论犯罪与刑罚》，黄风译，北京，北京大学出版社，2008，第 110 页。

刑的正当性之所以不存在，是因为它违背了社会契约，"人们被迫交出的自己那一部分自由，绝不是无代价、无限制的，人们不可能将处分自己生命的生杀予夺的大权交出来"。① 正是在此意义上，贝卡利亚采取了洛克的社会契约论，而相异于霍布斯与卢梭。

5.4.2　刑事古典学派的第二块理论基石：意志自由论

刑事古典学派理论的第二块基石，关涉人类的意志是否自由。从《鲁宾逊漂流记》到《格列佛游记》，再到《波斯人信札》，作品中无不闪烁着西方人反抗古典主义理性，渴求向上帝赎回灵魂，做自我精神主宰的愿望；而从《拉摩的侄儿》到《忏悔录》再到《浮士德》，又隐隐流露出西方精神世界由"唯理主义"向"自然状态"的回归。尽管如此，这些启蒙文学所肯定和颂扬的是人类精神的独立性与意志的自由性。

5.4.2.1　康德的刑法思想

康德（Immanuel Kant，1724～1804 年），德国古典哲学创始人，也是西方启蒙时代最后一位思想家，可谓是在精神世界中不懈探索的"浮士德"。康德的刑法思想彰显着鲜明的唯心主义色彩，自由意志论是其罪罚理论体系的基石。

康德认为，人的尊严在于获得自由，人在任何时候均是目的，而非手段或者工具；只有自由人的选择才能决定一切，任何外在的或者更高的法则均不能主宰人。② 在康德的眼中，人之主体性的最高点即为"意志自由"，但这种自由并非不受限制，它受缚于人先验的主观道德，因而并非是自然法则或任何人定法。康德所述的先验的主观道德即"要按照你同时认为也能成为普遍规律的准则去行动"，或者"除非我愿自己的准则变为普遍规律，我不应行动"。③ 这是一条"绝对命令"，它先天存在，不受任何具体经验、个人好恶以及利害关系所制约。康德告诫人们，必须无条件地在内心自觉遵守上述道德，才能从纯粹被自然主宰的命运下解放出来，以独立于动物性，真正获得自由意志。康德进一步指出，这种绝对的道德规律不但是规范人们思想和行为的基本准则，同时也是国家立法必须遵守的依据与准则。法律的价值核心是公正，这种公正性来源于"依据普遍法则，这个行为与每一个人和所有人的意志自

---

① 参见上书，第 65 页。
② 参见〔德〕康德：《道德形而上学原理》，上海，上海人民出版社，1986，第 81 页。
③ 此观点与中国"己所不欲勿施于人"的传统伦理观十分相近。参见〔德〕康德：《道德形而上学原理》，上海，上海人民出版社，1986，第 83 页。

由在行动上可以并存"。①

　　康德进一步提出了刑罚权的根据——道义责任论。他认为，刑法肩负着必然的道德使命，道德规律事实上成为实体法立法以前已经存在的自然法，二者的价值内容应该一致，法律才能保持正义的性质。犯罪行为不仅外部违反了国家制定的法律，就其内心而言，也违反了道德规律，行为人在自由意志支配之下实施这些行为，就应当对这种危害行为承担相应责任。正是由于犯罪行为是出于自由意志，所以有自由意志者应当对犯罪行为负有责任。如此，康德以意志自由为基础提出了著名的道义责任论："人既然有选择行为的自由意志，竟敢避善从恶，从道义立场上就不能不为行为负担责任"。② 康德由自由意志论及道德命令，由道德命令又论及法律规则，从其中寻找刑罚权的根据，揭示了刑法与道德的必然联系，也揭示出犯罪危害性的实质所在。另外，刑事古典学派的著名代表黑格尔（Georg Wilhelm Friedrich Hegel，1770～1831 年）也是自由意志论的支持者，他认为"自由是意志的根本规定，正如重量是物体的根本规定，有意志而没有自由，只是一句空话"，因而在承认自由意志的基础上提出著名的主客观辩证统一的归责理论："行动只有作为意志的过错才能归责于我。"③ 如此，以自由意志论与道义责任论为核心的罪罚观逐渐完善，刑事古典学派亦得以创立。

　　同时，亦是从人之独立主体性、人之意志自由性出发，康德主张绝对的报应刑、等量的刑罚观。关于刑罚的本质，康德仍然运用自由意志理论进行阐述，认为刑罚是纯粹报复犯罪的方法，此外不能有任何其他目的与要求。因为人有尊严、有自由意志，刑罚在任何时候只能是目的，不能是手段。即使对于犯罪者来说，对他实施刑罚也只是因为他在自由意志支配下的行为给他人造成了侵害，违背正义要求，对他的刑罚也就是恢复被损害的正义，此外别无其他目的。关于刑罚的尺度，康德持典型的等量报应观，这种报应观同样建立在人类具有自由意志的基础上。因为人类出于自由意志订立了契约，"任何一个人对他人的恶行，可以看作是他对自己的恶行"④。这是唯一可靠的量刑标准，而其他因素都是摇摆不定、难以掌握的，因而无法保证在任何状态下都能对罪犯作出符合纯粹意义上的、严格的、公正的判决。

---

　　①② 　参见马克昌主编：《近代西方刑法学说史》，北京，中国人民公安大学出版社，2008，第 116 页。

　　③ 　同上书，第 128 页。

　　④ 　马克昌主编：《近代西方刑法学说史》，北京，中国人民公安大学出版社，2008，第 120页。

在社会契约论的原点假设下，在意志自由与自然法则的基础上，刑事古典学派演绎出诸多理论原则——反对罪刑擅断，提倡罪刑法定；反对重刑酷刑，提倡罪刑相适应；反对思想犯罪，提倡客观主义；主张道义责任论，提倡报应刑、目的刑结合的刑罚观。这些刑法思想至今被西方刑法学界奉为圭臬。

5.4.3　启蒙思想：多重文明的冲撞与融合

启蒙运动崇尚理性。启蒙主义者认为，人的觉醒、社会进步以及近代科学知识的获得都有赖于人的理性。启蒙思想家相信存在着支配人类、自然和社会，放之四海而皆准的普遍有效的原则，并以理性的眼光审视一切先前公认的制度和信仰。启蒙思想家的理性以"天赋人权"为理论核心，主张自由、平等、博爱，提倡教育和科学，最终目的是建立一个人人幸福的"理性王国"。这种理性从根本上不同于 17 世纪崇尚君主王权和封建伦理的理性主义。

启蒙学者高举理性旗帜，试图将把握真理的权利从上帝手中夺回。当人们用天赋的知性能力去重新定义宇宙与社会时，与以基督教为核心的中世纪文明产生了激烈对抗，并在这场战争中逐渐占取上风。但是，启蒙理性鼓舞与引导人们去探索、发现自然，解决当下的生存问题，却忽视了对人生终极意义以及信仰、伦理道德等问题的思考。这种轰轰烈烈的科学启蒙背后的人文缺失，已经引发了一些目光更为深邃、感触更为敏锐的启蒙学者的检讨与反思。启蒙思想家在否认上帝、否定既有文明、否认现实社会制度的同时，力图以他们的理性去重构一种崭新、合理的存在。但在这种解构与重构的努力中，往往陷于文化选择的自相矛盾与尴尬境地——被解构的对象往往成为重构时无可或缺的元素。英国史学家丹尼斯·哈伊如此评价人文主义学者："他们猛烈抨击中世纪的文明，批判完之后，灵魂依然存在，对圣母还像过去那样迷信。"[1]

诚然，这种普遍矛盾的文化心理，烙刻在每一位启蒙思想家的灵魂中。卢梭是对基督教文化抱有最为暧昧情感的启蒙思想家，他立足于对现实社会的改造，拥有强烈的世俗精神，备受宗教界攻击；但就其价值取向而论，他却俨然怀有一颗教士之心，有着剪不断的宗教情结，正因为如此，他又被启蒙阵营所排斥。读卢梭的著作，我们可以体会到浓郁的宗教情怀，可以触摸到一颗充满救赎热情的滚烫的心。不仅卢梭如此，"百科

---

[1]　〔英〕丹尼斯·哈伊：《意大利文艺复兴的历史背景》，李玉成译，北京，生活·读书·新知三联出店，1985，第 174 页。

全书派"的其他代表，那些因标榜"理性至上"而与卢梭分道扬镳的启蒙思想家的理论体系，亦难逃被基督教文明浸润已久的事实。例如，"百科全书"的主持者，"最勇敢、最彻底的无神论者"狄德罗，在《拉摩的侄儿》中展现了在完全抛弃宗教信仰后呈现于世人眼中的畸型形象，暗示着对经历启蒙思想洗礼后的"理性人"所行所思的焦虑之情。狄德罗以敏锐的观察力捕捉到这一令人痛心却又普遍存在的启蒙后果，却又彷徨踟蹰——他原无勇气在自己所激烈反对的宗教文化中寻找解决现实矛盾的良方。素有"法兰西启蒙运动旗手"之誉的伏尔泰，一面说："第一个上帝是遇到了第一个傻瓜的第一个流氓创造出来的"，一面又说："人如果否认上帝，必至于恣情纵欲，犯极大的罪恶，这岂不可怕之至？"而且"我希望我的供应人、我的裁缝、我的仆人，我的妻子都来信仰上帝，这样就会很少有人抢劫我或者给我绿帽子戴了"，所以"即使没有上帝，也必须创造一个上帝出来"。[①] 在伏尔泰幽默的言辞中隐藏着对宗教精神规制人类灵魂与行为功能的高度评价与习惯性依赖。奠定了近现代西方国家政治与法律理论基础的孟德斯鸠，一面讽刺道："如果三角形会创造一个神，那么一定给他们的神长着三条边，是为三位一体"，一面又无法否认宗教的现实意义："宗教是约束那些不惧怕人类刑法的人的唯一绳索，君王犹如狂放不羁的野马，而宗教这条缰绳可以将他驯服"。[②] 歌德笔下象征着人类笃于实践、永不满足的入世精神的浮士德，他疏远上帝、亲近魔鬼，追逐尘世间一切的善与恶，渴求人性的极致真实与精神自由，在梅菲斯特的引诱下、在原欲的支配下犯下了难以宽恕的罪愆，最终，他那历经磨难、伤痕累累的灵魂还须由上帝来宽恕与拯救。这些启蒙学者从"真"的角度否定了上帝与宗教体系，引导人类去亲近自然理性；但是紧接着，他们又从"善"的层面不断深化，肯定着基督教文化的意义。启蒙思想所打造的"自然人"在以独立的知性能力批判宗教、批判社会的同时，又张扬着基督教"善"的内涵——他们所批判的是教会与教徒在违背宗教原旨基础上的悖逆人性的行为与思想，但这种批判的标准却依旧是基督教的"善良"、"仁慈"、"平等"与"博爱"。与其说这种状态是一种自相矛盾的尴尬，不如说它是一种对于传统文化所应具有的辩证态度。正是这种文化心理，使人们看到了被否定、被批判、被解构的旧有文化体系中，隐含着合理的、必然的、新文化重构不可或缺的文化基因。文艺复兴时期如此，启蒙运动

---

① 参见戴金波：《伏尔泰传》，沈阳，辽海出版社，1998，第 176 页。

② 〔法〕路易·戴格拉夫：《孟德斯鸠传》，许明龙、赵克非译，北京，商务印书馆，1997，第 53 页。

时期亦然。

　　综上，18 世纪的启蒙运动实质是个性主义的回归，是文艺复兴早期原欲型人本主义的延伸与发展。不同的是，文艺复兴的人本主义侧重人的感性欲望，启蒙运动时期的个性主义则强调人的智识。同样，正如文艺复兴末期的刑法思想最终走向世俗人本与宗教人本主义相融合的道路，人们在感官欲望满足之后，目光逐渐开始追索秩序与约束。启蒙运动后期的个性主义亦包容着理性精神与宗教信仰的双重取向——拥有了浮士德般自由意志的欧洲人不断扩张的自我本位与强烈的自由意志，预示着个体本位、个人主义的近代西方价值观的形成，也预示了一个充满探索与创造、崇尚自由精神与个体意识的时代的来临——他们永不知满足地去体验、去追求、去感受、去承担无尽的快乐与痛苦，并将其视作人生的组成部分。但是，我们不能忽略，引领浮士德走出书斋、脱离情欲、热心政治、造福公众的信念支柱始终是上帝赋予的人之"本性"，因原罪而天生具有的忏悔、赎罪意识，人类最终的灵魂亦归于永恒的上帝。这一时期的西方刑法思想始终游走于以古希腊—古罗马的原欲精神与希伯来—基督教抑欲文明的双重轨道之间，虽然时而向前者逼近，但内核与灵魂始终被裹挟于后者之中。

第6章 向感性世界黯然退守：
浪漫主义思潮下的刑法思想

（18世纪末～19世纪中期）

众人离去，独处的该隐困惑于生命的意义：为何要如此艰辛地劳动？为何采食知识之果就要受苦？难道追求智慧、脱离蒙昧在上帝的法典中是一种罪恶？即便是一种罪恶，父母的罪行为何延及无辜子女？如今生存状况艰辛苦涩、远非享乐幸福，为何还要虔诚地向上帝表达感激之情？难道因为上帝的全能，他就是至善？

——［英］拜伦《该隐》

人类社会是否有权使它的成员在某种情况下接受它那种无理的不关心态度，而在另一种情况下又同样接受它那种无情的不放心态度，并使一个穷苦的人永远陷入一种不是缺乏（工作的缺乏）就是过量（刑罚的过量）的苦海中呢？

——［法］维克多·雨果《悲惨世界》

在我们不曾亲眼见过断头台前，对死刑多少还能漠然视之，但是，如果我们见到了一座，那种惊骇真是强烈——我们非作出决定、非表示赞同或反对不可。有些人赞叹它，如约瑟夫·德·梅斯特尔；有些人痛恨它，如贝卡利亚。断头台是人类法律的体现，所有的社会问题都在那把板斧的四周举起了问号。断头台是刽子手的同伙，它在吞噬东西，在吃肉，在饮血，它以自己所制造的死亡为生命而进行活动。

——［法］维克多·雨果《悲惨世界》

我从深渊里来……我所看见的第一件东西是法律，以一个嘎嘎作响的绞刑架和一具风干晃荡的海盗尸体的形式出现；我所看见的第二件东西是母爱，以一个跪在雪堆中紧紧抱着婴孩死去的贫穷女人的形式出现；我所看见的第三件东西是未来，以一个在死去母亲的怀中寻找乳头的垂死婴孩的形式出现；我所看见的第四件东西是善良、真理与正义，它们闪烁在一个贫苦的流浪汉和一只忠心的流浪狗的身上。

——〔法〕维克多·雨果《笑面人》

为了掩盖代表着耻辱的红字，白兰亲手为珠儿缝制了红色的天鹅绒裙，小姑娘穿在身上奔跑嬉戏，像一团跳跃的火焰在燃烧。清教徒社会中，珠儿是奇耻大辱的象征，但也只有她才是鲜亮生动的，与母亲的昭然罪行一起闪耀在世人面前。

——〔美〕霍桑《红字》

英国工业革命使人类进一步掌握了自然与科技的奥秘，认为人类可以征服客观世界、主宰自我命运，因而与宗教信仰、感性世界渐行渐远。

法国大革命所展示的民主、自由的生活前景给人们以新生的希望。然而，严峻现实与启蒙先贤们的理想规划、理性预期有很大反差。大革命造成的一些历史后果让很多人无法理解——旧政权崩溃后恐怖政策的延续、纷乱的派别权力斗争与新的集权制度的建立；封建贵族由于大革命失去了原有的等级制宗法社会，小资产者和下层民众同样被革命的景象所震撼并深感畏惧。这一切使得西方社会各阶层对现实社会的畸形发展备感困惑与痛苦，理性王国逐渐失去了往日色彩，失望的情绪在法国大革命后 18 世纪末、19 世纪初的西方弥漫开来。

面对动荡不安的世界，人们逐渐意识到，自然科学仅是达到目的的工具，与目的的合理性并不具有必然联系，理性并不必然会给人类带来幸福。人们对启蒙运动所主张的理性的质疑，导致了社会群体心理对"回归自然"的向往，现代文明经历了人类第一次强烈的反抗。

在自然科学领域，由于理性对神的否定与对自然的征服，将人从万物中剥离出来，把世界变成了自我之外的客观现象的综合，一切都化作明晰的图景呈现于人类眼前，世界没有了神秘感，人与人、人与自然之间丧失了亲缘性；功利思想的盛行、理性文学的发展，让人性变得庸俗自私，社会充满尔虞我诈；人的精神与心灵在理性和物质的束缚下，日益变得苍白、枯萎。

在哲学领域，唯心主义哲学产生，德国古典哲学代表格奥尔格・威廉・弗里德里希・黑格尔（Georg Wilhelm Friedrich Hegel，1770～1831年）与伊曼纽尔・康德（Immanuel Kant，1724～1804 年）提出唯心主义、神秘主义的原则，突出自我、放纵感情、宣扬主体能动性。同时，空想社会主义代表者克劳德・圣西门（Comte de Saint-Simon，1760～1825年）、夏尔・傅里叶（Charles Fourier，1772～1837 年）与罗伯特・欧文（Robert Owen，1771～1858 年）在此时期提出了消灭阶级、建立更好制度的思想。这一切交织成一幅复杂的时代横剖面，引导着西方人对所谓的"科学理性"、"物质主义"带来的精神异化现象进行彻底的检视，继而以强烈的反叛精神颠覆了旧有价值理性。于是，主张回归自然与内心宇宙的浪漫主义思潮应运而生。它发现了理性主义在现实生活中的局限与虚幻，企图寻找另一条通往自由的道路。浪漫主义者最大的特点是对人类感情的热烈歌颂，将人类的主观精神放到首位，对个人理想的追求超过了对社会共同理想的追求。这是人类对自我认知的再一次深化，他们所塑造的是一种超验、自由、飞越理性束缚的理想人，在更广阔的精神领域中遨游徜徉。

在政治背景、科学进步与哲学思潮的共同影响下，西方刑法思想也发生了明显的内倾化，该时期以费尔巴哈和黑格尔理论为代表的西方刑法思想被渲染上极强的主观色彩，无论是费尔巴哈以心理强制说为基础的罪刑法定论、犯罪原因论、权利侵害说、刑法本质论、刑罚目的论，还是黑格尔的整个唯心主义法哲学体系，均将理论根基深深扎入人类的主观存在，在精神、意志、思维的观念世界中寻找着自由与正义。

6.1　德国浪漫主义文学与刑法思想

与以往对西方哲学思潮秉持保守观望的传统态度不同，德国一跃而成为浪漫主义思潮的发源地，孕育着西方浪漫主义文学的萌芽与发展。这是法国资产阶级大革命直接影响的结果，同时也与德国政治上的分裂状态、德国古典哲学思想以及文学中的浪漫传统有着十分密切的关系。19 世纪初，神圣罗马帝国统治下的德国结构松散，由 297 个小国组成，还保留着农奴制，在政治经济上明显处于劣势，国土也被法国占领了一部分。强烈的民族自尊心使得德国将法国的启蒙运动看作文化霸权，坚决抵制法兰西横扫欧洲的理性思想在自己民族的文化领域恣意拓殖。正是在这种矛盾与苦闷中，他们在总体上趋于向内心世界退守，祭出了与启蒙理性相反的"感性"文化，在压抑、恐惧、迷惘、无奈中寻找精神的自由。1806 年，拿破仑瓦解了神圣罗马帝国，亦激起德意志民族意识的觉醒，大批知识分子投入民族解放运动中。但他们随之又面临着一个具有本土特色的尴尬局面——各个公国与自由城市之间存在的包括语言、文化等在内的差异，成为形成统一民族精神的障碍。为了消除这一文化上的阻碍，部分知识分子开始宣扬文化民族主义。他们将眼光转向民间文化传统领域，从搜集、研究民间文艺入手，试图借助于传统民歌、民谣和童话故事来构建统一的民族精神。

6.1.1　E. T. A. 霍夫曼作品中的刑法思想

德国浪漫派运动中最重要的小说家，同时也是一位颇具正义感的司法官，E. T. A·霍夫曼① (Ernst Theodor Wilhelm Hoffmann，1776～1822年)，其文学创作受浪漫派影响，具有神秘怪诞的色彩，通过夸张、异化的文学手法，对人类性恶一面进行揭露与批判。作品中的人物常受一种神秘力量的支配，无法主宰自己的行为，人性的复杂性与矛盾性被揭示出来，非理性的欲望成为人性恶的源头。

6.1.1.1 精神异化者的自白：《丝寇黛莉小姐》

《丝寇黛莉小姐》(1819年)是篇历史小说，是霍夫曼依据一个威尼斯鞋匠的真实案例改编而成。后来被收入《谢拉皮翁弟兄》小说集第三卷。

> 1680年的一个深夜，有人匿名给法国小说家冯·丝寇黛莉小姐送来一只神秘的银匣子，里面装着两件价值连城的首饰。经多方查访，丝寇黛莉小姐知晓此首饰出自巴黎名金匠雷纳·卡迪拉克之手，金匠对丝寇黛莉小姐慕名已久，因而送给小姐作礼物。丝寇黛莉小姐即刻送还首饰，但金匠执意不收。忽然又有一名青年送来便条，叮嘱丝寇黛莉小姐立刻将首饰送回金匠，否则性命难保。小姐惊慌中再次将首饰送还金匠，却听说金匠已经被刺身亡。案子牵涉金匠的小伙计奥利弗。金匠之女玛苔隆深恋着奥利弗，为恋人鸣冤叫屈。后来丝寇黛莉小姐亲自调查该案，真相大白于天下。原来金匠卡迪拉克自幼喜欢金银珠宝，稍长便学习金匠手艺，后来逐渐产生一种变态的占有欲，凡是请他打造首饰的顾主均被他谋杀，然后他将自己亲手打造的首饰抢回，日夜端详。②

小说巧妙地采用心理外化的手法，对卡迪拉克心理与言行进行了细致描绘，深刻地揭示了犯罪人人性的扭曲与人格的分裂。经常为朝廷官吏与豪门贵族加工名贵首饰的主人公卡迪拉克，素以忠诚老实、技艺高超而著称。但人们并不知晓，他常常被一种无法控制的强烈欲望所驱使。一到晚

---

① E. T. A·霍夫曼出生于柯尼斯堡（今俄罗斯加格勒市）的一个律师家庭，1792年入柯尼斯堡大学攻读法律。1796～1798年在格洛高法院当见习陪审员，此后在柏林和波兹南司法机关任职。1802年因作漫画讽刺普鲁士军官受到处罚，1806年因拒绝向占领华沙的法国军队宣誓效忠被革职。1808年起，先后担任过乐队指挥、舞台美术、作曲、音乐教师、音乐评论等职，1816年任柏林高等法院顾问。1819年被任命为"叛国集团及其他危险活动调查委员会"委员，负责审讯德国"体操之父"雅恩。霍夫曼力主正义，反对当局捏造罪名，为"煽动分子"雅恩辩护，结果于1820年受审，翌年辞去职务。后又被任命为柏林高等法院上诉判决院委员。

② 梗概及本小节所有引文来源于〔德〕E. T. A. 霍夫曼：《霍夫曼小说》之《丝寇黛莉小姐》，张威廉、韩世钟等译，上海，上海译文出版社，2010。

上，他就会像梦游一般从刚刚取走首饰的顾客那里夺回自己的作品并杀死顾客，成为不择手段的抢劫犯和杀人犯。作为一个技艺超群的工匠，他沉溺于自己作品的精致与魅力中，逐渐产生了强烈的占有欲。卡迪拉克并非有意作恶，而且他知道自己的邪恶品质一旦爆发便无可抑制，因此他总是拒绝为自己敬重的人服务，目的是使他们免遭自己的毒手。卡迪拉克会极其诚恳地请求善良的主顾免除他加工首饰的任务，而一旦他接受了订货，也总是以各种理由来搪塞主顾，一周一周、一月一月地拖延下去。等到不得不交出产品时，他会显现出极其烦恼的样子，甚至流露出一种遏制不住的、在内心燃烧着的愤怒。主顾走后，他会不安、绝望，以至于失去睡眠、健康和生活的勇气。于是，他盗窃、杀人，直到首饰重新回到自己手中才会平静下来。

霍夫曼将卡迪拉克的犯罪行为描写为超自然力量心理支配的结果，使得整部作品散发着浓厚的神秘气息。很明显，作品所描述的典型犯罪人形象是对启蒙主义理性精神的反叛，卡迪拉克的言行举止、心理活动彻底推翻了启蒙思想家"人类拥有自由意志"的神话，并且指出，人类永远是被决定的，人类永远无法控制自己的欲念、主宰自己的命运。

6.1.1.2 人格分裂者的忏悔：《魔鬼的万灵药水》

发表于 1816 年的魔幻小说《魔鬼的万灵药水》，同样以魔幻手法叙述了一位精神异化的犯罪人的故事。主人公梅达杜斯是修道院的一位僧侣，他具有双重天性，因为受到魔鬼控制，陷入了无可抑制的情欲与嗜杀状态中。

> 修道士梅达杜斯禁不住诱惑，喝了修道院珍藏多年的魔鬼万灵药水，从此变成了一个纵情享乐、充满邪恶的人，辗转于理性与感性的双重人格之间。为了感官的满足，梅达杜斯不惜杀人灭口，犯下多宗命案。案发后，他被投入监狱，但在处决前却峰回路转——一个与他长相酷似的疯癫修道士出来承认了一切罪行。在梅达杜斯与女主角举行婚礼之际，看见了替他服刑的疯癫修道士坐在死囚车上绝尘离去。梅达杜斯的良心被唤醒，最后一次作恶后（杀死未婚妻），在修道院的忏悔中终了一生。①

该部小说的情节非常怪诞，主人公梅达杜斯分裂为四个形象：一是梅

---

① 参见〔德〕E. T. A. 霍夫曼：《霍夫曼小说》之《魔鬼的万灵药水》，张威廉、韩世钟等译，上海，上海译文出版社，2010。

达杜斯同父异母的兄弟维克多林，二是梅达杜斯的父亲弗朗西斯科，二者均与梅达杜斯长相一模一样，是他的同貌人与肉体的化身；另外两个人物——画家与疯修士则分别代表主人公的两种"离魂"。以上四个形象中，每个形象皆为梅达杜斯"自我"映射的一部分，均代表着他的特定行为与心理。同时，梅达杜斯的每一个自我都能够敏锐地感受到另一个自我的威胁，彼此间互相争斗、痛苦难捱。正是采用这种"离魂法"或"分身术"，霍夫曼将主人公的犯罪心理形象化地揭示出来，充分显示了浪漫派文学者对自我扩张、性格分裂和人格多重化等艺术形象的青睐。

根据当代文学评论，霍夫曼的作品是"人格分裂"主题小说的鼻祖，正是他将充沛、诡谲、多变的人的感性世界推上了文学舞台。如前所述，18 世纪的启蒙理性将人从宗教之上帝与人间的皇权中解放出来，指导人们开启智识、祛除蒙昧，达到肉体与精神的双重自由。然而，对客观理性的过分强调遮蔽了人们对感性自我的关注，人类灵魂与客观世界间的返照逐渐疏离，情感与理性之间的矛盾日益积累。在凸显理性人的同一性与稳定性的同时，亦掩藏了感性人的差异性与多变性。霍夫曼在上述作品中所涉及的主题恰是启蒙思想家所忽略的感性人、多变人与非理性人的客观存在，这是对启蒙理性极端发展的一种回拨，具有标志性意义。

6.1.2　"正义犹如空气般存在"：格林兄弟与《格林童话》

雅各布·格林（Grimm Jacob，1785～1863 年）与威廉姆·格林（Grimm Wilhelm，1786～1859 年）兄弟[①]以《格林童话》享誉世界文学界；但他们法学家的身份却鲜为人知。

格林兄弟早年在法学院学习，与德国历史法学派大师萨维尼交往甚密。在萨维尼的巨著《中世纪罗马法史》中，许多材料来自于雅各布·格林辛勤的摘录与考证。在萨维尼的社交圈里，格林认识了德国浪漫主义文学的代表人物，从另一角度孕育了格林兄弟"向往无限性，渴望冲向天空"的浪漫情怀，他们认为"法和诗诞生于同一张温床。诗中蕴涵有法的因素，正像法律中也蕴涵有诗的因素。我们有责任把它作为一项遗产从祖

---

①　格林兄弟出生于德国黑森州的哈瑙，其父菲利普·威廉·格林从事律师工作，曾担任哈瑙公国城市和地方秘书和斯泰诺裁判官，中年时因病去世。出于对父亲及其职业的景仰，格林兄弟于 1802 年开始在马尔堡大学学习法律，系统学习了自然法、国家法、私法、刑法、司法方法论、继承法、债法、罗马法等课程，并与弗里德利希·卡尔·冯·萨维尼这位未来的法学巨子接触和交往，这对兄弟俩日后的生活、文学创作和法学研究产生了巨大的影响。

辈那里继承下来，流传给后代"。① 这也是威廉姆后来把主要精力用于搜集、整理德国民间文学的主要原因。

1816 年，雅各布在"历史法学派"的理论刊物——《历史法学杂志》发表了一篇名为《论法之诗》的法学论文，对德意志古法的民族性格进行剖析，尤其指明古法中所蕴含的诗性因素。雅各布指出，德国古法是借助诗歌的形式表达的。在德语中，法官被称为"发现者"，他们"发现"了判决；法官与诗人均为创作者，负责创造规则、确定秩序。② 此后，雅各布出版了《智判询答汇编》（1840～1863 年），搜集、整理了德国乡间的智判询答，包含着民间裁判者对法的解释，体现着"乡间智者"对法的认知以及处理案件的智慧。格林对这些智判询答给予了非常高的评价，认为"其本质完全可以同一般民族语言、民歌相提并论"，"它们是德意志自然生成的法律具有自由、高贵式样的极好证明。新的、变化着的和不断年轻化的法律，在其外形上总是包含着纯正血统的古代法律风习，它们虽然长期以来不再被适用，却被普通人所信奉，并且带着完全的敬畏……"③

在文学领域中，《格林童话》（1812 年）是格林兄弟历经八年之久搜集、整理、加工完成的广泛流传于德国民间、蕴含着德意志民族特色的民间传说故事集，原名为《献给孩子和家庭的童话》。1812 年初版时包括严谨、烦琐的童话出处的考证，体现了格林兄弟作为法学学者所一贯秉持的学术态度。再版时，为了迎合孩子们的阅读需要，主体部分只剩下纯粹的童话故事。

开篇故事《青蛙王子》中，小公主倚仗自己高贵的血统与地位，不仅知恩不报，而且屡次暗动杀机，企图置丑陋但善良的青蛙王子于死地。国王看穿了小公主的意图，及时阻止了这场杀戮。故事巧妙地借国王之口对小公主背信忘义的行为进行严厉斥责，批评了小公主恃强凌弱、以杀戮回应恩惠的劣行，并指出天下生物一律平等，外貌与美德同等重要，给小读者们上了人生最重要的一课。

《桌子、金驴和棍子》则讲述了贪婪的酒店老板觊觎他人财物，屡次盗窃得手，但最后被罚以重刑，财物亦复归原主的故事，其中彰显着善恶有报、丝毫不爽的报应主义罪罚观。

《莴苣姑娘》讲的是一个被巫婆囚禁于高塔中的小姑娘，勇敢地反抗

---

① 参见舒国滢：《浪迹于法与童话之间——雅各布·格林印象》，见中国民商法律网 http://www. civillaw. com. cn/article/default. asp? id=16121，2011 - 12 - 17。

②③ 同上。

巫婆，历经磨难、最终获得自由与爱情的故事，向小读者宣扬了反抗专制、冲破束缚、追求自由的理念，"从此，他们过着幸福的日子"的浪漫结局打动着一代代小读者稚嫩纯洁的心灵。

《圣母的孩子》中蕴含着浓厚的以宽容对待犯罪者的人道主义精神，将报应刑与教育刑观点有机融合在一起，向小读者暗示：正义与报应虽然姗姗来迟，却从不缺席，而真诚的忏悔与赎罪在任何时候都不会晚。

《三片蛇叶》讲述了美丽的公主见异思迁、在轮船上杀害丈夫的故事。面对罪行，公主毫无忏悔之心，亦无承担罪责的勇气。智慧的国王秉持公道，对公主判处死刑，并以同样的方式对公主进行处决，彰显着"王子犯法与庶民同罪"的平等思想，并带着同态复仇刑罚思想的鲜明烙印。

《谜语》故事的结尾，法官提出要求原告出示证据，并详细审查证据来源的合法性，作为公正定案的依据，这一细节鲜明地体现了在证据来源合法的前提下，举证责任在刑事判决中的重要地位。

《走进天堂的裁缝》通过一则啼笑皆非的寓言，形象地描述了刑事司法裁判过程中合法性与合理性的分裂与悖离，启示小读者只有上帝才是人类罪恶的唯一裁决者，他人根本无权滥施刑罚，定人以罪……①

进一步分析，《格林童话》中的一些故事情节涉及诸多法律元素，其中阐述了包括以"生命、健康、自由、财产"四大法益为重点的刑法保障对象，并且针对加害者的动机、心理历程、措施手段等进行分析，同时亦对被害者是否具有过失的情况进行了探讨，彰显着浓郁的报应刑与教育刑相结合的刑罚观。可以说，格林兄弟成功地将自己对法文化与法精神的理解融入了生动、有趣的故事中，以浅显、平实的语言向小读者们传递着对正义与公平的憧憬与向往。

如今的《格林童话》已经被加入联合国教科文组织的"世界记忆"项目，其浓厚的民族特色与独特的儿童视野给作品带来了无穷的魅力。可以说，19 世纪以后的欧洲人是听着《格林童话》成长起来的。儿时的记忆难以磨灭，对人一生的思想与气质的影响更是潜移默化。它虽然只是一部童话故事集，却蕴含着丰富的人生经验，传达着精湛的人生智慧，蕴藏着拙朴的正义观与惩罚观。它虽未涉及"刑律或刑罚"的一字一句，却透过动听有趣的童话故事，传递给小读者正确的善恶价值取向，亦帮助他们建立起自我保护、避免受害的观念，令小读者深切地感受到：公平、正义与

---

① 参见〔德〕雅各布·格林、威廉姆·格林：《格林童话》，司马仝译，北京，人民文学出版社，2003。

慈爱的存在，犹如空气般萦绕于他们的身边，精心地呵护着他们面对未来、走向成熟。

6.2　英国浪漫主义文学与刑法思想

英国的浪漫主义思想与德国不尽相同。面对法国启蒙思想的理性风暴席卷一切的态势、面对日新月异快速发展的资本主义社会制度，民族的隐性自卑与对现实世界愤懑不平的情绪被对自然的青睐与崇尚代替，自然美景成为英国浪漫派作家寄托自由理想的伊甸园。"湖畔派"诗人威廉姆·华兹华斯①（William　Wordsworth，1770～1850 年）与约翰·济慈②（John Keats，1795～1821年）是其中的杰出代表。二人均对英国工业文明深恶痛绝，谴责人类在所谓的文明与理性中迷失了自我，将远离尘嚣的自然风光作为诗歌主题，作品包蕴着对理性主义对感性世界的挤压、束缚的不满与抗争。但是，"湖畔派"诗人寄情山水、隐遁出世的精神显然与蓬勃发展的资本主义进取精神不相适应，因而逐渐枯萎。继"湖畔派"之后，英国浪漫主义文学的衣钵由拜伦、雪莱所承继，他们的灵魂自由漫步于云端深处，双足却始终扎根于现实土壤，作品取材于世俗社会，语言朴素清新，感情热烈奔放，含蕴隽永深刻，突出人的内在领域，宣扬人独立于理性的自在、自为、无限的精神世界，将英国浪漫主义文学推向高潮。

6.2.1　拜伦文学作品中的刑法思想

出生于古老贵族家庭的乔治·戈登·拜伦③（George Gordon Byron，1788～1824 年），是 19 世纪西方文化精神的重要代表之一。作品中的

---

① 威廉姆·华兹华斯出生于富有的律师之家，与柯勒律治、骚塞同被称为"湖畔派"诗人，是英国最早的浪漫主义作家。他们厌恶资本主义的城市文明和冷酷的金钱关系，喜爱大自然，远离城市，隐居在昆布兰湖区和格拉斯米尔湖区，由此得名"湖畔派"。

② 约翰·济慈，其父是马厩领班，其母早逝，自学成才，诗才横溢，与雪莱、拜伦齐名。济慈短暂的一生谱就了《圣艾格尼丝之夜》《秋颂》《夜莺颂》《致秋天》等著名诗篇，被认为完美地体现了西方浪漫主义诗歌的特色，并被推崇为欧洲浪漫主义运动的杰出代表。

③ 拜伦，英国 19 世纪初期伟大的浪漫主义诗人、革命家。出生于英国一个古老没落的贵族家庭。父亲曾供职于英国海军。10 岁时，继承了家族的爵位与庄园，称拜伦勋爵。先后就读于哈罗公学和剑桥大学，酷爱历史、哲学与文学，获硕士学位。代表作品有《恰尔德·哈罗德游记》《唐璜》等。

"拜伦式英雄"① 在自然精神的牵引下，向着与人类法律规则与道德伦理相反的方向一路飞驰。他们一方面正视现实、勇于承受罪责，一方面又至死不悔、傲然走向毁灭，并以该种叛逆狂放、桀骜不驯的魅力征服着古往今来的各国读者。

作者拜伦本身亦体现着那个不朽时代的激情，他那普罗米修斯式的孤独的反抗精神在 19 世纪欧洲人的精神生活中激起了极大反响。我们可以看见，拜伦的身上体现着多种极限精神的混合——敏感狂暴的气质，深沉细腻的情感，放浪形骸的欲望，孤高抑郁的内心。他高大英俊却生来跛足，他出身贵族却具有平民般的反抗意识②，他文思激进却恪守古旧文体，他崇尚自由却难以摆脱对传统伦理评判的重视，他痛恨战争却又热衷于"争取民族自由的战役"。最终，他抛弃手中之笔，投入了如火如荼的希腊民族解放战争③，以生命为文本谱就了人生最为瑰丽的诗篇。④

拜伦与众不同的文化素养与精神特质，可以从其独特的家族背景中看到端倪：首先，家族气质造成了拜伦激情、放纵、狂暴的心理秉性。拜伦的祖父是海军上将，人称"天不怕地不怕的爵爷"，屡立战功，获得封爵；拜伦的叔父性格古怪，人称"魔鬼勋爵"，其仇人极多，因而他在上衣每个口袋内均放着一把火枪；拜伦的父亲是近卫军上尉，服役非洲时多次拐带勋爵们的妻子私奔，在花光她们的积蓄后弃之而去；拜伦的母亲凯萨瑟

---

① 是指 19 世纪英国浪漫主义诗人拜伦作品中的一类人物形象。他们热爱生活、追求幸福、拥有火一样的激情与强烈的反叛心理；他们高傲倔强，敢于蔑视现存制度，是罪恶社会的反抗者；但同时又忧郁、悲观，傲然孤独，我行我素，好走极端。他们的思想基础是个人主义和自由主义，斗争往往以失败告终。见 http：//zh. wikipedia. org/wiki/％E6％B5％AA％E6％BC％AB％E6％96％87％E5％AD％A6，2011 - 12 - 17。

② 1811 年，英国国内阶级矛盾激化。为了镇压工人运动，英国上议院提出了对破坏机器者处以死刑的血腥法案。拜伦在上议院发表演说，慷慨激昂地抗议这一反动法案，写下《"编织机法案"编制者颂》一文，抗议英国统治者对人民的残酷压迫。参见〔英〕拜伦：《拜伦诗选——曼弗雷德》，查良铮译，上海，上海译文出版社，2005，序。

③ 1453 年，东罗马帝国首都君士坦丁堡陷落，希腊被奥斯曼帝国统治。1820 年的希腊民族解放运动是反对奥斯曼帝国的独立战争，也是西方基督教和中东伊斯兰教之间又一次冲突，战争持续 12 年。1832 年，希腊独立。

④ 1823 年 8 月 3 日，拜伦抵达希腊凯法利尼亚岛。1824 年 1 月 22 日，他被希腊独立政府任命为希腊独立军一个方面军的总司令。在其后的战争中，拜伦因操劳过度而患病，4 月 9 日出行遇雨，受寒感疾。4 月 18 日夜间，他在昏迷中呓语："前进，前进，要勇敢！" 4 月 19 日，拜伦去世。希腊独立政府宣布为拜伦举行国葬，停战三天。灵柩抵达伦敦后，英国政府和教会却拒绝将拜伦遗骨安葬于威斯敏斯特教堂，后葬于纽斯泰德附近的赫克诺尔，墓志铭由拜伦同父异母的姐姐奥古丝塔撰写："他在 1824 年 4 月 19 日死于希腊西部的迈索隆吉翁，当时他正在英勇奋斗，企图为希腊夺回她往日的自由和光荣。"参见〔法〕安德烈莫伦亚：《拜伦情史》，沈大力、董纯译，北京，中国文联出版社，2001，第 10 页。

是一位富有的苏格兰女继承人，在拜伦三岁时被丈夫抛弃。① 值得我们注意的是，拜伦之母凯萨瑟是一位"热情而神经质"的女子，其家族史上"企图自杀或毒死他人者不乏其人"，她的祖先"第一代被溺死，第二代被害死，第三、四代被绞死"，被拜伦的父亲抛弃后，隐藏在凯萨瑟血液中疯狂、暴虐的基因被激发，她经常喜怒无常地对待幼小的拜伦。因而，难以控制的激情是拜伦无可选择地对家族气质的继承。其次，先天跛足的生理缺陷在高大英俊、敏感好强的拜伦心中激起强烈的仇恨，常常使他有自杀和杀人的冲动。与其叔父相似，七岁时拜伦的口袋中就藏着玩具手枪，在他以后的日子里更是经常携带枪支，于潜意识中体验着犯罪的快感。最后，拜伦的情感生活放荡不羁，这也许来自其生父的遗传基因或者自己被父亲遗弃的悲惨经历。拜伦与同父异母的姐姐奥古丝塔的肉体结合更是违背了人类古老戒律的乱伦行为，他却将之视作最甜蜜的感情与体验。总之，特殊的家族背景、幼年经历以及心理成长轨迹影响着拜伦成年以后的人格特征。阅读拜伦的作品，我们时刻可以感受到这样一幅动人的图景：单枪匹马、冒着枪林弹雨的拜伦勋爵，凭借着火一样的激情，以"自然人"的率真狂暴地撞击着现代文明的坚硬外壳，屡次失败，虽死无憾。为了肉体的绝对解放与精神的绝对独立，除了拜伦，西方历史上没有任何一个文学家敢于对人类文明作出如此全面、彻底、深刻的否定。

6.2.1.1　意志独立、精神自足的"拜伦式英雄"：《曼弗雷德》

　　诗剧《曼弗雷德》（1817 年）完美体现了集孤独、骄傲、浪漫、暴躁、思索、不屈于一身的"拜伦式英雄"走向毁灭的历程，表达了拜伦对世间传统文化观下的罪罚思想的反思与背叛。曼弗雷德是阿尔卑斯山一座城堡的世袭贵族、性情孤傲、博学智慧、精通魔法。曼弗雷德一直因自己曾经犯下的一桩弥天大罪而备受折磨。

　　　　诗剧的第一幕，他唤来大地、海洋、空气、黑夜等精灵，请他们帮助自己忘却过去的罪恶。但精灵们只能够给予他"王国、权力与长寿"，无法满足他"忘却罪恶"的愿望；精灵们甚至提示他可以去死，但亦不能保证他死后可以忘却生前的罪恶。第二幕，地狱之王阿里曼涅斯答应从墓穴中为他唤来死者阿丝塔忒的幽魂——曼弗雷德痛苦、绝望的秘密就在她的身上：她是曼弗雷德的继妹，与曼弗雷德发生了关系，后来曼弗雷德于悔恨羞愤中杀害了她。面对曼弗雷德关于"宽

----

① 参见〔法〕安德烈莫伦亚：《拜伦情史》，沈大力、董纯译，北京，中国文联出版社，2001，第 11～14 页。

恕与怨恨"的追问，亡魂沉默着、隐身而去，未作回答。第三幕，曼弗雷德作出了拜伦式顶天立地的选择，他孤傲地拒绝了修道院院长的劝导与邪恶精灵的引诱，割断了与天堂、地狱的一切联系。最后，他毅然扮演起公诉人、审判官、犯罪者的三重角色，将生与死、罪与罚的权力紧紧握在自己手中，认为"我"即绝对自足的、不需要他物相助而成的个体，"有罪或无罪只是我自己的事"——他断然为自己定了罪，随后倒地而毙，灵魂凌空而去。①

主人公曼弗雷德孤高自傲，博学多才，却对人类理性知识感到失望，于孤独愤世中过着幽居生活。曼弗雷德虽然自知原罪加身，临终时却拒绝了神父劝其忏悔以进入天国的说教；也抵御了魔鬼将他拉入地狱的诱惑——至死他都保持着精神的独立与完整，维持着反抗到底、绝不妥协的斗士形象。可以说，这部作品是拜伦情感经历的真实写照，暗含其与同父异母的姐姐奥古丝塔的情感故事，全面记录了拜伦在这段不伦之恋后陷于道德与伦理的严厉制裁、心理与生理辗转挣扎的历程。

与歌德笔下的浮士德相比，曼弗雷德的精神世界如出一脉却又大不相同：为了追求对善与恶的体验，浮士德将灵魂抵押给梅菲斯特，与后者相伴而行、游历世间，最终上帝拯救了已经坠入梅菲斯特手中的浮士德的灵魂；曼弗雷德则不仅蔑视上帝、蔑视各种精灵，而且也蔑视死神，他不仅蔑视神权的一切，对世间的法律、道德、伦理亦一并摒弃，他认为自我是绝对的自足、自由、独立，他将生与死、罪与罚的权力紧紧攥在自己手中。从这个角度分析，歌德在狂飙突进运动中酝酿而出的思想远不如拜伦的热烈、极端、不受拘束。思想文学史家勃兰兑斯认为："这就是拜伦充满男子汉气概的伦理观点。他要一直攀登到那已经超越雪线、不容人类的弱点和委曲求全有任何立足之地的峰峦之巅，他的灵魂才能够自由地呼吸。"正因如此，勃兰兑斯认为《曼弗雷德》超过了歌德的《浮士德》。确实，在拜伦的意识深处，对于自己与奥古丝塔的感情，他并无真正的罪感，他渴求超越，他将这段情感视作一段自然而生的经历，视作社会理性强加给他原始灵魂的痛苦与无奈。

6.2.1.2　质疑权威、挑战宿命的"自由之子"：《该隐》

《该隐》（1821 年）是拜伦最优秀的诗剧之一。自从《圣经·创世纪》记载"该隐杀弟"以来，该隐就成为万恶不赦的悖德者与渎神者。关于此

---

① 梗概及本节所有引文来源于〔英〕拜伦：《拜伦诗选——曼弗雷德》，查良铮译，上海，上海译文出版社，2005。

案,《圣经》的记述极其简略:"亚当与夏娃被赶出伊甸园,同房后生了该隐与亚伯。该隐种地、亚伯牧羊。献祭时,该隐拿地里的菜蔬果粮为供物;亚伯将头生羊羔为供物。耶和华喜欢亚伯的供物。后来该隐在田间杀死亚伯,被上帝定罪驱逐,漂流异乡。①(4:1~4:16)

此处,该隐是作为一个丰富、复杂的个体存在而被无限压缩、定格为一个"可耻"的标志与概念之中,其后无人尝试思考事情的前因后果,也无人试图理解该隐在谋杀行为之前、之时、之后的复杂心理。《圣经》简略的记述留给后世文人以丰富的想象空间,拜伦借用《圣经》中该隐杀弟的故事,却以与正统教义相对立的精神加以诠释,他笔下的该隐不再是一位罪人,而是一位拥有理性、敢于怀疑、有自己欲望和要求的年轻人类的代表,这种反叛精神在该隐与堕落天使卢息弗的身上得以最大彰显。

> 亚当、夏娃带着子女向上帝献祭,众皆虔诚,唯长子该隐漠然。众人离去,独处的该隐困惑于生命的意义:众人离去,独处的该隐困惑于生命的意义:为何要如此艰辛地劳动?为何采食知识之果就要受苦?难道追求智慧、脱离蒙昧在上帝的法典中是一种罪恶?即便是一种罪恶,父母的罪行为何延及无辜子女?如今生存状况艰苦苦涩、远非享乐幸福,为何还要虔诚地向上帝表达感激之情?难道因为上帝的全能,他就是至善?天庭的反叛者卢息弗悄然而至,他视该隐——这个地上的反叛者为同类,顺势而为地引导后者,使得他本已膨胀的愤懑与叛逆情绪被推至极点;卢息弗又不辞辛劳,带领该隐遍游黑暗王国,使该隐洞悉人类的本质即虚无。回到大地后不久,该隐就沦为人类历史上"第一个"杀人凶手。在献祭耶和华的仪式中,亚伯带血的羊羔受到青睐,该隐洁净的果蔬却被阵风吹落于地。该隐的热血终于沸腾了,他扬手掀翻祭坛;亚伯上前阻止,该隐操起一根祭坛上的木棍,打倒亚伯。于是,在该隐的"过失"与"激情"之下,谋杀与死亡降临人间。人间第一个犯下杀人之罪的该隐,遭到父母及亚伯之妻的谴责和诅咒,唯有妻子亚德对他不离不弃。埋葬亚伯之后,亚德随他一起接受天罚,踏上流亡之途。②

《该隐》一剧探讨了人之降生、受难、犯罪、受罚、死亡等一切悲剧的根源,并对人类的苦难寄予了深切同情,"拜伦式英雄"的反抗、怀疑、

---

① 参见《旧约·创世纪》,第4章。
② 梗概及本节所有引文来源于〔英〕拜伦:《拜伦诗选——该隐》,查良铮译,上海,上海译文出版社,2005。

叛逆、狂烈等个性在这部著作中得以极致演绎。该隐，《圣经》中受到惩罚的"人类第一个杀人犯"，在拜伦笔下被描写成第一个反抗上帝的叛逆者，上帝则被描写为丧失公正的、嗜血的专制者。不同于亚当、夏娃受苦劳作、希冀赎回来生幸福的伦理观，也不同于弟弟亚伯毫无反思能力的习惯性恭顺，热爱思考、不愿承受苦难、厌恶劳作的该隐时刻追问的是："难道追求智慧、脱离蒙昧的行为在上帝的法典中是一种罪恶吗？即便是一种罪恶，父母的罪行为何要延及无辜子女？如今生存状况艰辛苦涩、远非享乐幸福，却为何还要虔诚地向上帝表达感激之情？有限的生命固然难免一死，人生的意义又在何处？"拜伦借该隐这位离经叛道、充满着愤懑与疑惑的思想者之口，对上帝的权威性提出挑战，对上帝因为人类追求智慧的行为而施以的惩罚提出质疑，同时对父母犯罪、株连无辜的刑罚逻辑大加诘问。这些尖锐的质疑响彻寰宇，进而通过与灵物之主卢息弗的对话将其归结为绝对的批判。

与《浮士德》中与上帝打赌的梅菲斯特不同，拜伦创造的卢息弗是严肃、认真的，他是一个自由的精灵，也是一个敢于反叛的骄傲的精灵，他只是因为不肯说谎谄媚、阿谀奉承才被赶下宝座，但他毫不屈服，因而，他像他的对手上帝一样永恒不朽。对于该隐而言，卢息弗是人类最好的朋友，因为他制止了该隐对他的盲目信仰与服从，同时亦拒绝了该隐对他的顶礼膜拜与感恩戴德。他只是指引着该隐自己去看、去发现、去思考。在卢息弗的引导下，该隐遨游了宇宙，看到了过去、现在与未来，也窥见了死亡。一想到所有这一切耻辱与磨难还将世世代代延续下去，倔强的该隐就感到愤怒和绝望——他甚至试图杀死亲子，从而彻底堵绝那苦难延续的源泉。

可以说，该隐是曼弗雷德叛逆性格的继承与升华，其中蕴含着拜伦本人对宗教信仰的怀疑与剖析，他对人类存在的一切悲剧——出生、受难、犯罪、刑罚、死亡等之源头进行了睿智而又悲悯的展示，其中闪现着穿透一切、洞察一切的感性力量。在悲哀的理性世界中，在沉郁的感性人生中，曼弗雷德毅然选择了一条自我审视、自我宣判、自我毁灭的道路，彻底抛弃了上帝的神性与撒旦的魔性；该隐在洞悉人生的虚无与宿命后，对上帝的律令发出愤怒的谴责，成为人间的第一位谋杀犯，被迫走上流离漂泊的命运。无论是曼弗雷德还是该隐，均将自己的生命置入悬崖绝壁，以向死而生的方式主动逾越了被决定的客观存在，并以此方式做出对上帝、对魔鬼、对冥冥之中命运的激烈反叛，尽管如此，他们心中的忧郁与悲哀却并未随其自觉选择而荡然消逝。曼弗雷德与该隐的形象，无不昭示着一种轰轰烈烈、激荡着悲剧之美的人生抉择，从他们身上，我们看到了拜伦的身影，因此不难理解他在写下诸多狂放不羁、否定一切人类道德与伦理的作品的同时，为何倾其所有、以极大的热情投入到意大利与希腊的民族解放运动中，最终献出了自己的生命。

在诗剧《该隐》中，拜伦还塑造了一个令人感动的人物——与该隐离经叛道的思想形成强烈对照的该隐之妻亚德。亚德代表着与该隐怀疑、叛逆、失败相抗衡的另一种力量，即无条件的爱、怜悯与希望。如果说该隐在智慧中迷惘，亚德则在爱恋中坚定，这种爱不仅包含着对上帝全善全能的坚信，还有对该隐不离不弃的浓烈的人伦之情。该隐举目所及的都是毁灭和灾难，亚德看到的却是万物生机、爱情与幸福。当该隐必须在爱与知识之间作出选择时，她殷切地规劝他："选择爱，该隐啊，选择爱吧！"当卢息弗要引领该隐遨游寰宇时，她哀悯地反复追问卢息弗："他真的能回来吗？他一定能回来吗？"当该隐杀死了弟弟亚伯，被所有人诅咒和唾弃时，她对该隐说："我什么也不怕，只怕离开你，我不会抛弃你，我愿与你分担重负。"正是亚德，这位美丽可爱的女性，以柔弱的肩膀勇敢地分担了人类最初遭受的惩罚，以包容的爱心与真挚的同情给绝望中的该隐带来了温暖与希望。拜伦安排虔诚、忠贞的亚德伴随叛逆者该隐踏上茫茫的赎罪之路，正暗示着崇尚反思与背叛的拜伦始终在理性与信仰之间徘徊，无法在理性的坚守与信仰的诱惑之间作出抉择。而这又恰恰从另一个侧面——从文学史上最为形骸放浪、激进极端的浪漫派诗人作品中解剖出近代西方人对科学理性与宗教信仰所抱有的难以排解的矛盾心绪。诚然，拜伦笔下的英雄均是远离世俗、甚至离经叛道的，但他们又深爱着人类，这种爱既包含着古希腊普罗米修斯般的急切，又孕育着古希伯来该隐式的反叛，同时彰显着基督教耶稣般的深沉。

6.2.2　雪莱作品中的刑法思想

珀西·比希·雪莱①（Percy Bysshe Shelley，1792～1822 年），英国浪漫主义运动的代表诗人，是与拜伦齐名的又一位浪漫主义时期的文坛巨匠。他的作品深受卢梭思想的影响，具有如火的热情与思辨的色彩，风格

---

① 雪莱出生于英格兰萨塞克斯郡霍舍姆附近的沃恩汉的一个富有家庭，其祖父是获封男爵，其父亲是议员。1810 年他因一篇离经叛道的哲学论文《无神论的必然性》被牛津大学开除，家庭也和他断绝了关系。其代表作有《西风颂》《麦布女王》《解放了的普罗米修斯》《钦契》。他充满战斗热情，在诗歌中表达了当时欧洲最先进的思想，被马克思和恩格斯赞誉为"真正的革命家"与"天才的预言家"。

自由不羁、飞扬灵逸，尤其善于对民众耳熟能详的古典神话信手拈来、加以改造，并赋予其崭新的时代精神。如果说拜伦是一个充满忧郁情绪的"孤独的反抗者"，雪莱则是一位对人类命运充满信心的"天才预言家"。

6.2.2.1　对暴力精神的热烈赞美：《麦布女王》与《伊斯兰的起义》

浪漫主义长诗《麦布女王》（1813 年）是雪莱最早的作品，以梦幻方式表述了诗人对人类终将摆脱愚昧与专制、走向智慧与自由的信念。

> 麦布女王是人类的催产婆，她施展魔法，将少女艾安蒂的魂魄摄入九天，使得少女能够从高空俯瞰人类社会的过去、现在与未来。映入艾安蒂眼帘的是一派悲惨污秽的图景，物化的社会给人类带来了精神上的劫难，自由、爱情、正义均能够为金钱所收买，黄金成了"一尊活佛，睥睨一切，统治者人间万物"。政治状况亦一派乌糟："帝王们最早结盟与人权作对，教士们也最早用上帝的名义做买卖。""穷奢极侈的统治者捧着那饱得快要胀破的肚子走向筵席，二千万个被压迫的奴隶在啼饥号寒。"但是诗歌末尾却是对人类光明前景的预言。麦布女王悄悄揭开时间幕布最厚重的一角——未来世界不再是地狱，而是爱情、自由与健康：寸草不生的沙漠布满河流、森林与良田；人人丰衣足食，男人与女人满怀着爱和信心，平等地、自由地、纯洁地一同登上道德的高峰。①

长诗揭露了人类社会的"过去"是封建阶级帝王将相、教士政客摧残、压榨人民的历史，人民在重重压迫下衣不蔽体、食不果腹；而人类社会的"现在"又是资本主义剥削人民的历史，对于物质财富的无尽追逐给人类带来精神上的劫难，金钱成为衡量自由与正义的唯一砝码。只有"将来"的社会才是唯一美好的社会，无论在物质还是精神层面均取得了极大的进步，人们不分男女老少，平等携手登上道德高峰。整部作品语言犀利、文采瑰丽，既有现实主义的批判，又富有浪漫色彩，充满了对现实物质世界的谴责与未来精神世界的憧憬。

1817 年，雪莱完成了著名长诗《伊斯兰的起义》。这是一部以 1789 年的法国大革命为蓝本、带有强烈政治倾向的诗作，诗歌开篇以一则寓言描述了一场惊心动魄的蛇鹰之战。

> 风雨疾驰、雷鸣电闪、天幕低垂、波涛汹涌，象征着自由、民主的蛇与象征着专制、强权的鹰展开了殊死搏斗。蛇在鹰的猛烈攻击下

---

①　梗概及本节所有引文来源于〔英〕P. B. 雪莱：《麦布女王》，见：《雪莱全集》，第三卷，石家庄，河北教育出版社，2000。

战败、坠入大海，但它并未死亡，一个象征着自由与爱的精灵将蛇救起，为它细心疗伤，它又信心百倍地投入了战斗。长诗的主体部分发生在"伊斯兰的黄金城"中，这里是主人公莱昂和茜丝娜的故乡，正处于暴君统治之下。莱昂和茜丝娜领导人民推翻了暴君的统治。但是，当人民要求处死暴君时，莱昂却出于仁爱之心与人道主义精神将其释放。不久，暴君携残余势力卷土重来，夺走了自由与民主，并残酷地杀害了莱昂和茜丝娜。最后，在冲天烈焰中，莱昂和茜丝娜浴火涅槃、重获新生，决心将自由重新带给人间。

雪莱创该部作品之时，"欧洲神圣同盟"统治下的欧洲大陆血雨腥风，法国大革命处于最艰苦的低潮之中。在这个黑云压城的时刻，雪莱热情地歌颂了革命暴力的必要性与合理性，点明了不同时期的刑事政策应当有所不同，片面、狭隘的人道主义精神是对大多数人的自由与民主的残忍践踏。作品中尤其提到了关于死刑执行与死刑政策的观点与理论，认为该项刑罚的适用对象不同，适用原则迥异，并进一步阐述了刑法具有的工具性本质。雪莱的该种观点在雨果的著作《九四年》中亦有鲜明体现，后文将作详细介绍。

6.2.2.2　"哲学日历中最高尚的殉道者"：《解放了的普罗米修斯》

雪莱的诗剧《解放了的普罗米修斯》（1819 年）洋溢着对人类未来的殷切期望，其中融入了与卢梭观念相同的"以暴力推翻暴力"、"以暴力实现平等"、"以暴力维持正义"等激进思想。

古希腊"悲剧之父"埃斯库罗斯曾经创作了以普罗米修斯形象为主线的三部系列剧，《被缚的普罗米修斯》讲述了普罗米修斯为人类盗取火种，被宙斯囚禁于高加索山脉、受尽酷刑折磨的故事；《被释放的普罗米修斯》则描述了普罗米修斯与宙斯和好、大力神赫拉克勒斯终将普罗米修斯锁链砍断的经历；《带火种的普罗米修斯》通过雅典人民对普罗米修斯英雄事迹的深切怀念，歌颂了这位带给人类光明与希望的先知。雪莱明确表示了对埃斯库罗斯第二部作品的质疑，对普罗米修斯与宙斯的和解感到费解。在诗剧《解放了的普罗米修斯》的"序言"中，雪莱道："说实话，我根本反对那种软弱无力的结局，让一位人类的捍卫者同人类的压迫者去和解。普罗米修斯受了那么多痛苦，说了那么多激烈言辞，如果他竟然会自食其言，向他那耀武扬威、作恶造孽的仇人低头，那么，这部寓言的意义可能完全丧失。"① 于是，雪莱挥笔对埃斯库罗斯的悲剧进行改造，使暴君垮台，普罗米修斯取得了完全的胜利。在雪莱笔下，普罗米修斯成为一个永不屈服、始终如一地捍卫人类利益、代表着人类爱、苦难与坚定信念的精神图腾。

第一幕中，被绑在高加索山上的普罗米修斯，正承受着痛苦。宙斯的使者劝说道："孤独一人反对权威，永远不能得胜。"但无论他用永世的残酷惩罚相威胁，还是用享受声色的欢乐相诱惑，都未能动摇普罗米修斯的意志与决心。随使者前来的女鬼给普罗米修斯展现了人间的惨景。"人类的心灵已经被戳穿，用恐怖填补；伪善和习俗充塞着他们的头脑；有善心的没有权势，有权势的没有善心；聪明者需要仁爱，仁爱者却得不到聪明，世上一切均一团糟。"女鬼企图以此刺伤普罗米修斯的心，彻底摧毁他对人类的希望，普罗米修斯看到此情此景，心痛至极。

第二幕中，雪莱借普罗米修斯之妻阿西亚之口，叙述了天廷的变迁史。"普罗米修斯用智慧和力量帮助宙斯打倒了父王克洛诺斯，取得权力，并为他戴上金冠，条件只有一个——让人类获得自由。但是登上统治者宝座的宙斯转眼忘掉忠信、仁爱和法律；落在人类身上的，首先是饥荒，接着是劳苦和疾病、争执和创伤，还有可怕的死亡；他又把强烈的欲望、虚伪的道德，一起塞进他们空虚的心灵，引起了他们相互的残杀。"该幕戏剧中，雪莱借助希腊神话故事为摹本，描述了人类社会早期君主与民众之间的"契约行为"。第三代神祇之王宙斯杀父篡位，普罗米修斯功不可没，但是这位人类的制造者与导师并未谋求私利，而是作为中间人，希望能够从宙斯处取得人类的基本利益——自由与生存。遗憾的是，宙斯并未履行承诺，将契约中规定的"仁爱、法律、忠信"抛弃一边，用饥荒疾病、争执创伤乃至死亡回报人类。

第三幕中，宙斯骄傲地诉说着自己与海洋女神忒堤斯的结合，生出的第二代将是更强者，可以为他永保天廷的统治权。正当宙斯得意非常时，他听到了儿子"时辰"的车轮声。"时辰"出现了，它没有形体，来去无踪，但所有人都能感到它的存在与威力——唯有他是宙斯的掘墓人。普罗米修斯为了人类藏在心中的预言就是"宙斯和忒堤斯所生之子将推翻宙斯"。他为了保护"时辰"不受宙斯的残害，便暴虐愚昧的统治者的宝座

---

① 〔英〕P. B. 雪莱：《解放了的普罗米修斯》，见：《雪莱全集》，第三卷，石家庄，河北教育出版社，2000，序言。

不致永恒,才忍受了罄竹难言的三千年苦难。宙斯终于陷入了命运的安排中,"时辰"乘车来到天廷,结束了宙斯的统治。雪莱相信,暴虐的统治再强大,也休想征服人心,暴君终将被消灭。历史发展抽象的"必然性",被诗人形象化为"时辰"的精灵,它无形无体、悄无声息,却具有任谁也无法抗拒的威力。①

《解放了的普罗米修斯》是一首人类解放自己的壮丽颂歌。诗人将希腊神话中的普罗米修斯塑造成为了人类的自由而不屈不挠进行斗争的伟大战士。他怀着对人类的爱与信心,忍受着暴君的残酷迫害,终于赢得了时间,解放了人类,因而被赞美为"哲学日历中最高尚的圣者与殉道者"。雪莱通过诗作阐述了这样一个哲学思想——任何似乎不可动摇的统治性力量,无论是思想体系还是政治制度,都不是永恒的,它处于不断运动、变迁的过程中,最终一定会被埋葬。另外,雪莱让宙斯自己的儿子"时辰"毁灭他的统治王国颇有深意。在诗人看来,暴虐统治的本身会带来自身的毁灭,这一点与卢梭的观点颇为相近("以暴力推翻暴力"的平等性)。浪漫派诗人们一贯不主张暴力斗争,而强调用爱与宽恕来解决人间纷扰。但在这部作品中,雪莱却冲破了这种观念的束缚,将"暴力"推上哲学的高度,使它成为一种伴随着"时辰"行进的普遍性规律。这一思想在雪莱脑海中逐渐成熟、坚定,在剧本《钦契》中,雪莱几乎是带着赞美的情感,揭示了"以暴制暴"的历史发展客观规律。

6.2.2.3 以暴力实现正义:《钦契》

《钦契》(1819 年)是雪莱最为成熟的作品。1599 年,曾经发生了一桩轰动意大利的刑事案件。教皇的宠信钦契伯爵暴戾成性、变态骄横、殴打妻子、害死亲子,甚至强奸亲生女儿,却用金币与葡萄园贿赂教皇,屡次逃脱法律制裁。面对羞辱与伤害,他的女儿诉诸无门,雇用刺客杀死钦契。法官最初宣判女儿无罪,但在教皇的坚持下处死了女儿。② 这个在意大利家喻户晓的悲剧使得诗人深受震动,激起了他强烈的创作欲望,遂根据该案创作出五幕诗体历史剧。

第一幕介绍了钦契伯爵的斑斑劣迹:少年时代就胡作非为,成年后亦不思悔悟,"淫邪纵欲与杀生害命","犯下了成千条不可饶恕的罪过",进入老年后更是变本加厉地满足自己邪恶的欲望。钦契罪恶的行为也铸成了

---

① 引用部分来源于〔英〕P. B. 雪莱:《解放了的普罗米修斯》,见:《雪莱全集》,第三卷,石家庄,河北教育出版社,2000。

② 参见〔英〕P. B. 雪莱:《钦契》,见:《雪莱全集》,第四卷,石家庄,河北教育出版社,2000,序言。

家庭悲剧：为了占有儿子的封地，他将儿子们贬黜出罗马；他疯狂地觊觎着女儿贝特丽采，希望在她身上满足自己的淫欲。在一次舞会上，钦契得到两个儿子死亡的消息，欣喜若狂，邀请宾客举杯庆祝。贝特丽采愤怒之下当众揭露了父亲的禽兽行为，勇敢地请求参加宴会的主教、亲王和亲友们给予保护，人们却带着震惊一哄而散。

第二幕，贝特丽采向教皇呈递的控诉钦契罪行的信被原封退回，她的希望全部落空。她转而借恋人奥尔辛诺之力再次向教皇呈递诉状，却被拒绝。钦契的长子基亚珂摩由于父亲霸占了母亲的嫁妆，希望教皇依照法律帮他收回财产。教皇不但不主持公道，反而偏袒钦契，斥责子女的不孝，基亚珂摩心中也激荡着复仇的热血，与妹妹贝特丽采结为同盟。

第三幕，钦契奸污了女儿贝特丽采。贝特丽采意识到一旦控告到法庭，自己将身败名裂，家族名誉也将丧失殆尽，于是她下决心杀死钦契。兄妹相约，雇用杀手玛尔齐奥。但关键时刻基亚珂摩犹豫不决，失去良机。

第四幕，钦契再次兽性大发，被贝特丽采拒绝，恼怒之下，钦契发誓要让女儿"抱着绝望和污辱死去"。贝特丽采坚信，杀死禽兽般的父亲是铲除罪恶的正义行为。她准备亲手杀父。杀手玛尔齐奥被她的气势感动，进入钦契的卧室，将他掐死。这时，罗马教皇的使者驾临，发现异常，逮捕了所有在场的人，押送罗马教皇处受审。

第五幕，法庭上的贝特丽采风采照人，她谴责酷刑后的诱供只会令懦弱的肉体屈服，得不到案件的真相；接着她以智慧的言辞、缜密的推理驳斥全部指控。她大义凛然、从容不迫的气度令杀手玛尔齐奥钦慕不已，遂包揽了全部罪行，大笑过后咬舌气绝。但继母鲁克丽霞和哥哥基亚珂摩却供认了一切。为了占有钦契家族的全部财产，教皇冷酷地判处所有人死刑。卡米洛主教再三请求宽恕，均被教皇驳回。在贝特丽采的鼓舞下，全家人手挽着手、高贵地登上了断头台。①

这部充满了凛然正气的诗剧，将矛头直指教职人员的虚伪与罪恶。剧中的教皇袒护着一切恶德劣迹，对正义与真理却极尽镇压戕害之能事；他不仅面目冷酷可憎，而且对财富有着比俗人更为贪婪的欲望。他放纵钦契去作恶，主要是为了从他手中勒索大宗产业——"由

---

① 梗概及本节所有引文来源于〔英〕P. B. 雪莱：《钦契》，见：《雪莱全集》，第四卷，石家庄，河北教育出版社，2000。

于钦契伯爵新近犯下的命案，罗马的红衣主教卡米洛再次帮助钦契向罗马教皇求情，罗马教皇答应赦免伯爵的杀人罪，条件是钦契必须把自己在品西门外的领地让给教皇。利用这次赦免，教皇夺走了钦契三分之一的财产。"奥尔辛诺身为教士，却残酷、伪善、阴险，既不放弃俗人的情欲，也不脱下教士的伪装，屡次戏弄贝特丽采。以贝特丽采为代表的钦契一家，是受尽暴君凌辱的弱者，他们的反抗代表了人类的正义要求；教皇执意对他们处以死刑，就意味着向自然正义发出了挑战。雪莱借红衣主教卡米洛之口谴责了教皇的冷酷无情："他的脸色那么镇定，阴森森地刺人，像一架拷问犯人的刑具、杀人的机器，绝不放过一个他要折磨的人；他是一座大理石像、一种宗教仪式、一部法典、一种不能改变的习惯，而不是一个人。"

这部作品对钦契的一生做出总结性回顾，描述了一个犯罪者从幼年、青年至中年、老年的犯罪心理与行为，并对犯罪者所处的内外环境进行了细致入微的剖析。在政治环境下，钦契所处的时期正是教权统治时期，在政治经济文化等方面，教皇的地位凛然不可撼动；在经济环境下，所有的封地与领地的分封、聚集均来源于教皇职权，因此教皇手中掌握着全国绝大多数土地，得以与国王分庭抗礼；在家族环境下，一家之主为男性，享有包括财产析分、婚姻许配等家族事务的最高处分权，妻子儿女完全处于被支配、被控制的地位。在内外环境的综合作用下，铸就了钦契伯爵这样一个社会怪胎，他暴戾变态、殴打妻子、害死亲子，甚至强奸亲生女儿，如此不伦之人居然因为向教皇敬献封地屡次逃脱律法惩罚。在公权力无法救济的状况下，私权救济的必要性凸显，钦契伯爵死于儿女之手是意料中的事。

特别值得注意的是，这部作品从正面赞美了暴力手段的合理性。在《麦布女王》中，雪莱强调了相信未来，用仁爱代替暴力，铲除邪恶；在《伊斯兰的起义》中，雪莱则宣扬了在必要时候，必须摒弃狭隘的人道主义精神、运用暴力将争取自由与民主的斗争进行到底；在《解放了的普罗米修斯》中，雪莱坚持暴政会被消灭，但不是通过暴力，而是耐心等待"历史发展的客观必然"——"时辰"的到来；在《钦契》中，雪莱的思想发生了更大的飞跃，他充分肯定了贝特丽采用暴力反抗暴政与凌辱、以暴力张扬自然正义的合理性。

6.2.3　自然法则下的罪罚观：柯勒律治与《古舟子咏》

塞缪尔·T·柯勒律治① （Samuel Taylor Coleridge, 1772～1834 年），英国浪漫派作家，著有大量文学、哲学、神学论著，论述精辟，见解独到，在英国文学史上占有重要地位。1798 年，柯勒律治与华兹华斯合作出版了《抒情歌谣集》，居全书之首的是一篇名为《古舟子咏》（1798 年）的寓言诗。该诗以极其简洁核素的语言讲述了一个"罪与罚"的故事，以诡谲魔幻的超自然氛围塑造了一幅彰显因果报应的水墨画，其中瑰丽奇特的想象与令人恐惧的意象既吸引了众多读者，又带给不同评论者以不同的解读视角，使故事充满了永恒的魅力。

　　一位看似疯癫的老水手执意拦住准备出席婚礼的每个路人，请他们聆听自己忏悔赎罪的心灵之歌。大家很不耐烦，却逐渐被他的故事所打动，认真听完之后，一个个嗟呀长叹离去。老水手的故事如下：在一次航行中，船舶偏离航线，陷入极地冰块。人们一筹莫展，绝望之中上帝派来了天使——一只强健的信天翁，带领船舶驶离危险。在一派人鸟相亲的景色中，船舶渐渐驶入正途。不知出于何种心理，老水手突然将那灵鸟射杀，大家目瞪口呆，纷纷谴责他的行为。厄运很快降临——大海风平浪静，船舶却完全陷入静止。星月下，一艘无人的死亡之船静静驶来，情景诡异神秘，灭顶之灾遽然而至：同伴们来不及呻吟就在星月下纷纷倒毙，脸上带着痛苦，眼中含着诅咒，算起来总共有 300 人。偌大的船舶仅剩下老水手，他忏悔自己莽撞的恶行，坠入万劫不复的炼狱。七天之后，上帝派来的救赎天使——水蛇给黑暗的炼狱带来一丝光亮，老水手在真挚的忏悔与热烈的爱心中踏上救赎之路。奇迹出现了，暴风雨给这艘死亡之船带来了久违的活力，300 具僵硬的尸体逐渐苏醒。大家均不言语，爬起身来，默默地摇着船橹。心神耗尽的老水手终于倒在甲板上，昏迷中听到了来自虚无之境的庄严的审判："告诉我，凭基督的名义，是不是这个人，用

---

① 柯勒律治，英国湖畔诗人之一，浪漫主义思潮的重要代表。出生于英格兰德文郡一个教区牧师家庭，七岁丧父，九岁丧母。作为孤儿的他被送往伦敦基督慈幼学校读书。青少年时代，柯勒律治深受启蒙主义思想的影响，思想相当激进。1789 年法国大革命爆发时，他写了《巴士底狱的陷落》等诗篇，歌颂法国革命，谴责专制统治。但 1794 年法国发生了"热月政变"之后，他又谴责罗伯斯庇尔的过激行为，呼吁革命者多施仁爱。1795 年他结识了华兹华斯，随后脱离政治斗争，迁居湖区投入大自然的怀抱，潜心于诗歌创作。1798 年，他同华兹华斯合作出版《抒情歌谣集》，成为英国文学发展史上的一座里程碑。

他残酷的弓弩，一箭射杀了无辜的信天翁？"这时响起了另一个声音，似甘露般甜美："他已为自己的罪行忏悔，他今后仍将无尽地悔恨。"魔咒解除了，老水手恢复了意识。船已靠岸，300 名水手却又还原成僵尸。老水手从此远离航行生涯，回归故土，向每一个他遇见的人讲述这段令人震惊的经历。故事至此戛然而止。①

从刑法学视域解读，《古舟子咏》脉络清晰、寓意深刻——体现了人类理性控制范围之外的罪罚报应观。虽然老水手射杀信天翁的心理动机并不清晰，但作品所谴责的正是人类这种缺乏理由、肆意暴虐的习惯性杀戮恶行。《古舟子咏》中以信天翁为象征的"自然"既有仁慈温和的一面，同时亦有仇必报、有怒必发，具有强烈的报复意识。正是水手对它的态度与行为，决定了它对人类的态度与行为。通过自然对人类进行报复时的残酷与狂暴，从反面曲笔昭示人与自然的不可割断性。

19 世纪，工业化与自然科学的进步使得人类对理性的崇尚达到巅峰，传统宗教神话中所包含的对自然的敬畏之情不复存在，人们转而将自然视作可以随意奴役使用的对象。在人压榨自然、疏离自然的过程中，人与人、人与社会之间的矛盾亦日益显现，造成了人类理想与信仰的毁灭以及自我反思能力的丧失。柯勒律治洞悉了自然桀骜不驯、睚眦必报的一面，深情地呼唤人类善良、平等地对待自然。正是通过这部亘古流传的《古舟子咏》，柯勒律治旗帜鲜明地提出了对当时横扫一切的"人类理性"的批判。《古舟子咏》通过超自然的神力，将骄傲膨胀的人性拉回原始朴素的罪刑报应的链环，迫使人类正视自己的渺小，读懂因果报应毫厘不爽的自然法则——作品从自然法的高度诠释着古典学派报应刑的观点。

另外，从赎罪角度而言，《古舟子咏》贯穿着修复性惩罚观念与悔罪精神——凶手虽然活了下来，却经历了生不如死的精神炼狱。老水手无形无名，是整个人类的代表。人猿揖别以来，人类无时不在打量、观察着大自然，思忖着如何与其和睦相处。在远古时期，面对强大的自然，尚在襁褓中的人类只能敬畏与顺从；经历文艺复兴、启蒙思想的濯荡，随着自然科学的进步，人的主体意识不断提高，他们不再甘于匍匐在自然的脚下，而是试图凌驾于其上，人与自然的关系随之发生了质变；其后，当人类以征服自然为荣、试图奴役万物时，就亲手割断了人与自然的脐带，步入与自然对立冲突的危局——老水手对信天翁肆意射杀的举动，正隐喻着人类

---

① 〔英〕柯勒律治：《古舟子咏》，辜鸿铭译，见 http://ishare.iask.sina.com.cn/f/12735039. html, the last retrieved date, 2012 - 3 - 22.

突破伦理底线、践踏自然法则，滥以自由之名行罪恶之事的悲哀现实。当人类沉浸在暂时胜利的喜悦中时，亦正是危机迅速形成与蓄势待发之际——自然的反击即刻将人类逼入了绝境。面对难以逃避的天罚，老水手终于醒悟忏悔，并决意修复与受害者——大自然之间的关系。他热烈地祝福着茫茫死海上除他之外的唯一活物——水蛇，这种真挚而喜悦的情感象征着人类原始精神的复活，历经磨难的老水手成为讲述历史、劝诫世人的智者。他的这种近乎布道的虔诚行为并非出自对任何律令与惩罚的敬畏，而是历经心灵洗礼与灵魂涤荡后的自觉选择。从此角度看，《古舟子咏》记述了罪者对惩罚与宽恕的认识历程，是罪者由恣意为恶到真诚忏悔、再到谆谆布道者角色转变的真实写照，体现了罪、罚、赎的深刻主题。

6.3　法国浪漫主义文学与刑法思想

法国大革命是启蒙思想在法国结出的果实，它是政治革命的同时亦是一场前所未有的宗教革命。18 世纪后期到 19 世纪上半叶，在大革命的疾风暴雨之后，法国先后经历了拿破仑帝国的盛衰、波旁王朝的复辟、1830 年的七月革命和 1848 年的二月革命。面对一系列激烈血腥的社会政变，人们倍感惊恐与惶惑。尤其是底层民众，往往很难理解启蒙思想家的深奥理论，也难以从内心深处进行彻底的精神变革。正是由于集"原欲"、"原罪"、"救赎"为一体的宗教情结在人们心灵深处的根深蒂固，正是由于民主革命产生的某些现象与"自由"、"博爱"的原则背道而驰，在当时法国社会一片暴风骤雨、血胜戾气的图景下，宗教时代的温馨与秩序在人们的回忆中逐渐复苏，博爱与宽恕的基督精神再次向人们散发出无穷的亲和力。

6.3.1　雨果作品中的刑法思想

维克多·雨果①（Victor Hugo，1802～1885 年）是法国浪漫主义文学的主将，也是著名的社会活动家与人道主义者。他有着炽热的民族灵魂

---

① 雨果，1802 年生于法国东部的贝尚松城。父亲是共和国军队的军官，曾被拿破仑的哥哥西班牙王约瑟夫·波拿巴授予将军衔，是国王的亲信重臣。雨果中学毕业后入法学院学习，1841 年被选为法兰西学院院士，1845 年上任院议员，1848 年任共和国议会代表。1851 年拿破仑三世称帝，雨果被迫流亡国外。1870 年法国革命推翻拿破仑三世后，雨果返回巴黎。雨果一生作品颇丰，包括诗歌、小说、剧本及政论文章，被称为"法兰西的莎士比亚"。

与开拓的精神视野，是一位心灵面向世界开放的作家，特别是那种他人难以企及的气势和风度，像长风出谷、大川决口般令人慑服。贯穿雨果一生创作的主导思想是人道主义、反对暴力、以爱制恶，他在文学理论中提出了著名的辩证法——"美丑对照原则"，认为社会中"畸形靠近于优美，粗俗藏匿于崇高，善良与邪恶与共，黑暗和光明并存"。①

6.3.1.1　真、美、善——生死不离：《巴黎圣母院》

《巴黎圣母院》（1831 年）是雨果的第一部浪漫主义小说，作品通过对 15 世纪巴黎历史的再现和三个主要人物的悲剧，暴露了专制司法制度的残酷与昏庸，揭示了在禁欲主义的压抑下人性扭曲与堕落的过程。

> 波希米亚流浪艺人艾丝美拉达貌美动人、风姿绰约。巴黎圣母院副主教克洛德压抑已久的情感被她那原始、曼妙的舞姿所点燃，遂命令养子伽西莫多去劫持少女，却被国王卫队长弗比斯阻止，伽西莫多随后被带到广场上施以鞭刑。艾丝美拉达不计前嫌，送水给伽西莫多，这一善良的举动赢得了伽西莫多的爱情。艾丝美拉达爱上风流倜傥的弗比斯，与其幽会，跟踪而至的克洛德刺伤弗比斯后逃走。艾丝美拉达因此被教会冠以"女巫"罪名判处死刑。行刑之日，伽西莫多从法场将少女抢入圣母院钟楼避难——当时的巴黎教堂是犯罪者的避难所，只要进入圣母院垣墙内，所有罪犯就成为世俗司法权的豁免者。当大理院法庭恣意破坏圣地避难权的法律规定，决定拘捕艾丝美拉达时，流浪汉们闻讯攻占圣母院，企图救出少女，与军队发生混战。克洛德趁火打劫将少女带出阁楼，再次要求她接受自己的爱情，却遭到断然拒绝。心灰意冷的克洛德将艾丝美拉达交给追捕的官兵，冷酷地看着她被套上绞索。伽西莫多在愤怒中将克洛德从圣母院楼顶上推下摔死，自己则抱着艾丝美拉达的尸体死去。②

雨果笔下的波希米亚少女艾丝美拉达是"美"的化身，她原本是法国一位妓女的私生女，名叫阿涅斯，后来被埃及人偷走，改名艾丝美拉达。她拥有一颗涉世未深、纯洁善良的心灵——对于误入乞丐王国的诗人甘果瓦，她毫不犹豫地挽救了他的生命；对于遭受鞭刑、口渴难耐的伽西莫多，她不计前嫌地亲手将清水送到他的嘴边；她对初恋之情抱着至死不渝的信念，丝毫不怀疑心上人弗比斯的背叛；而面对克洛德变态的爱欲，她

---

① 参见郑克鲁：《外国文学史（上册）》，北京，高等教育出版社，2006，第 291 页。

② 梗概及本节所有引文来源于〔法〕维克多·雨果：《巴黎圣母院》，陈敬容译，北京，人民文学出版社，2002。

又坚定如铁，誓死不用贞洁换取卑微的生存……最终，她所代表的"至美"因无法辨识人世间笼罩着太多迷雾的"善"与"恶"，被虚伪与冷酷毁灭。

敲钟人伽西莫多是"善"的化身，幼年时期的伽西莫多与艾丝美拉达碰巧生活在同一个褴褛中——伽西莫多两岁时，被埃及女人当做盗窃工具，采取调包计从法国妓女手中偷走了婴儿时期的艾丝美拉达。他外表丑陋，受尽他人嘲笑，却不失人性，始终保持着内心的高贵与纯洁。他对艾丝美拉达的爱慕温润透明，不掺一丝杂质，这是一种用感激与甜蜜融合而成的感情，是一种发自内心欣赏的人类本能。它完全不同于受过良好人文教育的克洛德阴郁变态的占有欲，也不同于肤浅放荡的卫队长弗比斯薄幸无耻的逢场作戏，更高尚于忘恩负义、懦弱卑微的世俗诗人甘果瓦。通过这一形象，雨果点燃了人类对灵魂中"善"的信心——伽西莫多替天行道、将克洛德推下钟楼，并且紧紧拥抱着"美"的化身艾丝美拉达一同走向永恒——生于同一褴褛，死于同一墓穴，这正说明人世间"善"与"美"如影随形、不离不弃。

圣母院副主教克洛德是小说中性格最为复杂的悲剧人物。他将对少女真挚的爱情隐藏于一幕幕邪恶不堪的罪行中——他出于情欲策划了对艾丝美拉达的绑架，他基于嫉妒跟踪、偷窥并刺伤了弗比斯，他因为绝望而残酷地将自己的所爱推向地狱……随着情节的深入，克洛德的一切伪装被层层剥离，他终于褪去了"主教"的光环，赤裸灵魂匍匐于世间"至美"的脚下，在死囚牢狱里、在钟楼顶端、在绞索架下，克洛德对艾丝美拉达的表白令人动容。克洛德并非生来无情，亦非愚昧混沌。他年轻时求知欲极强，涉猎广博，熟练掌握了宗教哲学、法典、自然科学与医学。而且，在若干年前，当大家喧嚣着要将一个可怜的"怪物"——伽西莫多扔在"旺旺的柴火"上烧死时，克洛德不顾他人的谩骂，果敢地收养了伽西莫多为义子。但是，克洛德又是宗教教义的牺牲品，长期的禁欲扭曲了他的自然本性，正如《修女》中唐·摩累尔所言，这种欲望越是被压制地紧迫，其爆发也越是剧烈。克洛德越是意识到自己被剥夺了自然人欲的欢乐，便越是仇视世间一切自然而美好的事物。与玩弄艾丝美拉达感情的卫队长弗比斯以及忘恩负义、胸无大器的诗人甘果瓦相比，克洛德对于艾丝美拉达的爱情可谓"至真"，甚至可以堪比伽西莫多对少女的真情。但与伽西莫多不同的是，碍于他的身份与地位，受阻于他所接受的教育与知识，克洛德已经无法用正常人的自然方式向爱人示爱。在极端的痛苦中，他选择了万劫不复的毁灭之路。克洛德的堕落来源于他的信仰与职业，既毒害了他的灵魂，也毒害了他一生唯一的爱情。基督教所带给克洛德的并非人之理性，反而掏空了他那颗也曾温柔善良的心。克洛德是小说中最有深度的人物——正是他独具慧眼地发现了代表人间"至善"的伽西莫多，并将一手他抚养成人；正是他真心迷恋着代表人间"至美"的艾丝美拉达，渴望与她一生相伴，虽然艾丝美拉达对他抱有的仅是轻蔑与厌恶。在此意义上，克洛德是人类"真实"矛盾体的承载者，当他真实的面庞与裸露的灵魂被世间的"美好"所拒绝，恼怒与绝望之中的他将"美好"套上了绞索，同时，他的人生意义亦瞬间化作虚无。

另外，在作品中，雨果向我们生动、详尽地描绘了中世纪的法国混乱而残酷的刑事司法制度：

首先，是宗教司法权与世俗司法权之间的激烈斗争。有趣的是，这种司法管辖权的混乱状态在客观上有效地减少了因滥用死刑而产生的恶果："一直到路易十二时代，中世纪法国的每座城市里都有教堂避难处所。在淹没整座城市的洪水般的刑法和野蛮的审判权中间，这些避难所好像是高高突起在人类司法制度之上的岛屿。在每个区域里，避难处所几乎跟行刑处所一样多，这是滥用刑罚和滥用赦免这两件坏事搅在一起的结果，双方都试图互相纠正彼此的错误。只要一只脚踏进了圣地，罪犯就成为神圣的了，可是得留心别走出去：只要走出去一步，就会重新掉进汪洋大海。轮盘绞刑架和拷问台在避难所四周布着岗哨，监视着它们的捕获物。有时一个罪犯就这样在一个修道院里、一座宫殿的楼梯上、一个寺院的耕地里或是一座教堂的门道里白了头发——这样一个圣地同样也是一座监牢。偶然也会碰到大理院下一道森严的命令，执法者侵入圣地把罪犯抓去交给刽子手，不过这种情况是罕见的。当这两种掌权的人物发生了冲突的时候，法官总是斗不过主教的，鲜有司法机关可以越过教会径自执行了它所判决的绞刑的情形。"①

其次，雨果以白描手法向我们介绍了当时刑事审判的全景。第六卷第一章"公正地看待古代司法界"中，雨果在伽西莫多劫持案的审判中成功塑造了一位滑稽可笑的预审官的形象——"这真是'法律都预料不到'的一桩怪事：一个聋子竟要来审问另一个聋子（伽西莫多14岁就开始敲钟，巨大的钟声损坏了他的听力），二人在法庭上一唱一和、配合默契，使得整个法庭变为了狂欢的剧场。闹剧还未演完，在接下来对艾丝美拉达的审

---

① 〔法〕维克多·雨果：《巴黎圣母院》，陈敬容译，北京，人民文学出版社，2002，第416页。

判中，那只可爱、无辜的小羚羊亦被驱赶上法庭，以'吃草'和'写字'的方式，证明了艾丝美拉达的'女巫'罪行。"关于中世纪令人不寒而栗的酷刑，雨果借法庭对艾丝美拉达的刑讯逼供场景演绎得淋漓尽致，象征着人类丑恶灵魂的各种刑具，施加于美丽善良的艾丝美拉达身上，只使用了头道刑具"火靴"，就已经将波希米亚少女的灵魂深深震慑，继而承认了一切乌有之罪。对于当时监狱内的恐怖状况，雨果亦作了详细介绍。[①]被判处死刑后，艾丝美拉达被投入"死囚洞穴"——"牢房的烟囱通常安在从地面蜿蜒而下的沟道所形成的那一类洞穴里，但丁就是在那种地方安置撒旦的。当时只有判了死刑的凶犯才被丢在那种地方，一个悲惨的生灵到了那里，就永远同阳光、空气、生命完全隔绝，把一切希望通通抛弃，要出去除非是去上绞刑架或火刑台。有时他们就在地牢里死掉、腐烂了，人类的"正义"把它称为"遗忘洞"。囚犯在那里感到头顶上有一堆石头把自己和人类隔绝开来。看过她在阳光下欢笑和舞蹈的人们，又看见她处在这样的境地，一定会战栗起来。"这种强烈的美与丑、黑暗与光明、善良与暴虐的对比图景令人胆战心惊。雨果借此强烈抨击了监禁制度从物质与精神双重层面对人性的摧残与扼杀，其观点与狄德罗的作品《修女》如出一辙。

最后，雨果谴责了当时司法领域"滥施重刑"的风气。撇开艾丝美拉达被冤枉的事实不言，即使艾丝美拉达行刺弗比斯确有其事，对罪者的判决也明显偏重了。受害人弗比斯并没有因刺杀而亡，他第二天就活蹦乱跳地投入了另一个贵族少女的怀抱。但是，当时在巴黎，各种死刑判决非常普遍，这就导致了法庭对艾丝美拉达"异教"、"蛊惑"罪行的重罚。"没有一个礼拜不煮死伪币制造者，不绞死女巫，或是不烧死异教徒。人们已经十分习惯于跑到各个公共场所去看年老而封建的代米斯卷起袖子，光着胳膊在绞刑架、梯子和刑台上行使职权，他们对于这些事是满不在乎的。当时的上流社会几乎不知道从街角经过的犯人姓甚名谁，全体民众对于这种常见的事就更不在乎了。人们对于死刑的执行，就像对于面包匠的烤炉或屠夫的屠宰场那样已经司空见惯了。"透过雨果客观而准确的叙述，我们不难了解到 15 世纪的巴黎是一个多么残暴与嗜血的都市——死刑适用之频繁、死刑种类之多与行刑场景之惨烈，人们对观看这种残酷刑罚抱有强烈的好奇与热情。

---

① 参见〔法〕维克多·雨果：《巴黎圣母院》，陈敬容译，北京，人民文学出版社，2002，第 487 页。

在《巴黎圣母院》中，雨果以平实老到的笔触、犀利讽喻的语言为我们描绘了一幅"真"、"善"、"美"交织盘错、令人叹息的浪漫主义悲剧，其中充溢着世间"美好"与"罪恶"相伴而生的辩证原则，传递着对宗教教义禁锢人欲、扭曲人性的愤恨，以及对颠倒黑白、残酷无情的司法制度的谴责。

6.3.1.2　刻录伟大人性的辉煌画卷：《悲惨世界》

30 年后，流亡在大西洋盖纳西岛的雨果，完成了他的第二部著作《悲惨世界》①（1862 年）。与《巴黎圣母院》浓郁的浪漫主义风格不同，该部作品融入了明显的批判现实主义色彩，代表着雨果由浪漫主义向批判现实主义思想的过渡。

《悲惨世界》是一轴横跨将近半个世纪的法国历史的辉煌画卷——从 1793 年的大革命高潮时代延伸至 1832 年的巴黎民众起义。在漫长浩繁的画卷中，人物形象鲜明饱满，叙事色彩浓重瑰丽：愚昧偏远的穷乡僻壤，繁荣喧闹的滨海城镇，令人心悸的刑事法庭，以摧残肉体、异化人性为目的的各级监狱，阴森恐怖的野坟区，充溢着绝望与哀伤的棚户区，饱浸着罪恶与黑暗的修道院，战火纷飞的巴黎街垒……雨果着力在迂回曲折、起伏跌宕的历史图景中，安置了一个触目惊心的社会现实——从他本人的角度观望，自 1789 年的大革命以来，半个世纪的风云变幻，并未令底层民众的悲惨生活发生任何实质性的变更——在小说的序言中，雨果对作品主题直言不讳："只要因法律和习俗所造成的社会压迫还存在一天，在文明鼎盛时期人为地把人间变成地狱，并使人类与生俱来的幸运遭受不可避免的灾祸；只要本世纪的三个问题——贫穷使男子潦倒，饥饿使妇女堕落，黑暗使儿童羸弱——还得不到解决；只要在某些地区还可能发生社会的毒害，换句话说，同时也是从更广的意义来说，只要这世界上还有愚昧和困苦，那么，和本书同一性质的作品都不会是无益的。"②

从某种意义上讲，这部作品可以说是一部个人与国家暴力机器顽强斗争的史诗。故事以主人公冉·阿让悲惨曲折的命运为线索展开，具有极为浓厚的批判现实主义色彩。主人公所面对的是一架追踪他一生的、无所不在的暴力机器，所要挣脱的是编织得细密绵稠、冷酷无情的法律之网。冉·阿让在这种环境下不仅要顽强地生存下去，而且最终修炼为一位完全

---

① 作品原名《穷人》。
② 〔法〕维克多·雨果：《悲惨世界》，李丹、方于译，北京，人民文学出版社，1992，"献辞"。

利他主义的道德圣者，这就不得不赋予其坚忍的性格、非凡的体力与罕见的智慧，设计出关涉主人公生死存亡的无数巧合。正是从此角度分析，该作品亦同时是一部浪漫主义杰作。

雨果对这部作品的创作热情，来源于 1801 年一则关于贫苦农民彼埃尔·莫的新闻纪实报道。① 以彼埃尔·莫为原型，雨果创造了冉·阿让的形象，并融入芳汀、珂赛特等底层社会人物的悲惨遭遇，留给全人类一部饱含着悲悯与同情的人道主义经典巨著。

　　以修剪树枝为业的平民冉·阿让，靠着自己微薄的薪水养活着胞姐和七个外甥。他失业后，面对孩子们饥饿的哀啼，冉·阿让偷了一块面包，被判处 5 年苦役。他曾 4 次企图越狱，均未得逞，刑罚累计执行 19 年。出狱时已经年近五旬的冉·阿让来到狄涅城，因带着特殊"身份证"而备受歧视。带着对人类刻骨的仇恨与绝望，他敲开了主教卞福汝的家门。主教真诚地接待了他，他却盗窃了主教的银餐具后匆匆离去。被警察捕获后，主教为了唤醒他尚存的良知，向警察声明他无罪，并将唯一的奢侈品——一对银烛台也一并送与他，唯一的要求是他以后要做一位诚实、正直的人。冉·阿让的邪恶灵魂被主教的悲悯与宽厚所拯救。流亡路上，在对一位扫烟囱的孩子实施了最后一次习惯性侵犯后，冉·阿让身上潜埋已久的人性在痛哭与忏悔中彻底复苏了。他隐名埋姓来到新兴城镇，靠勤劳与智慧跻身于上流社会，并被选为市长。工厂中有一名美丽诚实的女工芳汀，失身后被人抛弃，并被工厂除名。为了抚养女儿，芳汀沦为公娼，受尽凌辱。冉·阿让认为自己对芳汀的遭遇负有不可推卸之责，在芳汀临终前答应将其女儿抚养成人。不久，因前桩案发，冉·阿让被警官沙威跟踪、检举、逮捕，并被判处终身苦役。为了履行对芳汀的承诺，冉·阿让再次铤而走险越狱，却再次被追捕归案。刑罚执行期间，冉·阿让利用救助船舶工人的机会顺利逃脱，历尽艰辛将珂赛特接到身边，隐居在修道院中，将其抚养成人。1832 年，巴黎爆发民众起义，冉·阿让私下释放了被起义者抓捕的警官沙威。街垒战失败后，冉·阿让落入沙威手中。冉·阿让的人格魅力使得沙威陷入极度矛盾的心理，最后投河自尽。由于冉·阿让的在逃囚犯身份，珂赛特开始对他

---

　　①　一位名叫彼埃尔·莫的贫苦农民，因为偷了一块面包被判处五年劳役，出狱后因为持黄色身份证，在就业中屡遭拒绝，在孤苦贫困中死去。参见〔法〕维克多·雨果：《悲惨世界》，李丹、方于译，北京，人民文学出版社，1992，作者序。

疏离。当珂赛特了解到事情真相后，迫不及待地返回养父身边。此时的冉·阿让已经衰老不堪、命存一息，在珂赛特痛悔的哭泣与温暖的拥抱中，冉·阿让微笑着离开了这个"美好"的世界。①

对冉·阿让的分析

主人公冉·阿让是一个本性善良、温柔敦厚的劳动者，但社会的逼迫与法律的惩罚使他"逐渐蜕化为野兽"（失业→为养活 7 个孩子盗窃了一块面包→被判处 5 年苦役→4 次企图越狱照顾孩子→累计被判处 19 年苦役→刑满释放→重入社会受挫→萌生报复心理）。怀着刻骨的仇恨，冉·阿让决定向整个社会进行报复。针对冉·阿让的悲剧，雨果对刑事立法的非理性与残酷性发出了严厉的质问："仅仅是一块面包，换来 19 年牢狱之灾！在我们的文明里有许多令人寒心的时刻，那就是刑法令人陷入绝境的时刻。一个有思想的生物被迫远离社会，遭到无可挽救的遗弃，那是何等悲惨！"

在雨果笔下，冉·阿让虽然未受过教育，却并不愚蠢。他终日受着棍棒、鞭笞、镣铐、禁闭、疲乏之苦，睡在囚犯的硬板床上，经常扪心自问、反躬自省。"他自己组织法庭，他开始审判自己，给自己的盗窃行为定了罪。他承认自己这样一个不幸的贱人也敢挺身和整个社会搏斗，那完全是一种疯狂的举动——即使是为了可怜的孩子们着想。"随后，他又开始寻找自己堕落的原因，但是他发现，在目前这种环境中，根本没有办法保持行为的道德性。"在这次走上绝路的过程中，他是否是唯一有过失的人？愿意工作，但缺少工作；饿着肚子，又缺少面包。难道不是社会将他逼上绝路吗？"接下来，冉·阿让当然也不会放过残酷而丧失了公平、正义、均衡的法律，对他为了照顾七名年幼孩子而实施的越狱行为变本加厉地施以惩罚。"犯了过失，并且招认了，处罚是否苛刻过分？法律在处罚方面所犯的错误，是否比犯人在犯罪方面所犯的错误更严重？天平的两端，在处罚那端的砝码是否太重了一些呢？企图越狱一次，便加重处罚一次，这种做法的结果，是否构成强者对弱者的谋害？是否构成社会侵犯个人的罪行，并使这种罪行日日都在重犯，一直延续到 19 年之久呢？"在黑暗、饥饿与寒冷中，这位天生的哲学家还从更深层次考虑着刑罚的合理性："人类社会是否有权使它的成员在某种情况下接受它那种无理的不关心态度，而在另一种情况下又同样接受它那种无情的不放心态度，并使一

---

① 梗概以及本节所有引文均来源于〔法〕维克多·雨果：《悲惨世界》，李丹、方于译，北京，人民文学出版社，1992。

个穷苦的人永远陷入一种不是缺乏（工作的缺乏）就是过量（刑罚的过量）的苦海中呢?"在提出这些深奥晦涩、使人颇费精力的问题后，冉·阿让开始对社会进行审判，并凭借心中难以抑制的怒火判了它的罪——这项罪比自己的行为与过失更不可原谅："社会对他的遭遇是应当负责的，他下定决心，将来总有一天，要和它算账。"他逐渐得出结论："人生即战争，在这场战争里，他是一名败兵，现在的他除了仇恨以外没有其他武器。于是他下定决心，要在监牢里磨炼他的武器，并带着它出狱。"他40岁开始进入监狱学校，学习了读、写、算的本领。遗憾的是，他感到人类文明在提高他知识的同时，也加强了他的仇恨："他居然开始审判上帝，并且也判了他的罪!"冉·阿让并不是一个生性凶狠暴戾的人，但是，"当他在监牢里判了社会的罪以后，觉得自己的心狠起来；在判了上帝的罪后，觉得自己成了天不怕地不怕的人。"

通过对冉·阿让心理变化状况极其细致、缜密的追踪与分析，雨果为我们全景展现了一位守法厚德、安于现状的公民是如何变为凶残暴虐、无恶不作的罪犯的过程——由法维洛勒安分守己的修树枝工人，沦为土伦监狱顽冥不化的囚犯。由于监禁对他潜移默化的负面作用，19年来他已完全有能力行使两种罪恶：第一种是急切的、不假思索的、出自本能的，是对他所受痛苦的反击；第二种是持重的、用他从痛苦中得来的错误观念深思熟虑过的。冉·阿让一切思想的出发点与目的均是"对法律的仇恨"——"那种仇恨，在它发展的过程中，如果得不到某种神智来加以制止，就可以在一定时刻变成对社会的仇恨，再变成对人类的仇恨，再变成对造物主的仇恨，最后变成一种无目标、无止境、凶狠残暴的为害欲，不问是谁，逢人便害。"

但是，冉·阿让内心的良知并未泯灭，它只是被雪藏冰封，一旦遇见卞福汝这样智慧、善良、宽容的导师，他被压抑已久的人性便即刻复苏，熊熊燃烧着，试图照亮自己与他人的生活（夜宿卞福汝主教家→以怨报德盗窃银器→卞福汝主教拯救→受到感化→决心弃恶从善→开办企业→捐赠福利）。冉·阿让永远记着卞福汝主教临别时意味深长的言语："冉·阿让，我的兄弟，您现在已不是恶一方面的人了，您是在善的一面了。我用那些银子，赎的是您的灵魂，我把它从黑暗的思想和自暴自弃的精神里救出来，交还给上帝。"

现实的冷酷一次次摧残着冉·阿让可贵的忏悔者的灵魂（警官沙威的监视→案发→被判刑再次入狱→为解救小珂赛特越狱→再次被捕→被判终身苦役）。冉·阿让并非圣人，当卞福汝主教的面庞变得模糊、他唯一的精神图腾逐渐虚化时，他曾经多次打算放弃这种苦行僧般的生活，听凭灵魂再次堕落。无法抵御之时，在妓女芳汀的女儿珂赛特身上，他惊喜地发现了自己遗失已久的本能——"爱"。如果说卞福汝主教使得冉·阿让意识到什么是"善"，唤起了他"人"的自尊与本性，那么珂赛特天使般的小脸带给冉·阿让的则是来自于灵魂深处的"爱"的能力与"责任"的分量。这种更深刻的体验成为他获得新生的又一起点，促使他的人格魅力上升到更为崇高的境界，最终历练为"人道主义"与"仁爱"的化身。因而，雨果笔下的冉·阿让并非一个抽象的、乌托邦式的人物。他是被压迫、被损害、被侮辱的底层劳苦民众的代表——承受苦难、坚忍挺拔、博爱隐忍。他的全部经历与命运，都具有一种崇高的悲怆性，涵盖着草根阶层在黑暗社会中挣扎与奋斗的哀伤、忧愁与欢笑，刻画着他们的悲愤、良善与理想。

对卞福汝主教的分析

卞福汝主教是雨果心目中的人道主义者，是整部作品的灵魂。他具有显赫的家庭背景与复杂的人生阅历。卞福汝是艾克斯法院高级参议员的儿子——所谓的"司法界的贵族"，后来继承了父亲的爵位与职位，青年时期沉溺于花天酒地之中，生活奢靡颓废。1789 年大革命爆发后，时任法官的卞福汝受到驱逐，流亡意大利，回国后成为一名教士，过着深居简出的生活。虽然贵为主教，卞福汝却丝毫未沾染宗教界的痼疾，而是将物质需求降至最低，勤恳播撒着来自上帝的"平等"与"自由"福音。他不畏权贵，为穷苦民众仗义执言，因而在教区乃至全法国均赢得了极大的尊敬。

卞福汝主教在谴责当时颁布实施的严苛的税法时，措辞平实、言近意远，直指制定法对自然法则的亵渎与践踏。"我极敬爱的兄弟们，在法国的农村中，有 132 万所房子有三个洞口；182 万所房子有两个洞口，就是门和窗；还有 25 万个棚子都只有一个洞口，那就是门。这是因为所谓的门窗税才搞到如此地步。请你们替我把一些穷人家、老太婆、小孩子塞在那些房子里吧，瞧瞧有多少热症和疾病！咳！上帝把空气给人，法律却拿空气做买卖。我并不诋毁法律，但是我颂扬上帝。"

针对元老院元老——前任检察官的彻底"唯物主义论"，在启蒙时期占据了哲学理论界的巅峰，卞福汝对其的反击铿锵有力，对唯物论的评价是对启蒙思想所造成的亲近物质、远离信仰的普遍西方价值取向的批判与反拨，谴责了当时道德沦丧、价值低迷的物质世界。"妙论！这个唯物主义，确是一种至美绝妙的东西。获得了这种宝贵的唯物主义的人，也就可以有那种觉得自己不用负责的快感，并认为自己可以心安理得地霸占一切——地盘、恩俸、荣誉、正当得来或暧昧得来的权力，可以为金钱背弃信义，为功利出卖朋友，昧尽天良也还可以自鸣得意。等到酒肉消化完了，便往坟墓里一钻了事。因为根本不必畏惧什么身死之后的审判！元老先生，我不能不祝贺您。你们那些贵人，有一套自己的、为你们自己服务的哲学，一套巧妙、高明却仅仅适用于有钱人、增加人生乐趣、美不胜收的哲学。而一般平民只有以信仰上帝作为他们的哲学。"

在罪罚思想层面，卞福汝主教自称为"回头浪子"，不愿以卫道士粗暴、狰狞的面目来向民众布道。他宣扬的教义与众不同，体现着"理性与原欲"之间的辩证关系，主张一种宽容、积极的"罪罚观"。卞福汝说道："人有肉体，这肉体同时就是人的负担和诱惑。人拖着它并受它的支配。人应当监视它、约束它、抑制它，必须是到了最后才服从它。在那样的服从里，也还可以有过失，但那样犯下的过失是可蒙赦宥的。那是一种堕落，但只落在膝头上，在祈祷中还可以自赎。"对于处于人类社会底层的女性与穷人，卞福汝主教总是抱着宽容深情的态度，认为弱者所犯的罪恶正是强者统治的这个社会所制造的，断言"凡是妇女、孩子、仆役、没有力量的、贫困的和没有知识的人的过失，都是丈夫、父亲、主人、豪强者、有钱的和有学问的人的过失"。

为了向一处被匪帮占领的穷乡僻壤的民众传播福音，卞福汝主教谢绝了乡长与警察的陪伴，独自一人骑着毛驴，深入匪帮腹地，与众匪周旋斗智，以交易说服他们、感化他们。最终，卞福汝主教不仅毫发未损，而且收获颇丰——匪帮头目甚至将过去抢掠的大教堂圣物原封不动还给了主教。这件事被人们传为奇谈，亦极大鼓舞了主教以"爱"制"恶"的广博情怀。谈到这场传奇经历时，卞福汝主教一针见血地指出，"犯罪的根源在于社会制度的邪恶与不公，社会负有制造黑暗的责任，罪恶滋生于黑暗的内心，有罪的是制造社会黑暗的人。""对无知识的人，你们应当尽你们所能多多地教给他们。社会的罪在于不办义务教育，它负有制造黑暗的责任。当一个人的心中充满黑暗，罪恶便在那里滋长起来。有罪的并不是犯罪的人，而是那制造黑暗的人。"这些言论均具有鲜明的刑事社会学派色彩。

另外，通过卞福汝主教对断头台的感慨，雨果亦抒发了自己反对死刑的态度，认为虽然断头台是法律与正义的表现，但"所有的社会问题都在那把板斧的四周举起了它们的问号"。对于断头台的近距离观察，使得卞福汝主教惊愕至极，屡次在布道环节向受众宣讲死刑的残酷与不理性。

"……在我们不曾亲眼见过断头台前，对死刑多少还能漠然视之。但是，如果我们见到了一座，那种惊骇真是强烈——我们非作出决定、非表示赞同或反对不可。有些人赞叹它，如约瑟夫·德·梅斯特尔；有些人痛恨它，如贝卡利亚。断头台是人类法律的休现，所有的社会问题都在那把板斧的四周举起了问号。断头台是刽子手的同伙，它在吞噬东西，在吃肉，在饮血，它以自己所制造的死亡为生命而进行活动。"

在司法活动中，为了使得罪犯认罪、获取口供，司法工作者经常会施展一些小计谋，甚至存在着不择手段、唯罪是图的业内惯例。卞福汝对此大加批判，认为该种司法行为有悖公正与怜悯的原则，也是对人之善良本性的亵渎。一次，卞福汝主教闻听人们谈论一桩引起轰动的奇案。"一个穷苦无告的人，为了对一个女子和所生孩子的爱，在生路断绝时铸了私钱。那女子拿着他所造的第一个私钱去用时就被捕了。检察官只有她本人犯罪的证据——只有她一个人能告发她的情人、送他的命。再三追问下，她坚决不招供。检察官心生一计，巧妙地伪造了许多信札的断片，编造他的情人变了心，使她相信她有一个情敌，借此来说服那个苦恼的女人。在妒恨悲愤之中，她终于检举了她的情人。那男子是无法挽救了，不久他就得以在艾克斯和他的同谋女犯一同受审，被判处绞刑。"大家纷纷赞美检察官的睿智与老练，是他巧妙地激起那犯妇愚蠢的嫉妒，使得真凶得以落网，正义得以伸张。然而，主教安静地听完案件的所有细节，不置可否，只是最后叹了口气，向支持者们提问："那一对男女将在什么地方受审？"人们回答："死刑案件，一定会在地方厅审理。"主教停顿了一下，接着问："那么，那位聪明的检察长又将在何处受审？"

可以看出，卞福汝主教具有一种奇特而独有的批判事物的态度。从他睿智的言辞与深邃的思想之中，我们读出的是其广博、宽大、温良的人道主义情怀。主人公冉·阿让与主教在漆黑、寒冷的夜中相逢，他所面临的是怎样的幸运！正是卞福汝主教的这种精神赎回了冉·阿让罪恶的灵魂，使他穿越迷雾与障碍，最终成为一名完全利他的道德圣者。卞福汝主教形象的典型意义在于向人们昭示，只有仁爱与感化才是预防犯罪、改造罪犯、净化社会空气的唯一途径。

对警官沙威的分析

对于冉·阿让而言，有两个人对其一生影响巨大，一个是卞福汝主教，另一个是警官沙威。沙威具有典型的双重性格，一方面，他的个性中承载着法律制度的冷酷、刻板与残暴；另一方面，他的内心世界里浸润着浓烈的悲剧情结。沙威出生于监狱，母亲依靠抽纸牌算命为生，父亲则是苦役犯。沙威成长以后，认为自己是整个社会的局外人，永远没有进入上流社会的希望，因为他发现社会毫不留情地把两种人排除在外：攻击社会的人和保卫社会的人。而很遗憾，他只能在这两种人中选择一种。沙威认为自己天生具有一种不可理喻的刚毅、规矩、严谨的本质，面对他自身所属的游民阶层，却怀有一种说不出的仇恨。于是，沙威选择了当警察。

沙威短暂一生中的绝大多数时光是在悲伤中度过的，其中部分原因归咎于其感情构成非常直白、对比强烈，"总是用直线式的目光去理解人世间最曲折的事物"。从某种意义上说，沙威令人怜悯，因为他的本质与冉·阿让一样，是权力社会的殉葬；但是沙威又很幸运，因为他已经完全融入社会机器的工具性中，心甘情愿地为赋予他所谓的尊严与权力的唯一主人——法律服务。"执迷于某一种信念的人，在纵恣暴戾时，有一种寡情而诚实的欢乐，这样的欢乐，莫名其妙竟会是一种阴森而又令人起敬的光芒。沙威在他这种骇人的快乐里，和每一个得志的小人一样，值得怜悯。那副面孔所表现的，我们可以称之为'善中的万恶'，世界上没有任何东西比这更惨、更可怕的了。"

沙威一生刻苦、独居、克己、制欲，从来不曾享乐过。他是绝对公而忘私的，而他从对游民阶层这种绝对的权威中，亦品尝到做人的意义与自身的价值，这一点通过沙威逮捕冉·阿让时的心理独白可以体现。"这时，沙威如在天庭，他自己虽不十分明了，但对自己的成功和地位的重要却有一种模糊的直觉——他，沙威，人格化了的法律、光明和真理，他是在代表它们执行上天授予的除恶任务。他有无边无际的权力，道理、正义、法治精神、舆论，如满天的星斗环绕在他的四周。他维护社会秩序，他使法律发出雷霆，他为社会除暴安良，他捍卫绝对的真理，他屹立在神光的中央。人们可以从他那握紧了的拳头上看到一柄象征着社会力量的宝剑的寒光。他愉快而愤恨地用脚跟踏着罪恶、丑行、叛逆、堕落、地狱，他发出万丈光芒。他杀人从不眨眼，他满脸堆着笑容，在这威猛天神的身上，确有一种无比伟大的气概。"可以看到，在沙威心目中，他始终坚信自己是人格化了的法律与真理，拥有无边权力。在他身后，站立着无数正义的力量，支持他与罪恶、丑行、叛逆、堕落进行斗争。在这种职业认同与职业定位下，沙威骄傲地宣称自己是法律的奴隶，而冉·阿让则是法律的俘虏，他的首要职责就是将其抓捕归案。年复一年，日复一日，沙威凭着"盲目的信仰"与"黑暗的正直"严谨地生活着、辛苦地工作着。

如果没有冉·阿让的出现，沙威警官就会带着这种神圣而崇高的使命感奋斗一生。正是在对冉·阿让多年锲而不舍的追捕中，后者带给自己的心灵以深刻的震撼，沙威对简单而刻板的人生哲学产生了质疑，并感到困惑与压抑。在冉·阿让面前，他恐惧地发现自己居然对一个苦役犯产生了崇敬之情。他不得不承认，这是一个高贵的苦役犯。此时的沙威极端痛苦，因为他感到自己的信仰已被连根拔起："他发现了一种新的感情，与法律上的是非观截然不同，他看见在黑暗中可怕地升起了一个生疏的道义的太阳。他感到厌恶，但又眼花缭乱——正如一只猫头鹰被迫强作雄鹰的俯瞰。"因而，沙威抓捕冉·阿让衣领的双手一次次缩回去、垂下来，他挣扎于难以调和的矛盾之中——若是抓捕苦役犯，则法律的执行者比苦役犯还要卑贱；若是让苦役犯恢复自由，又意味着将法律踩在脚下。

沙威原先只知道遵守一个上级的命令——法律，他从未想到过另外一个上级——良心。冉·阿让这个出乎意料、令人炫目的人使他彻底迷失方向；同时，在这样一个令他感到目瞪口呆的"上级"——良心面前，他更是感到茫然无措。可悲的沙威此时并未感受到自己原始人性的复苏，在令人绝望的悬崖上，在这种被夸大的痛苦与沮丧中，日积月累的职业生涯与惯性思维使他无法原谅自己私放罪犯的渎职行为。沙威脆弱的精神在良心与法律交织的审判中彻底崩溃了——这个可怜的人最终跳入了湍急冰冷的河水中。

在这部作品中，雨果成功地塑造了一位具有浓厚悲剧气息的执法者形象——警官沙威。他本性善良、幼年孤苦，却有着强烈的责任心与使命感，始终生活在法律的光环之下，肩扛道义、为民除害。在他的心目中，从来没有妥协与徇私的字眼，甚至连上级的命令也不屑一顾，他只向法律低头。沙威坚信自己就是世界秩序的维护者。就是这样一位有着鲜明而纯粹的人生哲学的执法者，当他面对着人世间一张张复杂难辨的面孔时，当他发现再卑贱的罪犯也可能拥有最高贵的灵魂时，他不知所措了，多年来赖以生存的信仰轰然坍塌。此刻，沙威的内心世界掀起了飓风——"刑罚、审判、法律所赋予的权力、法律的正确性、权力原则、羁押与镇压，以及一切政治和公民安全所依据的信条、主权、司法权，出自法典的逻辑，社会的绝对存在，大众的真理，所有这一切都成了残砖破瓦。沙威他自己——秩序的监视者、廉洁的警务员、社会的看门犬——现在已被打翻在地了。而在这一切的废墟上，却站着一个人，头上戴着绿帽，上面有着光环（指冉·阿让，苦役犯戴着绿帽子）。"可悲的沙威此时并未感受到自己原始人性的复苏，在令人绝望的悬崖上，在这种被夸大的痛苦与沮丧的波澜中，日积月累的职业生涯与惯性思维使他无法原谅自己私放罪犯的渎职行为。终于，沙威脆弱的精神在良心与法律交织的审判中彻底崩溃了，他毅然走上了不归路，留给世间一个干干净净的惊叹号。

对芳汀与多罗米埃等人的分析

芳汀是底层女性悲惨命运的化身。芳汀与青年学生多罗米埃相恋，被后者抛弃后，又因私生女丑闻被工厂开除。芳汀四处谋生却四处碰壁，为了给爱女珂赛特按期寄去抚养费，她无奈中变卖了身上最后的值钱之物——金发与牙齿，这下她什么也没有了，只剩下光头无牙的一个丑陋躯体，可是女儿小珂赛特还得活下去——"管他妈的，全卖了吧！"芳汀终于沦为公娼。

雨果对芳汀的遭遇满含着深切的同情与愤怒，"芳汀的故事说明了什么？说明社会收买了一个奴隶。向谁收买？向贫苦收买，向饥寒、孤独、遗弃、贫困收买。一个灵魂交换一块面包——令人痛心的买卖。"与冉·阿让一样，为了生存，为了嗷嗷待哺的幼子，芳汀选择了背叛自己的尊严，选择了以被文明社会所不齿的行业为生。一个善良的姑娘，被爱人抛弃，被社会唾弃，她还有什么生活下去的勇气与希望？除了孩子因饥饿而啜泣。惨剧发展至此阶段，"芳汀在变成污泥的同时，也变成了木石，接触到她的人都感觉得到一股冷气"，她从事着令人不耻的职业，以身事人，不问面对的是何人。文明社会的规则与秩序对芳汀已经下了结论，为了孩子，她只得忍让，那种忍让之类似冷漠，正如死亡之类似睡眠，"她不再逃避什么，也不再怕什么。即使满天的雨水都落在她头上，整个海洋都倾泻在她身上，对她也没有什么关系！她已是一块浸满了水的海绵。"芳汀被逼为娼的遭遇令人黯然神伤。她与遇见卞福汝主教以前的冉·阿让一样，都是被社会所抛弃、被文明所践踏的人。而面对这样的苦难，芳汀却连自杀的权利也被剥夺了——她是小珂赛特唯一的生存保障，为了心目中的小天使，芳汀苟且偷生，如行尸走肉。

小珂赛特的生父多罗米埃与作为小珂赛特收养人的德纳第夫妇，是极端利己主义的象征，他们丧尽天良、利欲熏心、坏事做尽。前者与芳汀姘居取乐、纵情泄欲，临了却以"良心发现"为借口，认为自己不应该再"堕落"下去，决绝地重返受到法律与道德制约的上层社会，抛弃了可怜的芳汀母女。后者恶行更甚，他们不仅诈骗芳汀的血汗钱，还对小珂赛特百般虐待，其卑劣手段馨竹难书，丑陋灵魂暴露无遗。

《悲惨世界》是一部以现实主义为基调的浪漫主义杰作。它以宏伟的篇幅、磅礴的气势、深刻的思想探讨了一系列社会问题，揭露了正是社会制度在吞吐黑暗、制造罪犯、逼良为娼。一个本分的青年工人，为了饥饿的 7 个孩子偷了一块面包，换来了近 20 年苦役，刑满释放后依然无法依靠自己的劳动糊口；一位单纯诚实的姑娘，被富家子诱奸后跌落至社会底层，而伪善的社会伦理竟然剥夺了她依靠诚实劳动换取生存的权利，终因贫病交加含恨而死。

雨果强烈谴责了当时的刑事法律制度，将它视作最低等、野蛮的法律，它一味地追求严刑重罚，企图消灭犯罪、杀死罪犯，却剥夺了有心向善的犯罪人赎罪的机会；它愚蠢地积累着怨恨、制造着仇恨、复制着犯罪。面对底层百姓这种令人心碎的生存状况，雨果强调，只有宽恕与爱才是人世间最高级的刑律，它重视对罪人灵魂的拯救、精神的复苏，因而能够从根本上改造罪犯、消灭犯罪。在悲惨世界里，以沙威为代表的刑事法律与以下福汝主教为代表的宗教精神是一对典型的对立存在——冉·阿让在主教的一次次感化下终于改邪归正，历尽艰辛，成为道德的圣者；而沙威最终也在冉·阿让高贵、伟大的人格魅力前，人性得以复苏，因羞愧、迷惘、矛盾而走向虚无。

6.3.1.3　被雕刻出的笑容：《笑面人》

《笑面人》（1869 年）揭露了 17、18 世纪之交英国社会状况的混乱无序与法律制度的荒诞残酷，详尽描述了该时期英国刑事法制度中的诸多司法惯例。

主人公格温普兰出生于世袭贵族之家，却在国王授意之下被卖给儿童贩子，成为宫廷阴谋的牺牲品。儿童贩子在小格温普兰脸上施行手术，给他留下了永恒、怪异的笑容，使他成为马戏团的敛财工具。后来，由于这种被残忍毁容、供人取乐的孩子的数目增长过快，引起了整个英国公众的怜悯与愤慨，国内开始制定刑事政策严厉打击儿童贩子。年幼的格温普兰却因此再遭厄运——儿童贩子为了逃避法律的严惩，将年仅九岁的格温普兰遗弃在荒无人烟的波兰海岸，任其自生自灭。令人动容的是，小格温普兰在顽强地与死神抗争的过程中，从一个已经被冻成冰柱的女丐怀中发现了一位双目失明的初生女婴，并果断地带着她踏上茫茫的求生之路。后来，格温普兰与女婴被民间艺人于苏斯收养并被抚养成人。当年为了逃避法律惩罚将格温普兰遗弃的儿童贩子在海上遭遇风暴，濒死前在漂流瓶里写下了男孩身世的秘密。漂流瓶的秘密被发现时，前任国王已经死亡，格温普兰的命运峰回路转，重新获得了爵士头衔，并被拥戴为上议院议员。已经迈入上层社会的格温普兰并未沉浸在温柔乡中醉生梦死，他大步踏上演讲台，在上议院的所有贵族面前庄严地陈述人民的苦难，却被侮辱与嘲笑包围。格温普兰没有退缩，坚持代表底层公众的利益，对所谓上流社会的桩桩罪行进行痛斥，完成演讲后愤然离席，投河自尽。①

在这部作品中，格温普兰承载着多种身份符号，是多重矛盾的聚集体——从血统上说，他是贵族的后代，从经历上说，他却是民间苦难的儿子；国王把他推进火坑，让他痛不欲生，他却从民间汲取着甘美的乳液坚强成长。另外，格温普兰还是政治与法律的牺牲品，宫廷内斗使得他自幼便被掉包、被抛弃，最终跟随人贩子四处卖艺为生，虽然艰辛无比，却至少能够混个温饱，过上稳定的日子。但是好景不长，同时期的法律政策却将幼小的格温普兰再次抛入旋涡之中，面临着死亡的考验。继而，在人贩子的帮助下，格温普兰忽而命运大转，宫廷阴谋再次将他当作工具推上权力的高峰，与民众的血肉关系却使他毅然担负起穷苦百姓的代言人，在巍峨殿堂中痛斥上流阶层，对黑暗的社会与残酷的法律进行揭露与批判。请看格温普兰以一名流浪幼童的目光对法律、母爱与未来的描述——"我从深渊里来。我遭受过一切贫苦，我在死亡线上数度挣扎。我带着被雕刻的笑容被人遗弃，独自一人走进了黑暗中，这个黑暗就是你们所说的人类社会。我所看见的第一件东西是法律，以一个嘎嘎作响的绞刑架和一具风干的尸体的形式出现；我所看见的第二件东西是母爱，以一个跪在雪堆中紧紧抱着婴孩死去的贫穷女人的形式出现；我所看见的第三件东西是未来，以一个在死去母亲怀中寻找乳头的垂死婴孩的形式出现；我所看见的第四件东西是善良、真理与正义，它们闪烁在一个贫苦的流浪汉和一只忠心的流浪狗的身上。"

面对贵族们骄奢淫逸的生活，格温普兰对被奴役的底层百姓感同身受，他犀利地鞭笞着特权制度的本质。"……8岁的小姑娘开始卖淫，20岁时已经形同老妪、佝偻待毙；煤矿工人不得不拿着煤块填饱饥饿孩子的肚子；渔人吃的是树皮与草根；婴儿一生下来就睡在地上挖出来的土洞里，他们的一生不是从摇篮里开始，而是从坟墓里开始。"接着，格温普兰揭示了贵族阶级冷血残酷、麻木不仁的原因——"你们有钱有势，你们利用的是黑夜。可是请你们注意，谁能够阻止黎明把太阳投射到天空上呢？你们是什么？你们是特权。我要控诉你们建立在濒死人民身上的幸福。你们的脚踏在别人的头上，人民是主人，却变成了奴仆；人民是法官，却变成了罪犯。我是一个注定要失败的律师，我正在为一件注定败诉的案件辩护，这件案件只有在上帝那里才能获得胜诉……"

---

① 梗概及本节所有引文来源于〔法〕维克多·雨果：《笑面人》，郑永慧译，北京，人民文学出版社，2002。

在格温普兰眼中，当时的英国下层社会惨不忍睹，除了贫穷、失业、饥荒、疾病以外，压在百姓头上的还有警察、法律、宗教、秘密逮捕、监狱、种种酷刑与遍地死刑。"多少无罪的人被判罪！没有阳光、没有空气、没有希望，他们的身躯被沤烂在牢狱中无人问津"；"锯掉一棵三年的小树，就得安安静静地被人送上绞刑架；若是判决你犯了异端邪教的罪，就该活活被烧死"；沉重的赋税通过加重穷人的贫困来增加富人的财富，查理二世、詹姆士二世是贩卖儿童、摧残儿童身体这种伤天害理的罪行的默许者与支持者；白顿拉萨斯将把麻风病人关起来，患病者一旦走出被关闭的房屋，就要面临着被守卫开枪击毙的危险。格温普兰还着重指出英国刑罚执行过程中令人发指的一幕："站在这里的我，昨天亲眼看见一个汉子赤身裸体，被铁链锁着，肚子上一层一层码放着大小不一、重量不同的石头，在法学博士们精确的重力计算中死去。"借助格温普兰的演讲，雨果为我们描述了一幅当时英国刑事司法制度的全景，刑罚苛酷、冤案众多、死刑适用频繁，而最高当权者就是这一切灾难的始作俑者。

面对人性丧失、濒临疯狂的贵族议员们恶毒的讽刺、嘲笑与羞辱，格温普兰揩去脸上被唾的痰液，冷静而坚定地做出最后陈词："你们用讽刺来对付人民的死亡，用嘲笑来侮辱临终的残喘。这些愚蠢的有权者啊，睁开你们的眼睛吧。人类的权利、正义、真理、理性、智慧都受到了摧残，如同我的眼睛、鼻子和耳朵一样——你们在人民的心里安放了愤怒与痛苦，在表面上却硬给他们雕刻了一个欢愉的面具。你们知道吗？我到这儿来做什么？不错，我来是为了给你们制造恐怖，把罪行扔到你们头上，将刑罚吐到你们脸上。"

在《笑面人》中，雨果承继了《巴黎圣母院》与《悲惨世界》的浪漫主义加批判现实主义风格，通过格温普兰的悲剧人生，逼真再现了18世纪的英国社会制度、法律制度的全貌。作品中穿插了大量诗化的哲理性议论，体现着雨果深邃的思想、深沉的忧愤与炽烈的激情。他借用笑面人之口就社会现实与人类未来的演说，更是洋溢着强烈的社会正义感与深厚的人道主义精神。

6.3.1.4 绝对正确的人道主义：《九三年》

《九三年》（1874年）是雨果的晚期文学作品，虽然篇幅精练，却完全可以与《巴黎圣母院》《悲惨世界》等卷帙浩繁的长篇小说相媲美。从某种意义而言，这是一部融雨果一生的哲学思想在内的最为炉火纯青的作品。

《九三年》以雄浑扎实的笔触真实再现了法国18世纪末激烈、残酷、壮观的战争场面。在作品中，雨果积极捍卫法国大革命的重要意义与价值，赞同雅各宾派采取的一系列必要政策，表达了对激进民主主义思想的支持——面对贵族残忍的烧杀掳掠，雅各宾派内部的罗伯斯庇尔、丹东、马拉一致同意，为了保存革命成果，必须"以恐怖还击恐怖"，颁布适用极刑来对待放走敌人者的严厉法令。同时，雨果亦客观地评价了雅各宾党专政时期实行的一系列进步政策——他将国民公会喻为酿酒桶，桶里"虽然沸腾着恐怖，也酝酿着进步"。

事实上，上述观点在《悲惨世界》中已经借卞福汝主教的经历得以展现于作者眼前。在国民公会 G 先生的临终弥撒中，卞福汝主教被他率直热情、执着真理、宽容民众、忍辱负重的精神所打动，从卞福汝主教与国民公会 G 先生的临终对白中，我们可以体会出雨果对于 1789 年暴力革命的充分肯定，也体现着雨果对人道主义与暴力革命之矛盾存在的深刻思索。当卞福汝对法国大革命"夹有怒气的摧毁行为"提出委婉批评时，G 先生认为正义应当具有愤怒的气质，它作为一种进步的因素，涤荡了人类的习气，起到了镇静、开化的作用，因而是仁慈的。[1] 卞福汝主教以九三年革命恐怖为例进行反驳，G 先生却径直从椅子上立起，激越悲壮地发表了临终前的演讲："对！九三年！这个字我等了许久了。满天乌云密布了一千五百年。过了 15 个世纪之后，雷霆驱散了乌云，而您却要加罪于雷霆。""……那次的革命，总的说来，应当获得人类的赞扬，只可惜九三年成了一种口实。您认为那是伤天害理的一年，但就整个专制政体来说呢？你为路易十七[2]落泪，我也为卡图什[3]无辜的幼弟落泪。你为王后玛丽·安东尼特[4]叫屈，我也为那个信仰新教的穷妇人叫屈：那穷妇人在 1685 年大路易当国王的时候，正在给她孩子喂奶，却被人家捆在一个木桩上，底下燃烧着熊熊烈焰，上身一丝不挂，孩子被放在一旁；她乳中充满乳汁，心中充满怆痛；那孩子饥饿不堪，脸色惨白，瞅着母亲的乳，有气无力地哭个不停。先生，您觉得有什么可说的吗？"卞福汝主教哑口无言，G 先生继而建议，一起为所有无辜受害的殉难者放声悲泣，包括王室的孩

---

①　"您做了摧毁工作。摧毁可能是有好处的。可是对夹有怒气的摧毁行为，我就不敢恭维。"主教说道。"正义是有愤怒的，主教先生，并且正义的愤怒是一种进步的因素。无论世人怎样说，法兰西革命是自从基督出世以来人类向前走得最得力的一步。它揭穿了社会上一切黑幕。它涤荡了人们的习气，它起了安定、镇静、开化的作用。它是仁慈的。"〔法〕维克多·雨果：《悲惨世界》，李丹、方于译，北京，人民文学出版社，1992，第 73 页。

②　路易十七是路易十六的儿子，10 岁时（1795 年）死在狱中。

③　卡图什（Cartouche，1693～1721 年），人民武装起义领袖，1721 年被捕，被判处死刑。

④　路易十六的妻子，历史上的"赤字皇后"。1792 年 10 月被革命政府以叛国罪处死。

子，也包括平民的幼童，但时间必须追溯到九三年以前。[1] 面对主教的沉默，G 先生坚定表示，法国革命自有它的理论根据，它的愤怒在未来的岁月里将会被人谅解，它的直接后果便是一个改进了的世界，"从它的极猛烈的鞭挞中产生出一种对人类的爱抚"。

从卞福汝主教与国民公会代表的对话中可以看到，并非如多数人所认为的，雨果仅仅是一位具有温和、妥协思想，提倡"以爱制恶"的人道主义作家。面对凄风惨雨的世界，除了伟大的人道主义情怀之外，雨果断然提出了"以暴力对抗、毁灭不公平与非正义现状"的思想。该种思想与英国浪漫派作家雪莱的暴力观不谋而合。另外，对于雅各宾派的全部政策与行动，雨果并没有完全加以肯定。他从雅各宾派为何会走向失败为切入点，进行了颇具哲理性的审视。作品《九三年》是其"既支持暴力对抗又主张人道主义"的哲学观的深刻总结。

> 1793 年，旺岱地区爆发反革命叛乱。共和国公安委员会派戈万率军前往平叛。由于戈万是叛军头目朗特纳克侯爵的侄孙，委员会又派戈万的老师西穆尔丹为全权特派员前往监督。冷血、残酷的朗特纳克被围困在图尔格城堡，他要求以被他劫走的三个小孩作为人质换取自由，遭到共和军司令官戈万的拒绝。通过其他渠道，朗特纳克顺利逃离城堡，抛弃了那些作为人质的孩子。就在此时，他听见孩子母亲撕心裂肺的呼唤，他身后城堡发出滚滚浓烟，烈火舐舐着三个孩子幼小的身躯。刹那间，这个杀人不眨眼的魔王停下来，转身爬回城堡，将那三个幼小的孩童从火海中救出，自己却重新落入共和军手中。朗特纳克的行为深深震撼了戈万，经过激烈的思想斗争，戈万决定以人道主义的刑罚回报朗特纳克的无私行为，下令释放郎特纳克。司令部特派监督员西穆尔丹铁面无私，向私自放走叛军头目的戈万签发了死刑令，将他送上了断头台。西穆尔丹是戈万的导师、朋友与兄长，就在戈万人头落地的一刹那，西穆尔丹亦开枪自尽。[2]

1793 年是法国大革命的关键时期：新诞生的共和国未满周岁，1 月 21 日，国民公会将路易十六推上断头台，激起了保皇党煽动十万农民在

---

[1] "我们是不是应当为一切在上层和在下层的无辜受害者、殉难者、孩子们同声一哭呢？不过，我们必须追溯到九三年以前。我们的眼泪应当从九三年以前流起。我一定和您同哭王室的孩子，如果您也和我同哭平民的幼童。"〔法〕维克多·雨果：《悲惨世界》，李丹、方于译，北京，人民文学出版社，1992，第61页。

[2] 梗概及本节未特别加注的所有引文来源于〔法〕维克多·雨果：《九三年》，郑永慧译，北京，人民文学出版社，2002。

旺岱的叛乱；在国际上，以英国为首的七国向共和国宣战；6 月 2 日，巴黎公社对背叛革命的吉伦特派议员逮捕，引发全国吉伦特派的反叛。年轻的共和国处于风雨飘摇之中。在此种背景下，国民公会果断组成专政政权，在全国竖起断头台，以极刑镇压叛变——巴黎进入了前所未有的恐怖时代。这就是小说故事发生的背景。戈万、西穆尔丹与朗特纳克是小说中的主要角色，三人之间不断发展、变化的冲突勾勒出整个作品的叙事脉络，由阶级利益的鲜明敌对转化为人道主义精神与法律适用原则的剧烈冲突。

作品中的主人公之一，朗特纳克是铁杆保皇派，但当那位母亲绝望惨烈的哭声传到他耳中时，唤醒了他沉睡已久的怜悯心，导致其"在造成罪行之后，又主动进行破坏"。戈万对朗特纳克的行为大加赞赏，认为"他赎回了种种野蛮行为，救了自己的灵魂，变成无罪的人"。这种戏剧性的变化异峰突起，终于使矛盾达到白热化。

如何评价朗特纳克的行为，构成了戈万与西穆尔丹之间价值观的剧烈冲突。尤其令人感到费解而矛盾的是，朗特纳克侯爵是个异常冷酷、冷静的贵族，他发动了残军的叛乱，对屠杀蓝军与革命群众毫不手软，他的口号是"绝不饶恕"！在节节败退时，他用杀害战俘、屠戮百姓、抢劫掠夺和焚烧村庄来泄愤；他毫不怜悯地射杀了蓝军中随军做饭的女人；他劫走了三个年幼孩童作为向共和军索要自由的人质；他的部下依玛纽斯在垂死前引燃火线杀害幼童，认为"杀害他们的孩子，是为我们的孩子、被关在唐普勒塔的小国王报仇"。就是这样一个恶贯满盈、铁石心肠之人，却能在一位母亲的哀恸呼号之下瞬间融化，"放下屠刀、立地成佛"，我们不得不感叹于人性的复杂多变、难以捉摸。诚然，人道、人情，毕竟是人的共性，在特定条件下，恶人身上也会迸发出闪烁着人性的瞬间。

至于共和军司令戈万，是一个具有军事天才并极富正义感的前贵族，他背叛了自己的阶级而投身革命，身上洋溢着浓厚的人道主义情怀。戈万经常宽恕敌人、营救贵族的妻女、释放俘虏、保护修女、还教士以自由。在赦免了战败后被俘获的三百个农民的罪之后，他曾向西穆尔丹解释："这些农民的罪孽是因为无知与怯懦，不应对他们施以刑罚。"戈万始终认为，推翻帝制并不是要用断头台来代替它，"既然打掉了王冠，为何还要揪着王冠下的人头不放？"在他看来，"'恕'字是人类语言中最美的一个字，战斗时，他们是敌人；胜利后，我们是兄弟"。戈万曾经以"不与女人、老人、孩子打仗"为理由拒绝共和政府的命令，而他的导师西穆尔丹则斩钉截铁地对他发出严正警告："你必须跟女人打仗，如果这个女人的名字叫玛丽·安东尼特（路易十六的王后）；你也必须跟老头儿打仗，如果这个老头儿的名字叫做教皇庇护六世；你还必须跟小孩打仗，如果这个小孩的名字叫路易·卡佩（被囚禁的法国储君）。"由此可以看到，师生之间对于人道主义精神针锋相对的态度，为最后的悲剧打下伏笔。

在作品中，雨果通过对戈万释放叛军首领的情节设计来暗示对雅各宾党恐怖政策的不满与指责。雨果不惜重墨对雅各宾派三巨头——罗伯斯庇尔、丹东与马拉的形象进行了细致的刻画。在他的笔下，三者的狂热多于理智，他们所执行的恐怖政策虽然具有特定条件下的必要性，亦同时包含着矫枉过正的弊病。这正是雨果对于雅各宾党专政昙花一现的原因的总结，这部历史悲剧以罗伯斯庇尔走上断头台告终。在作品中，戈万之所以放走朗特纳克，是基于如下考虑："如此顽冥不化的敌人竟然具有人道主义的胸怀，难道共和军就不能实行人道主义吗？"很明显，雨果在情感上是明显倾向于戈万的，他借戈万释放朗特纳克的举动将浪漫主义激情得以充分释放，却也走向了另一个极端。正如西穆尔丹所言："在尚未取得最终胜利的紧急关头，不可能也不应该实行宽大无边的、绝对的人道主义，否则就是对那死在叛军刺刀下的旺岱百姓的不人道。"今天看来，对于朗特纳克为了救三个孩子而返回城堡、束手就擒的行为，戈万完全可以作出另一种更为合理的判决，不必将其处以极刑，但也绝非无罪释放——朗特纳克绑架三个孩童当作人质是既成事实，并且已经备好火药准备与幼童同归于尽。虽然最终朗特纳克从其他渠道顺利逃离，未亲自将纵火行为付诸实施，但他也应当为部下掩护其逃脱而实施的纵火行为负责。至于如何处置朗特纳克，戈万完全可以效仿先例：因朗特纳克救出三个孩子的善行授予其"勇敢与慈爱"的勋章，然后因朗特纳克屠杀无辜的罪行将他送上断头台——朗特纳克就是如此处置克莱摩尔号军舰上的炮手的，这也是朗特纳克自己认可的办法。但是，戈万却一时冲动，私放了朗特纳克，虽然明知结果如放虎归山，旺岱将战火重燃，生灵将再遭涂炭。

西穆尔丹作为戈万人道主义理想的对立面出现。他之前是巴利尼地方的本堂神父，革命爆发后成为公安委员会特派的政治委员。这是一个刚直不阿、具有铁石心肠的革命者，与朗特纳克对革命军"绝不饶恕"的口号相似，西穆尔丹对叛乱军的政策回应以"绝不宽大"。虽然西穆尔丹也是一个坚定的革命者，但在雨果眼中，他的"冷酷无情"既正直又可怕；他虽然崇高，"可是这种崇高是灰色的、不亲近人的崇高；他的崇高的周围被悬崖峭壁包围着"。西穆尔丹忠于雅各宾党的信条和各项恐怖政策，对国民公会庄严宣誓，对于叛变行为绝不姑息；他亦屡次警告戈万，仁慈极可能在特殊时期成为卖国的手段。可悲的是，西穆尔丹的誓言与警告在最后均成为事实。在判处戈万死刑之后，西穆尔丹与戈万在狱中的畅谈展示了其内心已经陷于不可克服的矛盾之中，他理解戈万的人道主义情怀，却不赞同戈万将这种伟大的人类感情施与不共戴天的对手。西穆尔丹亲手处死了自己"精神上的儿子与学生"后，在痛苦与忧伤中开枪自尽。

雨果的《九三年》饱含着人道主义情怀与"沸腾着恐怖、亦孕育着进步"的暴力精神之间的矛盾，但是显然，最终还是前者在雨果的心目中占据了优势——戈万的角色塑造承载了雨果心目中理想革命者的化身，雨果于内心中抵触着西穆尔丹"像箭一般盲目的准确性"。① 在这部作品的结束语中，雨果概括了暴力与人道主义之间的关系，这理当是其毕生探索思考而得出的结论——"在绝对正确的革命之上，还有一个绝对正确的人道主义"。

6.3.2　"复仇的钢钻"：大仲马与《基督山伯爵》

与雨果生活于同一时期的亚历山大·仲马② （Alexandre Dumas，1802～1870 年），是又一位杰出的法国浪漫主义文学家。

大仲马的代表作《基督山伯爵》（1844 年），是一部在世界范围内享有盛誉的"冤狱、越狱、复仇"模式的小说，其后无论是同时期的英国小说《呼啸山庄》（艾米莉著，1847 年）、20 世纪的美国电影《肖申克的救赎》（改编自斯蒂芬·金《丽塔亥华丝及萧山克监狱的救赎》，1994 年），还是 21 世纪的美国系列电视剧《越狱》（2005 年），均承继了该部小说惩恶扬善、快意恩仇的精神气质。小说通过青年水手埃德蒙被诬陷入狱，越狱后化名基督山伯爵复仇与报恩的故事，揭露了法国复辟王朝时期司法制度的黑暗，同时宣扬了大仲马竭力主张的最为简洁的社会哲理——"赏善罚恶"。在这部作品中，大仲马以白描写实的手法多次涉及黑暗龌龊的钱法交易、徇情枉法的情景；而对于那些充满正义侠气、令人荡气回肠的审判场面的描绘，则带有浓厚的浪漫主义色彩。

　　1815 年初春，拿破仑复辟前夕，"法老号"船的年轻大副埃德

---

① 原文为："他有着像箭一样盲目的准确性，只对准目标一直飞去。在革命中，没有什么比直线更可怕的了。"

② 亚历山大·仲马，生于法国的维勒—科特莱，人称大仲马，与其子亚历山大·小仲马相区别。大仲马信守共和政见，反对君主专政。他是黑白混血后裔（祖母是祖父家的蓄养黑奴），一生饱受种族主义困扰。著作达 300 卷之多，主要以小说和剧作著称于世，大都以真实的历史作背景，情节曲折生动，代表作有《基督山伯爵》《三个火枪手》。

蒙·邓蒂斯受船长临终之托为拿破仑党人送信，却遭到朋友道格拉斯、弗南以及阴险恶毒的检察官维尔福的陷害，在新婚之日被以"拿破仑党"的罪名秘密送进伊夫堡监狱的地下死牢中，并被剥夺一切申述权利。五年以后，意大利长老法利亚挖掘的一条逃跑地道，因计算失误延伸到埃德蒙的牢房下，从此一老一少开始了长达十年的秘密来往。法利亚博学多才，气质高贵，聪慧过人，十年中把毕生学识灌输给他的青年朋友埃德蒙，并告知对方基督山小岛上巨大宝藏的地点。在越狱前夕，长老暴病而亡，埃德蒙九死一生逃出伊夫堡监狱，出狱后得知父亲因饥饿而亡，未婚妻失节嫁给诬陷他的仇人，唯一爱护他的老东家濒临破产、命在旦夕；而当年制造冤案的人则一个个跻身上流社会，飞黄腾达。埃德蒙决心替天行道，惩恶扬善，因此化身基督山伯爵，凭借长老指点给他的巨大财富与狱中 14 年的精神修炼将巴黎搅得天翻地覆，惩罚了已经成为百万富翁的道格拉斯、摇身变为莫赛尔伯爵的弗南以及官至总检察长的维尔福。①

小说以埃德蒙惩恶扬善、报恩复仇为故事发展的中心线索，充满了离奇巧合的叙事张力，洋溢着浓厚的伸张正义的色彩。故事点睛之笔在于埃德蒙的感恩图报以及宽恕隐忍的品格——他既是受害者，又是审判者，同时还是执刑人。罪者已经完全在他的掌控之下，或严厉或从宽，完全在于他的一念之间。回顾往事，一方面，埃德蒙的复仇欲望坚若磐石，为了完成复仇，他不惜耗尽青春、甚至搭上性命；另一方面，14 年的囚禁并未使埃德蒙丧失爱的本能，在他冷酷的外表下包裹着一颗柔软的心。最终，面对昔日恋人与仇人之子，他选择了宽恕。这种复杂、冲突的性格使得人性的光辉在他身上格外耀眼。我们难以忘记埃德蒙伯爵的经典之言："永不忘记，直至上帝审判人类图景到来的那一天，人类的一切智慧就包含在两个词里面——等待与希望。"

这部构思精巧离奇、情节跌宕起伏、结局痛快淋漓的小说并非完全出于杜撰，而是大仲马取材于 1838 年巴黎警察局内一部名为"复仇的钢钻"的案卷。

　　1807 年，鞋匠弗朗索瓦·皮科婚前受到邻居卢比昂、巴尔、索拉利嫉恨，以间谍罪名被秘密逮捕。1814 年，拿破仑一世退位，皮

---

　　①　梗概及本节所有引文来源于〔法〕亚历山大·仲马：《基督山伯爵》，蒋学模译，北京，人民文学出版社，1978。

科从费耐斯特莱尔监狱获释。由于在监狱里照顾一个意大利高级神职人员，那位神职人员临终前将自己巨额秘密财产的隐藏地告诉了皮科。皮科将财产取出，化名吕歇尔回到巴黎。另一位知情人安东·阿吕将事情经过和盘托出，并告知皮科，他的未婚妻雅格鲁已成为卢比昂之妻。皮科随即展开了疯狂的报复。不久，巴尔便被人刺死在桥上；紧接着，索拉利也被人毒死。皮科复仇计划的最后目标是整个冤狱的策划人与始作俑者，同时也是夺妻之人——卢比昂。首先，卢比昂 16 岁的女儿被一个纨绔子弟玩弄后抛弃，身败名裂；正当卢比昂为此事烦恼时，一场大火将他的咖啡馆整个烧毁；随后，他的儿子欧仁被人引诱参与了一起盗窃案子，被叛 20 年徒刑；妻子雅格鲁也在忧虑中去世；皮科落井下石，花了少量金钱，诱惑卢比昂将女儿卖给自己作情妇；受尽屈辱的卢比昂最后在伊勒里公园被皮科杀死。完成复仇计划的皮科向阿吕道出了整个复仇过程。阿吕在愤怒中将皮科劫持到一个地窖中杀害，随后逃亡英国。这个故事整整 14 年不为人所知。直到 1828 年，阿吕临死时，才将这个故事告诉了忏悔牧师。牧师将它录成文字，归入巴黎警察局档案库封存。[①]

在这两个带有鲜明的复仇烙印的故事中，无论是埃德蒙还是皮科，金钱、地位与知识的启蒙在主人公的复仇过程中均起了决定性作用。不同的是，大仲马刻意在作品中拂去了皮科一案的血腥残酷与人性的异化，转而赋予埃德蒙更多的理智与仁慈，使他成为善良、爱与正义的代言人，在满足读者内心对正义的渴望的同时，引导读者以理性抑制激情，以合法手段承载复仇使命，以宽恕与博爱化解心中的怨愤与仇恨。

6.4　俄国浪漫主义文学

俄国文学史上第一部以成文形式流传下来的作品，是 12 世纪的英雄史诗《伊戈尔远征记》，其后数百年"文坛寂寞"。17 世纪末 18 世纪初，彼得一世改革为俄国文学带来了一线生机。受 17 世纪法国古典主义、18 世纪启蒙主义文学的影响，俄国相继出现了罗蒙诺索夫、冯维辛、拉吉舍夫等优秀诗人与作家。进入 19 世纪，俄国文学突然绽放出异彩，一夜之间追上西欧文学的发展步伐。二者不仅在浪漫主义文学和现实主义文学的

---

① 参见《上海译报》，第 3 版，2004 - 8 - 26。

发展上保持同步，而且俄国文学在诸多方面所取得的成就更为瞩目，远远超过了西欧各国，造就了世界文学史上的奇迹。

俄罗斯民族的真正觉醒，始于俄法战争时期（1812～1814 年）。卫国战争的胜利极大地激发了俄国人的民族自信心与自豪感，促使俄罗斯进步贵族思考并要求对俄国的政治体制和经济制度进行根本性变革。这直接导致了 1825 年 12 月由贵族阶级先进分子领导的"十二月党人起义"[①]。这次起义，是俄国历史上反对沙皇专制制度的第一次公开起义，影响巨大。俄国的浪漫主义文学亦在民族意识觉醒的时代背景下产生，对自由的歌颂、对民主的向往是俄国浪漫主义文学的主旋律。以雷列耶夫[②]（1795～1826 年）为代表的十二月党诗人和普希金是俄国浪漫主义文学的奠基人，莱蒙托夫则是俄国浪漫主义文学的集大成者。

6.4.1　俄罗斯诗歌的太阳：普希金与《自由颂》

亚历山大·谢尔盖耶维奇·普希金[③]（Александр Сергеевич Пушкин，1799～1837 年）是俄国浪漫主义文学的重要代表，也是俄国现实主义文学的奠基人，被誉为"俄罗斯文学之父"与"俄罗斯诗歌的太阳"。普希金出身贵族，却在法国启蒙思想与"十二月党"人的影响下背叛了自己的阶级，他的作品对农奴制度进行了猛烈抨击，表现了对自由的热爱，对光明赞美必定战胜黑暗、理智必能战胜偏见的坚定信仰。

抒情诗是普希金最辉煌的成果，而歌颂自由、反对专制是普希金抒情

---

①　17 世纪末 18 世纪初，俄罗斯受欧洲启蒙思想及自由主义思潮的冲击。当反法同盟最后将拿破仑打败后，往前线征战的俄军亦凯旋回归。他们在进行战事期间，看到了西欧的繁华与先进。反观自己国家的落后，开始对专制政府感到不满。1825 年 12 月 26 日，由俄国军官率领 3 000 名士兵针对帝俄政府发动起义，虽然此次起义以失败告终，却敲响了俄国自由主义革命的钟声，同时引发了大量有关自由精神的文学作品如列夫·托尔斯泰的《战争与和平》及普希金的诗作的产生。

②　以雷列耶夫，俄罗斯作家，是与伊索、拉封丹齐名的著名寓言家。出生于贫穷的步兵上尉家庭。在军事学院学习时受到法国启蒙学派思想的影响，1811 年被选为俄国科学院院士。1812 年参加反拿破仑的战争，远征国外。1820 年迁居彼得堡，被选为刑事法庭陪审员，以公正闻名。1823 年加入十二月党人团体北社，成为激进派领袖，积极发动起义。起义失败后被判绞刑，1826 年死于彼得保罗要塞。雷列耶夫是"十二月党人"文学最杰出的代表者。长诗《沃依纳罗夫斯基》（1825 年）以乌克兰古代历史故事为题材，借主人公背叛所属阶级因而被流放以及其妻赴西伯利亚寻夫的经过，反映了十二月党人为祖国和自由贡献一切的精神。

③　普希金，俄国著名的文学家、伟大的诗人、小说家、现代俄国文学的创始人。出生于贵族家庭，在沙皇政府专为培养贵族子弟而设立的皇村高等学校学习，期间受到法国启蒙思想以及十二月党禁卫军军官的影响。作品抨击农奴制度，歌颂自由与进步，引起沙皇俄国统治者的仇恨。他曾两度被流放，始终不肯屈服，最终在沙皇政府的策划下与人决斗而死，年仅 38 岁。

诗的基本主题，在例如《自由颂》《高加索的俘虏》《致西伯利亚的囚徒》中表达了诗人对专制制度的激烈反抗以及对"十二月党"人忠贞不渝的支持。历史剧《鲍利斯·戈都诺夫》则描写 16 世纪末 17 世纪初俄国社会各阶层和政治集团的斗争，主人公戈都诺夫由于篡夺王位，受到良心的谴责，同时又得不到人民的支持，最后终于酿成悲剧。作者于俄国文坛首次明确提出"人民的公意"是一种无法抗拒的力量，歌颂、赞美民众在历史进程中的巨大作用。

　　在《伊戈尔远征记》发表之后，直到普希金出现在文坛之前，俄国几乎没有纯粹民族风格的作品。普希金的小说《驿站长》与《上尉的女儿》创立了俄国文学的语言规范，形成了真正的民族风格。短篇小说《驿站长》（1833 年）开创了俄国文学抒写小人物命运的先河，通过描写生活在社会底层的驿站长因思念女儿、最后凄然而死的故事，谴责了专制社会恃强凌弱、扼杀人伦、抑制人性的罪恶。长篇小说《上尉的女儿》（1836 年）则是一部反映普加乔夫起义的作品，小说不仅描写人民的斗争，而且将他们的领袖当作英雄来歌颂，在俄国文学史上史无前例。

6.4.2　俄罗斯文学中的"恶之花"：莱蒙托夫文学作品中的刑法思想

　　米哈伊尔·尤列维奇·莱蒙托夫①（Михаил Юрьевич Лермонтов，1814～1841 年）是与普希金齐名的浪漫主义作家，被称为"俄罗斯诗歌的月亮"。② 1837 年，普希金接受被沙皇当局保护的法国保皇党徒丹特士的挑战，在决斗中不幸身亡，年仅 38 岁。其后，年轻而勇敢的莱蒙托夫崭露头角，继承并发展了普希金与十二月党诗人歌颂自由、反抗暴政的传统，以一首惊世骇俗的《诗人之死》（1837 年）哀悼普希金的陨落，同时宣告了俄罗斯民族另一位伟大诗人的诞生。

　　《诗人之死》是一篇向沙皇政府控诉与问罪的檄文，矛头直指沙皇政府，文中对普希金的遭遇深表同情，对政府的卑劣行径极尽嘲讽，做出"刽子手必将受到惩罚"的预言。沙皇尼古拉严禁该诗的传播，并立即逮捕作者，判处流放刑。在四年的囚禁期间，莱蒙托夫写出许多不朽的诗

---

　　① 莱蒙托夫，1814 年出生于莫斯科一个小贵族家庭。在诗歌、小说与戏剧等各种文学样式中都有独特建树，他那别具一格的抒情诗人的气质使其全部创作均饱含着浓郁的诗情画意，弹奏出有力的反叛音调。因为作品内容激进，他数度被捕入狱，遭到流放。狱中创作了大量歌颂自由与民主的诗篇。1841 年在决斗中中枪身亡，年仅 27 岁。

　　② 参见〔俄〕莱蒙托夫：《莱蒙托夫全集》第一卷，石家庄，河北教育出版社，1996，序言。

篇、散文与小说，直到他遭遇了与普希金相同的厄运，在与马尔蒂诺夫的决斗中中枪身亡，年仅 27 岁。

在创作风格上，莱蒙托夫既是普希金浪漫主义传统的继承者，又是这一传统的挑战者和超越者，因为他所处的时代比普希金年代更为黑暗，更令人窒息，更需要用行动来宣泄内心的压抑不平。普希金所肩负的历史重任是创造美好与和谐，为俄罗斯民族文学奠定基调；莱蒙托夫的时代使命则是揭露丑陋与龃龉，使民族精神中一切美的东西不致被玷污。限于生产力发展水平，19 世纪初的俄国还远未充分显现出物质社会将人异化的弊端，但莱蒙托夫凭借自己天才的艺术嗅觉，已经从向西方工业社会敞开大门的俄国社会中获得种种矛盾信息，在俄罗斯文学中唱出了他的"恶之花"，塑造了"恶"的形象（恶魔），提出了"恶与善对立交叉"的辩证话题。

莱蒙托夫是俄国上流社会的叛逆者，他短短一生创作的作品中无一不贯穿着"恶魔"这一主导形象，无一不洋溢着"叛逆"这一灵动的元素。恶魔作为一个形象，只在长诗《恶魔》和《我的恶魔》等作品中出现，但作为精神图腾则贯穿在莱蒙托夫的全部创作中。例如《海盗》《罪犯》《最后的自由之子》《诗人之死》《囚徒》等诗篇中，主人公均是"与社会抗争、践踏社会道德规范与律法的英雄"、"被社会抛弃者"或者"被法律严惩的暴乱分子"——罪恶的利剑时刻悬挂在他们的颈上，而这种罪恶通常被某种黑暗的情绪所笼罩，并以苦难的表象出现。

《恶魔》（1829 年）是莱蒙托夫作品的集大成者，叙述了一位叛逆者在黑暗王国的不同时空中呈现出的脱俗行为与心理轨迹，均被天国指控为"罪恶行径"与"罪恶思想"，恶魔无所适从，在愤怒中悍然背叛了所谓的天国。可以发现，该作品与同时期英国诗人拜伦的作品《该隐》具有异曲同工之妙。长诗取材于撒旦反抗上帝的古老传说，莱蒙托夫对这一传说加以改造，借以表达自己叛逆反抗的思想。主人公恶魔是"认识与自由的皇帝"，他旺盛的求知欲、对自由的渴望和对既定规范的蔑视触怒了上帝，因而被逐出天堂，独自在天地间漂泊。他憎恶、蔑视尘世间的一切，常常陷入孤寂和苦闷之中，但他并不打算与上帝妥协。种种恶魔的特征最后汇集为撼人心魄的交响乐：一个执着追求真理的人被当作恶魔逐出天国。为了塑造恶魔这一象征性形象，莱蒙托夫广泛吸取了前人的艺术成就：他兼收并蓄了浮士德对人生的探索中赋予梅菲斯特的否定气质，弥尔顿、拜伦等人作品主人公的叛逆性格以及希腊神话的美丽传说，造成了浓重的悲剧氛围，最终提炼出"求善反而作恶"的深刻哲理，以及"魔鬼作恶、罪在天使"的隽永寓意。从此，"恶魔"这个愤世疾俗、孤傲不群的天国叛逆者便成为莱蒙托夫全部作品中最令人感动、也最引人深思的形象，在俄罗斯乃至世界文学史上产生了深刻而持久的反响。

一方面，莱蒙托夫的作品洋溢着俄罗斯的民族精神与其在19世纪初的价值取向。正如普希金，他身上充分反映出俄罗斯的灵魂、俄罗斯的语言、俄罗斯的性格风采与魅力。另一方面，对于像莱蒙托夫这样超越时空局限的诗人来说，总是"吾爱民族，吾更爱自由"的，只有在充当自由之子的前提下他才肯扮演民族之魂的角色。从他的创作来看，他具有广阔的视野，并未将民族、国家的利益置于自由之上。例如，他不但在《诗人之死》等多部作品中无情揭落沙皇当局的对内压迫，而且在抒情诗《致高加索》《瓦列里克》，长诗《伊斯梅尔—贝》《老契尔克斯人》等作品中无私地鞭挞大俄罗斯主义对高加索少数民族的侵略，鼓励少数民族奋起抗争。作为一个爱国者，莱蒙托夫在《波罗金诺》《两个巨人》《波罗金诺战场》等诗中歌颂了俄国击败法国侵略的历史性胜利；但作为一个反封建的革命者，诗人在《拿破仑》《拿破仑的墓志铭》《圣赫勒拿岛》《飞船》《最后的新居》等诗中又赞扬了拿破仑向封建势力争夺自由的历史功绩。在这里，不同的评价出自同一个标准——自由，前一组诗中的拿破仑是自由的破坏者，后一组诗中的他则是自由的捍卫者。

总的来说，俄罗斯浪漫主义时期的文学作品与西方浪漫主义文学派的精神旨归完全契合，二者均散发出一种反叛现存秩序、追寻无限自由的精神气质。无论是普希金还是莱蒙托夫，虽然他们具有不同文化背景与迥异的创作风格，但他们同是俄罗斯的民族之魂与自由之子。面对当时俄国经济落后、封建专制、司法苛酷的社会现状，面对民众麻木不仁、僵化懦弱、意气低落的群体心理状态，浪漫主义诗人们用自己的作品撕裂了历史厚重阴霾的一角，吹响了民族觉醒的号角。

6.5　美国浪漫主义文学

1492年，哥伦布到达美洲。随后，欧洲人相继踏上这片土地，带来了本民族的思想与语言，也铸就了美国文学的雏形——探险者们以旅游者、客居者的语气，向为他们提供经济资助的欧洲君主描述美洲的山川地貌、风土人情，该种传记文学几乎占据了16世纪美国文学史的全部篇章。1607年，英国殖民者在弗吉尼亚州建立第一个永久聚居点詹姆斯顿；

1620 年，英国 102 名清教徒乘"五月花"号抵达普利茅斯。1620～1640 年，定居于北美新英格兰地区清教徒人口达 25 000 人。他们重视教育，建立了美国本土文化的摇篮——哈佛学院（1636 年）。从此，美国文学主要在英国移民带来的英国文化的基础上成长起来。因此，整个 17 世纪的美国文学是英国文学的延续。到了 18 世纪，欧洲启蒙思想传播到北美。这一阶段，北美大地酝酿着摆脱殖民统治，争取民族独立的风暴。法国启蒙学者尤其是卢梭主张的"契约论"、"主权在民"等思想对这一时期美国文学影响颇大，为美利坚民族的独立战争进行着思想与文化准备。

18 世纪末 19 世纪初，年轻的美利坚共和国意气风发地阔步挺进，从欧洲旧大陆移植来的英国、法国文化，已经无法完全承载美国人培育自己民族精神的需要。伴随着国内的开荒拓殖、自由移民，伴随着对外野心勃勃的领土扩张，出现了美国历史上第一次大规模的文学繁荣——19 世纪浪漫主义文学，它表达的是一种真正的美国经验和民族气质。

6.5.1　灭族罪证：库柏与《最后的莫希干人》

詹姆斯·费尼莫尔·库柏[①]（James Fenimore Cooper，1789～1851 年），是书写美国文学"独立宣言"的代表人物之一，被称作"美国小说的鼻祖"。其代表作"边疆五部曲"——《皮裹腿故事集》不仅是美国文学的经典作品，而且被列入世界古典文学名著行列。作品时间跨越半个多世纪，地点覆盖北方湖泊、东部纽约州、西部草原，以惊心动魄的史诗场面描绘了一幅美利坚民族童年时期的发展画卷。其中既有早期移民坚忍顽强的生存斗争，也有英法殖民主义者激烈的军事角逐；既有印第安人被残杀灭绝的悲惨遭遇，也有被剥夺土地的农民颠沛流离的生活。从这一系列作品中，我们可以看到美利坚早期发展时期所形成的自由、进取、血腥、无序的民族气质。

《最后的莫希干人》（1826 年）是《皮裹腿故事集》中的代表性作品，以 1757 年英法殖民主义战争为背景、大批史料为素材，记录了一个并不复杂却感人至深的故事，其中交叉着对殖民地的争夺、殖民主义的压迫与印第安人的自由、土著内部的自相残杀等多条线索。

---

① 库柏出生于美国新泽西州的伯林顿，是美国民族文学的奠基者。库柏的父亲威廉法官，是英国教友派教徒的后裔，是当地的大地主，曾两度任国会议员，在政治上属于联邦派，他的思想和社会地位对库柏有一定的影响。

　　在英法"七年战争"的第三年，赫德森河源头和乔治湖是一片腥风血雨的战场。英国威廉·亨利堡司令孟罗上校的两个女儿科拉和艾丽斯，在前往堡垒探望父亲途中被劫持。主人公纳蒂·邦波和他的老友莫希干族酋长钦加哥，以及钦加哥的儿子恩卡斯挺身而出，为了救出姐妹俩，和劫持者展开了一场在原始森林中追踪、伏击、战斗等惊心动魄的斗争，最终顺利解救人质。①

　　库柏创造的主人公"皮裹腿"邦波，是个理想化的印第安人形象。他缺少文化，却具有强烈的正义感，勇敢善良、单纯淳朴、富于同情心，心中充满了对大自然的热爱和对自由的向往。作为猎人，邦波经验丰富，野外生存本领极强，在英法争夺殖民地的战争中，成为英军的侦察员；战争结束后，他发现心目中的文明与英国拓殖者的文明迥异，于是果断地背叛人类文明，向森林深处进发，最后在他的兄弟印第安人中间安息。与殖民主义者的狡猾、贪婪、嗜血、残暴形成鲜明的对比，作为一名未经现代文明熏陶的半野蛮人，邦波身上体现着"最高的文明原则"。作者赋予邦波的个性色彩，正是他希望美国民众拥有的高尚品质，"皮裹腿"的精神，正是美国民族理想精神的象征。

　　邦波是美国文学中首次出现的印第安人的正面形象，他身上体现了库柏所谓"自然人"的观念：与生俱来的智慧与勇敢、忠诚和兄弟般的友爱之心，寄托着库柏对印第安民族的景仰。尤其令人感动的是最后三个莫希干人钦加哥、恩卡斯、卡拉身上所洋溢着的对思想自由与人格独立的不懈追求与抗争。土著们善良、淳朴，但人类固有的劣根性使他们沦为殖民者手中的工具，为了自己部族的繁衍生存，他们以动物的方式自相残杀、互相倾轧吞噬，被鲜血染红的土壤正是殖民者罪恶的见证。

　　库柏坚持认为，英、法、美等所谓的文明国家是历史黑暗的制造者，是人类文明的摧毁者，北美殖民地的发展史覆盖着印第安人的血泪史——他们为了掠夺印第安人的土地不惜发动大规模、长时间的战争；他们恶毒地挑唆印第安部族之间自相残杀、同归于尽，坐收渔翁之利；他们对土著人实施骇人听闻的种族灭绝政策，高价收购土著人的头皮；他们用烈酒冒充上天降下的"火水"来摧残印第安人的健康，以《圣经》来瓦解印第安人的斗志；他们利用印第安人对土地的热爱，招募印第安人充当殖民主义

---

① 梗概及本节所有引文来源于〔美〕库柏：《最后的莫希干人》，宋兆霖译，南京，译林出版社，2001。

战争的炮灰。与莫希干族被彻底毁灭的悲惨结局一样，被法国殖民主义者利用的怀安多特族，最后也被整体干净地消灭于霍丽肯湖畔。英国与法国殖民者霸占了两大印第安部族的大片土地，成为最终的受益者。在作品中，三个"最后的莫希干人"面对血雨腥风、奸诈诡谲与无耻贪婪，始终保持着清醒的头脑与独立的精神，然而终因势力单薄，无力挽救整个部族被毁灭的命运。最后，美丽的女主人公拒绝英国军官的求婚而投入了"野蛮人"的怀抱，正是被他们这种自由、正义、英勇不屈的高贵人格所打动，被他们明知责任艰巨、前途晦暗，却依然无悔踏上征途的蓬勃生命力所感染。

对于印第安人的被杀戮与印第安部落的消亡，库柏的心情十分沉重，他怀着深切的同情与愤慨揭示了"欧洲文明的入侵摧毁了美洲原住民包括生命在内的一切历史延脉"的客观事实。这部作品旨在提醒后世，这段惨烈的历史绝非虚妄之作——随着最后三个莫希干人的死去，千百年来统治美洲大陆的美德与古朴民风也随风消散，留下的只是笼罩于西部草原之上的残暴、贪婪与罪恶。①

关于欧洲国家、美利坚合众国与美洲原住民之间的这段历史，库柏并不是唯一关注并以笔记录之人。1992 年年底，美国学术界曾借"哥伦布发现新大陆 500 周年"的契机，掀起了一场声势浩大的反官方、反传统思潮。学者们以坦诚的学术良心、严谨的数据分析对美利政府坚针对这段历史的传统宣传提出质疑，指明哥伦布对美洲新大陆的所作所为并非"发现"（discover），而是"征服"（conquest）。紧随哥伦布之后，西方国家争先恐后地向美洲输出移民，进行殖民统治，大肆屠杀原住民，而美利坚建国后的那段历史更是将这种罪恶推向了"入侵"（invasion）、"大屠杀"（holocaust）和"种族灭绝"（genocide）的程度。② 美国从正式建军那天起，就命令军队立即向西开进。美国陆军第一团从成立之日起，征剿印第安人就成为它的基本任务。美国联邦正规军队和民兵从事的这种残暴的屠杀和征剿，从 1803 年（正规军正式开始投入战斗是 1811 年）一直持续到

---

① "莫希干人的领土是被欧洲人侵占去的美洲大陆的第一块地盘，莫希干人是第一个成了离乡背井的人。面临着文明的推进，也可以说，文明的入侵，所有印第安部落的人民，就像他们故土林木上的绿叶在刺骨的严寒侵凌下纷纷坠地一样，日益消亡，看来这已成为落到他们头上的不可避免的命运。有足够的历史事实可以证明，这幅惨像并非虚妄之作。"参见〔美〕库柏：《最后的莫希干人》，宋兆霖译，南京，译林出版社，2001。

② 参见《美国新闻与世界报道》，第 25 页，1991 - 5 - 13。另见美联社 1992 年 10 月 13 日弗吉尼亚夏洛茨维尔电讯。See http：//www.usnews.com/. The date of last retrieved, 2011 - 12 - 20.

1892 年，差不多进行了整整一个世纪。1830 年《印第安人迁移法案》、1864 年《宅地法》颁布后，屠杀印第安人的活动达到高潮，许多印第安人的村庄在一夜之间变成鬼域。在当地民兵的配合下，美国联邦正规军采取分进合击等战术，集中发起了 1 000 多次不同规模的军事行动，到 1890 年基本上完成了灭绝印第安人的作战任务，剩下的印第安人被赶进了保留地。①

关于美国屠杀印第安人的这段历史的真实性，我们至少可以从四位美国"国父"的言论中找到一些论据支撑。

1779 年，乔治·华盛顿在指挥攻打印第安易洛魁（Iroquois）部落时，曾将印第安人比作到处泛滥的"垃圾"，并指示："在所有印第安居留地被摧毁前，不要听取任何和平的建议"。1783 年，攻打印第安塞内卡（Seneca）部落时，华盛顿将印第安人与野兽进行比较，流露出强烈的种族歧视。更令人发指的是，华盛顿教导兵士如何能够从易洛魁部落人尸体上剥下"整张的皮"，做出"齐大腿根长度的优质筒靴"，诀窍就是"从他们的臀部与腰部交接处开始剥皮"。幸存的印第安人将美国第一国父的名字改作"小城摧毁者"。不到 5 年时间，30 个塞内卡部族城镇中仅余两个城镇。②

《独立宣言》的主要起草人，托马斯·杰弗逊曾经于 1807 年指挥他的军队用"短柄斧头"去教训这些原住民中的反抗者，"除非整个地灭绝他

① See The Indian Removal Act The U. S. Senate passed the bill on April 24, 1830 (28 - 19), the U. S. House passed it on May 26, 1830 (102 - 197); Francis Paul Prucha, The Great Father: The United States Government and the American Indian" IndianRemovalAct: Primary Documents of American History" . Library of Congress. See http: //www. loc. gov/rr/program/bib/ourdocs/Indian. html. Retrieved May 12, 2011. s, Volume I, Lincoln: University of Nebraska Press, 1984, p. 206.

② In 1779, George Washington instructed Major General John Sullivan to attack Iroquois people. Washington stated, " lay waste all the settlements around. . . that the country may not be merely overrun, but destroyed" . In the course of the carnage and annihilation of Indian people, Washington also instructed his general not " listen to any overture of peace before the total ruin of their settlements is effected" . In 1783, Washington 's anti-Indian sentiments were apparent in his comparisons of Indians with wolves: " Both being beast of prey, "they differ in shape", he said. George Washington 's policies of extermination were realized in his troops behaviors following a defeat. Troops would skin the bodies of Iroquois " from the hips downward to make boot tops or leggings" . Indians who survived the attacks later re-named the nation 's first president as " Town Destroyer" . Approximately 28 of 30 Seneca towns had been destroyed within a five year period. See Stannard, David E. AMERICAN HOLOCAUST. New York: Oxford University Press, 1992. pp. 118 - 121.

们，否则美国人将会被赶到密西西比河以外"。1812 年，杰斐逊如此鼓励部队的士气："我们会全部杀死他们，美国人必须灭绝印第安人，或者将他们驱赶到我们不愿意去的地方。"①

1862 年，林肯总统下令将明尼苏达州曼卡多地区达科塔（Dakota）部落的 38 名囚犯绞死。囚犯绝大多数是达科塔部落的神职人员或政治领袖，该案铸就了美国历史上最大规模的一次死刑。被林肯下令屠杀的 38 名印第安人，没有一个经过法庭辩论的正当程序，所有人均未实施被指控的罪行，当时唯一的证据是"与联邦政府军的战争发生时，他们在场"。随着每 10 分钟一次重重敲落的法槌，38 人瞬间成为绞刑架下的冤魂。这次战役之前，林肯曾对即将出征的美国陆军中将约翰·波普（John Pope）如此交代作战目标："……彻底灭绝苏语部落……可以把他们当作野兽对待。"②

诺贝尔和平奖获得者，20 世纪美国总统西奥多·罗斯福承认，美国人对印第安人的"种族灭绝与掠夺土地"的政策与行为是不可避免的，这最终为美国带来了好处。他反对"只有死掉的印第安人才是好人"的说法，但相信"十个好印第安人中有九个是死了的人"，而且他也"没有兴

① In 1807, Thomas Jefferson instructed his War Department that, should any Indians resist against America stealing Indian lands, the Indian resistance must be met with "the hatchet". Jefferson continued, "And. . . if ever we are constrained to lift the hatchet against any tribe," he wrote, "we will never lay it down till that tribe is exterminated, or is driven beyond the Mississippi." Jefferson, the slave owner, continued, "in war, they will kill some of us; we shall destroy all of them". In 1812, Jefferson said that American was obliged to push the backward Indians "with the beasts of the forests into the Stony Mountains". One year later Jefferson continued anti-Indian statements by adding that America must "pursue to extermination, or drive them to new seats beyond our reach". See Stannard, David E. AMERICAN HOLOCAUST. New York: Oxford University Press, 1992. pp. 118 - 121.

② In 1862, President Abraham Lincoln ordered the union by hanging of 38 Dakota Sioux prisoners in Mankato, Minnesota. Most of those executed were holy men or political leaders of their camps. None of them were responsible for committing the crimes they were accused of. Coined as the Largest Mass Capital Sentence in U. S. History. "It is my purpose to utterly exterminate the Sioux. They are to be treated as maniacs or wild beasts". None of the Indians tried were given any semblance of a defense. Their trials lasted approximately 10 minutes each. All adult maleswere found guilty of murder and sentenced to death with the only evidence against them being they had been present during a "war" which they themselves had declared against the government. See BrownDee. BURY MY HEART AT WOUNDED KNEE. New York: Holt, Rinehart, Winston, 1970. pp. 59 - 61.

趣去搞清楚第十个印第安人到底是怎么死的"。①

在美国历史学研究中颇具影响力的戴维德·斯坦纳德（David Stannard）教授坦言，若美国国父们的言辞由德国领袖在 1939 年借用，那么它们将永远被镌刻在世界现代史的记忆中。但由于上述言辞是崇尚人道与民主的杰斐逊等人作出的，因此很容易会被湮没在人们对他们的赞美声中。斯坦纳德教授进一步对美国的种族灭绝政策造成的结果作出分析，指出贫困落后的原住民的灭绝可以使得美国政府回避责任，"一举甩掉本应承担的沉重包袱"；同时，无偿占有原住民多达几百万平方公里的土地，当然也包括土地中附着的丰富多样的自然资源。如此，消灭了大批人口负担、攫取了大量自然资源的美利坚轻装上阵——"在短短一百年的时间内一跃成为世界第一经济强国"。②

对印第安人的种族灭绝政策与蓄奴合法制度一直是以"崇尚自由与民主、彰显公平与正义、促进人权与进步"为使命的美利坚合众国的梦魇，是它永远羞于启齿的一段充满着血腥与罪恶的历史。库柏作为美国建国后的第一代本土作家，凭借着良知与正义感，以客观、冷静、写实的笔触在文学作品《皮裹腿故事集》中记录了这段历史，其中彰显着鲜明的道德评判与价值取向，为人类文明史保存了一份扎实、厚重的资料。

6.5.2　赎罪心理的罗曼史：霍桑与《红字》

19 世纪的美国浪漫主义文学家中，纳撒尼尔·霍桑③（Nathaniel Hawthorne，1804～1864 年）占有重要地位。作品《红字》（1850 年）被称为是一部"赎罪心理的罗曼史"。小说以英格兰殖民地清教徒的居住地为背景，深入探讨了人类应当如何面对罪恶与赎罪的话题。

故事发生在 17 世纪中叶的波士顿。与丈夫失散后的海丝特·白

---

① America's first twentieth century president, alleged American hero, and Nobel peace prize recipient, Theodore Roosevelt. This Indian fighter firmly grasped the notion of Manifest Destiny saying that America's extermination of the Indians and thefts their lands were ultimately beneficial as it was inevitable. Roosevelt once said, "I don't go so far as to think that the only good Indians are dead Indians, but I believe nine out of ten are, and I shouldn't like to inquire too closely into the case of the tenth". See Stannard, David E. AMERICAN HOLOCAUST. New York: Oxford University Press, 1992. pp. 118–121.

② 参见〔美〕威廉·福斯特：《美洲政治史纲》，北京，人民出版社，1956，第 280 页。

③ 霍桑是美国 19 世纪影响最大的浪漫主义小说家和心理小说家。出生于美国马萨诸塞州的塞勒姆镇一个破落的贵族世家。他的祖先是殖民地时期的法官，卷入 1692 年著名的"驱巫案"，犯下过血腥的罪孽。这造成了霍桑与生俱来的负罪感。1853 年，霍桑被皮尔斯总统任命为驻英国利物浦领事。

兰因犯了通奸罪，被加尔文教审判机构施以侮辱刑，胸口佩戴象征着邪淫的红色"A"字（Adultery，意即通奸）站在古老的枷刑台上，鞭刑示众。白兰怜惜地抱着自身罪孽的活证据——一个出生仅三个月的婴儿，拒绝供出同犯。出狱后，白兰被驱逐出清教徒居住区，带着女儿珠儿靠着针线技艺维持生活。贝灵汉总督和神甫威尔逊曾试图剥夺白兰对珠儿的监护权，但白兰以死抗争，声称珠儿是上帝降给她的刑罚，也是上帝赐予她的赎罪之源。为了掩盖代表着耻辱的红字，白兰亲手为珠儿缝制了红色的天鹅绒裙，小姑娘穿在身上奔跑嬉戏，像一团跳跃的火焰在燃烧。清教徒社会中，珠儿是奇耻大辱的象征，但也只有她才是鲜亮生动的，与母亲的昭然罪行一起闪耀在世人面前。七年过去了，白兰平静地接受了社会给她的歧视与羞辱；她并未因自己的罪行感到卑下，亦同样不倚重于人们的同情与赞扬。她宽容地对待一切，真诚地对待每一个人，最终赢得了人们的尊敬，胸前镌刻的红色 A 字母也由"通奸"（Adultery）转变为"天使"（Angel）的象征。这时，白兰失散多年的丈夫——一个才智出众、学识渊博的学者来到美国，改名为齐灵渥斯，以医生的身份暗中察访与妻子私通的男子。经过多年窥探，齐灵渥斯认定丁梅斯代尔牧师就是通奸者。在内心罪过的折磨下，脆弱的丁梅斯代尔日渐难以支撑。最终，丁梅斯代尔挽着白兰与珠儿登上了枷刑台，向教众忏悔，在一片惊呼声中，他以生命为代价换取了道德的新生。①

在本部作品的三个主要人物中，只有白兰是最幸福与智慧的。她是一个近乎透明的女性，听从内心原始情感的呼唤，对丁梅斯代尔产生了真挚的感情。面对宗教、道德、法律的多重压力，白兰显得异常平静，坦然承受着一切世俗的惩罚。事实上，与丈夫和情人不同，白兰的内心始终未将自己的情感当作一种罪恶，因而她能够宽容地对待一切狭隘与偏激。珠儿是白兰在逆境中唯一的精神寄托，她身上火红的天鹅绒裙正是白兰心中那团对生活、对爱情永不熄灭的热情火焰的象征。正是这种不辩不争、坦然承受、安静等待却又永远不放弃希望的精神气质，使得白兰洗脱一身耻辱，赢得公众的尊敬，而她衣领上的红字亦转变为美好德性的象征。

白兰的情人、牧师丁梅斯代尔是作品中最为矛盾的角色。他深爱着白

---

① 梗概及本节所有引文来源于〔美〕霍桑：《红字》，胡允桓译，北京，人民文学出版社，1991。

兰，却又屈从于宗教教义与道德舆论的束缚，因而忍受着比白兰母女严厉百倍的炼狱般的煎熬。丁梅斯代尔在备受精神惩罚的同时，圣职工作却大放异彩，追随他的教众越来越多；而这份荣耀更是加重了丁梅斯代尔的罪孽情绪，使他不堪重负。这种双面人格的激烈交锋使得丁梅斯代尔的精神彻底崩溃，内心的负罪感及良心的谴责最终驱使他牵着白兰与珠儿登上枷刑台，在教众面前扯开神甫的圣袍，赫然露出与白兰和珠儿衣襟上同样的红字，这个红字他整整佩戴了 7 年，已深深烙刻在他日夜忏悔的灵魂之中。

白兰的丈夫、齐灵渥斯医生的悲剧色彩最为浓厚。他虽然才华横溢、天分颇高，却心胸狭隘，将向妻子及其情夫的复仇当作毕生使命。当齐灵渥斯拨开丁梅斯代尔牧师的法衣，发现牧师的胸口上赫然刻着与白兰一样的标记，认定这位形象辉煌的"道德圣人"就是白兰的奸夫、珠儿的生父后，齐灵渥斯欣喜若狂。他精心实施复仇计划，将自己装扮成可信赖的朋友，利用丁梅斯代尔的负罪心理，让对方向他吐露一切恐惧、自责、烦恼与懊悔。这个内心充满了复仇火焰的人得到了极大满足，他决定花一生时间慢慢折磨丁梅斯代尔。当复仇成为齐灵渥斯生活的唯一目的时，悲剧也拉开了帷幕。丁梅斯代尔不堪忍受精神的折磨、忏悔后死在枷刑台上，齐灵渥斯扭曲的心灵再也无法找到依托——不到一年，他也死了。耐人寻味的是，他将所有遗产赠予珠儿——他不共戴天的情敌的女儿。

《红字》的情节发展围绕着"罪恶"与"忏悔"展开。霍桑认为，人应该以一种坦诚的态度面对自身的罪恶，把自身的罪恶充分暴露出来，借此达到自我净化。这种思想在白兰与丁梅斯代尔身上得到充分体现。作品中，霍桑把所有的现实社会问题抽象为无所不在、无法克服的罪恶；同时，罪恶也成为一种纽带，它将人类束缚在一起，承担着共同的命运。通过白兰的遭遇，霍桑希望启示我们，人对自身罪恶的承认，并不意味着人的堕落，而是意味着人堕落之后为获救而作的努力。

值得注意的是，霍桑之所以著就《红字》这部传世名作，与其家族历史具有很大关系。霍桑出生于马萨诸塞州的塞勒姆镇，该镇是殖民地时期的一个重要港口，也是清教徒聚集地。他的家族曾是殖民地早期显赫一时的名门望族，祖辈威廉·霍桑（1607～1681 年）跟约翰·温斯洛普总督一起移居至美洲新大陆，是一名"士兵、征服者、官员、法官、宗教掌权者"。威廉的儿子约翰（1641～1717 年）则是著名的 1692 年"塞勒姆驱巫案"① 的三名主审法官之一。1692 年，马萨诸塞州的塞勒姆镇发生了历史上著名的"驱巫案"。当时的塞勒姆镇流行着一种类似癫痫的传染病，有人说此系女巫作祟。在宗教团体和当局的严刑威逼下，全镇的女孩们不得不撒谎相互揭发、陷害无辜。数百人面临指控，最终有 19 个女人以"施巫术"的罪名被送上绞架，其中包括一对母女，幼女被执行死刑时不满 5 周岁。另一位拒不承认罪行的年逾八旬的男子被执行重石压身而亡的极刑。塞勒姆镇中的相互揭发逐渐失控，最终总督威廉·菲普斯的妻子、哈佛大学校长以及波士顿第一教堂的牧师塞缪尔·威拉德均被指控为罪犯。此刻，总督本人不得不出面，召集了一场案件听证会，对 352 个犯罪嫌疑人进行了重新审判，最终只有 3 个人被定罪，即使这 3 个人也得到了总督的缓刑。总督接着释放了所有仍关在监狱里的犯人并对所有受到指控的人进行了大赦。萨勒姆驱巫案就此结束。

身负祖先留下的荣耀和罪恶，霍桑的内心充满着矛盾，他既赞美清教徒虔诚、律己、纯洁的道德情操，又对宗教法庭使用的残酷手段以及造成的累累冤案感到愤怒。正是作品《红字》使得他的负罪感与自责情绪得到了有效宣泄，而他本人也在作品中以浪漫主义的文笔表述了对人性、对罪恶、对命运等重大哲学观点的思考。

6.5.3　沉默的羔羊：麦尔维尔与《水手比利·巴德》

赫尔曼·麦尔维尔② （Herman Melville，1819～1891 年）是与霍桑齐名的、在美国浪漫主义文学史上占有举足轻重地位的作家，其作品风格独特，流露出对现代西方文明的惶恐、对弱势群体的同情以及对人类本性的探索。

《水手比利·巴德》是一部引起巨大反响的作品，在麦尔维尔去世后 30 年才得以公诸于世。在这部作品中，作者以细腻精致的笔调，创作了一个与法律有关的寓言，刻画了比利·巴德——一个"高贵的野蛮人"的悲剧命运，展现了在邪恶与权力面前，人类的理性是如何操纵法律，使得

---

①　The Witchcraft Trials in Salem：A Commentary ，Douglas Linder，See http：// law2. umkc. edu/faculty/projects/ftrials/salem/salem. htm），the last Retrieved date，2011 - 10 - 10.

②　麦尔维尔出生于纽约的一个商人家庭，因父亲破产，未成年便离开学校，自立谋生。先后当过银行职员、农场工人、商店伙计、小学教师、轮船服务员、军舰水手、海关检查官。著有长篇小说《泰比》《白鲸》以及遗作《比利·巴德》等。遗憾的是这些作品长期未得到重视。直到 20 世纪 20 年代，麦尔维尔的价值才被世界文学界"重新发现"，确立了他在美国文学史上应有的地位。

纯真与无辜横遭戕害。麦尔维尔的创作源于一桩历史事件的曝光：1842
年，美国双桅战舰"萨默斯号"上的哗变。在和平时期的巡洋练习期间，
"萨默斯号"三位船员因策划哗变而被船长亚历山大·斯利德尔·麦肯齐
断然绞死，整个过程没有正式的传讯、审问，也未允许证人对质或者保障
被告人的辩护权。①

　　作为麦尔维尔的代表作，《水手比利·巴德》语言精粹直白，寓意丰
富。自出版至今，各个生活阅历迥异的读者，均试图从不同角度对这个美
丽的故事予以解读——从对人性善恶的探讨到法律与正义、规训与反抗的
剖析；从宗教与神话意蕴的当代阐释到同性恋伦理与精神分裂症问题的研
究，如此种种，为这部作品抽出绵绵不断的外绎。

　　　　故事发生在 1797 年拿破仑执政期间，英法战事正酣。年轻英俊
　　的水手比利·巴德由商船"人权号"被强征到英国军舰"战力号"服
　　役。比利为人单纯，与全船上下相处融洽，唯独纠察长克腊加特因难
　　以言明的理由对他嫉恨有加。克腊加特不断地监视、引诱、挑衅比
　　利，最后发展到向威尔船长诬告比利谋反。对质时，面对克腊加特完
　　美精致的谎言，比利·巴德震惊得说不出话来；情急之下，他使用了
　　最原始的方式，一拳打向克腊加特，后者一命呜呼。在匆忙召集起来
　　的"临时阵地军事法庭"上，该案引起争论。舰长既是案件唯一的目
　　击者，又是定夺比利生死的审判官。他知道比利并非故意杀人，也了
　　解克腊加特一贯阴郁的秉性，但当时处在战争时期，尤其是前不久英
　　国海军发生过哗变，这就使得舰长这个关键人物的意见偏向不利于被
　　告的一端。最终，一把失去了公正与光明的"正义之剑"刺向比利·
　　巴德——他被判处绞刑，并在舰艇的最醒目处立即执行。海军官方就
　　该事件进行了解释，称比利涉嫌通敌叛国，被审期间企图行凶，克腊
　　加特在制止比利罪行的过程中殉职。②

　　这部作品中，麦尔维尔留给我们多元的叙事空白，在法律、宗教、道
德领域引起了无数读者的猜测与解读。最大的一个谜团是，克腊加特数次
欺侮并且诬陷比利的动机是什么？一种解读是，如果比利是"善良"的象
征，克腊加特则是"性恶"的化身。他憎恨比利没有其他原因，只是因为

　　①　参见〔美〕麦尔维尔：《水手比利·巴德》，许志强译，北京，人民文学出版社，2010，
6 页。

　　②　梗概及本节所有引文来源于〔美〕麦尔维尔：《水手比利·巴德》，许志强译，北京，人
民文学出版社，2010。

后者本性纯真无邪。这种"恶"藏在人性深处，可能连克腊加特本人也没有察觉、无法控制，他的行为动机只能是天生怨毒使然。麦尔维尔为我们细致剖析了克腊加特的性格特点："这种人具有高度的理性，分裂、偏执型的人格缺陷巧妙地托庇于对律令戒条的严格遵守中。这种人是人类社会中最危险的因素，他们最大的特点是善于将理性作为工具来完成非理性行为"。这位纠察长是整艘军舰上除了威尔船长外仅有的能够从理智角度充分欣赏比利的人，文中一段关于克腊加特的特写充分证明了这一点。① 是否可以揣测，克腊加特对比利纯真美好的自然人格的鉴赏中饱含着绝望与毁灭的快感——"他理解善、赞美善，向往善，却始终无力成为善；惶恐之余，他愤然决定悖离善，并杀死善"，这种扭曲、矛盾的心理我们在《巴黎圣母院》中主教克洛德对艾丝美拉达的感情中似曾相识。

关于克腊加特的犯罪动机，当代另一种前卫解读是涉及性的禁忌——在枯燥乏味的军舰上，长相柔美、绰号"美人儿"的比利，无疑是全船上下一干男子的审美对象乃至追求目标。连严谨持重的威尔船长都赞叹道，比利是"人种的绝佳标本"，"他的裸体或许可以为堕落之前的年轻亚当的雕塑摆个姿势呢"。比利的美貌似乎唤醒了克腊加特沉睡的欲望，使他"忧郁哀伤的神色之中会出现一丝温柔的渴求，仿佛不是为了命运与禁忌的缘故，克腊加特甚至会爱上比利呢"。但是，在当时严厉的宗教罪责观的氛围下，克腊加特作为纠察长，军舰上严格的纪律与强烈的长官荣誉感促使其产生了难以摆脱的自我憎恨，并转而将这种憎恨投射到耻辱情感的源头——无辜的比利身上。当然，除了上述两种解读，我们也可以从犯罪心理学等角度对克腊加特的作案动机作进一步探讨。

水手比利·巴德，作为全书的关键角色——一位被无辜献祭的羔羊，拥有着与现代文明人所迥异的性格魅力。博尔赫斯在书评中指出，"《水手比利·巴德》可归结为描写正义与法律冲突的故事，但这一总括远没有主人公的特点来得重要，他杀了人，却始终不明白自己为什么会受到审判并被定罪。"② 比利的悲剧性缺陷，就在于他根本无法理解人类文明社会所必须掌握的制度化游戏规则。"他天生是一个和平天使，日常的他无须言语，只须随意一站，周身便散发出德行的光晕与英勇的男性气质。"但在

---

① "克腊加特偷偷注视比利，带着那种沉思冥想与忧郁哀伤的神色，他的眼中奇怪地噙满了刚刚萌生的激动不安的泪水。"〔美〕麦尔维尔：《水手比利·巴德》，许志强译，北京，人民文学出版社，2010，第37页。

② 〔阿根廷〕博尔赫斯：《博尔赫斯全集》，散文卷，杭州，浙江文艺出版社，1999，第331页。

成熟、文明的人类社会，这种单纯的秉性却适得其反——这位英俊的水手、大自然不加矫饰的宠爱杰作，最终成为人类法律与权力角逐的祭牲。当他从"人权号"被选中到海军服役时，尽管这是一个坏消息，但"他好像很能接受，就像能接受天气变坏一样"；当他亲眼目睹了一个擅离职守的水手被执行鞭刑，裸露的后背上色彩狰狞的丑陋印记，以及水手的哀号与祈求时，比利深受震动，"他匆匆逃离现场，埋没在人群中，并下定决心不会因为一丝纰漏而使自己蒙受同样的可怕刑罚"。[①] 从比利单纯而剧烈的内心感悟中，我们可以领略到文明社会的残酷刑罚对于一个原始灵魂产生的强大威慑力，这种描述与福柯"规训与惩罚"的理论建构完全符合，也从一个侧面印证了威吓刑罚观的有效性。令人心痛不已的是，在日后的审判与等待执行过程中，比利像一只待宰的羔羊般安静、沉默，他对这个文明世界的规则充满了敬畏。当他的脖颈被绕上绞索时，留给世人的最后一句话竟然是"愿上帝祝福威尔船长"——正是这句话，有效缓解了威尔船长所面临的压力，由于处死无辜的比利，舰队士兵的哗变随时可能爆发。

作品的结尾，比利的衣物被水手们当做圣物般地传递着、摩挲着，而比利短暂的一生亦升华为水手们心目中的基督传奇。在如此情境之下，谁又能说比利只是带着人类文明所制造的悲惨与阴暗走向死亡，而不是闪耀着自然人性的善良与高贵？

对比利一案的审判与执行是全书的高潮，有关法庭审理的情境也是作品中篇幅最长的章节。也许麦尔维尔通过此部作品希望读者加以评判的，正是威尔船长最终作出的艰涩判决。整艘舰船的灵魂——威尔船长，具有上帝般的父性权威。他以智慧、公正、严明、慈爱的性格魅力赢得了水手们的敬畏。然而，关键时刻，他却挑选了一只最为温驯、纯洁的羔羊宰杀献祭。比利被抛弃了。威尔组织并且一手操纵了临时法庭的审判，蛮横地压制来自其他官员的反对意见，最终将比利送上了绞刑架。从某种意义上讲，威尔船长的行为无异于另一场谋杀，他完成了克腊加特企图对比利做而没有成功的事情——"当海军陆战队上尉对案件审理程序表示质疑，声称应当展开基本情况的横向调查时，遭到了威尔船长的喝止，而这种横向调查正是能让比利摆脱死亡的唯一希望。"如果说比利与克腊加特的恩怨

① "比利被吓坏了，他冲出现场，埋没在人群中。他决心绝不因疏忽懈怠而使自己遭受这样的惩罚，绝不做或忽略掉任何哪怕可能会招致口头斥责的事情。"〔美〕麦尔维尔：《水手比利·巴德》，许志强译，北京，人民文学出版社，2010，第 64 页。

纠葛可以适用善恶二元论进行诠释，前者将后者失手杀死的意外结果也颇符合善恶有报的自然逻辑，令人难以承受的是威尔船长的介入，威尔船长的言行使得整个故事的发展变得令人压抑、沮丧、焦躁不安。在涉及"法律与正义"的主题时，威尔船长才是麦尔维尔着力刻画的主人公。他以寥寥数笔勾勒出故事的轮廓，邀请读者以不同的人生经历对细节进行填补，继而对这桩公案做出评判：一个"高贵的文明人"，出于怎样的动机、承受着怎样的压力，杀害了另一个"高贵的野蛮人"？英明的上帝，会因何种理由来恣意杀害无辜的羔羊？

　　威尔船长要解开的是一个融合着良知与法律的交错盘结之网：手握法律利器，他到底应当服从良知，还是服从权力与形势的需要？由于洞悉"法律是为理性与秩序服务的"这一游戏规则，威尔船长时刻提醒自己应保持冷静与理智，把握好权利运作过程中"正确的"而非"真理的"每一环节。要比利送死，是基于制止"哗变"的考虑；而比利的死又极可能引发更大的哗变。因此，威尔不仅需要比利作出牺牲，而且还需要比利知晓，以这种牺牲来换取整个军舰秩序的维持是合理、必要的，他对比利会赞同这样的利益交换深信不疑。其后，威尔船长与比利的单独会见进行得非常顺利，威尔成功地引导、说服比利去平静地拥抱自己的命运。无人知晓"密室会谈"的内容，这是麦尔维尔留给我们的又一个空白。但可以看到的场景是，比利在临刑前高呼："愿上帝保佑威尔舰长！"这足以证明二者通过临终密谈达成了相互谅解，取得了一致见解。这是一种审判者与囚徒、刽子手与祭牲之间的默契，这是一种对肉体消灭与精神酷刑之间的刑罚分配达成的协议。事实证明，其后威尔船长的灵魂始终无法抵达坦然与安宁的境界——"弥留之际，他眼中唯一闪现的就是比利那张纯真、热情的面孔"。另外，熟谙文明社会规则的威尔船长明白，只有理智地控制内心的欲望，才能在这个人为权力建构的真理之网中自如翱翔，因而即使在他充满感激地怀念那只无辜的羔羊时，亦同时坚信他的所作所为当属必要，无须忏悔。借威尔船长这一角色，麦尔维尔揭示了出于维持社会秩序的需要而违背自然正义的行为的普遍性与必然性。

　　另外，"战力号"军舰亦可以被看作是整个文明世界的缩影。比利·巴德从"人权号"进入"战力号"服役，暗示着从原始状态的自然界进入了由权力、法律统治的文明社会——比利所享有的自然权利即将受到限制与剥夺。威尔船长威严、机敏，其姓名的拉丁文含义是"真理"，他犹如《旧约》中的上帝，为了保持军舰的整体性与战斗力而实施严刑峻法，处死了过失杀人的比利·巴德。因此，"战力号"

军舰无论代表着人类文明社会，还是象征着法律与规则，其本质是一条庞大的语言之舟——只有深谙其语法的人，才有生存的权利——正如克腊加特与比利对质时，口若悬河、一气呵成，将构陷之辞编织得完美无缺；与他强大的语言驾驭能力及咄咄逼人的非凡气质相比，"野蛮人"比利的失语症再次发作，除了以拳头进行原始自卫外，似乎并无更好的选择。再如在审判比利的临时法庭上，威尔船长"上演了一出完美的独角戏"，他的雄辩与智慧也给读者以某种错觉，似乎比利因拙于言辞而杀人，而威尔船长以精通言辞而杀人——对比利的审判就是一场通过言语来操纵生死的游戏。

因此，这部伟大的小说不仅是关于善与恶、正义与非正义的探讨；各种权力结构的分布与牵制恰好给米歇尔·福柯的"权力话语理论"提供了生动的佐证。福柯认为，真理本身既是特定权力的产物，又是权力有效维持的重要组成；而真理与权力之间的媒介是话语，话语是真理的载体，但其本质是话语权；话语权来自权力的赋予，因而它的行使必然带有压迫性、排斥性、限制性。在代表着微型人类社会的"战力号"军舰上，上演了一幕权力话语对正义与真理进行构建与控制的图景。显然，比利·巴德这位"高贵的野蛮人"，这位"只需随意一站，周身便散发出德性的光晕"的英俊水手，在人类文明社会中具有致命的语言缺陷，这便注定了他必将沦为人造正义与秩序的祭牲，虽然他本身是大自然不加矫饰的宠爱之作。

6.6　浪漫主义思潮下刑法思想的演变

历经启蒙思想洗礼后的西方世界，理性与秩序统治着一切。17、18世纪是科学与理性的社会，在启蒙思想的引导下，人们以理性的名义去批判一切传统观念与宗教教义。18世纪末、19世纪初，人类感性与理性的疏离终于导致了人性自身的异化——人们对当时社会的建构理性普遍感到迷惘而惶恐：自由主义者认为新的资本主义秩序并未使人获得真正的自由与平等；保守主义者则认为暴力革命使人的性命危若累卵；新开拓殖民地中充斥着征服种族的优越感与被同化种族的仇恨观。人们于新旧价值观交替的"真空"状态下普遍感到无依托感、无归宿感，很自然地萌发出对现有社会文明的怀疑、不满与抵抗。正如马克斯·韦伯所述，"理性化的非理性所在，就是文明社会的症结所在"①。在此背景下，寻找个人精神寄托的浪漫主义思潮因运而生，成为人类文明史上第一次大规模的个体人对文明、理性世界的疏离与反叛。

在西方文学层面，各国作品逐渐疏远了人本主义与启蒙理性，它们或者重返宗教的怀抱，或者亲近自然风光，竭力寻找着超越社会现实的理想彼岸，以填补理性王国破灭后带来的心灵空虚；同时，文学作品开始对人之本质进行反省、对工具理性进行质疑，对社会秩序予以批判。浪漫主义思潮之前，人类历史上还没有任何一个文学思潮与风云变幻的社会变革结合得如此紧密。人们一方面仍然忠诚于启蒙运动带来的民主与自由之理想，另一方面又对革命引发的暴力与血腥心存恐惧；人们一方面享受着英国工业革命带来的物质社会的快速进步，另一方面又无时无刻不处在心灵空虚与精神幻灭的痛苦之中。于是，在浪漫派作家的笔尖上，始终萦绕着一个模糊而坚定的使命——从法国大革命的惊涛骇浪中，从英国工业革命自我意识的无限膨胀中去追寻人类灵魂的慰藉：原始古朴的大自然成为指引人性复归的一种坚定力量，亦在终极意义上承载着人类的灵之所系、魂之所归。因此，在德国、英国、法国等欧洲早期资本主义国家中，涌现出格林兄弟、海涅、拜伦、雪莱、雨果以及大仲马等一大批浪漫主义作家，他们的作品是对当时渐已成型的工具理性、物质主义所带来的人性异化现象的一次彻底检视，罪与罚的主题深嵌入于每一部作品的内核，颠覆了西方资本主义旧的价值理性，以强烈的反叛精神探索着崭新的文化构建模式与价值评判取向。

这种思潮的强势发展与疾速蔓延，突破了欧洲旧大陆的界限，深刻地影响着处于民族觉醒时代的俄罗斯与出生不久的美利坚。俄罗斯是一个酷爱诗歌艺术的民族，"十二月党"诗人、普希金、莱蒙托夫等民族作家在自由与民主精神的召唤下，创作了大量的浪漫主义杰作，奠定了俄罗斯民族浪漫奔放、坚忍执着的民族气质，此时的俄罗斯文学远离东正教罪罚观的影响，洋溢着浓厚的世俗色彩，字里行间闪烁着对旧有秩序与法律、道德、伦理体系进行解构与重构的渴望。而这一时期的美国文学亦逐渐摆脱了英国文学的影响，走上独立的、具有浪漫主义民族色彩的道路。"西部开拓"是当时美国作家喜爱的主题，原始的森林、广袤的平原、无际的草原、苍茫的大海……这些自然景物成为美国人民品格的象征，形成了美国

① 转引自朱学勤：《道德理想国的覆灭：从卢梭到罗伯斯庇尔》，上海，上海三联书店，2003，第2版，第41页。

文学挑战古典文明、敬畏自然权利的传统。值得注意的是，清教徒思想作为一种文化遗产，对美国人的道德观念产生了巨大影响，在美国文学中亦留下了明显印迹——相对比德国、英国、法国乃至俄国等欧洲国家同时期的文学，美国浪漫主义文学的宗教道德倾向十分浓厚。在库柏、霍桑、麦尔维尔的作品中，加尔文主义的原罪思想、惩罚与救赎的神秘性均得到了充分的表现。另外，美国浪漫主义作家在对人性的理解上也各不相同。库柏通过《最后的莫希干人》对于白种人对印第安人所犯的"道德罪过"十分内疚，他真切地同情着被剥夺了基本人权、甚至惨遭灭族的印第安人的悲惨命运，祈祷、呼唤着宗教意义上猛烈的"自然惩罚"；而霍桑则认为人类在内心上均是罪人，人类需要承认自己的原罪，才能得到最终的救赎，宗教与道德的存在意义即使人认识自己的本性，《红字》中的主人公白兰即是承载该种观点的典型；麦尔维尔的作品更加晦涩难解，无论是《白鲸》还是《水手比利·巴德》，均弥漫着神秘的"罪刑观"，以沉郁、空灵的笔触关注着人性中最幽暗、最不可捉摸的部分。直至 21 世纪的今天，西方各国法学学者仍为上述作品所承载的罪恶与救赎之内涵争执不休。

在刑法思想方面，法国大革命后的半个世纪，整个西方社会的价值观、罪刑观带着鲜明的叛逆色彩，各种思想倾向相互冲突，人们对社会问题的看法与观念存在着尖锐的分歧。复杂、多元的浪漫主义思潮正是西方人普遍心理的一种投射，映照出他们激荡、亢奋而又迷惘、惶恐的心灵世界。如果说启蒙思想时期的"自由"意味着人在自然法则下享有的天赋权利，集中体现为维护个人在社会秩序中的平等权与民主权，那么，浪漫主义思潮下的"自由"则更强调作为个体生命存在的精神人格应从物质文明的羁绊中挣脱出来。前者的"自由"侧重于社会制度与天然权利的符合；后者的"自由"则侧重于人类本性与现存文明的抗争。在该思潮的冲击下，黑格尔、边沁、费尔巴哈等古典主义刑法大家的思想逐步形成、发展、成熟。无论是黑格尔的"绝对观念说"，还是边沁的"功利理论体系"以及费尔巴哈建立在"心理强制说"基础上的罪罚体系，均将目光由客观世界转向人的内宇宙，建立于人类的感性本质之上。总体而言，此时的刑法思想开始向主观主义倾斜，关注人类心灵、体恤人类情感，洋溢着浓郁的人道主义情怀。

6.6.1　黑格尔的刑法思想

格奥尔格·威廉·弗里德里希·黑格尔（George Wilhelm Friedrich

Hegel，1770~1831 年）是德国古典哲学的集大成者，也是刑事古典学派的代表人，其法哲学理论的最大特点是客观唯心主义与辩证法。黑格尔十分强调客观化的精神世界，认为自然界与人类社会的一切事物均来源于一种抽象的"绝对观念"，都是这种绝对观念的表现与外化。这种绝对观念在精神阶段的运动历经"主观精神、客观精神、绝对精神"三个阶段，"主观精神"是绝对观念中具有的自我存在精神，构成了人的精神世界，包括灵魂、意识、心灵三个环节；"客观精神"包括法、道德、伦理三个环节；"绝对精神"包括艺术、天启宗教、哲学三个环节。①

　　客观精神中的伦理、道德与抽象法构成了黑格尔的法哲学体系。这三个因素均与人的自由意志具有紧密联系，是自由意志在人类行为的不同阶段以不同形式的外化呈现，从抽象法至道德，再到伦理的内涵逐渐具体与丰富。"抽象法"中的行为是概念化的、形式的，仅涉及行为的客观属性，不考虑人的内心世界。"道德"阶段包括故意与责任、意图与动机、善与良心，它是自由在人主观思想中的体现，是法的真理。道德使人的客观行为能够归之于特定个人的人格，从而能够接受社会评价并使得行为人对此种评价承担相应责任——涉及行为人意志与归责能力，是不法者对自己的行为承担责任的依据。"伦理"阶段则是前两个环节的统一，要求客观的法与主观的法都必须与社会的普遍性相适应，个人的权利、道德、自由均需要以社会性、客观性的伦理实体为归宿、为真理，并容纳于这些实体中。这些伦理实体主要包括家庭、市民社会和国家。该观点与当今欧陆法学的社会相当性理论较为相近。②

　　将上述法哲学理论运用于刑法领域，黑格尔的刑法思想可以总结如下：

　　关于犯罪的本质，黑格尔根据行为人的主观认识将其分为三类，即"我以不法为法"；"我使得他人认为不法为法"；"我意图不法、毫不掩饰"，分别对应着"无犯罪意图的不法行为"；"在合法形式下的犯罪行为"；"真正的犯罪行为"。③ 黑格尔指出，首先，不法与犯罪都是针对人的行为而言，否定了单纯思想、意志构成犯罪的可能性。其次，行为必须承载行为人的意志，是行为人思想的外化。再次，行为真正的社会意义还

---

① 参见马克昌主编：《近代西方刑法学说史》，北京，中国人民公安大学出版社，2008，第125页。

② 参见吕世伦主编：《西方法律思潮源流论》，北京，中国人民大学出版社，2008，第2版，第351页。

③ 〔德〕黑格尔：《法哲学原理》，张企泰译，北京，商务印书馆，1982，第92页。

是存在于它对外界所造成的后果之中，行为与后果不可分离。最后，无犯意的不法与欺诈可以转化为犯罪，是质与量的辩证关系。继而，黑格尔得出结论，犯罪的本质就是社会危害性：一方面它侵害了他人的人格、权利或利益；另一方面它危害了社会，侵犯了普遍事物和社会整体利益。所以，犯罪本身是虚无的，它将作为"绝对观念"的法扬弃，而绝对的东西不可能被扬弃，必须通过刑罚来对犯罪进行扬弃，使得法重归实在。

关于刑事责任，黑格尔以意志自由论为基础，继承并发展了康德的道义责任论。他认为犯罪行为是刑事责任成立的前提，而刑事责任的根据即自由意志。自由意志使得人具有认识、控制自己行为的能力，这种认识与选择的自由，使得人具备了对自己行为承担责任的能力，此即"行动只有作为意志的过错才能归责于我"的内涵。[①]

关于刑罚的本质，黑格尔同意报应论，其理论基础仍然在于人的自由意志。一方面，犯罪人的理智与意志被束缚于自然状态，没有遵循理性原则，所以必须对这种不法行为承担罪责；另一方面，惩罚犯罪者也是犯罪者对法的必然要求——他知道自己行为的不法性会受到惩罚，却仍然实施该行为，说明其意志中包含着追求这种惩罚的内容，对其施以刑罚正是对一个理性人应有的权利与尊严的维护。"犯人早已经通过自己的不法行为，给予对自己处以刑罚的同意"。[②]黑格尔强烈反对费尔巴哈的心理强制说，以及由此发展而出的刑罚预防论。他认为"犯罪是人的自由意志对他所承认的法进行否定的行为，法律惩罚犯罪者是正义的需要与表现，是承认犯罪者的自由意志，尊重他作为人应享有的尊严，并不是为了威吓"。"法与正义必须存在于自由意志中，而不应该在威吓所指向的不自由中去寻找它们的根据。"[③]

同样基于意志自由论，黑格尔对贝卡利亚依据社会契约论对死刑的否定给予了坚决驳斥：首先，社会契约论作为反对死刑的理由难以成立。因为"国家根本不是一个契约，保护和保证个人的生命财产未必是国家的实质性本质，反之，国家是比个人更高的东西，它甚至有权对这种生命财产

---

①　参见〔德〕黑格尔：《法哲学原理》，张企泰译，北京，商务印书馆，1982，第93页。

②　参见马克昌主编：《近代西方刑法学说史》，北京，中国人民公安大学出版社，2008，第134页。

③　应当指出，黑格尔并不反对刑罚具有威吓、惩戒、预防、矫正的功能，他只是反对将它们作为刑罚的唯一目的，他坚持认为刑罚的本质应该是报应。马克昌主编：《近代西方刑法学说史》，北京，中国人民公安大学出版社，2008，第138页。

本身提出要求，并要求其为国牺牲。"① 所以，国家利益高于一切，国家权力并非来自公民个人，当然有权剥夺犯罪人的生命。其次，犯罪者实施的犯罪行为包含着他自己的意志，因而对他的惩罚也是他自己的法，处罚他是尊重他意志的表现。最后，刑罚是正义在国家中所具有的实存形态，死刑不能废除。生命与其他对公民的侵害方式不同，无法用等价来衡量，仅能适用同态报复，这是罪刑等质报应的唯一例外。

6.6.2　杰里米·边沁的刑法思想

杰里米·边沁（Jeremy Bentham，1748～1832 年）是 19 世纪著名的功利主义思想家，他以彻底的功利主义思想为指导，构建了一套完整的刑事立法原理体系。

边沁认为，"神学的原则"不过是假定的虚幻意志，不具有现实根据；"禁欲主义原则"则向来不能被任何活着的人所坚持；"天赋人权"等抽象原理也不足以说明人们各种根本性的功利考虑。因此，边沁站在立法者、规训者的角度，得出"理性不足以揭示人们对于犯罪现象的真正态度，只有功利主义才是立法的真正原则"的结论。因为这种原则是普遍的，"任何一个活人，不管他有多蠢，人类天性都使他一生的绝大多数场合，不假思索地采纳这个原则。"② 可以看到，构建边沁功利理论体系的基础仍然是与理性有所差异的内心潜意识，这种"趋乐避苦"的外化的行为是人类不假思索的应激性本能反应。

关于犯罪的社会危害性，边沁将属于主观精神状态之一的对社会与公众造成的"惊恐程度"作为确定犯罪危害程度的标准。他认为犯罪造成的危害性具有两个层次。第一层次是犯罪本身具有的恶，第二层次是犯罪给社会与公众带来的"惊恐"。该观点亦是从公众的主观心理状态为切入点，对犯罪行为的危害性进行剖析。边沁认为，犯罪给大众造成的惊恐程度随以下情况变化。第一是犯罪的主观特征——故意与过失可能造成相同的犯罪结果，但造成的惊恐程度不同。"一个具有感觉力的人对于他的无知而产生的罪恶会感到无限悔恨。比起惩罚他，他更需要同情；他对过去的悔恨为将来提供了特别的安全。"第二是罪犯身份——罪犯的身份越特殊，引起的惊恐越少，例如贪污、强奸、通奸行为。第三是犯罪动机——犯罪

---

① 马克昌主编：《近代西方刑法学说史》，北京，中国人民公安大学出版社，2008，第 158 页。

② 〔英〕边沁：《道德与立法原理导论》，时殷弘译，北京，商务印书馆，2003，第 180 页。

出自特殊动机，惊恐较少；犯罪出自普通动机，惊恐较大。纯粹出于社会动机以及一半出自社会动机（对名誉的酷爱、友谊的愿望、宗教信仰）等保护动机，可以成为减轻罪过的理由；出自反社会动机以及个人动机（感官享受、权利嗜好、金钱欲望、自我保护）等诱惑动机（本身虽无罪过），则可以加重罪过。第四是预防犯罪难易程度——越容易预防的犯罪，引起的惊恐越少，反之，惊恐越大。第五是犯罪的秘密程度——犯罪的性质和情节导致很难发现的犯罪，在抓获罪犯时大众惊恐程度增大。第六是罪犯性格。性格可以使惊恐增加或者减少；它可以提供主观方面的情况。下列性格属于加重刑罚情节：欺压弱者、加剧痛苦、蔑上、无缘由的残酷、预谋、共谋、谎言与对信任的损害。①

　　值得一提的是，边沁随后提出并付诸实施的"环形监狱"（panopti-con，又称"全景敞视式监狱"）的理论及实践②，灵感正来源于对人类感性本质的把握：这种结构的监狱，其作用建立于信息获取的非对称性，亦即被监禁者对监禁者方面的状况完全盲目，后者却可以随时对前者进行监视与控制。鉴于监视人员行为的遮蔽性，其在被监禁者心目中是神秘而难以预测的，被监禁者只有想象自己处于一种"无时无刻不存在"的监视之中。此时，监禁人员给对方造成的"明显的无所不在"的心理暗示极其重要，直接后果是导致后者时刻迫使自己的行为循规蹈矩。这就达到了"自我监禁"的目的——他们会不断强化"自我规训"，变得非常遵守纪律，非常自觉地履行义务。

6.6.3　费尔巴哈的刑法思想

　　路德维希·安德列斯·费尔巴哈（Ludwig Andreas Feuerbach，1775～1833 年）建立了现代刑法学理论体系，被称作"近代刑法学之父"。他继承了康德的二元哲学观，将世界分为两个：一是现象世界，由

---

　　①　参见〔英〕边沁：《道德与立法原理导论》，时殷弘译，北京，商务印书馆，2003，第233 页。

　　②　1789 年，边沁提出了"环形监狱"理论：它由一个中央塔楼和 360 度环形多层囚室组成。四周的环形建筑分隔成一个个囚室，一端面向外界，用于采光，另一端通向中间一座用于监视的高塔。对于中央塔楼的监视者来说，每个单独囚室是一个独立展区，而从整体上看则像一个多层立体的旋转舞台。在中心塔楼和囚室之间，存在一种监视观察的不对称关系，高塔中的监视人员可以时刻监视到任何一个囚室，周边每一个囚犯都被彻底地监视观察；但反过来，囚室中的犯人因为逆光效果无法看到监视人员。在环形监狱里，囚犯单人独居，拥有相同的服刑空间，被置于同等的监视待遇之中。参见〔英〕边沁：《道德与立法原理导论》，时殷弘译，北京，商务印书馆，2003，序。

机械因果论支配，人们能够通过感官所及并通过理性加以认识的领域。二是本体世界，受自然规律支配，属于人们的认识所达不到而只能加以信仰的领域。与此相对应，人也被两重化，认为有现象的我和本体的我之分。现象的我活动于现象世界，这里人的行动没有自由，但理性可以发挥支配我们的实践作用。本体的我活动于本体世界，在这里，理论认识起不到作用，但理性可以发挥支配我们的实践作用，是人类日益走向完全自由。根据上述结论，费尔巴哈将人作为自然的感性存在者来考虑，并以此为逻辑起点，建立了"心理强制理论"。

心理强制理论认为，人作为自然的存在者，生活在感官世界中，受自然规律的支配，并没有真正的意志自由。犯罪的原因并非自由，而是感性冲动。为了防止犯罪，就要防止、抑制这种感性冲动。费尔巴哈非常关心行为人对"犯罪的欲求"这种感性心理，认为如果人们可以预先明白"因犯罪产生之痛苦大于因犯罪享受之欢乐"，就能够有效抑制心理上萌生的犯罪意念。对于费尔巴哈的该项理论，黑格尔曾提出过严厉批判，评价这种理论"好像对狗举起权杖"，与人的尊严相悖。但是我们可以看到，费尔巴哈的心理强制说与单纯的威吓说并不完全一致——前者侧重于立法层面，后者侧重于执行层面；前者针对未犯罪之人，后者针对普遍大众；前者将被执行人当作独立的人来看待，后者仅仅将其当作威吓他人的工具。

心理强制说不仅是费尔巴哈罪刑法定理论的基础，也是他所主张的犯罪原因论、权利侵害说、刑法本质说、刑罚目的论的基础。按照心理强制说，人在感性世界里是根据追求快乐、避免痛苦的原则而行动的。因此，必须在事先预告犯罪行为必然导致的刑罚，使他知晓犯罪后的受刑的痛苦远远大于因犯罪而获得的快乐，才能抑制其感性冲动。因此就必须对什么行为是犯罪以及犯罪后将处以何种刑罚，事先由法律明文规定。这就是罪刑法定主义。因此，以心理强制说为基础，是费尔巴哈罪刑法定主义（"无法律则无刑罚，无犯罪则无刑罚，无法律规定的刑罚则无犯罪"[①]）的最大特点。

综上所述，18世纪末、19世纪初，西方人的目光从启蒙运动与法国大革命时期对外在世界的关注，逐步转向对内心宇宙的检视。西方社会的人文思想由自由走向自我、由客观转向主观、由理性向感性退缩。与此种思潮对应，此时期的刑法思想亦一改启蒙时期所追寻的纯粹的客观主义，

---

① 马克昌主编：《近代西方刑法学说史》，北京，中国人民公安大学出版社，2008，第102页。

开始向主观主义迈进，注重探索行为人的精神世界，并尝试将主观与客观统一于近代刑法学体系的建构之中。无论是黑格尔以"绝对观念"为原点派生出的罪罚本质观，还是费尔巴哈以"心理强制说"为中心建立的刑罚论体系，或是杰里米·边沁的以"人之趋乐避苦的潜意识"为基础创立的立法原则，均将对行为主体内心世界的探索与规训提升到前所未有的高度，与同时期的文学作品同享渊薮。该时期的刑法学家一方面继续坚持启蒙刑法学者的客观主义犯罪观与刑罚观，另一方面探入行为主体的内心世界，积极开拓刑法学研究的主观主义疆域，赋予该时期刑法思想以崭新内涵，为近代西方刑法的构成要件理论勾勒出初步轮廓。

第7章 解剖刀下被层层剥落的灵魂：实证主义思潮下的刑法思想

（19世纪中后期）

　　饥饿，一种凶猛的、折磨人的、使人发狂的饥饿，猛地激起了他的怒火，逼得他像野蛮人似的朝飘着肉香的农户走去——雅克犯下了盗窃罪。接着，雅克看见了在牧场挤奶的女工，一种比饥饿更凶猛的欲望在刺激他，大自然在男性健壮的皮肉里埋下的种种欲望都在燃烧，这种无法抵抗的疯狂与发作出的酒力使他神智不清了——雅克犯下了强奸罪。正当满足了"食色性"欲的雅克在田间酣然大睡时，宪兵用冰冷的枪托将他顶醒。雅克终于如愿以偿——因入侵他人住宅、盗窃、强奸等罪名，他被判处二十年监禁刑。

　　　　　　　　　　　　　　　　——［法］莫泊桑《流浪汉》

　　泰莱丝的性需求高于一般人类水平，因而体内的自然原欲抑制了后天在文明社会中养成的理智，导致了纵欲与通奸行为模式的产生；而泰莱丝对丈夫的谋杀行为又是纵欲与通奸的必然结果。当本能欲求达到病态的巅峰时，任何道德、法律的存在于泰莱丝而言均为虚无；当体内欲求得以释放、高峰回落，肉体得以满足、心理恢复平静时，理性又成为泰莱丝生命的绝对主宰，她不得不面对另一种折磨——伦理与法律的拷问，对自己的罪恶深感恐惧与悔恨。

　　　　　　　　　　　　　　——［法］龚古尔兄弟《泰莱丝·拉甘》

　　一想起每年政府与警察局所谓"百分之几"的统计数据，拉斯柯尔尼科夫就气不打一处来。"每年应该有这么百分之几"，只不过是"百分之几"而已，人们尽管放心好了！对于权势者而言，当然用不着担心会落入这"百分之几"；但这"百分之几"

的概率落到穷人头上来，就几乎变为"百分之百"。索尼娅已经被划入这"百分之几"中，他妹妹也离此不远了。怎么办？如此残酷的现实问题已经超越了他所能思考的限度。形势如此紧迫，他不得不采取行动，为自己的亲人做点什么。

——［俄］陀思妥耶夫斯基《罪与罚》

被押送法庭途中，她对人们的指责嘲笑毫不介意，甚至对街头围观的纨绔子弟们绽放出诱人的笑容。但是，当一个穷苦的卖煤人走过她身边、怜悯地望着她、在胸前划过十字后匆匆递给她一枚硬币时，她的脸却倏地红了，深深埋下头去。

——［俄］托尔斯泰《复活》

刑法只是一种工具，用来维护现存的有利于我们阶级利益与现有秩序不被破坏与推翻，它的唯一宗旨就是维持社会现状，因此它要迫害和处决那些品德高于一般水平并想提高这个水平的人，也就是所谓政治犯；同时又要迫害和处决那些品德低于一般水平的人，也就是所谓的"天生犯罪人"。

——［俄］托尔斯泰《复活》

当她褪去小汤姆柔软、洁白的外套时，亦同时将小汤姆白人身份所附着的社会优越性剥得精光；当她为小书童包裹上香喷喷的襁褓、精心系上蝴蝶结时，也同时赋予了这个黑奴的后代在当时族群秩序下得以享受的种种特权……

——［美］马克·吐温《傻瓜威尔逊》

群众明白真理是什么，而他们却能自由地行使着对待真理的态度——如果真理与他们自己的利益相互冲突的话，他们可以自由地选择对真理视而不见……真理和自由最大的敌人就是自由本身，在咱们这儿是那些整天把真理和自由挂在嘴边的多数派。

——［挪］易卜生《人民公敌》

……真理与公义被打了一记大耳光。一切都太迟了，法国已颜面尽失……既然他们敢这样做，那我也无所畏惧，应该说出真相。我不想成为帮凶。如果我成为帮凶，在远方备受折磨的无辜者——为了他从未犯下的罪行而遭受最恐怖的折磨——的幽灵将会在夜晚时分纠缠我。

——［法］左拉《我控诉！》

7.1 背景介绍

19 世纪中后期是西方资本主义制度的巩固与发展时期。从 19 世纪 70 年代开始，欧洲主要资本主义国家向垄断资本主义阶段过渡，资本主义进入繁荣发展阶段，政治、经济、社会关系以及民众的观念都发生了深刻变化。人们对物质财富的追求与崇拜达到空前狂热的状态，金钱成为主宰人类行为的上帝，社会矛盾亦日益突出、激化。

在自然科学方面，19 世纪的自然科学取得了比 18 世纪更为辉煌的成就。同以往所有时期相比，以“工业革命”为契机，欧洲进入科学发展的黄金时代。“从 1830 年到 1914 年，标志着科学发展的顶峰。”[①] 自然科学大步向前迈进，欧几里得几何学的诞生，能量守恒定律的确立，电报通讯技术的拓展，细胞学说、能量转化学说、生物进化论的出现，使得医学、遗传学、物理学与化学等领域发生着翻天覆地般的变革；《物种起源》更像一发巨型炮弹的引爆，将进化论思想带入哲学、政治、历史、艺术等一切领域。

在哲学思想方面，辩证法、唯物主义哲学占据主要地位。19 世纪 30 年代，随着黑格尔的去世，黑格尔学派开始解体；德国古典哲学已经失去它原有的光彩，西方哲学的发展面临着一次重大的转折。

首先，费尔巴哈批判了黑格尔关于思维与存在同一的唯心主义学说，并从理论上彻底否定了基督教和一切宗教的世界观。他继承和发扬了早先的唯物主义成果，在批判宗教和唯心主义的基础上建立起以“人本学”为中心的唯物主义哲学体系，对当时的社会产生了重大影响，具有积极意义。

其次，欧洲产业革命于 19 世纪上半叶基本完成，西方国家经济进入迅猛发展期。国内阶层固有的矛盾及其引起的各种社会弊端已开始明显暴露出来。自然科学的迅猛发展与重大发现，极大地推进了人类认知理论的成熟，诱惑着西方人对日益加剧的阶级矛盾寻找一种哲理性的理论解释与归纳概括；以黑格尔的唯心辩证法与费尔巴哈的唯物主义为顶点的西方哲学优秀遗产，也为新哲学的产生提供了丰富的思想材料。正是在此历史背

---

① 〔美〕爱德华·M·伯恩斯：《世界文明史》，第 3 卷，罗经国等译，北京，商务印书馆，1987，第 282 页。

景下，马克思与恩格斯创立了历史唯物主义与辩证唯物主义，既与唯心主义划清了界限，又突破了旧有唯物论的局限性，创立了一种观察世界的崭新的思维方式，实现了人类哲学史上的重大变革。

最后，在马克思主义哲学产生、发展的同时，西方传统哲学也发生了重大分离与重组。资产阶级政治地位的根深蒂固，使得其哲学理论逐渐抛弃了以往用来与神学与经院哲学对抗的理性主义；而资本主义固有矛盾所引起的各种弊端，又使许多思想家对理性主义的体系产生了怀疑；当时自然科学的新成就亦严重动摇了以往机械主义的自然观、形而上学的思辨模式与认识论。因此，一些哲学家提出：哲学应当突破以认识论为核心的传统理性主义模式，淡化经验派与理性派哲学家所强调的对客观自然的研究，转向人类本身内心结构的研究。亦即研究重点由思维——存在的二元对立关系转向对主体内宇宙的研究；由经验与理性思维的稳定性、确定性转向对人内在心理非理性的、直觉的肯定；由对普遍人性的颂扬转向对个体人生命、个性、本能的关注。这一派哲学家开创了"人本主义"思潮，在 20 世纪逐渐发展为非理性思潮。而另一些哲学家则强调，自然科学仍然应当是哲学研究的基础，哲学应当为自然科学研究提供方法论。他们反对以黑格尔为代表的理性思辨唯心主义，也反对启蒙思想时期形成的唯物主义，认为当哲学染上耽于思辨的形而上色彩时，将会严重束缚自然科学的发展。因此，他们主张将哲学运用于对经验事实的描述，以取得实际效用为目标，而不必去探索自然本质、寻求事物的客观规律。由此他们构建出一种排除思辨、追求实证知识的可靠性、确切性的哲学，开创了"实证主义"思潮。由于这两种思潮都在一定程度上揭示了以往哲学的许多缺陷，暴露了它们所存在的种种矛盾，开辟了哲学研究的新领域，因此，它们所标志的西方传统哲学的转向具有重要的进步意义。

在上述政治环境、自然科学领域、哲学思潮的共同作用下，批判现实主义与自然主义文学成为西方主流文学。首先，18 世纪末，席勒提出"现实主义"概念；19 世纪 20 年代，司汤达率先提出批判现实主义文学的纲领；之后，别林斯基、车尔尼雪夫斯基等人进一步奠定和发展了现实主义的文学理论。批判现实主义文学作品以人道主义为旨归，鞭笞制度的黑暗与腐败，探求解决激烈矛盾的途径；警示人们在金钱与物欲面前保持尊严，同时呼唤着伦理道德意识的回归。在某种程度上，批判现实主义文学是对浪漫主义文学的反动，它关注的是大时代、大环境下的风云变幻，而不再局限于个人内心情感的小世界；它注重客观，主张文学要像镜子那样如实地反映现实，力避作者的主观性；同时，批判现实主义作家均是启蒙思想熏陶下的人文主义者，对于失去公平与正义的社会的揭露与批判，无论在广度还是深度上都比浪漫主义文学更集中、更尖锐、更猛烈。其次，在自然科学、唯物主义、实证主义的影响下，一些作家坚持用唯物主义目光对社会进行观察，用纯粹的医学解剖式手段从事文学创作，竭力追求文学的真实性、客观性和准确性——自然主义文学亦开始登上历史舞台。

在刑法思想领域，在自然科学、唯物主义哲学与实证主义思潮的共同作用下，刑事实证学派诞生了。实证学派又分为两种，即人类学派与社会学派。人类学派重视犯罪的生物学原因，关注人的自然属性与犯罪之间的关系，代表人是意大利著名犯罪学家龙勃罗梭与加洛法罗。其后，实证学派逐渐向刑事社会学派过渡。社会学派重视犯罪的生物学与社会学原因，希望透过自然环境、社会环境以及人的生物属性三方面来考察犯罪与刑罚的理论，代表人是菲利与李斯特。另外需要指出的是，在 19 世纪，因为对自然科学与理性思维的崇拜，使得人们对科学的理解不仅仅限于科学本身，而是渴望能够用科学的方法去研究一切问题。因此，19 世纪的西方人热衷于建立各种学科，继而制定一整套严密的概念、定理、范式，这被认为是一件荣耀之至的事。正是在这样的精神风气与科学理念的背景下，在费尔巴哈刑法学体系雏形构建的引导下，催生了现代刑法学科学体系的诞生。

7.2　法国批判现实主义文学

在法国，19 世纪 30 年代，批判现实主义文学在司汤达、梅里美、巴尔扎克、福楼拜、莫泊桑、左拉等作家的倡导下开始萌芽；至 19 世纪中叶，文学领域出现了第一次高潮（第二次高潮是在 19 世纪末期的俄国出现的），创作出一大批具有世界声誉的文学作品。批判现实主义文学反对古典主义和浪漫主义的学院派风气，提倡作家应当按照生活的本来面目真实、精确、细腻地反映现实，禁止以艺术手段美化或歪曲生活，也禁止刻意回避生活中平淡无奇或消极黑暗的场面。

7.2.1　司汤达作品中的刑法思想

法国作家马利·亨利·贝尔（Marie Henri Beyle，1783～1842 年）

以笔名"司汤达"[①]（Stendhal）进行文学创作，是法国第一个批判现实主义作家，作品以精准的人物心理分析与凝练的叙述笔法见长，被认为是最重要的现实主义先驱之一。在《拉辛与莎士比亚》中，司汤达提出"文艺应像一面镜子"的文学理论观点[②]，强调文学必须关注和反映社会现实生活中的矛盾，最早提出了批判现实主义文学纲领，被认为是批判现实主义写作的第一篇宣言。

7.2.1.1　无可辩护：《红与黑》

司汤达生活的时代恰逢法兰西历史转折期——法国大革命、拿破仑执政、法国抗击外来侵略等历史事件纷沓迭出，无疑对司汤达的文学创作产生了极大影响，其主要作品均带有强烈政治倾向。代表作《红与黑》（1830 年，原名《于连》），素材来自于一个真实的刑事案件。[③]

　　木匠索莱尔的儿子于连从小崇拜拿破仑，渴望能够像拿破仑一样由卑微、穷困的下级军官一跃成为帝国主人。然而，他观察到拿破仑时代已然逝去，又开始希望成为一名富有的神甫。于连投拜神父西朗的门下，以其惊人的记忆力将一本拉丁文《圣经》倒背如流，轰动全城，也因而获得了维拉叶尔城市长的青睐，成为市长的家庭教师。市长夫人雷纳尔高贵迷人，爱上了于连，但是于连与市长夫人的私通却完全是出于虚荣心作祟。事发后，西朗神父为了保护于连，介绍他到省城贝尚松神学院进修，于连成为木尔侯爵的秘书。木尔侯爵是个极端的保皇党人，大革命时逃亡国外，王朝复辟后在朝中取得显赫地位。侯爵对于连的工作十分满意，授予他一枚十字勋章。接着，于连又征服了侯爵的女儿马蒂尔小姐，使其珠胎暗结。在爱女的坚持下，侯爵授予于连贵族称号。于连陶醉在个人野心的满足与快乐中，设计

[①]　司汤达出生于法国格勒诺布城一个小资产阶级家庭，幼年丧母。父亲是律师，笃信宗教，思想保守，对法国大革命抱敌视态度。司汤达在家庭中受到父亲和姨母的压制和束缚，自幼形成反叛性格。对他影响最大的是其外祖父，他的外祖父思想开放，拥护共和派，是卢梭和伏尔泰的信徒。在外祖父的影响下，他很早就开始阅读卢梭的作品，并在数学老师格罗的指导下学习洛克的唯物主义学说，为他早期世界观的形成奠定了基础。1799～1814 年在拿破仑军中任职。拿破仑失败后结束军人生涯，以笔名司汤达潜心著述，直至 1842 年因中风去世。

[②]　参见南帆、刘小新、练暑生：《文学理论》，北京，北京大学出版社，2008，第 137 页。

[③]　1827 年 12 月《司法通报》以及 1828 年 2 月 29 日《法院新闻》上刊登了家庭教师贝尔德杀害女主人的情杀案例，司汤达以此为素材，于 1829 年完成了《于连》的创作，1830 年再版时更名为《红与黑》。中译本中，其副标题有"1830 年纪事"和"19 世纪纪事"两种翻译。原因是在草稿时定为 1830 年纪事（chronique de 1830），但是后来爆发了七月革命，为了避免被误以为意指这场革命，出版时最终定为 19 世纪纪事（chronique du XIXe siècle）。参见〔法〕司汤达：《红与黑》，张冠尧译，北京，人民文学出版社，1999，序。

着自己的远大前程。岂知风云骤变，雷纳尔夫人一纸揭发信使得侯爵撕毁了婚约。恼羞成怒的于连赶到教堂，向正在做祷告的雷纳尔夫人连发两枪。法庭最终宣布于连杀人罪成立，判处死刑。于连拒绝上诉，也拒绝做临终祷告，在一个晴和的日子里走上了断头台。①

《红与黑》是19世纪西方批判现实主义的奠基之作。主人公于连为了实现自己的抱负，靠着聪明才智与坚忍毅力，孤身一人在一个等级森严的社会里苦苦奋斗。正当他自以为成功跻身于上层社会时，却被无情地送上了断头台。

作品的后半部分以白描手法为我们展现了一幅19世纪巴黎刑事法庭的全景。受害人，亦即于连的情人雷纳尔夫人对自己的行为悔恨不已；思忖再三，她决定抛弃家族荣誉、亲自提笔写信给每一位法官与陪审团成员，请求免于连一死。雷纳尔夫人的理由主要有三点：其一，被害人仅受轻微擦伤，现已痊愈。其二，于连并非蓄意谋杀被害人，而是属于激情状态下的非理性行为。其三，于连对《圣经》倒背如流，且品行一贯良善，如此之人不可能有意为恶。因此，德·雷纳尔夫人希望法官先生"将一个罪行轻微的人从法律的野蛮下解脱出来"，这样，他就不会"因为让无辜者流血而自责"。从这封逻辑严密、措辞犀利并带有明显倾向性的请求书中，可以看出雷纳尔夫人对于连的感情热烈依旧。雷纳尔夫人的请求书涉及四层含义：一是行为人实施犯罪行为所造成的危害结果比较轻微，提醒法庭定罪量刑时予以考虑；二是行为人实施犯罪行为时伴随着的主观恶性不大，这从于连对被害人连续两次枪击却并未击中要害的事实可以看出，于连并没有蓄意谋杀的主观故意；三是行为人当时处于一种由于人性的固有缺陷而激发的无可抑制的冲动状态，请求法庭对该种由于激情心理引发的非理性行为给予理解与宽宥；四是行为人的一贯表现与道德素养，可以进一步作为行为人激情犯罪罪过心理的佐证。因此，雷纳尔夫人的建议中包括了犯罪结果、行为人的意图、行为时的精神状态以及行为人一贯德行等层面的分析，既有对客观事实的陈述，亦有对主观心理的分析，还兼有对犯罪人人格危险性的评估。可以看出，在雷纳尔夫人向法庭与陪审团递交的受害人意见书中，已经蕴含着现代西方刑法犯罪构成的雏形。

为了拯救于连，雷纳尔夫人背叛了丈夫与家族荣誉，起身赶往审讯

---

① 梗概及本节所有引文来源于〔法〕司汤达：《红与黑》，张冠尧译，北京，人民文学出版社，1999。

地，为于连一案四处奔波。遗憾的是，她的全部努力最终付诸流水。公审时，审判长与陪审团成员并未就案件本身的客观事实进行推敲确认，也未对受害者意见书进行细致探讨，他们所关注的仅仅是于连的"身份"。最终，陪审团达成共识：于连出身卑微，其生活环境决定了他不可能具有良好高贵的品行；他不是上等人，却想方设法混入社会高层，窃取了本该由受过良好教育的上等人才能享有的地位与权利；他对市长夫人的谋杀不过是其卑劣本性的自然暴露，没有人能够保证类似的罪恶不会再次发生。基于上述理由，陪审团认为于连谋杀罪成立，建议判处绞刑。

对于连本人而言，起初他对自己的命运仍抱有一丝希望，他知道两个深爱着他的贵族阶层的女子——雷纳尔夫人与马蒂尔小姐，正利用各种关系为他的自由做着努力；他在狱中亦对当时的处境作出客观分析，乐观地认为自己很快可以出狱，并向往着日后的体面生活。但是，由他热烈向往的社会阶层所组成的陪审团的有罪判决，彻底击碎了于连所有的梦想与勇气。面对荒谬、屈辱的基于身份的刑事判决，于连彻底醒悟了。在最后独居囚室的日子里，于连回顾了自己短暂的一生，开始意识到这个社会的本质，终于接受了冷酷的事实：自己所作的一切努力均为徒劳，他从来没有、也完全不可能融入他一直为之奋力拼搏的阶层——无论是着红（戎）装，还是披黑（神）袍。于连开始丢掉伪装、放弃幻想，当马蒂尔小姐在关键时刻为他四处奔走求救时，他却拒绝上诉。

站在终审法庭上，剥去了虚荣与浮躁的于连周身闪耀着平民青年的尊严，他的最后陈词如下："我对你们不乞求任何恩惠，死亡正在等待着我，而且它是公正的。我企图枪杀一个最值得敬爱的女人。我的罪行是残忍的，而目是有预谋的。因此我理当被判处死刑。"接着，于连又冷笑着指出："先生们，我没有荣幸成为你们那个阶级的一员。你们在我身上看到的是一个农民，一个起来反抗他的卑贱命运的农民。因而，我绝不是受到我同阶级的人的审判。在陪审官的席位上，我看不到一个富裕的农民，只有一些气愤不平的资产者……"

撇去作品所承载的厚重的社会意义不谈，从刑法角度考察，于连的悲剧向我们揭示出，虽然身份刑随着中世纪的教会刑法已经消亡，但以行为人身份为基础形成的人格主义罪刑观依然在西方司法实践中存在着，甚至左右着最终的司法判决。这绝不是罕见的司法个例——从一个世纪后法国作家加缪的作品《局外人》中，我们可以再一次清晰地辨认出它的面孔。

7.2.1.2　灭门之灾：《桑西一家》

在司汤达所著的《意大利轶事》中，包括一篇纪实性小说《桑西一家》（1837 年）。作品取材于意大利 1599 年 9 月 14 日的刑事报告，以哀怨动人的笔调临摹了贵族少女贝阿特丽丝一家惨遭灭门的史实。①

> 少女贝阿特丽丝与家人合谋杀害了生父桑西伯爵，最后一家人悉数被推上断头台，这一案件在当时社会的影响颇大。教皇克莱芒八世积极介入此案，并竭力主张对所有凶手判处极刑。教皇的残忍与专制令民众深感震惊，包括主教在内的许多人均真挚地同情犯罪人——两个柔弱美丽的女人，希望她们能够获得减刑的恩赐。但克莱芒八世认为，杀死自己的亲人是不可饶恕的罪孽，为了肃清社会风气，必须对凶手处以极刑、以儆效尤。最终，两个女人被推上了断头台。②

可以发现，《桑西一家》与雪莱的《钦契》虽然来源于 1599 年意大利的同一案例，但雪莱的浪漫主义笔调与司汤达的批判现实主义风格却赋予相同史料不同的侧重与内涵。由于身处不同年代，二者对案件的剖析点不同，表述方式有异。雪莱的笔调柔美哀怨，司汤达的叙述裸露直白；雪莱的作品深入当事人的内心世界，侧重于对女主角犯罪心理的演绎，司汤达则更青睐于对整个案件的外观描述；雪莱将犯罪人的主观意志置于首位，认为整桩弑父案贯穿着凶手自由意志的选择，司汤达却指出，犯罪人的行为远非出于自愿，是残酷的环境逼迫使然，两个美丽柔弱的女人，面对衣冠禽兽的父亲，面对乱伦无耻的丈夫，除了杀死他之外别无他法。雪莱与司汤达对于犯罪者意志自由与否的问题产生了深刻分歧。司汤达在作品中尤其谴责了封建司法对弱者保护的不力——受害人曾多次恳求教皇的庇护，却被受害人与教皇间"关于金钱与庄园的交易"轻易击败，从某种意义上讲，正是贪婪、残暴的教皇制造了这桩骇人听闻的案件。这件事出有因的杀人案，理应得到法官的同情，教会裁判机构却不顾天理人情，判决两位弱女子以斩首酷刑。可以看出，司汤达对教会势力操纵下的刑事审判对犯罪原因不予以考虑的做法颇为不满。

另外，出于诗人的婉转气质，雪莱将这段史实委以诗歌载体，其中许多细节被刻意遮掩；而司汤达作为批判现实主义大家，以铿锵有力的现实笔调还原了不为人知的史料细节，包括被害人与女儿之间不伦行为的细节描述，令人对犯罪人在受害人的逼迫下，心灵肉体受到摧残、尊严尽失又得不到有效救济的境遇感同身受。因而得出犯罪人的行为是被客观环境决

---

① 参见〔法〕司汤达：《桑西一家》，张冠尧译，北京，人民文学出版社，1999，序。
② 梗概及本节所有引文来源于〔法〕司汤达：《桑西一家》，张冠尧译，北京，人民文学出版社，1999。

定而非出于自由意志，受害人的结局实乃咎由自取的结论。篇末断头台前，对母女二人伏法时的细节刻画，更是令人读来身临其境，对当时刑罚的残酷性产生了直观、强烈的印象。

7.2.2　"性恶"——社会进步的原动力：巴尔扎克与《人间喜剧》

奥诺雷·德·巴尔扎克[①]（Honoré de Balzac，1799～1850 年），是与司汤达处于同时期的又一位批判现实主义大师，其创作风格与 19 世纪"自然科学"思潮紧密联系。代表作《人间喜剧》（1829～1849 年）是描述法国社会风俗的系列作品。在这部作品中，巴尔扎克以居高临下的视角，采用自然科学研究的客观严谨态度，对人之原欲在物质世界的刺激下奔突喷涌的图景进行透视，演绎出一幕幕人性堕落、精神毁灭的悲剧，成为批判现实主义文学史上的一座丰碑。

在对该部作品做刑法学视角的分析时，巴尔扎克以客观、严谨的科学态度对社会与人的个体进行比较，继而得出"人性本恶"的结论。尤为可贵的是，巴尔扎克不仅将"人性本善"的遮羞布一把扯下，而且清醒地意识到人之"性恶"正是推动社会进步的杠杆。这种思想与卢梭"不平等现象促进人类社会的发展"的论断十分近似，二者均带有浓厚的辩证法色彩。

通过对 2 400 多个人物角色的细致刻画，巴尔扎克以隐喻的模式表述了人类生存与社会发展中的悖谬现象——历史的进步依靠物质世界的丰富推进，而在财富创造与积累的过程中却伴随着人性的扭曲与"物化"。在巴尔扎克眼中，情欲与利己主义是世界发展的动力，当宗教彻底被摒弃，金钱与财富对人类心灵产生了前所未有的刺激，人类的私欲也正大光明地焕发出前所未有的生机。正如恩格斯所述："恶是历史发展的动力借以表现出来的形式……自从阶级对立产生以来，正是人的恶劣的情欲——贪欲和权势欲成了历史发展得杠杆。"[②] 巴尔扎克同样认为，历史发展不可抗拒，既然历史由人类的私欲推动，那么"性恶"就具有其历史合理性。该理论与当时盛行的功利主义哲学观紧密契合。

在这部多达 93 卷的巨著中，巴尔扎克利用了动物学、解剖学等自然

---

① 巴尔扎克出生于法国中部的图尔城一个中等资产阶级家庭。17 岁入巴黎法律专科学校就读，曾先后在律师事务所和公证人事务所当差，同时旁听巴黎大学的文学讲座，获文学学士。他创作的《人间喜剧》共 93 部小说，描写了 2 400 个人物，充分展示了 19 世纪上半叶法国社会生活，被称为法国社会的"百科全书"。

② 《马克思恩格斯全集》，第 21 卷，北京，人民出版社，2003，第 330 页。

科学的方法构建了整部作品的结构图。

首先,"环境决定论"贯穿了《人间喜剧》的整个画卷,再现了环境类型决定人格类型的人类学规律。巴尔扎克尤其注重对人物出场前客观环境的烘托与暗示,包括历史背景、风俗习惯等,主人公的习性往往伴随着客观环境的雕塑而成型。其次,每一个主人公均承载着同一环境影响下"性格再现"理论的实践。作品中的人物既有特定环境下的共性,也具有鲜明的个性色彩,他们均由特定的时代背景孕育而出,其形象也代表着特定时代的本质。最后,巴尔扎克对主人公逼真客观的情欲描写与19世纪的自然医学成果相吻合,除了将其"病态人格"归咎于社会环境,还从生理角度对其形成进行了剖析。大致而言,巴尔扎克笔下的主人公均是医学意义上的病态人,他们被某种怪癖牢牢操控着,丧失了判断与选择的能力。比如"高老头"对女儿无可抑制的溺爱;"葛朗台"对金钱近乎变态的迷恋;"贝姨"一点即燃、难以扑灭的妒忌之情;"于勒"出自本能的对一切女人疯狂的肉欲,均揭示了人的本性中存在着难以用理性控制的因素。通过对小说人物的创作,巴尔扎克在文学作品中率先将笔触由对犯罪事实的探讨转向对犯罪人的研究,践行并验证了刑事社会学派秉承的观点的合理性与正确性——犯罪是自然环境、社会环境、生物属性三者综合作用的结果。

尤其需要指出的是,作为一名接受过严格法科专业训练的文学家,巴尔扎克在其作品中总是流露出情不自禁的对各种法律现象的抽象评判,理性而准确的专业术语出现频率很高。

例如,在《烟花女荣辱记》中,巴尔扎克曾借主人公之口对法兰西的《刑法典》大加赞美:"我们的刑法典必须归功于拿破仑,它远远胜过了民法典,是在如此短暂的统治时期里建立的一座丰碑。这部新刑法结束了人们无尽的痛苦。"

在《奥诺丽娜》中,巴尔扎克对道德与刑法对人类的规训作用进行了辨析:"道德有两种:社会的道德与刑法典的道德。凡是刑法典处罚不力的,社会道德就会更加肆无忌惮……然而,一旦落入社会道德的监视区域,它的制裁要比刑法典与宗教严厉得多。"

在《高老头》中,巴尔扎克更是借逃犯伏脱冷之口,对法律的本质作出了辛辣的谴责:"一个纨绔弟子引诱未成年儿童,一夜之间骗取人家一半财产,居然仅判了两个月的监禁;一个可怜的穷鬼因为有加重情节,一千元的盗窃就换来了终身苦役。这就是你们的法律!没有一条不荒谬!戴了黄手套说漂亮话的人,杀人不见血,永远躲在背后;普通杀人犯却在夜间撬门进入，那分明是犯了加重刑罚的条款了……骨子眼儿里大家都是罪犯，不过是案子做得见血不见血、干净不干净罢了。"很难令人相信，这些言语出自一名心狠手辣、被刑事犯们奉为首领的惯犯之口，伏脱冷无论对法学理论还是法律业务的熟谙程度大大超过了世人的预料，其言辞亦带有鲜明的针砭意义。可以看出，正是借笔下的角色之口，巴尔扎克以扎实的法学功底表明了自己对当时的刑事司法制度的态度与评论。

7.2.3　梅里美作品中的刑法思想

普罗斯佩尔·梅里美[①]（Prosper Mérimée，1803～1870 年），是法国著名的批判现实主义作家，作品以文字底蕴深厚、人物刻画触目惊心、异域情调浓郁著称。

7.2.3.1　自由的精灵：《嘉尔曼》

《嘉尔曼》（一译《卡门》）（1845 年）是梅里美的代表作，女主角嘉尔曼在现实生活中确有原型。1830 年，梅里美到西班牙旅行，结识了蒙蒂若女伯爵。女伯爵向她讲述了西班牙北部山区一个纳瓦人爱上一个波希米亚女郎，结果为爱情杀了情敌又杀了情人的故事；随后，梅里美曾到西班牙古战场进行考古调查，又听闻大量关于强盗何塞·玛丽亚的侠义与罪恶的故事。在两件史实结合的基础之上，一个在世界文坛绽放异彩的波希米亚女郎形象脱颖而出。[②]

故事的主角嘉尔曼是个充满着野性与诱惑的波希米亚女人。在梅里美看来，波希米亚民族没有祖国、四处流浪，并且拒绝接受文明社会的法律制度与道德约束，因而具有"最强烈的热情，最狂放和最坚决的性格和最粗莽的原始偏见"。嘉尔曼过惯了我行我素的生活，根本无视法律的存在，也不受社会道德规范的约束——她对卖弄风骚、打架斗殴、走私行骗、鸡鸣狗盗的营生无所不为；她心狠手辣，与烟厂的一位女工争吵，因对方咒骂波希米亚女人都是巫婆与荡妇，她竟干净利落地在对方脸上用匕首划了多个"×"；她看上旅行家的金表，便以色相诱惑他到住处，怂恿情人将他杀掉；她为走私者、盗窃者望风，危急时刻计谋迭出、屡次化险为夷；她卖弄姿色，惹得男人为自己争风吃醋，斗殴杀人；她利用美色将富商诱

---

① 梅里美出生于法国巴黎一个知识分子家庭，家境富裕。1819 年进入巴黎大学学习法律，同时掌握了英语、西班牙语、意大利语、俄语、希腊语与拉丁语。1834 年，梅里美被任命为历史文物总督察，漫游了西班牙、英国、意大利、希腊及土耳其等国。后因女儿嫁给了拿破仑三世，成为皇室族裔，与司法界高层走动频繁。

② 参见〔法〕梅里美：《嘉尔曼 高龙巴》，杨松河译，南京，译林出版社，1995，译者序。

至荒野，为同伙抢劫杀人制造机会。按照文明社会的法律与道德标准衡量，嘉尔曼实在是一个道德败坏、淫荡不羁的女人。她甚至连娼妓都不如——娼妓要钱，她不仅要钱，还要命。

尽管如此，我们却发现身处尴尬情境——似乎很难用文明社会的法律与道德来评判嘉尔曼，因为嘉尔曼根本没有文明社会的规则观念，亦不知道德为何物。作品中的波希米亚女郎嘉尔曼蔑视一切有形的监狱与法律，亦与无形的道德伦理格格不入，她唯一忠实的是原始状态下的"自由"——她是自由的精灵，为了自由，她不惜出卖色相甚至摒弃生命。在这些波希米亚人看来，"自由比什么都宝贵，只要能少坐一天牢，他们会将整个城市放火烧掉！"同时，嘉尔曼也缺乏当时文明社会女性所拥有的贞操观，开心地为许多人做情人，至于她的动机，有时是为了谋生、有时是为了还债，有时是为了诱人上当送命。为了逃避被监禁的命运，她向押送她的中卫唐何塞频送秋波，最终在押解途中成功脱逃，之后以身事人、作为报答；当唐何塞因为私放罪犯被判监禁后，嘉尔曼又色诱看守，将夹着锋利锉刀与金币的面包送进监狱，暗示唐何塞越狱逃跑；为了营救狱中的丈夫，她不惜以色相引诱狱医。客观地评价，嘉尔曼是独立、自在的，她从不拜倒在某种规则的脚下，也根本未意识到自己生活在群体社会中，必须承受法律与道德的评价。嘉尔曼是一个具有原始自由观的女子，在她的生存原则中，既不会干涉别人的自由，也绝不允许别人干涉她的自由，包括她的情人唐何塞在内——唐何塞为了占有嘉尔曼，杀害了自己的上司，继而又杀害了嘉尔曼的丈夫；为了赢得嘉尔曼的欢心，他不惜抛弃在军队中的大好前程，落草为寇，可以说，唐何塞爱嘉尔曼爱得疯狂。但嘉尔曼一旦发现唐何塞处处干涉甚至剥夺她的人身自由时，便明确表示不再爱他。唐何塞无法占有嘉尔曼的灵魂，在绝望中举刀毁灭了自己的挚爱。在这部作品中，唐何塞是令人怜悯的，嘉尔曼是始终自由的，她是自己绝对唯一的主人，灵魂深处没有丝毫的奴性。自由主宰着她的一切——对爱情的渴望、对生命的留恋，都比不上对自由的追逐。为了拥抱绝对的自由，她果断地放弃了爱情、冷静地选择了死亡。

与巴尔扎克创作《人间喜剧》的时代背景一致，《嘉尔曼》创作时期的整个社会被金钱所主宰，一切皆变成商品，人与人之间是赤裸裸的金钱关系，人类丧失了高尚的理想，虚伪狡诈、庸庸碌碌。富于浪漫气质的梅里美面对现实深感压抑，成功地通过嘉尔曼这一形象，向物欲横流的所谓"理性社会"与"人类文明"进行嘲讽。面对这个在世界文学史上大放异彩、赢得无数赞叹与诅咒的波希米亚女人，我们确实难以用人类社会的平庸标准对其进行评价。我们无法将嘉尔曼置入裴多菲的意境中进行解读：
"生命诚可贵，爱情价更高。若为自由故，二者皆可抛。"裴多菲追求的永
远是民族的自由，为了早日摆脱国家受奴役的命运，宁愿牺牲生命与爱
情；嘉尔曼远没有达到诗人热爱祖国、牺牲自我的高尚境界，她要的是个
人的完全自由，这从她在作案逃跑途中干净利落地结束受伤同伙的性命、
使他免受伤痛折磨的情节中可以看出。我们也无法将嘉尔曼划入拜伦与席
勒等浪漫主义文学家的思潮中进行分析：浪漫主义者高唱自由之歌，蔑视
法律，攻击道德，但他们所攻击的是现存的不公正的法律与秩序，渴望建
立一种真正正义、平等的社会秩序。嘉尔曼在他们畅想的乌托邦中同样没
有立足之地——嘉尔曼追求的是一种绝对的自由，这种自由超越了道德与
法律的束缚，甚至不受性命的威胁。在她看来，世间有形的国家暴力机
器，无形的法律制度、伦理道德都是对自由最苛刻的束缚；她无法忍受不
公正的法律，也不能忍受公正的法律；她反抗不合理的社会制度，但在一
个公正、合理的社会中她同样感到窒息。正因为如此，嘉尔曼这个形象才
被刻画得饱满真实，赢得了无数读者的感慨与惊叹——自由的极致便是毁
灭，嘉尔曼追求绝对的自由，正如追日的夸父，面临着被烧成灰烬的宿
命。在死亡降临的一瞬间，夸父拥抱了永恒的太阳，嘉尔曼获得了永远的
自由。

7.2.3.2　优雅的凶残：《高龙巴》

如果说梅里美创作的《嘉尔曼》力图描述的是一朵娇艳诱人的"恶之
花"，她以原始充沛的激情击溃了所有文明社会的道德；那么《高龙巴》
（1840 年）则通过另一位乡野姑娘的传奇经历，对文明社会的法律制度进
行了深刻的批判。

1834 年，梅里美被七月王朝任命为历史文物总督，在法国科西嘉岛
进行民风采撷。科西嘉岛位于法国南部，民风强悍、精神独立自由、家族
纽带紧密、强盗出没频繁。梅里美采风的最大收获是遇见了刚烈豪爽的高
龙巴·巴尔托里夫人。这是一个善于使用长枪、精于制造子弹的女人。在
1833 年 12 月的一次冲突中，高龙巴夫人唯一的儿子被杀，凶手却被法庭
宣告无罪。痛苦的母亲指责法官接受了贿赂，伤心地对梅里美说："巴斯
蒂亚的法律像其他东西一样，是可以出卖的。"[①] 以高龙巴夫人为底片，
梅里美创造出高龙巴小姐的传奇故事。时间是在 19 世纪初期，拿破仑失
败后不久。当时资产阶级文明还远远未能越过大海征服这个僻远海岛，因

---

① 转引自郭宏安：《〈高龙巴〉，想象与真实的平衡》，《外国文学评论》2009 年第 2 期。

此当地依然保留着中世纪的蛮荒民风。岛上虽然也有法国政府颁布的法律，但岛民往往凭着他们的良心与古老的遗风裁凶制恶，古老的遗风之一就是血亲复仇。这种复仇包括双层家族化的含义，一是受害者的家族化（一人受害，及于血亲），一是复仇对象的家族化（不仅是仇者本人，亦包括仇者的血亲）。故事在具有浓郁民风的背景下展开。

　　高龙巴是土生土长的科西嘉姑娘，端庄貌美、温顺知礼。她未受过正式教育，因此对人类的文明常识显现出惊人的无知，却能够凭借天赋的良知与智慧准确辨别身边的善恶真假。她公然违抗政府法令，同情那些逃离现代文明、深藏于绿林中的土匪，并不时以面包和枪弹接济他们。她的父亲戴拉·雷比阿经常受到镇长兼律师巴里奇尼的欺压。一天，父亲突然死于非命。高龙巴凭着敏感与直觉，认定凶手是巴里奇尼一家，却苦于没有直接证据。在科西嘉，血亲复仇是代代相传的传统，紧张的气氛笼罩在有着旧恨新仇的两个世家之间。当地的习俗使得高龙巴——一个女子不能与她的仇人血刃相见，因而她将希望全部寄托在军队里服役的哥哥奥索身上。奥索勇敢正直、重视荣誉，但长期受到欧洲大陆"文明"的熏陶，满脑子的法律观念，对官方提供的"证据"深信不疑，对妹妹的"猜疑"横加指责，一再主张与世仇和好。为了报仇雪恨，高龙巴不得不费尽心机、独自一人应对狠毒的凶手、贪婪的法官以及"被文明异化"的哥哥。这是一场未开化的蛮荒习俗与当代人类法治文明间的较量，最终前者获取胜利。①

　　在当时的科西嘉岛，每个家族之间的"仇恨渊源"往往是无法确切考证的，这种状况确实十分可笑。谈到这种血亲复仇的习惯，梅里美在《科西嘉纪行》中解释道："在热亚那政府统治下，民众受了凌辱却无法得到补偿，因而私力复仇制度得以保存。直至现在，一桩凶杀案件的判决背后，总会有另一桩凶杀案接踵而来，因此到了最后，大家往往已经忘记了复仇的最初缘由是什么。"② 高龙巴本来早有手刃杀父凶手之念，却在科西嘉"报仇之事应由家长担当且与家长荣誉攸关"的古训下，耐心等待哥哥退役后主持大局，而经受"文明"洗礼的哥哥奥索亦始终于法律与习俗、法典与惯例、刑罚与私刑之间徘徊不前。在梅里美笔下，奥索的优柔寡断与高龙巴的"优雅的凶残"形成了鲜明对比——高龙巴的形象塑造更

---

　　① 梗概及本节所有引文来源于〔法〕梅里美：《嘉尔曼 高龙巴》，杨松河译，南京，译林出版社，1995。

　　② 转引自郭宏安：《〈高龙巴〉，想象与真实的平衡》，《外国文学评论》2009年第2期。

接近于希腊神话中人物的精神气质，对家族世仇刻骨铭心，以原始蛮荒的手段找回正义。

高龙巴惩恶扬善的聪慧与成功报仇的故事，反衬了欧洲"文明"社会法律制度的无能与道德水准的低下——不仅巴里奇尼律师不是她的对手，就连省长、国王检察官在她的面前也黯然失色。确切地说，这是一个关于私刑复仇的故事，亦是科西嘉岛法律文化的客观再现。作品发表后，由于梅里美的特殊身份，在很大程度上引起了法国司法界对制定法与习惯法之间适用平衡关系的审慎思考。

7.2.4　自由意志——罪恶的渊薮：居斯塔夫·福楼拜与《包法利夫人》

居斯塔夫·福楼拜[①]（Gustave Flaubert，1821~1880 年），是法国继司汤达、巴尔扎克之后的又一位批判现实主义大师，其作品在 19 世纪文学流派向 20 世纪多元文化的转型中起着承前启后的重要作用。

福楼拜是西方文学史上坚定的生命虚无论者，他出生于医生世家，自幼患有一种罕见脑疾，由疾病带来的肉体与精神痛苦引发了他对生命意义的怀疑。对其"生命之虚无"观念的形成产生影响的另一个因素是生活环境：福楼拜之父是市立医院院长，其住所隔壁就是医院解剖室。看惯了手术刀与人体残骸的福楼拜坚定不移地信奉客观存在，对生命的认识十分客观——"无人能够逃脱物质的束缚，人首先存在于物质之中；物质的、肉身的东西无法永恒，所以人从一出生就已经踏上走向死亡的路途。"[②] 福楼拜断言，自己并没有选择的自由，从历史的角度考虑，整个人类都没有选择的自由。这种极端的客观主义思想与人生虚无观念在福楼拜的作品中时有反映——他往往借用医学实验的方法，于不动声色中冷静、细致地解剖主人公的内心世界。

福楼拜提倡"客观而无动于衷"、"作品是生活的镜子"等创作理论，反对小说家在作品中直抒胸臆，是欧洲文学史上最早要求"作者退出小说"并努力践行这一信条的作家之一。[③] 具体而言，福楼拜主张文学创作应当摆脱价值判断的支配，反对将文学当做布道的工具，提倡"以法律的

---

①　福楼拜，19 世纪法国伟大的批判现实主义作家。生于法国诺曼底鲁昂医生世家。童年在父亲医院里度过，医院环境培养了他细致观察与剖析事物的习惯，对他日后文学创作有极大的影响。1840 年，他赴巴黎求学，攻读法律，期间结识雨果。1843 年放弃法律职业，依靠父亲的遗产，远离都市避居乡间，过着优裕的生活，专心于文学创作。

②　李健吾：《福楼拜评传》，长沙，湖南人民出版社，1980，第 39 页。

③　参见上书。

威严和科学的精确"的标准来进行写作，对客观存在的重视使福楼拜作品中所描写的人物甚至"具有了'文献'之价值"。① 福楼拜的该项创作理论后来被龚古尔兄弟和左拉所继承，并朝着"纯科学"方向推进，最终演绎为风靡一时的自然主义文学。

《包法利夫人》（1869年）是福楼拜"客观主义"文学理论的代表作。作品中，福楼拜以冷漠的口吻、简洁的文笔讲述了一个善良女子被毁灭的故事，客观再现了当时的社会环境与人文风俗。由于这部作品被批判为"败坏了社会道德与宗教"，尚在《巴黎杂志》连载时，拿破仑三世的书报检查官就注意到内容的倾向性，法院立刻向福楼拜下了传票。检察官要求法官减轻对发行者与印刷者的处分，但"对于主犯福楼拜，必须从严惩处"。② 经过一番激烈辩论，仰仗著名律师塞纳③的声望与辞令，福楼拜被宣告无罪。

福楼拜在该部作品中所刻画的是19世纪中期法国社会的主要特征：引以自豪的启蒙时期已经过去，革命风暴亦日渐平息，浪漫激情的启蒙思想家、挥斥叱咤的革命领袖均已销声匿迹，法国进入了一个相对稳定的平庸时代。放眼看去，一群心无抱负、碌碌无为、追逐蝇头小利的凡夫俗子主宰着当时的社会舞台。

> 爱玛出身农家，从小被父母送至修道院接受贵族教育。嫁给乡村医生包法利后，平庸的生活难以满足她自幼养成的浪漫气质，于是陷入偷情的刺激中。她的第一个情人是一位颇解风情的虚伪乡绅，第二位情人是个沉溺肉欲却又自私懦弱的法科实习生。婚外情虽然给爱玛带来了肉体与精神的双重满足，但经济上的沉重负担亦纷迭而至。在高利贷层层盘剥之下，爱玛债积如山，而此时的情人们却出于种种原因冷酷地弃她而去。在被起诉至法庭之前，爱玛服毒自尽。爱玛死后，深爱她的丈夫痛不欲生，待发现爱玛与其他情人间的书笺后，这位可怜的医生羞愤难当，不久也郁郁而终。他们的女儿为生活所迫，最终进了一家纱厂做工。④

在文学史上，一个女人因债务重负与爱情绝望而自杀的故事并不罕

---

①　参见李健吾：《福楼拜评传》，长沙，湖南人民出版社，1980，第119页。

②　〔法〕福楼拜：《包法利夫人》，李健吾译，北京，人民文学出版社，1958，译者序。

③　塞纳，第二共和国时期国民议会主席与内政部长，第二帝国时期是巴黎律师公会会员。参见〔法〕福楼拜：《包法利夫人》，李健吾译，北京，人民文学出版社，1958，第14页。

④　梗概及本节所有引文除另有注释者外来源于〔法〕福楼拜：《包法利夫人》，李健吾译，北京，人民文学出版社，1958。

见，为何单单该部作品会引起轩然大波，甚至背负上"败坏道德、销蚀宗教"的罪名？关键在于福楼拜以客观、冷漠的笔触剖析了爱玛走向毁灭的前因后果。书中并没有对爱玛的道德作出评判，却将谴责、质疑的笔锋隐然指向整个社会。在福楼拜看来，爱玛并非虚荣纵欲的女人，是她周围的环境把她推向深渊。她出身微寒，接受的却是贵族式教育，浪漫主义文学的熏陶与对贵族式风雅生活的倾慕为其日后的悲剧埋下了伏笔。成为村镇医生的太太后，爱玛所期待的爱情并未实现。灵魂的苦闷、对浪漫爱情的幻想，决定了鲁道尔夫和赖昂的出现对于爱玛而言是一种绝难抵御的诱惑。爱玛按照幻想的模式投入爱恋，她的热情令鲁道尔夫心生恐惧，于是对她的态度越来越冷淡；她的疯狂令赖昂措手不及，于是为了大好前程果断地将爱玛甩掉。爱玛就这样在幻想中生活着，一生备受幻影欺骗。爱玛追求细腻丰富的感情世界，却陷入了物欲与淫乐的深渊。单纯的爱玛不知道风花雪月的浪漫必须以物质财富为后盾，为了虚幻的爱情，她开始义无反顾地透支包法利的家当。商人勒乐对偷情中的女人了如指掌，一见到爱玛，"就闻出了她心里的偷情气息"。作为资本运转过程中一位颇有前程的商人，作为将自己的财富建立在他人的债券与尸骨之上的高利贷投放者，勒乐每次在爱玛面前出现总是那样及时和善解人意——福楼拜写一次爱玛的偷情生活，就掉转笔锋写一次高利贷者卑鄙的钻营行径，可谓用心良苦。

虚幻的爱情与沉重的负债看起来是同一坐标系中两条不同的抛物线，而一旦两线砰然撞击、扭成一股的时候，便拘羁着爱玛热烈燃烧的生命迅速滑向冰点。作为一个热情有余、理性不足的女人，我们不得不惊诧于爱玛做每一个决定时的轻率：她不假思索地答应包法利的求婚；她轻而易举地接受鲁道尔夫的引诱；她急不可耐地投入赖昂的怀抱……无论在婚姻选择上，还是在婚外恋的追逐中，爱玛都有着心血来潮与异想天开的癫狂气质——为了拥抱她在浪漫主义小说中读到的"欢愉与热情"，她确实做到了倾其所有。而最终现实回报给她的，不过是包法利的平庸无趣、鲁道尔夫的寡情卑鄙与赖昂的自私怯懦。在爱玛的世界里，理想与现实总是不处于同一平面内的相交线，看似美丽无比，实则残酷至极。

进一步探讨，福楼拜笔下爱玛的个性比周围的男人们更加崇高。她有缺点，她虚荣、愚蠢、死不回头，更看不穿浪漫主义背后隐藏着的致命陷阱；但是她又善良、正直，从不愿去伤害别人、甚至羞于打扰别人。她固执地保守着自己的尊严与底线——为了避免情人的误解，她甚至连他们的金钱都不愿接受，而宁愿冒险去借高利贷来营造浪漫氛围。反观周围的男人，丈夫为了工作而冷落她；城镇的花花公子诱惑她；高利贷商人敲诈她；教士在她寻求灵魂的指引时敷衍她；情人在她面临牢狱之灾时抛弃她，作品于不动声色间将粗鄙自私的正人君子与堕落可耻的荡妇做着对比。就在福楼拜以"服毒自尽"来严惩这位"道德犯"——他心爱的女主人公的时侯，他也时刻暗示着罪不在于她一人，而在于那些陷她于罪的正人君子们。由此不难理解，为什么这部小说会深深刺痛所谓的上层人士，没有什么比如实描绘爱玛悲剧的一生使那些道貌岸然的先生们更感到难堪与恼火。福楼拜的创作目的达到了，当他听说本区神甫从一名妇女手里抢掉他的小说抛入火中时，欣喜若狂地对朋友说："对我而言，这下子就十全十美了：政府抓捕、报纸谩骂、教士仇恨！"①

　　包法利夫人的原型确有其人。1848 年，福楼拜父亲的市立医院中有一位叫德拉玛耳的学生，他的太太专心于爱情小说，生活奢侈、气质浪漫，后来被情夫们逐一抛弃，在羞辱之中自杀，留下一个孤女。不久，德拉玛耳亦吞枪自尽。② 但有人问及小说是否真有其事时，福楼拜却矢口否认，他不能忍受人们为他所创造的形象在现实中寻找到某个固定的底版。作品中的爱玛是一个在现实生活中备受嘲弄的浪漫主义者，她代表着一代女性的追求与梦想，她们的苦闷与惆怅均被深深地打上了环境的烙印——"此刻，包法利夫人正在法国几十个村落中哭泣着。"③ 福楼拜以包法利夫人的经历承载了自己所遭遇的理想与现实的深刻矛盾，他之所以强烈地批判浪漫主义中美与善的虚幻性，是因为看够了真实世界的丑陋与残酷，他希望包法利夫人的毁灭能够带给人们生活的真相，他曾不无揶揄地对密友透露心声："包法利夫人，就是我。"④

　　与巴尔扎克、陀思妥耶夫斯基、托尔斯泰等人对人性的看法不同，福楼拜并不承认人性具有善恶之分，他认为人之所以痛苦是因为无法超越肉体的物质属性，生命的载体是肉体，原欲的萌动代表着生命的存在，释放原欲即加速了生命毁灭的进程；而抑制原欲又从根本上遏制了生命的活力、否定了生命的价值。可以看到，福楼拜基于人类宿命的悲观主义思想并非来源于基督教的"原罪论"，而是来源于现代自然科学对生命本体的深层把握。他断定人的悲剧来自意志，意志即欲求，欲求即痛苦；人具有"自由意志"，但它的存在恰似"一个精力旺盛的瞎子"，是一切欲望与罪

① 〔法〕福楼拜：《包法利夫人》，李健吾译，北京，人民文学出版社，1958，第 8 页。
②③ 同上书，译者序、作者自序。
④ 李健吾：《福楼拜评传》，长沙，湖南人民出版社，1980，第 82 页。

恶的根源。这种观点与刑事人类学派的思想颇为相近。

7.2.5　莫泊桑作品中的刑法思想

居伊·德·莫泊桑[①]（Guy de Maupassant，1850～1893 年），19 世纪后期集自然主义与批判现实主义于大成的小说家，与俄国的契诃夫、美国的欧·亨利并称为"世界短篇小说之王"。莫泊桑师从福楼拜，与左拉、龚古尔兄弟交往甚密，他的文学作品沿袭了自然主义文学的鲜明特征。其短篇小说反映的社会面十分广阔，尤其善于用诙谐的笔调揭示出人性的弱点，冷静、真实地再现了社会道德的颓败与沉沦。与巴尔扎克、福楼拜等批判现实主义作家一样，莫泊桑青睐于将人物置于特定环境中进行展现，注重对各种社会事件的真实再现，其作品是一幅 19 世纪下半叶法国社会风俗长卷，亦是整个社会的缩影。

7.2.5.1　商女亦知亡国恨："普法战争系列"

作为一名激进的民主主义者、爱国者，普法战争是莫泊桑一生经历的最重大的历史事件，人间的美好、正义、善良、丑恶，以及各种各样的感情与思想均融入气势磅礴的战争题材作品中表现出来。描述这场战争的主要作品包括《菲菲小姐》《米龙老爹》《索瓦热老太太》等。

《菲菲小姐》描述了法国女性杀死普鲁士军官的故事。《菲菲小姐》的主人公是一名普鲁士少尉与一名法国妓女。普鲁士少尉冯·艾里克因其身段漂亮，脸色苍白，对人表示蔑视时常发出"菲菲"的声音而被谑称为"菲菲小姐"，他是一个性子火暴的变态战争狂。普鲁士人攻占一座古堡后，召来一群法国妓女取乐。"菲菲小姐"出言不逊，流露出对法国的蔑视，并说法国的一切包括法国女人都属于普鲁士人。法国妓女乐石尔不堪受辱，纠正他"我们是法国妓女，妓女不算法国女人，你们永远征服不了高贵的法国女人与勇士"。激愤中，乐石尔用餐刀将"菲菲小姐"杀死。之后乐石尔在神父的帮助下，顺利地逃过普鲁士军队的捕杀，直到战斗结束。

与《菲菲小姐》的背景相似，《米龙老爹》《索瓦热老太太》等作品亦生动刻画了法国农民反击侵略者的实例，彰显着法国农民淳朴、固执、狡

---

① 莫泊桑出生于法国西北部诺曼底的一个没落的贵族家庭。1870 年到巴黎攻读法学，希望做一名律师，适逢普法战争爆发，遂应征入伍。退伍后，他先后在海军部和教育部任职。莫泊桑是福楼拜的弟子，其代表作包括《羊脂球》《一生》《漂亮朋友》等。作品深受叔本华影响，充满悲剧色彩。1876 年起，莫泊桑罹患心绞痛和偏头痛，从 1884 年起出现了精神病征兆，伴随视力混浊和血液循环障碍。1892 年年初，莫泊桑精神病发作，18 个月后去世。

黯却又勇敢的民族特征，其中不乏莫泊桑对处于极度尴尬境况中的人性的深刻描述。米龙老爹并不明白什么爱国的大道理，他有的只是朴素的民族仇恨——他的老父和儿子都被普鲁士人杀死了。白天他对普鲁士人格外殷勤，到了夜里就去杀那些单独执行任务的敌兵。他在审讯时对敌军官说："八个是替我爹还了账，八个算是替我儿子讨还的。我们是收支两抵了。"索瓦热老太太是一个寡妇，一群普鲁士青年士兵住在她家，她开始对他们很好——他们简直像她那应征入伍的乖儿子，每天帮她殷勤地干活，大声喊她老妈妈。可是，当她得知应征入伍的儿子已被敌人打死后，心里便燃起了复仇的烈火，将一群敌兵连同自家的房屋一把火烧了个干净。①

在这些故事中，乐石尔小姐、米龙老爹和索瓦热老太太均是不折不扣的杀人凶手，前者属于受百般性虐待后又听见菲菲小姐诋毁、侮辱自己的祖国，一时起意的激情杀人；后两人却是有预谋、有计划、缜密、冷静的谋杀，两位老人一杀一群、刀砍火烧、不动声色。可以看到，莫泊桑对普法战争的立场具有双重性，一方面，他作为法国公民，站在民族情绪的立场上对这场战争大加赞美；另一方面，作为一名目光犀利、思想深邃的现实主义作家，他又不能无视它给交战双方的普通士兵与无辜百姓带来的巨大灾难，作品中洋溢着真挚的人道主义精神。这种矛盾的心绪通过对小说主人公的性格刻画，强烈地传递给读者，引起读者对战争的正义性与邪恶性的多层次思考。

7.2.5.2 上流社会打造的罪犯：《一个儿子》

故事《一个儿子》，以一名法兰西院士与上议院议员的对话为载体，再现了当时巴黎刑事案件频发、犯罪人急剧增多的社会现实，并以独具的目光揭示了犯罪学领域的问题，认为所谓的"上流人士"与"整个社会"正是社会犯罪的制造者。

作品中的主人公一位是声名显赫的法兰西学院院士，一位是上议院议员，二者在花园中散步，探讨政治与学术问题。二人有感于社会治安的混乱、刑事案件的增多以及犯罪人手段残忍的社会状况，开始关注那些数目可观的、出生证上注明"父姓不详"的私生子。夜深人静、促膝长谈，二人均不否认自己曾经是妓院的主要消费人群。院士承认自己"在十八岁到四十岁这段期间，把那些短暂的娱乐、半小时的接触计算在内，曾经与两三百个女人有过亲密的关系"。议员敏锐地诱导院士将话题深入下去，并

---

① 参见〔法〕莫泊桑：《莫泊桑中短篇小说选》，郝运、赵少侯译，北京，人民文学出版社，1996。

连续向院士提出尖锐问题："那么，朋友，在这个数目里，您敢说连一个女人也没有怀孕吗？您敢说您就没有一个抢劫、谋杀过正派人，也就是说，抢劫、谋杀过像我们这种人的下流儿子，如今流落街头或者蹲在监牢里吗？您敢说您就没有一个女儿堕落在风尘中，或者运气好，被母亲所遗弃，如今正在谁家当厨娘吗？"

院士点头同意议员的猜测，并讲述了自己偶遇亲生儿子的离奇故事。

多年前，院士曾经强奸了乡村旅店的一名貌美女仆，后将她抛弃。30 年后再次经过旅馆，院士触景生情，打听这位女仆的下落，方知晓她已在分娩时死亡，留下一个痴呆、残障的私生子在旅馆马厩里工作。后来证明，这个痴呆、肮脏的男子正是院士的亲生儿子。此事对院士触动很大，他有心培育这个孩子，以赎对其母亲的罪过。但由于这个私生子在恶劣环境中时间过长，养成酗酒、偷盗、斗殴等恶习，最终无法将他带回上流社会，只好"不忍心"地将他继续留在肮脏、恶臭的马厩里，终其一生。

议员听罢，沉默良久，同意院士的观点："每一个被我们称作娼妓的女人都会有一两个孩子，这是她们从那一二十个法郎的廉价拥抱中偶然得来的。孩子们的父亲是谁，只有天知道。每一种行业都有盈亏，这些子女就是这一行的'亏损'。父亲是谁？就是您，就是我，就是我们这些所谓的'上流人'。现在社会中这些卑鄙、下流、无耻、淫荡的危险分子正是那些愉快的聚餐、狂欢的夜晚、饱暖的肉体驭使我们去寻花问柳的时刻的产物。"

在良心的谴责下，院士向议员痛苦地剖开内心忏悔："我对自己说，我害死了他的母亲，也毁了这个发育不全的人，这个在厩肥里出生、长大的蛆虫。他要是像旁人一样有人教养，也会跟旁人一样高贵。想到他是我的亲骨肉，想到依据可怕的遗传法则，在许多方面他就是我，血是我的血，肉是我的肉，而且想到他甚至和我有着相同的疾病根源，我所尝到的那种奇怪的、复杂的、难以忍受的滋味，是你所不能想象的。"

该作品中，莫泊桑以对话的形式讲述了一个令人唏嘘不已的故事，揭示了刑事社会学派的基本观点——所谓"犯罪"，正是社会环境、自然环境、生物遗传等各种因素共同作用的结果。对于刑事案件频发、犯罪人急剧增多的社会现象，所有的社会成员，尤其是所谓的"上流人士"难辞其责。文中道貌岸然的院士与议员之间赤裸裸的对话内容，就是刑事社会学派基本观点的生动演绎。莫泊桑类似题材的作品许多，诸如《橄榄园》

《杀害父母的罪人》等。

7.2.5.3 再度受害：《巴蒂斯特太太》

《巴蒂斯特太太》涉及被害人保护的话题，故事从一场被神父拒绝主持、教堂禁止进入的凄凉葬礼开始，讲述了一位遭到性侵害的女性受害人凄凉悲惨的一生。

主人公丰塔内尔小姐，11岁时遭到仆人奸污，该恶行持续了三个多月。后来东窗事发，仆人伏法，被判处终身流放。刑事案件了结后，无辜受害者的人生噩梦也开始上演。包括亲人在内的所有人均对她报以厌恶之情，小丰塔内尔的种种遭遇令人心碎。长大后，丰塔内尔的境况愈加恶劣，年轻姑娘像躲鼠疫患者那样躲着她，一些小流氓跟在她身后喊"巴蒂斯特太太"——巴蒂斯特就是那位作恶的仆人的姓氏。这种噩梦持续到丰塔内尔成年时才戛然而止，一位从城外调来的市长秘书哈默，受过良好教育，爱上了文静、脱俗的丰塔内尔，并向她求婚。当人们好心提醒他这是一个被恶人蹂躏了三个月的肉体时，哈默并不在意，认为这是过去的事情。他幸福地带着新婚太太四处拜访——多年来萦绕在丰塔内尔头上的魔咒解除了，这个可爱的女人是多么开心啊，她简直将自己的丈夫哈默当做神祇来膜拜。"请您想一想，是他恢复了她的名誉。是他使她重新回到公共法律保护之下，是他蔑视舆论、冲破舆论，抵挡住了各种侮辱，一句话，他完成了一桩很少人干得出的勇敢行为。所以她对他的爱情是既热烈而又提心吊胆的。"

这种提心吊胆并非出自于这个女人的心态失衡、神经过敏，不久后发生的惨剧证实了丰塔内尔永远无法摆脱社会舆论，她的悲剧宿命早已预设好：在一场全城人参加的音乐比赛中，由于对名次的争执，乐团老板将怒气撒在市长秘书哈默先生身上，继而又将怒气转嫁到哈默夫人身上，多年来销声匿迹的"巴蒂斯特太太"的称呼再次响彻全城。丰塔内尔彻底疯了，她意识到将永远无法抹去幼年时受到的侮辱，这种罪恶阴影将一直伴随到她生命的结束。当丈夫哈默挽着她的手回家时，她挣脱哈默，跳了河。①

在《巴蒂斯特太太》中，没有评价、没有议论，莫泊桑用近乎白描的语言叙述了一个催人泪下的故事，激起了读者对于性犯罪中受害人的深切同情与关注，并引起了整个社会的思索与反省。在今天的现代社会，我们

---

① 参见〔法〕莫泊桑：《莫泊桑中短篇小说选》，郝运、赵少侯译，北京，人民文学出版社，1996。

是否也在扮演着同样残忍的角色，摧残着每一个"巴蒂斯特太太"已经脆弱到不堪一击的灵魂？群体性的冷漠、歧视性的环境等对于性犯罪受害人的进一步伤害，是否是一种再次犯罪？而且这种罪行的情节更为恶劣，因而罪责也应比其他任何性犯罪人更为严重，它们如鬼魅随形，伴随、戕害、折磨着受害人的一生，直至受害人死亡。

7.2.5.4　请逮捕我：《流浪汉》

《流浪汉》描述了一个老实本分的木匠是如何蜕变为入室盗窃、强奸、无恶不作的刑事罪犯的故事，向我们揭示了一种荒谬而真实的客观现实：犯罪是任何一个社会均难以避免的恶性肿瘤，正是社会制造了自己的对立面与反抗者，然后又将他们绳之以法，借以彰显社会的正义与公平。

> 木匠雅克失业后前往法国中部求职。一路上他拼命寻找工作，但遭遇的均是冷嘲热讽或断然拒绝。很快，他便衣食无着、开始行乞。在野外过夜的雅克，不得不忍受着饥饿的袭击——这是"一种野兽的饥饿，狼之所以扑人就是因为这种饥饿"。雅克想到自己如此强壮却无事可做，又想起家乡的父母也是食不果腹，揪心不已。突然间，这个小伙子开始愤怒，这股怒气越积越大，他认为社会剥夺了自己的生存权，对社会充满仇恨。饥饿的雅克恨不得冲进任何一家，把里面的人"一棍子打死"，然后吃掉他们的食物；但与生俱来的淳朴本性使他克制住了这种"疯狂、丢脸"的冲动，继续怀着一丝希望寻找工作。饥寒难耐时，雅克甚至抱着一头奶牛饮奶充饥，并蜷缩在它的乳房下度过漫漫寒夜。最后，雅克来到一个村子里，宪兵逮捕了他，罪名是涉嫌"流浪乞讨"。雅克开心极了，他至少可以混上一顿饱饭了。但宪兵查看了他的身份证后，又将他释放了。雅克请求宪兵施舍他一顿饭，却遭到拒绝与嘲笑，气疯了的雅克再也顾不上良心与尊严，因为"饥饿，一种折磨人的、使人发狂的饥饿，猛地激起了他的怒火，逼得他像野蛮人似的朝飘着肉香的农户走去"——雅克犯下了盗窃罪；接着，他又看见了在牧场挤奶的女工，"一种比饥饿更凶猛的欲望在刺激他，两个月来一无所有的男子喝醉酒了，大自然在男性健壮的皮肉里埋下的种种欲望都在燃烧，这种无法抵抗的疯狂与发作出的酒力使他神志不清了"——雅克犯下了强奸罪。正当满足了"食色性"欲的雅克在田间酣然大睡时，宪兵用冰冷的枪托将他顶醒。雅克终于如愿以偿——因入侵他人住宅、盗窃、强奸等罪名，被判处二十

年监禁。①

在这部小说中，莫泊桑以冷峻、戏谑、无奈、凄凉的语气刻画了一个诚实、上进，希望自食其力的木匠，讲述了其是怎样一步步被社会逼迫，沦为盗窃犯与强奸犯的故事，似解剖刀般犀利的文笔为我们精心描绘出一位犯罪者实施数项罪行的过程，其间的心理描写更是将犯罪人的心路历程揭示得入木三分，令人唏嘘不已。

莫泊桑以客观冷静的态度揭示了以下事实：在相当多数量的暴力或非暴力犯罪中，犯罪人是由于人的基本生物欲求无法得到满足，才铤而走险、触犯刑律。这是一种无可避免的生物性行为选择，并非人类的理性可以控制的。从某种意义上讲，每一个社会公民均是潜在的"天生犯罪人"，当社会制度的"恶"泯灭了人们心中保存的善与正义，当人们意识到他们已经一无所有时，一切的法律、道德与伦理约束均将不复存在，"天生犯罪人"的基因被激活，灵魂中的恶亦被激活，将引导他们义无反顾地踏上"孤立的个人反抗社会"之路。可悲的是，当底层民众挣扎在死亡线上时，政府与法律始终处于缺位状态，而当他们为了生存稍越雷池时，政府与法律又立刻出现，将他们缉拿，继而打入牢狱。可以发现，莫泊桑在此部作品中表现出来的犯罪观与文艺复兴时期英国作家托马斯·莫尔在作品《乌托邦》中的犯罪观，以及法国浪漫主义文学家雨果在作品《悲惨世界》中谴责政府与社会"迫其为盗，继而充当那缉盗的人"的观点完全一致，均具有浓郁的刑事社会学派色彩。

7.2.5.5　高贵光环下隐藏的罪恶：《一个疯子》

在《一个疯子》中，莫泊桑以敏锐、细腻的心理描述对人类精神的异化与扭曲现象作了入木三分的剖析，整部作品具有鲜明的自然主义实证风格。

主人公是一所高等法院的法官，业内对其评价颇高——"他的一生都在起诉罪案与保护弱者中度过，那些骗子和杀人犯没有其他更可怕的敌人，因为他好像能洞察到他们的灵魂深处，而且一眼就能剖析出他们意图中的一切隐私。"他死时82岁，盛名所崇并为全民族所惋惜。但是随后，公证人在他的重案记录袋中发现了一本独特的档案，标题是"为什么"，其中详细记叙了这位德高望重的法官令人发指的

———————————————
① 参见〔法〕莫泊桑：《莫泊桑中短篇小说选》，郝运、赵少侯译，北京，人民文学出版社，1996。

罪行与嗜血变态的心理——他竟是一个身负滔天罪恶的杀人犯，曾亲手杀死两人，其中之一是个孩童；他曾嫁祸于人，将另一个无辜者判处死刑，并津津有味地在断头台旁欣赏血腥的执行过程。

人们震惊了，也被彻底激怒了，急于了解这个杀人恶魔藏在辉煌与荣誉背后的一切罪恶。法官的日记对于人们的疑惧与愤怒作出了细致的解答：在他漫长的职业生涯中，在每日与邪恶进行较量的法庭上，在伸展双臂维护正义、惩处强暴的判决里，这名法律的忠实卫道士逐渐产生了心理困惑，他对杀人者的杀人动机抱有强烈的兴趣。研究到最后，他得出了唯一理性的结论："杀戮是一种令人心醉的行为。因为杀戮二字包含了宇宙发展的全部历史，杀戮就是自然法则。"这名法官同时困惑于判决杀人者死刑的合理性，他认为"杀戮不应是一种罪行。杀戮存在于我们本性之中。牲畜在它生存的每时每刻杀无已时；人类为了快感而要杀戮，因此发明了狩猎；儿童杀戮他所俘获的昆虫、小鸟，杀戮所有落到他们掌握中的动物。杀戮动物是完全不足以满足的，我们还需要杀人。从前人们以人作祭牲来满足这种需要。在文明社会，杀一个人是犯罪，屠杀一个民族却得到赞美。人们赋予他们十字勋章。他们受到尊敬，得到女人们的爱，而这仅仅是因为他们受命泼洒了人类的血！"阅读了这段推理严谨、逻辑缜密的分析，我们看到这位法官绝不是一个疯子，他的结论令人哀伤，却真实、客观，包含着深邃的反思。正是在这种心理障碍与工作环境的不断对撞中，法官的行为达到丧心病狂的程度，其人格分裂程度令人惊骇。

我们不妨再看一看这位法官判决杀人犯死刑后的心理独白——"我以判词判决、定刑、砍死杀人的人而度过了我的生命，我！我！我的所作所为和我所打击的那些杀人犯何其相似！可这又有谁知道？""诱惑！我的心只想这一件事——杀，我的眼睛迫切渴望看到血，看到死亡。"于是，法官动手了，他先是用剪刀刺死一只金丝雀，然后用手扼死了一个向他欢快地问好的可爱男童，最后用铲子砍下了一个河边垂钓的男人的头颅。他的嗜血欲望逐渐得到满足，从杀戮中获得了莫名快感，从柔弱的小鸟到纯真的孩童，再到强壮的成年男子；从无血的哀啼到惊恐清澈的双眸，再到混着脑浆的粉红色血滴的弥漫，他魔鬼般的欲求进一步扩散着，当他将钓鱼者无辜的侄子送上法庭时，他很开心地送这个替死鬼上路——"我给他找了一个杀死他叔父的好借口，他是他叔父唯一的继承人！死刑！死刑！死刑！我判他死刑，哈！"不仅如此，法官还带着极大的兴趣临场观刑——"今晨送他上断头台。看砍断一个人的头真是壮观！血迸出来像潮水！唉！我真想在里面洗个澡。躺到那下面该何等令人销魂，用我的头发和脸去接住血！"

　　莫泊桑通过对这名疯狂、变态的法官的心理剖析，对死刑的合理性与正当性提出了质疑。这名法律的忠实卫道士坠入罪恶深渊的首要原因，就是他对杀戮行为的思考与定性，继而对自己判处罪犯死刑的合理性产生了怀疑——"我的所作所为和我所打击的那些杀人犯何其相似啊"。他内心传统的价值观轰然坍塌，心灵的隐秘却不便为外人道出，法官时刻处于痛苦的自责与反省当中。在所思所想与实证刑罚制度的激烈对抗中，在所作所为与原始人性的巨大冲撞中，这位法官的精神彻底崩溃，人格随之分裂，他不得不采取病态的手段来安抚自己狂暴、焦躁的心灵。

　　人们常说盖棺定论，这里我们却看到了鲜明的反例。人的一生究竟能够承载多少难以启齿的罪恶？这位"可敬"的法官大人出于恶作剧般的故意，为我们留下了一个维系着重大秘密的人生日记的活结。当人们无意中拉拽它时，凶残、嗜血、变态、绝望、濒死、快感等种种潜藏于人类本性中的恶便喷薄而出，令人难以招架、耻于正视。这位被撒旦主宰了灵魂的法官，在接受最后的审判之前，以血腥的档案记录告诉人类，环境导致的精神异化必将带来人性的泯灭。

7.3　英国批判现实主义文学

　　19世纪初，在英国文学中占据主导地位的是浪漫主义文学。19世纪30年代中期起，英国国内矛盾尖锐，工潮爆发频仍。50～60年代，英国经济进入高速发展时期，进一步引起了思想领域的变化，实证主义哲学占据统治地位。40年代开始，批判现实主义小说迅速繁荣，涌现出一大批著名的文学家，他们在创作上拥有共同倾向，即真实地再现客观现实，揭露、批判社会的丑恶。他们继承了由笛福、斯威夫特所代表的启蒙主义小说传统，在广阔的社会背景中展示各种生活现象，对其中的痼疾进行尖锐批判。

7.3.1　查尔斯·狄更斯作品中的刑法思想

　　19世纪的"日不落帝国"一方面代表着高度繁荣的工业文明，另一方面则处于史书记载的"饥饿的时代"。在充满压迫与掠夺的生存环境中，传统价值观受到了空前挑战。

在此背景下，查尔斯·狄更斯①（Charles Dickens，1812～1870 年）登上历史舞台，他的文学创作始终与时代同步，将讽刺谴责的笔触涉及社会政治、经济、法律、道德各个方面。狄更斯是英国批判现实主义的杰出代表，也是英国近代文学史上可与莎士比亚媲美的作家，其作品在英语世界家喻户晓。

从成长背景来看，狄更斯是从饥饿的人群中成长起来的"平民的儿子"。然而，颠沛流离、寄人篱下的童年生涯并没有带给狄更斯过多的阴郁气质，他对这个世界颇有感慨，却对这个世界的人饱含深情。在狄更斯看来，人性生而为善并且永远趋善。在狄更斯早期的作品中，充满了浪漫主义色彩，往往以通俗流畅、幽默泼辣的笔调为普通民众鸣不平，向一切不公正、不人道的现象抗议，并提倡以博爱精神与罪恶抗衡，被读者视为社会的良心与先知。在后期创作中，随着狄更斯对生活认识的不断深化，关于"善恶有报"的信念受到无情现实的冲击，其作品中所塑造的人物性格更加复杂，故事结局也不再带有善恶有报的童话色彩，而是开始从对个别坏人的谴责扩展到对整个社会罪恶的批判。谈及狄更斯的作品，其特色之一是善于使用自然环境来象征人文环境，社会层面的罪恶往往是由大雾、监狱，刑场、垃圾堆等环境进行渲染与征表，而并非以个人作为象征。在狄更斯晚年的作品中，由于在生活中看到了越来越浓重的阴影，痛苦、压抑与愤懑的情绪逐渐替代了早期作品的轻松与幽默。尽管如此，老年的狄更斯依然本着"人性本善、并永远趋善"的美好理想，期待在作品中倚重小人物的温情与道德的感化力量去与顽固的社会罪恶抗衡。

值得一提的是，狄更斯的内心深处始终弥漫着一种明净纯洁的"儿童情结"，创作角色的心理原型均带有儿童般的特征。英国作家华纳曾评论道："他像孩子观察一座陌生的城市般观察着巨大的人生舞台，这个孩子看到的光亮比一般人看到的更为强烈，所看到的阴影也比一般人所看到的更为巨大。"② 正是这种孩童般的纯真、善良而广博的爱，决定了狄更斯的作品总是倾向于使用"善与爱"的镜头去捕捉生活画面，因而透露出"童话般鲜明的善恶感"。狄更斯本人亦承认，社会现实扼杀了人类善良与怜悯的天性，将愚蠢与贪婪的枷锁套上了人类的脖颈。但他又深信人在本质上是善良的，

---

① 查理斯·狄更斯，英国批判现实主义文学家。出生于海军小职员家庭，10 岁时因父亲负债难偿，全家被判决迁入负债者监狱，11 岁就担负起繁重的家务劳动，曾在皮鞋作坊当童工。16 岁起做过律师事务所学徒、录事和法庭记录员。作品以妙趣横生的幽默口吻、细致入微的心理分析以及现实主义描写与浪漫主义气氛的有机结合著称。

② 参见《狄更斯评论集》，上海，上海译文出版社，1981，第 168 页。

光明多于黑暗并终将战胜黑暗。在这种"性善论"的影响下，狄更斯的作品与同时期欧洲的其他批判现实主义作家例如巴尔扎克、托尔斯泰、陀思妥耶夫斯基等作家风格迥异，本质上体现了基督教人本主义理想观。

在狄更斯的作品中，与法律相关的情景是绕不开的话题。包括《匹克威克外传》《荒凉山庄》《雾都孤儿》《大卫·科波菲尔》以及《艰难时世》《双城记》等作品均由法律事件作为主要或者重要线索展开，主人公的故事均发生在特定的法律背景中——罪犯、逃亡、追捕、审判、绞刑、砍头、律师、法官、济贫院、监狱、讼棍……这种对法律嗜爱甚至痴迷的情结在西方文学作品中是绝无仅有的。遗憾的是，在狄更斯的所有作品中，号称惩恶扬善、人人平等的法律往往被一小撮职业人玩弄于股掌之上，因此显得脆弱而无力。狄更斯很少将法律及法律人作为正面形象进行描述，他似乎更愿意向读者揭露法律制度的荒谬残酷、执法者的低能贪婪以及在法律名义下被践踏的人间公平与正义。

作品中对待法律的看法与态度无疑与狄更斯的家庭出生与个人经历密切相关，狄更斯一生都在与法律进行着"亲密接触"：他出身于社会底层，祖父、祖母都长期在克鲁勋爵府做佣人。父亲约翰是海军军需处职员，在狄更斯十岁那年（1822年），因负债无力偿还，一家人被羁押在马夏尔西负债者监狱。年幼的狄更斯向法庭申请留在狱外赚钱谋生，获得法院许可，辛苦奔波于监狱与皮鞋作坊之间。以后，狄更斯便成了泰晤士河滨大街30号华伦黑鞋油作坊的童工。每星期领到薪水之后，他就带着钱或食物去探监，与父母弟妹团聚。因为童工、负债和身陷囹圄的这段经历，在幼小的狄更斯的心灵中被刻骨铭记，使他对贫苦的儿童、穷人、被迫害者充满同情，对法律人乃至法律制度本身却颇多质疑，甚至莫名憎恨。1827年开始，狄更斯又在艾利斯与布莱克默律师事务所做过律师助理；1829年，狄更斯曾在博士院和大法官法院担任过庭审速录员；1848年，狄更斯曾应聘《记事晨报》记者专门采写法律新闻，接触了大量民事、刑事案件，目睹了当事人之间纠葛情仇等众生之相，深谙律师事务所、法庭、监狱不足外道的内幕，这一切都积淀为其日后进行文学创作的第一手素材。尤其值得一提的是，狄更斯于1848年为《观察家》撰写了一系列文章，涉及"死刑"、"贫民犯罪"等多项话题。他明确支持死刑，但是反对非人道的处刑方式。他所提倡的"贫民犯罪应当被法律所宽宥，因为社会本身便是这种罪行的制造者"观点，隐含着刑事社会学派观点的核心理论。

狄更斯作品中对法律现象的描述大致包括如下几类。

首先是法律制度，包括程序法与实体法。如果说《匹克威克外传》是对英国普通法程序中的荒谬之处进行揭露，那么《荒凉山庄》则是对英国衡平法程序的无情嘲讽。而对英国 1601 年颁布、1834 年修正的《济贫法》，狄更斯更是尽其所能进行批判与鞭笞。16 世纪，英国圈地运动迫使众多农民背井离乡，沦为流浪者，失业现象日益严重。英国统治者被迫考虑救济贫民问题。1572 年，英格兰和威尔士开始征收济贫税，1576 年又设立教养院，收容流浪者，并强迫其劳动。1601 年，英国颁布第一个《济贫法》，授权治安法官以教区为单位管理济贫事宜，征收济贫税及核发济贫费。救济办法因类而异。凡年老及丧失劳动力者，在家接受救济；贫穷儿童则在指定人家寄养，达到一定年龄时送去作学徒；流浪者被关进监狱或送入教养院。1834 年，议会通过《济贫法修正案》，该法改为受救济者必须是被收容在习艺所中从事苦役的贫民。习艺所的生活条件极为恶劣，劳动极其繁重，贫民望而却步，被称之为劳动者的"巴士底狱"。给人印象最深的就是《雾都孤儿》与《我们共同的朋友》等作品中，揭露了《济贫法》在各个教区教士的执行下俨然变成了贫困百姓的噩梦的现实——奥利弗被救济院与习艺所折磨得险些丢了性命；孤苦无靠的老人贝蒂·希格顿到处流浪，宁可死在田野上也不肯被所谓济贫院收容，她实际上是在逃脱法律的追捕，因为根据当时的《济贫法》，她是必须被收容的。

其次，狄更斯作品中塑造了一批法律职业者形象，首当其冲是作为"讼棍"嘴脸出现的律师。例如《大卫·科波菲尔》中对律师事务所浑浑噩噩的状态描写得细致入微，《老古玩店》中的黑律师布拉斯精心炮制假证陷害好人，《匹克威克外传》中的律师陶逊与福格串通起来骗钱，《远大前程》中律师找来的证人"对随便什么都敢于发誓作证"。而法官与检察官也无一例外地或是昏昏庸庸、或是贪利逐名，完全丧失了正义执掌者应具备的气质与道德。

最后，对于监狱与监狱中犯人的生活状态，狄更斯在许多作品中均泼洒重墨进行刻画，例如《远大前程》《雾都孤儿》《小杜丽》等。要知道，狄更斯童年时全家被投入的正是小杜丽的成长之地——马夏尔西负债人监狱，狄更斯以写实的文笔再现了当时监狱的悲惨状况，所揭露的黑幕读来令人不寒而栗。

7.3.1.1　善恶分明的人间童话：《雾都孤儿》

《雾都孤儿》（1838 年）以伦敦为背景，反映了《济贫法》公布后英国社会底层百姓生活的悲惨状况。

　　公爵的私生子奥利弗出生后被送入孤儿院，险些饿死；后来被教士卖给棺材店做学徒，又险些被打死；逃出学徒店后，奥利弗一路向伦敦走去，却误入贼窝，被凶狠残忍的盗窃头子犹太人费金掌控，利用他实施盗窃与抢劫。奥利弗历尽无数艰险，由于本性善良，得以出淤泥而不染，也因此苦尽甘来。而那些作恶多端、顽冥不化的人也受到了法律或是上帝的惩罚——杀人不用刀的济贫院院主本布普与妻子恶事做尽，最终破产沦落济贫院，受到与当年奥利弗一般的虐待；杀害妓女南希的歹徒逃亡途中被自己的绳索活活勒死；费金也在上绞刑架的前一刻在监狱毙命。①

这部作品是狄更斯的早期作品之一，童话般的结局清晰地表达了狄更斯的创作风格，揭露了大量社会顽疾，包括《济贫法案》笼罩下的救济院的黑暗、工业城市中童工的辛酸、帮派吸收青少年参与犯罪等问题。另外，作品中对强盗、窃贼、亡命徒、妓女等形象的描写生动逼真，大量准确地使用标准的行业术语，俨然是一部犯罪纪实大全。

可贵的是，在这部作品中，狄更斯跳出了自然主义文学的窠臼，旗帜鲜明地批判龚古尔与左拉的"环境决定论"，一再强调人之本性为善，在任何龌龊复杂的环境中都不会改变，小说中对狠辣狡黠的贼首犹太老头费金以及善良直爽、为了救奥利弗不幸被害的妓女南希的生动刻画就是明证。奥利弗与南希小姐均出生于苦难之中，在黑暗和充满罪恶的环境中成长，但在他们的心中始终保持着一片纯洁的天地，种种磨难并不能使其彻底堕落，反而愈发显示出其出淤泥而不染的光彩夺目的品质。这说明人性是可以改变的，即使在不同的生活环境中被塑造，一旦接受文明的再次启蒙，还是能够回归本真，回归善良。

7.3.1.2　一部导致司法改革的巨著：《荒凉山庄》

《荒凉山庄》（1853 年）是狄更斯最为著名的一部完全以法律为主叙事线索的小说，作品核心部分涉及英国衡平法制度②，谴责了该项司法制

---

①　梗概来源于〔英〕狄更斯：《雾都孤儿》，黄石雨译，北京，人民文学出版社，2001。

②　衡平法是英国自 14 世纪末开始与普通法平行发展的一种法律。这时期英国的普通法由于种种原因走向僵化，如果当事人或者因普通法实体内容上的缺陷得不到救济或足够的救济，或者因普通法程序规范上的缺陷得不到公正对待时，可以向国王及咨议会上诉，请求国王于普通法外施恩，予以救济。国王开始通常是委托大法官根据国王的"正义、良心、公正"原则来审理；以 1349 年起，允许原告人直接向大法官提出申请，由大法官审理；1474 年进一步设立衡平法院，专门负责审理衡平案件。在大法官司法过程中，形成了不同于普通法实体与程序规则的衡平法规则，衡平法成为与普通法并行的法律。由此，英国便形成了两种法律、两种法院、两种诉讼程序。19 世纪，随着工商业经济的发展，这种烦琐复杂而又不时发生对立的双轨法制已明显不能适应统治的需要。为简化司法制度，议会于 1873 年通过《最高法院审判法》，1875 年生效，对英国的司法机构作了重大改革，废除了普通法法院和衡平法法院之分，建立起单一的法院体系，统一适用普通法和衡平法，并明确在普通法规则和衡平法规则发生抵触或不一致时，以衡平法规则为准。

度的颟顸、邪恶与无能。狄更斯早年曾经在律师事务所做见习生，参与了
大量以衡平法程序进行审理的案件，也目睹了当事人辗转挣扎于该项制度
中的种种痛苦，对于衡平法体系的繁冗臃肿以及律师假借公义之名行讹
诈、欺瞒之事等现象深恶痛绝。在作品中，狄更斯根据自己多年的司法经
验，厚积薄发，利用细致老到的文笔、精确娴熟的司法术语揭露了这项司
法制度的所有弊端与丑恶。故事主要情节涉及一桩神秘的财产诉讼案。

> 　　一位叫作贾迪斯的人发了财，并且留下遗嘱。该遗嘱含义古怪，
> 几乎无人能懂。他的后代中有的人因为弄不懂遗嘱而自杀、变疯或者
> 劳累身亡。这张遗嘱耗尽了几代人的青春与幸福。无数精明的律师为
> 它忙碌着，大法官庭亦为之开过无数次庭，但案子始终没有结果，直
> 到最后巨额遗产不足以支付诉讼费用，该案才不了了之。①

作品借助英国古老的"大法官庭"的形象，揭示了整个英国司法体制
的臃肿、邪恶与无能。小说以伦敦覆盖一切、窒息一切的浓雾开篇，影影
绰绰的"大法官庭"是所有浓雾的喷吐口。通过大法官庭陈旧烦琐的法律
条文与程序，通过开庭时一派古旧怪异的气氛，突出表现了英国司法僵
死、邪恶的本质。接着，狄更斯以犀利的笔触描述了围绕司法制度所呈现
的病态与畸形——寄存于法的卵翼下的一群龌龊卑俗的小人物，像一窝窝
霉菌孳生于法的机体，构成了一个扩散于社会机体的病灶。

在《荒凉山庄》中，每个人物均戴着善与恶的双重面具。在狄更斯看
来，真正的恶人并非累斯特·德洛克爵士，也非图金霍恩律师，而是邪恶
的"法"本身。由大法官庭承办的"贾迪斯诉贾迪斯"遗产继承案中，凡
是与它有关联的人物均下场悲惨，数代人在等待中消磨终生，或自戕、或
癫狂。弗莱德小姐即为被此案拖累终身、变得疯癫的老太婆——她养了许
多小鸟，为它们取名"希望"、"快乐"、"青春"等，却残忍地将它们关在
笼内，以此祭奠自己被断送的人生。对于弗莱德小姐而言，法律机器的运
作完全凭借着对活人的血肉与希望的吞噬来维系，一桩桩包含着多少活人
的希望的案件，被填入机器齿轮后转瞬化作齑粉。理查德先生则是被法毁
灭的又一个例子，"他聪明、善良、生机勃勃，却因为觊觎贾迪斯案中的
遗产而无法专心从事任何职业，被狡猾、无良的律师一次次愚弄，为这桩
案件耗尽心血、倾家荡产。最后，理查德在一堆废纸里终于找到了一份确

---

① 梗概及本节所有引文来源于〔英〕狄更斯：《荒凉山庄》，黄邦杰译，上海，上海译文出
版社，1998。

凿的遗嘱，拖了几十年的贾迪斯案终于真相大白，遗产案就要宣判了！此时戏剧性的情景发生了，所有人的梦想均告破灭，全部遗产已经被几十年的诉讼费消耗一光。这项诉讼的结果是：讼棍们肥了腰包，法律程序得到了尊重，案件本身成为"大法官庭程序的典范"，可怜的理查德在这最后宣判的打击之下口吐鲜血，悲惨死去。

《荒凉山庄》不仅表现了以大法官庭为代表的英国衡平法的腐朽与荒谬，而且深刻地揭示了法所具有的"神秘与邪恶"的性质，使得法律人作为一个职业整体发生了异化。奥地利德语作家卡夫卡在小说《审判》中，将"法"当作被人制造后又翻转过来控制人、迫害人的异己力量的象征，而狄更斯早在卡夫卡半个世纪之前，就通过《荒凉山庄》这部作品揭示了法律扩张为机器特质后的邪恶特点。通过《荒凉山庄》中关于大法官庭的描写，我们看到几百年前遗留的繁复程序仍然在荒谬地主宰着当今活人的命运；法的机器散发着超越感情因素的冰冷色彩，但是与其有所关联的人又被蛊惑般争先恐后地跳进罗网，作品中插入的"希罗普郡老乡的故事"就是一例。① 另外，在狄更斯其他作品中，法官、律师等往往以反面形象出现，而在《荒凉山庄》中，法律职业者的可憎不在于个人品质，而是作为法律机器附属物的面貌出现。这些法的执行者、代理人，作为个人可以是模范的儿子和慈爱的父亲，如霍尔斯；而作为法的机器的零件却"为僵化的法律观念所奴役，这种观念作为独立的力量支配着他"，使得他"像猎犬一样执着于将猎物追逐到底"。故事中最令人鄙夷、痛恨的图金霍恩律师即为典型代表。他像复仇之神般对德洛克夫人的隐私穷追到底，毁了两条人命。在做这一切的时候，他似乎并无个人动机，也不被任何私人的喜怒哀乐所打动，而是完全被法的观念所支配，这样就更显出他作为法的化身的可怕。关于法律人个体异化的话题，可以对照雨果在《悲惨世界》塑造的沙威警官的悲剧性格特征加以解读。

应该指出，这部小说中也隐含着作者本人与法交锋、忧愤神伤的辛酸往事。1844 年，狄更斯为了作品《圣诞颂歌》的版权起诉盗版商，双方对簿公堂达五次之多，徒然耗费大量时间、金钱（诉讼费高达 700 英镑）与精力，非但未得预期的结果，反而被牵扯进更为棘手的法律程序。狄更斯对英国拖沓繁冗的司法程序失望至极，以至于两年后他的作品再次遭遇

---

① 希罗普郡乡间的两兄弟为争夺遗产发生了争执，提请大法官庭审理后，案件日益复杂化，弄得二人倾家荡产、两败俱伤。兄弟俩想要撤回原案，却被拒绝，最后落得个卷入法律机器后身不由己的悲惨结局。

盗版时，干脆听之任之。正如他对朋友所说："法律的傲慢与粗暴，着实已经到了令人无法忍受的地步。"也许正是这段经历，为他日后创造《荒凉山庄》注入了针砭司法制度的原始动力。1873 年，议会对大法官法院的改革措施①，与这部作品的深刻思想及掀起的轰动性社会效应不无关系。曾任英国上诉法院院长和高等法院法官的丹宁勋爵曾坦言："不得不坦率地承认，我个人认为，狄更斯的小说对司法改革的贡献，远远超过了法学家杰里米·边沁。"②

7.3.1.3　"击碎皇冠，但请留下头颅"：《双城记》

狄更斯的《双城记》（1859 年）与雨果的《九三年》（1873 年）是根据同一历史事件创作的文学作品。作为一个反抗暴力的人道主义者，狄更斯亲眼目睹着英国社会贫富悬殊状况日甚、底层民众反抗情绪日增的状况，产生了深刻忧虑，继而决定创作出这样一部描写法国大革命的作品，旨在探讨革命的正义性与界限，以此警示现实中的英国人。

> "双城"意指巴黎与伦敦。1757 年冬，巴黎医生梅尼特被厄弗里蒙德侯爵兄弟拦截并被强迫带至侯爵府中出诊，目睹了一个绝色农妇与其胞弟被杀的惨状，并获悉侯爵兄弟为了获取片刻的淫乐而杀害农妇全家的罪行。梅尼特立即报案，却被秘密逮捕，投入巴士底狱，被迫害至精神失常，其妻在忧惧之中撒手人寰，幼女露茜被老友罗瑞接到伦敦悉心抚养。18 年后梅尼特获释，被旧仆德法奇收留。露茜闻讯接父亲回伦敦，巧遇厄弗里蒙德侯爵之子达雷，他与家族断绝关系后移居伦敦，成为法语教师。一对年轻人彼此心生爱恋。梅尼特仔细观察达雷的人品后，决定原谅其祖辈对自己犯下的罪行。1789 年，大革命风暴来袭，法国贵族一个个被送上断头台。达雷为了营救老管家冒险回国，被捕入狱。根据医生梅尼特当年在狱中写下的血书："向苍天和大地控告厄弗里蒙德家族的最后一个人"，法庭判处达雷死刑。律师助手卡尔顿以自己的生命换取达雷的自由。最终，梅尼特父女与达雷顺利地离开法国。③

《双城记》是狄更斯影响最大的作品之一。创作之前，狄更斯曾经对

---

① 根据 1873 年的《司法组织法》，英国各自独立、竞争的普通法法院和衡平法法院连同其因循拖拉、开支浩大和不公正现象等均在一定程度上得到改善。1873 年的《最高法院审判法》废除了普通法法院和衡平法法院之分，建立起单一的法院体系，统一适用普通法和衡平法。

② 黄昱宁：《狄更斯也是一位法学家》，载《南方都市报》，第 4 版，2009 - 8 - 10。

③ 梗概及本节所有引文来源于〔英〕狄更斯：《双城记》，石永礼、赵文娟译，北京，人民文学出版社，2001。

法国大革命作了详细考察。他对这段历史的浓郁兴趣，发端于对英国社会潜伏着的严重危机的深切担忧。他希望借法国大革命的史实向两类人传达讯息：其一是英国统治者，其二是英国民众。小说生动地揭示了法国大革命前危机四伏、严重激化的矛盾，旨在说明民众的忍耐是有限度的，借以鞭笞贵族阶级穷奢极侈的生活方式与残酷镇压的统治手段；同时，又通过对恐怖时期的夸张描述，对心怀愤懑、希图以暴力对抗暴政的民众予以提醒。他不无忧虑地指出，民众因遭受难以忍受的迫害而奋起反抗，固然具有正义性，但暴力手段本身却蕴含着无限的变数，极可能发展为一种非理性、无克制的复仇行为，非但无法消除罪恶反而会加剧人类数代间的仇恨，最后演绎为异常血腥的恐怖气氛。可以看到，对"反暴力"的宣扬是该作品的主旨，在狄更斯的笔下，失控阶段的革命将演变为巨大灾难，革命民众的盲目屠杀使自己沦为畸形的社会阶层，除了仇恨和报复一无所有。另外，狄更斯又对自己秉持的上述观点产生质疑，在作品中引用罗伯斯庇尔的话来进行平衡："没有美德的恐怖是邪恶的，没有恐怖的美德是软弱的。"当时的西方人普遍认为，人神异位后，既然上帝已经不再掌管人类的精神世界，那么若想摧毁人们精神上的罪恶，就必须首先摧毁他的肉体。狄更斯通过作品对这种思想进行了质疑，对法国大革命以正义之名杀人、从肉体上摧毁作恶者的做法进行了批评。

为了进一步阐述自己的上述观点，狄更斯在作品中精心塑造了三种个性特征的人物形象。

第一类是以厄弗里蒙德侯爵兄弟为代表的贵族阶层，他们一次次践踏着国家的律法，突破着人性的底线。

第二类是以德法奇夫妇为代表的革命群众。德法奇之妻狄安娜就是侯爵兄弟多年前所奸污的美妇、刺杀的青年的小妹妹，她对侯爵家族怀着刻骨仇恨。如果以等害报应论的观点解释，我们可以理解狄安娜欲置侯爵一家死地而后快的心理，毕竟狄安娜一家惨遭灭门，凶手正是小露西的祖父。狄更斯同情狄安娜的不幸，对革命爆发后她所显示出的卓越智慧、坚定性格与非凡的组织能力、号召能力予以肯定和赞美。但当革命发展为恐怖时，他却笔锋一转，将其描绘为一位铁石心肠、不依不饶、嗜血狭隘的复仇者。最后，狄安娜死在自己的枪口下，正暗示着复仇是一把双刃剑，没有理智约束的剑锋终将伤害执剑者。

第三类是以医生梅尼特、达雷、卡尔顿为代表的解决社会矛盾的理想化人物，他们的身上集中体现着狄更斯心目中以宽恕感化罪恶、以博爱代替仇恨的罪罚观。医生梅尼特因主持正义，被伯爵兄弟构陷入狱，妻子死亡、幼女流亡，重见天日时已是头发斑白的老人，可以说，梅尼特与伯爵兄弟之间的仇恨不共戴天。但当他看见达雷的优秀人品时，毅然摒弃宿仇旧恨，埋葬过去。达雷是侯爵兄弟的血亲骨肉，他抛弃了爵位与财产，决心以自己的行动来为整个家族"赎罪"；革命爆发后，为了拯救无辜的管家，他冒死返回巴黎，接受民众审判。卡尔顿深爱着露茜小姐，他才华横溢、放荡不羁，却有着极强的正义感，当他认定自己的这段情感注定无所归依后，毅然为了爱人的幸福踏上断头台。这三个男人组成了狄更斯笔下的理想人类图景，身上寄托着深厚的人道主义情怀。狄更斯希望借这三位男人的崇高品格向世间宣布：革命所承载的应当是人类对自由与平等状态的永恒向往，其本身纵然掺杂着难以剔除的激情，却不应因此驱逐理性，迷失方向。最后，这部作品承载着狄更斯以人性仁慈来救赎革命血腥的殷切希望。卡尔顿的遗言代表了狄更斯对这一段混乱、激昂，充满着希望与绝望的历史时刻的总结："未来的漫长岁月中，我希望看见这一代与上一代的邪恶逐渐赎去自身的罪孽，随风消散。"诚然，这种艰难的救赎，不仅需要人类情感的支撑，更需要人类理智的参与。

7.3.1.4　一部杰出的比较法著作：《游美札记》

《游美札记》[①]　（1842 年）是狄更斯成名后，受美国各界邀请，游览美国风光，考察美国政治、法律、经济制度后所著的一部写实主义杰作。这部作品被掩藏在作家其他诸部小说的耀目光环之后，一直未能引起法学界的注意。事实上，狄更斯的这部文学作品，贯穿着英国与美国各个角度法律制度的比较与分析，为我们研究普通法系理论与实践提供了十分珍贵的一手资料。

首先，狄更斯从刑事政策角度出发，将美国波士顿的盲儿院（孤儿院的一种）与英国的济贫院相比较，作出前者更为人性化的结论。盲儿院制度设计的特点之一，是"鼓励他们，教导他们，即使在困难的环境中，也要有体面的自尊心。"而英国政府在这点上所做的远不如人意，"他们所给人民的容身之处和救济之处只限于贫民院和监狱，所以贫民也就把政府看作是一个严厉的主人，勇于矫正人民的错误、惩罚人民的罪恶，而不是慈爱地保护人民，在人民需要帮助的时候给人民仁慈、对人民关怀。"

作者还考察了两种特殊类型的学校。一类是博埃尔斯顿学校，主要负

---

① 本小节所有引文来自〔英〕狄更斯：《游美札记》，张谷若译，上海，上海译文出版社，1982。

责对那些缺乏成人监护、却也没有任何劣迹的穷苦孩子进行收容教养，理由很简单，"他们虽然没有犯过罪，但是如果不把他们从要吃人的街上收容到这儿，那他们在事序推移的常态下，很快就变成犯罪的人。"在博埃尔斯顿学校中，学生接受必要的教育、养成协作的习惯，体现着十分明显的犯罪预防思想。另一类是专门收容犯过罪的少年，叫作"自新院"。这里的孩子分成若干班，每一班都用一个数目表示，戴在胳膊上的徽章上。初到这里的孩子，首先被安插在最低级的一班；如果他守规矩，表现良好，就可以逐步升班。这个机构的运行目的是将失足的孩子们从彻底毁灭中拯救出来，成为社会上的有用之才。狄更斯非常赞赏该类院校对失足幼童的感化与教养，认为自新院"用坚定而和蔼、合理而明智的待遇，使犯罪少年得到改造"，使监狱由腐蚀道德、恶化行为之地变为净化思想、改善行为之地。不仅如此，这个学校的最大功劳是促使孩子们牢记，如果他们想要过幸福的生活，只有一条道路，那就是勤苦的道路，并且教导他们，如果他们向来没在这条路上走过，现在应该如何在这条路上走；如果他走迷了路，应该如何回头……总而言之，"要从毁灭中把他们救出来，使他们成为社会上一个已悔过、有用的成员"。

从中我们可以看到，美国政府早在 19 世纪上半叶，就已在"预防儿童犯罪"以及"矫正犯罪儿童"方面走在世界前列，不仅形成了系统的刑事政策理论，而且在该理论的指导下进行着卓有成效的司法实践。而在狄更斯眼中，这种实践的重要性"不论从哪一方面看，不论是为整个人类着想，还是为社会政策着想，都是不言而喻的"。

其次，狄更斯从考察中发现，美国刑罚宽缓，执行空间具有极大的宽松性，以至于"到了美国州立监狱或者改过所里的时候，我很难使自己相信，我真正在狱里，真正来到一个卑鄙下贱、受苦难、受惩罚的地方。因此一直到现在，我还是怀疑，那种以慈爱仁恕自夸，说监狱不像监狱那种说法，是否是根据处理这件事的明智办法和合理想法而来的。"狄更斯在囚室里曾经看到一个男孩子，因盗窃被检举，正等待治安法官侦查。令他震惊的是，法官并不打算把这个小伙子送到普通监狱，而是要把他送到南波士顿改造所，在那儿教给他手艺，让他认一个体面的师傅作徒弟。在这样情况下，他的盗窃行为被发现，"不但不会使他背负人所不齿的身世和走上凄惨的绝路，反倒可以像他们合情合理地希望的那样，把他从罪恶中改造过来，成为社会上有用的成员。"对比美国囚徒所享受的人道主义待遇以及对失足青年的保护与教育，狄更斯严厉谴责了英国刑罚的残酷与暴虐，"一直到 19 世纪初乔治三世（1760～1820 年在位）时代，在刑法法典和监狱条例方面，英国还是世界上最嗜杀成性、最野蛮残酷的国家之一"。首先，英国刑法涉及死刑条文极多，适用范围也极其广阔，"偷值几先令的东西，也能够被定为死罪"。其次，英国刑法中规定的刑罚异常野蛮，不仅肉刑种类繁多，即使是已经处以死刑的囚犯，"如果国家认为对于新兴的一代有好处的话，也能够很高兴地把那些路劫匪徒的尸骨从坟里刨出来，把它们一块一块地挂在指路牌上、栅栏门上或者绞刑架上，摇摇晃晃、高悬示众。"

最后，在对两国监狱的对比中，狄更斯对美国监狱设计与制度大加赞赏，并不厌其烦地描述了边沁"圆形监狱"的理论①在美国率先践行的状况。美国的监狱与边沁的理论并非完全相符，但也实现了"透明管理"、"强化自律"的宗旨。因此，"监狱的看守人员没有刀，没有火器，甚至连棍子都没有。如果现在这种妥善办法继续用下去，将来在这个监狱里，也用不着任何武器，不论是用来打人的还是自卫的。"另外，美国监狱对犯罪人的处遇思想倾向于保护与教育，提倡以爱制暴，以宗教思想净化他们的灵魂。"在南波士顿监狱里，收容了不幸的或者堕落的公民，教给他们对上帝和人类所应尽的职份；把他们看成人类大家庭中的一分子那样而感化他们，不管他们苦到什么地步，穷到什么样子，堕落到什么程度，完全避免用强大暴力，而只凭伟大的爱来管理他们。"对比英国及其他国家的监狱制度，狄更斯认为"美国在这方面所做的彻底改革给别的国家树立了榜样，表示她有极大的智慧、慈爱和高远的政策"。

然而，到了费城，狄更斯却看到另一种风格截然不同的监狱。这个坐落在郊区的大监狱叫做东反省院，管理的办法是该州特有的，采用生硬、严厉、使人绝望的"单人囚禁法"。虽然它的用意是仁爱的，但很少有人能估计到，这种可怕的惩罪办法，连续几年之久，对于一个人的折磨是怎样的惨烈，"囚徒脸上的表情使我深深相信，这种惩罚使人难以忍受的深度，除了受罪的人自己，任何别人都衡量不出来"。狄更斯视这种刑罚为对人之身心的极度虐待，"这是一种任何人也没有权力加到他同类的人身上的刑罚"。"这种日日夜夜、潜移默化的对于囚徒精神世界神秘的戕害，比起对人娇嫩的肉体妄加折磨还要更坏，坏到不可计算的程度。"狄更斯用整章笔墨来逐一描写其中囚徒所受到的非人折磨，认为这种"单一囚禁"制度无论设立初衷如何善良，在效果方面显而易见是残酷而非理性的，是对人性的极度摧残。

---

①　参见本书 6.6 部分，边沁的刑法学思想。

关于法庭的审判程序与当事人参与案件审理的形式，美国制度也与英国大不相同。狄更斯以新奇的目光打量着美国司法领域中一切令他着迷的图景——"当一个英国人看惯了威斯敏斯特厅①那一套，再看美国的法庭，一定会觉得奇怪。只有华盛顿最高法院里的法官，才穿朴素的黑长袍；在一般法庭审理案件的时候，没有戴假发、穿长袍的。陪审员与证人都很随便。如果遇上刑事案件，往被告席那儿去找犯人，十有八九不会找到，因为被告最可能的情形是在司法界最知名的人士中间逍遥闲坐，或者和他的辩护人咬耳朵，告诉他什么话。而辩护人没有助手，他还得把证人回答的话自己记录下来……"狄更斯继而通过表象推断实质，认为在美国，打官司的费用一定少于在英国的费用，因为英国法庭认为必不可少的种种仪节，在美国一概没有，这毫无疑问可以减少讼费。狄更斯对美国的公众旁听制度颇感兴趣，发现在每一个法庭内，都有宽敞的地方容纳旁听者，美国各地皆然。"人民有权力到法庭旁听，有权力对审理表示关切，这是每个法庭都完全承认的原则。"在美国法庭上所目睹的一切，与英国司法制度对比鲜明，狄更斯以文学家特有的敏锐心理，作出了如下剖析："法官戴假发、穿长袍，毫无疑问，有些庇护法官的意味。因为把法官装饰起来，扮成角色，就可以使他们把个人的责任卸却；在我国的法庭上，所以常见到执行法律的人，语言蛮横、态度傲慢；所以常见到应该为真理辩护的人，却歪曲事实、颠倒是非，都是前面那种仪节的鼓励所致。"

作为一名坚持用良心写作的平民之子，作为一名具有敏锐嗅觉与诚实秉性的批判现实主义大师，在这次考察过程中，狄更斯也洞悉了美利坚合众国的蓬勃生机与进步思想后隐藏着的虚伪、丑陋与罪恶。特别是对于美国"蓄奴、贩奴合法"等社会制度，狄更斯不加掩饰地报以厌恶。"一个星期以前，一位白发苍苍的老者②，就在这个立法机构的诸公面前，受了好几天的审问，只是因为他居然大胆地指出，那种把男人、女人和他们还没出生的婴孩当作万恶的商品进行交易的勾当是不名誉的。在你们这个城市里，无论何时都可看见用金字写着、用木框镶着、用玻璃罩着挂起来让

---

　　①　威斯敏斯特厅，即"西敏寺厅"，现为英国议会的前厅。从 13 世纪起到 1882 年，主要英国刑事法庭均设在此处。许多重要案件，像英王查理一世判处死刑，都在那里审问宣判。参见〔英〕狄更斯：《游美札记》，张谷若译，上海，上海译文出版社，1982，第 75 页。

　　②　指亚当斯，美国第二任总统约翰·亚当斯之子，美国第六任总统，反对奴隶制度。1842年时任美国国会议员。

人景仰的，以骄傲得意的态度指给外国人看的北美合众国十三州《共同宣言》，它庄严地宣布——人人生而平等，他们具有天赋的生存权、自由权与追求幸福的权利！”此处，狄更斯以辛辣的口吻对美国奴隶制进行了大胆抨击。众所周知，由托马斯·杰斐逊主笔起草的《独立宣言》在通过前曾经过大陆会议的重大改动，在佐治亚州和南卡罗来纳州代表们的坚持下，删去了一段话，这段话对英王乔治三世期间殖民地蓄奴、贩奴合法制度进行了有力抨击：“他向人性本身发动了残酷的战争，侵犯了一个从未冒犯过他的远方民族的最神圣的生存权和自由权，他诱骗他们，并把他们运往另一半球充当奴隶，或使他们惨死在运送途中。”① 不仅如此，草稿中另一个被移除的篇章也涉及奴隶制度的废除。② 从对宣言的变动中，我们可以看到，“天赋人权”在美国并不具有普适性。更令人惊讶的是，杰斐逊，上述宣言主要撰写者，其废奴理论的倡导与拥有几百名黑奴的事实并不协调，在《宣言》发布后近五十年里，他也似乎没有为废奴做多少实际工作，蓄奴数量反而越来越多，所释放的零星黑奴据说是其混血子女。③

　　在作品第十七章中，狄更斯从蓄奴主张者的分类开始，对黑奴遭遇迫害的现状、南北方舆论参与的状况、参众两院的立法倾向等多个层面寻根究底，对美国蓄奴、贩奴制度作出十分客观、精辟的分析。其中引用了大量真实、具体的虐待奴隶、残害废奴人士的案例（约 38 个刑事案例），个个怵目惊心，具有极强的说服力。另外，狄更斯指出，蓄奴与残奴的风气对人类心灵的戕毒也是潜移默化的。“一个人，在奴隶制度的罪恶中出生与长大；一个人，从幼童时代就眼看着作丈夫的奉主人之命，不得不鞭打自己心爱的妻子；就眼看着人们不顾妇女的羞臊，硬逼着她们撩起衣服，好叫男子在她们柔软的大腿根部留下更深的鞭痕；就眼看着妇女在快要临盆的时候，还被惨无人道的监工驱使、折磨，在做苦工的地里，在抽着她们的鞭子下作了母亲；就眼看着主人们在奴隶畏痛抽搐的皮肉上刺绣花草、将奴隶们健壮的脚腱逐一挑断任其抽搐哀嚎；一个人，在少年时代，就目睹男男女女动辄被割掉鼻子，被挖去眼睛，被扯掉头皮，被烙上火印，被牲畜一般地系上带倒刺的项圈……这样的人，一旦怒气爆发，当然就非变成一个和野兽般的人不可。”“他们在自己家里，在怕他如鼠避猫的

<hr>

　　①② 　Edwin Gittman . Jefferson' Slave Narrative：The Declaration of Independence as a Literary Text［J］. Early American Literature. 1974，8. p. 253.

　　③ 　Paul Finkelman . Slavery and the Founders：Race and Liberty in the Age of Jefferson［M］. New York：M. E. Sharp, 1996. p. 107.

男女奴隶中间高视阔步的时候，必得带着粗鞭子；这样的人到外面时，当然要在身上藏着懦夫的武器，一旦和人争吵起来，当然要用枪打人、用刀扎人，这个难道我们不知道吗？"狄更斯尤其指出，南部地区由于蓄奴历史已久，在对待奴隶动辄残肢、重则杀害的环境中，民风逐渐变得彪悍、残暴、狠戾，白人们一言不合，即以随手对付奴隶的方法残害对方，刑事案件发案率节节攀高，手段令人发指——狄更斯在作品中引用的全美 17 个重大刑事案件，均发生在蓄奴合法化的南部诸州。

总括狄更斯的所有作品，应当是大英帝国维多利亚时代（1837～1901 年）的鲜活见证。在社会历史学家眼中经济空前繁荣的 19 世纪五六十年代的英国，是一个资本主义稳健发展的社会，是一个充满了活力、进取精神和乐观自信的社会；但在狄更斯的笔下，这个高歌猛进的时代却无异于人间地狱。为什么会存在如此巨大的反差？因为狄更斯是 19 世纪为数不多的站在社会底层角度观察现实的作家之一。从刑法学理论层面探讨，狄更斯的小说提醒我们，通常被我们视为模范的英美法制，并非天衣无缝。以往我们对 19 世纪英国法的了解，大都来自法官或者学者，这些出身显贵的作者笔下的英国法尽管需要改革，但并不迫切，英国法的问题被高度浓缩在三言两语当中。而狄更斯诸如《荒凉山庄》《游美札记》等法律文学作品再次提醒了我们，让我们看到伟大的维多利亚时代以及美国建国创业时期，法律机器下底层群众的生活惨状，击破了英美法制的神话。在狄更斯的笔下，英国与美国这两个法治社会之恶令人不忍正视，这里没有正义与公平，没有光明与希望，有的只是涉世未深的孩子、贪婪逐利的成人、满怀私心杂念的执法者与良知未泯的罪犯。感谢狄更斯，以平实朴素的文笔为我们再现了这幅平庸、躁动、混乱而又蕴藏着勃勃生机的历史图景，对百姓的法律认同观进行了精确的记录。在这些作品中，我们可以体会到法律对民众生活的真实影响，以及民众对法律的多元化看法。正如马克思所言，狄更斯等批判现实主义大师在文学作品中向世界揭示的真理，"比一切职业政客、政论家和道德家加在一起所揭示的还要多"。①

---

① "现代英国的一批杰出小说家，他们在自己卓越的、描写生动的书籍中向世界揭示的政治和社会真理，比一切职业政客、政论家和道德家加在一起所揭示的还要多。"《马克思恩格斯全集》，第 10 卷，686 页，北京，人民出版社，1998。

7.3.2　借助药物维持的理性：史蒂文森与《化身博士》

罗伯特·路易斯·史蒂文森①（Robert Louis Stevenson，1850～1894年），19世纪晚期英国著名的浪漫主义与批判现实主义文学家。《化身博士》（1886年）是其代表作之一。

> 杰基尔博士是一个学识渊博、能力非凡、德高望重的社会名流。但在杰基尔博士内心深处，却潜伏着一种难以抑制的寻欢作乐的邪恶原欲。由于要在人们面前始终保持一种虚假的庄重神态，他必须时刻隐藏、压抑自己追求享乐的强烈欲望。久而久之，杰基尔博士变成一个具有双重性格的人。这种被压抑的欲望最终导致了可怕的变态，使博士不得不通过犯罪来宣泄内心的郁闷。后来，博士发明了一种化学药剂，人服用之后，就会使形体发生变化，变得矮小、龌龊、丑陋不堪；而随着形体的变化，人的道德感也会逐渐丧失，最终变成恶魔。每当杰基尔博士受到享乐欲望的诱惑时，就会服下这种药物，摇身变成海德先生，一种邪恶的力量立即控制他的全身，促使他外出寻欢作乐。回到家后，再服一剂药水，他又会变成受人尊敬的杰基尔博士。这种于善恶两极间的变化逐渐失去控制，杰基尔博士发现自己会不由自主地变为海德先生，而要变回原本的杰基尔博士反而需要服用大量药物。最后，药物用完了，博士发现再也无法变回原来的自己，而只能作为罪孽深重的海德先生留在世上。事情败露前，万分沮丧的杰基尔博士出于悔恨与畏罪服毒自杀。

《化身博士》是史蒂文森的得意之作，想象力丰富、情节曲折生动，对于杰基尔与海德之间善恶迥异的性格描述，令人震撼。作品中对人性善恶犀利、大胆的剖析，在当时引起了极大的震动，以至于许多牧师一手捧着《圣经》，一手拿着《化身博士》进行布道。通过这部小说，我们不难解读出史蒂文森的人性论：在人类黑暗深邃、无法探知的内心角落里，善恶并存。书中的主人翁杰基尔，家财万贯、闻名遐迩、善良慷慨，却因抵挡不了潜藏在天性中的邪恶、狂野、纵欲的本性，借助药水将平时被压抑在虚伪表相下的心性毫无保留地宣泄、展示出来。在这部小说中，良心的

---

①　史蒂文森，英国著名的浪漫主义文学与批判现实主义文学家。爱尔兰人，出生于苏格兰爱丁堡，自幼喜欢文学。1875年，秉承父意通过法学院毕业考试，成为一名律师。但他对文学的热情没有丝毫减退，即使在受理诉讼案件时，仍抽空从事文学创作。1878年，他放弃律师业务，潜心写作，在短短的一生中写下了大量的散文、游记、随笔、小说和诗歌。

谴责与犯罪纵欲的快感交织而至，令杰基尔博士备受折磨，却欲罢不能。这是《魔鬼的万灵药水》的英国版，史蒂文森笔下的杰基尔与霍夫曼笔下的梅达杜斯一样，均是人格分裂的典型代表。这类貌似荒诞无稽的故事，却蕴含着最为深刻的人性命题：人，到底是黑白分明、一成不变、非善即恶的生物？还是既善亦恶，时善时恶？人的善恶倾向果真是与生俱来、无可控制吗？霍夫曼的结论是人性善恶兼具，善良之性可以战胜罪恶，人类最终能够得到救赎；而史蒂文森却持悲观态度，他认为人性更倾向于邪恶，任何人类的文明、个体的良知与理性均无法抵御这种强大的来自人的动物本能的残暴与纵欲。

7.3.3　雪一样洁白的杀人犯：托马斯·哈代与《德伯家的苔丝》

托马斯·哈代①（Thomas Hardy，1840～1928 年），19 世纪末 20 世纪初英国最重要的批判现实主义小说家。他以浓厚的悲观主义情怀开创了英国文学的哈代时代，成为"耸立在维多利亚时代与新时代交界线"上的悲戚而刚毅的艺术家。其作品承上启下，既继承了英国批判现实主义的优秀传统，也为 20 世纪现代文学开拓了道路。《德伯家的苔丝》（1891 年）是哈代影响力最大的作品之一，小说以 19 世纪末英国小农经济破产的现实为背景，讲述了一位贫穷美丽的农家女沦为杀人犯的故事。

> 随着资本主义对农业的侵入，苔丝一家丧失了赖以为生的土地，只得到富裕的亲戚家打工。由于年轻无知，苔丝失身于富家子弟亚雷，怀孕后饱受道德舆论的讥讽和谴责。孩子夭折后，苔丝远走他乡，遇见了青年大学生安吉尔，二人相爱，结为夫妻。新婚之夜，苔丝向安吉尔坦白了自己的"罪过"。貌似开明的安吉尔却无法接受这个事实，离家出走，远涉重洋到巴西。在孤独、悔恨、愤慨、绝望中，苔丝又遭遇了接踵而来的家庭变故：父亲猝然去世、弟妹失学、住屋被房主收回，全家栖身无所，生活无着。在危难关头，亚雷乘虚而入，用金钱诱使苔丝与他同居。苔丝不得不向贫困低头，继续做了亚雷的情妇。漂流异乡的安吉尔渐渐冷静下来，最终回到苔丝身边，这场变故犹如一把利刃，将苔丝从麻木浑噩的状态中刺醒。苔丝手足无措，陷入了无限的悔恨怨愤中。在亚雷的言语刺激下，苔丝将他杀

---

① 托马斯·哈代，横跨两个世纪的著名诗人、小说家。其父是石匠，但爱好音乐，父母都重视对哈代的文化教育。哈代生于英国西南部的多塞特郡，毗邻多塞特郡大荒原，这里的自然环境成为哈代文学作品的主要背景。

害，与安吉尔一同逃亡。在一个静谧的黎明，苔丝被捕，从容地走上绞刑架。①

这部作品反映了资本主义侵入农村后引起的经济、政治、道德、风俗等方面的深刻变化，针对当时道德、法律的合理性提出了质疑，女主人公苔丝也因灵魂深处拥有的巨大魅力成为文学史上最动人的女性形象之一。苔丝的悲剧始于贫困与纯真。为了全家人的生计，苔丝去远亲家打工，却因年幼无知被亚雷骗去贞操，成了一个"堕落"的女人。她与安吉尔相爱，又因新婚之夜坦承自己的过去而被丈夫遗弃，与近在眼前的幸福失之交臂。出于高度的责任感和牺牲精神，苔丝为了亲人再次沦为亚雷的情妇。因为丈夫的回心转意，向往着美好生活的苔丝于绝望中举起了复仇的利刃。最终，"像游丝一样敏感，像雪一样洁白"的苔丝走上了绞刑架。

《德伯家的苔丝》的问世与维多利亚时代的法律观、道德观念发生了剧烈冲突。人们普遍认为，女主人公不仅与人通奸、产下私生子，最后还谋杀了同居的男人，将这样一个肉体邪恶、灵魂肮脏、手段残忍的女人送上绞刑架是再正常不过的结局。而哈代在作品处理上却赋予这样一个女人以同情和谅解的态度，将这样一个犯了奸淫罪和杀人罪的女子称作"一个纯洁的女人"，并用这一称号作为作品副标题，这是对公认道德标准的公然侮辱，对刑事律法的公然蔑视。

哈代坚持对苔丝寄予深切的同情，坚持认为苔丝无罪，后者之所以被送上绞刑架，是社会经济制度与道德伦理观念的推动使然，整部作品洋溢着浓郁的意志决定论思想。随着资本主义的侵入，家长制统治下的英国农村趋于崩溃，造成个体农民破产、走向贫困。作为贫苦农民的女儿，苔丝尽管聪明美丽，勤劳善良，但家贫如洗、负担沉重，不得不迈出农户走向社会。在社会中，作为一个底层劳动者、一个无权无钱的雇佣工人，自然会受到上流社会的种种压迫和凌辱。这些压迫和凌辱有经济的、权势的、肉体的，更有精神的、道德的、观念的。前者的施加者是亚雷，后者的施加者是安吉尔。二者代表了将苔丝推向死亡的两种不同的社会势力，他们直接且共同地造成了苔丝的悲剧，是隐藏在苔丝身后的真正罪人。

苔丝短暂的一生中，潜伏着三个决定命运的转折点，第一个是被亚雷诱惑失身；第二个是新婚之夜遭遇安吉尔羞辱与抛弃；第三个是安吉尔重返家乡，希望与苔丝重修旧好。面对第一次打击，坚强的苔丝很快从沉沦

---

① 梗概及本节所有引文来源于〔英〕哈代：《德伯家的苔丝》，施咸荣译，北京，人民文学出版社，2001。

中走出，果断决定去更广阔的世界中寻找幸福。面对第二次打击，苔丝却一蹶不振，无法理解安吉尔内心的道德标准，也无法承受安吉尔将自己无情抛弃的现实。可以说，此时苔丝的心已经死了，她开始死心塌地地作亚雷的情妇，为亲人换取廉价的生活资本。但是，安吉尔的再度出现，彻底击毁了这个可怜的女人心目中仅有的平衡与安宁，剧烈的感情风暴迅速席卷了苔丝的内心世界。她将自己遭受的一切屈辱、不公、苦难都归咎于亚雷，复仇之火一旦点燃就难以控制，火苗舔舐着亚雷的尸体，也吞噬着苔丝的灵魂。其实，安吉尔给苔丝带来的伤害远甚于亚雷，这位大学生的身上集中体现着偏激、残酷的伦理观，他将苔丝一时的过错判为不可挽救的堕落，并认定苔丝是一个屡犯奸淫的罪人。正是这种伦理道德观在公民社会中具有神圣的性质，也正是这种不成文的法律使得苔丝成为世俗谬见的牺牲品。苔丝最终杀死亚雷，复了仇，洗刷了自己长期所遭受的折磨与屈辱。从这个意义上讲，亚雷的死是应得的报应。但是，另一位虚伪冷漠、隐藏着卑劣人性的凶手——安吉尔，却始终游离于自然与法律的报应之外，他甚至得到了苔丝的暗示与恳求，在苔丝走上绞刑架后迎娶了苔丝的妹妹。哈代以纯熟、老到的写实主义风格为我们揭示了现实社会的荒谬与残酷。

7.4　俄国批判现实主义文学

在西欧资产阶级革命运动与先进思想影响下，19世纪初俄国的资本主义关系开始形成。1861年农奴制改革以后，俄国处于新旧制度的变革期，各种价值观冲突尖锐，使得一直沉睡在"黑暗王国"的俄国人顿感梦醒后的痛苦与迷惘。19世纪40年代，俄国批判现实主义文学在以果戈里为代表的"自然派"基础上获得重大发展，50年代俄国文学进入迅速发展时期，60年代至19世纪末是其黄金时代。该时期涌现出的文学作品对社会的批判异常尖锐和全面，对社会出路的探索越来越迫切，对灵魂苦难的关注越来越执着，基督教人道主义思想也越来越浓厚。作品塑造的人物角色出现了平民知识分子代表的"新人"形象系列，以及由贵族地主向平民转化的"忏悔的贵族"形象系列。也正是在这段时期，具有世界声誉的一大批文学家在俄国脱颖而出，创造了西方文学史上的奇迹。

7.4.1　陀思妥耶夫斯基作品中的刑法思想

陀思妥耶夫斯基①（1821～1881 年）是 19 世纪群星灿烂的俄国文坛上一颗异常耀眼的明星，是俄国批判现实主义文学的卓越代表，也是世界文学史上最复杂、最矛盾的作家之一。他所走过的是一条极为艰辛、复杂的生活与创作道路。如果说托尔斯泰代表着俄罗斯文学的"广度"，陀思妥耶夫斯基则代表了俄罗斯文学的"深度"。陀思妥耶夫斯基敏感地触摸到从睡梦中惊醒的俄国社会紊乱的精神脉搏，苦苦追寻着"我是谁"、"人是什么"、"何谓罪又当怎样罚"等主题，寻找着社会黑暗的原因与民众摆脱苦难的出路。他的作品为人们揭示了潜藏于骚动不宁的心灵中的各种私密，刻画出一个个丧失自我、人格异化、信仰失落、灵魂无所寄托的文学形象的痛苦与惶恐。

7.4.1.1　来自"地狱"的纪实报告：《死屋手记》

《死屋手记》②（1861～1862 年）是一部纪实文学。这部作品完整地刻录了陀思妥耶夫斯基一生中重要的转折点——由于政治因素，陀思妥耶夫斯基曾被沙皇政府判决流放西伯利亚将近十年，如果说这十年是他前后期作品所包蕴思想内核的分水岭，《死屋手记》则是陀思妥耶夫斯基后期创作的哲学思想的深厚基石。

以当今的文学理论标准衡量，陀思妥耶夫斯基的后期作品充满着"非理性"与"神秘性"，与前期作品风格迥异。究其原因，文学界的学者们尚未达成共识。如果我们从陀思妥耶夫斯基立于谢苗诺夫校场上等待枪决的瞬间寻求答案，答案可能会更为感性直白。一纸死刑判决书令他万念俱灰、一切激情与抱负化作虚无，而枪响前的一刻的焦虑与惊恐已将他推入末日审判的等待，从对死亡的恐怖中追寻着永生的慰藉。得到沙皇赦免后，陀思妥耶夫斯基的灵魂历经了天堂、地狱与人世的往返，恍如两世为

---

①　陀思妥耶夫斯基出生于莫斯科一个贫民医院医生的家庭。1843 年毕业于彼得堡军事工程学校。毕业后不久就专门从事文学创作活动，是在思想上接近平民知识分子的先进代表人物。1849 年，因参加当时的革命团体"彼特拉舍夫斯基（1821～1866 年）小组"和当众宣读别林斯基致果戈理的信，以阴谋反对正教教会、沙皇政府罪被捕入狱。同年 11 月，陀思妥耶夫斯基等 21 名"彼特拉舍夫斯基分子"被判处死刑。12 月，他们被绑缚至彼得堡谢苗诺夫校场执行枪决。临刑前最后一刻，却等来了沙皇尼古拉一世的赦免诏书。陀思妥耶夫斯基被改判四年苦役，尔后又被流放到西伯利亚达防军驻地当兵五年。参见〔俄〕陀思妥耶夫斯基：《死屋手记》，曾宪浦、王健夫译，北京，人民文学出版社，1981，序言。

②　本节引文来源于〔俄〕陀思妥耶夫斯基：《死屋手记》，曾宪浦、王健夫译，北京，人民文学出版社，1981。

人。在刑场上直面死亡的经历，使陀思妥耶夫斯基的灵魂受到极大震撼、精神也受到了严重摧残。此后，他一改青年时代的精神与气质，保持着令人不安的沉默。但这种沉默并非是对尼古拉一世的感恩戴德，也绝非对贵族阶层的摇尾乞怜，更不是对黑暗社会的妥协逢迎，而是在重新寻求拯救苦难人类的道路之前的深沉酝酿。历经了死刑与赦免的大悲大喜，陀思妥耶夫斯基整个思想和信念发生了动摇，这种精神的反省与信仰的转变极为隐晦、缓慢地嬗递于随后四年的漫长苦役中，并积淀为其日后作品的整体创作基调。

在《死屋手记》中，陀思妥耶夫斯基以其在鄂木斯克监狱里四年的亲身经历为基础，冷静、客观地记述了苦役期间的见闻，其中包含着大量本人在苦役生活中凝结而成的深刻思想。这些思想直接来自于社会最底层，因而弥足珍贵。

首先，从哲学与心理学角度出发，陀思妥耶夫斯基在文章开篇即对法学意义的犯罪定义进行质疑，认为没有任何法学定义能够完整、合理地概括犯罪的多重含义——"犯罪行为似乎不能单从犯罪已构成事实这一现成的观点来理解，犯罪的哲理要比人们想象的更为深奥。""奋起反抗社会的罪犯是仇视社会的，而他们几乎总是认为自己无罪。"在狱中，陀思妥耶夫斯基隐瞒了自己的身份，用同情的目光凝视着苦役犯的面庞，倾听着苦役犯的心声，就像面对自己的兄弟一般。① 通过与犯人们面对面的交流，通过作家特有的细腻的谨慎观察，陀思妥耶夫斯基得出了自己认可的关于犯罪原因的独特结论——"犯人之所以成为犯人，一是因为社会制度公正与平等的欠缺，使得一部分人遭受体制性伤害后永远无法通过正常途径获得补偿；二是因为个人心理机制异常，他们在成长过程中曾经遭遇某种挫折，一直渴望得到某种补偿。当他们靠自己的力量与方式来补偿这些伤害、满足这些渴望时，这种越轨行为就成为了法律学意义上的'犯罪'。"这部作品还涉及了大量对政治犯意义上的刑事犯的描述与分析，特别强调了因为反对某些不合理的社会制度而犯罪的正义性——"这种官方要加以严惩的罪行，在犯人看来是合法的，他们毫不怀疑自己阶层的人——普通老百姓，是会宣告他们无罪的"。

其次，陀思妥耶夫斯基对监禁刑的弊端进行了猛烈的抨击，认为监禁刑只能起到惩罚犯罪者的过错以及给社会以心理安慰的作用，却根本无法

---

① 陀思妥耶夫斯基始终认为，贵族知识分子是无法被最底层群体所接纳、理解的，二者之间存在着难以逾越的鸿沟。参见 1854 年 2 月 22 日陀思妥耶夫斯基从鄂木斯克寄给哥哥的信。

感化、拯救犯人，结果是摧残了犯罪者的心灵，增长了仇恨心，增加了发生更为严重犯罪行为的可能性。在陀思妥耶夫斯基看来，他身边关押的囚犯们具有与外界正常交往的能力，他们所幻想的生活模式也是具体而现实的，但他们却年复一年地被羁押在如此压抑的空间，"他们越是感到自己的希望不能实现，也就越是固执地羞怯地把它埋藏在自己心中"，"因此，大多数囚犯都沉默寡言，几乎凶狠到要进行复仇的程度"。陀思妥耶夫斯基认为，人活着必须有一个美好的愿望作为支撑，他不无忧愤地控诉着，"在这墙壁内、在怠惰中埋葬了多少青春呀！多少精壮有力的人无所作为地死于此地。实际上他们是优秀的人，也许是全国最有才华的人也未可知！""只要和整个世界有了接触，他们就不是一些被摈弃、被毁灭、无人需要的人，而他们的巨大才华却被疯狂地、无可挽回地毁灭，他们重新做人的机会却被荒谬地、残忍的剥夺了，这是谁的罪过，到底是谁的罪过！？"

　　最后，在这部自传体作品中，陀思妥耶夫斯基谨慎地涉及了"人之本性"这一深刻论题的探讨。通过对许多苦役犯进行的细致入微的观察与分析，陀思妥耶夫斯基看到了他们身上兼而有之的人性与兽性。一些刑事犯所犯下的罪行令人发指，经过对一些严重暴力、变态犯罪人的观察，他哀伤地提出了"天生刽子手"的理论，并得出结论——"刽子手的特性存在于每一个现代人的胚胎中"，"如果一个人在发展过程中，兽性战胜了其他特性，人变为野兽是自然的"。这与刑事人类学派"天生犯罪人"的理论颇为近似，不同的是陀思妥耶夫斯基更强调社会环境对这种特殊潜质的激发与促进——那些丑陋、凶残、恶毒、兽性的行为，往往是社会与环境与人类固有的弱点相互作用、促成了心灵的扭曲与行为的暴戾。另外，陀思妥耶夫斯基认为，尽管苦役犯的性格是扭曲的，但他们依然具有人性——"他们的善良本性均隐藏于内心深处，大多数保存完好"，罪犯的意识深处仍然渴望着黑暗中的一丝光亮，良知的灰烬中依然可能爆发出悔罪的火花。在陀思妥耶夫斯基写给哥哥的信中，曾欣喜而激动地说："与强盗为伍度过的四年牢狱生活，结果让我发现了人。也许你难以相信，在这些人中有着具备深沉、坚强而美好的性格的人。当你在粗糙的地壳下发现了黄金时，真是令人兴奋。这不是一个两个，而是要多少有多少……"我们可以看到，在陀思妥耶夫斯基后期的作品中，对民众始终怀着一种近乎虔诚的敬仰，这种虔诚、这份敬仰的种子就是在鄂木斯克监狱时播撒在他心田里的。他"在粗糙的沙砾下发现了黄金"，这个发现令他兴奋不已，也令他感慨良久。

7.4.1.2　对人类灵魂的终极拷问：《罪与罚》

《罪与罚》（1866 年）是一部举世公认、震撼灵魂的文学经典。陀思妥耶夫斯基真正获得欧洲乃至世界性的声誉，就是从这部作品开始的。小说情节取自一个真实的刑事案例。① 主人公拉斯柯尔尼科夫跨越了《穷人》中杰弗什金悲惨人生的局限性，企图将自己由"人尽可欺的虫"武装成"凶残暴虐的兽"。陀思妥耶夫斯基曾在创作草稿中注明，作品的主要人物是"为社会所遗弃、抛弃的人"，例如索尼娅与拉斯柯尔尼科夫是人皆鄙视的妓女与杀人犯，但陀思妥耶夫斯基对他们的态度却是矛盾的。一方面，他肯定拉斯柯尔尼科夫的杀人动机不乏"崇高的因素"，这从陀思妥耶夫斯基于 1862 年在《当代》连载法国作家雨果的《巴黎圣母院》与《悲惨世界》时的"编者按"中可以得到证明。陀思妥耶夫斯基认为，无论艾丝美拉达、伽西莫多，还是芳汀、冉·阿让，均是"受环境、陈规、法律与社会偏见压制、迫害的沦落者"，雨果的作品"很明显是宣布这些被欺凌者、被社会所遗弃者的无罪"。② 另一方面，陀思妥耶夫斯基并未认可这种"崇高因素"的合理性——由于内心"善"的永恒存在，这次惊心动魄的蜕变并未成功，拉斯柯尔尼科夫未能"踏着别人的尸体走上食物链的顶端"，犯罪行为带给他的仅仅是无尽的心理戕害与精神炼狱。

> 彼得堡贫民区住着一个法律系的穷大学生拉斯柯尔尼科夫，因无力缴纳学费而辍学。当得知为了给他筹集学费，妹妹将嫁给一位卑鄙庸俗的律师时，他痛不欲生。随后，拉斯柯尔尼科夫又目睹了失业公务员马尔梅拉陀夫一家的悲惨遭遇，一个在他头脑中萦绕已久的"理论"横空出世了——自古以来，统治者均是不择手段获取生存权利与永世荣耀的。他决心考验一下自己是属于可以为所欲为的英雄，还是只配做英雄人物的工具的普通人。拉斯柯尔尼科夫将目光转向一个放

---

① 1864 年年底，俄国司法改革后出现了一批法治期刊，各大报业亦开辟专栏刊登刑事案例。1861 年，陀思妥耶夫斯基与哥哥担任《当代》刊物的主编，从第 2 期开始刊登法国 18～19 世纪的著名刑事案例及相关论文。其中有一篇关于法国 19 世纪 30 年代轰动一时的杀人犯皮埃尔·弗朗索瓦·拉赛内尔的审判记录汇编，陀思妥耶夫斯基专门为它写了按语。拉赛内尔不是一个普通的杀人犯，而是一个有相当文化的人，曾经专门研究法律。他宣称自己的犯罪是向不公正的社会复仇，自称是诗人与革命者。陀思妥耶夫斯基在上述按语中说："在这件诉讼案中，涉及的是一个罕见的、神秘的、令人感到可怕而有趣的人的个性。卑劣的天性和对贫困的畏惧，使他变成一个罪犯，而他竟把自己说成是时代的牺牲品……"该案引发了陀思妥耶夫斯基创作《罪与罚》的灵感。参见〔俄〕格·弗里德连杰尔：《陀思妥耶夫斯基的现实主义》，陆人豪译，合肥，安徽文艺出版社，1994，第 132～133 页。

② 参见〔俄〕格·弗里德连杰尔：《陀思妥耶夫斯基的现实主义》，陆人豪译，合肥，安徽文艺出版社，1994，第 136 页。

高利贷的心狠手辣的老太婆，决定杀死她，用她的钱来救助"至少一百多个"亟须帮助的穷人。很快，他将思想付诸行动，成功杀死了放高利贷的老太婆，并在慌乱中杀死了老太婆智障的妹妹。因为事先计划缜密且拉斯柯尔尼科夫具有罕见的随机应变智慧，再加上一系列巧合碰在一起，这一切都帮助杀人者成功摆脱了法律的监控与制裁。然而，沦为杀人犯后的拉斯柯尔尼科夫陷入无法摆脱的惶恐与内疚，原先的一切美好理想随之湮灭，他承受着比世间刑罚更严厉的良心的酷刑。他意识到自己向"伟大的人"的转变的实验彻底失败了。最后，在妓女索尼娅宗教思想的感召下，拉斯柯尔尼科夫向警方自首，被判处流放与苦役。①

作品聚焦 19 世纪中期的俄罗斯，犀利地揭示了当时的社会状况，其中响彻着被整个社会碾碎的弱势群体绝望的呼喊，"无路可走"的困惑与无奈构成了小说的主旋律。在西伯利亚服刑期间，陀思妥耶夫斯基目睹了俄国下层百姓走投无路的悲惨境遇，对这些被侮辱与被损害的人产生了强烈共鸣。在《罪与罚》中，他将表现"一个代表大多数的真正的人"以及重点揭示"这个人的畸形心理与悲剧人生"作为自己的首要任务，力图在作品中表达他对底层民众的深刻同情。陀思妥耶夫斯基曾说过，他永远不能接受"只有十分之一的人可以获得高度发展，其余十分之九的人只能成为为之服务的材料与工具，而其本身却滞留于愚昧状态"这样一种思想理念；他表示，自己只愿怀着"全体九千万俄国人总有一天都能受到教育，能成为真正的'人'"这样一种信念去思维与生活"。这种深邃的见解与崇高的理想与《罪与罚》的主人公拉斯柯尔尼科夫的精神气质是何等相近。另外，通过这部作品，陀思妥耶夫斯基殚精竭虑地进行思考，最终的济世良方却仅是向人类良心发出呼吁，要求他们虔诚地皈依救世主——自定其罪，自我惩罚。所有这些积极的和消极的思想以及无法解脱的怀疑、彷徨与矛盾都在《罪与罚》这部小说里通过主人公的心路历程集中地反映出来。

作品为我们详尽描述了一名品学兼优的法科高材生是怎样沦为罪犯的过程，主人公所处的赤贫状态与对同阶层民众无路可走的困惑与愤懑是其中最重要的原因。大学生拉斯柯尔尼科夫心高气傲，却不得不向贫穷低头——被迫辍学、忍饥挨饿，很快将被房东扫地出门；美丽的妹妹为了给他换取生活费，不得不出卖自己的肉体与灵魂，接受卑鄙庸俗的律师的求

---

① 梗概及本节所有引文来源于〔俄〕陀思妥耶夫斯基：《罪与罚》，朱海观、王汶译，北京，人民文学出版社，1982。

婚……

在这种"无路可走"的状况下，拉斯柯尔尼科夫的"杀人"动机开始萌发，继而形成一整套严谨的理论。事实上，作为一名时常思索人生价值的大学生来说，这种思想在他的潜意识中深埋已久——"就他所掌握的历史知识来考察，'统治者们'、'拿破仑们'都是不择手段获得成功的，只要'迈过这道坎儿'，就能拿到通往'不被奴役的彼岸世界'的通行证。"

然而，起初这一切对于拉斯柯尔尼科夫而言还仅仅是一种"思想"；从"理论"到"行动"，必须经过另一次质的飞跃。促成这种飞跃的时机很快到来——拉斯柯尔尼科夫与马尔梅拉陀夫的相识，立刻将小说的主题提高到对人类命运进行凄恻深思的高度，令人置身于无法喘息的悲怆气氛之中。"让一位父亲亲口讲给人们听，他原本出身高贵的妻子如何因没有一件像样的披肩而受寒并染上绝症，他善良纯洁的女儿为何不得不领取黄色执照沦为一名人尽可辱的妓女"，陀思妥耶夫斯基成功地将底层贫民的哀痛、苦难、羞辱与悲惨作出深刻的暴露，对社会的谴责直指人心。索尼娅过着没有尊严、受尽凌辱的生活，拉斯柯尔尼科夫曾经建议她投水自尽，"一下子结束这一切，倒更正确些，正确一千倍，也明智一千倍！"后者却平静地回答道："那他们（继母和三个弟妹）怎么办呢？"对于索尼娅来说，甚至连自杀也是不可多得的奢侈，它是生活获得保障的人才能享有的权利。索尼娅此刻的处境诚所谓"求生不得、求死不能"，她不是没有考虑过要体面地死去，将一切苦难与罪恶埋葬，但她对家人的爱与责任却不允许她这样做。索尼娅面前有两条路可以选择，"无视伦理，以肉体换取金钱养家糊口，是耻辱、是犯罪；坚守贞操，看着亲人活活饿死，也是犯罪，是一种更残忍的犯罪。"作品中的小人物们总是嗫嚅道："上帝啊，总得让每个人有个可以去的地方啊。"然而，拉斯柯尔尼尔科夫本人，马尔梅拉陀夫与索尼娅等人却无处可去。索尼娅的继母伊万诺芙娜这个艺术形象被塑造得最为感人。被逼得走投无路、精神已然崩溃的伊万诺芙娜曾经急切地呼喊："上帝啊，你不来帮助我们这些贫苦无告的人，你又去保护谁呢？……世界上还有法律和正义吗？我要去找到它！"然而，无情的现实摧毁了伊万诺芙娜唯一的精神寄托，上帝抛弃了她，天使遗忘了她，她至死未能找到心中的公道。这个被贫穷压垮，滚落到社会最底层的贵族后裔，这个被凄惨的人生境遇折磨得发疯的高傲女子，凝视着咳到手帕中的汩汩血块，黯然心碎。她临终前饱浸着不甘与绝望、愤怒与诅咒的独白令人潸然泪下："请神甫吗？用不着！我没有罪！根本不需要忏悔！上帝？他当然会宽恕我，他知道我到底受了多少苦！"

马尔梅拉陀夫一家的悲惨遭遇，给了主人公重重一击。他想到自己的妹妹与索尼娅的命运毫无区别，本质上均是为了亲人出卖肉体，不过是多披了一件婚姻的遮羞布。"看到醉酒后踉跄走在大街上被迷奸的少女，看到公园长椅上召客的妓女，看到酒馆里卖唱的歌女，看到被丈夫殴打、投河自尽的少妇，拉斯柯尔尼科夫感觉到处都是他的妹妹。"一想起每年政府与警察局所谓"百分之几"的统计数据，拉斯柯尔尼科夫就气不打一处来……这"百分之几"的概率落到穷人头上来，几乎就变为"百分之百"。索尼娅已经被划入这"百分之几"中，他的妹妹也离此不远了。怎么办？如此残酷的现实已经超越了他所能思考的限度。形势如此紧迫，他不得不采取行动，为自己的亲人做点什么——"一定得采取某种行动，立刻行动起来，越快越好。无论如何得作出决定，随便什么决定都行！"可以看到，拉斯柯尔尼科夫头脑里之所以会产生奇怪的"理论"，是由于他内心的痛苦、抑郁与愤懑已经远远超过了能够承受的极限。这种荒谬的理论不过是拉斯柯尔尼科夫被迫与恶劣环境抗争而产生的怪胎，他的犯罪归根结底是受客观环境的驱使。陀思妥耶夫斯基以惊人的笔力，临摹出这个强权社会对弱者的碾压与凌辱已经到了令人窒息的地步，这一切都促使拉斯柯尔尼科夫将他的"理论"付诸"行动"。

拉斯柯尔尼科夫具有典型的双重人格。他自尊自重、才华横溢、勤于思考、心地善良，有着强烈的正义感；但他同时又阴郁孤僻，内向倔强，为了摆脱贫穷与苦难，竟然依靠一整套荒谬的理论来指导自己杀富济贫。他创造的理论为"兽性"的自我营造了躲避良心折磨的庇护所——"平凡的人仅仅是不平凡的人的工具，不平凡的人是整个世界的主宰；不平凡的人为了达到正义的目的可以不择手段，甚至杀死那些'平凡的虱子'"。如果甘愿做逆来顺受的"平凡的虱子"，那么等待拉斯柯尔尼科夫的将是马尔梅拉陀夫的悲惨结局；如果去做一个突破道德准则的"不平凡的人"，也许会闯出一番天地，当然，过程中也会杀死一些"平凡的虱子"。事实证明，他不是拿破仑，也不是超人，他的灵魂根本不属于那些压迫者与统治者。在苦恼之中，他甚至将别人对自己的爱与自己对他人的爱谴责为转型成功的重负与阻碍。然而，善良的天性与所处的环境使得拉斯柯尔尼科夫无法放弃，也不能抵御与亲人与朋友之间浓浓的爱的关联，他注定要回到爱他的人们中间来——他的灵魂未死、良心未泯，他必将承受内心法则的严厉审判。

另外，陀思妥耶夫斯基塑造了两个角色，与拉斯柯尔尼科夫的"深刻罪感"与"求罚心态"形成鲜明对比——斯维德里盖洛夫和卢任等社会名流均轻而易举地完成了从"虱子"到"野兽"的转型。他们并不需要触犯刑律、拿着斧头去杀人，但他们的确是在"为所欲为"。

斯维德里盖洛夫的唯一嗜好就是满足自己病态的淫欲，但他又不是一个完全泯灭了人性的恶魔——他不动声色地掏钱为伊万诺芙娜的尸体进行装殓；面对心仪已久的少女果断打消了强奸之念，虽然他完全有能力这样做（犯罪中止）；他参透了拉斯柯尔尼科夫的罪恶，却并不举报也未胁迫后者，只是当作一出好戏般欣赏着；在一个风雨飘摇的夜晚，在一个纯洁的女童模糊的身影的感召下，他将枪口塞入自己的喉咙自戕而亡。通过斯维德里盖洛夫的双重性格，陀思妥耶夫斯基成功地塑造了人性的幽深与不可捉摸的特质。

与斯维德里盖洛夫相比，拉斯柯尔尼科夫的准妹夫卢任却要卑鄙得多，他公开宣扬"首先要爱自己"的科学理论——"据说世界上的一切都是以个人利益为基础的"，"爱自己身上的每一粒纽扣，只要自己管好自己，整个社会也就进步了"。卢任对拉斯柯尔尼科夫驳斥他的"杀人合法论"断然否认，因为他用不着用鲜血玷污他的双手，他完全可以在严格守法的前提下，买来一个貌美的妻子，诬陷一个肮脏的妓女，漠然践踏自然的法则，跨越人性的底线，心安理得地享有以底层民众的生命与尊严换取的人类文明。一句话，他可以而且有权合法地"杀人"。

关于索尼娅的形象，是陀思妥耶夫斯基后期创作思想与哲学精神的象征。于陀思妥耶夫斯基而言，将近十年的流放生涯对其价值观的影响是巨大的。目睹了强权的统治、道德的坍塌、资产者的骄横、贫穷者的饥饿、卖淫、欺骗、盗窃、毒打、流放、监禁、绞刑……他认为民众个体对社会制度的反抗毫无意义。陀思妥耶夫斯基的笔记中有这样一句话："不做奴隶，就做统治者。"而后者与陀思妥耶夫斯基的价值观相悖，因而他选择了前者——宁肯被践踏，绝不践踏他人。陀思妥耶夫斯基始终认为，人类的理性飘忽无踪、难以依靠，而人间的苦难却漫无边际。面对如此骇人听闻的生活，理性无法对它的荒谬进行解释，人类所能做的，就只有去爱，在爱中勇敢地承担一切荒谬与苦难。索尼娅正是这种思想的化身，是这个悲惨世界中的唯一光明。她是人类苦难的象征，心中却充满了对人类的爱。

在法学研究者眼中，这部作品的贡献之一是对犯罪心理的准确描述与剖析。陀思妥耶夫斯基充分表现了其作为天才心理分析专家的优势，将

"复调"① 艺术手法发挥得淋漓尽致，以一系列心理活动来证明拉斯柯尔尼科夫犯罪行为的被决定性。一句话，他已经丧失了自由意志的选择。事实上，关于陀斯妥耶夫斯基的该种风格，鲁迅先生早就有过非常精辟的论述："对于这位先生，我是尊敬、佩服的，但我又恨他残酷到了冷静的文章。他布置了精神上的苦刑，一个个拉了不幸的人来拷问给我们看。""……他竟作为罪孽深重的罪人、同时也是残酷的拷问官而出现了。他把小说中的男男女女，放在万难忍受的境遇里，来试炼他们，不但剥去了表面的洁白，拷问出藏在底下的罪恶，而且还要拷问出藏在那罪恶之下的真正洁白来。"② 在批判现实主义文学领域，许多伟大的作家做到了将作品人物"剥去表面的洁白，拷问出藏在底下的罪恶"，譬如雨果、狄更斯、司汤达、果戈里、巴尔扎克等文豪，他们对社会的种种丑恶现象做了平实、精到的揭露。但是，若在此基础上继续"拷问出隐藏在那罪恶之下的真正洁白来"，却只有陀斯妥耶夫斯基这类极个别的、具有极度耐性与深刻的悲悯情怀的作家才能完成。

同时，我们还应注意到，作家们在作品中往往很容易扮演审判人类罪恶的拷问官角色，却很难同时将自己也当作罪人一并推上审判席；而陀思妥耶夫斯基完全胜任了这种对"罪人"和"拷问官"的双重角色扮演，其中涵盖着对人类灵魂的拷问、对人类本性的追问，体现着宽广的人道主义胸怀与浓厚的救赎气息。对于陀氏作品的这一特征，鲁迅先生亦一针见血地指出："凡是人的灵魂的审问者，同时也必定是伟大的犯人。审问者在堂上举劾着他的恶，犯人在阶下陈述他自己的善；审问者在灵魂中揭发污秽，犯人在所揭发的污秽中阐明那埋藏的光耀。这样就愈发显示出灵魂的深。"③

总结陀思妥耶夫斯基的《罪与罚》，首先，这部作品在讲述一个充满着血与泪的社会悲剧故事的同时，也是一部犯罪心理报告，成为近代犯罪心理小说的开山鼻祖。主人公拉斯柯尔尼科夫犯罪前的心理活动，犯罪的动机、犯罪的目的、犯罪时的镇静与随机应变、犯罪后的内心惶恐与道德

---

　　① 苏联著名批评家巴赫金则将陀思妥耶夫斯基富有特色的小说称为"复调小说"。所谓"复调小说"，最根本性的特点就是"有着众多各自独立而不相融合的具有充分价值的声音与意识。众多地位平等的意识连同它们各自的世界结合在某个统一的事件之中。"因此，陀思妥耶夫斯基笔下的主要人物"在艺术家的创作构思之中，便不仅仅是作者议论所表现的客体，而且也是直抒己见的主体"。参见〔俄〕巴赫金：《陀思妥耶夫斯基诗学问题》，白春仁、顾亚铃译，北京，生活·读书·新知三联书店，1988，第 29 页。

　　② 〔俄〕陀思妥耶夫斯基：《罪与罚》，朱海观、王汶译，北京，人民文学出版社，1982，序。

　　③ 〔俄〕陀思妥耶夫斯基：《地下室手记》，臧仲伦译，南京，译林出版社，2004，第 4 页。

负疚，都被表现得淋漓尽致、逼真传神。

其次，作品中的一个令人深思的话题是关于"超人哲学"和"权力意志"的讨论。拉斯柯尔尼科夫曾无数次地思考着以下问题——杀死一个对世界有害的人是否有罪？人是否有权因为一个远大的目标或者造福更多的人而杀人？历史上许多名垂青史的君主，踏过战争的废墟与遍野的尸体，双手沾满鲜血登上王位，他们杀人的权利从何而来？针对以上问题，拉斯柯尔尼科夫在一篇发表过的法学论文中做出了回答——"人类的立法者与新制度的创立者，他们其实都是罪犯……他们在破坏前法、订立新法的同时就是一种犯罪……当然，鲜血不可能阻止他们引导社会的前进……这些人类的恩人们，绝大多数都是血流成河的罪魁祸首……但历史依旧将他们高高捧起，接受后人顶礼膜拜。"在这种思想的引导下，是默然忍受社会的罪恶，以信仰战胜邪恶，得到灵魂的救赎；还是铤而走险，用暴力来改变它？拉斯柯尔尼科夫勇敢地选择了后者，陀思妥耶夫斯基却显然肯定前者，他既对社会中"弱肉强食"的现象深恶痛绝，却又找不到济世良方，只能在宗教的赎罪思想中踟蹰求索。

再次，在这部作品中，陀思妥耶夫斯基开始研究人的非理性与无意识状态。陀思妥耶夫斯基始终认为，人是一个谜，人心像大海一样深不可测，人除了理性以外还有非理性，除了意识以外还有无意识（"潜意识"或"下意识"），该种观点与弗洛伊德和尼采的观点极其相似。西方的尼采哲学形成于 19 世纪 70 年代。陀思妥耶夫斯基可能未读过尼采的书，尼采却饱读了陀思妥耶夫斯基的作品，而且他用自己的哲理揭示了陀思妥耶夫斯基作品中的许多秘密。尼采曾经赞叹道："陀斯妥耶夫斯基是唯一一位能使我学到东西的心理学家。我把同他的结识看作是我一生中最好的成就。"[1] 尼采是一个反理性主义的唯意志论者，他认为"权力意志"是宇宙万物的本质，也是人和人生的本质；人的本质就是渴望统治，渴望权力，扩张自我。确实，尼采的"权力意志论"为我们从一定角度揭示了《罪与罚》中拉斯柯尔尼科夫"超人哲学"的秘密。

最后，通过这部作品，我们还可以搜寻到帝俄时期刑事司法制度中闪烁着的进步因素。从司法程序层面考察，帝俄时期的侦查、起诉以及审判程序无可挑剔，尤其是关于证据的固定和对嫌疑人的权利保护制度。警官波尔菲利凭借经验与直觉确定拉斯柯尔尼科夫即杀人凶手，却未立即逮捕

---

① 〔俄〕舍斯托夫：《悲剧的哲学——陀思妥耶夫斯基与尼采》，桂林，漓江出版社，1992，第 18～19 页。

他，固然具有爱惜后者才华、希望引导他自首、减轻刑罚的考虑，更重要的理由却是证据的采集与固定无法完成。此外，波尔菲利与拉斯柯尔尼科夫的一次次哑谜般的交流与当今美国等西方国家的辩诉交易制度十分相近，不同的是人性化更为浓厚、宽恕思想更为鲜明。在实体法适用层面，在对拉斯柯尔尼科夫审判时，法庭充分考虑了种种因素，最终判决出乎意料地宽大——仅仅判处了被告八年的流放苦役。这不单是因为他的自首行为、他那可疑的精神状况、他在法庭上竭力试图增加自己罪责的悔罪表现，更是因为他以前良好甚至优秀的人格行为记录——拉斯柯尔尼科夫的朋友们证实了他一次次古道热肠的行为，例如虽然自己食不果腹，却尽力帮助比他还困难的同学一家；拉斯柯尔尼科夫的邻居以及市政消防部门也很乐意出庭作证，在一场大火中他曾接连两次冲入火场救出两个幼儿；索尼娅声泪俱下地关于拉斯柯尔尼科夫救治自己命丧马蹄下的父亲的说辞更是打动了听审者的心。因而，法庭十分乐意接受拉斯柯尔尼科夫行为时伴随着精神障碍的理由，对他的杀人行为进行了减轻判决。

当然，对当时刑事司法制度的客观赞美并不能抹煞那位险些被当作杀人凶手的替罪羊（油漆匠）的悲惨遭遇，也不能掩盖有多少类似拉斯柯尔尼科夫的优秀青年正挣扎在犯罪与忏悔死亡线上的黑暗现实。在这个悲惨的故事中，我们看到的仅仅是罪行、法律与惩罚的交织出现，却无法声称公平已然恢复、正义得到伸张。那么，正义究竟在何处？它似乎不在拉斯柯尔尼科夫杀死高利贷老太婆的劫富济贫的行为中，也不在刑事法庭最终对拉斯柯尔尼科夫八年苦役的从轻判决里。陀思妥耶夫斯基留给我们的思考依然沉重而深刻——正如雨果在《悲惨世界》中所描述的社会三大顽症："贫穷使男人潦倒，饥饿使女人堕落，黑暗使儿童羸弱。"在一个男人的尊严被养家糊口的重担所压垮，女人的荣誉被果腹的诱惑所撕碎，孩童的天真在蒙昧的环境中被扼杀的社会里，到处充斥着形形色色的罪行与或严酷或宽大的惩罚，唯独正义与希望缺席。

7.4.1.3　"上帝隐退"后的平民气质：《卡拉马佐夫兄弟》

陀思妥耶夫斯基一生执着于研讨人与上帝间的关系，1880 年《卡拉马佐夫兄弟》的问世，是作者毕生哲学思想与艺术探索的总结。作品展示了陀思妥耶夫斯基对俄国过去、当时和未来的思考，涉及宗教与自然科学、反抗与承受苦难、善与恶、生命的意义与人生的使命等诸方面的哲学话题，被称作人类文明史上最为伟大的小说之一。这部小说不仅风靡俄国，而且在整个西方文学史上影响深远。[①]

　　作品根据一桩真实的弑父案写成。[②] 它以一个以暴发户为家长的松散型家庭内部的矛盾、冲突为背景，提出了"上帝隐退后"人们必须去思考并加以解决的社会与伦理难题，一览无余地展示了这个被作者称为"俄国历史上最混乱、最痛苦、最不安全、灾难最深重的"过渡时期社会的全部畸形、荒诞与丑恶。作品卷帙浩繁，并非单纯地叙述罪行的始末，也未详细地描写案件的侦破经过，而是借助于这桩惨案，通过对人物形象的雕塑，展现了淫荡、贪婪、暴戾、犬儒主义等卑劣的人性。作品中提出的有关人生意义、无神论与宗教信仰、人性中善与恶等问题，深刻反映了19世纪70年代末期俄国知识精英面对现实的艰苦探索。然而，陀思妥耶夫斯基最终还是未能给这个充满矛盾、苦难和罪恶的社会找到出路，与《罪与罚》的结局相近，他企图以宗教思想来同利己主义对抗，主张以自我忏悔和承受苦难来求得内心的平静与精神上的复活。在《卡拉马佐夫兄弟》中，人的兽性远远超越了《罪与罚》中的拉斯柯尔尼科夫自创的"英雄"理论，这种兽性不断向卡拉马佐夫父子身上侵入、渗透，最终以各种不同形式归总为"卡拉马佐夫家族的气质"。

　　故事主角之一——老卡拉马佐夫，他年轻时是寄人篱下的食客，通过两次婚姻谋取了丰厚的财富与贵族地位，他的身上带着原始积累阶段暴发户的典型特征。婚后，怀着强烈的复仇心理，老卡拉马佐夫将年少时受到的屈辱发泄到贵族妻子们的身上：他的第一个妻子被迫出逃、与人私通、最终暴尸街头；他的第二个妻子发疯致死。妻子们相继去世后，他全然不尽对三个儿子的监护责任，生活糜烂、放荡成性，甚至一时兴起奸污了流浪的智障女丽萨。丽萨怀孕后产下的私生子斯梅尔佳科夫由卡拉马佐夫的仆人抚养，长大后成为家族的厨子。晚年的卡拉马佐夫已经是外省县城里的富裕地主和放高利贷者，却依然贪婪好色，霸占妻子留给儿子的遗产，并与长子争抢妓女格鲁申卡。最终，老卡拉马佐夫被私生子斯梅尔佳科夫所杀。

　　主角之二——卡拉马佐夫的长子德米特里，他是一个退伍军官。他与未婚妻一起回到县城后，向父亲索取母亲留给他的财产。后来德米特里爱

----

　　① 1901年，列夫·托尔斯泰离家出走时，上衣口袋里就专门装着这本书，以便对其随时翻看研读，并带着它踏上了不归之路；奥地利小说家茨威格在读过此书后，即把陀思妥耶夫斯基与巴尔扎克、狄更斯并列，称他们为全欧小说艺术的三位高不可攀的"大师"；德国作家托马斯·曼承认自己深受陀思妥耶夫斯基的"病态"艺术世界的影响，并确认《卡拉马佐夫兄弟》一书是他的小说《浮士德博士》的创作源泉之一。参见〔俄〕陀思妥耶夫斯基：《卡拉马佐夫兄弟》，耿济之译，北京，人民文学出版社，1981，序。

　　② 参见〔俄〕谢列兹涅夫：《陀思妥耶夫斯基传》，徐昌翰译，北京，人民文学出版社，2009，第188页。

上了妓女格鲁申卡，而老卡拉马佐夫也深爱着这个女人。为了财产与女人，德米特里与父亲发生了激烈冲突，并扬言要杀掉父亲。老卡拉马佐夫被杀后，他因涉嫌弑父被捕，并被判处 20 年流放。德米特里具有典型的双重性格，他继承了老卡拉马佐夫的遗传因子，贪杯好色、粗鲁暴躁、附庸风雅；却又与老卡拉马佐夫不同，他热情率直、慷慨大度，真诚地去帮助贫穷者，心中的良知并未泯灭，高尚的激情也时隐时现。德米特里时刻处于善与恶的斗争之中。父亲死后，德米特里自愿承担了全部罪责，他承认自己曾有过弑父的想法，同时也认为自己扬言要杀死父亲的话语煽动起了斯梅尔佳科夫的复仇情绪。因此，他决心"通过苦难来涤荡自己的罪恶"。作者笔下的德米特里成为了接受朴素宗教意识而改恶从善、精神复活的典型。

主角之三——卡拉马佐夫的次子伊凡，毕业于大学理工科，是一个受到现代自然科学熏陶的无神论者、唯物主义者。他爱上了哥哥的未婚妻，也觊觎着父亲的遗产。从这一原则出发，他对父兄间的矛盾听之任之，甚至将他们比作两条相互撕咬的毒蛇。正是他的这种"人可以为所欲为"的极端利己主义理论为斯梅尔佳科夫提供了弑父的思想依据，而他明明看出了斯梅尔佳科夫有行凶的企图，却并不去加以阻止。弑父案发后，他经受不住内心的折磨，终于承认自己才是真正的杀人凶手。作为个性十分鲜明的角色，伊凡致力于思考人生的意义和社会的出路，性格复杂而充满矛盾。他对现实采取全盘否定的态度，大声斥责上帝创造的这个浸透着"血和泪"的非理性世界；他从自己感受到的人间苦难与罪孽中对上帝的存在提出质疑，结论是这个荒谬黑暗的世界是由魔鬼而非上帝主宰。但是另一面，伊凡的心中依然保存着对理想生活的强烈向往与对寄托灵魂的宗教信仰的渴求。在探索人生的过程中，伊凡不断地在正题与反题的两难选择中艰苦跋涉，却看不到出路。因此，他得出结论："既然上帝不存在，信仰不存在，道德原则也是虚无，那么，什么罪犯或罪行也就无所谓了。"

主角之四——老卡拉马佐夫与智障女丽萨的私生子斯梅尔佳科夫，在潜移默化中全盘接受了伊凡所秉持的"没有上帝，因而人们可以为所欲为"的思想。这个可怜的私生子被老卡拉马佐夫家的老仆人收养，长大后成为家中的一名厨子。他性格孤傲、感情冷漠，蔑视所有的人，仇恨整个卡拉马佐夫家族。在他心目中，只有伊凡是智慧的人。为了发泄自己在长期卑屈处境下郁积起来的怨毒情绪，为了获得金钱，他趁伊凡外出之际，冷酷地谋杀了自己的生父卡拉马佐夫，完成了"伊凡认为可以干，德米特里说过要干却没有干"的事。事后又嫁祸于德米特里。为了避免被人怀疑，斯梅尔佳科夫在凶案发生的前几天佯装癫痫发作，并事先暗示伊凡家里可能出事，劝他"离开罪孽远些"。伊凡对此不置可否。案发后，伊凡经过缜密的分析推理，终于迫使斯梅尔佳科夫认了罪。斯梅尔佳科夫却辩解说，他是根据伊凡"人可以为所欲为"的理论行事的，并且得到了伊凡的默许——伊凡明知家里要出大事却依然离家远游就是证据，因此杀父的主犯应当是伊凡。伊凡大为恼火，决定在法庭上告发他，斯美尔佳科夫却在开庭前夕自杀了。作者将斯梅尔佳科夫作为伊凡的裂变物来描写，正是有了伊凡这样的思想基础，斯梅尔佳科夫才无视一切道德原则，走向了地狱。

　　主角之五——卡拉马佐夫的幼子阿廖沙，他深受父亲及兄长喜爱。与兄长们不同，他纯洁善良、童心未泯、公正无私、与世无争。为了摆脱"世俗苦难"和追求"爱的理想"，他坚信宗教才是这黑暗世界中唯一的光明。他深念儿时曾抱着他、把他举向圣母像的慈母；他仰慕佐西马长老；他对所有的人都怀着爱心，甚至包括他那个贪淫好色的父亲和性格火爆的兄长。人们信任他、喜爱他，向他敞开心扉。同时，他也并非只是一个消极的听众，他还是一剂发酵剂，能够激活人们心中隐藏着的爱与良知。阿廖沙的善良固然可以温暖一些人的心，但是他驯顺、博爱、承受苦难的救世思想并不能改变这个原本丑恶至极的社会，并不能从根本上铲除由社会土壤所滋生的丑陋的"卡拉马佐夫气质"。事实上，在整个惨案发展进程中，尽管阿廖沙尽力劝慰由于情欲与贪欲而处于疯狂状态的父亲和哥哥，但他这种努力并未奏效；他对佐西马长老死后尸体腐烂发臭、未能显灵的事实感到震惊不已，竟然忘记了家庭中即将发生的血战以及佐西马临终时嘱咐他立刻回到尘世去守护哥哥的遗言。当他根据长老的意愿离开修道院返回充满仇恨的世俗社会以后，感到自己唯一能够做的事情是"为全人类受苦"，在痛苦中寻找幸福。

　　在这五个具有相同血缘却性格迥异的男人之间，发生一系列令人唏嘘感叹的故事。老卡拉马佐夫遇害后，整个家族随之分崩离析，伊凡怀着对德米特里的深切内疚，设计了一个让哥哥在押解途中逃跑的计划，交给哥哥的未婚妻去实现。但开庭时，德米特里的未婚妻看见妓女格鲁申卡后受到强烈刺激，反而作了对德米特里不利的证词，坐实了德米特里的杀父罪行——法庭判决德米特里流放西伯利亚 20 年。在漫长的等待裁判的牢狱生涯中，德米特里的灵魂得到了净化，精神得到了复活，他不再当庭辩驳自己不是杀人凶手，而表示要"通过痛苦来洗净自己往日的罪孽"，为所有的"罪人"承担苦难。伊凡因为过于内咎自责而精神分裂，罹患脑炎。阿廖沙一直相信德米特里的清白，他根据佐西马长老临终时的嘱咐，离开修道院，走向世俗社会。

　　这部小说酝酿了十几载，在陀思妥耶夫斯基去世前几年才完成。陀思妥耶夫斯基希望在这部作品中对自己的一生对哲学思想的探索做出总结，在书中他探讨了关涉全宇宙的问题：有没有上帝？有没有灵魂不死？1869

年，陀思妥耶夫斯基在一封信中明确写道："即将贯穿全书的主要问题——它使我自觉不自觉地苦恼了一辈子——是上帝是否存在。"事实上，陀斯妥耶夫斯基一辈子都希望证明上帝的存在，但他到末了也未能成功地做到这一点。作为一个虔诚的基督徒，陀斯妥耶夫斯基站在真切同情民众苦难的立场上，却坚决反对任何形式的暴力。他认为暴力对于解决底层民众的基本权利毫无意义，俄国唯一的出路在于宗教，在于使人们恢复对宗教的信仰，按基督的教导去生活，去忍耐、宽容、自觉地承受苦难以获得道德上的"新生"，这一基督教人道主义思想反映在他后期的全部重要作品中。陀斯妥耶夫斯基的这一观点在塑造德米特里的形象时表现得淋漓尽致——对于性格与父亲一样火爆的德米特里而言，人类法律根本无法征服他桀骜不驯的野性，宗教却做到了。在最后一刻，德米特里放弃一切辩驳，安静认罪。他声称："我并不仅仅为了自己所犯的罪行伏法，而是为了全人类的邪恶与苦难。"人类法律可以禁锢他肉身的自由，剥夺他的肉体的存在，却远不能使他的心灵伏法。陀斯妥耶夫斯基借德米特里的自白，指出在所有的罪人当中，心灵的忏悔是最为宝贵的，肉体的禁锢对于阻止罪恶的再次发生无能为力，只有罪人自己意识到原罪的存在并对未来报以希望时，才有可能踏上真正的自我救赎之路。

7.4.2　列夫·托尔斯泰作品中的刑法思想

列夫·托尔斯泰[①]（1828～1910 年），是俄国最伟大的作家之一。作为一名世袭贵族，他处在俄国社会由农奴制向资本主义转变的时代，旧秩序的崩溃给那些"多少世纪以来生活在骇人听闻的黑暗、贫困、卑贱、污

---

　　① 列夫·托尔斯泰生于图拉省晓金区一个世袭贵族之家，彼得一世为其家族封爵。从小受到良好教育，1844 年考入喀山大学东方系与法律系，对卢梭的学说产生浓厚的兴趣。1847 年退学，回到母亲陪嫁的波利亚纳庄园。托尔斯泰一生同情底层民众，反对农奴制，对富裕而有教养阶级的生活及土地私有制表示强烈否定，对国家机器及教会进行猛烈抨击。1851～1856 年在高加索服役。1856 年曾起草方案在自己庄园进行改革，因遭到农民不信任而终止。1859～1862 年间先后在庄园附近为农民子弟办了 20 多所学校，后被迫关闭。1866 年他出席军事法庭为士兵希布宁辩护，希布宁因不堪军官的虐待打了军官的耳光，虽经托尔斯泰为之奔走，但终被枪决。这一事件以及 1857 年他在巴黎断头台观看的一次行刑情境使他开始形成反对法庭和死刑的想法。1881 年他上书亚历山大二世，请求赦免行刺其的革命者；1891 年给《俄国新闻》和《新时代》编辑部写信，声明放弃 1881 年后自己作品的版权，以版权费赈济受灾农民；他还努力维护受官方教会迫害的莫洛康教徒和杜霍包尔教徒，并在 1898 年决定将《复活》的全部稿费资助杜霍包尔教徒移居加拿大。沙皇政府因他《论饥荒》一文而企图将他监禁或流放，但慑于他的声望与社会舆论被迫中止。后来因《复活》的发表，当局指责他反对上帝，于 1901 年以俄国东正教至圣宗教院名义革除其教籍。1904 年，托尔斯泰撰文反对日俄战争。1905 年革命失败后，他反对沙皇政府残酷杀害革命者，写出《我不能沉默》一文。参见《托尔斯泰文集》，第 1 卷，北京，人民文学出版社，1991，总序。

秽、轻蔑、欺凌之中"的农民带来了新的苦难。托尔斯泰虽然出生于贵族之家，却为这个社会承载的深重罪孽感到无比焦虑与不安，始终不渝地、真诚地寻求接近底层民众的道路，希望通过作品"追根究底"地寻找群众苦难生活的真实原因，探讨种种解决途径的可能性，提倡创立一种不求来世许诺，只重今生幸福的宗教信仰。① 托尔斯泰的创作往往被认为是"可怕的真实"、"惊人的真实"，而他的新宗教观——"爱他人、自我救赎、不以暴力抗拒"等思想亦在人们的灵魂深处掀起了巨大波澜。②

7.4.2.1　人性的复苏与精神的救赎：《复活》

《复活》（1899 年）是托尔斯泰晚年的重要作品，整个创作过程长达十年之久。作品素材来源于托尔斯泰的朋友检察官柯尼承办的一则真实案例：一位上流社会的年轻人，在充当法庭陪审员时，认出一个被控犯盗窃罪的妓女就是他亲戚家的养女。他回忆起自己曾经诱奸过这个姑娘，还使她怀了孕。收养她的女主人知道这事后，把她赶出家门。姑娘生下孩子后送给育婴堂，从此逐渐堕落，最后落入下等妓院。这个陪审员找到检察官柯尼，希望同这个妓女结婚以赎罪。柯尼非常同情这个年轻人，但劝他不要走这一步。年轻人很固执，不肯放弃自己的主意。婚礼前不久，妓女罹患伤寒症病亡。③ 托尔斯泰被这个故事所打动，未完成此作品时，特地考察了莫斯科和外省许多监狱，在法庭旁听审判，接触囚犯、律师、法官、狱吏等各种人物，查阅了大量档案资料，作了大量细致入微的实证主义调查，力图以最真实、客观的作品展现社会底层被侮辱、被损害的民众的命运。④

> 贵族聂赫留朵夫生性善良，接受西方启蒙思想洗礼后，对自己拥有的贵族身份与特权深感耻辱。但随着日子的推移，他被环境所熏染、同化，逐渐认同并适应了奢靡浮华、醉生梦死的上流社会生活模式。一天，他作为陪审员出庭审理一桩盗窃杀人案，赫然发现被告是他青年时代热恋的姑娘马丝洛娃。他曾经与她发生过关系，后来却再无联系。马丝洛娃悲惨的境遇触动了他尚未泯灭的良知。为了赎罪，聂赫留朵夫多方为马丝洛娃奔走上诉，却并未成功，马丝洛娃最终被

---

① 该思想与文艺复兴时期"意大利三杰"所秉持的宗教观颇为近似。参见本书 3.1 节。

② 他在 1855 年 3 月的日记中写道："一次关于上帝与信仰的谈话，使我产生了一个我愿终生为之奋斗的伟大辉煌的念头，要建立适合当代人发展的新宗教，消除教条与神秘主义，但仍然是基督的宗教——一种现实的宗教，不许诺来世极乐而提倡现世幸福。"参见《托尔斯泰文集》，第 17 卷，北京，人民文学出版社，1991，第 198 页。

③④　［俄］列夫·托尔斯泰：《复活》，草婴译，上海，上海文艺出版社，2004，序。

判处 20 年苦役，流放西伯利亚。聂赫留朵夫毅然跟随马丝洛娃踏上流放旅途，寻找灵魂的救赎与精神的复活。[①]

作品构思包括一明一暗两条线索。表面上看，马丝洛娃的冤案在全书中是一条提纲挈领的线索，借助这条线索，托尔斯泰将法庭、监狱、社会现状与官僚机构逐一串起进行鞭笞；事实上，该构思的承载者是贵族青年聂赫留朵夫（小说前半部分，聂赫留朵夫是被作者完全否定的贵族形象；但到了后半部分，他因精神觉醒而成为上流社会的叛逆者、揭发者与抗议者，成为托尔斯泰自身经历与思想变化的代言人）。另外，作品以聂赫留朵夫的人生轨迹为叙事明线，真正的主人公却是一生际遇坎坷、始终挣扎在社会最底层的卡秋莎·马丝洛娃。在这位出身卑微、饱受凌辱、历尽苦难、被社会残忍抛弃的女性身上，依然闪烁着宽容、正直、坚韧、乐观的光彩。可以说，马丝洛娃是托尔斯泰心目中理想人性的象征，她从肉体到精神的最终复活，寄托着托尔斯泰对整个人类未来的信心与希望。

> 少女时的马丝洛娃是贵族青年聂赫留朵夫姑妈家的女仆，在对爱情的憧憬中与聂赫留朵夫结合，后被抛弃。她怀着身孕被逐出贵族家门，从此眼前一片黑暗，在绝望中摸索着、挣扎着、沦落着，不再相信上帝与良善。她做了妓女，希望以此来报复那些玩弄她、踩躏她的男子，尤其是她深爱过的聂赫留朵夫，却不知这种愚蠢行为只会让自己在苦难中越陷愈深。苦难还远未到头，她又被诬陷谋财害命，押上审判席。

托尔斯泰笔下的马丝洛娃具有复杂的性格特征：她天资聪颖，在社会最底层的摸爬滚打中看清了社会的不公与残酷，识透了正人君子们丑陋的灵魂，因此，她开始醉生梦死、自暴自弃，这些仅仅是因为对生活、对未来的绝望，而绝非内心良知的死亡——在地狱般的牢房里，她将自己仅有的食物留给饥饿的孩子；被押送法庭途中，她对人们的指责嘲笑毫不介意，甚至对街头围观的纨绔子弟绽放出诱人的笑容。但是，当一个穷苦的卖煤人走过她身边、怜悯地望着她、在胸前画过十字后匆匆递给她一枚硬币时，她的脸却倏地红了，深深埋下头去。这些对马丝洛娃的细节刻画，均暗示着她的心地依旧纯洁，预示着她的灵魂与肉体终将复活。马丝洛娃的肉体坠落到黑暗谷底之时，正是她的灵魂开始苏醒之日。当她最初

---

① 梗概及本节所有引文来源于〔俄〕列夫·托尔斯泰：《复活》，草婴译，上海，上海文艺出版社，2004。

在监狱中看见聂赫留朵夫时，并未产生任何激动与愤怒的情绪，唯一的念头是"设法勾引他、讨好他，多骗两个钱花花；如果运气好，还可以请求他将自己尽早从狱中弄出去，继续自己的营生"。在她心目中，做妓女是一种可靠的谋生手段。但是聂赫留朵夫却不停地面对自己讲着什么罪孽，又谈着什么赎罪，甚至要与她结婚，来拯救她已经堕入地狱的灵魂。马丝洛娃终于忍无可忍了，她愤怒地咆哮道："你给我滚开！我是个苦役犯，你是位公爵，你到这儿来干什么？"随后，冰雪聪明的她立刻洞穿了这位爵爷的真实目的："你后悔了？你害怕死后遭到审判？""你这个爵爷想利用我来拯救你死后的灵魂！你今世利用我作乐，死后还想利用我免受上帝的惩罚！你这副令人厌恶的又肥又丑的嘴脸，立刻给我滚开！"在狂怒与屈辱之中，马丝洛娃多年积攒的怨恨、哀伤、辛酸、苦难像潮水般汹涌而出，冲开了她尘封已久的回忆闸门，融化了她雪藏已久的做人的尊严，同时涤荡着她那颗被折磨、被践踏得近乎麻木的心灵。

聂赫留朵夫出场时同马丝洛娃一样，也处于精神上的昏睡状态。作为爵位承袭者，奢靡荒淫就是他生活的全部。然而，与其他贵族青年安于现状、醉生梦死的状况不同，聂赫留朵夫的内心深处依然有着对公平与正义的追求与向往；不时袭来的一阵阵精神上的空虚，使得他总是处于一种难以抑制的惶恐与自责之中——大学时代的他曾写过一篇论文，阐述其"正义不允许土地私有"的政治观点；他还以理论指导实践，真的将一块从祖代继承的土地无偿地分给农民。退役后，聂赫留朵夫成为家族唯一男性继承人，继承了全部土地。他无法放弃祖辈的产业，又不能否定青年时期的理想，因此深感苦恼。托尔斯泰的这些伏笔暗示着聂赫留朵夫灵魂中的圣洁，从中可以看出，聂赫留朵夫的身上闪烁着托尔斯泰自己思想与行为的影子。事实上，聂赫留朵夫心灵上所留存的洁白远还不止这些，"精神的人"与"兽性的人"常在他的内心发生冲突——当他在法庭上认出马丝洛娃后，如坐针毡，这并非是由于忏悔，而是担心与这位下层妓女的关系会使得自己名誉扫地。当他鼓起勇气去监狱探视马丝洛娃时，也并非出于真诚的忏悔，而是以一种居高临下的姿态去俯视被他蹂躏过的马丝洛娃的困境，希望得到她的敬仰。但重逢时的场面深深震撼了聂赫留朵夫，他从未意识到自己对这个女人所造成的伤害是如此之深，无论是肉体的还是精神的。当马丝洛娃于愤怒中一把撕下他救世主的面具时，才真正刺痛了他的灵魂，他的精神开始复苏了——"直到现在，他才了解自己的全部罪孽……发觉自己罪孽的深重……感觉到他害她害到什么地步……以前聂赫留朵夫一直孤芳自赏，连自己的忏悔都感到很得意。"聂赫留朵夫一次次

奔波于上级法院、高等法院、乡村、妓院之间，利用自己的社会地位接触
一个个法官、检察官、警察、将军、省长，甚至法务大臣、宫廷近侍。在
此过程中，聂赫留朵夫目睹了整个俄国社会丑陋的痼疾，逐渐增强了反
抗、背叛贵族阶层的决心，"他先是彻底否定了自己，然后否定了自己的
贵族朋友，甚至否定了自己的父母，否定了整个上流社会，感觉这一切真
是可耻又可憎。"

《复活》确是一幅触目惊心的民众受难图景。通过马丝洛娃的遭遇与
聂赫留朵夫的视角，托尔斯泰提出尖锐的质疑：民众的苦难是怎样造成
的？谁是罪魁祸首？从司法角度考察，马丝洛娃的冤屈不仅是个人的悲惨
遭遇，托尔斯泰抨击着整个黑暗司法制度下民众的苦难。草菅人命、滥罚
无辜的法庭，残酷暴虐、戕害人性的监狱，金碧辉煌、奢靡繁华的京都，
荒芜破败、民不聊生的乡村……托尔斯泰以最清醒的现实主义笔触，借聂
赫留朵夫的视角与口吻对整个俄国社会进行了最激烈的谴责。

第一，冤案迭发，滥用重刑。因为整个司法制度的建立旨在清除危险
分子，为此"不惜虐待人、折磨人、审判人、惩罚人、杀害人，他们不但
不会宽恕他们认为有罪的人，而且不惜冤枉大量无辜的人"。"明肖夫母子
纵火案"是冤狱中的典型，而这一切"都是侦讯官过分卖力，副检察官粗
心大意弄出来的"。[①] 又如，百余名外出谋生的泥瓦匠，因身份证过期一
周没有及时履行更换手续被判处有罪，被囚禁在监狱。典狱长明知这纯粹
是无稽之谈，但鉴于"老百姓都变坏了，非严加管制不可"的理论教唆，
遂用树条对他们施以鞭刑。再如，与马丝洛娃一同被流放的美丽女子费多
霞，因年幼无知犯了罪，其后发疯般地弥补，获得了受害人的谅解与喜
爱，最后仍被判处终生流放。[②] 此外，还有因宗教信仰不同而惨遭迫害的
教徒；因偷砍了两棵小树被判处 7 年苦役的佃户，其妻只得四处乞讨、养
活三个幼子和病危的老人。在如此法治氛围下，罚款、苦役、监禁比比皆
是，监狱里关满了以莫须有罪名被关押的犯人，这真是地狱般的情境。最
令人感到困惑的是，"一般的刑事犯无论遭受怎样残酷的刑罚，在判决前
后还可以享受一些法律上的程序保护；最惨的是政治犯，数百名没有证据

---

① 明肖夫的妻子被酒店老板霸占，明肖夫又被诬告为纵火犯。律师一眼看出火是酒店老板
自己放的，目的是要捞一笔保险费。明肖夫母子没有任何罪证，却被关进牢里。

② 费多霞出嫁时年幼无知，企图毒杀亲夫，却在最后一刻悬崖勒马，其后知晓自己的罪
孽，发疯般地希望补偿丈夫，与丈夫恩爱和谐，获得了全家的谅解与喜爱。此时传票却来了，但
所有人已经忘记了案由。最终费多霞被判终生流放，而丈夫塔拉斯亦决定陪伴妻子一起去西伯利
亚。

证明其犯罪，也不可能危害社会的政治犯被投入监狱后再也无人过问。他们在狱中自生自灭，不是得了痨病，就是发疯，自杀也屡见不鲜。"当局对付这些政治犯就象用大网捕鱼，凡是落网的统统拖到岸上，然后拣出他们所需要的大鱼。至于那些小鱼，就无人过问，"被弃在岸上活活干死"。基于这样的刑事政策，当局逮捕了数千名显然没有犯罪而且不可能危害政府的人。

　　第二，法庭审理混乱无序，难以保证实体与程序的公正性。在马丝洛娃一案中，司法官各怀鬼胎，庭长急于同红头发的瑞士情妇幽会；一位法官对于清晨老婆"不给晚饭吃"的威胁忧心忡忡；另一位法官更是荒谬地数着马丝洛娃在法庭的踱步数目、以奇数还是偶数来占卜自己的胃病能否痊愈；指控马丝洛娃的副检察官则心理阴暗、愚蠢自负，以"天生犯罪人"的理论解释马丝洛娃的盗窃杀人案。他认为根据遗传法则，作为孤儿的马丝洛娃极有可能带着天生的犯罪胚胎，虽然寄宿于贵族家庭，也难以泯灭犯罪基因，一旦环境刺激，就立刻为了满足邪欲而投身妓院。"这个女人是个孤儿，根据遗传学理论，多半生来带着犯罪的胚胎。她被有教养的贵族家庭收养，受过教育，本可以靠诚实的劳动生活，可是她却抛弃她的恩人，为了满足邪恶的情欲而投身妓院。"基于此种原因，他暗示陪审员应当为社会安全着想，考虑嫌疑人的权利，更要关注社会成员的整体健康。"这些人的命运现在掌握在你们手里，不过社会的命运也多少掌握在你们手里，因为你们的判决将对社会发生影响。你们要深切注意这种罪行的危害性，注意马丝洛娃之类病态人物对社会形成的威胁。你们要保护社会不受他们的传染，要保护这个社会中纯洁健康的成员不因此而导致灭亡。"观察当时的陪审员，也是一群缺乏责任感、具有强烈优越感的爵爷们，他们对"污染人类精神的邪恶的犯罪"绝不姑息宽恕。就是这样一群"上层人士"为了维护"更为重要的社会利益"造成了马丝洛娃的冤案，也使得许多无辜百姓蒙冤坐牢、甚至送命。

　　第三，司法官员的人性在制度化官僚体系下日渐泯灭。整个彼得堡监狱掌控在一位"早年用刺刀与步枪屠杀了千余名保卫自由、家园与亲人的高加索居民"的老将军手中。他时刻告诫自己，作为"法所代表的正义的化身"，对囚徒们绝不能心慈手软，因为这是在"执行至高无上的法律制度"。他坚定地认为，自己的职责就是将所有的政治犯严格羁押、严密监视，"关得他们在十年之内一部分病死，一部分发疯，一部分死于痨病，一部分自杀：其中有人绝食而死，有人用玻璃割破血管，有人上吊，有人自焚。"在此观点上，托尔斯泰与雨果在《悲惨世界》以及狄更斯在《荒凉山庄》中的见解颇为相近，认为司法官员的人性已经被制度化的官僚体系逐渐吞噬，在毁灭他人的同时也毁灭了自己。流放途中，聂赫留朵夫所目睹的一切苦役犯的痛苦经历令人窒息，难以忍受。一桩桩惨剧促使着聂赫留朵夫认真考虑着悲剧的制造者与责任者，质疑、谴责科层模式下的官僚体制。[①] 聂赫留朵夫甚至将这些想法上升到哲学高度进行总结，探讨自然法与人类制定的律法之间效力等级的差异——"这些人把不称其为法律的东西当作法律，却不承认上帝亲自铭刻在人们心里的永恒不变的律法才是法律。我简直怕他们。他们确实可怕，比强盗更可怕。强盗还有恻隐之心，那些人却没有恻隐之心。他们同恻隐之心绝了缘，就像这些石头同花草树木绝了缘一样。"接着，聂赫留朵夫准确剖析了这种制度化司法体系的两个核心要素：职责作用对象的高度物化与责任承担模式的集体化。"如果有人提出一个心理学问题：怎样才能使我们这个时代的人，基督徒、讲人道的人、一般善良的人，干出罪孽深重的事而又不觉得自己在犯罪？那么，答案只有一个：就是必须维持现有秩序，必须让那些人当省长、典狱长、军官和警察。"也就是说，其一，要让他们相信，世界上有一种工作，叫做国家公职，从事这种工作可以把人当作物品看待，不需要人与人之间的手足情谊；其二，要那些国家公职人员结成一帮，这样不论他们对待人的后果怎样，都无须由某一个人单独承担责任。

第四，否定现存制度与秩序的合法性。聂赫留朵夫奔波于高官之间，看清了这些主宰百姓命运的统治者的虚仁假义与丧尽天良，认为这些制定法律、掌握生杀予夺大权的人正是社会罪恶的罪魁祸首。"人吃人并不是从森林里开始的，而是从各部、各委员会、各政府衙门里开始的。""政府在盗窃他们的东西。我们这些地主掠夺了本应该成为公共财产的土地，一直在盗窃他们的东西。后来，他们在被盗窃的土地上捡了一些树枝当柴烧，我们就把他们关进牢里，硬说他们是贼。"典型角色是主管司法的副省长玛斯连尼科夫，虽然担任着伤天害理的职务，仍自以为是个要人，附庸风雅、耀武扬威。另一位典型角色是聂赫留朵夫未婚妻的父亲，他是一

---

① "他被害死了，却无人知晓到底是谁把他害死的。"聂赫留朵夫想："说实话，所有这些人，马斯连尼科夫也好，典狱长也好，押解官也好，要是他们不做省长、典狱长和军官，就会反复思考 20 次：这样炎热的天气叫人挤在一起上路，是否合理？即使上路，中途也会休息 20 次。要是看见有人体力不支、呼吸急促，会把他从队伍里带出来，让他到阴凉的地方喝点水，休息一下。他们所以没有这样做，并且不让别人这样做，无非是因为他们总是把官职与规章制度看得高于对人的义务。""这些人个个都是铁石心肠，对别人的苦难漠不关心，无非是因为他们做了官。他们一旦做了官，心里就渗不进爱的感情，就像石砌的地面渗不进雨水。"

位将军，"肥硕好色，在任地区长官的时候，常常无缘无故把人鞭笞一顿，甚至把人绞死"。第三个典型角色是枢密官沃尔夫，这位官员"将对民脂民膏的搜刮视之当然，使得数百名波兰百姓破产、被监禁、流放西伯利亚"。作品中，我们还可以看到，造成马丝洛娃悲剧的不仅是聂赫留朵夫一人，共犯还有警察局长、林务官以及某著名作家。他们年过半百，却依然觊觎着做女仆的马丝洛娃，不择手段地糟蹋她。当时的马丝洛娃面临的选择有两个，或者低声下气去当女仆，但这样就逃避不了男人的纠缠，不得不同人临时、秘密地通奸；或者取得生活安定的合法地位，亦即进行法律所容许的、报酬丰厚的、长期的、公开的通奸。马丝洛娃选择了后者。

第五，对刑事法制度产生强烈质疑。聂赫留朵夫在探视马丝洛娃的过程中，以自己的身份地位帮助了许多向他求助的犯人。后来由于求助人数太多，实在难以招架，于是情不自禁地承担起另外一种责任——闲暇时以非法学学者的身份思考并解决一系列法律话题。聂赫留朵夫的思考范围包括犯罪人分类、刑罚权根据、犯罪的实质、刑法的本质以及监禁刑弊端等方面。

关于犯罪人分类。聂赫留朵夫通过与囚徒、律师、监狱牧师和典狱长的谈话，以及翻阅被监禁人档案，将犯罪人归纳为五类。第一类是清白无辜者，他们是司法冤狱的受害者。据监狱神父估计，这类人数目达到全部囚徒的7%左右。第二类是在特殊生理或者情感状态下犯下罪行的人，比如在醉酒、狂怒、嫉妒等心理的刺激下实施犯罪。这是基于人性的共同弱点实施的犯罪，"那些审判他们的人，要是处在同样情况下，多半也会做出这样的事来"。据聂赫留朵夫查阅案例，这些人占了总数的50%以上。第三类罪犯是我们今天所称的行政犯，他们很痛苦，因为其自认为是极其正常、自然的行为，却被法律规定为犯罪："这些人做了自认为极其平常，甚至良好的事，但这些行为按照那些和他们持有不同观点的制定法律的人看来，就是犯罪。"这类犯罪者包括走私、贩酒、不信正教的人，以及在树林中割草、砍树、打柴而不知道这些都是属于地主或国家所有的人。这些人数目达到全部囚徒总数的6%左右。第四类人因为"品德高于一般人"而成为罪犯，包括教徒、民族独立的先驱者以及政治犯。据聂赫留朵夫估计，他们的人数达到三分之一。第五类犯罪者，"社会对他们所犯的罪远远重于他们对社会犯的罪"，他们被社会阻挡在正常生活秩序之外，衣食无足，逐渐变得愚钝蜕化，在生活的压力与环境的刺激下实施犯罪，包括盗贼、道德败坏、腐化堕落的人。通过观察，聂赫留朵夫并不认可犯罪学新派将这些人称为"天生犯罪人"，并将其存在作为刑罚合理性的依据，认为这样显失公平，"然而犯罪学新派却把他们称为'天生犯罪人'，认为社会上存在这种人，就是刑法和惩罚必不可少的主要根据。"在第五类犯罪人中，惯窃奥霍京和费多罗夫特别吸引聂赫留朵夫的注意。聂赫留朵夫对二者的命运深深叹息，两个青年均禀赋优异，却因社会对他们的不负责任而畸形发展。奥霍金是一位妓女的儿子，伶俐机智、幽默开朗，"从小在妓院长大、与盗贼厮混，直到而立之年也未见过一个比警察道德更高尚的人"。他本着嘲笑一切的原则生活，不仅嘲笑一切世间法律，甚至嘲笑神的律法。费多罗夫的罪名则是抢劫与谋杀，他是一伙匪徒的头目，洗劫了一位官吏的住所并将官吏残忍地打死。翻看费多罗夫的档案，聂赫留朵夫了解到英俊的费多罗夫出身农户，从小受欺侮，父亲的房子被别人霸占；参军后又因与长官争风吃醋受尽苦头，后来走上享乐主义人生，在他心目中没有更高的价值存在。因此，即使是在世人眼中如此"穷凶极恶"的犯罪者，也并非是出生便被打上"犯罪人"的烙印。当然，聂赫留朵夫还见过一些其他犯罪人，比如流浪汉、洗衣妇，他们的面容确实"麻木僵硬、目光呆滞凶狠"，"但怎么看也不符合意大利人所说的'天生犯罪人'"。

关于刑罚权的根据。聂赫留朵夫心中有一个始终无法解释的疑问，在人类社会中，"为什么有些人可以把另一些人关押起来，加以虐待、鞭挞、流放、杀害，而他们自己其实跟被他们虐待、鞭挞、杀害的人毫无区别？"他希望从法学著作中解答自己的疑惑，但是，聂赫留朵夫翻遍龙勃罗梭、加罗法洛、菲利、李斯特的著作，却越来越感到失望。书中聚集着成百上千个智慧、有趣、深奥的学术解释，"人有没有表达自己意志的自由？能不能用头盖骨测定法来判断一个人是不是属于'天生犯罪人'？遗传在犯罪中起什么作用？有没有天生道德败坏的人？究竟什么是道德？什么是疯狂？什么是退化？什么是气质？气候、食物、愚昧、摹仿、催眠、情欲对犯罪有什么影响"……却没有一个可以回答他的主要问题：为什么一些人可以惩罚另一些人？学者们绕开这个话题，一再为刑罚的必要性与天然性做辩护。最终，聂赫留朵夫抛开一切刑法教科书，经过自己独立的思考，对以上问题作了自认为满意的回答："什么是法律？那些反基督的家伙先抢劫大家，霸占所有的土地，夺取人家的财产，统统归他们所有，把凡是反对他们的人都打死。然后他们再定出法律来，说是不准抢劫，不准杀人。这就是法律。"对法律作出定义后，聂赫留朵夫进一步指出了犯罪的本质，即孤立的个人反抗统治关系的斗争。"要是小偷夸耀他们的伎俩，妓女夸耀她们的淫荡，凶手夸耀他们的残忍，我们就会感到惊奇。我们之所以会感到惊奇，无非因为这些人的生活圈子狭小，生活习气特殊。不过，要是富翁夸耀他们的财富，也就是他们的巧取豪夺；军事长官夸耀他们的胜利，也就是他们的血腥屠杀；统治者夸耀他们的威力，也就是他们的强暴残忍，还不都是同一回事？我们看不出这些人歪曲了生活概念，看不出他们为了替自己的地位辩护而颠倒善恶，这无非因为他们的圈子比较大，人数比较多，而且我们自己也是这个圈子里的人。"

关于刑事法律的本质。聂赫留朵夫在与其姐夫拉戈任斯基的激烈辩论中阐述了自己的观点。拉戈任斯基认为，刑法的使命在于"伸张正义，或者改造、或者去掉威胁社会生存的道德败坏分子和兽性难驯的家伙"。而聂赫留朵夫却认为，刑法的使命是维护阶级利益与现有的社会秩序不被破坏与推翻，"唯一宗旨就是维持社会现状，因此它要迫害和处决那些品德高于一般水平并想提高这个水平的人，也就是所谓政治犯；同时又要迫害和处决那些品德低于一般水平的人，也就是所谓的'天生犯罪人'。"

关于监禁刑的弊端。聂赫留朵夫对监禁刑持强烈的批判态度，认为那些"最神经质、最激烈、最容易冲动、最有才气和最坚强的人"不比享有自由的人对社会危险性更大。而且，企图以监禁制度来保护社会安全是很愚蠢的，因为被监禁的囚徒终有一天会回复社会，被监禁的经历使得他们更加罪恶与堕落，对社会的危险系数相应增大。据聂赫留朵夫观察，监禁刑的弊端集中体现在以下几个方面：其一，囚犯们逐渐脱离了人类的自然感情、生活与劳动，开始与人类社会疏离。其二，镣铐、阴阳头、囚服、代号、呵斥等一切均给他们以强烈的心理暗示，他们是可耻的，因而被剥夺了人类最宝贵的自尊心，而这是社会生活的良好动力。其三，监禁环境与设施对囚犯的肉体进行着持续性的摧残，瘟疫、痨病、毒打、中暑、水淹，长期处于该恶劣环境中，再温柔懦弱的人也会变得残酷暴躁，作出骇人听闻的蠢事。其四，一些轻微过错的人终日与极度腐化的淫棍、嗜杀狂、虐待狂相处，恶习像酵母一样迅速发酵，等到被腐化透了后再放到社会中去，将病毒进行传播。那么，如何才是正确、合理、明智地对待罪犯的方式与手段？聂赫留朵夫将改造罪犯的希望寄托于教育。他犀利地谴责现有司法制度对社会所犯下的不可饶恕的罪行，以及贵族阶层愚民、驭民、制民的险恶的居心，"自己有了知识，看到了光明，却不把这种知识用到该用的地方，帮助老百姓克服愚昧，脱离黑暗，反而加强他们的愚昧，使他们永远处于黑暗之中。"聂赫留朵夫认为这正是世界黑暗存在的根本原因，贵族垄断了受教育权与话语权，他们人为地制造黑暗，禁锢百姓使之永远生活在黑暗中。

第六，对救赎思想进行了深刻总结。作品通过马丝洛娃与聂赫留朵夫精神上的复活过程，体现了作者的救赎观。

马丝洛娃在城里过了六年奢侈放荡的生活，又在监狱里同刑事犯一起度过了两个月。此间，马丝洛娃的灵魂在沉睡，她坦然地承受着命运带给她的一切苦难，并视之为当然。流放途中，在聂赫留朵夫的关照下，马丝洛娃得以与政治犯同行。尽管处境依然艰苦，她却发现了生命中的惊喜。其中对她影响最大的是佩谢基尼娜和西蒙松。佩谢基尼娜是个富裕将军家庭出身的美丽姑娘，马丝洛娃喜欢她那高雅、从容、和蔼的气质，情不自禁地处处模仿她。另一位叫做西蒙松的男青年，出身富裕的军官家庭，因厌恶做军需官的父亲来路不正的财富，与家庭断绝关系，独自一人到乡下教书。西蒙松认为，底层民众的苦难根源在于蒙昧无知，因而参加了民粹派，尽其所能将自己的学识与观点向村民宣传。西蒙松主张世界的流动性与整体联系，认为没有僵死的、孤立的事物。人们通常认为的无机物不过是暂时无法理解与掌握的巨大有机体的组成。人也是如此，必须维护有机体的正常运转。因此他反对杀生、反对战争、反对死刑、反对杀害一切动物，认为这是一种源于自然界的犯罪。

西蒙松爱上了马丝洛娃，虽然是柏拉图式的爱，却使得马丝洛娃从肉体的觉醒发展为精神的复活。女人的敏感告诉马丝洛娃，有一双目光在时刻追随着她、眷恋着她。想到自己居然能够在如此崇高的男人心中唤起热烈的爱情，马丝洛娃欣喜若狂，聂赫留朵夫是基于她的过去而爱她，而西蒙松却是爱着现在的她。马丝洛娃雪藏多年的自尊与自信逐渐融化了，她不清楚西蒙松究竟为何喜爱她，她到底具有哪些高贵的品德值得他去迷恋。但为了不使西蒙松失望，她竭力将自己最好的品德最大限度地展现在恋人的面前，"她对着镜子尝试着练习端庄地微笑，她时刻注意纠正走路时摇曳迷人的风姿，她不再用乌黑的双眸风情无限地斜睨他人，她甚至没有忘记将露在额角的那缕勾人心魄的卷发细心地塞进头巾中"。马丝洛娃在努力地做一个她所能做到的最好的女人。

聂赫留朵夫在营救马丝洛娃的过程中所目睹的一切丑恶现象令他惊诧不已，这是他以前做老爷时根本难以想象的。他憎恶而又困惑地望着社会现实，潜意识中认为必须脱离自己的阶层，却无法看清未来的方向。直到在流放途中遇见了那些政治犯，倾听他们的理想与抱负，理解他们所追寻的正义与公平的事业。其中对他影响最大的，是一个得了痨病即将死亡的青年——克雷里卓夫，他是一个原本不谙于世、只知苦读书本的优秀青年，沦落为政治犯的经历令聂赫留朵夫唏嘘不已，而他所讲述的一个个亲眼目睹的悲惨而壮烈的故事，对聂赫留朵夫而言更是不啻于一声声惊雷，彻底驱散了聂赫留朵夫眼前的迷雾。感同身受之下，聂赫留朵夫对马丝洛娃的情感产生了微妙的变化，它不同于最初对纯真爱情的憧憬迷恋，也不同于对马丝洛娃青春肉体的魅惑，甚至也不同于他以与她结婚的方式来履行责任的那种牺牲。他现在的心中充溢着怜悯与同情，针对所有人，当然也包括马丝洛娃。这种崇高、纯净的感情，牵引着他的爱与热情喷涌而出，不可阻挡地奔向一切被侮辱、被损害的底层民众。

在流放途中，聂赫留朵夫与马丝洛娃受到了政治犯们饱含尊严与博爱的精神的熏陶，他们的灵魂复活了，他们的人性复苏了；他们恢复了对爱的信念，也恢复了热爱他人、承受一切苦难的能力。此时的上帝不再是宗教教义中的上帝，也不再是虚无缥缈的彼岸世界，而正是他们自己的灵魂——这是托尔斯泰对宗教与人的精神之间哲理关系的总结。正如聂赫留朵夫在流放途中，听到的一位被人视作疯癫的老苦役犯关于宗教信仰的宣讲："世界上有各种宗教，是因为人都相信别人，不相信自己。结果像走进原始森林一样迷了路。有人信旧教，有人信新教，有人信安息会，有人信鞭身教，有人信教堂派，有人信非教堂派，有人信奥地利教派，有人信阉割派。各种教派都夸自己好，其实他们都像瞎眼的狗崽子一样，在地上乱爬。信仰很多，灵魂只有一个。你也有，我也有。大家只要相信自己的灵魂，就能同舟共济。"

在这部作品中，托尔斯泰始终站在社会阶层的最底部，以平视、仰视的目光审视着各种社会现象，淋漓尽致地描绘出一幅幅沙俄社会的真实图景。小说结局，托尔斯泰仍然在探索着改变这一切不合理制度的途径。如何对待犯罪人？放任他们的罪行不管吗？或者将他们投入监狱、将他们驱赶出人类社会、将他们的脖子套上绞索？托翁对此不以为然，给出了自己的答案：社会将不能称之为法律的东西当作法律，却不承认上帝亲手铭刻于人类内心的永恒不变的法律。检察官、法官在宣判他人罪行的同时，也在积累着自己的原罪。"怎样对待作恶的人？难道可以放任他们不加惩罚吗？这一类常见的反驳，如今已不会使聂赫留朵夫感到难以回答了。""倘若惩罚能减少罪行、改造罪犯，那么，这样的反驳还有点道理。但事实证明情况正好相反，一部分人无权改造另一部分人，那么唯一合理的办法，就是停止做这种非但无益而且有害，甚至是残忍荒谬的事。几百年来，你们一直惩办你们认为有罪的人。结果怎么样？这种人有没有绝迹呢？并没有绝迹，人数反而增加了，因为不仅添了一批因受惩罚而变得腐化的罪犯，还添了一批因审判和惩罚别人而使自己堕落的人，也就是审判官、检察官、侦讯官和狱吏。"可以看到，托尔斯泰的罪罚观建立在这样一种理论基础之上——正如基督教教义所示，一部分人无权惩罚另一部分人。人间的刑律与刑罚根本无法改造罪犯、净化社会，唯有依靠宗教的力量，恢复人类对爱的信仰，才能使罪犯的人性得以复苏，才能使整个社会的灵魂得以复活。

7.4.2.2　买不起的法律：《太贵了》

作为 19 世纪俄罗斯文学黄金年代的扛鼎者，托尔斯泰的作品并非均为鸿篇巨制，许多在现代读者眼中名不见经传的短篇小说，亦蕴含着深刻哲理。信手拈来的动听故事，寥寥数语间传递着托尔斯泰对罪罚关系的独特见解，对社会现实作出了激烈批判。短篇小说《太贵了》即通过一个荒谬、夸张的行刑故事，表达了托尔斯泰对刑罚作用与功能的诸多质疑与嘲讽。

> 摩纳哥是法国与意大利交界处一个只有 7 000 人的小国。麻雀虽小、五脏俱全，大臣、军队、法庭、警察，凡是一个国家应当具有的机构与职位它一应俱全。国王、官员各司其职，百姓们安居乐业，彼此相安无事。一天，发生了一件谋杀案，轰动了整个国家，因为百姓们一向循规蹈矩，这种事情过去从未发生过。法官、检察官、陪审团、律师均出席了审判，他们以最严谨的程序、最审慎的方式作出了判决——判处罪犯斩首。接踵而来的问题是，他们没有断头台，也没有刽子手。商量许久，大家决定向法国借一部杀人机器和一位熟练的操纵者。法国很快回话，机器和人均有，出租费用 16 000 法郎。国王大喊道："太贵了！那个可怜的家伙不值那么多钱啊，如果将这笔费用分摊到百姓头上，每个人要承担 2 法郎多，不行！这样要出乱子的！"有人提议，不应向法国开口，法国是共和制国家，对国王缺少应有的敬意，应当转身向意大利试一试。意大利的价格是 12 000 法郎——全国每个人需要抽取 2 法郎的税，国王也摇摇头。最后无法，只得将斩首改为无期徒刑，在彰显国王仁慈的同时，省下一大笔开支。但新的问题又来了，犯人需要看守，需要食物，一年下来两人费用共计 1 200 法郎。国王年终审查财政预算时，对这笔开支大发脾气，认为犯人身体强壮，活 50 年没有问题，这将是一笔巨款！于是大家撤了看守，希望犯人自行逃跑。但犯人不走，他规规矩矩地每天自己打饭，然后回到囚禁处乖乖睡觉。人们不得已坦言劝他逃走，他却驳斥道："你们判我死刑却不执行，我忍了；你

们判我无期徒刑，我也忍了；后来看守悄悄走了，我每天得自己打饭，我还忍了；现在你们又要求我逃跑，我可不能做这样下作的事。"人们苦苦相劝无果，最后只好告诉他，每年付给他600法郎的养老金，请他离开国家自行流放。犯人勉强答应了，就在边境处买了块地，娶了老婆，过着舒适的日子。每年年终，犯人会去摩纳哥政府处按时领取养老金。①

托尔斯泰的这篇小说，情节简单夸张、语言风趣，却向人们提出了一个严峻、深刻的法哲学难题。它将一桩杀人案在执行过程中所遭遇的经济障碍以及通过该案折射出的世像百态呈现于读者面前，明确无误地预言了一个半世纪后的现代法治所面临的难题——行刑成本与实现正义之间的紧张与尴尬关系。当今西方法经济学理论的研究内核，关于司法正义与效率间的博弈、司法的经济学分析等理论均与该篇小说分享着共同旨趣。从此意义上而言，托尔斯泰作品中所塑造的人物形象、他们所面对的棘手困境乃至最终选择的解决模式，均包含着极大的穿透力，令我们今天读来不禁哑然失笑。确实，对于国家而言，法律也有贵得买不起的时候！另外，我们可以从小说的最后一句话中，体会出托尔斯泰对政府穷尽纳税者之财施行酷刑的行径的谴责与戏谑——"有的国家为了砍下一个人的脑袋来，或者关他一辈子，是不在乎破费的。他没有在这样的国度里犯罪，真乃幸事。"

7.4.3　契诃夫作品中的刑法思想

契诃夫②（1860～1904年），俄国19世纪末著名的批判现实主义大师，世界三大短篇小说巨匠之一。他出身平民，难得的医学背景使其养成了独特的观察视角与行文风格，作品短小精悍、语言简朴、结构紧凑，简洁主义与客观主义的文学风格对海明威等近现代作家的影响颇深。

7.4.3.1　与一万个囚徒的谈话笔录：《萨哈林旅行记》

1890年4月至12月，为了解沙俄政府的流刑制度与监狱管理，体弱

① 梗概来自〔俄〕列夫·托尔斯泰：《太贵了》，林楚平译，见 http://www.chinawriter.com.cn/2009/2009-02-05/69419.html，2012-3-6。

② 契诃夫，俄国小说家、戏剧家、19世纪末期俄国批判现实主义作家、短篇小说艺术大师。与法国的莫泊桑，美国的欧·亨利并称为三大短篇小说巨匠。生于罗斯托夫省塔甘罗格市一个平民家庭。他的祖先本是农奴，1841年，他祖父为本人及家属赎取了人身自由。1879年契诃夫进入莫斯科大学医学系，1884年毕业后在兹威尼哥罗德等地行医，广泛接触平民和了解生活，这对他的文学创作有重要影响。

的契诃夫不辞长途跋涉，抵达沙皇安置苦役犯和流刑犯的萨哈林岛①，对那里"近一万个囚徒和移民"逐一进行考察。三个月后，他回到莫斯科，花费三年时间完成了《萨哈林旅行记》（1894 年）。这是一部具有鲜明自然主义特征的社会学巨著。为了获得真实、客观的第一手材料，契诃夫并不满足于以查阅档案为主要方式的文献研究，也未局限于听取相关官员、狱吏的口头汇报，更不是浮光掠影、走马观花般地浏览自然风光，而是克服了气候环境恶劣、交通工具简陋、食宿条件极差等不便，从北向南横穿岛屿，几乎走遍全岛。他还在当局配合下，设计调查表，走进每一家茅舍，与每一位居民谈话，随时搜集人口构成、经济活动等诸方面资料，用卡片记录了约一万个囚徒与移民的简况。为此，契诃夫曾不无骄傲地说："萨哈林岛上没有哪一个囚徒或移民没有跟我谈过话！"在这部传世之作中，契诃夫以敏锐的目光、细腻的笔触、极富说服力的案例，将鲜为人知的沙俄流刑制度予以曝光，为西方刑罚制度史留存了重要的信息资料。

《萨哈林旅行记》共计 23 章，内容覆盖自然、地理、历史、人类学、监狱学、刑法学等诸多领域。前 13 章以概述的口吻描述了岛屿行政区划内各个监狱，介绍了流放刑与移民的整体制度。从第 14 章开始，作者深入每一个问题集群，以微观视角对具体制度进行阐述。内容包括自由人、流放犯从业主、流放犯居民的性别、女流放犯与女性移民、居民的同居生活、居民的年龄、流放犯的家庭情况（婚姻、出生率）、萨哈林的儿童、流放犯的劳动、流放犯的饮食、流放犯的服装、流放犯的宗教信仰与教育、流民的道德面貌、犯罪现象、侦讯与审判、惩戒（树条抽打和鞭刑、死刑）、逃犯（逃跑的原因、逃犯的出身、类别）、流放居民的疾病与死亡等 18 个方面。

在这部作品中，大量的人物速写组成了萨哈林岛居民群像的巨幅长卷。许多人物没有名字，契诃夫以素描的文学技巧一笔带过，却深深触动着我们的灵魂。苦役犯是这个岛屿的真正主人，却又无时无刻不是皮鞭、棍棒与军靴下苟延残喘的奴隶。沉重的镣铐将他们和监狱、萨哈林岛屿紧紧地拴在一起，也牢牢地拴着他们妻子儿女的自由与情爱。整个岛屿上的人，无论是自由人还是囚徒，均像在地狱中轮回往复。"随意组合的家庭、

---

①　萨哈林岛（Sakhalin）即我国历史上的库页岛。1860 年，沙皇政府强迫清政府签订《中俄北京条约》，获得该岛的统治权。萨哈林岛四面环海，俄罗斯遂将它当作天然监狱。从 19 世纪60 年代起，成千上万的政治犯与刑事犯被流放至此做苦役。

毫无尊严的生存、物质的困乏、精神的枯竭、情感的桎梏、没有活力、没有希望，到处能听到的只是银铛作响的脚镣声、手铐声，甚至连这里的所有鸡狗牲畜亦与囚徒一样戴着镣铐。孩童命运是悲惨的，他们过早地与父亲或母亲一起踏上了地狱之旅，童年化作一片片随风飘荡的褪色枯叶。"

　　这里的刑罚是残酷的，与世隔绝的环境使这里的每一个执法者心理严重扭曲，鞭刑与死刑也比其他地方来得更为血腥恐怖。即使这样，只要还有最后一口气，囚徒们总是想方设法逃跑。契诃夫对此评论道："流放犯急于脱身萨哈林，是对自由的向往。逃跑最主要的原因是热切地希望哪怕临死之前能够呼吸一下自由的空气，体验一下真正的、不再是囚犯的感觉。"① 在契诃夫的访谈纪事中，他提及犯人们逃跑的结局通常有三种，第一种是最终逃脱萨哈林，人数极少，他们的故事往往成为岛内居民口中的传奇；第二种是逃亡途中毙命，这种情况占了逃跑者的绝大多数；第三种是被捉回施以重刑、再判重罪，这种情况也不少见。但囚徒们依旧前赴后继，一次又一次踏上不归路。

　　不难发现，在该部作品中，契诃夫继承了自然主义文学的特征，将真实性与客观性作为创作的首要条件，详尽收集材料、冷静还原现实，以解剖刀般锋利、冷峻的笔触，为我们展现了沙皇时代流刑制度与相关司法体制的全貌。作品中没有抒发太多愤慨的指责，也很少做道义上的抨击，而是把批判的态度融入冷峻的描写与记录当中，使得文字读来硬朗真实。这就是契诃夫，他从不大声激烈地主张什么或反对什么，他深入现实，收集、分析、了解，进而去理解，以发自内心的真诚与理智去探索能够拯救苦难深重的祖国的道路。

　　《萨哈林旅行记》出版后，由于其中包含着大量准确翔实的数据、丰富多样的案例，在俄国本土乃至整个欧洲均产生了巨大的反响。叶尔米洛夫评论道："沙皇政府甚至不得不派出一个委员会去萨哈林岛进行整顿，尽管不难想象不会有什么实质性效果。"② 而这次深入的考察也同时使得契诃夫本人的思想得以升华。契诃夫曾对朋友戏言："在我散文的衣橱里，居然挂上了这件粗硬的囚衣，这对我而言是一件多么幸运的事情。"正是在编织这件粗硬的囚衣的过程中，契诃夫的人道主义信念得到充分的提升与淬炼，也加深了他对专制社会的洞悉，认为当时整个俄罗斯社会都是由

---

① 〔俄〕契诃夫：《萨哈林旅行记》，刁绍华、姜长斌译，哈尔滨，黑龙江人民出版社，1980。

② 同上书，后记。

铁窗拦着、狱吏守着。也正是在此阶段，契诃夫构思创作出著名小说《第六病室》，我们不难猜测到，里面的不少人物与情节直接来源于作家此次考察萨哈林岛的收获。

7.4.3.2 "飞越疯人院"：《第六病室》

《第六病室》（1892 年）中的故事发生在一家医院的精神病患者病房。

病房中到处弥漫着污浊、专制的空气，与其说是病房，不如说是监狱。阴森的铁窗、破败的屋舍、残酷的毒打与虐待，这就是精神病人的待遇。而这些不幸的精神病人，亦即囚徒，均是来自社会底层的被凌辱与压迫的民众。作品用重墨描述了精神病院的看守人——尼基达，他是"第六病室"中每一个人的噩梦。这是一个退役老兵，衣服上的领章已褪成红褐色。尼基达属于那种"头脑简单、讲求实际、肯卖力气、愚钝呆板"的人，通常而言，这种人在人间万物中最喜爱的莫过于"秩序"，因而相信对患者"是非打不可的"。尼基达凭借殴打病人获得存在感与正义感，"打他们的脸、打他们的胸、打他们的背，碰到哪儿就打哪儿，仿佛缺了这一点，这儿的秩序就不能维持。"

病房最引人注目的病人叫作伊凡·德米特里奇，他被送入病房前是一个小职员，对黑暗的现实有着清醒的认识。德米特里奇的病症起源于一个秋天的早晨，他目睹了四个荷枪实弹的宪兵押送两个戴着镣铐的犯人的情境。随后，他总是担忧自己在某一天也极有可能会戴上镣铐被关进监狱。他知道自己"未犯过任何罪，而且可以保证将来也不会杀人、不会放火、不会偷盗"，可是"偶然间、无意中犯下罪，不是很容易吗？而且受人诬陷，还有审判方面的错误，不是也可能发生吗？"在这种心理暗示下，德米特里奇对当时司法制度的公正性深不以为然，同时也对司法者堕落无能的群体形象深恶痛绝。"从目前的诉讼程序来看，审判方面的错误是很有可能发生的。凡是对别人的痛苦有职务上或业务上的关系的人，例如法官、警察、医师等，时间一长，由于习惯的力量，就会变得麻木不仁。因此即使自己不愿意，他们也无法不用敷衍了事的态度对待他们的当事人。在这方面，他们同在后院宰牛杀羊而看不见血的农民没有什么两样。"德米特里奇对社会中的冤狱案件抱有深刻的恐惧，并且总是幻想着自己也有可能成为俎上鱼肉，任人宰割。"在对人采取敷衍了事和毫无心肝的态度的情况下，为了剥夺无辜的人的一切公民权，判他苦役刑，法官只需一件东西：时间。只要有时间来完成一些法定手续，就算大功告成……法官就是因为办那些手续才领薪俸的。"德米特里奇进一步臆想、分析着自己遭受冤狱后到处申冤，却处处碰壁、难挽狂澜的悲惨结局，"事后，在这个离铁道二百俄里远的，肮脏的小城里，你去寻求正义和保护吧！再说，既然社会人士认为一切暴力都是合理而适当的必要手段；而一切仁慈行为，例如无罪释放的判决，却会激起不满和报复情绪，那么，就连想到正义不也显得可笑吗？"德米特里奇沉浸在自己的思想与判断中，描绘出一个个惨不忍睹的画面。最终，他蓦然顿悟，社会本身就是一个大监狱，而且永远无可逃遁。一年春天，冰雪消融后，公园里露出一位老妇和一个男孩的尸体，人们议论纷纷。伊凡·德米特里奇却彻底发疯了，被关进了"第六病室"。

在病房中，德米特里奇遇见了另一个主要角色——医师安德烈·叶菲梅奇·拉京。这是一个"非常智慧与正直"的年轻人，然而却"缺乏坚强的性格，不相信他有权利在自己四周建立合理而正直的生活"。于是，他干脆采取了逃避生活的途径，逐渐对一切视以为常，躲在家里喝酒、看书，沉溺于平庸的岁月之中。作为一个有思想的知识分子，他需要获得内心的平衡与宁静；久而久之，他以"自然科学"、"理性精神"为基础形成了一套向现实妥协的哲学理论，希望为自己的犬儒主义寻找精神庇护。当医师安德烈·叶菲梅奇·拉京在医院遇到伊凡·德米特里奇后，他认为后者并非精神病人，而是有深刻见解的人。德米特里奇的怒骂痛斥，使拉京那套本来就十分虚幻的人生哲学发生了动摇。在与德米特里奇争论过程中，他不由自主地被对方的激烈言辞和愤怒抗议所吸引，继而激起了他对自己内心苦闷世界的审视，渐渐觉悟和清醒过来。但是，由于与"疯子"德米特里奇走得过于亲近，被人告密，安德烈·叶菲梅奇·拉京很快也落入疯人院，最终惨死于病房中。

与契诃夫的大多数作品风格一致，整部小说以一间病室为场景，以一对知识分子为主人公，以他们的争论与友谊为主要情节，却深刻揭示了当时社会存在的痼疾。当今，有些评论者将两位知识分子被关进疯人院的下场归咎于专制残酷的沙俄制度，也许契诃夫在写这篇小说时确有此出发点，但是，这个故事如果换一个社会背景也同样可能赫然出现——半个世纪后的美国电影作品《飞越疯人院》即与该作品分享着相同主旨。"世人皆醉我独醒"，当一个人开始拥有自己的思想、而这种思想又不为常人所接受、违背社会已然存在的"生活秩序"时，他将成为异类，很可能被关入监狱，或者被送往疯人院，甚至可能被施以额叶切除手术。这种观点在托尔斯泰的作品《复活》中亦曾出现，托翁借聂赫留朵夫之语道破了刑法的工具性本质。①

7.4.3.3　浓缩人类文明进程的赌局：《打赌》

如果说契诃夫在《第六病室》中塑造了一个阴霾、压抑的真实世界，那么短篇小说《打赌》（1898 年）则以戏谑幽默的笔调、精彩悬疑的情节带给我们同样深刻的寓意。

> 一位银行家与一位律师针对"死刑与监禁刑到底哪个更符合人道主义精神"展开了激烈辩论，最后决定以一场赌局来分胜负。赌注有两个——金钱与自由，赌期是 15 年。15 年后故事却发生了令人意想不到的转折。②

在一个上层人士的沙龙中，许多有识之士谈起"死刑"。大多数人对死刑持否定态度，认为这种刑罚违背了宗教教义与道德原则，"它的目的是夺去人的生命。国家不是上帝，它没有权利夺去它即使日后有心归还却无法归还的生命"，因而大家提议将死刑一律改为无期徒刑。银行家却与大家观点相悖，认为死刑比无期徒刑更合乎人道："我不同意你们的观点，我既没有品尝过死刑的滋味，也没有体验过无期徒刑的磨难，不过如果可以主观评定的话，那么我以为死刑比无期徒刑更合乎道德，更人道。死刑把人一下子处死，而无期徒刑却慢慢地把人处死。究竟哪一个刽子手更人道？是那个几分钟内处死您的人，还是在许多年间把您慢慢折磨死的人？"一位年轻的律师站起来，勇敢地挑战银行家的观点："不论死刑还是无期徒刑都是不道德的，不过如果要我在死刑和无期徒刑中作一选择，那么我当然选择后者。活着总比死了好。"二者均年轻气盛，一时兴起，签订了一个荒谬的赌约，律师以自由做赌注，银行家以金钱做赌注，金额高达200 万元，并请所有参会人员作为见证人。按照约定，律师将在银行家后花园的小屋中度过 15 年，期间不得出门，不得与外界进行任何交往，与外界的所有联系均通过便笺本在一个小窗口进行，律师需要的东西，如书、酒、美食、乐器等所有东西完全不受限制。同时，门窗并不设锁，律师随时可以出来；一旦走出，他就算输了。15 年监禁生涯即将过去，从律师向外界索要的物品可以看出，他的思想经历了诸多变更。在监禁的第

---

① "……唯一宗旨就是维持社会现状，因此它要迫害和处决那些品德高于一般水平并想提高这个水平的人，也就是所谓政治犯；同时又要迫害和处决那些品德低于一般水平的人，也就是所谓'天生犯罪人'。"参见本书 7.4.2 部分，以及〔俄〕列夫·托尔斯泰：《复活》，草婴译，上海，上海文艺出版社，2004。

② 梗概及本节所有引文来源于〔俄〕契诃夫：《打赌》，汝龙译，北京，人民文学出版社，2002。

一年，律师孤独烦闷，痛苦不堪，小屋里经常传出钢琴声。他拒绝喝酒抽烟，认为酒会激起欲望；索要的均是内容轻松的文学作品。第二年，小屋里不再有乐曲声，律师纸条上只要求看古典作品。第五年又传出乐曲声，囚徒要求送酒去。整整这一年他只顾吃饭、喝酒，躺在床上，人们不止一次听到他在哭泣。第六年下半年，囚徒热衷于研究语言、哲学和历史。他如饥似渴地研究这些学问，弄得银行家都来不及订购到他所要的书。在后来的四年间，经他的要求，总计买了 600 册书。10 年之后，律师一动不动地坐在桌旁，只读一本《福音书》。读完《福音书》，他接着读宗教史和神学著作。在监禁的最后两年，囚徒不加选择地读了很多书。既包括哲学、文学，也包括自然科学中的化学、医学。15 年期限到达前夜，银行家意识到自己将失去 200 万元巨款，而此时他的财产在金融波动中已经损耗大半。银行家顿起歹意，趁黑潜入囚禁律师的小屋。下手前，却发现熟睡的律师身边的一张便条，写明他经过 15 年的独处深思，已经悟彻人生真谛。他不愿取得那 200 万元，又不想令银行家背负毁约恶名，遂决定在 15 年期满之前破窗逃走，借以毁弃协定。读到这里，银行家将纸条放回桌上，含泪走出小屋。

这篇小说以智慧的笔触从自由、金钱、生命、人生价值等层面进行探讨，留给读者广阔的思维空间与多重解读的可能性。作品结局是戏剧式的，笔调是戏谑幽默的，反映的思想却是人类面临的重大、深刻的主题。

可以看到，律师自我囚禁的 15 年，正是其思考人生目的、探寻人生价值的 15 年。15 年的生命与自由价值如何？最初律师认为 200 万元足矣；最终他却以行动告诉世人，这 15 年的价值难以用金钱衡量。第一年，律师禁酒禁欲，伴随着高雅的钢琴声阅读通俗读物，正像处于童年时期的人，远离诱惑，天真浪漫，认为世界一切均单纯美好。接着，律师只要求查阅古典作品，正如步入社会后的人，开始接触现实的残酷与世界的黑暗，希望从伟大的人文作品中发现相同经历，寻找精神支撑。后来，律师沉溺于酒精，除了吃喝便是躺在床上睡觉，或者愤怒地自言自语，甚至多次哭泣，象征着人们面对无法改变的现实世界，开始退回肉欲世界，宁愿沉溺其中、醉生梦死，尽管如此，却没有一刻停止思索如何才能尊严、坚强地生活下去——哭声就是对灵魂尚存、精神未死的最好证明。最终，律师热衷于研究语言、哲学和历史等学问，是希望从人类科学的最深奥处观察世界、了解自己，寻求生命的本源与终点。10 年之后，律师一动不动地坐在桌旁，只读一本《福音书》，象征着历经俗尘风雨冲刷的人们，终于向心灵的静谧与升华靠近，认为信仰的世界是如此地可敬、可靠与辉煌。最后时刻的律师不加选择地读了许多书，说明历经了哲学与宗教洗礼的他已经大彻大悟，在任何自然知识、人文知识、社会知识中均能汲取精华与养分，滋润自己广博、宽厚、温润的心灵。律师终于弃约而去，那挥挥洒洒的一纸留言对银行家而言不啻于当头棒喝——同样是 15 年的时间，同样是风华正茂的两个年轻人，银行家在俗世中浑浑噩噩地度过，最终濒临破产，甚至歹心暗起，突破人类的伦理底线欲谋财害命；律师却在与世隔绝的孤独与寂寞中以书为伴，历经痛苦与折磨，饱受诱惑与历练，体验了自由、死亡、爱情、征服、作恶、幻灭等全部的人类生活经验，最终使得自己的心灵得以涅槃，继而脱胎换骨，塑造了一个全新的灵魂。如果你曾阅读过歌德的旷世名著《浮士德》，你会发现，世间又一个浮士德诞生了。

　　死刑与无期徒刑，究竟哪一个更为人道？抑或更为残忍？通过这部短小隽永的作品，不同的读者会得出不同的结论。

7.5　美国批判现实主义文学与刑法思想

　　内战之前，19 世纪上半期美国文学的主流是浪漫主义，前期以库柏为代表，用大气恢宏的笔调勾勒出童年美国的素描，为建立民族文学迈出了坚实的一步；后期以霍桑为代表，其思想基础是超验主义，宣扬人的本性、个人意志与绝对自由。浪漫主义思想盛行之时，批评现实主义文学在美国亦开始萌芽。在反对南方蓄奴制的斗争中形成的美国废奴文学，对蓄奴制进行了深刻的揭露与批判，表现出强烈的民主倾向。19 世纪末，美国批判现实主义文学走向成熟，从时间上考察，比欧洲其他国家大约晚了半个世纪。

7.5.1　弗兰克·诺里斯作品中的刑法思想

　　弗兰克·诺里斯[①]（Frank Norris，1870～1902 年），19 世纪末 20 世纪初美国文学史上不可或缺的过渡性人物，美国自然主义小说的先驱者，

---

　　① 弗兰克·诺里斯，美国批判现实主义文学先驱。生于芝加哥一个富裕的犹太商人家庭。其文学风格由浪漫派转向自然派，最后形成批判现实主义风格。诺里斯只活了 32 岁，创作也只有短短的 10 年，却经历了浪漫主义到自然主义最后过渡到现实主义的过程。他那出色的创作实践、杰出的作品以及在文学理论上的精辟见解，使他成为 19 世纪末期美国现实主义文学中一位出类拔萃的小说家，并为 20 世纪的新现实主义起了引领作用。

其创作风格倡导真实性、本土性。受法国小说家左拉的影响，诺里斯亦在作品中试图表现遗传和环境的力量是如何塑造了人的性格及命运的，作品带有明显的写实主义风格。

7.5.1.1　"犯罪基因"携带者的实验记录：《麦克提格》

《麦克提格》（1899 年）是诺里斯的第一部重要作品，被公认为美国文学中左拉式自然主义的代表作，也是一部深刻的社会小说，深刻集中地考察了人的内在道德与自然基因的缺陷对犯罪的综合影响。

> 旧金山贫民区是故事的背景。主人公麦克提格是个体格魁梧、孔武有力但智力迟钝的"粗俗坏子"，他仗着自己曾学过的一点牙医技术无证营业、赖以谋生。经人介绍，他与屈丽娜结了婚。屈丽娜在一次买彩票时中奖得了 5 000 美元，变得爱财如命、冷酷无情。马革士以前追求过屈丽娜，见屈丽娜中奖十分嫉妒，遂将麦克提格无证行医的事实向政府告发。被强行封店后，麦克提格开始酗酒。在酒精的作用下，他经常暴力虐待妻子，为了得到那笔奖金，更是不惜将妻子杀害。畏罪潜逃的麦克提格来到内华达山脉中的金矿谋生，马革士追缉而至，妄想将 5 000 美元奖金据为己有。搏斗中马革士被麦克提格乱拳打死，但用尽最后一点力气用手铐将两人的手腕铐在了一起。①

诺里斯在美国文学史上的地位，很大程度上取决于他的自然主义创作风格，他是第一位将左拉的创作理论运用于实践中的美国作家。达尔文的进化论、马克思的经济决定论、斯宾塞的社会进化论交织而成诺里斯的"自然主义文学创作"，在其作品中得以充分体现。他不仅强调自然遗传与社会环境对人的行为与心理的决定作用，而且坚信人类终将由"兽性人"进化、演绎至具有完善人格的"理想人"。但同时，诺里斯又不无忧虑的指出，这种"进化"是指整个社会、整个人种的体系性进化，个人的"兽性"在相当长的时间内根本无法消除，甚至要为了服从社会整体的进化而作出牺牲。

《麦克提格》的情节完全以自然本态为基础，仿佛是作者对生活的"实验记录"——那蛮荒有力、浑身散发着兽性的麦克提格的整体形象，他难以抑制的原始性欲和暴力攻击欲，以及屈丽娜垂死之际躺在血泊中令人惊骇的惨状冲破了文学上的暧昧、柔美之风，真实地再现了生活本色。

---

① 梗概及本节引文来源于〔美〕弗兰克·诺里斯：《麦克提格》，徐汝椿译，上海，上海译文出版社，1984。

与左拉等自然小说大师一样，诺里斯亦将主人公的"兽性"归咎于自然遗传因素的控制性以及不可战胜性。作品主人公麦克提格原本蒙昧、木讷，但仍不失为一个好丈夫、好公民，是失业后的颓唐情绪激活了他身上潜伏着的遗传因素。

首先，生物遗传造成的酗酒嗜好：麦克提格的父亲、祖父以至数代遗传基因中积淀的酗酒恶行腐蚀了他，他从长辈血液中继承的遗传基因根深蒂固，难以控制。其次，自然环境塑造的原始野性：这与他成长的自然环境有关，他出生于加利福尼亚州蛮荒山区，地域空旷、民风彪悍，杂草丛生，整个自然环境焕发着一种难以言喻的残忍与沉闷，孕育出麦克提格后天性格中的"野性"。他在与妻子争吵时的性暴力倾向，以及使用刀具刺伤她的私处，甚至用口袭击她的胸部，都充分显示了麦克提格向"人兽不分"的原始状态的回归。最后，是社会环境造就的悲剧：麦克提格从荒蛮的山区颠簸流离至大城市，面对所谓的"文明社会"，他毫无抵御能力，只好听从命运的摆布。城市生活饱含着谋生的辛苦与陷入衣食无着之地的威胁。妻子对金钱的悭吝以及妻子的前情人对自己的嫉恨均威胁着麦克提格的生存之路，在社会环境的逼迫下，麦克提格不得不以原始、野性、凶残的手段保护自己的原始生存欲望。在生物学、自然环境、社会环境的共同作用之下，一个活脱脱的犯罪者形象矗立于读者面前。这与同一时期的刑事社会学派的思想是何等相似。《麦克提格》的结尾具有强烈的暗示意义——"麦克提格傻傻地不停地望着四周，一会看着远处的地平线，一会看着近处的地面，一会看着在金制鸟笼里虚弱地颤动着的垂死的金丝鸟。"在这幅自然主义的图案中，麦克提格的命运就如同一只金丝鸟，在生物遗传、自然环境、社会环境的影响下束手无策，完全丧失了"自由意志"。

与《麦克提格》表述主题相近，在诺里斯去世后发表的小说《凡陀弗与兽性》中，通过对主人公凡陀弗一生际遇的描述，也同样表达了这种受制于自然力量的人类无可抑制、无可避免的兽性的存在与爆发。

7.5.1.2　无处不在的致命触角：《章鱼》

《章鱼》（1901 年）是诺里斯又一部关于"社会决定论"思想的典型作品。

主人公戴克是个本分诚实的司机，拥有很强的家庭责任感。这一家虽然贫寒，但是充满亲情。戴克运用智慧与体力，不惜以房屋作抵押，风雨无阻、披星戴月地劳作，希望能够通过种蛇麻子来改善家人的生活。当成功在望、美好理想即将实现之际，铁路公司却撕毁承诺，擅自抬高运费，使得戴克彻底破产。女儿被迫辍学，抵押产业血本全无，在他面前伸展着的唯一一条道路通往监狱。由精神萎靡、到黯然绝望、再到借酒浇愁，最后劫路杀人是戴克的必然选择。①

进入工业化社会后，戴克是典型的在机械文明环境下苦苦挣扎的小人物，这样一个善良、温柔、诚实的人，丧失了左右自己命运的资格与能力，在无法抗拒的社会压力下伤人害命，最终身陷囹圄。在诺里斯眼中，戴克的毁灭过程所遵循的是典型的社会决定论。在这种理论下，个体人完全丧失了"意志自由"，在章鱼魔爪般的自然环境、社会环境面前个体虚弱无力，无法摆脱群体性控制，甚至为了服务于群体需要而牺牲自己。不仅是戴克，小说中其他农场主的遭遇也表现出社会环境在底层民众中生杀予夺的威力。"每逢福祉降临，灾难也会接踵而至，这种令人欲哭无泪的情境在作品中可谓司空见惯。当农庄主们将铁路公司起诉至法庭时，铁路当局先是行贿司法当局，使他们败诉；继而怂恿一些假买主来武装占领有关的农庄，引起一场械斗，参加的几个农场主饮弹毙命，幸免者也均家破人亡。"

诺里斯以同情的笔触写到新婚的妻子失去丈夫，年迈的母亲失去儿子，善良的司机变成劫车大盗，年轻的姑娘沦为妓女，活生生地描绘了一幅在社会制度的压迫下庄稼人惨遭破产的惊人图景。诺里斯爱憎分明，在作品末尾，他写到太平洋西南联铁副总裁公馆内豪华的晚宴上讲究的菜肴以及绅士淑女之间的谈话时，以交叉手法夹叙丈夫在枪战中毙命的何芬太太带着幼女在街头一步步走向死亡的图景，这惊人的对比性描述表达了作者愤懑的情绪与强烈的正义感，造成震撼人心的效果，令人不得不掩卷沉思。

与前面几部作品不同的是，在《章鱼》中，虽然高速发展的社会文明正如章鱼的魔爪无孔不入、无隙不钻，紧紧缠绕、扼杀着挣扎在生死线上的弱势个体，但诺里斯创作早期的"决定论"已经不再占据着神秘而不可撼摇的地位。以戴克为代表的社会个体的抗争意识开始觉醒，虽然面对强大的异己力量，这种抗争难免以失败告终，但是作为人类的尊严不容侵犯，他们的肉体可以被消灭、被踩躏，但他们高贵的精神保存完好。在此意义上，诺里斯作品的思想已经渐具半个世纪以后"迷惘的一代"的代表海明威"硬汉"作品的雏形。

---

① 梗概及本节所有引文来源于〔美〕弗兰克·诺里斯：《章鱼》，吴劳译，上海，上海译文出版社，1984。

7.5.2　"环境决定论"的铁证：马克·吐温与《傻瓜威尔逊》

马克·吐温①（Mark Twain，1835～1910 年）是 19 世纪后期美国批判现实主义文学的奠基人，也是世界著名的幽默大师。威廉·福克纳称他为"第一位真正的美国作家，我们都是继承他而来"。

《傻瓜威尔逊》（1894 年）是马克·吐温的后期作品，围绕着美国社会与政治生活难以摆脱的重大主题——与美国历史交织产生、发展、激化的"黑人问题"，从刑法学角度考察，作品反映了鲜明的"环境决定论"的思想。作品描述了一个离奇的"狸猫换太子"的故事。

  1830 年的道生码头镇，坐落在密西西比河密苏里州，这里保持着传统南部民风，蓄奴合法。一天，一名叫威尔逊的白人律师来到小镇。威尔逊爱说俏皮话，但这个民风保守的小镇上无人欣赏他的幽默，将他果断归入"傻瓜"行列。"傻瓜"有一种奇怪的嗜好，小镇上男女老少，只要威尔逊接触过的人，无不被强迫在玻璃片上留下他们的指纹，并在每块玻璃片背后贴上一张小纸条，小心地记录下姓名、日期，然后被威尔逊妥善收藏起来。

  小镇上最为显赫的人物是法官约克，其弟波塞是个拥有众多奴隶的庄园主。与波塞儿子诞生的同一天，一名叫罗克珊娜的女奴的私生子也呱呱落地。罗克珊娜有 1/16 的黑人血统，因此她与某一位白人老爷的私生子只有 1/32 的黑人血统，但即便如此，婴儿也被当作黑人打入另类。小少爷取名汤姆，女奴的私生子诨名"小书童"。不久，波塞太太去世，小少爷自然落入罗克珊娜怀中哺乳。两个婴孩十分相像，除了罗克珊娜外，几乎没有人能够分辨出两个襁褓中的婴儿。罗克珊娜担心儿子长大后可能被"卖到河的下游"，于是某一天，小汤姆与"小书童"的衣服被神不知鬼不觉地调换了。这样一来，备受轻视与欺压的小奴隶就变成了高贵血统的后嗣，而那个本来拥有纯正血统的小少爷则沦落为牲口棚里的小兽。波塞去世后，"小书童"被过继给叔父约克

---

  ①　马克·吐温，原名萨缪尔·兰亨·克莱门，19 世纪后期美国批判现实主义文学的奠基人，世界著名的短篇小说大师。出生于美国密苏里州佛罗里达乡村的一个贫穷家庭，家中子女较多，母亲早逝，父亲是当地的低级法官，收入微薄。马克·吐温一生命运多舛，做过印刷工人、领航员、民兵、采矿工人，报社记者等，生活经历十分丰富。

法官，受到上流社会的教育，成为德利斯科尔家族的继承人；汤姆少爷却成了一块贫瘠、粗鲁、愚钝的"不毛之地"。

"小书童"的性格越来越飞扬跋扈，他肆意虐待黑奴、殴打下人，甚至开始辱骂罗克珊娜。罗克珊娜遂向他道明了有关其出身的可怕事实。"小书童"听说后震惊至极。罗克珊娜在主人去世时已被恢复自由，后来为了还清"小书童"的赌债，她自愿被儿子转手贩卖到"大河上游"，但丧尽天良的"小书童"却把她径直卖到下游，因为可以要个好价钱。罗克珊娜威胁儿子立刻将她赎回。无奈之下"小书童"到约克法官处行窃，用匕首刺杀约克法官，并成功栽赃给前不久与他结下怨恨的意大利兄弟。

约克法官被害一事在小镇上掀起一股怒潮，那对意大利兄弟险些被私刑处死。无人愿意为他们辩护，大陪审团已经裁定他们犯有谋杀罪。傻瓜威尔逊自愿为那两兄弟出庭辩护，这是他来到小镇后的第一单业务。当然，威尔逊是不受委托人以及公众信任的，但是他当庭出示的证据却具有无可辩驳的说服力——凶器把柄上的指纹不是意大利兄弟的！顺藤摸瓜，威尔逊执着地一一比照着自己多年来采集的全镇人指纹。结局是毫无悬念的，唯一的波折是小汤姆和"小书童"在调换襁褓前就留下了指纹，使得小汤姆险些成为"小书童"罪行的替罪羊。杀人案明朗化的同时，这一桩"狸猫换太子"的公案亦真相大白。意大利兄弟被无罪开释，冒名顶替者、杀人凶手"小书童"伏法，饱受苦难的汤姆被上流社会重新接纳。可悲的是，由于汤姆长期生活在黑奴圈子中，他的一举一动投射出奴隶习气，根本无法融入白种人世界，只有蜷缩在黑人堆中，他才感觉自在轻松。①

这部作品充分说明，人是一种社会性动物，受制于生活环境与教育环境，不得不无条件地接受并尽力扮演社会环境指定给他的角色。白人汤姆和黑奴"小书童"在各自性格、品行的发展过程中，始终在无意识地接受着外界环境给他们的标签化暗示。罗克珊娜铤而走险的不忠行为，无意中为人类学与生物学理论完成了一项具有非常意义的长期性、跟踪性实验。她给两个婴儿调换衣物，这看似简单的一个动作，却承载着颠覆性意义。她已经将人之本性从种族歧视的根系中用

---

① 梗概及本节所有引文来源于〔美〕马克·吐温：《傻瓜威尔逊》，张友松译，北京，人民文学出版社，1959。

力拔出，使之成为一个充满着各种可能性的动态变量。两个婴儿的一
生际遇成为我们最好的"种族试验样本"——当她褪去小汤姆柔软、
洁白的外套时，亦同时将小汤姆白人身份所附着的社会优越性剥得精
光；当她为小书童包裹上香喷喷的襁褓、精心系上蝴蝶结时，也同时
赋予了这个黑奴的后代在当时族群秩序下得以享受的种种特权。在将
黑色血统等同于低劣基因的社会主流理念下，被调包的小汤姆的白人
血统可能带有的种种优势完全被吞噬，即使后来真相大白，小汤姆被
上流社会百般怜惜地接纳后，他那纯正、高贵的白种遗传基因也无法
冲淡业已定型的奴隶般的卑躬屈膝、粗鲁愚钝。真假汤姆的不同境遇
有力地证明了后天生长环境对个体素质与身份形成的决定性影响。

令人迷惑的是，马克·吐温在这部小说中明确宣扬"社会决定
论"的同时，似乎也以同一条暗线践行着"天生犯罪人"的理论。私
生子小书童的生父是小镇德高望重的世袭贵族、被人所传颂的"道德
楷模"艾塞克斯上校。难怪罗克珊娜曾经不无得意地告诉儿子："你
的父亲是小镇上最高贵的男人，他出身于著名世家，你必须把自己的
头抬起来，爱抬多高抬多高。"但就是这样一位背景显赫男子的基因，
亦抵不过那 1/32 的黑人血统——小书童被意大利孪生兄弟肆意侮辱、
落荒而逃。是他年迈的叔父约克法官精神抖擞地取而代之，向意大利
兄弟要求"决斗"，以挽回家族荣誉。罗克珊娜痛心疾首，认为儿子
骨子眼里是"不中用的下流坏子"，坚信"白人高贵而勇敢、黑人下
贱而懦弱"，因此更加鄙视黑人血统。还痛苦地作出结论，"儿子指甲
上的很少一点黑人血统，就足以将他的灵魂染黑"。在如此背景下，
当小书童穿上女装入室行窃、花天酒地赌博酗酒，乃至最后向约克法
官痛下杀手沦落为罪犯，就更在意料之中了。这正符合刑事人类学派
的"天生犯罪人"理论——低劣的、易堕落，具有犯罪倾向的遗传基
因，哪怕只有 1/32，也会在灵魂与肉体中潜伏，无论后天受到多么优
秀的教育、生存于多么良好的社会环境中，总有被激活的一刻。

7.6　挪威批判现实主义文学与刑法思想

除了远古时代的碑文诗作，直到 1905 年独立以后，挪威才有了自己

的民族文学。① 从 19 世纪下半期到 20 世纪初，挪威经历了经济与社会结构的变革，农民②与新兴资产阶级纷起抗争。挪威作家站在民众一边，谱写抨击黑暗的现实主义作品，挪威文学进入繁荣时期，涌现出一批杰出的批判现实主义作家。

7.6.1　易卜生作品中的刑法思想

亨利克·约翰·易卜生③（Henrik Johan Ibsen，1828～1906 年），挪威批判主义文学作家中的佼佼者。他是一位具有世界影响的作家、挪威文学与"社会问题剧"的创造者，亦是欧洲现代戏剧创始人，创作了一系列内容深刻的"社会问题剧"。这些作品触及了当时社会的政治、宗教、法律、道德等多方面的问题，透射出强烈的社会批判锋芒与深刻的社会性哲学思想。

7.6.1.1　粉饰一新的"棺材船"：《社会支柱》

《社会支柱》（1877 年）是易卜生"社会问题剧"四部曲④的首部，对表面上道貌岸然，实则满肚子男盗女娼的"社会支柱"进行了辛辣、幽默的揭露，作品末尾寄托着对道德拯救灵魂的深切渴望。

> 主人公博尼克是一个新兴的年轻资本家，靠"棺材船"（将退役旧船以油漆粉刷一新，借以冒充新船）白手起家，踏着他人的尸体建立起自己的事业与财富，成为一家大型造船厂的老板。他先是与楼纳小姐订婚，当得知她的姐姐贝蒂即将得到一笔遗产时，立刻悔婚与贝蒂结婚。婚后又与一位女演员私通，产下一个私生女。纸里包不住火时，博尼克用贪污的公款收买了女演员的丈夫，唆使内弟出来作替罪

---

①　挪威最早的文学是 4 世纪的古碑文，主要是诗歌。9 世纪以前，挪威文学受基督教文化影响颇深。中世纪时，挪威文学与冰岛文学联系密切，多是北欧神话传说——"萨迦"与"埃达"，记录了诺尔诺曼人向挪威移民时的情境。从 14 世纪末到 19 世纪初，挪威沦为丹麦的附庸国，挪威人把这个时期称为"四百年的黑暗"。挪威的政治、经济、文化无一不受丹麦的支配，挪威没有独立的文学，在 18 世纪末叶以前，挪威作家都用丹麦文写作，挪威进入数个世纪的文学萧条期。1814 年，挪威脱离丹麦的控制，但又被迫与瑞典合并为联合王国，瑞典国王兼任挪威国王。挪威与瑞典之间存在着诸多矛盾，经常发生争端。这一时期的挪威文学具有强烈的希望摆脱附属国地位的反抗精神。1905 年，挪威脱离瑞典而独立。

②　挪威农民在政治斗争中长期占据着重要地位。12 世纪后半期至 13 世纪，农民展开了广泛的革命运动，反对封建贵族和教会。结果是农民取得胜利，贵族教会的特权受到很大的限制。所以挪威从来没有农奴制度，农民一直享有人身自由权。

③　易卜生出生于挪威南部希恩镇一个木材商人家庭。1834 年，父亲破产后，全家迁到小镇附近的文斯塔普村居住。他曾在药店作学徒，未受过专业、系统的教育，自学成才。与比昂逊、约纳斯·李、谢朗合称挪威批判现实主义的"文坛四杰"。他的剧作是继莎士比亚、莫里哀之后的第三个戏剧高峰，有"现代戏剧之父"之称。

④　指易卜生所著的《社会支柱》《娜拉》《群鬼》《人民公敌》四部剧本。

羊，然后用"棺材船"将内弟送往美国，希望他葬身大海，永远遮掩
自己的丑行。就是这样一位泯灭良心、心狠手辣、欺世盗名的骗子、
诱奸者与刑事犯，通过两面手法并施以小恩小惠，居然博得了"慈善
家"、"家庭生活模范"和"社会支柱"的美誉。①

从表面上看，社会生活繁荣幸福、高尚体面，背后却隐藏着太多腐朽
与丑恶的东西。在《社会支柱》中，一个社会的所谓精英人物、中坚力量
竟然具有如此见不得人的伦理污点，甚至突破道德底线犯下可怕的刑事罪
行，令人齿冷，令人惶恐。借教师罗冷之口，易卜生道出心头的隐忧，
"瞧瞧那些现代的社会，表面上金碧辉煌，里头藏着什么！那些社会没有
道德基础。干脆一句话，现代的社会像粉刷的坟墓，里头全是虚伪骗人的
东西。"易卜生毫不留情地揭开了这些"社会支柱"的假面具，指出依靠
这样腐朽的支柱来支持整个社会，它的崩溃将指日可待。

作为一名具有浓郁民族自豪感的文学家，易卜生对自己的祖国抱有复杂
的情感。他们的祖先曾经是骁勇善战的海盗——维京人，但今天的挪威却日
益衰落，人微言轻，对丹麦与瑞典的长期统治麻木不仁。易卜生将挪威社会
表面的繁荣与内部的腐败做了十分解明的对比，殊不知这种描述手法与美国
作家马克·吐温在《镀金时代》（1873 年）中试图表现的愤懑与忧虑如出一
辙。易卜生在文中对美国制度大肆赞美，认为它代表着全世界最新鲜的空气；
如果看到马克吐温的《镀金时代》，不知易卜生又该作何感想。

剧本末尾，易卜生安排博尼克进行忏悔，在众人面前坦承罪行。人们
一般将其视作一大败笔，认为博尼克的转变过于迅速，因而失去了生活的
真实性。但是，我们永远无法彻底洞悉人性的奥秘，也永远无法确定地预
料这样一个兽性占绝大部分人生阅历的"道德楷模"的下一分钟将会采取
怎样的行动。世界上没有彻头彻尾的坏人，当博尼克发现独子渥拉夫私自
登上了注定要葬身海底的棺材船"印第安女孩号"时，当博尼克意识到自
己丧尽天良设计的厄运之口就要将他的全部幸福吞噬时，这个天谴报应般
的情景对博尼克的震撼应该是巨大的——如果让博尼克失去儿子渥拉夫，
还不如直接让他自己死掉。处于崩溃边缘的博尼克乍然听到渥拉夫安然无
恙的消息，喜极而泣之下，还有什么理由不对冥冥中宽恕博爱的上帝顶礼
膜拜，他还有什么理由不将自己的喜悦与感动以惊世骇俗的"自首"形式
向世人彰显？遗憾的是，易卜生在《社会支柱》中所寄予的"以道德拯救

---

① 梗概及本节所有引文来源于〔挪威〕易卜生：《易卜生戏剧四种——社会支柱》，潘家洵
译，北京，人民文学出版社，1987。

罪恶、净化空气"的激情与厚望，在随后的三部作品中烟消云散，这也许是易卜生对强大的社会现实洞悉后的无奈与绝望。

7.6.1.2　守望正义的孤独者：《人民公敌》

《人民公敌》（1882 年）是一部揭露人性最为犀利的作品，其问世与易卜生之前出版的《玩偶之家》与《群鬼》所引发的社会反响密切相关。由于作者在上述作品中深刻地揭露了社会法律、道德、女性地位的问题，遭到大批"正人君子"的严厉抨击，认为作品主题糜烂，有教唆民风堕落的嫌疑，易卜生亦被指责为"人民公敌"。易卜生遂精心构思了此部作品作为有力还击，并赫然以《人民公敌》作为小说名称，因而该剧可以被视作他对这种普遍敌意的公开对抗。

> 挪威的一个沿海小城，主人公斯多克芒医生和担任市长的哥哥共同负责小镇的温泉浴场计划。具有医疗价值的温泉浴场可以带来大批旅客，令小城经济腾飞，因而政府投资大笔资金支持其发展。当温泉浴场开始运作、经济效益渐露曙光时，旅客们罹患了严重的传染病。研究后，斯多克芒认为必须立刻关闭浴场，并向政府呈递了一份调查报告与医学鉴定报告书。由于该报告牵涉的经济利益过于敏感，市政府并未将之公布于众。随着冲突加剧，市长警告弟弟斯多克芒，让他服从大部分人的想法。斯多克芒断然拒绝，并举行市民大会试图说服市民支持关闭温泉浴场的计划。然而，悲剧发生了，相信浴场会带来巨大财富的市民们拒绝接受斯多克芒的说法，甚至之前支持他的朋友和盟友亦开始背叛他。斯多克芒遭市民奚落指责、谩骂殴打，甚至被人斥责为疯子。最后，全城以"民主表决"的方式，宣布斯多克芒为"人民公敌"。①

作品以辛酸的笔调塑造了一个正直的知识分子形象，他热爱真理、勇敢机智，却被因一己私利放弃了良心与道德的全体市民宣布为"人民公敌"，结局凄惨。通过作品，易卜生对隐藏在社会成员之间所谓的"真理与自由"进行了有力的质疑。斯多克芒的哥哥作为一个长期混迹于官场的老手，十分明了浴场事件的严重性。摆在他面前的最大问题是：如果关闭浴场，开发商们肯定会损失大笔钱财，这也必将成为他的政敌发动攻击的绝好借口，因而他采取的策略是利用市民的自利心理，保持缄默。斯多克

---

　　① 梗概及本节所有引文来源于〔挪威〕易卜生：《易卜生戏剧四种——人民公敌》，潘家洵译，北京，人民文学出版社，1987。

芒医生却始终将民众利益摆在第一位，不惜一切代价想告诉人们事情的真相。他天真地认为这是自己的"重要事业"，民众不但会听从他的建议，还会真诚地感谢他，因为这是一个崇尚"真理与自由"的社会。斯多克芒未意识到，"真理"与"自由"这两个词在民众的词典里恰恰是冲突和矛盾的——"民众明白真理是什么，而他们却能自由地行使着对待真理的态度——如果真理与他们的利益相互冲突的话，他们可以自由地选择对真理视而不见。"作品中以霍夫斯达所代表的民众，大都以个人利益为第一，他们十分明了浴场病毒的灾难性后果，却拥有着对这一后果视而不见的自由。此刻的"真理与自由"毋宁说是个人利益至上的群众与官僚的理论帮凶。正如斯多克芒所说："真理和自由最大的敌人就是自由本身，在咱们这儿，是那些整天把真理和自由挂在嘴边的多数派。"斯多克芒的困惑与焦虑在 17 世纪英国作家弥尔顿的作品《复乐园》中曾经出现过，两位作家均将矛头直指权利与自由、平等、正义间的复杂关系，探讨诸种关系之间的合理博弈，以期达到某种平衡状态。①

斯多克芒医生在公众聚会上痛斥稳健多数派的慷慨陈词，目的在于唾骂多数派隐昧良知、丧失人格，斯多克芒医生最后得出结论，"世上最强的人，就是那个最孤立的人"。这段极其雄辩的演讲很容易被误解为"精英统治"理论，似乎是反民主的典型言论。但需要解释的是，民主并不等同于多数表决权，民主意识需要塑造，需要指引；民主社会不是乌合之众，更不是多数人的暴政。社会的先驱和人类良知的代表，肩负着启发民智与坚守操行的重任，他们的可贵之处正是拒绝迁就、顺从公众的价值判断与主流伦理，因而不被理解与宽容、陷于孤立甚至备受攻击。在《人民公敌》一剧中，代表斯多克芒对立面的阿斯拉克森这样的稳健多数派遍布各行各业，几乎代表了挪威社会的各个阶层，他们都是一些死死抓牢个人私利、不去了解事实真相并拒绝接触一切进步思想的庸人。这些抱残守缺的团体或者尚未觉醒，未获得成熟的辨别、思考能力；或者出于"趋利避害"的"人之本性"，丧失了独立思考甄别的能力，毫无主见地盲从与附和，"为了一点蝇头微利就会立刻抛弃真理，为了一点残羹剩肴就会立刻出卖自己的领路人"。而所谓的稳健多数派则专注于对眼前利益的追逐，对于事件给长远利益和人类良心造成的毁灭性负面影响置若罔闻。既然如此，他们怎么可能拥有真理？对他们而言，民主又有何履行的必要？

《人民公敌》中，不同价值观和道德理念间的冲突剧烈——"对于后

---

① 参见本书 4.1.1.2 部分。

人来说，我们传诸于他们的社会价值应当是纯洁与诚实的充盈，还是腐败与谎言的蔓延？"斯多克芒医生发出了愤怒的质疑。尽管他已经沦为"人民公敌"（丢了工作与职位、衣物被人撕破、寓所玻璃被人砸碎继而被赶出公寓，同情他的朋友与女儿也备受连累），四面楚歌之下，斯多克芒并没有退缩，也没有听从朋友的建议逃亡美洲新大陆，而是决定留下来与稳健多数派斗争到底。斯多克芒的焦虑正始于对民族后代的责任。他十分清楚，民众的觉醒乃是社会改造的首要步骤，但社会改造无法指望这些思想早已朽坏的稳健多数派，只能寄希望于未被腐蚀的年轻新一代。因而他视培育新一代的精神斗士为己任，准备收罗街上无家可归的流浪孤儿加以教育，使他们成为自由、正直、高尚的新社会公民。斯多克芒这种自绝于稳健多数派、自绝于庸俗社会的举止，到底何时才能看到曙光、收获果实？我们不禁对此抱有深深的同情与忧虑。正如剧本《玩偶之家》中，娜拉出走之后将向何处去？《人民公敌》的结尾也采取了这种开放式的技巧，留给读者宽阔的思考空间，因此易卜生又被称作文学界的"伟大的问号"。

7.7　自然主义文学与刑法思想

进入 19 世纪，哲学理论中的两种基本思想并存。其一，传统的人道主义思想更深刻、更普遍地影响着批判现实主义文学；其二，提出非理性主义否定或限制理性在认识中的作用，否定现存秩序，否定世界的整体性与人类的理性，强调人类对自然与社会的终极无所适从性。亚瑟·叔本华[①]（Arthur Schopenhauer，1788～1860 年）宣扬无意识的意志，断言理性与科学不适用于道德范围；尼采[②]（Nietzsche，1844～1900 年）继

---

① 亚瑟·叔本华，德国哲学家，继承了康德对于现象和物体之间的区分，认为意志独立于时间、空间，所有理性、知识都从属于它。叔本华将它著名的极端悲观主义与此学说联系在一起，认为意志的支配最终只能导致虚无与痛苦。代表作有《作为意志和表象的世界》（1819 年）、《论意志的自由》（1841 年）、《论道德的基础》（1841 年）。

② 尼采，德国哲学家，现代西方哲学开创者，也是卓越的诗人与散文家。他最早开始批判西方现代社会，指出在资本主义社会里，尽管物质财富日益增多，但人们并没有得到真正的自由和幸福。僵死的机械模式压抑人的个性，使人们失去自由思想的激情与创造文化的冲动。现代文化的颓废是现代文明的病症，其根源是生命本能的萎缩。要医治现代疾病，必须恢复人的生命本能，并赋予其新的灵魂，对人生意义做出新的解释。他从叔本华观点中受到启示，也认为世界的本体是生命意志。然而，他的学说在他的时代却没有引起人们重视，直到 20 世纪，才激起深远的、调门各异的回声。后来的生命哲学、存在主义、佛洛伊德主义、后现代主义等都以各自的形式回应着尼采的哲学思想。

承了叔本华的唯意志论，宣扬权力意志论，是极端的反理性主义者，对任何理性哲学都进行了最彻底的批判，开西方近代主义哲学理论先河；亨利·柏格森①（Henri Bergson，1859～1941 年）则宣扬直觉、淡化理性，认为直觉可以体验、把握生命存在的实质，而理性则仅是观察到相对实在的表皮。在哲学思潮影响下，19 世纪后期的西方文学开始出现集体"向内转"的趋势。

19 世纪后半期，浪漫主义和现实主义文学纷纷受到质疑，单纯的浪漫激情或不遗余力地揭露现实已经无法满足知识阶层对文化新秩序的渴求。随着科学技术的发展，在实证主义哲学、进化论、遗传学、生理学等学科的影响和启发下，一些作家开始追求比现实主义更加真实自然的艺术表现，自然主义文学应运而生——它是现实主义文学吸收了实证主义、遗传学与决定论的观点发生演变的结果，注重环境对人物个性发展的作用，注重从遗传学与生理学的角度来分析人物的行为、性格和动机，试图找出人物行为的社会学原因，以医学实验的方法进行创作。

7.7.1　实验小说之鼻祖：龚古尔兄弟作品中的刑法思想

自然主义文学产生于法国。龚古尔兄弟②（Goncourt Edmond de，1822～1896 年；Goncourt Jules de，1830～1870 年）是法国自然主义文学的先驱。龚古尔兄弟的小说以写实为主，主张小说要"迈向历史的真实与科学的精确"。他们乐于将病理学的特殊病例融入小说的探讨话题之中，其小说角色大都实有其人，以其观察所得的详细笔记作为创作基本资料与素材，形成独有的成文特色。

《热曼妮·拉瑟顿》（1864 年）是龚古尔兄弟的代表作，也被视作自然主义文学的开山之作，取材于龚古尔兄弟对家中女仆罗丝的观察笔记。1862 年，罗丝去世。他们随后将笔记整理、修改后，以小说形式发表。

---

①　亨利·柏格森，法国哲学家，对哲学、数学、心理学、生物学有深厚兴趣，尤其酷爱文学。他倡导的生命哲学是对现代科学主义文化思潮的反拨。他提倡直觉、贬低理性，认为科学和理性只能把握相对的运动和实在的表皮，不能把握绝对的运动和实在本身，只有通过直觉才能体验和把握到生命存在的"绵延"，那是唯一真正本体性的存在。这种体认、领悟实在的方法，在哲学史上叫做直觉主义。柏格森的生命哲学具有强烈的唯心主义和神秘主义的色彩，但它对种种理性主义认识形式的批判和冲击，对于人类精神的解放确有重要意义，因而不仅成为现代派文学艺术的重要哲学基础，而且对现代科学和哲学也影响颇大。1927 年，"为了表彰其丰富而生气勃勃的思想和卓越技巧"，柏格森被授予诺贝尔文学奖。

②　龚古尔兄弟，自然主义文学创始人。两兄弟毕生形影不离，均终身未婚。龚古尔兄弟在法国文学史上地位极高，如今法国文学界最高奖"龚古尔奖"即以他们的名字命名。

热曼妮是个农村姑娘，到大城市当女招待被人诱奸，怀孕后产下死婴。几经周折，热曼妮成了老处女瓦朗德依的女佣，老处女对耶稣基督非常虔诚。不幸的是，热曼妮又爱上了邻居乳品商的儿子杰皮罗。从此她白天虔诚地服侍女主人，夜里沉溺于狂热的情欲，怀孕后被再次抛弃，以饮酒来堕胎。迫于贫困，热曼妮偷了女主人20法郎后逃跑，再次与一个油漆匠发生关系，沦为妓女，变得歇斯底里，最终死于肺痨。

在此部作品中，龚古尔兄弟根本不触及社会环境对热曼妮的影响，而是采用解剖病灶标本的医学式冷静，研究她堕落的每一个阶段，突出其生物中蕴含的"低级本能"，将其堕落与犯罪归结为遗传因素。

给读者留下较深印象的是龚古尔兄弟对女主人公体貌的细致刻画，试图从生理学角度剖析其犯罪原因。热曼妮相貌难看，"扁平的前额稍稍隆起，小眼睛有点病态，眼珠的颜色非蓝非褐、变幻不定、难以捉摸，激动时似两股炽热的火焰，兴奋时又会发出陶醉的神采，而一到情欲冲动时，它又迸溅出像白磷般灿烂的火花。她的鼻子又短又尖，鼻翼一侧的眼角下鼓着一根淡蓝色血管。脸的下部有种猴相，嘴大唇厚，笑起来令人不悦。她充满野性，显出一种放荡的肉感，她的嘴唇、眼睛乃至她的丑态，对人都是一种挑逗和勾引。这女人生性淫荡，骚态撩人，让人一见欲念骤起。为了情人她竟丧失尊严，不能自拔……她的智力渐渐退化，变得懒散，不再梳洗，邋邋遢遢，裙子上油迹斑斑，衣袖绽开裂缝，围裙破烂，破袜子上套一双旧鞋，像抹布一样肮脏。肺病使她从愤怒转向享乐，终于变得歇斯底里。"作品中，龚古尔兄弟完全将热曼妮当作一个病人案例进行描述、分析，试图证明正是她的生理素质造成了她一生的不幸。这种文学创作过程将科学研究的方法与艺术创作的方法糅合在一起，在进行人体素描与人性解剖时，将主人公的命运与行为模式归咎于某种病理现象，使一种命运过程变成了一种疾病发展史、一部心理缺陷史。不难发现，龚古尔兄弟所持观点与龙勃罗梭关于"天生犯罪人"中的相貌理论如出一辙。

《勾栏女艾丽莎》（1877年）的主人公是龚古尔兄弟监狱观察笔记系列中的分析样本之一。埃德蒙在弟弟去世后，整理旧稿，将其改编为小说。

艾丽莎是一个形迹可疑的接生婆的女儿，她不满现有生活，为了反抗家庭，与一名妓女一起逃离巴黎，流落在外省的一个小城里，与一位推销员一起生活，并伴随他走遍了法国。当推销员向她承认自己是个警察时，她决然地抛弃了他，重返巴黎。后来艾丽莎因砍死了已成为她的男友的士兵被判死刑，后被改判为终身监禁。艾丽莎在狱中不可抑制地回忆着往昔的爱情，无尽的内疚与悔恨终于使她发了疯。

这部小说与《热曼妮·拉瑟顿》风格相仿，龚古尔遵循实验主义写作原则，对主角性格的养成与行为经历之间的关系进行了精心、细致地描述，最终认为艾丽莎罹患两次伤寒的经历是其堕落的根本原因，即使日后艾丽莎历经种种变故，也无法改变艾丽莎的先天性生物基因。值得注意的是，龚古尔在作品中十分注重凸显艾丽莎的生物因素，而将社会因素排斥于讨论范围之外，充分展现了刑事人类学派的理论优势。

7.7.2　左拉作品中的刑法思想

埃米尔·左拉[①]（Émile Zola，1840～1902 年），生活在 19 世纪中后叶，是自然主义文学的代表人物和成就最高者。1859 年他的《物种起源》问世，这是西方科学史、文明史上一部划时代巨著，促进了生物学、生理学等自然科学的突飞猛进，彻底变革了 19 世纪下半叶西方世界的精神文化气候。在此背景下，左拉探索出一条与传统文学迥异的文学理论，将文学与自然科学联姻，开创了自然主义文学。值得一提的是，左拉对医学颇感兴趣，曾经对多部医学著作进行了系统性研究，并且赞同吕卡斯等医学家的观点，认为对人的研究离不开对自然的研究，遗传基因科学涉及社会、经济、政治、法律的一切方面。[②] 此外，19 世纪的实证主义哲学对左拉文学理论的形成也具有重大影响。实证主义哲学的杰出代表孔德认为，整体社会即一副完整的人的机体，不同器官与内脏、血液之间联络紧密，某一脏器的腐败病变必将引起其他脏器的感染，继而引起严重的并发症。[③] 在当时，人们多数会将孔德视作一名不知天高地厚的疯人，其观点亦受到主流理论的严厉批判，左拉却对其独有情衷，并将其哲学理论主动引入文学创作，开启了自然主义文学时代。[④]

---

① 埃米尔·左拉，19 世纪后半期法国重要的批判现实主义作家，自然主义文学理论的主要倡导者，作品被视为 19 世纪批判现实主义文学遗产的组成部分。

② 包括勒图尔诺医生的《情感生理学》、贝尔纳医生的《实验医学导论》，吕卡斯医生的《自然遗传论》。转引自蒋承勇：《西方文学中人的母题研究》，北京，人民出版社，2005，第 389 页。

③ 参见〔法〕阿尔芒·拉努：《左拉》，马中林译，郑州，黄河文艺出版社，1985，第 178 页。

④ 参见上书，第 143 页。

与福楼拜、莫泊桑等作家相同，左拉认为，文学应当淡化罗曼蒂克色彩，以实证科学为指导原则，保持叙事文笔的价值中立，实录社会真相。左拉尤其指出，文学家除了必备传统的素质修养之外，还必须具有科学的创作方法，即实验的方法，注重从遗传学和生理学的角度来分析人物的行为、性格和动机，继而找出角色性格发展与行为模式的社会学原因；作品中的人物塑造必须置于各种具体环境背景下，突出人类情感在自然法则的决定下的波动规律。在此观点下，左拉认为人与大自然中的所有生物具有同一性，他们均服从着某种"决定论"的法则——遗传基因与后天生存环境决定着个体人的一生命运。

左拉相信，人性完全取决于遗传，缺点和恶癖是家族中某一成员在官能上患有疾病的结果，这种疾病代代相传。我们一旦弄清了原因，便可以用医疗与教育结合的办法予以克服，从而使人性臻于完美。受龚古尔兄弟作品的影响，左拉将小说定义为对受生理学支配的自然人的情欲和本能作的某种"临床研究"，因而其作品中的人物往往表现为带有原始动物倾向的自然躯体。应当指出的是，左拉虽然认为"文学创作即实验，作家即医生"，但他突破了龚古尔兄弟开创的自然主义文学的窠臼，并不对人作纯粹生理性的研究，而是将生理特质与社会因素紧密结合进行分析，这就明显带有了刑事社会学派的色彩，当然，生理学与遗传学始终是他研究人与社会的切入点与基本方法。

7.7.2.1　手术刀下剥落的意志自由：《泰莱丝·拉甘》和《马德兰·菲拉》

《泰莱丝·拉甘》（1867 年）是左拉的第一部自然主义小说，描写了一个被遗传基因操控意志与行为，最后走向毁灭的女人的故事。

> 泰莱丝外表娴静，却拥有旺盛的情欲，因为无法从丈夫那里获得满足，遂与丈夫的朋友洛朗通奸。为了能够长久结合，二人合谋杀害了丈夫。后来，丈夫的幽灵经常出现在泰莱丝的面前，泰莱丝被折磨得精神失常，最终与洛朗一起服毒自尽。

这部小说旨在探索人类的原始欲望——性欲的奥秘。左拉认为，泰莱丝的性需求高于一般人类水平，因而体内的自然原欲抑制了后天在文明社会中养成的理智，导致了纵欲与通奸行为模式的产生；而泰莱丝对丈夫的谋杀行为又是纵欲与通奸的必然结果。当本能欲求达到病态的巅峰时，任何道德、法律的存在于泰莱丝而言均为虚无；当体内的欲求得以释放、高峰回落，肉体得以满足、心理恢复平静时，理性又成为泰莱丝生命的绝对主宰，她不得不面对另一种折磨——伦理与法律的拷问，对自己的罪恶深感恐惧与悔恨。正是在原欲与理性的交叉控制、支配下，泰莱丝丧失了独立的意志，人格逐渐分裂，最后精神失常、走向死亡是其必然的归宿。

同年 12 月，左拉发表了另一部小说《马德兰·菲拉》（1867 年），继续进行人类生理学方面的研究。这部作品讲述了一位具有生理缺陷的女性与多名男子间发生的故事，主旨在于探索隔代遗传对生物体的影响。在左拉笔下，女主人公玛德兰强烈的肉体需求源于血气旺盛的体格，而这种体格基因隐藏于她向上追溯数代的祖先体内。这部作品的问世立刻引起轩然大波，人们对左拉的观点大加抨击，开始怀疑左拉的精神是否正常。另外，此时的左拉已经接受了吕卡斯的观点之一——"少女一旦与第一个男人发生关系，就于意识深处深刻地打上了这个男人的某种烙印"。[①] 在《马德兰·菲拉》中，左拉以上述理论对角色的生物性特征做出完整诠释，作为实证样本分析的玛德兰从此被人们所熟知，与泰莱丝一起站在了永恒的自然主义文学的舞台上。

7.7.2.2　家族遗传阴影下的犯罪史：《卢贡-马卡尔家族》

在左拉的早期作品中，所创作的角色均丧失自由意志，他们完全为生理欲求所控制，无法自由选择生活模式与日常行为方式。在后期作品中，左拉开始对自己的观点做出修正。直至 1868 年，左拉的代表作《卢贡-马卡尔家族》诞生，也象征着左拉进入自然主义文学创作的成熟期。《卢贡-马卡尔家族》创作历时 26 年，融实证主义、遗传医学、实验主义为一体，是世界自然主义文学的丰碑，也是继巴尔扎克《人间喜剧》之后又一部法文小说巨作。作品包括二十部长篇小说，设计了 1 200 余个角色，上至家族中的曾祖、下及玄孙，涵盖着形色种族血统、家教遗风等风俗与事件，俨然是一部"第二帝国的一个家族的自然史与社会史"。

这部巨著以女主人公阿黛拉伊德·福格为中心，意图从她两次结婚所生育的后代来证明遗传和环境对人的影响。通过卢贡-马卡尔家族五代人的命运，左拉逐步探讨了由一个祖先所繁衍而出的后代，在不同环境与生活遭遇中性格与情欲形成的内在联系，探索了遗传因素对暴力、酗酒、卖淫等行为的影响。

《卢贡-马卡尔家族》中，第一代阿黛拉伊德·福格有歇斯底里和抽搐症，丈夫卢贡精神正常，因而"卢贡"一支后裔的身体大多健康。卢贡去

---

① 参见〔法〕贝特朗·德·儒弗内尔：《左拉传》，裘荣庆译，天津，天津人民出版社，1988，第 75 页。

世后，阿黛拉伊德·福格的情夫马卡尔却是一个酒鬼，患有官能性精神失调，导致"马卡尔"一支的后代因父母或显性或隐性的病态基因罹患各种先天性疾病。此后，卢贡-马卡尔家族严格按照遗传医学理论规律性地繁衍生息——卢贡一支后裔多半成为医生、律师、政治家、金融家等，踏入上流社会；马卡尔一支的后裔却多半沦为工人、妓女、农民、店员等下层社会成员，并且罹患酒精中毒、肺病、宗教狂热、纵火狂、共济失调、先天性痴呆、精神病、脑积水、性欲亢奋等疾病……不到一个世纪就几乎断了根。

第一代（三人）：阿黛拉伊德·福格于 1786 年嫁给园丁卢贡，1787年生一子，1788 年卢贡去世；1789 年福格与酗酒且神经不健全的马卡尔姘居，生育一子一女。1851 年，福格精神失常入疯人院，终年 105 岁。

第二代（三人）：比埃尔·卢贡，是福格与卢贡所生之子，与一健康女人结婚，育有五个子女；安图瓦·马卡尔，是福格与马卡尔之子，与一个菜市女贩结婚，育有三个子女，比埃尔·卢贡身上父系遗传占优势，酒精中毒后自焚而亡；余尔絮·马卡尔，是福格与马卡尔之女，与身心健康的制帽工人穆雷结婚，育有三个子女。

第三代（11 人）：卢贡分支的子女成为大臣、医生、银行家、女经纪人、精神病患者；马卡尔分支的子女分别是猪肉商、酗酒潦倒而死者、精神崩溃而亡者、发狂被火烧死者、身心健康颐享天年者、政变中被打死者。

第四代（13 人）：卢贡分支的后代成为官能失调症患者、健康多子者、流浪者、婚后即亡者、巴黎大百货商店创始人、教堂神父；马卡尔分支后代为痴呆型精神病患者、精神病患者、身心健康者、杰出的艺术家、嗜杀狂患者、轻微嗜杀狂患者、强烈的肉欲患者。

第五代（4 人）：卢贡分支的后代一人死于鼻血崩溃，一人早夭；马卡尔分支的后代一人 3 岁死于天花，另一人为遗腹子还未出生。

值得我们注意的是，两大家族的后代在社会中的身份定格固然有其深刻、复杂的社会原因，但左拉在作品中着重强调的是遗传因素与本能作用。这一系列作品中最重要的篇章包括《小酒店》《娜娜》《萌芽》等。

《小酒店》（1877 年）是《卢贡-马卡尔家族》系列的第七部小说，描写了城郊地狱般的境遇中一个工人家庭命运的兴衰过程。

　　女主人公绮尔维丝是马卡尔家族的第三代，从小生活在贫困、劳累与被虐待之中。14 岁时，绮尔维丝与同乡青年朗迪耶同居，生下两个孩子后被朗迪耶抛弃。后来绮尔维丝获得青年工人古波的帮助，并与之结合，开了一家洗衣店。不幸的是，古波做工时被摔成残疾，无法与绮尔维丝做爱，前夫朗迪耶趁虚而入，填补了古波的位置。绮尔维丝肩负着养活两个男人的重任，后来沦为酒鬼与妓女，在罪恶与悲惨中死去。

这部小说以自然主义手笔描述了主人公走向堕落的过程，以生理学观点指出女主人公悲剧的原因在于先天遗传基因。作品公开发表后，左拉遭遇到空前猛烈的攻击，人们谴责这部作品，说它充满着淫荡与罪行，认为作者恣意将穷人的苦难、卑污、疥疮以及赤裸裸的淫乱公之于众。甚至连雨果和福楼拜都加入了攻击的行列，对左拉进行严厉的批判。但左拉始终认为，这部作品是一幅人类社会中的伦理写真图，也是自己所有作品中最严谨的一部小说，因此他理直气壮地驳斥道："它是一部摹写现实的作品，是第一部不说谎话、能嗅到人民气味、植根于人民的小说。你们不应当做出全体人民都是坏人的结论，因为我的作品中众多的人物并非都是有恶劣品行的人。只是贫困与悲惨的生活境遇以及艰辛的生活，使他们变得愚昧而败坏了。当人民对我和我的作品用怪诞的、令人生厌的、带有诸多成见的方式进行评判之前，应当首先读读我的书，了解它们，清晰地理解它们的想法内涵。"在这部空前绝后的"关于人民的第一部小说"中，左拉坦言小说中的人物并不坏，不过是由于无知被生活的艰难以及工作的环境损害了，最后必然走向罪恶。①

1880 年，《娜娜》的发表再次引起整个法国的轰动。

> 女主人公娜娜是马卡尔家族的第四代，也是《小酒店》工人古波与洗衣妇绮尔维丝的女儿，15 岁开始浪迹街头，沦为妓女；18 岁时被一家下等剧院老板看中，全裸登台，一跃而为巴黎炙手可热的名妓。第二天，上层社会的各界名流便纷至沓来，追风逐浪。娜娜挥金如土，冷酷无情，所有男人一旦钱财耗尽就被她驱逐出门。后来娜娜看望私生子时被传染上天花，病死在一家旅馆里。②

在左拉看来，娜娜之所以沦为毫无廉耻的荡妇与罪恶的"潘多拉之盒"，使得沾染者无不倾家荡产，是因为家族遗传因素造成的——来自母亲绮尔维丝的遗传，使得娜娜"在生理上与神经上形成一种性欲本能特别旺盛的变态"。自幼贫苦的生活环境、与第一代父系体内的酗酒基因，引

---

① 参见〔法〕左拉：《小酒店》，王了一译，北京，人民文学出版社，1982，作者自序。

② 梗概及引文来源于〔法〕左拉：《娜娜》，郑永慧译，北京，人民文学出版社，1985。

发了娜娜的神经官能失调症。病态的性欲使得她不仅接待上流社会的衣冠禽兽，而且对于底层淫棍也来者不拒，甚至大搞同性恋。在第七章中，左拉如此描述："她对于自己能够主宰一切的肉之魔力，有十分的把握……从她的乳房上，飞出一道色欲的光波，就和冲动的兽类身上所发出的一样，整个光波覆盖着剧场，越来越强烈。娜娜浑身毛茸茸的，橙黄色的汗毛使她整个躯体变成了丝绒。而在她的良种母马般的臀部和大腿上，在她富有肉感、深深褶缝的隆起的肌肉上，蒙罩着一种令人动心的女性的阴影，兽性就隐藏在那里。"左拉将娜娜令人匪夷所思的行为归结为一种原始兽性，赤裸裸的动物未进化的本能。不仅如此，左拉在作品中对于当时法国社会所谓的上流人士也作出了赤裸裸的生物学剖析，揭露了整个上流社会的荒淫与糜烂，将整个第二帝国比作一个巨大的奢华妓院——"整个社会都在向女人身上扑去！""一群公狗跟在一只母狗后面，而母狗毫无热情，不过是为了获得一碗饭赖以延续生命。"所谓的"社会名流"、"上等人"，从贵族少爷到王室内侍、再到国务参事，从公爵、伯爵到子爵，身份尊贵、性格不同，通通拥有着男人的劣根性，沉湎于女色与权力。正是男人的欲望将世界拖入了黑暗深渊，战争、财富、荣誉、女人成为他们一切非理性行为的理性渊源与驱动力，他们被娜娜这只"带着腐蚀社会的酵素的苍蝇"害得自杀、破产、坐牢、妻离子散，却乐在其中、不思悔改。不可否认的是，作品中弥漫着强烈的性意识，在左拉笔下，整个上流社会完全成为一个"生物人"的社会。

《娜娜》的发表为左拉招致了更多、更激烈的骂名，人们纷纷指责左拉本身就是一个情欲失控的疯子，一个万死难辞的淫秽作家[①]；但是，人们又不得不承认，左拉以深厚的笔力揭示了社会的痼疾，其态度之冷静、语言之辛辣，与古典主义作家、自然主义文学的创始人福楼拜以及批判现实主义大师巴尔扎克相比，并不逊色。

《萌芽》（1885 年）是马卡尔家族第 13 部小说。

　　故事主要发生在法国蒙苏煤矿公司的沃勒矿场，时间是第二帝国时期。当时法国面临严重的经济危机，资本家决定用压低工价和增加罚金的方式，把经济危机造成的损失转嫁到工人身上。工人早已贫困不堪，公司的决定等于把他们推向饥饿与死亡的深渊。工人们被迫罢工。斗争导致暴力冲突，遭到军警镇压，造成许多工人、妇女和儿童

---

① 参见〔法〕阿尔芒·拉努：《左拉》，马中林译，郑州，黄河文艺出版社，1985，第 133 页。

伤亡。枪杀工人事件激起了全地区群众的愤怒。公司使用阴谋手段，答应工人如果复工，就将考虑他们的要求。很多工人又重新下井了。但无政府主义者苏瓦林不服，破坏了矿井排水设备，造成矿井倒塌，许多矿工葬身井下。罢工以失败告终。①

《萌芽》是欧洲第一部从正面描写工潮的作品，具有显而易见的社会意义，作品取材与文风在左拉系列作品中是罕见的。在《萌芽》的创作过程中，左拉仍然依照自然主义文学理论进行创作，从生物学的角度进行整部作品的构思。在自然主义滤镜的视野下，工人们的行为模式受生理因素的支配，他们对资本家的抗争亦是源于进化论中物竞天择规律的必然。作品主旨是为了告诫资产者，为了物种的繁衍、社会的进化，人数众多的底层民众所具有的生物学意义上的本能与由此产生的抗争必将吞噬人数较少的资产阶级。

另外，在工人们的日常生活中，在缺衣少食、极端恶劣的状态下，仅剩的性本能就成为男女关系间唯一的内在纽带。小说中的主人公艾蒂安·朗蒂埃是卢贡家的第四代人，父亲朗迪耶和母亲绮尔维丝是《小酒店》中的男女主人公，绮尔维丝在巴黎做过洗衣女工，后来因酗酒潦倒而死；艾蒂安的同母异父妹妹安娜·古波，即《娜娜》中的女主人公。《萌芽》与《小酒店》的鲜明不同之处在于左拉不再认为工人的贫困是由于他们嗜酒、不知节俭的遗传基因造成，而将其部分归咎为社会剥削制度的产物。但是左拉毕竟没有摆脱自然主义描写的束缚，在描写工人们的爱情生活时，往往过分强调生理因素和动物本能的作用。如在描写艾蒂安喝酒后"眼睛里燃烧着杀人的狂怒"，将其对矿主不屈的反抗解析为"好斗的天性"，诊断艾蒂安为轻微"嗜杀狂"患者，这一切都是他酒精中毒的祖先遗传的结果。

与之相对应，第 17 部小说《人兽》（1890 年）中的故事发生在 19 世纪 60 年代，其中描述了系列杀人案件。

> 勒阿弗尔车站长卢勃为了大好前程，迎娶铁路公司董事长格朗墨兰的教女赛弗丽娜。新婚之夜，卢勃发现赛弗丽娜已经是被其教父玩腻的"一块肉"，顿觉愤怒与羞辱，遂胁迫妻子与自己共同杀害了格朗墨兰。他们的杀人行为被火车司机——马卡尔家族第四代、绮尔维丝另一个儿子雅克尽收眼底，赛弗丽娜施美人计拉拢雅克，二人勾搭成奸。雅克由于母亲的家族遗传，在与异性做爱时会产生难以抑制的

① 梗概及引文来源于〔法〕左拉：《娜娜》，徐和瑾译，上海，上海译文出版社，2014。

杀人欲望。一次次的幽会中，雅克头脑中总是浮现出卢勃夫妻杀害格朗墨兰的血腥情境，终于，雅克在做爱高潮到来时将赛弗丽娜杀害。其后，卢勃因种种原因被法庭误判为杀人凶手，雅克亦因与另一工人争夺情妇，在火车上打架时坠落而亡。①

在《罪与罚》中，拉斯柯尔尼科夫出于自创的哲学理论与窘迫的生活状况而杀人，与前者不同的是，《人兽》中雅克的杀人动机完全是出于一种无可名状的生理冲动，左拉对此解释为潜意识中的病态应激反应，"至于他对女性有什么仇恨，他自己也说不清楚。这只能追溯到远古时期，追溯到那个时期女性对男性的压迫，追溯到穴居时期女人对男子的欺骗。这种仇恨代代积累，直至今日。雅克一旦发病，就妄图以暴力征服女性，用武力驯服女性，甚至想杀死她们，弃尸路旁，就像从别人手中夺过一头猎物，要使它永远归自己所有。"② 不难发现，左拉试图运用犯罪心理学的方法剖析雅克的犯罪动机与心理，这种自然主义描述手法在该系列作品中曾多次使用。

在作品《人兽》中，左拉详细描述了多种杀人者以及杀人动机、杀人手段，其中包括变态杀人、图财害命、仇杀、情杀等动机，甚至详细描述了一桩毒杀案中凶手使用的药剂配方与剂量。在众多"兽性的人类"集群中，最为精彩的还是雅克杀害情妇赛弗丽娜一案，左拉认为，雅克的堕落、继而铤而走险、作奸犯科是家族遗传基因被激活的直接结果，其中遗传基因是主要决定因素，诸多外界环境仅仅是其最终爆发的诱因。

7.7.2.3　"人类良心的一刹那"：《我控诉》

众所周知，左拉在西方文学界享有极高的声誉，这是因为他不仅是一位才华横溢的作家，更是一位人类良心的守候者，一位执着追求正义与真理的勇士。他在 19 世纪末轰动法国的"德雷福斯事件"③ 中所展现出来

---

①　参见〔法〕左拉：《人面兽心》，张继双、蒋阿华译，桂林，漓江出版社，1989。

②　同上书，第 58～59 页。

③　德雷福斯（Dreyfus Alfred，1859～1935 年），阿尔萨斯人，上尉军官。1894 年在法军总参谋部任职期间被将有关新式武器的秘密文件出卖给德国驻法武官。由于当时军界排犹主义情绪猖獗，军事法庭在证据不足的情况下判处德雷福斯终身监禁，押解到法属圭亚那的魔鬼岛服刑。数年后，法军情报处皮卡尔上校发现真正的罪犯是出身匈牙利的贵族埃斯特拉齐少校。但军方为掩盖真相将皮卡尔上校调任突尼斯，并于 1898 年 1 月宣布埃斯特拉齐无罪。案件的揭发引起公众的广泛注意。1898 年 8 月，法军情报处军官亨利在舆论的压力下供认关于德雷福斯罪行的材料是他伪造的。他当即被捕，并在狱中自杀。围绕此案进行的争论引起法国政局动荡。1899 年，法国资产阶级共和派在"保卫共和国"口号下组成新政府，打击民族沙文主义者，要求司法部重新审理此案。但是，军事法庭仍判德雷福斯有罪，只是把刑期减为 10 年，引起民愤。最后，总统不得不下令对德雷福斯实行特赦，以平息民愤。直到 1906 年，巴黎最高法院才判定德雷福斯无罪，恢复其军衔，授荣誉勋章。

的铮铮风骨以及不遗余力的抗争，谱就了一曲"公共知识分子"① 登上历史舞台的激昂宣言，表达了正在行动的智识者的良知、责任与道义。

德雷福斯案件初始，恰逢小说《娜娜》问世不久，左拉正住在巴黎郊区的梅塘为自己呕心沥血的巨著《卢贡-马卡尔家族》增添新的篇章，对德雷福斯案一无所知。直到 1897 年年底，他回到巴黎寓所过冬，接见了一位名叫拉扎尔的记者，才引起了他对德雷福斯案的关注。随后，左拉又陆续搜集资料，比较清楚地了解到案件事实。从事创作三十多年来，左拉第一次感受到行动的欲望超越了创作的热情。面对为人类争取正义的紧迫性，左拉的思想与行动之间几乎没有距离，这与其实验文学作品中主人公的精神气质倒是十分近似。

1897 年 12 月，左拉与《费加罗报》社长费尔南·德·罗代斯探讨了当时闹得满城风雨的"案件事实"。罗代斯赞同左拉的看法，确信德雷福斯无辜。几天后，在罗代斯承办的报纸上登载了左拉的第一篇文章《案件笔录》（1897 年 12 月 5 日），文中以犀利的文笔强烈谴责了反犹太主义以及以身份定罪的野蛮刑律。"这场使我们倒退一千年的野蛮运动与对博爱的需要、对宽容和解放的酷爱是完全背道而驰的，德雷福斯案就是它的杰作。"左拉将德雷福斯被陷害的原因归咎于种族歧视，认为"这种毒素就是对犹太人的疯狂仇恨，多年来有人每天都向人民灌输这种毒素。这些人是一帮以下毒为职业的人，他们以道德的名义、基督的名义下毒，俨然以复仇者和伸张正义者自居。"如果找不到任何可以说明罪行的合乎人情的理由，只要他是一个犹太人就足够了。对于民众对恶意者的盲目追随的情景，左拉惋惜不已，发出了振聋发聩的呼唤，并坚信谎言终被揭穿，民众终将觉醒——"遗憾的是，我们同样也看到了，受到他们毒害的民众被引入歧途，亲爱、渺小、谦恭的老百姓今天都在追击犹太人。但是，如果某一个正直的人用正义之火点燃了他们心田的话，明天他们将会起来造反，

---

① 1898 年，为了给德雷福斯翻案，左拉在法国的《震旦报》上发表了万字长文《我控诉——致法兰西共和国总统的一封信》。第二天，《震旦报》上又刊出了《我抗议》，在这篇极力支持左拉行动的短文下面，署有法朗士、普鲁斯特等一大批法国"文学士"和"理学士"的签名。从此，左拉的身后开始迅速出现了"一支看不见的军队——全欧洲和全世界的钦佩做靠山"（茨威格语）。这些人的支持，不仅给了左拉以巨大的精神安慰，也使后来的人们终于看到了知识分子的群体力量。同年，法国出版了一本《法国文学界向埃米尔·左拉致敬》的书，书中支持左拉的人由此被称为崭新意义的"知识分子"，左拉的"控诉事件"便成为全世界的"知识分子的宣言"。它不仅体现了知识分子对现代社会公共事务的高度关注，体现了他们对公正、真理与真相的执着追求，也体现了他们内心深处"生命尊严高于国家利益、人的价值胜过一切权威"的伦理观念。参见洪治纲：《作家应有怎样的精神状态》，载《文学报》，2009-06-18。

把德雷福斯上尉拯救出来。"①

12 月 14 日，左拉的散文《致青年的信》以小册子的形式在市面出版，文中以昂扬的激情引导青年去勇敢地探寻真理、主持正义。这本几天之内销量高达 60 万册的小册子，饱含着左拉对青年人打碎谎言织就的沉重幕帐的期冀，认为历史的重担此刻加载于青年身上，所有人均关注着他们，希望由他们去争取人类的真理与正义。"青年，青年！请回忆一下，你的父辈经历了多少苦难与战斗，才获得你此刻正在享受的自由……不要去为谎言喝彩叫好，不要去为粗暴的力量、狂热者的狭隘和野心家的贪婪推波助澜，否则你会犯罪。""你要永远和正义站在一起。我这里要对你讲的并不是我们法典的正义，它仅仅是社会关系的保证。正义还有一种更加高深的概念，这种概念原则上假定，对人的任何判决都可能是错误的，并且假定被判刑的人可能是无辜的，这难道不是一种应当激起你酷爱权利的热情吗？""你未被牵连到任何不光明正大的事情中去，你可以完全清白地、完全诚实地高声说话，你不站出来要求主持正义，又让谁站出来？不是你，又有谁去参加这危险而又壮丽的事业，以理想与正义的名义去与那一伙反犹太主义者抗争？"②

左拉加入激烈论战的时候，反德雷福斯的潮流异常凶猛。许多人尽管确信德雷福斯是无辜的，但均避免公开表态。1898 年 1 月 10 日，军事法庭宣布对"德雷福斯案"维持原判。法庭审理了对埃斯特拉齐少校的控告，尽管埃斯特拉齐承认是他向德国人提供情报，德雷福斯不过是个替罪羊，但法官和陪审员们根据"上面的旨意"，还是宣判埃斯特拉齐无罪——军事当局因怕损害自身威信而拒绝改判，用一个荒诞的错误掩盖另一个荒诞的错误。③ 两天之后，1898 年 1 月 13 日，一篇伟大的万字檄文——《我控诉》诞生了，《震旦报》头版全文发表了这篇文章，创下了当天销售 37 万份的纪录。左拉以令人钦佩的勇气、缜密严谨的剖析、犀利激昂的笔触揭露了围绕在诉讼案件四周的阴谋诡计。

开篇，左拉就义正言辞向总统先生表明了自己的立场以及追求正义的决心："……真理与公义被打了一记大耳光。一切都太迟了，法国已颜面尽失，而历史将会记载，这样一起严重罪行发生在您的总统任期内。""……既然他们敢这样做，那我也应无所畏惧，应该说出真相。我不想成

---

① 〔法〕贝尔纳：《左拉》，郭太初译，上海，上海人民出版社，1992。

② 〔美〕迈克尔·伯恩斯：《法国与德雷福斯案件》，郑约宜译，南京，江苏教育出版社，2006，第 88 页。

③ 同上书，第 89、88 页。

为帮凶。如果我成为帮凶，在远方备受折磨的无辜者——为了他从未犯下的罪行而遭受最恐怖的折磨——的幽灵将会在夜晚时分纠缠我。"①

接着，左拉以翔实的资料对帕蒂少校的行径进行了揭露，声称他是该冤案的幕后真凶②；至于对那份起诉书的效力性，左拉提出了自己的质疑：在起诉书中，所有与德雷福斯有关的特征，均被打上了叛国通敌的烙印，"那份起诉书多么肤浅！一个人有可能因为它而被判有罪吗？如此恶劣着实令人震惊，我要求正直人士阅读它。当他们想到德雷福斯因为它而在魔鬼岛付出不相称的代价时，他们的心将因愤怒、反感而悸动。"

左拉对军方高层明知案件真相却缄口不语的懦弱行径亦进行了强烈抨击，"包括布瓦代弗尔将军、贡斯将军及部属，他们的良心正与陆军所谓最重要的利益相对抗，但只持续了一分钟。一分钟过后，他们妥协了。他们的罪比其他人更重，因为他们有权纠正司法不公，却没有采取行动"。③唯一坚持真相的皮卡尔上校却遭到打击，甚至有被杀人灭口的危险。"皮卡尔上校以正直人士的身份尽其本分，以正义的名义恳请认真处理这起事件，希望切勿让它愈演愈烈，最终演变成公共灾难。但皮卡尔上校被他们愈调愈远，最终调到了突尼西亚。他们甚至想要指派他从事一项必然会招来杀身之祸的任务，莫赫斯侯爵就是在同一地区被杀的。"④

左拉还对二审军事法庭审判员身份的合理性进行了质疑，"由于这些军人的血液中含有纪律的因子，难道这不足以取消他们担任公平审判的资格吗？纪律意味着服从，陆军部长是陆军的最高司令，他宣布的判决，您怎能期待另一个军事法庭会推翻？"⑤

尽管如此，左拉还是表达了对正义终将实现的信心——"总统阁下，我知道您无权过问，您是宪法的囚犯。但我没有一刻感到绝望过，我知道真理会取得胜利。我较以前更深信真理正在向前迈进，没有什么能阻挡它。""至于我控诉的人，我从未见过他们，和他们没有恩怨仇恨。我在此

---

① 〔美〕迈克尔·伯恩斯：《法国与德雷福斯案件》，郑约宜译，南京，江苏教育出版社，2006，第89、88页。

② "说备忘录是德雷福斯所写的，是他的主意；要在一间满是镜子的房间检查文件，也是他的主意。福尔齐内蒂少校告诉我们，帕蒂拿着尚未点亮的提灯进入德雷福斯正在睡觉的牢房，突然把灯光射向犯人脸上，意图使受到惊吓的犯人在毫无心理准备的条件下招供……帕蒂少校逮捕了德雷福斯，将德雷福斯关入单人牢房后，立即跑去恐吓德雷福斯夫人，如果她向外界说任何一句话，便会失去她的丈夫。还有很多可以揭发的事，但这不是我的责任；让他们去调查，让他们寻找吧。"〔美〕迈克尔·伯恩斯：《法国与德雷福斯案件》，郑约宜译，南京，江苏教育出版社，2006，第88页。

③④⑤ 〔美〕迈克尔·伯恩斯：《法国与德雷福斯案件》，郑约宜译，南京，江苏教育出版社，2006，第88页。

采取的行动只不过是一种革命性的方法，用以催促真理和正义大白于天下。我只有一个目的：以人类的名义让阳光普照在饱受折磨的人身上。我的激烈抗议只是从我灵魂中发出的呐喊。若胆敢传唤我上法庭，让他们这样做吧，让审讯在光天化日下举行！"① 文末，左拉将案件中包括真正的罪犯、审判者、司法监督者、司法鉴定专家、新闻媒体等一系列个人与机构推上审判席，以八个段落篇幅的铮铮之辞对其发出了愤怒的控诉与指责，气势磅礴、正义如山。

这篇奇文在全法境内引起极大轰动，其至德国、英国的高层人士也开始关注此事。很快，军方以"诽谤罪"对左拉提起指控，最终判处其一年监禁和 3 000 法郎罚金，左拉被迫流亡英国。1899 年 9 月 9 日，德雷福斯被总统特赦。但直到 1906 年 7 月 12 日，即左拉去世四年后，蒙冤长达12 年的德雷福斯才获正式昭雪。

德雷福斯案中，左拉以公共知识分子的姿态首次登上社会舞台，掀起了捍卫真理、阻止公权力蜕变的民众运动，保护了少数族裔的人格尊严，挽救了法兰西共和国的荣誉。在此之前，人们只知道他是一位伟大作家；而1897～1900 年的事实表明，他的勇气与正义感并不亚于他的才华。他是如此不遗余力地为一个与自己毫无瓜葛、同军方势力与国家利益相比实在微不足道的犹太人在说话，维护他的权利、名誉与尊严；他以一己力量向拥有强大威权的国家机器挑战——正是这个机器制造了光天化日下的冤案却拒绝悔改；他不惜以抛弃所享荣誉与安逸生活为代价，不畏惧走上法庭被监禁、被流放，不在意铺天盖地的谩骂与侮辱，将这场实力悬殊的事业坚持到最后一刻，为维护法兰西的精神而反对法兰西，彰显了无与伦比的良知、勇气与大爱。

1902 年，在左拉的葬礼上，法国著名文学家法郎士沉痛致辞，将左拉誉为"人类良心的一刹那"。② 马克·吐温亦感慨万分，对左拉在德雷福斯事件中所起的作用予以极高的评价："一些教会和军事法庭多由懦夫、伪君子和趋炎附势之徒所组成；这样的人一年之中就可以造出一百万个，而造就出一个贞德或者一个左拉，却需要五百年！"③ 1998 年 1 月，在《我控诉》发表 100 周年纪念集会上，希拉克总统发表演讲，对左拉予以真挚的致意——"让我们永不忘记一位伟大作家的勇气，他冒尽风险，不

---

① 〔美〕迈克尔·伯恩斯：《法国与德雷福斯案件》，郑约宜译，南京，江苏教育出版社，2006，第 88 页。

② 参见上书，第 76 页。

③ 〔法〕贝尔纳：《左拉》，郭太初译，上海，上海人民出版社，1992，第 32 页。

顾自身的安危、名誉、甚至生命，运用自己的天分，执笔为真理服务……左拉，一如伏尔泰，是法兰西最佳知识分子传统的化身。"[①] 是的，法兰西感谢左拉，整个人类都将感谢左拉。

早在启蒙思想时期，我们就已经注意到法国自由知识分子所秉承的为了"正义、自由、真理"而呐喊和斗争的传统，他们为了民众个人权利的实现而倾力奔波——18 世纪，伏尔泰为新教徒卡拉斯一家的冤案游走呼告[②]；19 世纪，左拉为犹太裔德雷福斯军官的冤案愤怒控诉；20 世纪，波伏娃为争取民族独立的阿尔及利亚姑娘德贾米拉被俘案挺身而出。[③] 正是他们的勇气与坚强，正是他们所代表的人类的良心，才使得正义免受屠戮，真理得以昭彰。以法国文学家为代表的自由知识分子，在人类进步的路途中所扮演的先行者角色注定将被载入史册。

7.8　该时期刑法思想总结

19 世纪下半叶，自由资本主义进入垄断时期。科学与技术的结合加速了财富的创造，给人们带来了巨大的生活利益。科学成为人们心目中新的上帝，理性也被认为是"万物之灵长"的人类的根本属性。在西方人的精神世界中，19 世纪是一个科学取代上帝、理性取代信仰的时代，理性主义思潮发展至巅峰状态。人们更加坚定了三个信念：人是理性动物、人类凭借理性可以把握自然规律与世界秩序、人类可以征服自然。

对科学的崇拜，使得人们对科学的理解不仅限于科学本身，而且扩展到用科学的方法去研究一切问题。他们热衷于建立各种学科，并制定出一整套严密的概念、定理、研究范式，这被认为是一件荣耀之至的事。恩格斯对当时的现实状况深有感触："人们是动不动就要建立体系的，仿佛谁不建立体系就不配生活在 19 世纪，想出各种各样的体系并且力求探寻一种革命的科学。"[④] 正是这样一种精神风气，在文学领域熏陶出两类枝繁叶

---

① 〔法〕贝尔纳：《左拉》，郭太初译，上海，上海人民出版社，1992，第 66 页。

② 参见本书 5.2.2 部分。

③ 1957 年，法属阿尔及利亚爆发民族独立战争。阿尔及利亚姑娘德贾米拉·波巴查参加民族解放斗争，为祖国独立而战，却被送进集中营，遭到法军士兵的凌辱和酷刑，并可能被处死刑。波伏娃为了她开始奔波，她走上街头抗议、发放传单，最终使得姑娘获得释放。参见〔法〕弗朗西斯、贡蒂埃：《波伏娃：激荡的一生》，唐恬恬译，桂林，广西师范大学出版社，2009，第 77 页。

④ 《马克思恩格斯全集》，第 4 卷，北京，人民出版社，1998，第 157 页。

密的奇葩：一类是以福楼拜、梅里美、莫泊桑、左拉为代表的自然主义文学；另一类是以司汤达、巴尔扎克、狄更斯、哈代、陀思妥耶夫斯基、托尔斯泰、契诃夫、马克·吐温、易卜生为代表的批判现实主义文学。文学家们虽然世界观与价值取向不尽相同，但均秉承客观中立、价值无涉的写实主义原则，以还原客观世界的原貌为创作旨归。

在这种大环境下，刑法学领域，对科学本身的热爱及对科学的研究方法的追崇，催生了刑事实证学派的萌芽与发展。早期的实证学派侧重于人类学，关注人的自然属性与犯罪行为的关系；后来逐渐向社会学过渡，希望透过自然环境、社会环境以及人的生物属性的角度来考察犯罪与刑罚。该时期刑法理论整体向意志决定论与主观主义倾向，由对犯罪行为的研究转向对犯罪行为人的关注，并提出人身危险性、社会责任论等基本概念。另外，基于犯罪行为的生物、自然、社会环境决定论，刑罚观开始由报应刑向目的刑、教育刑的转变。

7.8.1　自然主义文学与刑事人类学派

19世纪下半叶开始，以《物种起源》的发表为标志的自然科学进入黄金发展期，生物遗传学取得了重要进展。遗传学家、医学家吕卡斯的《自然遗传论》将一切病例归结为遗传基因的作用，认为遗传基因具有隐性与显性的特征，一个成员对某一变异基因的携带，可能导致整个家族精神或肉体的病变。医学家克洛德·贝纳尔（1813～1878年）在其医学著作《实验医学研究导论》中，提出了一种与经验论和唯理论相抗衡的医学实验方法，贝纳尔将它叫做决定论，即精确决定客观存在的必要条件，主要理论根基是自然界因果关系所具有的规律性。

在哲学思潮方面，实证主义、唯意志论、直觉主义大行其道。法国哲学家孔德的实证主义是自然主义的理论基础，主张只对具体事实和现象进行研究，而不必追究事实和现象领域内的本质与规律性。① 叔本华强调生存意志（或称生活意志、生命意志），认为这种意志是万物之源，根本不受理性制约。柏格森公开反对理性，认为生命冲动是宇宙万物的主宰，用神秘的生命冲动解释物种的形成和进化。尼采狂热地宣传"权力意志论"和超人哲学，鼓吹强者统治弱者的理论。

由于自然科学的发达，刑法学亦开始采用实证方法进行研究，即以实

---

① 孔德是经典社会学的创始人之一，他主张只研究具体的事实和现象，而不追究事实和现象领域内的本质与规律性。这种观点实际上就是自然主义不同于现实主义的最显著特征。

证（确定）的事实作为依据进行研究，刑事实证学派诞生。[①] 实证学派包括人类学派与社会学派两个分支。前者完全运用自然科学方法于犯罪与刑罚领域进行研究，注重罪犯的生物学因素；后者则始于垄断资本主义时期，为了抑制犯罪激增的社会需要而产生。无论是人类学派还是社会学派，均对启蒙思想时期的"意志自由论"产生质疑，认为人的意志是被决定的，主张对犯罪原因进行多层次、广角度的考察，以主观主义与社会防卫论为基础创立出对危险行为人适用的保安处分措施，刑罚层面则由报应刑观念向目的刑、教育刑观念转变。

与龚古尔兄弟文学作品以及"卢贡-马卡尔家族"等自然主义文学相契合，刑事人类学派思想开始萌芽与发展，探讨重心在于医学解剖刀下被剥落了的人类自由意志。切萨雷·龙勃罗梭（Cesare Lombrosor，1836～1909 年）是刑事人类学派的开创者，其刑法思想核心是"天生犯罪人"，并以此为对象，从生物学、人类学角度，运用实证的方法揭示犯罪人的特性在于其人身危险性，主要刑事理论围绕着如何衡量犯罪人的人身危险性展开。

在犯罪原因方面，与刑事古典学派的客观主义相左，龙勃罗梭第一次将理论研究重点放在犯罪人身上，重视犯罪发生原因及犯罪人生理特征，并将人身危险性与危险个人的概念引入刑法学研究领域。龙勃罗梭认为，古典学派关注犯罪行为，研究局限于法律规范，研究方法上追求理性思辨、脱离个案，使得犯罪研究陷于空洞哲理之中。19 世纪后期，达尔文《物种起源》形成以科学方法研究自然与社会现象的学术氛围，龙勃罗梭将达尔文的进化论与孔德的实证主义研究方法纳入犯罪原因研究，从生物学角度阐述"天生犯罪人"是人身危险性的必然结果，极大地开拓了刑法学的研究视野。他强调犯罪是一种自然现象，同出生、死亡、妊娠一样，力图运用生物学对犯罪原因作出科学说明，以此来彻底否定贝卡利亚的意志自由论。在《犯罪人论》中，龙勃罗梭开门见山地指出："意志自由只是哲学家虚构，现实生活中根本没有意志自由可言，人的行为受遗传、种族先天因素影响，对这些人而言，犯罪是必然的。"[②] 同时，作为一名法医，龙勃罗梭擅长运用实证主义方法，注重系观察与测量第一手资料的获取，将结论建立在严格数据之上，结束了对犯罪抽象理论形而上学的时

---

① 参见马克昌主编：《近代西方刑法学说史》，北京，中国人民公安大学出版社，2008，第161 页。

② 〔意〕龙勃罗梭：《犯罪人论》，黄风译，北京，中国法制出版社，2000，第 319 页。

代，将刑法学的研究视野从"犯罪行为"转向"犯罪行为者"。

龙勃罗梭提出的"天生犯罪人"的命题，正如左拉的自然主义巨著《卢贡-马卡尔家族》中遗传因素对犯罪的影响一样，是对"意志自由"传统信念的直接挑战。这一学说虽然被后继学者所否定，但它将以抽象的概念方法研究"凝固的犯罪行为"转向以实证方法来研究"变化中的犯罪者"，将刑法理论研究引入了所谓科学或实证的新时代。龙勃罗梭早期曾以生理学与隔世遗传学的原理解释犯罪，认为犯罪的原因是犯罪人先天的身体构造异于常人。究其原因有二：一是隔代遗传的产物，是返祖现象（从高级阶段滑向低级阶段），他们的行为不可避免地与现代文明社会的规范与期待相抵触，从而易陷于犯罪；二是退化，即尚未达到高级阶段就停滞不前或向后倒退。该理论体系与自然主义文学所探讨的对象、研究的结论如出一辙，这可以从龚古尔兄弟的《热曼妮·拉瑟顿》《勾栏女艾丽莎》等著作中得到鲜明体现。另外，与龚古尔兄弟、左拉等作家的实验性描写手法相似，龙勃罗梭通过对"裘克家族"的研究，肯定了隔世遗传理论。此外，龙勃罗梭还曾经调查过 104 名罪犯的家族遗传历史，并在此基础上提出"天然类聚说"，认为两个犯罪家庭联姻后，犯罪遗传的影响更甚。因此，一个家族中犯罪人数也逐渐增加，该类聚是一种自然趋向。① 可以看到，龙勃罗梭的观点完全可以与左拉的小说《卢贡-马卡尔家族》中的《娜娜》《小酒馆》《萌芽》等作品进行对比性研究，得到的结论大体一致。

在责任论与刑罚根据方面，龙勃罗梭创立了社会防卫论与特别预防论体系。古典学派将刑事责任基础建立在意志自由理论基础之上，主张道义责任论。龙勃罗梭作为决定论倡导者，彻底推翻了意志自由的神话，认为犯罪是不可避免的客观现象；为了保护社会，刑罚亦不可避免，因此刑罚除了自然防卫的需要，除此之外，再无别的根据。龙勃罗梭曾对自然学派的学者提出如下质疑："野兽食人，本性使然，人遇之，击毙而已。""如果不是依据防卫的权利，还有什么其他权利对精神病人、传染病人进行隔离呢？"由此可见，报应与威慑都是空话，刑法存在的唯一根据就是社会防卫。

在刑罚论中，龙勃罗梭否定了古典学派提出的刑罚与已然犯罪相适应主义，并排斥一般预防论，认为刑事案件的频发证明了一般预防论的谬误；必须代之以刑罚与个别预防的适应，强调特别预防的观点。他所主张的社会责任论认为，刑罚不再是对付犯罪的唯一手段——因为犯罪不是个

---

① 参见陈兴良：《刑法的启蒙》，北京，法律出版社，2003，第 2 版，第 179 页。

人自由选择的结果，而是由于先天基因或堕落因素造成的，几乎不可救药；刑罚不可能对天生犯罪人产生威吓作用，只能是一种再造或者消灭犯罪人肉体的手段，因而龙勃罗梭力主对传统刑罚制度进行根本性变革。

在刑罚适用与目的方面，龙勃罗梭认为，犯罪是由犯罪人各自不同的生理、心理特征造成，因而罪犯的主观危险性不同。对罪犯的处罚轻重，不应当根据犯罪事实的大小，而应根据人身危险性的大小来确定。同时，龙勃罗梭以先天犯罪人为根据提出"剥夺犯罪能力论"，主张防卫社会是刑罚的第一目的，改善犯罪人是刑罚的第二目的。龙勃罗梭强调，应当研究具体的犯罪人而非抽象的犯罪，继而提出"个别化处遇原则"与刑罚的不确定性制度。尤其可贵的是，龙勃罗梭率先提出了"犯罪人分类"理论，根据犯罪人行为的性质——天生犯罪人、偶然犯罪人、激情犯罪人等，分别处以刑罚。我们注意到，龙勃罗梭对犯罪人的分类与托尔斯泰在作品《复活》中对犯人的分类有所重合，亦有所差异，可以进一步深入对比研究。应当指出，以往的古典学派仅有对犯罪的分类，并没有对犯罪人的分类。因此，龙勃罗梭完成了从研究犯罪到研究罪犯的伟大转变，其犯罪人的分类与处遇措施的一一对应，开辟了刑法学理论的新纪元。

7.8.2　批判现实主义文学与刑事社会学派

19 世纪末，尼采曾发出振聋发聩的惊呼："上帝死了！"从某种意义上而言，这意味着以基督教为核心的西方传统文明价值体系完全崩溃。文艺复兴时代，人文主义者并不反对上帝，只是抗拒上帝对人类感性的极端抑制，要求上帝将人的独立性还给人类。17 世纪，培根"知识就是力量"口号的响亮提出，实际上是利用人智向上帝标示自我力量的强大，认为上帝的智慧人类也可拥有，对以往上帝才能掌握的自然奥秘的揭露就是最好的证明。进入 18 世纪，自然科学的迅猛发展进一步增强了人类的无限自信，人类开始以科学为武器向上帝的存在进行质疑，一种试图摆脱上帝的崭新世界观与价值观开始形成。迈入 19 世纪，自然科学走向前所未有的繁荣，在给人类带来极大财富的同时，人类的傲慢亦逐渐膨胀，认为利用科学可以完成一切上帝才可以完成的事。自然科学取代了上帝的位置，或者说掌握了自然科学的人类驱逐了上帝。尼采的宣言预告着上帝在人类的观念世界中逐渐隐退、消失。

但是，人类的自然属性首先是肉体需求，自私、贪婪、好斗、纵欲等劣根性始终在人类灵魂深处蛰伏。1859 年，达尔文《物种起源》的诞生，使得人类"性恶论"得到了自然科学而非宗教教义的确证——人类的动物属性与生俱来，人的原罪即产生于这种动物属性。这一时期，批判现实主义作家们仍在执着地探索着"人性"的话题，从其文学作品中可以追溯到三种类型的"人性论"。巴尔扎克、托尔斯泰、陀思妥耶夫斯基、哈代等作家均持"性恶论"的观点，认为是人的生物性决定了其蛰伏于灵魂深处的恶，恶之本能随时会因环境的刺激强烈地迸发出来，吞噬善良、毁灭良知。而福楼拜、龚古尔、左拉、莫泊桑则从自然的角度阐明人性本无善恶之分，在一定环境下的人类根本无法控制自己的本能，如果恰好社会将这种"本能"规定为恶，他就必须接受刑罚的惩罚；如果社会恰好鼓励这种本能的存在，则会成为道德楷模。司汤达、狄更斯、马克·吐温则在作品中则持有"性善论"，认为人性趋善，但社会的道德偏见、不合理的制度使得人的善良天性蒙受污损，带来了人间的悲苦与罪恶。

　　从西方宗教与世俗约束的角度考虑，基于人性本质的不可确定性，进入文明社会的人类必须依靠自身创造的文明，例如国家暴力机器、刑律、宗教、道德等来约束原欲，维系社会的正常发展。人类文明创造的诸多对人性的外界约束中，宗教的意义远非刑律与世俗道德可以比拟——上帝所设置的天堂与地狱的界限，是刑律与世俗道德无力干涉的终极天平，无论贱民与权贵、弱者与强者、贫民与富翁，身死之后的归宿决定了人们活着的时候的价值取向。在上帝面前，谁也逃脱不了末日审判。上帝存在的意义，就在于人类理性的有限性，或者理性本身具有的邪恶性——对于在内心律法的谴责与人间法律的制裁中痛苦挣扎的人而言，对于在灵魂价值与肉体利益的权衡中苦恼辗转的人而言，"上帝是一种光、一线希望、一块精神馅饼。"① 因此，从世俗角度来讲，宗教思想无疑可以遏制邪恶的滋长，也就阻止了自然犯罪行为的恣意横行。当上帝隐退之后，天堂与地狱、世俗生活与末日审判等均化为乌有。一个在精神领域中驱逐了上帝的时代，必定是一个物欲横流、纵情声色、无所顾忌的时代；在个性自由、物竞天择理论的宣扬下，人不再是终极目的，人可以为所欲为，每一个人均化作他人的工具。脱离了道德义务与群体观念的人们无法去爱"自己的邻人"，所有的人际关系都基于赤裸裸的物质利益而维系。如此，这个历来依靠"天堂、地狱、末日审判"来对自己的原欲进行约束的世界，立刻演变为"一切人反对一切人"、"他人即地狱"的社会。

　　批判现实主义大师巴尔扎克在《人间喜剧》中，将新生的资本力量、灵魂的统治者——"金钱"作为其伟大史诗的主人公，意图告诫人们，利

---

① 启良著：《西方文化概论》，广州，花城出版社，2000，第132页。

己主义已经成为整个世界的动力，人类的善良天性根本无法阻挡金钱与恶欲的诱惑，人类逐渐向地狱沉沦。在左拉、龚古尔、史蒂文森的作品中，亦揭示了情欲正如魔鬼般蛰伏于人类肉体深处，人的行动不可抗拒地俯首于情欲的肆虐。托尔斯泰与陀思妥耶夫斯基一生的作品均处于对人性的不断挖掘与研究之中，他们认为人身上的恶要比那些自然主义文学家所估计得多得多，也深得多。在任何社会制度下，人性永远是善恶兼而有之。酷刑与流放乃至死刑均无法对人类社会的进步有丝毫作用，人只有意识到自己的罪恶，采取自罚的态度，才有可能获得永远的救赎。正如 18 世纪爱尔兰文学史、思想史学者伯克所言："人们能够享受自由的程度取决于人们是否愿意将自己的欲望套上道德的枷锁；取决于他们对正义之爱是否胜过他们的贪婪；取决于他们正常周全的判断力是否胜过他们的虚荣与放肆；取决于他们要听智者与仁者的忠告而非奸佞的诌媚。除非有一种对意志和欲望的约束力，社会就不会存在。内在的约束力越弱，外在的约束力就越强。事物命定的性质就在于此。不知克制者不得自由，他们的激情铸就了他们的镣铐。"[①]

　　总结 19 世纪后半期批判现实主义文学，它们与当时的刑事思想完全沿着相同的轨迹萌芽与发展，均是达尔文进化论与孔德实证主义研究方法的产物。在 18 世纪贝卡利亚等启蒙思想时代的刑法学家眼中，理性是第一位的，其学说依然以上帝所赋予人类的"公平、正义、平等"为基础，带有自然正义的色彩。而到了 19 世纪，随着《物种起源》的广泛传播，人们将上帝彻底驱逐出人间。既然上帝对尘世的"监控"撤离了，人可以想做什么就做什么。人心灵的善恶只有自己知晓，人行为的善恶只有法律才可以判断。就人的生物性而言，强力或者强权就是公理，人们自愿从自我心灵的束缚中解脱出来，俯首于人定之"法律"的评判与制裁。刑事思想的走向也随之由启蒙时代的自然正义向社会正义转变。

　　19 世纪后半期，在垄断资本化过程中，人口向大都市涌入，累犯、常习犯增加，少年犯也呈激增趋势，刑事古典学派的犯罪理论无法对该种状况进行合理而周详的解释。在刑事人类学派的基础上，刑事社会学派应运而生。社会学派重视犯罪的社会学原因，以德国学者李斯特为代表者，但创始者是谁很少论及。事实上，比利时学者凯特莱（Quetelet，1796～1874 年）于 1869 年出版的《社会物理论》一文中最早提出"犯罪的原因不在于个人而在于社会"的观点，认为犯罪的发生、消灭、增减莫不受社

---

　　① 转引自陆建德：《破碎思想的残篇》，北京，北京大学出版社，2001，第 195 页。

会的影响；气候的寒暖、年景的丰歉，与犯罪也有很大关系。他的主张与李斯特等学者主张的犯罪原因二元论有所不同，但在强调犯罪的社会原因上保持一致，且在时间上先于李斯特等学者。因此，凯特莱可以说是刑事社会学派理论的先声。近代学派以实证主义为理论基础，包括以下主要观点。

第一，关于犯罪原因。凯特莱以社会学方法研究犯罪，主张犯罪的原因不在个人，而在于社会。这在西方批判现实主义文学中可以找到大量的事例作为支撑。菲利主张三元犯罪论，认为犯罪无外乎是"体质的、地理的、社会的"三种原因。《人间喜剧》《卡门》《复活》《卡拉马佐夫兄弟》《高龙巴》等从实践角度对该观点进行了确证。李斯特主张二元犯罪论，认为犯罪的原因包括"社会与个人"的原因，尤其强调社会原因，将大众的贫穷看做是"犯罪行为的培养基"。《罪与罚》《华伦夫人的职业》《小酒店》等作品是支撑该理论的杰出代表。

第二，关于意志自由。刑事社会学派否定了古典学派的意志自由论以及由此产生的道义责任论，认为世界上任何事物（包括犯罪现象）的存在均受多种因素的促成或制约。菲利对古典学派"犯罪是人们基于趋利避害的本性自由选择的结果"的理论给予批评，指出："我们的行为依照我们身上的要素与我们环境的要素竞合而左右，从而为之的意思也以此等要素是必然的因果，而我们绝没有成为意思自由之物。"① 在批判现实主义作品中，每一个角色似乎均失去了对自我意志的主宰，他们于彷徨、恐惧、无奈的矛盾心理下实施被社会定义为犯罪的行为，例如《章鱼》《德伯家的苔丝》《化身博士》即以主人公的亲身经历证明着该种观点的客观性与合理性。

第三，关于刑事责任的依据。社会学派反对古典学派的道义责任论，理由是"人的意志绝非自由"，因而犯罪人承担刑事责任的基础，并非是道义对他的谴责，而是为了保护社会的需要，继而提出了社会责任论。菲利认为，一个罪犯之所以受到刑罚惩罚，是因为他作为社会的一员，对于给社会造成的危害必须自负其责。这一点在《死屋手记》《萨哈林旅行记》和《游美札记》中可以找到与之契合紧密的理论性描述。

第四，关于主观主义或人格主义。社会学派反对古典学派的客观主义，认为犯罪人的性格应当是科刑的重要标准。李斯特将刑罚处罚的重心归结为犯罪人，特别是其性格心理状况，认为应当以其性格、恶性、反社

---

① 〔意〕菲利：《实证派犯罪学》，郭建安译，北京，中国政法大学，1987，第14页。

会性为标准，个别地加以刑罚。在这一点上，批判现实主义文学与刑法思想产生了龃龉，《红与黑》《第六病室》《死屋手记》等作品均从相反的角度对该理论进行了旗帜鲜明的辩驳，提倡客观主义刑法思想。

第五，提出目的刑理论。近代学派反对古典学派的报应刑主义，认为刑罚不是对犯罪的单纯报应，而应追求其他目的。李斯特将法所保护的利益分为私法益（生命、自由、健康、财产、名誉等）与公法益（国家的存在与安全）。换言之，刑罚以预防再犯、防卫社会为目的。近代学派的早期目的刑主义只是特殊预防，避免犯罪人再犯。后期逐渐发展为教育刑，主张刑罚的目的是对犯罪者的再教育与改善，将社会防卫的人道性与刑罚的再教育性理解为刑罚的本质。《雾都孤儿》与《悲惨世界》的主人公的遭遇对此观点进行了有力的佐证。

国家社科基金
GUOJIA SHEKE JIJN HOUQI ZIZHU XIANGMU
后期资助项目

西方刑法思想的起源与进化

——以西方文学罪罚观为视角

下册

Research on the Origin and Evolution of
Western Criminal Ideology:

From the Perspective of Crime and Punishment of Western Literature

刘春园　著

中国人民大学出版社
·北京·

下册目录

第8章 断裂、传承、多元共竞：
20世纪的刑法思想

进入20世纪，西方世界的经济基础超越了自由竞争领域，向集中化、垄断化迈进，极大地改变了传统社会的人际关系结构。社会生产的高度发达与人们对物质世界的追求与向往，以及人类在理性状态下所制造、发动的一场场灾难，进一步加深了人类内心世界的空虚与压力。传统文化视野中的科学观、价值观在来自各方面因素的冲击下逐渐分崩离析，整个社会呈现出普遍的信仰危机与理想真空。这些因素共同作用于生命个体之上，催生了普遍的疏离感、孤独感与荒谬感。人类时刻感到前途渺茫、灾难不可预测——现代西方文明的"非人化"元素逐渐萌芽。

自然科学方面，19世纪是达尔文"进化论"思想与牛顿力学体系的天下；在实证主义与客观理性的引导下，对"确定性"与"规律性"的追求形成了社会发展的主导性力量。进入20世纪，爱因斯坦"相对论"的诞生，极大程度上导致了古典物理学的物质宇宙观被质疑、被颠覆。随之，科学世界中爆出"电子论"、"控制论"、"信息论"等一系列重大发现，进一步毁灭了传统自然科学领域形而上学的观点，自然世界逐渐丧失了稳定性与秩序性，变得微妙复杂、扑朔迷离、难以把握。自然科学的发展必定影响着人文学科与社会科学的发展。无论是文学还是法学，均在社会控制、权力、知识与真理等即时变幻的领域中开辟出大量新鲜未知的矿脉。

政治方面，接连发生的两次世界大战是超出人类想象力的空前浩劫，无边的罪恶与苦难随着战火恣意蔓延，撕裂了人们心目中对理性与秩序的向往。西方人心目中自启蒙思想时期形成的至高无尚的理性、理想、平等、自由等价值观逐渐破灭，致使敏感的知识分子对整个社会的价值体系、伦理体系产生了强烈质疑与谴责，并滋生出多种形式的反叛情绪，继而开创了多维共竞的哲学思潮。

哲学领域中，自文艺复兴以来的政治、思想、宗教、道德等一切权威主流价值均受到怀疑、否定，人类精神支柱彻底丧失；悲观主义、虚无主义、神秘主义、唯我主义渐露锋芒。首先，尼采"重估一切价值"的口号自称打倒了自苏格拉底以来的全部哲学权威，这种具有浓厚反叛色彩的哲学观无疑带给世纪之交的人们以最重要的思想启迪，尼采也就当之无愧地成为反叛思潮的精神教父。其次，斯宾塞的"社会达尔文主义"公然主张弱肉强食、优胜劣汰，认为人类社会竞争等同于生物界的竞争，该大逆不道的学说彻底撕碎了"人人都是兄弟"、"万物生来平等"的谎言，将一幅人吃人的赤裸裸的残酷图景揭示于世人眼前。在这种环境下，文学家们兴奋异常，他们像解剖生物一样解剖社会结构，极其细致地观察着社会绞肉机运作之下被征服者痛苦不堪的命运，绘声绘色地描绘着强者兴旺、弱者衰微的社会运动过程。同时，奥地利学者弗洛伊德的精神分析学说也为作家的心理描写提供了全新的价值理论平台。人类精神的潜意识学说促使人们开始关注喧嚣骚动的无意识层面，关注自我灵魂中波澜壮阔的内心世界。多种哲学思想的交织并行，奠定了整个西方现代主义文明的理论基调。困惑与迷惘中，人们开始转入对自我内心世界的剖析、对人生终极意义的思考以及对本我价值的重新探究。但是，当人们剖析自己心灵的时候，发现内心世界与现实世界一样混乱、暗淡，继而导致了怀疑一切与否定一切的思想的萌发。

20 世纪的西方文学与刑法思想有一个重要的共同特点值得我们关注，就是思想与理论的巨大的包容性。随着自然科学的快速发展以及信息工程技术日新月异的变化，再也没有哪一种学派及其理论可以独占江山数十年。无论是文学流派还是法学流派，均始终保持着触觉的敏锐性、思想的丰富性与视角的多维性，它们源源不断地吸纳着当代世界各种自然科学与人文学科的异质营养，从而为本学科的良性发展搭建了一个宽阔的价值理念平台。

8.1　批判现实主义文学

……如今自己抬头了，他们便对所谓"法国式"的理想不胜轻蔑，对什么世界和平、什么博爱、什么和衷共济的进步、什么人权、什么天然的平等，一律瞧不起。民众们普遍认为，最强的民族对别的民族可以拥有绝对的权利；而别的民族，就因为弱，所以对它绝对没有权利可言。德国就是活的上帝，就是观念的化身，它的进步是用战争、暴行与压力来完成的。

——［法］罗曼·罗兰《约翰·克里斯朵夫》

……它们（侦察机）出现数分钟后，霰弹和榴弹就发射过来了。我们有一天就这样损失了十一个人，其中的五个卫生兵，有两个被炸得稀烂。恰登盯着墙壁，很久才轻声说："可以用调羹把他们从战壕墙上刮下来，埋葬在饭盒里。"

——［德］雷马克《西线无战事》

……最后，拿破仑成为统治动物的"人"，庄园最初的理想"所有动物一律平等"被修正为"有的动物较之其他动物应更为平等"。

——［英］乔治·奥威尔《动物农场》

面对做"正派人"的呼声，饥饿的痛苦回答得多么有力！……我们像棋子一般受着环境的驱使，而那环境是我们所不能支配的。

——［美］德莱塞《嘉莉妹妹》

法庭审判时，别格一言不发，保持着令人迷惑的冷静与安静。他永远无法解释自己为何会杀人。不是他不想解释，而是若想解释清楚这一切，首先要从他的整个人生开始。

——［美］理查德·赖特《土生子》

谁都不是一座岛屿，自成一体，每个人都是那广袤大陆的一部分……任何人的死亡均使我受到损失，因为我包孕在人类之中。所以，不必去打听丧钟为谁而鸣，它为你敲响。

——［美］海明威《丧钟为谁而鸣》

罪责总是涉及过往的东西。它不仅涉及个人过去的行为，而且涉及过去的时代和一整段历史，并且笼罩着随后的当前，这是第三帝国之后的特别经验。豪劳考斯特的阴影伸展得很远，它使过往罪责延伸为几代人的主题。

——［德］施林克《朗读者》

总体而言，20 世纪批判现实主义文学的成就显然不如 19 世纪。在历经了法国巴尔扎克、莫泊桑与俄国托尔斯泰、陀思妥耶夫斯基两座文学高峰的辉煌之后，批判现实主义昔日群星灿烂、雄踞一方的霸主地位风光不再。原因之一是大工业文明与信息化科学的迅猛发展极大地开拓了人们的视野，文化受众趋向于多元化的文学选择空间。原因之二是在物质奴役下产生"异化感"的西方人，逐渐由理性世界向非理性世界退缩，现实主义文学脚踏实地的风格无法表述出人们异化、分裂的人格，浑厚沉抑的笔触无法临摹出多重角色压力之下人们内心的焦虑与呐喊。此外，也须看到，现实主义的两大独特的优势也是无可替代的——其一是它从社会底层发掘出的典型叙事赋予了众多民众直面惨淡生活的勇气与力量，其二是它犀利的批判锋芒促使人们重新思考社会、评价生活。因此，批判现实主义文学在 20 世纪依旧具有无可替代的价值，只要人类存在、只要生活继续、只要梦想延续，它就永远不可能灭亡。

西方批判现实主义文学在 20 世纪的发展大致可以分为三个阶段：

第一阶段，20 世纪初到"二战"结束。20 世纪初是人类近现代历史上第二个更新期，欧洲风云动荡。首先是法国的"德雷福斯事件"①，不仅引起了人们对于种族歧视问题的反思，而且引起了整个西方社会对法律公正性的怀疑。接着，又爆发了两次世界大战，数以千万计普通平民的死伤激发了整个西方社会对暴力的憎恨与对社会前途的绝望。同时，1917年俄国爆发的十月革命，在西方资本主义根深蒂固的秩序网上撕开了一道巨大的裂口，为西方人思维价值理念的发展与进化提供了一个全新的范式。因此，对人性黑暗面的反思与对战争的谴责也就成为 20 世纪初最为普遍的主题之一，批判性与反叛性成为当时文学作品最主要的思想特质。该时期作家基本遵循传统风格，注重典型环境背景的刻画与人物形象的塑造；时代所面临的最紧迫的社会问题，包括战争、贫困、积蓄待发的社会仇恨与种族冲突均进入这批作品的叙事范围；关注民生、呼吁社会公平与人道主义也继续成为作品所彰显的价值取向。

第二阶段，"二战"以后至 20 世纪 70 年代末期。该时期批判现实主义文学的气质发生了根本性变动。一批成长于 20 世纪三四十年代，历经经济危机与两次世界大战的作家们，所关注的焦点不再局限于生命个体，而是更注重于整个人类的前途与命运，积极思索着人类生存与种族繁衍等重大哲理话题。该时期文学作品的创作题材也明显虚化，创作手段不再拘泥于单一特征，而是多方撷取、大量吸收现代主义文学的技巧，呈现出多元化色彩。创作手段的兼容与合流使得我们难以判断具体作家的所属流派，甚至同一个作家同时属于两种文学流派的情形屡见不鲜。例如美国"迷惘的一代"、"硬汉派"作家海明威，其作品《永别了，武器》明显趋

① 参见本书 7.7.2.3 部分。

向于批判现实主义，而《乞力马扎罗的雪》则堪称意识流小说的扛鼎之作，至于《老人与海》又更接近于象征主义。因而此时对某位作家的流派的判定，只能根据其大多数作品以及主流创作倾向作出大致界定。

第三阶段，20 世纪 70 年代以后。这一时期批判现实主义文学再一次崛起，发展势头异常强劲。后现代主义文学以及当代美国最为著名的犹太文学、黑人文学、女权主义文学，均表现出极其明显的回归传统、回归批判现实主义的倾向。理由之一是在多元社会的利益分配与多维价值逐渐冲撞融合的领域中，人们对正义与公平的向往日趋强烈，而批判现实主义文学所关注的在"发展与进步"的历史车轮滚滚碾压下的弱势群体的呼声，吸引了不同国家、不同文化背景群体的极大关注与兴趣。理由之二则具有较为功利的色彩——由于批判现实主义文学素来重视情节构思与角色个性的刻划，扎实的文笔功底使得作品成为影视媒体的宠儿，这对于进入读图时代的人类新生代而言，显然更富有感召力与吸引力。

8.1.1　法国批判现实主义文学

8.1.1.1　"我要反抗一种不健全的文明"：罗曼·罗兰与《约翰·克里斯朵夫》

法国的罗曼·罗兰①（Romain Rolland，1866～1944 年），与伏尔泰同享着"欧洲的良心"之美誉，代表作《约翰·克里斯朵夫》（1912 年）之寓意十分鲜明——"我要反抗一种不健全的文明"②。创作这部小说之前，罗兰曾屡次宣称："世界要窒息了，必须打开窗子，让新鲜空气吹进来。"③ 这部史诗般的著作的主要情境跨越了欧洲两个古老国家——德国与法国，述及 20 世纪初叶欧洲社会生活的经济、政治、法律、文学、艺术等各个方面。

> 主人公约翰·克利斯朵夫生于德国莱茵河畔。父辈系世袭宫廷乐师，母亲则是下等女仆。约翰貌丑、淘气，却拥有强健的体格与倔强的个性，并具有极为罕见的音乐天赋。父亲去世后，十四岁的约翰被

---

① 罗曼·罗兰生于法国中部高原小市镇克拉姆西，法国思想家、文学家、批判现实主义作家、音乐评论家和社会活动家。代表作《约翰·克里斯朵夫》被誉为 20 世纪最伟大的小说。为了表彰"他的文学作品中的高尚理想和他在描绘各种类型人物所具有的同情与对真理的热爱"，1915 年授予其诺贝尔文学奖。
②③ 〔法〕罗曼·罗兰：《约翰·克里斯朵夫》，傅雷译，天津，天津社会科学出版社，2009，序。

擢升为第一宫廷小提琴手，担负起养家重任。年轻气盛的约翰决心涤荡德国音乐界的颓靡空洞的"为艺术而艺术"的形式主义之风，为音乐塑造灵魂，却屡遭失败，甚至丢失饭碗。一个乡村舞会上，约翰目睹一位军官毒打一位不愿与他跳舞的姑娘，挺身而出，失手打死一位下士，只身潜逃法国。约翰的学生葛拉齐亚运用各种关系使德皇赦免了约翰的杀人罪，其后约翰疯狂地爱上她。巴黎工人在"劳动节"举行示威游行，约翰受到高昂群情的鼓舞也参加了工人的队伍，冲突中，约翰再次失手打死一名警察。工人们掩护约翰出逃至瑞士。约翰一生深为苦恼的是自己始终无法摆脱的原欲冲动，对曾经与不同女性之间的关系深感自责。为了逃避情欲与肉欲的诱惑，约翰在瑞士山村离群索居，期间对自己的人生作出深刻反省，最终投向上帝的怀抱。①

正如傅雷先生 1941 年为《约翰·克利斯朵夫》第二册撰写的序文中所述②，这部小说记录了一位真诚、本色的音乐家如何战胜自己心灵深处的怯懦卑鄙，在反抗虚伪、轻浮的社会价值中升华自己、完善自己，由幼稚走向成熟的艰辛历程；以音乐、文学等理论折射出法国、德国的不同民族精神的融合与冲撞。通过音乐家约翰·克里斯朵夫的传奇经历，通过对法国与德国国民性的深刻揭示与批判，反映了西方人在取得了物质领域主宰地位后的倦怠、厌恶与反思，歌颂了人类对丰富的精神世界的永恒向往。

20 世纪的批判现实主义文学，大多从心理角度出发，关注西方青年"混沌、暧昧、矛盾、骚乱"的发展历史；这部作品更是将所有西方人自文艺复兴时代以来全部的质疑凝结于约翰一人身上，突出其在不屈地与社会、与历史、与人类固有的劣恨性而奋斗。这部巨著的最引人深思之处，是对于人类社会从童年走向青年时期的发展规律的揭示，"儿童时代向往征服的是物质世界，青年时代渴望超越的却是精神领域，最为悲壮的过程是过去与当前自我的冲突：从前历经千辛获得的宝物，此刻却要耗费更多的心血去反抗，以求剥落"。③

---

① 梗概及引文来源于〔法〕罗曼·罗兰：《约翰·克里斯朵夫》，傅雷译，天津，天津社会科学出版社，2009，序。

② "这不止是一部小说，而是一部伟大的人类史诗。它所描绘、歌咏的不是人类在物质方面而是在精神方面所经历的艰险，不是征服外界而是征服内心的战绩。"

③ 〔法〕罗曼·罗兰：《约翰·克里斯朵夫》，傅雷译，天津，天津社会科学出版社，2009，序。

在卷四与卷五中，罗曼·罗兰利用大半篇幅，对德、法的民族精神通过音乐与文学气质进行了比较研究。作者借约翰之口首先对德国的民族精神作了极其严正、犀利的批判。"……吃败仗的时候，大家说德国是爱护人类的理想；现在把别人打败了，大家说德国就是人类的理想。看到别的国家强盛，他们就像莱辛一样说'爱国心不过是想做英雄的倾向'；如今自己抬头了，他们便对所谓'法国式'的理想不胜轻蔑，对什么世界和平、什么博爱、什么和衷共济的进步、什么人权、什么天然的平等，一律瞧不起。民众们普遍认为，最强的民族对别的民族可以拥有绝对的权利；而别的民族，就因为弱，所以对它绝对没有权利可言。德国就是活的上帝，就是观念的化身，它的进步是用战争、暴行与压力来完成的。"①这部写作于 1904 年至 1912 年的小说，令人吃惊地预言了德国民族在后半世纪中的坎坷经历。

分析了德国民族性之后，罗曼·罗兰在第五卷紧接着开始解剖法兰西的民族精神。初赴巴黎，约翰感觉极其忧伤与失望，认为后者被专制蛮横的官僚政治统治，文学庸俗呆板，充满形式主义的东西，精神卖淫的风气到处弥漫②，并且毫不客气地对其进行指责。③ 论及当时的巴黎文化界，认为它"只是一味的温和、苍白、麻木、贫血、憔悴"，"音乐家们一切的天赋都齐备，只少一样，就是强烈的生命"。令克利斯朵夫尤其感到恶心的是法国艺术家的形式主义，"他们之间只讨论形式一项，对情操、性格、生命都绝口不提！"述及文坛、戏剧界时，约翰眼中又是一片颓废的气象。笼罩着知识阶级与上流社会的，只有一股沉沉的死气。"豪华的表面，繁荣的喧嚣，底下都有死的影子……你们沾沾自喜地培养你们民族的病，培养他们的好逸恶劳，喜欢享受，喜欢色欲，喜欢虚幻的人道主义和一切足以麻醉意志、使它萎靡不振的因素。你们简直是把民族带去上鸦片烟馆……"

面对德、法两国的一派沉郁气息，约翰并不悲观，并不以揭露、斥责为满足，在苛言酷辞的的背后，他开出了令人耳目一新的济世方剂，其中饱含着他对两个古老的欧洲民族的深沉的爱。"以德意志的强力崇拜去救

---

① 〔法〕罗曼·罗兰：《约翰·克里斯朵夫》，傅雷译，天津，天津社会科学出版社，2009，第 390 页。

② 剧院里上演着"凶杀、强奸、疯狂、酷刑、挖眼、破肚"等剧目，"凡是足以震动一下文明的人的神经，满足一下他们隐藏的兽性的景象，无不具备"。

③ 他指责那些主张"为艺术而艺术"的艺术家："'你们都是伪善之徒'，你们用'艺术'和'美'等名词来遮饰你们民族的荒淫。"

济法兰西的萎靡，以法兰西的自由精神去祛除德意志的柔顺服从"。罗曼·罗兰认为，现代西方文明的再生应当从德国与法国两个民族所代表的文化交流中发轫。作品的主人公生为德国人，在智力与体力方面均具有天赋的强者风范，秉承日耳曼民族的质朴风格，是力量与英雄气质的代表；后来又安排其置于莱茵彼岸，领受细腻、精练、自由、浪漫的法兰西文明的洗礼。日耳曼文化过于粗犷，拉丁文明太过阴柔，在两者的冲突交融下，却孕育出了一个崭新的理想文明——历经涅槃、浴火重生的约翰·克里斯朵夫即为崭新人类的代表。在此意义上，我们可以将罗曼·罗兰与一个世纪之前的卢梭在理想社会中的塑造"新人"相提并论，二者均怀着强烈的热情与希望寻找着真正意义上的人性。

当然，我们也应当注意到，宗教文化始终是西方文明的渊薮，人类社会的任何救赎均建立于对耶稣基督的坚定信仰的基础上，这部著作亦不例外。所有世间历经的风雨沧桑均体现在约翰的作品风格中，其早年作品慷慨激昂，晚年作品则变得恬静安宁，唯一不变的是贯穿于其中的生命激情。临终时，约翰没有丝毫的遗憾与惋惜："我的目的达到了。青年时期顽强奋斗，为了跟别人争取自己生存的权利，为了在传统的魔手里救出自己的个性……友谊的快乐，使孤独的心和全人类有了沟通。然后是艺术的成功，生命的高峰……不料峰回路转……遇到了丧事、情欲、羞耻等这些上帝的先锋队。我终于倒下了，却劈面迎见上帝，于是振作起来，努力在主指定的范围内完成主的意志。"在主人公令人为之动容的临终独白中，宗教无坚不摧的感化力量再次得到了完美的诠释与宣扬。

8.1.1.2　罹患恋狱癖的社会异己者：让·热内作品中的刑法思想

让·热内[①]（1910～1986 年）是一名颇有争议的法国作家，也是一名颇具传奇色彩的囚犯，其坎坷一生就是一部情节紧张、色彩浓烈的纪实文学，甚至再夸张些评论，让·热内就是一位以生命来体验犯罪、研究罪罚关系的行为艺术家。

热内是一个弃儿，在流浪、盗窃、卖淫与监禁中度过了自己的少年时期。他的行窃生涯开始于小学，动机是为了报复其他孩子对他的贫寒与身世不明的嘲笑。1923 年，热内以全市第一名的成绩从小学毕业，却因贫困而永远丧失了继续接受教育的机会。1924 年，热内从巴黎学徒培训中心逃跑，后往返于作坊与农场中谋生。从此时起，热内就开始与警察斗智

---

① 让·热内，法国批判现实主义作家，后追随萨特的存在主义，成为法国荒诞派戏剧的代表作家之一。

斗勇、躲避追捕。十六岁，热内第一次被投进肖洛盖特监狱，九十天后获释；一个月后，热内因无票乘车被拘留，在墨菲监狱服刑四十五天。随后法院签发委任状，热内被送至都兰梅特勒农村儿童教养所，在那里待了将近三年时光。热内却并不领情，将教养所称作"儿童苦役犯监狱"，也是一座"儿童地狱"，其长篇小说《玫瑰奇迹》即以教养所为背景，对其中的丑恶内幕进行了大量生动、细致的揭露。

　　18 岁后，热内被召往东方军团服役。1933 年复员后，热内从巴黎出发，徒步南下。从后来发表的小说《小偷日记》中，我们得以了解，这段时期热内的谋生手段无外乎两个，一是乞讨，二是卖淫。1934 年，热内再次入伍，服役期间阅读了大量文学名著，他尤其喜欢陀思妥耶夫斯基的作品，对《罪与罚》等作品如饥似渴地阅读，同时思考自己的人生经历。1936 年，在服役军队长期待命过程中，热内无法忍受窒闷僵化的空气，遂脱离部队逃跑。在军方的追捕下，热内徒步横穿欧洲，行程共计 855 公里，相继在意大利、希腊、南斯拉夫、奥地利、捷克、波兰因偷渡被捕、入狱、被驱逐，最终于 1937 年抵达德国。在这个"既是警察天堂，又是犯罪天堂"的神奇国度里，热内过了一段理想的生活，他的行窃技艺也因此得到大幅提高，所有经历均记录在日后发表的作品《小偷日记》中。

　　1937 年 9 月，热内重返巴黎。因在撒玛利旦百货商场盗窃一打手绢被捕，被判处三十天监禁，缓期执行。办理释放例行手续时，法院发现他随身携带着手枪与盗来的身份证，遂对他进行第二次逮捕，直接改判一百五十天监禁。祸不单行，军事法庭的一纸调查令适时而来——作为逃兵，罪上加罪，热内面临着重刑判决。如此繁多的罪行在身，法院决定为热内申请精神健康鉴定，热内没有拒绝。令人啼笑皆非的是，精神病鉴定结果对热内十分有利，热内顺利退伍，只被判处六十天监禁。

　　1938 年，在被释放五个月后，热内因盗窃四瓶软饮料被判处监禁六十天。1939 年，在被释放四个月后，热内因使用伪造车票乘坐火车，被捕监禁一个月。被释放仅三天，又因流浪罪被监禁十五天。返回巴黎后，热内在卢浮宫内纪念品店盗窃了一件衬衣与一块绸布，被判处监禁六十天。被释放两个星期后，热内在市政厅百货店盗窃一块绸布的边角料，被判处三百天监禁。

　　1940 年，热内在圣米歇尔齐蓓尔书店盗窃关于历史与哲学的书，被判处监禁一百二十天。1941 年，热内因偷窃一块布料被裁缝追赃，结果一位书商将他截获，并认出他就是前些日子偷了大批普鲁斯特小说的窃书贼。数罪并罚，热内被判处九十一天监禁。

　　1942 年 1 月，热内在桑忒监狱开始创作《鲜花圣母》。被释放后，他在塞纳河畔靠出售偷来的书赖以为生。1942 年 4 月，东窗事发，热内因盗书倒卖被判处二百四十天监禁。他在狱中创作了长诗《死囚》。

　　1943 年，刚出狱的热内结识了著名小说家和剧作家让·科克托。科克托对作品《鲜花圣母》的低俗内容十分反感，但意识到小说本身巨大的思想价值，于是设法帮助热内出版此书。1943 年 5 月，热内因盗窃一部绝版书再次被捕，司法机构对如此屡教不改的罪犯十分头痛，决定以惯犯身份判处他终身流放。在科克托的倾力帮助下，热内被改判九十天监禁。被释放后第三周，热内再次盗书被抓了现行，被判处一百二十天监禁。

　　1944 年 1 月，本应被释放的热内厄运缠身，被当局宣布终身流放，直接转押至涂雷尔劳改营，与其他流浪者集中后送往纳粹与法奸控制的集中营。科克托再次动用其军界、外交界的所有力量将热内保释出来。5月，在弗洛尔咖啡厅，热内认识了作家萨特及其伴侣波伏娃。

　　1946 年，《玫瑰奇迹》出版；1948 年秋，《小偷日记》出版。两部小说均引起轰动。然而，此时的热内还是囚徒，终身流放的判决对其仍然有效，根据《法国刑法典》的规定，警方再次将热内拘捕归案。萨特和科克托发动了全法文学界联名呼吁当局对热内的刑罚予以赦免，热内成为所有欧洲人眼中的传奇人物。

　　1949 年 8 月 12 日，法国总统终于签发了对热内的特赦令。

　　热内终于自由了，却发生了戏剧性的一幕：他陷入了突如其来的抑郁状态，从此消沉无语，几近搁笔六年之久。热内坦言，自己的创作来源于险象环生的盗窃生涯，只有暗无天日的囚徒生活才能激发其亢奋的创作欲望；他本来就与这个文明社会格格不入，现在却要他同流合污，怎能不引起精神上的失语？热内曾对一位记者坦言："自由了，我却迷路了。"

　　1952 年，《热内全集》出版。令人惊讶的是，当时在整个西方享有崇高声誉的文学大师萨特，专门为此书作了"喜剧演员和殉道者圣·热内"的长篇序言。热内却对此不以为然，诚恳地告诉科克托："我是另外一个人，与你们为我雕塑的像不同，这另外一个人有话要说。"

　　从 1955 年开始，作家恢复了创作活力，创作出多部剧本。其后，热内投身于各种政治活动，包括 1968 年法国学生"五月革命"、同年 8 月美国"反越战"示威游行、1969 年日本铁路员工罢工游行、1970 年美国叮释放美国黑人领袖的"黑豹运动"等。

　　如此一位传奇性的人物，在波伏娃的介绍下，于 1964 年 1 月接受了加拿大记者麦德琳·戈贝尔的专访。专访中，热内坦言自己的犯罪生涯是

社会所制造的产物，他为此付出了沉重的代价，而社会却不需要承担任何
责任与惩罚。从很小时候，当热内第一次遭受不公平待遇时，他就决定与
这个社会势不两立。一个偶然的机会，热内发现以笔作为武器对这个伪
善、吃人的社会进行反叛与攻击是一种行之有效的方式，便开始了在狱中
进行源源不断的文学创作，先后写出《鲜花圣母》《玫瑰奇迹》《小偷日
记》等自传性作品。这些作品很长时间内被认为是一种波德莱尔意义上的
"恶之花"，小说涉及的大多为当时法律、道德、伦理、宗教最为忌讳的话
题，例如儿童教养所的娈童、修女性变态、男性卖淫以及监狱中的暴虐、
同性恋恶行等。尤其可贵的是，热内以写实风格，简明朴素的语言，力求
揭露行为主体的欲求来源与罪孽心态，展示了病态人格形成的整个过程。

　　当戈贝尔坦言询问热内为何决定"使自己成为小偷、叛国者和同性
恋"时，热内的回答十分坦率："我并没有做出任何决定，我的盗窃始于
饥饿，但后来我感觉必须为自己的行为辩解。关于叛国者，我主动去服
役，却未遭遇战争，我临时离开部队去做自己认为更重要的事情，并没有
危害自己的祖国，只是他们将这种行为'规定'为叛国。至于同性恋，我
一点主意都没有。同性恋加在我身上，就好像我眼珠的颜色、我脚趾头的
数目一样来得自然。后来我对这种性知识有所了解，才像萨特所说的那样
'选择'了同性恋。"当被问到："您现在已经改掉盗窃行为了吗?"热内智
慧地回答："我仍在盗窃，但现在偷东西的方式和原先完全不同。现在我
的作品可以支付给我巨额版税，而其来源无疑是我前几次偷窃的结果。所
以说，我在继续偷窃。其实我的意思是说，我对社会仍然抱着不诚实的态
度，但社会却认为我已经变得诚实。"后来戈贝尔问及"罪犯对你产生过
怎样的影响"时，热内话锋急转向对法官的讽刺："还是问问法官对我有
什么影响吧……世界上确实有人相信，他们可以通过给别人判罪来挣钱谋
生，而他们自己则毫无危险。这种危险是指他们其实也在犯着同样的罪行
却不会被指责。非要谈谈罪犯对我的影响，那就是，他们让我去思考法官
的道德。"

　　观察让·热内的所有作品，其中充满了反社会、反道德、反法律的不
同寻常的激情。他是法兰西民族的土生子，却自幼被剥夺了公民应当享有
的获得温饱、接受教育、诚实劳动的权利。他是个典型的弃儿，被父母遗
弃、被社会遗弃。幼小的他为了谋生、为了获得温暖与尊严，不得不流着
泪奔跑、流浪、躲藏，最后发现自己已经站到了整个社会的对立面。他蹲
遍了巴黎大大小小的监狱，对监狱有着像家一般的熟悉与眷恋。他太熟谙
西方文明的种种流弊，他采取的对抗社会的手段，无论是盗窃、色诱、敲

诈还是欺骗，样样精通、游刃有余——他对社会的以毒攻毒达到了炉火纯青的地步。热内的作品总是令人惊骇，他对所谓的自由、民主、人权与法治进行了肆无忌惮的嘲讽与唾骂，将其浓重油彩涂抹掩饰下的禁锢、专制、暴虐与权法交易揭露得淋漓尽致。

可以看到，热内对之前的盗窃生涯毫不隐瞒，坦承自己是"地地道道的小偷"。但同时，热内也是一位不折不扣的诗人——他最先的作品是一系列的狱中诗歌。诗歌一向被认为是文学桂冠上最神圣、纯洁的明珠，热内却从最龌龊肮脏、卑贱凄惨的底层社会中发现了真、善、美，开创了小偷书写生活的奇迹。热内的行窃、卖淫生涯环境险恶，于是他迷恋上了监狱这个避风港。狱中生活艰苦，却可衣食无忧，有大把不受干扰的自由时间，还可以结交更多的兄弟。如果说热内作品中一系列小偷、男妓、惯犯、流浪汉的形象是西方社会文明进步中的"毒瘤"，那么西方社会本身就是这些致命病菌的培养基与催化剂。热内嘲讽自己是"赤贫揉成的穷酸面团"，他对穷苦贫民有着天生的亲和力，对他们的同情、对社会的愤懑始终流淌在他的血液中、积淀在他的灵魂中。热内少年时的美好理想与憧憬在与文明社会的冲撞中逐渐消解、异化，他不得不转而向苦役营寻求安慰、寻找出路。遗憾的是，他最终选择了以毒攻毒的方式来对抗、嘲笑文明社会的发展与进步，其作品中充满了绝望中的大笑、禁锢中的欢愉、卑贱中的高贵与污垢中的神圣。

8.1.2　英国批判现实主义文学

8.1.2.1　轰动出版界的刑事案件：劳伦斯与《查泰莱夫人的情人》

戴维·赫伯·劳伦斯[①]（David Herbert lawrence，1885～1930 年）是 20 世纪文学史上最具争议的英国作家。他的作品影响深远，甚至在其去世三十年后仍然引起了一桩举世瞩目的刑事案件，最终被载入出版业涉法案例的史册。

性爱与工业文明的龃龉与摩擦始终是劳伦斯作品构思、情节发展的主题，他往往借助对自然性爱的追求与对工业文明的抨击，来探索人性的价

---

① 劳伦斯是 20 世纪英国文学史上最独特、最有争议的作家。英国批判现实主义文学大师。生于诺丁汉郡的伊斯特伍德村。出生于矿工家庭，父亲喜欢酗酒，纵情声色；母亲是虔诚的基督徒，受过良好教育，喜欢诗歌。劳伦斯未接受过高等教育，是一位自学成才的作家。代表作包括《儿子与情人》（1913 年）、《虹》（1915 年）、《恋爱中的女人》（1920 年）以及《查泰莱夫人的情人》（1928 年）。1928 年私人出版了最有争议的最后一部长篇小说《查泰莱夫人的情人》，但英美等国直到 20 世纪 60 年代初才解除对此书的禁令。

值、社会的责任。《查泰莱夫人的情人》（1928 年）是劳伦斯的收官之作，一定意义上是其一生哲学思想与艺术理论的总结。劳伦斯晚年对人物的刻画达到炉火纯青的地步，对他一生所探寻的两性话题亦在深思熟虑后得到了答案。作品描写了"一战"后英国贵族克利福德的妻子康妮与守林人梅洛斯之间充满生命激情的爱情故事。

> 女主人公康妮出身开明之家，从小受到美国式教育，她健壮、活泼，充满着对爱情与性爱的幻想。嫁给英国贵族克利福德·查泰莱为妻后不久，克利福德便在战争中负伤，腰部以下永久瘫痪。性功能的丧失导致了克利福德情感的枯竭，性格逐渐变得刁钻、自私、压抑；而英国贵族所特有的利己、虚伪、傲慢、顽固的性格，也开始在克利福德身上显露。在内疚、自卑之余，克利福德经常面对康妮大发感慨，希望能够将她引导至风花雪月的精神世界，提高修养，不为肉体的本能欲望所吞噬。这种心理与生理的双重变态使康妮备感煎熬与窒息。后来，康妮对庄园雇佣的守林人梅洛斯一见倾心，经常到守林人的小屋与其幽会，尽情享受原始的、充满激情的、完整的性爱。康妮怀孕后，梅洛斯向克利福德提出辞职，与康妮约定，在伦敦相会。①

虽然《查泰莱夫人的情人》以对性过程的生动、大胆描写而闻名于世，但作品中的性爱已跨越了单纯的生理学意义，被赋予更为严肃而深邃的寓意。劳伦斯认为，是"科学与机械文明戕害了人性中的灵动"，人类在追寻"干巴巴"的"理性"文明的过程中，逐渐丧失了对原始生命的感悟能力。伴随着作品中炽烈、缠绵的性爱体验的，是劳伦斯对历史、政治、宗教、经济等社会问题的严肃思考。

劳伦斯眼中，性爱是作为人的原始欲望的迸发、作为生命的原动力而展现的，他认为"性并不肮脏，只有当对待性的人堕落时，性才变得肮脏。性不等于色情，更有异于淫秽"。基于此种观念，劳伦斯以独特的抒情笔调将梅洛斯与康妮之间的性爱过程与细节描写得神圣纯洁、浑然天成。另外，劳伦斯还赋予了作品中的人物形象深刻的象征意义。守林人梅洛斯过着一种粗犷原始自然人生活，亦是作者心目中完美、健全的男性象征，其生机勃勃的"守林人小屋"正象征着世间万物复苏的根源。在这片粗陋、广袤，散发着馥郁芬芳气息的原始土壤上，一个孜孜寻求自我幸福

---

① 梗概来源于〔英〕D. H. 劳伦斯：《查特莱夫人的情人》，赵苏苏译，北京，人民文学出版社，2004。

的年轻女人果断投入了一个操着浓重土话、粗野的狩猎者的怀抱，而且发现了生活的激情与生命的乐趣。大森林为两个自然人的结合提供了一个生机勃勃的原始场所，二人在粗砂遍地、荒草丛生的露天造爱的情境，暗示着康妮僵死的肉体与扭曲的灵魂在自然的润泽下的孜孜复苏。男爵查泰莱原本是一位受过良好教育的传统绅士，他也拥有青年人的激情与活力，否则他不会与康妮一见钟情，在紧张的战争间隙迈入婚姻殿堂；他也拥有对未来世界的憧憬与责任的担当，否则他不会一身军戎、奔赴战场，直到沦为残酷战争的凄惨祭牲。残疾后的查泰莱男爵失去了往日的风采，转变成为"崇尚理性、意志坚定，却丧失了感性与激情"的上流人士的代表。这种心理与气质的扭转和男爵生理与肉体的异化密切相关——查泰莱男爵拥有优秀、健康的上半部分肌体——他头脑发达、知识渊博、智慧深邃、目光犀利，以铁腕统治着自己的矿业王国。但是下半部分肌体却变得残缺麻木，丧失了全部的感觉与功能，无法与妻子进行感性交流，却每每尝试以水中月、镜中花来麻痹、慰藉妻子骚动的灵魂与潜在的欲望。

　　作品创作时，第一次世界大战刚刚结束，浩劫留给现实世界与精神世界的是满目疮痍、片片废墟，备受摧残的人的内心逐渐呈现荒漠化。劳伦斯在男爵身上集中隐喻英国资产阶级"重理性不重情感，重精神不重肉体"的恶俗风气。与梅洛斯简陋、狭仄而又充满生气的森林小屋相比，查泰莱男爵广袤、恢宏、死气沉沉的拉格比庄园是颓败、伪善、僵死的英国上流社会的缩影。正如林语堂在《谈劳伦斯》中坦言："你不看见，当查泰莱夫人将裸体暴露给梅洛斯之时，他们正在谈人生、骂英人吗？劳伦斯此书是骂英人，骂工业社会，骂机器文明，骂黄金主义，骂理智的，他要人归返于自然的、艺术的、情感的生活。劳伦斯此书是看见欧战以后人类颓唐、失了生气，所以发愤而作的。"① 关于林语堂对劳伦斯苦心孤诣思想的认同，我们可以从同时期的西方作品中的思想予以回应——最典型的莫过于同一时期艾略特的《荒原》（1922 年）、《尤利西斯》（1922 年）以及叶芝的《驶向拜占庭》（1923 年），均蕴含着明显的对工具理性、工业文明过度推崇的反叛，以及对情感世界荒芜凋败、对阳刚之气颓废丧失的深切焦虑与关注。

　　不得不提的是，这部作品于本书的意义，已经超越了作品内容承载的范围。由于小说毫不隐晦地描写了性爱，因而被斥为淫秽作品，遭到欧洲

---

① 林语堂：《谈劳伦斯》，载林语堂著：《无所不谈合集》，长春，东北师范大学出版社，1994。

各国查禁。1960 年，英国企鹅出版试图在英国本土出版此书，纪念劳伦斯逝世 30 周年，但因涉嫌违反 1959 年的《色情出版物法》，被指控犯有出版淫秽作品罪，引起了轰动整个西方出版界的官司。在伦敦中央刑事法院的审理中，控方声称他们反对书中的性爱描写和三十多个"操"字，声称这些不雅之处将"腐败"、"引诱"未成年人。在长达 6 天的法庭辩论中，包括 35 位著名的作家、评论家、神学家、心理学家、社会学家、出版商等均出庭作证。继两个星期的审讯后，伦敦中央刑事法院经过审理后得出结论："书中描述性生活的部分，都被仔细地织入二人的心理关系、背景和由之产生的自然演变之中，但因为它们仍是整个关系中的一部分，因此该书绝对不是耽溺的或纵欲的。"1960 年 11 月 2 日，陪审团裁定出版社无罪，小说得以解禁。《查泰莱夫人的情人》虽然命运坎坷，但终以其严肃的寓意、社会批判的主题，真切透辟的写实手法与细腻深刻的心理描写成为名著，对现当代英国乃至西方文学产生了重大影响。

8.1.2.2　乔治·奥威尔作品中的刑法思想

乔治·奥威尔①（George Orwell，1903～1950 年）是英国著名的记者、作家与评论家。他出生于英属殖民地印度，亲眼目睹了印度人民与殖民主义者的尖锐冲突。成年后，他被派往缅甸任警官，近距离地接触了一整套包括鞭笞、绞刑、监禁在内的刑罚制度。这段经历使得他开始细致地观察人性中残暴的一面，对殖民地司法制度产生质疑，并对集权制度予以强烈谴责。后来，奥威尔毅然离开殖民地，回到英国开始了长达四年的流浪生活，从事洗碗工、店员、搬运工等职业，意图接触那些生活在社会最底层的民众。遗憾的是，由于奥威尔的贵族身份与幼时在伊顿公学形成的贵族口音，底层社会始终对他充满着敌意与冷漠。尽管如此，奥威尔依旧热爱、同情底层民众，坦言"贫困的生活与压抑的疏离感增强了我对权威的憎恨，并首次意识到工人阶级的存在"。

总结奥威尔的一生，可以用卓尔不群、凄苦悲壮来描述。一方面，他出身贵族，却果断自动脱离自己天生所属的阶级，因而被政府视作危害社会风气的异端；另一方面，他又不被自己所执着向往的阶级所接纳、所爱护，最终在颠沛流离中疾病缠身、英年早逝。值得欣慰的是，奥尼尔生前

---

①　奥威尔是著名的英国记者、小说家、散文家和评论家。生于英国殖民地的印度，少年时代受教育于著名的伊顿公学，后来被派到缅甸做警察。20 世纪 30 年代，他参加西班牙内战，回国后受到迫害，不得不流亡法国。根据 2007 年 9 月 4 日英国国家档案馆解密的资料，因被怀疑是共产主义者，奥威尔被军情五处和伦敦警察厅特别科自 1929 年起一直严密监视至 1950 年逝世。

不为人所理解，去世后却为人类留下了宝贵的精神财富，他以敏锐的洞察力与犀利的文笔审视、记录着他所生活的那个时代的气息，以先知般冷峻沉郁的笔调勾画出人类阴暗的未来，给读者带来心灵的震撼。

8.1.2.2.1　医学实证视角下的死刑：《行刑》

由于曾经担任过缅甸警察这一职务，奥威尔的随笔中有相当大的部分涉及罪犯、监禁、绞刑等话题。作品《行刑》（1943 年）中，奥威尔以纪实文学的风格记录了一个印度囚犯被执行绞刑的过程，其中充满着对死刑的畏惧、谴责与厌恶。

在走向绞刑架的路上，死囚犯虽然被四个法警架着、推着，却仍然能够灵活地跳跃着避开路面上的水洼，奥威尔突发感慨道：一直到此时为止，我才明白杀死一个健康且神志清醒的人意味着什么。这是一件很奇怪的事，当我看到那个囚犯侧身想躲避那洼水时，我才了解扼杀一个正当壮年的人的生命的意义，那是一种无法言喻的错误。

文中，奥威尔从医学实证角度对一个即将被执行死刑的囚徒的生理特征进行了精确的描述，"这个人像我们一样是活人，并不是快死的人。他身上的所有器官都在勤奋地工作着：肠子在消化、皮肤在更新、指甲在生长、组织在形成，所有这一切都在分工明确地忙碌着。他站在绞刑台上，离他生命的终点还有十分之一秒时，他的指甲仍在生长；他的眼睛仍能清晰地看到黄色的石头与灰色的墙；他的脑子仍在记忆、预见、思考着，甚至会回忆起刚才越过的那堆积水。他和我们都是一样的，看到的、听到的、感觉到的、了解到的都是同一个世界。但是在一分钟之后，他就会'啪'的一声永远地去了，去了另一个世界，灵魂也随风而逝。"这是我们迄今为止能够看到的最为客观的关于死刑执行对于生物体所产生的直接影响的摹写，充满了自然科学的气息。可以发现，奥威尔的语气是冷漠的、实验式的，却令人读来不寒而栗，促使人类不得不再次审视这种已经在古老文明中发展了千年的刑罚，探讨、思考其固有的残忍性与存在的合理性。

8.1.2.2.2　由动物庄园向人类社会的蜕变：《动物农场》

《动物农场》（1945 年）是奥威尔的代表作。这是一部政治寓言体小说，描述了一场"动物革命"的酝酿、兴起与最终蜕变。这部作品立意深刻、蕴意隽永，至今仍是所有政治家与社会工作者的案前必读书。

在一个名叫曼纳的庄园里，颇具威望的老雄猪麦哲召集所有动物开会，向他们传授《英格兰兽》的传统歌谣，指出"动物们受着人类残酷的剥削"，号召所有动物"联合起来，推翻残暴、懒惰的人类，以改变动物们被奴役、被宰杀的命运"。老麦哲三天后去世了，但它的革命理念却在动物中广泛传播，最聪明的两头猪斯诺鲍和拿破仑成为革命领袖。不久后爆发的起义中，人类剥削者被赶走。起义领袖义不容辞地成为动物农场的管理者，并率先学会人类的文字与科技，宣布了第一部"宪法"——《七诫》。其他动物头脑简单，只要起义领袖没有异议，全民公会就会迅速达成一致意见。但两位起义领袖在革命成功后逐渐发展为死对头：斯诺鲍能言善辩，它的话很有说服力，能使绝大多数动物信服；拿破仑则是一个阴谋家，善于玩弄政治手段，他将刚断奶的九只狗崽收养，明里说"教育要从娃娃抓起"，暗里却将这些狗锻炼成没有独立思想的忠实打手，培养出第一批私人武装；拿破仑还拉拢了一只叫做斯奎拉的聪明的猪。

　　一次会议中，卓有见识的斯诺鲍提出的修建风车的观点，得到大多动物的赞成；拿破仑眼看落了下风，便发动自己的武装力量，将斯诺鲍驱逐出庄园。在九条恶狗的震慑下，拿破仑登上大宝、成为独裁者；在斯奎拉的游说下，所有动物平静地接受了这个现实。九条狗与斯奎拉这一硬一软、一暴力一欺骗的两种武器的合力下，拿破仑建立了自己的淫威——他篡改七诫，同时禁止演唱《英格兰兽》。

　　动物们的生活每况愈下，均感到生存状况远远不如革命刚胜利初期；后来又觉得自由与福利甚至不如革命前受人类统治时期；最后，大家抛洒血汗却饥肠辘辘，稍有不逊便惨遭暗杀。高高在上的独裁者拿破仑却搬入人类的住所，睡着柔软舒适的大床，吃着丰盛的大餐，品着威士忌酒，轮番享用所有的母猪；母猪们则占有了以前人类女主人的全部礼服、化妆品、奢侈品。拿破仑甚至开始学人类用两条腿走路，和人类做生意，共同商议如何剥削、压迫动物们。最后，拿破仑成为统治动物的"人"，庄园最初的理想"所有动物一律平等"被修正为"有的动物较之其他动物应更为平等"。①

《动物农场》中，正如动物们所倾力演绎的社会进化史，它们选定《英格兰兽》作为国歌，甚至起草了一部与人类宪法颇为相像的《农场宪法》，明确规定："凡靠两条腿行走者皆为仇敌；凡靠四肢行走者、或者长翅膀者皆为亲友；任何动物不得着衣；任何动物不得卧床；任何动物不得饮酒；任何动物不得伤害其他动物；所有动物一律

① 梗概及引文来源于〔英〕乔治·奥威尔：《动物农场》，荣德如译，上海，上海译文出版社，2007。

平等。"但是，与当初良好的愿望和理想化政体相悖，无论是政权更替还是政体改良，只要社会群体民智低下，社会个体缺乏独立思考与判断的能力，就难免出现"强者"、"智者"利用国家机器满足自己不断膨胀私欲的现象。当权力失去约束，当盲从成为一种习惯，国家公权力必将蜕化为个体极权，凌驾于法律与民众之上，恣意妄为；"公平"、"正义"、"人们生来平等"等美好的幻想也永远无法实现。最终，在恐怖手段的统治下，足以引发政变精神的国歌被禁止唱诵，宪法《七诫》中的"一切动物平等"也被篡改为"有的动物较之其他动物更为平等"，赤裸裸的特权阶级以及特权理论呼之欲出。

可以说，这部作品以极其流畅、鲜明的线条勾勒出国家的产生原因、法律的工具本质、专制制度的孵化过程以及周而复始的暴力革命产生的必然性。以"动物对人类抗争后自建家园"的故事来隐喻人类社会的整个进化历史，这正是《动物农场》卓尔不群之处。它以生动的笔触、深刻的思想刺破了政治学、法学、哲学所编织的笼罩在国家、法律、民主、自由之上的炫目光环，被文学界公认为是 20 世纪最杰出的政治寓言，至今仍然具有显著的警示意义。

8.1.3　美国批判现实主义文学

20 世纪初，美国出现了一种以揭露社会黑暗为旨归的文学运动，称为"揭发黑幕运动"①。当时美国正在全速向工业社会过渡，社会转型带来了利益分配的不均衡与阶层矛盾的白热化，引发了人们对正义与公平的关注。一批文学家联合政界、商界、文化界的进步力量，利用大众传媒，揭露当时政界腐败、社会黑暗，并对各种不公现象进行猛烈抨击。他们利用手中的笔向民众描述社会现状，激发了民智的觉醒，促成了一系列立法文件的产生，有效抑制了社会达尔文主义的蔓延，避免或至少推后了社会失序状态的爆发时间，及时地保护了既有生产力成果与社会政治经济体制。该运动虽然仅持续了 10 年（1903～1914 年），但是它在复杂动荡的社会变革中率先登场，针砭时弊、收集民情、引导民意，促使国民共识的产生，为美国最终完成的社会转型提供了扎实、可靠的民族心理调适平台。更为重要的是，该运动促进了大量国会立法的产生，迫使相关部门对

---

①　该运动从 1903 年开始，约 1914 年结束。参见展江：《社会转型的护佑者——美国黑幕揭发运动百年祭》。见 http：//tech. sina. com. cn/other/2003－10－05/1725240918. shtml，2011－11－23。

存在的弊端及隐患加以改进，其影响之广泛、效果之显著是世界文学史上罕见的。

在"揭发黑幕运动"兴起前后，美国批判现实主义文学达到了新的高峰。

8.1.3.1　杰克·伦敦作品中的刑法思想

杰克·伦敦①（Jack London，1876～1916 年）是美国著名的现实主义作家，文学界的传奇人物。杰克自幼当童工，漂泊于海上、跋涉在雪原。十岁时，他成为旧金山的报童与罐头工人，凭借着拳头与智慧成为街道的小流氓头目。十三岁时，他用积攒下的钱买了一艘小船，在几百英里的海路上独自闯荡，与蚝贼一起做着无本买卖。一次偷袭劫掠中杰克·伦敦被渔场巡逻队抓获后罚做苦工，获得自由后，他结识了海湾巡警，又反过来帮助巡警去追捕蚝贼。长大后，杰克·伦敦希望脱离蒙昧状态的束缚，对当时先进的大工业技术产生浓厚兴趣。他前往"奥克兰电车公司"求职，声称为了获得电气技术，不计较工作时间与薪酬。后来他才知晓，由于他工作的努力与薪水的低廉，砸了另外两个工人的饭碗。其中一个工人因一家五口（包括三名婴儿）衣食无着，压力之下自杀身亡。该事件给杰克·伦敦造成极大的刺激与震撼，他愤然抛下手中的煤铲辞职离去。1893 年，杰克·伦敦参加了失业大军组成的抗议队伍，以"流浪罪"被当局逮捕，判罚三十天苦役。在狱中，杰克·伦敦目睹了美国司法制度内部骇人听闻的景象。丰富的生活经历、深刻的人生阅历使得杰克·伦敦的文学作品摒弃了华丽的文风，笔力刚遒、语言精练、感情质朴，他往往将笔下的人物置于生死攸关、无可退缩的背景之下，以此逼出他们本性中最真实、最深刻的品格。

8.1.3.1.1　遗传决定论——重返野性：《野性的呼唤》

《野性的呼唤》（1903 年）是杰克·伦敦最负盛名的小说之一。故事主人公是一只名叫巴克的狼狗。杰克·伦敦以"狗眼"看世界，讲述了一只受到人类文明熏陶、被驯化成功的狼狗是怎样抛弃文明、重返原始狼群的故事。

　　巴克体格健硕，素质精良，是南部省大法官米勒的爱犬。后来，

---

　　① 杰克·伦敦出生于美国加利福尼亚旧金山的一个破产农民家庭，做过牧童、报童、童工、工人、水手，是一位来自"占全国人口十分之一的贫困不堪的底层阶级"的工人出身的作家。在美国文学史上，杰克·伦敦前承马克·吐温，后启海明威等人。在这前后两代作家的真空时期，杰克·伦敦打破了美国文学界索然寡味的沉闷气氛，以他新颖的主题和雄浑的风格，显示出美国小说领域中一个全新的方向。

　　巴克被辗转贩卖，成为阿拉斯加州的送信犬，原本养尊处优的生活荡然无存，不得不与其他猎狗残酷厮杀，以彪悍的身体素质及罕见的智力成为狗群首领。巴克先后换过几个主人，饱受毒打；最后被约翰·索顿解救，并悉心为它疗伤，二者之间产生真挚感情。巴克对索顿非常忠诚，数次解救索顿性命，并为索顿赢得一大笔赌金。当索顿在淘金场被印第安人杀死后，巴克坚持不懈地追踪凶手、为主报仇。望着索顿与印第安人的尸体，巴克对所谓的人类社会已毫无眷恋。长期以来一直在荒野中飘荡的神秘呼唤声，再次激起了它潜伏于内心深处的渴望。最终，它翘首回应野性的呼唤，遁入森林。①

　　作品中，杰克·伦敦以巴克独特的视角，透视着人与人、狗与狗、强者与弱者之间冷酷无情的生死争斗，折射出鲜明的环境决定论，阐述了人类社会的法律本质。

　　首先，作者以巴克的命运印证了斯宾塞社会达尔文主义的正确性。巴克骨子里充满狼性，富有强烈的抗争精神，造就了它适者生存的强者风范。在残酷的底层生活中，巴克逐渐放弃了在豪宅中熏陶出的温文尔雅与谦恭良顺，彻底接受了"但求生存、不顾道义"的处世原则，变得凶悍、残忍、狡诈；却又恪守底线，知恩图报，对于昔日恩人不惜以命相报；成功复仇后，在森林中狼群的呼唤下，巴克狼性复萌，重归荒野。巴克响应荒野召唤的过程实际上就是一场永无休止的血腥征服的过程——抵达阿拉斯加后，它勇敢地投入数不胜数的与爱斯基摩犬的血腥厮杀，随后又参与雪橇狗内部的斗殴与夺权，最后加入狼群时也免不了与群狼的一场恶战。美国评论家玛丽·艾伦（Mary Allen）将巴克这种它不畏强暴、百折不挠的抗争评价为"典型的美国拓荒英雄"的精神。杰克·伦敦以巴克充满冒险和野性的传奇来演绎社会达尔文主义，将"优胜劣汰、适者生存"的残酷现实表现得淋漓尽致。

　　其次，作者指出人类社会中法律的本质就像自然法则般残酷无情。巴克在文明社会所学到的第一课就是"棍棒教育"，在一次次无情的棍棒下，巴克意识到任何反抗换来的只能是更加残酷的镇压，于是巴克逐渐扭曲个性，适应社会规则。当巴克被贩卖到阿拉斯加的荒原后，除了人类棍棒固有的规训，更是遇到了"人定法"之外"自然法则"的残酷考验。作者借死寂、洁白的雪野彰显了自然法则的凛然不可侵犯。茫茫雪野对任何生命

---

　　① 梗概及本节所有引文来源于〔美〕杰克·伦敦：《野性的呼唤》，刘荣跃译，上海，上海译文出版社，2011。

都是一场最严峻的生死考验，它严厉、残酷、严肃，漠视一切，毫不偏袒；它静静地倾听弱者绝望的哀嚎与强者得意的狂笑，却无动于衷。在这样艰难的环境中，巴克的生命随时随刻处于危险之中，任何为生存而进行的手段和努力都是合理、必要的，一切法治社会中的道义、律法对行为的约束，一切文明社会中所倡导的良善、高洁、自制等美德只会导致生命之火的湮灭。

再次，这部小说成功地运用了隐喻的表现手法，不仅"以狗喻人"，揭露了深刻的社会主题与人性主题，而且始终弥漫着一种浓厚的宗教气息。巴克在狼群的呼唤下回归自然，从被人类社会驯服的恭顺的狗转变为自由、野性的狼，正暗喻着一股强烈的、原始的宗教的感召力量，其中饱浸着对被异化的人类文明的悲哀与失望。理性文明的建立与自然科学的进步，带给人们的是淳朴本性的逐渐异化，以及对来自灵魂的呼唤的日益疏离。那种对自然的依恋与敬畏，那份对祖先的回忆与眷恋，渐渐被陷入物质纷争中的人类所淡忘。当巴克遵守自然法则底线、为恩人成功复仇、挣脱最后一丝人类文明的羁绊而奔入荒野时，只有它才能真正追随那神秘的呼唤，这也正是文明社会的人类向往而无力实现的梦想。美国著名诗人卡尔·桑德伯格评论道："《野性的呼唤》是一部有史以来最伟大的狗的故事，同时也是对人类灵魂最深处那奇异而又捉摸不定的动机的探讨。我们越是变得文明，就越是感到恐惧——因远古时期人本来就具有的某种美好东西及生命欢乐已经丧失殆尽而产生的恐惧。"①

最后，作品自始至终洋溢着浓厚的人道主义情怀。作者从巴克的视角与处境出发，对人与人之间、狗与人之间所建立的以强权为基础的关系进行了严肃的探讨。他不仅反对人与人之间，而且反对人与动物之间以强权为基础产生的奴役关系。纵观巴克一生，除了与索顿之间惺惺相惜，它自始至终均未能得到人类平等的尊重和爱护。即使是索顿，解救它、照顾它的初衷也不过是为它那毫不屈服的野性与尊严所征服，在其后的相处中，索顿更是感叹于巴克雄健强壮的豪气与忠心耿直的韧性。作家正是通过狗所受到的待遇来观照人类的生活法则与行为习惯，通过人对狗的善恶来揭示人性的美丑。作品描述的是动物对凄惨遭遇的悲鸣，实质却是对人道主义与平等精神的呼唤。

8.1.3.1.2　环境决定论——回归文明：《白牙》

与《野性的呼唤》形成截然对比，杰克·伦敦的另一部小说《白牙》

---

① 〔美〕杰克·伦敦：《野性的呼唤》，刘荣跃译，上海，上海译文出版社，2011，序言。

（1906 年）讲述的却是一只充满野性的幼年狼崽如何克服野性、融入人类文明的故事。

与巴克不同，白牙是一只野外出生的狼崽。凶残与掠夺是它的天性，即使面对同胞兄弟，它也毫不留情。当它第一次啃噬活蹦乱跳的猎物时，当它嗜血的天性被猛烈激发出来时，白牙兴奋异常，体验到无拘无束、充满挑战的生活的美好。它通过亲身经历了解到荒野中残酷的生存法则：物竞天择，强者生存。当被母亲带入人类社会后白牙发现，一切被人类文明所要求的行为都与自己的天性向悖。幼年时荒原搏斗的画面时常在它脑海中闪现，它曾经试图反抗，渴望回到幼年的记忆中；但人类的一次次棍棒教育它懂得，只有脱离本性、融入人类文明才能获取生存下来的资格。白牙渐渐接受了人类凌驾于一切动物之上的事实，开始屈服于现实、接受人类的控制。

白牙的第一位印第安主人灰海獭教会了它应当如何臣服于人类的棍棒，向白牙展示了人类如何拥有凌驾于所有动物之上的能力，可以恣意妄为。白牙的第二位主人史密斯是异常残酷的，这种残酷是人类劣根性的代表，是一种卑怯者色厉内荏的暴虐——他们在强者的打骂下畏缩、抽泣，却反过来向比他更加弱小的生物发泄怨恨；他们在人类中无法获取尊严，便退而求其次，向更加低级、处境更加悲惨的的动物身上去攫取。白牙的第三个主人斯科特渐渐抚平了白牙对人类的恐惧与仇视，使其领悟到人类社会的文明与友好，而白牙对斯科特的恩情也倾力相报，不惜以自己的生命换取主人的性命。

比较两部作品中的角色，巴克是一只圣伯纳犬与苏格兰牧羊犬的后代；白牙则是印第安人豢养的母犬与野狼的后代。在经历了一番生死挣扎后，前者听从内心深处的召唤，毅然抛弃人类文明，融入充满野性的狼群；后者则逐渐褪去野性，凭借着忠贞与勇敢，学会了驯服与爱，彻底融入人类文明世界。巴克与白牙就像一对孪生兄弟，却始终处于命运平行线的两端，最后朝着对方奔去，互换位置、站成永恒。

杰克·伦敦的这两部姊妹篇，事实上分享着共同的主题：遗传决定论与环境决定论。巴克由狗变为狼，是因为阿拉斯加的恶劣环境在不停地呼唤着它血液里流淌的野性；而白牙由狼变为狗，则是人类社会的规则与爱心逐渐湮没了它内心深处的野性。巴克与白牙的命运与结局之间并无孰优孰劣，它们的一生既受到遗传因素的决定性影响，又顺应环境，竭力发掘潜力、调适自己、改变自己，最终成为各自领地的强者。反思人类，在客观环境约束下的适应与反抗和狗又有多大程度的不同？只要变幻多端的环境客观存在，这场野性与文明的较量就永远不可能得出结论。

8.1.3.2　电椅上的美国梦：西奥多·德莱塞与《美国悲剧》

西奥多·德莱塞①（Theodore Herman Albert Dreiser，1871～1945年）是 20 世纪美国带有自然主义倾向的批判现实主义作家。他处理作品人物形象时，特别注重生物学原因，充分体现了自然主义作家宣扬的"生物决定论"。比纯粹自然主义文学家更为客观与进步的是，德莱塞的作品也同时揭示了社会环境对人性的影响与制约。

《嘉莉妹妹》（1900 年）是美国文学史上的重要作品，也是美国自然主义与批判现实主义过渡时期的代表作。作品因为对人性原欲的大胆描写，在美国曾一度被禁止发行。德莱塞立于广阔的社会背景之上，描写了乡村少女嘉莉对都市生活的向往、追逐、融入、幻灭的过程。面对单纯善良、渴慕繁华的乡村少女，工业社会孵化出来的享乐主义、利己主义等价值观联袂而至，使得没有任何社会经历的嘉莉体内的原始欲望被完全激发。表面看来，嘉莉是一脸的平静与纯真，但是她的内心深处却蛰伏着欲望的毒蛇，当古朴的伦理观逐渐融化隐遁，都市的灯红酒绿终究会将它唤醒。德莱塞认为，在这个笑贫不笑娼的社会，没有任何抗体的年轻少女面对的命运只有两种——接触善、成为善，或者接触恶、成为恶，没有中间状态，"一个女孩子十八岁离家出门，结局只有两种，要么遇到好人搭救而越变越好，要么很快接受了大都市道德标准而越变越坏。在这样的环境中，要保持中间状态是不可能的"。德莱塞赞同斯宾塞的社会进化论，但又不完全认可。他从嘉莉妹妹身上寻找到的答案是：人在社会中的一切行为，取决于欲望的膨胀与环境的诱惑，而关键之处在于前者。正如嘉莉妹妹对自己出卖肉体与灵魂行为的解释——"面对做'正派人'的呼声，饥饿的痛苦回答得多么有力！""我们像棋子一般受着环境的驱使，而那环境是我们所不能支配的。"那一声声阴郁低沉、讳莫如深的叹息，包裹着女主人公多少的无奈、困惑与绝望。

《美国悲剧》（1925 年）是德莱塞艺术创作之巅峰，也是美国批判现

---

①　德莱塞是美国现代小说的先驱，出生于印第安纳州特雷霍特的一个德裔美国人家庭。青少年时期生活贫困，中学毕业后便自谋生计，这段经历为他后来的创作提供了许多素材。1892年，德莱塞开始了记者生涯，先后在芝加哥、纽约和圣路易斯的报社任记者和编辑，深入了解社会生活的各个方面，这使他之后的小说创作基于生活，笔锋细腻犀利，敢于揭示现象背后的真实原因，甚至突破文坛上传统思想的禁锢。1910 年后辞职，成为职业作家。同海明威、福克纳并列为美国现代小说鼻祖。

实主义文学的扛鼎之作。做记者期间，德莱塞广泛接触了大量凶杀案件的新闻报道，并从 1914 年开始潜心研究十几起同类案件。他敏锐地发现，所有犯罪人的行为虽然最终是被难以抑制的仇恨与激情所促发的结果，但在他们的潜意识中却始终伴随着出人头地的强烈欲望。其中发生在 1906 年美国小镇安迪瑞代的"切斯特·吉莱特凶杀案"带给德莱塞深刻的震撼。

> 纽约州荒无人烟的大比腾湖上，吉莱特以网球拍将女友格雷斯·布朗从船上击落，导致后者溺死。尸检结果显示，格雷斯·布朗已经怀有身孕。切斯特因一级谋杀罪被捕。1908 年，切斯特被送上电椅，年仅 23 岁。①

通过多年观察与分析，德莱塞意识到，此类凶杀案的频仍出现、犯罪人年龄日趋年轻化，暗示着整个美国社会的价值取向与道德标准出现了严重偏差。切斯特之所以会杀人，大半原因是他们年轻单纯，对美国社会以金钱与权力为价值取向的舆论诱导毫无分析与批判的能力，道德低迷的社

---

① 191 N. Y. 107；83 N. E. 680；1908 N. Y. LEXIS 1042，The People of the State of New York，Respondent，v. Chester Gillette，Appellant. NO NUMBER IN ORIGINAL Court of Appeals of New York 191 N. Y. 107；83 N. E. 680；1908 N. Y. LEXIS 1042 January 9，1908，Argued February 18，1908，Decided PRIOR HISTORY：Appeal from a judgment of the Supreme Court，rendered December 10，1906，at an Extraordinary Trial Term for the county of Herkimer，upon a verdict convicting the defendant of the crime of murder in the first degree，and from an order denying a motion for a new trial.

CASE SUMMARY& DISPOSITION：Judgment of conviction affirmed.

PROCEDURAL POSTURE：Defendant appealed a judgment from the Supreme Court，County of Herkimer (New York)，which convicted defendant of the crime of murder in the first degree，and appealed an order denying a motion for a new trial.

OVERVIEW：While the victim was alone with defendant，she met an unnatural death and her body sank to the bottom of a lake. The prosecution's theory was that wounds found on the victim's head were inflicted by defendant in a boat with a tennis racket and thereafter the victim's body was thrown into the lake. Defendant testified that the victim stated she was going to end it，she jumped into the lake，and he attempted to save her. The issue at trial was whether her death was the result of suicidal drowning or of violence inflicted by defendant under such circumstances as constituted deliberate murder. The jury adopted the latter theory and defendant was convicted of murder in the first degree. On appeal，the court affirmed defendant's conviction. The court found that the evidence showed that the victim's body bore proof of external wounds. The court determined that no reasonable theory sustained the possibility of their infliction after death，and no reasonable theory accounted for their infliction before death save by the hand of defendant. The court concluded that the evidence received was competent and simply presented the ordinary questions of weight and credibility.

OUTCOME：The court affirmed defendant's conviction for murder in the first degree.

See http：//origin-www. lexisnexis. com/ap/auth/ 2011 - 12 - 27.

会环境对桩桩血腥罪行的发生难辞其咎。以"切斯特·吉莱特凶杀案"为原型，德莱塞创作了旨在针对整个美国社会进行控诉的《美国悲剧》。从1922 年起着手准备这部作品，德莱塞查阅了吉莱特一案的全部卷宗，摘录了供词以及包括男女双方情书在内的大量原始材料，考察了谋杀现场和纽约监狱。此外，他还研究了十五宗同类案件的有关资料，详细比较了罪犯们的经历及思想的异同。在扎实调查的基础上，德莱塞更加明确了自己作品的主旨，绝非揭露凶手个人的罪恶，而是阐述整个美国社会的悲剧。

全书共分三卷。第一卷叙述了吉莱特的出身背景与成长经历。吉莱特生于穷苦的传教士家庭，拥有善良的心灵与迷人的外貌。他从小跟父母沿街布道、卖唱，因为贫穷备受欺凌的经历，使吉莱特的心理逐渐对宗教产生了疑惧，与信仰渐行渐远。长大后，吉莱特在堪萨斯城豪华酒店做侍应生，亲眼目睹了权力者、富有者纸醉金迷、奢华放荡的生活方式。这一切都极大地刺激了吉莱特敏感的神经与脆弱的灵魂，他转而向醉生梦死的金钱、物质、肉欲社会寻求现实的安慰，嫖妓、酗酒、赌博等恶习无一不染。

第二卷中，吉莱特卷入了无法自拔的三角恋，并故意杀害自己女友。吉莱特邂逅了已经成为富商的伯父，被介绍至莱克格斯工厂做管理人员，随后陷入与贫穷女工罗伯达以及富商小姐桑德拉的三角恋情。为了跻身上流社会，吉莱特必须迎娶桑德拉，却遭到已有身孕的罗伯达断然拒绝。吉莱特决定铤而走险，设计除掉罗伯达。两人相携到阿丁罗达克湖划船，怡人的自然美景与对昔日恋情的回忆，使得吉莱特在最后时刻良心发现，打消了谋杀恶念。这时一阵风吹来，船身摇晃，吉莱特与罗伯达不慎同时落水。面对罗伯达凄厉的求救声与笨重挣扎的躯体，吉莱特蓦然间发现了命运的转机。最终，吉莱特奋力游上岸，眼睁睁看着罗伯达被无情的河水吞噬。

第三卷叙述了案发之后对吉莱特的审判、定罪与执行，其间穿插着两党议员与司法机构利用该案进行政治投机的卑劣行径。正值大选期间，两大政党异常重视这宗溺水事件，均希望利用其为自己攫取政治资本。检察官、法官、律师为了各自利益，开始制造各种假证据。最后经过终审判决，吉莱特被送上了电椅。吉莱特死前仍然不明白他自己是否真的参与了谋杀事件。小说结尾处，牧师出场为临终之前的吉莱特寻求灵魂拯救。吉莱特清醒地意识到，无论自己是否触犯了尘世间的刑律，自己对基督信仰的背叛已经构成了一生中最大的罪行。在母亲的注视下，他平静地走向了电椅。

　　作品中，德莱塞以精湛的纪实性手笔，成功地塑造了平民青年吉莱特魂断"美国梦"的过程，将吉莱特沦为杀人犯的前因后果，以及伴随其中的复杂心理轨迹清晰地呈现于读者面前。德莱塞的关注重点并非案件的侦破、法院的审判以及死刑的执行，而在于分析吉莱特作为社会环境的受害者是如何踏上了不归路的。当时美国社会普遍存在着对实现"美国梦"的向往。大量家境贫寒的青年人，梦想着一夜间出现奇迹成为巨富、出人头地；或者将迎娶富家女当作跻身上流社会的敲门砖。德莱塞在某种程度上也采用了该种"美国梦"的寓言框架，却反其道而用之，击碎了它华丽炫目的光环，透射出凄惨悲凉的结局，旨在提醒青年人，追逐这种美国梦的代价并非人人均可承受，圆梦之人寥寥无几，大多数人只落得抱恨终身的结局。

　　德莱塞对青春年华中迅速凋谢的年轻生命惋惜不止。他以冷峻尖锐的口吻向这些追梦者提出警告："难道你们真的不知道吗？社会成员的活动范围泾渭分明，谁敢越雷池一步，注定会自我毁灭。"然而，强烈的社会责任心又使他敏锐地意识到，平庸、扭曲的社会价值观对青年一代的腐蚀是根深蒂固的，于一位作家而言，将青年们从错误的价值观中唤醒的最好途径就是呈现出一个完全真实的叙事氛围，以残酷的真实去打动他们的内心。因而德莱塞在文中运用了大量实证案例进行佐证，包括案件被告人与女友的来往信件、与母亲的会见记录、临上电椅时的临终忏悔等案卷笔录，充分展现了铺陈实例、积聚细节的文风，具有极强的说服力。第三卷中，通过对吉莱特全部审判过程的详细描写，德莱塞深刻揭示了美国政治制度与司法制度的黑暗与腐败，鲜明地指出刑事法律的工具性本质。吉莱特案发受审期间，正是美国两党法官竞选大战拉开帷幕之际，共和党与民主党全力利用这一案件攫取政治资本。共和党候选人梅逊检察官通过自己控制的法院对吉莱特严厉审判，以彰显其公平、正义的形象，骗取选民信任。为了获取连任，梅逊甚至不惜动用各方面的关系制造假证，组织了 127 人的证人团，证明吉莱特道德败坏、人格拥有重大缺陷，因而罪大恶极，必须处以极刑。民主党候选人则通过吉莱特的辩护律师竭力为他辩护，不惜歪曲事实，甚至鼓动吉莱特在法庭上发假誓、撒谎抵赖、拒不认罪，以证明共和党的审判是黑白颠倒、是非不明的，完全丧失了公平与正义，旨在取而代之。案件的整个司法程序滴水不漏，彰显民主平等，实质却不过是争权夺利的阴谋与蒙混民众的戏场。吉莱特的案件事实在党派竞选之争中完全被虚化，吉莱特最终悲剧性的命运就此埋下伏笔。

整部作品通过吉莱特的悲剧，深刻揭示出美国社会价值取向在各类刑事犯罪中的原罪导向。吉莱特出身于清贫、虔诚的教士之家，受家庭环境的熏陶，本质敦厚善良，但清苦的生活与卑微的地位使得他对父母的宗教狂热深恶痛绝，幻想尽快摆脱这种屈辱的生活。步入社会后，耳濡目染金元的魅力，他比大多数人敏感而极易受外界影响的心灵逐渐被实利主义、唯我主义等生活方式所腐蚀、毒害。在溺水案中，吉莱特虽然具有犯罪预备，也确实具有犯罪动机，甚至还制订了周详的犯罪计划，却始终没有真正犯下罪行，罗伯达的死亡在很大意义上是一场意外。在与罗伯达乘船游览的过程中，面对清澈美好的自然风光，吉莱特的良知也曾短暂地复苏，但就在天堂与地狱在其身边交织而过的瞬间，美国社会的世俗价值观将他迅猛推向了撒旦的怀抱。吉莱特的遭遇，使我们能够居高临下地审视一个平庸的灵魂是如何被社会环境一步步推向电刑椅的，而毒害他的社会又最终反过来坚定地判处他死刑，以昭显社会正义，这种绝妙的讽刺正是德莱塞创作"美国悲剧"的主要内涵。

8.1.3.3　清晰的铭牌——美国制造：理查德·赖特与《土生子》

关于黑人，在美国向来是一个敏感而痛苦的话题。这是一个备受奴役、被剥夺了受教育权的民族。因此，其口头文学和音乐等方面虽有古老的传统，成文文学方面却长期处于一片空白。南北战争后，美国黑人一定程度上获得解放，迁居北方城市，其中一批黑人得以接受大学教育，并跻身于白领阶层。1930 年前后兴起了黑人文艺复兴运动，为黑人文学的产生创造了人文环境。黑人文学继承了由马克·吐温、斯托夫人等开创的废奴主义文学传统，同时，他们又怀着深厚的人道主义同情来描写黑人的苦难，抒发黑人心声。因此，批判种族主义的主题、黑人生活的独特视野，以及强烈的批判现实主义色彩和人道主义色彩，也就成为黑人文学的三大特征。[1]

黑人作家理查德·赖特[2]（Richard Wright，1908～1960 年）是黑人

---

[1]　参见〔英〕伊格尔顿：《二十世纪西方文学理论》，伍晓明译，北京，北京大学出版社，2007，第 63 页。

[2]　赖特是著名的美国黑人作家。生于密西西比州纳齐兹附近一个种植园。祖父是黑人奴隶，父亲是种植园工人，母亲是乡村教师。赖特进过孤儿院，曾在亲戚家寄养，十五岁起独立谋生。他从小深受歧视并从事各种体力劳动。1932 年加入美国共产党，1937 年赴纽约任美共机关报哈莱姆区的编辑。1940 年他的长篇小说《土生子》问世，使他一跃成为享誉美国文坛的黑人作家。小说十分畅销，后又改编成戏剧在百老汇上演，并拍摄成电影。

文学的主要代表。他出生于美国密西西比州纳齐兹附近的一个种植园，祖父是奴隶，父亲在种植园里当过工人，后抛弃母子与人私奔。赖特自幼过着贫穷的生活，进过孤儿院，辗转寄养于多个亲戚处，备受虐待；在学校中受到儿童们的欺侮。赖特从小在充满敌意的环境中长大，深感自己是受歧视的黑人，又是家庭"弃儿"与社会的"局外人"，因此对周围的白人世界怀着又恨又怕的反常心理。赖特的该种心理状态，借助《土生子》别格的角色特征集中反映出来。

《土生子》（1940 年）是一部极富有南部地方色彩的小说，全书分为三部，即"恐惧"、"逃跑"与"命运"。小说主要描述了黑人青年别格·托马斯短暂的一生，作品自始自终充满着紧迫与沉郁的气息，既反映了社会底层被压迫民众的内心活动，也烘托出这种生活环境所养成的主人公的残忍性格。

> 别格出生于美国密西西比州一个赤贫黑人家庭，没有受过教育，二十多岁时去白人达尔顿家里做私家车司机。达尔顿一家人开明善良，对待黑人也比较平等友好。别格却将这种友好看作虚伪，对达尔顿一家产生莫名的仇恨。一个漆黑的夜晚，别格开车接回达尔顿家玛丽小姐后，发现小姐醉得不醒人事，只好将无法走路的玛丽背进卧室。眼睛失明的达尔顿夫人听到女儿房间里杂乱的声音，摸索着走来探望。由于黑人被严禁踏入白人卧室，别格担心遭到老妇人的指责，匆忙中以枕头堵住玛丽的嘴，不让她发出声音；结果阴差阳错，醉酒后玛丽竟然窒息而亡。别格在恐慌中将玛丽的尸体搬到锅炉房烧掉，立即带着女友蓓茜出逃。途中，别格因担心蓓茜告密，用厚砖击打蓓茜脑部致其死亡。别格被尾随而至的警察抓捕，终审被判处死刑、走上电椅。①

这部作品的问世，轰动了美国文坛，也震撼了美国白人社会。白人们一向认为黑人慵懒愚蠢、奴性十足，可以任意凌辱；同时又诬蔑黑人天性野蛮，动辄杀人、强奸，无恶不作。以往的黑人作家面对白人的偏见，或是否认白人的指责，或是为黑人行为进行分辩，唯有赖特能够深入剖析，发掘黑人的犯罪心理与整个社会制度之间的内在联系，指出黑人的野蛮、凶暴既非自然属性也绝非种族特性，而是美国社会所灌输给黑人的谬论和

---

① 梗概及本节所有引文来源于〔美〕理查德·赖特：《土生子》，施咸荣译，南京，译林出版社，2008。

偏见使然，是黑人在社会现实的逼迫下所作出的生存选择。别格乃是美国本土文明的产物——《土生子》的寓意即隐含于此，他从懂事起就被告知自己是"美国公民"，但这一令人羡慕的名词所包含的自由、平等与尊严在残酷的现实面前被击得粉碎，他的一切努力注定是失败的。一次次的受挫感使得别格对白人心怀恐惧，当他发现这个世界是由白人主宰时，这种恐惧继而发展为强烈的怨恨与报复。

赖特的文笔师承美国批判现实主义传统，但该部作品更是明显地受到德莱塞之代表作《美国悲剧》的影响。两部小说均以生活中的真实犯罪案件为素材（《土生子》以 1938 年芝加哥黑人罗伯特·尼克松谋杀一个白种女人的案件为蓝本[①]），均以犯罪行为作为故事发展的主要脉络，均严肃有力地描绘了社会、环境和个人行为之间的联系，并由此揭示了犯罪的原因与惩罚的残酷。

《美国悲剧》与《土生子》都是悲剧，德莱塞的白人孩子吉莱特与赖特的黑人孩子别格都同样被施以电椅处死，但并不是因为他们是罪犯（吉莱特的意外事件与别格的过失杀人均有待探讨），而是因为他们是社会难以容忍的"杂质"。两部文学作品的模式亦很相近——贫困的家庭、屈辱

---

①　371 Ill. 318；20 N. E. 2d 789；1939 Ill. LEXIS 612，THE PEOPLE OF THE STATE OFILLINOIS，Defendant in Error，vs. ROBERT NIXON，Plaintiff in Error. No. 25032. Supreme Court ofIllinois 371 Ill. 318；20 N. E. 2d 789；1939 Ill. LEXIS 612，April 19，1939. PRIOR HISTORY：WRIT OF ERROR to the Criminal Court of Cook county；the Hon. JOHN C. LEWE，Judge，presiding. DISPOSITION：Judgment affirmed. PROCEDURAL POSTURE：Defendant appealed a judgment of the Criminal Court of Cook County（Illinois），which convicted defendant for murder and a jury found him guilty and assessed death penalty. A co-defendant was also indicted. Although the two admitted having entered an apartment together with the intention of robbing it，each accused the other of being the one who had killed the victim by hitting her on the head with a brick while she slept in the apartment. OVERVIEW：Defendant made three separate statements regarding the crime：a statement to police investigators，a joint statement with his co-defendant，and another made in connection with a reenactment of the crime for police investigators. Defendant objected to the fact that，at a hearing on the admissibility of the statements，he was required to offer his proof that the confessions were involuntary before the State was required to present all of its evidence on the issue. The court pointed out that the full hearing was had on the issue and that，under such circumstances，it was not necessary that the state produce all of its evidence before defendant substantiated his claims of police coercion. The record contained no facts or circumstances to corroborate defendant's claims of mistreatment，but that it did contain evidence tending to disprove them. The trial court did not err in admitting the statements. There was no error in the trial court's refusal to grant defendant a change of venue or in allowing the coroner's chemist to testify regarding his analysis of blood stains found on defendant's shirt directly following the victim's murder. OUTCOME：The court affirmed the trial court's judgment which convicted and sentenced defendant for murder. See http：//origin-www. lexisnexis. com/ap/auth/.

的少年生活、对上层社会的渴望与仇恨、金钱与性的诱惑、审判、挣扎与死亡。而二者的结论均为：社会是真正的罪犯。吉莱特与别格一出生，社会就将犯罪的环境加诸他们身上，并逐渐培育、酝酿、发酵，最终酿成大祸，他们是普遍不公平的社会制度的牺牲品。所不同的是，赖特的作品受弗洛伊德的心理分析学影响较深，将较多笔墨花费在别格的病态心理描写与分析上。赖特认为，等级分明、种族压迫的社会制度是产生病态心理的罪魁。挣扎于美国社会底层的黑人，或者像小说中别格的母亲那样借宗教来麻醉自己，或者像别格的情妇蓓茜那样借酒浇愁，或者像汤姆叔叔那样逆来顺受。至于赖特自己，他说他与别格一样，内心像一座蕴藏着无限仇恨烈焰的火山，总是处于爆发的边缘，对别格的心理描写很大一部分出自他自己的心理。法庭审判时，别格一言不发，保持着令人迷惑的冷静与安静。他永远无法解释自己为何会杀人。不是他不想解释，而是若想解释清楚这一切，首先要从他的整个人生开始。此处，赖特以令人心酸的语气将矛头直指这场惨案的始作俑者。

美国作家亚瑟·戴维斯曾评论道："《土生子》向全国表明，美国如此对待黑人，造成了（黑人的）怨恨、无助感、暴力和革命的可能性。作者用文学作品试图向我们传递两个信息。其一，在美国，作为黑人意味着什么？其二，创造了这样一个异类土生子，对于美国来说，又意味着什么？"① 上述疑问可能是对这部作品的最为准确的评价。

8.1.3.4　你为谁辩护：赫尔曼·沃克与《凯恩舰哗变》

赫尔曼·沃克②是一位以战争题材为主题的写实主义作家，以作品《战争风云》（1941 年）及姊妹篇《战争与回忆》（1945 年）奠定了其在美国乃至世界文坛的地位。上述作品是现代文学史上全景式展现"二战"真实进程的规模最为宏大的作品，书中人物众多，上至交战各国最高首领，下至一般士兵和普通民众。作品中所涉及战役、引用数据以及主要人物的言语行为，均出自正史。正因为沃克的创作风格一向谨慎，主题选择一向严肃，所以当《凯恩舰哗变》（1952 年）问世时，在美国本土及整个欧洲均引起了极大的轰动。

故事发生在"二战"时期的南太平洋。已超过服役期的美国扫雷

---

① 〔美〕理查德·赖特：《土生子》，施咸荣译，南京，译林出版社，2008，序。
② 赫尔曼·沃克生于美国纽约，父母为俄裔犹太移民。曾在哥伦比亚大学攻读文学与哲学。珍珠港事件后参加美国海军，在南太平洋战事中表现英勇。退役后专事创作，1952 年，凭借《凯恩舰哗变》获得"普利策文学奖。"

驱逐舰"凯恩号"在南太平洋一次执行战斗任务时遭遇强台风袭击。针对当时战舰的逃生航向，舰长魁格与副舰长兼执行官玛瑞克发生了根本性分歧，也因此引发了美国海军历史上最为著名的一次哗变事件。情形万分紧迫之际，玛瑞克策动将士成功解除舰长魁格的指挥权，并指挥凯恩号改变了原先的顺风向南航向，逆风向北穿过台风中心脱险，全部海军将领得以生还。事后，高傲的魁格无法忍受屈辱，立刻向军事法庭提起诉讼，控告玛瑞克涉嫌"夺权哗变罪"。军事法庭上，玛瑞克的辩护律师格林渥通过婉转巧妙的心理暗示与咄咄逼人的话语暗示，一步步诱使魁格的情感渐渐失控，最后在法庭上暴露出他的心理缺陷——在巨大的压力下会产生暂时性类偏执人格。进而，格林渥落井下石，利用《美国海军军规》第 184、185、186 条："部队下属在危急时刻，如果司令官出现疯癫或者精神不正常等状况，但又拒绝交出权力，有权夺取司令官指挥权，指挥整个部队渡过危机"[1]，成功将案件参与人的角色置换，魁格舰长由原告角色转化为被告，为玛瑞克辩护成功。然而就在庆功会上，格林渥坦率地指责玛瑞克等人，他们或者是别人的棋子，或者本身就是真正的哗变罪犯，他们并不像魁格一样具备军人素质，也根本不比魁格的人格健全，他深深为在法庭上击败魁格而感到内疚、自责。[2]

这是一场关于法律、军人、荣誉、尊严、责任的严肃的法庭小说。同时，也对战争环境下的复杂人性进行了深刻、细致的剖析与审视。

第六部分"法庭审判"是全书的高潮。作品中的中心人物格林渥是一位具有卓越才华的犹太人，曾经是华盛顿最负盛名的律师，"二战"爆发后参加空军，在并不情愿的情况下接受检控官查理的指派，为玛瑞克辩护。法庭上，格林渥利用对于控方证人和辩方证人，尤其是对舰长魁格的询问，改变了整个审判的方向，从而替玛瑞克成功脱罪。在这个层面上的审判，仅仅是对美国审判模式严格的程序的真实再现，以及对格林渥天才

---

① "第 184 条军规"至今仍然是海军军事规程的一个组成部分（它现在被排在第 1088 节）。该条款规定：在"最为异常与极端的情况下"，一名下级官员可以将指挥官逮捕或列入伤病员名单，从而解除他的指挥权。一般来说，这项行动必须先获得海军人事长官的授权方可进行，除非这一授权"根本无法实现"。允许实施该行为的唯一前提条件是，"如果继续保留该指挥官的权力，势必严重地并且无可挽回地危害公共利益"。而那些采取这一行动或劝说他人采取行动的军官"必须将为此承担法律上的责任，并且必须以身家性命为代价，准备着向军方证明这一行动的绝对正当性"。

② "哗变"在《统一军事法典》中被定义为"两个或更多人拒绝执行军事命令，企图篡夺合法军事领导者的权力"。它是军事犯罪当中最为严重的一种罪行，触犯者通常会被判处死刑。

的发挥的渲染，并未涉及对人类灵魂的审判。格林渥利用大量证人，包括凯恩号上的少尉凯斯、通讯官基弗、二等兵水手厄本、海军医院的精神病专家伦丁和博德、舰船专家萨斯、舰长魁格以及玛瑞克本人的证词，将审判的重点转移到魁格身上。他以魁格当时是否确实陷入暂时性精神崩溃的状态为基点，将矛头直指作为原告的魁格上校的人格弱点，竭力证明魁格是一个难以胜任职务的、罹患严重人格障碍、存在心理缺陷的指挥官，从而反向证明玛瑞克的行为并非哗变，而是关键时刻的正确选择。于是，一场本来针对玛瑞克的审判，变成了一场针对魁格的审判。

在军事法庭对各方证人的质询中，魁格舰长的矛盾人格逐渐显露出来。第一，魁格作为舰长，对于官兵的专制化管理远远超过必要限度，甚至到了残酷、不近情理的程度，例如在烧坏咖啡壶、偷吃草莓、着装不整洁等小题上时常大动肝火；第二，魁格在某些事件上表现出贪生怕死、推脱责任；第三，魁格利用舰长的职位运过一箱酒；第四，魁格因为水兵们看电影时没有等他到场，断然下令停止电影的放映，等等。这些证词被格林渥很好地利用起来，结合精神病学专家在专业方面无法给出"绝对"的证词的漏洞，将魁格描绘成一个隐藏极深、类狂躁、偏执型的病态的指挥官。虽然精神病学专家伦丁和博德均证明此种性格几乎每个人都不同程度地拥有，而魁格的程度远远未达到影响他指挥的程度，但是格林渥尖锐地反驳道，心理专家并未有过舰船处在台风中心的经验，不能判定彼时的心理压力之巨大，因此无法断定魁格的性格缺陷是否可能影响其对军事的指挥。当魁格作为辩方证人出场时，他的细微举动，例如手中不停揉转着两个钢球等动作，均被格林渥及时利用，指证是其具有心理疾病的具体表现。到这个阶段，整个案件的审判对象已经被成功调换，人们似乎一致形成了如下印象：魁格上校是个贪生怕死的、在巨大压力之下会陷入病态心理的、借压迫下属来缓解其心理自卑感的不称职的指挥官，而玛瑞克的夺权举动非但不是哗变，反而是一个关键时刻拯救全船将士的英勇行为。

而魁格对于他被指控具有各种人格缺陷的答辩，亦落入格林渥预设的陷阱。魁格毫不掩饰自己对于手下士兵的管理严格，认为所涉及的一些小事均事关部队的原则、责任与荣誉，他必须严格要求部下，才能使队伍具备整体战斗力。魁格承认自己在没有违反军规的情况下曾利用船底空仓位运送一箱很贵的酒回美国，但搬运时因凯斯的指挥不当而落入海中。对于其贪生怕死的指责，魁格表现得极其愤怒，认为那是对他人格的侮辱，他具体解释了当时掩护登陆艇的战役，坚持说当时他的船已经到达了规定的距离，投放标识鱼雷区的黄色染料的目的是让登陆艇更清楚地知道他们的位置。对于哗变当天的情况，魁格说当时自己是遵照上级命令将船向南顺风全速行驶以避开台风圈，他不否认玛瑞克决定的正确性，但关键在于玛瑞克的"哗变"行为是一项不可原谅的罪行。魁格的辩解在内容与情绪的控制上，均是失败的，进一步证实了格林渥对他病态性格的质疑。更可悲的是，格林渥最后将魁格舰长成功引入自我否定的困境。当天出庭的心理专家曾经讲述，某些类狂躁、偏执型病患者，经常不接受别人的批评，并且某些时候会自己臆想出一些故事代替客观的事实，从而证明自己的正确性。这就涉及魁格的自我辩护的真实问题。于是，就在魁格对玛瑞克大加谴责，认为他始终与其作对，不听从指挥时，格林渥突然让他当众宣读了一份他在哗变事件之前为玛瑞克写的鉴定。可怜的魁格越读声音越小，最后读完之际，整个人已经呆住了——魁格自己在鉴定中高度评价了玛瑞克，并且列举了玛瑞克的种种优点。这个时候的魁格才意识到，这份鉴定等于推翻了他刚才所有的辩护词。无论从何角度切入，他的辩护均逃不出被法庭判断为无效的结局——如果玛瑞克果真如魁格在答辩中描述的那样恶劣，那么鉴定就是在说谎，也间接证明了魁格刚才的答辩也具有很大的撒谎可能性；如果鉴定中说的是真的，那么魁格对玛瑞克刚才的指责显然就是借哗变事件后的报复，魁格仍然是在说谎。

格林渥成功了，正如魁格在答辩中所提及的，无论这场审判的结果如何，他作为一个指挥官的名誉与尊严已经荡然无存。也正如格林渥对玛瑞克所说的，为了脱罪，唯一的办法就是不择手段利用这次审判把魁格彻底搞臭，才能反证出玛瑞克当时的举动的正确性。双方辩护结束时，目瞪口呆的检控官查理甚至放弃了结案陈词的机会，转而请求法庭对于格林渥"贬低他人人格尊严"、"引导法庭辩论方向"的做法予以谴责。检控官查理一针见血地指出，格林渥利用证人作证的顺序，预设了魁格的人格缺陷，然后又一步步引诱魁格自投罗网，验证了这些缺陷，这场审判的主题并不应该是"魁格的人格"；相反，在数十年的军人生涯中，魁格的表现无可挑剔。作为原告，魁格上校承受了不公平的质询，关于他的精神问题和个性问题的辩论本不应该作为这次审判的重点。法官对格林渥并没有给予法律程序上的惩罚，因为他找不到任何可以惩戒他的法律条文。但是法官严肃地提示格林渥，在这场戏剧性的审判里，作为一名律师，这种在法庭上将一个职业军人视为至高无上的尊严随意践踏，以达到胜诉目的的做法，对魁格是否公平，是否应该受到道德和良心的谴责。

到此为止，故事并未戛然收笔，整部作品仍然躺在炙热待喷的火山口，真正的高潮——关于对人性灵魂的拷问还未到来。当法律的正义天平由于程序的过分精确而明显偏袒一方，当严谨的法律条文对于受害人伤口的平复无能为力，当确定无误的客观事实被变幻莫测的主观臆测篡取了重要地位，当人性的完整与军人的尊严被讼棍略施小计玩弄于股掌之上——正如法官所说，整个审判已经变为一出悲剧。面对这场悲剧，沃克到底需要设计怎样的情节，才能留给读者一个相信世间公平、憧憬人间正义的理由？他将全部的心血押在了格林渥身上。格林渥，这个才华横溢、饱经世故的律师，具有复杂、隐秘而完整的性格，他在作品中扮演的角色始终是颠覆性的。第一次是在法庭上，他成功地将原告与被告的角色置换；第二次是在庆祝宴会上，他指出了哗变产生的真正原因、制造哗变的真正罪人，将一场狂欢化作拷问每个人良心的法庭。

在舰队成员基弗为了庆祝自己的小说成功出版而举办的家庭聚会上，醉酒后的格林渥为这场"哗变"审判作了一次真正意义上的、触及灵魂深处的结案陈辞。格林渥坦言，他并非心甘情愿地为玛瑞克做辩护，他之所以最终答应出庭，是因为他战斗机开得很糟糕，为了证明自己在其他领域并非一个笨蛋，他必须打赢这场官司。作为一位资深律师，他深知必须通过彻底毁灭魁格的手段来促成玛瑞克的无罪判决。而现在的他饱受内心的煎熬，由于自己卑鄙的手段，对魁格上校造成了极不公平的审判。作为一个犹太人，一个精通法律的优秀律师，格林渥坦陈法律书籍无法阻止德国人的进攻——他的犹太裔母亲随时可能被纳粹焚烧后做成肥皂，来"擦洗赫尔曼·戈林的屁股"！纳粹打过来后，他之所以扔掉法律书籍参加军队，就是为了保护母亲不被炼油做肥皂。他学开战斗机，但是绝望地发现自己根本无法胜任。他转而严厉地质问在场的所有人："纳粹打过来之前你们都在干什么？""基弗，你一定正在为吉尔德剧院写剧本；玛瑞克，你在跟自己的父亲出海打鱼；凯斯，你正在普林斯顿的校园里踢足球吧？""那个时候是谁在挡着纳粹，让我们在国内悠哉悠哉地做这些事儿？就是魁格，他们这些在前线战场上拼杀的正规军！他们才是真正的军人！而我们这些因为纳粹快打到家门口了才参军的人，会打仗吗？能挡得住德国人吗？根本不行，真顶事儿的，还是魁格他们那些正规军！""现在，前方战事正酣，我却在后方为了一场毫无意义的审判而绞尽脑汁、不择手段，这场审判整个就是他妈的瞎扯淡！"

接着，格林渥话锋一转，直指基弗，认为正是他一手策划了整个哗变，目的仅仅是挑起事端，挖掘战争中的丑闻作为其作品吸引人的噱头，赚取大笔酬金。这是他在整个案件的调查与观察过程中得出的结论，而玛瑞克只是基弗老谋深算的一盘棋上的棋子。基弗利用年轻的玛瑞克对自己的崇拜与信任，一次次处心积虑地向他暗示魁格的人格缺陷以及哗变的正当性；待到哗变真正发生，又隔山观虎、煽风点火；在法庭质问阶段，基弗圆滑老谋的证词不会得罪原被告的任何一方，落得个全身而退；最后将这段案例成功编入小说，成功捞到丰厚稿酬。不止于此，格林渥更是将日后的事件走向看得一清二楚：他警告玛瑞克不要高兴太早，因为"复查机关将认为审判不公，也确实如此——我是采取欺骗性的合法诡计为你开脱，一叠厚厚的谴责信将出现在你的晋升档案里"。格林渥转向基弗："你得了满分。玛瑞克会被重新赶回家去捕鱼，你是下一任凯恩号舰长的唯一人选。你可以到老退役，收获厚厚的称职报告，还有大笔的稿酬。"至此，格林渥愤然撕开了最后一层帷幕。经过格林渥层层抽丝剥茧，这场哗变的真正原因、各色人物的动机全部昭然。作为一位成功混迹于纽约城的律师，格林渥的精明与手段自不必说；但是作为一位良心尚存的犹太人，鉴于当时战争大环境，犹太人的处境等方面的感触，又使得他由衷地尊重魁格一类的真正军人，极不情愿践踏他们视之为生命的尊严，尤其是战争局势如此紧张的时候。最后格林渥长叹一声："我欠魁格的人情，是他阻止了赫尔曼·戈林用我母亲去擦洗他那肥大的屁股。"他将一杯啤酒愤然泼在基弗脸上，转身离开。

这似乎并不应该是一部以"个人自由与权利"为最高信条的美国人的作品，也完全违背了刑事审判"客观主义"原则，而是将"人格主义"运用于案件审判中的弊端无限放大。因此，文章一发表就在全美以及欧洲引起了轰动。全文的着力点并不在于军事法庭的审判过程，也并非对玛瑞克单纯肤浅的惋惜、对基弗自私卑鄙心理的谴责，最深刻的层面其实仍是美国人喜欢探讨的自由问题。不过，这一次沃克剑走偏锋，从另一个角度折射出个体自由与群体自由的真正关系，以及个人对社会责任与国家义务应当如何承担的思考。对自由与权利的要求并非在任何时候均是绝对正确而客观的，没有审视大环境的目光，一味追求个人渺小、可怜的利益，是自私、是破坏，更是犯罪。正因为作品中蕴含着颠覆性的深刻哲理，该部作品荣获美国"普利策文学奖"。

8.1.4　战争题材作品中的刑法思想

战争，这是一个人们内心深处不愿触及的沉重而艰涩的话题，但它又是无法逃避的赤裸裸的真实存在。20 世纪前半叶，接踵而来的两次扩大化战争肆虐全球，辗转于战火中的人们在肉体与精神上备受摧残。战后，人们陷入了形形色色的精神危机之中，战争题材亦成为批判现实主义文学的一道独特风景，它所记录的是经历过血雨腥风的一代人所积淀的回忆。通过冷血、残酷的战争剖析人性、拷问战争中的民族责任与个体罪行、追寻人类未来的发展方向，则成为 20 世纪西方批判现实主义文学家的首要使命。

8.1.4.1　迷惘的一代：海明威与《永别了，武器》

欧内斯特·米勒尔·海明威[①]（Ernest Miller Hemingway，1899～1961 年）被誉为美利坚民族的精神丰碑，他所开创的干练浑厚、落拓不羁的"新闻体"叙事方式，对 20 世纪美国及西方文学的发展具有极深远的影响。海明威以红十字会会员、战地记者、侦察艇侦察员的身份参与了包括两次世界大战在内的一系列战争[②]，收获了各种政府奖章、军队勋章、躯体的 237 处伤痕以及挥之不去的战争梦魇。战火的洗礼与情感的历练为海明威其后的文学创作积累了极为丰富、翔实的第一手素材。

《太阳照常升起》（1926 年）是海明威的第一部长篇小说，作者借此成为"迷惘的一代"[③]的代言人。该流派的作家的大多数人亲身经历了第一次世界大战，目睹了战争给人类带来的巨大灾难。战争爆发时，他们还是二十岁左右的年轻人，在热血与激情的驱使下，带着玫瑰色的幻想迈向战场。目睹着残酷的厮杀与恐怖的死亡，他们逐渐意识到自己成为既得利益者的炮灰，侥幸活下来的身心也均受到严重摧残。战争将他们心中的一切传统道德标准、伦理观念、人生理想等全部击碎，他们不再相信政治宣言、法律约束，他们怀疑一切、厌恶一切，尤其憎恨理性主义，几乎否定

---

① 海明威是美国小说家、"新闻体"文学的创始人。出生于美国伊利诺伊州芝加哥市郊的奥克帕克橡树园镇的一个医生家庭。父亲酷爱打猎，母亲喜爱文学。中学毕业后，海明威在美国堪萨斯《星报》当了 9 个月的实习记者，受到了良好的训练。1953 年凭借《老人与海》获得普利策奖，1954 年获得诺贝尔文学奖。

② "一战"爆发后，海明威怀着要亲临战场领略感受战争的热切愿望，加入美国红十字会战场服务队、投身意大利战场。大战结束后，海明威被意大利政府授予十字军功奖章、银质奖章和勇敢奖章，并获得中尉军衔。1937 年至 1938 年，海明威以战地记者的身份奔波于西班牙内战前线，并参加了解放巴黎的战斗。1941 年太平洋战争爆发后，海明威将自己的游艇改装成巡艇，为友军提供情报。1944 年，海明威随美军去欧洲采访，在一次飞机失事中受重伤。"二战"结束后，他获得一枚铜质奖章。

③ "迷惘的一代"是第一次世界大战后美国的一个文学流派。20 世纪 20 年代初，侨居巴黎的美国女作家格·斯泰因对海明威说："你们都是迷惘的一代"。海明威把这句话作为他第一部长篇小说《太阳照常升起》的卷首语，"迷惘的一代"从此成为以海明威为代表的虽无纲领和组织但有相同的创作倾向的作家的称谓。所谓"迷惘"，是指他们共有的彷徨和失望情绪。"迷惘的一代"尽管是一个短暂的潮流，却占据着美国文学史上重要的地位。〔英〕伊格尔顿：《二十世纪西方文学理论》，伍晓明译，北京，北京大学出版社，2007，第 221 页。

了一切传统价值。战后西方政治领域的动荡不安与经济危机的进一步加深，又进一步带给他们心灵的空虚与病态的桀骜不驯。在这种精神氛围中，一批青年作家在战后脱下军装、冲上文坛，凭着他们亲身参与战争的特殊体验，在作品中揭露战争给人们带来的灾难，怀着无限的伤感与悲苦来描写被战争驱逐出常规生活的、饱经沧桑的人们的不幸。

《太阳照常升起》刻画了第一次世界大战后一群美国青年流落欧洲的生活素描，着力描写了战争给女主人公波莱特·阿施利和男主人公杰克·巴恩斯带来的生理上和心理上的巨大创伤——他们深深相爱，却又无法结合。男主人公杰克的形象明显带有海明威的自传色彩：

> 巴恩斯是一个美国青年，"一战"中因脊柱受到不可逆转的创伤，造成性功能丧失，在战后旅居巴黎成为报馆记者。战争给杰克带来的创伤是多层面的，他丧失了生活的目标，抛弃了青年时的理想，不时来袭的生理病痛使得他彻底被幻灭感所吞噬。杰克深爱着的战争中失去丈夫的阿施利夫人，但战争造成的残疾使得他与深爱的女人无法结合。绝望中的杰克开始酗酒，企图在酒精的麻醉中驱逐精神的梦魇与肢体的残缺。阿施利夫人从小受过良好的教育，"一战"中做过战地护士，具有高傲坚定的品格，却在丈夫去世后疯狂地沉溺于肉体的享乐、无法自拔，为的是忘记地狱般的痛苦。①

无论是巴恩斯还是阿施利，均是被战争拖入苦难深渊的失败者。面对难以逾越的人生逆境，面对强加于己的残酷无情，他们也曾落魄低沉、痛不欲生，但同时保存着独立的个性与强烈的自尊。令人心酸的是，他们对现实的反抗只能是畸形而无奈——凭着本能、直觉经验同残酷的现实相抗衡，或是将优美宁静的大自然当成精神避难所，或是在酒精的麻醉与肉体的放纵中寻求精神刺激。他们回顾过去，感到一片漆黑；展望未来，看到满天阴霾。小说末尾，这两个彼此钟情的男女相互对望，却永远无法结合，只能在无尽的未来岁月中，在一个个"太阳照样升起"的清晨相偎相依，在幻想中追寻着一丝慰藉。

《永别了，武器》（1929 年）亦讲述了一个发生在战争中的哀婉的爱情故事，带有十分浓烈的自传色彩，是"迷惘的一代"文学创作的高峰与终结。作品通过美国中尉亨利的自述，描述了战争中人与人之间相互残杀

---

① 梗概来源于〔美〕欧内斯特·米勒尔·海明威：《太阳照常升起》，赵静男译，上海，上海译文出版社，1984。

的惨景，谴责了战争对人类精神的彻底毁灭以及对美好爱情的无情扼杀：

> "一战"爆发后，英俊开朗的美国青年弗雷德里克·亨利应征入伍，被派往意大利前线，爱上了英军医院美丽的护士凯瑟琳。凯瑟琳未婚夫阵亡后，将全部热情倾注在每个士兵伤员身上。总攻开始后，亨利因腿部重伤，在野战医院与凯瑟琳又不期而遇，二人很快坠入爱河。夏去秋来，亨利的伤口完全愈合，必须归队，凯瑟琳却怀孕了。重返部队的亨利惦念着妻子与孩子，越来越憎恶这场战争。德军突破防线后，亨利随大军撤退。意大利士兵高喊着"和平万岁"，扔掉武器返回家乡，军官们也撕掉军衔加入了狂欢大军。意大利政府迅速组织战地特警将军士们拦截在塔格利亚门托河。令人惊骇的一幕发生了，许多士兵被草草盘问几句后，便以"擅自脱离职守罪"罪名枪毙。刚才还活蹦乱跳、大声欢呼的年轻人的尸体坠入冰冷的河水中，呼啸翻腾着着转瞬即逝。亨利及时跳入水中混入众多尸体才免遭厄运。由于恐惧、愤怒与寒冷，亨利浑身剧烈发抖，他默默地告诉自己，所有的惊惧、愤怒连同一切责任与义务均在河水中被冲刷掉了——"再见了，战场！永别了，武器！"亨利逃生后迅速赶往米兰医院与凯瑟琳汇合。为了躲避米兰宪兵的追捕，二人在风雨交加中冒险乘坐小船逃亡中立国瑞士。最寒冷的冬天即将过去时，凯瑟琳因奔波劳顿早产了。医生做了最大的努力，却仍然未能挽救凯瑟琳和婴儿的生命。[①]

这部作品富有强烈的反战情绪，海明威在小说中的立意直指战争对个体幸福的彻底毁灭。小说分成两部分，第一部分描述了主人公如何告别战争，第二部分则讲述了主人公怎样告别爱情。与许多热血青年一样，亨利为了祖国的荣誉与个人价值的实现参加战争，却目睹了军队高层是怎样冷酷无情地射杀自己最优秀的孩子。亨利奋起反抗，告别硝烟弥漫的战场，接受了死亡的浸礼而重生，逃亡到瑞士，希望享受普通的幸福生活。最终爱人与孩子还是难免一死，自己的一生亦终将在痛苦的回忆中度过。战争给亨利造成的伤害绝非一时一刻，它狰狞的阴影将追随着笼罩着亨利的一生一世。凯瑟琳是海明威作品中最温柔、善良、浪漫、勇敢的女性，在她身上蕴含着人类社会得以继续前进的原动力。她的未婚夫丧命疆场，却将无私的爱献给医院中所有痛苦挣扎的青年；她怀有身孕，却鼓励亨利一起

---

① 梗概来源于〔美〕欧内斯特·米勒尔·海明威：《永别了，武器》，林疑今译，上海，上海译文出版社，2009。

冒着暴雨，连夜偷渡奔往瑞士寻求自由与幸福；在手术台上，她与死神搏斗了数十个小时，奄奄一息时不忘安慰亨利不要放弃希望、照顾好他们的孩子。她柔弱的身躯扛起了亨利的大半人生理想，她走得如此安静、如此从容，此后亨利亦心随伊去，灵魂再也无所依托。整部作品弥漫着令人窒息的感伤与迷惘，暗示着无论战争的性质是正义还是邪恶，均将带给世间无尽的痛苦。这种痛苦霍然而至、连绵不绝，没有人可以逃避，没有人可以挣脱。正如在 1940 年的作品《丧钟为谁而鸣》中，海明威引用英国玄学派诗人约翰·堂恩作于 1623 年的《祈祷文集》第 17 篇之祷词："谁都不是一座岛屿，自成一体，每个人都是那广袤大陆的一部分……任何人的死亡均使我受到损失，因为我包孕在人类之中。所以，不必去打听丧钟为谁而鸣，它为你敲响。"

8.1.4.2　五位女性诠释的战争观：鲍里斯·瓦西里耶夫与《这里的黎明静悄悄》

鲍里斯·瓦西里耶夫[①]（1924～2013 年）是前苏联著名的文学家，其代表作《这里的黎明静悄悄》创作于 1969 年。作品远离硝烟弥漫、血肉横飞的大规模战场，通过对五个美丽女性在战争中的悲剧描述，从侧面彰显了战争的血腥、残酷以及对生命个体的戕害与毁灭，作品散发着浓郁的人道主义气息。

　　丽达是一位战士的遗孀，她留给人最深的印象并非视死如归的勇气与镇定，而是那浓得化不开的母爱。丽达有一个两岁的儿子，她瞒着指导员华斯科夫，从自己的给养中省下大半，每周奔波三个夜晚给儿子匆匆送去，其他姑娘们每逢此时亦总是帮丽达隐瞒真相。虽然饥饿与劳累将丽达折磨得黑黄枯瘦，但她依然"两眼幸福地闪闪发光"。丽达对指导员的临终遗言表达了一位年轻母亲对幼子的牵肠挂肚的心酸与难以割舍的柔情。冉妮娅是人间至美的化身，充满活力，耀眼夺目。战争将她推入深渊，她却始终保持着对美的执着追求，甚至将香水与束身衣都打进了军用行装。一个令人动容的细节是冉妮娅在敌军枪口下从容沐浴的图景：年轻饱满的躯体在水中欢快地嬉戏旋转，与岸上一触即发的紧张形势形成鲜明对比，冰冷无情的子弹、青春完美的胴体——瓦西里耶夫以惊心动魄的笔触诠释了战争的残酷。冉妮娅

---

　　① 鲍里斯·瓦西里耶夫出生于斯摩棱斯克军人家庭，从小受到部队生活的熏陶。卫国战争爆发后志愿奔赴前线。1943 年负伤，伤愈后进装甲兵军事学院学习。1956 年结束军人生涯，开始专职创作。于 1954 年开始发表作品，作品题材广泛，其中以卫国战争题材的作品成就最为显著。

最终为了掩护战友牺牲，令人肃然起敬的同时亦带给人们无限哀婉，她的死代表着美的毁灭。丽莎出身贫寒，很小就承担起照顾家人的重担，在孤独与惶恐中度过童年。她最渴望的是找到一个可以依靠的男人臂膀，平静幸福地度过一生。遗憾的是，她未能等到坚实宽厚的臂膀，却陷入沼泽地，最后被淤泥无情吞噬。直到生命临终的一瞬，丽莎仍然在憧憬着未来——一个对光明与温暖抱有如此渴望之情的女人，转瞬间被邪恶的战争卷入无尽的黑暗，令人欲哭无泪。索菲亚是个普通女人，出身普通、外貌普通、性格普通，甚至连她的牺牲似乎也普通之极，她是在为指导员取回烟斗的路上被敌人杀害的。在战争中，有多少索菲亚一样平凡的人被戕害、被毁灭。他们活着平平淡淡，死得无声无息，而民族前进的历史、人间道义的担当正是由无数个索菲亚以瘦弱的臂膀在支撑着、推动着。嘉利雅是五个女人中最为脆弱的一个。她自幼在孤儿院成长，残酷的经历使得她不停地编织着美丽的谎言来安慰自己。我们无法指责嘉利雅的胆怯，这是人之本性。面对怯懦，有的人可以顺利地逾越，有些人却永远无法摆脱。习惯于在谎言中生活的嘉利雅，最终未能逃避战争强加给她的残酷现实。当她看到战友一个个遇害，当她看到童话般美好的世界被战争所屠戮、被鲜血所玷污，她终于无法应对这一切。她疯了，在狂奔呼喊中被敌军击毙。嘉利雅的崩溃，正是对战争戕害人性的最深最痛的控诉。①

这是一部战争题材的作品，是一曲人性的赞歌。五位女性以最柔弱的身躯、最落后的武器与十六名装备精良、训练有素的德国士兵对抗，成功保卫了祖国的运河与铁路，她们无愧于民族英雄的荣誉。这是从历史理性的角度进行的评价。难能可贵的是，瓦西里耶夫超越了客观、历史、集体层面的思考角度，站在另一个视角来审视战争带给人类个体的灾难，表达出对个体生命的关怀与个体价值的思考。

作品所塑造的五个活生生的女性形象，有自己的性格、理想、爱好，当然也不免具有女性特有的嫉妒、多心、虚荣等特征。即使如此，这也是一群可爱活泼的女性。如果没有这场战争，她们将沿着读书、恋爱、嫁人、做母亲的轨迹走完女人幸福的一生。然而，一个女人完整的人生体验于她们而言是一种奢望，她们年轻的生命与醉人的笑容永远定格在白桦林

① 梗概来源于〔苏〕鲍里斯·瓦西里耶夫：《这里的黎明静悄悄》，王金陵译，北京，人民文学出版社，2004。

中，她们的生命之花在绽放得最为绚烂的季节被战争毁灭。她们本该与世间最美好的事物联系在一起，却带着美丽、青春、柔情以及对未来的憧憬被埋葬在树林中，从此寂寥无声。还有比这幅图景更能表现出人类对罪恶战争的谴责之情吗？这五位女性的牺牲是壮烈的，人们对她们的行为感动、崇敬的同时，更从心底感到痛惜与沉重。这种始终弥漫于作品之中的忧伤与沉甸甸的叹息，寄托着瓦西里耶夫强烈的社会责任感以及对人类个体生命的深切关怀。

8. 1. 4. 3　邪恶的童真：威廉·戈尔丁与《蝇王》

英国作家威廉·戈尔丁①（William Golding，1911～1993 年）擅长使用批判现实主义的写实手法来对寓言进行创作。他是西方传统"人性本恶"的伦理观的坚定信奉者，认为人类历经数千年积淀而成的文明在罪恶人性的面前着实不堪一击。

威廉·戈尔丁的代表作《蝇王》（1954 年）属于典型的"寓言小说"，描写了一场发生在太平洋孤岛上的未成年人之间的斗争，幼童们善良、怜悯、正义感的丧失寓指着人类生来具有的罪恶本性。戈尔丁历经了两次世界大战，沉重的历史观与责任感促使他不得不对这两场席卷世界的灾难进行深刻的审视与反思。在这部小说中，戈尔丁以独特的视角、冷静的思绪挖掘着战争的根源，探讨着这种人类社会的自相残杀行为千万年来从未停止的原因。故事情节在人性的原善与原恶中交织发展，小主人公则在理性与非理性的状态里挣扎呼号，临时组成的岛屿社会在文明与野蛮的冲击下飘忽不定。戈尔丁击碎了"人性本善"的童话，旨在警诫人类，文明、理性、法治等理想，在欲望和野蛮面前，是如何的不堪一击。

18 世纪浪漫主义、19 世纪批判现实主义作家均认为，未受人类文明污染的、处于自然纯真状态中的人性是最美好的。例如华兹华斯认为儿童更接近上帝，因而是善的；卢梭在《爱弥儿》中倾其笔墨赞美儿童是善与美的象征；狄更斯习惯于以儿童的目光打量世界，将人类归为好人与坏人两大类，放大一切善良与一切黑暗。与 18 世纪启蒙思想家与 19 世纪实证主义文学家的观点相左，20 世纪的《蝇王》中最令人痛心的结论是：人类最大的威胁来自于本应天真烂漫的孩童。

---

①　戈尔丁是 20 世纪著名的英国批判现实主义文学家。生于英格兰康沃尔郡一个知识分子家庭，自小爱好文学。1934 年入牛津大学学习文学，获文学士学位。1940 年参加皇家海军，投入"二战"。1945 年退役，成为大学教授。1955 年成为皇家文学会成员。由于他的小说"具有清晰的现实主义叙述技巧以及虚构故事的多样性与普遍性，阐述了今日世界人类的状况"，1983 年获得诺贝尔文学奖。

　　未来世纪的某一天，人类陷入核战争灾难。一艘英国战斗机将一群男孩从本土救出，降落在南太平洋深处荒无人烟的珊瑚岛上，飞行员遇难。这群孩子最大的十二岁，最小的六岁。他们脱离成年人的监护，开始了独立的荒岛生活。刚开始，孩子们在民主推举出来的领袖拉尔夫的组织下，在机智博学的皮吉与善于思考的西蒙的辅助管理下，过着秩序、和谐、理性的生活。好景不长，另一个也具有同样能力与智慧的男孩杰克开始与拉尔夫争夺领导者的位置。孩子们自然分成两派，开始自相残杀，最终使得整个海岛燃为灰烬。滔天火光将一艘英国军舰吸引而至，孩子们得以拯救。①

　　故事的小主人公有四人，分别是成年人社会不同人群的代表。十二岁的拉尔夫是英国海军司令的儿子，有较为丰富的航海知识，理性勇敢、乐观自信，具有非凡的号召力与领导能力。是他首先捡起一只海螺，通过海螺声将分散啼哭的孩子们召集起来。其后，这只海螺便成为孩子们心目中民主与集体的象征。大家开始制订规则，分工合作——搭建茅屋、采集浆果，大小便在指定地点，遇事开会举手表决，海滩上专门有人负责照看永不熄灭的篝火作为求援信号，逐渐在岛上建立起社会秩序。但拉尔夫对权力的把握能力却非常薄弱，他甚至无法保证作为求救信号的篝火始终燃烧，而此时正好有一艘巨轮经过，未能发现他们。最终，拉尔夫未能带领小伙伴们走向光明，在激烈的争斗中，拉尔夫仅有的两位支持者横遭不测——皮吉被石头砸死，西蒙亦遭乱棍打死。两个男孩的悲剧充分说明，文明是如此轻易地被野蛮征服，理性是如此不堪地被蒙昧吞噬，民主社会在专制与暴力面前更是显得疲软无力、不堪一击。甚至拉尔夫本人，最终也险些无法坚持自己所提倡的民主与文明，他实在无法抵御杰克一伙儿烤猪肉的香味的诱惑，因而疯狂参与了猎杀西蒙的罪行。当这些孩子最终被英国军舰所拯救时，拉尔夫放声大哭。

　　杰克是与拉尔夫旗鼓相当的实力派男孩，在作品中代表着人性的原恶、兽性与非理性。当拉尔夫被推选为岛屿首领时，他虽然不满意，却对选举产生的"合法"权力无可奈何。他对拉尔夫所谓文明、民主的做法嗤之以鼻，当孩子们因看管篝火和打猎的分工发生争执时，杰克意识到自己的时机到了——打猎意味着可以吃到肉，吃肉则意味着某种特权的享有，尤其是当其他孩子只能啃浆果的时候，这种诱惑对于争取到必要数目的追

────────────

①　梗概及本节所有引文来源于〔英〕威廉·戈尔丁：《蝇王》，龚志成译，上海，上海译文出版社，2009。

随力量是至关重要的。在杰克成功获取打猎的权利后，血腥的猎捕过程进一步激发了其人性中的原恶。在杰克的引导下，打猎演变为孩子们的狂欢，破坏、毁灭的本能被演绎得淋漓尽致，象征着拯救意义的篝火在孩子们上岛以后首次熄灭了，他们错失了一次得救的宝贵机会。望着这一切，拉尔夫质问："你们要法律和得救？还是要打猎与破坏？"相比拉尔夫遥远的许诺与希望，可以吃上肉的现实诱惑对其他孩子显然更大一些。越来越多的孩子亲近杰克，杰克成功地篡夺了拉尔夫的权力。在杰克的带领下，这个岛屿社会彻底摆脱了人类文明的拘束，人性原恶得以充分释放。为了获取烧烤猪肉的火种，杰克带领孩子们袭击了皮吉与拉尔夫，点燃了烧毁整个岛屿的熊熊烈火。可以看出，这些年幼的孩子的身上凝聚着人性丑恶的多重侧面：仇视文明、崇尚野性、专制独裁、嗜血成性。

皮吉是一个矮胖的、患有严重哮喘病、无法从事体力劳动的胖孩子。他喜欢思考，代表着人类的智慧与知识。他鼻子上的眼镜是自然科学的象征——正是皮吉告诉大家，应当升起永不熄灭的篝火，才有生存下去的希望；正是皮吉用自己的眼镜聚光取火，升起了荒岛上第一簇象征生命的熊熊之火。尽管如此，皮吉仍然受到小伙伴的嘲笑。杰克在烧猪肉时没有火种，遂派人去偷皮吉的火种，而且打算将皮吉的眼镜一并偷走。皮吉最后是因为保护他的眼镜而被杰克一伙用大石头砸得脑浆迸裂，却仍然紧紧抱着海螺不松手——民主与科学的力量永远不可战胜，这是皮吉至死都坚守的信念。皮吉的形象塑造凝聚着人类知识分子的风格，他们无权无势、备受嘲讽取笑，却给世界带来了光明与进步；他们指引民众相信美好事物的存在，他们为人类的发展指明了方向。也正如皮吉一样，他们自尊而敏感，敢于蔑视权贵，傲然站立于暴力与屠杀面前，指责专制与愚昧；同时，他们又拥有最脆弱的肉体生命，往往被暴力轻易扼杀而毫无还手之力。皮吉的死象征着理性与科学被黑暗的人性所虐杀。

西蒙扮演的则是人文思想家的角色，在戈尔丁笔下，西蒙犹如基督教中的先知。他正直聪慧、目光犀利，对真理的探求执着而热烈。岛屿上的孩子惧怕孤独，西蒙却相反，他热爱独处一处、冥思苦想。西蒙习惯于与自己的内心进行对话，自觉地反省与思索着内心的黑暗面，这一点是其他孩子难以比拟的。他意识到小伙伴们对"蝇王"的恐惧其实来源于对自己内心深处"恶"与"死亡"的本能抵制，因而告诫大家不必担心，"蝇王"就是自己黑暗的内心。孩子们对西蒙的解释将信将疑，于是西蒙决定亲自爬上山顶去探个究竟。戈尔丁在作品中加入西蒙与"蝇王"的大段对白，指明人性无法抗拒的黑暗面，同时也预言着这位人类先知的悲剧宿命。西蒙不顾"蝇王"对自己厄运的警告飞奔下山，打算尽快将"蝇王就是飞行员躯体与降落伞的残骸"的真相告诉小伙伴们。但孩子们此时正在杰克的领导下举行野蛮的祭祀狂欢，西蒙居然被当作"野兽"活活打死了——真理的传递者却落得个被乱棒打死的悲惨结局。人类历史中确实有无数个像西蒙一样的圣者与智者，但他们的命运往往令人悲叹。

19 世纪，现实主义作家将"恶"看作是部分人类堕落的结果，而 20 世纪的作家则从群体意义审视人类本体意义上的善与恶。通过这部小说，戈尔丁以童心的世界展现了人类社会屡遭浩劫的缩影。戈尔丁将战争的发动归结为人性的原恶。邪恶的本性之所以潜而不露，是因为受着文明的约束；一旦脱离文明社会，它就会立刻被激活，酿成世间种种惨剧。正是由于人们总是不能够也不愿意正视自身的恶，悲剧才一次次地发生。戈尔丁用心良苦地塑造了孩童——通常意义上最纯真无邪的代表——作为灾难的始作俑者，是为了揭示人性中最容易被掩盖的本质。这群来自人类高度文明领域的男孩，文明社会苦心孤诣灌输给他们的自由、民主、平等的意识在孤岛的环境中迅速分崩离析。其根源就在于人之本性的无可抑制，以及理性判断和道德良知的脆弱性与欺骗性。杰克及其追随者逐渐融入一个剥离了文明社会炫目光环的、浸淫着原欲与原恶的状态中，乐不思蜀。作品中有一个细节，杰克有一个习惯，就是每每戴上"面具"——抹上猪血后，才能够将深思熟虑的计谋进一步实施。他之所以毫无顾忌地行恶，不得不归功于这张"假面"。他还鼓励其他孩子一起戴上"面具"狂欢。有了这副面具，孩子们就可以肆无忌惮地释放自己的兽性，而不必担心生前被他人、死后被上帝辨认出来，心中仅有的一丝羞耻之心、敬畏之感也荡然无存。西蒙最后的惨死，正是拜这一副副面具掩盖下的躁动、丑陋的灵魂所赐。当人类内心原欲在冠冕堂皇的种种藉口下无限发展，并得到社会公众的认可时，这种源于生物意义上的人性原恶，就开始过渡到社会制度层面的自觉的罪恶。

1983 年，戈尔丁被授予诺贝尔文学奖。颁奖词对《蝇王》思想特点作出精确诠释："现实主义的叙述和象征体系的巧妙结合，典型地代表了人们从那两场旷古灾难中引发的对人性思考，旨在呼吁人们正视自身的残酷与贪婪，医治人们对自我本性中的恶的惊人的无知。"① 正如"蝇王"与西蒙的对话中所预言的——"由于将罪恶看做是超乎于自体的、发生在别人身上的事物，因而人们认为自己所承担的使命是神圣、正义的。在这

---

① 〔英〕威廉·戈尔丁：《蝇王》，龚志成译，上海，上海译文出版社，2009，序言。

种心理的支撑下，暴力与战争频仍出现，而战火一旦蔓延，便无法抑制，
总要鲜血流尽，整个荒谬、残酷的过程才算完成。"戈尔丁在《蝇王》中，
借这场发生在未成年人社会中有关人类本性的战争，再现了 20 世纪两场
荒谬残忍的世界大战的根源。因而，该部著作远非仅是一部虚拟化的科幻
作品，它是人类历史的真实再现与演绎，对于我们认识人性、思考人类社
会的未来发展具有重要意义。

8.1.4.4 "德意志的良心"：雷马克与《西线无战事》

"我们应该反对战争，因为战争永远都是少数人挑起的，可是他们从
不到战场，却派了成千上万的年轻人去送命。"《西线无战事》（1929 年）
的作者雷马克如是说。

埃里希·玛利亚·雷马克①（Erich Maria Remarque，1898～1970
年）是当代德国最重要的作家之一，他继承了 19 世纪德国最重要的批判
传统和民主传统，用自己激情的笔墨呼吁正义、抨击邪恶，响亮地表达人
民的声音，被评论家称为"德意志的良心"。1929 年，雷马克出版了一生
中最重要的作品《西线无战事》，奠定了他在德国乃至世界文学史上的重
要地位。小说将艺术视野由军官转向普通士兵，深刻再现了一位普通士兵
在战争中的情感经历与感受。这部小说也是"一战"时期被毁灭的德国青
年一代的代言书，一出版就引起无与伦比的轰动，尤其受到各国青年的热
烈欢迎。

> 小说以一位叫博伊默尔的男青年之口，描述了其在战争下迅速熄
> 灭的生命之火。德国卷入"一战"后，博伊默尔的老师、校长积极鼓
> 励学生弃笔从戎。博伊默尔等四名十九岁的学生来到了战场。其他三
> 个人分别是喜欢深思的克罗普，在炮火中还苦苦背诵物理定律的米
> 勒，以及对女人兴致颇高的勒尔。入伍后，他们又认识了其他四名战
> 友——坚强机智的老兵卡特、一心挂念爱妻的农夫德特林、身体高大
> 的挖煤工夫韦斯特以及食欲惊人的钳工恰登。八个人并不知晓此次战
> 争意味着什么。这群抱着爱国热心的年轻人，怀着对英雄精神的崇拜

---

① 雷马克出生于德国威斯特伐利亚的奥斯纳布吕克市一个虔诚的天主教家庭。祖先是法国
人，1789 年法兰西大革命时迁移到莱因河畔。自幼家境贫寒，父亲在当地普雷勒工厂当图书装
订工人。雷马克参加过"一战"，在佛兰德战役中受伤。1930 年，由于纳粹迫害，雷马克避居瑞
士。1933 年，因《西线无战事》一书，纳粹将雷马克的作品跟托马斯·曼、亨利希·曼等人的
作品一起公开烧毁，随后又因为他拒绝回国而于 1938 年被剥夺了德国国籍。翌年，他转赴美国，
1947 年加入了美国国籍。1943 年 12 月，他的妹妹埃尔夫莉德被纳粹法庭以莫须有的罪名（诬控
她不相信德国会取得胜利）宣判、执行死刑。

走向军队，经过"稍息、立正"等口令性的短期训练就被送上了战场。在前线，他们原先对人生乃至战争的玫瑰色幻想全部破灭了。他们为所目睹、遭受的一切痛苦不堪。"我们看到头盖骨被炸飞的人还活着；我们看到两只脚被炸碎的士兵在跑着，靠着碎裂的脚部残肢跟跟跄跄地拐进了最近一个坑洞；一个二等兵用两只手爬了两公里远，拖着自己被炸烂的膝盖向前；另一个二等兵朝急救所走去，他的肠子从肚子里滑出来盖满了他的双手；我们还看到一些没有嘴巴、没有下巴、甚至没有脸庞的人。""它们（侦察机）出现数分钟后，霰弹和榴弹就发射过来了。我们有一天就这样损失了十一个人，其中的五个卫生兵，有两个被炸得稀烂。恰登盯着墙壁，很久才轻声说：'可以用调羹把他们从战壕墙上刮下来，埋葬在饭盒里'。"在地狱般的画面前，光荣与自豪的感觉随风消散，时刻伴随他们的是痛苦、怀疑与死亡。伙伴们一个又一个地离去了，博伊默尔成为班上八个人中最后一个幸存者。①

作者细腻地描绘了战争给士兵心灵造成的巨大创伤。作为每时每刻经历着死亡恐怖的士兵，博伊默尔的心态已经完全麻木。战争留给他的，只剩下大把的沮丧、迷惘与空虚，以及对未来生活的恐惧——"我们年纪很轻，才 20 岁；可对于人生，却除了绝望、死亡、恐惧以及与悲痛的深渊联系在一起的迷惘浅薄，一无所知。这些年来，我们的工作就是杀人——这是我们有生以来第一个职业。我们对于人生的知识仅只限于死亡。"战争结束前的最后一天，童心未泯的博伊默尔爬出战壕去捕捉生命的精灵——蝴蝶，结果却被冷枪打中死去，"他是往前面扑倒下去的，躺在地上，好像睡着了一样，脸上没有多少痛苦的感觉，有的是一种沉着，差不多是满意的样子。这一天是 1918 年 11 月 10 日，整个前线是那样地沉寂与平静，前线司令部的报告中赫然记录着：'西线无战事'"。

与海明威的反战风格一致，《西线无战事》亦关注着战争与人性之间的微妙关系。昔日的战争文学，从《荷马史诗》到现代的《战争与和平》，人们大多关注的是经历战火考验之后人性的升华，战争中人所着力体现的是高昂的爱国主义、英雄主义以及荡气回肠的民族气节。而《西线无战争》的主题则完全相反，它所讨论的是战争中人性的蜕变以及由此产生的精神危机。在雷马克看来，战争最大的特征就是绝对地剥夺人们的个人意

---

① 梗概及本节所有引文来源于〔德〕雷马克：《西线无战事》，李清华译，南京，译林出版社，2001。

志；而所谓个人的选择，无非就是杀人机器和被杀靶子的角色选择。更重要的是，战争是一种连续不断的行为，这类杀人机器与被射杀的靶子的角色置换也如同工厂流水线一般接连不断。因此，战争的积累也就成为恐惧的积累、厌倦的积累、憎恨的积累。这种积累是不可抗拒的，无论是平民还是士兵，所受的肉体摧残与心灵创伤也正在这种残酷的积累中日复一日地完成。

8.1.4.5　冷酷的预言者：海尔曼·黑塞与《荒原狼》

海尔曼·黑塞①（Hermann Hesse，1877～1963 年）是著名的德裔瑞士作家。他的著作风格独特，试图从宗教、哲学和心理学方面探索人类精神解放的途径。其代表作《荒原狼》（1927 年），大量运用梦幻的形式，将"一战"后欧洲中年知识分子的内心世界淋漓尽致地展示出来，是一部兼具表现主义与批判现实主义色彩的小说。作品根据主人公哈勒尔留下的日记，以第一人称倒叙的方式展开全部情节。

主人公哈勒尔是个敏感、正义的才智之士，有着丰富细腻的内心世界。但他对人世间的虚荣、做作、追名逐利与自私浅薄极其厌恶，价值观与公众舆论时刻发生冲突。他孤独思索着，很少向别人敞开心扉，也根本无法融入现代社会生活方式。在他眼中，无论是祖国、民族还是宗教均失去了崇高的意义；而自然科学、人文艺术亦故弄玄虚、装模作样、令人生厌。在这种心理状况下，哈勒尔接连失去了工作与家庭，独自漂泊异乡。他自称是一位误闯人类社会、在人世间迷了路的"荒原狼"。哈勒尔最大的痛苦来源于自身思维与实践的矛盾性——人性与兽性、崇高与庸俗、光明与阴暗兼而有之。他憎恨市侩生活，却又无法摆脱市侩生活；他憎恨僵硬的秩序，却又离不开秩序。他分裂为无数个自我，最后却发现对社会群体的厌恶感，更多的指向却是自己本身。正因如此，哈勒尔时刻处于一种分裂性人格状态之中。他身上有两种截然相反的特质在斗争着：狼性与人性，二者难以协调，时常发生龃龉，使哈勒尔的精神几近崩溃。一次，他应邀参加私人聚会，却发现与会者皆是狂热、狭隘的民族主义分子，喧嚣好战。他的反战言论受到大家的一致嘲讽。哈勒尔黯然神伤、离开聚

---

①　黑塞出生于德国南部的施瓦本地区卡尔夫城，1923 年加入瑞士籍。父亲是德国人、新教牧师，母亲是法籍瑞士人，是一个虔诚的基督徒。黑塞自幼在浓重的宗教气氛中长大，接受比较广泛的文化和开放的思想，不仅受到欧洲文化的熏陶，也受到东方主要是中国和印度的古老文化的影响。1946 年，"由于他的富于灵感的作品具有遒劲的气势和洞察力，也为崇高的人道主义理想和高尚风格提供了一个范例"，获诺贝尔文学奖。

会，路遇酒吧女赫米纳与音乐家帕布洛。从此，郁郁寡欢的哈勒尔只有通过音乐的旋律与肉欲的享乐才能释放心中的压力与焦躁。具有反讽意味的是，自认为历经音乐的"神圣"洗礼，已经道成肉身，可以将世间一切丑恶看破、能够坦然与人类文明相融、准备重新踏入人类社会的哈勒尔，偶然间看到了赫米纳与帕布洛的萎靡亵态，强烈的占有欲与难以抑制的暴怒激发了哈勒尔内心深处蛰伏的"狼性"，他扑上前去将赫米纳杀死。①

魔幻剧般的结尾是黑塞对人之本性的最深刻揭示。反战力量的中流砥柱、具有极高智慧与克制力的知识分子哈勒尔，一直在孜孜不倦地追寻着人性善的一面，并压抑着蠢蠢欲动的狼性。千百次的思想跋涉使他得出结论——人类必须以具有永恒价值的信仰来指引自己灵魂前进的方向。这种信仰也许就藏在莫扎特等不朽者的作品中，音乐代表着永恒、美好、神圣与崇高。哈勒尔希望人类以爱代替恨，以宽恕代替仇恨，以和解代替报复。在莫扎特空灵、激越的乐曲声中，哈勒尔的精神世界复活了，他信心百倍地希望重新融入污秽不堪却又孕育着美好与和平的世界。诡异的是，思想者历经千难获得的警世真谛在现实的人性面前却是如此不堪一击，一个是仅与他有过肉体之欢的酒吧女，一个是指引他在音乐中摸索出永恒真理的音乐人，面对二人间的缱绻缠绵，哈勒尔却再也无法保持淡定。他那一套对战争的谴责理论通通被疯狂的占有欲、嫉妒、暴怒所击碎，他毫无怜悯地杀死了酒吧女。哈勒尔的悲剧正是黑塞对人性黑暗面的深刻预言与剖析——人类始终无法摆脱狼性，人类的成长始终与毁灭相伴而行。所幸的是，人类思想的先行者，诸如哈勒尔等人，已经在这场不见硝烟的战场上踽踽独行，虽然可能再次成为人的矛盾本性的牺牲品，但毕竟已经开始探索，他正如一只在茫茫荒原上的孤独的狼。

在这部作品中，黑塞借哈勒尔之口对第一次世界大战中人类的贪婪与残酷竭尽所能地批判与排斥，认为战争中充满了暴力与迷信、欺诈与谎言。同时，黑塞又不无疑虑地指出，人们并未从第一次世界大战中吸取教训。②借哈勒尔之口，黑塞警告人们，无数的媒体、演讲、

---

① 梗概来源于〔德〕赫尔曼·黑塞：《荒原狼》，赵登荣、倪尘恩译，上海，上海译文出版社，1986。

② "每天都有成千上万的人们在热心地准备下一场战争，成千家报纸、杂志，成千次讲演、公开的或秘密的会议在宣扬虚假的爱国主义，煽动复仇情结"。〔德〕赫尔曼·黑塞：《荒原狼》，赵登荣、倪尘恩译，上海，上海译文出版社，1986。

会议正在狂热地煽动复仇情绪，一场更为可怕的战争正在酝酿。1939 年，黑塞《荒原狼》发表后 12 年，"二战"爆发，再次将世界推向毁灭的边缘。

8.1.4.6　当死亡滚滚而至：海因里希·伯尔与《列车正点到达》

海因里希·伯尔①（Heinrich Theodor Böll，1917～1985 年）是"二战"后最重要的德国作家之一。伯尔亲历了整个第二次世界大战，在纳粹军中曾经服役六年，被美军俘虏，后被释放。六年的战争生涯成为伯尔早期创作的重要题材。《列车正点到达》（1949 年）是其著名中篇小说，也是一部自传体作品，我们可以从主人翁安德列亚斯的形象中清晰地找到伯尔的影子。

> 　　德国士兵安德列亚斯奉命坐火车返回波兰前线。当时德军全线溃退，回到前线就意味着死亡。安德列亚斯的旅程正象征着从生命到死亡的绝望挣扎——车轮每滚动一圈，便意味着卷走了一些生命。车厢里，他遇到各色人等，有狂热躁动的战争狂人，有麻木不仁的随波逐流者，有像他一样精神濒于崩溃的德军战士。列车经过邻近波兰的一个小镇时，安德列亚斯与战友一起下车寻欢，他们进入的妓院正是波兰抵抗力量的军事据点。妓院中，美丽迷人的波兰姑娘奥丽娜与安德列亚斯邂逅。奥丽娜是一位爱国妓女，在战争中屡次靠出卖肉体向德军官兵刺探情报。欢愉过后，面对陌生的女人，安德列亚斯倾诉着对战争的憎恨与死亡的恐惧，同时为自己短暂、荒唐的一生向上帝忏悔。安德列亚斯的坦诚与真挚打动了这位准备置他于死地的波兰姑娘。最终，奥丽娜决心帮助安德列亚斯逃出死亡的魔掌。②

作为一名具有高度社会责任感与熟稔的写实主义技巧的文学家，伯尔并没有按照通常套路去描述这段发生在惨烈战争间隙的风花雪月，而是通过这段美丽纯洁的爱情，激发了安德列亚斯对自己短暂一生的深刻反省，

---

① 海因里希·伯尔生于德国科隆的一个木匠家庭，信奉天主教。1937 年中学毕业后，在位于波恩的兰帕兹书店当学徒。1939 年夏，进入科隆大学学习日尔曼语言学和经典哲学。夏末时被征召入伍，此后一直在军中服役，直到 1945 年 4 月被美军俘虏，并在同年 9 月被释放。1947 年，伯尔开始发表短篇小说，1951 年成为职业作家。1972 年，"为了表扬他的作品，这些作品兼具对时代广阔的透视和塑造人物的细腻技巧，并有助于德国文学的振兴"，伯尔被授予诺贝尔文学奖。

② 梗概及本节所有引文来源于〔德〕海因里希·伯尔：《列车正点到达》，潘子立译，载《海因里希·伯尔中短篇小说选》，北京，外国文学出版社，1980。

对作品的内涵向纵深挖掘，继而赋予其探及人类灵魂深处的罪与赎关系的震撼力。随着火车正点开向终点，死亡真实迫近，安德列亚斯心中的独白显得异常令人动容。他决心"这一生的最后第二夜"绝不可以在睡眠中度过，他现在最渴望的是忏悔，"他为自己在巴黎声色犬马的生活而忏悔；他向曾经辱骂、捉弄过的校园老教授忏悔；他向教堂的传教士、向同班战友忏悔；他向天寒地冻的夜晚被他推进水沟里的又冻又饿的妓女忏悔；他向战场上被他像野兽一般屠杀的敌人忏悔。"安德列亚斯希望能够以这种虔诚的悔过与祷告，冲淡即将奔向死亡的恐惧与迷惘。

伯尔在接受诺贝尔文学奖的答辞中解释，安德列亚斯的忏悔，不是单纯认罪与否的问题，也不是简单地追究到底谁是"凶手"、"谁该为这场灾难负责"等具体责任问题，而是透过忏悔，展示安德列亚斯与自己灵魂的对话。这种对话不是简单的"善与恶"、"罪与罚"的较量，它实际上搭起了"忏悔"与"救赎"间的桥梁，承认自己的罪，赎还未来的生。这种澄净安然的心灵独白，以及向往善良人性的赤诚之愿，都令人怦然心动。在世界战争的大背景之下，安德列亚斯作为卑微的个体，虽然只能随波逐流，成为纳粹手中的棋子，却依然怀有一颗可鉴之心，不愿"为这场肮脏的战争丢掉性命"。安德列亚斯在这辆"正点到达"的列车上的一系列深思与忏悔，不仅是其心灵恐惧与困惑的呈现，更是对人生终极意义的追问。在安德列亚斯与奥丽娜短暂而永恒的爱情故事中，两个被战争所摧残、处于"敌对阵营"的年轻恋人，居然兴致颇高地谈论着华沙艺术，弹奏着肖邦的钢琴曲，品尝着家乡的葡萄酒，并亲自动手煮咖啡；情到深处，奥丽娜甚至要求安德列亚斯望着她的眼睛承诺对她的"爱"。这种在和平时期随处可见的爱情美景，再现于一位年轻人即将奔赴死亡的前夜，着实令人备感窒息、惶恐与颓丧。生与死、敌与友、邪恶与美好、忏悔与救赎，这一幕幕以爱恨交织、温柔缱绻刻画出的镜头彰显着人性对爱与温暖的普遍诉求，揭示了战争本身对一切美好事物的残酷扼杀。

8.1.4.7　直面罪愆的爱与救赎：本哈德·施林克与《朗读者》

如果说《西线无战事》《荒原狼》与《列车正点到达》等德国文学所要表现的是"一战"、"二战"中德国人对战争本身的质疑与谴责，那么半个世纪后的又一篇轰动世界的德语小说《朗读者》（1995年），则进一步探索了德国战后一代直面罪愆、沉重救赎的主题。作品文笔平实洗练，立意直逼人性，情感动人至深，揭示了历经战争创伤后复杂人性中的真挚、善良、勇气与大爱。

本哈德·施林克① （Bernhard Schlink，1944 年～） 是一位职业法学教授兼法官。基于对法学理论的熟稔于胸，基于对人的本性的深切关注，基于天赋的独特视角与犀利目光，基于对普遍存在问题的反思本能，施林克总是竭力抗拒着格式化的有罪指控与道德谴责，时常向僵化冷漠的法庭判决与舆论导向发出质疑。他虽然对于单纯法律评判的僵硬与局限深表遗憾，但在职业生涯中却又无法跨越黑白分明的罪与非罪的界限。因此，施林克希望能够借助文学作品的细腻视角，穿越非此即彼的冰冷的法律逻辑，去触摸隐藏于客观罪行中复杂的人性，追逐作为法学家与司法官无法实现的梦想。

德国主流日报之一——《南德意志报》曾骄傲地将施林克诩为"德国当代文明伤痛的发现者"②。回望 20 世纪的德国史，就是一部由"伤痛"组成的历史。"一战"、"二战"带来焦垣遍野、残骸满目，战后经济重建遭遇的拮据与耻辱，面对全世界愤怒谴责时的惶恐与忏悔，以及历史断片中苦苦支撑的民族精神。但是，历经了众多苦难的德国，最终站起来了，它在伤痛中沉思，亦在伤痛中崛起。勇于正视自我、勤勉反思历史，这是对这个民族踏实、自勉、自省精神的最好诠释。正如施林克所述，他写小说的目的是"让更多一代的德国人分享、审视这段屈辱的历史，这是一段所有德国人无法回避的当代史"。因此，"我儿子那个年纪的人需要读，我两个孙女那个年纪的人也应该知道，现在的尊严与自由生活并不是凭空而来。上一代甚至上上一代的民众为此背负了太多的重责，付出了太大的代价。"③

《朗读者》讲述了一个关于爱情、谎言、正义、罪恶与救赎的故事。

男主人公米夏·白格，十五岁时邂逅了三十六岁的单身女人汉娜，二人成了秘密情人。米夏在汉娜身上体验到性的启蒙，但他也必须满足汉娜颇为变态的请求——每次做爱前后均要米夏为她朗读一篇文章或者一段名著。二人的关系延续着，米夏的朗读声也弥漫着。一

① 施林克出生于北莱茵威斯特法伦州的比勒非尔德。中学毕业后在海德堡的鲁普莱希特—卡尔斯—海德堡（Ruprecht-Karls）大学和柏林自由大学学习法学。1975 年在海德堡获取法学博士学位，1981 年获得大学任教资格，执教于波恩与法兰克福大学。1992 年起，他在柏林洪堡大学从事公共法律与法律哲学的教研工作，1987 年开始成为北莱茵威斯特法伦州宪法法院的宪法法官。小说《朗读者》在欧洲、美国获得了极大的成功，被译成 35 种语言，并作为德文图书第一次登上了纽约《时代杂志》畅销书排行榜首位，由小说改编的电影获得 2009 年电影金球奖、奥斯卡金像奖。

②③ 吴筠：《访〈朗读者〉〈回归〉作者，德国作家本哈德·施林克》，载《文汇报》，2009 - 01 - 08。

天，汉娜不辞而别，幻化为米夏生命中一段难以抹去的记忆。

　　若干年后，二人再次相逢在审理战犯的法庭上。米夏作为优秀的法科学生在法院作案件调查，而汉娜则作为奥斯维辛集中营臭名昭著的女看守，面临着严厉的审判。米夏隐身在法庭最后一排，紧张地关注着这桩案件的审判。随着审判进入实质性阶段，米夏发现了一个重大秘密——汉娜是个文盲！旧时情境一幕幕蓦然浮现，在米夏脑海中飞快滑过：汉娜不认识字，所以才引导米夏接触性爱，并将其看做是米夏"迷人的朗读声"的交换品；汉娜不识字，所以在一次乡村旅馆的幽会中对米夏的不辞而别大发雷霆，尽管米夏在她枕边留下了一纸便条；汉娜不识字，所以在电车公司对她升职时仓皇出逃，以避免高级管理职位所必须具备的公文处理能力；汉娜不识字，所以当米夏认为读书无用而逃课时，狠狠地训斥米夏，并将他粗鲁地推下床；汉娜不识字，所以在米夏父亲汗牛充栋的书屋中，她用手指一个个摸索着书脊上的名字，目光中充满渴望与敬仰……过去的一切疑云烟消雾散，米夏陷入了一生中最茫然无措的状态。在至关重要的答辩阶段，法官基于想当然的心理与疲惫不堪的状态，决定将指控书的副本与所有被告的答辩状发给共同被告阅读，因而省略了当庭公开宣读的程序。米夏立刻敏锐地意识到，这个司法程序上的重大漏洞对于汉娜而言将是一场灭顶之灾——汉娜不识字！米夏紧张地观察着汉娜的反应。她费力地学着其他女犯的模样，装作认真阅读着法律文书的内容。终于，为了掩饰自己不识字的真相，汉娜大笔一挥，在诉状上直接签字，承认自己在"集中营囚犯被焚烧致死案"中是主犯，坦然将其他女看守的职责全部包揽，因而面临着重刑判决。此刻的米夏濒临崩溃边缘，他多想上前高声喝止汉娜这种愚蠢的行为，但又怕一时冲动带给汉娜难以挽回的终生耻辱与伤害。犹豫之间，法庭宣判了对汉娜的裁决——终生监禁。汉娜临走时，刻意瞥了米夏一眼，那是一种无所顾忌的、高傲而又怨恨的目光，也许其中还包裹着浓浓的爱与感激之情。原来汉娜一直知道旁听席上米夏的存在。

　　米夏决定挽救狱中汉娜的灵魂。他认真地朗诵着汉娜以前喜欢的作品，并制作成磁带定期寄给汉娜，以这种方法保守着世间仅有他们两人才知道地秘密。十多年过去了，被假释前夕，汉娜终于在狱中学会了读书、写字，并给米夏寄去了亲手书写的明信片。在米夏去监狱迎接汉娜出狱的前一天，汉娜上吊自尽。①

这是一个看似有关不伦性爱与纳粹罪行的畸情故事，其中却包含着另一个更为深刻的主题——德国的自我救赎与精神回归。小说再现了德国战后一代人反思历史问题时徘徊于理智与情感之间的矛盾，展现了他们在成长过程中所背负的沉重的历史十字架，反映了他们审视父辈罪恶的独特视角。女主角汉娜承载着纳粹时期德国的气质，男主角米夏则是战后德国的象征。他们是亦母子亦恋人的关系，从一体中开始分裂、反省、交融。汉娜的反省之日，就是她的肉体死亡之时；而米夏并不能从汉娜的被惩罚与覆灭中得到心灵的平静，米夏找回自我的过程就是其不断反省、不断救赎的过程，这也是汉娜的灵魂最终"回归"米夏的唯一途径。

接受《世界报》采访时，施林克一再强调："……它不是关于纳粹与Holocaust②，而是战后一代与前一代之间的关系，关于罪责。"历史环境、群体责任与个体责任间的同向与分裂、谎言与真实间的冲撞、正义与邪恶间的对话构成了该部作品的基本主题，而这个主题是通过米夏对汉娜所抱有的矛盾心态去展现的。这是"战后一代"对"战争一代"所持有的特殊感情：亲近与憎恶、迷惑与释然、爱慕与抛弃、理解与审判。在米夏眼里，汉娜魅力无穷的躯体中严密地包裹着一个重大的秘密：她那骄横跋扈、不可一世的集中营女看守的身份，她那引导米夏享受美妙性爱的沾满了无辜平民鲜血的双手，她那飘忽不定的隐藏着谎言又闪烁着爱欲的双眸，她那段纠缠不清的令人愤然诅咒无所适从的灰色历史……所有的一切构成了这幅以好奇、抑塞、迷惑与愤怒为基调的暧昧图景，静静地等待着米夏一步步深入而艰辛的探询。

作品由三个部分构成，其中贯穿着"灵与肉、罪与罚、祈祷与救赎"主题的核心脉络即米夏与汉娜之间的"朗读"与"倾听"。第一部中，米夏与汉娜的结合是偶然的，但二者欢愉、激昂关系的保持却以角色互补为基础——米夏在汉娜的躯体中完成了以男孩到男人的历练；同时，汉娜借米夏之目与口，获得了梦寐以求的阅读能力。汉娜的生活方式极端自我，她的世界从来无须他人介入，她与米夏造爱的初衷亦难以推测，或者是与生俱来的占有欲望，或者是百无聊赖中的寻求刺激，或者是以米夏的纯真来抵御内心深处对纳粹经历的惶恐与厌恶。不管如何，当纯粹的肉体交流

---

① 梗概及本节所有引文来源于〔德〕施林克：《朗读者》，钱定平译，南京，译林出版社，2009。

② 焚烧的意思，专指屠犹。

被随后的"朗读"行为介入时，二人之间的关系也从肉体融合升华至精神依托。他们不仅是性爱的伴侣，更是精神上的知己，这种亲密的关系随着时间的磨炼愈加清晰可辨。

第二部中，集中展示了对纳粹战犯的审判情境。与这场审判相关的角色可以划分为以下五类：被告、证人、法官、律师与听众。审判伊始，各类人物的角色标签尚且明晰；但随着审判的深入，正义、邪恶、罪恶、良善、无辜的界限逐渐变得模糊，客观化的法律推理与逻辑判断变得软弱无力。施林克考察了刑法条文所规定的"罪"与"二战"后成长起来的新一代德国人心理层面上的"罪"之间的重叠与分离，刻意将犯罪主体的明晰性隐藏，赋予汉娜的罪行以模糊的面孔，继而将罪责直指整个社会。就汉娜加入党卫队的动机而言，她完全是出于对战争的无知与求生的本能——"当审判长质问汉娜参与每个月末筛选死囚执行的动机时，汉娜迷惘自喃道：'我曾经……我以为……那么，要是您的话，您会怎样做？'"这句坦率而真挚的反诘将审判长推向尴尬的沉默，他拙劣的推搪之辞难以掩饰突如其来的心虚与惶恐。相信在场的听众，没有几个人能够自如地回答如此犀利直白的质问。在极权当道、无可选择之时，底层民众的奢望不过是生存下去，无论以何种方式苟活，均无高贵、正义、轻松可言，人类的灵魂在集权、暴力与屠戮面前注定会发生扭曲异化。对于特定环境下堕落的灵魂，任何一个置身事外的评论者的言论都将是肤浅、缺失的。法庭审判中的一个细节格外引人注目——"共犯们纷纷指证汉娜对集中营中的同性囚犯恣意亵玩的罪行，而集中营幸存者的证词却证明：汉娜并未对女囚实施性侵。事实上，汉娜是将囚犯中最柔弱多病的女犯挑选出来，关在房内为她朗读；一方面减少犯人被选择处死的机率，另一方面她借朗读者的朗朗读书声作为鞭笞罪恶、回赎灵魂的有效手段。回忆起这一幕，汉娜泪如雨下，但依然倔强地维持着可怜的自尊，未对事实进行进一步澄清。"

第三部中，主要描述了汉娜在狱中服刑及离世的情形。与第一部分相呼应，米夏与汉娜之间再次建立了隐秘而浪漫的情人关系，但这次不是肉体上的伴侣，而是精神上的支撑。就米夏而言，他对汉娜既憎恨又热恋，既渴望接近，又强烈排斥的郁结感情在"朗读"行为的牵引下如决堤之水一泻千里，这种朗读的冲动是无可遏制、难以替代的。在米夏的内心深处隐匿着深深的负罪感——他是唯一知晓汉娜秘密的人，他是唯一能够使整桩案件真相大白的人，他是唯一可以还汉娜以公正评价的人，他同时又是必须保持冷静、坚持缄默的人。于汉娜而言，米夏寄给她的"朗读磁带"是她在监狱中唯一的寄托，是她生存下去的唯一理由。通过朗读，汉娜在狱中一直叩问着内心，与自己的灵魂对话。当米夏第一次也是唯一一次探监时，在米夏的一再要求下，汉娜对自己在法庭上的不辩解作出了解释，尽管这种解释晦涩难懂，仿若梦呓。"你对此耿耿于怀吗？小家伙。我一直有种感觉，感到没有人理解我，没有人知道我是谁，我做过什么。你知道吗，如果没有人理解你，那么也就没有人有权力要求你做出解释说明，即使是法庭也无权要求我做出解释说明。但是，那些死去的犹太人却可以这样做，他们理解我，为此他们不必非得在场。在这监狱里，他们和我在一起的时候特别多，他们每天夜里都来，不管我是否想让他们来。"她认为，如果没有人理解她，她的所有辩解均为徒劳。事实上，她与犹太冤魂间的交流与忏悔一直在内心世界中进行着、持续着。当汉娜最终学会了认字，阅读之余可以给米夏书写问候明信片时，她对人生已了无遗憾；当她通过 18 年的狱中朗读，于漫漫长夜中思索着自己的一生，了解到自己在这场惨绝人寰的悲剧中扮演着怎样不光彩的角色，这一切都是她那高傲的灵魂所绝难容忍的——在出狱的前一夜，汉娜选择了自杀。她留给米夏的遗书虽然只言片语，却饱含着对米夏刻骨铭心的爱与感激，以及对自己曾经犯下的罪过的痛悔与释然。

　　可以看到，"朗读"是汉娜正视悲剧命运、排遣心理积郁、获取最终救赎的唯一途径。米夏在汉娜面临深渊的一刻犹豫、迷惘，未将她从噩梦中拯救出来。这对于汉娜而言，也许是最好的结局，但米夏的良知却受到谴责，他正是通过饱含激情的朗读向汉娜传递了内心深处的愧疚，恳求她的宽容与理解。而汉娜在接受到磁带的一瞬，亦是借助米夏的"朗读"使心境得以平复。汉娜并未对自己的罪行作出任何公开道歉，但其最终的遗愿却满载着对受害者及其后代的深刻忏悔——她将自己放在茶叶罐中的一生积蓄，委托米夏转交给"犹太反盲（文盲）联盟"。整部作品中有太多的细节包含着无穷解读的可能，"朗读"作为一种心灵的探索，需要朗读者与倾听者的默契方能完成。正是通过"朗读"，米夏与汉娜的人生轨迹才有了交集——它成功开启了二人之间的灵魂对话，有效疗治了战争在两代人精神上的创伤，及时召回了在战争中被扭曲的人性，引导着战后一代德国人在历史的断片中去追寻、去拼接、去解读、去承继这份沉甸甸的意蕴与责任，救赎心灵、回归自我。

　　作为一名职业法学家，施林克身上体现着一种难得的综合素质：他既是一位认真聆听来自不同方向的当事人声音的法官，又是一位具有强烈思辨精神的法学教授，还是一位对所承担社会责任不遗余力地去践行的文学家。多重角色的兼具使得他能够在对法学的思考中折射出浓厚的人文关怀气息，在文学创作中融入对法律局限性的探讨与反思。施林克认为，第三帝国带给德国的经验是，"罪责涉及的总是过往的东西"，它不仅与个人的过去行为相关，还包括行为时的整个历史与时代背景。这种"过往"与"当前"是紧密相连的。比如说，Holocaust 的阴影将使得纳粹一代的"过往"罪责延伸为战后数代德国人生活与思考的主题。① 故事的男主人公成年后成了反叛的大学生，代表着竭力控诉纳粹罪责的战后一代；当他在法庭战犯席上再次看到旧日恋人时，心目中法学理论支撑的客观标准顿时轰然坍塌。他最终选择了在法庭上保持沉默，没有为了使汉娜获得正义的审判而还原真相——米夏一直困惑于自己的选择，他曾经向作为哲学教授的父亲寻求指点："作出无法修正的终生大谎，是否可以算作尊重别人对命运的自主权？""一个人的行为与责任，如果由另一个于此并不直接相干的人来承担，是否具有合理性？"然而，父亲对他的问题表示爱莫能助，只是冷静地提醒他："对人的尊重与理解可以以多种方式表述，有时候，爱确实代表着某种残忍、冷漠甚至对道德伦理标准的背叛。""事实上，维持社会运转的并非是我们所认为的道德，而是法律，而且是根据当时而非现在的法律。"这些话点明了作为法学学者与实践者的施林克对法律效力边界的怀疑与思考——法律的追责与惩罚并不能解决所有的问题。关于罪责的承担、延续与分配，施林克解释道，"推动米夏主动对汉娜的罪责进行分担的，只有一个因素，那就是'爱与眷恋'；换种方式说，是'爱'，是孩子们对祖父母、父母、师者、长者的难以割舍的亲情与爱恋，将德国战后一代卷入到对上一代的罪责的审视、裁判与救赎之中。"历史孕育着当今，二者之间的脐带无法割断；在时空上已然消逝的历史事件，总会在人类正走得意气风发时重现阴影，迅疾毁灭当前的爱、并令未来难以开始。《朗读者》向我们所昭示的，正是上述朴素的真理。在特定的历史阶段中，究竟谁是真正的朗读者？他们在朗读什么？他们希望通过朗读倾诉怎样的感情？历史的评判是否具有绝对客观的标准？责任的承担是否允许角色间的延续与互换？正义与邪恶之间是否存在着难以辨别的模糊地带？嵌套着这一系列疑问的画面冲击着读者的视觉，也激荡着读者的内心。在这部主题严肃、思辨色彩浓厚，具有明显德国风格的作品中，施林克意图传达的是值得全人类深思反省的生存危机：《朗读者》是德国的，也不仅

---

① "罪责总是涉及过往的东西。它不仅涉及个人过去的行为，而且涉及过去的时代和一整段历史，并且笼罩着随后的当前，这是第三帝国之后的特别经验。豪劳考斯特的阴影伸展得很远，它使过往罪责延伸为几代人的主题。"〔德〕施林克：《朗读者》，钱定平译，南京，译林出版社，2009，序。

仅是德国的。爱、羞耻、谎言、正义——这些是关系到每个人的主题。

最后，从"二战"中与德国罪行相当的日本人对该部作品的评价中，我们可以看出施林克的这部作品在日本人心目中掀起的反思风暴与敬仰之情。①

8.1.4.8　西方国家对待战争罪责的态度

战争，自人类社会产生起，就始终在不同范围内以不同强度、烈度上演着，杀人工具亦由冷兵器、火器、爆炸物、速射武器、核武器向信息化、数字化多维武器群推进。人类的发展史就是一部对自然资源的占有史、对政治权利的争夺史。西方中世纪一部部优美的民族史诗是人类早期残酷战争的真实写照，但当时的文学家是站在赞美的角度来歌颂自己民族对其他民族的掠夺与屠杀的。随着人类社会的进化与文明的积淀，人们逐渐意识到，无论对于自己还是敌对方，战争均具有共同的邪恶本质。作为最广泛民众意见的代言人，文学家们肩负着揭露战争罪恶、唤醒民族良心、传播公平正义精神与人道主义思想的历史重任。

俄罗斯史诗《伊戈尔远征记》可以说是西方文学史上第一篇对战争邪恶性进行反思的作品。当时的西方史诗均以忠君、爱国、集体主义精神为主流价值进行宣谕，包括罗马史诗、西班牙史诗、英国诗史、德国史诗、冰岛史诗等，均对向异邦的掠夺杀戮行为予以肯定与赞美，《伊戈尔远征记》固然亦不例外，但它与同时期其他史诗最为迥异的禀赋，是其中所深藏的基督徒般虔诚的忏悔与赎罪思想。

法国反战文学的传统由来已久，19 世纪，在人文主义的熏陶下，涌现出一大批怀有人道主义反战精神的作家，雨果、都德与莫泊桑是其中的杰出代表。都德与莫泊桑的作品多是立于本国人民的立场，对普法战争进行的残酷与罪恶进行揭露。雨果则是站在受害民族的立场对本国统治者的罪恶进行批判。1861 年，当雨果得知英法侵略者纵火焚烧了圆明园后，在《致巴特莱的信》② 中为备受屈辱的中国人民仗义执言，谴责英法联军

---

① "亚洲各国指责'日本对第二次世界大战缺乏反省'，对比这本书反映出来的德国人对纳粹深刻的反思，我们日本人简直是什么也没做！"——日本读者书评。"这是一篇让日本人羞愧欲死的艺术檄文。"——日文版《朗读者》译者。〔德〕施林克：《朗读者》，钱定平译，南京，译林出版社，2009，序。

② 巴特莱是随英法联军侵略中国的一名法军上尉，参与了劫掠圆明园。他写信给雨果，征询他对所谓远征中国的看法，本想得到一些赞美褒奖之辞，没想到从雨果那里所得到的却是愤怒的抗议和痛斥。

火烧圆明园、毁灭东方文化的罪恶行径。① 这封信中，雨果以崇高的敬意赞美圆明园是全人类的文明财富；同时，又以犀利的笔触揭露了英法联军野蛮而卑鄙的强盗行径。文末，雨果发出正义的呼声："统治者所犯的罪行并不是被统治者的错误；政府有时是强盗，但人民永远不会作强盗。法兰西帝国侵占了这次胜利的一半成果；今天，它以一种无辜者的天真，炫耀着圆明园里的灿烂古董。我希望，铲除污垢、清洗罪责后的法兰西把这些赃物归还给被掠夺过的中国的那一天将会到来。"在西方殖民主义大兴其道，觊觎东方世界的沃土与财富、践踏东方古国辉煌文明的 19 世纪，雨果站在人类文明的制高点上，始终保持着热爱和平、尊重人类文明、坚持真理、声张正义的本色，对统治者的罪恶行径进行了大胆、犀利、愤怒的鞭笞，向世人展示了一个伟大的法兰西灵魂。"二战"后，法属殖民地纷纷掀起民族独立解放运动，法国文学家以饱满的激情支持这场运动，为人类自由与平等呐喊助威，代表人物有波伏娃等。而法国当代文学家马尔克·杜甘的作品《幸福得如同上帝在法国》（2002 年），更是以一名法国战斗英雄的视角对德国的普通士兵报以深切的同情，从人道主义的角度斥责了战争的荒诞与罪恶。

在英国，早在启蒙思想时期，伟大的人文主义作家斯威夫特就通过格列佛之口总结出英国政府发动战争的六种原因，基本覆盖了不义战争的所有情形。② 斯威夫特以犀利幽默的笔触对英国发动、参与的殖民主义战争的罪恶进行了揭露、讽刺与鞭笞。

在美国，海明威于两次世界大战时期的创作将反战文学推向高峰，他的创作主要是针对战争对本国青年肉体与精神上的戕害摧残。在他之前，马克·吐温曾经站在被害民族的立场，对政府的侵略行径给予强烈的谴责。他对中国爆发的义和团运动极为同情。1900 年 8 月 12 日，马克·吐温在写给朋友的一封信中说："……我完全站在中国人民一面，对他们深

---

① "一天，两个强盗闯入圆明园，一个掠夺，一个纵火，似乎获得胜利就可以当强盗了。两个胜利者把大肆掠夺圆明园的所得对半分赃。伟大的功勋，喜人的收获。一个胜利者装满了身上所有的口袋，另一个见了，也把一个个保险箱装满。于是，他们手挽手笑嘻嘻地回到欧洲。这就是两个强盗的故事。我们欧洲人是文明人，中国人在我们眼里是野蛮人，这就是文明对野蛮所干的勾当。在历史面前，一个强盗叫法兰西，另一个强盗叫英国。但是我抗议。我感谢您给我这个机会让我申明：统治者所犯的罪行并不是被统治者的错误；政府有时是强盗，但人民永远不会作强盗。法兰西帝国侵占了这次胜利的一半成果；今天，它以一种无辜者的天真，炫耀着圆明园里的灿烂古董。我希望，铲除污垢、清洗罪责后的法兰西把这些赃物归还给被掠夺过的中国的那一天将会到来。"

② 参见本书 5.1.2 部分。

表同情与支持！欧洲与北美的匪徒欺凌了中国百姓多年，现在到了中国人将这群土匪赶出去的时候了！"在同年 11 月泛美公众教育协会举办的年会上，马克·吐温更是大胆地宣称："我就是中国的义和团成员！""中国的事情都是外国人搞出来的，列强为何不滚出中国，让中国人自己解决自己的事情？""义和团是爱国的，我祝愿他们胜利！"① 马克·吐温的信笺与演讲对当时政治形势的剖析与评价一针见血，彰显了其坚持正义、热爱自由、不畏强权、仗义执言的民主战士的本色。"二战"后，美国对越南与朝鲜发动了一系列战争，美国的文学作品再次聚焦战争的反人道性，旗帜鲜明地对政府施加压力，《第二十二条军规》《五号屠场》等作品出版，成为当时反对美国政府发动战争、参与战争的文学典型。

可以看到，无论是雨果、波伏娃、马尔克·杜甘，还是斯威夫特、马克·吐温、约瑟夫·海勒、库尔特·冯内古特，这些文学家们均跳出民族主义、国家主义的狭小视野，将目光投向战争双方，以平等、正义的自然标准对人类行为进行统一衡量，对罪恶行径进行谴责，显示了一个真正的文明、独立、正义的民族所应具备的精神气质。

第二次世界大战中，德国、日本作为轴心国成员，对世界人民犯下了难以饶恕的罪行，国际社会对德国与日本的评价普遍以负面居多。战后，作为战败国的德国民众，坦然正视自己的罪行，以积极的行动为纳粹政权时期的劣行悔罪；同是轴心国成员的日本，却至今未承认在"二战"中对亚洲人民、尤其是对中国犯下的罪行，不仅政界要员每年例行前往靖国神社举行祭奠仪式，文部省更在审定的教科书中公然篡改日本对外侵略史，为日本军国主义者的战争罪行竭力开脱。可以看到，日本与德国对本民族在战争中所犯罪行采取了截然不同的态度。

是什么导致了二者对自身认罪与救赎方式的选择大相径庭？我们可以尝试着从承载民族精神的文学作品出发，对二者的文化背景进行简要考察与分析。在德国，民众的精神与心理备受战火的戕残与毒害，在官方话语与意识无法延伸、抵达的空白地带，一定程度上是由文学作品来弥补的。"二战"后涌现出的大批反思文学，事实上充当着民众的代言人，担负起对战争本体进行剖析之责。作品往往站在小人物的视角，以凝重、精练的笔触揭示了战争的荒谬、残酷，渲染了战争的恐怖及其对人性的摧残，表达了德国民众对人类自相残杀的反感，谴责了将全体人类推入苦难深渊的当政者。《列车正点到达》《西线无战事》《朗读者》等杰出的作品，反映

---

① 参见《世界文学》1960 年第 10 期，第 128 页。

了德国民众对国家发动不义战争的深刻反省，对民族罪行的勇敢承担，从人性的深度与灵魂的高度给人们留下回味与沉思，也意味着德意志民族精神的逐渐复活。

反观日本文学界，其在第二次世界大战中扮演的角色却极其尴尬。他们在战前保持群体性沉默，战时组织"笔部队"参与战争并拒绝承担罪责，战后则集体性失忆。

侵华战争爆发前，日本国内反战思想多为日本无产党、全农、全水、总同盟等政党或组织以传单形式在民众与普通士兵间散发。除了西川的作品《团结我们所有的反战力量吧》、金田的作品《什么叫做人民阵线运动》之外，日本大部分作家均保持着冷静与缄默。① 直至 1938年，日本纳普②成员中野重治目睹日本文坛的萎靡现状，发表了出狱后的第一篇作品《蟹霜王树之花》，表达了对文坛堕落的蔑视谴责与对民族命运的悲痛哀伤。以上三部作品是日本发动侵华战争前具有较深思想性的反战文学。

侵华战争爆发后，1938 年 8 月和 11 月，日本内阁情报部向中国战场派出两批文学家，要求他们"以自己的目光和判断力撰写文章"，日本文学界正式加入侵华战争。他们随军跋涉，参加了多次对中国军队的战役，见证了日军对中国平民的屠杀。1938 年年底，这两批作家返回日本本土，以笔为枪，开始大批量制作从军日记、报告文学、小说等文学作品。他们美化侵略战争、掩盖日军暴行、丑化中国军民，成为当时日本媒体大肆赞美宣扬的远东军"笔部队"。以火野苇平 1938 年 8 月创作的小说《麦与士兵》为代表，"笔部队"圆满完成了自己肩负的历史使命。对于这段日本文学界"不必说抵抗，连不合作也没有"的历史，日本当代学者高崎隆治曾作出中肯、客观的评价。③ 一个著名的例子是日本作家石川达三。1938年 3 月，石川达三的纪实小说《活着的士兵》发表，描写的是几个日本士兵在进攻南京的途中，烧杀抢掠无恶不作的种种野蛮罪行——"近藤一等兵当众剥光一名女性的衣服，用匕首刺透了她的乳房；平尾一等兵因为一个中国小女孩儿趴在被日军杀死的母亲身边哭泣而影响了他们休息，便扑上去，用刺刀一阵乱捅；随军僧人片山玄澄，一手拿着念珠，一手拿着军

---

① 黄俊英：《略论侵华战争时期的日本反战文学运动》，《日本研究》1987 年 1、2 合辑。

② 左翼文学家联盟，全日本无产者艺术联盟的简称。

③ "不必说抵抗，连不合作也没有，竟趋炎附势，溜须拍马。文学家们应该从这种可耻的堕落中充分地汲取历史的教训。"王向远：《笔部队与侵华战争》，北京，昆仑出版社，2005，第79 页。

用铁锹，一连砍死几十个已经放下武器并失去抵抗能力的中国士兵。占领上海后，他们强迫中国妇女作慰安妇，成群结队到慰安所发泄兽欲。"这是日本"战争文学"中绝无仅有具有高度真实性的作品，石川达三因此被日本法庭判处四个月徒刑，缓期三年执行。判决十几天后，石川达三再次被派往武汉战场戴罪立功。幡然醒悟的他于一个多月后发表了思想革新后的作品《武汉作战》，努力表现日军的文明之举，试图抵消、抹杀上一部作品中相关描写及其造成的影响。

　　1945 年，日本战败。美国占领军最高司令部曾于 1946 年 1 月发布通告，特别指出"通过文论积极鼓吹好战思想的国家主义的人物——主要指文学者，也在责任追究之列"，认为"笔部队"中的从军作家对于日本军国主义的推进与深化负有不可推卸的责任。在这部具有准司法性质通告的督促下，1946 年 1 月，《文学时标》杂志点了包括火野苇平、石川达三等四十多位"战争协力者"的名字。1946 年 6 月，《新日本文学》又列出包括火野苇平、尾崎士郎等二十五位作家的名字。然而，该责任的追究并没有深入进行。其中主要阻碍力量来自日本文艺评论者本多秋五。在日本《近代文学》杂志社召集的座谈会上，本多秋五曾尖锐指出："如果必须要追究日本文学工作者在战争中的责任，首要前提是确定追究者与调查者的主体资格是否具备。谁敢宣称自己在这场战争中完全没有责任？我想，这样的写作者在日本绝无仅有！"① 本多秋五的发言灵感应该来自耶稣对"行淫时被捉的女人"一案的宣判——"谁没有罪，就可以用石头砸她。"既然任何一位日本作家均不具备追究他人责任的资格，此事只好不了了之。从该事件中，我们得以窥视到日本文学家群体塑像的尴尬与无奈。②

　　"二战"结束后，日本终于涌现出大批以"二战"为题材的作品。遗憾的是，众多战后文学并未对战争罪行进行批判、反省、忏悔，而是在宣扬、缔造所谓的"日本受害论"思想；对日本军国主义给亚洲各国造成的毁灭性灾难、对日本民族在中国犯下的令人发指的罪行，则集体性失忆，试图淡化日本的战争责任，掩盖、模糊甚至否认侵略战争的本质。首先，日本涌现出一批"战争体验小说"。包括野间宏的《阴暗的图画》、椎名麟三的《深夜的酒宴》、梅崎春生的《樱岛》等作品，主题均为战争给参战士兵心灵带来的创伤，对参战者的罪恶行径进行百般开脱。在野间宏的名

---

① 王向远：《笔部队与侵华战争》，北京，昆仑出版社，2005，第 61 页。
② 参见〔日〕石川达三：《活着的士兵》，唐卉译，北京，中国广播电视出版社，2008，序。

作《野火》中，失去人性的一班日本侵略军被描述成战争的受害者——他们在美军的炮轰追逐下四处逃窜，忍受着饥饿的煎熬，只好杀死无辜瘦弱的菲律宾平民，艰难地吞咽着人肉；这段历史，给主人公的心理造成了极大的伤害。武田泰淳的小说《审判》中，主人公与兵站总部的伍长一起到中国村庄抢食物——在"被中国人自己放火烧毁"的空无一人的村庄里，他们发现了一对未来得及逃跑的、相依偎于柴房中的满头白发的老夫妻。这个野兽般的士兵毫无理由、毫无人性地将两位老人用刺刀捅成了蜂窝状。由于这段经历，主人公心灵受到重创，战后无法适应婚姻生活，只得留在上海，承受良心的谴责。其次，日本战后文学对战争给本国国民带来的经济萧条的境况给予了充分描写，代表作品有石川达三的《风中芦苇》、志贺直哉的《灰色的月亮》、石川淳《废墟上的耶稣》等。作家笔下战后的日本成为美国军队肆意践踏的对象，食不果腹、衣不蔽体、露天而眠、凄惶度日。遗憾的是，作品中的主人公即使在如此困顿的环境中也没有一丝对本国军国主义的质疑与谴责，有的只是对美军的刻骨仇恨。他们对苏联军队对俘虏的扣押深感愤慨，对士兵战后回国后的心理创伤予以同情。但作家们始终没有点明或者暗示，这种悲惨境况的根源在何处，对于他们在亚洲的侵略行径只字未提，也未能以己之境况度他人之伤痛。最后，涉及原子弹对日本造成伤害的"原爆文学"，更是将战后日本民族的受害者情结推向高峰。代表作品有大江健三郎的《广岛札记》、井上靖的《城堡》等。作品笼罩着凄惨、恐怖、悲伤的气氛，刻画了百姓们挣扎在死亡边缘的图景。他们要求将日本国遭遇原子弹袭击事件与奥斯维辛集中营相提并论①，他们谴责中国拥有核弹技术是对世界和平的强大威胁。② 这就是"二战"以后日本主流文学所表现出来的"战争观"，这就是日本文学家表现出来的"触及人性深处"的"受害意识"。他们将目光停留在本国于战争中所遭受的伤害与痛苦，却不问这种伤痛的根源在何处，更无视其他民族因此而承受的甚于日本国百倍、千倍的毁灭性灾难。在日本战后文学的情境渲染与心理暗示下，日本民族成功地完成了由战争发动者向战争受害者角色调换，同时也决定着日本民众对自己战争罪责的认知态度（当然，这些作品并不能代表日本所有民众的战争观，但至少在一定程度上引导着民众战争观的形成），既然以"战争受害者"的面目出现，所谓战争罪责的追究即被淡化，对侵略战争的反省、忏悔与批判亦变得毫无必要。

---

① 参见〔日〕大江健三郎：《广岛札记》，北京，光明日报出版社，1995，第124页。

② 参见上书，第113页。

令人欣慰的是，日本当代作家已经开始对这种代表着"岛国根性"的战争观进行重新审视。出生于"二战"后的日本作家村上春树，在 2002 年完成的作品《海边的卡夫卡》中，即包含了对这段历史重新思考的隐喻性结论。小说创作背景是新旧世纪之交，日本民众依然沉浸在一种面对 20 世纪那段战争历史的迷惑中。主人公为了化解"自己将会杀父、奸母、与姐姐乱伦"的预言而四处奔波流浪，但最终，他还是无法躲避被施以诅咒的宿命，血污伴着罪孽一路同行。作品明显继承了古希腊悲剧"俄狄浦斯王"的情节设计与叙事框架，其中却少了一分落拓的悲壮之美，呈现出诡谲多变、神秘隐晦的色调。作品中至关重要的关联性人物是中田君，他是一位在"二战"中失去记忆的人，是他在"失忆"的状态下杀害了卡夫卡的父亲；离家出走的卡夫卡并没有杀人，却在梦境醒转时发现衣服上沾有血迹并获知父亲被杀。中田君失忆情节设计的寓意很明显——"或许是我杀了人，我却没有了记忆"。我们可否尝试着对村上春树的作品作如下角度的解读？[①] 由于选择性失忆，上一辈无法对自己所犯的罪行负责，因而罪责存在的确定性与受罚主体的缺失性便打破了自然界罪与罚的报应关系的平衡，这场罪与赎间的对话势必会延续至下一代的身上。正如拉伊俄斯与俄狄浦斯，这是一个来源于自然法则的预言，也是一场注定无法逃脱的宿命。

8.2　现代主义文学

> 在我逃离的那个社会，若是黑人犯罪，他们会将他浇上汽油活活烧死，慢慢熬死，而此时正义的法律却在一旁沉默！在我的国度里，绝不会发生这样骇人听闻的惨剧！我会让他死得痛快点！
>
> ——［美］奥尼尔《琼斯王》

---

① 之所以作如此解读，是因为村上春树对这段历史曾进行过认真反思。例如他在影片《南京》上映时曾在檀香山寓所接受《华尔街日报》专访，坦言日本人对"二战"的反思与德国人的忏悔完全不同，"纳粹多少是由德国人投票选出来执政的，但是日本天皇制不是民主政治。所以德国人民觉得自己有责任……但我们日本人不觉得对战争有任何责任，通常将错误一把推到天皇体制上。"村上还表示，以他本人上学时的经验，日本教育体系不教中日战争这一段，老师不愿背负"打开潘多拉盒子"之责，害怕来自家长与行政系统的责难。"历史课上到约 1925 年就不教了，老师会对大家说'其余部分请同学自己读吧'"。另外，村上还说，他撰写《发条鸟年代纪》时做足了功课，才知道日俄战争"诺门罕事件"（1939 年）的真相，对日军的作为甚为惊骇，且不解此事为何在日本历史教科书上被"不负责任地忽略"。参见《成都日报》，2006 - 12 - 14。

正义女神应当安安稳稳地站着或坐着，她不应当奔跑不停，这样才能够让手中的天平不再晃动。

——［奥］卡夫卡《审判》

六个钟头后，判决书基本刺刻完毕；犯人需要再花费六个小时的时间通过背部、胸部的创口解读对自己罪行的判决；而此时的机器仍然在一遍遍地加深着犯人肉体上判决的字迹。

——［奥］卡夫卡《在流放地》

现代主义是对 19 世纪 50 年代出现、20 世纪中叶在欧美繁荣的众多文艺流派思潮的总称，以反传统和反理性为主要标志。从 1857 年法国诗人波德莱尔发表象征主义诗集《恶之花》开始，到 1945 年"二战"结束、后现代主义兴起为止，现代主义前后延续了八十余年。现代主义文学的产生有多种因素。总的来说，战后西方人对弱肉强食、激烈竞争的社会焦虑与绝望构成了现代主义的社会土壤；经过三十余年的整合，现代主义逐渐成熟，在 20 世纪初走向了自己的第一个高峰。这种繁荣景观的出现是多种因素综合影响的结果。

首先，从艺术特征考察，作品多以象征、荒诞、意识流等笔法进行创作；从整个流派的共性考察，作家深受唯心主义与非理性主义思潮影响，对垄断资本主义社会中人与社会、人与自然、人与人、人与自我四种基本关系的尖锐对立作了深刻反映，表现了人类被异化后的危机感与荒诞感，具有浓郁的虚无主义、神秘主义、悲观主义和个人主义的色彩。究其本质而言，现代主义文学是一种危机文学，是社会文化危机与精神危机的产物，是病态的社会生活与社会情绪的写照。随着社会运动的演进，社会矛盾不断积累，政治危机、经济危机迅速转化为思想危机，进而导致整个社会心理失衡。人们思想空虚，精神苦闷，看不到危机的来源，也找不到摆脱危机的出路；他们对人类的未来的理想由追求、动摇走向幻灭、绝望，最终不得不退回内心世界，守住未被物质主义异化的最后一块阵地。

其次，从文学的生长周期来考察，19 世纪下半叶各国批判现实主义大师们的卓越艺术实践与丰厚蕴藉的艺术经验，为现代主义文学提供了最为丰富的艺术营养，包括注重表现人物内心世界复杂流变过程的心灵辩证法，强调每一个角色参与对话的狂欢节叙事模式，戏谑机智的幽默风格与大笔如椽的史诗性笔调，以及世纪末的悲观主义基调等。例如，托尔斯泰的心灵辩证法，注重表现人物内心世界复杂流变的心理运动过程，提升了现实主义对心理描写的精确性与完美性；陀思妥耶夫斯基开创的作品情节结构复调化以及每一个角色均参与对话的狂欢节叙事模式，使得文学的描写笔法更加富有层次；马克·吐温戏谑机智的幽默、雨果大笔如椽的史诗性笔调，则促进了新世纪讽刺小说和长河小说的发育；至于哈代的"世纪末"悲观主义则启示人们，大工业文明在给人们带来财富与物质享受的同时，也导致了人们精神家园的失落和人性本身的蜕化。工业文明造成的后果是双面的，既有促进人类文明大规模飞跃和生产力突飞猛进的进步意义，也带来诸多难以估量的消极后果。令人触目惊心的贫富差距的深化、丧失人类良知的物欲主义的泛滥，以及专重于理性而漠视人类情感的功利主义思想的弥漫。总之，促使人们以批判眼光来看待西方社会物欲横流的现实，以及对弱势群体不幸命运的关注是 19 世纪文学大师们留给 20 世纪作家最可贵的文化遗产。

现代派文学步入巅峰状态的时间跨度为 20 世纪初到第二次世界大战结束，庞杂纷繁的体系包括象征主义、表现主义、未来主义、超现实主义和意识流文学共五大流派。"二战"之后，则进入后现代主义文学时期。

8.2.1　象征主义文学

象征主义是现代主义文学最早形成、影响最大的一支流派，分为前期象征主义与后期象征主义。19 世纪中叶，法国诗人波德莱尔出版的诗集《恶之花》（1852 年），是前期象征主义文学的奠基之作。在作品中，波德莱尔第一次堂而皇之地将丑陋与邪恶祭上了诗歌的神圣殿堂。在《恶之花》的开篇，波德莱尔即离经叛道地对鸦片原料罂粟花热烈赞美、尽情歌颂，公然向以法律为维持手段的社会秩序提出挑衅。进入 20 世纪后，该流派一直延续到 40 年代，代表诗人有英国的艾略特、爱尔兰的叶芝等。象征主义文学的特点在于创作者认为主观世界是真实永恒的，纷繁复杂的客观世界不过是对主观世界之颠倒、扭曲的表现，他们的目标是追求内心最高程度的真实。

8.2.1.1　虔诚悔罪的朝拜之旅：叶芝与《驶向拜占庭》

爱尔兰著名诗人、剧作家威廉姆·巴特勒·叶芝①（William Butler Yeats，1865～1939 年），是一位具有独特艺术个性的象征派诗人，于 1923 年获取诺贝尔文学奖。在代表作《驶向拜占庭》（1929 年）中，叶芝

---

① 叶芝是爱尔兰作家、爱国者，爱尔兰复兴运动的领袖。享有现代诗人的最高荣誉，1923 年被授予诺贝尔文学奖。获奖词为："由于他那始终充满灵感的诗，它们通过高度的艺术形式展现了整个民族精神。"叶芝是爱尔兰文艺复兴运动的领袖，他渴望创立纯粹的爱尔兰文学，希望世界认识爱尔兰的历史以及灿烂的民族文化。

匠心独具地设计了三个宏大的情景，逐一隐喻着人类对肉体层次与精神层次的幸福的追求，充满着诗人对回归心灵宁静世界的向往与赞美。

作品第一个情境是葱郁茂盛的原始树林：情侣拥吻、鸟儿啼鸣、鱼儿嬉戏，一切生物均沉醉于一瞬的感官欢娱，耽迷于片刻的肉感享乐，对更高价值的追求被抛到九霄云外。这些被抽空了精神内涵的生命仅能够被称作是行尸走肉。第二个情境是纪念历史伟人开创业绩的碑林：这里踯躅着一位撑着拐杖的老人，他是利己主义思想的拥护者与践行者，死后才发现自己在人们心目中形象的卑微与模糊，成了一个"披在拐杖上的破衣裳"，幽灵般荡来晃去、凄苦难言。诗人跟随着这位老者的足迹，静静阅读着纪念碑上的辉煌，决心远涉重洋，前往神圣的拜占庭，寻找坚强的精神支柱、支撑起脆弱的灵魂。第三个情境是拜占庭古城：诗人抚今思昔，感慨万端，渴望上帝圣火前的圣徒们走下盘旋的祥云，为现代人迷失本性的灵魂指明新生的道路——代价是诗人将自己的生命奉献给艺术祭坛，并在不朽的艺术创造中获得涅槃。

《驶向拜占庭》不仅将现代人沉溺于物质与感官世界、精神低迷徘徊的困惑表达得淋漓尽致，而且指出了摆脱这种颓靡状态的途径——艺术的复兴即人类精神的复兴。叶芝认为，一个健全的民族必须具备一个健全的灵魂。艺术的妙用不在于娱众媚众，而在于塑造一个健全的国民之魂。作为天主教徒的叶芝，将文学艺术的复兴之途寄托于宗教思想，引导人们跨越战争的焦土、心灵的荒原，去寻找永恒的精神寄托，开创了带有浓厚哲理色彩的雄辩性诗风。

8.2.1.2　圣杯传奇：艾略特与《荒原》

象征主义流派诗歌的集大成者首推英国诗人托马斯·斯特恩斯·艾略特[①]（Thomas Stearns Eliot，1888～1965 年）也是 20 世纪西方影响力最持久、最广泛的诗人之一。艾略特的成名作《荒原》（1922 年）是 20 世纪西方文学丛林中划时代的作品，被公认为现代派诗歌的里程碑。全诗采用英、法、德、意、希腊和拉丁六种语言，涉及欧洲与古印度的神话传说，并大量引用了历代文学经典中的情节、人物、典故，作品中深邃的寓意、隽永的思想为"一战"后普遍处于抑郁、惶恐、荒芜精神状态的欧洲

---

① 艾略特是 20 世纪影响最大的诗人。出生于美国密苏里州圣路易斯。祖父是牧师，曾任大学校长。父亲经商，母亲是诗人。曾在哈佛大学及巴黎大学攻读哲学学位，深受柏格森生命哲学与无意识思想熏陶。自称在宗教上是英国天主教徒，政治上是保皇派，文学上是古典主义者。1948 年，因在《四个四重奏》中"革新了现代诗，是一位功绩卓著的先驱"，获诺贝尔文学奖金，被称为"但丁最年轻的继承者之一"。

人心中注入了一剂清凉，一夜之中被广为传颂。

《荒原》是一部小型史诗，喻体的象征框架来自英国亚瑟王和骑士寻找圣杯的故事。①"荒原"城堡遭遇到无穷的灾难，连年干旱、大地枯竭、五谷不生、生命失去根源，整个城堡无可挽回地走向了死亡。其中的奥秘是因为"荒原"的国王——渔王失去了生育能力。因此，寻找圣杯、拯救渔王、恢复大地的生机也就成为拯救人类的第一要务。② 大体而言，死亡与救赎构成了"荒原"的基本主题与精神内核。主人公帖瑞西斯是个长着一对发皱、下垂的女人乳房的老翁，他既是男人也是女人，荒诞地集两性于一体——这正象征着西方现代人类的性别异化与个性萎缩。作品深刻地表现了第一次世界大战之后西方文明的严重危机，将西方社会比喻成死气沉沉失去生殖能力的荒原，只有宗教才能使腐败荒凉的世界得到新生。

《荒原》总共434行，分为五章。

第一章"死者的葬仪"，开篇描述了荒原到处流淌着死亡的气息：淹死的腓尼基水手、被残忍绞死的罪犯、埋在花园里的僵尸、被国王杀死的女子等，充满着神秘、恐怖的气氛。帖瑞西斯在伦敦街上漫游，黄雾弥漫的城市里到处是欺骗、淫乱和背信弃义。人们像一群没有灵魂的躯壳。原本应该生机盎然的"四月"却变成了"最残忍的一个月"，荒地上仅残存着缺乏生命活力的"迟钝的根芽"。章末，艾略特抛出疑问，那些死人的头骨还能"发芽"或者"开花"吗？

第二章"对弈"，所描述场景是城市的酒吧：搔首弄姿的无执照娼妓用男性化的粗大嗓门到处招揽着生意；粗野庸俗的男人们彼此交换性爱经验、开着最下流的玩笑；一位上流社会的贵妇人饱受着性饥渴的折磨，摊开双手向男人露骨地索求性爱；人尽可夫的丽妮在与闺蜜窃窃私语、商量如何才能骗过即将还家的丈夫。这种充满着人类原始欲望的调情与野合，固化为城市酒吧的最基本情境——现代人已经堕落得一无所有，只能依靠情欲与肉欲的刺激来维持自己对生存的反应与感觉。

第三章"火诫"，进一步揭露了现代西方人的精神空虚与情感死亡：伦敦河水面上传来的不再是美妙、悦耳的情歌，而是漂浮着一大簇一大簇

---

① 1世纪，耶稣被罗马总督下令钉死在十字架上。耶稣两只手腕被铁钉钉穿，鲜血从太阳升起时开始淌落，直至日落时分。那两只容接耶稣鲜血的杯子后来被称作圣杯，由天使隐藏在一个名叫"荒原"的城堡。圣杯具有神奇的功效，因而成为中世纪的骑士们终生追寻的目标与荣耀。

② 梗概及引文来源于〔英〕艾略特：《荒原》，赵萝蕤、张子清译，北京，北京燕山出版社，2006。

分辨不出颜色的垃圾。小公司的男职员在拼命地勾引打字小姐，一如猎手在觊觎着美丽的猎物。在这片情感早已流逝、神圣早已消亡的荒原上，沉甸甸的爱情逐渐褪色，剩下惨白的、空荡荡的色欲的空壳。缺少真情的，甚至连感官欢愉都已然消失的机械性、习惯性的通奸是这种贫瘠无聊生存状态的进一步证明——那位美丽的打字小姐将男女约会完全当作无欲无情的动物式交配，与男友做爱结束后，长吁一口气说："总算完事了，完了就好。"整个章节由火而起，由火而终——邪恶之火的蔓延与爱情之火的熄灭。

第四章"水里的死亡"只有短短数行，可以说是艾略特对长诗的一段哲理性总结。水在《圣经》故事与其他文学作品中往往象征着旺盛的生命力，象征着神圣纯洁的爱。然而，水能创造生命，亦可毁灭生命。以前代表着汩汩活力的生命之水在荒原城堡中却成为带着致命病菌的死亡之水，这正是对现代人精神荒原的谆谆告诫与严肃反思——水为生命之源，正如欲望是人类之本；当生命之水泛滥为欲望之流，意味着人类的灭顶之灾即将到来，自由的极致便是毁灭。

第五章"雷霆的话"是长诗所要表现的哲理高峰。艾略特再次强调了"自我救赎"这一主题。无水的荒原失却了生命的元气，历史上一座座繁荣的城市曾经创造过难以比拟的骄傲与辉煌，却未能摆脱走向毁灭的宿命。耶路撒冷、雅典、罗马、亚历山大、维也纳，甚至伦敦均是如此。在死亡操控的一片静默中，东方雷霆代表上帝出来讲话，告诫人类唯有走向"舍予、同情、克制"的境界，才能向死而生。坐在岸边垂钓的绝望的渔王由此大受启示，他反思自我，渴望新生，下定决心走上救赎之路。

《荒原》所渲染的"死亡与救赎"的主题，生动地展示了第一次世界大战后西方人苦闷、幻灭的精神状态。从文艺复兴开始到启蒙运动时期，西方人逐渐脱离了上帝的眷顾与监护，与上帝渐行渐远。随着自然科学的进步，尼采更是在 19 世纪末 20 世纪初向人类大声宣布"上帝死了"。人们怀着欣喜、迷茫的心态观察着这个从上帝手中赎回来的、由自我主宰的世界，沉浸在挣脱上帝的束缚后自由酣畅的欢乐中。他们并没有意识到整个西方世界的人文价值根基已经产生了强烈动摇——他们亲手拔掉了自己赖以呼吸生存的文化之根，他们的精神世界随之化作一片被死亡与黑暗主宰的荒原。第一次世界大战的残酷与血腥，惊醒了沉迷于科学与理性中的西方人，使他们顿时陷入焦虑与惶恐之中。在《荒原》中，荒原城堡作为象征性喻体，代表着失去信仰的西方社会，精神干枯。人们生活在醉生梦死之中，如行尸走肉般地走向世界末日。艾略特指出，于整个人类而言，荒原意识就是危机意识、超越意识与拯救意识；荒原之死就是人类精神的再生之死、涅槃之死。危机意识与拯救意识的重要代表是"水"与"火"所具有的意象。"水"在前四章中象征着情欲泛滥、人欲横流及其整个文化危机与死亡，第五章里的水则是生命之水，是拯救再生的圣灵。"火"的意象是对"水"的意象的补充和强调。作者在第五章强调，只有通过宗教、依靠天主才能拯救人类——救赎与新生是等值的，这正是诗人开出的摆脱现代西方社会精神危机的唯一药方。

西方文学界之所以给予艾略特如此崇高的评价，是因为这部作品在 20 世纪首先开创了回归传统的文化实验——宗教救赎思想在艾略特作品中根深蒂固。事实上，在艾略特的系列作品中，始终闪烁着宗教精神的火花。例如小说《合家重聚》（1939 年），艾略特套用现代题材详尽描述了犯罪者所得的自然报应，落得个家破人亡的结局，其中尤其强调了人物的宗教赎罪心理。而《鸡尾酒会》（1950 年）和《机要秘书》（1954 年）则进一步以现实主义喜剧的形式宣扬了宗教信仰带给有罪之人的自我救赎之光，认为只有宗教信仰才能使人不入迷途。

从 20 世纪象征主义的扛鼎之作《驶向拜占庭》与《荒原》中，我们不难看出，历经了文艺复兴、启蒙思想洗礼后的西方人，对理性精神顶礼膜拜、执着追求于自然科学的确定性与客观性。但是，千百年来积淀而成的宗教文化对他们的影响始终是根深蒂固的，以宗教思想为载体的罪罚情结更是西方人血液中无法剔除、难以筛滤的遗传因子。事实上，自两希文明（古希腊—古罗马文化与希伯来—基督教文化）形成以后，无论西方人是否承认，他们的内宇宙无时无刻不处于宗教文明的温柔呵护与万能上帝的威严注视之下——一旦遭遇难以摆脱的物质困境或者难以排遣的心理危机，就会义无反顾地回过头来寻求宗教的温暖怀抱，文艺复兴后期如是，启蒙运动末期亦然。颇为幸运的是，他们总是能够从广博深邃的基督教文明中找到促使人类发展前进、繁衍生息的原动力。进入自然科学与物质文明高度发达的 20 世纪，历经了两次世界大战的腥风血雨，当人们驻足回望，蓦然发现自己的精神世界已经荒芜成一片废墟；此时的宗教文明更是散发出如此强烈而温馨的光芒，以难以抗拒的温柔呼声召唤着迷途的羔羊。

8.2.2　表现主义文学

表现主义文学是 20 世纪生命力最长久的现代主义流派之一，一直延续至 70 年代，影响深远。表现主义原本属于德国的美术流派，他们高举反叛旗帜，不仅反对传统写实艺术，而且对追求瞬间美学效果的印象主义以及充满神秘、隐喻、晦涩色彩的象征主义亦大加批判。表现主义认为，画家的任务不是再现客观事物（画我所见），而是表现由客观事物所激发的主观激情（画我所思）。一批德国文学家受到表现主义画家的启示，将该技巧运用于文学创作，表现主义文学应运而生。后来，表现主义文学迅速扩张到欧洲各国和美国，成为一个世界性的文学流派，并在小说和戏剧各个领域取得了辉煌的成就，其小说的代表是奥地利的卡夫卡，戏剧的代表是瑞典的斯特林堡与美国的奥尼尔。可以看出，表现主义在某种程度上重复了18世纪"狂飙突进运动"的轨迹。一方面，这些文学家提出了激烈的反叛传统和要求改革的口号，成为最激进的改革派；另一方面，他们又仅仅局限于文学领域里的一小批知识精英，演变为一种名副其实的纯文学运动，对现实社会并没有发生多大的影响。这个致命的缺陷，正暴露了德国的知识精英长于思索、短于行动的特点。他们的思想革命往往是激进、脱俗、天才般的，而他们的实践性变革却总是显得苍白与软弱无力。这个流派在德国于1910年至1925年昙花一现，其后在奥地利人、瑞典人与美国人的笔下得以发扬光大。

表现主义的创作特点包括如下四个方面。第一，这是一种主观主义文学，出发点是对主观世界的外化，注重于集中笔力描写人的主观精神世界，采用主观真实代替客观真实，侧重表现人们对物质社会、外部环境的恐惧感、灾难感、孤独感与虚幻感。该流派作家醉心于挖掘人物的无意识心理与非理性本能，具有浓重的神秘主义和虚幻色彩。关于这一点，在19世纪俄国批判现实主义大师陀思妥耶夫斯基的作品中已经有过很好的示例。第二，运用象征主义的手法来表现作品的内在实质，挖掘深刻的哲理意义，使得表现主义作品具有较深的思想内涵。该流派作品要求突破表面现象，探入内在实质。这样，剥离外表、直取本质，继而给人以心灵的震撼也就成为作品的基本特点。第三，作品大量运用夸张、怪诞、扭曲变形的技巧。表现主义有意夸张和扭曲事物的形体、色彩与结构，破坏生活现象的条理性、清晰性和统一性。这些故事往往借童话式或寓言式的外壳，将梦境与幻觉直接搬上舞台，让野兽、怪物、死尸、鬼魂同时登场，演绎为不同角色兴奋参与对话的狂欢节，于荒谬中真实呈现客观现实的本质。第四，作品具有激烈的反传统色彩，刻意颠覆语言规范对文学作品的压迫。作家们公开宣称，必须用铁拳粉碎文法和句法，因为这个世界本身就是一团混乱，根本就没有理性，也没有什么规则；而语言规范却是依照理性来创造的，所以均是骗人的。语言必须像箭矢一样直指事物本质，同时又必须像箭矢一样具有强大的破坏力和毁灭力，还必须具备箭矢一般的速度和力度。运用语言的方式在于狂奔、喊叫、呼唤和愤怒。这一系列文学理论为表现主义文学笼罩上了一层浓厚的荒诞、梦呓、错乱、绝望、犀利的色彩，旗帜鲜明地开创了文学历史上对语言与规则的颠覆与背叛时代。[①]

8.2.2.1　尤金·奥尼尔作品中的刑法思想

尤金·奥尼尔[②]（Eugene O'Neill，1888～1953 年）是著名的美国戏剧创作家，1936 年诺贝尔文学奖获得者，其作品在美国戏剧史上具有划时代的意义。正是由于奥尼尔的努力，使得戏剧真正成为美国文学的一部分，并在 20 世纪 30 年代达到前所未有的繁荣局面，赢得了整个西方的瞩目。

8.2.2.1.1　被白色文明荼毒的黑色灵魂：《琼斯王》

《琼斯王》（1920 年）是奥尼尔的代表作之一，叙述了一个黑人因为背叛并奴役自己的种族，最终被族人杀死的故事。

> 一个名叫琼斯的美国黑人，身负两条命案——因赌博纠纷，琼斯用匕首杀死一位黑人，被判处 20 年徒刑；狱中，琼斯又因口角用铁楸将狱卒脑袋劈成两半，潜逃至印尼群岛上一个未开化的黑人聚居岛屿。凭借着野蛮暴力与欺骗伎俩，琼斯建立了专制统治下的王国。称帝后的琼斯将人类无意识深处最本能的性恶发挥地淋漓尽致。他恣意屠杀、奴役、虐待岛屿居民，并将以前从白人处学来的下流手段悉数运用到对他有救命之恩的黑人族群身上。专制凶残的统治终于激起了黑人的反叛。琼斯被逼得走投无路，不得不逃进一片原始森林。惊恐恍惚中，琼斯丧失了继续逃跑的勇气，最终被追捕者用自己制造的黄金手枪与白银子弹杀死。[③]

全剧以黑人部落的隆隆鼓声与琼斯惊慌失措、疲于奔命为主线，塑造了一个在逃跑中毙命的半文明、半野蛮人的形象。逃避，是生存于每一个

---

①　参见〔英〕伊格尔顿：《二十世纪西方文学理论》，伍晓明译，北京，北京大学出版社，2007，第 176 页。

②　奥尼尔是美国著名剧作家，表现主义的代表作家，美国民族戏剧的奠基人。出生于纽约一个演员家庭，祖籍爱尔兰。1909 年至 1911 年期间，奥尼尔曾至南美、非洲各地流浪，淘过金，当过水手、小职员、流浪者。一生成果斐然，总计四次获得普利策奖（1920 年、1922 年、1928 年、1957 年），并于 1936 年获诺贝尔文学奖。

③　梗概及本节所有引文来源于〔美〕尤金·奥尼尔：《琼斯王》，见：《奥尼尔剧作选》，欧阳基等译，北京，人民文学出版社，2007。

现代人潜意识中的心理暗示——逃避义务的履行、逃避刑律的惩罚、逃避道德的规训、逃避平庸的生活……作品中，奥尼尔将种种逃避心理转化为一种人类最普遍的生存状态，集中于琼斯一人之身加以表述，制造出令人震撼的艺术效果。

琼斯原本是个美国黑人，在白人社会的种族歧视下自甘堕落、沦为罪犯，继而变本加厉地报复社会——此时的琼斯固然有其嗜血放纵的一面，社会环境也对其犯罪行为具有不可推卸的责任。死亡之前，琼斯在幻觉中看见自己无所依赖地立于奴隶市场，被白人欺凌、挑选、残害的情形，正暗示着琼斯对这段耻辱的历史所抱有的极度恐惧之情，希望摆脱被人奴役与欺压的命运。然而，一旦回归了象征着他的根系与灵魂的黑人部落，琼斯却立刻由文明社会的弱者转变为未开化部落的强者。他利用从白人处学来的统治理论与残酷手段驾驭处于劣势的黑人兄弟，并以在白人世界获取的哲学观、世界观维系着自己一手打造的专制、集权的帝国的延续与发展。

逃亡前夕，琼斯与唯一的白人近侍斯密泽斯的对话颇耐人寻味。当斯密泽斯嘲笑琼斯"既是法律的制定者，又是第一个破坏者"时，琼斯回答："我不是皇帝吗？法不上皇帝。世上有你那种小偷小摸，也有我这样的大搂大抢。小偷小摸早晚得让你锒铛入狱，大搂大抢他们就封你当皇上，等你一咽气，他们还会把你放在名人殿里。"谈及文明社会，琼斯认为唯一值得怀念与沾沾自喜的是从白人身上学到了愚民与驭民的奇术异巧："如果问我在火车卧铺车厢中干了十年，从那些白人的高谈阔论中学到了什么，这就是我学到的东西。一旦我得到机会运用它，两年之内我就当上了皇帝。"琼斯还为自己的暴政寻找借口，认为自己所制定的刑罚比起白人主宰的文明社会的酷刑已经是非常人道的了："在我逃离的那个社会，若是黑人犯罪，他们会将他浇上汽油活活烧死，慢慢熬死，而此时正义的法律却在一旁沉默！在我的国度里，绝不会发生这样骇人听闻的惨剧！我会让他死得痛快点！"这些生动的对白，将所谓的文明社会的法治光环一一刺破，点明了国家产生的根源与法律残酷的本质。

这是一个努力寻找失落的自我的琼斯，也是一个不断反思自己、重新追求生命价值的琼斯；然而，一切努力均为徒劳，由于人所固然拥有的劣根性，琼斯在欲望的陷阱中无法自拔，最后获取的是族人射来的冰冷银弹。

奥尼尔以悲怆的笔调刻画了这个在白人世界中被荼毒的黑色灵魂，即使回归民风淳朴的世外桃源，回归族人温暖宽厚的怀抱，却依然未能唤起内心深处蛰伏的良善之心——琼斯贪婪与嗜血的个性，激起了自己王国中一场惊天动地的血腥政变，最终死于非命。进一步说，奥尼尔借琼斯的个人悲剧，揭露了现代文明对人类原始善良本性与自由精神的摧残之深刻、异化之强烈。所有历经了所谓人类文明熏陶的人，在其内心深处均被打上了残暴、专制、奴役、嗜血的烙印，无一幸免，在此意义上讲，琼斯的悲剧正是全人类的悲剧。

8.2.2.1.2　无路可逃：《毛猿》

《毛猿》（1922 年）是奥尼尔本人最欣赏的作品。剧本的副题是"关于古代和现代生活的八场喜剧"。作品中，奥尼尔以辛酸、戏谑的口吻描写了一个名叫罗伯特·史密斯的邮轮锅炉工跌宕起伏的悲剧人生。

> 罗伯特·史密斯，绰号扬克，是轮船上的锅炉工，身份低微，却拥有健硕的躯体与无穷的精力。现代机械文明的力量使他产生一种错觉，认为自己能够战胜一切，并为自己可以驱动如此庞大的轮船前进而自豪。扬克拥有强烈的自尊心，瞧不起那些坐在头等舱、不劳而获却指挥着他的权贵者，认为他们是"腐败的臭皮囊"。工人之中广为流传着他的名言："我就是原动力！""我是钢铁里的肌肉，我是钢铁背后的力量！""我是结尾，也是开头，我开动了什么东西，世界就转动起来。"
>
> 一天，邮轮船主女儿米尔德丽德希望到锅炉区一览邮轮底部的风景。恰逢处于极度亢奋工作状态的扬克又在洋洋洒洒地作着"主宰"世界的宣言。米尔德丽德指着扬克说了一句："哦，这个肮脏的畜生！"扬克的自信与自尊随着少女的这句话像雪崩一样陨落。极度愤怒的他开始反思生存意义与价值。后来，扬克认定，这位小姐的言论代表了她所属的整个阶级对他的看法——他们只是被囚困于笼中的毫无人格与尊严的"人猿"。当有人提议寻求"法律、政府、上帝"的帮助时，扬克均作出冷漠的质疑与拒绝。苦楚颓废之下，扬克故意到富人聚居地去寻找失落的尊严，却因寻衅滋事罪被判刑入狱。
>
> 扬克利用自己力大无比的双臂将监狱栅栏掰弯，逃了出去，径直投奔"世界产联第五十七地方分会"——自己歆慕已久的组织。扬克一见到会务秘书，就主动请缨，希望代表组织"把它们从地球上炸掉——钢铁、所有的笼子、所有的工厂、汽船、房屋、监狱，以及钢铁托拉斯和支持它运转的一切力量！""将那帮肥硕的老爷、虚伪的太太以及幽灵般的小姐们通通炸到另一个世界！"却受到无数冷眼和讥笑，最终被打手痛打一顿、抛出门去，临走时扔给他一句："滚蛋

吧，你这个没脑子的人猿！"

　　扬克被所有的人拒绝，无论是产业工会领袖、百万富翁，或者是像他一样的打工者、乃至围观的群众，都给了他难以忍受的挖苦与责难，嘲笑与数落，他成了一个谁也看不起、谁也不需要的废物。绝望之中，扬克来到动物园，希望与大猩猩为伍。他疯狂地掰开动物园的铁笼，同大猩猩握手言欢，庆幸自己终于找到了人生的归宿以及情感的倾诉者。不幸的事情发生了——大猩猩似乎并不欢迎这个陌生来客，在与他拥抱时折断了他的全部肋骨，然后将他扔出了牢笼。在其他大猩猩怜悯的注视下，扬克永远地闭上了眼睛。①

　　扬克生性善良、力大无比，却一生孤苦，最终死于大猩猩的臂膀下，整个作品闪烁着凄惨心酸的基调，令人如鲠在喉，不吐不快。奥尼尔心目中，扬克所在的巨型邮轮正象征着一往无前的现代社会，扬克则是人类的缩影。奥尼尔本人亦宣称："扬克是你，也是我，他是所有的人。"作品中，扬克的性格分裂是显而易见的，他充满着力量与勇气，认为自己能够创造一切、改造一切，是屹立于钢筋水泥中的骄傲巨人；在"白色幽灵"般的米尔德丽德小姐面前，扬克突然真切地感到了自己那种"无名的、深不可测的、赤裸裸的、无耻的兽性"，他迷惘而愤怒，由极度自负瞬间坠入自卑乃至自残的境地。

　　扬克所体现的是现代人普遍遭遇的生存际遇。在这个一切由资本与机器主宰的世界中，现代文明的利刃斩断了一切人类拥有的原始情感，因而情感的异化与人类的自我异化演绎为一种不可抗拒的生命历程。奥尼尔作品中的扬克与麦尔维尔作品《比利巴德》的主人公颇为相似，他们均是大自然最宠爱的儿子，却丧失了文明社会中生存的基本技能与精神信念——前者无法忍受他所仰慕的文明世界对他的羞辱与蔑视，后者在文明世界所创造的法律程序中彻底丧失了语言能力，虽然他们都堪称"高贵的野蛮人"。扬克又与陀思妥耶夫斯基《罪与罚》中的拉斯柯尔尼科夫何其相像，他们都是在"我应该从哪里开始，又到哪里才合适"的愤懑质疑中走向祭坛——前者迈入兽性的牢笼囚禁自我，后者挥起的匕首将"祸害人类的放高利贷者"杀死。无论是比利巴德、扬克还是拉斯柯尔尼科夫，均为文明社会亲手制造的性格分裂者；同时三者却又保留着人类最应珍视的未经蒙尘的赤子之心。这些作品均表达了作者对西方畸形物质文明的批判、对人

----

　　① 梗概及本节所有引文来源于〔美〕尤金·奥尼尔：《毛猿》，荒芜译，见：《奥尼尔剧作选》，上海，上海文艺出版社，1982。

性原始本性的召唤，其中蕴含着难以回避的话题：人到底从哪里来，又要到哪里去。

8.2.2.2 卡夫卡作品中的刑法思想

奥地利作家弗兰茨·卡夫卡① （Franz Kafka，1883～1924 年）是西方表现主义文学的集大成者。他一生作品不多，且多数在去世后发表，却对后世影响极为深远，被誉为西方现代派文学的宗师。卡夫卡所创造的寓言式表现主义文学，文笔明净、语言简朴，作品背后的寓意永无定论，创作风格影响了整整一个世纪的现代主义与后现代主义文学的创作思路。

卡夫卡生活和创作的主要时期是第一次世界大战前后，也是奥地利近代史上发生深刻社会变革的时期。在各种思潮的冲击与启发下，卡夫卡以独特的视角冷静地观察着这个被自然科学异化的世界，怀疑性、批判性、研究性的视点铸就了其作品惶恐、迷惘、虚无的创作基调；而对社会的陌生感、孤独感与恐惧感则成为他艺术创作的永恒主题。卡夫卡的作品群充满着非理性色彩的景象，主题通常围绕三个方面次第展开——人类本我的"异化"、难以排遣的孤独感、无法克服的荒诞感与恐惧感。在《变形记》《美国》《地洞》等作品中，主人公沉重的肉体与精神上的压力使人失去自己的本质，异化为非人类的虫；《审判》《在流放地》《万里长城建造时》等则揭示了现实世界的荒诞与非理性，暗示着小人物面对僵硬、强大的现代国家机器时的恐惧与无奈。美国诗人奥登如此评价卡夫卡的作品："他的困境就是现代人的困境。"② 作为一个深受希伯来文化浸染的犹太人，作为一位具有深厚哲学底蕴与法学基础的法学博士，作为一名拥有自己独特见解、追求极致真实的思想者，卡夫卡努力地在为数不多的作品中表现了对人类本质、命运，社会权力以及法律、刑罚、伦理等一系列问题的深刻思考。

8.2.2.2.1 正义女神的脸庞：《审判》

长篇小说《审判》（又译《诉讼》，著于 1914 年，发表于 1925 年）是

---

① 卡夫卡是 20 世纪最有影响力的德语小说家。生于捷克（当时属奥匈帝国）首府布拉格一个犹太商人家庭，自幼爱好文学、戏剧，18 岁进入布拉格大学初习化学、文学，后在父亲的干预下专攻法律，获法学博士学位。毕业后，在律师事务所、法院、保险公司等处任职。卡夫卡生前默默无闻，孤独地奋斗，随着时间的流逝，他的价值才逐渐为人们所认识，作品引起了西方的震动。卡夫卡与法国作家马塞尔·普鲁斯特、爱尔兰作家詹姆斯·乔伊斯并称为西方现代主义文学的先驱和大师。

② 转引自袁可嘉：《欧美现代派文学概论》，上海，上海文艺出版社，1993，第 259 页。

卡夫卡形成独特风格后创作的第一部中篇小说。

> 主人公约瑟夫是一位银行的高级职员，在三十岁生日的早晨被莫名其妙地宣布逮捕，却对罪名、主审法院、主审法官、开庭时间一概不知。在此期间，约瑟夫享有充分自由，照常上班、陪伴大客户游览，可以随意进出教堂听神父布道，可以随意接受或拒绝出庭受审，可以随意雇用或辞退律师，甚至可以随意与许多女人鬼混……但是在三十一岁生日的前夜，约瑟夫突然被执行死刑。①

这是一部与刑事法律元素密切相关的作品，刻画了一个小人物在落入刑法之网后的漫画式图景，描述了主人公约瑟夫从被宣布逮捕至执行死刑期间的困惑、恐惧与抗争，以及临刑前释然、解脱的心理轨迹与行为经历，力在揭露法律的虚妄与真实的残酷之间的矛盾，以及人类精神与肉体在司法机器的覆盖与操纵下逐步走向覆灭的宿命。文中的法院以司法机器的代表者出现，事实上却是一张无所不在、无所不包的嗜血之网，不仅是统治者掌握的机器的缩影，更象征着混乱的社会与无序的现实。正如主角约瑟夫感慨之言——"真正恐怖的枪杀不是射出子弹，它只是瞄准，像一个预谋，经久不散。"作品影影绰绰、虚虚实实，带给我们的恐惧感和灾难感却是如此的紧迫与逼真。

作品虽然名为"审判"，但法庭审判情景只出现过一次——当约瑟夫走进法院从贫民区租来的阴仄拥挤的"法庭"后，面对预审法官与诸多听众，他作了一番慷慨激昂的无罪辩护，换来的却是整个大厅"嘈杂的"、"嗡嗡的"声响。在这梦幻般的情景中，约瑟夫落荒而逃。随后，与法律相关的各种因素似幽魂不散，追随着约瑟夫的一举一动，法庭随处可见，或者是贫民窟的阁楼上，或者是画家的画室中，或者是阴仄的教堂里——"向约瑟夫宣告逮捕的两个执行吏，因为贪污了约瑟夫的早餐与礼服，被脱光衣服捆绑在银行一间屋子里接受鞭笞私刑；法官案前唯一一本法典里竟藏着一部色情作品，已经被翻得泛黄发脆；那位不停地向约瑟夫抛媚眼、暗示可以指点他打赢官司的洗衣少妇，居然是法官与法律实习生共同的情妇；最著名的律师胡尔德声称自己从来没有完整地读过一遍刑法典；在与众多法官保持着密切关系的画家的画室中，约瑟夫惊奇地发现正义女神像已经变形为狩

---

① 梗概及本节所有引文来源于〔奥地利〕弗兰茨·卡夫卡：《审判》，孙坤荣、黄明嘉译，上海，上海译文出版社，2003。

猎女神，另外还有无数隐藏的大门专供这些法官秘密出入……"这些看起来如呓语般荒谬透顶的情境，却因细节的真实性与似曾相识的感觉诱发了我们的认可与同情。漫长的等待中，约瑟夫消耗了无穷的精力与时间，却依然搞不明白自己到底犯了什么罪，应当受到怎样的惩罚。他原本有着良好的自信心，相信凭着自己的能力与威严至尚的法律可以亲自洗刷冤屈。最后却发现自己根本找不到可以较量的对手——那个躲在黑暗中策划、主宰自己命运的人，他也根本搞不清楚案件进展的程度与方向。在约瑟夫眼中，法律除了神秘之外，被剥离了一切崇高与神圣的色彩，所有的一切均在无形中进行，却令人能够真切地感觉到这张无形之网在逐渐收紧。终于，在他生日前一天，他"像狗一般"地被处决了。

　　这部充满了荒诞主义的后现代色彩的作品中，卡夫卡熟稔地运用各种隐喻、象征性笔触，通过碎片般、梦呓化的情节设计为我们揭开了刑事司法制度中存在的一个个疮疤，暗示着其在高度文明社会中的深刻异化与令人担忧的发展趋势。

　　第一，约瑟夫并非处于一个荒蛮落后、集权专制的人治社会。相反，这是一个"拥有着完善的宪法与严谨的司法制度"、"秩序井然"的社会，"一切都在依法运行着"；约瑟夫对自己的法律权利有着清醒的认识，也深信能够依靠法律重返平静的生活；司法官员并不蛮横，反而相当"彬彬有礼"，即使对于约瑟夫的言辞冒犯，也能始终保持高贵的绅士风度。就是在这样一个理想的法治社会中，有着体面身份和工作的约瑟夫却横遭冤狱，在不明不白中引颈就戮，程序正义与实体正义均化为荒谬可笑的幻影，这不能不说是卡夫卡留给所谓法治社会的尖锐嘲讽以及对人类本身命运的深切关注。随着审判的深入，约瑟夫惊讶地发现他所认知的每个人似乎都与"法庭"有着各种各样关系；或者说，每个人都在竭力试图与"法庭"保持着千丝万缕的关系，并以成为这种势力有意或无意的帮凶而自豪。这正是现代法治社会的真实写照。在逐渐迈向高度体制化的社会中，每个公民均在维持着社会制度的整体运作，同时身兼受益者与受害者的双重角色，他们乐此不彼，兢兢业业地生活着、观望着、憧憬着，直到厄运突如其来地降临到自己头上，却依然对体制的崇高性与强制力竭力赞美着。每一个人有都可以成为下一个约瑟夫，但在此之前，没有人会同情约瑟夫所处的困境，更没有人会因为约瑟夫的离奇遭遇而对强大的刑事司法制度产生质疑。

　　第二，司法行为日积月累养成的习惯模式，最终将使得整个文明社会窒息而亡。例如，约瑟夫曾主动到法院询问自己案件的进展，法院里污浊的空气引起他的强烈不适，一位美丽的女检察官轻言安慰约瑟夫道："放心，最终人们会非常适应这里的空气。"当女检察官扶着约瑟夫走到有新鲜空气的门口时，却拒绝将他送出门，因为接触到新鲜空气的女检察官突然出现了与约瑟夫同样的不适症状。卡夫卡此处的描述带有着强烈的暗示，现代社会中，我们往往会沦为某种污秽思想的适应者、传播者，或者某种愚昧制度的忠实执行者，并逐渐视之为理所当然。更可怕的是，这一戕害法治健康的过程往往具有不可逆转性，人们终将在昏沉麻醉的自我欺骗中消失灭亡。再如，商人布洛克打了多年官司，案件毫无进展，依然停留在初审阶段。在律师的威吓面前，布洛克凄然下跪、苦苦哀求。当约瑟夫训斥、责问布洛克时，布洛克反而将约瑟夫当作敌人，在把满腔怒火发泄在他的身上。约瑟夫意识到一个可怕的事实——"律师使用的这种伎俩，能够使人最终忘掉整个世界，只希望在这条路上步履艰难、跌跌撞撞地走下去。而当事人则成了律师的狗，一条玩弄于股掌之上，可以带来衣食与声誉的狗"。布洛克原本拥有临街一排商铺，现在却仅靠一间店铺谋生；漫长的诉讼中，他已经丧失了自我，完全依靠对法律的幻想维持生命，直到彻底被这台庞大的机器榨干。当人类长期被某种权威势力压制成为习惯后，就会将这种压制视作当然，将压迫者偶尔、部分发还的我们本应享有的权利当作恩赐，把试图为我们争取权利的人当作敌人。在卡夫卡的笔下，庞大、冗杂的法律机器的存在与运作始终离不开这种奴化角色的滋养与推动。

第三，纵观约瑟夫案件的整个司法过程，令人难以理解的是，案件的审理由审前调查阶段直接跳到了最后的执行阶段——约瑟夫于三十岁生日当天被宣布逮捕，于三十一岁生日前夜被执行死刑，这头尾两部分的图景清晰无误地呈现在我们面前，中间的司法运行环节却混沌不清。毫无疑问，案件的当事人约瑟夫已经被彻底剔除出法律运作的空间，沦为一个纯粹被动的接受者，案件的发展也完全跳出了当事人能够预测与掌控的范围。约瑟夫孤寂地、绝望地与庞大的司法机器做着顽强的抗争，所付出的一切努力却均为徒劳。也许，在卡夫卡的眼中，主人公的遭遇，即是当时盛行的纯粹法学派所提倡的"将法律视作绝对自治自治领域"理论下的现实镜像，其中暗含着卡夫卡对纯粹法学派所持观点的质疑。

第四，神甫在教堂中对约瑟夫的布道词，是全书的核心思想所在。神甫讲述的寓言《在法的门前》①，亦暗示着约瑟夫的宿命。约瑟夫与乡下人的命运有何不同？他们的共同经历证明了人类社会已经发展为一个复杂、庞大的机器，金字塔状的权力在集权控制网络中一层层地被生产出来。权力的实施者是匿名的，正如边沁的"环形监狱"理论，任何一个看守可以在任何时候、出于任何动机出现在中心瞭望塔操纵这台巨大的权力机器。而约瑟夫与乡下人这些处在监牢中的人，只有被规训、被窥视、被操纵的命运。他们甚至无法知晓以何种方式、以何者为对手去挣扎、去抗争。主人公的行为，不管是麻木地接受还是努力的抗争，都改变不了被毁灭的宿命。在一个已经发展为高度制度化的法治社会中，一个人对自己生命的掌控能力却是如此低下，对于约瑟夫而言，法律既是虚幻的，亦是真实的。法律是虚幻的，因为一年来约瑟夫在拼命追逐它，企图靠近它、了解它，却始终无法触摸到它的面庞，一切都淡薄似烟雾；法律又是真实的，当行刑人将那把匕首用力刺入约瑟夫的胸腔时，法律终于揭开了神秘的面纱，它一改往日的模糊与暧昧，令人感受到它严酷的本质。

第五，如果说小说中还存有一丝温柔与明亮色彩的话，那就是约瑟夫在被宣布逮捕以后接触的五位女性。这些女性在情节设计上没有相互关联，本质却均为同一概念即"正义"的隐喻与具象。她们不同的面庞代表着主人公眼中的"正义女神"的各种形象，也暗示着卡夫卡心目中的"正义"被各种势力绑架后所面对的危机。约瑟夫对于这些女性有着一种疯狂

---

①　"一个乡下人走到守门人跟前，求见法。守门人说，现在不能让他进去，但是将来有可能。乡下人企图溜进大门，守门人微笑着警告说，自己是级别最低的守门人，里边的大厅一个连着一个，每个大厅门口都站着守门人，一个比一个更有权。乡下人本以为，任何人在任何时候都可以到法那儿去。但听了守门人这番话，决定最好还是得到许可后才进去。守门人给他一张凳子，让他坐在门边。他就在那儿等着，年复一年。乡下人出门时带了很多东西；他拿出手头的一切，希望能买通守门人。守门人照收不误，但每次总要说一句：'这个我收下，只是为了使你不至于认为有什么该做的事没有做。'漫长的岁月中，乡下人不停地观察着守门人。他忘了其他守门人，以为这个守门人是横亘在他和法之间的唯一障碍。开始几年，他大声诅咒自己的厄运；后来，由于他衰老了，只能喃喃自语。他变得稚气起来；由于长年累月的观察，他甚至和守门人皮领子上的跳蚤都搞熟了，便请求跳蚤帮忙说服守门人。最后，他的目光模糊了，他不知道周围世界真的变暗了，还是仅仅眼睛在欺骗他。在黑暗中，他却能看见一束光线源源不断地从法的大门里射出来。眼下，他的生命已接近尾声。离世之前，他一生中体验过的一切在头脑中凝聚成一个问题，这个问题他从来没有问过守门人。他招呼守门人到跟前来，因为他已经无力抬起自己日渐僵直的躯体。守门人不得不俯着身子听他讲话，他俩之间的高度差别已经大大增加，愈发不利于乡下人了。'你现在还想打听什么？'守门人说，'你没有满足的时候。''每个人都想到达法的跟前，'乡下人回答，'可是，这么多年来，除了我以外，却没有一个人想求见法，这是怎么回事呢？'守门人在他耳边道：'除了你以外，谁也不能得到允许走进这道门，因为这道门是专为你而开的。现在，我要去把它关上了。'"参见〔奥地利〕弗兰茨·卡夫卡：《审判》，孙坤荣、黄明嘉译，上海，上海译文出版社，2003。

爱慕的本能，甚至在身陷囹圄的情形下，也念念不忘与她们风流缱绻，以获取短暂的肉体放松与心理平衡。主人公这种行为看似荒诞，却出乎对女性躯体所包孕着的母性的天然心理依赖；这种母性的呵护恰与"正义女神"所具有的慰藉功能相仿，尤其当卑微、渺小的人类个体面对不可知命运的判决时。另一个细节是，阴暗的教堂中，神甫曾隐晦地暗示约瑟夫："你过于依赖寻求外界的帮助，尤其是从女人那里。"这种谴责恰恰表明，约瑟夫一直是冀望于向具有不同容颜的正义寻求帮助，他确实希望倚借自然正义战胜虚无缥缈的实在法。可悲的是，约瑟夫最终并未如愿以偿。

第一位是传统意义上的正义女神。御用画家笔下的正义女神，"裸露单肩、双腿健硕，脚踝上生出两个翅膀，左手持弓，右手食指指向前方，呈现出一幅嗜血冷酷、追逐猎物的模样"。原本至高无尚的正义女神，在画家的笔下变为威严却并不神圣的狩猎女神，约瑟夫因此调侃道："正义女神应当安安稳稳地站着或坐着，她不应当奔跑不停，这样才能够让手中的天平不再晃动。"卡夫卡似乎以狩猎女神的典故与形象暗示着现代文明国家法律机器的谦抑功能的的丧失，它们将犯罪嫌疑人视作猎物，不追捕归网誓不罢休。这一点从画家对约瑟夫的劝诫中可以得到确证："一般而言，法院已经接受对某人起诉，他就认定这个人是有罪的。"

第二位正义女神的化身是毕尔斯泰纳小姐。她是一位高贵、知性、优雅的女子，约瑟夫对其倾慕已久。房东太太却总是向约瑟夫暗示毕尔斯泰纳小姐远非看上去的那般纯洁，她经常与一些不三不四的人来往，甚至可能是某个权贵者的情妇。约瑟夫对房东太太关于毕尔斯泰纳小姐的侮辱性猜测进行了严厉驳斥，但随后目睹的一切却令约瑟夫逐渐失望，毕尔斯泰纳小姐若即若离的态度亦令约瑟夫如坠雾中。卡夫卡笔下，毕尔斯泰纳小姐似乎代表着被卑劣、粗鄙的市民意识所绑架的正义，空留一具纯洁、美好的外壳，却不具备应有的内涵与品质。

第三位正义女神的化身是个洗衣妇。约瑟夫在预审法庭外曾两次遇见一位精力旺盛、貌美丰满的洗衣妇。这位洗衣妇是法院的房东——由于财政紧张，政府租用了她的起居室作为法庭。她不断挑逗约瑟夫"找个地方乐乐"，并暗示会透漏"一些真正有价值的关于法庭审理案件的内幕"。令人惊讶的是，就在约瑟夫眼皮下，一名看上去无缚鸡之力的法科实习生横刀夺爱，将那位丰满的洗衣妇拦腰抱起向楼上法官卧室走去，因为"法官已经等候这个女人多时"，"无论如何不能再耽搁了"。洗衣妇表演性地挣扎几番，便紧紧搂着实习生的脖子被带到楼上，"她回头望着约瑟夫，目光中闪烁着戏谑与欢快"。洗衣妇的形象，似乎代表着被司法官与实习生为代表的司法实务界与法学理论界所绑架的正义，他们肆无忌惮地调情交合，令一旁苦苦等候、企图"打探司法内幕"的约瑟夫目瞪口呆。

第四位正义女神的化身莱妮，是一位受人尊敬的、据称拥有强大人脉资源的律师胡尔德的贴身女仆。胡尔德与约瑟夫的叔父在起居室探讨案情的重要时刻，约瑟夫却受到莱妮目光的引诱，来到胡尔德办公室的地板上云雨享乐，画像中威严正义的法官以"似乎活起来"的目光注视着他们赤裸的身躯。正是这位娇小可人的莱妮女士，在目睹了众多委托人被自己的主人愚弄、欺骗，沦落到倾家荡产的地步之后，无可抑制地产生了一种病态的补偿心理，"约瑟夫悲哀地发现，她主动引诱着胡尔德的每一位客户，无一例外，并带着无限怜悯感与他们疯狂造爱"。此时的正义化身成为滥情女人，她受制于司法讼棍的淫威，无力主宰人间正义的实现，只好试图以廉价的肉体欢愉来慰藉这帮受害人落魄的灵魂。

第五位正义女神的化身是一群女孩。这是一群"肮脏、早熟、聒噪、无所事事"的可恶女孩，她们在约瑟夫寻找画家伊始便像苍蝇一般紧紧盯上了约瑟夫，并且轮番透过锁眼偷窥约瑟夫的一举一动，不时地发出"他坐在床上了"、"他脱了一件衣服"的欢呼声。此时的正义已经幻化为精神错乱的不良少女，她们举止癫狂、言语乖戾、令人不可理喻，在精神气质上与疯狂嗜血的狩猎女神一脉相传。约瑟夫听从客户的劝告去寻找法庭画家，这是他追寻正义、拯救自我的最后一丝希望，因为据说"画家梯托雷大部分时间都在为法官们画画，因此无疑与法院有着千丝万缕的联系"。画家向约瑟夫总结了祖辈以及自己在法院帮闲数十年所获取的宝贵箴言后，突然发问："难道你不觉得我讲起话来几乎像是个法学家吗？"到此为止，约瑟夫追寻正义的幻想终于破灭了——他发现梯托雷不仅是一个擅长奉承拍马的帮闲画家，更是一位失去灵魂、被权势与金钱奴化的帮闲法学掮客。最后，约瑟夫决定告辞。由于他购买了一大堆画家的庸俗作品，画家好心地指给他另一扇隐形门，使得约瑟夫能够逃离那群可恶女孩的追逐。

约瑟夫对正义的最后一丝期待被残酷的现实干净利落地扼杀了。此后，他不再幻想、不再挣扎，静候法律的摆布、期待死亡的降临。在匕首插入约瑟夫胸膛的一瞬间，约瑟夫恍惚间看到了毕尔斯泰纳小姐的面庞——这是约瑟夫纯洁美丽的单相思的女主角，也是唯一一位虽然有大量可疑证据，但仅仅停留在猜测与臆想阶段，尚未被活生生事实所证明的、继而可能未被司法强暴的正义的化身。但是，此刻毕尔斯泰纳小姐的出现又有什么寓意呢？代表着约瑟夫在临死前对人间正义的最后一丝希冀吗？

刑事法律的本质到底是什么？它因何被公众所信仰？从远古到现代，

涉及法律终极性哲理命题的论著汗牛充栋，学者们各据其理，从不同角度进行不同论证、作出不同解读。卡夫卡在《审判》中娴熟地运用了隐喻与象征的笔法，不仅从现实与道德、伦理、哲学的角度对现代社会的刑事法律进行拷问，向我们提供了一个关于"法之本质"的开放性命题，而且从司法制度的他审与灵魂的自审的层面为我们推开了一扇考察法律与正义、合理性与合法性的关系的崭新视窗。

8.2.2.2.2　"规训与惩罚"：《城堡》

卡夫卡的作品大多情节荒诞离奇、气氛阴郁神秘，其中细节的真实性与逻辑的严谨性却又向人们彰示着这种荒谬情境就真真实实地发生在每个人的身边——《城堡》（创作于 1922 年，发表于 1925 年）即为这种"卡夫卡式"① 风格的典型代表。这部小说完成于卡夫卡逝世前两年，可以说是卡夫卡一生哲学思想的总结，重墨描绘了卑微的公民个体与庞大的国家司法机器之间因地位的悬殊而导致的陌生、错位关系。作品采用单线条叙事模式，故事情节异常简单，但所包含的对现代文明荒谬性的揭露却达到了登峰造极的地步。

> 土地测绘员 K 接受上级命令，于雪夜长途跋涉来到一个城堡前工作，却被阻挡在城堡管辖区外围的村庄中。人们告诉他，若想进入城堡，必须获取来自城堡签发的许可令。为了完成工作，K 不得不与城堡内的权力机构周旋、沟通，短暂的工作期间演变为长久的、乏味的拉锯战。K 尝试了各种方法，企图通过村长、信使、被城堡惩罚过的罪人，甚至城堡最高长官的情妇来接近城堡的核心权力圈，却一无所获。他至死也未能踏进城堡一步。②

这是卡夫卡唯一一部未完成的作品，因而故事结局呈现出罕见的开放性，至今仍是法学研究者以不同视角进行解读的典型脚本。作品将现实生活成功虚化，自始至终笼罩着一股神秘的气息，并在这种背景的烘托下将人与人之间隔绝、陌生、不可理喻却又无所不在的异化感、荒诞感发挥至

---

① 卡夫卡作品中的浓郁特色，被称作"卡夫卡式"，最大特点是令读者的思维跟随作品情节在逻辑理性与非理性的轨道上来回滑动，却始终控制其无法抵达二级顶端，它涵盖了思想内容与艺术形式两个方面，且已经发展成为一个美学概念。在思想上，卡夫卡接受了存在主义学说，作品反映了世纪末情绪，表现了人在荒诞世界的孤独、恐惧与异化；体现了权威的不可抗拒、障碍的不可克服、孤独的不可忍受、真理的不可寻求等虚无主义。形式上，卡夫卡的艺术特色具体表现为荒诞框架下的真实细节以及浓烈的自传色彩。

② 梗概及本节引文来源于〔奥地利〕弗兰茨·卡夫卡：《城堡》，高年生译，上海，上海译文出版社，2003。

极致。与《审判》中的法庭相似，小说最重要的场景"城堡"也是一个虚像，它坐落在一个山岗上，永远蒙着一层神秘的面纱，令 K 可望而不可即。小说的主要人物 K 同样也是一尊虚像，他甚至连名字也不需要，仅留下一个生命的符号。至于其他人物，更是活像被通通摄入了一出皮影戏，只能影影绰绰地看到他们晃动的影子与模糊的容颜，例如，作品中至关重要的大人物 C 伯爵仅在 K 与纠察官的口中出现过一次，另一个官僚克拉姆到底长着什么模样大家"谁也说不清"。

与《在法的门前》一样，这部充满着隐喻元素、带有强烈寓言色彩的小说，讲述了一个卑微的公民个体挣扎于等级森严、臃肿沉重的司法机构中，愈陷愈深的故事。文中象征着司法机构的是一座寒酸、破败的"城堡"，它"既非一个古老的要塞，也非一座新颖的大厦，而是一堆杂乱无章的建筑群"，但对于底层人民来说，它显然高不可及。在这个与世隔绝、完全封闭的意识形态圈里，"城堡"中的最高长官克拉姆手握着绝对的权力，他的名字对于任何一个村民而言都具有极大的震慑力。更为可笑的是，无论从哪个方面看，克拉姆在村民眼中都已成为上帝的化身，人们动辄将"以克拉姆之名"挂在口中祈祷或者起誓；所有被他偶然宠幸过的女人，从半老徐娘到豆蔻少女，均将克拉姆信手留给她们的手帕、绒帽、披肩等纪念品供奉祭坛，引以为终身自豪甚至家族（包括她们的丈夫）荣耀；而其他人则永远也看不清克拉姆的真实形象。村民口中是如此描写克拉姆的神秘的："他在村里和村外的模样不同；他饮酒前与饮酒后的容颜会发生变化；他在睡着时和醒来后的相貌迥异；他不喜欢独处，喜欢与大家在一起，当然容貌也会随之发生改变。"如同立于云端的上帝一般，克拉姆令人难以捉摸的形象赋予他深不可测的威力，也因此造就了他的"子民们"的巨大恐慌与无尽的揣测。这种在浓烈的神秘色彩笼罩下的司法强权与专制，生发出一种难以抗拒的残暴，彻底摧毁了整体村民的独立思考能力与对自由精神的向往，使他们心甘情愿地匍匐于克拉姆及其手下官员的权力监控之中。

巴纳巴斯一家的遭遇从一个侧面向 K 揭示了"城堡"——这所看似无形的废墟对胆敢反抗者的惊人、残酷的吞噬能力。在克拉姆耀眼光环的保护下，城堡的其他官员也常常到专供他们享乐的赫伦霍夫旅馆来"放松一下疲惫至极的灵魂"。他们粗暴地将所有聚集在此处喝酒的村中男人赶走，继而召来一群妓女与良家妇女进行狂欢。权力对于女人而言是一剂最有效的春药，有幸参加城堡权力核心层聚会的村中女人将与官员们的交往视作无尚荣耀，她们满心欢喜地对官员们百般逢迎。在这种颇为变态的习俗与惯例的影响下，巴纳巴斯的妹妹阿玛利亚因断然拒绝了某位城堡要员的召幸，导致了全家人被村民们所仇视、怨恨，甚至衣食无着，最后，一向将荣誉视作生命的父亲因难以承受刺激，疯癫发狂。

巴纳巴斯一家的惨剧与福柯先生关于权力、权力话语与刑罚之间关系的思辨精神不谋而合——三者相辅相成，亦即惩罚是权力和权力话语得以维系的重要手段，权力和权力话语又为惩罚提供合法性依据。根据福柯的理论，对巴纳巴斯一家进行惩罚的背后，隐藏着权力者力图塑造的意识形态被解构与重构的过程。对巴纳巴斯处以刑罚的本身并不是目的，不仅仅是为了惩罚罪犯和警示民众，更主要的作用是昭示以克拉姆为代表的国家机构的权威，在惩罚别人的同时，亦彰显和巩固了惩罚的施予者的权力。可以看出，卡夫卡在此以自己的独特视角诠释了刑罚的功能——对于被破坏的秩序的回复以及对于被动摇的权力的巩固。权力发出者为了维护自己在城堡管辖地居民眼中的神秘性与崇高地位，必然会为刑罚的发动寻找合法性依据，而所谓的合法性依据，实际由他们所发出的权力话语构成——K 在村长家所看到的一座座由资料、发文、命令堆砌而成的"小山"，虽然布满灰尘，却仍然具有"无尚的法律效力"。

另外，巴纳巴斯一家的冤案亦同时验证了边沁"环形监狱"理论运用于司法监控中的魔力。以克拉姆为核心的"城堡"统治下的社会完全具有"环形监狱"的主要功能——对管辖区的全景监视、在这种监视下产生的权力匿名化以及权力在受规训主体中的自动运行。美丽的少女阿玛利亚因为愤怒撕毁了城堡官员索提尼的求欢便笺；事后，索提尼并未对阿玛利亚进行半点威胁，也未运用公权力进行报复，但阿玛利亚尤其是无辜的家人从此却陷入万劫不复的深渊——全村人像躲避瘟疫般避开他们。当 K 为巴纳巴斯一家遭遇愤愤不平，希望帮助他们摆脱困境时，阿玛利亚的姊姊奥加尔婉言拒绝了 K 的好意。这位姑娘分析道，他们一家所受到的鄙视与敌视的根源虽然来自于"城堡"，但"城堡"并未发出"明文判决"。问题的症结就在于此——没有人需要对此负责，匿名权力就此产生，并且权力实施所导致的后果清晰而现实地存在着的。这与《审判》中被宣布有罪的约瑟夫所遭遇的困顿完全相同，作为匿名权力笼罩下的公民个体，即使意识觉醒希望反抗，也无法寻找到可以较量、对决的具体目标。

关于司法权在受规训群体中的自动运行模式，体现在村民对城堡俯首膜拜的情结之中。他们竭力揣测司法权掌控者的意愿，试图依循掌控者的思维方式去思考问题，并随时听从掌控者的召唤，忠实地为司法权的实现排除一切阻力与障碍。这种奴性心理的深处事实上蛰伏着对"参与"权力的渴求，以及对话语权获取的期盼。他们认为如此这般就可以接近官方话语的边缘，并醉心于被同化为权力共同体的一员。可悲的是，他们并未意识到，自己与 K 一样是永远被排除在权力话语以及权力本身之外的。事实上，以克拉姆为代表的"城堡"权力是建立在小范围、散布化的民众心理特质之上的——只有在村民畏惧城堡权力时，城堡才真正实现了它的权力；而当村民为了揣摩权力者的意图对自己的同类横加暴力时，才真正地强化了城堡自身的权力，使之得以现实化，巴纳巴斯家族的遭遇即是明证。

在卡夫卡看来，对于社会权力下痛苦挣扎的民众来说，他们所抗议的司法专政、刑罚严苛亦是他们自身的思维、行为模式所造就的，他们正是整个司法权力体系赖以生存与运行的基础。这种观点在卡夫卡较早时期的短篇小说《在流放地》中有着更为深刻、准确的阐述。

8.2.2.2.3　死刑的盛宴：《在流放地》

《在流放地》（创作于 1914 年）是一部描述人类司法制度在体制化与程序化的极端模式下被扭曲、异化，继而来给人类永无止境的恐怖与血腥的典型作品。

> 一位在热带流放营考察的欧洲旅行家，被邀请到死刑现场观看一名因侮辱上司而被判处死刑的士兵的"行刑盛宴"。最终，他惊恐地发现，被执行者幸免于难，死刑机器的拥护者与执行者则以自戕的方式跳入机器，结束了自己的生命。①

故事的主角是流放地的上尉兼法官，作为流放地死刑的判决者与执行者，他对设计精密的行刑机器抱有深厚而复杂的情感，"向旅行家殷勤地介绍着这部机器，摩挲着机器的每个零件，就像抚摸着情人的肌肤"；他带着恭敬的神情打开行刑机器的内部结构图，"就像展开一部至高无尚的宗教经典"；对机器的溢美之词源源不断地从他口中流出；而行刑时罪犯的面部表情则带给他极度快感，甚至"一瞬间点燃了他冷酷灰暗的双眸"。

根据上尉的介绍，这部死刑机器的"上部分是测绘仪，中间是密密麻麻的耙子，下部分是垫着特殊材质棉絮的床"。行刑时，犯人脱光衣物俯卧于床，由四条皮带缚住四肢，嘴里被塞上毛毡团以防自残，然后在测绘仪的精确控制下，长短不同的耙子开始在受刑人背部上下运作。耙子中装

---

① 梗概及引文来源于〔奥地利〕弗兰茨·卡夫卡：《在流放地》，冯亦代译，广州，广东人民出版社，1980。

有长针与短针，长针负责在犯人背部刺字，"也就是对他的判决书"，短针则喷出一股股清水，"将渗出的血水冲刷干净，使判决书上的字迹清晰地显现出来"。身体的一面被刺透后，再翻过来刺另一面，整个行刑过程将持续十二个小时。两个小时后，就可以将毛毡团从犯人嘴里掏出，不必再担心他们还会有气力咬断自己的舌头。此时犯人的嘴边会放置一个盛着米粥的电热杯，愿意的话，他可以用舌头舔着吃。六个钟头后，判决书基本刺刻完毕；犯人需要再花费六个小时的时间通过背部、胸部的创口解读对自己罪行的判决；而此时的机器仍然在一遍遍地加深着犯人肉体上判决的字迹。大约第十二小时，机器的耙子会将犯人背部与胸部完全刺透，另一个叉子将他铲起，放在床旁早已铺好厚厚棉絮的土坑中。到此为止，整个过程结束。

旅行者似乎对这台机器并不感兴趣，将目光转向那位即将领受刑罚的罪人，并问及上尉军官具体案情。他吃惊地获悉，待处决的犯人"并没有受到任何审判"，因为"所有的判决都是通过机器将犯人所违反的法律写在他的身上，这样可以使他们的记忆更深刻些"，"即将在这位犯人身上穿刺的法条是'尊敬你的长官！'"旅行家迟疑地询问犯人是否知道对自己的判决，上尉的回答是否定的，认为"没有必要告诉他，他很快会亲身体验到的"。旅行家不甘心地追问犯人是否知道自己被处以刑罚，得到的回答依旧是否定的。旅行家随后了解到，这位被判处死刑的犯罪人"从来没有行使过辩护权"。

刑罚开始后的第六个小时，上尉向旅行家绘声绘色地介绍这台机器往日的荣耀，并希望通过这位来自文明国度的欧洲人向新任司令施加压力——新来的司令是极力主张取消这种行刑机器的。当旅行者明确表示"事不关己"的态度后，绝望之中的上尉停止了对犯人的行刑，毫不犹豫地跳入杀人机器中，希望在曾经的光辉与荣耀中结束自己的生命。诡异的是，此时的行刑机器突然失控，耙子起伏之下所刺刻的皆是乱码，并很快进入"最后一小时"的行刑状态，毫无章法地残杀了军官。

这篇小说可以被看作是一个关于罪恶、刑罚与殉道的寓言，现代文明的本质通过这部令人毛骨悚然的杀人机器的演示被揭露得更加细致、透彻。这是一个高度物质化、客观化的世界，一切刑罚均依照着既定程序有条不紊地进行。可怕的是，这种冷冰冰的、高标准化下的程序运作模式将人类的情感空间无限压缩，以至于最终陷入将人的主体性完全摒弃的荒谬境地。在日益精密化、自动化的机器面前，人的生命与尊严愈发显得微不足道。具有反讽意义的是，人类利用科学技术衍生出精致细密的杀人工具，而机器的操纵者与热衷者最后亦难逃脱被机器屠杀的命运。

流放地的酷刑是老司令官开创的，"他是军人、法官、设计师、物理学家、化学家、绘图师"，总之，老司令官是全能的人类的代表，也是刑罚权毋庸置疑的最高象征。在老司令的英明、智慧与权威之下，"罪行总是毫无疑问的"，犯人也"根本就没有辩护的机会"。老司令去世后，他所秉持的精神与他所创造的权力体系依然主宰着流放地的人们——上尉军官即为老司令不散幽灵的聚集体。当上尉终于意识到，自己关于刑律与惩罚、正义与公平的所有信念将随着新司令官的到任而被迫脱卸时，颇具军人气质的他毫不犹豫地选择了自戕，成为嗜血刑具的最后祭牲。上尉是一个多面的、矛盾的角色，生命中的最后一跃使我们对他一生的记忆定格在最为惨烈的一瞬间——他与行刑机器融为一体，在血色烂漫中完成了自己的使命，他既是虐待狂，又是受虐狂；他既是借惩罚他人之名进行谋杀的罪犯，又是残酷、荒谬行刑方式的愚昧殉道者。上尉身上所彰显的矛盾性格可以延伸至所有人类，这是一种狂热而偏执的对理性、惯性与惰性的信仰。

作品中处于受害者位置上的犯人也同样丧失了人性。他因为顶撞长官被逮捕，未经审判便被判处死刑；临刑前被士兵手里拽着一根铁链拴着，没有表现出丝毫的哀伤、愤怒或者抗拒，"像条奴性十足的狗，主人可以放心地放开他在山岗上随意乱跑，临刑前只要一个唿哨就会立刻回来"。行刑过程中，当他得知自己侥幸捡回一条命后，不顾遍体汩汩喷涌的鲜血，断然回绝了旅行家的劝告，执意待在现场，饶有兴趣地观看上尉的自戕过程——"他对这台杀人机器的构造以及行刑的过程同样抱有极大的热情"，"预感到将要发生什么不同寻常的事情，也许刚才发生在自己身上的惨剧，很快就要降临到上尉的身上。""'报应啊，真是报应！自己只受了一半的刑，剩下的却要由行刑者来承受，真是妙极了'，他咧着嘴无声地笑着。"与上尉相似，被执行者变态、扭曲的心态同样出自嗜血的本性，这是又一个被制度化行刑体系所俘获、浸淫的卑微的灵魂。

可悲的是，这种心理不仅存在于执行者与被执行者之中，让我们回顾一下老司令在世时民众观刑的盛况——"行刑的前一日，漫山遍野便等候着观刑的民众，大家穿着节日的盛装，姑娘小伙们趁着这个机会眉目传情。行刑当天凌晨，军号嘹亮、响彻营地。人们激动地踮起脚尖往前涌，数百双目光注视着着行刑机器、痴心于被执行者面部痛苦的表情。因为不可能满足每一个观刑者在近处观刑的要求，老司令英明地指示要特别照顾儿童。孩子们在高级军官的监护下，得以最近距离地观看被执行者的痛苦。"作恶与惩罚之因果联系的图景对他们而言是如此鲜明，通过残酷的刑罚来实现正义、维系秩序的观念对他们而言是如此毋庸置疑。正如《城堡》中被控制于克拉姆官僚体系下的村民们在奴役与专制面前所表现出的集体无意识，这一群兴致勃勃的观刑者、喝彩者也正推动着残暴、落后的刑罚制度在人间的蔓延与巩固。

西方文学史上令人津津乐道的一个事实是，许多文豪都拥有着"从法学院逃跑"的有趣经历。卡夫卡也不例外。他具有显赫的法科背景，与雨果、莫泊桑、托尔斯泰、福楼拜等传奇作家分享着共同的人生阅历，不仅如此，获得法学博士学位后，卡夫卡继续着自己的职业生涯，先后在律师事务所、法院、保险公司等处任职，与法律打了数十年的交道。因此，即便日后成为文学家的卡夫卡宣扬自己"极端厌恶法律"，认为修习法律"就像在啃木屑"，但他毕竟是一位受过法学专业训练的、有着二十余年（从 1901 年进入布拉格卡尔大学开始，到 1922 年因健康原因从保险公司法律专员职位退休）丰富实践经验老法律人，他的思维、评论、叙事模式不可避免地被打上了深刻的法律烙印。同时，卡夫卡从事司法职业的这二十年，正是西方现代法学历史上发生巨变的时期，"纯粹法学"与"自由法学"两种学派激烈相争，刑法理论的研究重心亦开始由犯罪向犯罪人、由客观主义向主观主义倾斜。文学创作过程中，无论卡夫卡是否意识到自己专业素养始终客观存在，无论他是否承认诸多的法学元素已经浸润到每一部作品的肌理之中，通过对上述三部作品的考察，可以清晰地发掘出作者本人借文学作品的隐喻所表达出的对各种法学理论与司法实践的倾向与看法。

表面上看，上述三部作品涉及的法律话题各不相同，《审判》勾勒出一幅民众眼中自然正义与司法过程逐渐神秘化与虚幻化的图景；《城堡》描绘了刑事立法与司法机器挤占个体空间、向高度集权与专制日益膨胀的趋势；《在流放地》则讲述了一个残酷的刽子手被杀人机器终结生命的血腥故事。本质上，它们却分享着共同的严肃而深刻的主题——在一幕幕荒诞而逼真的情景背后，卡夫卡试图探讨的是更深层次的法哲学话题，矛头直指法律在文明社会中被异化的事实。

在关于刑事法律的诸多民众意识中，人们首先像教科书一般将其描述为一种客观真实、公正无私的正义面孔，它与人们的日常生活距离遥远，几乎是神圣的而非当前生活的组成，但是其威严性与可预见性不容置疑，是人们心目中象征正义与公平的图腾。从远古时期开始，人们的意识当中，刑法在绝大部分时间内以一种权威的、遥远的、超然的力量出现，是神祇的代言人，是自然法则在世间的具体运作，是一种不可抗拒、永恒存在的因果法则。人们一般对其敬而远之，只有在为了崇高或卑微的目标与其他个体产生了难以排解的纷争与仇恨时，才会被动介入刑法的运作空间。当然，远古时期的人们是没有制定法观念的，他们完全依照自己的本能与原欲去支配行为，也完全遵循自然的法则接受报应与惩罚。

随着人类文明的不断进化，制定法开始在人类社会运转，规制秩序、维持秩序、恢复秩序。人们对于这一套国家惩罚机器抱有强烈的敬畏之情，这种敬畏并非来源于机器后面的暴力支持，而是来源于强大的对宗教信仰的忠诚，人们认为国家刑事司法权来源于上帝的授予，惩罚世间的罪人是遵照上帝的旨意，违背刑法就是背叛上帝，对死后在地狱中接受拷炼的恐惧成为人们不敢越雷池一步的主要约束力量。即使是近现代社会，刑法的内蕴已经褪去了浓烈的宗教色彩而转化为庞大国家机器的一部分，很大一部分西方人对于刑法的敬畏仍然来源于对自然法则的尊敬与忠诚，当刑事司法运作基本沿着人们心目中的自然正义的轨道有序运行时，人们出于对自身安全与自由等切身利益的考虑，对倚借强大暴力而产生的威慑力与制裁力的刑事司法通常秉持着认可、支持与尊重的态度。

从 19 世纪末 20 世纪初开始，随着刑法思想从道德伦理与宗教信仰中的成功剥离，随着社会意识形态的分裂与细化，随着稳定中庸的科层制为主要模式的社会结构的不断发展，出现了类似于《审判》与《城堡》情节中的人们对法律的无所适从与敬畏恐惧。这种敬畏并非建立在刑事司法与自己的价值观相统一的基础上，而是出自于一种对无法预测、无法控制的庞大法律机器的恐惧之情。

《审判》一文即生动揭示了法律扩张为机器特质后的邪恶特点。在一个高度文明的法治社会中，法的机器散发着超越感情因素的冰冷色彩，其刑事司法过程凸显神秘色彩，正义与法庭幻化为虚渺而邪恶的异己力量，完全超出了民众心目中古朴而理想的自然状态。从主人公的荒谬而悲惨的遭遇中，可以明显感觉到民众对法律机器实然运作方式的深刻恐惧，以及对卑微的个体命运难以掌控的无助与悲悯。《在法的门前》更是讲述了一个令人心碎的人们对法的忠诚与法的邪恶本性的故事。故事中的乡下人畏惧法、尊敬法、热恋法，渴望接近法、理解法，并屏息凝神地随时听候法的吩咐，但他从年轻力壮的青年时期，一直等到到佝偻屡弱的老年时期，直到死也未能跨进法律的大门一步。法律的大门始终留有一条细细的缝隙，以其中透出的光亮诱惑这位对法抱有极大忠诚度的公民，令他总是对法抱有一丝希望、欲罢不能。乡下人的经历证明了人类法律已经发展为一个复杂、庞大的机器，金字塔状的权力在集权控制网络中一层层地被生产出来。而乡下人这些处在法的控制下的人，只有被规训、被窥视、被操纵的命运，他甚至不知晓以何种方式，以何者为对手，向着何种理想去挣扎、去抗争。同样的主题也出现在《城堡》一文中，故事深刻诠释了卑微的公民个体与庞大的法律机器之间因地位悬殊而导致的陌生、错位关系。在立法权力与司法权力所营造的与世隔绝、完全封闭的意识形态圈里，以刑法为象征意义的"城堡"永远蒙着一层神秘的面纱，令人们可望而不可及。这种颇似"云端的上帝"的形象赋予执行者深不可测的威力，也因此造就了他的"子民们"巨大的恐慌与无尽的揣测。这种在浓烈的神秘色彩笼罩下的集权与专制，生发出一种难以抗拒的残暴，彻底摧毁了整个村的村民的独立思考能力与对自由精神的向往，使他们心甘情愿地匍匐于法律机器的监控之中，并得以在受规训群体中自动运行。《在流放地》中，上尉手中掌控的刑法机器已经成为由人制造后又翻转过来控制人、迫害人的异己力量的象征。故事中"犯罪者"的遭遇甚至不如《审判》中的约瑟夫，一切司法程序应包含的内容统统被省略，没有审判、没有辩护甚至没有判决书，案件直接过渡至行刑阶段，犯罪者怀着极大恐惧被带上行刑机器。司法试图通过此种方式告诫公民，谁敢以身试法、触犯权威，法律就会将他的"意志、胆量、肉体通通抽干"。在这种披着科技进步与民主外衣的专制社会中，整个司法体系就是一个以暴制暴的巨大机器，在人们眼中自古扮演着替天行道的角色的刑罚，在优势利益与话语权的操纵下被逐渐异化，人们逐渐对它丧失了亲近感与信任感，代之以恐惧、憎恨、疏离与反叛。

在上述作品群中，卡夫卡为读者精心设计了各种开放性视角，包含多元化法律元素，集中表述了自己对文明社会中司法异化现象的深刻思考以及对公民社会发展前景的深切忧虑。即使在进入 21 世纪的今天，回顾作品中荒诞却又似曾相识的场景，依然对任何已经或者正在迈向法治化的社会具有着确定而恒久的警示意义。当然，针对同一部作品，解读角度不同，结论亦自然包含多种可能性。对刑法学研究者而言，卡夫卡的作品带给我们的独特视角与思维空间显然比问题本身与结论更有意义。

8.3　后现代主义文学

提到地狱，就会想到硫磺、火刑，却没想到地狱是如此模样。何必要什么地狱呢？真是莫大的玩笑啊。他人就是地狱！

——［法］萨特《禁闭》

检察官慢条斯理地站起来，庄重地披了披法衣，向陪审团提出了最后的请求："我向你们要这个人的脑袋……是的，诸位请注意，我控告这个人怀着一颗杀人犯的心埋葬了一位母亲。"

——［法］加缪《局外人》

根据第二十二条军规，只有疯子才能获准免于飞行，但必须由本人提出申请；同时又规定，凡能意识到自己精神有疾病而提出免飞申请的，属头脑清醒者，应继续执行飞行任务。

——［美］约瑟夫·海勒《第二十二条军规》

四个仍然处于醉酒状态的老人，踉踉跄跄闯入塔拉普斯的卧室……他们被眼前的一幕吓傻了……检察官朝着他那失去的朋友发出痛心、悲哀的呼喊："孩子，我的好孩子！你想到哪儿去啦？你毁了我们这个最美妙的晚会！"

——［瑞士］迪伦马特《抛锚》

后现代主义是第二次世界大战后西方文学最重要、最壮阔的文学潮流，也是当代西方各种反传统文学流派的总称。它发轫于第二次世界大战的废墟中，在后工业文明的氛围中走向全面繁荣。后现代主义文学作品是当代西方社会精神危机最形象、直观的反映，它继承和发展了现代主义的反传统、反理性精神，并将该特质推向极端。然而，与现代主义标榜清高、超凡脱俗的气质相反，后现代主义公开趋俗、媚俗，声称自己是平民的儿子，力图代表处于社会底层的民众发出声音。他们立于鲜明的反叛立场，对现实西方社会的政治、法律制度表现出公开的绝望与唾弃，带有破坏一切、毁灭一切的无政府主义色彩。尤为可贵的是，后现代主义者的批判是务实的，并非仅限于思想、道德类形而上的东西，并且企图从根本上否定整个社会制度——"颠覆与破坏"成为后现代主义最激进的口号。例如从 20 世纪末开始至今仍然占据主流阵地的解构主义文学思潮，目的就是通过解构和破坏语言规则，进一步破坏官方规章制度类的"文本"，从而达到破坏和颠覆整个社会固有制度的目的。

后现代主义反对一切固定化、制度化、被垄断化的模式，它的主旨与内蕴决定了自己不可能具有一个统一的、明确的内涵。1987 年，美国阐释学文艺理论家们召开专门会议对"后现代主义"思潮进行探讨与争论，最终将其特质归纳为以下三个要点。第一，后现代主义产生的文化基础是

"一"与"多"共存的时代，每一种文学都强调自己与众不同的个性，成为"这一个"；同时，许多"这一个"的多头竞争也就形成了多元竞争、多维并存的文化格局。第二，后现代主义是战后科技革新发展的直接结果，从文化底蕴来看，它是科技意识的扩张。例如它在思维层面直接引进纯科技思维来分析文学现象；包括结构主义、解构主义等文学理论均是受到科技成果的启示而演绎的成果。第三，后现代主义在对传统进行解构与重构的过程中，包含着颠覆、毁灭、变异、承继、再造等因素；它既是一种否定，又具有天然的传承性与传统性，我们不能因仅强调它颠覆、反叛的一面而忽视它对既有文明的传承与再造功能。

从历史发展角度考察，后现代主义萌发、鼎盛与衰落呈现回型走势。后现代主义格局从 20 世纪 40 年代中期开始基本形成，并于 20 世纪六七十年代达到顶峰，之后影响力渐次下降。后现代主义的衰落与其落拓不羁、标新立异、颠覆传统、随意肢解语句的特质密切相关——一个不容忽视的客观事实是，80 后、90 后新生代的阅读能力与写作能力令人震惊地大幅降低，他们根本就"读不懂也不喜欢后现代主义玩弄文字游戏的学院派趣味，而更倾向于情节曲折与明白晓畅的作品"。另外，电视文化与网络文化的普及使得文风流畅、形象生动的批判现实主义再一次受到媒体的认同与鼓励，继而将文风晦涩、强调只可意会不可言传的后现代主义作品彻底打入冷宫。因此，在世纪之交，由后现代主义向批判现实主义文学的普遍回归成为西方文学史上最具意义的文化现象。

8.3.1　存在主义文学

进入 20 世纪，西方社会在发展过程中不断暴露出它的痼疾以及由此带来的一系列灾难性后果。日趋激化的阶级斗争、周期性爆发的经济危机、法西斯主义的一度蔓延以及荼毒生灵的世界大战的爆发，使得西方人在历经 18 世纪、19 世纪滋长、茁壮起来的对科学与理性的信仰、对通过自然科学主宰世界的乐观幻想迅速枯萎凋落；一切秩序与信念均像雪崩般在西方人心目中坍塌，并被一种"世界存在的不可理喻"与"人的存在就是一种荒谬"的悲剧性情结所替代。西方人的集体意识普遍感受到世界的荒诞性以及人类存在本身的尴尬性，人生成为"不可推断、无法主宰"之物，荒诞却成为现实生活的高度概括——人们无法认识他人、掌握自己命运，失去了安全感与确定感，感到苦闷彷徨、前途渺茫。如此背景下，存在主义应运而生。它滥觞于 20 世纪 30 年代，于第二次世界大战后达到巅峰，影响了整整半个世纪的人类思维，以致直到 21 世纪的今天，我们仍然能感受到存在主义的重大影响，这在哲学发展史上也是十分罕见的。存在主义在如此之短的时间内可以造成如此之大的声势，其根本原因在于它极其深刻地反映了经历战争创伤的人们的心态，表达了历经战争苦难的整整一代人的意志、愿望与情感。残酷的战争剥夺了人们自然存在的权利，将人们变成了两类畸型群体——或者当杀人机器的靶子、任人屠杀宰割；或者充当杀人机器、违背人性，以屠杀同类的方式来苟延残喘。因此，存在主义是一种危机的、寻找自我的、追踪生命意义的哲学，"荒谬"与"痛苦"是其基本主题。[①]

存在主义由丹麦神学家克尔凯加尔（1813～1855 年）首先提出，但克氏的存在主义建立在基督教神学的基础上，认为存在首先是上帝的存在，或者说存在原本就是上帝意志的结果。该理论由法国哲学家、思想家、文学家让·保罗·萨特[②]（Jean Paul Sartre，1905～1980 年）采用明白晓畅的语言和生动的事例进行阐述，成功地将存在主义变成一种西方普遍接受的大众哲学。

萨特认为，现实世界是荒谬的，它无因无果、神秘不可知；人们越是希望能够了解它、驾驭它，就越发感到没有希望，感慨于人生的荒诞。"自由"是萨特的存在主义的核心，萨特强调，接连不断的"自由选择"组成了人类的存在意义，人类只要作出选择，无论好坏，都是对生活本身的尊重与回应，也是证明自己存在于世的唯一方式。萨特存在主义的主要观点包括以下内容：第一，存在先于本质。因为存在首先是自我的存在，这个命题就变成了自我先于本质，成为唯我论的主观唯心主义，并且强调对人的个性尊重，带有浓厚的人道主义色彩。因此萨特强调"存在主义就是人道主义"。第二，世界是荒谬的，人生是痛苦的。社会越发展、越竞争就越冷酷，这已经成为现代社会的一种绝对的、不可抗拒的规律；竞争的结果必然是利益价值准则取代道德价值准则，一切人伦道德与传统价值观念将被迅速剥落。萨特的名言"他人即地狱"即说明个人存在的平等性与独立性，当他人扼杀自我的个人意志和选择自由的时候，他人就是"地狱"。因而这个命题是对人类冲突关系而非普遍关系的界定。第三，存在

---

① 参见谢南斗等：《二十世纪西方文学史》，海口，南海出版公司，2003，第 211 页。

② 让·保罗·萨特是 20 世纪最重要的哲学家之一，法国当代著名哲学家、小说家、剧作家、文艺评论家和社会活动家，"存在主义"哲学的领袖人物，也是存在主义文学的主要代表作家。参加过第二次世界大战，并被德国人俘虏。代表作有《恶心》《墙》《苍蝇》《存在主义是一种人道主义》《毕恭毕敬的妓女》等。1964 年曾获诺贝尔文学奖，但以"谢绝一切来自官方的荣誉"为由拒绝领奖。

主义提出"自由选择论",认为人是自由的,这个自由就是选择的自由。面对各种环境,面对纷呈流变的社会态势,人们采取何种行动?怎样采取行动?这些均可自由选择,且意味着人生存在的意义与生命的本质。这种选择是连续不断的,人的每一次选择都会造成新的自我本质;在自由选择的轨迹中,人们自己创造自己、完善自己,实现生命的价值。因此,选择是人的权利与幸福,也是人的重担和责任。

8.3.1.1　"他人即地狱":萨特与《禁闭》

萨特的剧本《禁闭》(1944 年)是存在主义文学的典型代表,作品以极度夸张的风格再现了现代社会人与人之间的畸形关系。

> 一男两女三个人死后变成鬼魂:第一个是报社编辑加尔散,他是一个道德败坏的卖国贼,公开主张向德国法西斯投降,认为同希特勒对抗等于自取灭亡。由于他的卖国言论出卖了祖国利益,结果被军事法庭枪毙。第二个鬼魂是伊内丝小姐,她最喜欢同性性爱模式,并且一心一意缠着漂亮的嫂子大搞"派对",结果被又气又羞又烦的嫂子打开煤气活活毒死。第三个是贵妇人艾丝黛尔,她是一个色情狂,为了寻欢作乐竟然把私生女儿活活丢到湖水里淹死。艾丝黛尔的胡作非为将情夫气得开枪自杀,而后来她本人也死于肺病。被打到地狱后,三个鬼魂依然旧习不改,希望踩着别人的身体证明自己存在的价值。于是三个痛苦、卑劣的灵魂在地狱中构成了一副可笑的关系:相互依靠又相互提防、相互渴望又相互排斥、相互算计威胁而又相互弥补妥协。最后,鬼魂们恍然大悟:"提到地狱,就会想到硫磺、火刑,却没想到地狱是如此模样。何必要什么地狱呢?真是莫大的玩笑啊。他人就是地狱!"[①]

作品以耐人寻味的评论性言辞结束——"他人即地狱",这句名言成为 20 世纪中叶以后整个西方社会人与人之间关系的象征。可以看到,萨特的写作带有明显的极点色彩,作品中的主人公所处境遇通常是特定条件下的极限境遇。换句话说,萨特只为主人公留下两条黑白分明的出路,其中并无选择中间灰色地带的可能性。主人公往往面临着唯一的选择,关系到生死存亡、难以调和、无法延缓、不能逃避。在这种背景氛围的烘托下,所谓人享有的"自由"在极为敏感的时间与有限的空间得以彰显。在

---

① 梗概及本节所有引文来源于〔法〕让·保罗·萨特:《萨特文集(六):禁闭》,沈志明译,北京,人民文学出版社,2005。

《禁闭》中，萨特对三个主人公之间的依附关系作了巧妙精致的设计与刻画，暗示人类个体的存在无法脱离他人的存在，即便世界是荒诞的、如地狱一般。例如，加尔散必须争取另外二人对自己的优势判断，而伊内丝对艾丝黛尔则怀有同性恋情愫，艾丝黛尔则对加尔散颇有好感——三人之间各怀鬼胎，正表现了三方之间密切关联、无法分割，另外两方均为第三方存在的唯一依据。这就赋予该部作品以强烈的社会性与群体性暗示，说明个体与群体的不可分割性，个体自由注定是一种相对而非绝对的自由。

我们还可以看到，在萨特的作品中，处于荒诞境遇的人总是拥有一种更为理性、更富有主体精神的对抗与追求，这种观点旗帜鲜明地体现在人物"自由选择"的行为模式之中——即使堕落到地狱般恶劣的环境中，仍然可以作出选择；正因为人具有自由意志，且在该意志的支配下作出了选择，因而个体人必须对自己的选择承担责任，无论该种责任如何荒谬。通过文学作品，萨特进一步强调，人对于世界的荒谬感是无法消除的，人的自由选择并非要改变周围环境，而是企图在意识中超越环境。由于人类无法超越肉体存在，所以只能凭借主观精神来自我内化、掩盖荒谬，使自己从现实困境中隐退，达到相对自由状态。与萨特相仿，存在主义文学中，加缪无疑是将这种状态演绎得最为惟妙惟肖的作家。

8.3.1.2　阿尔贝·加缪作品中的刑法思想

法国作家阿尔贝·加缪[①]（Albert Camus，1913～1960 年）是存在主义文学的扛鼎人物。20 世纪中叶以来，越来越多的人意识到加缪的著作及其思想的重要性，萨特曾赞扬加缪"在一个把现实主义当作金牛膜拜的时代里，肯定了精神世界的存在"。[②]与萨特相仿，加缪哲学思想的核心亦是人道主义，个体生命存在的尊严与群体生活的运行模式之间的悖反状态奠定了他整个文学创作的基调。他努力践行着存在主义的真谛，认为"如果要在公平正义与自由之间作选择，我宁愿选择自由。因为，即使在公平正义不能实现之时，自由仍可有力地抵制不公正，并可与之展开对话。"代表作《西绪福斯神话》（1942 年）和《局外人》（1942 年）包蕴的

---

① 加缪是法国小说家、哲学家、戏剧家、评论家，存在主义文学的领军人物。自幼在非洲贫民窟长大，父亲在"一战"中战死疆场，而他本人则直接参加了第二次世界大战。1942 年，加缪开始秘密地活跃于抵抗运动中，主编地下刊物《战斗报》。1957 年，"因为他作为一个艺术家和道德家，通过一个存在主义者对世界荒诞性的透视，形象地体现了现代人的道德良知，戏剧性地表现了自由、正义和死亡等有关人类存在的最基本的问题，他的重要文学创作以明彻的认真态度阐明了我们这个时代人类良知的问题"，获得诺贝尔文学奖。

② 〔法〕阿贝尔·加缪：《加缪文集（一）：西绪福斯神话》，郭宏安译，南京，译林出版社，2011，序。

思想构成了加缪文学创作的母题，孕育着加缪所有作品的核心话题。

8.3.1.2.1　囚徒的幸福：《西绪福斯神话》

　　希腊神话中，西绪福斯是是科林斯的建城者和国王，也是人间最足智多谋的人。当宙斯掳走河神伊索普斯的女儿伊琴娜后，河神曾到科林斯寻找爱女。西绪福斯以自己国家拥有一条四季常流的河川作为交换条件告知河神女儿的下落。由于泄露了宙斯的秘密，宙斯派出死神将他押下地狱，西绪福斯却用计绑架了死神，导致人间长久以来都没有人死去。他还欺骗冥后给他三天时间返回阳间处理俗事，看见热爱的大地后却再也不愿返回冥界，最终触犯了诸神的愤怒。诸神裁定将他流放到地狱的尽头，每天将一巨石推到陡峭的山顶；但是只要一松手，就会眼睁睁看着石头在瞬间自动滚落山底。西绪福斯要永远地、并且没有任何希望地重复着这个毫无意义的动作。①

希腊神话中，西绪福斯是一位悲剧性角色。他被判处将一块巨石推向山顶，而这块石头一旦抵达顶峰，就会重新滚落山下——众神认为没有比这种看不到尽头的辛勤劳作更为严厉的惩罚，加缪却认为西绪福斯是幸福的。在加缪的视角下，西绪福斯被惩罚作永无尽头、毫无希望、体会不到任何成就感的辛勤劳作，却快乐地接受、勤谨地履行、精神饱满地面对每一个崭新的朝阳，这绝对是一种生存的大智慧，是一种对难以改变的荒诞处境的张扬至极的反抗。正是这种在特定情境下唯一可能存在的反抗形式，赋予了西绪福斯高贵的人格与尊严，因此他是幸福的。这种集荒谬现实与荒诞快乐为一体的图景，冲破了人类思维的局限，反映了人类对客观现实与本身存在之间断裂、悖谬状态的勇敢正视。西绪福斯在世人眼中是一个颇具荒诞感的英雄，因为他蔑视、嘲弄宿命的安排者与操纵者；因为他如此地热爱生活、憎恨死亡；因为他在极其有限的自由选择中完成了普通人难以想象的壮举。这种敢于冒天下之大不韪的个性亦使得他必然会遭受多于普通人数千倍的苦难折磨——他将终生致力于一项注定无法完成的事业，永无尽头，这就是他与命运对抗所必须付出的代价。人生即荒谬，然而，荒谬并非绝望，对于西绪福斯来说，他依然是自己生命的主人。他所希冀的并非是与诸神厮杀后的胜利，而是拥有足够的智慧在苦难之中寻找到生的力量与心的安宁，这是一种面向心灵的救赎。

---

① 参见〔法〕阿贝尔·加缪：《加缪文集（一）：西绪福斯神话》，郭宏安译，南京，译林出版社，2011。

加缪热烈赞美西绪福斯这个抗拒荒谬的英雄。他承认生命的荒谬，却在悲剧中选择乐观地生存，积极地介入生活、与命运抗争、与一切不义的人和现象抗争。西绪福斯必须肩扛巨石、年复一年，永无出头之日，这是其对命运进行选择的惨痛代价，更是其重启幸福之门的坚实踏板，巨石仍在滚滚滑落，西绪福斯将永远大笑着前行。

8.3.1.2.2　西绪福斯的孪生兄弟：《局外人》

与《西绪福斯神话》同年发表的《局外人》（1942 年）是加缪的成名作，也是"存在主义文学"的奠基之作。该书以纪实性叙事风格粗线条地勾勒出一位被世界拒绝，亦同时抛弃世界的"局外人"——主人公默尔索在荒诞世界中的人生体验，以及他与荒诞世界之间冷漠、低调、充满智慧而又饱含苦笑的抗争。

作品分为两个部分，第一部分描述了公司职员默尔索听到敬老院中母亲去世的消息后参加葬礼的过程，以及返城后误杀他人的经过。在料理母亲丧事的整个过程中，默尔索表现出令人难以置信的冷静与冷漠。他婉拒了养老院院长揭开母亲的棺盖，让他再看母亲最后一眼的建议；他在守灵过程中流露出一副倦怠至极的模样，不顾他人奇异的目光，享用了大量的咖啡与牛奶；他在母亲下葬时没有掉一滴眼泪，而是不停地用手帕擦拭脖颈与脸上的汗水；他在母亲下葬的第二天就与情人去海滨嬉戏、观看滑稽电影并且做爱；面对公司老板的关切询问与深切哀悼，他甚至记不清自己母亲的确切年龄；他与一个"靠女人吃饭"的没有正当职业的邻居厮混在一起，并代他写信辱骂情妇；他卷入了邻居莱蒙与情人之间的争执，并开枪误杀了莱蒙情人的弟弟……总之，默尔索在母亲辞世后极短暂时间内的一系列言行显示出他是如此的冷漠，对任何事物都抱着一副满不在乎的态度，他甚至没有兴趣去思考身边发生的一切，只是被动地、感官化地全盘接受。甚至在杀害那个阿拉伯人时，默尔索的情感也未产生较大的波澜，四声枪击，仿佛只是"在苦难之门上短促地叩了四下"。①

第二部分是关于对默尔索进行审判的过程。默尔索被捕之后，并未聘请律师，依据法律，法庭为他指定了辩护律师。这是一位非常敬业的律师，将默尔索目前困境逐一分析，提醒检察官已经开始着手了解他的私生活；预审推事赶往养老院作调查，知道他在母亲下葬的那天"表现得麻木不仁"。默尔索听到这里，脱口而出："我很爱妈妈，但是这不说明任何问

---

① 梗概及引文来源于〔法〕阿贝尔·加缪：《加缪文集（一）：局外人》，郭宏安译，南京，译林出版社，2011。

题。所有健康的人都或多或少盼望过他们所爱的人死去"。闻听此言，律师大为吃惊，请求默尔索发誓将不会在庭上如此口出谬言，并建议他以"心中异常悲痛，但努力控制内心情感外露"来回应检察官对他在母亲葬礼上冷漠表现的质疑，律师的建议被默尔索一口回绝。

　　十一个月后，默尔索案件在重罪法庭开审。检察官首先责问默尔索将母亲送至养老院的原因，默尔索回答自己没有多余的金钱请专人看护母亲。接着检察官询问默尔索，他独自回到水泉边是否已经动了杀机，默尔索断然否决，说一切不过是偶然。随后，法庭传唤了养老院院长以及门房，他们对默尔索在母亲去世期间令人惊讶的表现作出证明，这些表现包括"守灵时吸烟、不断喝咖啡并且安然入睡"等细节。此时，默尔索突然感到有什么东西激怒了整个大厅里的人，于是"第一次开始意识到自己可能有罪"。法庭继续传唤了包括默尔索女友在内的一系列证人，证实了默尔索于母亲下葬的第二天就去海滨嬉戏、看费南代尔的喜剧片以及发生性关系的"罪行"。最后出庭的证人是莱蒙，也就是将默尔索卷入误杀案的青年。他的证词对默尔索十分有利，但是检察官话锋一转，借莱蒙的职业大做文章，对后者进行人格羞辱，"众所周知，证人干的是乌龟的行当。而默尔索居然是他的朋友。这是一个最下流的无耻事件，由于加进了一个道德上的魔鬼而变得更加严重。正是这个人，在母亲死后的第二天就去干了最荒淫无耻的勾当。"默尔索的律师此时异常愤怒，跳起来大声反驳检察官："说来说去，他到底是被控埋葬了母亲还是被控杀了人？"这一有力的质疑引发了听众一阵大笑，幸运的天平似乎开始向默尔索一边倾斜过来。但检察官慢条斯理地站起来，庄重地披了披法衣，向陪审团提出了最后的请求："我向你们要这个人的脑袋……是的，诸位请注意，我控告这个人怀着一颗杀人犯的心埋葬了一位母亲。"这句话在旁听席产生了极大的震慑效果，人们开始窃窃私语，默尔索的律师也无言以答，"耸了耸肩，擦了擦额上的汗水，坐下了"。

　　上述画面是加缪以第三人的目光对庭审客观情境的描述，而对于被告默尔索而言，感受却远非如此——"为什么律师与检察官总是关注我本人而非关注我的罪行呢？他们对我的兴趣似乎远远大于对这桩枪击案的兴趣。"当默尔索试图干预这种荒谬的庭审模式，张开嘴想说些什么时，却被律师、检察官与庭长立刻严词制止。默尔索终于悲哀地意识到这宗案件的处理始终是将他撇在一边的，"这真是十分可笑的一件事情，他们对我的命运进行探讨、决定，争得脸红脖子粗，却根本不征求我本人的意见。"默尔索索性放弃了努力，跳出角色，以一个真正的局外人的目光打量起这桩杀人案。检察官断定，默尔索的伦理观在杀人前就潜藏着巨大的毒素与危险，这从他对待母亲去世的态度中可以断定；杀人行为亦并非出于假想防卫或者一时冲动，这从他与莱蒙一系列先行行为中可以看出，他甚至在尸体上又补了四枪，足见他的沉着、冷血与深谋熟虑；杀人后的默尔索麻木不仁，并没有诚挚悔罪或者试图弥补的心理，这从他在整个预审过程中没有丝毫情绪波动的表现可以判断出。随后，检察官又谈论起默尔索的"灵魂"——这是一个默尔索本人亦十分感兴趣的话题，他很想知道自己灵魂的颜色。然而，检察官令默尔索失望了，据其向向陪审团陈述，他曾经试图去查看默尔索的灵魂，遗憾的是一无所获，"令我震惊的是，他根本就没有灵魂，人类所有的道德观、义务感，于他而言一窍不通。"他重复了默尔索在母亲葬礼上的表现，然后话题一转，以低沉、坚定的语气提醒大家："明天，这个审判席上将审理另外一起弑父惨案，这是又一桩发生在我们身边的滔天罪行！"检察官似乎在暗示陪审团，他对于弑父案中被告的"残忍"所怀有的憎恶感，比起默尔索动物式的"冷漠"而言几乎是相形见绌的。无论在精神上杀死母亲，还是在肉体上杀死父亲，二者之间没有本质区别，均是以同样的罪名自绝于人类，因此，"如果我认为今天坐在这个审判席上的人，将会犯明天法庭将要审理的谋杀罪，各位先生应该不会认为我的想法过于大胆。"基于这种确信，检察官向陪审团提出了最后的请求："我向你们要这个人的脑袋，因为我对这张除了残忍之外一无所见的脸感到极端憎恶。"

默尔索对于检察官的法庭陈述感到非常好奇与陌生，他并不确定自己的灵魂在他人眼中的模样。反观自己律师的辩护词，默尔索却忍不住想大笑，因为通篇辩护状中均使用第一人称来阐述——"的确，我是杀了人"，"但我的道德并没有任何瑕疵"，"我要求公正的审判"……默尔索终于意识到，检察官不容置疑地描述着自己灵魂的颜色，律师则取代自己的位置在法庭上辩论，自己的司法角色被彻底化作虚无，于是高兴地得出结论："这完全是关于另一个人的审判，我与法庭之间没有任何关系。"庭审终结前，律师慷慨激昂地向陪审团建议，可以考虑默尔索的减轻情节，希望陪审团"不要将一个正直、勤勉的公民因一时的疏忽打发到撒旦那里"，"如果对被告进行有罪宣告，这种重负对被告而言是永远的悔恨与最可靠的刑罚。"默尔索放弃了自我陈述的机会，完全以局外人的冷静态度与犀利目光对这场庭审进行观摩与评估，并得出结论，"律师的才华显然没有检察官的高"，因而最终的判决并不出乎他的意料——"以法兰西人民的名义，将默尔索斩首示众。"闻听判决后，默尔索微笑起来，感到身后法警对自己的态度亦突然变得温和。

　　被判处死刑的默尔索拒绝驻狱神父的临终指导。默尔索对神父的角色充满鄙夷，调侃神父对自己的生死问题无法把握，而默尔索却对本人即将到来的死亡确信无疑，"连日期都是确定的"。赶走神父后，默尔索唯一的兴趣是考虑"被判处死刑后囚犯的命运是否可以逆转"，明知自己面临着不可避免的命运，却仍然希望能够看见另一条出路。长久思索之下，默尔索开始后悔自己之前未对描写死刑的作品给予足够的注意，甚至对法治精神与司法制度的合理性也产生了怀疑。"说到底，在以这种确凿性为根据的判决和这一判决自宣布之时起所开始的不可动摇的进程之间，存在着一种可笑的不相称。判决是在二十点而不是在十七点宣布的，它完全可能是另一种结论，它要取得法国人民的信任，而法国人（或德国人，或中国人）却是一个很不确切的概念，这一切均使得这种决定很不严肃。但是，我不得不承认，从作出这项决定的那一秒钟起，它的作用就和我的身体靠着的这堵墙的存在同样确实、同样可靠。"这种号称以确凿性为根据的判决与判决之时开始启动的绝对确定的法律后果之间，似乎存在着一种可笑而荒谬的不对称。判决的时间、作出判决的人物以及判决所代表的民意等因素均为十分模糊而不确定的，它们不同的组合方式完全可能产生另一种结论；而这也正是令人难以接受之处——判决一旦作出，其后果即为真实、残酷、唯一。

　　另外，默尔索发现，断头台唯一的缺点是"没有给受刑人任何机会，绝对地没有。一劳永逸，一句话，受刑者的死确定无疑。""那简直是一桩已经了结的公案，一种已经确定了的手段，一项已经谈妥的协议，再也没有重新考虑的可能。万一头没有砍下来，那就得重来。因此，令人烦恼的是受刑的人反而希望机器运转可靠。"受刑人在精神上必须对行刑有所准备，他所关心的就是不发生意外。联想到自己即将面临的死刑，默尔索确实希望能够将这种"令人绝望的确定性"加以变革，因为"只要有千分之一的机会，就足以安排或者改变许多事情，对待犯人的最根本原则是应当是给他们一个机会"。他甚至认为，"人类应当发明一种药物，使得死囚服用后90％都会被毒死；至少还有10％的死囚可以生还，这可贵的10％就是绝望中的希望所在。"从这些零零碎碎的思维片段中，我们可以看到默尔索对生命的依恋之情。经过认真地思索、反复地权衡，默尔索对于最终裁判坦然接受。死亡前夜，默尔索第一次向这个世界敞开了心扉，认为自己过去是幸福的，现在仍然是幸福的，他至死都是这个世界的"局外人"，他至死幸福。

　　荒诞，一向是存在主义作家们青睐的关键词，《局外人》正是荒诞人生中的精彩一幕。局外人默尔索对一切均表现出一副无所谓的面孔——对于母亲的死无动于衷，对于女友的求婚无动于衷，对于要求帮忙写信的邻居无动于衷，对于上司将他派往巴黎的喜讯无动于衷，对于是否被判处死刑无动于衷。加缪以局外人为题，正意反说，其中饱含辛辣的讽刺。默尔索是西绪福斯的兄弟，他所演绎的似真却假的荒谬言行和矛盾心理，说明他正是消极地对抗荒谬社会的真正的局内人。

　　默尔索是一位缺乏"一般理性"的人，但"他远非麻木不仁，他怀有一种执着而深沉的激情，对于绝对和真实的激情"——加缪在为美国版《局外人》写的序言中如是说。所谓的"一般理性"是指面对母亲的去世应当哀恸欲绝，面对女友的求婚应当欣喜若狂，面对职位升迁应当对上司感恩戴德，面对人皆鄙夷的邻居的请求应当断然拒绝，面对神甫的忠告应当虔诚谦卑，面对有罪指控应当竭力辩护。但默尔索恰恰是拒绝传统价值观念的载体，他对平庸社会中的一切约定俗成不屑一顾，却又无力开创新的价值模式，只好以慵懒、懈怠、冷漠为面具做着无声而坚强的反抗。但他却又颇具敏锐的观察力与良好的判断力，例如，默尔索在监狱中关于"刑罚制度"的质疑与思索是如此的微妙与复杂，一举击中"判决的偶然性与刑罚的必然性"的辩证关系的软肋，一针见血地指明死刑的非人道性与无效性，并对这种残酷的、抹杀一切人类希望的"确定性"刑罚进行大胆改革。同时，默尔索对于驻狱神甫的刑前指导作出了最辛辣的嘲讽与最严厉的批判："他甚至无法预言自己的生死，却来启发别人，去他妈的吧。他做不到的我却能做到，我对于自己什么时候会死毫无疑问。"这一切思想与判断均是具有大智慧的人才能够操纵自如的。

　　从司法角度观察，默尔索最终获得的死刑判决是他在案发当时的防卫动机被陪审团误读的直接结果。当法官质问默尔索，究竟是什么原因促使他突然向阿拉伯青年扣动扳机时，默尔索低头思索片刻，然后抬起头轻轻回答"因为太阳"。此时旁听席上爆发出的哄然笑声注定了默尔索的悲剧命运——法庭控辩双方的质证与辩护过程的严肃性被默尔索辩护辞的荒诞感所冲淡，人们不再关注默尔索是不是因为假想防卫而误杀他人的事实，而是将焦点直接对准了默尔索本人性格与言行的荒谬与奇异，这对于默尔索而言当然是十分不利的。事实上，默尔索的回答完全是实情。案发当天正午，"火爆耀眼的太阳与金属般沸腾的大海"将默尔索的理智彻底融化了，当他看到"阿拉伯人抽出刀，迎着熠熠阳光笔直地站起来面对着他"时，"聚在眉峰的汗珠一下子流到了眼皮上，眼睛被蒙上一幅温吞吞、模糊糊的水幕"。他只觉得"铙钹似的太阳扣在他的头上，那把刀滚烫的锋尖穿过我的睫毛，挖着我痛苦的眼睛"。就在这时，"大海呼出一口沉闷而炽热的气息，天门洞开，向下倾泻着大火"，"像母亲下葬那天的阳光一样毒辣，于是他不假思索地扣动了扳机"——这就是这桩杀人案真实情境的客观复原，一种真实而可笑的荒诞。但是，如此荒谬的杀人动机与情境怎么可以被具有"一般理性"的检察官与陪审团所接受？尤其是默尔索的辩护律师亦从"一般理性"出发，证明默尔索是一位"正派、勤勉、忠心，颇具同情感"的良好公民与优秀雇员，诸如此类关于默尔索个性本质的褒扬无论如何抵不过检察官一句"怀着一颗杀人犯的心埋葬了母亲"的惊世骇俗的指控。默尔索既然已经脱离了社会群体所依奉的"一般理性"——对传统价值观与行为模式的信守与遵从，那么检察官必然会得出"对他的灵魂仔细探求而一无所获"的结论。站在维护社会秩序的法律的立场，检察官意识到自己肩负着某种"神圣不可抗拒的职责"，并坚持认为对犯罪者量刑轻重的标准并非已然罪行的严重程度，而是犯罪者人格存在对社会秩序的"威胁"程度；而对这种"威胁"程度进行估量的标准只有一个，即被告对群体社会"一般理性"的悖离程度。这种脱离行为人客观行为，试图从行为人人格特征中去寻找罪之原因、罚之根据的定罪与量刑模式不是十分荒诞吗？

"当今社会，任何在母亲下葬时没有落泪的人均有被判处死刑的危险。"这是加缪在一次访谈节目中对《局外人》主题的精练归纳。在这种荒谬得近乎可笑的结论中隐藏着一个缜密的逻辑与残酷的事实——这个社会需要和它时刻保持一致的人，任何背弃它、反抗它的人难逃被惩罚的命运；任何违反基本伦理与公序良俗的人必将受到法律的严惩，都将面对着检察官向陪审团作出"我向你们要这个人的脑袋……"的请求。诚然，检察官最终向法律要到了默尔索的脑袋——法律轻而易举地抹去了默尔索的生存痕迹。但默尔索在临刑前的夜晚大声宣布"过去的我曾经幸福，现在的我依然幸福"，此时的他亦圆满完成了自身思想与肉体的存在和社会普遍价值观的决绝断裂。默尔索是固执的、倔强的、毫不妥协的，他抱着对荒诞世界的嘲弄讽刺与对自己命运的坦然接受迈上断头台。

8.3.2 黑色幽默文学

第二次世界大战以后，西方涌现出一批青年作家，他们以否定一切的态度观察世界，对战后西方各国的政治宣传、道德宣教深恶痛绝，却又无法找到合理、可行的出路。精神上的危机诱发他们或者沉沦于肉欲放纵，或者希冀以参禅悟道的虚无主义求得一时的发泄与解脱。在美国，青年作家们放大了存在主义"自由选择"的消极一面，作出"沉沦就是出路"的大胆选择与恶性试验，他们追求绝对的自由与生物学意义上的刺激和满足，认为堕落就是解脱，沉沦就是解放；他们躲进超现实的环境中去寻求神秘主义的灵感，擅长在吸食大麻的快感和滥交的眩晕中以内倾视角来与自己的灵魂对话，以沉沦、脱俗的态度表达对主流社会价值的不满，对病态的社会进行病态的反抗，因而被称作"垮掉的一代"、"愤怒的一代"。①

　　20 世纪 50 年代起，这种文学流派四分五裂，与法国的存在主义哲学结合后，孕育出"黑色幽默"这一具有顽强生命力的分支，并从美国文学界蔓延至整个西方，对现代乃至当代文学产生了深远影响。最终促成"黑色幽默"流派定型化的大背景是 20 世纪 50～70 年代的"越南战争"，饱经战火蹂躏的美国作家对战争抱有极其强烈的憎恶感，对美国战后频频引起或者参与的一系列对外战争表示强烈抗议。囿于国内的高压政治，他们无法通过公开、正常渠道表达自己的意见，遂借助这种文学形式来一舒胸臆。这是一种用喜剧笔法来表现悲剧思想的文学流派——黑色特指人们无法拒绝、只能接受的残酷而滑稽、荒诞的客观现实；幽默则是具有意志自由的个体对这种可怕的现实所发出的阴沉绝望的笑声。幽默加上黑色，就成为一种展现绝望精神的戏谑，故被称为"绞刑架下的幽默"或者"大难临头时的幽默"。

　　该派作家以性格粗犷豪放、情感落拓不羁著称，具有以下两个特征：第一，热衷于宣传"存在主义是一种人道主义"，竭力反对以各种理由发动的战争，并运用荒诞和幽默的笔触来嘲笑政治、法律乃至整个社会；他们不仅彻底否定现存的社会价值理念，而且彻底否定现存的社会体制，强调这种胡作非为、恣意践踏个体生命价值的社会体制的存在本身就是一种荒谬——它混乱不堪、自相矛盾，像一个庞大的完全失控的机器一样疯狂地运转，并由此给人们带来了无数的灾难。在这一点上，"黑色幽默"派作家很好地继承并发展了以卡夫卡为代表的表现主义文学与以加缪为代表的存在主义文学所希冀表达的思想与精神。第二，作者着力塑造了一批"反英雄"的人物形象。这类反英雄的人物性格与传统小说中的英雄完全相反，他们既不具备先天的英雄气质，也缺乏后天的英雄业绩。他们在生活中找不到自己的坐标点，随波逐流，被轻视、被操纵、被压迫，然而却顽强地生活着。他们在绝望的境遇中爆发出肆无忌惮的大笑，他们的智慧

---

① 谢南斗等：《二十世纪西方文学史》，海口，南海出版社，2003，第 231 页。

幽默里饱含哀伤辛酸与阴沉惨恻，他们在愤世嫉俗中养成了冷嘲热讽的精神气质，他们于痛苦郁闷中看透世事变得玩世不恭。

8.3.2.1　组织性的混乱与制度化的疯狂：约瑟夫·海勒与《第二十二条军规》

约瑟夫·海勒 ①(Joseph Heller，1923～1999 年) 的作品《第二十二条军规》(1961 年)，是"黑色幽默"文学的代表作。小说的虚拟背景是"'二战'时期"，指代意义却是当时的"美越战争"。作品描写了美国一支空军中队的层层内幕。主人公尤索林要求停止飞行任务、复员回国，因而与部队的法律之间产生了龃龉，二者之间的冲突构成了小说主要情节。通过尤索林的遭遇，反映了法律制度的疯狂与荒诞，表现出西方人对人类处境的困惑。

> 主人公约翰·尤索林上尉是美国陆军第 27 航空队 B-25 轰炸机的领航员兼投弹手。战争爆发伊始，尤索林以维护正义的满腔热忱入伍参军，在战斗中英勇杀敌、屡立战功。然而，随着战争发展的深入，当尤索林目睹了种种疯狂、残酷、荒诞的真相，便开始质疑自己的选择与行为的价值。当尤索林看到亲爱的伙伴们一批批死去时，内心十分恐惧，遂以玩世不恭的态度来掩饰对战争的恐惧与憎恨。他没有卡斯卡特上校和谢司科普夫少尉病态的升官欲，也不具有米洛的大发战争财的投机技巧，他唯一的希望就是"活着回家"。绝望中，尤索林开始装病逃进医院，并决定当场"发疯"来回应军医对其"白白浪费时间"的戏谑。但这一切都是徒劳的。屡屡碰壁的尤索林终于明白："这里面只有一个圈套，就是第二十二条军规。"② 百般无奈之余，尤索林不得不使出最后绝招——在一次战斗任务中，他抛弃飞机做了逃兵，跳伞逃到中立国瑞典。③

---

① 海勒是美国"黑色幽默"派代表作家，出生于纽约市布鲁克林一个犹太移民家庭。第二次世界大战期间曾任空军中尉。战后进入大学学习，1949 年在哥伦比亚大学获文学硕士学位后，任《时代》和《展望》等杂志编辑。1958 年开始在耶鲁大学和宾夕法尼亚大学讲授小说和戏剧创作。

② 根据第二十二条军规，只有精神病患者才能获准免于飞行，但必须由本人提出申请；同时又规定，凡能意识到自己精神有疾病而提出免飞申请的，属头脑清醒者，应继续执行飞行任务。第二十二条军规还规定，飞行员飞满上级规定的次数就能回国；但它同时又说，你必须绝对服从命令。因此，上级可以不断给飞行员增加飞行次数。

③ 参见〔美〕约瑟夫·海勒：《第二十二条军规》，南文、赵守垠、王德明译，上海，上海译文出版社，1981。

　　故事发生在"二战"结束前最后几个月，地点为意大利皮亚诺扎岛美国空军基地，情节在两个相互对照的背景下交错展开：一个是航空中队陷于炮火、硝烟与鬼门关中的战争生活；另一个是罗马城里休假军官同妓女厮混迷醉的都市生活。同时，小说亦安排了两条线索，一条是轰炸机投弹员尤索林在第二十二条军规的压迫下痛苦不堪，最后走向"反英雄"的精神蜕变；另一条是后勤军官米洛在第二十二条军规的庇护下赚得个金银满钵，成为社会名流的发迹史。很明显，通过战场与休假地、战士与军官的穿梭对比，小说的主题即揭示整个军队秩序的"疯狂"与"错位"。

　　为了深化这一主题，作品还生动地刻画了两位崇拜权力、丧失人性的官僚典型。一位是基地司令卡斯卡特上校，他是专制与暴力的化身。美国空军军令明确规定，飞行员完成 32 次飞行任务就可以不再执行任务；为博得上司欢心，卡斯卡特数次将飞行上限任务增加。当飞行任务最终增加到 80 次时，许多优秀的飞行员由于疲劳过度和心理失常而殉职遇难。其中包括麦克沃德、基德、奈特雷等，他们由活蹦乱跳、俊美健康的小伙子转瞬间变成了一块块矮小冰凉的墓碑。另一个恶魔式的人物是谢司科普夫中尉，他同样官瘾十足，踩着士兵的血肉与呻吟向权力的高位攀爬。为了在阅兵式上一鸣惊人、获得嘉奖，他竟然将合金钉子钉进士兵们的股骨，再用粗粗的铜丝将士兵的手腕一排一排固定下来，保持队列整齐划一、步调一致，这种残忍毒辣的手段简直骇人听闻、令人发指。具有讽刺意味的是，卡斯卡特上校与谢司科普夫中尉最终均如愿以偿，爬上了荣耀的权力宝座。

　　我们还可以注意到，整部作品虽然以"二战"期间美国空军一个飞行中队的人物与事迹为题材，却并未正面描述战争情形。海勒曾言，他在作品中希冀表达的是人类个体在这种"有组织的混乱"与"制度化的疯狂"的世界中的一种颇具荒诞感的绝望①，目的是对社会既定体制与运行规则灭绝人性的本质进行谴责。作品藉"第二十二条军规"作为蔑视人性、捉弄人性、摧残人性的残暴与专制的象征，暗示种种蜕化为社会个体生命中无所不在、无所不能的乖戾力量；它们表面上看来荒诞可笑，事实上却由表及里透着一股令人绝望的死亡气息，能够置人于死地，令人无法摆脱、无法逾越。主人公尤索林是整个荒谬体制的受害者，面对如此怪诞、残酷的生存环境，他不得不时时发出绝望的大笑。他是一个"小人物"，深感

　　① 参见〔美〕约瑟夫·海勒：《第二十二条军规》，南文、赵守垠、王德明译，上海，上海译文出版社，1981，序。

对这样一个疯狂的世界无能为力，除了服从命令、遵守规则之外别无选择。但是，一旦他发现自己的同情心、正义感、是非标准与空军军部的价值取向相左，就果断背叛后者，着手探索自己的求生之路——抛弃一切荣誉，逃往一个理想化的和平国家——瑞典。尤索林是一个浸透着存在主义意识的"反英雄"形象，他身兼批判现实主义的积极因素与"垮掉的一代"的消极因素，最终完成了反英雄化的过程，成为一名"反英雄"典型。这部小说是一出疯狂的喜剧，但喜剧效果中又浸透着浓重黑色，尤索林面对死亡的恐惧之情、面对疯狂规则与制度的绝望之感尤为使人心情沉重。

《第二十二条军规》的素材来源于海勒参加"二战"的亲身经历，它不仅是一部历史小说，更是一部当代社会寓言。作品中，"第二十二条军规"不仅在军队享有至高无上的地位，作为强权与疯狂的象征，它甚至已经如瘟疫般渗透进社会的每一个角落，毒化着整个社会的风气。例如，空军基地的美国飞行员们在营房里受尽"第二十二条军规"的恶气，但当他们在罗马度假时，又立刻转身将"第二十二条军规"施加到更为弱势的人物身上——这些美国大兵嫖了妓女后非但不给钱，还把妓女"像拍打苍蝇"一样笑骂着踢出门。更为可笑的是，当飞行员尤索林爱上了罗马妓女露西亚娜，并提出结婚时，露西亚娜却大不以为然地回绝："嫁人当然可以，但是如果有人要娶我，他一定是疯了；而如果那人疯了，我可不能嫁他。"这种颠倒混乱、令人啼笑皆非的逻辑，恰恰承自"第二十二条军规"的精髓。

如今，"第二十二条军规"（Catch 22）已确定为英文中的常用词，意思是"法律、规则或实践上的一个悖论，不管你做什么，你都会成为牺牲品"①。事实上，"第二十二条军规"本身就是文明社会中一种高度的抽象与集中的聚集体，象征着冥冥中统治世界的怪诞力量。它变化无穷、莫测高深，本质却是一个"放之四海而皆准"的圈套，代表一种永远无法摆脱的困境。这种圈套与困境正代表着"二战"后西方人对所谓人类文明的感受。

8.3.2.2 弗里德里希·迪伦马特作品中的刑法思想

弗里德里希·迪伦马特②（Friedrich Dürrenmatt，1921～1990 年）

---

① 参见《格林斯大词典》（*Collins English Dictionary*），1961 年分卷。

② 迪伦马特出生在伯尔尼州的科诺尔丰根的一个牧师家庭。曾获德国曼海姆城颁发的席勒奖、瑞士伯尔尼市颁发的文学奖、意大利广播剧大奖等。代表作有《老妇还乡》《物理学家》《许诺》《抛锚》等。

是"二战"后最著名的德语作家，也是著名的犯罪小说家。在其整个创作生涯中，迪伦马特始终以饱满的激情与幽默的笔锋关注着正义这一永恒的主题，尤其是当正义误入歧途、难寻出路之时。

8.3.2.2.1 一桩安静的谋杀案：《老妇还乡》

《老妇还乡》（1956 年）是迪伦马特最具代表性的剧作之一，赋予了迪伦马特世界性的声誉。它讲述了一个与人的黑暗本性紧密相关的集体谋杀案。

> 六十二岁的亿万富婆科莱安准备还乡的消息带给她的故乡——居伦，一个贫穷的小城以无穷欣喜。全城人都觉得日子有了盼头，因为只要慷慨的科莱安"小指头拨一拨"，就会使这个可怜的小城起死回生。但大家却不明白，科莱安早已不是四十五年前的纯真少女，她此番回乡的唯一的目的就是报复。科莱安对欢迎她的全市民众承诺，她决定捐献给居伦城十个亿，条件是必须为自己讨回公道——四十五年前，科莱安与居伦城的伊尔热恋并怀孕，但伊尔抛弃了她，并制造伪证逼迫科莱安远离家乡、沦为娼妓。历经沧桑的科莱安最终凭着姿色嫁给一位石油大亨。科莱安激动地声称，只要伊尔死亡，无论是谁干掉他，整个居伦城就能得到这十亿巨款。面对如此凶残、荒唐的犯罪教唆，居伦城的全体居民发出指责与唾弃，市长亦代表全体市民拒绝接受这样的捐款。但科莱安安静地微笑着，她很了解自己的乡亲，因此稳操胜券。潜移默化中，居伦城居民的生活方式在发生着奇妙的变化。人们纷纷到伊尔的店里赊账买最好、最贵的东西，所有的人都用赊账的办法来改善生活，仿佛伊尔如今的生命是拜他们的慷慨与正义所赐。这一切在沉默中发生的剧烈变化令伊尔感到恐惧，他的生意逐渐萧条凋敝，他的生活日益入不敷出。他跑到市长与警察那里寻求保护，但是遭到礼貌的拒绝。他惶恐地意识到，自己正在成为整座城市的敌人。无奈之下，伊尔预备乘火车逃离这座城市。此刻全城人都跑出来、围住他，以愤怒的目光为他"送行"。市长甚至无言地递给伊尔一把装了子弹的手枪。伊尔愤怒了，他孤注一掷地决定召集公民大会，让全城人审判他。最后，激烈辩论中的伊尔因心脏衰竭而死——他总算死在了居伦城。科莱安信守承诺，开了一张十亿元的支票递给市长，心满意足地带着一只装着伊尔尸体的棺材飘然离去。①

---

① 梗概及引文来源于〔瑞士〕迪伦马特：《老妇还乡》，叶廷芳、韩瑞祥译，北京，人民文学出版社，2002。

在这部舞台剧中，迪伦马特以简洁老到的笔触塑造了小城人物的雕塑群——科莱安的骄奢霸气与无穷魅力，伊尔的想入非非与惊恐失措，居伦市民的虚伪拜金与背信弃义，一幕幕悲喜交融的场面轮番上映。舞台上，漫不经心的欢笑中，全城人冷静而理智地杀死了一个未被判处死刑的人；舞台背后，在黑色幽默的衬托下，迪伦马特敏锐地撕开小城居民善良与正义的面具，彰显那涌动着罪恶与贪婪的灵魂——数十年前，小城居民听信伊尔的谎言，将科莱安扫地出门，以正义的面孔逼良为娼；数十年后，科莱安同样利用小城居民的固执、贪婪与愚昧，对伊尔反戈一击，以兵不血刃的方式复仇，获得了最终的胜利。伊尔当年不过是玩弄了科莱安的感情与肉体，他对自己始乱终弃的行为并不在意，亦未悔过，却万万没想到40年后科莱安会要了他的命。

在这部风格独特的剧目中，在科莱安与伊尔爱恨情仇的故事中，居伦城居民扮演的角色并不光彩——迪伦马特似乎为人类的灵魂设计好了精密严酷的陷阱，希望探求人类群体性道德与良心在金钱、权力的诱惑之下到底有多大的坚守力。他希望窥视到在法律缺席的情形下，以贪欲、私利、冷血为主导的群体性舆论能否成功地完成这桩精美的谋杀案。迪伦马特的实验结果是悲哀的，这部短剧从人性深处断然否定了道德与法律所具有的"规制行为、约束欲望"的功能。当年人们以"公序良俗"的名义将少女科莱安冷酷地驱逐出城，数十年后却以"迟到的正义"为幌子将伊尔集体谋杀。为卑劣的动机寻找堂而皇之的借口，为个体的黑暗欲望寻求群体的庇护，只有如此，人们心中仅剩的羞耻感与罪恶感才会荡然无存。这就是迪伦马特的悲观结论，他坚信犯罪现象是普遍存在的，每一个人均是潜在的犯罪者，虽然有时是一种超越法典意义的罪恶。

8.3.2.2.2　来自上帝的玩笑：《诺言》

《诺言》（1958年）讲述了一位坚守诺言、追求正义的警官在职业生涯中的尴尬境遇。

> 一个小贩发现了一位被蹂躏后杀害的小女孩的尸体，立刻报警。探长马泰依对两个人许下了诺言：首先答应保护报警小贩的人身安全，其次答应女孩的母亲要将罪犯绳之以法。然而，小贩因为承受不了警察局的审讯压力，屈招自己是凶手后在狱中自杀。恰逢马泰依探长交了好运，遇到了出国高就的机会。但他在即将上飞机前改变了主意——他决定信守诺言，为小贩的死赎罪，并将真正的元凶抓住。根据多年的经验与缜密的推理，马泰依探长在一个来往货车的交通枢纽处盘下了一个加油站，并且邀请妓女海勒和她的九岁女儿来一起居

住。他希望利用跟遇害女孩长得相似的海勒的女儿来引诱那个据他分析属于精神病态的杀手上钩。他的推理非常准确，杀人犯也确实准备再次作案——海勒女儿娇小丰满的身躯刺激、诱发了他的犯罪欲望，马泰依的承诺将很快变为现实。然而命运却给马泰依开了一个大玩笑——凶手在赶来作案的途中、与加油站一步之遥时遭遇车祸横死。①

可以看到，该部作品聚集了"黑色幽默"的所有特质元素，凸显了人类在荒诞世界中的荒谬境遇。作品所涉及的奸杀情节、冤狱情节等毫无疑问可以引起读者的阅读兴趣，但迪伦马特却并未在上述噱头上泼墨描述，而是笔锋一转，以一名优秀警员的良心守则与默默坚守作铺垫，带领读者进入另一条蹊径，去探索人的善良本性与命运的坎坷无情之间的激烈对撞。日复一日，年复一年，马泰依探长的等待与搜寻成了缺乏理性的行动，他在别人眼中已经成了一个半疯癫的狂人，他经常守候街角，等待那永远无法再现的杀人犯，而他的诺言亦永远也无法兑现。无论马泰依探长的正义感如何强烈，调查推理多么缜密，抓捕计划怎样细致，都抵抗不了命运的嘲弄——命运轻而易举地粉碎了一个执着于正义、坚守诺言的优秀警探的全部理想与人生信念。

阅读这部作品，面对荒诞的人生与荒诞的命运，面对屡次被命运戏弄却依然无怨无悔、执着坚忍的俗世英雄，人们带着泪水的笑声中饱浸着对马泰依探长以卑微力量抗拒强大命运的高贵气质的赞赏与尊敬。

8.3.2.2.3　死亡游戏：《抛锚》

迪伦马特的中篇小说《抛锚》（1956 年）的发表为其获得了巨大的声誉。作品通过一次抛锚事故引发的一场夜宿游戏，以及最终导致主人公深陷游戏、无法自拔的故事，于荒诞与幽默中探讨了关于犯罪与刑罚的严肃话题，暗示"全体之罪"言论的正确性，揭示了人类蕴含在一般生活中的平庸的邪恶。

　　一位深受犬儒主义影响的纺织品推销员塔拉普斯在公务途中遭遇汽车抛锚，请求在村子边一位单身老者家借宿。老者热情地邀请他参加晚上的私人聚会。聚会开始后，塔拉普斯了解到参加人士包括他的主人（一名前法官），另外还有一名前检察官、一名前律师和一名前刽子手。

---

① 梗概来源于〔瑞士〕迪伦马特：《迪伦马特小说集：诺言》（1956 年），张佩芬译，上海，上海译文出版社，1985。

这四位老者均已退休，虽已年至耄耋，却依然痴迷于他们奉献终生的法律职业——他们在法官家定期举行聚会，虚拟重演了历史上一幕幕著名的刑事案件。更为刺激的是，与废除死刑的瑞士刑法不同，这个特殊的法庭保留了死刑制度。塔拉普斯坚信自己是个诚实善良的生意人，没有任何犯罪行为，甚至连违法行为都没有，除了"无聊之中每个男人均会犯的过错"。因而塔拉普斯感到很刺激，不知他们将以何罪名对他进行审判。检察官安慰他道："不要担心，罪名总可以找到。"

老人们并不急于开始审判程序，大家在欢乐友好的气氛中享受着菜肴美酒，聊起塔拉普斯在此借宿的原因，自然引出了抛锚事故，再由抛锚探讨到汽车的品牌。当塔拉普斯骄傲地向老人们炫耀自己的豪车时，老人们显现出极大的关注，试探性地询问他的经济情况。于是塔拉普斯得意地提起自己不久前的晋升，原因是顶头上司的暴毙。老人们闻听此言，兴奋地围绕着桌子手舞足蹈——他们终于嗅到了犯罪的气息。望着这一群怪诞可笑的老人，塔拉普斯胸有成竹，他深信自己并无任何污点，上司的死亡是医学原因，与他没有任何瓜葛。随后，在老人们的鼓励下，塔拉普斯不顾一边律师屡次严正提醒，讲述了自己从贫民窟奋斗至今的辛酸经历，抱怨前任上司乖戾、霸道、吃独食的劣迹，将心中多年的郁闷与创业的艰辛对这些和蔼、睿智、善解人意的老者一吐为快。他谈到了上司因为气度狭窄与生活无规律而罹患心脏病，甚至讲到了他为了报复上司而与上司夫人的私通行为——当然是她先引诱的他。老人们此时挥起手来尖叫着、兴奋地围着桌子跳舞，像孩子般难以自制。律师迅速制止了塔拉普斯的演讲，警告他一定要小心。塔拉普斯谢绝了律师的好意，继续毫无顾忌地谈到上司不久前的暴毙，其原因"可能"是因为偶然知晓了夫人私通的传闻，心脏病发作，而传话人就是塔拉普斯的竞争对手——塔拉普斯明知他会向上司打小报告，却恶作剧般将这个秘密"无意间"泄露给他，这个热衷于告密的倒霉蛋在这次交易中没有得到任何好处——三个月后，塔拉普斯就接替了上司的职位，开上这部豪车。

短暂的沉默后，老人们欣喜若狂，开始举杯庆祝这桩"完美无缺的谋杀案"的诞生。检察官即兴发表了检控辞，认为"发现了一桩成功逃脱国家刑法制裁的预谋杀人案"，并庄严地建议法官对如此一件令人"惊讶、钦佩、尊敬"的罪行判处极刑。老人们与塔拉普斯高兴地举杯欢庆，只有律师一人闷闷不乐，希望将塔拉普斯从死刑判决中拯救出来。此时的塔拉普斯陷入狂热的感动中，为受到这群知识渊博、有着体面职业、善解人意的老者的尊重、爱护、理解而喜悦；同时，对于自己已经干下了一件完美的谋杀案的想法也越来越深信不疑，正是这桩完美的谋杀，使得自己往日的生活环境变得更为艰苦、性格更具英雄气概、行为更具有价值。塔拉普斯打断律师的屡次辩护，甚至指责律师的辩护词侮辱了自己。他一再坚持自己是有罪的，是英勇、智慧的杀人犯。判决前，法官只问了塔拉普斯一个问题："上司死亡后，你再次与那位夫人幽会过吗？"塔拉普斯红着脸地承认："我与那个可爱的小女人之间再没有联络过……您知道……道德上，这似乎并不太合时宜。"法官听后开怀大笑，对塔拉普斯的坦率大加赞美，宣判塔拉普斯因一级谋杀罪被判处绞刑。此时，聚会达到了高潮，塔拉普斯眼含热泪、感谢老人们对他的理解、尊重与热爱，并加入四个老人的狂欢。

第二天清晨，四个仍然处于醉酒状态的老人，踉踉跄跄闯入塔拉普斯的卧室，准备给他一个惊喜，也是参加聚会者的例行的美妙纪念品——一份措辞极其夸张，才华横溢的，用了许多成语、法学学术用语、拉丁语、古德语的，以羽毛笔书写于羊皮纸上的死刑判决书。然而，他们被眼前的一幕吓傻了——塔拉普斯上吊自杀了。检察官朝着他那失去的朋友发出痛心、悲哀的呼喊："孩子，我的好孩子！你想到哪儿去啦？你毁了我们这个最美妙的晚会！"①

作品充分彰显了迪伦马特文学创作的独特风格，在这个虚拟、迷人、刺激的游戏中，隐藏着致命的陷阱，最终导致了一位"罪人"的自愿伏法。与其说塔拉普斯死于这场荒谬的游戏，不若说他死于内心深处来自直觉的判决——塔拉普斯是心甘情愿地对自己执行死刑的。四位老者设计的游戏是新鲜有趣的，它引导游戏者自愿、自由、主动加入；它以现实生活为摹本，却又尝试着突破现实生活的桎梏，将游戏者带入一个虚幻、完美的秩序中。但那四位老人又何曾预料到，他们"勇敢的"、"年轻的"小朋友塔拉普斯最终竟不愿重新回归混乱、卑下的现实生活，而是选择了永远留在秩序完美的游戏世界里。

在这场闹剧兼悲剧的背后，我们可以清晰地触摸到观念世界与物质世界之间的悖谬与分裂。这场虚拟的审判包含着现实司法过程中的一切要素，检察官将塔拉普斯的间断性叙述连贯为一个"卓越的预谋杀人行为"：

---

① 梗概及本节所有引文来源于〔瑞士〕迪伦马特：《迪伦马特小说集：抛锚》（1956 年），张佩芬译，上海，上海译文出版社，1985。

塔拉普斯对残忍、粗俗、卑鄙的上司异常仇恨，认为是他挡住了自己的财路与升迁，于是将上司的太太当作犯罪工具，与之通奸并将事实故意透露给上司，导致上司的心脏病复发死亡，塔拉普斯完美地结束了罪恶的谋杀计划。一句话，检察官对塔拉普斯的有罪指控完全是建立在其通奸行为的动机与工具性基础之上的。而塔拉普斯的辩护人为他脱罪的理由也很充分、巧妙——他首先确定被告的品格无暇，即使存在一些与宗教精神相悖的行为，也是世俗社会所可以包容、无须法律介入规制的。他承认塔拉普斯具有希望上司死亡的念头，但被告仅仅是"想一想，或者诅咒几句"而已，并未将想法诉诸实施；超越这种思想的行为既不存在，也无证据。辩护律师的辩护词则侧重于被告只有意淫之心而无强奸之行为的客观现实，并一再反问："难道思想犯罪，诸如意淫，也必须定罪伏法吗？"

可以看出，在这场游戏中，塔拉普斯的原始"供述"被不同身份者以不同立场、不同视角拆解重构，最终生成互具颠覆意义的结论——正如辩护人与检察官所持的截然相反的观点。两难之下，我们应当尊重塔拉普斯对叙述"原意"的解释。可笑的是，连塔拉普斯本人都搞不懂自己的"原意"与事情的真相究竟如何。他本可以通过及时补充遗漏的细节将案件尽量客观还原，或者将叙述的主观倾向进一步明朗化，因此解构检察官或者辩护人任何一人的解读路径，但他面对两种解释、两番论证、两个结论，却宁愿相信对他不利的一方。法官出场后，以一句"现在是否仍然保持着通奸关系"的看似漫不经心的询问，彻底击垮了被告，使得被告对自己的"罪行"更加深信不疑。此时，该案的发展趋向已经毫无悬念了。这不禁令我们联想到司法实践中对客观事实进行还原，以及对法律条文进行解释时所遭遇的危机——企图精确地再现客观事实是非理性的，而带有不同倾向与目的的解释将产生迥异的结论。

当我们回过头来分析主人公的心理变动轨迹时，不难发现，塔拉普斯对四位老者丰富的联想能力、敏锐的洞察能力以及缜密的分析能力崇拜得五体投地，认为他们具有"从浓雾中辨别事物轮廓、从轮廓里推断事物真相、从真相中寻找事物本质"的本领；这一群有知识、有教养的老者在塔拉普斯看来犹如"古老的占星术师，像精通天上星星的秘密一样了解司法的奥秘"。如果我们进一步探讨，为何塔拉普斯如此强烈地要求对自己进行有罪判决，将会发现话语、知识与权力之间的微妙关系。当塔拉普斯被四位老者智慧的言辞、高雅的气质所俘获时，他已经落入了权力话语构建的圈套——若想进入上层名流的谈话圈，也成为像老者一样受人尊敬的人，就必须接受他们的语言习惯与知识背景。塔拉普斯于潜意识中试图脱离平庸小市民的生活，希望得到老者们的尊重与理解，渴望被擢升到社会顶层的生存环境。老者们开口闭口谈论的均是"罪行"、"赎罪"、"正义"等他以往犬儒主义思想中从未思考过的深邃话题，他亦希望抵达自己以前从未奢望过的老人们的崇高境界。

可怜的塔拉普斯多年来一直过得懵懵懂懂、浑浑噩噩，在金钱享受与感官刺激之中疲于奔命。当"理性与正义"的光芒笼罩在他的头顶、温柔地触摸他时，他不得不舍弃自己的生命来换取永久的荣耀与崇高。正是这颗"向上、向善、向真"的心，促成了塔拉普斯"英雄般的壮举"——他从此不再是平庸卑下的小人物，不再是仰人鼻息的推销员，而是与那四位谈吐睿智、思想深刻的老人合为一体了。塔拉普斯是否真的有罪？那四位老者在这场真实的游戏中又扮演了怎样的角色？我们每一个人是否都是某种意义上的罪者？面对这些悬而未决的问题，迪伦马特并未骤下结论，作品开放性的结局包蕴着无穷的解读路径，也散发着强烈的"黑色幽默"文学气息——令所有的读者在含泪大笑之后，以恐惧的心理审视自我存在与周围环境之间的疏离与悖逆。

8.4　20 世纪 50 年代以后的影像作品与刑法思想

> 监狱里的高墙实在是很有趣。刚入狱的时候，你痛恨周围的高墙；慢慢地，你习惯了生活在其中；最终你会发现，自己已经离不开它。
>
> ——《肖申克的救赎》

> 这位先生一直在顽强地跟我们对抗着，他并没有说那个孩子没杀人，而只是说他无法确定他杀了人。要孤军奋战对抗所有倒向一面的意见可真不容易……他快坚持不住了，所以孤注一掷地希望争取支持……我投无罪票——我赞同他的动机。
>
> ——《十二怒汉》

> 年轻时，真的很想改变整个（司法）体制。我准备好铲除一切痼疾，我将会是佼佼者。可是我让了一步，又让了一步。最后，我意识到，我想改变的这个体制反过来改变了我。……我答应你，不再与杀人犯做交易……
>
> ——《守法公民》

　　我将毕生都献给了祖国，我忠于曾经从事的至高无上的职业。我在就职时宣誓："不将个人感情带到权威的法律程序中。遵从法律。不应怀疑法律的公平与公正。"作为一个法官我不想多说了，我相信你——作为今天的法官——将会发现，像我一样数以百万计的德国人坚信他们在为自己的国家尽职尽责，都将是无罪的。

——《纽伦堡审判》

　　法律绝不仅仅是编入法典中的一些词句，或者是执行这些词句的法官、律师与警长。它是人们在何为正义、何为对错的苦苦追寻中所发现的一切事物，它就是存乎于我们人性当中的道德良心。

——《黄牛惨案》

　　20 世纪 50 年代至 90 年代末，是人类科技文明发展最快的 50 年，也是社会格局变化最大的 50 年，反叛与反思成为西方社会的主流思想。该时期的文学家们以多重角度、多种身份广泛接触到西方文明社会的痼疾。他们的触觉是敏锐的、目光是犀利的、抨击是猛烈的；他们刻意在思想上、话语上同官方保持着明显的距离，以批判、警觉的视角来观察社会现实，以辛辣落拓的笔锋来再现阳光下的黑暗。可以说，当代西方文学史就是一部批判现实主义文学史。与以往批判现实主义传统相比，当代西方文学表现出如下两大变化。

　　首先，文学理论的"多元化"与作品风格的"个性化"成为当代西方文学最显著的特色。国民文化素质的普遍提高造就了个性特征张扬、价值取向迥异的文学受众，继而形成若干松散型的文化群落。不同文化群落的文学趣味与欣赏视野完全不同，这就使得文学作品本身发生了渐次裂变与多重异化。因此，当代西方文学发展的分散化与标签化已经成为无可抗拒的趋势，任何一个文学流派只可能竭力取悦、继而锁定某一个层次的文化群落作为自己的目标者，以往迎合大多数社会集群、占据半壁江山的文学流派发展至今几乎已成绝迹。

　　其次，随着高科技文明的迅速发展以及社会生活节奏的日益增快，当代世界已经大步迈入读图时代与信息时代。在快节奏、高竞争、大风险的生活模式下，图文并茂的影视媒介、方便迅捷的网络通讯取代了以往的传统信息链，成为人们传播文明、获取信息的重要渠道。信息时代的到来逐步颠覆传统的阅读习惯与求知方式，有着深厚历史底蕴的纸质文化正日益被音像文化所取代；科技进步与社会发展给人类文明带来的一系列冲击蔓延至文学领域，引发了文学题材与思想的革命，并最终改变了整个文学理论与实践的面貌。文学作品若希望获得更多受众认可，希望自己所承载的思想渗透到更广阔的区域，自己所倡导的价值观具有更长久的生命力与更深厚的影响力，就必须运用前沿的高科技成果来丰富自我的表现手段，采用数字化多媒体技术拓展文学家的形象思维能力与想像能力，在文学体裁、文学技巧、文学内容等诸层面进行改进与创新。

　　在此背景下，融声音、影像、图片、文字为一体的平面或者多维影视作品便成为当代文学可以选择的最佳变体或叙述载体。作为根深叶茂的艺术门类，电影从 19 世纪末诞生以来，就并非止于对纯艺术的探索，它将其根脉更深入地植入社会底层，与大众文化血液息息相通，对于人类社会在 20 世纪发展轨迹的记录与剖析有着其他艺术门类难以比拟的贡献。当代的法律影视作品在诸多涉法文学中之所以获取得天独厚的地位，主要基于以下三个方面的原因。

　　第一，法律影视作品融视听美感、信息传递、对话互动、价值交流于一体，为当今对法律抱有强烈兴趣的受众提供了一种具有独特滋味的"阅读快感"。通过影视作品，人们身临其境地置身于法庭、监狱、刑场等司法实践场景，与检察官、法官、警察、犯人、死囚进行零距离对话，感悟正义与邪恶的角逐、残酷与博爱的较量、天使与撒旦的对决以及原恶与救赎的嬗递。影视作品为民众带来的强烈的视觉冲击与细腻的情感交融培育了人们追求正义、渴望公平的良善勇敢之心。

　　第二，几乎所有在世界范围内引起关注的法律影视作品均以真实案例为原型，镜头始终摄向社会与民生中最为敏感、实际与严肃的问题；而这些影片的上映必将对法律工作者与普通民众的法律观念产生一系列影响。一部卓越的、受到民众广泛认可的影视作品至少实现了一项社会职责，即"将社会环境、自然环境、生物环境共同影响作用下的社会事件以艺术的形式挖掘、表现出来，并将它们提升至人性善恶的角度，激起民众对其的关注与思考，引导民众作出理性的阐释与结论，继而反馈于社会，负责任地影响绝大多数民众的世界观与价值观的形成。"①

　　第三，作为一种对当今科学技术最为敏感、重视，应用最为广泛的传

---

　　① 〔美〕保罗·伯格曼：《影像中的正义——从电影故事看美国法律文化》，朱靖江译，海口，海南出版社，2003，第 519 页。

播手段，影视作品起伏跌宕的情节、鲜明独特的人物角色以及方便快捷的存储流动方式赋予其比文字作品更为强大的传递力与亲和力，更易为广大民众所接纳、熟悉。从理论上讲，影视作品较文学作品、学术论文而言，更大程度地反映了社会大众的法律文化观而非司法工作者、法学研究者的法律文化观。相比一部有关死刑的鸿篇巨著而言，也许《黑暗中的舞者》《绿里奇迹》更能够激起观众心底的共鸣；相比一纸界定间接证据的长篇论文而言，也许《黄牛惨案》《超出合理怀疑》更能够将抽象的理论演绎为活生生的事实；相比一篇批判种族主义的法学专著而言，也许《杀死一只知更鸟》《杀戮时刻》更能打动观众的内心，并于潜移默化中影响社会的伦理观。该类影片总是致力于表现道德与伦理上的的两难困境，其特具的监督能力与批判能力能够轻而易举地引导民众舆论，继而质疑法学理论、干预司法实践，使得法学研究的逻辑原点与司法实践的操作惯例在大众法律文化观的影响下得以调整、反拨与进化，继而更加贴近现实生活，最大效力地发挥其社会控制的重要功能。总之，新的人类文明在积淀，新的社会英雄在成形，新的叙事模式亦应当顺势而生。

20 世纪后半叶至 21 世纪初期，在西方社会产生较大影响的刑事法律电影所涉及的主题及内容概况如下。[①]

《刑事法庭》（*Justice Est Faite*）

［法］莱斯·古洛纳影业公司 1950 年出品

　　20 个法国各地、各行业的公民组成一桩故意杀人案的法庭陪审团成员。陪审团面对的被告是一个没有实施犯罪行为，却为了爱情自供其罪的女人艾尔莎。审判延续期间，随着程序的推进，每个陪审员的生活方式与思维方式均产生了较大的起伏与波动。事实证明，陪审员的出身背景、生活环境与性格特征等为外人所不知的隐私，均深刻地影响着最终裁决。影片以陪审团对无辜的艾尔莎作出有罪判决而落幕。

导演安德烈·卡耶特，曾获文学士与法学士的学位，在该部影片中大量使用法律术语，对陪审团进行裁判的场景刻画细腻真实、写实风格浑厚，是法国 1958 年戴高乐主持完成的刑事司法改革背景的生动再现，也是我们了解 20 世纪 50 年代法国刑事司法制度的可贵资料。

---

① 有许多涉法西方文学经典已经被改编为电影发行，使得其中的隽永内涵获取了更为亲民化、普遍化、广泛化的思考、认可与传播。鉴于前述部分内容已经有所涉及，故不再置于本小节中论述。

《M》

［德］尼禄影业公司和弗里茨·朗影业公司 1951 年联合出品

　　一位嗜杀女童的变态罪犯令整个柏林陷入恐慌，民众怨声载道，政客坐卧不安，警察全部出动，黑社会开始抱怨警察们一次次的清剿、搜查行动极大地影响了他们的生意（经营赌场、组织卖淫、贩卖毒品）。为了尽快恢复"秩序"，黑社会最高层发动"通缉令"缉拿凶手，麾下喽啰闻风而动。很快，凶手贝克尔落网，黑社会随即启动了对他的审判，各个码头的带头大哥充当了检察官与法官的角色。这是一群对刑法与刑事诉讼法规则熟谙于心的行家里手——主审法官本身就是一个三宗命案在身的被警方通缉的犯罪嫌疑人，主控检察官则不久前刚被假释出狱，他们甚至指定了一位法科院校毕业的年轻喽啰充当被告贝克尔的辩护律师，一切均在有条不紊中进行着。贝克尔对罪行供认不讳，却声称自己对犯罪行为不具有意志选择的自由："先生们，你们是想要的时候才干活儿，而我根本没有选择的余地啊。"贝克尔的辩护律师要求对贝克尔进行精神鉴定，如果鉴定结果有利，等待他的应当是医院而非绞刑架，因为"对自己无法控制的行为承担责任是不公正的"。陪审席上黑社会成员的道德感与正义感毫不逊于品行良好的公民，他们对贝克尔令人发指的罪行义愤填膺，强烈要求对他处以极刑；一位美丽的女士代表全天下的母亲要求贝克尔自裁谢罪，她声泪俱下地倾诉了一位失去孩子的母亲所经历的难言的苦痛。影片的高潮是对贝克尔精神病的鉴定以及处遇方式的争论，甚至援引了美国姆纳坦规则① （M'Naghten Rule）进行探讨，论战正酣时，警察闯入"地下审判庭"，将其一网打尽。

　　这是一部超现实主义作品，展现了一群罪犯的心目中关于法律与正义

---

　　① "姆纳坦规则"形成于 1843 年，基本内容是：应告知陪审团成员，所有案件中的被告人均应被推定为神志清醒，具有对其犯罪负责的足够的辨认能力，除非有相反的证据证明不是这样。以精神错乱为由提出辩解的，必须清楚地证明被告人行为时由于精神病而缺乏理智，不了解自己行为的性质，或者即使知道行为的性质，也不知道自己行为是错误的。具体而言，姆纳坦规则包括以下内容：第一，凡是没有证据证明其精神错乱的人，就可以推定他神志清醒；第二，对于受到刑事指控的被告人来说，如果他由于精神疾病，在缺乏理智的情况下活动，不了解自己行为的性质，或者虽然知道行为的性质但不知道自己所做的是错误的。根据上述规则，要使以精神病为理由的辩护获得成功，被告必须证明以下两点：第一，被告人因精神疾病而缺乏理智，这是生理病理标准；第二，被告人在缺乏理智的情况下活动，即行为人在行为当时不了解自己行为的性质，或者虽然知道其行为的性质但不知道自己所做的是错误的，这是心理学标准，也可称为法学标准。参见赵秉志主编：《英美刑法学》，北京，中国人民大学出版社，2004，第 417 页。

的概念。

　　该片是电影导演弗里茨·朗格执导的超现实主义经典作品，为求影片效果更为真实，朗格聘用了真正的罪犯担任演员。影片拍摄期间，二十四名罪犯演员因为各种各样的罪名陆续被羁押、审判、送入监狱，过目难忘的背景设置以及囚徒们精湛的表演在整个电影史上意义深远。在这个角色颠倒的世界里，警察、检察官、法官虚伪无能，蟊贼强盗们却俨然是遵守规则、效率颇高的体面生意人，他们才是司法正义、伦理风俗的坚定追求者与维护者。

　　作品中对法国等大陆法系国家以法官为中心的纠问式审判程序特征进行了典型塑造。可以发现，罪犯们所追求的刑事裁决注重实体正义；更为难得的是，在审判过程中涉及对精神病辩护权利的保护以及责任能力的减轻认定，这就涉及对刑事被告的人权保障理念以及一系列配套程序法的设置。不得不承认，作为刑法领域的专家级人士，黑社会的罪犯们操持了一场口碑颇佳的公正审判。

《超出合理怀疑》（*Beyond A Reasonable Doubt*）
［美］雷电华影业公司和伯特·弗莱德洛布制片公司 1956 年联合出品

　　　　中年作家汤姆·嘉莱特的准岳父奥斯汀是一位激进的死刑制度反对者，他突发奇想，希望通过伪造证据将一位无辜者牵涉进一桩未曾侦破的谋杀案中，目的是在最后一刻亲自出面揭露案件真相，以"可能制造冤案"为由抗议死刑制度。为了讨好未来的岳父，嘉莱特自愿充当那位无辜的罪人。计划完美无缺地被执行着，嘉莱特被捕。然而，奥斯汀惨遭车祸身亡、车辆爆炸，可以证明嘉莱特无罪的人证与物证全部湮灭。嘉莱特陷入了自己与岳父精心编织的一系列间接证据链中，无法摆脱有罪指控。死刑执行的前一天，奥斯汀的遗嘱执行人发现证明嘉莱特无罪的关键性证据，州长签署死刑停止执行令。令人惊讶的是，经过调查，案件真相大白，嘉莱特正是杀人凶手，而证实其有罪的证据来源于嘉莱特无意中喊出了被害人不为人知的乳名——这又是一项间接证据。

　　该部影片情节扑朔迷离，具有极强的观赏性，详细描述了美国刑事司法审判中间接证据的独特功能，包括其具体适用的情境与规则。导演是德国表现主义电影大师弗里茨·朗格，曾执导《M》的拍摄。

　　2009 年，美国自主影业公司（Autonomous Films）翻拍此片，重心却转移至检察官为了追求胜诉率与从政资本而伪造证据的黑幕揭露。通过翻拍角度的更新，我们可以看出美国刑事司法实践面临的问题与争论话题的发展演变。

《十二怒汉》（*12 Angry Men*）

［美］联艺制片公司 1957 年出品

影片讲述了由十二名不同职业与身份背景的陪审员在法律强加的义务之下组成一个陪审团，对一桩波多黎哥裔十八岁的少年弑父案进行审议，决定这个孩子是走向电椅还是自由的故事。

这部拍摄于 20 世纪中叶的黑白影片，全部场景是一个不足十平方米的陪审员审议室——一张长条桌、十二把椅子、两扇窗户、一台老式风扇。这是西方电影史上第一部完全靠人物对白支撑起来的的室内推理、辩论剧，却全然没有枯燥、说教的气息；相反，它浓厚的戏剧性带给人的是一种全新的感觉、心灵的震撼与灵魂的洗礼，是西方陪审团题材影视中的经典之作。

除了对陪审团在保障人权方面的功能进行细腻刻画，作品还探讨了案件审理过程中产生"合理怀疑"的判断准则以及被告人"品格证据"在司法中的适用状况。

首先，判定被告人有罪之前，对所有合理怀疑的排除是陪审团必须担当的职责。影片中倾向于"无罪释放"一票的陪审员并不当然认为被告人一定是清白的，事实上，被告有罪的可能性很大。指控被告的六项证据——包括人证、物证等直接、间接证据在 90％ 以上的程度可以推断被告有罪。遗憾的是，这六项证据均具有瑕疵。其一，女证人是近视眼，她不可能戴着眼镜入睡，因而她在惊醒后的极短时间内看到少年弑父的情形应当并不确切；其二，少年弑父的匕首被指控为独一无二的凶器，但陪审团中的一名成员手中恰恰亦握有这样一把匕首，说明持有匕首的并非仅是被告一人；其三，证人老伯罹患跛足，在短短的一列六节火车开过的时间内，他不可能迅速地奔跑到 20 公尺开外的窗口，并恰巧瞥见被告行凶；其四，火车开过时的噪声很大，跛足老伯不可能同时听见被告对着父亲大喊"我要杀死你"；其五，被告记不清父亲遇害时他正在观看电影的名称，因而，其不在现场的证据被驳回，但陪审团成员在毫无压力的情势下亦回忆不起新近看过的影片名称；其六，匕首插入被害人脖颈的痕迹方向朝下，因而被看作是身高低于受害人的被告所实施的，但陪审员中的一人曾混迹于街头，他深知若是想伤害一个身材高于自己的人，惯于用刀的人绝不会采取这种体位，而应当将匕首向上用力插入。正是这 10％ 的瑕疵使得陪审团产生了"合理怀疑"，并基于此种怀疑使得被告从冰冷的电椅走向洒满阳光的花园。

其次，关于"品格证据"的适用。在英美法系令人眼花缭乱的证据相关规则中，构成"品格证据"的是那些形成记录的道德评价、违法事例、重罪前科、感觉缺陷、心理状态等，主要适用于被告的定罪判决，亦用于判断证人证言的可靠性。显而易见，品格证据有时带有相当大的偏见与误导性。陪审员们可能因为被告人以前的犯罪记录过于轻易地归罪；或者因为证人以前的信用记录否认其证词的可靠性，而不愿再仔细斟酌、分析针对本案的客观事实。

影片中，亨利·方达饰演的八号陪审员刻画了西方法律电影史上难以磨灭的经典形象——他力挽狂澜，以一对十一的悬殊势力撑起了一片正义的天空。但是，应当指出，实践中的陪审团制度并不需要孤胆英雄，规范化的制度约束远比英雄或超人的偶然降临具有更为关键的意义。影片最为成功之处并非是结局的皆大欢喜，而是陪审团成员针尖对麦芒的辩论过程，通过一次次言辞的交流与灵魂的沟通，最大程度地推动案件向客观事实无限接近；良莠不齐的陪审员们如何艰难地克服了自身的偏见与倦惰，以纯正的责任感、严肃的使命感参与到这项被强制分配的义务中来。影片向观众传达了许多有关陪审团制度的精神的真知灼见——陪审团应当是由社会良心构筑的堤坝，当刑事法律机器难以避免地吞噬一名无辜者生命的时候，陪审团制度也许是能够阻止这场悲剧发生的最后一道防护网。

2007 年，俄罗斯翻拍了此部影片，却将时空置换为俄罗斯与车臣间不可调和的民族矛盾的大背景中，一个车臣男孩被指控杀死了自己的继父——前车臣特种部队的一名军官（他参与了对车臣的控制与镇压），使得这个关于司法体制、人性善恶以及对真理与正义永不放弃的追求的故事演绎得更为真挚深刻。

《桂河大桥》（*The Bridge on the River Kwai*）
［美］哥伦比亚影业公司和［英］地平线影业公司 1957 年联合出品

1943 年，"二战"期间，英军上校尼克尔森与六百余名部下被日军俘虏，押至缅甸集中营，修筑大桥连通曼谷与仰光之间铁路，为日军运送给养。尼克尔森以英国人特有的执着精神，严格监督大桥工程的质量，当美军上尉希尔斯强烈质疑他的动机时，他的回答令人动容："战争总要结束，以后使用这座桥的百姓会记得，修建这座桥的不是一群奴隶，而是英国军人，奴隶干不成这活儿。"面对尼克尔森的执着与尊严，日军司令斋藤心绪复杂，一再迁就尼克尔森的言行，甚至改变了工程选址，并对图纸一再修正。完工之日，尼克尔森特意在桥头立起一块石碑，上面镌刻"此桥系英国士兵设计建造，1943年 2 月 5 日"。当天，一批日军军界要人将乘坐奔驰的火车通过桂河大桥，盟军军部秘令炸毁该桥，直接执行者就是逃出日军战俘营的美军上尉希尔斯。于是，在桂河美丽的背景下，英、美、日三国的高级军将展开了殊死搏斗。最终，斋藤与希尔斯在肉搏战中同归于尽；面对即将开来的隆隆火车，尼克尔森跑上前去企图扯断炸药的导火索，却被飞来的炮弹气流掀翻，身躯压在起爆控制杆上，整座大桥顿时化为灰烬，日军列车亦被炸成碎片。影片在目睹整个悲剧的英军军医斯利普顿"疯了、疯了"的喃喃细语中落下帷幕——这似乎是对整个疯狂、荒诞、残酷战争的评价。

这是一部著名的反战影片，以美丽的缅甸桂河大桥为背景，讲述了一个发生在"二战"时期日本南洋战俘营的故事。影片情节围绕着英、美、日三国军官、士兵、战俘之间的纠葛与对立展开，生动地诠释了英国、美国、日本三个民族的国民性以及法律文化，并集中探讨了战争中自然正义、民族气节、军人职责与个体生命尊严之间的关系。这部优秀的电影作品对于我们理解以上三国的法律文化环境与背景具有不可或缺的作用。

《我要活》(*I Want to Live*)
[美] 联艺制片公司 1958 年出品

芭芭拉与另外三名被告一起被指控实施一桩杀人案，其中一名犯罪嫌疑人布鲁斯与主控检察官达成辩诉交易，将策划、实施犯罪等主要责任均推给芭芭拉；而芭芭拉在狱中卧底侦探的诱惑下，亦承认自己的罪行，以换取较轻指控。最终，芭芭拉成为众多男人利益角逐的牺牲品，虽然律师倾力辩护，仍然难逃一死。当芭芭拉被推进毒气室执行死刑时，镜头对当时环境的刻画异常逼真细腻——氰化物缓缓滴入硫酸溶液中，发出哧哧声响，升起屡屡青烟；芭芭拉在执行室里无所依托，她孤独地坐着、思考着，缓缓呼吸着剧毒空气，胸脯慢慢起伏着，美丽的容颜逐渐枯萎。

这部影片讲述了一个热爱交际、思想单纯、头脑简单的女子芭芭拉蒙冤入狱并被判处死刑的故事。影片素材来自 1954 年加利福尼亚州的一个真实案例，案件迷雾重重、疑点颇多，包括威胁状态下获取的被告证词是否有效等程序性瑕疵，均摆在各大法学专家的案前，引起学者的热烈探讨。

在多人为芭芭拉呼吁奔走的同时，州最高法院判决"芭芭拉·格莱汉姆一级谋杀罪"成立。芭芭拉随即提起上诉，加利福尼亚州最高法院驳回了芭芭拉的上诉，美国最高法院也拒绝受理本案的申诉。所有判决之后的司法救济手段全部失败后，芭芭拉的律师向加州州长提起陈情状，但后者也不同意对芭芭拉法外施恩。

1955 年 6 月 3 日 11 时 30 分，芭芭拉·格莱汉姆被执行死刑，死前经历了两次短暂的联邦法院签署的"延时执行通知"的折磨。大家记忆犹新的是，临执行时芭芭拉是三个孩子的母亲——孩子年龄分别为十三岁、七岁、三岁。芭芭拉被处死时的逼真情境令观众触目难忘，是西方历史上最具有震撼力的反死刑电影之一。

《冲动》(*Compulsion*)
［美］20 世纪福克斯公司 1959 年出品

两个年轻人——芝加哥大学法学院学生，才华横溢、家境富裕的十九岁的内森·F. 李奥泼德 (Nathan F. Leopold Jr.) 和十八岁的理查德·A. 娄布 (Richard A. Loeb) 是一对同性恋人，并在性爱过程中建立起主人（内森）与仆人（理查德）关系。每逢性高潮时，仆人均会无条件地执行主人的所有命令。1924 年 5 月 22 日，二人残忍地绑架并杀害了一个十四岁的小孩罗伯特·弗兰克斯 (Robert Franks)，仅是为了体验性快感。事后，二人并不以为然，又接连实施了对异性的强奸行为，所幸未遂。二人的家长不得不高薪聘请美国著名律师克拉伦斯·达罗 (Clarence Darrow) 为其子辩护。达罗是著名的社会党人，花费毕生的精力对类似被告的家族与阶级进行猛烈抨击。出于反对死刑的角度，他出人意料地答应为两个富家子辩护，但索取高得令人乍舌的代理费。最终，达罗在公众情绪一边倒地支持处死两名被告的情况下成功为被告争取到终身监禁（谋杀罪）加 99 年（绑架罪）的量刑。后来，娄布在三十岁时死于狱中械斗；李奥泼德于 1958 年被假释（共计服刑三十三年），成为一名数学教师，并娶妻生子，过完一生。

影片取自美国历史上第一起"快感谋杀案"(Thrill Killing)。在这场著名的审判中，出现了两大亮点。其一是律师达罗反对死刑判决的辩护辞，铿锵有力、掷地有声，被誉为电影史上反对死刑的最为经典的战斗檄文。辩护词在影片中被浓缩为 15 分钟，事实上达罗却滔滔不绝地在法庭上讲了整整两天，并于 1926 年被灌制为唱片出版发行。

其二是多方心理学、医学专家出庭，作为专家证人，他们各抒己见，对两名罪犯的成长背景与犯罪动机作出极其详尽的分析，留下了颇为丰富的若干卷庭审笔录，其中涉及对种族歧视、同性恋、性高潮瞬间驱动犯罪行为等生理、心理问题的讨论，这些珍贵的一手资料对整个犯罪心理学、行为学的发展有着意义深远的贡献。

《纽伦堡审判》[①]（*Judgment at Nuremberg*）

[美] 联艺制片公司 1961 年出品

纽伦堡战犯审判中，有四位纳粹时期的法官因执行纳粹法令被送上被告席。盟军起诉人曾经参与奥斯维辛集中营的解放战役，因而发誓要令这四名法官为自己的滔天罪行付出代价。其中一位叫作恩斯特·詹宁的被告十分令人瞩目。詹宁是纳粹时期的司法部长、著名的法学教授，亦是《魏玛宪法》的起草者与坚定的拥护者；他对于纳粹和另外三名同僚的行径十分憎恶，却又质疑盟军法庭管辖权的合法性，因而在审判过程中始终以高傲的姿态保持着沉默。詹宁的罪行除了依据元首的命令签署奥斯维辛集中营的屠杀令之外，还具体落实到两桩案件上：其一是他曾经判处一位犹太男人死刑，原因是他与一名纯种雅利安少女发生了性关系，所适用法律是纳粹时期的《种族净化法》；其二是他曾经批准对一位犹太智障患者施行绝育手术。随后的质证环节中，证人席上的被害人甚至无法以"猎人、原野与兔子"造出一句完整的句子，这一幕多少为詹宁的罪行作出了适当的解释——纳粹时期颁布的对智障人进行绝育手术的法律与美联邦最高法院所认

---

① 历史上的"纽伦堡审判"是从 1945 年一直持续到 1949 年的一系列审判的理论全称，共计 13 轮审判。有相当多的德国人都应在这 13 轮审判的潜在被告之列，但法庭最终只起诉了 185 个人。1945 年颁布的《伦敦宪章》与纽伦堡审判在世界历史上首次确认了以国际法禁止战争罪行，以及战胜国对犯下这些罪行的个人而不是国家提出起诉的新准则。纽伦堡审判也明确指出，任何人都不能以"服从上级的命令"为借口逃脱其必须承担的罪责。第一轮审判的主持者是美、英、法、苏四国，主要针对"第三帝国"中制定侵略政策，并且苟活至战争结束的纳粹最高层领导人（如戈林、施特莱彻和里宾特洛甫等人）进行审判，他们以"危害和平罪"和"危害人类罪"被起诉、审判与定罪，其中一些人被判处死刑。此后的 12 轮审判完全由美国的文职法官主持，辩护律师则由美国有关部门提供薪酬。电影《纽伦堡审判》是根据第三轮审判——审理纳粹德国法官与司法部门官员的历史演绎而成的。影片中的恩斯特·詹宁是若干纳粹法官与司法部官员的集合体，其中一名被告曾任德国司法部的副部长，他为自己辩护说，如果他辞职，他的继任者可能会制造更大的灾难。参见〔美〕保罗·伯格曼、迈克尔·艾斯曼：《影像中的正义》，朱靖江译，海口，海南出版社，2003，第 47 页。

可、确认的类似法律似乎并无本质差异①，因而以"批准绝育手术"来指控詹宁犯有反人类罪是值得商榷的。辩护律师卢尔夫进一步举证，证实詹宁在纳粹时期司法部长一职上曾多次解救犹太人，因而"他虽然履行着纳粹法律，但亦控制甚至减轻了当时的恐怖情形"。卢尔夫的总结陈词颇具哲理性，阐释了关于法官的"道义责任"的问题——纳粹时期法官的行为是一种职务行为，不具有期待可能性，因而不应被视作罪行。如果他们的罪名成立，那么卖军火给德国的美国人、与希特勒签订宗教事务合作备忘录的罗马教廷、与希特勒签订互不侵犯条约的苏联人都将成为战犯，亦应站在被告席上。最终，该案主审法官抵住来自各方面的压力，判处四名被告终身监禁，但事实上詹宁等人在很短的时期内均得到释放。

这是"二战"后第一部以纽伦堡战犯法庭为素材的影视作品。影片集中探讨了"二战"期间的纳粹法律被贯彻、执行后集体、社会、个人责任之间的关系，焦点关注法律溯及既往的效力，以及法官职权的合法性与判决的道义性等诸多论题。

首先是法律溯及力的论题。纽伦堡审判对"危害人类罪"② 首次作出

---

① 此类法律长期以来一直在美国境内推行。1927 年，最高法院认为弗吉尼亚州法律批准 18 岁的卡莉·巴克被实施绝育手术是符合宪法因而正当的，因为她的母亲就是一名先天性智力障碍者。这项判决是在 9 名最高法院法官在座的情况下产生的。美国最伟大的法官之一，奥利弗·文德尔·赫尔姆斯曾经在"巴克诉贝尔"（Buck v. Bill, 1927 年）一案的判决书中写道："如果三代人都是白痴，那就别再生了。"在弗吉尼亚州法律以及其他 30 个州的法律规定下，大约 5 万美国人被迫被施行了绝育手术。参见〔美〕爱德华·耐普曼：《世界要案审判》，北京，新华出版社，2009，"宪法下的法院"部分。

② 旧译为"违反人道罪"，又译为"反人类罪"，2002 年 7 月 1 日生效的《国际刑事法院罗马规约》（Rome Statute of International Criminal Court）将该罪名中文译名确定为"危害人类罪"。规约中的定义为"指那些针对人性尊严及其严重的侵犯与凌辱的众多行为构成的事实。这些一般不是孤立或偶发的事件，或是出于政府的政策，或是实施了一系列被政府允许的暴行。如针对民众实施的谋杀，种族灭绝，酷刑，强奸，政治性的、种族性的或宗教性的迫害，以及其他非人道的行为"。根据"二战"后签署的《纽伦堡法庭宪章》第 6 条 C 项，危害人类罪包括 7 种行为。"谋杀"，是以故意杀害或致死他人的方式广泛或有系统地针对平民人口实施的攻击行为。"灭绝"，是包括故意施加某种生活状况，如断绝粮食和药品来源，目的是毁灭部分人口。"奴役"，是对一人行使附属于所有权的任何或一切权力，包括在贩卖人口，特别是贩卖妇女和儿童的过程中行使这种权力。"驱逐出境或强行迁移人口"，是在缺乏国际法容许的理由的情况下，以驱逐或其他胁迫方式强迫有关人员迁离其合法居留地的行为。"酷刑"，是故意使被羁押或受控制者的身体或精神遭受重大痛苦的行为。"迫害"，是违反国际法规定，故意严重剥夺某一团体或集体基本权利的行为。"其他不人道行为"，是严重损害身体或者心理完整、健康或受害人尊严的行为。见 http://zh.wikipedia.org/wiki/%E5%8F%8D%E4%BA%BA%E7%B1%BB%E7%BD%AA，2012-01-11。

了定义，之前它从未针对个人犯罪提起过，传统的国际法仅仅将国家作为惩罚对象。因此，正如影片中詹宁法官所质疑的，依据大多数国家宪法，溯及既往的法律无效，那么究竟是谁赋予盟国享有如此宽泛的司法管辖权，令他们能够以战胜国的姿态去制定法律条文来审判德国人在"之前"犯下的罪行？另一方面，责令粗暴践踏人类基本伦理、道德观的纳粹分子付出代价，又无疑是符合人类正义精神的，为了遏制将来可能再次发生的国际犯罪行为，纽伦堡审判留给了后世一个典型先例。

其次，站在被告席上的四名法官，并非法律的制定者，仅仅是执行者；而各国刑法的惩罚对象向来是违背刑律之人，而非忠实遵守、适用、执行刑律之人。要求一名法官因正当的职务行为承担责任，无异于强人所难——他或者立刻辞职，沦为当时国内法庭的阶下囚；或者欣然受命，成为未来国际法庭上的罪人。面对如此困境，主审法官海伍德驳回辩方陈辞、宣判四名被告有罪时解释道："一名法官的职责，就是在坚持操守成为最不可能的时候，仍然要挺身捍卫正义。"该标准的正确性毋庸置疑，它亦是法律正义适用于执法者时候的极限状态。但是，当我们以它为标准来衡量所有法官时，又有几个法官的"操守"能够经得起如此严酷的检验？

影片的最大亮点是对詹宁法官的个性刻画，他并非是一个穷凶极恶的魔鬼；相反，他气质迷人、举止儒雅、思想深邃、风度谦逊，他是一个无法主宰自我命运的普通丈夫、父亲与儿子，他拥有正常的伦理价值观与清晰缜密的逻辑推理判断能力，却又在极度复杂的社会背景中背叛了自己的良知与操守，虽然他以血腥的个案判决为代价尽力解救了更多数的人。当然，在一切生命的面前不应当存在任何优势利益的比较。《纽伦堡审判》为"二战"后的国际刑法留下了一篇掷地有声的宣言——任何人都必须为对邪恶的法律的忠实执行付出代价。

《杀死一只知更鸟》①（*To Kill a Mockingbird*）

［美］U-I 影片制造公司 1962 年出品

在一场毫无希望取胜的诉讼中，律师阿迪科思铁肩担道义，为一名蒙冤被指控强奸白人女子的黑人罗宾逊争取权利，但终遭失败，黑

---

① 知更鸟（Mockingbird）在字面上与情节没什么联系，但在小说中具有强大象征性，代表着天真无辜者。而"杀死一只知更鸟"讲述的就是一个由罪恶毁灭天真无辜者的故事。全片唯一一次提及片名中的知更鸟，是在一次谈起打鸟时，阿迪科思一再嘱咐孩子不要去伤害知更鸟，因为它们只为人类歌唱，从来不做危害人类的事情。

> 人蒙冤被定罪，等待执行绞刑时逃亡，途中被射杀。因为阿迪科思是
> 眉康镇屈指可数的致力于种族平等的居民之一，他的一双儿女亦险遭
> 种族主义者的残害。最终，阿迪科思以自己的善良、正义与勇于担当
> 的个性特征打动了小镇民众。

影片改编自美国女作家哈伯·李的同名自传体小说，于1961年获普利策奖。作品以两个孩子的视角，借助一桩案件的审判与执行，描述了一个美国南方小镇保守、落后的全貌。

影片主线之外，这个南方小镇的许多居民因阿迪科思对真理与正义的坚持，改变了自己根深蒂固的愚昧、落后、残忍的思想。影片从正面描述了律师形象，探讨了律师的职业道德，同时突出了美国刑事审判"交叉询问"（crossing examination）程序在辨别事实过程中的重要作用——在影片中，所谓的受害人白人女性马耶拉在阿迪科思的交叉询问中很快因前后矛盾而崩溃败阵下来。"交叉询问"是英美国家对证人实施证言调查的主要方式，它被美国著名证据法学家魏格摩誉为"发现案件事实真相的最有效装置"。交叉询问采取两种特殊方式，一是对证人证言进行多角度观察，有助于法官从同一证据源上观察到证言的深刻性和全面性；二是对证人证言可以进行全方位的质证，即通过对立面的设置和反询问的运用进行质证。反询问者对于对方证人的任何证言，都将注意其薄弱环节与各种可抨击之处。而主询问者则努力开掘本方证人的证据信息，捍卫本方证人的证明能力。质疑方法就是力图在这种争辩对抗中把握案件的真实。交叉询问的对象是证人，在英美国家证人是一个广义的概念，包括当事人和鉴定专家。交叉询问的一般程序包括主询问、反询问、再主询问、再反询问。主询问的性质是一种举证，当事人希望通过询问证人获得对自己事实主张有利的证言。而反询问的目的则是暴露证言的不可靠或者证人的不可信，从而动摇对方当事人事实主张的证据基础。反询问的范围包括：事实方面，反询问以主询问的询问范围为限，不能对没有经过主询问的案件事实进行反询问；方法方面，反询问主要针对证人作证资格或者证言的证明力，包括证人品格、重罪前科、感觉缺陷、心理状态、以前自相矛盾的陈述等各个方面。再主询问则是主询问方为了维护和恢复主询问时证词的证明能力，澄清或者解释对方当事人反询问提出的问题，以抵消反询问带来的不利影响，因而再主询问的范围以反询问的范围为限。再反询问的作用与再主询问类似，因而其范围以再主询问的范围为限。依循主询问、反询问、再主询问及再反询问的顺序，询问范围逐渐得到限制与缩小，如果在某一特定阶段超越询问范围，则属于不当询问，对方当事人可以打断询问、声

明异议，法院应就此作出裁定。①

另外，陪审团人员组成的非法性（全部是白人）、浓郁的种族歧视氛围、小镇居民群体性私刑传统为我们组成了一幅当时美国南方刑法文化的全景。

半个世纪以来，这部黑白影片始终在世界法律电影史上占据着重要地位，阿迪科思的形象——一位坚守正义、公正的战士与慈祥、睿智的父亲，这位平凡的人间英雄身上闪耀着宝贵的人性光辉，留给人们一份历久弥新的感动。

《良相佐国》（*A Man for All Seasons*）
［英］哥伦比亚影业公司和高地影片公司 1966 年联合出品

> 莫尔于 1496 年获得律师资格，一直以律师身份执业，还曾经在议会以及外交、司法、行政、教育等部门任职，被亨利八世视为最密切、最可信赖的顾问，坚持聘请他入阁资政。莫尔的悲剧源于其捍卫天主教庭的信念坚如磐石。两件事导致了亨利八世决心对莫尔痛下杀手——其一是 1533 年亨利八世与教皇指认的凯瑟琳皇后解除婚姻、迎娶皇后的贴身侍女安妮，莫尔拒绝参加新皇后的加冕典礼；其二是亨利八世最忠实的行政长官克罗姆威尔制定了一项法律，要求所有的英国臣民都必须立下重誓，对亨利八世的任何行动全部无条件地效忠，莫尔拒绝宣誓，尽管他并不申明理由。由于莫尔在国内所享有的崇高声誉，他的拒绝效忠对亨利八世而言比砍掉自己的头还要难受。莫尔被关入伦敦塔一年之久，亨利八世耐心等待着他的回心转意。面对政治原则与自身信念的冲突，当何去何从？莫尔这位法科出身的基督教人文主义者以生命为代价充分彰显了其作为法学家，更是作为知识分子的独立人格。

影片主角是 16 世纪文艺复兴时期英国皇家大法官、政治家、法学家、文学家托马斯·莫尔。在前文《乌托邦》中，我们已经通过他的作品对其思想与人格气质有了深刻的了解——他不仅是一个老谋深算的律师、一个热爱家庭的男人，更是一名捍卫生存原则的英勇斗士。

影片对莫尔的个性作了入木三分的刻画：在原则问题上，即使以他的身家性命为代价，莫尔也不肯屈从于国王的淫威而宣誓效忠。但在审判过

---

① See http://www.relentlessdefense.com/our-team/kevin-j-mahoney/book-relentless-criminal-cross-examination/, the last retrieved date, 2012 - 02 - 21.

程中，莫尔却机智地运用了当时法律所能够提供的所有技巧（实体方面或者程序方面），试图保住自己的脑袋。遗憾的是，尽管使尽浑身解数，莫尔最终难逃一死。

对莫尔的有罪判决是英国司法制度难以洗刷掉的污点，该案判决被永远地钉在西方刑法史的耻辱柱上。

《雷灵顿十号》（*10 Rillington Place*）

［英］哥伦比亚影业公司和电影道路影片公司 1971 年联合出品

> 蒂姆·伊文斯是一位中度智障患者（IQ 值为 68，相当于十岁孩童水平），和妻子与婴儿租住在雷灵顿十号公寓的两间阁楼里。蒂姆的妻子再次怀孕后无钱堕胎，恰逢雷灵顿十号公寓的主人约翰·克里斯蒂热情相助，利用医术免费为其妻堕胎。然而约翰是一位变态杀手，总是以免费帮助弱势无助的女性为由，将她们骗至雷灵顿十号公寓杀害后与尸体交媾。蒂姆的妻子与女婴亦未能幸免。事后，约翰轻易控制了蒂姆，并怂恿其"畏罪潜逃"，随后打电话为警方提供线索、嫁祸于人。令人难以置信的是，被警方控制后的蒂姆在得知妻女均惨死的噩耗后，不知出于何种原因自供其罪；在没有任何证据的情况下，法庭仅凭蒂姆的口供判处其死刑；审判委员会对其进行精神鉴定，结论是符合受刑标准。1950 年，蒂姆被宣判执行绞刑。后来，约翰·克里斯蒂继续残害女性，案发后供出蒂姆案的真相，于 1953 年被送上绞刑架。

该案取材真实案例，曾经在全英伦引起轰动，带给英国民众的教训是：一位清白的公民完全可能因一场合法的审判而被处死。

值得一提的是，蒂姆的冤死演变为英国废除死刑制度的导火索。死刑制度最遭垢病的弱点就是它无可挽回的毁灭性后果，正如影片中任何弥补也无法使蒂姆死而复生。对于许多强烈要求废除死刑的民众而言，仅此一条就足以成为废除死刑的充足理由。该案与《把那家伙给他吧》（*Let Him Have It*）中的真实案例形成合力，共同促使英国于 1965 年废除死刑。1966 年，英国司法部正式承认蒂姆一案为冤案，并为其昭雪，舆论哗然。面临民众的巨大压力，司法部不得不将蒂姆的尸骸从乱坟岗挖出，迁移至一所体面的公墓中。蒂姆终于可以与自己的妻子、孩子在一起了。

《发条橙》（*A Clockwork Orange*）

［英］北极星制片公司 1971 年出品

> 故事发生在科技高度发达、"已经征服了月球"后的英国。一名

无恶不作的十五岁少年犯罪人阿历克斯，因杀人、防火、强奸、抢劫被捕入狱，充当国家犯罪预防课题中"厌恶疗法"的试验品。具有讽刺意义的是，被释放后的阿历克斯彻底丧失了作恶的欲望与能力，以至于他曾经施恶的人们均对他施予了同样的恶，他却毫无反抗之力。

影片探讨了个人暴力与社会暴力的正义性，对国家机器为了社会防卫目的而操控个体自由意志、剥夺个体作恶能力的合理性提出了质疑。

影片之所以在西方世界引起巨大震动，是因为它向人们抛出了一系列犀利、棘手的问题：人们是否应当具有道德选择的自由，哪怕其后果可能导致犯罪行为？个人自由意志的国家控制化是否意味着生命意义的淡化与生存尊严的残缺？国家暴力机关是否为了预防与控制犯罪就可以将公民的善恶选择权完全剥夺？在影片看来，政府使得人们丧失作恶的能力是"摧残意志、耗损肉体的条件反射性技术"，阿历克斯的遭遇仅仅是开始，随后政府将会超越自然犯罪的范围，制定形形色色的行政犯罪，谁敢以身试法，触犯政府权威，法律就会将他的"意志、胆量通通抽干"！

显而易见，影片中呈现的是一个病态社会。整个立法、司法、执法体系就是一个以暴制暴的巨大机器。在这种披着科技进步与民主外衣的专制社会中，阿历克斯只是一只被强迫上了发条的、不断转动着的、喘息着的小小橙子。阿历克斯的遭遇可能发生在每一个现代社会文明国家的公民身上，想到这一点，令人不寒而栗。

《黄牛惨案》(*The Ox-Bow Incident*)
［美］20 世纪福克斯公司 1973 年出品

故事发生在 1885 年美国内华达州的畜牧业小城镇布里奇威尔斯。一天传言，受人尊敬的牧场主金凯被人谋杀。一支搜捕队迅速成立，队伍中洋溢着将凶手当场绞死的高亢情绪——其中很多成员的加入动机是排遣无聊、枯燥的生活。搜捕队捉住了三个正在火堆旁睡觉的外乡男子，当时他们身边围着约有数十头属于金凯所有的牲畜，手中却没有牲畜买卖合同，据他们解释，金凯答应随后寄出合同；同时，三人中还有一人手中拿着一把似乎属于金凯的枪，却说是半途捡来的。这些辩解显然太过牵强。搜捕队二十八名成员以多数意见决定将这三个人就地绞死。破晓时分，三个人脖颈被套上绳索。不久，警长策马赶来，原来金凯根本就没有被杀死，犯罪人已经被警长缉拿归案。这三名被吊死的人完完全全是清白无辜的。剧末，有人在酒吧中朗读了三人中的一人仓促间留给妻子的遗嘱，这是一篇对刑事司法程序正义的伟大价值高度赞美的宣言："法律绝不仅仅是编入法典中的一些词句，或者是执行这些词句的法官、律师与警长。它是人们在何为正义、何为对错的苦苦追寻中所发现的一切事物。它就是存乎于我们人性当中的道德良心。"

该片最大的亮点是向我们展示了间接证据可能造成的谬误，并解释了英美法系证据法则中为何必须秉承"作出有利于被告"判断的原则。

间接证据在英美法系的审判程序中具有十分重要的地位，但所有的间接证据均具有模糊的甚至具有颠覆意义的解释可能性。在这出暴民私刑绞死无辜者案件中，没有关于金凯之死的任何直接证据——没有目击证人亲眼看到金凯被杀害，仅凭间接证据定罪量刑：三人拥有金凯的牲畜却拿不出买卖合同；金凯明确表示过本年内不会再出售牲畜；三人握有金凯的手枪；有人声称发现其中一人很眼熟，可能是被通缉的逃犯；三人中的一人佯装不懂英文企图蒙混过关，并有逃跑的迹象。所有这些证据合在一起，似乎可以推断出三人杀人越货的确凿证据。但最终证明，所有的推断全部错误，每一条证据亦有可能引申出被告人无罪的结论。这就是为什么英美法系要求陪审员在面临间接证据的两种推断都有可能——一种指向有罪而另一种指向无罪的情况下，必须选择无罪推定的原因所在。在程序合法的审判席，三名无辜者应当有时间为自己搜集无罪证明；但在凌晨春寒料峭的黄牛谷中，没有人愿意花费更多时间取证、质证，也没有人愿意等待去金凯牧场调查案件的警长带回确切消息。面对一群毫无耐性、充满复仇怒火、只想就地实现正义的搜部队组成的"私刑法庭"，三人注定没有活到天亮的可能。

《黄牛惨案》以简练、紧凑的情节将司法程序正义的重要性、间接证据的取舍规则以振聋发聩的效果昭示给世人。

《飞越疯人院》(*One Flew Over Cuckoo's Nest*)

[美] 宝瓶星影业公司 1975 年出品

一位名叫麦克墨菲的中年男子，希望以装疯来逃避自己应承担的责任，最终被送入疯人院。很快，麦克墨菲发现疯人院残酷、恐怖、暴虐的制度与体外的世界相比有过之而无不及，因而尝试着帮助精神病患者争取基本人权，却屡遭失败。他有多次机会逃离这座可怕的人间地狱，却因不忍心抛弃这群把他当作朋友的善良的难兄难弟而屡次错失良机。一天，护士长的残酷与冷血间接导致了一位名叫比利的病人丧生，麦克墨菲被彻底激怒了，扑上前去狠狠卡住了护士长的脖颈。这次袭击的代价是致命的——麦克墨菲很快被施与惨无人道的"治疗"，医院为他做了"额叶切除手术"，他成了彻彻底底的白痴。一天晚上，精神病患者印第安人齐弗来到麦克墨菲床前，哀伤地抱着麦克墨菲哭泣——麦克墨菲手术前曾多次鼓励他逃离这座人间地狱。齐弗告诉麦克墨菲他已经准备好了，现在全身充满力量，他一定会将麦克墨菲一起带走。说完他紧紧拥抱麦克墨菲，用枕头将他闷死。齐弗转身抬起沉重的盥洗池将疯人院的铁窗砸碎，跳了出去，在晨光微曦中逃向远方。

　　这是一部令人观之毛骨悚然的影片，其中蕴含着人类的自然理性与社会话语权之间的激烈博弈。

　　影片中的护士长拉齐德是整座疯人院的直接统治者。正常人看来，她是一位尽职尽责的管理者；但在病人眼中，她却是一位依靠暴力、威胁、恐吓与惩罚来维持权威与秩序的冷血恶魔。她并没有将病人当作人来看待，不仅钳制他们的肉体，还百般折磨他们的精神。她制定的一切规章制度均未得到病人的认可，因而残酷血腥、没有一丝怜悯与人道。最具讽刺意义的是，拉齐德每天要将所有病人召集起来开大大小小的各种会，动辄举手表决，看似十分民主，却从来不会将真正的权利交给病人实施。一旦涉及规章制度的更改，她就会以威胁与暴力强迫大家达成协议。

　　麦克墨菲是一位误打误撞闯入精神病院中的正常人，因无法忍受正常人世界的压抑与专制，希望在疯人院中获得久违的自由与呼吸。但事与愿违，体制内外的世界均无法包容他对追求自由的强烈个性。当麦克墨菲启发一个个精神病患者对每一条规章制度的合理性与平等性进行诘问时，这个疯人院开始陷入了真正的疯狂。病人们向往自由，却又缺乏抵抗拉齐德、追寻自由的勇气。麦克墨菲最后的命运令人毛骨悚然——一个充满了活力与睿智，一个如此热爱真理与自由的男子转眼间变为一个真真正正的无脑人，但这个结局又应在预料之中——麦克墨菲终于停止了思考，终于安静下来，再也不会给疯人院的秩序带来任何冲击。

　　影片的放映带给整个美洲与欧洲极大的震撼，片中的疯人院被影评者想象为社会的缩影。片中只有精神病患者与护士两种角色身份，恰恰象征着人类社会中的被统治者与统治者。在这个被权力与暴力把持的社会中，在制定所谓的规章制度时，前者毫无例外地被排斥于外，他们的要求、他们的呼声、他们的基本权利通通被践踏、被忽视；他们丧失了一切权利与希望，只能迎合后者的意愿、配合后者的权威来维持基本的社会秩序。这个社会不会允许任何异己者存在，不会容忍任何不和谐的声音发出。对于那些不停地制造麻烦的人，统治者的杀手锏令人不寒而栗——"额叶切除术"。

影片对所谓的规则、法律、刑罚的本质作出了犀利的解构，探讨着人类社会中永恒的话题——随着人类文明的发展，在自然正义与法律正义之间，在自然理性与权力话语之间，到底交织呈现着怎样复杂凌乱的驾驭关系？

《马丁格尔归来》(*Le Retour de Martin Guerre*)

［法］法国电视三台、Société Fran 和 ccedil aise1982 年联合出品

> 一位好吃懒做、撒谎成性、粗暴无情的男子马丁抛弃妻子离家出走，多年后回乡却似换了一个人，温柔体贴、善解人意、勤劳扎实、与乡邻相处和睦。人们怀疑他的身份，但守寡多年的妻子却坚持他就是马丁本人。后来真马丁因触犯刑律被指控为杀人凶手，这位冒名男子只要承认自己的真实身份，即可免于绞刑。但他为了他代表全小镇人签订的商业契约不致失效，也为了维护夫人的名誉，同时使得他与夫人的孩子不至于沦为私生子受人耻笑，坚持他就是凶手本人，最后被送上绞刑架。

这是根据一桩 16 世纪发生在法国南部小镇的真实案例改编的影视作品。1548 年，法国南部与西班牙接壤处一小村村民马丹·盖瑞与父亲争吵后离家出走，八年后新马丹还家。其妻与其子虽明知其为假冒但出于种种原因依然拥抱了他。新马丹的热情与聪慧使得村民消除了疑虑，逐渐接纳了他。后来新马丹与马丹的叔叔彼埃尔因土地起了纠纷，彼埃尔指斥新马丹为假冒。新马丹十分沉着，将证人一一驳斥。正当法庭因证据不足，准备开释被告之时，一个木腿（假肢）人闯进了法院，真马丹回来了。经过隔离提审、当庭对证、亲友指认，真相终于大白，新马丹被处以绞刑——正义拄着木腿姗姗来迟，此时无论怎样凄婉销魂的爱情、亲情都必须面对这支硬邦邦冷冰冰的木腿。①

西方有谚云："正义也许会迟来，却不会永远不到。"这部作品正是探讨了这种迟来的正义究竟是否具有意义的话题，展现了法律与人性的冲突。1993 年，美国翻拍此片，译名《似是故人来》(*Sommersby*)，故事背景改编为南北战争时期，情节结构与法国版本出入不大，男主角的动机

---

① 见 Natalie Zemon Davis, *The Return of Martin Guerre*, Mass ：Harvard University Press, Cambridge. Janet Lewis, *The Wife of Martin Guerre*, Ohio：Swallow Press , Ohio University Press, Athens, 1941.

却显得更为高尚，结局也更为缠绵悱恻，具有催人泪下的震撼力。

《星级裁判团》（*The Star Chamber*）

［美］20 世纪福克斯公司 1983 年出品

　　根据"麦普诉俄亥俄州案"①（Mapp V. Ohio，1961 年）确立的"证据排除法则"，以及美国《宪法第四修正案》②，禁止法庭采信通过不正当途径搜查或没收得来的证据。许多犯了血腥罪行的罪犯因此得以逍遥法外，法官、检察官、警官们对这一令人沮丧的规则咬牙切齿。九名怒火中烧的法官因此组成一个"星级裁判团"③，负责审判、惩罚那些受到愚蠢的技术细节、僵化的法律保护而脱离正义制裁的罪犯。这是一个充满着人类希望的正义守望队，它的基本运行规则是：九名法官凭借良心与证据判案，若法官们一致投票判处某人有罪，就立即雇佣杀手执行死刑。渐渐地，这个私密团体的运作超出了当初设想的范围，局面开始失控。

作品探讨了法律职业人在执行法律与遵从良心之间的矛盾，也涉及了对人权保护程度与正义实现之间关系的探讨。一群司法的捍卫者因不满技术细节放纵罪犯的现状，决定替天行道，恢复社会正义，却在正义的轨道上越滑越远，结果有悖初衷。幸好这是一群训练有素的法律精英，最终重新把握已然失控的局面。影片强调了程序正义与实体正义之间密不可分的关系，尤其是对法律职业者逐渐陷入的人格分裂状态作出了惟妙惟肖的刻画，引人深思。

《被告》（*The Accused*）

［美］联合国际影业公司和派拉蒙制片公司 1988 年联合出品

　　女主人公萨拉在"磨坊酒吧"酗酒、吸食大麻、跳脱衣舞，最终成为一桩轮奸案的受害者。因为萨拉的言行举止有失当之处，认为强奸指控很难成立的检控官凯瑟琳与三名被告达成辩诉交易，说服被告

① Mapp v. Ohio 367 U. S. 643 (1961)，see http：//origin-www. lexisnexis. com/ap/auth/，2011 - 05 - 26.

② "人民有保护其身体、住所、文件与财产的权利，不受无理搜查与扣押，此为不可侵犯的权利。"

③ "星级裁判团"创建于 1347 年的英国，专门负责处理复杂案件，它的名称源自法庭屋顶上镶嵌的镀金星型图案。亨利八世在位时，该法庭开始在没有陪审团的参与下审理刑事案件，特别是非同寻常的政治案。它在某些刑罚方面颇有开创性，譬如切鼻、割耳之类，因而遭到越来越多的人的憎恨，最终被迫关闭。见 http：//en. wikipedia. org/wiki/Star _ Chamber，2011 - 05 - 26。

承认自己犯有"鲁莽伤害罪"，被判处狱中服刑九个月。而萨拉却认为检察官凯瑟琳背叛了自己。作为对萨拉所受伤害的弥补，凯瑟琳提起了对当时酒吧内为犯罪人呐喊、喝彩的所有酒徒的"教唆强奸罪"的指控，最终成功地将他们绳之以法，并借助教唆罪名的成立推翻了前项"鲁莽伤害罪"判决，轮奸罪犯罪人得到应有惩罚。

这是一部关涉受害者过错的真实案件的影片，公映后在美国受到了极大关注。影片根据1983年发生于马萨诸塞州新白德福镇的一起轮奸案改编而成。该案的被害人是一位有两个孩子的二十二岁女子，她在一间酒吧里被三个男人按在台球桌上轮奸，其余一些人则在一旁起哄、喝彩。这场审判因全程直播在全国范围内引起了巨大的反响。最终三名强奸犯罪名成立，并被判处九年至十二年监禁；另一名被告在强奸过程中猥亵被害人，被判入狱八年；两名哄闹者被免罪释放。检控官提起上诉，马萨诸塞州高级法院维持了这一判决。

事实上，强奸罪在美国是一种很难被证实的犯罪，受害人在法庭遭遇的质疑与侵犯，往往使得自己成为比施暴者更罪孽深重的被告。尽管《强奸案庇护法》已严禁将受害人的性生活史甚或她们着装打扮方式作为呈堂证据，但是在司法实践中，一旦被告人辩称性关系的发生是出于被害人的自愿时，陪审团通常不愿判定强奸罪的成立，尤其是当被害人看上去并非冰清玉洁的女子。影片的整个诉讼过程充满了对萨拉的歧视与侮辱，着重关注所谓的"被害人过错"（衣着暴露、行为有失检点）与犯罪行为（轮奸罪）之间的因果关系以及对量刑影响的探讨。

《黑暗中的哭泣》（*A Cry in the Dark*）
［澳］佳能国际制片公司1988年出品

> 1980年，澳洲牧师钱伯兰与妻子琳迪带着10周大的婴儿参加野营，孩子被澳洲土狗叼走丧命，琳迪却被陪审团认定为弑婴者，被判处终身监禁。1988年，真相大白，琳迪获释。

英美法系传统为人所称道的，正是审判程序中的对抗制能够抽丝剥茧地、最大限度地还原事实真相。但在本案中，上述制度仅仅成为"诉讼程序正当化"的简单堆积，并不能保证实体正义的实现。

陪审团之所以在证据不足的情况下作出错误判决，原因有两个：其一是检察官请来的痕迹学家、凶器学家、动物学家、植物学家、气象学家的专家意见将陪审团搞得极度疲倦、彻底昏了头；其二是受害者母亲琳迪现场冷静、理智、有条不紊的表现令陪审团成员十分厌恶，指责她在"失去了最宝贵的亲人后"竟然"具有旺盛的斗争精神"与各路专家一路辩论，令人匪夷所思。所幸的是，琳迪未被判处绞刑，使得这桩司法冤案有机会得以纠正，该案已成为澳大利亚反死刑运动者经常引用的著名案例。

1992 年，澳大利亚司法部长同意向琳迪与钱伯兰分别支付 90 万美元、40 万美元的赔偿金（钱伯兰被确定为事后从犯，被判处 18 个月监禁，缓期执行）。随后，这场惨烈的家庭变故与蒙冤入狱的经历使得这对夫妇无法继续保持正常生活，最终以离婚收场。

《把那家伙给他吧》（*Let Him Have It*）

［英］第一独立制片公司、威维德、北极星制片公司和英国银幕制片公司 1991 年联合出品

> 戴瑞克·本特雷是一位十九岁的智障男孩，在 1941 年纳粹对伦敦的空袭中被弹片击中脑部、重度残疾。后来，戴瑞克被社会抛弃，饱受世人歧视，无奈中跟在十六岁不良少年克里斯·克莱格的屁股后游逛撒野，并参与了一起抢劫仓库未遂案件。面对包围他们的警察，戴瑞克立刻按照指令蹲下，将双手交叉放在脑后；克里斯却疯狂地开枪击毙一名警察、重伤一名警察。最终，戴瑞克被定罪送上了绞刑架，克里斯却因年龄较小被判处监禁，十年后被假释。

该片的另一个通译名称是《英伦小霸王》。这是一起真实案件，戴瑞克·本特雷于 1953 年被执行死刑。值得我们注意的是，这桩令人潸然泪下的冤案的产生，并非出自法律条文本身——英国法律足以为戴瑞克提供因其智力缺陷而减免刑责的法律依据。该案的判决具有十分浓厚的社会政策背景。"二战"过后，英国青年普遍叛逆、骚动，动辄集会示威，英国法官与政客们为了对付充满反叛精神的失业青年，感到有必要"乱世用重典"，戴瑞克遂成为当时刑事政策下的祭牲。

第二个原因涉及对被告"现场话语"的解释。检察官不仅指控戴瑞克参与了盗窃未遂案件，并且认定，正是他朝克里斯喊"Let him have it"①而鼓动克里斯向警察们开了火。戴瑞克坦诚自己事先并不知道克里斯携带枪支，因而极度震惊中要求克里斯"把那家伙交给他吧"（把那手枪交给警察吧），而检察官与法官却根据现场警察的证词，将戴瑞克言语的含义解释为"干掉他吧"（让他吃子弹）！

---

① 英文"Let him have it"至少有两种含义。直译是："让他得到它"、"把它给他"；习语中还有"咎由自取"、"自吞苦果"、"干掉他"的含义。

戴瑞克·本特雷是英国首位虽经陪审团请求宽恕而仍然被处死的被告。该案引发了司法界与民众对死刑正当性的热烈争论，在其他因素的综合作用下，终于导致英国于 1965 年废除死刑。1993 年，戴瑞克·本特雷被执行死刑四十年后，克里斯·克莱格在接受《泰晤士报》的访谈中首次打破对这起案件的长期沉默，承认他当时撒了谎（声称戴瑞克知道自己携带枪支，并朝自己喊了那句著名的 "Let him have it"），却顺利地通过了测谎仪的检验。

1993 年 7 月，英国内政部长迈克尔·霍华德给予戴瑞克·本特雷"部分免罪状"，但仍然维持对戴瑞克原罪名（教唆杀人罪）的认定，同时承认法庭量刑失当。1995 年 5 月，伦敦警方公开的文件显示，当年一些警察出于对殉职同事的同情与对两名肇事青年的愤怒，希望置戴瑞克与克里斯于死地，遂联手策划、栽赃这名智障少年曾经向克里斯大喊过 "Let him have it" 这句话。未曾想主犯克里斯居然能够逃脱一死，戴瑞克最终成为黄泉路上的孤魂野鬼。"……对于那位白痴，我常常回忆起他那纯净、信赖，或者是恐惧的目光，我的心中越来越无法平静……我希望他能够知道我现在的心情。"一位已经退职的涉案警官如此忏悔。

《不可饶恕》（*Unforgiven*）
［美］华纳兄弟影片公司 1992 年出品

19 世纪的美国，两个牛仔在怀俄明州一座小镇的妓院里嫖宿，其中一人在事后拿匕首彻底毁了一位妓女的面容和下体。以彪悍作风著称的警长是小镇法律的全权代言人，但他并不将受害妓女看作是具有独立人格的人，只命令两个牛仔赔偿妓院老板七匹马就草草了事。妓院老板的财产损失（受害妓女从此将无法正常工作）得到了弥补，他很满意警长的裁决；另外七名妓女却被激怒了，她们豁出命去工作赚钱，并慷慨捐出自己一生积蓄，终于凑足一千美金，放出风去，悬赏杀手为受害姐妹伸张正义。高额悬赏使得黑道上所有的人物闻风而动，一场血腥追杀呼之欲出。威廉·兰尼是传说中令所有人闻风丧胆的杀手，后来遇到心爱的女人，与之携手退出江湖。妻子死后，隐姓埋名地带着一双儿女拮据度日。在赏金与义愤的双重刺激下，威廉·兰尼决定重出江湖。

这是一部典型的美国西部片，却颠覆了传统西部片非善即恶的演绎套路。影片中的每一个角色均背负着不可摆脱的罪孽与厄运，善良与暴虐、正义与邪恶、宽恕与救赎的界限变得模糊，凸显暴力才是解决一切的终极方式。影片生动地再现了19世纪初期美国西进运动后，以粗陋的法律规制与管理系统为基础的西部法律文化，其中彰显着以暴制暴、铲强扶弱的原始粗犷的自然道义，充满着罪孽与赎罪的悲怆气息。

剧终时，威廉·兰尼对那两名牛仔的警告言辞拙朴，却饱含兰尼对亡妻的深深眷恋与感激："永远不要作践女人，她们是天使。"正是妻子的宽容与忠贞，才使得这位杀人不眨眼的魔王放下屠刀、立地成佛；也正是出于对女性的尊重与爱护，才促使这位昔日撒旦重新披挂战服，以原始力量恢复人间正义。

《肖申克的救赎》（*The Shawshank Redemption*）

[美] 哥伦比亚制片公司1994年出品

关于这部影片，任何评论均为画蛇添足。这是西方法律电影史上一座标志性的丰碑，其中每一个图景、每一句对白均蕴含着深刻的内核，带给人们无穷的解读可能性——关于罪与赎，关于忏悔与宽恕，关于自由与困顿，关于绝望与信念，关于现实与梦想，关于监禁刑对囚犯产生的无法逆转的"体制化规训"以及对人性的戕害，关于司法系统内部无法铲除的痼疾与黑幕，关于面对黑色人生应当具有怎样的信念与精神……影片向我们揭示出，真正的救赎历程中充满着具体且形而下的琐碎与平庸，对美好事物的期待与向往是通向自我救赎之路的真正守护神。当瑞德认真阅读杜佛伦留给他的字条时所绽放出的绚烂笑容深深打动着每一位观众；剧终，瑞德终于战胜了自我心灵的桎梏，突破重重阻碍与杜佛伦热烈拥抱。彼时，海涛摇曳、天空正蓝。

对这部影片进行探讨的另一个切入点是关于"罪恶与救赎"的话题。杜佛伦无罪，却坦然步入监狱服刑，原因就在于他对自己的审判——标准并非是制定法，而是自然法，是良心，是对妻子的深深爱意。他认为是自己的性格缺陷导致了妻子的红杏出墙，最终命丧床帏；他要为自己深爱的妻子的惨死承担责任。他宣判自己用数十年的孤苦监禁来赎回对妻子的遗恨。直到多年后，杜佛伦对自己说："我的罪过已经偿清"，他对自己的精神宣布刑满释放，接着开始冷静地着手解救自己的肉体。杜佛伦的命运始终掌握在自己手中，他对世间善恶的甄别与宣判亦始终建立于自然法则之上。

在这部片子里，法律所代表的"正义"似乎始终是缺席的，所有人只需对自己的良心负责——无论是杜佛伦的自我监禁与越狱，还是典狱长惨烈的畏罪自杀。与数千年前雅典城邦的苏格拉底为了彰显对法律的尊重、对浩荡民意的服从，明知冤屈却坦然受死的情境不同，杜佛伦对实证法不屑一顾——只有他的心灵才是最终的审判者。远古的苏格拉底融法律、正义与救赎为一体的高大身影渐行渐远、日益模糊；当代的杜佛伦则将法律安置到一个与救赎毫无关系的尴尬位置——生命个体的救赎高于一切，关乎良心的审判才为正当。当典狱长将《圣经》送给杜佛伦，意味深长地说道："救赎之道，尽在其中"时，杜佛伦却受到启发，利用《圣经》文本作为收藏越狱工具的掩体，这是否又意味着工具理性对基督精神的颠覆与背叛？无论如何，苏格拉底死了，杜佛伦却活着逃出监狱。究竟何种精神载体更为值得法律人去效仿、去追逐、去歌颂，答案并不唯一。可以说，影片已经完全超越了主题电影的桎梏，演绎为一部蕴含着深刻人生哲理的喻世之作。

《一级谋杀》（*Murder in the First*）
［美］华纳兄弟影片公司 1994 年出品

　　十六岁的孤儿亨利盗窃五美元，却被指控触犯了联邦刑法（他盗窃的是一家五金店，亦是当地的邮局兼银行），并被押送到阿尔卡特拉茨监狱服刑。该监狱设在距离旧金山海岸一英里的岛屿上，收押的全部是重刑犯。1938 年，亨利参加了一场集体越狱未遂事件，却引起了副典狱长格伦的注意。格伦是一名变态狂，他用剃刀将亨利的身体割伤，并将他投入了禁闭室。阿尔卡特拉茨监狱的禁闭室即为地牢，寒冷异常，毒虫肆虐。尽管"监狱管理条例"将单独禁闭犯人的时间限制在 18 天之内，但亨利却被关押在里面整整三年，每年只有一次 30 分钟的放风时间。出禁闭室不到两个小时，亨利就在食堂用一把汤勺杀死了囚犯鲁弗斯·麦凯恩。联邦检察机构以一级谋杀罪起诉亨利。无人愿意接手这桩毫无悬念的死刑案件，最后被踢给法律援助律师詹姆斯·斯坦菲尔。在获得亨利的信任后，二人在法庭上揭露了阿尔卡特拉茨监狱一桩桩骇人听闻的虐囚事件，并获得成功，亨利被认定为过失杀人罪。但亨利歇斯底里地喊道，自己宁愿死在毒气室，也不愿重返阿尔卡特拉茨。最终，亨利被遣返阿尔卡特拉茨监狱，并被重新抛入禁闭室，七个月后惨死；副典狱长格伦亦遭到解职。1963 年，阿尔卡特拉茨监狱被关闭。

　　作品涉及对犯罪者人权与尊严的维护，集中探讨了刑法条文适用严重错位的问题以及监禁刑的弊端。

　　未成年犯亨利因小额盗窃触犯刑律，唯一的原因是其盗窃的对象是五金店、银行、邮局三者合一，案发伊始，荒谬的司法制度已经将这个孩子抛入万劫不复的地狱旅程。亨利被投入重刑监狱，也就被剥夺了这个孩子可能回归正常社会的种种途径与机会。在这里，亨利与杀人犯、强奸犯、抢劫犯朝夕相处，疯狂混乱的世界使得"野兽更像野兽"，亨利与文明社会渐行渐远。亨利的人生悲剧正是法治社会的耻辱，影片的系列场景刻画凸显监禁刑弊端，尤其提出了"犯罪人亦是受害人"的刑法思想与观点，与当今各国的刑事社会学派理论相契合。

《死囚 168 小时》（*Dead Man Walking*①）

［美］宝丽金影业娱乐公司和［英］Working Title 影业公司 1995 年联合出品

> 残忍地奸杀了一对青年情侣的被告马修，面对死刑判决拒不认罪，更不悔过。修女海伦应法院申请向马修作临终指导。与所有反死刑人士一样，海伦希望马修是被冤枉的，一次次倾力为其向上级法院递交申诉状，延缓死刑令的下达时间。但是确凿的证据证实，海伦眼前泪眼朦胧、高傲乖戾的社会底层青年正是这桩令人发指的罪行的实施者。最终，海伦以坚忍、温和、平静、高贵的性格魅力征服了马修。行刑前，他突破了心理冰层，坦然认罪，向受害者父母真心忏悔，平静地走向注射室。

该部影片根据修女海伦·普利金（Helen Prejean）的亲身经历改编。影片伊始，马修施行的罪孽惨无人道、令人不忍目睹；随着案件的进展，马修在司法程序下走向死亡的过程却又令人惊骇、引人怜悯。

影片充分呈现出站在不同立场的美国民众对死刑看法的尖锐冲突。因犯被注射针剂执行死刑的情景是影片的高潮，它以纪录片的风格一丝不苟地再现了真实的执行过程，包括马修皮肤颜色的渐变、躯体肌肉的痉挛与松弛，以及最后马修眼角渗出的晶莹泪滴等细节均带给人难言的震撼。

值得一提的是，影片并未依靠刑事错案来赚取观众的同情，它既探讨了死刑的残酷性，也揭示了其存在合理性与民众心理基础，是一部低调、扎实的写实主义大片。

《七宗罪》（*Seven*）

［美］华纳兄弟影片公司 1995 年出品

> 根据西方古典文学与宗教，人有七宗原罪，分别是淫欲（Lust）、

---

① "Dead Man Walking" 直译为"死囚漫步"，是狱警之间的俚语，暗指死囚从监牢提押至刑场的这段路程。狱警们出于怜悯之情，通常将死囚的步速控制到最慢。

贪食（Gluttony）、贪婪（Avarice）、懒惰（Sloth）、愤怒（Wrath）、妒忌（Covetousness）和傲慢（Vanity）。罪犯约翰根据《神曲》的内容，精心设计了一套向邪恶的现实世界挑战的计划，为每一宗罪找到一个代表人物，然后用以毒攻毒的方式置该人于死地，手段令人毛骨悚然。

影片描述了一个变态宗教杀手的故事。凶犯约翰杀人并非是因为嗜血，也非心理变态，而是有着强大的理论信念——他自诩为上帝的代言人，企图通过对罪人的审判和惩罚来阻止人类的继续堕落。虽然浸润于浓厚的宗教底色之中，影片抒发的却并非温暖的福音与宽恕，而是充满着上帝被人类驱逐之后，由谁来对人类原罪进行审判与执行的强烈困惑。当"七宗罪"早已沦为一种私人道德领域的过错，没有任何一种公权力可以干涉它们的肆虐泛滥时，人们是否可以毫无愧色地继续诵出"让凯撒的归凯撒、上帝的归上帝"的经文？而当约翰借上帝之名，在人间大开杀戒时，他是否又履践了双重僭越——一是僭越世俗法律去充任此岸世界的审判者；二是僭越神圣的上帝去充任末日审判的执刑人？

作品在连续七天的绵绵细雨中塑造了七个血腥暴虐的犯罪场面，并对犯罪心理进行了生动、逼真的刻画，揭示了隐藏于人性深处的矛盾与邪恶，也向人们昭示着原罪加身的理念在西方宗教文化中的根深蒂固。

《正当防卫》（*Just Cause*）

［美］华纳兄弟影业公司、［英］方丹·布里奇影业公司、［西班牙］华纳兄弟影业公司、［法］华纳兄弟影业公司 1995 年联合出品

哈佛大学法律系知名教授保罗已经淡出律师界，潜心研究学术，某日却收到一封鸣冤信：佛罗里达州一名女孩被人绑架谋杀，警方将黑人大学生博比视作凶手，缉拿后严刑逼供令其签字画押，前途光明的年轻人只因是黑人变为死囚。保罗被信件打动，决定重出江湖为博比辩护。一番缜密调查后，保罗找到足以证明博比清白的关键证据。但保罗没有想到，这一切均系博比精心策划的陷阱，自己及家人才是后者真正攻击的目标。原来，博比出身名校，前途光明，却因白人女检察官的执法过当在看守所被伤害，罹患性功能障碍。博比费尽心机报复女检察官，而该女检察官的丈夫正是保罗。博比希望保罗一家身败名裂、家破人亡。

该部影片剧情曲折离奇，一波三折，令人咋舌。保罗是一位极力主张废止死刑的美国哈佛大学法律学系教授，也是执业大律师。基于对人性尊严的守护、践履正义公平的良善动机，挺身为一名濒临执行的死刑犯博比作辩护，全力以赴拯救其性命。后来，这名在法庭上温文尔雅、维护正义的教授落入了意想不到的陷阱之中，为了保护同为法律人的妻子与爱女，不得不行使正当防卫权，依靠扎实的法学功底、严谨的逻辑推理、灵敏的反应能力，揭开博比处心积虑精心构建的案件黑幕。虽然付出了较大代价，但最终正义战胜了邪恶。

本片在剧情、角色设计上，制造了许多悬疑推理陷阱，高潮迭起。但是直到距离影片结束二十分钟时，才迎来影片真正意义的高潮，令人唏嘘不已。保罗作为法学院的知名教授，试图将法学课本中的纯理论、理想价值引入司法实践中，希望验证其真实性与可靠性，精神可嘉。遗憾的是，保罗教授的这种"试错"实践的结果无一例外带给他残酷打击，甚至险些将犯罪的人博比无罪开释。同时，保罗教授的行为也诠释了文明社会中刑事个案应当保障人权的价值取向，这一方面保罗教授获得完胜。

本片的另一看点集中于对黑人学生博比的人生境遇与心路历程的剖析。由于司法实务中屡见不鲜的种族歧视，一位风华正茂的名校大学生瞬时沦为阶下囚，并且遭到难以启齿的羞辱与伤害。委屈与绝望日复一日地在博比心中积累着，复仇的怒火亦越烧越烈，最终酿成大祸，走上不归路。影片以博比受到报应而结束，留给社会的却是沉重的叹息。罪者并非博比一人，而是充满歧视、阶层界限泾渭分明的整个社会。

《杀戮时刻》(A Time To Kill)
［美］华纳兄弟影片公司 1996 年出品

> 密西西比州一个小镇上，一个黑人幼女被两个白人残忍地强奸、残害，奄奄一息。女孩父亲卡尔在了解到罪犯可能面临仅仅十年监禁的判决后，难以抑制的怒火促使他决定替天行道——法院对罪犯进行提审时，卡尔开枪将二人击毙。此案惊动了全国，主控检察官企图将陪审团的目光引向两名白人被黑人杀死的事实，而辩护律师杰克则引导陪审团想象黑人幼女在两名被告卑鄙下流、暴虐兽性行径下的挣扎与哭喊，以及将伴随幼女终生难以痊愈的身体残疾与精神创伤。终于，结局逆转，陪审团成员落了泪，杀人者被陪审团宣布无罪。

虽然该故事仍然选择黑白种族冲突的背景，但是与《杀死一只知更鸟》的结局不同，带给人们一丝欣慰与振奋。

影片涉及对多重社会问题的深入探讨，包括种族问题、性别歧视、3K 党群影响势力等，引人深思。与英美法系的其他法律电影相同，本片也重墨描述了陪审团成员的挑选组成、结构比例的原则性与技巧性，强调了辩护律师对陪审团情感影响因素对案件胜诉的重要性，揭示了陪审团在定罪过程中对成文法与惯例适用所具有的颠覆性决定权。

《魔鬼代言人》(*The Devil's Advocate*)
［美］华纳兄弟影片公司 1997 年出品

> 罗麦斯是一个保持 64 场辩护不败纪录的刑事律师。后来被高薪聘至纽约律师行，事业依然顺风顺水。他明白自己的委托人远非清白，但为了打赢官司却不择手段。后来他发现，自己加盟的律师行背后有着不可告人的罪恶秘密，但此时已深陷撒旦手中，无法自拔。

作品矛头直指现代司法制度，日益完善的刑事规则对犯罪人的保护日益周密，也为百姓对不公平现象熟视无睹的心理提供了保障。作为撒旦化身的弥尔顿对人类进行蛊惑的手段无他，仅仅是激起其心目中蛰伏的"恶"与"私"而已。当罗麦斯得知自己正是弥尔顿宠爱的儿子，在撒旦之手的帮助下才够获得如此多的胜诉纪录与荣耀，他无比沮丧、深感耻辱；当罗麦斯了解到弥尔顿要借自己之手完全毁掉人间正义与公平、让地狱之火在世间熊熊燃烧时，邪恶的出身与道德的不洁使得绝望、悔恨中的罗麦斯别无选择，人性尚存的他只有开枪自尽，弥尔顿亦立即化作一团烈焰。

该作品与 1993 年出品的《律师行》(*The Firm*) 分享着共同的主题，主人公夫妇无法抗拒金钱、荣耀、成功的诱惑，逐渐深陷泥淖、难以自拔。不同的是，后者是批判现实主义风格浓厚的故事，前者却带有神秘诡谲的寓言色彩——魔鬼的出现以及对主人公的完全掌控，扑面而来的是更多的世纪末气息。结局中，虽然正义战胜了邪恶，但当最后一个镜头推出，英俊洒脱、魅力无穷的弥尔顿以意味深长的眼神注视着观众时，仿佛提醒着每一个游走于十字街口的人："我永远在等着你！"这部魔幻现实主义作品画面瑰丽炫目，场景磅礴恢宏，其中不仅蕴含对律师职业道德的探讨，也包含对整个人性的拷问，以及对人类生存困境与灵魂深处的惶惑的深度挖掘。

《绿里奇迹》(*The Green Mile*)
［美］华纳兄弟影业公司 1999 年出品

> 在一个编号为 E 的监舍区，地板是象征生命的绿色，里面监禁的却均为死囚；踱过这段一英里长的绿色走廊就是冰冷的电椅室，生前的喧嚣与身后的寂静在这里交汇。一天，监舍区迎来一位奇怪的死囚约翰，相貌丑陋、体型硕大无比，却具有温和的气质与令人难以抗

拒的亲和力。无论监狱看守还是囚徒，都渴望接近这名孩子般天真、善良的人物。就是这样一位神秘的囚徒，最终亦难以逃脱被绑缚电椅的命运。当他从容走过绿里，进入行刑室赴死时，整个 E 监舍区的狱警与囚徒均历经了不同形式的各自生命的重要跨越。

该片在 20 世纪 30 年代美国监狱制度的背景下，讲述了一名叫保罗·艾治科姆的监狱看守对十五名死囚行刑过程的回忆。

作品一脉相承了《肖申克的救赎》中体现的思想精髓，认为希望无处不在，怜悯与宽恕是人类与生俱来的宝贵情感；同时，影片以阴暗恐怖的死囚监狱与诸多象征不同道义符号的人物进行对照，数次尝试触摸人类情感的极限，其中对死刑与监禁刑所遭遇的道德、伦理困境提出的质疑，更是令人扼腕叹息、潸然泪下。

《西点揭秘》（*General's Daughter*）
［美］派拉蒙影片公司 1999 年出品

坎贝尔将军是即将开始竞选的美国副总统的实力派候选人，他的女儿伊丽莎白是马克卡鲁姆要塞的高级军官，美丽、开朗、敬业，代表着整个军队的荣耀，却于一天夜晚在军营中横遭不测，手脚被缚、裸身暴尸于军营训练场地。伊丽莎白案的调查涉及诸多军方高层官员的情感与隐私。案件最后真相大白：伊丽莎白在西点军校是品行兼优的优等生，却在二年级时不幸遭到军校士兵的轮奸，父亲与校长为了维护美国军方的荣誉与自己的仕途，要求女儿保持沉默，出面将此事压下来。伊丽莎白对正义的信心从此荡然无存，自甘堕落，以滥交行为来报复父亲，企图抹黑整个军队的荣誉。终于，坎贝尔对女儿的劣迹忍无可忍，对她下了最后通牒；而被逼上绝路的伊丽莎白亦终于以惊世骇俗的方式将全部罪人送上法庭。

该片又名《将军的女儿》，讲述了一个被亲情与正义背叛的女性以另类方式进行复仇的故事，其中覆盖着一张由谎言、荣耀与卑劣人性交织而成的大网。最终，被害者之父坎贝尔不仅输掉了总统大选，还因隐瞒案情与见死不救罪被送上法庭。作品涉及对受害人心理的解读，并对个体权利、集体利益与法律适用之间的对弈与平衡进行了犀利的质疑与探讨，以写实主义风格揭示了西点军校中不为人知的内幕。

《黑暗中的舞者》（*Dancer in the Dark*）
［瑞典、法国、德国、芬兰、荷兰、冰岛、挪威］2000 年联合出品

故事发生在 20 世纪 60 年代美国华盛顿的底层社会。捷克移民单

亲母亲塞尔玛由于家族遗传的眼疾，逐渐失明。不幸的是，其子基恩也罹患该病。塞尔玛拼命攒钱给儿子治病，却被房东——警官比尔因难言之隐将钱盗走。塞尔玛激怒之下杀死比尔。法庭上，为了维护比尔的尊严，塞尔玛却对比尔盗窃之事矢口不提。为了给孩子医治眼疾，塞尔玛拒绝了重金聘请律师、获得一线生机的机会。最终，塞尔玛被送上绞架。

这是近年来最为震撼人心的一部西方反死刑大片，由欧洲国家联合制作。

影片对死刑与人性之间的悖谬关系进行了竭力渲染。临刑前，塞尔玛因为恐惧而无法直立，狱警鼓励她尊严地独自走向绞刑架。已经全盲的塞尔玛在黑暗中跳起了舞蹈，并放声歌唱。这是一段没有伴奏、失去平衡的舞步，这是一支失去调门、由走向宿命的 107 步数字组成的舞曲，却带给了观众最美的感受与心灵的震撼——一个无法掌握自己命运的小人物，在这个失去公平与正义的社会中跌跌撞撞、摸索前行，尽管她内心充满希望，尽管她乐观地追求幸福，却仍难以摆脱被黑暗现实吞噬的宿命。在被世界所遗弃的塞尔玛心目中，世界与音乐浑然一体，轰鸣的机器旁、漫长的轨道上、庄严的法庭里、无情的绞架下，处处闪现她舞蹈的身影。她执着的心灵舞姿是渴望自由的符号，她临终前的放声高歌是对残酷命运的坦然接受。将绞索套上脖颈时，塞尔玛疯狂地呼喊着儿子的名字，工友急忙将小基恩的眼镜递给她——得知儿子眼疾治愈，她安静下来，开始轻声哼唱留给儿子的祝福。当歌声戛然而止，这个弱小而坚毅的生命亦随风而逝。

影片情节简练，却包蕴着人类最普遍的情感与最温柔的情怀，足以撕破现代人心灵上的厚茧，传递出难以言喻的温暖，激发人们对死刑合理性的深刻反思与强烈的质疑。

《失控的陪审团》（*Runaway Jury*）
［美］20 世纪福克斯公司 2003 年出品

新奥尔良一起枪击案发生后，实力雄厚的枪械公司受到来自民间的控诉，认为公司生产的武器导致众多暴力事件的发生，要求法院裁定出售武器是一种违法行为。在这宗轰动全国、赔偿金额庞大的审判中，枪械公司聘请阵容强大的律师团向由十二名男女组成的陪审团施压，试图操纵陪审员。同时，另外一个神秘力量也在试图影响陪审团，使他们按照"正确的方法"投票。陪审团完全失去了自由意志，陷入一片混乱。

每一种人类设置的社会制度均存在致命缺陷。基于西方传统三权分立宪政制度，基于浓厚的英美普通法精神，陪审团制度历经千年的存废雕琢，磨砺成为一柄对司法权进行监督的利器，并被移植到世界各地的司法制度中。与20世纪50年代拍摄的《十二怒汉》不同，该片向观众讲述的是当今西方陪审团制度所遭遇的异化性难题。

这部影片涉及英美的陪审团制度的多种弊病，拷问陪审员的道德良心。陪审团是人的组合，每一个人均拥有活生生的欲望，无论是贪欲、情欲还是权力欲，只要是欲望就会为司法腐败培育出一片贪欢享乐的温床；即使是完全没有欲望的"圣者"，亦难以达到无欲则刚的境界。陪审团的最大软肋在于陪审员的人性局限——男性对貌美柔弱女性具有天生的亲近感与呵护欲；女性对于婚姻的背叛者与插足者通常咬牙切齿、绝不宽恕；年长者对于青年犯罪人往往倾向于宽恕与怜悯；而少数族裔则对种族歧视怀有深刻的仇视与憎恨——陪审员所具有的种种由不为人知、不便所道的隐私所产生的微妙"偏见"正是决定被告人生死前途的决定性因素。

1994年发生在美国的世纪审判——"辛普森杀妻案"正是这种制度特征的最佳诠释。刑事审判中，经过号称"梦之队"的美国最强律师团的层层筛选，最终选中的十二名陪审员中仅有一人为白人，其余八名为黑人，两名为中美南美裔人和一名印第安人——裁决结果是无罪；随后的民事赔偿中，陪审团人员组成中有一名黑人、一名亚裔、一名黑人与西班牙的混血后代、九名白人，结局无任何悬念——一致裁定辛普森对其妻及情夫的死负有责任。从中可以看出西方陪审团制度的存在意义与局限性，它似一柄双刃利器，最大限度地追寻人类正义的实现，亦最大限度地阻碍人类司法向绝对正义的无限接近。

《判我有罪》（*Find Me Guilty*）
［美］自由态发行有限公司和亚瑞影业公司 2006 年联合出品

1970年，美国颁布了以打击有组织犯罪为目的的《反诈骗腐败组织集团犯罪法》（RICO）。美国黑手党根基深厚、危害严重。为了清除社会弊端，经过数年的联合调查，联邦政府对五大家族之一的卢切斯家族展开攻势，欲将素有恶名的黑手党卢切斯家族彻底拿下。大规模扫黑行动后，1987年，新泽西州以76项RICO罪名起诉卢切斯家族。20名家族成员因指控被押上法庭，其中分管新泽西州的头目杰基被判入狱 30 年。审判之前，公诉方与杰基秘密谈判，要他选择或者遭受长达 30 年的牢狱之灾，或者充当污点证人。出于对联邦司法系统的蔑视，杰基放弃了做污点证人以获减刑的诱人条件，声称"宁肯坐牢千年，也不愿出卖从小并肩长大的兄弟"，并拒绝聘任律师，只身为自己以及整个家族成员展开辩护……

影片根据美国司法历史上最长的一次黑帮刑事审判改编而成，主人公为 20 世纪 80 年代的传奇帮派头目杰基·迪诺西奥（Jackie Di-Norscio）。影片情节与台词片段均采自 18 年前入档的庭审记录。由于案情复杂，且牵涉人物众多，审判持续一年零九个月之久，并创下多项庭审纪录：20 名被告配备了 20 名辩护律师，控辩双方 21 张嘴滔滔不绝进行陈述与辩护；为防止意外，共计八个陪审团一日三班、轮番上阵；出现了史无前例的超长结案陈词，其中一位辩护律师的结案陈词居然宣读了五天。卢切斯家族是美国黑手党五大家族之一，20 世纪 60 年代，安东尼·科拉诺成为家族"教父"，在他的领导下，家族生意得以蓬勃拓展，在全美的组织达到 5 000 多个，仅纽约市就有 2 200 多名成员，10 000 多名合伙人。当时，杰基·迪诺西奥曾与其同党控制了整个新泽西，势力庞大，无人能及。

影片由年届 82 岁高龄的导演西德尼·鲁梅特执导。鲁梅特一向擅长拍摄犯罪惊悚片，他执导过 44 部影片，历史上最伟大的涉法电影，几乎过半出自其手。例如每个法学院学生都熟悉的《十二怒汉》，被誉为影史上最经典的法庭电影之一。2006 年，卢特曼再度出山，根据当年的庭审记录，拍出了这部不紧不慢却涂满了辛辣与荒诞感的法庭戏。

新泽西联邦法院的法官席上，镌刻着一句话——"实现正义，哪怕天崩地陷"。面临 30 年监禁的被告杰基却指着这行文字嬉笑怒骂道："我到这个法庭多次，一直以为上面写的是禁止吸烟。"这句颇具后现代色彩的调侃之词，足以使美国强悍的司法制度遭遇规模最大的滑铁卢战役。事实上，影片中的杰基成为法庭上唯一的英雄。他断然拒绝控方以污点证人换取减刑的诱惑，庭审中也始终保持着冷静与智慧，以一种最朴素的道德感、正义观为自己辩护。作为黑手党家族的强力管理者，他用粗鲁的语言羞辱每一个检方提供的出庭证人，他请求证人用眼睛看着自己，问证人们是否相信自己还爱他们。漫长的 21 个月的审判中，杰基立于道德的制高点无情地批判、嘲讽、讥笑、蔑视着每一个出庭作证的污点证人与警方卧底。

面对杰基的自辩状，陪审员们良好的自尊心与正义感开始无所适从。他们眼光游走于检察官与黑帮分子之间，不确定这些同样穿着西装的人，到底谁才是真正的黑社会？咄咄逼人的检察官反成了法庭上的黑社会，强势蛮横，为达目的不择手段。相反，杰基却温文尔雅，表现得不愠不火、不卑不亢。他的结案陈词最短，也最有力量。最终，他盯着每个陪审员的眼睛，恳切地说："判我有罪吧，让我的朋友回家。"陪审团成员被杰基的仗义行为感动得热泪盈眶（他们也实在太想回家了），简短讨论后很快达成一致意见——其他所有被告无罪，杰基有罪。法庭传出欢呼。

杰基之所以翻转舆论，成为民众眼中的英雄，是因为其价值观简单明了，信奉一种单向度的忠诚。因此，杰基以实际行动尽情嘲笑了公权力的邪恶。为了所谓的"正义"，一个强大的国家机器不惜将自己转为一个污点警官、一个污点检察官。无论是控辩交易、卧底线人还是引诱性的侦查，公权力一旦使用不道德的手法，它所代表的国家力量就不再具备能力与资格在自己与黑社会之间划出一道触目惊心的粗线。影片中，检察官抱怨的那些被杰基征服的陪审员，他们傻到忘记了正是杰基等坏蛋导致其税负增加；却又坦然承认，案子输得确实不冤枉，"政府对法律的信心是如此之小，竟不如一个讲义气的黑社会哥们"。

朴素正义就是这样实现与传播的。

《守法公民》（*Law Abiding Citizen*）
［美］序曲影业 2009 年出品

中产阶级男子克莱德亲眼目睹妻子与女儿在一次入室抢劫中被匪徒奸杀的惨状，随后两位凶犯相继落网。检察官尼克却与主犯达成辩诉交易：只要他转为另一案件的污点证人，就可以换取本案的较轻刑罚。另一位从犯则被判处死刑。十年后，得到从轻发落的主犯被人谋杀……克莱德承认自己就是凶手，随后又在牢房向尼克发出了警告：如果他继续利用有瑕疵的正义来进行审判，就会和自己一样失去家人，当年案件中所有涉案人员，都必须接受死亡的命运。尼克对克莱德的警告不以为然，克莱德随即开始实施报复计划。恐惧快速蔓延至费城的各个角落，当年的办案检察官、法官一个个死于非命，当尼克发现克莱德已然将凶狠的目光看向自己至爱的家人时，被迫走进一场充满绝望气息的赛跑中，独自面对世界上最危险的对手。

"二战"后的美国，为了以有限的司法资源解决日益增多的案件，一些大城市的检察官开始放弃绝对正义理念，尝试以"辩诉交易"①的方式换取被告人的认罪答辩。1974 年 7 月 1 日修正施行的《联邦刑事诉讼规则》，明确将辩诉交易作为一项刑事法律制度确立下来，从而使其制度化与法典化。② 辩诉交易在美国司法中迅速兴起，重罪案件也多数通过该程序来解决。司法过程中的公正与效率的矛盾始终存在，辩诉交易的价值在于司法资源有限的前提下，以牺牲一定的公正为代价换取较高效率，其实质是一种诉讼便宜制度。现实中，就辩诉交易的正当性与合理性——诸如正义与效率的博弈能否达到经济司法目的，其长期社会效果如何，该制度规制下的正义标准是否与公民普遍预期心理相悖——正受到越来越强烈而广泛的质疑。支持者与反对者辩论的焦点是，效率是否有资格作为砝码来对正义进行讨价还价。

《守法公民》正是以敏锐的目光捕捉到这一现实，从受害人的角度深刻批判了司法制度中正义与效率的博弈局面。影片描述了一个被刑事法律体系背叛的男人，经历困惑、绝望、愤怒之后，决定反击，企望凭借一己之力来对抗整个刑事司法制度——虽然抗争注定以悲剧告终，但主人公这份不惜以毁灭来追寻正义的悲壮与豪迈，着实令世人肃然起敬。主人公克莱德在遭受爱妻幼女被奸杀的悲惨变故后，指望法律为其讨回公道。检察官尼克为了保持 97.7％ 的高结案率，与主犯达成辩诉交易，主犯因此换得极轻的刑罚。整个司法体系中深层次的冲突与矛盾，在影片中均被浓

---

① 辩诉交易 (Plea Bargaining)，又称辩诉协商 (Plea Negotiation) 或者辩诉协议 (Plea Agreement)，是指检察官和辩护律师在法院开庭审判之前，对被告人的定罪和量刑问题进行协商，检察官通过降低指控或者向法官提出减轻量刑建议来换取被告人作有罪答辩的一种活动。辩诉交易的方式主要有"罪名交易、罪数交易和刑罚交易"三种。对检察官来说，选择"辩诉交易"的理由主要有二：一是为了在对其他更严重罪犯的起诉中获得该交易对象的证言或其他合作；二是为了在有罪证据不够充分的情况下避免在法庭上败诉的风险。作为一项司法制度，辩诉交易的实质在于，检察官以降格指控或减轻量刑为有利条件，来换取被告人作有罪答辩。交易一旦达成，被告人就自愿放弃了获得陪审团审判的机会，作为补偿，被告人基本上也可以得到检察官允诺的指控和量刑。辩诉交易的启动权由检察官掌握，但最终能否达成协议，关键取决于被告人的主观意愿。通常被告人的辩护律师在充分考察双方证据、检察官的能力及被告人可能面临的命运等因素之后，决定是否与检察官进行协商，同时也考虑尽快地结束被诉状态，以尽可能减轻被告人的精神压力和名誉、经济上的损失。参见〔美〕彼德·G. 伦斯特洛姆：《美国法律词典》，贺卫方、樊翠华等译，北京，中国政法大学出版社，1998，第 189 页。美国《联邦刑事诉讼规则》(Federal Rules of Criminal Procedure) 第五部分审前准备 (Title Ⅴ. Arraignment and Preparation for Trial) 第 11 条答辩规则 (R11. Pleas.) a 款以及 e 款，《联邦证据规则》第 410 条 (Federal Rule of Evidence 410)。

② 参见美国《联邦刑事诉讼规则》(Federal Rules of Criminal Procedure) 第五部分审前准备 (Title Ⅴ. Arraignment and Preparation for Trial) 第 11 条答辩规则 (R11. Pleas)。

缩、被转移至有血有肉、感情丰富、思想细腻的公民个体之间。两个主要对立人物，无论受害人克莱德还是检察官尼克，都希望创造更加完美的秩序。但所处立场不同，决定了二人为实现心目中的正义所甘愿付出的代价迥异。主控检察官尼克作为整个国家司法体制的代表，属于极理性的一方。他的目的不仅限于打击罪犯、声张正义，而且关注理想定罪率、提高司法效率。在计算风险成本之后，尼克选择了妥协。而作为普通公民的克莱德，显然不会接受这种博弈的结果——妻儿在眼前被奸杀，凶手居然逍遥法外。尼克坚持的所谓司法效率在克莱德眼中彻彻底底转化为本应代表正义的法律与杀人犯之间的肮脏交易，克莱德只有自己举起朱蒂提亚那柄象征力量与正义的长剑——为了实现正义，哪怕天崩地裂。他一直等的是检察官尼克对他的承诺："再也不与杀人犯做交易，不再制造有瑕疵的正义。"

整部影片选择当前明显承载过重功利与效率的司法体系作为切入点，从多个角度进行剖析，猛烈抨击了美国司法的追求效率、牺牲公正的功利主义倾向，情节感人泪下，场景动人心魄。这场不惜以毁灭来实现正义的悲剧向整个司法体系敲响了警钟：不是所有事情都可以交易，人类对于理想秩序的渴望感之强烈、对于残酷现实的承载力之脆弱，决定了在司法公平、正义与司法效率、功利之间，无法寻找到脆弱的平衡。

《战略特勤组》(*Unthinkable*)

[美] 烈巨影业公司、基梅尔娱乐公司、基梅尔国际娱乐影业公司、邱柏影业公司和塞内特娱乐有限责任公司 2010 年联合出品

> 前美军特种部队炸弹专家史蒂芬·阿瑟·杨格是穆斯林，因不满近年来美国对待阿拉伯国家的政策，策划发动恐怖袭击。杨格宣称已经在美国的三个城市中分别安放了三颗小型原子弹，美国本土危在旦夕。FBI 反恐部门女探员海伦·布洛迪临危受命，负责调查此案，与谈判专家亨利·汉弗莱斯联合审讯杨格。绰号 H 的汉弗莱斯素以审讯犯罪嫌疑人时不择手段著称，加上政府高层的纵容，H 愈加有恃无恐。布洛迪对 H 的审讯方式与手段非常反感，想尽办法争取杨格的信任，成功促使其供出其中一枚炸弹的藏匿地点，却不料死亡与阴谋的狂潮随即袭来。

这是一部涉及法律与伦理的影片，复杂的宗教矛盾、政治矛盾、社会矛盾集中于三个普通公民个体的身上得以演绎。影片以政治谈判开始，以伦理选择结束。面对恐怖分子以三枚微型原子弹威胁美国当局满足其政治要求的行径，FBI 派出谈判专家出面斡旋，却不料谈判最终陷入僵局。三位主角性格各异。杨格布下炸弹后选择自投罗网，面对面与 FBI 谈条件，最终的目的是希望以他个人作为砝码，努力让备受战乱之苦的同胞获得和平与安宁。谈判专家 H 及布洛迪的任务则是成功化解杨格制造的威胁。布洛迪作为 FBI 资深工作人员，始终保障并尊重人权，坚守《日内瓦公约》。她的任务兼具双重性，除了保护无辜公民外，也意图保住杨格的尊严与性命。H 与布洛迪阵营一致，却背负着不同的使命，H 的使命具有单极性与终极性。阵营砝码的对立，如何才能平衡？不同之处集中于布洛迪与 H 对手段底线的容忍程度。政府作为最大的阵营主导，却选择了剥夺民众对这场生死攸关的谈判的知情权，是生存还是灭亡，民众没有任何选择权。事实上，这场谈判的高潮部分集中于片尾的 10 秒钟内，在这令人窒息的等待中，我们无法去对 H 与布洛迪的观念对错进行评判，在这 10 秒钟之后，我们同样无法对杨格造成的危害后果作出是非裁判，因为影片主角手中掌握的谈判砝码与秉持的伦理底线对于其本人而言均具有充分的合理性。

这是一部震撼人心的影片，与哈佛大学法学教授迈克尔·桑德尔的著名课程《公正：该如何是好》课题分享着相同旨趣。课程中包含有一个著名的火车难题——眼看刹车失灵的火车在轨道上就要撞死 5 个工人，另外一个轨道上却只有一个人，作为火车司机的你，会不会把火车扳到只有一个人的轨道上？如果认为应当"杀一救五"，那么该观点与 H 基本相同；如果不同意"杀一救五"，那么理由为何？如果增加人数为 50 个，500个，5 000个，还能够坚持认为"杀一无辜、拯救万民"理论不具有合理性吗？价值观、伦理观发生变化了吗？变化焦点又在何处？《公正》还设计了火车难题的另外一种情况：一个胖子站在桥上，只要把胖子推下去，就能让火车停下来，但这种情况下，是将一个无辜的人牵扯进来。我们应当赞同杀害胖子吗？

《公正》课堂中桑德尔教授以迷人微笑提出的难题，在《战略特勤组》中借助核弹威胁与血腥审讯的镜头得以呈现。影片中每个角色均立于自己的立场，认为自己是在捍卫人权、捍卫正义、捍卫国家与民族的利益。FBI 工作人员布洛迪认为自己行为正确，因为她是站在每一位个体公民的人性角度。谈判专家 H 认为自己刑讯逼供的行为正确，因为他是站在多数美国国民的人性角度。恐怖分子杨格认为自己行为正确，因为他是站在更多受到美国入侵与迫害的伊斯兰国家国民的人性角度。杨格的要求十分明确：第一，要求美国不再支持中东伊斯兰国家的傀儡政权；第二，要求美国从伊斯兰国家撤回所有的士兵。毫无疑问，杨格是恐怖犯罪的制造者，他的行为威胁着数千万美国人的性命，死有余辜。但是杨格的行为背后隐藏着深思熟虑后的艰难抉择。在中东的多年经历让杨格明白，在这个强权的世界中，想要改变美国的霸权主义是何等艰难，因此，他不得不铤而走险，做万世罪人。

在上述复杂的政治背景下，一切宪法与法律皆成为一纸空谈，凸显秉持者的木讷甚至虚伪，正如布洛迪曾在其上司面前据理力争："您的决定是违背宪法的！"后者则坚定回击道："核弹爆炸，你认为宪法还会存在吗？"同时，杨格的两位幼子，在影片中正是扮演着电车难题中无辜胖子的角色，可以通过杀死两个无辜的孩子来换取美国三大城市民众的生命安全吗？美国军方曾警告布洛迪："不要因为对两个孩子的怜悯而牺牲数千万的美国公民。"为了一个有利于多数人的目标，我们有权去伤害无辜者吗？为了较大的正义与多数人的利益，我们可以牺牲较小的正义、伤害无辜吗？为了几百万人的生命，我们可以无视法律、无视人性吗？为了国家的存在，我们可以违背国家的根基——宪法与法律吗？

正如影片中的角色，每个人均有自己的价值判断标尺，为了坚守心中的价值底线，坦然作出牺牲与让步。杨格的底线最低，他身为前任美军，不可能不知道美国对待恐怖分子的态度，否则也不会选择舍身取义的姿态去面对强权，和其他恐怖分子一样，通过屡次炸弹爆炸的积累来达到促使最终美国国策质改变的目的，因此杨格的目标很简单——不惜一切代价让炸弹爆炸，为此情愿牺牲自己与爱妻幼子的性命，三者中他的牺牲最大。牺牲仅次于杨格的人物是 H，他需要的只是杨格口中的真相，这是他最低的职业道德底线。H 也有妻子，也有一对可爱的儿女，因此 H 也付出了代价——为了恪守职业道德，他放弃了作为丈夫和父亲的身份，对同为丈夫与父亲的杨格施以酷刑，甚至杀死了杨格的妻子，同时试图杀死对方的儿女。在做这一切的时候，H 作为父亲与丈夫的资格与能力也完全异化、湮灭了，此后他甚至无法坦然面对爱妻与幼子充满爱意的双眸。至于布洛迪，始终立于道德的制高点，试图用理想化的价值观来说服杨格，猛烈抨击 H 的残酷冷血，但同时，布洛迪不肯作出牺牲，包括在肉体与精神方面的任何牺牲，因此布洛迪在杨格与 H 面前一败涂地，不断地对二者作出妥协，却未能阻止炸弹爆炸。分析三者的行为结果，牺牲最大的杨格完全达到了自己的目的——炸弹爆炸，H 则达到部分目的——逼迫杨格说出部分真相，布洛迪则收获寥寥——既未能阻止炸弹爆炸保障多数人权也未能感化杨格保护个体人权。

影片的最后 10 秒，随着计数器的倒数，你所秉持的价值观，你所支持的答案，是否也在剧烈地动摇？你最终是支持 H 还是支持布洛迪？该片的吊诡之处正在于，如果支持前者，认可 FBI 与军方所做的一切行为，那么也就等于认同了杨格以及其他无数恐怖分子的观点，为了国家、民族、宗教、信仰，为了更多的生命的安全、幸福与自由，任何罪恶均可为，无论手段多么残忍与血腥，无论对象是否无辜。如果支持后者，那么当今所有国家的公权行为将无所适从，人们没有理由以多数利益的满足为借口来侵害甚至牺牲少数利益的存在，政府、监狱、法庭、军队的存在意义将进一步虚无化。

《定罪》(*Conviction*)
[美] 福克斯探照灯有限公司 2010 年出品

　　1983 年，失业的单亲妈妈贝蒂眼睁睁看着背负谋杀与抢劫两项罪名的哥哥肯尼斯·华特斯被判无期徒刑锒铛入狱。贝蒂坚信哥哥无罪，在接下来的 12 年间，高中辍学、没有工作，又要带两个小孩的贝蒂一边打工养家，一边学习法律知识，终于拿到威廉姆斯大学的法学学士与硕士学位。1995 年开始，贝蒂着手调查哥哥的谋杀案件，最终以 DNA 证据并不确凿为理由证明哥哥的清白，成功地挑战了之前的“有罪推定”，哥哥也在入狱服刑 18 年后于 2001 年 3 月重获自由。

《定罪》是一部典型的沉冤昭雪型影片，取材来自真实案例。凯瑟琳娜·布劳是马萨诸塞州一个小餐馆的女招待，1980 年的一天，被发现横尸于拖车中，身中三十多刀，金钱和珠宝被洗劫一空。经过一系列的调查，警方将嫌疑犯锁定为肯尼·沃特斯。肯尼在当地名声不佳，经常惹是生非，曾经闯入布劳家中。当时警方掌握的证据都是间接证据，包括在犯罪现场发现了肯尼的血迹，仅有这些还无法将他定罪。两年后，突然有目击证人站出来指证肯尼就是凶手。于是，在 1983 年，肯尼虽然有不在现场证明，仍被陪审团宣判谋杀罪名成立，锒铛入狱。其妹妹贝蒂在钻研法律的同时，主要从生物学的证据入手，与一个致力于推翻错判的非营利性组织“无辜计划”一起协作，最终获取 DNA 的检测证据。2001 年 6 月 19 日，肯尼被宣布无罪释放。

肯尼被错判的讯息在当年引起了媒体和公众的极大关注。2001 年，贝蒂·安娜·沃特斯执着于亲情、解救哥哥的故事被登载在《环球报》头版，并引起巨大反响。十年后，这个故事被搬上银幕。昭雪类题材在人类的司法发展史上屡见不鲜，正如许多法律题材电影，本片将法律知识汇于其中，亦描绘了行政的繁文缛节对实现司法公正的桎梏。该片的特殊之处在于演绎了法律条文与实验技术手段背后的某种情愫，那是一种对血脉亲情的执着，对生命力量的敬畏。影片通过对无处不在的细节进行刻画与描述，宣扬了坚定的信仰恰如射穿绝望黑幕的力量与阳光，任凭外界任何因素干扰，都无法撼摇。

《起诉凯西·安东尼》（*Prosecuting Casey Anthony*）
[美] 福克斯电视工作室和来福泰姆影视公司 2013 年联合出品

2008 年 6 月，美国佛罗里达州一名两岁多的女童凯莉·玛丽·安东尼失踪。一个月后，凯莉外祖母的报警电话使该案件浮出水面。警方搜集的证据显示，女童的母亲凯西·安东尼系该案唯一的犯罪嫌疑人。2008 年 10 月，该案大陪审团聆讯程序正式启动。同年 12 月，失踪幼童尸骸被发现，州检察院随后向法庭提交了对被告的死刑量刑建议。2011 年 5 月，此案进入小陪审团听证程序。7 月 5 日，陪审团经审议后作出裁决，驳回检方的三项重罪指控（一级谋杀罪、加重过失杀人罪、重度虐待儿童罪），仅认定被告向警方虚假陈述等四项轻罪。由于被告凯西·安东尼案发伊始即已被拘捕在狱，因此宣判后不久，她便重获自由。宣判作出后，全美舆论哗然。

2008 年发生的"凯西·安东尼杀女案"，是一起在全美范围内引起强烈反响的刑事案件，不少媒体将此案称为"新世纪的 O.J. 辛普森案"，并将其视为美国司法史上又一个具有较大争议的"悬案"。回顾此案，受害女童凯莉·玛丽·安东尼从失踪伊始，便牵动着全美公众的目光，随后引发了全美历史上最大规模的搜救行动；几个月后，幼童尸体在沼泽地出现，公众的情绪由期待转向愤怒，安东尼住宅前不分昼夜地聚集着示威者；而媒体对舆论的强大干预，导致法庭不得不飞赴异地遴选陪审团；该案的审判在全美范围内进行直播，最终的判决结果更是引起了轩然大波，至今热议难平。本剧根据纪实文学——《未完成的审判》改编而成。作者杰夫·阿什顿，系"凯西·安东尼杀女案"的主控检察官，具有近三十年的刑事办案经验，该案亦是其职业生涯的收官之作。影片中，以阿什顿检察官的独特视角回顾了此案的来龙去脉，忠实地记录了案件在侦查、起诉、审理等阶段中发生的事实，包括台前幕后发生的各种趣事，以尽可能客观、中立的态度，严谨、细腻的语言为观众还原了"凯西·安东尼杀女案"的所有关键性场景。

这部"办案实录"式的影视作品忠实地记录了美国当代刑事司法的实体规则与程序标准，生动、真实地再现了美国刑事司法审判的全景。本案的侦查、起诉和审判，是在媒体的充分报道形成相应舆论的背景之下，以及媒体与受众的互动过程中完成的。影片对刑事案件在侦查、起诉、审判过程中的司法规则与标准进行阐释，参入检控官多年的办案经验与感想。通过该片，我们可以十分轻松地对美国刑法文化产生更为直观、真切的感悟，对美国刑事司法制度作出更为实时、准确的解读。

另外，影片对控辩双方在法庭上交叉质证的过程也进行了生动、细致的描述，情节精彩纷呈、高潮迭起，将美国刑事证据规则的特征展现得淋漓尽致。结合美国刑事司法的陪审团文化、出庭律师对业内行规的规避技巧、媒体对公众舆论强大的引导力量、公众对死刑的矛盾态度等内容进行综合思考，令观众感受深刻。

影片的另一大亮点是对前沿证据科学的精准介绍。主人公阿什顿先生是世界首位将DNA技术引入刑事司法界的检察官。20世纪80年代，在"汤米·李·安德鲁强奸案"中，阿什顿大胆利用当时十分罕见的DNA技术检测结果作为定性证据，有力地说服陪审团，进而将被告送入监狱。这一案例翻开了司法证据界的新篇章。由于"凯西·安东尼杀女案"引起了全美公众的高度关注，遇害幼童尸骸又呈现高度腐烂状态，因此联邦各大技术实力雄厚的科研机构纷纷介入此案。诸如联邦调查局的证据勘验部门、橡树岭国家实验室、田纳西州"尸体农场"等均为受害者的遗骸鉴定等工作提供了有力的协助，研究人员们利用最先进的科学技术为此案证据的采集与固定付出了艰苦不懈的努力。影片不厌其烦地向观众介绍了大量涉案证据学知识，内容涵盖气味学、植物学、毒物病理学、人类学、水文地理学等领域，并进行严谨系列的实证分析，为学者提供了宝贵的研究资源。

需要指出的是，虽然案件的判决结果引起较大争议，但纵观整个审理过程，其中包孕着极典型的美式司法元素，侦查、起诉、审理均未脱离美国司法系统的常规运作轨道——一般来说，人们对该系统抱有十分的信任，而它在大多数情况下也不会令民众失望。我们亦应意识到，正义的实现并非仅存于法庭之上，也不是可以被一纸判决所轻易展现与诠释的。通过对此案的关注与解读，每个人都在对自己的良心、经验、道德感、价值观进行着全面的检视。正是就此意义而言，这是一场仍在继续进行的审判。

　　总结以上 37 部作品，可以看到，西方近 50 年来法律影视关注的焦点首先仍然是死刑制度的存废，其次是刑事错案的形成过程，再次是陪审团、律师、法官的自然人性与职业素养之间的冲突，最后是监禁刑等刑罚制度的合理性。此外，作品还涉及被害人、犯罪人的人权维护、罪犯心理、种族歧视、宗教文化、正义与效率的博弈、公力救济缺位状态下的私力复仇、程序正义与实体正义的冲突、社会责任与个人责任的分担、依职务行为的归责可能性、刑事法律的溯及力等诸多方面的问题。其中蕴含的主题思想不外乎两个，即对自然法则的崇敬与人道主义的赞美。

　　如果对这些影片的制作商进行分析，还可以发现，美国影片占据了近半个世纪以来法律题材影片的绝大多数（共计 26 部），开了"类型电影"之先河。法律题材的影片能够在美国蔚然发展为一类主流型片种，甚至成为美国对外输出主流价值观的重要载体，同美国的政治架构、文化积淀与民众特质密不可分。首先，美国是历史上第一个颁布成文宪法的新大陆国家，并从实务上使得司法权脱离了政府的控制。《美利坚宪法》颁布至今二百余年，除了通过修正案形式增加条款外，原先的宪法一字未改。相对于总统、州长、议员等过眼烟云般地上任与卸任，美国人对这部坚如磐石的宪法的感情是毋庸置疑的，这就是法律影片在美国能够落地生根、枝繁叶茂的原因之一。

　　其次，美国作为从英国殖民地独立出来的移民国家，由于其广博宽厚、兼容并蓄的移民政策，自然科学技术的发展在整个世界中具有不可比拟的优势；但是谈到人文学科，由于其早期文化是英国的翻版，比起哲学思想、文学艺术均极尽绚烂的欧洲大陆，美利坚确实自惭形秽。为了彰显美洲新大陆的民众精神与文明积淀，能够在世界各民族的人文领域中占据一席之地，必须另辟蹊径。此时，崇尚人权、尊重自由、扎实务实的司法制度与文化观念遂成为美国人向西方乃至全球价值观领域进发的敲门砖。事实证明，经过半个世纪的辛苦经营，美国法律电影在商业市场份额占有与本土价值观输出两个层面均取得了卓越的成果——它们为全世界的普通观众提供了难以计数的司法职业人员与诉讼相关者的生动、典型形象，而美国本土法律文化与法律意识形态亦借着这些斑斓夺目的影片浩浩荡荡地蔓延，潜移默化地渗透至全球的每一个角落——西方如此，东方亦然。我国 80 后、90 后的新生代，也许不了解我国刑法的基本制度与司法程序，但是对美国法律影视中的"美兰达警告"、"无罪推定"、"合理怀疑"、"交叉盘问"、"辩诉交易"等司法规则与实务操作却烂熟于心，并将其奉为未来法治社会的理想图景，这一现象很大程度上是拜美国法律影视作品对他们日积月累的文化浸润与意识同化所赐。

　　进入工业后时期，以美国为翘楚的西方法律电影充分发挥着宣扬新兴道德、倡导另类权利的功能，承担着社会黑暗的揭露者与草根阶层的代言人的重要使命，因而具有强大的震撼力与感染力。另外，法律文化所特具的冲突、悬疑、对抗等特质与影视作品中完美的视听效果结盟、融合后，带给受众的观阅快感亦成为该产业本身所拥有的最大的市场魅力，长久不衰。同时，由于电影作品影响力的广泛性与持久性、传播渠道的多维性、传递速度的快捷性，促使一批法律在西方国家得以制定、更改、完善，一些社会阶层的权利得以重视、伸张。因此，可以毫不夸张地说，迈入电子媒体时代的西方，一部优秀的法律电影事实上承载着法制变革的启蒙与先声的重任。因此，我们从不同时期西方影片关注事件、承载价值的角度考察，可以对西方刑律条文、司法实践、刑事政策的规律性走向作出大致判断。

8.5　20世纪西方刑法思想的走向

8.5.1　政治、科学、哲学思想背景

　　20世纪，两次世界大战与经济危机使得西方社会时刻处于动荡不安之中，各种社会思潮应运而生，在剧烈的社会变革中经受着实践的检验与涤荡，再也没有任何一种学说能够像以往一样雄霸某一时期或者某一地域。

　　20世纪西方世界的发展动力基本建立在同一个前提之上——工具理性，公然宣称人可以将他人当作工具。① 随着社会的进步，人们越来越意识到启蒙思想家所提倡的"自由、平等与正义"不过是理论层面的幻想，当代社会的发展机制不仅以物质为基础，而且将人类作为生物体的全部的"原恶"与内心的阴暗面激发出来。这种原恶具有理性的进攻性与侵略性，不仅表现为血腥暴力，而且时常于人类思想、情绪、意志中蛰伏，并随着外界诱因随时迸发。从19世纪"一切人反对一切人"的个人间战争，升

---

　　① 参见〔美〕艾利希·弗洛姆：《健全的社会》，孙恺详译，北京，中国文联出版公司，1988，第91页。

级为 20 世纪国家与国家之间的战争，充分说明了西方世界自文艺复兴时期建立起来的理性王国陷入了疯狂的非理性状态，验证了 18 世纪末浪漫主义思想、19 世纪批判现实主义思潮所深感忧虑的"由人性邪恶所引发的破坏力"的真实存在。如果说从 19 世纪开始，人们已经对人类的善良本性与天赋理性产生怀疑的话，进入 20 世纪后，这种怀疑逐渐演变为一种确凿的事实存在与普遍的悲观失望。

20 世纪自然科学的发展也强化了人类的非理性悲观情绪。诚然，自然科学在破除宗教蒙昧主义、推动人类掌握自我命运方面起到了决定性作用，但它并非万能，它的进步无法解决人类价值观的取向问题，它的理论也无法提供给人类正义、公平与爱的判断尺度，它的内涵更无从解决人类在精神、宗教、道德、伦理中的种种困惑与需求。恰恰相反，自然科学在 20 世纪加深了人们对非理性状态的危机感。例如达尔文的生物进化论被斯宾塞引入社会学，形成社会达尔文主义，彻底否定了启蒙主义"人人生而平等"的宣言；柏格森与弗洛伊德在精神医学领域内的潜意识理论，使得人们洞察了本能冲动后隐藏的一片黑暗丛林，其内断无理性的生存空间；而利用各种尖端科学制造的屠杀武器，更是在两次战争中击碎了"科学为人类造福"的幻想，人们于一片腥风血雨中瞥到了自然科学在魔鬼手中所释放的另一种邪恶威力。

20 世纪的经济、政治体制也在发生着深刻的变化，西方社会逐步由生产型经济向消费型经济过渡。人们贪婪地享用着一个多世纪以来向大自然疯狂攫取的各种资源所产生的丰硕成果。金钱依然是上帝，但此时人类在社会中的地位却发生了变化——他们不仅成了金钱的奴隶，也成了整个社会制度的奴隶。经济生产领域，大机器生产取代了人类的肢体与大脑；政府管理领域，机器般缜密严谨的科层制生发了整个政府中非个体责任、非人性化管理模式的构建。此时的物质文明演变为人类继续发展的对立面，人的主体性丧失，被自己创造出来的物质世界与政治制度彻底排斥出局。这一切都给人类带来了更深重的异化感、恐惧感，促使人们转向内心世界作形而上的探究。

哲学思想方面，对 20 世纪文学理论与刑法思想起至关重要影响的是"非理性主义"思潮的萌芽与发展，与科学主义对峙而立。科学主义从纯客观、理性的角度认识世界，排除人为的主观因素，例如现代风行一时的分析哲学①、结构主义②等。非理性主义则反对从理性出发认识世界，认为只有先验直觉才能把握宇宙真理。它谴责科学主义，认为其本质是一种典型的工业文明价值观，唯一追求的目标是效益最大化，拒绝感情、排斥感情、把人变成享受人或者机器人，所以它是一种冷冰冰的功利主义哲学。非理性主义要求突破工业文明的束缚，要求尊重自我，尊重人的情感，给人的情感世界留下空间；一个社会的合理程度，并不在于财富的多寡，也不在于社会成员物质享受的层次，而在于这个社会体制能不能保证人的个性全面发展；合理社会的基本价值尺度首先在于该社会能否尊重个体人、爱护个体人。非理性思潮中，有三位叱咤风云的人物——尼采、柏格森和弗洛伊德。

首先，尼采③（Friedrich Wilhelm Nietzsche，1844～1900 年）"重估一切价值"的超人理论成为当时主流哲学思想之一。尼采否定一切传统哲学，从而被学术界公认为非理性主义哲学的创始人。其主要理论是权力意志论与超人哲学，提出"强权即公理"，"权力意志是世界的基础"，要求人们根据权力资源的分配重新估量一切价值，要大大张扬青年人特别是平民的权力意志。这种"打倒一切旧传统"的反叛思想，与西方正统理念格

---

① 分析哲学在 20 世纪 30 年代以后的英美哲学中一直居于主导地位。它是一种以语言分析作为哲学方法的现代西方哲学流派，包括逻辑经验主义和日常语言学派。特点有三：一是重视语言在哲学中的作用，将全部哲学问题归结为语言问题，认为哲学的混乱产生于滥用或误用语言，许多哲学争端都可以归结为语言问题的争端。强调语言对哲学的影响，重视对语言问题的研究，强调概念的明确性和推理的严密性。二是普遍重视分析方法。逻辑经验主义者十分强调形式分析或逻辑分析，即从纯粹逻辑的观点分析语言的形式，研究现实和语言的最终结构。三是反对建立庞大的哲学体系，主张在解决哲学问题时要从小问题着手。逻辑经验主义者强调要以自然科学，特别是数学和物理为模本建立理论，使概念和论证达到自然科学般精确程度，利用数理逻辑作为主要研究手段，并建立了一套技术术语。但由于其片面强调哲学研究的科学性，把大部分甚至全部精力用于研究某些细小问题，忽视或者拒绝研究哲学基本问题，致使研究与现实社会脱节，流于纯粹学院式的窠臼。

② 结构主义是 20 世纪下半叶最常用来分析语言、文化、社会的研究方法之一，主要探索一个文化意义是透过怎样的相互关系（也就是结构）被表达出来的。特征有二：首先是对整体性的强调。认为整体对于部分来说具有逻辑上优先的重要性。任何事物都是一个复杂的统一整体，其中任何一个组成部分的性质都不可能被孤立地理解，而只能把它放在一个整体的关系网络中，即把它与其他部分联系起来才能被理解。结构主义方法的本质和首要原则在于，它力图研究联结和结合诸要素的关系的复杂网络，而不是研究一个整体的诸要素。其次是对共时性的强调。即对系统内同时存在的各成分之间的关系，特别是它们同整个系统的关系进行研究。

③ 尼采出生于普鲁士萨克森州勒肯镇附近洛肯村的一个乡村牧师家庭，父亲是威廉四世的宫廷教师，曾执教过四位公主，深得国王信任，母亲则是虔诚的清教徒。尼采是西方现代哲学的开创者，同时也是卓越的诗人和散文家。他最早开始批判西方现代社会，但其学说在当时却没有引起人们重视，直到 20 世纪，才激起深远的迥门各异的回声。后来的生命哲学、存在主义、弗洛伊德主义、后现代主义都以各自的形式回应着尼采的哲学思想。

格不入。尼采的"权力意志论"包括如下两点：第一，否定一切事物的客观规律，认为人的主观意志对客观事物具有决定意义，真理不过是权力意志的工具，是意志为自己的目的任意制造的，因而一切真理都是"人为的伪造与虚构"。第二，认为社会发展不均衡，人的发展也不均衡，因而社会上每一个人的权力意志的质和量均不相等。正因为如此，人"生来就是不平等"的。有的人权力意志质优量多，天生就是强者、上等人；有的人权力意志质劣量寡，天生就是下等人、弱者。这种质和量的不平等，构成了超人与常人的基本差别。

其次，非理性主义哲学的代表人离不开柏格森① （Henri Bergson，1859～1941 年），其理论体系划分为直觉主义与生命哲学两大板块。直觉主义是柏格森理论的基石，提倡直觉、反对理性，认为直觉是一种先天能力，一种超理性、超感性的内心体验，它可以不经过科学分析就本能地、直接地把握生命本质和宇宙精神，因而直觉也就成为人们认识世界的一种主要途径。柏格森的生命哲学在 20 世纪前半叶也具有很强的冲击力。该学说包括三个方面：其一，提出生命是世界本原、存在基础与发展动力。宇宙的本质即生命，一旦失去了鲜活的生命，宇宙将毫无存在的意义。所以，宇宙的存在首先是生命的存在。他极力强调生命第一性，反对物质第一性，因而具有客观唯心主义的特征。其二，演绎出"意识产生生命、生命推动物质"的生命哲学公式。如此，生命也就由特质体变成了精神体，生命科学成为客观与主观唯心主义的混合体。其三，强调自我是生命存在的基本形式，特别指出，自我处在世界中心，自然和社会处在自我外围，整个世界甚至整个宇宙都围绕着自我运动，因而"生命高于一切"变成了"自我高于一切"。可以看到，柏格森的生命哲学是人本主义的极端化，尽管该体系有着十分明显的缺陷，但是他强调尊重生命、尊重自我的精神深刻影响了文学作品的创作与刑法学思想的发展趋势。

最后，心理学研究对直觉本能、无意识的强调，也对现代主义思潮产生了重大影响。"无意识学说"是精神分析学说的精华与核心，代表人是

---

① 柏格森生于巴黎，父母均为犹太人。他从中学时代起便对哲学、心理学、生物学产生了浓厚兴趣，尤其酷爱文学。1889 年获哲学博士学位，1897 年被聘为巴黎高等师范学校讲师，1900 年起至 20 世纪 20 年代中期任法兰西学院哲学教授。1927 年，因《创造的进化》一书被授予诺贝尔文学奖。瑞典学院高度评价了柏格森的生命哲学在批判传统哲学的理性主义机械论和决定论，解放人类思想方面的巨大意义。其对现代主义影响巨大的著述有《时间与自由意志》《物质与回忆》《创造进化论》《道德和宗教的两个来源》等。

心理学大师弗洛伊德① (Sigmund Freud, 1856～1939 年)。他认为无意识包括人的求生本能和性本能, 是人们无法控制的本能意识; 它一般受到社会伦理、规范的压抑, 只有做梦时才会毕露无疑。弗洛伊德的精神分析学说包括如下四个部分: 第一, 自由联想说。弗洛伊德认为正是人的欲望驱动着人的所有身体动静, 而这种欲望存在于无意识领域。一旦该欲望受到忽略或者强制性压制, 人类的精神状况即会发生紊乱。第二, 心理结构三系统论。这是弗洛伊德的前期思想, 认为人的思维结构包括三个层次——处于心理结构最上层的是意识, 是对政治、法律、道德的心理反映, 具有很强的社会性与理性。处于结构中层的是下意识, 本质上说, 它是一种人生经验, 其特点是可以通过回忆而被唤醒。其作用主要表现在两个方面: 一是警卫功能, 压制无意识; 二是压制人的兽性本能, 防止这类本能所导致的犯罪与破坏。处于心理结构最下层的是无意识, 由人的原始冲动与被压抑的欲望组成, 其核心是性意识 (libido, 力比多)②, 其特点是 "双不", 即不受理性支配, 亦不可以用记忆召回, 所以只能通过梦境才得以表现。无意识理论是精神分析学说的核心, 弗洛伊德强调无意识是人类意识的起源和基础, 人的一切精神活动最终都是由无意识决定的。第三, 人格结构三我论。这是弗洛伊德的后期思想, 认为人格由本我、自我和超我三部分组成——一是 "本我", 是人类最原始的本能汇集, 性本能则是 "本我" 的集中表现。"本我" 隶属于快乐原则, 即凡是令人快乐的事情都可以干, 而不必顾忌什么社会规则、道德规范。"本我" 为一切心理活动提供动力, 从而构成人类心理活动的真正本源。二是 "自我", 是思想意识的基本结构部分, 就像大梁一样牢固支撑着人类心理结构的大厦。本质而言, "自我" 由人类参与外部世界活动所积累的经验组成, "自我" 隶属于现实原则, 起着警卫作用, 它限制人、规范人, 令人在法律道德许可的范围内活动。"自我" 将 "本我" 放在现实条件下进行协调, 它是穿上衣服、化了妆的 "本我"。三是 "超我", 即道德、宗教、法律一类社会制约力量。因为 "本我" 像熊熊烈火一样狂暴无比, 力量太大, "自

---

① 弗洛伊德出生于奥地利摩拉维亚弗莱堡市的一个犹太商人家庭。后来成为奥地利精神病学家、心理学家、哲学家, 开创了精神分析学说, 对 20 世纪哲学、心理学研究作出了巨大贡献。

② 力比多亦称 "欲力"、"性力"、精神分析术语。弗洛伊德 1905 年在《性学三论》一书中首次提出, 力比多是指一种与性本能有联系的潜在能量。他把性欲与自我保存本能做了对比, 并用力比多一词开始指性欲或性冲动, 后扩展为一种 "机体生存、寻求快乐和逃避痛苦" 的本能欲望, 是一种与死的本能相反的生的本能的动机力量。弗洛伊德把它看作是人的一切心理活动和行为的动力源泉。

我"无法控制，所以需要"超我"来压制"本我"。第四，泛性论和"俄狄浦斯情结"（Oidipous Complex）。弗洛伊德认为，力比多（libido）是人类心理活动最基本的驱动力，是人们自小就拥有的一种性欲，抑或说它就是人最基本的原欲，并构成了人类精神力和生命力的原动力。这种心理能量时刻要求冲破法律、道德、宗教的压迫而得到宣泄，如果受到压抑就会让人罹患精神病。与泛性论相关的"俄狄浦斯情结"，体现为人类对父母复杂性爱关系的矛盾感情。令人称奇的是，弗洛伊德居然运用"俄狄浦斯情结"来解释社会与法律的起源①，认为人类具有两种本能：一种是生之本能，包括选择配偶、保护子女、创造财富、从事生产劳动和建设等，其最大特点是创造，因而创造即人的本性；另一种则是死的本能，包括侵略、破坏、自我毁灭、战争等，最基本的表现即破坏，这一点在孩子的恶作剧行为或成人的战争行为中表现得最为突出，例如有人竟然把折磨人或杀人作为一种快乐，这显然是死的本能最明显的表现。

8.5.2　文学与法学思想的特征

20 世纪，各种流派的文学思潮纷涌迭起，但主要仍然以批判现实主义与现代主义文学为主。此时的西方人普遍存在着因高度的物质文明所带来的深刻异化感、危机感以及人类生存状态中的非理性与荒诞感。现代主义文学将传统文学中业已表达的理智与情感、理性与原欲、灵魂与肉体、善与恶等二元对立的文学母题推向极端，探询一种非理性的人本意识。"二战"后的文学更是热衷于追寻一种新的理性与上帝，对自我命运、价值、意义展开新的思考。

刑法学思想亦历经世纪初的纯粹的规范法学，逐渐随向法社会学转换。两次世界大战后，历经战争对人权与自由、民主的极端蹂躏，保障个人尊严与权利的重要性被重新认识，罪刑法定主义与刑法的程序正义得到应有强调。此背景下孕育出多元的刑法思想：格拉马蒂卡的激进社会防卫论与安塞尔的新社会防卫论相互抗衡；韦尔策尔的目的行为论试图取代传

---

①　弗洛伊德认为，人类由原始社会发展到父权社会，大大强化了父亲的权力。恣意妄为的父亲将所有女子占为己有，把所有的孩子看成自己的私有财产，这就必然引起孩子们的强烈不满，所以孩子对父亲的仇恨是命中注定的。后来，儿子们联合起来造反，将父亲打死，然后煮熟了吃掉，从而完成了权力的更替。兄弟之间的组织与联合成立，国家产生。接着，兄弟们之间又产生了一个如何分配妇女和财产的问题，为了适应这种需要，人类社会也就产生了宗教和法律。见http://zh.wikipedia.org/wiki/%E8%A5%BF%E6%A0%BC%E8%92%99%E5%BE%B7%C2%B7%E5%BC%97%E6%B4%9B%E4%BC%8A%E5%BE%B7，the last retrieved date，2012-02-10。

统的因果行为论；在道义责任论与社会责任论长期对峙的格局中产生了人格责任论；出于对人的尊严与生命的呼吁，国际刑法学界开始对死刑的存废予以关注；由李斯特创立、耶塞克继承并发展的刑事诸科学合作的整体刑法学设想亦得到普遍重视。刑事政策方面，对个性彰显、生命自由的永恒渴望与对异元文化的包容和认可使得世界范围内的犯罪圈呈缩小趋势，同性恋、安乐死、堕胎、通奸、非自然性行为等基于人类道德、宗教原因的犯罪被逐渐清理出犯罪圈；以保护弱势群体（主要是受害人）为主旨的恢复性司法观在西方各国实践中的适用、对犯罪人再社会化运作进程的关注以及对人道主义精神的追求占据了空前重要的位置。

8.5.2.1　刑事社会学派

进入 20 世纪，实证法学派得到进一步发展，加罗法洛、菲利等继承了龙勃罗梭的观点，并对其局限性与偏颇性进行回拨与突破，刑法思想逐渐向刑事社会学派倾斜。李斯特在扬弃意大利学派理论的基础上，发展了刑事社会学派，将犯罪决定论、人格危险性与社会防卫论推向高峰；重视犯罪的预防与控制，制定出与目的刑、教育刑相配套的体系性社会政策与刑事政策。

8.5.2.1.1　犯罪原因

以"人类道德情感"为核心的自然犯罪观是意大利刑法学家拉斐尔·加罗法洛（Rattaele Garofalo，1852～1934 年）思想体系的基石与核心。他认为犯罪不仅是一种有害的行为，更是一种伤害了被称为是"全人类的道德感"的行为。"人类的利己心是对自我保护的本能存在，但作为群体生活的成员，人类又必须具有利他的情感与责任，利他道德情感的基本构成因素有两个——怜悯与正直。违反这两种情感的，即自然犯罪"。① 犯罪学研究的唯一对象是自然犯，罪行的建立基础并非是对某种权利的侵犯，而是对人类情感的侵害，所以犯罪人的本质是缺乏怜悯与正直感的人，他们具有生理缺陷或者生理异化。可以看出，基于自然犯罪原理，加罗法洛修正了龙勃罗梭的理论基础，认为自然犯罪人具有心理缺陷，他们的心理素质异常，但与社会环境无关；法律与政治、文明对于自然犯以外的法定犯虽有增减效果，但对于自然犯则无效。

意大利法学家恩里克·菲利（Enrico Ferri，1856～1929 年）则认为，

---

① 加罗法洛的犯罪观与中国古代"四心说"相符——"人皆有不忍人之心。无恻隐之心，非人也；无羞恶之心，非人也；无辞让之心，非人也；无是非之心，非人也。恻隐之心，仁之端也；羞恶之心，义之端也；辞让之心，礼之端也；是非之心，智之端也。人之有是四端也，犹其有四体也。"参见《孟子·公孙丑》。

"关于对犯罪与刑罚的研究，必须置于社会环境的背景下，继而寻找犯罪预防的科学因素。"① 这一思想贯穿于他的犯罪原因三元论、犯罪类型论、社会责任论与个别预防论之中。关于犯罪原因，菲利彻底抛弃了古典学派的自由意志与行为选择等观念，强调犯罪人之所以犯罪是由于其他非罪犯所没有的原因引起的。"从最轻微到最残忍的所有的犯罪行为的发生，不外乎是由行为人的生物特质、成长的自然环境与生活、工作的社会环境三种因素综合作用的结果"②，继而提出犯罪原因三要素——人类学因素、自然因素、社会因素。③ 他的犯罪原因论一定意义上在于强调综合作用，反对仅用其中一种因素去解释全部犯罪现象。④

刑事社会学派创始人，德国法学家佛朗斯·冯·李斯特（Franz von Liszt，1851~1919 年）以实证主义与决定论哲学理论为基础，运用社会学观点与方法研究刑法，在扬弃意大利学派理论的基础上，发展了社会学派。在认识论上，李斯特主张与理性人相反的经验人，因而教育刑论是其刑法理论核心。关于犯罪原因，李斯特批判地发展了比利时学者凯特莱所主张的"犯罪是社会环境的产物"，以及刑事人类学派主张的"犯罪系行为者生来资质的必然产物"等一元论犯罪原因和菲利提出的"个人、自然、社会"犯罪原因三元论，提出了社会因素与个人因素结合的犯罪原因二元论。并进一步提出，社会原因所发生的结果不仅及于犯罪人一身，而且能殃及一族。李斯特指责凯特莱漠视个人存在价值、认为个人只有被动接受社会影响的理论；同时驳斥龙勃罗梭完全否认社会对行为人影响、将犯罪视作行为者生来资质的必然产物的观点，认为二者均一叶障目，未看到事物的全貌。李斯特否定了天生犯罪人、隔世遗传和人类学的犯罪原因说，认为天生犯罪人只适用于精神病患者的情境，同时指出菲利犯罪原因三元论中的自然因素归根结底是社会因素的一种——"财产犯罪冬季频发是因为行为者缺衣少食，风俗犯罪夏季多见是因为并非每一个男子均有能力娶妻。"他在承认生物学因素对人的行为具有重要影响的同时，断言在

---

① 〔意〕菲利：《实证派犯罪学》，郭建安译，北京，中国公安大学出版社，2004，第 37 页。

②④ 同上书，38 页。

③ 人类学因素是指犯罪人心理、生理以及种族方面的特征。犯罪个体所具有的因素是犯罪的首要条件。自然因素是指气候、土壤、昼夜长短、四季平均温度、气象状况、农业状况。自然因素虽然不能直接产生犯罪，但通过与其他因素的结合促进犯罪行为的产生。社会因素是指能够促进人类生活不诚实、不完满的社会环境，包括人口密集、公共舆论、公共态度、宗教、家庭状况、教育制度、工业状况、经济和政治状况、司法、警察、一般立法状况、民事和刑事法律制度等。

犯罪的形成过程中，社会因素具有决定性作用——失业、恶劣的居住条件、低工资、生活必需品价格高昂、酗酒等大众的贫困状态是"培养罪犯的沃土，也是生物学意义上遗传基因发生质变的培养液"，因而"改善贫困大众的生活状况是最有效、最好的刑事政策"。① 可以看到，李斯特的犯罪原因论与法国文学家左拉的观点如出一辙（参见左拉《卢贡-马卡尔家族》之《小酒店》《娜娜》《萌芽》《人兽》等）。

8.5.2.1.2　犯罪人类型

菲利进一步阐述了龙勃罗梭关于人身危险性的概念。他尖锐地指出，古典学派从未将犯罪人纳入研究视野，仅仅将犯罪在抽象意义进行讨论。事实上，人身危险性作为犯罪人的人身特征十分复杂，为了有效预防犯罪，应当进行对罪犯的类型研究，因人施罚。菲利眼中的犯罪人包括五种类型，分别是生来犯罪人、习惯性犯罪人、机会性犯罪人、精神病犯罪人以及激情犯罪人。菲利首先承认天生犯罪人的存在，同时又认为，一个天生犯罪人如果处在良好的环境之中，就可能到死也不违反任何刑法条文及道德信条。习惯性犯罪人，主要是因为污浊的环境引起的道德淡薄而非先天性的主动倾向。"他们为维持必要生活，沿街乞讨，无法接受良好教育，'污点'使他们丧失工作，易受刺激，最后只得回到犯罪的老路"。机会性犯罪人，则是因为经不住个人状况、自然生活、生活环境的诱惑而犯罪，其人身危险性比天生犯罪人小。关于精神病犯罪人，道义责任论认为其不必负刑事责任；菲利坚持认为"社会责任是唯一适用于所有罪犯的责任，也适用于精神不健全的罪犯"，所以必须对其施以监禁治疗。所谓激情犯罪人，如果其犯罪行为出于社会激情（爱、怜悯、自尊），则可以原谅；如果出于反社会激情（复仇、欲望、怨恨），则应当矫正。② 基于犯罪人类型的不同，菲利的犯罪预防策略建立在进化与退化二分法上。他认为犯罪人的共同特征在于他们都无法适应现存的社会秩序，并且以自己行为触犯了维护这种社会秩序的现行法规范。不同的是，退化型罪犯的犯罪是基于利己动机，进化型罪犯的犯罪是基于利他动机，他们"感受到其周围的不公平造成的痛苦和恐怖，极端厌恶这种不公正，甚至可以去犯谋杀罪"。③ 菲利的见解在这一时期俄国、法国、美国的文学作品中均可以找到大量的角色进行佐证。

---

① 参见马克昌主编：《近代西方刑法学说史》，北京，中国人民公安大学出版社，2008，第234页。

②③ 参见〔意〕菲利：《实证派犯罪学》，郭建安译，北京，中国公安大学出版社，2004，第40页。

另外，关于犯罪人类型，李斯特基于行为人的危险性与反社会程度的不同，作出与菲利不尽相同的分类。他将犯罪人分为习惯犯与偶然犯，前者又进一步细分为可以改造与无法改造两种。对于可以改造的罪犯适用监禁刑，对于无法改造的罪犯则采取永久性隔离措施。他一再强调，良好的刑事政策与行刑政策相对于最好的刑罚而言具有更为显著的实效，犯罪是社会的产物，消除犯罪的社会原因是一个文明国家的社会政策固有的任务，而刑事政策必须与社会政策同时实施才可以事半功倍。

8.5.2.1.3 刑罚理论

基于自然犯的犯罪原理，加罗法洛认为他们具有心理缺陷、心理素质异常的特殊事由，他们的行为与社会环境无关。他修正了以往刑事学派报复、矫正主义的刑罚观，提出消除与遏制犯罪的逻辑格式——排斥出社会圈。加罗法洛的社会防卫与菲利不同，更侧重于犯罪人心理，主张应当以犯罪人的恶行以及社会适应性为标准，提倡个别化处遇方法。加罗法洛谴责古典学派的刑法理论"不是保护社会避免受犯罪的侵害，而是保护罪犯不受社会的侵害"。① 古典学派的定罪与刑罚理论秉持着两个原则：一是意志自由前提下产生的道义责任原则，没有意志选择的行为不是犯罪行为，且罪行轻重随着道义责任的轻重而变化；二是刑法适用必须与犯罪行为的危害结果成正比，形成所谓的"罪刑阶梯"。加罗法洛明确反对意志自由论，认为只有在极其狭隘的状况下，行为人才具有思考与选择的权利。人在社会生活中无时无刻不受环境影响，没有不受犯罪冲动影响的完人。加罗法洛提出以"适应标准"来代替"罪刑均衡原则"，认为对罪行的严重性不能予以严密限定，因而缺乏统一标准——该标准有时是行为造成的损害，有时则是行为引起的惊恐，应当以公众对危险和惊恐的轻重所作的评价去衡量它们的轻重。该思想与边沁关于犯罪本质的观点颇为近似。

刑罚观层面，关于刑罚目的，李斯特继承了边沁、耶林等人的功利主义目的法学思想，认为目的性之所以是刑罚的属性之一，就在于刑罚执行是一种国家行为，它必须超越人类原始本能与冲动，才能获得真正的分量，因而提出了目的刑罚论。当然，李斯特并不否认刑罚本身具有的惩罚性质，认为其是刑法本身具有的价值，他反对的是古典学派建立于意志自由基础上的刑罚报应主义。李斯特认为刑罚的目的并非对犯罪人的报复，

---

① 参见〔意〕加罗法洛：《犯罪学》，耿伟、王新译，北京，中国大百科全书出版社，1996，第 98 页。

亦非对其他人的威吓，而是一种对具有社会危险性的人危害社会行为的预防，对那些处于"危险状态的体现者"进行防卫。因此，"社会防卫"与"法益保护"才是刑罚的合理目的与正当化的依据。① 与上述观点一脉相承，李斯特认为预防并非是刑罚的唯一目的，改造与教育犯罪人，使其消除危险性、回归社会、重返一般生活秩序，是刑罚的又一重要目的。量刑原则方面，李斯特倾向于主观主义——这与古典学派秉持的科刑主要标准的客观性（即以犯罪结果或者被害人受损害的程度为主要标准进行量刑）再次产生龃龉。关于这一点，李斯特著名的论断是"刑罚的对象并非行为，而是行为者"。他倡导以行为人主义来替代行为主义，主张刑罚轻重的科定不应仅仅根据客观事实与危害结果，而主要应当根据犯罪人主观恶性、反社会性的强弱等性格特质为标准，努力实现刑罚个别化，达到更有效的社会防卫目的。但是，司法实践中，对于犯罪实施前所谓危险性格的判断是非常困难的，具有很大的侵犯人权的危险性。因此李斯特又兼顾罪刑法定主义与客观主义，认为"刑法是刑事政策不可逾越的界限"。刑种改革与刑罚执行层面，李斯特从犯罪人的社会危险性及回复社会之旨归出发，修正了古典学派坚持的绝对罪刑法定原则，提倡在罪刑法定主义前提下的刑罚个别化，赞同对成文法的类推、扩大解释，对罪犯联合适用缓刑、罚金、保安处分等多种处刑方式，实施过程中注重累进处遇、假释等措施对罪犯心理的刺激。关于保安处分与刑罚的关系，李斯特坦承二者之间的异质性——刑罚尺度在于客观罪行的轻重，保安处分尺度在于行为人的人身危险性，二者判断标准不同。②

8.5.2.1.4　责任根据

刑事责任领域，由于犯罪是人实施的危害社会的行为，责任的承担者又是人，因而研究责任问题，出发点必须是人。针对此观点，古典学派与近代学派所存在的明显分歧归根结底是人的意志是否自由。菲利否认构成整个旧体系基础的道义责任论，提出社会责任论。现代心理学已经证明，所谓意志自由不过是纯粹的主观幻想，意志自由不仅是背离自然科学的杜撰，更是有害于社会科学的形而上学的概念，使得整个国家机器在预防、遏制危害行为的面前束手无策。基于这种观点，菲利认为刑事责任的根据应当是行为人具有反社会性的危险性格，社会防卫处分的被适用者应当是

---

① 参见马克昌主编：《近代西方刑法学说史》，北京，中国人民公安大学出版社，2008，第235页。

② 参见上书，第237页。

行为者，而不是行为——"人的一切行为是其人格的征表，这成为物理意义归责的第一要素。"① 社会责任论强调的刑事责任的根据是实施犯罪行为人的危险性和反社会性，而非行为人的自由意志。因此，凡是实施社会危害性行为的人，无论年龄、精神状况如何，均应当给以社会非难，给予必要的防卫社会处分。

李斯特以哲学理论的原因决定论为基础，从保全社会的立场出发，从犯罪的因果关系考虑，认为犯罪必然取决于行为者的素质与社会环境等因素，刑事责任的本质应当是对社会的防卫，刑事责任的基础应当是行为人的反社会性，与行为人的自由意志无关，因而彻底地否定了道义责任论所主张的犯罪是具有意思自由的人基于自由判断、选择而造成的观点。李斯特认为，犯罪行为的发生完全是行为人处于某种特定人格状态和某种促使其必然犯罪的环境下造成的，否定犯罪行为本身具有的独立、固有的意义。但是，应受到惩罚的不是由个体素质与客观环境而导致的宿命的犯罪行为，而是具有社会危险性的犯罪人。刑事责任能力是依据刑罚的方法可以达到防卫社会的能力，即刑罚适应能力。刑罚处罚与社会防卫处分的区别在于前者适用于具有刑法适应能力者，后者主要适用于不具备刑罚适应能力者。②

8.5.2.1.5　犯罪预防

菲利以"犯罪饱和法则"（rule of criminal saturation）来解释社会的全部犯罪，提出犯罪预防作用的有限性与犯罪控制的可能性。"犯罪是由人类学、自然因素、社会因素共同作用的结果"，在此基础上，产生了犯罪饱和论。该理论认为，犯罪现象的存在对于社会而言是一种正常状态，生物、自然、社会条件的综合作用刺激、制造了犯罪行为，其质与量和每一个社会群体的发展状态相适应。③ 当影响犯罪的主要原因达到一定量，呈现出饱和状态，犯罪现象就会发生。犯罪数量与影响犯罪的三要素量的变化成正比。④ 比利时学者凯特莱证实了菲利的观点："有关犯罪的所有

---

①　〔意〕菲利：《实证派犯罪学》，郭建安译，北京，中国公安大学出版社，2004，第 43 页。

②　参见马克昌主编：《近代西方刑法学说史》，北京，中国人民公安大学出版社，2008，第 235 页。

③　参见〔意〕菲利：《实证派犯罪学》，郭建安译，北京，中国公安大学出版社，2004，第 44 页。

④　参见上书，第 45 页。

方面，相同的数据年年不变，令人吃惊地重复着。"① 犯罪作为一种社会疾患，产生原因十分复杂，它在一定社会条件下的产生具有某种必然性，所以不能指望刑罚对其加以消除，只能尽可能地将其控制在不危及社会根本生存条件这一可以容忍的限度之内。但是，菲利对犯罪饱和的理论并非持宿命论看法，"尽管已经证明，为减少和消除犯罪的工作开始是徒劳无益的，但犯罪也绝不是我们不可改变的命运"。由于犯罪数量的差额由自然物质条件与社会条件决定，所以通过改变最易改变的社会环境，立法者可以改变自然环境以及人的生理、心理影响，这样就可以控制很大一部分犯罪、减少相当一部分犯罪。② 另外，菲利认为，基于受激情或者与主流道德观相左的心理飓风袭击的人，刑律与刑罚的威慑力几乎为零，"火山般喷发"的激情不允许他进行理智的思考、权衡与选择；而预谋犯罪中更不能阻止行为人实施蓄谋已久的犯罪，他所希望的无非是犯罪之后能够逃避处罚，明知犯罪会受到惩罚，也必欲犯之而后快。因此，刑罚只是社会自卫的次要手段，故强调建立刑罚之外的补充策略——刑罚的替代物——建立一种可以进行罪犯改造后效果评估的系统，创立与类型行为人个性相适应、配套的处遇措施，构建涉及经济、政治、科学、立法行政、教育等一系列预防犯罪的综合应对预案。可以看到，菲利的刑法学术思想具有巨大的包容性，涉及刑法学、犯罪学、监狱学、刑事诉讼法学等领域，已经显现出刑事一体化思想的雏形。

李斯特的犯罪预防理论十分新颖。他强调刑事政策，重视刑事政策在教育改造犯罪与保卫社会中的作用，倡导刑法与刑事政策统相统一的所谓综合刑法学的论点。犯罪是否可以预防，是事关刑事政策有无实行可能性的重要问题。与菲利观点不同，李斯特旗帜鲜明地宣称犯罪可以预防；但是，古典学派认为意思自由是刑法的基础，这是不妥当的。李斯特明确反对将犯罪认为是超越因果律的自由意志所生，或说有目的的犯罪预防与镇压方法为不可能。③ 比利时学者凯特莱为代表的社会学派认为，社会关系是犯罪的唯一原因，由于造成犯罪的社会关系原因不可变更，所以不可能通过实行有效的刑事政策达到预防犯罪的目的；而李斯特主张，劳动者应

---

① 马克昌主编：《近代西方刑法学说史》，北京，中国人民公安大学出版社，2008，第220页。

② 参见〔意〕菲利：《实证派犯罪学》，郭建安译，北京，中国公安大学出版社，2004，第45页。

③ 参见马克昌主编：《近代西方刑法学说史》，北京，中国人民公安大学出版社，2008，第230页。

改造其住所、缩短其劳动时间、改良待遇、使之受到相当程度的教育，借以减少犯罪行为发生的可能性。李斯特确信，社会状态有改善的可能，利用社会政策确实能够影响犯罪的发生。但上述目标必须通过社会政策而非刑事政策才可以达到。刑事人类学派理论的核心是犯罪人定型论，不相信刑罚效果，更不相信刑事政策具有预防犯罪的可能性，遂不得不努力探讨代替刑罚的方法。李斯特尖锐地反驳道："所谓旧派并非我们要急于反对的，最危险的是不信仰人类有教化可能的属于极端自然派的刑事人类学派。遗传基因是事实，但只是一种性质的萌芽或倾向的表现，未必不能因教化而转变，甚至完全涤除。犯罪是个人关系与社会关系的产物，这些关系并非不可改变，只须对此种关系上施加一定处置，便能有效防止犯罪的发生。"①

8.5.2.2　后期古典学派

秉持自然科学实证主义与目的刑思想理论的近代学派，在 19 世纪末 20 世纪初的影响不断扩大；刑事古典学派针对前者的诘问与质疑，有意识地完善了自身理论，对前者进行了有力的反击，引发了一场旷日持久的学术争论。争论领域主要围绕意志自由与意志决定、客观主义与主观主义、报应刑与目的刑的话题展开。在此过程中，后期古典学派敏锐地察觉到容认与接受近代学派部分观点的必要性，同时感到强调基于国家道义威信的权威主义的重要性，在新康德主义哲学的影响下，进入 20 世纪后的古典学派终于形成了规范主义体系的刑法理论。

8.5.2.2.1　刑法学研究对象与方法的改变

德国著名刑法学家宾丁（Karl Binding，1841～1920 年）对现代刑法理论的最大贡献是改革了刑法学的研究对象。自康德以来，德国刑法学隶属于哲学，大多数刑法学家拘泥于哲学思辨。宾丁对此颇不以为然，认为这种刑法理论与自柏拉图以来的哲学一样，形成二元世界，其结论只能是"先验的法是绝对的价值所在，而实证法则是绝对的价值缺乏"，从而导致了对实证法的非理性的忽视与慢待。② 宾丁猛烈抨击自然法思想，认为自然法为了达到其书斋式演绎的目的，往往"为了哲学评判需要而强奸现行的法律概念或条文"③，这种削足适履的做法，虽然源于一种善良信念，但从来都是未受肯定的，其追求具有不可期待性。宾丁自认为刑法应当是

---

① 马克昌主编：《近代西方刑法学说史》，北京，中国人民公安大学出版社，2008，第 232 页。

②③ 参见周光权：《刑法学中的规范违反说》，《环球法律评论》，2005 年第 2 期。

"实证法的科学",刑法不仅是法典的集合,而且应当包括所有与此相关、衍生的规定以及补充的附属法。实效方面,法律解释是实证法研究的重要领域。因为成文法的局限,实证法面临着如何适应社会发展、针对具体情况进行解释的问题,所以他竭力倡导目的解释的方法论。① 但是,宾丁的实证研究忽视了法律内在的实质利益与运动着的社会生活,从实定法的形式特征上把握法律,难免具有形式化倾向,走向了另一个极端。

德国刑法学家卡尔·冯·比克迈尔(Karl von Birkmeyer,1847~1922 年)认为新派"应受处罚者并非行为,而是行为人"的观点不科学,最大的难题是缺乏客观可采用的判案标准与依据,将会"引起司法中的混乱与难以容忍的不确定性"。比克迈尔坦言,我们不愿意因为"行为人是什么人"而处罚他,也不愿因为"行为人干了什么"而处罚他,之所以处罚行为人,是因为"他的所为与他的所愿"。② 如果古典学派与现代学派非要达到协调、统一的状态,就必须进行分域的确定,即将古典学派置于刑法学领域,将现代学派归属于犯罪学领域。同时,比克迈尔批评现代学派主张"清除刑罚概念,代之以治疗"的观点,认为其曲解了刑罚的本质。他致力于厘清刑法学的研究领域,"对刑法学而言,不能无视自己的领域,即犯罪与刑罚的法学概念;刑法学应当一如既往地研究关于犯罪与刑罚之规定的体系建构和逻辑发展,刑事政策观念只是犯罪预防学的范畴"。比克迈尔使得刑法学与刑事社会学、犯罪心理学、刑事政策学的区别明显化,避免了对刑法学理论的边缘化。事实上,李斯特在比克迈尔不断的批评与质证下,理论视域逐渐向刑法学领域回归。

德国刑法学家恩斯特·贝林(Ernst Beling,1866~1932 年)生活的时代,实证主义思潮方兴未艾,既有宾丁、李斯特等法学大师,又有龙勃罗梭、加罗法洛、菲利等犯罪学著名学者。然而,实证法学面临着方法论的一系列难题。实证主义者认为,技术性是法律的基本原则,具体考察时无须掺入任何价值考量内容,因而,实证法学的因果思考建立在否认精神内容即价值的基础上,也不顾社会利益集团的复杂要求,难免在发展时逐渐迈入机械主义的桎梏。针对此种情况,新康德主义因运而生,它立足于

————————

① 目的因素作为法律解释的渊源表现为三种形态:一是具体法律条文的目的——借生活现象进行语法解释、限制解释、扩张解释;二是法律制度的目的——对立法者尊严的保护;三是法治的目的——对公民自由的保障。马克昌主编:《近代西方刑法学说史》,北京,中国人民公安大学出版社,2008,第254 页。

② 参见马克昌主编:《近代西方刑法学说史》,北京,中国人民公安大学出版社,2008,第268 页。

实证主义，"以非现实领域的东西充实了无血肉的因果世界"，通过"评价"来沟通对象与观念、先验与经验的二元世界。新康德主义认为，刑法既要遵循先验正义，又要符合社会治理的目的。因此，在实证法与因果思考的基础上应当加入一个功能性概念，即价值的载体，既用以认识客观实证的世界，又是规范评价的内容。贝林的刑法学方法颇具新康德主义色彩。一方面，他赞同实证主义，区分实证犯罪学与实证刑法学，认为实证犯罪学"是根据经验科学对犯罪人特征和社会环境影响所作出的研究"，本身并无法律内容，只研究法律规制对象的生命体，而未关注法律规范本身；另一方面，贝林并不拘泥于实证主义，而是认为实证法有其先验基础，即必须符合逻辑上的关联性。法学思考是一个评价的过程，不仅适用认知逻辑，而且适用情感逻辑，意志推理过程中还适用决断逻辑、合目的逻辑。因而，实证法中价值是不可或缺的，特别是实证法出现漏洞之后，价值可以起到一定的弥补作用。"为了理解法律的规范内容，法官必须清楚价值的内容，即经验人所持的反映于法律中的观念——立法者意志。""利益衡量并不能代替价值内容，只有当立法者价值观不明确之际，以此辅助进行法律文本解释。法律漏洞是因为立法者没有充分行使自己的权力，而为了弥补该漏洞，必须直接求助于主导的价值观念。"① 贝林的主导价值源自于社会，即所谓的"民众确信"，即使法律含义发生演变，也不能脱离民众的主导性价值观，因为民众确信的变迁同时在"演化法律文本的意义，系一种潜移默化的和平变法"。主导价值观虽然可能"偏离正统的实证法学，却绝不会脱离实证主义的土壤，始终具备经验现实性，是心理学上的价值观，构成法官的法律认识的基础"。由此可见，贝林的实证法中已经接受了自然法，其法律概念通常要求有自然法意义上的指示，以此开启通往自然法的门户。贝林的评价理论结合了实证法与自然法的因素，中和了实证法与自然法的学术成果，具有一定折中色彩。

梅茨格尔（Edmund Mezger，1883～1962 年）则发展了刑法学从实证主义到本体论的思考方法。在梅茨格尔看来，进入 20 世纪后，刑法学令人瞩目的进步即"跳出了持续百年的实证主义的桎梏而引入了本体论的思维路径"。实证主义为主导的刑法学中，法典条文亦即立法者的意志是全部、唯一的研究对象。但是，立法者意志毕竟仅代表过去的法律意志，不能与时俱进，与时殊风异的现实、价值观念存在时间上的滞后性。在具

---

① 马克昌主编：《近代西方刑法学说史》，北京，中国人民公安大学出版社，2008，第 327 页。

体适用实证法的过程中，不能拘泥于所谓立法者意志，而应当着眼于法律本身承载的使命与适用的目的来进行法律解释，如此才能巩固法律的现实价值与意义。这就表明刑法学的研究方法已经离开单纯的实证主义立场，而发展到更贴近实际的考察方式——结合本体内容的思考方法。只有蕴含着更高级的公正性价值内涵，实证法才能够称其为法，这种价值作为广义的事实科学的精神存在，构成了所有刑法理论的基础。根据这一思想，梅茨格尔将刑法中的本体内容分成三个不同的层次：第一层次为"价值的本质存在"；第二层次为"实证法评价的规范存在"；第三层次为"物质、精神世界中现实性的本体存在"。① 刑法评价必须考虑"事实的存在"即行为、"规范的存在"即不法与责任、"价值的存在"即法益三方面内容，体系上表现为"行为"—"不法"—"责任"三个层次。关于本体论的思考方法，梅茨格尔与同时代的韦尔策尔均考虑到"目的性"与"因果性"两方面的内容，不同之处是韦尔策尔始终坚持"目的性"支配，并得出"行为无价值"的结论；而梅茨格尔则通过三层次的本体存在，将理论中的决定因素最终落脚于"价值层次"，即法益，倡导其"结果无价值"的理论。梅茨格尔所承认的"多极、多个立场的指向是生活的基本条件，因而找不到一个终极的、僵化的解决方案"②，使得刑法学具有很大的相对性与包容性，需要考虑更多的政策性因素。

8.5.2.2.2　从报应刑到分配刑理论

后期古典学派学者大多主张报应刑观点。

宾丁从规范说出发，认为犯罪的本质是违反规范（并非刑法规范），刑罚权的产生是因为刑法规范与规范的重合。刑罚是对否定规范的犯罪的再次否定，刑罚施与的轻重应当与犯罪行为的轻重成比例；犯罪人因科刑所遭受痛苦的大小，应当与刑法规范由于犯罪行为所受损害的大小成正比。他认为刑罚是根据法律规范来报复犯罪的，因而称作法律报应主义。③

贝林认为，刑罚的本质是报应。自古亦然——"法律史上，刑罚来源于复仇"。刑罚报应只是要求犯罪的自我否定。绝对报应论耽于思辨、无视国家需要、偏离世俗法律秩序的目标；防卫论又过分拘泥于现实政策，奉社会目的与国家政策为圭臬，不考虑刑法公正。贝林的刑罚论是"结合

---

① ② 参见蔡桂生：《梅茨格尔犯罪阶层体系的新康德主义根基》，《清华法学》，2009 年第 6 期。

③ 参见马克昌主编：《近代西方刑法学说史》，北京，中国人民公安大学出版社，2008，第 262 页。

了目的刑论与公正的报应思想"。① 根据国家观念为不法者，由国家予以处罚，既符合民间普遍的报应观念，又能维护国家权威；相反，不予以处罚，则会引起社会失衡，国家权力受到藐视，直接威胁国家所保护的社会秩序。刑罚构建体系应考虑三方面因素：一是刑罚的本质是对有责不法行为的公正报应，其严厉程度应当与行为的危害性一致；二是刑罚的裁量需要考虑维护国家稳定的目的，因而可以免除报应之刑，或者从宽适用报应之刑；三是社会防卫也应当予以规范化，防卫措施应当立法，并予以客观适用，不能以行为人的人身危险性为根据，而应当以行为的危害性为根据。②

比克迈尔为了捍卫报应刑观点，与李斯特进行了长期争论，批判现代学派的"威吓刑、教育刑、保护刑"的理论混淆了刑罚目的与本质的内涵。他认为，每个人的意志均为自由的，因此刑罚的本质是报应。刑罚自古代私人复仇进化而来，恶有恶报的观念已经根植于人们的道德意识之中，报应是正义的具体体现。刑罚不同于复仇，它是一种是国家报应，国家法律秩序受到侵害，因而需要发动刑罚权来恢复秩序、恢复法律权威、抑制犯罪冲动。刑罚是一种客观报应，对应犯罪的结果适用刑罚、镇压犯罪，对犯罪者施加与罪责相对应的恶害，恢复法律秩序，同时满足被害人复仇的愿望。刑罚的根据是罪责，即不仅要有危害结果，还必须对该结果负有责任，犯罪人并不因为具有某种威胁社会的犯罪人性格就必须受到刑罚惩罚，因此刑罚的本质是镇压而非预防。不能对无罪或者无责的人施以刑罚，否则便违反报应的本质。但他也承认刑罚具有预防目的，并将其细化为"分配理论"，即立法、量刑、行刑分别对应报应刑、法的确证与目的刑的意义。另外，刑罚的制定与裁量也必须符合罪责一致的观点，立法者制定刑罚幅度、执法者裁定刑期时，不得脱离国民评价而量定刑罚，刑罚适用必须与犯罪行为所导致的危害结果大致相称。刑罚的量的差别在于实施罪恶的大小，刑罚不是处罚人而是处罚人的行为，因而刑罚轻重依犯罪事实大小而定，不应当依照犯罪人的人格而定。③

M. E. 迈尔认为，刑法问题的根本即刑罚问题。他希望追求一种折中方案，解决报应刑与功利刑的冲突。他认为刑罚发动有三个不同阶段：刑罚威吓、刑罚裁量与刑罚执行。首先对应的是法律问题——"刑罚是什

①②　参见郑军男：《德日构成要件理论的嬗变——贝林及其之后的理论发展》，《当代法学》2009 年第 6 期。

③　参见马克昌主编：《近代西方刑法学说史》，北京，中国人民公安大学出版社，2008，第238 页。

么"，"什么是刑罚的本质"；其次是刑事政策问题——"应如何处以刑罚"，"尽可能严格处罚还是尽可能人性化处罚"；最后是法哲学问题——"对国民适用刑罚是否合理"，"刑罚是否灰色，是否超越一定文化时期"。① 而对这些问题进行统一回答是不可能的，迈尔提出一种所谓的分配理论。法律问题中，存在报应刑与功利刑（目的刑）的对立。从法律本质看，刑罚是犯罪的法律后果，通过刑罚方得以报应。但是报应并不能作为刑事政策的原则，刑事政策应该考虑目的，服务某种刑事政策的手段只应在针对遏制犯罪的范围内确定。刑事政策问题中，存在刑罚威慑论和刑罚惩罚论的对立，即通过一般预防或者特殊预防来实现刑罚的目的，而一般预防并无刑事政策的意义。刑法哲学问题中，必须考虑两个相对的范畴——公正与效率（合目的性），存在着并合理论与分配理论的对立。片面追求刑罚效率，会损害刑罚的公正；片面追求刑罚公正，则不符合刑罚的目的。分配论认识到"公正与效率是二元评价体系，是此消彼长的关系，因此，应当在立法与刑罚执行中加以衡量的，是到底在多大程度上遵循刑罚的目的"。② 迈尔主张刑罚措施的指导观念为公正，采用合理的非刑罚措施来弥补刑罚公正性的缺失。

8.5.2.2.3　战后刑法思想

历经第二次世界大战，西方国家的刑事政策学逐渐开始成为一门显学，并倾向于对战争期间蹂躏人权、戕害生命的国家罪行、集体罪责进行反省；关于人权保障、罪刑法定主义、法律的正当程序等理念得以特别强调与重视；基于人权与人道主义的自然法思想卷土重来，受到了理论界与实践层的热烈提倡；社会防卫论、目的行为论、人格责任等刑法思想得到了进一步发展。

刑法学思考方法的改进

德国刑法学家韦尔策尔（H. Welzel，1904～1977 年）对刑法学思维方式进行了改进。他认为犯罪人在传统理论中属于犯罪学的研究对象，其生理、心理特征在 19 世纪与 20 世纪的犯罪学中得到充分研究，大大推进了刑事法学的进步。然而，传统刑法理论中，"人"只是抽象研究的对象，是具有意志的模糊主体，即使责任论也讨论刑事责任能力、犯罪心理态度、意志决定等，均为自然、本体的形态，在刑法因果关系的支配下，显

---

① 参见马克昌主编：《近代西方刑法学说史》，北京，中国人民公安大学出版社，2008，第327页。

② 参见上书，第323页。

得平面而缺乏血肉。李斯特也仅在犯罪学、存在论的范围内对"人"进行观察。韦尔策尔是在刑法中提出关于人的思考的创始者，是首位提倡在刑法中突出"人"的形象的学者。① 他认为，刑法学本体研究的客观事实是价值存在的综合体，其中蕴含着并非盲目、机械的因果事实；行为的价值内容归根结底取决于行为人的特征。在刑法中考虑"人"，堪称韦尔策尔的理论创建，它不仅突破了刑法学局限于行为而行为人仅属于犯罪学的藩篱，而且超出传统主观与客观主义的对立，在行为人身上进行主客观两方面的考察，为折中理论提供了强力支持。此后，"人的不法"理论在德国刑法学界取得通说地位，刑法学思考始终以"人"为主题——刑法学中的人脱离了单纯的受罚主体地位，还原为通过违法性意识、自我支配行为、行为无价值而最终获得可罚性条件的综合、立体的主体，被赋予独立的人格与社会意义，在犯罪成立的各个环节，均将人性置于首要地位进行展现与考虑。② 有了韦尔策尔人本主义的思考，犯罪行为就不再是盲目的过程，而是基于行为者意志，为了达到行为者某种目的而由意思所支配、操纵的身体态度。基于人本主义刑法观的逐渐成型，韦尔策尔的创新观点随处可见，包括目的行为论与行为无价值等理论。

德国法学家汉斯·海因里希·耶塞克（Hans Heinrich Jescheck，1915～2005 年）提出了刑事诸科学合作发展的思想。欧洲犯罪学通常依附于法学，北美犯罪学通常依附于社会学，耶塞克则主张将刑法学与犯罪学进行统一研究，建立刑事诸科学的总体结构。耶塞克认为，刑事诸科学是不可分割的整体，传统意义的刑法学只是其中的一个组成部分，其他边缘学科也很重要。刑法学应当既包括规范科学，也包括实证科学；既包括社会科学，也包括自然科学；既包括实体法学，也包括诉讼法学。他继承了李斯特的"整体刑法学"理念，并用一句深刻隽永的格言总括了整体刑法学中规范科学的代表"实体刑法学"与实证科学的代表"犯罪学"之间的关系："没有犯罪学的刑法学是盲目的，没有刑法学的犯罪学是漫无边际的。"③ 耶塞克认为，刑事科学的诸学科宏观上分两类：刑法学与犯罪学。刑法学包括规范刑法学、刑事政策学、刑法史学、刑法哲学、比较刑法学以及与刑法相关的社会科学等；犯罪学则包括犯罪学、刑事侦查学、法医学等；两大领域互相交叉，互为利用。但是，耶塞克否认李斯特大一

---

① ②　参见蔡桂生：《韦尔策尔犯罪阶层体系研究》，《环球法律评论》，2010 年第 1 期。

③　马克昌主编：《近代西方刑法学说史》，北京，中国人民公安大学出版社，2008，第 532 页。

统的称谓，而倾向于使用"刑事诸科学"的名称。① 耶塞克在刑法学与犯罪学之间的合作理念，并非仅仅指某种工具层面的合作，而是指思维方式的合作，即一个刑法学家在论述刑法问题时，一定不能忘记两件事：首先，对于某种既定的法律理论，不妨利用犯罪学的成果问问其事实根据何在；其次，如果犯罪学给出的结论与既定的刑法理论不符，应考虑现有规范之外是否有更合理的解决方案。② 这种开放性的思维方式在其刑法规范学著作中时有体现。至于刑事政策学，是刑法学的一部分，是用来将刑法限制在"能最好完成其社会保护任务"的范围内的科学。它的首要任务是为现行刑法的改良提供理论支持，而这种改良的途径存在于犯罪学的实证研究结果和现行刑法规范学的结合中，所以，刑事政策学是刑法规范学与犯罪学之间的天然桥梁。

8.5.2.2.4　新社会防卫论

"一战"与"二战"时期被忽视的对人的生命与生存尊严的保护，引起了刑法理论与实务操作层面的普遍重视。在意大利学者格拉马蒂卡（Filippo Gramatica，1901～1979 年）的倡导下，西方刑法史上的社会防卫运动应运而生。它拓展了刑事社会学派的社会防卫论适用范围，并赋予其新的价值——社会防卫的宗旨不仅是保障公众的人身财产安全，它更重要的目的是"改善反社会的人，使之回归社会"。对所谓的"人身危险性"的概念，格拉马蒂卡持完全否定的态度。他认为，首先，"人身危险性"的判断标准极不确定；其次，如果在未确定的客观事实发生之前，基于所谓的"人身危险性"适用保安处分，将会陷入侵害人权的极大危险，亦无法保证执法的公正性；最后，"人身危险性"在司法适用的实践中，效果恰恰与初衷相悖③，尤其是 20 世纪 30 年代，这一观点被纳粹大肆用来作为镇压民众反抗的工具，人们对其持有普遍反感。可以看出，格拉马蒂卡理论中更强调的是个人的权利与利益，认为反社会行为人，亦即与社会为敌的人，不应当总是承担接受刑罚制裁的义务，他们还享有要求国家改善他们生活的权利；国家亦必须承担起改善个人生活模式，使其重新融入社会、再社会化的义务。这种具有崭新目的的社会防卫论，将反社会者的行为原因置于思考前提，主张对他们的应对措施不能仅以刑罚处罚为主，而是应当深入考察其反社会性行为产生的具体原因，针对不同情况施以不同

---

① 参见马克昌主编：《近代西方刑法学说史》，北京，中国人民公安大学出版社，2008，第536 页。

②③参见鲜铁可：《格拉马蒂卡及其〈社会防卫原理〉》，《中国法学》，1993 年第 4 期。

的矫正措施（医学治疗、教育、隔离等），但不应施与毫无意义的肉体惩罚与痛苦。在该理论的引导下，格拉马蒂卡认为社会不应以牺牲个人生存的可能性来做所谓的"社会防卫"，保护个人与防卫社会应当是统一问题的不同层面，道义责任应当改作社会责任，法律正义应当改为人道正义。

基于上述要求，格拉马蒂卡对传统刑法体系予以大胆地重构。首先，他主张用"反社会性"取代"犯罪"概念。因为犯罪人的行为所反抗的是个体无法容忍的特定生活准则，而这种基于群体生活秩序需要而确定的生活准则的正确与否本身就存在疑问。反社会者是社会的一分子，反社会现象是社会环境与个人特质交叉作用的产物，是整个社会出现疾病的体征；当反社会现象出现时，社会作为带菌病变机体，应当主动寻找自身存在问题。其次，以"反社会性的指标与程度"取代传统的"责任"概念。其中的行为个体责任被淡化，反社会性指标的制定、反社会程度的评估是对反社会行为者与国家之间关系进行调整与平衡的关键。最后，以"社会防卫处分"代替"刑罚"。这种防卫处分是基于生物学、人类学、心理学、医学等学科知识所建立的，是集刑事政策、教育、医疗等于一体的综合性措施①，具有治疗性、教育性、改善性的特征。

1945 年后，格拉马蒂卡所提倡的社会防卫运动因过激地主张对个体人权进行保护与对刑罚作用的全盘否定而遭到多方面的批评。法国学者马克·安塞尔（Mark Ancel，1902～1990 年）批判地借鉴了格拉马蒂卡的观点，提出新的社会防卫论与之抗衡。安塞尔的思想带着鲜明的综合与折中色彩，他不完全反对个体意志自由，因而否定刑事人类学派与社会学派的观点；他倾向于古典学派的道义责任论，认为"责任感是任何人都具有的一种承担责任的内心情感"②，正是这种情感因素构建了犯罪人重新回归社会的可能性。因此，无论是司法实践还是刑事政策，均应当尊重犯罪人的人格，增强其对个人、家庭、社会的责任感。只有如此，才能使犯罪者再社会化的理想得以实现。安塞尔理论由以下两方面的基本观点构成：首先，安塞尔竭力反对犯罪与刑罚研究的狭隘化，认为它们并非法学家"案头的专属品"，应当联合包括心理学、社会学、教育学在内的所有人文学科进行多维度研究，因为犯罪现象本身即多种人文因素共同作用的结果。其次，安塞尔社会防卫运动遵循两个基本原则：一是对传统报复刑的惩戒

---

① 参见鲜铁可：《格拉马蒂卡及其〈社会防卫原理〉》，《中国法学》，1993 年第 4 期。

② 马克昌主编：《近代西方刑法学说史》，北京，中国人民公安大学出版社，2008，第 485 页。

尺度的坚决反对，认为基于报复主义对犯罪人施与的肉体与精神痛苦对社会风气的净化毫无意义；二是对人权保护的坚决捍卫，其人道主义刑事政策新体系的建立，旨在促使犯罪人再社会化，使得他们重返社会生活。①通过以上分析可以看到，安塞尔防卫论在罪犯人格、刑事责任与刑罚制裁方面较传统理论均产生了质的飞跃。第一，在单纯的客观主义、主观主义刑法观基础上演绎出综合主义刑法观，亦即在不否认对犯罪者行为与危害结果关注的前提下，重视对行为人人格的调查，人格因素贯穿于整个定罪、量刑以及刑罚执行的过程中。第二，批判社会学派的意志决定论，也不同意古典学派的以道义责任作为刑罚根据的观点，而是采取了兼容道义责任论的立场，摒弃报复刑立场。第三，强烈质疑社会学派对社会防卫必要性的夸大，认为这是刑罚扩张主义危机产生的根源；同时，也反对格拉马蒂卡维护个体人权的过激言论而导致的刑罚功能虚无化，提出了刑罚与保安处分一体化的建议，前提仍然是罪刑法定。在此点上，安塞尔尤其强调禁止以人身危险的名义滥施刑罚。第四，坚决反对死刑，并提倡改进监禁刑，认为社会具有使犯罪者重返社会、对社会无害化的义务。第五，总结了白领犯罪的特征。20世纪70年代后，西方发达国家的白领犯罪成风，成为刑法规制与适用的新种群。安塞尔注重对白领犯罪的研究，认为这些人不再是具有生理缺陷、缺乏基本生活保障、无法适应社会的病态犯罪者，而是一种新兴的特权阶层。他们利用种种资源、地位、职业优势，对地位低下、处于弱势、无法有效自我防卫的公众滥施侵害，违背了基本的正义原则与人类道德，导致了社会秩序的不可逆性紊乱。对于这些高智商的道德败坏者，安塞尔主张施以"短促、剧烈"打击。此外，安塞尔还提出了在刑事政策层面缩小犯罪圈、非刑事化运动的前沿思想。非刑事化思想包括四化：非犯罪化（某些罪名取消）、非刑罚化（刑罚与保安处分一体化）、受害人化（恢复性司法）与社会化（尽量减少犯罪人再社会化障碍）。②

　　20世纪60年代以来，将刑罚看作是对犯人的诊疗医治过程的国家，如美国、瑞典等均遭受了惨痛的教训：一方面，青少年犯罪率不断增高；另一方面，无论采取何种治疗措施，再犯率没有丝毫下降（三年再犯犯罪率美国为70%、瑞典为80%）。于是，无论美国还是瑞典，均放弃了治疗与福利的思想，试图回归古典学派的报应刑观。此背景下，关于刑罚的根本目的，耶塞克坚持"预防为体、报应为用"的综合主义。耶塞克认为，

①② 参见马克昌主编：《近代西方刑法学说史》，北京，中国人民公安大学出版社，2008，第487页。

惩罚本身不具有内在价值，仅具有服务于社会利益的工具性价值，其出发点是一般预防与特殊预防。耶塞克的刑罚理论亦颇具折中色彩——为了预防而报应，以报应为出发点设置刑罚的框架（上下限），以预防为出发点确定具体的刑罚；在一定程度上，报应化身为预防，预防以报应为内在标准。① 耶塞克将刑事政策与社会变迁紧密联系，认为社会既然出现了深刻变化（社会价值观改变、社会贫富分化加剧、家庭稳定性与向心力降低、外籍劳工大量归化、城市化迅速发展），当然会给刑事政策学带来新的挑战，于此相适应的刑事政策的变革是必然的。如何预防犯罪社会效果最优，不能回到康德式的纯粹报应刑理论，狭义的自由主义刑法也行不通，因此刑事政策思想从根本上说只能是一种具有前瞻姿态的折中。

8.5.2.2.5　目的行为论与人格责任论

刑法思想的行为理论中，传统的行为论即因果行为论长期居于支配地位。因果行为论是指行为人基于某种意欲（有意性），为实现此意欲而发动身体的运动（有体性），并由于身体的运动使得外界发生变动（结果）。"二战"后，德国学者在基于对意思刑法的反省到基于自由主义的结果刑法的转变中，韦尔策尔对行为人刑法与行为刑法给予了折中处理，提出目的行为论——在行为中参入"人"的因素，赋予行为某种志向、目的或意义，使其区别于自然界的因果事件，在刑法评价中同时考虑行为与行为人因素。韦尔策尔认为，人的行为是目的性行为，目的行为结构中，"目的性"处于支配地位。② 韦尔策尔之前，理论上只有"主观违法性"与"客观违法性"的对立，韦尔策尔折中提出了"人的不法性"理论，将主客观的不法要素集中于人来展开研究，提出犯罪的基础是"行为无价值"的理论。

长期以来，在责任领域一直存在近代学派的社会责任与古典学派的道义责任相对应。韦尔策尔却认为，行为的决意只有一部分是由意识决定的，另一部分则事先存在于"半意识或潜意识中"——介于灵魂深处与意识之间的"人格层"，支配着其"现行决意"。"人们已经执行的决意与行为，会有一部分残留于无意识之中，形成一系列的态度和处事法则"，这就是人格。人格层的错误构建是责任的根据，也构成具体违法性行为的基础。韦尔策尔认为，责任是"对行为人的人格非难"，虽然能放弃违法行为而未放弃，故应给与非难。责任非难的首要对象是意志，经由意志实现

---

① 参见马克昌主编：《近代西方刑法学说史》，北京，中国人民公安大学出版社，2008，第 489 页。

② 参见蔡桂生：《韦尔策尔犯罪阶层体系研究》，《环球法律评论》2010 年第 1 期。

对整个行为的非难。①

　　总结以上内容，我们可以发现，刑事古典学派在 19 世纪中叶前占据刑法学理论中绝对的统治地位。该派学者擅长哲学思辨，热衷于对刑法理论模型的建构，自费尔巴哈开始，逐渐完成了对刑法学的基本概念、术语、原则的界定与完善，开创了一个以自由意志论为逻辑原点、行为主义为定罪理论核心、道义责任论为刑罚权根据的客观刑法学体系。19 世纪中叶以后，随着社会矛盾的紧张激化以及自然科学的迅猛发展，古典学派理论不足以解释和应对西方刑事司法实践的需要，以自然科学为工具的刑事实证学派异军突起，与古典学派形成对峙局面。实证学派以生物的、自然的、社会的原因解释犯罪现象，首先向古典学派的意志自由论进行发难，继而建立起意志决定为逻辑原点、行为人主义为定罪理论核心、社会责任论为刑罚权根据的刑法学体系。从 19 世纪后半叶一直到 20 世纪初，是两种学派激烈争论的时期，同时也为二者提供了正视自我缺陷、完善理论的良好契机。进入 20 世纪，一直到第二次世界大战结束前，是古典学派与实证学派的冷静思考期。两派偃旗息鼓，开始对自己的理论基点、研究进路、方法论、理论的片面性以及与司法实践之间的龃龉状态进行深刻的反思，并在吸收对方合理之处的基础上对自己的理论体系进行翻新与修正。总体而言，20 世纪的刑法思想的发展趋势为：

　　首先，刑法理论学说向折中性与综合性发展。第一，针对实证主义规范法学派将研究对象严格控制于实在法领域的机械性与局限性，贝林引入了评价理论。他认为实证法出现漏洞进行弥补时，必须直接求助于主导价值观念。主导价值源自于社会，即所谓的"民众确信"。由此可见，贝林的实证法中已经接受了自然法，其法律概念通常要求有自然法意义上的指示，以此开启通往自然法的门户。贝林的评价理论结合了实证法与自然法的因素，中和了实证法与自然法的学术成果，具有一定折中色彩。第二，关于行为主义与行为人主义的争执，韦尔策尔对行为刑法与行为人刑法给予折中处理，提出了目的行为论——在行为中参入"人"的因素，赋予行为某种志向、目的或意义，使得其区别于自然界的因果事件，在刑法评价中同时考虑行为和行为人因素。韦尔策尔认为，行为的价值内容取决于行为人特征，这种观点突破了刑法学局限于行为、行为人仅属于犯罪学的藩篱，而且超出传统主观主义与客观主义的对立，在行为人身上进行主客观两方面的考察。第三，关于"主观违法性"与"客观违法性"的对立，韦

---

　　① 　参见蔡桂生：《韦尔策尔犯罪阶层体系研究》，《环球法律评论》2010 年第 1 期。

尔策尔以人本主义为基础，折中提出"人的不法性"理论，将主客观的不法要素集中于"人"来展开研究，提出犯罪的基础是行为无价值的理论。第四，关于责任领域的实证学派"社会责任"与古典学派"道义责任"的分歧，韦尔策尔以"人格责任"进行折中。他认为行为的决意只有一部分是由意识决定的，另一部分则事先存在于"半意识或潜意识中"。介于灵魂深处与意识之间的"人格层"，支配着其"现行决意"。责任非难的首要对象是意志，经由意志实现对整个行为的非难。第五，关于报应刑与功利刑（目的刑）的冲突问题，M. E. 迈尔以所谓的分配刑理论对其进行综合。他将刑罚发动分为三个阶段：立法阶段、量刑阶段、行刑阶段，分别对应一般预防主义、报应刑主义和特殊预防主义。第六，耶塞克在李斯特整体刑法学的基础上更是提出了刑法学与犯罪学统一研究，建立刑事诸科学的总体结构：既包括规范科学，也包括实证科学；既包括社会科学，也包括自然科学；既包括实体法学，也包括诉讼法学。

其次，主观主义色彩日益浓厚。从 20 世纪初期到 20 年代，行为人主义在刑法思想中占主要地位，重视环境决定论，并对功利主义思想进行批判。两次世界大战期间，刑事实证学派的犯罪原因决定论、社会防卫论、犯罪人人格类型等学说被统治者歪曲利用，作为对外扩张、民族压迫甚至种族屠杀的理论依据。战后，新古典学派与社会学派的理论打破了非此即彼的局限，他们在不断修正自己学说的同时逐渐走向折中与融合。新古典学派产生了以人本主义为基础的目的行为论与行为无价值理论，均将行为人行为时的主观心理置于与行为同样重要的位置进行考评。目的行为论认为人的行为是目的性行为，在目的行为结构中，"目的性"处于支配地位。在责任领域内，新古典学派提出了"人格"责任，认为行为人人格层的错误构建是责任的根据，也构成了具体违法性行为的基础。因此责任是"对行为人的人格非难"，责任非难的首要对象是意志，经由意志实现对整个行为的非难。战后，在人道主义精神复兴的背景下，社会学派的新社会防卫论更是重视对人的主观思想的考察。例如安塞尔的防卫论主张重视对犯罪人的人格调查，将人格因素贯穿于整个定罪、量刑以及执行过程中，主张容纳道义责任论，并赋之以更重要的地位——道义责任的承担是犯罪行为人回归社会的人性基础，以尊重犯罪行为人人格的方法刺激其对个人、家庭与社会的责任感，继而产生回归社会的欲望。

最后，刑事政策逐渐成为各国刑法研究重心。西方刑法中，刑事政策思想的体系化肇始于刑事古典学派与近代学派的学术论战；"二战"后，基于法国安塞尔所倡导的新社会防卫论，刑事政策理论与思想逐渐发展、成熟，成为连接犯罪学与刑法学刑事一体化思想的核心枢纽。关于刑事政策的精确概念与内涵、外延，西方法学界并无定论，但其涉及范围的广泛性是无可置疑的，它包括刑事立法政策、刑事司法政策、刑事执行政策。就刑法观层面而言，刑事政策具有与社会态势基本同步、对社会需求监测灵敏、对舆情反应快速准确等柔性特征，可以很好地弥补刚性刑法典的僵化与滞后等缺陷，将特别预防与防卫社会作为刑法的主要任务和首要价值，在法制的框架内灵活地对待犯罪和罪犯，更有效地达到刑法工具性适用目的。司法实践层面上，刑事政策化是西方刑法发展的一种趋势。具体而言，刑法典的制定与司法适用均要受到当时刑事政策的影响与制约，从防卫社会的目的出发，通过法典编撰与司法适用合理组织对犯罪的合理、迅速反应。进入 21 世纪的前十年，西方的刑事政策不仅作为一种思想体系，更是作为刑事一体化的实务操作指南，引导着席卷世界的刑法改革潮流。刑事立法方面，表现为犯罪圈的缩小，道德宗教领域的多种犯罪已经从刑法典中被剔除。刑事司法方面，主要表现为死刑废除、死刑慎用、刑罚宽和以及恢复性司法。刑罚执行方面，主要表现为刑罚替代方法与保安处分的运用以及行刑社会化的司法实践。

第 9 章　让文学之光照亮法学殿堂

　　法律是一个带有许多大厅、房间、凹角、拐角的大厦。在同一时间里想用一盏探照灯照亮每一间房间、凹角、拐角是极为困难的,尤其当技术知识和经验受到局限的情况下,照明系统不适当或至少不完备时,情形就更是如此了。①

——〔美〕埃德加·博登海默

---

　　① 〔美〕埃德加·博登海默:《法理学:法律哲学与法律方法》,邓正来译,北京,中国政法大学出版社,2004,第 217 页。

对特定时期成文法典的考察，是每一个法学研究者开启该时期法学思想宝库的最可信赖的钥匙。从古巴比伦的汉谟拉比（Hammurabi）到古希伯来的摩西（Moses），从古希腊的德拉古（Draco）到古罗马的"十人委员会"（Decemviri）①，当镌刻着西方早期文明密码的立柱、海岩、石板、青铜随着伫立于文明源头的立法者身影逐渐消湮于历史尘嚣中时，我们不得不徜徉于残存至今的各种文明碎片中去搜寻、去验证特定时期的刑法学思想与司法制度。如前文所述，囿于远古时期人类文明的发展水平，初民社会的道德伦理与成文法典均以神话色彩浓厚的宗教教义为载体，因而，人类社会接受规训伊始，法律、宗教与文学便相伴相生，难以分离；同时，无论是自然法还是制定法，它们在世俗社会运行过程中遗留的种种痕迹，亦总是嵌入同时期文学作品的内核，向后世传递着翔实、丰富的信息，成为刻录人类历史、传承人类文明的重要载体。

以西方文学作品为镜像，从古朴粗犷、崇尚自然法则的远古时代一路走来，我们已经清晰地捕捉到西方刑法思想在孕育、发展、进化过程中所历经的数个关键性镜头——从训谕原罪、禁锢人欲的中古时代，到肯定原欲、释放人性的文艺复兴时期；从提倡公民义务与群体利益、重视规则与秩序的古典主义时期，到旨在开启人智、宣扬理性的启蒙思想时期；乃至近现代以来，西方刑法思想从向客观主义、理性精神的大步迈进，到向主观主义、感性世界的黯然退守，在极速发展的自然科学与风起云涌的哲学思潮的刺激与引导下，终于形成了多元观念之间全面冲撞、竞争、妥协、融合的局面。分裂与整合、蜕变与异化、衰亡与新生——在西方刑法思想所经历的每一次巨大变革的背后，我们均可以发现包蕴着相同主题的文学作品的身影（详见表9—1　西方文学作品所蕴含的刑法思想）。

---

①　古巴比伦国王汉谟拉比制定了现存世界上的最早一部成文法典《汉谟拉比法典》（约公元前1792～约前1750年），雕刻在一根黑色玄武岩石柱上。希伯来族领袖摩西从西奈山背下来的一块石板上，印刻着上帝亲手摹写的《十诫》（公元前1512年），这块石板统治了西方世界三千多年。在雅典，基伦暴动被镇压后，平民要求制定成文法、避免贵族杜撰习惯法，雅典当局委托司法执政官德拉古制定了雅典第一部成文法典《德拉古法典》（公元前621年），最初拓印在岩石上。罗马共和国时期，在平民保民官的强烈要求和平民的努力下，成立了十人委员会，负责将习惯法归结成文，制定《十二铜表法》（公元前450年），镌刻在十二块青铜表上，公布于罗马广场。参见何勤华主编：《西方刑法史》，北京，北京大学出版社，2006，第二章。

表 9—1　　　　　　　　　西方文学作品所蕴含的刑法思想

	年代	文学作品	刑法思想
远古时期文学	约公元前8世纪	［古希腊］"宙斯弑父篡位"	1. 意志绝对自由。 2. 暴力产生权力，权力创造秩序，契约平衡利益（三代神祇弑父篡位、获得权力、分配权力）。
		［古希腊］"普罗米修斯盗圣火案"	1. 恶法亦法？恶法非法？违法性与正当性之关系（普罗米修斯盗圣火行为）。 2. 第三方对刑事案件调解先例的产生（赫淮斯托斯充当宙斯与普罗米修斯之间的调解人）。 3. "案底保留"制度的产生（宙斯要求普罗米修斯永久佩戴镶有高加索山石子的脚环作为耻辱记号）。
		［古希腊］"帕里斯裁断金苹果案"	1. "司法回避"制度的产生（宙斯主动退出裁判者位置）。 2. 合法授权是裁判正当性的渊源（帕里斯的裁判权来自宙斯的授权）。 3. 裁判者因受贿而枉法的最早记录（当事人赫拉、雅典娜、阿芙洛狄忒对裁判官帕里斯的许诺）。
		［古希腊］"赫拉克勒斯误杀案"	1. 对主观罪过的探讨，由"严格责任"向"过错责任"转移（赫拉克勒斯的行为并非故意杀害）。 2. 将"正当防卫"与"被害人过错"规定为出罪理由（赫拉克勒斯被判无罪）。 3. "流放刑"的最早记载（赫拉克勒斯被国王流放底比斯山脉）。
		［古希腊］《荷马史诗·伊利亚特》	1. 意志决定论萌芽（神秘的自然法则对原始野性的束缚）。 2. 血亲复仇升级为战争（希腊与特洛伊之间的十年战争）。 3. 对复仇程度与手段的限制——复仇规则的产生（阿喀琉斯虐尸行为引起的恐慌与愤怒）。 4. 公共权力被动介入私力复仇空间，以恢复社会心理秩序（神祇被迫介入人类的复仇行为）。
	公元前458年首映	［古希腊］埃斯库罗斯"俄瑞斯忒斯三部曲"	1. 私力复仇走向悖谬状态（复仇对象指向自我）。 2. 典型司法角色的出现（检察官、法官、陪审团、辩护人、证人、被告），审判模式雏形初现。 3. "无罪推定"思想的产生（雅典娜在审判前对俄瑞斯忒斯的保护）。 4. 普通法"对抗制"审判模式的产生（辩护人与检察官的对抗）。

续前表

	年代	文学作品	刑法思想
远古时期文学	公元前458年首映	［古希腊］埃斯库罗斯"俄瑞斯忒斯三部曲"	5. "交叉询问"程序的演绎（阿波罗与复仇女神交互辩论、质询）。 6. "合法性"与"正当性"的悖离（俄瑞斯忒斯弑母的行为非正当，但是合法）。 7. 自然正义向法律正义过渡，道德与法律产生第一次分离（弑母者被判无罪）。 8. 司法独立性与裁判强制力（雅典娜对复仇女神不得迁怒于陪审团的警告）。 9. 司法中的性别歧视（弑母合法，弑父获罪）。
	公元前430年首映	［古希腊］索福克勒斯《俄狄浦斯王》	1. 意志决定论的出现（俄狄浦斯无法避免"弑父娶母"的宿命）。 2. 朴素的报应刑观（父罪子承）。 3. 对悔罪态度与行为的肯定与赞美（俄狄浦斯自我放逐，行乞以涤荡罪愆）。 4. 城邦利益高于个体利益、司法角色的交融（俄狄浦斯为了城邦利益自我侦查、自我审判、自我施刑）。
	公元前441年首映	［古希腊］索福克勒斯《安堤戈涅》	1. 自然法与制定法之间的激烈交锋（安堤戈涅对自然法的信仰与诅咒、克瑞翁对制定法的坚定维护）。 2. 民意对司法效果的影响（公序良俗对安堤戈涅行为的肯定与支持导致了克瑞翁的悲剧）。 3. 城邦利益高于个体利益（克瑞翁典型的罪罚观）。 4. "石刑"的最早记载。
中古时期文学	公元前1513～公元前443年	《圣经旧约》	1. "契约"精神的最早记载（上帝与人类订立契约，人类违背契约、陷入原罪）。 2. 意志自由论的提出（"人若有罪，他必定曾经自由"）。 3. "自然犯罪"种类的最早记载（"摩西十诫"之"杀、盗、淫、伪证、贪婪"）。 4. "罪刑均衡"思想的提出（"若有伤害，就要以命偿命，以眼还眼……"）。 5. 强烈的平等精神（"同态复仇"抹杀了一切等级特权意识）。 5. 罪过形态的详细划分（故意与过失），并根据不同罪过施以不同处遇方法。 6. 对被告基本人权的保障（开辟了"逃城"作为对过失犯的庇护所）。 7. 证据采纳的客观性原则与基本程序（多方采集、对比分析、交叉质证）。 8. 禁止"赎金"代替故意杀人罪的死刑执行。

续前表

	年代	文学作品	刑法思想
中古时期文学	公元前1513～前443年	《圣经旧约》	9. "原罪"思想的提出以及限制死刑观念的提出（除了故意杀人罪，其他诸如盗窃、通奸、抢劫等罪行均不得判处死刑）。 10. "罪刑法定"思想（上帝规定的罪，由人代替上帝执行；上帝未规定的罪，禁止人类惩罚同类）。 11. 浓厚的"集体本位"思想。
		"索多玛城的毁灭"	1. 浓厚的"报应刑"思想（作恶必受惩罚）。 2. "个体归责"原则（禁止罪及无辜）。 3. 酌定量刑情节的提出（亚伯拉罕与上帝达成协议，以部分义举换取整个城邦的刑罚豁免权）。
	41～96年	《圣经新约》	1. "契约论"进一步成型（上帝与人类再立新约，拯救原罪中挣扎的人类）。 2. "刑罚谦抑"思想产生，刑罚由"恪守、报复"转为"自律、宽恕、博爱"（人人皆罪者）。 3. "隐忍、忏悔"的赎罪观（妓女、淫妇、小偷、强贼等皆可获得救赎）。 4. "罪刑法定"思想深化（"凡没有律法，不必按法律灭亡；凡在法律之下犯罪，必须按法律受审判"）。 5. "人类生而平等"思想（"犹太人、自主的、为奴的、或男或女，你们在耶稣那里都成为一了"）。 6. 确定了罪的宗教意义（sin）与刑法意义（crime）的界限，刑罚权向世俗回落。
		"登山宝训"	1. 教义开始向隐忍与宽恕过渡（"天国八福"要求基督徒清心寡欲、严谨律己、宽恕他人）。 2. 律法存在的必要性（即使天崩地裂，律法的效力亦应岿然不动，世人举念动静，皆以律法为准）。 3. 律法制定原则的提出（"己所不欲，勿施于人"）。 4. 法度适用平等原则的提出（针对制定律法者、执行律法者做出训诫）。 5. 除了天父，人类并无资格拥有审判权与刑罚权（"只见芒刺，不见梁木"）。 6. "以善治恶"、"宽恕"的刑罚观的提出（"被打左脸，右脸也伸过来"的隐忍，"爱邻舍，也爱仇敌"的博爱，宽恕他人，才能在末日审判时获得天父的宽恕）。 7. "刑罚适用"必须具有整体观念与体系观念的提出（"将律法刻至世人的心板"，成为活动着的律法）。

续前表

	年代	文学作品	刑法思想
中古时期文学	41～96年	"登山宝训"	8. 思想犯罪的提出（将奸淫戒律的内涵扩充至思想领域，起心动念皆为禁止）。 9. 制造冤狱者与实施犯罪者罪行同等（非因淫乱而休妻，即为制造淫乱的行为）。
		《行淫时被捉的女人》	1. 鲜明的"刑罚谦抑"观点（认为人人皆罪者、无权审判他人）。 2. 教育刑思想（提倡宽恕隐忍，教育为主，惩罚是上帝的事情）。
	公元前30年	［古罗马］维吉尔《埃涅阿斯纪》	1. 古罗马民族的传统法律文化：集权与征服，以理性抑制感性，崇尚虔诚、勇敢、克制、仁爱、公正的价值观。 2. 责任与情感的冲突——集体本位战胜个人本位，民族义务高于个人幸福。 3. 肯定了侵略战争的正当性。
	750年	［英格兰］《贝奥武甫》	1. 英格兰民族的传统法律文化：强烈的荣誉观与复仇心理。荣耀的获取很大程度上来源于对异类的征服与掠夺，无论目的是否正义、过程是否人道。 2. 最高的美德即对国家的责任与君主的忠诚，史诗中反复强调国王是国家与人民的"保护者"。 3. 血亲复仇是一种最稳定的维系族群生存手段（个体、家庭、族群、民族仇恨平息的唯一方式便是同态复仇）。 4. 婚媾与金钱的方式可以暂时阻隔复仇进程，但仇杀终将爆发，所牵连的无辜者成倍增加。 5. 五个复仇故事中，为了家族、集体、国家的荣誉，个人自愿抛弃对个体命运的选择权，反映出高度的集体本位权利观念。
	1087年	［法兰西］《罗兰之歌》	1. 法兰西民族的传统法律文化：理性的、以国家意志、群体利益为中心的集体本位价值观。 2. 以宗教派别定义善与恶、对与错、正义与邪恶，假基督之名随意屠戮、恣意掠夺。 3. "控审分离"与"陪审团"制度（查理曼大帝扮演检控官角色，藩王组成的陪审团则是定罪主体）。 4. 刑事司法程序对被告人辩护权的保障（罪犯嘉奈隆的辩护权的充分行使）。 5. 司法过程带有浓厚的"神明裁判"色彩（载体为当时西方司法程序普遍认可的决斗制度）。 6. 对报复刑的质疑（绞死嘉奈隆亦无法使罗兰复活）。 7. 功利主义刑罚观（嘉奈隆不应被追究责任，他与家族可以继续为国效劳）。

续前表

	年代	文学作品	刑法思想
中古时期文学	1087 年	［法兰西］《罗兰之歌》	8. "刑事株连"制度的记载（30 位贵族担保者依据同样罪名被处以绞刑）。 9. "车裂刑"的记载（嘉奈隆的死刑执行方式）。
	1140 年	［西班牙］《熙德之歌》	1. 西班牙民族的传统法律文化：强烈的忠君思想、对向异族掠夺与屠杀的毫不掩饰的赞美之情。 2. 正面宣扬"强者掠夺弱者"的合理性（向异教徒的疯狂掠夺行为被赋予正当意义）。 3. 西方文学史上最早出现的奴隶贩子——熙德。 4. 刑事附带民事案件的记载（熙德指控贵族兄弟各项罪名，并要求被告返还婚前、婚后的各项赠与）。 5. 法学家参与司法实践的记载（御前法庭的组成包括著名法学家）。 6. 陪审团组成、审判规则与回避制度。 7. "受害人身份"对确定犯罪是否成立具有影响（熙德女儿与被告身份的不对等性成为有效的抗辩理由）。 8. 以决斗为主要载体的"神明裁判"具有最高效力。
	1187 年	［俄罗斯］《伊戈尔远征记》	1. 俄罗斯民族的传统法律文化：强烈的民族责任感，躬身自省、追求救赎的独特心理特征。 2. 神秘的宗教色彩与浓厚的忠君情结（异兆、谶语的频现以及伊戈尔之出征目的）。 3. 具有与同时期的其他欧洲史诗最为迥异的禀赋（基督徒虔诚的忏悔与赎罪思想）。 4. 彰显了宗教罪罚报应观（伊戈尔本人真诚忏悔、勇担罪责的精神）。
	1202 年	［日耳曼］《尼伯龙人之歌》	1. 日耳曼民族的传统法律文化：忠君、护国、责任、对国家主义与家族荣誉的突出强调；强烈的复仇欲望，对为了履行公民义务不惜牺牲个人幸福乃至生命的集体主义精神的宣扬。 2. "目的证明手段合法"（为国家利益可以不择手段，弑君、抢劫、诈骗、屠幼等均成为合法正当）。 3. 自然正义与法律正义的分离。
	1280 年	［冰岛］《尼亚尔萨迦》	1. "法典宣谕官"的出现，集法律宣布者、法条解释者、纠纷裁断者于一身。 2. 上诉法庭出现，解决基层法裁判决之间的冲突。 3. 该地区依据法典做出的刑事裁判只能由私立复仇的方式执行。

续前表

	年代	文学作品	刑法思想
中古时期文学	1280年	［冰岛］《尼亚尔萨迦》	4. 以程序正义约束实质正义的典型案例（关于诉讼管辖权与司法官受贿枉法断案的争议）。 5. "一事不再罚"原则的提出，斩断了循环复仇链（根据法律，不得对同一家族进行两次复仇）。 6. 被判处流放刑的实质为被剥夺生存权（流放期间，犯罪者若返回居住地，则成为不受法律保护之人）。 7. 基督教影响渗透前的西方世界，即使具备完美精致的成文法典，暴力也是解决纠纷的最终方式。 8. 在正义实现的过程中，法律已蜕变为一纸具文或者是法律人谋求私利的工具（法律人形象）。 9. 古日耳曼人如何接受基督教教化，这种具有代表性的心理转变是教会刑法一统欧洲的重要前提（三场循环往复、难以终结的世仇最终在基督教的感化下湮灭）。 10. 借助基督教的威力激活早已存在的成文法典，法律与正义的统一在冰岛社会达成共识（同时代表了整个欧洲的司法演化进程）。
	1321年	［意大利］但丁《神曲》	1. 人类的七宗原罪（骄傲、嫉妒、暴怒、懒惰、贪婪、暴食、色欲）。 2. 人类迷失本性的三个原因（贪婪、强暴与淫欲）。 3. 人类获得救赎的三项依托（信念、希望与博爱）。 4. 对中世纪酷刑的认可（对作品中的罪人所施加的刑罚）。 5. 以"王权"压制"教权"的理想（17世纪的政治理性）。 6. 信仰与神学高踞理性与哲学之上（象征理性、哲学的维吉尔与象征信仰、虔敬的贝阿特丽齐）。
文艺复兴时期文学	1337年	［意大利］彼得拉克《诗集》	1. 对原欲与禁欲之间的矛盾思想（宣扬古希罗以原欲释放为主题的文明，亦肯定斯多葛禁欲学派）。 2. 追求现世幸福而非来世幸福。
	1350年	［意大利］薄伽丘《十日谈》	1. 对身份刑的批判，对平等主义的诉求。 2. 对酷刑的批判，对刑罚人道主义的诉求。 3. 对报复刑的质疑，提出刑罚适用"个别化"原则，对教育刑、目的刑的充分肯定。 4. 法律适用的"平等论"与法律订立的"契约论"。

续前表

	年代	文学作品	刑法思想
文艺复兴时期文学	1350 年	〔意大利〕薄伽丘《十日谈》	5. 强调社会对犯罪应负的责任。 6. 法官具有主动造法的职能。 7. 法医学已经成为一门显学，具有为案件定性的重要功能。
	1532 年	〔意大利〕拉伯雷《巨人传》	1. 推崇人欲与人智的完美结合。 2. 抨击意大利注释法学派（语言晦涩、逻辑烦琐，给司法适用带来混乱）。 3. 批判意大利评论法学派（狭隘、无知、琐碎、固执，篡改罗马法，破坏法典整体性）。 4. 对当时法律人的奚落与嘲讽（法官、律师、执行吏）。 5. 程序正义是实体正义的首要保障。 6. 对当时司法官所追求的实体正义的嘲讽（法官以掷骰子为主要的裁判方式）。
	1516 年	〔英〕莫尔《乌托邦》	1. 否定"契约论"，揭示法律的工具性本质（既得利益者对一己私利的维护）。 2. "恶法非法"（民众可以反抗）。 3. "刑法谦抑"（刑法不应介入社会的道德领域）。 4. "预防犯罪"（要全面制定政策治疗社会的疾病，而非以严刑重罚来控制犯罪）。 5. 犯罪的社会根源（英国社会制造了犯罪，其后又严厉制裁犯罪）。 6. "罪刑均衡"、"刑罚人道主义"、"刑罚个别化"、"教育刑"思想的提出。 7. 立法失误可能导致更为严重的犯罪行为产生（盗窃与故意杀人同样判处死刑，鼓励罪犯实施重罪）。 8. 首次对死刑（滥用）进行谴责，提出"死刑缓期执行"等人道、科学的行刑方法。 9. "社区劳动"等非监禁刑处遇措施的建议，保证犯罪人始终处于"社会化"进程中。 10. 设计囚犯行刑期间的财政开支来源，有效减轻国家与纳税人的负担。 11. 揭示"刑法解释权"的实质，对英国"司法独立权"作出辛辣解构。 12. "安乐死"的合法性以及实施的可能性。
	1596 年	〔英〕莎士比亚《威尼斯商人》	1. 民刑事案件的转化，诉讼参与人（民事案件转化为刑事案件，民事原告转变为刑事被告）。 2. 法律中存在的偏见与种族歧视（反犹太主义）。 3. 法律与正义的分离，正义面孔的多样性（夏洛克与鲍西娅对正义内涵的不同解读）。 4. 对自由与人权的践踏（强迫夏洛克改变宗教信仰的判决）。

续前表

	年代	文学作品	刑法思想
文艺复兴时期文学	1605 年	［西班牙］塞万提斯《堂·吉诃德》	1. 意志决定论代替意志自由论。 2. 追求自由、公道与正义，对于被压迫者和弱小者寄予同情。 3. 法官裁判案件应当以客观证据为根据，避免个人好恶等主观情感的介入。 4. 刑罚贵在宽缓、刑罚人道主义思想的提出。 5. 冤案与错案造成的损害。
	1610 年	［西班牙］维加《羊泉村》	1. 尊重王权、渴望统一，追求自然正义与王权庇护下的秩序。 2. "恶法非法"，民众有权进行反抗，推翻暴政。 3. 西方文学作品对"集体罪责"的首次描述。
	1605 年	［英］莎士比亚《麦克白》	1. 西方文学史上第一部"犯罪心理剧"，凸显原欲对理性与良知的侵蚀（麦克白因对权利的欲望萌生犯意、实施罪行、痛苦忏悔）。 2. 西方文学史上的第一个教唆犯、从犯形象的塑造——麦克白夫人（引起麦克白犯意、坚定其犯罪意图、打消其后顾之忧、阻止犯罪中止、对证据的湮灭以及嫁祸于人等行为）。
	1612 年	［英］莎士比亚《暴风雨》	1. 不再突出正义与邪恶间的紧张关系，转而走向调和、宽恕、忏悔、容忍（莎翁早中晚期创作风格）。 2. 人既有源自本性的作恶倾向，又具有天然向善的优良秉性。但善的力量处于劣势，结局是善与恶的同归于尽（《哈姆雷特》《李尔王》）。 3. 放弃了以恶抗恶、以暴制暴的解决方式；希望利用善的力量去感化恶意、消弭恶行。 4. 提倡人道主义精神与教育刑观点，对单一报应刑观点的温和批判与纠正。
古典主义文学	1667 年	［英］弥尔顿《失乐园》	1. 犯罪始于贪婪（夏娃的堕落是对知识与智慧的贪婪；亚当的堕落是溺爱妻子、沦为肉欲俘虏）。 2. 对自然科学与人文思想持肯定态度，肯定人类自然原欲的合理性，但又提醒人们必须有所节制。 3. 赞美人类从上帝手中赎回人智，却又谴责由此膨胀而来的野心与骄傲。 4. 崇尚自然科学的进步与物质生活的发展，却认为人类的幸福根植于精神与信仰之中。
	1671 年	［英］弥尔顿《复乐园》	1. "自由"的内涵（与欲望、权利无关，自由并非工具，而是目的）。 2. 刑律作为约束人类"自由"的最严酷的法令，是人类与上帝自愿订立的契约（终极目的是自由，而非打着自由的旗号去获取权利、继而借助权利来扼杀他人的自由）。

续前表

	年代	文学作品	刑法思想
古典主义文学	1671 年	［英］弥尔顿《复乐园》	3. 自由是手段，平等是目的，单纯的自由没有任何意义，平等才是根本的价值追求。 4. 自由有界限，人们享有的自由仅是法律上的自由，而非普遍的自由。 5. 政府不能以"某些人更值得关心而有权利获得更多"的理由来分配各种利益与机会，也不能以"某些人关于美好生活的概念比他人更高贵"而限制他人的自由。
	1684 年	［英］班扬《天路历程》	1. "因信生义"（拒绝一切宗教形式与所谓的权威解释）。 2. 批判启蒙时期的物欲至上理念，谴责以金钱对社会价值进行衡量、对社会秩序进行维持。 3. 点明坚忍意志、朴素生活、虔诚精神对于拔除社会沉疴的价值。 4. 点明道德与刑律对人类心灵进行救赎的不同意义（人对人的审判与惩罚是虚妄、是无知，福音带来的是人与人之间的深刻理解和爱）。 5. 对罪与罚的看法超越了"原罪"的桎梏，将目光转向多元的社会现实、政治根源。 6. 倡导对犯罪者进行多元化救赎（对"罪者"的态度由宗教意义上的厌恶排斥，回落到世俗情感中的宽恕与仁爱，寻求多种方式、多元渠道改变"罪者"）。
	1636 年	［法］高乃依《熙德》	1. 人类个体意志自由（前提是拥有理性、承担责任）。 2. 理性战胜感情，家族利益高于个人利益，国家利益高于一切（牺牲个人情欲、承担家族责任、履行公民义务）。 3. 反映了当时社会对理性与秩序的渴求。
	1667 年	［法］拉辛《昂朵马格》	1. "人性本恶"理论的提出（人的本性即自私，原始状态的人们在追求财富与权力的欲望中自相残杀，永无止尽。为了防止人类毁灭、维持大多数人的生存需要，人们自愿联合起来，选举最勇敢的人担任首领，并颁布法律与刑罚，国家因此产生）。 2. 强调理性对感性的支配与抑制。 3. 强调国家利益、公民义务优先于个体利益、个体权利。 4. 提出"秩序、安全比自由、权利更加重要"命题。
	1651 年	［英］霍布斯《利维坦》	1. "人之本性邪恶"（自然法不是保护每个人基于本能的自然权利，而是限制这些权利）。

续前表

	年代	文学作品	刑法思想
古典主义文学	1651 年	［英］霍布斯 《利维坦》	2. 否认人类自然状态的理想化色彩，提出"人对人是狼"的命题，社会处于"普遍战争"的混乱状态。 3. 人民放弃一切，为的是谋求安全这一最大的福利，国王有权实行专制，这是人民赋予的权力。 4. 刑法性质为"由理性发现的律令或原则，用来禁止人们毁灭自身或者放弃保存生命的手段"。 5. 初步建立英美法系主客观二重性犯罪构成框架（注重犯罪行为者的客观动静，深究其犯罪意图）。 6. 犯罪原因多样性（理解上的缺陷，推理上的错误，某种感情的爆发）。 7. 衡量罪行轻重的标准为犯罪人的"理性"参与行为的多寡。 8. 刑罚的目的不是报复，教育刑与犯罪行为的一般预防论。
启蒙思想文学	1719 年	［英］笛福 《鲁宾逊漂流记》	1. 国土、主权者、法律的本质（先占、暴力、主权者意志的反映）。 2. 主权者的基本统治手段（《圣经》、长枪与法律）。
启蒙思想文学	1722 年	［英］笛福 《摩尔·弗兰德斯》 《杰克上校》 《罗克萨娜》	1. 一个"天生犯罪人"的成长、犯罪、悔过与新生的过程。 2. 普及社会教育对于犯罪发生率的遏制作用。 3. 社会制度应当对犯罪行为的产生负责。 4. 英国刑罚的严厉性、残酷性（盗窃、制造伪钞、行骗、通奸，均实施"火刑"）。 5. 英国刑法的进步性（死囚犯因怀孕、立功等行为，可以要求减刑，一般改判为流放刑）。 6. "环境决定论"思想（犯罪者自幼被文明社会所抛弃，实施犯罪，又被文明社会的刑律所惩罚；流放后，因远离文明社会，反而被激发出善良、坚忍、勤劳、温婉的原始人性，最终获得新生）。
启蒙思想文学	1726 年	［英］斯威夫特 《格列佛游记》	1. 否认刑法的"科学性"，强调自然理性（"科学性"是为了私利对自然法的歪曲与谬解）。 2. 刑法的本质——仅是正义而绝非功利。 3. 国家统治权的来源是暴力。 4. "立法技术"的科学性（首先是简洁，禁止繁复冗杂语句；其次是浅显，每个老百姓都能读懂每一条法律含义；最后是明确，同一个法条禁止有两种以上解读可能性）。

续前表

	年代	文学作品	刑法思想
启蒙思想文学	1726 年	［英］斯威夫特《格列佛游记》	5. 强调刑事被告辩护权的充分享有。 6. 对刑事判例制度的批判（违背正义原则，将罪恶固定下来，"以死法统治活人"）。 7. 对程序正义与实体正义之间的本末倒置进行批判（完美的程序与缺失的正义）。 8. 对当时律师与法官的职业道德与学识素养进行批判（强调立法与执法的分立）。 9. 提出"冤案国家补偿制度"和"以赏罚为枢纽"的国家刑事政策。 10. 详细总结了六种殖民国家发动战争的原因，强烈谴责了该战争的非正义性与荒谬性。
	1721 年	［法］孟德斯鸠《波斯人信札》	1. 国家与法律的产生过程（初民社会漫无秩序、朝不保夕的极端危险的生存图景），认为"感恩知情"是所有社会与国家的起源，而非暴力与强制、屈服与顺从。 2. 人类社会生存的基本条件（基本物质条件、基本生活秩序、恢复秩序的裁断者、诚实守信的国民性），指明个人利益与群体利益的紧密依存关系。 3. "契约无效"理论的提出（认为当契约未得到受其约束者的同意，或者契约的履行未能带给参加者任何恩惠时，参加者有权以各种方式否认契约效力）。 4. 任何无限制的权力均为非法，如果君主专制暴虐，国民可以恢复本来的自由状态。 5. 刑法是道德的底线（由于美德束缚过于严峻，人们以不触犯刑法、不被施以惩罚为满足）。 6. 刑罚权根据（犯罪行为是对社会群体利益与秩序的破坏）。 7. 抨击刑罚残酷、罪行擅断、有罪推定等刑法制度，要求宗教与刑事审判分离。 8. 犯罪种类及刑罚配置（一是危害宗教，剥夺犯罪者的部分权利；二是违反风俗，施以罚金刑、羞辱刑、剥夺公权；三是危害公民安宁，处以监禁、放逐及矫正；四是侵害公民安全，刑罚应具报复色彩）。 9. "罪刑均衡"思想的深化。 10. "恶法亦法"，只要其未被废除，民众就必须遵守。 11. 否认刑法的"科学"性（它沦落为"君主的嗜好、人民的隐忍、作家的恭维"的产物，被君主当作工具理性来为自己的专制与独裁行径进行辩护）。 12. 批判成文法的作用（成文法典的唯一作用是为了"硬化司法者的良心"）。

续前表

	年代	文学作品	刑法思想
启蒙思想文学	1721 年	［法］孟德斯鸠《波斯人信札》	13. 刑事立法领域的弊端：一是立法者素质低下，缺乏客观性思维与庄严使命感；二是视野狭窄、纠缠于琐碎个案，缺乏全面、宏观的视野；三是语言技术残缺，以深奥晦涩的语言编撰法典；四是未保持法典稳定性与延续性，引起适用混乱；五是过于追求形而上学、耽溺于把玩逻辑，忽略自然公正。 14. 犯罪预防等刑事政策（爱国、知耻、畏惧等道德谴责均可作为有效的社会约束，防止成员犯罪）。
	1747 年	［法］伏尔泰《查第格》	1. 提倡法治反对人治。 2. 言论自由、言论民主。 3. 刑罚宽缓、恤刑为义。 4. 提倡立法及时的原则。 5. 提出民众参与立法的思想。
	1747 年	［法］伏尔泰《如此世界》	1. 驳斥"性恶论"（认为卑鄙与高尚、罪恶与美德是自然人与生俱来的本性）。 2. 以辩证主义观点做出"犯罪是一种社会的常态"的论断，人们不必谈虎色变。 3. 赋予社会个体以客观的综合性评价，建议摒弃对犯罪人的歧视，注重对其改造与教育。
	1767 年	［法］伏尔泰《老实人》	1. 道德标准与是非标准的模糊性。 2. "法律是自然的女儿"，"每一个精神健全人的心目中都有自然法概念"。 3. 制定法是基于战争或者强权的产物。
	1760 年	［法］狄德罗《修女》	1. 人是道德实体又是肉体实体，是理性与非理性、正义与非正义、善与恶、社会性与反社会性统一体。 2. 揭露了禁欲主义对人之本性的悖逆、戕残。 3. 修道院"擅自审判、擅自定罪、擅自处决"的行径与刑事司法制度如出一辙。 4. 宣扬自然法则之"天赋"人权。
	1762 年	［法］狄德罗《拉摩的侄儿》	1. 自然科学只能保证目的实现，并不与目的的价值取向相关。 2. 对启蒙思想的反思（道德真空下的"人性"与"理性"演变为以个体本位、功利目的、工具理性）。 3. 启蒙运动的负面结果（通过"理性与规则"将堕落与罪恶固定下来）。 4. 启蒙理性的局限性（缺乏批判能力与预示能力）。 5. 崭新的"立法观"与"罪罚观"（肉体痛苦，则灵魂永远邪恶，邪恶的灵魂是犯罪产生的温床）。

续前表

	年代	文学作品	刑法思想
启蒙思想文学	1762 年	［法］卢梭《社会契约论》	1. 人类意志自由。 2. 社会契约原则：参约者转让"全部"权利；权利受让主体是集体而非个人；由社会契约赋予政府以生命，由立法赋予政府以行动与意志。 3. 刑法的效力来源：政府与法律存在的合法性只能来自于人民对立法（契约）的彻底参与（制定）。 4. 刑罚权根据：个体利益的"交集"而非"并集"构成了一般意志；对其成员的侵犯也必然构成了对整体的侵犯。犯罪者是公约的破坏者，即"公共敌人"。 5. 根据"社会契约"的本质与功能，肯定了死刑存在的必要性（社会契约的目的是保障契约各方的生存。为了不成为谋杀行为的受害者，每个人必须同意，一旦他自己成为谋杀犯，就得偿命。签订这项契约并非是要放弃自己的生命权，而是这是使生命更安全的方法）。 6. 反对刑罚的频繁残酷，谴责杀一儆百的功利刑思想，主张刑罚宽缓与教育刑。
	1755 年	［法］卢梭《论人类不平等的起源和基础》	1. 对人类"自然状态"的设想（并无法律约束，亦无行善与作恶的准则，依据人之本能行事）。 2. 由自然状态进入不平等社会的关键性步骤是"私有制"的产生与确定。 3. 人类社会的"不平等"发展历经三个阶段：首先，贫富差异合法化导致国家的建立，贫富阶级合法化引起暴君的出现。其次，公民权利与自由在国家暴力机器的压迫下湮灭，发展到极限时，人民将重新夺取失去的一切权利。最后，新的"自然状态"出现。以上三个阶段周而复始。 4. 不平等是人类社会发展中的永恒状态（文明每向前一步，不平等也就前进一步）。
	1762 年	［法］卢梭《爱弥儿》《新爱洛伊丝》	1. "性善论"，人天生具有自爱心与怜悯感，一切错误和罪恶都是"文明社会"影响的结果。 2. 对自然原欲本能与理性克制精神的双重崇赞。 3. 认为启蒙思想理性逐渐走向片面，演变为一种以个体利益为出发点、功利目的为中心的工具理性。 4. 向宗教寻求力量，提出了对宗教意义上的"美德"的追求。
	1765～1770 年	［法］卢梭《忏悔录》	1. 人类是人性与兽性的综合体（人具有高贵理性，运用理智抑制原欲，摒弃罪恶）。 2. 犯罪的本质原因（人类社会永恒的不平等状态）。 3. 刑法"谦抑性"及与道德之间的关系。

续前表

	年代	文学作品	刑法思想
启蒙思想文学	1768～1832年	［德］歌德《浮士德》	1. 赞美"永无止尽的追求"（"道德"与"过失"均为人的生命体验）。 2. 善与恶的角逐冲突（理智与原欲、冲动与规制、自由与束缚、个体幸福与社会责任之间选择）。 3. 人的自然欲望是生命力之源（善与恶相伴而生，促进着人类与社会的不断前进）。 4. 提倡从书斋理性走向经验理性，凭着自然感性的生命冲动去体验自我与世界。 5. 对追求感官刺激、肉体享乐的"快乐主义哲学"的否定。
浪漫主义文学	1812年	［德］格林兄弟《格林童话》	1. 对"背信弃义、恃强凌弱、以残害回应善意"的劣行的批判。 2. 对善恶有报的"报应主义"罪罚观的宣扬，对"同态复仇"刑罚思想的宣扬。 3. 对反抗专制、冲破束缚、追求自由的理念的宣扬。 4. "报应刑"与"教育刑思想"的有机融合。 5. 对"王子犯法与庶民同罪"平等思想的宣扬。 6. 对加害者动机、手段等进行分析，同时对被害者是否具有过失的情节进行探讨。 7. 在证据来源合法的前提下，"举证责任"在刑事判决中的重要地位。 8. 司法裁判中合法性与合理性的分裂。
	1816年 1819年	［德］霍夫曼《丝寇黛莉小姐》《魔鬼的万灵药水》	1. 提倡"意志决定论"，非理性成为性恶源头（深刻揭示了犯罪人人性的扭曲与人格的分裂、多重化）。 2. 对启蒙主义理性精神的反叛，推翻了启蒙思想家"人类拥有自由意志"的神话，认为人类永远是被决定的，无法控制自己的欲念、主宰自己的命运。 3. 犯罪者均是启蒙思想家所忽略的感性人、多变人与非理性人，这是对启蒙理性极端发展的一种回拨。
	1798年	［英］柯勒律治《古舟子咏》	1. 揭示了人的恶劣本性与向善之望。 2. 从自然法的高度诠释古典学派报应刑观念（将骄傲膨胀的人性拉回原始简朴的罪刑报应的链环）。 3. 人类理性控制范围之外的罪罚报应观（大自然强烈的报复意识，昭示出人与自然的不可割断性）。 4. "修复性"刑罚观与悔罪精神（罪者对惩罚与宽恕的认识历程，罪者由肆意为恶到真诚忏悔）。

续前表

	年代	文学作品	刑法思想
浪漫主义文学	1817 年	［英］拜伦《曼弗雷德》	1. 绝对的意志自由。认为自我是绝对自足的、自由的、独立的。 2. 不仅蔑视上帝，而且蔑视撒旦；不仅蔑视神权，对世间法律、道德、伦理亦一并摒弃。
	1821 年	［英］拜伦《该隐》	1. 对启蒙理性的抛弃，追求绝对的意志自由。 2. 探讨人的降生、受难、犯罪、受罚、死亡等一切悲剧的根源。 3. 浓郁的宗教罪罚情结（该隐之妻亚德所具有的忠贞、虔诚、乐观、怜悯、爱恋等美德）。
	1817 年	［英］雪莱《伊斯兰的起义》	1. 辩证主义历史观（人类终将摆脱愚昧、推翻专制，走向自由）。 2. 歌颂死刑的必要性与合理性（片面、狭隘的人道主义精神是对大多数人的自由与民主的残忍践踏）。
	1819 年	［英］雪莱《解放了的普罗米修斯》	1. 洋溢着"以暴力推翻暴力"、"以暴力实现平等"、"以暴力维持正义"的激进思想。 2. 犯罪的本质（孤独一人反抗权威的行为）。 3. 犯罪来源于社会的不平等，社会的不平等来源于统治者对契约的违背（"天廷变迁史"）。 4. 历史发展的必然性（每一个制度本身孕育着自我否定、自我摧毁性的力量）。
	1819 年	［英］雪莱《钦契》	1. 对人之恶性的深刻揭露（钦契伯爵无耻、贪婪、暴虐、违背伦理的兽性）。 2. 私力救济的合理性与必然性（肯定了贝特丽采以暴力反抗暴政与凌辱、以暴力张扬自然正义的合理性）。 3. "犯罪预防"理论的提出（教皇与所谓社会上流人士是该灭门惨案的间接制造者）。
	1831 年	［法］雨果《巴黎圣母院》	1. 世间"美好"与"罪恶"相伴而生的辩证主义理论。 2. 人性在禁欲主义压抑下的扭曲与堕落。 3. 教会凌驾于司法权之上，对世俗死刑的客观庇护作用。 4. 15 世纪巴黎刑事司法制度的残暴与嗜血。 5. 15 世纪巴黎死刑适用之频繁、死刑种类之多样、行刑场景之残酷（死刑判决普遍，民众盛装观刑，执行方式残忍——煮死、绞死、闷死、烧死、肢解、砍头等）。
	1862 年	［法］雨果《悲惨世界》	1. 犯罪根源：社会制度的邪恶与不公（因社会残害，法律惩罚主人公逐渐蜕化为野兽，向整个社会进行报复）。 2. 刑事立法的非理性与残酷性（刑罚的过量、监禁刑的弊端）。 3. 对启蒙思想"唯物论"造成的近物质、远信仰的普遍价值取向进行批判。

续前表

	年代	文学作品	刑法思想
浪漫主义文学	1862 年	[法] 雨果《悲惨世界》	4. 明确提出"反对死刑"观点。 5. 犯罪人再社会化的艰难（只有仁爱与感化才是预防犯罪、改造罪犯、净化社会空气的唯一途径）。 6. 科层制度下司法者本性的迷失与悲剧（警官沙威）。 7. 批判司法官人文情怀的缺失（为定罪不择手段，违背公正与怜悯，对人之善良本性的亵渎与践踏）。
	1869 年	[法] 雨果《笑面人》	1. 打击某种犯罪的刑事政策可能对另一种犯罪产生的促进作用（严惩贩童者导致对被贩儿童的残杀）。 2. 死刑适用、冤狱、酷刑的普遍性（死刑执行方式的多样性、刑讯逼供时使用的计量精确的砝码）。 3. 对"刑罚威吓"功能的质疑。 4. 对"上议院"与"众议院"之间不平等地位的生动描述。 5. 英国政府对儿童与麻风病人的残酷迫害。
	1874 年	[法] 雨果《九三年》	1. 凸显善恶交织的人性（人性的矛盾与分裂）。 2. 暴力反抗非正义的合理性与必要性。 3. "打碎皇冠，保住皇冠下的头"（绝对正确的革命之上，还有一个绝对正确的人道主义）。
	1844 年	[法] 大仲马《基督山伯爵》	1. 第一部世界范围内享有盛誉的冤狱、越狱与复仇小说。 2. 提倡以理性抑制激情、以合法手段承载复仇使命、以宽恕博爱化解心中怨恨。 3. 对匡扶正义、感恩图报、宽恕隐忍精神的赞美。
	1817 年	[俄] 普希金《自由颂》	1. 歌颂自由、反对专制，对封建刑罚的极端蔑视。 2. "人民公意"即自然法理，"自由"与"法律"相结合才是人类理性社会。 3. 歌颂暴力、赞美革命。
	1838 年	[俄] 莱蒙托夫《恶魔》	1. 塑造"恶"的形象，提出"恶与善对立交叉"的话题（"与社会抗争、践踏社会道德规范与律法的英雄"、"被社会抛弃者"与"法律严惩的暴乱分子"）。 2. 指出社会对犯罪现象应当承担责任（"魔鬼作恶，罪在天使"）。
	1826 年	[美] 库柏《最后的莫希干人》	1. 英、法、美等所谓文明国家是历史黑暗的制造者，亦是人类文明的摧毁者。

续前表

	年代	文学作品	刑法思想
浪漫主义文学	1826 年	［美］库柏《最后的莫希干人》	2. 哥伦布是"征服"而非"发现"美洲，西方国家向美洲输出移民、进行殖民统治，大肆屠杀原住民。 3. 美利坚建国后对原住民的入侵、屠杀与种族灭绝罪行。
	1850 年	［美］霍桑《红字》	1. 听从内心原始情感的呼唤，坦然、勇敢承受世俗惩罚（宗教与法律）。 2. 罪恶的二重性（它可以转化为至善，也可以向地狱继续堕落）。
	1891 年	［美］麦尔维尔《水手比利·巴德》	1. 法律正义与自然正义的悖离（人类理性对法律的操纵）。 2. 人类社会中规训与惩罚的具体表现。 3. 法律的使命（为秩序与理性服务还是为正义服务）。 4. 权力话语对真理与正义的构建。
批判现实主义文学	1830 年	［法］司汤达《红与黑》	1. "人格主义"罪刑观依然存在于西方司法实践中。 2. 雷纳尔夫人的被害人意见书中包含了主客观犯罪构成的雏形（犯罪结果、行为人意图、行为时附随精神状态以及行为人一贯德行等层面的分析，既有对客观事实的陈述，亦有对主观心理的分析）。
	1837 年	［法］司汤达《桑西一家》	1. 雪莱的作品侧重于对女主角犯罪心理的演绎，司汤达作品青睐于对案件事实的客观描述。 2. "意志自由"论（雪莱将犯罪人的主观意志置于首位，整宗弑父案贯穿着凶手自由意志的选择）。 3. "意志决定"论（司汤达指出犯罪人的行为远非出于自愿，而是残酷环境与现实所迫）。 4. 对"被害人过错"的强调（质疑审判一味坐实杀人的事实，而对犯罪原因不予以考虑的作法）。 5. 刑罚残酷性（断头台前母女二人伏法时的细节）。
	1838 年	［英］狄更斯《雾都孤儿》	1. 人性本善。肯定意志自由，批判环境决定论。 2. 善恶分明的"报应刑"观念。 3. 英国《济贫法》的颁布对犯罪现象的刺激作用。 4. 明确支持死刑，但反对非人道的处刑方式。 5. 贫民犯罪应当被法律所宽宥，因为社会本身是罪行的制造者。
	1842 年	［英］狄更斯《游美札记》	1. 赞美对贫穷人群尊严的保护。 2. 肯定"预防犯罪"的社会公共政策。 3. 肯定"预防儿童犯罪与矫正儿童犯罪"的刑事政策。

续前表

	年代	文学作品	刑法思想
批判现实主义文学	1842 年	［英］狄更斯《游美札记》	4. 提倡"刑罚宽缓"以及较大的执行弹性空间。 5. 提倡刑罚改革（透明管理、强化自律，对罪犯的保护教育，以爱制暴，以宗教思想净化灵魂等原则）。 6. 谴责"单人囚禁"制度（残酷与非理性，是对人性最大的摧残）。 7. 对美国庭审程序的简化、高效等模式改革极尽赞美。 8. 强烈抨击美国蓄奴、贩奴制度的合法性（揭示其"平等、民主"的欺骗性）。 9. 暴虐环境导致民风狠戾，刑事案件发案率高（全美 17 个重大刑事案件均发生在蓄奴合法的南部诸州）。
	1853 年	［英］狄更斯《荒凉山庄》	1. 法律的异化（庞大的法律机器发展为控制人、迫害人的异己力量）。 2. 人类精神的异化（繁冗、低效、无能的法律制度）。 3. 司法体制成为罪恶繁衍的庇护所（正义在该体制下逐渐窒息、湮灭）。
	1859 年	［英］狄更斯《双城记》	1. 以暴力反抗专制具有正义性（"没有美德的恐怖是邪恶的，没有恐怖的美德是软弱的"）。 2. 暴力手段蕴含着无限变式（可能发展为一种非理性、无克制的复仇行为，非但无法消除罪恶）。 3. 宣扬"拒绝暴力"、"宽恕隐忍"的思想。
	1886 年	［英］史蒂文森《化身博士》	1. 人的潜意识中善恶并存。 2. 人性更倾向于邪恶（任何人类文明、个体良知与理性均无法抵御来自人的残暴与纵欲，而《魔鬼的万灵药水》的结论是人性善恶兼具，善良的本性可以战胜罪恶，人类最终能够获得救赎）。
	1891 年	［英］哈代《德伯家的苔丝》	1. "意志决定论"（苔丝通奸、杀人行为在环境决定论视角下的必然性）。 2. 对维多利亚时代法律观、道德观的谴责。
	1861 年	［俄］陀思妥耶夫斯基《死屋手记》	1. "犯罪定义"的阶级性（辩证主义观点）。 2. "犯罪原因"的多样性（社会制度公正与平等欠缺，一部分人遭受体制性伤害后无法通过正常途径获得补偿；个人心理机制异常，在成长过程中遭遇某种挫折而渴望获得补偿。当他们靠自己的力量与方式来补偿伤害、满足渴望时，越轨行为成为法律学意义上的犯罪）。 3. 人之矛盾本性（人性与兽性兼有），提出"天生刽子手"理论，社会环境对特殊潜质的激发与促进。 4. "监禁刑"弊端（无法感化犯人，只能摧残犯罪者心灵、复制仇恨，导致更为严重犯罪行为）。 5. "教育刑"观念（犯人依然具有人性，意识深处仍然渴望光亮，良知中依然能爆发出悔罪火花）。

续前表

	年代	文学作品	刑法思想
批判现实主义文学	1866 年	［俄］陀思妥耶夫斯基《罪与罚》	1. "意志决定论"（批判社会践踏人性，弱势群体"无路可走"状况下的困惑与挣扎）。 2. "人性本善"与双重人格的冲突（人的非理性与无意识状态，宗教精神中寻求终极解决方式）。 3. 关于"超人哲学"和"权力意志"的讨论。（杀死一个对世界有害的人是否有罪？是否有权因为一个远大的目标或者造福更多的人而杀人？） 4. 宣布被强者欺凌的弱者、被社会所遗弃者无罪；同时否认其犯罪行为合理性（内心"善"的永恒存在，犯罪带来的精神惩罚难以避免）。 5. 犯罪心理的详尽剖析（犯罪前心理活动，犯罪理论的萌芽与发展、犯罪动机、犯罪目的、犯罪时心理、犯罪后的惶恐与道德负疚、自首时的内心挣扎）。 6. 帝俄时期刑事司法制度的进步因素。首先，完善的证据的固定与对嫌疑人的权利保护制度；其次，出现辩诉交易制度雏形；最后，判决充分考虑各种因素（自首、精神状况、行为记录、悔罪态度等）。
	1880 年	［俄］陀思妥耶夫斯基《卡拉马佐夫兄弟》	1. "上帝隐退后"的社会伦理难题（淫荡、贪婪、暴戾、犬儒主义等）。 2. 以宗教思想对抗利己主义（以自我忏悔和承受苦难求得内心的平静与精神的复活）。 3. 人性的矛盾与邪恶（卡拉马佐夫家族的"兽性"气质）。 4. 上帝隐退后普遍的罪刑观（上帝不存在、信仰不存在、道德原则虚无，罪行也就无所谓）。 5. 终极意义的救赎观（法律可以禁锢肉身自由，剥夺肉体存在，却无法使心灵伏法）。
	1893 年	［俄］托尔斯泰《太贵了》	1. 揭示了"行刑成本"与"实现正义"之间的紧张与尴尬关系。 2. 对刑法功能与刑罚作用的诸多质疑。
	1899 年	［俄］托尔斯泰《复活》	1. 对冤案迭发、滥施重刑的谴责。 2. 揭示了司法制度混乱无序，无论实体正义还是程序公正均无法实现。 3. 对"天生犯罪人论"的批判，对"社会秩序高于个体权利"原则的批判。 4. 揭示司法官员的人性在制度化官僚体系下的泯灭。 5. 探索自然法与制定法的效力等级。 6. 犯罪人分类（第一类清白无辜，是司法冤狱的受害者；第二类基于人性共同弱点而实施犯罪；第三类是行政犯；第四类因为"品德高于一般人"而成为罪犯；第五类人"社会对他们所犯的罪远远重于他们对社会犯的罪"）。

续前表

	年代	文学作品	刑法思想
批判现实主义文学	1899 年	［俄］托尔斯泰《复活》	7. 刑法工具性本质（"先抢劫大家，霸占所有土地，把凡是反对他们的人都打死。然后他们再定出法律来，说是不准抢劫，不准杀人——这就是法律"）。 8. 犯罪的本质即"孤立个人反抗统治关系"（妓女、杀人犯、小偷之所以成为罪犯，是因为他们是一小部分人，缺乏话语权；而富翁、军官、政客的本质也是盗窃、杀人、暴虐，但他们是统治者）。 9. 刑法的使命（"维护阶级利益与现有的社会秩序不被破坏与推翻"）。 10. 监禁刑弊端（第一，囚犯与人类社会疏离；第二，强烈的心理暗示使得其被剥夺了正常生活的良好动力——自尊心；第三，简陋的监禁环境与设施对肉体、精神持续性的摧残，养成了残暴的性格；第四，轻微过错者与极度腐化者相处，被腐化透后再放到社会中去，传播病毒）。 11. 减少犯罪的途径（将希望寄托于教育，谴责贵族阶层"愚民、驭民、制民"的卑鄙、险恶的居心）。 12. 对救赎思想进行深刻总结（信仰带来灵魂复苏，提倡博爱、宽容、承受苦难）。 13. 基本罪罚观（一部分人无权惩罚另一部分人，人间刑律与刑罚无法改造罪犯，净化社会；唯有依靠宗教力量，恢复人类的信仰，才能使罪犯的人性得以复苏，使整个社会的灵魂得以复活）。
	1891～1894 年	［俄］契诃夫《萨哈林旅行记》	1. 第一部实证主义报告文学（大量准确翔实的数据提取、丰富多样的案例采集，内容覆盖自然、地理、历史、生物学、气象学、人类学、监狱学、刑法学等诸多领域）。 2. 对流放刑与移民的整体制度的描述。包括自由人、流放犯从业主、流放犯居民的性别、女流放犯与女性移民、居民的同居生活、流放犯家庭的情况（婚姻、出生率）、儿童、流放犯劳动、饮食、服装、宗教信仰与教育、流民的道德概况、犯罪现象、侦讯与审判、惩戒（树条抽打和鞭刑、死刑）、逃犯（逃跑的原因、逃犯的出身、类别）、流放犯居民的疾病和死亡等 18 个方面。 3. 苦役犯对自由的向往。
	1892 年	［俄］契诃夫《第六病房》	1. 刑法的工具性本质（不允许异己者存在，不容忍不和谐声音发出）。 2. 对规则、法律、刑罚的本质做出解构（自然正义与法律正义、自然理性与权力话语之间的驾驭关系）。

续前表

	年代	文学作品	刑法思想
批判现实主义文学	1898 年	［俄］契诃夫《打赌》	1. 死刑与无期徒刑的本质。 2. 人类社会发展的规律性，人类文明进化的阶梯。
	1877 年	［挪］易卜生《社会支柱》	1. 社会精英背后隐藏的龌龊与罪恶。 2. 人性的多面性与复杂性。 3. 以宗教信仰拯救罪恶、净化社会空气。
	1882 年	［挪］易卜生《人民公敌》	1. 对"真理与自由"进行质疑（"真理与自由"蜕化为个人利益至上的群众理论帮凶）。 2. 知识分子应当承担的职责。
自然主义文学	1829～1849 年	［法］巴尔扎克《人间喜剧》	1. 人性本恶（性恶是社会进步与发展的推动力）。 2. 人性的非理性与异化（本性中存在着难以用理性控制的因素，在物质社会中的异化与物化）。 3. "环境决定论"（犯罪是自然环境、社会环境、生物属性三者综合作用的结果）。
	1840 年	［法］梅里美《高龙巴》	1. 血亲复仇的古老遗风。 2. 习惯法与制定法之间的龃龉与效力层次。 3. 当制定法无法满足人们内心的正义要求时，私力救济必然会出现。
	1845 年	［法］梅里美《嘉尔曼》	1. "意志绝对自由"（绝对自由带来的毁灭）。 2. 一个抗拒文明社会的精灵形象（蔑视一切有形的法律与无形的道德，向往原始状态之"自由"）。
	1869 年	［法］福楼拜《包法利夫人》	1. 人性"无善亦无恶"观点的提出。 2. 人的肉体属性决定了每一个人具有犯罪的潜在能力。 3. 所谓"意志自由"是一切欲望与罪恶的渊源。
	1881～1883 年	［法］莫泊桑《一个儿子》《巴蒂斯特太太》《流浪汉》《一个疯子》	1. 犯罪的社会学原因（"上流人士"与"整个社会"必须承担绝大部分责任）。 2. 犯罪的生物学原因（基本生物欲求是一种无可避免的生物性行为选择，并非人类的理性可以控制）。 3. 犯罪的综合原因（是社会环境、自然环境、生物遗传等各种因素共同作用的结果）。 4. 对刑事案件受害人的关注。 5. 对死刑的合理性与正当性提出了质疑。 6. 司法官人格的异化与分裂（面对制定法与内心道德的冲突导致精神异化）。
	1864 年1877 年	［法］龚古尔兄弟《热曼妮·拉瑟顿》《勾栏女艾丽莎》	1. 犯罪的遗传学原因（犯罪人生物体中蕴含的"低级本能"，始于遗传因素）。 2. 犯罪的病理学原因（犯罪人行为模式归咎于某种病理现象与心理缺陷）。

续前表

	年代	文学作品	刑法思想
自然主义文学	1868～1894 年	［法］左拉《卢贡-马卡尔家族》	1. "意志决定论"（遗传基因与后天环境决定个体人一生的命运）。 2. "犯罪预防观"（人性决定于家族遗传，使用医疗与教育结合的方法预防犯罪）。
	1898 年	［法］左拉《我控诉》	1. 对种族歧视、迫害的谴责（政府、媒体对民众的毒害与误导）。 2. 个体良心与集团利益之间的对抗（坚持正义与维护秩序间的关系）。 3. 对司法领域刑讯逼供、恶意诱供、捏造供词、制造冤狱的谴责。
	1899 年	［美］诺里斯《麦克提格》《凡陀弗与兽性》	1. 意志决定论（生物遗传、自然环境、社会环境造就的悲剧）。 2. 所谓"进化"是指整个社会、整个人种的体系性进化（个人"兽性"在相当长时间内无法消除，甚至为了服从社会整体的进化而作出牺牲）。
	1901 年	［美］诺里斯《章鱼》	1. 社会决定论，个体人完全丧失"意志自由"。 2. 社会个体抗争意识的觉醒。
	1894 年	［美］马克·吐温《傻瓜威尔逊》	1. 鲜明的"环境决定论"思想。 2. 探讨了与美国历史交织产生、发展、激化的"黑人问题"。 3. "天生犯罪人"理论（低劣、易堕落的遗传基因，超越后天环境教育条件，总有被激活的一刻）。 4. 新兴证据学（指纹）。
批判现实主义文学	1912 年	［法］罗曼罗兰《约翰·克里斯朵夫》	1. "反抗一种不健全的文明"（对理性与物质的追逐、对形式主义的热衷、对感性与良心的放逐）。 2. 德国国民性（最强的民族对其他民族具有绝对权利，其进步依靠战争、暴行、压制来完成）。 3. 法国国民性（一切天赋均齐备，但热衷于形式，颓靡、虚伪，缺少强烈的生命意识）。 4. 现代西方文明的再生（日耳曼文化过于粗犷、拉丁文明太过阴柔，两者交融孕育崭新的文明）。 5. 宗教文化始终是西方文明的渊薮（人类社会的任何救赎均建立于对耶稣基督的坚定信仰之上）。
	1939 年 1942 年	［法］让·热内《小偷日记》《鲜花圣母》	1. 犯罪行为是社会制造的产物（罪犯为此付出沉重的代价，社会却不需要承担任何责任与惩罚）。 2. 作品涉及当时法律、道德、伦理、宗教领域最为忌讳的话题，例如儿童教养所的娈童恶行、男性卖淫、监狱中的暴虐、同性恋行为等。 3. 揭露了犯罪行为主体的欲求来源与罪孽心态，展示其病态人格形成的整个过程。 4. 反社会、反道德、反法律，对西方文明的自由、民主、人权与法治进行了肆无忌惮的嘲讽，揭露了禁锢、专制、暴虐与权法交易的现实。

续前表

	年代	文学作品	刑法思想
批判现实主义文学	1928 年	［英］劳伦斯《查泰莱夫人的情人》	1. "出版淫秽物品罪"的典型案例。 2. 对工具理性与工业文明的反叛。
	1945 年	［英］奥威尔《动物农场》	1. 国家的产生、法律的本质、专制制度孵化过程。 2. 人类平等与自由的虚幻性。
	1903 年1906 年	［美］杰克·伦敦《野性的呼唤》《白牙》	1. 法律的本质（"反抗"与"规训"）。 2. "人定法"与"自然法"的区别。 3. "遗传决定论"与"环境决定论"（巴克由狗变为狼，是因为恶劣环境对其原始野性的刺激；白牙由狼变为狗，则是社会规则逐渐湮没了其内心深处的野性）。 4. 强烈、原始的宗教感召力量，表达了对被异化的人类文明的悲哀与失望。 5. 浓厚的人道主义情怀（反对人与人、人与动物之间以强权为基础的关系）。
	1900 年	［美］德莱塞《嘉莉妹妹》《美国悲剧》	1. "环境决定论"（人的行为取决于欲望的膨胀与环境的诱惑，关键在于前者）。 2. 刑法工具性本质（案件成为政治交易的筹码，案件事实在党派竞选之争中被虚化）。 3. 实体正义与程序正义的博弈。 4. "品格证据"的适用（是该案最终的定案依据）。 5. 对犯罪预备、犯罪中止、意外事件的分析探讨。 6. 社会畸形价值取向在各类刑事犯罪中的原罪导向。
	1940 年	［美］赖特《土生子》	1. 黑人犯罪原因（既非自然属性也绝非种族特性，而是由美国社会制度与文化传统所造成）。 2. 等级分明、种族压迫的社会制度是产生病态心理的罪魁（潜在犯罪者的大量存在）。
批判现实主义文学对战争的反思	1952 年	［美］沃克《凯恩舰哗变》	1. 军事法庭的审判程序。 2. 质证阶段，以人格缺陷作为攻击目标，将原告送上被告席。 3. 个体自由与群体自由的真正关系。 4. 个人对社会责任与国家义务的承担。 5. 律师的职业操守。 6. 媒体的职业道德。

续前表

	年代	文学作品	刑法思想
批判现实主义文学对战争的反思	1926 年 1929 年	［美］海明威 《太阳照常升起》 《永别了，武器》	1. 战争对人类精神与肉体的彻底毁灭。 2. 战争颠覆了一切传统道德标准、伦理观念、人生理想，打碎了千百年的文明积淀。 3. 战争剥夺了个体人的自由意志。
	1969 年	［苏］瓦西里耶夫 《这里的黎明静悄悄》	对个体生命的关怀与对个体价值的尊重（超越历史、集体层面思考、审视战争带给人类个体的灾难）。
	1956 年	［英］戈尔丁 《蝇王》	1. 探讨人类战争的根源。 2. "人性本恶"观念的充分彰显（人类最大的威胁来自于本应天真烂漫的孩童）。 3. 文明、理性、法治等理想无法战胜欲望与野蛮的力量，只有依靠暴力才能维持基本社会秩序。
	1927 年	［德］黑塞 《荒原狼》	1. "一战"后德国知识分子的内心世界（反战、世、战争中充满了暴力与迷信、欺诈与谎言）。 2. "人性即狼性"（人类始终无法摆脱狼性，人类的成长始终与毁灭相伴而行）。
	1929 年	［德］雷马克 《西线无战事》	1. 战争与人性（战争中人性的蜕变以及精神危机）。 2. 战争的本质特征（绝对地剥夺个人意志）。 3. 战争是一种连续性行为，社会个体的肉体摧残与心灵创伤在残酷的积累中完成。
	1949 年	［德］伯尔 《列车正点到达》	1. 对死亡的恐惧激发生命个体的深刻反省（探及人类灵魂深处之罪与赎关系）。 2. 卑微个体在被决定环境下的自由选择。
	1995 年	［德］施林克 《朗读者》	1. 集体罪责的承担与民族精神的救赎。 2. 爱、责任、义务之间的复杂关系。 3. 正义、邪恶、罪恶、良善、无辜的界限（客观化的法律推理与逻辑判断变得软弱无力）。 4. 刑法之"罪"与德国人心理层面之"罪"之间的关系（重叠与分离）。
象征主义文学	1922 年	［英］艾略特 《荒原》	1. 死亡与救赎（"一战"后西方文明严重危机，现代人类性别异化和个性萎缩）。 2. 西方世界人文价值根基的毁灭（精神世界化作一片被死亡与黑暗主宰的荒原）。 3. 认为只有宗教信仰才能拯救人类。
	1929 年	［爱尔兰］叶芝 《驶向拜占庭》	1. 罪恶丛生的根源是现代人对物质与感官世界的沉溺。 2. 倡导以宗教复兴民族精神、净化社会思想。

续前表

	年代	文学作品	刑法思想
表现主义文学	1920 年	［美］奥尼尔《琼斯王》	1. 对现代人类潜意识的揭露——"逃避"（逃避义务的履行、逃避刑律的惩罚、逃避道德的规训）。 2. 白人文明对主人公犯罪行为的促进与催化（内心深处被打上残暴、专制、嗜血的烙印）。 3. 国家产生的根源与法律的本质。
	1922 年	［美］奥尼尔《毛猿》	1. 机械文明对人类个体精神与情感的异化作用。 2. 犯罪者是文明社会制造出的性格分裂者。
	1914 年	［奥］卡夫卡《审判》	1. 法律的虚妄与真实（人类精神与肉体在法律机器的操纵下走向覆灭）。 2. 法的运行的绝对自足性（超出当事人能够预测与掌控的范围）。 3. 自然正义在法律机器下的蜕变。
	1922 年	［奥］卡夫卡《城堡》	1. 卑微的公民个体与庞大的国家机器之间因地位悬殊而导致的陌生与错位。 2. 刑罚本质（惩罚是权力和权力话语得以维系的重要手段，权力和权力话语为惩罚提供合法性依据）。 3. 刑罚的功能（对被破坏秩序的回复）。 4. 匿名权利的产生与自动运行模式（环形监狱理论在社会控制中对民众的规训）。
	1914 年	［奥］卡夫卡《在流放地》	1. 司法制度在体制化与程序化的极端模式下被扭曲、异化。 2. 在高度物质化、客观化世界中，标准化程序运作模式将人类情感空间无限压缩，人主体性被完全摒弃。 3. 利用科学技术衍生出精致细密的杀人工具，机器操纵者与热衷者最后亦难逃脱被机器屠杀的命运。 4. 人类对理性、惯性的信仰与惰性。
存在主义文学	1944 年	［法］萨特《禁闭》	1. 存在先于本质（强调对个体人的尊重，浓厚的人道主义色彩）。 2. 预言"利益价值准则"将取代"道德价值准则"（人伦道德与传统价值观念将被迅速剥落）。 3. "他人即地狱"理论（人类个体的存在无法脱离他人的存在，个体自由是一种相对而非绝对的自由）。 4. "意志自由论"与"自由选择论"（选择的自由意味着人生存在的意义与生命的本质）。
	1942 年	［法］加缪《西绪福斯神话》	强调"决定论"与"自由论"的交叉存在与作用（生命的荒谬性，在宿命悲剧中仍有选择的自由）。

续前表

	年代	文学作品	刑法思想
存在主义文学	1942年	［法］加缪《局外人》	1. 刑法对社会秩序的极度强调（一个缺乏人类社会"一般理性"的人最终被送上断头台）。 2. 对"人格主义"刑法观的批判（从行为人人格特征中去寻找罪的原因、罚的根据）。 3. 量刑标准的荒谬性（量刑标准并非已然罪行，而是犯罪者的人格存在对社会秩序的"威胁"程度；对这种"威胁"程度的估量标准则是其对群体社会"一般理性"的悖离程度）。 4. 对刑罚制度的质疑与思索（判决的偶然性与刑罚的必然性）。 5. 死刑的非人道性与无效性（对这种残酷的、抹杀人类一切希望的"确定性"刑罚进行大胆改革）。
黑色幽默文学	1961年	［美］海勒《第二十二条军规》	1. 第二十二条军规是文明社会中高度的抽象与集中的聚集体（蔑视人性、捉弄人性、摧残人性的残暴与专制的象征）。 2. 强权与疯狂的象征，渗透至每一个角落（表面上荒诞可笑，本质却透着死亡气息）。 3. "有组织的混乱"与"制度化的疯狂"（对社会既定体制与运行规则灭绝人性的本质的谴责）。
黑色幽默文学	1956年	［瑞士］迪伦马特《老妇还乡》	1. "人性本恶"（全城人以正义之名杀死一个未被判处死刑的人）。 2. 人类群体性道德在金钱、权力诱惑之下的坚守力（在法律缺席之情形下）。 3. 否定道德与法律的"规制行为、约束欲望"的功能。 4. 犯罪现象是普遍存在的，每一个人均是潜在的犯罪者。
黑色幽默文学	1956年	［瑞士］迪伦马特《抛锚》	1. "全体之罪"观点（平庸生活中潜藏的罪恶）。 2. 虚拟审判中包含现实司法过程中一切要素（话语权与真理之间的关系）。
影视作品	1950年	《刑事法庭》（*Justice Est Faite*）	1. 法国1958年刑事司法改革背景的生动再现。 2. 陪审团成员出身背景、生活环境与性格特征影响着最终裁决。
影视作品	1951年	《M》	1. 一群罪犯心目中关于法律与正义的概念（聘请真正的罪犯担任演员）。 2. 对欧陆法系国家纠问式审判程序的特征进行了典型塑造。

续前表

	年代	文学作品	刑法思想
影视作品	1956 年	《超出合理怀疑》(Beyond A Reasonable Doubt)	1. 美国刑事司法审判中间接证据的独特功能与具体适用规则。 2. 司法官为了追求胜诉率与从政资本而伪造证据的行径。
	1957 年	《十二怒汉》(12 Angry Men)	1. 探讨了"合理怀疑"的判断准则以及"品格证据"在司法中的适用状况。 2. 陪审团制度的精神旨归——社会良心所构筑的最后堤坝。
	1957 年	《桂河大桥》(The Bridge on the River Kwai)	1. 诠释了英国、美国、日本三个民族的国民性以及法律文化。 2. 战争中自然正义、民族气节、军人职责以及个体生命尊严之间的关系。
	1958 年	《我要活》(I Want to live)	1. 刑事冤案。 2. 反对死刑制度。
	1959 年	《冲动》(Compulsion)	1. 辩护律师反对死刑判决的辩护辞（被誉为反对死刑的最为经典的战斗檄文）。 2. 心理学、医学专家对种族歧视、同性恋等生理、心理问题的讨论，对整个犯罪心理学、行为学的发展有着意义深远的贡献。
	1961 年	《纽伦堡审判》(Judgment at Nuremberg)	1. "二战"期间的纳粹法律被贯彻、执行后，集体与个人之间的责任分担。 2. 法官职权的合法性与判决的道义性。 3. 法律溯及既往的效力。
	1962 年	《杀死一只知更鸟》(To Kill a Mockingbird)	1. 刑事冤案。 2. 从正面描述了律师形象，探讨了律师的职业道德。 3. 突出了美国刑事审判"交叉询问"程序在辨别事实过程中的重要作用。 4. 陪审团人员组成的非法性、浓郁的种族歧视氛围、小镇居民群体性的暴虐私刑传统。
	1966 年	《良相佐国》(A Man for All Seasons)	1. 刑事冤案。 2. 英国人的国民性（莫尔所代表的法律文化——基督教人文主义思想）。 3. 英国刑事司法审判全景（陪审团构成、辩护、量刑、国王减轻刑罚、行刑过程等）。
	1971 年	《雷灵顿十号》(10 Rillington Place)	1. 刑事冤案。 2. 反对死刑制度（原始案例导致英国死刑制度的废除）。 3. 刑事责任能力的鉴定。
	1971 年	《发条橙》(A Clockwork Orange)	1. 公共暴力的正义性（国家机器为社会防卫目的而操控个体意志、剥夺个体作恶能力的合理性）。

续前表

	年代	文学作品	刑法思想
影视作品	1971 年	《发条橙》 (*A Clockwork Orange*)	2. 公民应当具有道德选择之自由（个人自由意志的国家控制化意味着生命意义、生存尊严的残缺）。
	1973 年	《黄牛惨案》 (*The Ox-Bow Incident*)	1. 刑事冤案、私刑传统。 2. 解释了英美法系证据法则中，为何必须秉承"做出有利于被告"判断的原则。 3. 司法程序正义的重要性、间接证据的取舍规则。
	1975 年	《飞越疯人院》 (*One Flew Over the Cuckoo's Nest*)	1. 现代文明社会禁止任何异己者与不和谐的声音的存在。 2. 对现代文明社会的规则、法律、刑罚的本质做出了犀利的解构。 3. 探讨自然正义与法律正义之间，自然理性与权力构建的真理之间的关系。
	1982 年	《马丁·格尔归来》 (*Le Retour de Martin Guerre*)	1. 法律与人性的冲突。 2. 探讨迟到的正义是否正义。
	1983 年	《星级裁判团》 (*The Star Chamber*)	1. 保护犯罪嫌疑人人权与实现正义之间的悖离。 2. 法律职业人在严格执行法律与遵从良心裁判之间的矛盾。 3. 强调了程序正义与实体正义之间密不可分的关系。
	1988 年	《被告》 (*The Accused*)	1. 强奸案件中的辩诉交易。 2. "被害人过错"与犯罪行为之间的因果关系以及对量刑影响。
	1988 年	《黑暗中的哭泣》 (*A Cry in the Dark*)	1. 刑事冤案（犯罪嫌疑人品格证据的误导性，陪审团裁决的感性与非稳定性）。 2. 反对死刑制度。 3. 指出对抗式审判程序成为"诉讼程序正当化"的简单堆积，并不能保证实体正义的实现。
	1991 年	《把那家伙给他吧》 (*Let Him Have It*)	1. 刑事冤案。 2. 反对死刑（原始案例导致英国死刑制度废除）。 3. 司法官联合制造伪证。 4. 刑事政策对定罪量刑的重大影响。
	1992 年	《不可饶恕》 (*Unforgiven*)	1. 对原始正义的呼唤，对人性的尊重。 2. 善良与暴虐、正义与邪恶，宽恕与救赎的界限变得模糊，暴力是解决一切的终极方式。 3. 赔偿金与刑罚之间的关系。
	1994 年	《肖申克的救赎》 (*The Shawshank Redemption*)	1. 罪与赎、忏悔与宽恕、自由与困顿，绝望与信念、现实与梦想间的复杂关系。

续前表

	年代	文学作品	刑法思想
影视作品	1994 年	《肖申克的救赎》（The Shawshank Redemption）	2. 监禁刑对囚犯产生的无法逆转的"体制化规训"以及对人性的戕害。 3. 司法系统内部无法铲除的痼疾与黑幕。
	1994 年	《一级谋杀》（Murder in the First）	1. 对犯罪者人权与尊严的维护，提出"犯罪人亦是受害人"的观点。 2. 监禁刑的弊端（人性异化、更严重犯罪的产生）。
	1995 年	《死囚 168 小时》（Dead Man Walking）	1. 死刑的正当性（民意基础）。 2. 不同立场的美国民众对死刑看法的尖锐冲突。 3. 质疑死刑的残酷性（囚犯被执行死刑的细节）。
	1995 年	《七宗罪》（Seven）	1. 基于宗教信念实施的犯罪行为。 2. 私人道德领域的过错与公共权力管辖领域间的关系。 3. 隐藏于人性深处的矛盾与邪恶，昭示着"原罪加身"之理念在西方宗教文化中的根深蒂固。
	1995 年	《正当防卫》（Just Cause）	1. 现代法治社会司法实务中的种族歧视现象屡见不鲜，有色人种被定罪的比例较高。 2. 侦查过程中的刑讯逼供行为对犯罪嫌疑人所造成的身体与心理双重创伤。对犯罪心理学的生动刻画。 3. 表达了鲜明的刑事个案应当保障犯罪嫌疑人与被告基本人权的价值取向。
	1996 年	《杀戮时刻》（A Time To Kill）	1. 司法丧失公信力后的悲剧。 2. 陪审团的成员组成中，种族、职业、教育背景、家庭背景的结构比例原则。 3. 辩护律师对陪审团情感影响的因素对案件裁判的决定性影响。 4. 陪审团在定罪过程中对成文法与判例的适用所具有的颠覆性决定权。
	1997 年	《魔鬼代言人》（The Devil's Advocate）	1. 现代司法制度对犯罪人的保护日益周密。 2. 对律师职业道德的探讨。 3. 对人性的拷问，对人类生存困境与灵魂深处的惶惑的深度挖掘。
	1999 年	《绿里奇迹》（The Green Mile）	1. 反对死刑制度。 2. 监禁刑遭遇的伦理、道德困境。 3. 怜悯与宽恕是人类与生俱来的宝贵情感。
	1999 年	《西点揭秘》（General's Daughter）	1. 对刑事案件受害人心理的解读。 2. 对个体权利、集体利益之间的对弈进行质疑与探讨。
	2000 年	《黑暗中的舞者》（Dancer in the Dark）	1. 反对死刑制度。 2. 激情状态下的犯罪行为。

续前表

	年代	文学作品	刑法思想
影视作品	2003 年	《失控的陪审团》（*Runaway Jury*）	1. 陪审团制度的意义与异化（最大限度追寻着人类正义的实现，亦最大限度地阻碍着人类司法向绝对正义无限接近）。 2. 陪审员所持有的微妙"偏见"正是决定被告人生死前途的决定性因素。
	2006 年	《判我有罪》（*Find Me Guilty*）	1. 现代社会黑帮犯罪与有组织犯罪概貌。 2. 现代美国庭审制度的完整体现。 3. 控辩交易、卧底线人与引诱性的侦查在当代美国刑事侦查与司法工作中的适用情形。 4. 伦理、道德、法律与社会秩序的博弈。
	2009 年	《守法公民》（*Law Abiding Citizen*）	1. 一个自认为被刑事法律体系背叛的男人，凭借一己之力来对抗整个刑事司法制度。 2. 有瑕疵的正义——自然正义与司法效率间的博弈。 3. 辩诉交易制度的利弊。
	2010 年	《战略特勤组》（*Unthinkable*）	1. 影片以政治谈判开始，以伦理选择结束。法律与伦理，复杂的宗教矛盾、政治矛盾、社会矛盾集于三个普通公民个体的身上得以演绎。 2. 从三个角度剖析当今国际社会普遍面临的伦理难题，试图解答何为正义与公正。FBI 工作人员站在个体公民的人性角度坚持调查行为的正义性，谈判专家站在整体国民的人性角度坚持刑讯逼供的正义性，恐怖分子站在被入侵与迫害的伊斯兰国家国民的人性角度坚持暴恐行为的正义性。 3. 复杂的政治背景下，尤其是战争威胁下，法律的无所适从之尴尬境地，极端条件下，不同的伦理观取代统一的律法成为社会秩序的事实上的维持者与引导者、评价者。
	2010 年	《定罪》（*Conviction*）	1. 阐述当代社会冤错案件之昭雪过程，在刻画法律条文与实验技术手段背后满载着对生命的敬畏与执着之价值理念。 2. 间接证据在故意杀人案件中的适用规则。 3. DNA 技术在现代刑事案件中的适用价值与规则。 4. 司法行政程序之繁文缛节对实现司法公正的禁锢。
	2013 年	《起诉凯西·安东尼》（*Prosecuting Casey Anthony*）	1. 忠实记录美国当代刑事司法的实体规则与程序标准，再现侦查、起诉、审理阶段运作方式全景。 2. 细腻还原控辩双方法庭交叉质证的过程，将美国刑事证据规则之特征展现得淋漓尽致。

续前表

	年代	文学作品	刑法思想
影视作品	2013 年	《起诉凯西·安东尼》 (*Prosecuting Casey Anthony*)	3. 展现美国刑事司法的陪审团文化、出庭律师对业内行规的规避技巧、媒体对公众舆论强大的引导力量、公众对死刑的矛盾态度等内容。 4. 对前沿证据科学的精准介绍。联邦各大技术实力雄厚的科研机构诸如联邦调查局的证据勘验部门、橡树岭国家实验室、田纳西州"尸体农场"纷纷介入此案,为受害者的遗骸鉴定等工作提供有力协助,涉及大量证据学知识,内容涵盖气味学、植物学、毒物病理学、人类学、水文地理学等领域。

通过对表 9—1 的考察,从文学作品对法学思想的观照来看,二者存在着显著的历史性差异——揭示法律生存危机的文学作品的出现在时间上往往先于刑法思想的变革。不仅如此,从各个时期流传至今的主流文学作品考察,西方文学作品在漫长岁月的积淀中,已经形成了对法律的批判传统(在每个历史阶段的末期,这种现象表现得尤为明显,甚至在同一历史时期,也有不同程度的波动与反复)。所谓的正典文学所传达出的更多声音是对实证法的挑战、质疑与抨击,而非支持、理解与赞美。换句话说,这些具有远见卓识的作品的问世亦是当时社会问题迭出、法律危机频露的综合指征之一。本章首先对前述八章的内容做一概括性陈述,从分析结论出发,考察刑法思想与文学思想、刑法思想与道德伦理、法律正义与自然正义三对范畴之间的演变趋势,并将刑法思想与文学作品关于刑罚本质的观点进行对比,继而归纳出实证法在世俗社会运行过程中所形成的民众司法观,从法学与社会学角度探讨人类社会自我救赎的终极方式与路径。

9.1　行走着的歌:文学对刑法思想发展脉络的完美诠释

笔者从本科时期开始接触刑法基础知识,一直到硕士、博士阶段对刑法理论的不断理解与深化,求学过程中始终贯穿着一个难以释怀的疑问:在我们当今所学习、所探讨的西方刑法思想中,最大限度地包蕴着人类对自由、平等、正义的不懈追求,因而成为彰显人类文明结晶、代表历史进化方向的典范,也成为包括我国在内的东方民族法治建设的价值指引;然而,囿于研究视野的狭隘与学术积淀的浅薄,在笔者所接触到的刑法学文献中，大多将对于西方刑法理论的各种话题探讨的范围界定于 18 世纪启蒙时期之后，这就使得我对西方刑法理论的演化史产生了错觉——在经历了擅断、蒙昧、残酷的宗教刑法的千年统治后，西方刑法于一夜之间绽放出近现代刑法理念的完美雏形。该结论的荒谬性显而易见，历史的发展是环环相扣的链条，人类社会每一进步阶梯中必然蕴含着旧有文明的基因，但是，启蒙时期之前的西方刑法思想究竟历经了怎样的演化过程？启蒙时期刑法理念所彰显的进步人文观背后到底涌动着何种连绵而至的推动力？以及在特定时期的刑法思想与人文背景之间存在着如何错综复杂的关系？对这些疑问的探讨与解答，构成了本书前述八章内容所力图呈现的客观事实的最终旨归。

通过历史变迁视域中对西方刑法思想与文学思想的考察、分析与归纳，我们可以看到，西方刑法思想萌芽、发展、变革、进化与以文学作品为载体的人文背景有着深厚的血缘关系。从文学作品对刑法学思想的镜像化反映可以看出，"法典"中的法与"行动"中的法总是具有差距的。但这种差距并非空洞地存在，亦绝非法律进化过程中的陷阱，而是潜藏着无限能量与变革的空间，也是刑法专业人士与普通民众法律思想进行激烈交锋的平台。借助对这种交锋的分析，我们可以看到西方刑法思想是如何在世俗社会得以维持的，历经不同层面、不同角度的解释与批判逐渐变得强大与坚固。

刻录远古时期人类社会生活图景的《古希腊神话》，充分彰显了童年时代的人类张扬个性、放纵原欲、肯定个体生命价值的人文特征，其中蕴含着根深蒂固的世俗人本意识，这种原欲型文化模式逐渐积淀为西方文明的两大源流之一。从西方刑法思想史角度考察，人类文明早期对侵害者的惩罚大多源于生物学意义的护种本能。古希腊城邦司法制度产生之前，以私力复仇为主的原始、朴素的报应观是解决纠纷与仇恨的通行法则。公元前 6 世纪左右，已经在自然状态下演化了千年之久的罪罚现象，逐渐进入西方人的理性思考范围，人们用生存环境的需要、自然法则的恪守等理由来求证城邦刑罚权的正当性，人类社会开始由荒蛮迈入文明。以普罗塔格拉、柏拉图、亚里士多德为代表的古希腊哲学家引导人类迈出了这伟大的一步。他们以朴素、直视的观点考察犯罪与惩罚现象，认为罪与罚就像江河湖海、山川草木、飞禽走兽般属于自然现象，鼓励人们将其当作大自然的一部分或者在大自然的延长线上加以把握，并引导人们重视家族利益、城邦利益、"与自然相一致"地生活。

希腊化时期，马其顿帝国击溃希腊城邦，文化中心亦转至两河流域，不同民族间开始混居，异质文化得以融合。马其顿的君主制摧毁了希腊民主制，市民参与国家管理的权利消失，维系整体利益的观念不复存在，价值重心亦由城邦移到个人——如何获得个人幸福成为哲学思想的重要课题。此时产生了与个人幸福、利益攸关的斯多葛学派（禁欲学派）与伊壁鸠鲁学派（快乐学派）。[①] 该理论所具有的涵摄力不仅对同时期的刑法思想颇有影响，而且辐射至若干世纪之后——18 世纪的功利主义刑法思想与上述学派分享着共同的理论基石。

征服了希腊城邦的古罗马崇尚武力，追求社会与国家、法律与集权的强盛与完美。希腊在大小城邦被罗马人武力征服的同时，亦以其独特的民族魅力成功地对罗马进行了反征服——面对辉煌灿烂的古希腊文化，罗马人毫不掩饰其惊叹与崇敬之情。他们将《希腊神话》中的神祇巧妙地更改为罗马姓氏，借以开创了自己的民族神话。与希腊神话的灵动活泼相比，古罗马文学具有更强的理性精神和集体意识，具有庄严崇高的气质。在刑法思想层面，罗马人以务实的精神承袭了古希腊人所尊崇的自然法观念；与希腊刑法对私人领域介入较多的司法实践相异，古罗马刑法侧重于刑罚权对公领域的介入，《十二铜表法》被公认为是罗马成文法典的鼻祖，在第八表、第九表中，在刑法由对个人、家庭的保护逐渐向宗教、城邦领域渗透。

无论形式还是内容均臻于完美的古罗马刑法并未能阻止古罗马帝国的轰然坍塌。当时的欧洲人普遍认为，不可一世的古罗马帝国的毁灭原因之一，是罗马人对古希腊原欲型文化极端化、片面化推崇，造成群体理性与个体原欲间制衡关系失调。[②] 此时是希伯来—基督教文学的鼎盛期。与希罗文学相反，它是一种强调群体本位、抑制原欲，并肯定超现实生命价值的宗教本位思想。这种抑欲型文化模式逐渐发展为西方文明的第二条源流。追寻理性生活的群体性心理需求为教会刑法思想的渗透与蔓延提供了良好的精神土壤——"强调抑制原欲、注重精神寄托、鼓励群体本位"的教会刑法逐渐发展为严密强大的逻辑体系，与罗马法、日耳曼法并列成为欧洲近代三大刑法渊源。[③] 随着教权执掌者对教谕的恣意解释与苛刑酷罚的滥用，人的主体性无限萎缩，上帝成为人的异己力量，人们对它的反叛

---

①　关于斯多葛学派与伊壁鸠鲁学派理论，详见本书 1.3 部分。

②　参见〔英〕罗素：《西方哲学史（上卷）》，何兆武、李约瑟译，北京，商务印书馆，1996，第 549 页。

③　参见〔法〕勒内·达维：《当代主要法律体系》，漆竹生译，上海，上海译文出版社，1984，序言。

也就在所难免，对新的文化模式的追寻成为历史发展的必然趋势，文艺复兴运动蓄势待发。

在文艺复兴前期，古希罗文明与希伯来—基督教文明产生大规模的冲突、互补与融合，西方社会的整个基础价值面临着新的选择与缔造。历经文艺复兴的洗礼，被压抑已久的西方人终于冲破基督教的桎梏，从肉体到精神均酣畅淋漓地浸润于古希腊与罗马文明的个性自由、心智自主的模式中。其中以彼得拉克、薄伽丘、拉伯雷的作品的反叛色彩最为浓厚，这是一种对古希罗文明的回望与翻新。在古希罗文明提倡个体主义与原欲精神的映衬下，教会刑法的擅断、残酷与对人性的悖逆成为众矢之的，刑法思想亦由教会把持的神性向世俗人性回落。在文艺复兴末期，西方社会的群体心理再次萌发出向原欲型、放纵型文化模式涌动的迹象。旧伤未愈的欧洲人回首罗马废墟，心悸犹存，于惶恐之中再次寻找着理性制约。在新的理性文化思想尚未诞生的情况下，他们不得不再次匍匐于基督教思想的脚下。我们可以从文艺复兴后期托马斯·莫尔、塞万提斯、莎士比亚的作品中体验到这种对原欲型文化的刻意回拨。文艺复兴是西方文化模式的重组时期，新的价值取向与精神内蕴使得西方社会的人文传统既吸纳了古希腊—古罗马文学的世俗人本意识，也囊括了希伯来—基督教的宗教人本思想，从而完成了"放纵原欲—禁锢人性—释放人性—原欲泛滥—理性回拨"的人文精神的转换。至此，西方完整意义上的"人文主义"思想积淀成型，它指引着其后数百年西方社会价值观的波动与变迁。

理性主义时期是西方文艺复兴向启蒙思想过渡的重要时期，自然科学的突飞猛进将彼岸世界的上帝从世俗世界中彻底驱逐。然而，面对着肉欲横溢、道德失范的社会现实，西方人于惶恐之中迫切寻找着世俗社会中的"上帝"，企图以"皇权"代替"神权"，来抵御原欲中蠢蠢欲动的"撒旦"。对理性与秩序的渴望使得国家利益、集体利益被幻化为至高无上的地位，对政治理性的追逐亦上升到前所未有的高度。体现在文学作品上，主要出现了英国的清教徒文学与法国的理性主义文学。前者提出了以"因信称义"为核心思想的宗教改革；后者则着重对个人义务与群体责任进行强调。此时的刑法思想中，"契约论"逐渐成型。无论是格劳秀斯、斯宾诺莎还是霍布斯与洛克，其"契约思想"中均包含以下三个要素：其一，公民自愿订立了"理性契约"；其二，契约中权力的保存者与保护者是君主；其三，犯罪行为是对社会整体利益的破坏与侵犯。契约论的生成与人的本性密切相关，其理论假设前提是"人性本恶"而导致的自然社会的无序状态。由于人性固有的原恶，人类若想获得平静、安定的生活秩序，就必须以理智战胜情感、个人欲望服从于群体、国家、民族利益。这样，以个人义务、群体责任以及国家利益为核心的刑法思想逐渐萌芽、发展，强调以皇权代替教权，群体理性代替个体纵欲，成文法代替习惯法，刑法观念由宗教走向世俗。

在启蒙思想时期，启蒙思想家的"理性"以天赋人权为理论核心，主张自由、平等、博爱，提倡教育与科学，这种"理性"根本上不同于17世纪崇尚君主王权和封建伦理的"理性主义"。启蒙思想文学是对"王权崇拜"狂热心理的反拨，体现着人类对彻底摆脱蒙昧、张扬人智、获取自由的追求与渴望。一批代表资产阶级利益的思想家，大力抨击阻碍资本主义发展的封建专制制度，批判中世纪以来身份的、擅断的、残酷的、神学的刑法，提出民主、自由、平等、天赋人权等口号，宣传从人性论出发的自然法，力图将刑法从皇权束缚下解放出来；倡导理性主义与功利主义，刑事古典学派得以创立。古典学派所提出的人类意志自由、社会契约理论、刑法与宗教分离、罪刑法定、客观主义、罪刑均衡、报应刑罚观等法学思想至今被西方刑法学奉为圭臬。但是，启蒙学者高举理性大旗，鼓舞与引导人们去探索、发现自然，解决当下的生存问题，却忽视了对人生的终极意义以及信仰、伦理与道德问题的思考。这种轰轰烈烈的科学启蒙背后的隐形人文缺失，已经引发了一些目光更为深邃、感触更为敏锐的启蒙学者的检讨与反思。包括卢梭、狄德罗、伏尔泰、孟德斯鸠等，他们的法学、哲学思想著作与文学作品中所表述的思想并不一致。在文学中，他们流露出更多的对启蒙理性带来的功利主义与价值低迷等负面结果的深切忧虑。总之，18世纪的启蒙运动实质上是"个性主义"的回归，是文艺复兴早期原欲型人本主义的延伸与发展。不同的是，文艺复兴时期的人本主义侧重人的感性欲望，启蒙运动时期的个性主义则强调人的智识。同样，正如文艺复兴末期的刑法思想最终走向世俗人本与宗教人本主义相融合的道路，启蒙运动后期的刑法思想亦包容着理性精神与宗教信仰的双重取向。

法国大革命之后，启蒙理想遭到质疑，理性主义与现实之间的差异使得西方人的目光从启蒙运动时期对外在世界的关注，逐步转向对内心宇宙的检视。人文思想由客观转向主观、由理性向感性退缩，浪漫主义思潮诞生。与此种思潮相对应，此时期的刑法思想亦一改启蒙时期所追寻的纯粹的"客观主义"，开始向"主观主义"迈进，注重探索行为人的精神世界，并尝试将主观与客观统一于近代刑法学体系的建构之中。无论是黑格尔以"绝对观念"为原点派生出的罪罚本质观，还是费尔巴哈以"心理强制说"

为中心建立的刑罚论体系，或是边沁以"人之趋乐避苦的潜意识"为基础创立的立法原则，均将对行为主体内心世界的探索与规训提升到前所未有的高度。他们一方面继续坚持启蒙刑法学者的客观主义犯罪观与刑罚观；另一方面积极开拓刑法思想研究的主观主义疆域，赋予该时期刑法思想以崭新的内涵，为近代西方刑法的理论体系勾勒出初步轮廓。

19世纪，资本主义迅猛发展，人们对自然科学的崇拜与物质财富的追逐达到空前狂热的状态，"科学与理性"将上帝彻底驱逐出人类精神世界。由于自然科学的发达、学科方法论的推广，无论是文学还是刑法学均开始采用实证方法进行研究，思想整体向排斥价值判断色彩的客观主义倾斜。西方出现自然主义文学，主张用实验方法进行写作，强调绝对的客观性与真实性。在刑法学领域，刑事实证学派诞生。实证学派包括人类学派与社会学派两个分支。前者完全运用自然科学观点与方法对犯罪与刑罚进行剖析，特别注重罪犯的生物学因素；后者则认为社会环境是人类个体实施犯罪行为的决定性因素。二者均对启蒙思想学者意志自由论产生质疑，认为人的意志由生物学与社会学等领域内的诸多因素决定，主张对犯罪原因进行多层次、广角度的考察，研究重心亦由犯罪行为向犯罪行为人过渡，刑罚则由报应刑向目的刑、教育刑转变。

进入20世纪，两次世界大战给人类带来空前的灾难，人类相互残杀的惨烈现实摧毁了人们对科学与理性、自由与民主的全部幻想。西方人普遍存在着因高度的"科学理性"与"物质文明"带来的深刻异化感与危机感，再一次感觉到现实生存空间的非理性与荒诞性。西方现代主义文学将理智与情感、禁欲与原欲、灵与肉、善与恶、罪与罚等二元对立的人文母题推向纵深，悲观主义与虚无主义盛行。20世纪50年代以后的信息时代，传统社会道德与价值观念受到全面质疑与挑战，人类社会步入多元文化并存时期，西方社会秩序与文化观念进一步发生重大转变，各种文明观念规范着不同族群的心理机制与行为模式。西方文学击碎了数百年来的统一流派模式，流派间的显著特征逐渐退隐，文学作品亦由传统的宏观叙事模式分裂为碎片式、私语式，从不同角度与相异旨趣出发，塑造着每个人心目中不同的"罪恶"与"救赎"图景。在刑法思想层面，历经了两次世界大战对人权与自由、民主的极端蹂躏，保障个人尊严与权利的重要性被重新认识，罪刑法定主义与刑法的程序正义得到应有的强调。在此背景下孕育出多维共竞的刑法思想，刑法各学派间的理论开始妥协、折中与融合，重视刑事诸科学的协调与合作：安塞尔的新社会防卫论与格拉马蒂卡的激进社会防卫论相互抗衡；韦尔策尔的目的行为论试图取代传统的因果行为论；在道义责任论与社会责任论长期对峙的格局中产生了具有折中色彩的人格责任论；由李斯特创立、耶塞克继承并发展的刑事诸科学协调合作的设想亦得到普遍重视。在刑事政策方面，出于对个体生命的尊重，国际刑法学界开始对死刑的存废予以关注；对刑法谦抑思想的广泛认同与对异元文化的理解包容使得犯罪圈在世界范围内呈缩小趋势，同性恋、吸毒、卖淫、安乐死、堕胎、通奸、非自然性行为等基于人类道德、宗教层面的犯罪被逐渐清理出犯罪圈。传统刑法思想所蕴含的人文观念面临着又一次的价值重塑，西方刑法学也因此进入多元观念之间全面冲撞、竞争、融合的新时代。

通过对西方文学与刑法思想的对比考察，我们发现，西方刑法思想的发展轨迹与作为社会人文精神载体之一的西方文学作品之间存在着完美的契合——西方文学作品对人类社会实然、应然状态的关注，时间上总是与相关刑法思想理论的形成大致同步，甚至在更多时候先于刑法意识的觉醒。至此，我们也许可以对本节初始的困惑作出较为客观的解释——进入启蒙时代，西方刑法学家秉持着自由、平等、民主之精神向世界大声宣称"刑法的理想状态应当如此"；而同时期乃至先前数千年的文学作品却默默地诠释着"刑法的理想状态为何如此"，以及"如此理想"的刑法思想是历经了怎样艰难曲折的过程才凝炼而成的。文学作品在细腻刻画人之本性的同时，也深刻揭示了人类的意志、行为与社会控制之间的紧张关系。它们或隐含着特定时期人们对刑法现象的古朴性的思考，或刻录着特定时期刑法思想的丰富信息；它们既反映了世俗社会对静态刑法规范与动态刑事司法的感性认识，又积淀着刑法制度世俗社会中得以运行的心理基础。历史是一个环环相扣的链条，而不是随机事件的无序堆积。西方刑法思想的孕育、发展与进化，拥有着深厚的文化底蕴的支撑。西方文明的两大源头，古希腊—罗马文明和古希伯来—基督教文明，是一切西方刑法思想的逻辑原点；而"放纵原欲、肯定个体生命价值的世俗人本意识"以及"抑制原欲、强调群体本位的宗教人本思想"则界定了西方刑法思想的进化框架。需要注意的是，在每一个历史发展阶段内，文学思想都有一定的反复，亦即在世俗人本与宗教人本主义之间来回摆动，发展到某一精神的极限后，必然会有一定程度的回拨；而刑法学思想却保持着从主观主义走向客观主义再到主观主义的发展趋势，越重视个体价值、越鼓励多元化发展、越提倡价值共融，刑法理论与刑事政策就越向主观方面倾斜。这种世俗人本主义与宗教人本主义之间存在着的自相矛盾的尴尬，也正彰显着西方传统文化所包蕴的辩证主义内核。正是这种矛盾的文化心理，使我们看到了被否定、被批判、被解构的旧有文化体系中，隐含着合理的、必然的、新文化重构所不可缺少的基因。

9.2　冲突与融合：刑法学与文学

9.2.1　亲密敌人：刑法学的"傲慢"与文学的"偏见"

本书通过前八章对西方刑法思想与西方文学内蕴进行了梳理与归纳，以历史变迁的视角考察了远古时期刑法思想的萌芽、中世纪刑法思想的形成与蜕变、近现代刑法思想的变革以及当代刑法思想的走向。可以发现，西方文学作品在漫长岁月的积淀中，已经形成了对法律的"批判传统"，流传至今的诸多文学经典向世人传达的更多声音是对同时期实证法的质疑、挑战与批判。作为刑法学研究者，我们应当充分关注这些文学作品所特具的揭示法律危机的功能，同时也必须清醒地意识到，由于法学与文学的客观特质不同，二者在诸多层面上无法构建统一平台，因而之间的对话与沟通也显得颇为尴尬——文学家眼中的刑法学者性格傲慢孤高、思想保守僵化，他们以概念、逻辑、推理取代了活生生的社会现实，一味演绎着脱离了生活实践的书斋正义，难免有凌空蹈虚之嫌，因而文学作品多聚焦于刑事司法的社会效果，将批判锋芒对准司法运作过程中的种种异化现象，努力追寻着一种普适性、理想化、绝对化的正义与公平。刑法学者眼中的文学家则总是戴着有色眼镜打量着客观世界，对实证法抱着根深蒂固的偏见；他们的作品构思天马行空、情节夸张荒诞、向公众传达的信息更是偏离主流价值导向，甚至与法律规范背道而驰。如此，在两门学科之间形成了所谓"法学的傲慢"与"文学的偏见"的尖锐对立，这种误解误读在法学家与文学家中间均不少见。针对"文学对法学的批判传统"这一客观事实，笔者认为应当作多维度的分析，寻找二者之间基于本质不同而产生的差异，在承认差异的基础上探求其在特定领域中的共性，在共性的基础上完善彼此的合作与发展。总的说来，文学与刑法学的异质性主要集中于以下四个层面。

9.2.1.1　本质与使命不同

文学是一种包蕴着创作者理想化审美旨趣的载体，追求作品个性的张扬与价值取向的多元化，体现于外部的特征必定是开放而自在的；而刑法的工具性本质决定了其是特定时期占优势地位的意识形态的载体，由于扮演着维控社会秩序的重要角色，必须具有规范性与合一性，因而其外部形态多为内敛而自觉的。

作为一种典型的去功利化的审美客体，呆板规律的叙事模式与整齐划一的精神蕴含是文学作品的大忌，一旦文学作品沦为脱离作者意识范围的某种宗教教谕或者政治理论的鼓动者，就会弱化其自在自为的特征，丧失其嗅觉的灵敏性与尖锐性。而作为人类统一行为准则、彰显着最强烈的约束性与最严厉的惩罚性的刑法，其工具性本质却与生俱来。从产生时间分析，文学与社会矛盾的萌芽、酝酿与发生具有同步性，它能够及时反映，甚至超前预警社会中潜在酝酿的冲突与矛盾；而刑法针对"孤立的个人反抗社会的斗争"总是以堤坝的角色存在，其作用是堵截、抗衡与恢复原状，必然在时间上会滞后于社会矛盾的萌芽、发展与激化。

另外，文学的使命是以质疑与探索的方式向读者呈现生命难题，通过对社会与个人之间矛盾的竭力渲染，凸显作者所希冀表达的憎恶、赞美、疑惑之情；而刑法的使命则是通过解决现实生活中已经发生的冲突、维护社会秩序的正常运转，继而保障基本人权的实现。面对文学作品所诉求的理想状态下的理想公正、平等与实证法律制度之间的激烈冲突，面对文学作品所质疑的自然正义在法律正义笼罩下的枯萎与异化，刑法往往从社会控制角度出发，利用刑事政策予以某种回应；或者基于其谦抑性品质，在临界范围内保持观望与沉默。

因此，文学作品诉求所特具的理想性、预示性与刑事司法运作空间的现实性、紧迫性之间产生了一种固有的排斥力——通过文学作品析出的理念与价值观，未必会纳入同时期立法者与执法者的视野，至少会有一个滞后期，二者不可能完全同步。这是文学作品会对同时期刑事司法制度进行批判的原因之一。

9.2.1.2　价值诉求载体不同

就内蕴思想所展现的价值诉求而言，文学作品所表达的多为"个体、群体的呼声"，刑法规范则是"公意的体现"。

文学作品在完成叙事的过程时，总是致力于对叙事主体的"具体化"或"个别化"描述，对其所承载的富有个性的价值观颇为珍视；文学创作者亦总是习惯于尝试突破现有制度的限制，挑战现有意识形态与主流价值观，继而期许实然法律框架下难以实现的自然正义。不难发现，在西方文学作品中，从古希罗悲剧文学到当代的存在主义文学，大多确信应当用一种永恒不变的正义原则来代替现存的法律制度，继而对现存的官方权利与意识形态的合法性进行质疑——这固然是一种终极正义，带着理想国的色彩，亦能带给现有立法者、司法者以剧烈的思想冲击与反思空间，此时的文学作品于不经意间履行着对刑事立法与司法的监督评价的职能。同时，与刑法学家冷静矜持的处事风度、严密周详的逻辑思维相比，文学家的情感世界更为跌宕起伏、思维方式也更为感性跳跃。他们往往由于某种激情的爆发，可以为了某个群体或者阶层的利益对整个司法制度进行尖锐的质疑与猛烈的抨击——文学作品中许多理想人物的塑像群甚至是同时期刑事司法亟须严惩的对象。

刑法学所承载的价值，是源于"集体理性"而形成的"公意"，是个体与个体、个体与群体、群体与群体之间利益激烈博弈的结果。在这种暂时达成的动态平衡中，基于学科属性的客观需要，刑法规则的制定与提炼必须致力于高度的抽象化与普遍化——将诸多类似个案归结为特定规律的作用结果，并从该种特殊规律中抽象出普遍适用的规则。因此，在刑法学的研究视野中，作为其探讨对象的"人"与"行为"必定是被抽干了血肉、被风化为"类"的概念。另外，基于社会公共政策对刑事政策的调整与控制，特定时期刑事司法的运作在某种程度上亦往往会选择牺牲部分群体的利益来换取整体社会秩序的稳定，而这一点正为古往今来的诸多文学作品所诟病。

9.2.1.3　事件解读角度不同

"无达诂，法有正解"，面对相同的社会事件，刑法学与文学的观察视角有别，聚焦范围不同，所得出的评判与采取的应对模式自然相异。

刑法学往往企图最大程度地还原已经发生的客观事实，文学则对前者的推理与判断表示质疑；刑法学的思维轨迹是记忆、观察、推理、判断，文学则始终穿梭往返于人类复杂的情感空间与理性世界之间。更为重要的是，文学的柔性气质决定了它无须追求某个权威性的价值判断来迫使公众接受与服从，而作为刚性控制手段的刑法学却必须在有限的资源内、特定的背景下做出规范公众意识、引导公众行为的权威性结论，继而推动人类社会在井然秩序中向前发展。

二者之所以造成上述显著差异，是因为文学作品是人类感性、经验与直觉的外化成果，它对社会事件的观察角度由于观察个体的感情经历的复杂性与个性特征的多变性而大相径庭。正是针对此点而言，文学作品所包孕的刑法学意义主要集中于法社会学领域——文学作品尤其关注刑法规范背后所发生的种种图景，对客观案件发生前、发生时、发生后的种种"内幕"，对行为人接受审判、被交付执行乃至若干年以后依然可能绵绵不断抽绎出来的案件外延颇感兴趣。文学作品力图呈现的是一种社会效果而非法律效果；它们竭力追寻的是一种自然正义而非法律正义。相对而言，刑法学所关注的领域却带有浓厚的专业化、理论化与工具化色彩——面对同一社会事件，其切入角度是严密的理论模型与严谨的逻辑推理；在对规范的理解与解释上，亦要求必须最大限度地做到精确、谨慎，以尽量客观、中立的态度代替主观情感对处理案件的影响，所体现的是一种现有法律架构许可下的现实的、法律的正义与公平。

9.2.1.4　价值输出方向不同

首先，基于二者的异质性，文学与刑法学对所承载价值的输出方向不同。文学对受众的启蒙过程通常是自下而上的；而刑法学的启蒙过程往往是自上而下的。文学家关注法的实施效果，期望通过作品针砭时弊，以具体翔实的底层生活经验向当权者与决策者传达价值诉求。他们更多考虑的是底层公众、弱势群体等被实证法所忽略或有意舍弃的一部分群体的生活感受，密切关注价值冲突背后的社会环境影响，所偏好的价值输出路径具有对话性、双向性与多元性，以期在不同阶层、不同领域的受众中引起同情与共鸣。而刑法学则立于社会控制的高度向公众输出规则、施加约束，引导具体的社会行为，必然会遵循命令式、单向性、单一维度的输出路径，更多关注的是法的逻辑生命以及应然的适用效果。同时，基于学科建设的客观需要，刑法学家必须保持一以贯之的学术品质、坚守客观学术阵地，不会轻易因同情、憎恶某一个体、群体或者阶层的意识形态而更改其基本学术立场。

其次，文学作品青睐于对个体生命价值的感性召唤，刑法学却承载着维护社会群体理性的基本使命。在社会变革、政权更迭之际，我们往往可以首先从文学作品的内蕴中感受到变革气息的逐渐增浓，潜流中涌动着对旧秩序削弱甚至解构的渴望。在此意义上，文学天生蕴含着一种对社会主流价值的颠覆性、对抗性的力量；而刑法学通常是根据统治阶级意志来构建、维持某种秩序，它的使命之一是以科学的方法与缜密的逻辑对该秩序实证存在的必要性进行解释，一般很少质疑其合理性，更不会尝试着从实践层面瓦解它、推翻它。在此意义上而言，文学是激进的，刑法学是保守的，这也与优秀的文学作品多产生于道德失范的乱世、经典的法学著作多创作于秩序井然的盛世的客观事实相吻合。

综上所述，刑法学是特定时期的人类文明中相对固定、僵化的存在，而文学作品则是时代精神变迁过程中最为灵动、敏感的载体；刑法学冷静、刚硬的特征与文学作品温柔、浪漫的天性形成了强烈对比。因此，二者保持着相当广泛领域的异质性，在某种程度上甚至深藏着对立与摩擦——上文对"文学的法学批判传统"的形成原因的客观解释。作为一名刑法学研究者，当然可以借助文学作品作为刑法学的分析工具、通过多样化研究进路对刑法理论的实然状态进行批判、对司法实践的应然图景进行构建，亦必须清醒地意识到，刑法学与文学之间固然存在着交集，但可供分享的领域毕竟有限。

9.2.2　快乐伴侣：刑法学与文学的琴瑟和谐

上文通过刑法学与文学的异质性，解释了文学特具的对刑法学批判传统的形成原因，这主要是从断代史角度进行的考察。如果我们将镜头拉得再长些，目光放得再远些，立于人类社会整体进化史的宏观角度，还可以发现另一个更为有趣的现象——文学"感性浪漫的天性"与刑法学"理性保守的气质"之间存在着极强的亲和力，文学与刑法学不仅是一对相互指摘、对立冲撞的亲密敌人，更是一对不离不弃、琴瑟和谐的"快乐伴侣"。①

通过对本书第1章至第8章关于西方刑法思想史与文学思想史的梳理，我们可以得出十分明确的结论：西方刑法思想萌芽、孕育、进化的轨迹与西方文学作品所承载价值理念的发展轨迹呈现着完美契合的状态。一个事实是，当代社会的多数公民——包括部分刑法学学者在内——对罪与罚的最初始、最直观的印象来自于对文学作品（广义包括影视作品）的阅读与欣赏。另一个事实是，在成文法产生之前，无论在东方还是西方，对"罪"的古朴描述与"罚"的原始刻画，均是借助神话、诗歌、宗教故事为载体才得以传承至今——从记载人类思想的文字符号角度讲，广义的文学从形式上甚至包含了法学与刑法学。因此，刑法学与文学具有同源性——最早承载古希腊刑法思想与正义观念的并非史书、亦非法典，而是人所周知的《古希腊神话》《荷马史诗》以及埃斯库罗斯、欧里庇得斯等人的古希腊悲剧；而在古罗马戏剧中，为了彰显故事的真实性、达到戏剧与现实的高度统一，涉及死刑执行的场景通常由活生生的司法执行官与死囚来扮演。考察西方文学史上的经典作品，或蕴含着特定时代的人们对刑事法律的非论证性、古朴性的思考，或刻录着特定时期刑事法律制度的丰富信息。它们既反映了世俗社会对静态刑法规范与动态刑事司法的感性认

---

① See I. N. Turner&P. Williams eds：The Happy Couple：Law and Literature，The Federation Press，NSW，1994.

识，又积淀着刑事制度在世俗社会中得以运行的心理基础。这是一种大历史观进化论意义上的契合，理论根基即为特定时期经济、政治、自然科学以及哲学思潮对二者的共同影响。这一点在前文已花费大量篇幅进行归纳与论证，不再赘述。下文所阐述的是刑法学与文学在学科性质、研究方法、社会控制以及文学家与法学家角色特征四个方面的密切关联与高度统一。

9.2.2.1　学科性质的交叉性：社会科学与人文学科角度

始于古希腊亚里士多德创立的学科分类，是人类对自然、社会以及人类本体的认识达到一定程度后产生的认知规范化。① 从学科分化时间考察，人类自诞生之日起就开始思考生存的意义与人生的价值，古希腊时期的西方已经具备严格意义上的人文学科分类（哲学、史学、文学、艺术）；17 世纪自然科学逐渐发展成熟；19 世纪末期，在自然科学极度繁荣的前提下，形成了以探索社会规律为己任的"社会（物理）学"（孔德语），它的特点是移植自然科学方法、提倡实证研究原则。而"社会科学"则是直到 20 世纪"二战"以后才由美国行为学派创立。② 三门学科的内部均以相对稳定的核心领域进行支撑，排斥其他学科的干预与渗透，捍卫本学科的独立性与自主性；同时，各个学科之间不可避免地存在着边缘地带，与其他学科交叉互融。从学科属性来讲，人文学科与社会科学的研究对象均是"人"，不同的是二者的研究进路——社会科学通过研究人来研究社会，人文学科通过研究社会来研究人。亦即社会科学将人看作客观存在的"物"来研究，旨在发现支配某一社会领域的普遍规律，并力图以这种普遍规律去适用、解释该领域的个体事件，以抽象出普世性理论为研究的终点（与自然科学十分相似）；而人文学科则将人置放于特定领域的社会中来研究，关注的是具体、独特的个体价值，这种研究注定没有结论、没有终点。从此角度而言，文学与刑法学在研究对象与进路之间存在着千丝万缕的联系。

作为一项世俗的事业，刑法学理论的研究最终应当体现对人类尤其是对弱势阶层的终极关怀。而文学作为人文学科中的重要门类，以其所散发出的独特而浓郁的价值关怀揭示着人性的本质，探求着人生的终极价值。

---

① 学科分类始自古希腊，始自亚里士多德，并随着人类认知能力的进步而不断发展。在英文中，自然科学（Natural Science）、社会科学（Social Science）与人文学科（The Humanities）三者并立，泾渭分明。

② 参见汪信砚：《人文学科与社会科学的统一性——答于金成教授》，《学术研究》2010 年第 9 期。

刑法学虽然是社会科学，但是在它对社会各种冲突的理性化解决过程中，亦需要对人情世故的精确把握，甚至对人性的充分感悟，才能够穿透纷纭的争端表象，确定适法行为与犯罪行为的界限。在此意义上，文学作品可以为刑法学学者与司法实践者充分提供作为理性分析工具的感性支撑。回顾刑法学发展历程，正是由于人文主义思潮的兴起以及具有人文主义情怀的刑法学家的推动，才使得它从窒息人性的宗教教义与僵化迟滞的注释法学的桎梏中释放出来。历史已经证明，任何刑事法律制度，如果缺乏人文学科所重视的对自由、平等精神的关怀，将彻底沦为专制与暴行的工具；而作为"法律的良心"的刑事司法官，如果抛弃了被人文学科所珍视的爱与怜悯等基本人类情感，将逐渐蜕变为守护着僵硬正义的冰冷石像。我们应当重拾原本蕴含于社会科学中的文学传统，触摸比刑事法典的逻辑与推理更要细腻百倍的人类情感，以温暖的方式来诠释冷峻的刑事规范；我们应当说服刑事司法官从法学殿堂步入文学领地，激活其灵魂深处所蛰伏的悲悯情怀，使其成为法律伦理与人文情怀的兼备者。在此意义上，文学的"价值关怀"对于刑法学的"科学性"追求已然成为一种正面的、积极地因素，"人文学科"与"社会科学"将不再相互悖谬与冲突，而是演变为人类文明进化过程中相互促进的两翼。

9.2.2.2 研究方法的互鉴性：刑法学方法论角度

早在启蒙思想时期，意大利刑法学家贝卡利亚就对法学研究方法与进路颇为关注，他特别强调各学科之间的联系和整合，他在《论犯罪与刑罚》中指出："真理是分散在许多人手中的，将自己局限于某种学科范围内，忽略相似和相邻学科的人，在自己的学科中绝不会是伟大和杰出的……一个广阔的大网连接所有真理，这些真理越是狭窄、越受局限，就越是易于变化、越不确定、越是混乱；而当它扩展到一个较为广阔的领域并上升到较高的着眼点时，真理就越简明、越伟大、越确定。"[①] 贝卡利亚对上述观点身体力行，在《论犯罪与刑罚》一书中，他通过对各门学科、各种知识的有效整合，创造了我们至今无法重现的奇迹。我国刑法学专家储槐植教授亦指出，刑法研究的基本思路应该是"在刑法之内、刑法之外与刑法之上"。[②] 其中的"刑法之外"应当包括了与刑事法相关的一切社会科学、自然科学以及人文科学。正是在此意义上，美国法理学学者

---

① 〔意〕切萨雷·贝卡利亚：《论犯罪与刑罚》，黄风译，北京，北京大学出版社，2008，第179页。

② 京师刑事法治网，见 http://www.criminallawbnu.cn/criminal/Info/ShowLS.asp? ProgramID=580&pkID=120，2011-2-13。

庞德于 20 世纪初提出了所谓 "综合法学" 的建议，这种综合性不仅体现在各个法学流派（自然法学、历史法学、分析法学、社会法学）之间的联合，而且包括法学与其他社会科学之间的交互借鉴。延伸至刑法学领域，进入 20 世纪以来，刑法学者逐渐认识到单靠某一类别的研究方法与理论不可能完成全部刑法学研究的历史使命，遂或者以公开形式倡导将各种方法相互融合，或者以隐蔽形式修正自己的理论观点，使得各种研究方法兼容并蓄，各派理论逐渐向折中、综合的方向倾斜。

根据法理学基本观点①，对于刑法学的研究大致可以建立于价值、逻辑以及事实三个层面之上。价值层面关注于刑法哲学体系的构造，逻辑层面侧重于对刑法规范的分析，事实层面则强调对刑事法适用效果的考察。在诸多学派理论向纵深化、精密化发展的过程中，没有哪条单独的研究进路，能够一劳永逸地适应刑事法运作环境的复杂性。如果说希望借助一种分析工具，可以将刑法学研究的价值、逻辑、事实三个层面有机融合，将刑法学研究进一步推向纵深，那么这种工具需要具备极大的包容性以及对社会现实异常灵敏的反应能力——文学，作为一种被刑法学研究放逐已久的工具，应当重新回归我们的视野。

9.2.2.2.1　自然法学角度：文学作品对刑法思想 "逻辑原点" 的刻录

在刑法产生前，人类是居于平和有序的世外桃源还是 "狼与狼之间永恒的战争状态"？（参见《古希腊神话》之 "三代神祇弑父篡位"，《冰岛史诗——尼亚尔萨迦》。）刑法是何种社会状态下的必然产物？（参见《荷马史诗·伊利亚特》之 "阿喀琉斯的复仇" 以及《古希腊神话》之 "俄瑞斯忒斯的审判"。）刑罚权的根据究竟何在？（参见《圣经·新约》之 "行淫时被捉的女人"，《古希腊神话》之 "被缚的普罗米修斯"。）社会契约论是纯粹人为构建的虚拟理论还是具有客观事实支撑的合理推断？（参见《古希腊神话》之 "三代神祇弑父篡位" 以及《圣经·旧约》之 "耶和华与摩西订约"、《圣经·新约》之 "上帝与耶稣续约"。）人的意志是否真正自由以及可以在何种程度上支配这种自由？（参见《俄狄浦斯王》《荷马史诗·伊利亚特》。）人定法之上是否存在着永恒正确、支配宇宙万物的最高法？（参见《安堤戈涅》

---

①　法律的含义具有三个层面，一是法律秩序（通过系统、秩序的强制力来调整关系、安排行为的制度），二是据以作出裁决的权威性资料（法律规范、法律技术、法律观念），三是司法过程（根据权威性资料解决争端的过程）。〔美〕伯尔曼：《论实证法、自然法、历史法三个法理学派的一体化趋势》（中译文），《法学译丛》1996 年第 5 期。

《荷马史诗·伊利亚特》《俄狄浦斯王》。）针对上述问题的假设性回答构成了刑事古典学派进行理论研究的前提与基础。古典学派学者通常将某一假设作为理论研究的逻辑原点，逻辑在刑法学理论研究中的作用是重要的，但它必须依赖前提的正确，这是逻辑本身无力解决的。进入 19 世纪，刑事人类学派、社会学派对古典学派理论的试图颠覆，正是建立在对上述先验性假设进行诘难的基础之上的。面对实证学派的凌厉质问，古典学派并无能力作出有力回击，只能暂时退居一隅，苦苦检讨、思索着这些先验性命题——作为其理论研究之逻辑起点——的正确性与合理性。事实上，如果将视野转向人文学科角度，考察西方人类早期社会所产生的文学作品，也许可以从另一个角度对其予以回应。我们虽然不能无视文学作品所具有的丰富的想象能力与夸张的叙事手法，但是，当同一时期的文学作品，从不同角度针对社会现实所反映出的价值诉求呈现出同一性或近似性时，至少可以为对上述先验性命题的证实与证伪研究提供一定的信息，或者从文学作品中探求上述先验性命题的人文渊源。

9.2.2.2.2　历史法学角度：文学作品对刑法思想"民族精神"的承载

针对自然法学派与实证法学派的观点，历史法学派曾经提出如下质疑：法律的形成是人为制定，还是民族精神自然发展的结果？（参见西方主要国家的"英雄史诗"、《约翰·克里斯朵夫》。）习惯应当被排除于法律之外，还是真正的民族法律精神之载体？（参见《高龙巴》《不可饶恕》。）法律的推行是依靠政治权力，还是法律背后的人文社会力量？（参见《尼亚尔史诗》《朗读者》。）法官进行裁判时应当严格遵照法典的字面解释，还是可以创造出新的法律？（参见《十日谈》《巨人传》。）可以看到，将法视作"民族精神或民族意识的体现"是历史法学最重要的命题；而文学作品则是民族精神与意识的重要载体之一，不同民族的文学作品中无不渗透着各民族之间风俗习惯的差异性、传递着各民族之间价值取向的融合性。通过对文学作品的鉴赏，我们可以把握刑法学理论所中蕴含的不同民族精神与意志的萌芽、发展与进化。

但是，刑法学者对通过文学作品进行法学研究存在着普遍的质疑——文学叙事与史料记载拥有着全然不同的表述方式——文学叙事以"想象"为基础，史料记载以"求真"为目的，想象无法代替真实，对研究结果的客观性亦存有疑问。这种见解是客观的，同时亦有待商榷。首先，文学叙事中的"想象"空间无法突破作者生活时代的社会背景；而历史叙事中的

"求真"旨趣在权力的压制与干扰下，难免会出现"失真"情形，正如福柯在"知识考古学"中所揭露的关于"语言、权力、知识、真理"的联盟。（参见《水手比利巴德》《城堡》《第六病室》《飞越疯人院》等。）其次，尽管文学叙事具有充分的"想象"空间，但这种"想象"母题的形成与特定民族的思想、风俗密不可分。事实上，中外历史上不乏通过文学作品对相关学科进行周密、严谨考证的研究者。例如我国始自汉代、盛于清代乾嘉学派传承至今的考据学即通过对文学经典求证相关学科的理论真伪；近代王国维、陈寅恪等国学大师，亦利用丰富的文学资料来治学修典，取得举世瞩目的成就。① 在法学领域，历史法学派著名代表人物亨利·萨姆纳·梅因秉持着与多数西方学者关于法的起源的不同观点，他认为应当选择《荷马史诗》作为研究古代法起源的原点，因为反映于该部文学作品中的"这些基本观念对于法学家，正像原始地壳对于地质学家一样可贵……这些观念中，可能含有法律在后来表现自己的一切形式。"② 所以，文学作品作为研究工具来考察刑法学思想所包含的民族精神，根本原因"不仅在于文学故事是一种历史研究的资料，更在于其本身就是一种历史叙事样式，它们对细民百姓的法律生活和法律意识叙事，具有档案和正史无法替代的价值。"③ 探寻文学作品中的民族精神，并寻求其中可能蕴含的刑法学理论问题，将为我们探询包含于西方刑法思想中的历史与现实的轨迹、凝视传统与现代的变迁过程提供一个极好的视角。

9.2.2.2.3 分析法学角度：文学作品对"法律规范"的解释

早期的分析法学派（规范法学派）将注意力始终放在对实在法的规则、规范、制度的研究上，既不同于注重法律价值论的自然法学，也不同于注重法律实际效果的社会法学，其传统是简明、抽象、极富逻辑性的纯理论。分析法学派主张消除政治和意识形态的价值判断，使法律理论摆脱

---

① 我国的考据学，通过对《诗经》《楚辞》等文学经典进行研究来求证相关学科的理论真伪，作为一种治学方法，始自汉代，经历魏晋、宋明、隋唐的发展，到清代乾嘉学派达到巅峰。（所谓考据，就是通过对历史文献，包括《诗经》《楚辞》等文学经典著作进行研究，通过整理、校勘、注疏等，从诸多文学作品中考证出关键所在，来解决政治、历史、地理、典章制度、民俗、军事等学科的相关问题）

② 〔美〕梅因：《古代法》，高敏、瞿慧虹译，北京，中国社会科学出版社，2009；百度文库，见 http://wenku.baidu.com/view/f00c152e453610661ed9f42a.html，2011-2-13。

③ 徐忠明：《包公故事——一个考察中国法律文化的视角》，北京，中国政法大学出版社，2002，导论。

一切外部因素，以进一步实现法律"纯粹科学"的目标。① 进入 20 世纪，由于人为地割裂法律与价值评价间的客观联系，分析法学面临着日益衰落的困境（参见《审判》《城堡》《荒凉山庄》《第二十二条军规》等）。新分析法学代表人物哈特及时修正了早期分析法学的观点，承认分析法学中也必然包含着"最低限度的自然法"因素，提倡以"外在视角"对实在法规范进行必要解释。②

　　刑法规则的司法适用以解决社会冲突为目的，而刑法规则与司法适用之间存在着间隙与空白，即使是具备了最大程度封闭性的刑法规范，在不同裁判者眼中解读结果也不尽相同（参见《抛锚》《把那家伙给他吧》）。社会是各种利益的复合体，面对多样化的利益冲突，只有遵循一定的价值观、追寻特定的目的，才可能对刑法意义的各种尖锐的冲突作出理智的调和与裁判。对刑法规范进行解释，是为了灵活、准确、有效地将刑法规范适用于具体案件，这是考察刑法的效力能否得以发挥以及在何种程度上得以发挥的重要环节，由此，刑法典由固化规范向社会秩序控制的使命的转变才得以完成。从此角度而言，文学作品对社会冲突之平等、开放、多元化的诠释为刑法规范解释的方法论提供了有益借鉴。文学作品对公众视域内社会冲突在解读层面的多样性，表现了公众对于相同社会事件在认识与理解上的差异性的客观存在，而这种差异性来源于解释者自身的文化素养、价值取向、宗教信仰、成长背景等主客观因素的多样性。文学作品是社会冲突的镜像，其开放性、多元化的视角可以给刑法规范逻辑注入价值性考评，从而在实证法与自然法之间找到有效的过渡因素，对刑法规范与具体适用之间的空隙进行有效填补。

　　9.2.2.2.4　法社会学角度：文学作品对"法之实效"的检视

　　法社会学从社会本位出发，从社会环境、历史变迁角度讨论法的发展动力，强调研究法律的实际社会作用与效果，以发现法律的实际作用与预期作用之间的距离，从而为改革与改善法律提供方案。与自然法学强调的重点是价值、分析法学强调的重点是规范不同，法社会学强调对

----

　　① 凯尔森认为，法律是一个自给自足的封闭的体系，不能也不必利用其他学科中的任何内容作为它的前提；奥斯丁认为，法律概念的分析是首先值得研究的，它不同于社会学与历史研究，也不同于批判性的价值评价；萨默斯指出，解释成文法的时候，"法律应该是什么"的考虑是无立足之地的。参见吕世伦主编：《西方法律思潮源流论》，北京，中国人民大学出版社，2008，第 2 版，第 143、159、165 页。

　　② 参见吕世伦主编：《西方法律思潮源流论》，北京，中国人民大学出版社，2008，第 2 版，第 178 页。

司法判决的社会效果研究，关注"活法"、"行动中的法"的运行轨迹。法社会学认为，逻辑与理性并非刑事法律的全部生命，作为一种人类经验的积淀，刑法所追求的终极目标之一是实现社会正义。而正义是一种多元复杂、不断变化的混合体，与道德观念的变迁、物质条件的改善、公共政策的转变、社会利益的平衡，社会舆论的倾向息息相关。此外，在社会、历史、政治等宏观背景以外，生存于"行动中的法"与"活法"语境下的角色，如被害人、被告人、司法人员以及其他相关人物的意识与行为，也在某种意义上影响着社会公平与正义的实现程度。而法社会学者深刻关注、系统研究的上述对象，均可以在同时期的文学作品中追溯至其"原型及其演绎"。

　　文学作品中体现的个体角色对刑事法律制度的整体性意识与感情，正是基于对"行动中的法律"的认识，而非仅是对狭隘意义上制定法的认识。文学作品对刑事制度在现实社会中运行状态的检视与质疑，涵盖了公众对刑法学理论中罪罚观念与实践效果等各个层面的现实性回应；文学作品在对世间多样化冲突的描述中，以揭示人性本质为使命，破译着作为个体的人与社会制度之间或服从或抗拒的密码。当刑事制定法与法的实施效果之间发生价值悖离，公众对法律的诚挚信仰将逐渐枯萎，其社会效果往往通过失常形态加以显现（参见《在法的门前》《在流行营》《第二十二条军规》《守法公民》等）。考察西方涉法文学对法律实际运作轨迹的描述，于文学作品的视野下对"法律适用效果"进行解读、分析，将有助于刑法学者始终保持敏感的外倾姿态，将刑法学理论研究触角探入社会实在，扩展实证主义思维定式下所难以穷尽的资源，使得刑法理论对"刑法适用效果"的认识从广度与深度两个方面加以拓展、延伸。

　　9.2.2.2.5　后现代法学角度：文学作品对"非主流话语"的关注

　　进入 20 世纪后半叶，在后现代主义思潮的影响下，法学开始面临着自身的合法性危机。后现代主义思想在质疑、挑战当代世界观与方法论的同时，也将反思、批判的矛头指向现代法学所弘扬的基本原则与法治理念——认为在现代法学体系庇护下的规则与制度充满了对弱势群体的漠视。他们试图采用不同于现代主流法学的认识论进路来颠覆现代法学流派所诠释的各种本质性话题，化解由权利建构形成的客观标准。后现代法学整体上采取了从法律、文学、社会学、心理学等众多领域的多元视角，来探求、评价现实法律制度，排斥现代法学"从法律中了解法律"的内在视角，以打破主流法学"条块分割、画地为牢"的僵化局面。

　　与后现代法学"反基础主义、反内部视角"的基本立场具有高度易融性的文学作品被理所当然地运用为拓展思维领域的工具，用以颠覆现代法学长期以来大一统的、旗帜鲜明的话语霸权；而文学作品所采用的关注个体经验的多样叙事方式，亦被后现代法学承继，作为瓦解传统法学著作经常使用的宏大叙事结构的替代，挑战着现代法学研究领域与其他学科之间不可逾越的界限与陈规。后现代法学认为，支撑现代法治的基石与原则已经越来越经不起推敲，他们对历史以来由法学者、哲学家、法官为现实生活中的法律制度所提供的认识论基础持深刻怀疑态度。而 20 世纪 50 年代以来的诸多文学作品对上述质疑提供了令人振奋的佐证（参见《土生子》《发条橙》《西点揭秘》等），其中所演绎的大量当时被认为是违反自然法则与法律规定的社会个体行为，反映了公众从各个领域要求"新个体权利"、设计"新社会目标"的呼声。在当时法律中尚未涉及的权利——诸如堕胎权、死亡权、同性恋权等——纷纷在文学作品中首先涌现出来（参见《雷林顿 10 号》《这是谁的生命》《费城故事》等），从中折射出社会所面临的从未经历过的价值大分裂。同时，现代文学作品的背后亦隐藏着对现代法学的尖锐批判——例如蜕变后的法律已然成为保护既得利益合法化、定型化、凝固化，阻碍社会变迁与对弱者权利保护的绊脚石，以及在小型叙事文本中，所呈现出的在社会进步、文明发展的主流话语霸权后被刻意忽略的边缘群体（贫穷阶层、弱势群体），其微弱的抗议声往往被社会"文明"、"进步"的喧嚣声所湮没（参见《美国悲剧》《土生子》《杀死一只知更鸟》《黑暗中的舞者》等）。这些反映多元价值取向的文学作品，被后现代法学充分借鉴，作为解构现代法学的利器——以讲故事的方式，来消解法学主流话语霸权对边缘性群体的冷漠与蔑视。

9.2.2.3　社会功能的同质性：社会控制的视角

社会控制是指社会组织利用社会规范对其成员的行为进行约束。广义的社会控制是指对一切社会行为的控制，而狭义的社会控制则是指对成员的偏离行为或者越轨行为进行控制。① 社会控制的方式具有多样性，各种方式之间存在互补性。刑法具有的社会控制功能是毋庸置疑的，同样作为某种意识形态的载体、上层建筑的构成部分的文学作品对大众的教化作用也不容忽视。文学作品正是刑法控制客体状况的镜像化反映，从多元角度为刑法提供关于控制客体的信息；刑法对社会的有效控制正是建立于占有信息的真实性与丰富性基础之上。

---

① 参见〔美〕戴维·波诺普：《社会学》，李强译，北京，中国人民大学出版社，2007，第11 版，第 13 页。

　　就整个社会管理体制而言，不同的社会控制方式之间存在着一种相对平衡的动态互补关系——法律控制强势的领域，其他社会控制方式相对式微，反之亦然。① 刑法学的控制领域是公共社会最基本的运行秩序，若期望获得良好的社会控制效果，主流刑法思想必须融入社会实践，为公众所认同、信仰，从而弱化其暴力色彩，获得公众信仰层面的支持与容纳。在推进正义理念、维护公众心理秩序的过程中，刑法通常以逻辑推演的方式来设置正义，以暴力或者暴力威胁来实现正义——法典条文对人类行为进行约束，刑事裁判对违反规范者自由、生命、财产的剥夺，无不揭示着刑法之社会控制使命是通过对公众的外显行为进行规制而完成，具有刚性控制、第三方控制、消极控制、强化意识控制的特征。而文学作品的作用空间却是人类的内心世界，它同样具有规劝、教化的作用，却是通过对人类心灵的感化与指引来完成的，属于典型的柔性控制、自体控制、积极控制、无意识控制。二者在社会控制的手段上虽然具有异质性，但作为社会控制网络系统的重要联结点，又不可避免地具有交叉性与互辅性。这种交叉与互辅性关系建立在"文学思想的传播→民意的形成→公共政策的制定→刑事政策的选择"四者之间的关联性基础之上。

　　公共政策②是现代法治国家进行社会控制的基础手段之一，也是平衡、调节、缓和一个国家特定时期各种利益冲突的有效方式。公共政策的制定以特定时期的社会政治、经济发展不均衡的状态为前提与限制，其实施结果即对政策选择的特定阶层进行阶段性特殊保护。鉴于公共政策运作前提与施加对象的特殊性，在公众政策的运行过程中，作为社会公众意愿与诉求载体的"民意"扮演着至关重要的角色，成为公共政策制定的原点与适用的终点。何为民意？英文中的民意（repulic opinion）即"公众意见"，并非代表着全体民众的利益诉求。卢梭在 18 世纪《社会契约论》中就已指出，民意分为众意（repulic opinion）与公意（general will），公意不同于个人的私意与反映个人利益总和的众意，它以人民的公共利益为出发点，只着眼于共同的目标。社会契约的形成方式应当以"众意"进行，而社会契约的

---

　　① 　参见〔美〕唐纳德·J. 布莱克：《法律的运作行为》，唐越、朱苏力译，北京，中国政法大学出版社，2003，第 125 页。

　　② 　公共政策是公共权力机关在特定时期经过特定程序选择和制定的解决公共问题、达成公共目标、实现公共利益的方案。其表达形式包括法律法规、行政规定或命令、国家领导人口头或书面的指示、政府规划等。参见陈振明：《政策科学》，北京，中国人民大学出版社，1998，第 57 页。

形成目标必须达成"公意"。① 如此，我们可以确定，公共政策中所探讨的民意具有多元化的特征，是特定主体基于特有的价值取向对特定时期产生的社会现象所持有的基本态度。唯有这种多元民意才能对强权意识的绑架进行有力反抗，折射出现代法治社会的民主、自由、平等、独立的精神内蕴。公共政策具有极其鲜明的价值指归，利益相关性与政策内核紧密联系，多数公共政策均涉及对以利益为核心的社会价值的分配，不同时期的利益保护与政策倾向自然不同。基于多元性民意观的存在，公共政策在制定时，必须尽可能全面地搜集民意样本。民意调查的取样渠道种类繁多，包括网络、专访、田间调查等，作为大众传播媒介的文学作品，以其特有的人文关怀特质在一定程度上体现了不同公共领域的呼声，代表着被主流话语霸权所压制的边缘性群体的诉求，自然也是可取方式之一。

值得注意的是，文学作品不仅具有承载民意的作用，还具有刺激民意、引导民意、形成民意的作用。这种作用在西方历史上屡见不鲜。

最为典型的例子是美国作家斯托夫人的《黑奴吁天录》的发表，在相当大的程度上激化了美国北方民众的废奴情绪，林肯总统后来接见斯托夫人时曾戏谑地称她是"写了一本书，酿成了一场大战的小妇人"，这句戏言充分反映了该部著作对民意形成的深刻影响。与斯托夫人的宣战小说相对应，启蒙思想时期的英国文学家斯威夫特利用一纸宣言熄灭了一场英法两国之间燃烧已久的战火。面对英国与荷兰、瑞典联盟对法国进行的长期战争，斯威夫特于 1711 年发表了《同盟国和前任内阁在发动和进行这次战争的行为》一文，以生动风趣的语言详细揭露了战争给人民带来沉重负担、为资产阶级带来巨额利润的事实。这本小册子对英国的反战舆论起了重大影响，激起民众的反战怒潮，民众坚决要求统治者与法国缔结和约，直接促成了英法停战，以致有人称该和约为"斯威夫特和约"。另外，斯威夫特以颇具号召力的文笔先后发表了《普遍使用爱尔兰的工业产品的建议》（1720 年），以及 1723 年针对"半便士铜币"发表的公开信，直接导致了爱尔兰民众抵制英货运动，并逼迫英王收回"半便士铜币"许可状。②

狄更斯于 1853 年发表的涉法小说《荒凉山庄》，对英国当时的衡平法法院之繁冗、臃肿、拖沓、无能、邪恶的本质予以尖锐讽刺与猛烈抨击，他认为"法律的傲慢与粗暴，着实已经到了令人无法忍受的地步"。后来，

---

① "众意与公意之间经常总有很大的差别，公意只着眼于公共的利益，众意则着眼于私人的利益，众意只是个别意志的总和。"〔法〕让·雅克·卢梭：《社会契约论》，何兆武译，北京，商务印书馆，1980，第 39 页。

② 参见本书 5.1.2 部分。

英国议会对衡平法法院（大法官法院）的改革措施，与这部作品反映的深刻思想及其在整个社会掀起的轰动效应不无关系。曾任英国上诉法院院长和高等法院法官的丹宁勋爵感慨道："不得不坦率地承认，我个人认为，狄更斯的小说对司法改革的贡献，远远超过了法学家杰里米·边沁。"①

在 19 世纪与 20 世纪之交，法国作家左拉于 19 世纪末发表的一纸控诉信将"公共知识分子"推上了世界政治舞台。在"德雷福斯案"中备受诋毁与侮辱、孤身奋战的左拉于 1898 年在法国的《震旦报》上发表了万字长文《我控诉》，《震旦报》创下了当天销售 37 万份的纪录。第二天，《震旦报》上又刊出了一篇短文《我抗议》，坚决支持左拉的正义行动，文末署有法朗士、普鲁斯特等一大批法国"文学士"和"理学士"的签名。从此，左拉身后开始迅速出现了"一支看不见的军队——全欧洲和全世界的知识分子"（茨威格语）。这些人的支持，不仅带给左拉以巨大的精神安慰，也使人们终于看到了知识分子的群体力量。同年，法国出版了一本《法国文学界向埃弥尔·左拉致敬》，将那些支持左拉的人称为崭新意义的"公共知识分子"。②

20 世纪初，美国全速向工业社会过渡，社会转型带来了利益分配的不均衡与阶层矛盾的白热化，引发了人们对正义与公平的关注。一批文学家联合政界、商界、文化界的进步力量，利用大众传媒，揭露当时的政界腐败、社会黑暗，并对各种不公现象进行猛烈抨击——史称"揭发黑幕运动"。他们激发了民智的觉醒，促成了一系列立法文件的产生，有效抑制了社会达尔文主义的蔓延，避免或至少推后了社会失序状态的爆发时间，有效保护了既有生产力成果与社会政治经济体制。该运动仅持续了 10 年（1903～1914 年），但是，它在复杂动荡的社会变革中率先登场、针砭时弊、搜集民情、引导民意、促使国民共识产生，为美国最终完成社会转型提供了扎实、可靠的民族心理调适平台。更为重要的是，该运动促进了大量立法的产生，迫使相关部门对存在的弊端及隐患加以改进，其影响之广泛、效果之显著在世界文学史上罕见。③

进入 20 世纪，1929 年的两次经济危机使德国上空笼罩着浓厚的战争阴云，好战分子极力宣扬铁血政策，德国青年沉浸于战争言论的蛊惑之中，作家雷马克于当年发表的小说《西线无战事》，是"一战"时期被毁

---

① 参见本书 7.3.1.2 部分。
② 参见本书 7.7.2.3 部分。
③ 参见本书 8.1.3 部分。

灭的德国青年的控诉状，出版后在德国等欧洲国家引起无与伦比的轰动，仅德国便销售 170 余万册，并被翻译成 29 国文字，销售量达 500 余万册。它以无可辩驳的写实风格向德国青年诉说着战争的残酷与不义，一幕幕无以伦比的惨景深深震撼了欧洲青年的灵魂，熄灭了他们的参战热情。当然，雷马克也为此部作品付出了惨痛的代价——他最终被纳粹政府剥夺国籍；其妹亦遭受牵连，于 1943 年以莫须有罪名（诬控她"不相信德国将取得胜利"）被执行死刑。[①]

"二战"以后，发生在英国的 1950 年"伊文思冤案"和 1953 年"戴瑞克冤案"，经过纪实文学报道以及影视传播（《雷林顿十号》与《把那家伙给他吧》），引发了司法界与民众对死刑正当性的热烈争论，在民意的推动以及其他因素的综合作用下，导致英国于 1965 年废除死刑。[②]

由此可见，文学作品思想对民意的刺激与引导是潜移默化的，而该种民意一旦形成便坚固难撼，保持着较为长久的有效性。正是由于文学作品具有承载民意与刺激民意的双重使命，因而它不仅在公共政策的选择、甄别、制定角度具有重要价值，而且在独立的社会控制层面也具有不可替代的价值。如前所述，民意是公共政策制定的起点与适用的终点，刑事政策作为一种当然的公共政策类型，其制定与实施无法脱离公共政策运作的大环境，因而二者在价值取向上必定呈现着同质性。应该指出，民意与刑法学的联系虽然最终体现在刑事政策的制定与施行层面，但它的最初影响却施加于刑事个案之上。在犯罪圈的划定、犯罪主体的限制、刑罚体系的设置、被破坏社会关系的修复、犯罪人再社会化等刑事政策的适用领域中，诸多刑事个案上集结的民意是政策制定者重要的参考、甄别、分析的对象，也是政策最终形成的主要根据，同时还是政策实施效果的检验标准之一。如此，以预防犯罪与惩罚犯罪为使命的刑事政策就以民意的形成为媒介与文学作品之间产生了密切关联，继而在对社会的刚性控制与柔性控制间达成了平衡与互补。

9.2.2.4　个体角色的共融性：文学家与刑法学家

在历史的漫漫长河中，人类发展所经历的每一个关键性飞跃的前夜，均会涌现出大量思想深刻的预言性文学作品，它们照亮了人类的发展方向，并在接踵而至的社会变革中逐渐凝聚为人们探索实践的价值旨归。例如西方启蒙运动时期的某些作品，我们很难简单地将其贴上某一类清晰的

---

①　参见本书 8.1.4.4 部分。
②　参见本书 8.4 部分。

标签——它们既是哲学著作，又是文学著作，同时还是法律著作。正因为拥有如此的包容性与易感性，这些经典作品才能够对社会公众产生巨大、深远的影响。而启蒙思想家立足民生、胸怀世界的人文情怀使得他们在各国人民心中享有着崇高的地位。在此意义上的哲学家、文学家与法学家，均已经超越了自身知识领域的局限，成为全人类思想启蒙的推动者。本节将选择一个颇为有趣的角度对文学家与刑法学家的交集进行研究。

9.2.2.4.1　讲述人间"罪罚报应"的文学家

考察本书第 1～8 章所涉及的一百余部西方文学作品的作者生平，可以发现，他们（虽不是大部分也绝非凤毛麟角）均与刑法学或刑事司法领域有着多种多样的不解之缘——或者是法学科班出身，或者拥有丰富的刑事司法经验，或者本身沦为阶下囚，被流放、被驱逐甚至命丧绞刑架与断头台（详见表 9—2　西方文学家与刑法的不解之缘）。

表 9—2 中列举的 42 位西方文学家，有 21 位受过法科专业训练，其中不乏法学博士学位获得者，他们的职业亦涵盖了警官、法官、检察官、律师、法学教授等几乎全部刑事司法领域。正如德国法学家古斯塔夫·拉德布鲁赫戏言，之所以文学具有法学的批判传统，是因为"许多诗人即为法学院逃逸出来的学生，他们是绝不会对法律大唱赞歌的"。同时，在这 21 名具有专业法律背景的文学家中，又有 16 名因种种原因（包括因文学作品触怒当局）被捕、入狱、命丧断头台与绞刑架；其他 21 名未受过专业法科训练的文学家也全部与刑事法庭、监狱有过"亲密接触"。文学家们与刑事司法的近距离接触，一方面对文学创作而言是一种艺术原料的重大收获，不仅增加了作品内涵的包摄力，使得作品散发出强烈的批判现实主义色彩，而且由于作品对"行动着的法律"的描述与感悟更为细腻贴切，令人感觉更真切可信，因而具有法学研究意义上的价值与权威。另一方面，创作者真实的涉法经历使得其作品内涵无论在广度、深度，还是厚重感、责任感等各方面均呈现出其他作品难以比拟的优势；它们在岁月的冲刷涤荡与民众的世代取舍下，逐渐积淀为整个人类文明进化史中的宝贵财富，也同时为我们的刑法学理论提供了广阔多维的研究视角、开辟了清新有趣的研究路径。

表 9—2　　　　　　　　　　　西方文学家与刑法的不解之缘

文学家	法学专业背景	司法实践背景	参与刑事司法经历	备注
［古罗马］维吉尔	在意大利米兰、开罗主修法学、哲学。	有过一次刑事法庭出庭辩护的经历。		不善言辞，兼有口吃，放弃法律职业。

续前表

文学家	法学专业背景	司法实践背景	参与刑事司法经历	备注
[意]但丁		曾任佛罗伦萨最高行政长官、贵族法庭督察官。	由于政治原因，被佛罗伦萨贵族法庭判处终身放逐，被宣布为不受法律保护之人，任何士兵均可对其施行火刑。	佛罗伦萨世袭贵族之家。
[意]彼得拉克	在法国蒙彼利埃和意大利波伦亚大学专修法律，父亲去世后放弃研修法学。			佛罗伦萨名门望族，其父是著名律师。
[意]薄伽丘	奉父命在佛罗伦萨学习法律与宗教。	与许多法学家广泛交游，喜好旁听审判、撰写判词。	因《十日谈》入狱，作品被焚烧，逝世后当局毁其坟墓、碎其墓碑、对其尸施以鞭刑。	意大利商人与法国女人的私生子。
[法]拉伯雷	随大主教出使罗马，专修宗教、哲学、法律等学科。	幼年曾与父亲一起出庭，熟谙法律用语与司法程序。	《巨人传》被巴黎法院宣布为禁书，弗朗索瓦一世签发逮捕令，拉伯雷在教会朋友庇护下逃脱火刑。	其父为皇家律师、大法官。
[英]莫尔	牛津大学学习古典文学，后在其父的压力下转至新法学院学习法学，在林肯法学院攻读英国法。	历任律师、国会议员、财政副大臣、国会下院议长、皇家大法官。	1504年因反对亨利七世增加补助款，被剥夺议员资格；其父亦被投入监狱、罚以巨款。1533年他拒绝参加新王后加冕典礼。1534年拒绝遵照《至尊法案》宣誓被关进伦敦塔。后被构陷叛国罪，国王将其肢解刑从轻改为斩刑。1535年7月6日被执行死刑，头颅被悬于伦敦桥示众。①	其父约翰·莫尔曾任皇家高等法院法官。

续前表

文学家	法学专业背景	司法实践背景	参与刑事司法经历	备注
［英］培根	剑桥大学三一学院法学科班出身。	历任律师、法院院长、检察长、掌玺大臣。	因贪污受贿罪被捕，被判处 4 万英镑罚金，囚禁于伦敦塔。	其父是掌玺大臣、大法官。
［西］塞万提斯			终身潦倒，任军需官与税吏时因无法缴纳足额税款数次入狱。	《堂·吉诃德》系在狱中构思创作而成。
［法］高乃依	法国鲁昂耶稣会公学攻读法律专科。	任鲁昂王家水泽森林事务律师和法国海军部驻鲁昂律师二十余年。		祖父是诺曼底议会掌玺参事兼大法官。
［英］弥尔顿	曾在剑桥大学研修法学。		1641 年著《论出版自由》攻击英国新闻审查制度；1649 年著《偶像的破坏者》主张处死查理一世；1650 年著《为英国人民辩护》迎接共和革命到来。1660 年王朝复辟，下令逮捕弥尔顿，判处其绞刑。弥尔顿最终免于走上绞刑架，却被囚禁于监狱，财产被没收，作品被焚毁。	其父为律师。出狱后不再撰写政论，创作了著名的文学三部曲《失乐园》《复乐园》《力士参孙》。
［英］班扬			1660 年斯图亚特王朝复辟后，当局借口未经许可传教，将其逮捕入狱，分别监禁 12 年、6 个月。	出身于补锅匠之家。
［英］笛福			1702 年因《消灭不同教派的捷径》抨击当局迫害异教，被判入狱 6 个月、戴枷游行 3 天。狱中创作《枷刑颂》。游行过程中接受民众鲜花。	出身于小油烛商人家庭，终身贫困潦倒。

续前表

文学家	法学专业背景	司法实践背景	参与刑事司法经历	备注
[法]卢梭			因《爱弥儿》被巴黎最高法院颁布逮捕令，后流亡日内瓦、普鲁士、英国。	出生于瑞士钟表匠家庭。
[法]孟德斯鸠	19岁获得波尔多大学法学学士学位。	19岁出任律师，1714年担任波尔多法院顾问，1716年继承波尔多法院庭长职务，获封男爵。		出身大贵族之家，1726年出卖世袭法院院长职务，专心于写作。
[法]伏尔泰	秉承父意学习法律，最终放弃法学，改修文学与宗教。		因作品思想反动两度被投入巴士底狱，作品被列为禁书，多次被驱逐出国境。曾为"法拉斯冤案"、"19岁骑士拉巴尔冤案"、"风水先生西尔旺冤案"奔走呼号，② 使冤案得以平反。	出身富裕的中产阶级，其父是法律公证人。
[法]狄德罗	在兰格尔和巴黎天主教专科学校修习法律，法学造诣颇深。		因《论盲人书简》获"思想危险"罪名，入巴黎文森监狱3个月。因《百科全书》被教会指为"异端"，高等法院大法官言："哲学家的书烧够了！现在该是烧哲学家本人的时候了！"	出身于法国兰格尔一个富裕的手工业者家庭。
[德]歌德	在莱比锡大学和斯特拉斯堡大学学习法律、获得法学博士学位。	短时期当过律师，后抛弃法学开始文学创作。		父为法学博士、皇家参议，母亲是法兰克福市市长之女。
[德]霍夫曼	德国柯尼斯堡大学攻读法律。	1796年格洛高法院任陪审员，后在柏林和波兹南司法机关任职。1816年任柏林高等法院顾问，1923年任柏林高等法院上诉判决院委员。	1819年任"叛国集团及其他危险活动调查委员会"委员，负责审讯德国"体操之父"雅恩。反对当局捏造罪名，积极为雅恩辩护，于1820年受到审判，翌年辞去职务。	其父为柏林著名律师。

续前表

文学家	法学专业背景	司法实践背景	参与刑事司法经历	备注
[德] 格林兄弟	在马尔堡大学学习法律,与冯·萨维尼交往甚密。			其父从事律师工作,任哈瑙公国斯泰诺地区法官。
[英] 拜伦		10 岁继承爵位,成为英国上议院议员。	1811 年英国上议院颁布"对破坏机器者处以死刑"法案。拜伦在上议院发表演说、抗议法案,受到 30 天短期监禁。	祖父是海军上将,叔父人称"魔鬼勋爵",父亲是上尉。
[法] 雨果	法兰西学院法学专科毕业。	1845 年任上议院议员,1848 年任共和国议会代表。	1851 年拿破仑三世称帝,被迫流亡布鲁塞尔。	父亲是共和国军官、国王亲信重臣。
[俄] 雷列耶夫		1820 任彼得堡刑事法庭陪审员,素以正直、公正闻名。	1823 年加入十二月党人团体,积极发动起义。失败后被判绞刑,1826 年死于彼得保罗要塞。	出生于贫穷的步兵上尉家庭。
[俄] 普希金			因作品两度被流放,最终在沙皇政府的策划下与人决斗而死,年仅 38 岁。	出生于没落贵族家庭。
[俄] 莱蒙托夫	在莫斯科大学专修法学,1832 年因参与反对保守派教授的运动被开除。		因为作品数度被捕入狱、遭到流放,狱中创作大量歌颂自由与民主的作品。1841 年夏,在决斗中中枪身亡,年仅 27 岁。	出身于莫斯科世袭贵族家庭。
[美] 库柏	遵照父意学习法律,婚后辍学,在妻子鼓励下创作小说。			其父威廉法官,曾两度任国会议员。
[美] 霍桑		1853 年被皮尔斯总统任命为驻英国利物浦的领事兼法律顾问。	其祖先是殖民地时期法官,卷入 1692 年塞勒姆"驱巫案"③,这段历史造成了霍桑与生俱来的负罪感。	出身于名门望族、虔诚清教徒之家。

续前表

文学家	法学专业背景	司法实践背景	参与刑事司法经历	备注
[法] 福楼拜	1840年赴巴黎攻读法律，其间结识雨果。1843年放弃法律职业，依靠父亲遗产避居乡间，专心文学创作。		因《包法利夫人》被当局指控"败坏道德，诽谤宗教"，而被送上刑事法庭，仰仗好友塞纳律师的辩护，免于承担刑事责任。	其父是市立医院外科主任兼院长，自幼喜爱观察人体解剖实验。
[法] 莫泊桑	1870年在巴黎攻读法学，考取律师。后拜福楼拜为师，开始文学创作。			生于法国诺曼底一个没落贵族之家。
[法] 佐拉			针对"德雷福斯冤案"④发表《我控诉》一文，被当局指控犯诽谤罪，判处罚金3000法郎并监禁12个月。	其父是移居法国的意大利工程师，其母是希腊人。
[英] 史蒂文森	1875年秉承父意通过法学院毕业考试。	1875年任刑事律师，受理案件时仍抽空从事文学创作。		1878年，放弃律师业务，潜心写作。
[法] 巴尔扎克	就读于巴黎法律专科学校。	曾在律师事务所当差。	挥金如土、慷慨大方、负债累累，数次与人对簿公堂。	中产阶级家庭出身。
[法] 梅里美	1819年在巴黎大学学习法律，结识司汤达等文学家。	皇室族裔，与司法界高层人士走动频繁。		出生于巴黎知识分子家庭，家境富裕。
[英] 狄更斯		16岁开始做律师事务所学徒、民事法庭录事和刑事法庭记录员。	10岁时因父亲负债，全家被判决迁入负债者监狱。11岁起承担起繁重的家务劳动与还债义务。	出生于海军小职员家庭。

续前表

文学家	法学专业背景	司法实践背景	参与刑事司法经历	备注
〔俄〕陀思妥耶夫斯基			1849年参加彼特拉舍夫斯基小组，以阴谋反对沙皇政府罪被捕，同年11月被判处死刑，12月被绑缚彼得堡谢苗诺夫校场，临刑前获尼古拉一世赦免诏书，被改判4年苦役，苦役结束后被流放到西伯利亚边防军服役5年。	其父为退休军医，1839年去世，死因不明，怀疑被农奴强行灌入伏特加，溺毙。
〔俄〕托尔斯泰	1844年考入喀山大学东方系与法律系，1847年退学。		1866年在军事法庭为士兵希布宁辩护，但希布宁终被枪决，该事件与1857年巴黎断头台观刑经历使其开始反对法庭与死刑。1881年上书亚历山大二世请求赦免革命者。因《论饥荒》险遭流放，因《复活》于1901年被东正教至圣宗教院革除其教籍。	世袭贵族之家，一生同情底层民众，反对农奴制，对国家机器及教会进行猛烈抨击。
〔英〕王尔德	毕业于都柏林圣三一学院，涉猎广泛。		1895年，昆斯贝理侯爵因儿子阿尔弗莱德与王尔德交往导致父子不和，公然斥责王尔德是一个好男色者。王尔德上诉失败，被反告曾"与其他男性发生有伤风化的行为"，据英国《1855年刑事法修正案》第11部分，被判有罪，在瑞丁和本顿维尔监狱服两年苦役。王尔德在狱中写下了诗作《瑞丁监狱之歌》和书信集《深渊书简》。	家世优渥，父亲是外科医生，母亲是诗人与作家。

① 详见本书8.4部分。
② 详见本书5.2.2部分。

续前表

文学家	法学专业背景	司法实践背景	参与刑事司法经历	备注
［英］ 奥威尔	就读于英殖民地印度的伊顿贵族公学，学习法律。	毕业后被派往缅甸任警官，因不赞成殖民地警察对民众的迫害行径，愤而辞职。	曾参加西班牙内战，被怀疑是共产主义者，被军情五处和伦敦警察厅特别科自 1929 年起一直严密监视至 1950 年去世。	生于英国殖民地印度。
［德］ 雷马克			因《西线无战事》被剥夺国籍。1943 年 12 月，其妹埃尔夫莉德因莫须有罪名（不相信德国会取得胜利）被纳粹法庭宣判并执行死刑。	出生于贫寒的天主教家庭。参加过第一次世界大战。
［法］ 让·热内			一生中被捕、入狱数十次，后在萨特等文学家的呼吁下被法国总统特赦。其坎坷的一生即一部情节紧张、传奇色彩浓烈的自传体小说；本人即一位以生命体验犯罪的行为艺术家。	一名被遗弃在公共救济院 的 私生子。
［美］ 杰克·伦敦			13 岁加入蚝贼队伍，被捉捕后罚做苦役。1893 年参加失业游行，以"流浪罪"被判 30 天苦役。	出生于全国 1/10 的最贫困家庭。
［奥］ 卡夫卡	18 岁进入布拉格大学初习文学，后在父亲干预下专攻法律，获法学博士学位。	毕业后在律师事务所、法院、保险公司等处任职。		出生于富裕的犹太商人之家。
［德］ 施林克	在海德堡 Ruprecht-Karls 大学和柏林自由大学学习法学，1975 年在海德堡获取法学博士学位。	1981 年执教于波恩与法兰克福大学，1992 年柏林洪堡大学从事法哲学教研工作，1987 年任北莱茵威斯特法伦州宪法法院法官。		

③详见本书 6.5.2 部分。
④详见本书 7.7.2 部分。

9.2.2.4.2　追寻世间"诗性正义"的刑法学家

一部西方的刑法思想史，就是一部西方社会由蒙昧走向开化、由纵欲走向抑欲、由感性走向理性、由嗜血残暴走向妥协和解的进化史。从远古时期的雅典文明到 21 世纪的后工业时代，多少刑法学家肩负着实现人类自由、彰显世间正义的使命，在刑法思想史上留下了一笔笔浓墨重彩。这些经典之作不仅被现代刑法学研究奉为圭臬，更因其睿智深刻的哲学内蕴与独特隽永的文学审美价值成为全人类的共同财富。从这些散发着强烈人文气息的著作中可以看出，刑法学者生活在世俗的社会中，多元化、深层次的各种价值理念宛若空气般围绕身旁，在严谨、抽象、形而上理论知识体系的背后，人文关怀的影响始终伴随左右。甚至一些著名的刑法学者本人就是文学大家，其不朽的文学作品与法学著作在人类社会的历史长河中静静流淌、熠熠生辉。

例如前文列举的意大利文艺复兴时期的重要代表人物马基雅弗利[①]，在政治家与法学家的光环后，又拥有着诗人、浪漫喜剧作家、音乐家的头衔。其所著《曼陀罗华》《假面》等文学作品，承载、蕴含着其丰富、激越的政治法律思想。他认为人性本恶，冲突是源自人本性的普遍永恒的社会现象；首次明确提出国家的安全可以超越法律，国家享有绝对权力，国家有权要求任何事物为它做出牺牲，并提出著名的"目的总是证明手段正确"的功利原则，为 17 世纪盛行于西方社会的"国家利益至上"、"王权崇拜"等政治理性注入了系统而有说服力的理论支撑，为近代刑法的社会防卫论奠定了理论基础。再如法国启蒙思想时期的查理·路易·孟德斯鸠，最重要的著作《论法的精神》是其穷毕生精力完成的一部杰作，这是一部人类法律的"自然史"，阐述了人类法律发展的前提，探讨了公民自由的条件及保障，并揭示了契约精神、罪刑法定、刑罚宽和、罪刑均衡、犯罪的分类、刑事立法技术等诸多理论。但是，在《论法的精神》发表前 20 余年，孟德斯鸠曾经撰写了一篇启蒙哲理小说《波斯人信札》。二者体例不同，精神内蕴却浑然一致。可以说，孟德斯鸠在《论法的精神》中提出的重要意见，在《波斯人信札》中几乎都已经萌芽。同时，《波斯人信札》作为小说，却比《论法的精神》更富有生活气息、说服力，因而也拥有更多平民读者，这可以从《波斯人信札》在孟德斯鸠生前就再版 20 余次的事实中得以印证。其后 30 年余间，孟德斯鸠对其不停增补，修订达 20 余次。至 1754 年，孟德斯鸠去世前几个月，他还在对《波斯人信札》

---

① 参见本书 4.3.1 部分。

进行着修改与润饰，足见孟德斯鸠本人对该部小说的喜爱与重视。① 法国
启蒙思想时期百科学派代表人物戴尼斯·狄德罗，在刑法思想层面，认为
人既是道德实体又是肉体实体，是理性与非理性、正义与非正义、善与
恶、社会性与反社会性的统一体；他提出刑法是社会契约的产物，人民是
真正的立法者，刑法的任务在于保障人民不可转让的权利与幸福；他主张
良好的刑事立法应当更加简单且合乎自然，不反对人们的情欲，而是鼓励
人们运用情欲于公共利益和个人利益上；他明确提出刑罚应当具有教育的
作用。同时，狄德罗又是才华横溢的文学家，他的文学作品（《修女》《拉
摩的侄儿》）均以惊世骇俗的鲜明特色诠释着自己所秉承的政治法律思想，
被马克思赞誉为"无与伦比的作品"，被恩格斯称作"辩证法的杰作"。②
让·雅克·卢梭，启蒙思想运动中最卓越的代表，法国大革命与美国独立
战争的思想先驱，在其代表作《社会契约论》《论人类不平等的起源和基
础》中对"社会契约理论"进行了严谨、系统地论证，成为无论是刑事古
典学派还是近代学派的刑法理论研究无法逾越的理论前提；他建构了刑法
产生前的自然人类社会状态，提出人性本善的观点；他提出天赋人权论，
反对封建专制与暴政，"主权在民"的思想成为西方宪政的基础；他肯定
对凶手处以死刑是社会契约缔结的必然结果，同时主张对罪犯实行赦免和
减刑制度，并支持教育刑理论。除了政论文，卢梭还著有歌剧《风雅的缪
斯》，小说《新爱洛伊丝》《爱弥儿》《忏悔录》等传世名作，以风雅、优
美、清新、自然的笔触，使得其政治法律思想借助文学的翅膀，穿越时
空，流传至今。③

　　另外，对那些在世人眼中严肃古板的刑法学者的生平进行考察，可以
发现，他们虽然未能拥有上帝赋予的横溢才华、浪漫气质，因而无法在忒
弥斯女神与缪斯女神之间穿梭自如、百般邀宠，但在其内心深处，依然守
护着一片悲天悯人且充满着正义、勇气与大爱的天空。他们对于同时期文
学作品的钟爱之情或者说文学作品对其潜移默化的影响，已经渗入其学术
气质之底蕴，他们的刑法思想体系亦因此被抹上了浓郁的浪漫主义色彩，
带有明显的人文主义烙印。

　　黑格尔是德国古典哲学的集大成者，所开创的客观唯心主义与辩证法
哲学体系对刑事古典学派理论的形成与发展贡献巨大。幼年的黑格尔已经

---

① 参见本书5.2.1部分。
② 参见本书5.2.3部分。
③ 参见本书5.2.4部分。

受到良好的拉丁文与希腊语的教育，目的仅仅是——据其母亲而言——"更好地阅读《希腊神话》与拉丁语古典文学"。在小学阶段，黑格尔因学习成绩优异，接受启蒙老师洛佛勒尔的第一份奖励便是《莎士比亚》全集8卷。另外，洛佛勒尔曾为黑格尔与几位优等生两度私下补课，内容为《伊索寓言》与《圣经故事》。少年时期的黑格尔迷恋古希腊文学与音乐，醉心于索福克勒斯与欧里庇得斯的戏剧，这两个爱好伴其终身。1788年，黑格尔完成了《论古代诗人的某些特征》之文，指出古代诗人和现代诗人在质上的不可比拟性。前者无可争议的长处在于纯朴自然，他们的思想并非来源于书本，而是直接取自自然，他们的所关心的并非取悦于读者，而是为了彰显正义与真理，因此后者永远无法达到前者的造诣与作用。大学时代的黑格尔阅读和摘录了大量启蒙运动者如伏尔泰、卢梭、孟德斯鸠等人的著作，宣称是这些书籍使他从传统偏见的束缚中解放出来。1839年，黑格尔的同窗好友伊特魏回忆大学生活，谈及黑格尔最爱阅读的卢梭的《爱弥儿》与《社会契约论》，肯定"卢梭是黑格尔心目中唯一的英雄"。①由此可见，从黑格尔幼年时代开始，文学作品就已经对其思想与气质进行着潜移默化的渗透，文学作品中所体现的价值冲突与矛盾，在黑格尔日后的法哲学著作中均得以完整体现。在《法哲学原理》中，黑格尔经常借用古希腊神话说对理论进行剖析与佐证。他借用古希腊复仇三女神"欧墨涅德斯"来论述刑罚的报应性本质；他借用"安堤戈涅的悲剧"来宣扬自然法的永恒性与效力等级；他借用"俄狄浦斯王弑父娶母"的故事解析刑事责任的担当与行为人自由意志之间的关系。在世人面前严谨、刻板、严肃的一代法哲学大师，居然如此钟情于浪漫多情的希腊神话故事，不能不令人掩卷微笑，思绪良久。

贝卡利亚是意大利著名刑法学家。其著作《犯罪与刑罚》（1764年）奠定了现代刑事法学、犯罪学、刑事司法学的理论基础，被奉为近现代刑法学思想的圭臬。如果我们结合贝卡利亚的生平进行考察，将不难发现，在这部洋溢着伟大的人道主义气息的著作中，贝卡利亚希望带给世人的绝不仅仅是刑法学理论与原则，其中还包蕴着他所钟情的启蒙主义理想和他所热烈追寻的人文主义精神。在贝卡利亚从一个没落贵族公子到刑法学家的转变历程中，有着强烈民主、自由思想的韦里兄弟给予其莫大的物质帮

---

① 〔苏联〕阿尔森·古留加：《黑格尔传》，刘半九译，北京，商务印书馆，1995，第一章在斯图加特。

助与精神慰藉。韦里兄弟出身贵族，哥哥彼德罗·韦里是一名经济学家，弟弟亚历山德罗·韦里则是一名文学家、社会活动家。正是由于韦里兄弟的倾力引荐，贝卡利亚才加入了当时进步青年们组成的"拳头社"。在这里，贝卡利亚与其他社会上层阶级的经济学家、法学家、文学家等聚会，共同朗诵、讨论他们感兴趣的各类作品。这一切均极大地丰富了贝卡利亚的人文主义情怀，开拓了他的视野，提高了他的思维层次。同时，贝卡利亚虽然是法律科班出身，但是对刑法仅具备理论上的修养，对于现实社会的司法现状缺乏深刻、直观的了解。在这方面给予他莫大帮助的是弟弟亚历山德罗。亚历山德罗是一位自由撰稿者与社会活动家，他曾学习过法律，在法院供过职，后来成为"囚犯保护人"，这份职业在当时的意大利是一种荣誉的象征，只授予地位尊贵、作用突出的贵族阶级。所谓"囚犯保护人"，其职责是定期对监狱进行巡视，访查囚犯，改善囚犯的生活与精神状况，甚至可以根据一定的事实提起对囚犯予以减刑或者假释的申请。作为当时最年轻的"囚犯保护人"，胸怀人道主义精神的亚历山德罗源源不断地为"拳头社"描述着种种他亲眼所见的刑事制度中的黑暗、残酷与蒙昧的状况，这一切均带给贝卡利亚以深深震撼。后来，贝卡利亚在给朋友的信件中谦逊地提到，身为经济学家与文学家的韦里兄弟在学术和思想上给他的启迪是巨大的、不可替代的。[①] 另外，正如上文所述，孟德斯鸠的哲理小说《波斯人信札》对贝卡利亚的思想引导也具有相当突出的作用。贝卡利亚在 1766 年寄送给其著作的法文译者莫雷莱的信中坦言："我把一切都归功于法国人所写的书。这些书唤起了我心灵中八年来一直遭受溺信教育扼制的人道情感。仅仅五年的功夫，我就完全转而相信这些哲理，并且成为《波斯人信札》的信徒……"[②] 另一部不可不提的文学作品是意大利作家乔万尼·薄伽丘于 1350 年出版的《十日谈》，将抨击锋芒直指宗教神学笼罩下的苦难人间，毫不留情地揭开教会神圣的面纱，以犀利无比的笔锋嘲讽了教会的腐败堕落与宗法制的罪恶与残酷。这部具有重大价值的文学作品中所蕴含的强烈的人文主义思想，对贝卡利亚的刑法学理论形成的影响毋庸置疑。《十日谈》中蕴含着对"身份刑"、"罪行擅断"、"惨刑酷法"等司法制度的猛烈嘲笑与抨击，以及对"平等主义"、

---

① 参见黄风著：《贝卡利亚及其刑法思想》，北京，中国政法大学出版社，1987，第 23 页。

② 黄风：《贝卡利亚传略》，见：〔意〕贝卡利亚：《论犯罪与刑罚》，黄风译，北京，中国大百科全书出版社，1993，第 114 页。

"罪刑法定主义"、"刑罚人道主义"等的强烈诉求，从中我们不难读出贝卡利亚刑事法理论与原则的雏形。① 同时，在《论犯罪与刑罚》中，贝卡利亚论证"罪刑法定"思想合理性的基础是霍布斯、洛克、卢梭关于社会契约言论的折中与结合；他对罪行擅断等司法体系的批判，我们可以从孟德斯鸠的《波斯人信札》以及斯威夫特的《格列佛游记》中看到鲜明的印记；他对人之本性的看法与孟德斯鸠的小说中《穴居人的故事》以及卢梭的小说《爱弥儿》《新爱洛伊丝》对初民社会美妙场景的描述颇为近似；他关于刑罚的及时性、均衡性以及心理威慑作用的理论产生于自然科学家们的时空接近、地心引力等定律。正因为贝卡利亚对启蒙思想的全面包容与承继、发展，使得后世学者对其理论的创新性产生了怀疑。② 例如，意大利著名史学家坎图认为，贝卡利亚的思想不过是启蒙哲学在具体学科中的演绎与应用，其中并无深化、更无创新；意大利刑法史权威人士斯皮里托则坦言，《论犯罪与刑罚》是对当时占主流地位思想的集中表述，而贝卡利亚的地位仅仅是"一件表述工具"；后来与贝卡利亚交恶的韦里兄弟更是出言不逊地指出，他们可以在一个月的时间内搜寻到所有贝卡利亚思想的来源，使得他"显得像个剽窃者"。这些学者的言论虽然过于苛刻，但也指出了贝卡利亚刑法思想体系与法国启蒙思想领域之间密不可分的联系。作为启蒙时期刑法思想的集大成者，贝卡利亚确实肩负着融百家言论、创一己体系的历史重任——他的《论犯罪与刑罚》集中了所有启蒙思想的精华，这部立于巨人肩膀上完成的扛鼎之作带给刑法学领域的震撼与功绩至今无人能及。

龙勃罗梭是西方著名的犯罪学家、被誉为刑事人类学派的鼻祖。其著作《犯罪人论》（1877 年第 1 版、1907 年第 5 版）中提出的惊世骇俗的见解使得"整个刑法理论根本为之一变"。该理论的诞生极大地开拓了刑法

---

① 参见本书 3.1.2 部分。

② 意大利著名史学家坎图认为，贝卡利亚没有提出什么新的哲学构成，也没有对已有的启蒙哲学加以深化，他的理论不是发明而是演绎，不是创新而是应用。另一位意大利刑法史权威人士斯皮里托认为："《论犯罪与刑罚》这本书与其说是一位科学道路上的开拓者的天才创造，不如说是占主导地位的共同精神的表述，贝卡利亚似乎只是一件表述工具而已。他本来是可以由当时其他哪位启蒙思想家所取代的。"在贝卡利亚成名后不久，贝卡利亚同韦里兄弟的关系开始恶化。韦里当时曾说："如果我们当中谁愿意的话，可以给这棵树的树干致命一击。这样说是因为，我可以在一个月里从孟德斯鸠、爱尔维修、伏尔泰和格雷维那里找到大量与他相类似的论点，使他显得像个剽窃者。"参见黄风：《贝卡利亚及其刑法思想》，北京，中国政法大学出版社，1987，24～25 页；黄风：《贝卡利亚传略》，见〔意〕贝卡利亚：《论犯罪与刑罚》，黄风译，北京，中国大百科全书出版社，1993，第 129～130 页。

学的研究视野，将对犯罪行为的研究拓展到对犯罪人的研究，标志着实证派犯罪学的建立。在龙勃罗梭刑法思想中，处于核心地位的是"天生犯罪人"理论——从生物遗传学、人类学的角度，运用实证方法揭示了犯罪人的特性在于其人身危险性，并首次将人身危险性理论与危险个人概念引入刑法学研究领域。在龙勃罗梭的理论根基中，融合了现代医学、心理学、文学等多门学科的理论与影响。如前文所述，龚古尔兄弟的《热曼妮·拉瑟顿》（1864 年）、《勾栏女艾丽莎》（1877 年）等作品均从生物学角度出发，强调人的"遗传病态"、"生理本能"，以医学的研究方法将文学作品中的主人公当做病人解剖，研究其堕落的每一个阶段的特征，突出其"低级本能"的生物属性。左拉早期的自然主义小说《泰莱丝·拉甘》（1867 年）、《马德兰·菲拉》（1867 年）均突出了遗传等生物学原因对行为人意志的完全控制，两位女性在生理欲望上的病态基因刺激了其人格的裂变与异化，决定了其犯罪行为发生的必然性。1868 年，左拉进入自然主义文学创作的成熟期，创作了《卢贡-马卡尔家族》，通过对一家五代人悲剧生涯的描述，以生物学与遗传学角度探讨了由一个祖先基因所出的后代，在经历了不同生活境遇以后变态性格与情欲的内在形成过程。在第 7、8、9、13 部系列作品《小酒店》《娜娜》《萌芽》《人兽》中，主人公均失去了自由意志，完全被他们的生理因素所控制，成为"天生犯罪人"，沦为刑事犯。左拉将家族第三代女主人公人生悲剧的根源归结为劣等的先天遗传，将第四代成员的犯罪行为归结为先天性凶杀疯狂症转化而成的经常性破坏癔症。上述文学作品所表述的思想与龙勃罗梭的"天生犯罪人"理论严丝合缝、紧密契合，不得不引起我们的深思。值得注意的是，在左拉晚期的作品中，已经突破了龚古尔兄弟开创的自然主义文学的窠臼，并不对人作纯粹生理的研究，而是将生理特质与社会因素紧密结合，固然生理学与遗传学始终是他研究人和社会的切入点与基本方法。这与龙勃罗梭晚年对犯罪人论的修正与发展轨迹基本相同。关于龙勃罗梭犯罪学理论与文学批判的另外一件趣事是，德国医师兼作家马克思·诺尔道于 1893 年出版了《蜕化》（Degeneration）一书，借用龙勃罗梭的犯罪人理论对世纪末的西方作家群进行批判，认为他们的人格与天生犯罪人的基因蜕化现象呈现出相同特点，作品所反映的是世纪末心理世界歇斯底里的邪恶与颓败。他所列出的黑名单包括象征主义、唯美主义、自然主义的作家如瓦格纳、左拉、易卜生等。该书英文版（1895 年）出版时，正值王尔德"同性恋"

案件①在欧洲掀起轩然大波，该案似乎为诺尔道的理论提供了极为有力的佐证。诺尔道师承龙勃罗梭，以自然科学角度将"蜕化"的标签贴在这一批世纪末的作家身上，却忽略了这批"蜕化"的作家所代表的另一种被自然科学、物质文明所压抑的声音，他们所展示的并非仅仅是没落与垂死的影像，而是寓于其中的对物质世界、理性精神的质疑与反抗。

　　通过对文学家与刑法学家的生平考察，可以发现，刑法思想与文学思想在形成与发展的轨迹上之所以呈现出千丝万缕的联系，是因为二者均是人类社会进化过程的亲历者与见证人。它们相伴而生，彼此之间的关系或明朗或暧昧，或一致或悖逆，或水乳交融或剑拔弩张，共同构成了群体社会中真实、鲜活的图景。法学家与文学家不仅在职业上具有传统的兼容性，同时亦共同有着心系苍生、放眼未来、追求极致理想与正义的浪漫主义气质。二者分别司管着"上帝之城"与"地上之城"，从应然与实然、理想与现实、情感与理性、灵魂与肉体的角度对人之本性进行探索、对人类良知进行拷问。文学是情感中的人性诉求，法学是理性中的人道主张；对人性的关怀与探索成为刑法学与文学研究的绝对价值指向，对人类的热爱、尊重与教化则成为法学家与文学家毕生承载的使命。正是在此意义上，刑法学与文学完全有可能抛弃囿于学科视角的狭隘而产生的傲慢与偏见，消弭因学科异质性而存在的冲突与对立，"冲突于当代、和谐于未来"②，演绎为一对琴瑟和谐的快乐伴侣。

---

　　①　奥斯卡·王尔德，英国唯美主义文学代表人，英国著名作家、诗人、艺术家、童话作家。生于爱尔兰都柏林一个家世卓越的家庭。父亲威廉姆·怀尔德爵士是外科医生，母亲是诗人与作家。王尔德自幼便显示出很高天赋，精通法语、德语。代表作《快乐王子》《道雷格林的画像》《莎乐美》。1895 年，昆斯贝理侯爵因儿子阿尔弗莱德·道格拉斯与王尔德交往而导致父子不和，公然斥责王尔德是一个好男色者（当时尚未诞生"同性恋"名词）。对此，愤怒的阿尔弗莱德唆使王尔德控诉侯爵败坏他的名誉。昆斯伯里侯爵因诽谤罪被逮捕，旋即被释放。接着，昆斯伯里侯爵反告王尔德有"严重猥亵罪"，曾"与其他男性发生有伤风化的行为"（committing acts of gross indecency with other male persons），并雇用私人侦探，搜集到证明王尔德与道格拉斯等有同性恋关系的文件。根据当时英国《1855 年刑事法修正案》第 11 部分，王尔德被判有罪，服劳役两年，先关押在伦敦本顿维尔监狱，后转押至伦敦旺兹沃思监狱，11 月 20 日被转押至距伦敦西部 30 英里的雷丁监狱。法院对王尔德分别进行两次破产调查，然后宣告其破产。这两年，王尔德停止了戏剧创作，在狱中写下了诗作《瑞丁监狱之歌》和书信集《深渊书简》。在这两部作品中，他的风格发生了转变，已很难寻见唯美主义踪迹。在王尔德服刑期间，妻子康斯坦斯与两个孩子移居意大利。1897 年获释后，王尔德为了两个孩子曾尝试与康斯坦斯复合，但阿尔弗莱德亦同时表示希望与王尔德重归于好，最后王尔德放弃两个孩子而选择了阿尔弗莱德。王尔德在化名居住法国期间出版了《瑞丁监狱之歌》。

　　②　参见张丽卿：《法律与文学》，台北，台湾元照出版有限公司，2010，第 10 页。

9.3   镜子里的陌生人：罪之本质

人性的本质究竟是善还是恶？什么是罪？又为何要罚？千百年来，人类始终在原欲与原罪、感性与理性、自由与秩序、正义与平等、个体价值与群体利益的概念中苦苦探索，企望获取解决人类社会二元矛盾的指导观念与普适途径。该种终极性的追问与探求固然令人肃然起敬，但也蕴含着先天不足——人类本质的复杂性与多变性决定了该种研究所获得的成果仅仅具有阶段意义而非终极意义，而人类社会不断流动、发展的历史客观性亦决定了该种探究是一个持续前进的过程，永无终结。

从西方文学作品中可以看到，初民社会约束人类群体的规则萌发于人的生物性本质。《希腊神话》为我们展现的是一幅幅放纵原始欲望、体验生命过程、张扬个体价值的活泼烂漫图景；《圣经故事》则为我们塑造了一个个虔诚隐忍、博爱包容，集理性、责任、义务等美德为一身的圣徒之像。两幅图景中描述的"人"的形象虽然大相径庭，却暗合了人类本身具有的二元分裂特质。一方面是永远无法摆脱的人的生物性欲求，另一方面是社会进化过程中必须秉持的理性精神。在不同时期各种环境的综合作用下，二者之间或自洽融合、或分裂悖离，外化于个人与群体的行为特征，呈现出不同的矛盾与冲突图式，继而刺激了各种社会控制模式的产生，其中既包括法律，也包括宗教，当然，起着最基本作用的是在特定时期与地域范围发生效力的道德风俗。① 那么，在西方刑法思想史上，通过司法实践向民众传达的正义导向与传统道德所认可的价值理念之间是否存在着冲突？不同历史时期中二者呈现着怎样的关系图式？从动态层面探讨，二者之间的发展趋势又将如何？在本节中，笔者将以刑法思想运用于司法实践的社会效果为切入点，通过特定时期文学作品对该种效果的呈现与评价对上述话题进行探讨。

9.3.1   我本良善：人性论

刑法学是研究犯罪与刑罚的社会科学。究竟什么是罪？正如前文所述，从古希腊时期开始，西方刑法学理论普遍将其概念构建于对"人之本性"的逻辑预设之上，并根据对"人类本性"的不同论断，描绘出初民社会中人与人之间的关系图，继而从中发现了公权力介入私力救济领域的必

---

① 在本节中，广义的道德概念包括宗教伦理。

要性，为国家、政府、法律、暴力机器等社会现象的萌芽与演化赋予了客观性、合理性色彩，亦孕育出不同时代背景下风格迥异的刑法学流派。然而，考察西方文学作品，对"罪"的内涵的思考却与刑法思想不尽相同，虽然其结论亦各样建立于"人类本性"之上。

9.3.1.1　刑法思想中的人性论

对"人之本性"的探讨，作为宗教与哲学领域的终极性话题，始终伴随着西方文明的萌芽、发展与演进。在西方刑法思想领域，无论是自然学派、古典学派、人类学派、社会学派、规范学派还是当代综合学派，均以人性假设作为其理论建构的逻辑原点，在原性的基础上对行为主体的主观意志进行归类，继而追溯刑法的渊源、界定犯罪的本质、探索刑罚的依据。总的来说，西方刑法思想中对人之原性的看法演绎出"性善"、"性恶"、"亦善亦恶"、"无善无恶"四种论断。

古希腊的自然法学家对于人类本性秉持三种观点。其一，将人之本性视作上天赐予之物，无善恶之分，引导人类依其本性自然生活。但同时指出，由于人类具有"随群而居"的天性，群体社会形成后自然生成的伦理道德、风俗习惯均是神法，具有先验的正确性，无论是神祇还是人类必须无条件服从。例如赫拉克利特、苏格拉底与德谟克利特均秉持"恶法亦法"的理念，认为"恤刑不义"，强调对犯罪者施以严刑处罚。该意见占据主流地位。其二，认为人性"亦善亦恶"，代表者是柏拉图，他揭示了人类具有"兽性"的一面，既鼓励人性的自然释放，亦指出必须以理性抑制"兽性"。柏拉图理论中的"兽性"意指人类与生俱来的利欲与情欲，在群居生活中则表现为趋乐避苦的生物反应。其三，认为"人性本恶"，物欲、情欲、权力欲是将人类推向罪恶的原动力，这种作恶的倾向是理性难以控制的，因而犯罪是人类社会无法消除的现象。该种观点的代表者是亚里士多德。与第一种观点相左，后两种观点均将正义性作为法律被民众遵守的必要条件，认为"恶法非法"，民众有权反抗、抛弃丧失了公正和平等精神的制定法。

历经希腊化时期斯多葛学派、伊壁鸠鲁学派的洗礼，进入古罗马时期的人性论向两个极端发展，一是共和国时期的集权、义务与服从，二是帝国末期的专制、暴虐与纵欲。分裂、异化的民族气质最终导致了不可一世的帝国的覆灭，欧洲迈入基督教教谕覆盖下的中世纪。在罗马帝国轰然崩塌的惨痛教训面前，基督教文化关于"原欲即原罪"的警告于西方人而言具有无比雄辩的说服力。在长达九百余年的漫漫长夜中，"原罪论"统治着西方文明的各个方面。古希罗文化中人的"原欲"变成了基督教文化中人的"原罪"，这种原始欲望乃人类生命的活力之源，也是人类沉沦于感官地狱的原始驱动。人性本恶，人的降生就是罪恶的降生，人的一生就是以涤荡邪恶、剥离原罪、走向圣洁的过程。

在中世纪末期，世俗教会将原罪精神推向极端，基督教的人本意识蜕变为神本意识，对人类智识的理性运用走向对人性的湮灭与扼杀。在 15 世纪中期，东罗马人随身携带着浓郁的酒神气息遁入欧洲，温柔地唤醒了压抑千年之久的西方人枯竭、贫瘠的自然欲望，与远古祖先之间产生的心理默契，使得西方人义无反顾地融入希罗时期亮丽、张扬的"人"的生活图景中。该时期的人性论回复到"无善无恶"状态，在自然法则的庇护下，挣脱藩篱后的西方人热切地回应自然的呼唤，尽情地释放热情、享受原欲。

在文艺复兴后期，对人性自然欲望的肯定、由原欲合理发展而成的个人本位价值观在相当大的程度上导致了纵欲主义的泛滥。在道德糜烂的现实面前，人文主义对宗教文化的凯歌逐渐低落下来，人文主义后期的思想家们开始修正人文主义早期的原则与价值指归，回归基督教文明中去寻找治疗病痛的良药。此时的人性观开始向"亦善亦恶论"转变，强调以后天智识去控制原始欲望，以善良感化邪恶，以宽恕救赎罪愆。

进入理性主义时期，人性论进一步被剥离了善的色彩，刑法学者们直白地指出"人性本恶"。马基雅弗利否认了国家产生于神意与道德之说，认为国家形成于"人性的邪恶"。他认为，人之本性即自私，人们在追求财富与权力的欲望中自相残杀。为了防止人类的毁灭，人们自愿联合起来颁布法律与刑罚约束人性的邪恶。霍布斯继承了马基雅弗利的性恶说，认为正是"生而平等与自由"的原始状态导致了人与人之间无可避免的争执，"人对人是狼"的命题导致了处于"普遍战争"中的初民社会状态。洛克亦认为，人性虽然具有双重性，但倾向于恶的一面，为了钳制性恶导致的对群体利益的侵害行为，人们必然会签订契约、授权特定主体对罪行进行惩罚。

17 世纪，西方进入"秩序比自由更加重要"的时代，人们基于性恶理论将王权崇拜推向极致，封建君主以"朕即国家"为由蜕变为暴君、凌驾于民众之上。人们期望给自己生活带来理性与秩序的"人间上帝"变为人类社会自由与进步的扼杀者。此时，启蒙思想的狂飙再一次席卷西方人的精神世界，人性论得以再次逆转。此时期的刑法学家均提出了"天赋人权"的口号，所谓"人权"，其实质是自由，是本源于自然法的人类生而具有的权利，包括自我保全、人身及思想自由、追求幸福等。基于这些权利的天赋性，也必然具有合理性。因此，"性善"论是启蒙理论质疑封建专制制度、弘扬自然法精神的基石。

在启蒙思想末期，科学启蒙背后的隐形人文缺失，引发了一些目光更为深邃、感触更为敏锐的启蒙学者的检讨与反思。他们对启蒙理性与宗教感性所怀有的矛盾心理，使得该时期的人性论向多元化发展，既肯定人类通过开启自身智识、可以摆脱蒙昧无知的状态，又无法否认因人类"性恶"本质带给启蒙理性的局限与异化——启蒙理性逐渐发展为带有强烈利己主义与功利主义色彩的工具理性，人的精神与心灵在理性与物质的束缚下，日益变得苍白枯萎。

19 世纪前半叶，对启蒙运动倡导理念的怀疑导致了社会群体心理对"回归自然"的向往，人们开始舍弃冷冰冰的客观理性，转而探求无比丰富的内心世界。人性论的多元视角得到进一步深化，此时西方人的人性观不再贴着单纯的两级标签，而是善良与邪恶交织、理性与感性共存，真实、完全、复杂的"亦善亦恶"的人性雏形开始浮现。

19 世纪中后期至 20 世纪前半叶，西方科学取得了比 18 世纪更为辉煌的成就，自然科学的发展引发了人们物质欲望的极度膨胀，人们对物质财富的追求、对自然科学的崇拜达到了空前狂热的状态。在实证主义科学理性的分析与批判下，人类本性彻底被剥落了善恶的价值评判标准，"无善无恶"的人类以苍白、裸露的姿态呈现于世人眼前，静待生物遗传基因与社会环境影响等因素为其涂抹决定论的色彩。

20 世纪中叶，历经两次世界大战，肉体与精神备受创伤的西方人以人性固有的局限来解释惨绝人寰的灾难根源，"人性本恶"的论调再次浮出水面，成为主流思潮。20 世纪后半叶，自然法复兴，对人权与自由的向往，导致西方的人性论再次向多元化回落，此时的观点更多倾向于"善恶兼具"的人性，各种社会控制均以激发人之善性为己任，努力抑制其邪恶的一面。

9.3.1.2　文学作品中的人性论

从西方文学人性论的发展轨迹而言，远古时期，古希腊神话洋溢着追求自我价值、释放自我欲望的人神同性的人文价值观，各类角色的性格均是随心所欲又粗犷拙稚，血液中潜藏的原始野性随时带给他们纵欲的冲动——永无止境地征服、残酷凶蛮地掠夺、肆无忌惮地杀戮，体现着对个人生命意志与欲望的放纵。以当今的价值观考察，这种充满着野性乃至兽性的人类形象为我们展开了一幅"人性本恶"的图景，而当时的文学作品却将其视作力与美的象征，对其竭力赞美与歌颂。

古罗马末期文学中的人物角色，如果以后世的目光进行评判，是暴虐、残酷与纵欲的象征，他们对原始欲望的追逐在淡化了初民社会质朴拙稚的色彩后显得更加血腥、露骨，但是从当时古罗马上至贵族下至平民所推崇的文化模式而言，人们对人性的本质看法倾向于善，这与伊壁鸠鲁学派对其文化的熏陶不无关系，该学派认为只要符合大自然规律的行为就是善与智慧，赋予肉体享乐与感官满足以绝对的合理性。对原欲型文化的过度推崇与沉溺，导致了古罗马群体理性的湮没与个人原欲的泛滥。在欧洲人惊惧的目光中，古罗马帝国被日耳曼之鞭扫入历史尘器。

中世纪文学作品带有抑制人性、灭绝人欲的强烈色彩，事实上已经蜕变为宗教思想谦卑的仆人与忠实的护法者，积极引导人类认识自身的原罪，发掘自身肉体的邪恶，涤荡灵魂，救赎罪愆。宗教文学在构建了人类原罪的同时，亦赋予人类以希望——虽然肉体肮脏，但是灵魂圣洁，指示人们通过灵魂的善来对抗肉体的恶，最终达到幸福的彼岸世界。

历经基督教原罪枷锁的千年桎梏，文艺复兴前期的西方文学对宗教伦理进行了彻底的颠覆。它们将矛头直指宗教伦理的禁欲主义，以"原欲合理"思想作为战斗的旗帜与口号，将西方人从原罪的深渊中解救出来。此时，摆脱了宗教教谕禁锢的原始人性散发着绚丽迷人的光彩。

在文艺复兴末期，面对古典文明的复兴所带来的人欲横溢与道德失范的危险，人文主义文学家开始对人性的本质进行重新思索，并自觉地在作品中对文艺复兴前期的激情与纵欲主义进行有效回拨。该时期的文学作品中处处洋溢着以"性之善"规制"欲之恶"的主题，并对人类未来充满着信心。

17世纪是西方封建专制制度的鼎盛阶段，政治理性在人们心目中占据着崇高的地位，面对人性中时刻涌动着的原恶，对秩序与安全的追寻被提升至一个前所未有的高度。在此种背景下，人类亲手制造的"利维坦"诞生了——孔武有力、英明睿智的君主代表着国家、保护着臣民、维持着秩序。对集体利益与公民义务的强调是该时期文学作品宣扬的主题，鼓励人们应当以理智战胜原欲，以集体本位代替个体权利，以义务与责任取代纵欲与享受。

18世纪的启蒙运动是文艺复兴人文主义的延续与深化。如果说文艺复兴温柔地唤醒了西方人沉睡的原欲，启蒙运动则进一步引导人们开启智识、祛除蒙昧，抵达肉体与精神的双重自由。挣脱了教权与皇权双重枷锁的西方人，从上帝与君主手中要回了原本属于自己的权利、自由与幸福，酣畅淋漓地沐浴在自然理性的光辉之下。此时的文学作品多以性善论为依托，肯定人的原欲与自然法则的合理性，歌颂保持着自然情感与自然理性的"自然人"。18世纪末，自然理性逐步走向工具理性，面对物质主义、个人主义、功利主义等思潮的泛滥，西方人对所谓的"科学理性"、"物质主义"

带来的精神异化现象进行彻底的检视，继而以强烈的反叛精神颠覆了旧有价值理性，主张回归自然与内心宇宙的浪漫主义思潮应运而生。此时的文学作品撕碎了人类冰冷的理性面具，人性的复杂性与矛盾性喷薄而出，既凸显了理性人的同一性与稳定性，亦揭示了感性人的邪恶欲望的客观存在。

19 世纪是实证主义科学的王国。在医学解剖刀的犀利刀锋下，人类灵魂被层层剥离人之肉体。此时的西方人惊讶地发现，无论是"性善论"还是"性恶说"，在实证主义的显微镜下均丧失了立足之地——人性本身是苍白无色的，是社会环境与遗传基因造就了一个个"天生犯罪人"或者"道德的圣者"。

进入 20 世纪，两次世界大战与席卷所有领域的经济危机使得西方社会时刻处于动荡不安之中，西方人意识到，以物质为唯一基础的社会制度已经将人类作为生物体的全部的"恶"与"阴暗"激发出来；而利用各种尖端科学制造的屠杀武器，更是在两次世界大战中击碎了"科学为人类造福"的幻想，人们于一片腥风血雨中瞥到了自然科学在魔鬼手中所释放的另一种邪恶威力。如果说从 19 世纪开始，人们已经对人类善良的本性与天赋的理性产生怀疑的话，进入 20 世纪后，这种怀疑逐渐演变为一种普遍的事实与失望。20 世纪中叶以后，西方人普遍存在着因高度的物质文明所带来的深刻异化感、危机感以及人类生存状态中的非理性与荒诞感。此时的文学作品开始热衷于追寻一种新的理性上帝，对自我命运、价值、意义亦开始了崭新思考。

综上所述，我们可以将西方刑法思想与西方文学对人性观的表述以表9—3 的形式进行直观考察。

表 9—3　　　　　　**西方刑法思想与文学中的人性论**
（★代表刑法学思想　●代表文学思想）

人性论　　　时期	无善无恶	亦善亦恶	人性本恶	人性本善
古希腊时期	★			●
希腊化时期	★			●
古罗马时期			★	●
中世纪			★●	
文艺复兴时期	★			●
文艺复兴末期		●	★	
理性主义时期			★●	
启蒙思想时期				★●
启蒙思想末期	★●			
19 世纪前半叶	★●			

续前表

人性论 时期	无善无恶	亦善亦恶	人性本恶	人性本善
19 世纪后半叶 至 20 世纪初	★●			
20 世纪中叶			★●	
20 世纪后叶		★●		

可以看到，二者之间存在着较为明显的一致性与差异性。

首先，西方刑法思想对人之本性的评价普遍趋于负面或者价值无涉，除了启蒙思想家基于对自然理性的热爱与宣扬赋予人之原欲以"善性"之外，在更多的历史时段，对人性持批判与质疑的态度。正因为如此，西方刑法思想将对"人性之恶"的抑制始终置于首位，并在性恶的基础上建立了契约理论。"人性本恶"的观点在中世纪、文艺复兴末期、理性主义时期以及"二战"后时期内占据了主流地位。在上述四个时期，刑法思想以集体本位与主观主义为基础，强调对社会秩序的维持、对群体利益的防护，并侧重于对犯罪动机与行为人人格的剖析。人性"无善无恶"观点产生于远古时期，反复存在于实证主义时期，几乎与"性恶论"平分秋色，上述两个时期的刑法思想分享着共同特征，即自然主义色彩较为浓厚。该思想建立于人类行为与大自然的一致与和谐状态的基础之上，强调对个体价值的尊重，倡导对自然愿望的肯定，呈现着鲜明的客观主义色彩。"亦善亦恶"的人性论是启蒙时代末期与当代的刑法主流理论，上述两个时期均将社会环境与自然环境作为犯罪原因的重要构成，既致力于对犯罪行为的控制，又关注对犯罪人主观罪过的考察，同时借助多重社会资源的合力来改善社会环境，借以降低犯罪行为的发生率。

其次，文学作品对人性的评判较多倾向于肯定，对于"无善无恶"的人性观具有典型的排斥与否定，这也正说明了文学特质中价值倾向的不可或缺性。例如，在人类初民社会的三个时期（古希腊时期、希腊化时期、古罗马时期），文学作品竭力赞美人性的善良与美丽，即使涉及残酷血腥的杀戮场面、复仇场景，也始终立于人欲天赋角度对其进行刻画与评价，肯定释放自我欲望的人神同性的人文价值观，认为只要符合大自然规律的行为即为善。值得注意的是，文学与刑法学的"人性观"在远古时代就已经"分道扬镳"，前者秉持性善观点，对接受刑罚处罚的主人公总是抱有深刻的同情与哀悯，对自然法与制定法既心怀敬畏又抱怨诅咒；后者则奉行价值无涉的观点，坚持"恶法亦法"，强调法律的威严神圣与不可亵渎。

最后，我们欣喜地看到，尽管存在着个体差异性，但总的来说，从中世纪西方刑法思想与文学思想对人性善恶的观点产生第一次共鸣开始，历经文艺复兴时期，直至启蒙思想时期，西方刑法领域与文学领域对"人性论"话题的探讨，二者之间的差距逐渐减少，直至今日，基本形成了对人性善恶二重性的共识。从此意义上讲，文学作品将具有更加合格、完美的潜质对刑法学理论的研究作出贡献。

9.3.2　别无选择：犯罪原因与犯罪人类型

关于对犯罪原因与犯罪人类型的探讨，刑法学与文学之间显然存在着交集而非并集。前者注重的是一种规范价值下的实证研究，后者则希望借助罪与罚的表象来透视其背后隐藏的社会现象与人性本质、人类命运。需要指出的是，关于犯罪原因与犯罪人的分类，其实是对同一问题的不同侧面的探讨，二者之间界线并非泾渭分明，反而是互有交叉、彼此交融的。

9.3.2.1　刑法思想中的犯罪原因与犯罪人分类

在远古时期，德谟克利特指出，"赤贫与豪富均会破坏伦理、骚扰灵魂"，作出法律禁止的事情。柏拉图认为，"犯罪起于私利，原因在于对美好事物的无知"。亚里士多德强调，"人性本恶，犯罪人包括极富与极贫，前者逞强放肆、易犯重罪；后者懒散无赖、易犯小罪"，犯罪原因亦相应分为三种：第一种是因缺衣少食而犯罪（物欲），第二种是温饱之余受肉欲驱使寻欢作乐而犯罪（情欲），第三种是追求无穷权威恣意妄为而犯罪（权力欲）。

在启蒙思想时期，格劳秀斯提出，有四类人与行为不得被规定为犯罪、施以刑罚：其一是思想犯罪（思想犯）；其二是基于人类本性难以克服的缺点产生的行为（激情犯）；其三是对于那些从直接和间接两方面看都不影响公众和个人的行为（伦理犯）；其四是那些仅仅违背同情、宽大、感激等美德的行为（美德犯）。霍布斯认为，一切罪行来源于"理解上的缺陷（无知），推理上的错误（谬见），某种感情的爆发（仇恨、淫欲、野心、贪婪等激情）"，并且将以下情形排除出犯罪圈：其一是陷入仇敌之手的反抗与自卫（正当防卫）；其二是有必死的危险而不做某事（期待可能性）；其三是为救死而盗窃食物（紧急避险）；其四是为了自卫而得兵器；其五是没有了解法律能力的人的行为（缺乏责任能力）。孟德斯鸠认为，犯罪包括四种：其一是危害宗教；其二是违反风俗；其三是危害公民安宁；其四是危害公民安全。边沁认为，犯罪原因包括"纯社会原因（善行）、半社会原因（对名誉的酷爱、友谊的愿望、宗教信仰）和反社会原因（与社会格格不入）、个人原因（感官享受、权利嗜好、金钱欲望、自我保护）"。前二者是保护原因，可以成为减轻罪过的理由；后二者是诱惑原因，本身没有罪过，但可以加重罪过。

在刑事人类学派中，龙勃罗梭以生理学与隔世遗传学的原理解释犯罪，认为犯罪的原因在于"犯罪人先天的身体构造异于常人"，将犯罪人分为两类：其一是遗传犯罪人，他们注定要犯罪；其二是进化犯罪人，他们无法抵抗周围环境的不良影响，被机会所诱惑或因为琐碎之事而实施犯罪行为，包括假犯罪人（因为保护个人荣誉或家庭才触犯刑律，不会引起社会的不安定、败坏公众的道德感），犯罪倾向者（某种内在特质使得他们较易于接受犯罪的感染，但不如天生犯罪人那样强烈，身上仅存在蜕化痕迹，环境诱惑与犯罪机会是他们主要的犯罪原因）和习惯犯（在体质与精神方面不具有促使其犯罪的异常状态或者倾向，只是由于早年家庭、学校、社会的不良影响与训练，才助长了其不断作恶的野蛮倾向）。

在刑事社会学派中，菲利主张三元犯罪论，提出犯罪原因三因素——人类学、自然因素、社会因素，强调三因素的综合作用，反对仅用其中一种因素去解释犯罪；但是在不同犯罪中，三因素起的作用大小不同——盗窃中社会因素较大、谋杀中人类学因素较大。菲利将犯罪人归为六类：其一是天生犯罪人，但同时认为，一个天生犯罪人如果处在良好的环境之中，就可能到死也不违反任何刑法条文及道德信条；其二是精神病犯罪人，并坚持认为刑罚应当适用于精神不健全的罪犯；其三是习惯性犯罪人，他们主要是因为污浊的环境引起的道德淡薄而非先天性的主动倾向；其四是机会性犯罪人，他们经不住个人状况、自然生活、生活环境的诱惑；其五是激情犯罪人，如果出自社会激情（爱、怜悯、自尊）可以原谅，如果是反社会激情（复仇、欲望、怨恨）则应当矫正；其六是过失犯，他们敏感性弱、缺乏知识、疏忽大意、疲惫不堪。菲利的刑罚论建立在进化与退化二分法上。他指出，作为犯罪人的共同特征在于他们都无法适应现存的社会秩序，并且自己的行为触犯了维护这种社会秩序的现行刑法规范。不同的是，退化型罪犯的犯罪是利己动机，进化型罪犯的犯罪是利他动机，他们"感受到其周围的不公平造成的痛苦和恐怖，极端厌恶这种不公正，甚至可以去犯谋杀罪"。前者是普通犯罪，后者是决心迅速实现具有社会性、政治生活企图的政治性、社会性犯罪。"我们可以要求立法者对这种利己与利他两种杀人心理作出区分，但对二者均持谴责态度。"加罗法洛仅承认自然犯，认为任何社会都不可能否认这种犯罪并适用刑罚加以抑制。自然犯分为两类，一类是侵犯了怜悯心，另一类是侵犯了正直感。自然犯是相对于法定犯提出的，法定犯是法律规定予以禁止的行为，由某些国家具体情况而定，并非是普遍规定为犯罪。而自然犯是真正的、本质的犯罪，本质是恶劣的，法定犯的本质却不一定恶劣。真正的罪犯是破坏社会情操的人，因而只要不是伤害利他主义情操的行为都不能认为是犯罪，如果放弃法律定义而采用自然犯罪概念，某些行为将会从刑法中去除掉。自然犯罪的概念据以建立的基础不是对权利的侵犯，而是对情感的侵害。犯罪人的本质是缺乏怜悯与正直感的人，具有生理缺陷，生理异化。加罗法洛否定了龙布罗梭的理论基础，代之以"心理异常"。这种心理异常不能完全归于直接遗传，还包括其他多元化因素。从"每一个自然犯罪的犯罪人都是一个道德低下者"的立场出发，根据罪犯所缺乏的道德情感与能力以及支配他的本能的程度，加罗法洛将自然犯罪作如下分类：其一是谋杀犯（完全缺乏利他情感）；其二是暴力犯（激情犯）；其三是缺乏正直感的犯罪（侵犯财产犯罪），社会因素对这种犯罪的影响比前两类大得多；其四是色情犯（极端的淫欲导致精神错乱，放弃了名誉并忍受耻辱与讥笑，其缺乏的不是怜悯感而是道德心）。加罗法洛基于自然犯罪原理，认为真正的犯罪是缺乏正常发展的道德情操之人，具有心理缺陷，心理素质异常，和社会环境无关。李斯特在承认生物学因素对人的行为具有重要影响的同时，断言在犯罪的形成过程中社会因素具有决定性作用。他认为"大众的贫困是培养犯罪的最大基础，也是遗传素质之所以质变的培养液"。李斯特根据反社会性的危险程度，将犯罪人分为偶犯和惯犯，惯犯又分为能改造和不能改造的两种。

9.3.2.2　文学作品中的犯罪原因与犯罪人分类

我们可以尝试着以刑法学视角下的犯罪分类为模板，以文学作品中体现的犯罪类型进行填充，当然，其中包含着大量文学作品中并不认可的犯罪行为（该种状况将在自然正义与法律正义一节中作出详细介绍）。

第一类是由利他动机产生的犯罪。这种犯罪与刑法思想中的"假犯罪人"、"进化型犯罪人"、"社会激情犯罪人"属于同一类型。他们的犯罪并非出自利己动机，而是"感受到其周围的不公平造成的痛苦和恐怖，极端厌恶这种不公正，甚至可以去犯谋杀罪"。当然，这种犯罪与利己型犯罪的共同特征在于他们都无法适应现存的社会秩序，并且以自己的行为触犯了维护这种社会秩序的刑法规范。包括"普罗米修斯盗火案"中的普罗米修斯为了人类利益不惜违反神的律法，"阿伽门农弑女祭祀案"中阿伽门农为了希腊联军的整体利益将女儿伊菲革涅亚向海神阿耳忒弥斯献祭，《安堤戈涅》中安堤戈涅为了埋葬暴尸荒野的胞兄不惜违背克瑞翁新近颁布的严厉律法，《尼伯龙人之歌》中哈根为了国家利益不惜犯下弑君抢劫的罪行，《罪与罚》中拉斯柯尔尼科夫出自崇高的动机杀害了高利贷老太婆与她智障的妹妹。

第二类是基于人性中不可抗拒的弱点产生的犯罪。这种犯罪与刑法理论中处于物欲、情欲、权力欲产生的犯罪以及利己型犯罪、机会型犯罪、违背怜悯心与正直感的犯罪分类十分近似。具体包括：其一，因荣誉感而引发的犯罪行为——《罗兰之歌》中嘉奈隆的叛国案、《贝奥武甫》中五桩家族凶杀案、《熙德之歌》中贵族兄弟所实施的杀妻案以及《尼亚尔萨迦》中几大家族之间永无休止的仇杀案。其二，因为无可抑制的情欲产生的犯罪行为——行为人包括阿伽门农之妻克吕泰涅斯特拉、伊阿宋之妻美狄亚、"行淫时被捉的女人"、《羊泉村》中的费迪南公爵、《昂朵马格》中的国王卑吕斯、公主爱妙娜与希腊使者奥赖斯特、拜伦笔下的曼弗雷德、《巴黎圣母院》中的主教克洛德、《红字》中的白兰等。其三，对无限的权力与财富进行追求产生的犯罪——所涉及的文学作品包括《麦克白》《哈姆雷特》《暴风雨》《贝奥武甫》《红与黑》等。其四，因为复仇心理产生的犯罪行为——例如俄瑞斯忒斯为父报仇弑杀母亲及其情人、阿喀琉斯为好友报仇杀害赫克托耳并进行令人发指的虐尸行为（荣誉复仇）、《尼亚尔萨迦》中由女人引起的永无休止的连环家族仇恨（荣誉复仇）、《尼伯龙人之歌》中因杀夫夺宝引发的复仇血案、《高龙巴》中的村姑高龙巴为父报仇等。

第三类是生物学原因（非理性）产生的犯罪。这种文学中的犯罪人分类在刑法理论中被认为是先天性生理结构异常，他们是缺乏正常发展的道德情操之人，具有心理缺陷，属于天生的犯罪人。例如，《魔鬼的万灵药水》中的梅达杜斯，《丝寇黛莉小姐》中的金匠卡迪拉克，史蒂文森笔下的化身博士，《古舟子咏》中的老船长，龚古尔兄弟笔下的热曼妮·拉瑟顿、勾栏女艾丽莎，左拉笔下的泰莱丝·拉甘、马德兰·菲拉、卢贡-马卡尔家族的犯罪人，诺里斯笔下的麦克提格和凡陀弗，梅里美笔下的嘉尔曼，莫泊桑笔下的嗜血法官等。

第四类是由社会学因素综合造成的犯罪。这类作品占据着西方涉法文学主题，尤其是在批判现实主义文学作品中更是不胜枚举，与近现代刑事社会学派对犯罪原因与犯罪人的分类紧密契合。最为著名的是笛福笔下的摩尔·弗兰德斯、杰克上校、罗克萨娜，《忏悔录》中的卢梭，人世间第一个杀人犯该隐，莱蒙托夫笔下的恶魔，《悲惨世界》中的冉阿让，《雾都孤儿》中的奥利弗，莫泊桑笔下的流浪汉，德伯家的黛丝，《土生子》中赖特笔下的黑孩子别格和《美国悲剧》中德莱塞笔下的白孩子克莱德。

第五类是由于法律的异化产生的犯罪。这一分类在刑法思想中似乎并没有被明确地指出，或者在近现代司法实务中已经被视作责任的减轻事由，或者直接被排斥出犯罪圈。其一是基于自卫本能而产生的犯罪，例如，赫拉克勒斯因自卫误杀了家庭教师利诺斯，《羊泉村》中劳伦夏抗拒强暴进行的犯罪教唆与犯罪实行，《钦契》中贝特丽采基于对尊严与身体的保护一手策划实施的弑父案，《修女》中苏珊为了争取人身自由而对教士实施的犯罪行为，《菲菲小姐》中乐石尔因不堪忍受菲菲小姐的性虐以及侮辱而实施的杀人行为等。其二是法律进化过程中因本身的荒诞性制造出来的犯罪，例如《审判中》的约瑟夫、《第二十二条军规》中的尤索林、《局外人》中的默尔索、《抛锚》中的塔拉普斯、《城堡》中的巴纳巴斯一家、《第六病室》中的德米特里奇等罪人形象，这一文学中特有的分类视角在刑法理论中还没有产生系统的论述。

以上是基于刑法学理论视角对文学作品中所涉及的犯罪人类型作出的概括。事实上，在西方文学中，一些具有远见卓识的文学家已经在自己的作品中针对犯罪与犯罪人现象作出了合理睿智的分类，具有法理学领域的特殊意义。例如，意大利人文主义诗人但丁、英国启蒙思想文学家笛福、法国浪漫主义文学家雨果以及俄国批判现实主义文学家托尔斯泰与陀思妥耶夫斯基等。从某种意义而言，他们已经超越了文学家的职业身份、知识领域、情感视野等禁锢，成为引导、推动人类文明发展与进步的思想家，其文学作品只是其深邃思想的有效载体之一。

但丁在《神曲》（1321 年）中明确提出了人类的七宗原罪（骄傲、嫉妒、暴怒、懒惰、贪婪、暴食、色欲），指出人类犯罪的三种原因（贪婪、强暴与淫欲）以及人类获得救赎的三项依托（信念、希望与博爱）。

如果说但丁的犯罪原因分类建立在宗教意义基础之上，那么雨果在《笑面人》（1869 年）中对犯罪进行的分类（自然犯与行政犯）则明显涉及世俗刑法的痼疾，指出许多犯罪正是立法者人为制造的结果。

在西方文学作品中，对犯罪原因作出最为透彻分析的是陀思妥耶夫斯基。在其作品《死屋手记》（1861 年）中，陀思妥耶夫斯基根据自己的亲身观察，指出所谓的犯罪原因包括两类：一是由于社会制度的公正与平等的欠缺，使得一部分人在遭受体制性伤害后，永远无法通过正常途径获得补偿；二是社会个体心理机制异常，他们在成长过程中曾经遭遇某种挫折而渴望获得某种补偿。当上述二者依靠自己的力量与方式来补偿这些伤害、满足这些渴望时，这种越轨行为就成为法律学意义上的犯罪。陀思妥耶夫斯基所说的第一种原因与刑事社会学派的观点基本相同，侧重犯罪的社会学原因；而第二种原因则与刑事人类学派所持观点十分相近，侧重犯罪生物学、心理学、环境学原因。

与陀思妥耶夫斯基作出的犯罪原因分类一脉相承，在托尔斯泰的文学作品《复活》（1899 年）中，主人公聂赫留朵夫对犯罪人亦进行了取样详尽、论证严密的分类，基本涵盖了文学作品中出现的所有罪犯形象。就实证法视角下的犯罪人而言，第一类是清白无辜的，他们是司法冤狱的受害者；第二类是在特殊生理或者情感状态下犯罪的人，这是基于人性的共同弱点（情欲、愤怒、醉酒、自尊心、嫉妒感、荣誉感等）实施的犯罪；第三类是行政犯，他们自认为极正常、自然的行为（走私、贩卖酒水、不信正教的人，以及在树林中割草、砍树、打柴而不知道这些都是属于地主或国家所有的人）却被法律规定为犯罪；第四类人因为"品德高于一般人"（教徒、民族独立的先驱者以及政治犯）而成为罪犯；第五类人，"社会对他们所犯的罪远远重于他们对社会犯的罪"（被社会阻挡在正常生活秩序之外，衣食无足，逐渐变得愚钝蜕化，在生活的压力与环境的刺激下实施犯罪，包括盗贼、道德败坏、腐化堕落的人）。与犯罪人分类密切相关，托尔斯泰还一针见血地指出了犯罪的本质，即"孤立的个体反对社会的斗争"—— 妓女、杀人犯、小偷之所以被人厌恶鄙视，成为罪犯，是因为他们是一小部分人，缺乏话语权；而富翁、军官、政客的本质也是盗窃、杀人、暴虐，之所以成为合法可敬的职业，是因为他们是统治者，人数众多。

从以上法学与文学对犯罪分类中可以看出，二者之间存在着相当宽泛范围的交集。正是从此角度讲，法学与文学之间的隔阂不仅可以消融，而且在本质上存在着通分的可能。两种学科对人与人性均抱有极大关注，前者通过人来研究社会，后者通过社会来研究人。这也正是文学对于法学而言独具的魅力，它超出了实证法理论的研究视野，引领着实证法理论的研究方向，并且在一定程度上促进了实证法与社会现实的变革——不仅是既定的实证法，而且是造就实证法产生与变更的社会现实。

9.3.3　申冤在我：犯罪行为与犯罪行为人

现代刑法思想的学派之争，在某种意义上是主观主义与客观主义之争。争议的基本立场大致包括：主观主义注重犯罪的内部特征，认为外部行为以及实害性是行为人主观心理的外化表现；客观主义注重犯罪的外部特征，在外部行为以及实害性中考虑行为人的主观因素。上述基本立场的不同导致了一系列理论分歧：规范评价的对象包括结果无价值与行为无价值之分，违法性判断对象包括客观违法性与主观违法性之分，责任能力考察的侧重面包括犯罪能力与受刑能力之分，成立共犯标准包括犯罪共同说与行为共同说之分，刑罚的本质包括报应刑与目的刑之分。

面对刑法理论的抽象模型，我们可以尝试在文学作品中找到相应的具体化事例，以文学的独特视角来反映上述学派之争。

客观主义。在《钦契》中，教皇对贝特丽采的定罪完全是建立在行为主义基础之上，仅关注犯罪结果，不问犯罪动机与期待可能性，更不考虑被害人过错等客观事实的存在。事实上，贝特丽采的谋杀行为完全可以被认作是一种孤立无援状态下对兽性威胁的唯一选择。在《水手比利·巴德》中，威严智慧的威尔舰长以上帝的名义对比利这只"无辜羔羊"的抛弃，亦是建立在比利杀人的客观事实之上的。威尔舰长明知克腊加特劣迹斑斑、对比利心怀不轨、数次企图诬陷比利，他也目睹了比利是在怎样的精神状态下失手打死了克腊加特，但他依然站在典型的客观主义刑罚观立场上宣判比利有罪，对比利施以绞刑。在《悲惨世界》中，法庭对冉·阿让的定罪量刑均建立在对其行为结果的客观分析上，完全不问犯罪人的行为动机与人格特征，盗窃一块面包的代价是五年苦役，盗窃行为的直接诱因是七个小外甥因饥饿而号啼不止的小脸；冉·阿让其后的越狱行为更是情有可原——他惦念着监狱外生死未卜的七个小人儿。

主观主义。与上述罪刑观对比鲜明的是，在《红与黑》中，陪审团对于连的定罪量刑建立在于连的人身危险性基础之上，或者说他们对于连出身背景的关注远远胜过了对犯罪结果的考察。同时，陪审团也根本不考虑被害人对于连减轻刑罚的建议。他们认为，出身贫寒的于连居然得以悄悄混入上流阶层，这着实是一件"非常危险的事"，因而罪者对社会秩序造成了极大的威胁，不严刑处置不足以维护整个上流社会的纯洁性。在《复活》中，法庭对马丝洛娃的审判，亦是建立在对马丝洛娃人格缺陷的假设之上。检察官不止一次地提醒陪审团注意的并非马丝洛娃是否实施了杀人越货的客观事实，而是马丝洛娃的出身背景以及职业。检察官的演讲充分反映了刑事人类学派在当时刑法学领域的优势地位，他们认为根据遗传法则，作为孤儿的马丝洛娃极有可能带着天生的犯罪基因。接着，检察官暗示陪审员们，马丝洛娃的命运掌握在他们手里，社会的命运也掌握在他们手里，他们的职责应当首先是保护社会整体不受马丝洛娃等病态人恶劣本性的传染，保护社会中纯洁健康的成员不因此而导致灭亡。在《美国悲剧》中，检察官不惜动用127名证人对被告的品格劣迹进行佐证，成功地将对案件的定性由意外事件转至故意谋杀，将被告一路送上电椅。在《局外人》中，检察官对默尔索的指控更是完全建立在对后者"灵魂"进行检索的基础上。由于默尔索已经脱离了社会群体的"一般理性"，检察官必然会得出"默尔索怀着一颗杀人犯的心埋葬了他的母亲"的结论。站在维护社会秩序的立场，检察官坚持认为对犯罪者量刑轻重的标准并非已然罪行的严重程度，而是犯罪者人格存在对社会秩序的"威胁"程度，而对这种"威胁"程度进行估量的标准只有一个，即被告对群体社会"一般理性"的悖离程度，所以，他毫不犹豫地对陪审团下了最后通牒——"我向你们要这个人的脑袋"。这是一种典型的脱离行为人的客观行为，试图从行为人人格特征中寻找罪的原因、罚的根据等定罪量刑模式。

在文学作品中还存在着大量的例子可以对主观性抑或客观性刑法思想进行生动的解释。有趣的是，无论法官、陪审团、检察官所奉行的是主观主义还是客观主义，以文学批判角度来看，裁决结果总是不尽如人意、与自然正义背道而驰，文学作品对于法学理论的学派之争并不感兴趣，它始终着力于探索刑事判例的幕后故事：贝特丽采之所以被押赴断头台，是因为教皇觊觎着钦契家族的庄园，钦契一家全部伏法，他就可以名正言顺地将所有土地、财产收为己有。比利·巴德被送上绞刑架，是因为威尔船长恐惧迫在眉睫的哗变，为了维护舰队的秩序、为了巩固自己的权威，只好牺牲无辜而善良的比利。于连之所以被判处绞刑，且在两位贵族女性的倾力奔波下也未能扭转结局，并非完全是陪审团主观主义刑法观作祟，真正的症结在木尔侯爵——于连的准岳父身上。他是一个极端保皇党者，并不喜欢于连的共和主义思想，也不愿将女儿嫁给他。木尔侯爵当然不会放弃这个天赐良机，他稍使手段便轻易得逞。马丝洛娃之所以蒙冤被判处 20 年苦役，是因为检察官具有严重的心理隐疾与人格分裂，他对马丝洛娃垂涎三尺，曾经数次她进行暗示，却无法将这样一个"卑贱的妓女"引诱上钩，恼羞成怒之下决定"给她点厉害尝尝"；如果换了另一个不同身份背景的女人，检察官也许会为了达到目的、以截然不同的客观性理论进行控诉。克莱德之所以被送上电椅，在某种意义上是美国共和党与民主党党派之争的结果，此案成为两党竞争过程中的政治筹码。默尔索之所以获得死刑判决，是因为他在潜意识中渴望死亡——他的灵魂已经随着母亲飘然而逝，他对母亲的情感并不比任何一个世俗赤子浅薄，他的外在表象与内心情感严重分离，因而他不仅是世界的"局外人"，整个世界也是他的"局外人"。没有人真正了解他，他向阿拉伯人扣动扳机的前一刻，脑海中唯一浮现的是他母亲的身影。所以说，是默尔索的"求死心理"造成了最终的死刑判决，他完全将自己的命运掌握在手中，而不是检控官的一席荒诞推论将他送上了断头台。

因此，从文学角度考察，我们大致可以得出结论，无论是客观主义还是主观主义刑法思想，于法律正义或者程序正义的实现具有一定的影响，但这种影响对于自然正义的实现并不具有必然性——一个刑事案件的判决系承载着多方利益博弈的结果，不同的荒谬离奇或细微精致的因素的介入，均可能造成大相径庭的裁判结果。这就是活生生的现实生活所折射出的刑法观，也是实证刑法在运作过程中留给我们的真实印迹。

9.3.4　从复仇女神到庄严女神：自然正义与法律正义

关于罪与非罪的界定，在道德与法学领域中一直存在着不同的看法。

在远古时期，法律、道德与宗教对社会群体的训谕呈现着浑然一体的图景，自然法被看作是最高、普遍、永恒神的律法，其尊严与地位不容亵渎；制定法应当接受自然法的规制，如果违背了自然法原则，则是"恶法"。

关于"恶法亦法"还是"恶法非法"之间的争论，在雅典时期达到了白热化，前者的代表人是苏格拉底，他以生命践行了自己对实证法的尊重；后者的代表人是柏拉图与亚里士多德，认为法律就是正义，当它不义的时候，并非真正的法律，人民不必承认与执行。

随着人类文明的发展与社会的进化，道德与刑法之间呈现着怎样的交错复杂的图式？它们分别代表的自然正义与法律正义间的发展趋势又是如何？西方刑法学与文学对此的回答并不完全一致。根本区别在于，前者注重犯罪行为对实证法规范的违反，后者则从更广泛意义对其含义进行诠释。从犯罪圈的划定而言，后者的范围自远古时期便已经基本确定，在迈入21世纪的今天依然保持着稳定性与确定性，以自然正义的朴素容颜呈现于世人面前，同时，道德伦理中"罪"（sin）之范围远远大于法学，认为犯罪不仅是一种行为上的堕落，更是一种灵魂上的邪恶；而后者却在不停地变更、演化，逐渐从原始道德与宗教的禁锢中剥离出来，犯罪圈呈现着越来越小（自然犯）与逐渐膨大（行政犯）的双重趋势。

从刑法学视角考察，文学作品与法学之间争论的焦点，亦即道德与法律中确定罪与非罪的界线，在于行为的违法性与危害性、合法性与正当性关系的统一与悖离。刑法学的逻辑判断认为，基于罪刑法定原则，犯罪行为必定具有刑事违法性；而刑法典（或者判例）之所以将该行为界定为违法，是因为它给现存社会秩序带来了现实或潜在的危害。因此，某种行为的违法性与危害性一般具有统一性，而合法行为也大多具有正当性，这一点在当今西方刑法学理论中已经基本达成共识。但是，如果将目光转向文学领域，从古希腊时期开始，行为的违法性与危害性、合法性与正当性就始终是处于不同平面上的两条抛物线，二者之间固然存在着重合，但这种重合仅仅以平面点状、线状而非立体交集的图式呈现于我们面前（详见表9—4　西方文学作品关于违法性与危害性、合法性与正当性主题的表述）。

表9—4　西方文学作品关于违法性与危害性、合法性与正当性主题的表述

项目 类别	违法性与 危害性悖离	违法性与 危害性契合	合法性与 正当性悖离	合法性与 正当性契合	共计
远古文学	3 部	2 部	2 部	1 部	8 部
中古文学	1 部	2 部	1 部	6 部	10 部
人文主义文学	4 部	2 部	3 部		9 部
古典主义文学		2 部		3 部	5 部
启蒙思想文学	6 部	2 部	5 部	1 部	14 部
浪漫主义文学	14 部	2 部	3 部	1 部	20 部
自然主义文学		10 部			10 部①
批判现实主义	16 部	3 部	23 部	3 部	45 部
象征主义、表现主义、存在主义、黑色幽默文学	2 部	1 部	10 部		13 部
	46 部	26 部	47 部	15 部	134 部

① 此处仅包括严格意义上的自然主义文学，而不包括自然主义与批判现实主义相结合的文学。10部作品分别是龚古尔兄弟的《勾栏女艾丽莎》《热曼妮·拉瑟顿》，左拉的《泰莱丝·拉甘》《马德兰·菲拉》《小酒店》《娜娜》《萌芽》《人兽》，诺里斯的《麦克提格》《凡陀弗与兽性》。

资料来源：表中各项数据根据表9—1内容搜集、整理而成。

通过对前8章文学作品的分析，我们可以看到，文学作品对实证法最多的诘问与质疑，集中于在其眼中不具备任何社会危害性甚至是对社会有益、对民众有利的行为，却被刑事法律规定为犯罪，因而罪者亦总是被赋予悲悯而壮烈的光环，接受世人的敬仰与赞美。例如，为人类盗取火种的普罗米修斯（"普罗米修斯盗圣火案"）、无法抗拒弑父娶母命运的俄狄浦斯王（《俄狄浦斯王》）、以抔土杯酒埋葬胞兄的安提戈涅（《安提戈涅》）、因传播基督教被钉上十字架的耶稣（《圣经》）、因质疑上帝的至善与全能而沦为人类社会第一个杀人犯的该隐（《该隐》）、因盗窃一块面包被判处19年苦役的冉·阿让（《悲惨世界》）、不甘忍受强暴侮辱奋起反抗的贝特丽采（《钦契》）、以残忍手段杀害情人的苔丝（《德伯家的苔丝》）以及以

崇高目的为犯罪动机的拉斯柯尔尼科夫（《罪与罚》）等。故事中的主人公毫无疑问皆是实证法视野中的犯罪人，但他们的行为却鲜有对社会造成极大危害，或者具有造成危害的可能；进一步说，这些悲剧色彩浓厚的主人公均是根据其内心法则、遵循原始的怜悯心与正直感，以实际行动实现了自然正义。

从表 9—4 中可以看出，与实证法精神发生严重冲突的文学作品多创作于不同意识形态社会的更迭时期。例如由自然法向制定法的过渡时期，由原欲型文化向抑欲型文化的过渡时期，由客观理性向主观感性的过渡时期以及人类精神在物质主义、工具理性中逐渐异化的时期等，自然正义与法律正义由原先的稳定共同体产生裂痕，继而二者的价值观也开始翻转撕裂、分道扬镳。从这些作品的内涵考察，当时的刑法思想与民众的罪刑观产生了严重冲突与悖离，因而在文学作品中反映出的是一个个秩序失范、令人困惑不安的社会图景。

当然，在西方文学作品中，亦存在着将犯罪行为的违法性与危害性完美结合的典范。该类作品主要集中于三个时期，其一是中世纪教会刑法鼎盛时期。其二是衔接人文主义与启蒙思想的古典主义时期。此时期刑法思想的主要特征是对秩序、责任、义务与群体本位的强调，对忠君、爱国、集体主义思想的宣扬。文学作品亦大多承载着相同的价值取向。例如，"圣经文学"与教会刑法关于人类原罪思想的严密契合，提倡理性战胜感情、家族利益高于个人利益、国家利益高于一切的《熙德》，提出秩序与安全比自由与权利更加重要之命题的《昂朵马格》。其三是自然科学占据绝对地位的实证主义时期。在 19 世纪与 20 世纪之交，龚古尔兄弟、左拉、诺里斯的自然主义文学作品中亦体现了犯罪行为的违法性与危害性高度统一，此时期的主流刑法思想对社会秩序的重视超越了对个体权利的保护，文学作品亦从侧面为该刑法思想做出了丰富而颇具客观性的诠释与支撑。

如前所述，实证法的违法性与危害性在文学作品中呈现着明显的分裂状态，那么，实证法所认可的合法行为，在文学作品中又会受到怎样的评价？从表 9—4 中所得出的结论依旧不容乐观。可以看到，伴随着犯罪行为的违法性与危害性逐渐分离的同时，文学作品的触须已经探入对实证法认可的行为领域，对其合法性与正当性进行探讨。最早涉及合法性与正当性矛盾的文学作品是古希腊时期的"俄瑞斯忒斯弑母案"，俄瑞斯忒斯杀害了母亲，在"复仇女神"的追缉下几近疯狂，最后得到阿波罗与雅典娜的庇护，并且在雅典娜主持的"人间第一个法庭"上获得无罪判决。雅典娜的裁决建立在明显的性别歧视基础之上，亦意味着民众眼中自然正义与法律正义的第一次分离。

　　其后，不同时期的文学作品均涉及对合法行为的正当性进行评论，所谓正当性的判断标准仍然是永恒的自然法则。例如，《威尼斯商人》中鲍西娅为赢得诉讼扮演的律师角色，事实上在宣扬着一种带有严重宗教歧视色彩的"正义"，她不无嘲讽地对着夏洛克宣布："我会给你正义！无论这种正义是否是你所要求的正义！"夏洛克最终获取的判决正点明了这种正义的狭隘性与失当性。在《水手比利·巴德》中，威尔舰长对比利作出的死刑判决完全建立在合法的审判基础之上，程序上没有任何纰漏，却显然带着邪恶的色彩，违背了人们心中的自然正义。在《悲惨世界》中，检察官为了将铸私钱的夫妇一并送上绞刑架，居然以妻子对丈夫的爱恋与忠贞之情做诱饵套取口供，这种诉讼伎俩可能会被某些司法官赞誉为诉讼技巧，却是完全建立在"践踏人性"的基础之上的，在卞福汝主教的心目中属于知法犯法、十恶不赦的重罪。还可以看到，在《游美札记》《罪与罚》《复活》《雾都孤儿》《社会支柱》等作品中，均大量展现了虽然符合法律却失去正当意义的行为。这种合法性与正当性之间的断层随着人类文明的进化在不断加深，以至于近现代的刑法在民众的眼中已经幻化为邪恶而庞大的异己力量。我们从《荒凉山庄》《审判》《局外人》《在流放地》《在法的门前》《第二十二条军规》《第六病室》《飞越疯人院》《发条橙》等作品中可以明显感觉到人们对法律机器的恐惧与疏远。另外，从表9—4中可以观察到，合法性与正当性也存在着相互融合的时期，二者吻合最为紧密的文学作品创造于中古时代及古典主义时期，而上述两个时期的刑法思想建立于秩序、集体本位、国家主义基础之上，民众的刑法观亦带有强烈的义务性而非权利性色彩。

　　综上所述，远古时期的刑法与道德统一于宗教信仰之中。而刑法规则被人们所敬仰、遵守，刑法义务被人们主动承担，主要是因为自然法则的神圣性，来源于"法律神赐"这种信仰状态。这种刑法与道德的紧密联系在中世纪达到巅峰状态，并在随后的人文主义时期被第一次剥离，取得突破性进步；到了启蒙思想时期，刑法思想与道德之间的分离获得了更大动力。康德在其《道德的形而上学》中做出了合法性与合道德性的区分，黑格尔的法哲学也对法律与道德进行了区分，边沁更是在立法理论中对道德与法之间的关系进行了系统性阐述。进入19世纪，纯粹法学派的兴起，将道德伦理进一步驱逐出刑法学领域，警告人们将所谓的"人类健全情感"混同于实证法后将会造成的对人权的极大侵害。但是必须意识到，这里所述的分离并不代表着二者的分道扬镳，从表 9—4 可以看出，刑法思想与道德伦理之间的关系在不同时期的交集大小有所差异。刑法的运作领域离不开道德伦理的沃土，二者之间特有的张力在事实上促使着刑法思想与制度的不断进化。一般而言，只要二者之间能够和谐相处，刑法就不必对自己进行修改；只有二者之间的悖离力量过大，造成紧张的撕扯状态时，刑法才会被修改，这也同时意味着刑法的再次进化——这些刑法发展的历史中的关键性转折在同时期的文学作品中均有全面、准确的反映。进入 20 世纪后的刑法与道德仍然处在不停的分裂与剥离的过程中，可以看到，二者之间的交集呈现着越来越少的趋势，而我们也能够从同时期的文学作品中体会到人们对于这种逐渐被异化的法律机器的恐惧、迷惘与疏远之情。

　　从古至今，西方文学作品对刑法思想的质疑，由最初的违法性与危害性的分离逐渐过渡到合法性与正当性的断裂，这种关注视角的转变代表着文学与刑法学的关系由批判、对抗发展到解构、重构的新阶段。如果将违法性与危害性、合法性与正当性之间的矛盾与冲突进一步引申为刑法与道德之间的契合与悖离，我们可以得出结论，刑法思想的发展史、进化史，就是刑法与伦理道德之间被不断剥离、逐渐分化的过程。

9.4　苦难与救赎：人类的永恒困境

　　刑罚因何而存在？刑罚又应当以何种状态存在？刑罚的价值是什么？针对上述问题，不同时期、不同民族的刑法学家、文学家作出了独立的思索与回答。不同的是，在刑法学领域，法学家们所关注的是刑罚权的根据，它既涉及刑罚权发动的合理性，限制公权力的无限膨胀，也体现出对社会个体天赋之权限制、剥夺的必要性，构成整个刑罚理论体系的基石。在文学作品中，文学家所关注的焦点是刑罚实施以后的社会效果，这种效果既体现在对犯罪人施加刑罚的当时，其外延更是覆盖整个刑罚执行的过程乃至绵延至刑罚执行完毕后的漫长岁月中。

9.4.1　因何称义：刑罚权根据

　　关于对刑罚价值的探讨，在西方刑法思想中存在着报应主义与功利主义的永恒对垒。一切争论的逻辑原点均是建立在刑罚权的依据之上，亦即国家公权力因何享有对国民的刑罚发动权，以及这种权利应当受到怎样的限制。

9.4.1.1　契约论

刑法思想中最早的契约论产生于古希腊时期的普罗塔格拉,他否定普遍正义的存在,以个人主义与功利主义的思想为刑法涂抹上契约色彩,肯定了刑法的工具性本质。同处于古希腊时期的苏格拉底却旗帜鲜明地否定刑律与民众意志有任何关系,认为刑律与国家一样,是神的安排。柏拉图支持契约论,认为纷争起于私利,人们应当以理性对兽欲进行节制。其后的伊壁鸠鲁将普罗塔格拉的契约思想推进了一大步,明确指出国家与法律均起源于契约——认为人性本恶,为了避免相互侵害、同归于尽,遂与他人订立契约,以法律对恶行进行约束。古罗马的西塞罗明确反对契约论,认为法律来源于自然法与习惯,制定法不能逾越自然法,否则不具有实效。

进入中世纪,历经基督教的洗礼,法律契约论在教会刑法与经院哲学的合力作用下得以大幅度推广。众所周知,《圣经》思想以"契约"为母题,通过上帝与凡人之间的立约,规范凡人行为,赋予世俗利益,形成互动秩序。既为约定,必然包括双方甚至三方缔约者,说明犹太人不再将人与神、人与人之间的关系单一看作宿命安排,而是在协商的前提下,制定出双向的制约机制,并赋予双方利益的特殊约定。圣经思想中包含五个基础性契约,每一个契约均代表着不同时期西方人政治、法律的思想进化史。第一个契约是"伊甸园之约"。上帝造出亚当夏娃后,赋予二者自由意志,并与二者约定,在伊甸园中,二者永享荣耀,但是不可采摘智慧树上的苹果,否则将会招致灾难,这里首次出现了契约格式条款——"不可……否则……"亚当与夏娃在撒旦的引诱下,破坏了与上帝的约定,偷食禁果,引来祸患。第二个契约是"诺亚方舟之约"。亚当和夏娃在撒旦诱惑下初尝禁果,被贬黜为凡人,繁衍生息。多年后,人间罪恶滔天,上帝决定毁灭旧世界,创造新世界。于是与诺亚立约,以诺亚方舟保全世间活物,待洪水退去,诺亚方舟上的生命必须与上帝建立更密切的关系。因此,"诺亚方舟之约"被视作上帝耶和华与全世界生灵之间的普世性契约。第三个契约是"祭牲之约"并"割礼之约"。耶和华要求世间幸存者向其供奉活物,并要求其后裔中的男性均必须受割礼,将该礼仪视作上帝与信徒之间立约的证据。亚伯拉罕被耶和华选中,成为人世间耶和华的代表者,上述约定在亚伯拉罕与耶和华之间建立起一种永恒的关系,这种契约乃是生命之源。第四个契约是"西奈山之约",是耶和华与带领以色列先民逃出埃及的摩西在西奈山上签订的契约,这是 600 年前耶和华与亚伯拉罕签订契约的延续，既为旧约教义的核心，也是新约的开启，其中最重要的部分是"摩西十诫"。十诫中，前四诫规定人神之约，强调宗教伦理；后六诫则规定人人之约，覆盖基本刑法规则。第五个契约是"大卫之约"。青年时代的大卫在牧羊时，已经被耶和华选中为王，因此通过先知与大卫立约，范围涉及全民族。①"大卫之约"的另一个特点是，相对于西奈山之约中强调义务，大卫之约具有应许的特性。也就是说，随着人类文明的发展，以色列民族与上帝在地上的统治必得延续，并不单方面取决于以色列人是否忠心侍奉耶和华，而是由耶和华应许来保证。神对大卫的应许具有三重意义。第一，耶和华应许兴盛大卫的继承人，使其王位永存。这种王朝式的神权政治是摩西以后救赎史上极为重要的发展。第二，神应许做大卫后裔的父。父子般的亲密关系是耶和华与受膏者关系的显著特色，他的祝福也临幸到所有的百姓。在西方社会中，神与某君王同在的具体表征，就是君王会成为一位伟大的统治者。第三，耶和华应许要永远忠于大卫和他的继承人。耶和华的恩惠与忠诚表明了他必信守他与大卫和他后裔所立的约。

　　由此可见，契约精神贯穿中世纪刑法思想的始终。西方人认为，希伯来民族遭遇的"巴比伦之囚"事件是神对以色列人背弃与神之约的惩罚，但同时神将对罪愆民族的惩罚转化为救赎和复兴的希望。神与人类的关系是以"约"的建立为基础的，定约是为了维持双方的关系，及界定彼此的权利义务。在人类历史中，上帝不断地寻求人，要与堕落的人恢复和好的关系。每次定约都是上帝主动作为，而人类只是被前者邀请进入盟约之中。虽然人类一再失败，上帝却并未放弃救赎世人罪恶、恢复与世人和好的努力。上帝的拯救之意，从屡次更新的契约中得以呈现，即从罪恶中呼召出一群属他的子民，将他们的罪洗清，在地上建立属神的国度，向世人宣扬神的荣耀。

　　古典主义时期，在斯宾诺莎、霍布斯、洛克的推动下，刑事古典学派以契约论为基石构建出客观主义罪刑理论体系，契约论在西方刑法思想中取得了根深蒂固的统治地位。霍布斯认为，自然法是由理性所发现的一种律令或一般原则，用来禁止人们毁灭自身或放弃保存生命的手段，"己所不欲，勿施于人"——自然法不是保护每个人基于本性与本能的自然权利，而是限制这些权利。洛克认为，若没有人拥有执行自然法的权利，以保护无辜和约束罪犯，那么这种法就毫无用处。但是，由每个人来行使刑

---

　　①　参见本书 2.1 与 2.2 部分。

罚权，势必造成人们之间的战争状态，所以，正是在违法与惩处两方面不能保证避免过火行为的情况下，人们意识到社会契约的必要性，让渡一部分权力给国家，国家享有刑罚权。国家对每一桩刑事案件的判决，其实就是公民的判决，是他的代表所做的判决，因此刑罚权的基础必然是社会契约。

启蒙时期的卢梭认为，每个参加契约的人必须将自己的"全部"权利转让给联合体，且每种权利都是"同等"的。参加契约的人将自己的权利给了集体，而非个人，目的是为了获取更大的同等的利益。通过社会契约组成国家以后，如果自然法缺乏自然的制裁，正义法在人间就是虚幻的，故而必须由社会契约赋予政治得以生存和生命，立法赋予政治得以行动与意志。霍尔巴赫认为，一方面，人的本性在于自爱、趋乐避苦、自我保存，这种本性是自然法赋予人的；另一方面，人具有社会性，人民必须让出一部分自然权利，结成社会的纽带，即社会契约。社会契约以理性为指导，公正为基础。康德认为，国家刑罚权渊源是社会契约，社会性与非社会性两种属性在人体内部形成相互对抗的两种力量，这种对抗促使人们调动一切主观能动性去谋求个人利益的发展，从而形成一种生存竞争的局面。这种非社会性的动力促使个人竞争的行为往往会给他人的自由、利益造成妨害，从而使每个人的自由都不能得到有效保障。因此，需要一定的规则将这种竞争限制于一定范围内，要求一种超越于个人之上的社会权力。社会契约是国家权力产生的根据，也是刑罚权产生的渊源。国家权力来源于人民，权力的运用必须体现全体人民的共同意志。费尔巴哈提出了"刑罚权的根据是完全的权利的保全"之理论，即国家为了保全市民权利免遭犯罪的侵害才拥有刑罚权。这是从他的国家的目的观和权利侵害说自然得出的结论。国家的目的是全体市民相互的自由，个人能够充分行使自己的自由，并且处于避免侵害的安全状态。

可以看到，刑法思想中关于刑罚权的根据，大致有神意说、契约说与功利说之分，其中契约说占有主流地位。遗憾的是，西方的文学作品却很少为这种契约论作出佐证；相反，其体现的往往是强权与暴力统治下国家与刑法的产生过程。例如，"古希腊神话中"（"三代神祇弑父篡位"、"宙斯暴力统治天廷"等）处处体现着强权即正义的思想；中古时期《埃涅阿斯纪》《贝奥武甫》《罗兰之歌》《熙德之歌》《尼伯龙人之歌》等处处洋溢着对征服、掠夺、强力统治的赞美；人文主义时期《麦克白》《乌托邦》等作品更是明确地提出了国家与刑律的产生来源于权力者意志而非民众契约的思想；启蒙思想时期的《鲁宾逊漂流记》《格列佛游记》同样质疑了契约论的真实存在性。应该指出的是，启蒙时期的孟德斯鸠、伏尔泰、狄德罗、卢梭等思想家在其文学作品中（《波斯人信札》《如此世界》《社会契约论》等）中还是大力宣扬契约主义的，但此时的契约论仅仅是作为一种美好的理想、一种追求的目标传递给民众，而非一种现实的存在。从19 世纪回归主观感性领域的浪漫主义文学开始，再延续到自然主义、批判现实主义乃至 20 世纪的现代主义、当代的后现代主义等大量文学作品中，我们再也听不到对国家或者刑法源于"契约论"的探讨与争论，也看不到启蒙思想时期文学为我们描绘的一幕幕人类在"契约"生活下的美景。这些文学作品所关注的、反映的往往是对现存社会秩序的反叛与现实司法实践的批判——契约论在启蒙思想文学中达到巅峰状态后，从此销声匿迹。

因此，如果从文学作品角度考虑，刑事古典学派的"契约论"实乃一个美丽而虚渺的梦境。人类社会从未经历过如此民主、平等的状态，于作为统治阶级工具的刑罚权根据而言，它亦仅为一个遥不可及的乌托邦。

9.4.1.2　意志自由与意志决定

刑事古典主义学派认为，"任何人在达到一定年龄时，除了精神上有异状者，都具有为善避恶的自由意志。犯罪是恶，而有自由意志之人，能够避免之而竟敢实施之，犯罪乃出于自由意志。"康德提出，人是有理性的，人的意志是自由的，犯罪就是有自由意志的个人违反理性的绝对命令的行为。黑格尔认为："自由是意志的根本规定，正如重量是物体的根本规定，有意志而没有自由，只是一句空话。"这种恣意的自由，以肯定不受自然的因果律支配的自由、纯粹的自由、绝对的自由论为前提。作为社会属性的人具有理性，人人具有意志自由。这种意志自由使人具有认识自己行为性质和控制自己行为、能够选择此行为放弃彼行为的能力，因而也就具有对这种选择承担责任的能力。人的意志自由标志着人的理性发展程度，该程度与人们对所谓的人类社会普遍存在的基本道德规律的认识与遵守程度存在正比关系，且二者相辅相成。"要按照你同时认为也能成为普遍规律的准则去行动"，"除非我愿自己的准则变为普遍规律，我不应行动"。这样的道德规律是先天存在的，不受任何具体经验、个人好恶以及利害关系制约，人们必须无条件地在内心自觉遵守，是"绝对命令"。人只有遵循这一命令，才能从纯粹被自然主宰的命运下解放出来，以独立于动物性，真正获得自由意志，成为真正理性、德性的社会人，其行为才是真正具有道德价值的行为，而由于遵守道德规律而产生的行为的必要性就是责任。

人类学派的龙布罗梭作为决定论者，推翻了意志自由的神话，认为犯罪是社会现实不可避免的现象；为了保护社会，刑罚也不可避免。报应与威慑都是空话，刑罚存在的唯一根据是社会防卫，因而他提出社会责任论，认为刑罚不应当与所造成的社会危害性相联系，而应当与行为人的人身危险性相联系。同属人类学派的加罗法洛批判古典学派的刑法理论"不是保护社会避免受犯罪的侵害，而是保护罪犯不受社会的侵害"。古典学派通过公正的因素来限制社会防卫运动，并由此引出两个原则：除非行为人对其行为负有道义责任，否则犯罪不存在，犯罪随着道义责任的轻重而变化；刑罚必须与犯罪的严重性成正比。加罗法洛认为这两个原则"被错误地看作是对个人权利的保护，实际上是刑法衰败的源泉"。加罗法洛反对意志自由论，认为只有在特定的情况下，行为人才具有思考与感觉的权利。人在社会生活中无时无刻不受环境影响，没有不受犯罪冲动影响的完人。社会学派的代表人菲利否认构成整个旧体系基础的道义责任论，亦支持社会责任论，认为实证心理学已经证明所谓的意志不过是纯粹的主观幻想，意志自由不仅是背离科学的杜撰，而且是有害于社会科学的形而上学的概念，实际上使社会在犯罪的危险面前束手无策。刑事责任的根据应当是行为人反社会的危险性格，应受社会防卫处分的是行为者，不是行为。菲利旨在彻底否定道义责任论所主张的犯罪，是因为他具有意思自由者基于自由判断而造成的观点，认为犯罪必然取决于行为者的素质、自然、社会环境等因素。他强调人的行为完全从属于自然因果律的普遍法规。"人的一切行为是其人格的表征，又是归属于该人的必然结果，这成为物理意义归责的第一要素。"社会责任论强调刑事责任的本质是防卫社会，其根据是犯罪人的社会危险性。构成责任的不是具体的行为，而是对社会造成危险的行为者的危险性格，犯罪者一般是对社会实施有害行为的具有危险性格的人，为了保卫社会，必须摆脱这种具有危险性格的人的侵害，对危险性格者加以防卫（刑罚）。

由此可见，关于刑事责任的根据，刑事人类学派与社会学派主张意志决定，认为刑罚权的根据在于社会防卫，社会责任论强调的刑事责任根据是实施犯罪行为人的危险性和反社会性，而非行为人的自由意志。而刑事古典主义学派主张道义责任论，该种观点建立在人类具有自由意志的基础之上。如果我们考察西方文学对个体人性的揭示，就会发现古典学派所主张的自由意志之存在空间是怎样的狭窄逼仄。

在西方文学中，创作于以下四个时期的作品强调了人类具有选择的自由，其一是在"圣经文学"中，神与人的"伊甸园之约"，认为"人若有罪，他必定曾经自由"，亚当与夏娃面对撒旦的引诱，完全有拒绝偷食禁果的自由，然而他们却选择了背叛，因而原罪加身，下界受苦。这是道义责任论的最早表述。其二是在文艺复兴早期的文学作品中，热烈强调了人类具有的意志自由与行为自由，但这种自由主要是一种基于原欲意义而非元智意义上的自由，体现在对自然欲望、生理欲望的肯定与释放（参见《十日谈》《巨人传》等）。其三是在浪漫主义文学时期，这是一种对启蒙理性的悖逆与回拨，也是对人类文明的第一次反抗，体现在拜伦与雪莱作品中对绝对自由的追寻，这种意志自由的特点是否认一切权威、将自己看作绝对的自足自治体（参见《曼弗雷德》《该隐》《解放了的普罗米修斯》等）。其四是 20 世纪后半叶的存在主义文学，当荒诞成为现实生活的高度概括时，人们无法掌握自己命运，失去了安全感与确定感。萨特开创的存在主义认为，接连不断的"自由选择"组成了人类的存在意义，人类只要作出选择，无论好坏，都是对生活本身的回应与尊重，也是证明自己存在于世的唯一方式。

在上述作品之外，从古希腊的《俄狄浦斯王》开始，西方人就开始对意志自由的命题产生了疑问。更明朗地说，著名的"古希罗悲剧"就是人类无法主宰自己命运的恐惧与绝望情感之下的产物——当苦难的警钟开始敲响时，人对神祇的、命运的、自身局限的挑战也拉开了序幕（参见《伊利亚特》《美狄亚》《尼伯龙人之歌》等）。尤其是在自然主义文学（参见《麦克提格》《热曼妮·拉瑟顿》）与批判现实主义文学（参见《罪与罚》《章鱼》《土生子》）中，人类更是完全丧失了自由意志，成为生物决定论、自然环境决定论、社会环境决定论下挣扎辗转的生物体。该时期的多数作品认为，人类永远是被决定的，无法控制自己的欲念、主宰自己的命运。另外，随着近现代心理学的发展，人们开始对直觉本能与无意识状态进行强调，认为无意识包括人的求生本能和性本能，是人们无法控制的本能意识；一旦该欲望受到忽略或者强制性压制，人类的精神状况即会发生紊乱，行为随即失去控制。上述理论在霍夫曼的《魔鬼的万灵药水》、巴尔扎克的《人间喜剧》、龚古尔兄弟的系列小说、莫泊桑的《一个疯子》、左拉的《卢贡-马卡尔家族》系列以及陀思妥耶夫斯基的作品中得以酣畅淋漓的展现。上述作品的主人公完全丧失了意志自由，被生物性与环境因素裹挟着匆匆赶往悲剧的宿命。

通过对文学作品的考察，我们可以看到，刑事社会学派对人类意志是否自由的论断比古典学派有着更为扎实、客观的社会基础。正如萨特所述，人类当然具有选择的自由，人类正是通过连续不断的选择行为彰显着生命存在的意义。但这种自由并非是拜伦等浪漫主义文学家追逐的绝对自足、自在的自由，而是在特定范围内进行抉择的自由。正如加缪笔下的西绪福斯，在每天将巨石推上山顶的过程中，确实享有坚定乐观与颓丧萎靡的精神状况选择的自由，却从不曾享有推与不推巨石，或者阻止巨石不再滚滚下落的选择自由。即使是拜伦笔下的该隐，他所享有的自由也仅仅是选择承受苦难还是背叛上帝的自由，而无法对自己系亚当与夏娃的长子的出身背景作出选择，更无法左右上帝喜欢亚伯带血的羔羊、厌恶自己洁净的蔬果的事实。

9.4.2　报应与救赎：刑罚的本质与功能

在意志决定论与自由论的影响下，刑事社会学派对刑罚的本质与功能的看法与古典学派观点之间必然呈现着迥异的色彩。

9.4.2.1　西方刑法思想中罚的本质

刑罚，作为犯罪行为的对应存在，是群体社会对个体犯罪的一种必要反应。在相当长的时期内，刑罚被当作对付犯罪的唯一手段。对于刑罚本质，历来存在着报应刑与功利刑的对垒。报应刑认为，刑罚是对犯罪的反作用，刑罚存在的根基只能到已然犯罪中寻找。建立在报应基础上的刑罚理论包括神意报应、道义报应、法律报应、赎罪报应等，无不立足于已然犯罪揭示刑罚的本质。功利刑（目的刑）则认为，刑罚并非为了报应而存在，刑罚存在的根据不应在已然的犯罪事实中去寻找；相反，应当立足于未然犯罪，刑罚存在的功利意义在于遏制、消除未然之罪。

雅典时期的柏拉图首先提出了教育刑的思想，认为刑罚的主要意义在于改善而不在于示威，在于预防而不在于补救。亚里士多德的刑罚观亦呈现教育刑色彩，认为刑罚的作用在于对罪犯行为与思想的矫正。该时期的刑罚观带有鲜明的宽恕、矫正等特征，倾向于对内心灵魂的规制。古罗马的西塞罗则秉持神意报复论，认为人类接受刑罚并非由法院决定，而是复仇女神在拷问其良心，使其陷入忏悔和痛苦，这应当是出现最早的报应刑观点，但其依然是针对内心世界而非肉体的报应。这种刑罚观一直持续到中古时期，报应亦从针对灵魂进行的惩罚发展到对肉体的折磨、对生命的剥夺，即便如此，其目的也是促使罪犯早日剥离原欲，涤荡内心邪恶，走向彼岸世界。

人文主义末期的斯宾诺莎最早提出了预防刑与社会防卫刑罚原理，指出刑罚的目的在于节制人类劣性的无限扩张，使社会繁衍得以存续；同时，他也是最早提出刑罚是"惩罚行为而非惩罚思想"的客观主义刑罚原则的人，提倡民众最大限度地拥有思想自由与言论自由：因为人们所签订的契约转让的是自由行动之权而非自由思想之权。霍布斯认为，刑罚的唯一目的是借助恐怖强制人们履行契约，这是一种一般预防与威吓刑相结合的观点。格劳秀斯则认为刑罚的本质在于报应，刑罚是邪恶行为招致的一种痛苦——"刑法之苦等于行为之恶"。同时他认为刑罚具有三个目的：其一是对罪犯的矫治；其二是对他人的警戒；其三是对被害人的补偿。霍布斯认为，刑罚目的不是报复，而是使人"畏之以威"，强调一般预防。洛克则强调，刑罚具有警戒不轨者与改造犯罪的作用——"理智地纠正与禁止"是一个人可以合法地伤害另一个人，即我们称之为"刑罚"的唯一理由。因此这也是一种预防刑与教育刑的观点。

启蒙思想时期的孟德斯鸠认为，刑罚目的在于恢复秩序，他否定报复刑，提倡教育刑（将羞耻刑作为刑罚的最重要部分）。贝卡利亚认为，刑罚的本质是苦，但他对报应刑持彻底否定态度，认为报应刑分为报复（法律报复）与赎罪（在上帝面前求得宽恕），但是"刑罚的目的既不是摧残折磨一个感知者，也不是消除业已犯下的罪行"，它的目的仅在于预防犯罪：阻止罪犯重新犯罪（特预防殊）以及规诫他人不要重蹈覆辙（一般预防）。费尔巴哈认为，刑罚的本质是一种感性的害恶，刑罚目的是一般预防，刑罚的终极目的则是维持国家秩序。康德认为，刑罚的性质是绝对报应，强调刑罚是纯粹报复犯罪的方法，刑罚也就是恢复被损害的正义，除此别无其他目的；法院的惩罚绝对不能作为促进另一种善的手段，不允许以任何功利为目的的减轻或加重刑罚。黑格尔认为，刑罚的本质在于强制与暴力，它是针对犯罪这种第一次强制而实施的第二次强制，通过否定之否定，使法本身得以回复。因此刑罚的本质是报应，刑罚的运用过程显示了法的现实性、有效性、绝对性、不可侵犯性。而犯罪是一种恶，对恶的报应是犯罪的必然后果。报复只是用犯罪所采取的手段回头来反对它自己——复仇三女神们在熟睡着，是犯罪将她们唤醒——惩罚报应的目的是为了恢复法的原状。

实证主义学派的龙勃罗梭、加罗法洛、菲利等均从犯罪人的人身危险性出发，从预防再犯的可能性、剥夺再犯能力角度论述刑罚的功利性。龙布罗梭与报应主义决裂，完全摒弃了规范功利主义的恐吓与心理强制理论，强调用刑罚的替代措施对犯罪人进行矫治，从而使刑罚的意义发生质的变化。李斯特认为，刑罚目的是保护刑与教育刑。他继承了边沁、耶林等人的功利主义目的法学思想，认为刑罚只要是属于国家的，就不可能是原始本能、冲动的东西，其自身一定会具有必要性与目的性，刑罚只有从它的目的考察，才能获得其分量和目标——目的刑罚论。李斯特并不排斥刑法本身所具有的价值，但反对古典学派的意志自由论和刑罚报应主义，认为刑罚不是对犯罪行为的事后报复，也不是对其他人的恐吓，而是对那些"危险状态体现者"采取的预防措施，即防止具有社会危险性的人危害社会，具有对犯罪侵犯社会进行防卫的目的。只有"社会防卫"与"法益保护"才是刑罚的目的与正当化的根据。刑罚的另一个目的是改造与教育犯罪人，消除其危险性，使之重返一般市民生活之中。

新古典主义的代表比克迈尔认为，刑罚的本质是报应。刑罚不同于复仇，是国家报应，是因为国家法律秩序受到侵害，而需要动用刑罚恢复秩序、恢复法律权威、抑制犯罪冲动。贝林对此也持相同观点，其刑罚论是一种修正的报应刑，"结合了目的刑论与公正报应思想"，刑罚具有消极惩罚与特殊预防的功能，而消极惩罚也会附带一定边缘性效果，会起到一般预防的作用。刑罚的目的是要唤起犯罪者的无趣感，刑罚兼具报应与防卫的特征。M. E. 迈尔则希望追求一种折中方案，解决报应刑与功利刑的冲突。首先是法律问题"刑罚是什么"、"什么是刑罚的本质"，其次是刑事政策的问题"应如何处以刑罚"、"尽可能严格处罚还是尽可能人性化处罚"，最后是法哲学问题"对国民适用刑罚是否合理"，"刑罚是否灰色，是否超越一定文化时期？"对这些问题的统一回答是不可能的，因而他针对法律问题（立法阶段、报应刑）、刑事政策问题（审判阶段、特殊预防）、刑法哲学问题（司法阶段，刑罚是报应、保安处分是预防）提出了所谓的分配刑理论。

可以看到，刑罚的本质在西方刑法思想中大致沿着报应刑与教育刑（远古时期）——报应刑（古典学派）——目的刑（人类学派和社会学派）——报应刑以及综合、折中主义（新古典学派）的轨迹发展，其中不同刑罚观之间呈现着交错互融、修正回拨的倾向。

9.4.2.2　西方文学作品中罚的本质

如果从西方文学作品考察，从"古希腊神话"与"古罗马悲剧"中，我们可以明显地看到刑罚自远古时期的私力复仇进化而来，其中饱含着"恶有恶报"的古朴罪罚观。刑罚的原型是各种各样的私力复仇，例如，"宙斯弑父篡位"（为自由与情欲复仇）、"普罗米修斯盗火案"（为荣誉复仇）、"特洛伊战争"（为情欲与家族荣誉复仇）、"俄瑞斯忒亚三部曲"（为情欲、血亲的生命、自由复仇）、《俄狄浦斯王》（为血亲复仇）等。值得关注的是，在该时段末期的《安堤戈涅》中，刑罚惩罚已经明显地带有一般预防与威吓的色彩，也就是说，克瑞翁对安堤戈涅的刑罚不仅在于对于后者作奸犯科行为的惩罚，从更大意义上而言，是旨在巩固新王克瑞翁的权威，杀一儆百，防止他人仿效安堤戈涅向制定法挑战、向克瑞翁的至高地位挑战。这应当是刑罚具有功利色彩的最初表述。

进入中古时期，文学作品整齐划一地向民众宣扬着报应刑论——"神意报应"与"自我救赎"的观点在整个西方民众的心目中根深蒂固（这正是贝卡利亚所反对的报应刑观）。我们从中世纪的史诗（《罗兰之歌》《熙德之歌》《伊戈尔远征记》《尼亚尔萨迦》）等作品中可以看到，此时期各西方民族的司法过程均带有浓厚的"神明报应"色彩，其载体便是当时西方司法程序普遍认可的决斗制度。因此，在此阶段，神意报应说占据着刑罚思想领域至高无上的地位，它甚至能够与世俗法庭一决雌雄，并且在多数情况下轻易推翻后者的判决。这一制度在西方持续了整整千年。

进入文艺复兴时期，我们在当时的文学作品（参见《十日谈》《乌托邦》《暴风雨》）中嗅到了浓厚的教育刑、预防刑的气息；一个典型的事实是，莎士比亚在其早期、中期、晚期的三部代表作（《哈姆雷特》《麦克白》《暴风雨》）中彰显着鲜明的由报应刑思想向教育刑思想转变的倾向——他认为，以暴制暴的最终结果是善与恶同归于尽、两败俱伤，只有宽恕、隐忍、教育才能有效地消弭世间恶意，涤荡罪恶的灵魂，救赎天下。

进入古典主义文学时期，与自然科学所发现的种种因果规律相契合，与当时人们要求秩序、要求安全的普遍心理相适应，与人们狂热的皇权崇拜与国家主义至上的刑法观相吻合，整个文坛弥漫着鲜明的报应刑思想（参见《熙德》《昂朵马格》等）。但是，在同时期的清教徒文学中（《失乐园》《复乐园》《天路历程》），我们又可以发现，在肯定"神意报应"的基础上，刑罚思想中洋溢着圣洁隐忍、宽恕博爱的教育刑观点。

迈入启蒙思想时期，从笛福的作品（《摩尔·弗兰德斯》《杰克上校》《罗克萨娜》等）开始，人们开始反思报应刑、突出教育刑与预防刑的作用。此时期涌现出大批文学作品，对预防刑、教育刑进行描述与宣扬（《格列佛游记》《波斯人信札》《修女》等），尤其是卢梭的《忏悔录》《爱弥儿》，孟德斯鸠的《波斯人信札》等作品，更是将教育刑的刑罚观推上了历史巅峰。

进入浪漫主义时期的西方文学作品，强调对人类主观世界的退守。此时的人们不再对人之理性顶礼膜拜，而是放弃了教育刑与预防刑功能的幻想，重返严酷公平的自然报应论（参见《丝寇黛莉小姐》《魔鬼的万灵药水》《曼弗雷德》《古舟子咏》《解放了的普罗米修斯》《巴黎圣母院》《笑

面人》《基督山伯爵》《红字》等)。上述作品宣扬善恶有报、报应不爽的
罪刑观,犯罪人内心世界丰富异常,精神波动频繁,犯罪行为并非发生于
严谨理性与周密计划的基础之上,反而经常随机犯案,属于激情犯罪,犯
罪动机的启动与加速化过程甚至连罪者本人亦难以预料。

　　在 19 世纪批判现实主义文学繁荣时期,随着阶层矛盾的深化、刑事
发案率的飙升、累犯与惯犯的增多,教育刑与预防刑观点卷土重来,占据
着重要地位,其中涌现出大批的经典名著 (《悲惨世界》《一个儿子》《雾
都孤儿》《双城记》《死屋手记》《罪与罚》《卡拉马佐夫兄弟》《复活》
等)。在刑事发案率连年升高、累犯与惯犯层出不穷的背景下,该时期内
的文学作品无一例外地积极宣传着刑罚的教育与预防功能,希望罪犯的服
刑过程与再社会化过程紧密相连,毕竟社会没有完全抛弃他们,在接受惩
罚的同时,应当始终不脱离社会经济与技术的发展,以避免刑罚结束回归
社会时产生新的障碍而遭遇歧视性对待。

　　自然主义文学与批判现实主义文学共同分享着 19 世纪西方文坛的荣
耀。但是,在该流派别的文学作品中,我们惊讶地发现,无论是报应刑还
是预防刑、教育刑,均不足以对犯罪人或者犯罪行为进行有效回应。在实
证主义的解剖刀下,各种刑罚观的效果 (而非刑罚观本身) 呈现着失语状
态,刑罚的无效性与局限性端倪初露。代表性作品包括《热曼妮·拉瑟
顿》《勾栏女艾丽莎》《娜娜》《嘉尔曼》等。这些在纯粹生物学角度下被
解剖与研究的犯罪者,似乎与生俱来便携带着一种或多种犯罪基因,生物
学家、医学家与文学家在社会学范围内均无法准确解释其犯罪原因与对其
施与刑罚的预后效果,因此给出的结论更偏重与自然原因,亦即生物遗传
因素。

　　进入 20 世纪后的人类社会,已经无法阻挡犯罪作为一种社会常态的
存在事实,各种传统刑罚观在来势汹汹的犯罪现象面前束手无策 (《毛猿》
《蝇王》《老妇还乡》《琼斯王》《土生子》《美国悲剧》等)。在心理学、生
物学、环境学、社会学等多种学科的共同引导与作用下,刑事人类学派与
社会学派提出了社会防卫论,期望以此筑成堵截犯罪浪潮的堤坝,并制定
了各种相应的刑事政策、社会政策、刑罚措施、非刑罚处遇对犯罪进行惩
戒与预防,对犯罪人进行无害化处理,企图最大程度地防卫社会。但如此
又引起了一个新的问题,在人们眼中自古扮演着替天行道角色的刑罚系
列,在优势利益与话语权的操纵下被逐渐异化 (《水手比利·巴德》《城
堡》《在法的门前》《发条橙》等作品),人们逐渐对它丧失了亲近感与信
任感,代之以恐惧、憎恨、疏离与反叛 (参见《在流放地》《飞越疯人院》

《屠戮时刻》《守法公民》等）。

综上所述，从文学作品中体现的刑罚观考察，刑罚自古代的私力复仇进化而来，恶有恶报的观念已经根植于人们的道德伦理意识中，刑罚即代表着自然正义的实现。正如贝林所述，文明社会的刑罚"只是以经过提炼的被客观化的报应取代了本能的、无标准的、处于意气的报复"。从文学角度对上述法学理论进行评价，我们不得不承认，刑罚的唯一本质在于报应。这是一种主观与客观有机结合的报应，通过对犯罪者施加与其罪责相适应的恶害，恢复社会秩序、法律秩序以及社会群体的心理秩序。当然，对犯罪人的特殊预防、对社会人的一般预防以及对犯罪人思想与行为的矫正始终存在于刑罚执行过程之中，但三者均是刑罚所特具的重要功能，而非本质。换言之，正是基于对报应刑本质的认可，才可能产生刑罚的教育功能与预防功能，从而完成对社会整体秩序的有效维护。如果没有"申冤在我，我必报应"的神意报应观的支撑，如果没有"为了实现正义，哪怕天崩地裂"的法律报应观的信仰，如果没有对"出来混，总是要还的"等实证案例的目睹，刑罚根本不可能产生对犯罪人本人的特殊预防与对社会公众的一般预防的作用。这也从一个侧面提示司法者，案件判决如果不符合民众心目中的自然正义，无法实现在民众心目中根深蒂固的"善恶有报"的罪罚观，人们将丧失对刑事司法的信仰，而失去了法律信仰的人类社会必将以失范状态呈现于世人眼前，人们将重返原始状态，以不同手段实现心中的自然正义。

9.4.3　爱的鞭笞：刑罚适用

刑罚的本质是一种恶害，它通过带给犯罪者肉体或精神上的痛苦，恢复被犯罪行为所破坏的社会物理秩序与群体心理秩序，同时实现刑罚的预防、矫正与社会防卫等功利性目的。如果说上述概念涉及刑罚的本质、机能与目的，那么，刑罚的终极价值是什么？通过刑罚的施行，我们希望收获怎样的效果；通过刑罚的适用，我们希望传递怎样的理念？自由、秩序与正义是包括刑法在内的一切规制人类社会的法律的共同价值，作为刑法核心组成的刑罚亦应当具有该种价值属性。千百年来，在不同时代背景与民族精神影响下的刑法学者，始终希望通过刑罚适用体系的设计与运作来接近人类社会"自由、秩序、正义"的终极价值；而同时期的文学作品，亦往往以独特的视角、犀利的笔锋反映和检验着"行动着的法"与终极价值之间的融合与悖离，它们所关注的重点是刑罚适用后的社会效果，既包括刑罚的正面价值，更关注刑罚的负面影响。如此，在人类永远无法摆脱的自我救赎之旅中，刑法与文学携手同行、交相辉映，共同致力于对人性的不懈探索、对生命尊严与灵魂自由的执着追求。

9.4.3.1　刑法思想中的刑罚适用

远古时期的希腊哲学家们普遍认为，罚（天罚、刑罚与自罚）的作用在于恢复自然法则，既然犯罪行为破坏了上天赋予人类社会的"秩序"，亦即"数的协调、均衡、和谐"，那么罚的唯一价值就在于对这种协调、均衡、和谐状态的弥补与恢复。希腊化时期禁欲学派代表人芝诺秉持刑罚虚无论，认为刑罚只是针对丧失理性之人适用，以强迫其遵守自然法则；对于有理性的大多数人，只要遵循内心法则即可与大自然保持和谐的生存状态。古罗马的西塞罗认为，刑罚施加于罪人的心灵才能达到恢复自然秩序的目的，是复仇女神而非世俗刑罚使罪者忍受痛苦。中世纪的刑罚观认为，刑罚的价值在于涤荡人类灵魂的罪恶，因为罪者的行为是其内心罪过的外化，如果希望消灭罪行，必须将罚的棘鞭探入原恶世界，其对肉体及自由所施加的恶害亦完全以被拯救罪者的精神为旨归。

在文艺复兴末期，从斯宾诺莎开始，将对思想的惩罚与对行为的惩罚逐渐剥离开来，他明确提出刑罚的作用对象是客观行为而非主观思想。启蒙思想的先行者孟德斯鸠更是认为对思想的刑罚是令人无法忍受的"大暴政"，奠定了刑事古典学派的客观主义刑法观。格劳秀斯认为，对待犯罪者的态度不应当面向过去，而应当面向未来。提倡以罪犯消失、罪犯丧失作恶能力、罪犯养成良好习惯为目的设置刑罚手段。贝卡利亚的犯罪观亦是强调预防，认为预防犯罪最可靠但也最艰难的措施是完善教育。黑格尔认为，刑罚是一种等价报应，刑罚的强度必须与犯罪行为的危害程度相适应，包括质与量的融洽，必须正确估计犯罪的社会危害程度，而社会形势对犯罪社会危害性大小实施影响，牵涉整个市民社会的观念与意识。因此，"乱世重典，盛世轻缓"都是正当的。随着社会文明程度的提高，社会稳定性的增强，对犯罪危害性的感受越轻（个人的痛苦由社会共同承担），刑罚应当趋于缓和。

实证主义学派的龙勃罗梭否定了古典学派提出的刑罚与已然的犯罪相适应主义，他排斥一般预防论，强调特别预防的观点。他所提倡的社会责任论认为，刑罚不再是对付犯罪的唯一手段，犯罪不是个人自由选择的结果，而是由先天基因或堕落因素造成的，几乎不可救药，刑罚不可能对先天犯罪人产生威吓作用，只能是再造或者消灭犯罪人肉体的手段，他力主对传统的刑罚制度进行根本性变革。龙勃罗梭以先天犯罪人为根据提出"剥夺犯罪能力"论，主张防卫社会是刑罚的第一目的，改善犯罪人是刑罚的第二目的；强调应当研究治理具体犯罪人而非抽象的犯罪；提出个别化处遇原则，主张刑罚的不确定性；并率先提出犯罪人分类，根据犯罪人性质进行刑罚处罚。加罗法洛基于自然犯罪原理，认为真正的罪犯是缺乏正常发展的道德情操之人，具有心理缺陷，心理素质异常，和社会环境无关。法律与政治、文明对于自然犯以外的法定犯虽有增减效果，但对于自然犯则无效。他放弃了以往刑法学派报复、赎罪、矫正主义的刑罚观，提出消除与遏制犯罪的逻辑格式——排斥出社会圈。具体而言包括两种犯罪对策——消除与赔偿。根据"犯罪饱和原则"，菲利提出刑罚措施实际效果的有限性。但菲利也指出，尽管已经证明为了减少和消除犯罪的工作开始是徒劳无益的，但犯罪也绝不是不可改变的命运。犯罪的差额由自然物质条件与社会条件决定，通过改变最易改变的社会环境，立法者可以改变自然环境以及人的生理、心理影响，控制很大一部分犯罪，减少相当一部分犯罪。为了达到这一目的，菲利提出了人身危险性的概念，否定一般预防主义，主张个别预防论，目的在于对犯罪人进行改造，使得其人身危险性逐渐消失。李斯特最著名的刑罚理论是批判古典学派的行为主义，倡导行为人主义，得出"刑罚的对象不是行为而是行为人"的著名论断。李斯特主张，刑罚轻重不应仅仅根据犯罪的客观危害事实，而应以犯罪人的性格、恶性、反社会性的强弱为标准对犯人进行分类，据此实现刑罚个别化，以期达到社会防卫的目的。

关于实证学派提出的人身危险性理论，新古典主义学派的比克迈尔针锋相对地指出，刑罚的根据是罪责，即不仅要有危害结果，还必须对该结果负有责任，犯罪人并不因为具有某种威胁社会的犯罪人性格就可以受到刑罚惩罚。刑罚的本质是镇压而非预防。不能对无罪责的人施以刑罚，否则便违反了报应的本质。刑罚制定与裁量也必须符合罪责一致的观点，立法者制定刑罚幅度、执法者裁定刑期时，不得脱离国民评价而量定刑罚，必须与行为导致的犯罪结果大致相当。贝林提出，刑罚的裁量需考虑维护国家稳定的目的，社会防卫应当予以规范化，防卫措施应当立法，并予以客观适用，不能以行为人的人身危险性为根据，而应当以行为的危害性为根据。

9.4.3.2　文学作品对刑罚效果的检视

通过上文的探讨可以看到，"罪与犯罪"、"罪人与犯罪人"的内涵在文学与刑法学中并不完全吻合，二者之间的关系呈现或交叉或悖离的状态。千百年来，面对人类本性中难以挣脱的原罪，面对人类社会与之俱来的罪恶，"罪与罚"这一古老的命题在西方文学中拥有着永恒的魅力，处于不同时代背景之下的文学作品均尝试着以自己独特的视角对这一话题进行诠释，企望借此解开人性密码、探索救赎之路。一个客观事实是，文学作品中"罚"所包蕴意义的外延远远大于实证法的"刑罚"，它不仅体现在对纵欲者自由的禁锢、对邪恶者肉体的折磨、对谋杀者生命的剥夺，更是将审判探入人类的内心世界，对人类的灵魂进行拷问。因此，这种"罚"是一种更深层次、触及灵魂、关乎人性、旨在救赎的苦心之罚。以上是文学作品与实证法关乎"罚"的内涵的区别。二者之间的另一个区别是对"罚"的关注角度不同。法学家站在立法的高度对刑罚体系进行建构，以形而上的方法探索着刑罚的终极价值；而文学家手中的镜头则始终聚焦于刑罚的适用层面，以刑罚适用的社会效果为基准对刑罚体系的价值进行检验。遗憾的是，对于实证法领域的刑罚适用效果而言，西方文学作品大多秉持负面性评价，主要质疑来源于刑罚适用过程中的两个层面，其一是刑罚适用的无效性，其二是刑罚本身的邪恶性。

9.4.3.2.1　刑罚的无效性

在文学作品中，所谓刑罚无效性，是指刑罚在严格执行终了后，未能给社会群体与个体带来任何利益。这种利益既包括对社会物理秩序的恢复，也包括对犯罪人精神世界的救赎。

首先，这种无效性体现在刑罚的滥用，主要是针对冤案、错案判决的执行，以及违背"罪行己负"、"罪罚均衡"等原则进行的刑罚适用。冤狱故事向来是文学作品所青睐的题材之一（参见《十日谈》中三叶草的故事、《巴黎圣母院》中的爱斯美拉达、《双城记》中的梅尼特医生、《复活》中的马丝洛娃和明肖夫、《卡拉马佐夫兄弟》中的德米特里、《美国悲剧》中的克莱德等），而关乎对异端、巫术等行为实施的残酷刑罚在文学作品中亦屡见不鲜（参见中世纪文学作品、《民族史诗》等），另外，涉及株连、酷刑等非人道刑罚的作品也可信手拈来（参见《罗兰之歌》中担保人的刑事责任、《神曲》《笑面人》中的残酷刑罚、《钦契》中的株连主义等）。在这种情况下，无论刑罚的功能是报应、教育还是预防，只要受刑者的待评估行为并非犯罪，刑罚也就丧失了适用基础，不仅对受刑人毫无效果，反而因其携带的非正当性与邪恶性会给整个社会心理带来强烈的负面冲击。

其次，这种无效性体现在对行为人的精神与意识毫无触动——它既不能令行为人意识到自己因罪恶行为受到了报应，也无法阻止类似行为的再次发生。第一种情况是针对基于法律认识与事实错误而犯罪的人所实施的刑罚（《荒原狼》中的哈勒尔、《抛锚》中的塔拉普斯）。第二种情况是针对基于不可抗力、正当防卫、意外事件、激情爆发等事件实施犯罪者实施的刑罚（《水手比利·巴德》中的比利、《钦契》中的贝特丽采、《红与黑》中的于连）。第三种情况是针对缺乏主观恶性的犯罪者实施的刑罚（《复活》中的费多霞、《雾都孤儿》中的奥利弗、《远大前程》中的皮普）。第四种情况是针对缺乏刑事责任能力者实施的刑罚（《把那家伙给他吧》《丝寇黛莉小姐》《化身博士》）。第五种情况是针对基于宗教信仰与政治信仰实施犯罪行为的人施以刑罚（《天路历程》《红字》《七宗罪》《解放了的普罗米修斯》等）。在上述五种情况中，犯罪行为人对自己行为本质的认定与刑法认定产生矛盾，换句话说，他们对行为的社会危害性毫无认识，甚至坚持自己的行为具有正当性与正义性；或者行为人根本不具备受刑能力，对其施以刑罚不仅毫无作用，甚至违背基本人权保障原则，既然如此，无论是刑罚的报应功能还是教育与预防功能均无从谈起。

最后，这种无效性体现在刑罚适用的实际效果超过了希望达到的效果，亦即针对犯罪者的犯罪行为，通过一些更温和、更人道、更经济的手段可以达到同样的效果，此时适用刑罚就是一种过分、一种浪费。具体而言，其一，这种刑罚的浪费体现在经济学意义上。在正常秩序的人类社会中，若希望推动刑罚机器正常运作，必须投入大量的人力、财力与物力，无论是监禁刑的执行，还是死刑的执行，均需要司法经费的充分配合，这对民众而言是一笔沉重的经济负担（参见《太贵了》《乌托邦》《萨哈林旅行记》等）。在现实生活中我们可以看见这样的事例，某些民众坚持死刑废除主义，但是如果他们计算出监禁刑昂贵的执行成本，大多数都会对死刑废除运动产生怀疑，甚至直接否认死刑废除观点的合理性与可能性。其次，这种刑罚的过分体现在人类个体差异的基础上。如果是出于激情、义愤以及对人性弱点的暂时失控而产生的犯罪，犯罪人的教育背景、职业背景、生活背景不同，刑罚适用效果迥异。如果犯罪者已经对自己的行为感到羞耻，甚至悔恨，这种精神苦刑的严厉程度远远超过了对肉体的折磨，则刑罚的报应本质与特殊预防目的均已实现，此时完全可以对其施以缓刑或者非刑罚处遇（参见《波斯人信札》《老实人》《新爱洛伊丝》《古舟子咏》等）。如果对于所有犯罪者施以同样的刑罚，秉持刑罚量的绝对平等主义，将会造成实质的不公平，有悖罪刑均衡原则。

9.4.3.2.2 刑罚的邪恶性

在文学作品中，刑罚的邪恶性来源于刑罚"害恶性"的本质，它是一种暴力支持下的强制，往往以公权力对特定个体权利的剥夺为图景呈现于世人面前。无论刑罚权的正当性来源于神意、契约、强权还是社会防卫，当刑罚之恶超过罪行之恶，当社会以一种以较大恶的代价来消除较小恶，当刑罚产生的后果与自然正义的伦理内涵背道而驰时，人们开始对刑罚的邪恶性进行反思。

事实上，每种刑罚的实施在客观上均会带来不可避免的三种负价值：首先，刑罚的适用反映了主流价值观对弱势群体价值观的践踏与扼杀，在事实上肯定了以暴凌弱的合理性——只要这种暴力具有话语权控制下的正当性。其次，刑罚执行以造成一定程度的痛苦为目的，无论是肉体痛苦与精神痛苦，均与人类趋利避害的本性相违背。最后，刑罚的适用必然会产生一种衍生之恶，刑罚产生的情感心理阴影，必然会延及受刑人的亲人、爱人与朋友，影响他们的思维模式与行为模式。以上笼而统之对刑罚适用负面效应所进行的概述，在文学作品中不乏实例佐证。另外，针对人类最古老的刑种——"监禁刑"与"死刑"的非理性与邪恶性，诸多文学作品亦向刑法理论提供了大量从现实中采撷的鲜活样本，对这些样本的分析与探讨，对这些作品所反映的大众刑罚观的关注与回应，在刑罚体系的进化变革中具有十分重要的意义。

9.4.3.3　关于监禁刑

监禁刑是最古老的刑种之一。在人类历史长河中，监禁刑扮演过推动刑罚文明向前发展的重要角色。西方初民社会与奴隶制社会的私力救济具有浓厚的同态复仇色彩，刑罚体系上均以肉刑与死刑为主要刑种，中古时期的刑罚特征亦是广泛采用极其残酷的刑罚对民众进行威吓，尽管当时监狱存在极其普遍，却仅仅是为了审前羁押或用来关押即将处死的死刑犯及政治犯的场所，并不具有刑罚的功能，这种情况一直持续到资本主义萌芽期。

西方最早的监禁意义上的监狱是 1552 年出现在英国布莱韦尔（Bribeswell）城堡的一个矫正院，收容流浪汉、犯罪人并强制其做有经济价值的工作[1]；随后，荷兰也于 1559 年在其首都阿姆斯特丹设立了劳役场收容男性犯罪人，1597 年又设立一个收容女性犯罪人的纺织所，后发展为国营纺织院。荷兰的监禁刑模式颇具成效，德国等西欧国家纷纷效仿。[2] 可以发现，正是 16 世纪商品经济的发展与资本主义的兴起，促使了刑罚思想的改变。当时的人们以经济利益为评判标准，认为肉刑毫无经

---

[1]　参见〔美〕约翰·列维斯·齐林：《犯罪学及刑罚学》，查良鉴译，北京，中国政法大学出版社，2003，第 408 页。

[2]　参见林山田：《刑罚学》，台北，商务印书馆（台湾），1975，第 183 页。

济价值性，亦未能有效地阻止犯罪行为的增加。因此，除了对于罪大恶极的犯罪人依然使用生命刑之外，对于尚不足以被处死的犯罪人，就需要考虑肉刑以外的刑罚手段，监禁刑在此历史背景下诞生了。然而，无论建立监禁刑的初衷如何功利化，也无论监禁刑在适用过程中出现了怎样难以医治的痼疾，相对于残酷恐怖的肉刑与威吓主义而言，西方刑法体系在文明化的进程中毕竟迈出了很大的一步。它穿越了历史时空的障碍，跨越了意识形态的隔阂，至今仍然彰显着蓬勃旺盛的生命力——在当今西方刑罚体系中，监禁刑依然处于核心地位，它是连接死刑与非监禁刑的主体刑种，对于刑罚价值目标的实现发挥着不可替代的作用。

启蒙思想时期以来，西方社会对监禁刑的设置与发展源于人类生而具有的对自由的追求与向往。"不自由、毋宁死"，当人们将自由之身与自在灵魂看作是每一个自然人的宝贵天赋时，监禁刑的适用无疑能够有效地实现刑罚的报应本质与预防目的。正如福柯所言，"在一个自由受到推崇、自由属于一切人、每个人都怀着一种'普遍而持久'的情感向往自由的社会里，监禁怎么会不成为典型的刑罚呢？"①监禁刑的另外一个功能是剥夺犯罪人的犯罪能力，通过空间的隔离要素与时间的延续要素，最大程度地实现对社会的保护。因此，西方启蒙刑法学者在否定死刑效果的同时，均充分肯定了监禁刑的时间要素对于惩罚犯罪人和教育旁观者的作用，针对他们所热烈推崇的"罪行均衡"、"刑罚阶梯"等刑罚原则而言，监禁刑的时间因素具有的量化性使其成为最明晰、最简便、最公平的刑罚。如上所述，监禁刑的空间要素要求将犯罪人与社会隔离，使其与一切可能促成其再次犯罪的环境绝缘，继而真诚地反省悔过、弃恶从善，降低或者消除人身危险性，从而达到"特殊预防"的目的。

监禁刑的实际适用效果如何？西方文学作品对监禁刑的负面影响作出了鲜活的再现。

第一，企图以隔离犯罪者来防卫社会是根本无效的。因为这些犯罪人终有一天会返回社会，被监禁的经历使他们更加罪恶与堕落，对社会的危险系数也相应增高。龙勃罗梭曾一针见血地指出："监狱改造罪犯的可能性为零。严重的交叉感染，只能徒增累犯与惯犯。国家将犯罪人关起来一段时间，再放出去，只能使社会危险性增加，犯罪人已经具备了更充分的条件与能力来反对社会，他们获取的监狱经验与训练使之得以继续作恶。"

---

① 〔法〕米歇尔·福柯：《规训与惩罚》，刘北成、杨远婴译，北京，生活·读书·新知三联书店，2003，第 260 页。

《高老头》中的伏脱冷是其中的佼佼者，历经监狱的磨练，出狱后的伏脱冷比入狱之前更加堕落了几十倍，这种堕落已经超越了人类原罪的桎梏，发展为看破世事、无所不为、不动声色的为非作歹。这是一种理性的作恶，而人类社会中最可怕的就是这种以理性的态度与理智的手段所实施的非理性罪行。《雾都孤儿》中的犹太老头费金与劫匪塞克斯以及《琼斯王》中的黑人琼斯也是其中的典型代表。

第二，被监禁者行为心理模式被体制化——这是最为残酷的对人之本性的异化与戕害。囚犯们逐渐脱离了人类的自然感情、生活与劳动，开始与人类社会疏离。他们在监禁过程中远离了爱情、亲情、友情等一切可以激发人类善良、温柔本性的因素，在孤独与焦虑中变得日益冷酷、麻木。"首先你怨恨它，接着你习惯它，最后你不能没有它"，在围墙与电网之下，囚徒不知道应当如何面对未来的人生，他们害怕与未来社会的接触。这种被主流社会所抛弃的手足无措的体会，会促使他们对社会产生一种恐惧、迷惘的复杂感情，或者自甘沉沦，或者转变为强烈的怨恨。其中的典型角色是《肖申克的救赎》中的老图书管理员，他已经被监禁了 50 年，当他听说要被假释后，首先的反应竟然是恳求监狱长不要驱赶他离开，为此不惜自残，甚至铤而走险故意伤害狱友，只为了继续被羁押于狱中。将一个风烛残年的老人赶出他所依赖的避风港、推向完全陌生社会，这无论如何都是一件残忍至极的事情——老人引颈自裁的凄惨结局完全在我们的意料之中。

第三，毁灭被监禁者的希望。陀思妥耶夫斯基在《死屋手记》中明确指出，监禁刑根本无法感化、拯救犯人，只能摧残犯罪者的心灵。这些囚犯具有与外界正常交往的能力，而他们所幻想的生活模式也是具体、现实的，但却被年复一年地羁押在如此压抑的空间内。"大多数囚犯都沉默寡言，几乎凶狠到要进行复仇的程度，"陀思妥耶夫斯基不无忧愤地控诉着："在这墙壁内、在怠惰中埋葬了多少青春！多少精壮有力的人无所作为地死于此地。实际上他们是优秀的人，也许是全国最有才华的人也未可知！""只要和整个世界有了接触，他们就不是一些被摈弃、被毁灭、无人需要的人了。"① 而他们的巨大才华却被疯狂地、无可挽回地毁灭，他们重新做人的机会却被荒谬地、残忍地剥夺。雨果也曾经在《悲惨世界》中对监禁刑的非理性、残酷性发出严厉质问："在我们的文明里有许多令人寒心的时刻，就是刑法令人陷入绝境的时刻。一个有思想的生物被迫远离社

---

① 参见本书 7.4.1 部分。

会，遭到无可挽救的遗弃，那是何等悲惨的日子！"① 正如上文所述，监禁刑令人绝望之处在于被监禁者的与世隔绝，由于无法与命运交流而产生的对把握自身命运的深刻无助感。既然是生物，就必然会对过去的人生进行检讨，对未来的人生进行规划；只要拥有希望，任何苦难岁月均可熬过。而被监禁者被彻底剥夺了希望与幻想，日复一日被关押在令人压抑的密闭空间内，这种被尘世隔离与遗弃的意识对囚犯心理产生的摧残是强烈且不可逆转的，这也是监禁刑带给囚犯个体心理最为巨大的创伤。

第四，剥夺监禁者的自尊心。进入监狱后，为了启动监禁刑规训与惩罚的功能，首先必须在心理上击败囚徒，镣铐、阴阳头、囚服、代号、呵斥、体罚等精神摧残，均能够施与监禁者以强烈的心理暗示，他们是可耻的，他们是最卑贱的人，他们被剥夺了一个良好公民的所有权利，他们不可以保持正常人的基本尊严，他们没有名字，只有乖戾耻辱的发型与脱口而出的代号，他们必须完全臣服于这座戒备森严的碉堡，为自己的犯罪行为付出代价。另外，监禁环境与适用设施亦对被监禁者的肉体进行着持续性的摧残，瘟疫、痨病、毒打、中暑、水淹，长期处于该种恶劣环境中，再温柔、再懦弱的人也会变得残酷暴躁，做出骇人听闻的蠢事。这种标签式的一次次心理强化带给被监禁者的创伤是难以弥补的，最关键的是被监禁者被剥夺了自尊心，而自尊心与被需求感正是被监禁者顺利回归人类社会的必不可缺的原始动力。以上弊端在《格列佛游记》《巴黎圣母院》《修女》等作品中均有鲜明体现。

第五，监禁刑带来的交叉感染。这可能是监禁刑最为明显的、最令刑法学者与实务工作者头痛的痼疾。一些犯轻微过错的犯罪者，终日与极度腐化的淫棍、嗜杀狂、虐待狂相处，恶习像酵母般迅速发酵，等到被腐化透了后再放到社会中去，将病毒进行广泛传播，这就是监禁刑为社会带来的隐性副产品。文学作品中的《小偷日记》《双城记》《基督山伯爵》《人间喜剧》等作品对其均有鲜明反映。值得一提的是，英国监狱改革先驱者约翰·霍华德（John Howard）在调查了当时欧洲许多监狱的弊端后，于1777 年出版了《英格兰和威尔士监狱状况》一书，把监狱描述为"阴沟、犯罪人的染缸、窑子、赌场和酒馆"②。面对这种情况，美国的纽约州和马萨诸塞州依据约翰·霍华德的改革构想，于 1821 年建立了所谓的"奥本制"监狱，又称"沉默制"监狱，"监狱内唯一对待罪人的方法，便是

---

① 参见本书 6.3.1 部分。
② 许久生、田越光：《德国监狱制度》，北京，中国人民公安大学出版社，1993，第 6 页。

遵守着辛勤和静默"。① 无独有偶，1829 年的宾夕法尼亚州开始实行"宾州制"监狱管理模式，又称"独居制"管理模式，服刑者被个别拘禁并单独工作，无论昼夜都没有与其他犯罪人交谈的机会。② 这两种监禁刑以独具的特色与显著的效果赢得了当时刑罚理论的一致好评，欧洲国家纷纷效仿。然而，1842 年狄更斯的《游美札记》却倒行逆施，对上述两种刑罚制度进行严厉的抨击，认为"虽然它的用意是仁爱的，但很少有人能估计到，这种可怕的惩罪办法，连续几年之久，对于一个人的折磨有多惨烈。"囚徒脸上的表情使狄更斯深信不疑，这种惩罚"使人难以忍受的深度，除了受罪的人自己，任何别人都衡量不出来"；而这种惩罚，原本是"任何人也没有权力加到他同类的人身上"，"这种日日夜夜、潜移默化对囚徒精神世界神秘的戕害，比起对于娇嫩的肉体妄加折磨，还要更坏，坏到不可计算的程度"。狄更斯用了整整一章的笔墨来逐一描写在单独监禁制度下囚徒所受到的非人折磨，认为这种"单一囚禁"的制度无论设立的初衷如何善良，在效果方面显而易见是残酷的、非理性的，是对人性最大的摧残。③ 1850 年，上述两种监狱制度因实施费用昂贵以及被指责为缺乏人性、侵犯人权，逐渐淡出了刑罚管理体系。

9.4.3.4　关于肉刑

在西方刑制史上，相当长的一段时期内，肉刑曾经是各国刑事制度中的合法组成部分。此处的肉刑，既包括司法侦查、审讯过程中对犯罪嫌疑人采取的刑讯方式，也包括司法裁判中确定适用的刑罚种类。

在古希腊时期，肉刑已经被广泛运用于西方国家，适用对象包括奴隶、战俘，也包括取证阶段的犯罪嫌疑人。至罗马帝国时期，肉刑的适用范围扩大到被指控叛国罪的罗马市民或自由人。关涉叛逆罪等国事犯罪，无论地位高低，当事人与证人均可能面对刑讯。考察西方刑制史，肉刑制度正是从罗马帝国时期开始合法化存在的，亦即刑讯成为刑事程序的组成部分，司法人员利用肉刑对罪犯进行调查与起诉完全合法。应当指出的是，罗马法对肉刑的使用制定了较为严格的限制，仅将肉刑规定为审判过程中的补充性与终极性举措。另外，实施肉刑的前提还包括以下方面：肉刑只针对死刑罪犯实施；肉刑在没有其他手段可以发现事实情况下才能够实施；肉刑在对罪犯指控充分且适当的状况下才能得以实施；20 岁以下

---

① 〔法〕米歇尔·福柯：《规训与惩罚》，刘北成、杨远婴译，北京，生活·读书·新知三联书店，2003，第 418 页。

② 参见上书，424 页。

③ 参见本书 7.3.1 部分。

青少年与 60 岁以上老者以及孕妇、哺乳期母亲免予遭受肉刑的折磨；整个肉刑实施过程必须由医学专家在场监督。另外，由于司法肉刑是一种严格的刑事司法活动，所以必须遵循法定程序，在刑讯的各种阶段，时限、刑具型号、绳索长度、重物的重量、审讯官干预次数等，均因地而异在刑律上设置了详细规定。罗马法的证据制度与刑讯制度对西方国家影响深远。我们在雨果的著作《笑面人》中，就曾经阅读到令人不寒而栗的利用肉刑进行审讯的图景：犯罪嫌疑人仰面被束缚于刑椅上，其身体各部位的砝码被不断加重，审讯官借助此种肉刑逼取供词。该种负重肉刑的刑具是制作精良的砝码，每一片砝码重量由几十克至上百克、上千克不等，在法学博士与医学专家的精密测量与医学监护下，这位受刑者历经长时间的肉体折磨与精神折磨后一命呜呼。

在教会刑法时期，西方出现了所谓的"神明审判"，至 8 世纪末 9 世纪初，该种审判方式在西方基督教世界进入全盛时期，并一直延续至 14 世纪。神明审判包括两种形式——火与水。火刑适用于较高等级的犯罪嫌疑者，水刑适用于较低等级的犯罪嫌疑者。其理论依据是，将罪者交给神明进行审判，受刑过程即为审判过程，如果历经各种肉刑安然无恙，说明受刑者蒙受神之眷顾，因此无罪；如果受刑者因此重伤或者死亡，说明神明裁定此人罪行，并且依照神明意志已经惩罚完毕。具体而言，由火神裁判者，裸露足走过烧得通红的铁器，或者裸露手传递燃烧着的铁器，诸如此类，如果他们的烧伤轻微，或者虽然严重但是愈合良好，该人就被宣布无罪。由水神裁判者，往往被装入竹篾笼内沉入河水，如果竹篾笼能够浮上水面，说明不符合神明规定的自然规律，笼内之人必为妖孽，裁判有罪；反之，如果竹篾笼沉入水底，说明该人无罪。这些案例在基督教文学中大量存在着，例如，在描述"猎巫时期"的文学作品中，揭露了大量针对女巫实施的残酷肉刑，如今读来依旧令人不寒而栗。现在看来，即使神明审判在当时社会中属于一种极为虔诚的宗教仪式向司法领域的过度侵入，但其本身显然构成刑讯，无论以何种方式都对被告的身体乃至精神造成极大的痛苦与折磨。另外，13 世纪初，欧洲建立了针对异教徒的宗教裁判所，教皇英诺森四世授权在宗教裁判所内引入肉刑。异端案件大多因思想意识遭到犯罪指控，能够保证被告人承认思想犯罪的有效取证方式必然诉诸于刑讯。因此，西方各国宗教裁判所为强迫异端犯罪嫌疑者供认异端思想，公开放弃异端思想，均会广泛地使用肉刑。对宗教异端的镇压也促使欧洲大陆的世俗法院普遍使用酷刑。

1215 年，拉特兰宗教会议禁止教士参与神明裁判，该法令的颁布终止了通行长达 4 个世纪之久的西方基督教世界的神明裁判。此后，罗马法的证据规则及其刑讯逐渐取代神明裁判，教会法院与世俗法院广泛使用的纠问式程序促成了欧洲大陆国家的刑讯兴起，肉刑使用蔓延到所有欧洲国家。此后数个世纪，人们虽然不再相信神明裁判，定罪也不能仅靠推测，对于那个时代的法官而言，无论如何必须获取罪犯的认罪口供，肉刑因此成为欧洲大陆的司法习惯，并成为刑事基本程序。另外，我们还观察到一个十分有趣的历史现象，即 16、17 世纪的西方从中世纪向启蒙时期的转型过程中，肉刑适用不仅有增无减，而且手段更加残忍。例如，意大利刑事程序具有秘密性，受到刑事指控的犯罪嫌疑者必须回答讯问，如果声称无罪就会遭受肉刑。西班牙刑事程序制度的基本特征也是秘密性、书面程序、妨碍辩护、使用肉刑。1521 年，德国《刑事法》（草案）规定，即使犯人的犯罪证据客观充分，仍然必须施以肉刑以获取其口供。1532 年，德国《加洛林纳刑法典》规定，在缺乏证据的情况下必须诉诸肉刑。1670 年颁布的法国《刑事法》，其最显著特点即规定了拷问的程序，并将拷问分为普通拷问和特别拷问；从职能的角度又区分为用于受刑事指控者认罪的拷问和用于罪犯供出同谋的拷问。

关于肉刑形成的原因，我们可以从多个角度进行分析。其中包括西方各国当权者需要通过残酷和恐怖的手段来维持其统治地位和社会秩序；欧洲大陆国家长期采用罗马法基础上的"纠问式"诉讼证据制度；西方各国历史上都存在着强迫被指控者自证其罪和有罪推定的司法传统；在社会运行过程中，基于出身、门第、身份、等级、种族、性别、宗教信仰、政治立场等的身份等级制度与歧视的存在等。当然，上述均为从法学视角进行的探讨，通过西方文学作品，我们还可以从人性角度来剖析该刑法种类存在与发展的深层次原因。

如前所述，肉刑具有惩罚、镇压、震慑、羞辱等多种功能，因此无论是东方还是西方，肉刑都被纳入各个时期的刑制组成。肉刑所天然具有的恶害性、反人道性是显而易见的，因此刑法文化中逐渐孕育出群体暴虐的倾向，以群体狂欢的形式对个体施以肉刑，借以削弱行刑着内心的罪恶感。例如，《圣经》文学中屡次出现的"石刑"，便是一种当众集体行为，行刑人并非单独一个，而是一个群体。究其深层原因是，一方面施刑众人可以直接表达对罪者与罪行的愤慨，有效平复群众失衡心理；另一方面也可减少独立行刑人的心理负担，增加行刑者的荣誉感。当众行刑的做法，在欧洲早期同样存在，罗马帝国的角斗场将这一集体行为发挥到极致，对犯罪者的惩罚成为集体狂欢（角斗士并非均为犯罪者）。教会统治欧洲以后，集体观看行刑的传统依然延续。宗教裁判所当众烧死犯罪者的情景在文学作品中屡见不鲜，这些犯罪者并非刑事犯，而仅是所谓的异教徒。启蒙运动后，教会统治虽然失去往昔权威，但集体行刑这一狂欢制度却在欧洲依然保留，数千乃至上万人同时观看惨烈行刑的情景在欧洲历史上并不少见。无论贵族还是平民，均将观刑日看作盛大节日，人们打扮得花枝招展，聚集讨论。由于众多人观看，死刑执行的时间就不能短，折磨罪犯数个小时十分正常，为了取悦观众，执行人甚至略施手段制造戏剧效果，间接加大受刑者的痛苦程度。以自由、民主、人权为口号的法国大革命期间，当众行刑的狂欢更加频繁，一次次铡刀滑落，头颅纷飞，断头台周围血腥弥漫。上述情形我们在薄伽丘的《十日谈》、莫尔的《乌托邦》、狄德罗的《修女》、雨果的《巴黎圣母院》《悲惨世界》、狄更斯的《双城记》《雾都孤儿》、雪莱的《钦契》、卡夫卡的《流刑营》等作品中均有生动描述。需要注意的是，这一集体行刑的传统，在今天的西方国家中依然存在，只不过方式有所改变。例如，当今美国对罪犯实施的电刑，合上电闸的刽子手并非专业人士，而是招募的志愿者，由若干名志愿者同时合上不同的电闸，执行者彼此之间并不知晓真正的作用电闸，以减轻其心理压力。

综上，肉刑的长期合法存在与社会文明发展程度密切相关。在落后愚昧的时代，肉刑不仅被各国当作合法的制度，而且在社会道德观念上也得到普遍认可。近代以前，无论在西方国家还是在东方国家，很少有人公开谴责并要求废除肉刑制度。第二次世界大战以后，根据国际惯例与公约，肉刑已经成为公认罪行，为文明国家所摒弃。然而，鉴于肉刑存在的历史悠久性以及刑法调整社会关系的特殊性，肉刑作为人类社会自古存在的一种刑制顽疾，对其在司法实践中的评估状况仍不容乐观。

9.4.3.5　关于死刑

9.4.3.5.1　刑法思想的死刑观

死刑，作为有史以来最古老的刑种，脱胎于初民社会基于生物本能的私力复仇（参见《古希腊神话》），但当时的死刑仅仅反映了同态复仇的罪刑观，鲜有以残酷手段对受刑者施加折磨的情形（参见《尼亚尔萨迦》等民族史诗）。随着人类文明的发展、社会秩序的建立，公权力开始介入私力救济领域，死刑亦逐渐与人的生物性剥离，进入制度与法律的规制视野。即使是在此阶段，对刑罚的执行也不允许使用过分残忍的手段，否则会受到神祇的严惩（参见《伊利亚特》中阿喀琉斯虐尸案、《俄瑞斯忒亚三部曲》等）。

　　进入封建社会后，死刑在淡化了同态报应的荒蛮色彩的同时，亦成为统治者恫吓民众的有效工具，死刑的执行方式与手段仅受限于当时的行刑工具与执法者对恐怖的想象力。在中世纪的欧洲，如果一个人被判处死刑，他将会面对"饿死、绞死、烧死、煮死、钉死、石击、沉水、剥皮、砍头、肢解、活埋、勒死、压死、车裂、枪杀、做炮灰等种种执刑方式的折磨"。① 从雨果的《巴黎圣母院》中，我们可以看到，在16世纪的巴黎，各种死刑判决非常普遍，"没有一个礼拜不煮死伪币制造者，不绞死女巫或是不烧死异教徒"。而且，在相当长的历史里，西方民众总是衣着光鲜、兴高采烈地去围观种种酷刑的执行场面，享受着一场场死亡的盛宴，"人们穿戴一新，十分习惯于跑到各个公共场所去看年老而封建的代米斯卷起袖子，光着胳膊在绞刑架、梯子和刑台上行使职权，他们对于这些事是满不在乎的，相互聊天嬉戏、打情骂俏。当时的上流社会几乎不知道从街角经过的犯人姓甚名谁，民众对于这种常见的事就更不在乎了。人们对于死刑的执行，就像对于面包匠的烤炉或屠夫的屠宰场那样已经司空见惯了。"透过雨果客观而准确的叙述，我们不难了解到15世纪的巴黎是怎样一个残暴与嗜血的都市——死刑适用之频繁、死刑种类之多与行刑场景之惨烈。从狄更斯的《游美札记》中，我们可以了解到，一直到19世纪初乔治三世统治下的英国还是世界上最嗜杀成性、最野蛮残酷的国家之一，"死刑条文极多，涉及死刑的罪名多达200余条，盗窃价值几先令的东西也是死罪"②。另外，死刑执行方式异常野蛮，至少包括了"生祭、活埋、沸煮、溺毙、钉死、绞吊、斩首、由动物咬噬或用石头砸死"等③。不仅如此，"如果国家认为对于年轻一代有好处的话，能够很高兴地把那些路劫匪徒的尸骨从坟里刨出来，把它们一块一块地挂在指路牌上、栅栏门上或者绞刑架上，摇摇晃晃、高悬示众"。④

　　在这片令人窒息的恐怖氛围中，西方刑法学家不得不对死刑的正当性与执行方式进行探讨。质疑死刑正当性的典型代表人物是贝卡利亚，他认为死刑的弊端主要体现在以下方面：第一，死刑违背了社会契约。人们被

---

　　① 参见〔英〕凯伦·法林顿：《刑罚的历史》，陈丽红等译，太原，希望出版社，2005，第37页。

　　② 例如，1871年，13岁的安德鲁·布朗宁因为盗窃了一个调羹被处以绞刑。〔英〕凯伦·法林顿：《刑罚的历史》，陈丽红等译，太原，希望出版社，2005，第46页。

　　③ 〔英〕凯伦·法林顿：《刑罚的历史》，陈丽红等译，太原，希望出版社，2005，第46页。

　　④ 参见本书7.3.1.4部分。

迫交出的自己那一部分自由，绝不是无代价、无限制的，不可能将处分自己生命的生杀予夺的大权交出来。第二，死刑并不能产生最佳的威吓效果，"对心灵产生较大影响的不是刑罚的强烈性，而是刑罚的延续性"。第三，死刑会引起人们对受刑者的怜悯，该怜悯会压倒民众对罪犯的义愤，驱退对法律的敬畏。第四，死刑给人们提供了残酷的榜样，毒化人们的心灵。"它阻止公民去做杀人犯，却安排了一个公共的杀人犯"。第五，死刑一旦发生错误则无可挽回。启蒙思想时期的伏尔泰亦主张废除死刑，他认为死刑毫无必要，应当将那些死刑犯"判处苦役，为国家效劳"。功利主义法学代表人边沁也坚定地反对死刑，他认为"对于适用轻刑或徒刑就能防止其再犯的犯罪人，死刑是不必要的；对于那些把自己作为一个对付绝望的难民而放任自流的人，死刑是毫无效果的。""二战"以后的刑法学者安塞尔也坚决反对死刑，并忽略一切关于死刑合法性、功利性、道德伦理符合性的争议，将死刑废除建立在对个人生命的尊重、维护人类进步的信心与希望之上。

当然，对死刑持赞同或限制态度的法学家也不乏其人，例如理性主义时期的洛克认为，罪犯既然已经灭绝理性，违反自然法，以暴力与残杀向全人类宣战，那么他就可以被当作食人的狮虎加以毁灭。启蒙思想时期的孟德斯鸠亦不主张废除死刑，认为"死刑是病态人际交往的有效药剂"，但提出限制死刑。卢梭认为，犯罪人是公共敌人，为了避免人们成为凶手的牺牲品，人们同意对罪犯处以死刑，任何人一旦做了凶手，都得死，这是社会契约缔结的结果，但是他反对轻易动用死刑。费尔巴哈赞成人的生命比自由宝贵，被杀比作奴隶可怕得多。但是他又提出，如果国民对国家不能委以支配生命的权利，那么对他们自由的剥夺也是不妥当的。康德赞同死刑，将贝卡利亚的死刑观驳斥为诡辩，提出"没有人忍受刑罚是出于受罚的意愿，而是取决于他应受罚的行为"，生命是无可替代的，因而杀人者必须死，这是对杀人者自己生命的尊重。黑格尔亦秉持相同观点，认为犯罪者实施的犯罪包含他自己的理性，处罚他是尊重该种理性的表现，因为对生命的侵害与其他侵害方式不同，无法用等价来衡量，仅能适用同态报复，但是将死刑限制在谋杀犯适用范围。实证主义学派的龙勃罗梭建议保留死刑，但只有在监禁、流放与苦役均不能奏效之后，才对天生犯罪人判处死刑。"人的慈悲之心不得不生硬，人类尚未达到自舍生命而怜爱本性邪恶的天生犯罪人的地步。""既然自然淘汰不足，必须辅之以社会淘汰，以消除极端危险的反社会个体"，因而死刑是"令人遗憾的必要"。加罗法洛建议对谋杀犯实施死刑，因为其缺乏道德意识甚至最低程度的怜悯感。菲利对死刑倾向于肯定，认为死刑是自然的产物，并不违背正义，但他认为死刑作为一种极端的例外措施在正常社会中并非必须，并且对于感觉迟钝、缺乏预见的天生犯罪人没有威慑效果。

9.4.3.5.2　西方文学作品的死刑观

我们再来关注西方文学作品中所反映出来的死刑观。从远古时期开始，死刑就作为一种极其自然的状态存在于社会刑罚观中。人们遵循着古老的因果律——杀人者必被杀，将其看作是自然法则的一部分。

一直到奴隶社会末期，人们才开始为死刑赋予崭新的意义。《旧约·民数记》记载："故杀人，犯死罪的，你们不可收赎价代替他的命。他必被治死。若有在地上流人血的，非流那杀人者的血，那地就不得洁净。（35：16～35：34）"可以看出，此时的死刑已经超越了单纯自然法则意义上的惩罚手段，被赋予了浓厚的宗教色彩，暗示人们必须以血洗血，以命偿命，否则即给整个家族、氏族、民族带来灾难。但是，对于缺乏故意的误杀行为，希伯来教谕却显示出极大的宽恕与博爱，在《旧约·民数记》第35章中，甚至专门划出"逃城"对误杀之人作出庇护——"你吩咐以色列人说："你们过约旦河，进了迦南地，就要分出几座城，为你们作逃城，使误杀人的可以逃到那里。在约旦河东要分出三座城；在迦南地也要分出三座城。（35：10—35：15）"而且，《摩西五经》中认为世间只存在一种犯罪——人生来具有之原罪，除了伤人身体或者性命，对于盗窃、抢劫、通奸等行为并不会适用极刑，因而"限制死刑"可以说是《摩西五经》的一个显著特色。

如果说形成于公元前的犹太教义《旧约》强调的是"有罪必罚、绝不迟延"的严厉刑罚观，那么公元后产生的基督教教义《新约》则彰显了"人皆罪者、但求宽恕"的谦抑刑罚观——"有人打你右脸，请你宽恕他、并将左脸伸给他"以及"要原谅他，不是七次，而是七十个七次"①。《新约》的"申冤在我、我必报应"观点在群众中广泛宣传，否认世人对同类的审判，认为只有全知全能的上帝才可操持生杀予夺的刑罚权。由此可见，宗教教谕本身对死刑的适用秉持着严格控制之态度。但是，进入中世纪后，宗教解释权被僧侣与皇族完全垄断，他们恣意歪曲宗教教义，以宗教的名义对民众滥施酷刑，死刑的执行手段令人不寒而栗。在该种思想的浸淫下，民众的刑罚观逐渐变得嗜血、残酷、麻木，以至于最终出现了上文所述的"死刑盛宴"的情形。

---

① 参见《新约·马太福音》第五章、第七章。

进入文艺复兴时期，人们在反抗教会政治统治的同时，亦对教会所宣传的刑法思想进行了反思，出现了第一部质疑死刑的文学作品——《十日谈》（1350年），故事中隐含对"神之死刑"适用于"凡人身体"的嘲讽与戏谑（死刑最初在神祇之间适用，是因为他们都是不死之身；后来人类模仿神祇适用死刑，视自己的肉身凡胎而不顾，实属自不量力）①；而诞生于一个世纪之后的《乌托邦》（1516年），更是旗帜鲜明地提出了反对死刑的理念。莫尔借作品中的贵族拉斐尔之口，对英国司法对死刑的滥用进行严厉谴责，并提出"死刑缓期执行"等人道、科学的行刑替代方法。莫尔之所以提倡废除死刑，理由建立在刑罚的适用效果之上，首先，他认为，一个国家应当重视对国民良好习性的培养，而非对他们施以重罚；对盗窃犯施以严刑远远不如赋予百姓以谋生之道更为合理。其次，莫尔从罪刑均衡的角度抨击了盗窃犯适用死刑的弊端，指责"将一切罪等量齐观，杀人和抢钱竟被看成毫无区别"的愚昧做法。最后，莫尔从人之本性出发，认为盗窃犯适用死刑虽然具有威慑作用，"却也同时怂恿他消灭良好的公民"。②

200年后的启蒙思想时期，笛福在其作品《摩尔·弗兰德斯》（1722年）中也表现出对死刑的强烈谴责。他指责当时英国刑法的严厉性，对盗窃、制造伪钞、行骗、通奸等行为均判处"火刑"，在作品中他对执行过程中的犯罪人惨不忍睹的情景极尽描写，令人不寒而栗。③ 孟德斯鸠也在《波斯人信札》（1721年）中对宗教法庭介入世俗审判的合理性进行质疑，并猛烈抨击了以宗教信仰对民众进行死刑判决的非人道性。④

浪漫主义诗人雪莱在《钦契》（1819年）中，对贝特丽采与继母、兄长、胞弟一同被押赴断头台的情景进行了细致刻画，以贝特丽采的青春美丽与断头台的阴森恐怖进行比较，转眼间鲜活的少女被铡刀吞噬，令人哀叹感慨不已。⑤ 雨果在《巴黎圣母院》（1831年）中亦对当时巴黎的死刑状况进行了细致描述，并在随后的《悲惨世界》（1862年）中，通过卞福汝主教对断头台的感慨，抒发了他反对死刑的态度，认为虽然断头台是法律与正义的表现，但所有的社会问题均在它的旁边举起了问号——"在我们不曾亲眼见过断头台前，我们对死刑多少还能漠然视之，但是，如果我

---

① 参见本书3.1.2部分。
② 参见本书3.2.1部分。
③ 参见本书5.1.1部分。
④ 参见本书5.2.1部分。
⑤ 参见本书6.2.2部分。

们见到了一座，那种惊骇真是强烈——我们非作出决定、非表示赞同或反对不可。有些人赞叹它，如约瑟夫·德·梅斯特尔；有些人痛恨它，如贝卡利亚。断头台是人类法律的体现，所有的社会问题都在那把板斧的四周举起了问号。断头台是刽子手的同伙，它在吞噬东西，在吃肉，在饮血，它以自己所制造的死亡为生命而进行活动。"① 在《笑面人》（1869 年）中，雨果对死刑的威吓功能大加驳斥，以一幅幅悲惨血腥的民生画卷揭示了英国司法制度对死刑病态的嗜爱（对儿童与麻风病人执行死刑），并对刑讯逼供中致使犯罪人死亡的情景进行了生动刻画。② 雨果的收官之作《九三年》（1874 年），从哲学的高度对其钟爱一生的人道主义理想进行了总结，将人类的暴力与杀戮行为的合理性置于极端残酷的战争背景中进行探讨，发出"既然打掉了王冠，为何还要揪着王冠下的人头不放"的质疑，点明了"在绝对正确的革命之上，还有一个绝对正确的人道主义"的思想。③《九三年》的姊妹篇——狄更斯的《双城记》（1859 年）也表述了同样的人道主义理想。④

　　在批判现实主义文学中，欧仁·苏在其作品《巴黎的秘密》中详尽探讨了死刑话题。欧仁苏提议废除死刑的理由包括两点：其一，死刑对蔑视它的人来说是毫无作用的，尤其是某些厌世者正是借助死刑来完成自己的愿望；其二，对于那些感到忏悔的犯罪者而言，死刑又是过分的。有趣的是，欧仁·苏的死刑观与边沁完全吻合，但欧仁·苏开出死刑的替代方法，却着实令人匪夷所思：他主张弄瞎犯罪人的眼睛，再将他单独囚禁。之所以这样做，理由有三点：其一，盲人可以减少对社会的危害性；其二，黑暗可以给犯罪人更多的忏悔空间；其三，单独囚禁对于习惯了群居的人类而言，无疑是除了死刑之外最残忍的施刑方式。俄国的批判现实主义大家陀思妥耶夫斯基也曾在作品中对死刑进行猛烈抨击——他的言论应当具有较强的客观性与真实感，毕竟，陀氏是从死刑手下侥幸脱逃的为数不多的幸运儿。⑤ 在作品《白痴》中，陀思妥耶夫斯基借梅诗金公爵之口阐述了自己对死刑的独特的看法。梅诗金认为，死刑的最不人道之处在于被判处死刑者从宣布之时起开始绝望，在这种绝望中一直挣扎到死为止，这比处于歹徒凶器之下的受害者所经历的痛苦还要剧烈。另外，梅诗金公爵对临刑前死囚的心理描述"如果不死该多好！如果能把生命追回来，我

---

　　①②③　参见本书 6.3.1 部分。

　　④　　参见本书 7.3.1 部分。

　　⑤　　参见本书 7.4.1 部分。

会把每一分钟均变为每一辈子，一掉儿都不浪费，精打细算……"这种强烈而真挚的心里独白，正是陀思妥耶夫斯基站在法场等待枪响的最后一刻时心理风暴的再现。可以看出，陀思妥耶夫斯基反对死刑观的表述，并非如欧仁苏般在作品中直述理由，而是从死刑的人道性着眼，由观看过断头台行刑的梅诗金公爵叙述对死刑的感受，让读者从鲜活、具体的文字中感受到死刑的残忍。契诃夫的《打赌》（1898 年）以幽默戏谑的口吻批判了死刑对美好人生的残忍扼杀。① 莫泊桑的《一个疯子》（1884 年）以一位资深法官的变态心理揭示了死刑的非理性，其中嗜血杀人的法官对死刑本质的分析鞭辟入里，令人叹服。②

　　表现主义文学大家卡夫卡的作品《在流放地》（1914 年）中，对人类死刑执行的血腥与残酷进行了漫画式的夸张与变异，其中揭示的主题直指人心——人类利用科学技术衍生出精致细密的杀人机器，而机器操纵者与热衷者最后亦难逃脱被机器屠杀的命运。法国存在主义文学家加缪在《局外人》（1942 年）中，借主人公默尔索临刑前的心理描述，对死刑的荒谬性进行了谴责。被判处死刑的默尔索对驻狱神父充满了鄙夷，认为神父对自己的死活都无法把握，而他却对自己即将到来的死亡确信无疑。默尔索此时唯一的兴趣是"被判处死刑后囚犯的命运是否可以逆转"，甚至对法治精神与司法制度的合理性产生了怀疑——这种号称以确凿性为根据的判决与判决之时开始启动的绝对确定的法律后果之间，似乎存在着一种可笑而荒谬的不对称。判决的时间、作出判决的人物以及判决所代表的民意等因素，均十分模糊而不确定，它们因组合方式的不同有可能产生另一种结论。而这也正是令人难以接受之处——判决一旦作出，其后果却是真实、残酷、唯一的。③ 英国批判现实主义作家奥威尔的随笔中有相当大的部分涉及罪犯、监禁、绞刑等话题。在作品《行刑》（1943 年）中，奥威尔以纪实文学的风格记录了一个印度囚犯被执行绞刑的过程，其中充满着对死刑的谴责与厌恶。与以往文学家从人道主义与心理描述来反对死刑的风格不同，奥威尔完全从医学实证主义角度对一个即将被执行死刑的囚徒的生理特征进行了精确的描述："一直到此时为止，我才明白杀死一个健康且神志清醒的人意味着什么。这是一件很奇怪的事，他身上所有器官都在工作：肠子在消化，皮肤在更新，指甲在生长，组织在形成，所有这一切都

---

① 参见本书 7.4.4 部分。
② 参见本书 7.2.5 部分。
③ 参见本书 8.3.1 部分。

在分工明确地忙碌着。他站在绞刑台上，离他生命的终点还有十分之一秒时，他的指甲仍在长。他的眼睛仍能看到黄色的石头和灰色的墙，他的脑子仍在记忆、预见、思考甚至会想到那堆积水。他和我们都是一样的，看到的、听到的、感觉到的、了解到的都是同一个世界，但是在一分钟之后，他就会'啪'的一声永远地去了，去了另个世界，灵魂也随风而逝。"这是我们迄今为止能够看到的最为客观、充满了自然科学气息的关于死刑执行对于生物体所产生的直接影响的摹写。奥威尔的语气是冷漠的、实验式的，却令人读来不寒而栗，促使人类不得不再次审视这种已经在古老文明中发展了千年的刑罚，探讨、思考它存在的残忍性与非理性。①

"二战"以后，对死刑的质疑与探讨更是成为西方法律影视作品经久不衰的主题，融声音、影像、图片、文字为一体的平面或者多维影视作将人们对死刑的各种质疑、思考、理念、价值取向诠释得淋漓尽致。通过影视作品，人们身临其境地置身于法庭、监狱、刑场等司法实践场景，与死囚进行零距离对话，感悟着正义与邪恶的角逐、残酷与博爱的较量。最为著名的反死刑影片包括《超出合理怀疑》《我要活》《冲动》《雷灵顿十号》《黑暗中的哭泣》《把那家伙给他吧》《死囚 168 小时》《绿里奇迹》《黑暗中的舞者》等。作品大部分涉及冤狱案件，亦有对人类本性的探讨。②

综上所述，虽然千百年来西方文学与刑法学均对死刑的合理性进行着质疑与探索，但二者的视角与切入点却不尽相同。西方法学思想对死刑价值的探讨主要建立在法哲学层面（自然法则、因果定律、社会契约、对人类生命的尊敬等）、法律效果层面（一般预防、特殊预防等）、社会效果层面（公序良俗、社会防卫等）、经济效果层面（刑罚的经济性）等基础之上。文学作品却主要从以下角度对死刑问题进行探讨：第一，从宗教宣谕角度进行探讨，《圣经》中明确指出，任何人都不能剥夺他人生命，包括不能借法律之名将人杀死，只有上帝才是最后的裁断者。第二，从哲学思辨角度，纯粹从尊重生命的高度探讨死刑的非正当性。不论死刑执行的手段是野蛮的还是文明的，最终结果均是剥夺犯人的生命，其所具有的恶害性毫无疑问。第三，从审美视角，以生命之魅力衬托死刑之丑陋，使得稍有美学修养者均可从强烈对比的图景中生发出对死刑制度的倾向性结论。第四，从社会效果角度，说明死刑的威慑预防效果并不强大，如果造成冤

---

① 参见本书 8.1.2 部分。
② 参见本书 8.4 部分。

案则永远无法弥补。第五，从心理精神角度，指出死刑是一种对人类灵魂的戕残与践踏，它违反人性，侵害人的尊严和人格，使得受刑者与观刑者的心理健康均受到蹂躏与戕害。第六，从生物学视角，在自然科学般客观、冷静、真实的素描下，完整展现受刑者自然死亡的进程，令受众如身临其境般感受到死刑的冰冷与无情。

行文至此，我们可以得出结论，刑法思想对死刑的探讨大多建立在理性基础之上，而文学作品对死刑的描述主要建立于感性基础之上，二者殊途同归，共同致力于对人道主义的赞美、对怜悯与爱的温良人性的呼唤。进入 20 世纪，现代西方刑事司法之所以能够在较大范围内废除死刑，除了具有人道主义情怀的刑法学家的倾力倡导与呼吁，民意的理解、回应与支持亦是绝对不可忽视的，毕竟刑事司法的运作空间是世俗社会。而西方文学作品千百年来所形成的对死刑的批判传统、对死刑正当性所进行的多维度、多层次的探讨，使得具有不同家庭背景、教育背景、职业背景的受众，均可在一个个或凄婉悱恻或悲悯壮烈的故事中寻找到亲身历经的生活痕迹，继而在作品与受众间催生情感的互动与思想的共鸣。这种建立于人道主义基础上的对鲜活案例的感性渲染，要比刑法思想所彰显的理性与秩序更易在民众的内心世界产生震撼，而灵魂上的净化会有效地激发民众蜕去嗜血、残酷的兽性，走向宽恕与博爱。

9.5 重返伊甸园：需要信仰，还是辩护

从古巴比伦的汉谟拉比到古希伯来的摩西，从古希腊的德拉古到古罗马的"十人委员会"，以西方文学作品为镜像，从古朴粗犷、崇尚自然法则的远古时代一路走来，我们已经清晰地捕捉到西方刑法思想在孕育、发展、进化过程中所历经的数个关键性镜头——从训谕原罪、禁锢人欲的中古时代，到肯定原欲、释放人性的文艺复兴时期；从提倡公民义务与群体利益、重视规则与秩序的古典主义时期，到旨在开启人智、宣扬理性的启蒙思想时期；乃至近现代以来，西方刑法思想从向客观主义、理性精神的大步迈进，到向主观主义、感性世界的黯然退守，在极速发展的自然科学与风起云涌的哲学思潮的刺激与引导下，终于形成了多元观念之间全面碰撞、竞争、妥协、融合的局面。分裂与整合、蜕变与异化、衰亡与新生，西方刑法思想正经历着前所未有的巨大变革，西方刑法文化也在多种价值观的碰撞与融合下绽放出瑰丽的色彩。法律，究竟需要人类毫无条件去信

仰、去尊重，还是依照天赋人权的原则去抗衡、去辩护，始终是摆在文明
社会法治进程中的一道未解之题——"救赎之道，尽在其中"。

9.5.1　"法的门前"：刑法文化的承继与变迁

西方涉法文学作品为我们提供了一幅幅法律规则在社会运作中的真实
素描，同时也为我们提供了一种关于普通公民如何理解、看待、运用法律
的生动镜像。在刑法思想适用的最基层，民众因生活经验的迥异对刑法的
理解与运用存在着不同的模式，当我们通过文学作品绘制出民众眼中的法
律图景时，会发现它与刑法理论所建构的法律结构图之间的契合与冲突，
同时亦观察到大众与专业的刑法思想之间的融合与龃龉。诚然，法律的理
想与现实之间永远存在着矛盾，但我们通过对民众刑法意识的考察，惊喜
地发现，正是这种矛盾支撑着而不是妨碍着西方刑法思想作为一种强有力
的、持久与稳定的信仰在人类文明史上的推演与进化。

9.5.1.1　敬畏刑法

在关于刑法思想的诸多民众意识中，人们首先像教科书一般将刑法描
述为一种客观真实、公正无私、循规蹈矩的正义面孔。在这种面孔下，刑
法与人们的日常生活距离遥远，几乎是神圣的而非当前生活的组成部分，
但是其威严性与可预见性不容置疑。简而言之，刑法是人们心目中象征正
义与公平的图腾。

从远古时期开始，人们的意识当中，刑法在绝大部分时间内皆以一种
权威的、遥远的、超然的力量出现。它代表着至高的公正无私，它是神祇
的代言人，它是自然法则在世间的具体运作，它是一种不可抗拒永恒存在
的因果规律。人们对其敬而远之，只有在为了崇高或卑微的目标与他人产
生了不可避免、难以排解的纠纷时，才会被动介入刑法的运作空间。当
然，远古时期的人们是没有制定法观念的，他们完全按照自己的本能与原
欲去支配行为，也完全遵循自然的法则接受报应与惩罚。

随着人类文明的不断进化，制定法开始在人类社会运转，规制秩序、
维持秩序、恢复秩序。人们对于这一套国家惩罚机器抱有强烈的敬畏之
情。这种敬畏并非来源于机器后面的暴力支持，而是来源于强大的对宗教
信仰的忠诚。人们认为，国家刑事司法权来源于上帝的授予，惩罚世间的
罪人是遵照上帝的旨意，违背刑法就是背叛上帝，对死后在地狱中接受拷
炼的恐惧成为人们不敢越雷池一步的主要约束力量。关于上述刑法观，我
们在远古时期与中世纪的文学中可以找到大量的佐证（参见《古希腊神
话》《安堤戈涅》《俄狄浦斯王》等）。必须指出的是，即使到了近现代社

会，虽然刑法的内蕴已经褪去了浓烈的宗教色彩而转化为庞大国家机器的一部分，相当一部分西方人对于刑法的敬畏之情仍然来源于对自然法则的尊敬与忠诚，毕竟，刑法与道德伦理是产生于同一襁褓中的孪生兄弟，当刑事司法运作基本沿着人们心目中的自然正义轨道有序运行时，人们出于对自身安全与自由等切身利益的考虑，对倚借强大暴力而产生的威慑力与制裁力的刑事司法依旧秉持着认可、支持与尊重的态度。

　　另外，我们不得不意识到，从 19 世纪末 20 世纪初开始，随着刑法思想从道德伦理与宗教信仰中的成功剥离，随着西方社会意识形态的分裂与细化、随着稳定中庸的科层制为主要模式的社会结构的不断发展，出现了类似于《荒凉山庄》与《城堡》中的人们对法律的盲从与敬畏。这种敬畏并非建立在刑法实务与自己的价值观相统一之基础上，而是出自于一种对无法预测、无法控制的庞大法律机器的恐惧之情。在狄更斯的《荒凉山庄》中，揭示了法律扩张为机器特质后的邪恶特点。法的机器散发着超越感情因素的冰冷色彩，但是与其有所关联的人又被施予蛊惑般争先恐后地跳进罗网，法律机器的运作完全凭借着对活人的血肉与希望的吞噬来维系，此时的刑法成为被人制造后又翻转过来控制人、迫害人的异己力量的象征。正是刑法所具有的"神秘与邪恶"性质迫使人们不得不在它面前俯首称臣。[1]

　　同样的主题也出现在卡夫卡的《城堡》中，故事深刻诠释了卑微的公民个体与庞大的法律机器之间因地位悬殊而导致的陌生、错位关系。在权力所营造的与世隔绝、完全封闭的意识形态圈里，以刑法为象征意义的"城堡"永远蒙着一层神秘的面纱，令人们可望而不可即。城堡中的最高长官克拉姆拥有绝对的权力，无论从哪个方面看，克拉姆在村民眼中都已成为上帝的化身——人们动辄将"以克拉姆之名"挂在口中祈祷或者起誓。如同立于云端的上帝一般，克拉姆令人难以捉摸的形象赋予他深不可测的威力，也因此造就了他的"子民们"巨大的恐慌与无尽的揣测。这种在浓烈的神秘色彩笼罩下的集权与专制，生发出一种难以抗拒的残暴，彻底摧毁了整个村民的独立思考能力与对自由精神的向往，使他们心甘情愿地匍匐于克拉姆及手下官员的权力监控之中。法律机器在受规训群体中的自动运行模式，还体现在村民对城堡俯首膜拜的情结之中。他们竭力揣测权力者的意愿，试图依循权力者的思维方式去思考问题，并随时听从权力者的召唤，忠实地为权力的实现排除一切阻力与障碍——这种奴性心理的

---

[1]　参见本书 7.3.1.2 部分。

深处事实上蛰伏着对参与权力的渴求，以及对获得话语权的期盼。他们认为如此这般就可以接近官方话语的边缘，醉心于被同化为权力共同体的一员。以克拉姆为代表的法律机器是建立在小范围、散布化的民众心理特质之上的——只有在村民畏惧城堡权力时，克拉姆才真正实现了权力；而当村民为了揣摩权力者的嗜好对自己同类横加暴力时，才真正地强化了法律自身的权力，使之得以现实化。因此，对于社会权力下痛苦挣扎的民众来说，他们所抗议的专政、暴行亦是他们自身的思维和行为模式造成的，他们正是整个权力体系赖以持续运作的一部分。①

卡夫卡的预言故事《在法的门前》，更是讲述了一个令人心酸之至的人们对法的忠诚以及法的邪恶本性的故事。故事中的乡下人畏惧法、尊敬法、热恋法，渴望接近法、理解法并屏息凝神地随时听候着法的吩咐。但他从年轻力壮的青年时期，一直等到佝偻羸弱的老年时期，直到死也未能跨进法律的大门一步。法律的大门始终留有一条细细的缝隙，以其中透出的光亮诱惑着这位对法抱有极大忠诚度的公民，令他总是对法抱有一丝希望、欲罢不能。② 乡下人的经历证明了人类法律已经发展为一个复杂、庞大的机器，金字塔状的权力在集权控制网络中一层层地被生产出来。而乡下人这些处在法的控制下的人，只有被规训、被窥视、被操纵的命运，他甚至不知以何种方式、以何者为对手、向着何种理想去挣扎和抗争。

再如，1971 年出品的英国影片《发条橙》，深刻探讨了个人暴力与社会暴力的正义性，对国家机器为了社会防卫目的而操控个体自由意志、剥夺个体道德选择空间的合理性提出了质疑。青少年犯罪人阿历克斯成为国家犯罪预防课题中"厌恶疗法"的试验品，最终丧失了作恶的欲望与能力，以至于他曾经施恶的人们均对他施予了同样的恶，他却毫无反抗之力。影片向公众传达的信息十分明确，民众是否应当具有道德选择的自由？国家暴力机关是否为了预防与控制犯罪就可以将公民的善恶选择权完全剥夺？阿历克斯的遭遇仅仅是开始，随后政府会超越自然犯罪的范围，制定形形色色的行政犯罪罪名，谁敢以身试法，触犯政府权威，法律就会将他的"意志、胆量通通抽干"。在这种披着科技进步与民主外衣的专制社会下，整个司法体系就是一个以暴制暴的巨大机器；人则是一只只被强迫上了发条的、不断转动着、喘息着的小小橙子。③

---

① ② 参见本书 8.2.2 部分。
③ 参见本书 8.4 部分。

生动刻画了人类对于无法预测、无法控制的庞大法律机器的恐惧之情的作品还包括契诃夫的小说《第六病室》以及 1975 年出品的美国影片《飞越疯人院》等。① 正是上述因素——对自然法的信仰、对宗教教谕的忠诚以及对法律无可抗拒的力量的恐惧，使得民众至今保持着这种对刑法的敬畏之情。

9.5.1.2　游戏刑法

关于刑法的第二种面孔，民众会将它描绘成一种游戏。在这种竞技性的比赛中，拥有技巧与资源的选手永远占据优势地位。人们集结着自己所有的社会资源参与游戏，以期实现最后的胜利——此刻的刑法已经褪去了原始平等与自然正义的色彩，而转化为对法律许可下的法律正义与私人利益的追逐。

可以看到，在这种法律文化环境中，刑法在人们心目中承载的使命，已经由自然正义向法律正义转变。对于这种戴上了游戏面具的刑法，人们之所以依然能够容忍与接受，其中一个重要的原因即游戏规则的预定性——人们在参加游戏之前就已经知道竞技规则与裁判制度，因而可以对这场竞赛结果拥有很大的预见性，继而自主决定是否参加游戏、如何参加游戏以及面对障碍时采取何种手段应对。在这种状况下，"有权人占先"或者"富人总赢"成为每个人熟知的事实与不言而喻的潜规则，因此也就成为民众在选择参与刑事司法时所考虑的重要筹码。大多数时候，如果不是涉及自然法则与人类伦理的底线，民众通常会选择尊严地回避或者躲避，除非他了解到他的对手——侵害他"天赋权力"之人——与他本人一样，在诸种资源的占有上没有任何优势。如此状态下的刑事司法过程虽然仍然笼罩着竞技游戏的色彩，却在本质上已经向自然正义靠近。这种平等资源占有背景下的竞技结果，民众一般承认其公平性与正义性，因而是可以被接受的。

总的来说，在该种刑法意识之下，民众将自然正义的实现可能性归结于对两种资源的享有——娴熟的诉讼技巧与丰富的社会关系资源。

第一是诉讼技巧。当民众将刑法看作一场竞技赛时，不能不考虑的一个现实问题是，应当以何种捷径去获得心目中的正义？无论个人有怎样的法律天分，无论个人拥有怎样的社会阅历与非专业性法律知识，他们都不可避免地意识到律师将带给诉讼的种种好处。即使他是自然正义的握有者，即使他对法律正义将倾向自己的一面毫不怀疑，当他看到对方聘请了

---

① 参见本书 7.4.3 和 8.4 部分。

强大的律师团时，还是不免会产生惶恐与怨恨，他的意识会不断强化以下判断——这毕竟是一场人力可以控制的竞技游戏，而非至高无上的神意裁判。而律师则是老练的游戏操盘手，他们的专业背景、诉讼技巧、法庭经验与强大的人脉资源与普通民众相比，令人感到敬畏。从某种意义而言，正是律师们促进或者阻碍着自然正义在法律正义范围内的实现。正因为律师在实现正义的过程中具有举足轻重的地位，人们对于律师为法律施加的正面影响并不领情，而是将目光聚焦于律师在阻止自然正义实现中的消极影响。最早的辩护者形象应当是《俄瑞斯忒斯的审判》中的阿波罗，面对复仇三女神咄咄逼人的指控，阿波罗气定神闲地将俄瑞斯忒斯的弑母罪行辩护为正当行为，并巧妙地暗示法官雅典娜的家庭背景，诱使雅典娜作出了对俄瑞斯忒斯的无罪判决。① 在《尼亚尔萨迦》（1280 年）中，律师更是作为主人公的形象出现，具有丰富的法律知识、娴熟的诉讼技巧、卓越的辩护才华，虽然他们的结局凄惨——一个被杀死，一个被烧死，一个最终一脚踢开法律，直接操起凶器进行原始血腥却彰显自然正义的血亲复仇。② 文艺复兴时期拉伯雷的《巨人传》亦对律师的贪婪、愚昧、无耻的形象进行了犀利刻画与讽刺。③ 莎士比亚的《威尼斯商人》对鲍西娅形象的刻画，更是渲染上浓厚的讼棍色彩，对律师把法律玩弄于股掌之上的职业本质进行了生动揭露。④ 在启蒙思想时期，斯威夫特在《格列佛游记》中，对律师颠倒黑白、见利忘义、贪婪邪恶的行径进行了尽情嘲讽，对律师的职业道德与法律素养进行质疑，并不惜花费重墨撰写翔实的案例佐证自己的观点。⑤ 批判现实主义作家狄更斯的作品中塑造了大批律师形象。《大卫·科波菲尔》中对律师事务所浑浑噩噩状态描写得细致入微，《老古玩店》中的黑律师布拉斯精心炮制假证陷害好人，《匹克威克外传》中的律师陶逊与福格串通起来骗钱，《远大前程》中律师找来的证人"对随便什么都敢于发誓作证"的形象描述，他们无一例外地或是昏昏庸庸，或是贪利逐名，完全丧失了正义执掌者应具备的气质与道德。⑥ 到了德莱塞的《美国悲剧》与沃克的《凯恩舰哗变》中，律师更是丧失了职业道德与基本的正义感，为达目的不择手段。对律师形象的颠覆是在 20 世纪 50 年代

---

① 参见本书 1.1.3 部分。

② 参见本书 2.4.7 部分。

③ 参见本书 3.1.3 部分。

④ 参见本书 3.2.4 部分

⑤ 参见本书 5.1.2 部分。

⑥ 参见本书 7.3.1 部分。

以后的美国影视作品中，塑造了一个个形象高大、英勇刚毅的律师形象，包括《杀死一只知更鸟》《杀戮时刻》等。通过描述律师的文学作品与影视作品的宣传，诉讼技巧在西方民众心目中的重要性日益增强，人们越来越不容置疑地感觉到，他们的日常生活中不能没有律师的存在，虽然他们谴责律师、嘲笑律师，但是他们也清醒地认识到，自己取得竞技游戏胜利的关键是借助律师的力量。

　　第二是社会资源。除了必须具备诉讼技巧，若希望在这场法律游戏中获胜，还必须具有丰厚的社会资源。这是一种广泛意义上的资源，包括财富、种族、家庭出身、社会地位、人脉资源、政治背景等。文学作品中对此种因资源占有不均而产生司法不公的情形的描述数不胜数，主要涉及法官、检察官、警察、陪审团等对掌握不同资源的当事人所采取的不同立场与态度。包括《复活》中的马丝洛娃、《红与黑》中的于连、《水手比利·巴德》中的巴德、《傻瓜威尔逊》中的汤姆少爷、《美国悲剧》中的克莱德等，均为该种社会资源综合博弈结果中的失败者。通过这些人物的悲惨遭遇，我们深刻地体验到了充斥于法律正义实现过程中的不确定因素。每逢出现这种情况，人们会在一定范围和时间内进行观察、权衡与判断，对于偶尔为之的司法资源不公现象容忍宽宥。但是，当由于资源分配不均导致的自然正义无法实现的情况普遍存在时，当人们开始对所谓的法律正义逐渐失去信心与耐性时，便会向第三种意识观悄然转变。

9.5.1.3　背叛刑法

　　第三种刑法的面孔，人们意识到了它的强大与威严，亦意识到它有可能是一种竞技游戏，但是却观察到这种游戏规则并不始终如一，竞技的过程并不透明，游戏的结局亦远非如开始时人们的预测。此时的刑法逐渐变成一种邪恶冰冷而又拥有着强大力量的机器，它武断暴力、反复无常、凶残血腥。人们四散奔逃，企图摆脱它的控制与追踪，在无法避免地被卷入这种机器的日常运作之时，往往会作出最后的抵抗，导致最终对整个刑事司法体系的背叛。

　　这种大众刑法意识在大量的批判现实主义文学中得以彰显。需要注意的是，在文学中出现的对抗刑法的诸种人物形象，并非总是以刑法学理论中的"天生犯罪人"面孔出现的，这与刑法学与文学的学科性质有关。刑法学所关注的是每一个犯罪人在犯罪时与犯罪后的行为与心理，而文学作品却关注每一个犯罪人背后的所有生活背景，包括犯罪前、犯罪时以及犯罪后的人生经历。正如《土生子》中的黑人别格，他在走上电椅前一言不发，甚至当他的律师声情并茂地鼓励他讲出所有的怨恨与委屈时，他也保持着冷静与沉默，人们纷纷指责他与身俱来的冷血与残酷，却忽略了造成这种不近人情的沉默的背后隐藏着怎样的无奈与不甘。赖特对别格此时的心理描述尤其令人动容——"他永远无法解释自己为何会杀人，不是他不想解释，而是若想解释清楚这一切，首先要从他的整个人生开始。"① 也许，对于反抗刑法的犯罪人而言，他们大多历经了敬畏刑法以及试图获取权利以期与对手博弈的过程，只有在前述两个阶段未能达到他们心目中的预期理想结果时，才转而走上对抗刑法的道路，以一己之力对庞大冰冷的国家机器发起挑战。

　　考察各个阶段的文学作品，民众对刑法的抗拒原因体现在以下三个方面。其一，法律本身制定得并不合理，人们基于习惯法无法严格遵照其行事。如前所述，自然法不可侵犯的权威在人类社会早期已经被制定法摧毁，民众却在心中始终秉持着对最为朴素古老的自然法的敬畏之情。面对与自然法产生龃龉的制定法，民众在历经血腥教训后，逐渐采取迂回策略，并不直接对法律权威提出挑战，而是巧妙地使它转向。亦即人们逃避了法律的适用，却没有背弃它，通过成功地躲闪，使得这些法律成为一纸具文（参见《高龙巴》《太贵了》《第二十二条军规》等）。在该种情况下，人们并不认可法律的正确性与合理性，却仍然没有忘记利用智慧守护法律的尊严，亦是出于积年累月养成的对法律保持尊敬的法律文化的坚守。其二，出于社会学或生物学、心理学等特定原因，人类的基本物质欲求与生理欲求无法得到满足，他们明知自己的行为既违背了道德伦理，又触犯了刑律，却不得不铤而走险，犯下重罪（参见《该隐》《丝寇黛莉小姐》《魔鬼的万灵药水》《一个流浪汉》《热曼妮·拉瑟顿》《罪与罚》《复活》等）。这些犯罪者并不缺乏是非辨识能力，也对当时的刑事法规持肯定态度，他们之所以背叛刑法，仅是基于无法抑制的人类基本需求与病态要求，这些犯罪行为是社会政策、自然病理等多种因素综合作用的结果。其三，该类对刑法的背叛者，一般具有较高的文化水平，拥有较为优越的社会身份与家庭背景。基于崇高的政治理念与宗教信仰，这类背叛者认为现行刑法的制定与自然法原则背道而驰。与第一类背叛者不同，他们并未选择采取迂回躲避的姿态，而是果敢立于正面战场，依然承担起教化民众、推进文明进展的历史责任，为了恢复自然正义而与实证法进行抗衡。当然，这些背叛行为中亦包括由于法律的适用并未能平复受害者的伤痛而引起的循环复仇等私力救济（参见《尼亚尔萨迦》《守法公民》《基督山伯爵》《老妇还

---

　　① 参见本书 8.1.3.3 部分。

乡》《西点揭秘》等)。

对于这些走上对抗刑法之路的民众而言，他们的背叛并非一蹴而就，而是具有理性而渐进的过程。因此，对于他们而言，基于威慑与恫吓而设立的刑罚即失去了任何意义。在刑法思想中，一般将这类人归纳为无法预防、无法改造的犯罪者，适用对策只有两种，一种是绝对消除其肉体（执行死刑），另一种是相对消除其肉体（执行监禁刑）。但是，我们通过上述对监禁刑与死刑的分析可以看到，这种消除方法的实际效果十分有限，它们可以消灭犯罪人的肉体，可以禁锢犯罪人的自由，却无法从根本上拯救犯罪人已经死去或正在死去的灵魂。针对这种尴尬状况，西方文学作品开出了与刑法思想截然不同的治疗处方——心灵的救赎。在文学作品中，这种心灵救赎的力量无往而不胜。正如帕斯捷尔纳克在《日瓦格医生》中说过这样一段话："潜伏在人身上的兽性如果能靠吓唬——无论靠监狱还是靠因果报应——来制伏的话，那么人类最高的象征就是手执皮鞭的马戏团的驯兽师，而不是自我牺牲的传教士了。千百年来，使人类超越禽兽而且不断前进的不是鞭子，而是真理的声音，是不用武器的真理的无可争辩的力量与真理范例的引导。"

9.5.2　最后的审判：人类永恒的困境

就宗教意义而言，所有的社会问题，均可抽象为无所不在、无法预见的罪恶；罪恶也是一种纽带，它将人类束缚在一起，承担着共同的命运。人类对自身罪恶的承认，并不意味着人的堕落，而意味着人堕落之后为获取救赎而作出的不懈努力。

远古时期，初民社会的救赎思想蕴含着根深蒂固的世俗人本意识。在《古希腊神话》中，无论是神祇，还是半神半人的英雄，他们恣意放纵的文化心理与行为模式均隐喻着远古时期人类对实现原始欲望的潜在冲动，彰显着浓郁的个人本位伦理观。在《荷马史诗》中，出现了对集体正义与个人正义关系的探讨，暗示着城邦律法对自然人欲的制约。而"古希罗悲剧"则将自然法进一步神化，以自然法的最高效力对抗当时具有旺盛生命力、处于萌芽状态的制定法，甚至落入宿命论窠臼。总体而言，该时期的救赎思想肯定个体意志自由、认可本能报复行为、追求自然公正，蕴含着张扬个性、崇尚人智、放纵原欲、肯定个体荣耀的价值旨归。

中世纪，圣经文学传播"人人负有原罪"的宗教思想，人们因为偷食禁果，获取原罪，在上帝面前便获得了人人平等承受的义务——"忏悔"与"赎罪"，以期换取来世的幸福。同时，原罪思想阐发了人性本恶的论断，在宗教教谕的笼罩与灌溉之下，救赎思想彰显对人性的悖逆与钳制。其中最为典型的规定是依据思想定罪，甚至将奸淫戒律的内涵扩充至思想领域，起心动念皆为禁止，均需忏悔与救赎。在这种救赎意识氛围中，人的主体性迅速萎缩凋落，"原罪加身"这一沉重的十字架使得人类个体与自我本质完全割裂，其生命冲动与肉体本能等合理需求受到变态抑制。在此状况下，基督教的救赎意识就蜕变为真正的神本意识，教会教谕也由对人的理性智识的运用走向了对人性的摧残与扼杀。

文艺复兴前期的救赎思想，沿袭着古希腊时期人本主义的色彩，标志着"原欲型"文化的苏醒与复兴，对盘踞千年之久的希伯来—基督教价值体系形成强烈冲击，西方人逐渐陷入打碎上帝的镣铐、发掘自我、释放原欲的狂欢之中。至文艺复兴中后期，道德失范、欲念横流的社会丑态惊醒了原本沉溺于感官世界中的智者，回归上帝、救赎灵魂的思想对原欲模式进行了有力反拨。他们认为，人既有源自本性的作恶倾向，又具有天然向善的优良秉性，消灭罪恶并非毁灭造恶者的躯体，救赎模式应当在人性与精神的广阔空间中探索与把握，利用善的力量去感化恶意、消弭恶行，用宽恕与耐心对待罪者，促使其自我忏悔、最终弃恶从善，救赎思想再次向基督教宽恕与博爱之教旨倾斜。

历经启蒙思想时期与工业化时期，在基督教文化被彻底驱逐出人类世界、西方社会信仰呈现真空状态的大环境下，启蒙思想家企图以"人性"构建一个自由和谐的社会，以"理性"颁布律法规制世俗秩序。但是，这种在道德真空下的"人性"与"理性"逐渐走向片面与极端，演变为一种以个体为出发点、功利目的为中心的工具理性。以经验主义为依据的功利主义原则自然会大行其道，成为人们自甘堕落的"理性"借口。在这种氛围下，人们对"启蒙思想"的意义开始疑惑与反思，救赎意识开始向肉体与灵魂双重化倾斜，认为如果肉体痛苦，灵魂将永远邪恶，邪恶的灵魂永远是犯罪产生的温床。

进入 20 世纪，尖端科技与信息技术迅猛发展，自文艺复兴以来的政治、思想、宗教、道德等一切权威主流价值均受到怀疑和否定，人类精神支柱彻底丧失；悲观主义、虚无主义、神秘主义、唯我主义渐露锋芒。在这样一个高度物质化、客观化的世界，一切刑罚均依照着既定程序有条不紊地进行。可怕的是，这种冷冰冰的、高标准化下的程序运作模式将人类的情感空间无限压缩，以至于最终陷入将人的主体性完全摒弃的荒谬境地——在日益精密化、自动化的机器面前，人的生命与尊严愈发显得微不足道。"社会达尔文主义"公然主张弱肉强食、优胜劣汰，将一幅人吃人的赤裸裸的残酷图景揭露在世人眼前；文学家们像解剖生物一样解剖社会结构，极其细致地观察了社会绞肉机运作之下被征服者痛苦不堪的命运，绘声绘色地描绘了强者兴盛、弱者衰微的社会运动过程。在困惑与迷惘中，人们的救赎意识开始转入对内心世界的剖析、对人生终极意义的思考以及对本我价值的重新探究。

人们开始认识到，广义而言，世间的惩罚具有多样性，其中天罚（自然法）与律罚（制定法）仅侧重于对社会群体心理的干预与平复，二者均为外界力量对罪者施加的惩罚，如果对罪者内心世界并无触动，则该种惩罚的力量与内心的抗拒力量相遇后，将冲抵消弭、威力不再。反之，如果罪者内心已经意识到罪愆所在，力求忏悔弥补，即使没有外界强制力量的施与，也会主动求罚，继而涤荡灵魂、获取新生。如此看来，灵魂之罚才是个体生命最终的救赎之道。

9.5.2.1　倘若能有明天：犯罪人再社会化

对于因罪入狱、因罚受刑、因罪愆付出代价后的罪者而言，脱掉囚服、迈出监狱大门后将面对一系列的棘手问题，其中之一尤为重要——如何二次融入社会，顺利完成再社会化过程。毫无疑问，这些曾经的罪者最需要的是整个社会的容认与包容。社会学常识告诉我们，人是社会性属性极强的动物，其存在感、生存价值在一定程度上借助于他人与社会的评价而体现。因此，每个人的潜意识中均充满着被人需要、被人依恋、被人赞美的渴望，每个人的外显行为均不自觉地被这种渴望所规训、所激励。这是个体人不断完善自我、实现自我的向上牵引力，也是整个人类社会发展进化的潜在动力。

《悲惨世界》的主人公冉·阿让，原本是一个性格善良、温柔敦厚的劳动者，但社会的残害、法律的惩罚使他"逐渐蜕化为野兽"。由于监禁对冉·阿让潜移默化的负面作用，19 年来他已完全有能力行使两种罪恶：第一种是急切的、不假思索的、出自本能的，是对他所受痛苦的反击；第二种是持重的、用他从痛苦中得来的错误观念深思熟虑过的。冉·阿让一切思想的出发点与目的均是"对法律的仇恨"——"那种仇恨，在它发展的过程中，如果得不到某种神智来加以制止，就可以在一定时刻变成对社会的仇恨，再变成对人类的仇恨，再变成对造物主的仇恨，最后变成一种无目标、无止境、凶狠残暴的为害欲，不问是谁，逢人便害"。服刑 19 年后，当冉·阿让重返社会、希望做一个正常公民的希望与努力被世俗社会所拒绝和践踏时，他对法律、对社会、对人类的仇恨急遽膨胀，一触即发。幸运的是，冉·阿让不仅遭遇了法律的严惩与社会的遗弃，他更遭遇了宗教的拯救。冉·阿让内心的良知并未泯灭，它只是被雪藏冰封，一旦遇见卞福汝这样智慧、善良、宽容的导师，他被压抑已久的人性便即刻复苏，熊熊燃烧着，试图照亮自己与他人的生活。卞福汝主教广博、宽大、温良的人道主义情怀，赎回了冉·阿让罪恶的灵魂，使他穿越迷雾与障碍，最终成为一名完全利他的道德圣者。卞福汝主教形象的典型意义在于向人们昭示，只有仁爱与感化才是预防犯罪、改造罪犯、净化社会空气的唯一途径。

另外，在莫尔的《乌托邦》中，在狄更斯的《游美札记》中，在笛福的《摩尔·弗兰德斯》《杰克上校》以及《罗克萨娜》中，在陀思妥耶夫斯基《死屋手记》中，主人公往往出身低微，他们在"文明社会"中没有立足之地，社会拒绝将他们视作共同体，亦不容许这种人享有人类的尊严。他们只好不择手段，作出一系列欺骗、盗窃以至出卖肉体的勾当赖以谋生，却难逃被残酷刑律惩罚的厄运。相反，在远离人烟的海岛上，在荒芜贫瘠的殖民地中，他们与生俱来的智慧与理性被激发，重新获取了被"文明社会"埋没已久的温婉、善良、勤劳、坚忍等自然人的优秀品质。人的自然禀赋的回归，使得他们通过辛勤劳作获得成功，成为真正的人。

在托尔斯泰的文学巨著《复活》中，主人公马丝洛娃一生际遇坎坷、始终挣扎在社会最底层，具有复杂的性格特征：她天资聪颖，在社会最底层的摸爬滚打中看清了社会的不公与残酷，识透了正人君子们丑陋的灵魂，因此，她开始醉生梦死、自暴自弃，这些仅仅是因为对生活、对未来的绝望，而绝非内心良知的死亡——地狱般的牢房里，她将自己仅有的食物留给饥饿的孩子；被押送法庭途中，她对人们的指责嘲笑毫不介意，甚至对街头围观的纨绔子弟们绽放出诱人的笑容。但是，当一个穷苦的卖煤人走过她身边、怜悯地望着她、在胸前划过十字后匆匆递给她一枚硬币时，她的脸却倏地红了，深深埋下头去。在这位出身卑微、备受凌辱、历尽苦难、被社会残忍抛弃的女性身上，依然闪烁着宽容、正直、坚忍、乐观的光彩。马丝洛娃的肉体坠落到黑暗谷底之时，正是她的灵魂开始苏醒之日。马丝洛娃的肉体复活来源于灵魂的复苏，而这种精神的复苏来源于她在流放途中所加入的政治犯团体。尽管处境依然艰苦，肉体折磨并未停止，马丝洛娃却发现这个群体中没有歧视，人们之间一视同仁、彼此爱护，马丝洛娃甚至与其中一位善良正直、博学多才的政治犯西蒙松产生了爱慕情愫。面对这种真实淳朴的热恋与敬重，马丝洛娃雪藏多年的自尊与自信逐渐融化了，她竭力将自己最好的品德最大程度地展现在同伴面前。可以看到，马丝洛娃的自我救赎建立在所处群体内平等与互相尊重的土壤之中，在这个群体中，马丝洛娃感受到人性的滋润，因此主动求罚，剔除罪恶，获取新生。可以看到，马丝洛娃是托尔斯泰心目中理想人性的象征，她从肉体到精神的最终复活，寄托着托尔斯泰对整个人类未来的信心与希望。

　　20 世纪 90 年代的作品《肖申克的救赎》，在深沉平静、层叠交错的叙事中传递着令人激情澎湃的旋律——救助之道，即沉默中的爆发与绝望中的希望。作为探讨主题之一，作品以生动的角色设计阐述了犯罪人再社会化过程中遭遇的障碍，很大程度上诠释了关于监禁刑对囚犯产生的无法逆转的"体制化规训"以及对人性的戕害，并以《圣经》文本为借喻脚本，探讨面对黑色人生应当具有怎样的信念与精神之话题。它向我们揭示出，真正的救赎历程中充满着具体且形而下的琐碎与平庸，对美好事物的期待与向往是通向自我救赎之路的真正守护神。影片中的某些经典镜头令人印象深刻。例如，男主角安迪利用自己的特长为狱警海利洗钱，为囚徒们争取着不多的权益和精神空间，狱友们喝酒时，安迪躺在散发着泥土芬芳的草地上微笑地望着他们，心满意足。可以发现，这种回归社会的感情与需求于囚徒而言是强烈的，他们对高墙外的生活始终没有放弃过追求与幻想。再比如，安迪冒着被严厉惩罚的风险，在狱中为囚徒播放《费加罗的婚礼》。正常情况下，囚徒们对莫扎特的作品不会太感兴趣，但是在黑暗的监狱中，这段音乐是他们与外界的联系之桥，所有囚犯均震惊难耐，继而以圣洁平静的表情聆听来自围墙外世界的呼唤。正如瑞德所说："从未搞懂她们在唱什么，也不想搞懂，只知道难以言传的美，美得让人心碎。"歌声直上云端，超越失意囚徒的梦想，宛如小鸟飞进牢房，使石墙消失无踪。囚徒对铁窗外的世界是如此留恋、如此向往，然而，当他们有朝一日踏出监牢，面对社会时，却往往感觉束手无策，尴尬异常。监狱图书管理员布鲁克斯就是这样一个令人震撼角色。布鲁克斯的一生，深刻反映了"体制化"下人的一生的悲剧。由于在狱中被监禁长达 50 年，几乎已经与世隔绝，一旦离开了熟悉的环境、熟悉的人，布鲁克斯无法感受自己的价值，也找不到自己的位置。布鲁克斯拥有了肉体自由，灵魂却早已被扼杀，属于其自我的世界已经被压缩至虚无。最终，布鲁克斯只能选择从这个已经完全不属于自己的世界里彻底消失，囚徒再社会化过程以失败告终。可以看到，布鲁克斯死于社会的冷漠与内心的绝望。

　　以上文学作品均体现了促使犯罪人重返正常社会的救赎方式之一，即社会包容宽恕的氛围与罪者内心不灭的希望之火。

9.5.2.2　老橡树上的黄丝带：亲情与爱情的守候

经历不同人生者，对于亲情与爱情的理解各不相同。不可否认的是，亲情与爱情是维系人类社会与人生价值的两大情感，也是人类社会追求与赞美的永恒主题。人类均为情感动物，再无可救药的天生犯罪人，再顽冥不化的理性犯罪者，面对天真无邪的孩童、温婉体贴的爱人、情重姜肱的手足、慈祥包容的双亲，总会有一种温柔而坚定的情愫能够击退其野蛮嗜血的兽性，寻找到被层层罪孽覆盖下被保存得完好如初的人性。这种守望善良、期待回归的力量，是任何社会规则与律法都难以比拟的。

爱情是发自内心的一种爱慕、依恋与牵挂，在它的召唤下，人类的原始感情超越了阶层与种族、性别之间的隔阂，任何力量无可阻挡。牵手的刹那，每个人均希望此情此感变为永恒，"执子之手，与子偕老"。初恋时的酸涩，热恋时的激情，步入了婚姻殿堂时的神圣，这一切谱写了人类倾心之恋的美好与永恒。拜伦的作品《该隐》中，与该隐离经叛道的思想形成强烈对照是他的妻子亚德。她代表着与该隐怀疑、叛逆、失败相抗衡的另一种力量，即无条件的爱、怜悯与希望。如果说该隐在智慧中迷惘，亚德则在爱恋中坚定，这种爱不仅包含着对上帝全善全能的坚信，还有对该隐不离不弃的浓烈的爱恋与忠贞。当该隐杀死了弟弟亚伯，被所有人诅咒和唾弃时，她对该隐说："我什么也不怕，只怕离开你，我不会抛弃你，我愿与你分担重负。"正是亚德，这位美丽可爱的女性，伴随叛逆者该隐踏上茫茫的赎罪之路，以柔弱的肩膀勇敢地分担了人类最初遭受的惩罚，以包容的爱心与真挚的同情给绝望中的该隐带来了温暖与希望。霍桑的作品《红字》，被称为是一部"赎罪心理的罗曼史"，深入探讨了人类应当如何面对罪恶与赎罪的话题。白兰的情人、牧师丁梅斯代尔是作品中最为矛盾的角色。他深爱着海丝特，又屈从于宗教教义与道德舆论的束缚，因而忍受着比海丝特母女严厉百倍的炼狱般的煎熬。丁梅斯代尔饱尝精神惩罚，圣职工作的荣耀更是加重了丁梅斯代尔的罪孽情绪，使他不堪重负。双面人格的激烈交锋使得丁梅斯代尔的精神彻底崩溃，对海丝特无可抑制的浓烈爱意、内心的负罪感及良心的谴责，最终驱使他牵着妻女登上枷刑台，在教众面前扯开神甫的圣袍，赫然露出与爱人海丝特衣襟上同样的红字，这个红字他整整佩戴了七年，已深深烙刻在他日夜忏悔的灵魂之中，也代表着他对海丝特始终不渝的热恋，他非常乐意与爱人一起踏上茫茫救赎之路，至死，仍感幸福。陀思妥耶夫斯基的巨著《罪与罚》，是一部举世公认、震撼灵魂的文学经典，主人公拉斯柯尔尼科夫跨越了底层悲惨人生的局限性，企图将自已由"人尽可欺的虫"武装成"凶残暴虐的兽"，却因铤而走险成为"被社会所遗弃、抛弃的人"。作为"受环境、陈规、法律与社会偏见压制、迫害的沦落者"，拉斯柯尔尼科夫坚持拒绝接受法律的惩罚，并以愤怒咆哮来面对人间的凄惨景象。救赎大门紧闭，这个有思想、有抱负的优秀青年大学生痛苦挣扎于天堂与地狱之间，直到他遇见同样"被欺凌、被社会所遗弃者的索尼娅，在人皆鄙视的妓女与穷凶极恶的杀人犯间居然产生了爱情的火花"。正是索尼娅的陪伴与感化，使得拉斯柯尔尼科夫意识到内心"善念"之永恒存在，导致其原先追求的惊心动魄的蜕变并未成功，他未能"踏着别人的尸体走上食物链的顶端"。罪行带给拉斯柯尔尼科夫的是无尽的心理戕害与精神炼狱，在殚精竭虑地思考过后，他毅然选择救赎之道，自定其罪，自我惩罚，在西伯利亚流放途中寻找回生命的尊严与希望。

亲情，是人类亘古不变的血浓于水的记忆。亲人间的牵挂与惦念，是父子母女手足生物纽带的应激性本能反应，不需刻意应承、了无运作痕迹。与爱情不同，血亲之间的情感输出具有单向性，不计代价，不需回报。例如，陀思妥耶夫斯基的作品《卡拉马佐夫兄弟》，以一个以暴发户为家长的松散型家庭内部的矛盾、冲突为背景，提出了"上帝隐退后"人们必须去思考并加以解决的社会与伦理难题。在《卡拉马佐夫兄弟》中，人的兽性远远超越了《罪与罚》中的拉斯柯尔尼科夫自创的"英雄"理论，这种兽性不断向卡拉马佐夫父子身上侵入、渗透，最终以各种不同形式归总为"卡拉马佐夫家族的气质"。在这五个具有相同血缘却性格迥异的男人之间，发生了一系列令人唏嘘感叹的故事，老卡拉马佐夫遇害后，整个家族随之分崩离析。卡拉马佐夫的长子德米特里是一个退伍军官。具有典型的双重性格，他继承了老卡拉马佐夫的遗传因子——贪杯好色、粗鲁暴躁、附庸风雅；却又与老卡拉马佐夫不同——热情率直、慷慨大度、真诚地去帮助贫穷者，心中的良知并未泯灭，高尚的激情也时隐时现。德米特里时刻处于善与恶的斗争之中。对于性格与父亲一样火爆的德米特里而言，人类法律根本无法征服他桀骜不驯的野性，然而，对兄弟们的亲情却做到了——在最后一刻，他放弃一切辩驳，安静服罪——他承认自己曾有过弑父的想法，因此决心"通过苦难来涤荡自己的罪恶"。他声称，并不仅仅是为了自己所犯的罪行伏法，而是为了全人类的邪恶与苦难——人类法律可以禁锢他肉身的自由，剥夺他的肉体的存在，却远不能使他的心灵伏法。陀思妥耶夫斯基借德米特里的自白，指出在所有的罪人当中，心灵的忏悔是最为宝贵的，肉体的禁锢对于阻止罪恶的再次发生无能为力，只有罪人自己意识到原罪的存在并对未来报以希望时，才有可能踏上真正的自我救赎之路。再如，霍桑的作品《红字》，海丝特之所以在肉体与精神的双重折磨下能够始终保持一颗温暖、乐观、善良的心，很大一部分原因来自于其女儿珠儿带给她的欢乐与希望。珠儿是海丝特在逆境中唯一的精神寄托，她身上火红的天鹅绒裙正是海丝特心中那团对生活、对爱情永不熄灭的热情火焰的象征。正是这种不辩不争、坦然承受、安静等待却又永远不放弃希望的精神气质，使得海丝特洗脱一身耻辱，赢得公众的尊敬，而她衣领上的红字亦转变为美好德行的象征。同样，在《罪与罚》中，拉斯柯尔尼科夫之所以未能成功地"踩着虱子们的尸体"向兽性转变，也正是因为有太多的人在爱着他，呵护着他——母亲、妹妹以及挚友拉祖米欣。苦恼之中，他甚至将别人对自己的爱与自己对别人的爱感叹为转型成功的重负与阻碍："啊，如果我孑然一身，谁也不爱我，我永远也不爱任何人，那该多好！那么就不会有这一切了！"然而，他善良的天性与所处的环境使得他无法放弃，也不能抵御和亲人和朋友之间浓浓的爱，拉斯柯尔尼科夫魂未死、良心未泯，注定要回到爱他的人们中间来。

9.5.2.3 荒原中的风信子：人性的追寻与复苏

无论是爱情的滋润，还是亲情的守候，在一定程度上褪去了刑罚刚烈苛酷的色彩，为罪者的艰难救赎之旅增添了一抹人性的温柔。然而，正如上文所述，在精神的荒原中，一切外在力量皆为虚幻，若想重新燃起内心生命之火，寻找到荒原中的风信子，还需要罪者源于内心的自我救赎。

艾略特的著名作品《荒原》，是一部小型史诗，自我救赎构成其基本主题与精神内核。在该部作品的最后一章，在死亡操控的一片静默中，东方雷霆代表上帝出来讲话，告诫人类唯有走向"舍予、同情、克制"的境界，才能向死而生。坐在岸边垂钓的绝望的国王由此大受启发，他反思自我，渴望新生，下定决心走上自我救赎之路。《荒原》所渲染的"死亡与救赎"主题，生动地展示了第一次世界大战后西方人苦闷、幻灭的精神状态。从文艺复兴开始到启蒙运动时期，西方人逐渐脱离了上帝的眷顾与监护、与上帝渐行渐远。随着自然科学的进步，尼采更是在19世纪末20世纪初向人类大声宣布"上帝死了"。人们怀着欣喜、迷惘的心态观察着这个从上帝手中赎回来的、由自我主宰的世界，沉浸在挣脱上帝的束缚后自由醋畅的欢乐中。他们并没有意识到整个西方世界的人文价值根基已经产生了强烈动摇——他们亲手拔掉了自己赖以呼吸生存的文化之根，他们的精神世界随之化作一片被死亡与黑暗主宰的荒原。第一次世界大战的残酷与血腥，惊醒了沉迷于科学与理性中的西方人，让他们顿时陷入焦灼与惶恐之中。在《荒原》中，荒原城堡作为象征性喻体，代表着失去信仰的西方社会，精神干枯；人们生活在醉生梦死之中，如行尸走肉般地走向世界末日。艾略特指出，于整个人类而言，荒原意识就是危机意识、超越意识与拯救意识；荒原之死就是人类精神的再生之死、涅磐之死。危机意识与拯救意识的重要代表是"水"与"火"所具有的意象。"水"在前四章中象征着情欲泛滥、人欲横流及其整个文化危机与死亡，第五章里的水则是生命之水，是拯救再生的圣灵。"火"的意象是对"水"的意象的补充和强调。作者在第五章中强调，只有通过宗教，依靠天主才能拯救人类——救赎与新生是等值的，这正是诗人开出的摆脱现代西方社会精神危机的唯一药方。

从伊甸园之约到摩西十诫，从失乐园到复乐园，西方人的心智历经了长时期、多向度的自由发展。20 世纪末至 21 世纪初，一种普遍的惶恐不安、焦躁郁闷的情绪弥漫于西方人的内心深处，人们迷惘地发现，在远离了上帝的监督与约束之后，自己内心的精神支柱也轰然崩塌。面对驱逐了宗教信仰后贫瘠、苍白、冰冷的精神荒原，西方人环顾四周、茫然无措，最终仍然不得不一头扎入上帝的怀抱，希冀在一种庄严的束缚中找回昔日内心的平静、灵魂的安宁。

宗教思想对灵魂的指引与涤荡，是一种对人类苦难的终极救赎。历经了文艺复兴、启蒙思想洗礼之后，由于理性对神的否定与对自然的征服，人类将自己从万物中剥离出来，成为主宰世界的新的上帝，将世界变成自我之外的纯粹客观现象的综合——一切都化作明晰的图景呈现于人类眼前，世界没有了神秘感，人与人、人与自然之间丧失了亲缘性；功利性思想的盛行让人性变得庸俗自私，社会充满尔虞我诈；人的精神与心灵在理性和物质的刺激下，日益变得苍白和枯萎。这一切，均是人类自我物化、异化，继而走向悖逆的潜在原因。

我们从贯穿于西方文学作品史之母题中可以看出，千百年来积淀而成的宗教文化对西方人的影响始终根深蒂固，以宗教思想为载体的罪罚情结已经深深渗入了西方人的血液之中。事实上，自两希文明（古希腊—古罗马文化与希伯来—基督教文化）形成以来，西方人的内宇宙无时无刻不处于宗教文明的温柔呵护与万能上帝的威严注视之下——一旦遭遇难以解决的社会矛盾、难以应对的法律危机，一旦陷入难以排遣的伦理困境、难以逾越的心理障碍，他们就会本能地回过头来寻求宗教的温暖怀抱。文艺复兴后期如是，启蒙运动末期亦然。而作为一种回应，西方人总是能够幸运地从广博深邃的基督教文明中寻找到人类繁衍生息、发展进化的原动力（参见莎士比亚后期作品以及卢梭、狄德罗、伏尔泰的文学作品等）。

18 世纪中期开始延伸至 19 世纪的浪漫主义文学以及批判现实主义文学，率先向人类因对客观自然的绝对支配而无限膨胀的自负与骄纵提出质疑，促使西方人将视线由外宇宙向内宇宙转变，探讨、审视内心世界的罪孽与救赎。

进入 20 世纪，爱因斯坦"相对论"的诞生，极大程度上颠覆了古典物质宇宙观，自然世界逐渐丧失了稳定性与秩序性，变得微妙复杂、难以把握。"社会达尔文主义"公然主张弱肉强食、优胜劣汰，彻底撕碎了启蒙思想之"人人皆兄弟"、"万物俱平等"的幻想，人们像解剖生物一样解剖社会结构，极其细致地观察着社会绞肉机运作之下弱者痛苦不堪的命运，绘声绘色地描绘着强者兴旺、弱者衰微的社会运动过程（参见自然主义文学作品）。接连发生的两次世界大战，更是超出人类想象力的空前浩劫，无边的罪恶与苦难随着战火恣意蔓延，撕裂了人们心目中对理性与秩序的向往（参见战争文学等批判现实主义文学作品）。西方人心目中自启蒙思想时期形成的至高无尚的理性、理想、平等、自由等价值观分崩离析，人们对整个社会的价值体系、伦理体系产生了强烈质疑与谴责，呈现出普遍的信仰危机与理想真空。这些心理因素作用于个体之上，则催生了他们的疏离感、孤独感与荒谬感，人类感到前途渺茫、灾难不可预测（参见表现主义文学、存在主义文学作品）。此时的西方人驻足回望，蓦然发现，在将上帝彻底驱逐出去以后的精神世界已经成为一片荒芜。在极度的困惑与迷惘中，人们开始转入对自我内心世界的剖析以及对人生终极意义的思考，渴望再次聆听上帝曾经带给他们的福音（参见《荒原》《驶向拜占庭》等）。在此种心理背景下，延续数千年的西方宗教文明散发出强烈而温馨的光芒，以难以抗拒的温柔呼声召唤着迷途羔羊的回归。体现在文学作品中，在最广泛意义的罪与罚的范围内，无论是批判现实主义、象征主义、表现主义、存在主义还是黑色幽默，宗教信仰是唯一能够将各个流派文学的思想贯穿统一的强大力量；这也象征着西方人的集体心理向宗教人本主义的大幅回归，他们再次踏上了涤荡灵魂、渴求救赎的"天路历程"。

综上所述，西方文学作品中体现出的民众刑法意识是多维多面的。正是人们用不同方式来诠释刑法，才使其发展为一种强大持久、交织关联的制度。如果我们只是按照理想的方式来理解刑法思想，那么它将是脆弱的，容易因自身固有的缺陷备受诟病，这种缺陷民众在法律运作过程中很容易体验与观察到。相反，如果我们仅仅以批判的方式来评价法律，例如将其看作一种不甚公平的竞技游戏，那么它将很难得到公众的支持与忠诚，而后者是任何社会制度长久生存的必需要素。文学作品对法律所具有的多样性与多维性面孔的揭示，并非是一种单纯的法律文化的表现，本质而言，这些源于不同视角、基于不同背景的主体所发出的"声音"涵盖了世俗民众心目中对刑法的各种经验与期望，为刑法学的理论研究与实务探讨开辟了广阔的平台。

余　论　把根留住：民族精神与刑法思想

在"法律全球化"理想图景的笼罩下，西方价值观念与制度体系强势输出，冲击、瓦解着异域民族的传统文明，对各国法律制度、法律文化产生了难以衡量的影响。我国亦概莫能外。自清末修律以来，"师西法之长，补中法之短"渐成我国法治发展的共识；20 世纪中叶以后，我国法制体系的西化似乎更是无可避免。然而，通过本书对西方文学与刑法思想萌芽、发展、成熟之变迁关系的分析，我们清晰地看到，西方国家刑法思想的孕育，或者司法制度的选择均是建立在尊重该国民族精神积淀、审视该国历史变迁轨迹的基础之上，这是一种历史进化的必然，也是一种自然选择的结果。反观我国，却并未能步入该种循序渐进的自然途径——我国近代史上三次思想启蒙运动，分别发生于戊戌变法时期（维新派与顽固派的思想斗争）、辛亥革命时期（革命派与保守派的思想斗争）与新文化运动①时期（提倡民主与科学、提倡新文学）。坦率地说，我国对西方刑法思想的移植与借鉴，于西方的坚船利炮对国门轰炸中起始，乃是一种迫不得已而为之的选择。因此，我国对西方法治思想的接触并非是本土人文精神滋养、浸润的结果，而是与我国的"启蒙运动"几乎保持着同一步调，甚至先于"启蒙运动"的步伐发生。这不能不说是我国与西方刑法思想酝酿、发展的人文背景的反差。由于我国文化底蕴与民族精神与西方各国的异质，传统民族文化根基对西方刑法人文背景的支撑力较弱，西方法治理

---

① 新文化运动是 20 世纪初反对封建文化的思想启蒙运动。包括"五四"前的启蒙运动和"五四"后的马克思主义的思想解放运动。时间从 1915 年《新青年》创刊到 1921 年 7 月中国共产党成立。由一部分激进的资产阶级、小资产阶级民主主义者发起，目的是要打破封建主义的束缚，力争实现名符其实的资产阶级民主共和国。新文化运动沿着两条战线展开，一条是思想战线，另一条是文学战线。两条战线交织进行，因而其既是一场思想革命，又是一场文学革命。作为思想革命，它倡导民主和科学，反对专制和蒙昧、迷信，提倡新道德，反对旧道德。作为文学革命，它倡导新文学、反对旧文学。前期的新文化运动实质是资产阶级的新文化反对封建旧文化的斗争。后期则极力宣传马克思主义。参见王杏元：《中国近现代史纲要》，北京，中共党史出版社，2010，第 67 页。

念的本土化过程亦显得颇为艰涩迂回——西方刑法思想的移植、刑事制度的推行必然会遭遇世俗刑法思想的碰撞与抵触。在西方刑法思想为我们带来清新的空气与深刻的启示的同时，由于文化错位亦可能导致被移植法律思想的水土不服以及本土刑法思想的无所适从与颓然迷失。

我国属于古老的东方文明，文化根基源远流长、核心价值自成一体，自古影响着亚洲各国文化的发展进程，形成了统一和谐而又多元共容的中华文化圈。从历史发展角度考察，每一个民族的文明均会界定出一定范围的核心价值圈，在发展的过程中也必定会精华与糟粕共存。将我国传统文化中的糟粕与西方文明的精华进行对比，不仅荒谬，同时亦违背历史的客观发展规律。当今世界的竞争与角逐，已经渗透至文化价值观领域，是核心价值与核心价值之间的深层对话：一方面是西方文明所代表的自由、民主、人权、法治；另一方面是我国儒家提倡的仁、义、礼、智、信。二者的思想内核均包括对正义、公平、责任、博爱、宽恕等价值观的融合与协调。在西方刑法思想中，从自然法角度而言，犯罪的本质包括两点：其一是违背了人类的怜悯心，其二是侵害了人类的正义感。以上两点恰好与我国的"仁"与"义"相对应。不仅如此，进一步而言，我国的"仁"不仅包含着恻隐之心，还蕴含着爱与宽恕之意；"义"不仅代表着正义，更暗含着对弱者于危难之中予以扶助之意，亦承载着对责任的勇于担当；"礼"包含着对自然正义的崇敬与实证法律的恪守；"智"则代表了对是非善恶的分辨能力、对公正平等价值的坚守；而"信"更是一种践行的精神，是对上述四种法律价值观的身体力行。综上，我们不难得出结论，西方刑法思想价值扎根在欧美文化中，具有普世价值；儒家的刑法思想则扎根在东亚特别是中国本土，也具有普世意义。文化底蕴与民族精神与西方各国的迥异状态，注定了我国刑法思想与制度不可能对西方模式进行移植与照搬。诚然，公平与正义是每一个人类文明社会法治思想的核心价值，但是，淮南为橘、淮北为枳，刑法作为人类文明进程中社会控制的必要手段，必须根植于适宜自己发展的土壤，才有可能完成促进社会有序发展的基本使命。人为抹杀自身历史脉络的延续性、抛弃经历世代取舍积淀而成的民族精神、丧失本国刑法思想发展与进化的独立性、以西方法治理念为蓝图在本土构建全西方化法律图景，这种选择与尝试注定了代价昂贵、路途蹉跎。在21世纪全球价值共融的大趋势下，我们应当考虑的绝不应仅仅是对西方刑法思想的全盘移植与仿效，而应当更加注重对其在借鉴中的修正、同化后的吸收，既致力于西方刑法思想的本土化实践，同时亦将中华法律文化推向世界；既有效地保留中华法治文明的根基，又为整个人类的共同进步与发展做出卓尔不群的贡献。

　　行文至此，告一段落。但是，这并不意味着对此话题探讨的终结，对"西方文学与刑法思想的关系"的研究，仅仅是在对中华文明与法治理念关系探索过程中的一个注脚。学习仍将继续。以史为鉴，希望它能够带来深刻启示。

参考文献

一、中文文献

（一）专著

1. 高铭暄主编：《刑法学原理》，北京，中国人民大学出版社，2005。

2. 高铭暄主编：《刑法专论》，北京，高等教育出版社，2010，第3版。

3. 高铭暄主编：《中国刑法解释》，北京，中国社会科学出版社，2005。

4. 高铭暄主编：《21世纪刑法学新问题研讨》，北京，中国人民公安大学出版社，2001。

5. 高铭暄主编：《刑法总论比较研究》，北京，北京大学出版社，2008。

6. 高铭暄：《刑法肄言》，北京，法律出版社，2004。

7. 马克昌主编：《外国刑法学总论（大陆法系）》，北京，中国人民大学出版社，2009。

8. 马克昌主编：《近代西方刑法学说史》，北京，中国人民公安大学出版社，2008。

9. 赵秉志主编：《外国刑法原理（大陆法系）》，北京，中国人民大学出版社，2000。

10. 赵秉志主编：《英美刑法学》，北京，中国人民大学出版社，2004。

11. 陈兴良：《刑法哲学》，北京，中国政法大学出版社，2004，第3版。

12. 陈兴良：《刑法的人性基础》，北京，中国方正出版社，2006，第3版。

13. 黄京平主编：《和谐社会语境下的刑事和解》，北京，清华大学出版社，2007。

14. 黄京平主编：《刑法学与宪法学的对话》，北京，中国人民大学出版社，2007。

15. 谢望原：《欧陆刑罚制度与刑罚价值原理》，北京，中国检察出版社，2005。

16. 赫兴旺：《法学家眼中的中国法治》，北京，中国方正出版社，2003。

17. 田宏杰：《刑法中的正当化行为》，北京，中国检察出版社，2004。

18. 张明楷：《刑法的基本立场》，北京，中国法制出版社，2002。

19. 邱兴隆：《刑罚的哲理与法理》，北京，中国法律出版社，2003。

20. 邱兴隆：《关于惩罚的哲学：刑罚根据论》，北京，中国法律出版社，2000。

21. 童德华：《外国刑法原论》，北京，北京大学出版社，2005。

22. 何勤华、夏菲主编：《西方刑法史》，北京，北京大学出版社，2006。

23. 谷春德、史彤彪主编：《西方法律思想史》，北京，中国人民大学出版社，2009，第3版。

24. 吕世伦主编：《西方法律思潮源流论》，北京，中国人民大学出版社，2008，第2版。

25. 吕世伦主编：《当代西方法学流派》，北京，中国大百科全书出版社，2000。

26. 朱景文主编：《当代西方后现代法学》，北京，中国法律出版社，2002。

27. 高中：《后现代法学思潮》，北京，法律出版社，2005。

28. 冯俊等：《后现代主义哲学演讲录》，北京，商务印书馆，2003。

29. 陈瑞华：《论法学研究方法》，北京，北京大学出版社，2009，第1版。

30. 罗国杰、宋希人：《西方伦理思想史（上下卷）》，北京，中国人民大学出版社，1985。

31. 王治河：《后现代哲学思潮研究（增补本）》，北京，北京大学出版社，2006。

32. 黄风：《贝卡利亚及其刑法思想》，北京，中国政法大学出版社，1987。

33. 舒国滢：《在法律的边缘》，北京，中国法制出版社，2000。

34. 余宗其：《外国文学与外国法律》，北京，中国政法大学出版社，2003。

35. 余宗其：《中国文学与中国法律》，北京，中国政法大学出版社，2002。

36. 苏力：《法治及其本土资源》，北京，中国政法大学出版社，1996。

37. 徐忠明：《法学与文学之间》，北京，中国政法大学出版社，2000。

38. 张丽卿：《法律与文学》，台北：台湾元照出版有限公司，2010。

39. 南帆、刘小新、练暑生：《文学理论》，北京，北京大学出版社，2008。

40. 杨传珍：《20 世纪西方文论概览》，北京，中国工人出版社，2003。

41. 雷体沛：《西方文学初步》，广州，广东人民出版社，2003。

42. 蒋承勇：《西方文学人的母题研究》，北京，人民出版社，2005。

43. 陈同燮：《希腊罗马简史》，济南，山东教育出版社，1982。

44. 谢南斗等：《二十世纪西方文学史》，海口，南海出版公司，2003。

（二）译著

45. 〔意〕贝卡利亚：《论犯罪与刑罚》，黄风译，北京，北京大学出版社，2008。

46. 〔意〕龙布罗梭：《犯罪人论》，黄风译，北京，中国法制出版社，2000。

47. 〔英〕凯伦·法林顿：《刑罚的历史》，陈丽红等译，北京，希望出版社，2005。

48. 〔意〕加罗法洛：《犯罪学》，耿伟、王新译，北京，中国大百科全书出版社，1996。

49. 〔美〕埃德温·萨瑟兰、唐纳德·克雷西、戴维·卢肯比尔：《犯罪学原理》，吴宗宪译，北京，中国人民公安大学出版社，2009，第11 版。

50. 〔意〕菲利：《实证派犯罪学》，郭建安译，北京，中国公安大学出版社，2004。

51. 〔美〕约翰·H·魏格摩尔：《世界法系概览（上下册）》，何勤华等译，上海，上海人民出版社，2004。

52.〔日〕西原春夫:《刑罚的根基与哲学》,顾肖荣译,北京,法律出版社,2004。

53.〔英〕J·C·斯密斯,B·霍根:《英国刑法》,李贵方等译,北京,法律出版社,2000。

54.〔法〕勒内·达维:《英国法与法国法:一种实质性比较》,潘华仿、高鸿钧、贺卫方译,北京,清华大学出版社,2002。

55.〔法〕勒内·达维:《当代主要法律体系》,漆竹生译,上海,上海译文出版社,1984。

56.〔古希腊〕柏拉图:《理想国》,郭斌和等译,北京,商务印书馆,1986。

57.〔古罗马〕西塞罗:《国家篇 法律篇》,沈叔平,苏力译,北京,商务印书馆,1999。

58.〔法〕让·雅克·卢梭:《社会契约论》,何兆武译,北京,商务印书馆,1980。

59.〔法〕让·雅克·卢梭:《论人与人之间不平等的起因和基础》,李平沤译,北京,商务印书馆,2007。

60.〔英〕霍布斯:《利维坦》,赵闻道译,长沙:湖南文艺出版社,2011。

61.〔德〕黑格尔:《法哲学原理》,范扬、张启泰译,北京,商务印书馆,1961。

62.〔英〕罗素:《西方哲学史》上卷,何兆武、李约瑟译,北京,商务印书馆,1996。

63.〔美〕佛兰克·梯利:《西方哲学史》,葛力译,北京,商务印书馆,1995。

64.〔英〕洛克:《政府论》下卷,叶启芳、瞿菊农译,北京,商务印书馆,1983。

65.〔英〕边沁:《道德与立法原理导论》,时殷弘译,北京,商务印书馆,2003。

66.〔美〕罗纳德·德沃金:《法律帝国》,李长青译,北京,中国大百科全书出版社,1996。

67.〔美〕罗斯科·庞德:《普通法的精神》,唐湘宏等译,北京,中国法律出版社,2001。

68.〔美〕罗斯科·庞德:《通过法律的社会控制》,沈宗林译,北京,商务印书馆,2010。

69.〔美〕约翰·罗尔斯：《正义论》，何怀宏译，北京，中国社会科学出版社，2009。

70.〔英〕梅因：《古代法》，沈景一译，北京，商务印书馆，1964。

71.〔法〕米歇尔·福柯：《疯癫与文明》，刘北成、杨远婴译，北京，生活·读书·新知三联书店，2007。

72.〔法〕米歇尔·福柯：《规训与惩罚》，刘北成、杨远婴译，北京，生活·读书·新知三联书店，2007。

73.〔法〕米歇尔·福柯：《知识考古学》，谢强、马月译，北京，生活·读书·新知三联书店，1998。

74.〔美〕帕特里夏·尤伊克、苏珊·西贝尔：《法律的公共空间》，陆益龙译，北京，商务印书馆，2005。

75.〔美〕戴维·波普诺：《社会学》，李强译，北京，中国人民大学出版社，1999，第10版。

76.〔英〕朱利安·罗伯茨、麦克·豪夫：《社会公众对刑事司法的态度》，李明琪译，北京，中国人民公安大学出版社，2009。

77.〔美〕玛莎·努斯鲍姆：《诗性正义：文学想象与公共生活》，丁晓东译，北京，北京大学出版社，2010。

78.〔美〕理查德·A·波斯纳：《法律与文学》，李国庆译，北京，中国政法大学出版社，2002。

79.〔美〕勒内·韦勒克、奥斯汀·沃伦：《文学理论》，刘向愚等译，北京，文化艺术出版社，2010。

80.〔法〕尼尔·格莱特：《文学的历史》，乔和鸣译，太原：希望出版社，2003。

81.〔英〕伊格尔顿：《二十世纪西方文学理论》，伍晓明译，北京，北京大学出版社，2007。

82.〔美〕本杰明·N·卡多佐：《演讲录：法律与文学》，董炯、彭冰译，北京，中国法制出版社，2003。

83.〔美〕西奥多·齐奥克斯基：《正义之镜》，李晟译，北京，北京大学出版社，2011。

（三）期刊论文

84.高铭暄：《宽严相济刑事政策与酌定量刑情节的适用》，《法学杂志》2007年第1期。

85.王作富：《中国刑法学研究应当注意的几个基本问题》，《法商研究》2003年第3期。

86. 陈兴良：《科学性与人文性——刑法学研究的价值目标》，《政治与法律》1995 年第 1 期。

87. 陈兴良：《罪刑均衡的价值蕴涵》，《法律科学》1996 年第 4 期。

88. 陈兴良：《法律与原罪问题座谈会》，《环球法律评论》2004 年第 2 期。

89. 黄京平：《刑事裁判过程中价值判断问题研究》，《法学家》2005 年第 6 期．

90. 黄京平：《依法律行为与义务冲突的处理》，《人民法院报报》，2005 - 03 - 24.

91. 黄京平：《被害人承诺成立要件的比较研究》，《犯罪构成与犯罪成立基本理论研究究》，北京，中国政法大学出版社，2003。

92. 黄京平：《简析我国非暴力犯罪及其死刑立法》，《法制日报》，2003 - 06 - 26。

93. 谢望原：《论刑事政策对刑法理论影响》，《中国法学》2009 年第 3 期。

94. 谢望原：《论英美法学家关于刑罚本质的认识》，《法学评论》1998 年第 2 期．

95. 肖中华：《刑法目的解释与体系解释的具体运用》，《法学评论》2006 年第 5 期。

96. 田宏杰：《信仰的塑造与精神的超越——中国刑法现代化的灵魂》，高铭暄、赵秉志主编：《刑法论丛》，第 5 卷，北京，法律出版社，2002。

97. 张明楷：《论刑法的谦抑性》，《法商研究》1995 年第 4 期。

98. 邱兴隆：《报应刑的生命路程》，《法律科学》2000 年第 2 期。

99. 邱兴隆：《刑罚是什么》，《法学》2000 年第 4 期。

100. 邱兴隆：《报应刑的价值悖论》，《法学论坛》2001 年第 1 期。

101. 朱景文：《法律面前人人平等是一条铁则》，《北京日报》，2003 - 02 - 13.

102. 朱景文：《关于立法的公众参与的几个问题》，《浙江社会科学》2000 年第 1 期。

103. 信春鹰：《后现代法学：为法治探索未来》，朱景文主编：《当代西方后现代法学》，北京，法律出版社，2002。

104. 沈明：《法律与文学：可能性及其限度》，《中外法学》2006 年第 3 期。

105. 胡水君：《法律与文学：主旨、方法与局限》，张文显、李步云主编：《法理学论丛》（第三卷），法律出版社，2002。

106. 苏力：《可别成了等待戈多——关于中国后现代主义法学研究的一点感想或提醒》，《南京大学法律评论》2000 年秋季卷。

107. 苏力：《孪生兄弟的不同命运——〈法律与文学〉》，代译序，《比较法研究》2002 年第 2 期。

108. 苏力：《中国传统戏剧与正义观之塑造》，《法学》2005 年第9 期。

109. 苏力：《法律与文学的开拓与整合——冯象对法律与文学的贡献》，苏力主编：《法律书评》，北京大学出版社，2006 年第 4 期。

110. 强世功：《安提戈涅、窦娥与鲍西亚：文学中的法律——女权主义视角及其批评》，《比较法研究》1995 年第 2 期。

111. 陈晓明：《文学，在法的前面——解析德里达关于文学与法的观念》，《杭州师范学院学报》2006 年第 4 期。

112. 伯尔曼：《论实证法、自然法、历史法三个法理学派的一体化趋势（中译文）》，《法学译丛》1996 年第 5 期。

（四）学位论文

113. 徐忠明. 包公故事——一个考察中国法律文化的视角：［法律史博士学位论文］. 中国政法大学，2002

114. 杨德煜. 希腊神话传说中的复仇主题探究：［比较文学与世界文学博士学位论文］. 上海师范大学，2004

115. 安斌. 战国与启蒙时代的刑法精神研究：［法制史博士学位论文］. 西南政法大学，2004

116. 杨德煜. 希腊神话传说中的复仇主题探索：［比较文学与世界文学博士学位论文］. 上海师范大学，2004

117. 刘星显. 法律与文学的后现代之维：［法理学硕士论文］. 黑龙江大学，2009

118. 时婕. 法律与文学之互动：［法律硕士论文］. 复旦大学，2007

119. 赵勇宾. 文学与法学的对话：［比较文学与世界文学硕士论文］. 山东大学，2007

120. 黄报春. 现代性视野中的文艺与法律：［文艺学硕士论文］. 中国传媒大学，2007

121. 马慧茹. 法律与文学运动研究：［文艺学硕士论文］. 四川大学，2006

122. 王薇. 后现代法学述评：〔法理学硕士论文〕. 西南政法大学，2004

（五）文学作品

123. 〔古希腊〕荷马：《古希腊史诗——伊利亚特》，罗念生，王焕生译，北京，人民文学出版社，1994。

124. 〔古希腊〕荷马：《古希腊史诗——奥德赛》，王焕生译，北京，人民文学出版社，1997。

125. 〔古罗马〕圣·奥古斯丁：《忏悔录》，周士良译，北京，商务印书馆，2010。

126. 〔俄〕列夫·托尔斯泰：《忏悔录》，冯增义译，北京，华文出版社，2003。

127. 〔法〕让·雅克·卢梭：《忏悔录》，李平沤译，北京，商务印书馆，2010。

128. 〔德〕居斯塔夫·斯威布：《希腊神话故事》，周晨译，武汉：武汉出版社，2009。

129. 〔古希腊〕赫西俄德著：《工作与时日·神谱》，张竹明，蒋平译，北京，商务印书馆，1991。

130. 罗念生：《罗念生全集（第一卷）：亚里士多德：〈诗学〉、〈修辞学〉、佚名〈喜剧论纲〉》，上海，上海人民出版社，2007。

131. 罗念生：《罗念生全集（第二卷）：埃斯库罗斯悲剧三种、索福克勒斯悲剧四种》，上海，上海人民出版社，2007。

132. 罗念生：《罗念生全集（第三卷）：欧里庇得斯悲剧六种》，上海，上海人民出版社，2007。

133. 罗念生：《罗念生全集（第四卷）：阿里斯托芬喜剧六种》，上海，上海人民出版社，2007。

134. *Scofield Study Bible III NASB*. London：Oxford University Press，2005。

135. *Study Bible-ESV*，Crossway Books，2008。

136. 〔古罗马〕维吉尔：《罗马史诗：爱涅阿斯纪》，杨周翰译，南京，译林出版社，1999。

137. 〔英〕佚名：《英格兰史诗：贝奥武甫》，陈才宇译，南京，译林出版社，1999。

138. 〔法〕佚名：《法兰西史诗：罗兰之歌》，杨宪益译，上海，上海译文出版社，1981。

139.〔西班牙〕佚名：《西班牙史诗：熙德之歌》，屠孟超译，南京，译林出版社，1999。

140.〔俄〕佚名：《俄罗斯史诗：伊戈尔远征记》，李锡胤译，南京，译林出版社，1999。

141.〔德〕佚名：《日耳曼史诗：尼伯龙人之歌》，钱春绮译，北京，人民文学出版社，1959。

142.〔冰岛〕佚名：《斯堪的纳维亚史诗：萨迦选集》，石琴娥译，北京，商务印书馆，2000。

143.〔英〕雪莱：《雪莱抒情诗全集》，吴笛译，杭州，浙江文艺出版社，1994。

144.〔意〕但丁：《神曲》，田德望译，北京，人民文学出版社，2002。

145.〔意〕薄伽丘：《十日谈》，方平，王科一译，上海，上海译文出版社，2006。

146.〔法〕弗朗索瓦·拉伯雷：《巨人传》，鲍文蔚译，北京，人民文学出版社，2004。

147.〔英〕托马斯·莫尔：《乌托邦》，戴镏龄译，北京，商务印书馆，2008。

148.〔西班牙〕塞万提斯：《堂·吉诃德》，杨绛译，北京，人民文学出版社，1987。

149.〔西班牙〕维加·卡尔皮奥：《羊泉村》，尹承东译，重庆，重庆出版社，1997。

150.〔英〕威廉·莎士比亚：《莎士比亚喜剧悲剧集：仲夏夜之梦、威尼斯商人、罗密欧与朱丽叶、哈姆莱特、奥瑟罗、李尔王、麦克白》，朱生豪译，译林出版社，2010。

151.〔英〕约翰·弥尔顿：《失乐园》，朱维之译，上海，上海译文出版社，2001。

152.〔英〕约翰·弥尔顿：《复乐园》，朱维之译，上海，上海译文出版社，2001。

153.〔英〕约翰·班扬：《天路历程》，萧乾、李从弼译，北京，人民文学出版社，2001。

154.〔法〕让·拉辛：《拉辛戏剧选》，齐放、张廷爵，华辰译，上海，上海译文出版社，1985。

155.〔英〕丹尼尔·笛福：《鲁宾逊漂流记》，梁遇春译，北京，人民文学出版社，1997。

156.〔英〕丹尼尔·笛福：《摩尔·弗兰德斯》，北京，人民文学出版社，1997。

157.〔英〕乔纳生·斯威夫特：《格列佛游记》，张建译，北京，人民文学出版社，1979。

158.〔法〕孟德斯鸠：《波斯人信札》，罗大冈译，北京，人民文学出版社，2000。

159.〔法〕伏尔泰：《伏尔泰小说选》，傅雷译，北京，人民文学出版社，1980。

160.〔法〕狄德罗：《狄德罗哲学选集之〈拉摩的侄儿〉》，江天骥、陈修斋、王太庆译，北京，商务印书馆，1997。

161.〔法〕狄德罗：《修女》，陆元昶译，北京，商务印书馆，1997。

162.〔法〕卢梭：《论人类不平等的起源和基础》，李长山译，北京，商务印书馆，1997。

163.〔法〕卢梭：《忏悔录》，李平沤译，北京，商务印书馆，2010。

164.〔法〕卢梭：《爱弥儿》，李平沤译，北京，商务印书馆，1978。

165.〔法〕卢梭：《新爱洛伊丝》，李平沤、三雅译，南京：译林出版社，1999。

166.〔德〕歌德：《浮士德》，钱春绮译，上海，上海译文出版社，2007。

167.〔德〕E.T.A. 霍夫曼：《霍夫曼小说：丝寇黛莉小姐》，张威廉、韩世钟等译，上海，上海译文出版社，2010。

168.〔德〕E.T.A. 霍夫曼：《霍夫曼小说：魔鬼的万灵药水》，张威廉、韩世钟等译，上海，上海译文出版社，2010。

169.〔德〕雅各布·格林、威廉姆·格林：《格林童话》，司马全译，北京，人民文学出版社，2003。

170.〔德〕格林：《格林童话》，杨武能、杨悦译，南京：译林出版社，2008。

171.〔英〕拜伦：《拜伦诗选》，查良铮译，上海，上海译文出版社，2005。

172.〔英〕P.B. 雪莱：《雪莱全集（第三卷）：麦布女王》，江枫主编，石家庄：河北教育出版社，2000。

173.〔英〕P.B. 雪莱：《雪莱全集（第三卷）：解放了的普罗米修斯》，江枫主编，石家庄：河北教育出版社，2000。

174.〔英〕P. B. 雪莱:《雪莱全集(第四卷):钦契》,江枫主编,石家庄:河北教育出版社,2000。

175.〔法〕维克多·雨果:《巴黎圣母院》,陈敬容译,北京,人民文学出版社,2002。

176.〔法〕维克多·雨果:《悲惨世界》,李丹、方于译,北京,人民文学出版社,1992。

177.〔法〕维克多·雨果:《笑面人》,郑永慧译,北京,人民文学出版社,2002。

178.〔法〕维克多·雨果:《九三年》,郑永慧译,北京,人民文学出版社,2002。

179.〔法〕亚历山大·仲马:《基督山伯爵》,蒋学模译,北京,人民文学出版社,1978。

180.〔俄〕普希金:《普希金全集(第一卷)》,肖马、吴迪主编,杭州,浙江文艺出版社,1997。

181.〔俄〕莱蒙托夫:《莱蒙托夫全集(第四卷、第五卷)》,顾蕴璞主编:石家庄,河北教育出版社,1996。

182.〔美〕库柏:《最后的莫希干人》,宋兆霖译,南京:译林出版社,2001。

183.〔美〕霍桑:《红字》,胡允桓译,北京,人民文学出版社,1991。

184.〔美〕麦尔维尔:《白鲸》,成时译,北京,人民文学出版社,2001。

185.〔美〕麦尔维尔:《水手比利·巴德》,许志强译,北京,人民文学出版社,2010。

186.〔法〕司汤达:《红与黑》,张冠尧译,北京,人民文学出版社,1999。

187.〔法〕司汤达:《桑西一家》,郝运译,北京,人民文学出版社,1999。

188.〔法〕梅里美:《嘉尔曼》,杨松河译,南京,译林出版社,1995。

189.〔法〕梅里美:《高龙巴》,傅雷译,北京,人民文学出版社,1985。

190.〔法〕福楼拜:《包法利夫人》,李健吾译,北京,人民文学出版社,1958。

191. 〔法〕莫泊桑：《莫泊桑中短篇小说选》，郝运、赵少侯译，北京，人民文学出版社，1996。

192. 〔英〕艾米丽·勃朗特：《呼啸山庄》，张玲、张扬译，北京，人民文学出版社，1999。

193. 〔英〕狄更斯：《匹克威克外传》，蒋天佐译，上海，上海译文出版社，1998。

194. 〔英〕狄更斯：《雾都孤儿》，黄石雨译，北京，人民文学出版社，2001。

195. 〔英〕狄更斯：《荒凉山庄》，黄邦杰译，上海，上海译文出版社，1998。

196. 〔英〕狄更斯：《艰难时世》，全增嘏、胡文淑译，上海，上海译文出版社，1998。

197. 〔英〕狄更斯：《双城记》，石永礼、赵文娟译，北京，人民文学出版社，2001。

198. 〔英〕狄更斯：《游美札记》，张谷若译，上海，上海译文出版社，1982。

199. 〔英〕史蒂文森：《化身博士》，章云义译，上海，上海译文出版社，1998。

200. 〔英〕哈代：《德伯家的苔丝》，施咸荣译，北京，人民文学出版社，2001。

201. 〔英〕王尔德：《王尔德全集之：莎乐美》，马爱农等译，中国文学出版社，2000。

202. 〔俄〕果戈里：《死魂灵》，满涛、许庆道译，北京，人民文学出版社，1983。

203. 〔俄〕陀思妥耶夫斯基：《被侮辱与被损害的》，臧仲伦译，南京：译林出版社，1995。

204. 〔俄〕陀思妥耶夫斯基：《死屋手记》，曾宪浦、王健夫译，北京，人民文学出版社，1981。

205. 〔俄〕陀思妥耶夫斯基：《罪与罚》，朱海观、王汶译，北京，人民文学出版社，1982。

206. 〔俄〕陀思妥耶夫斯基：《卡拉马佐夫兄弟》，耿济之译，北京，人民文学出版社，1981。

207. 〔俄〕列夫·托尔斯泰：《复活》，草婴译，上海，上海文艺出版社，2004。

208.〔俄〕契诃夫:《萨哈林旅行记》,刁绍华、姜长斌译,哈尔滨,黑龙江人民出版社,1980。

209.〔俄〕契诃夫:《第六病室》,汝龙译,北京,人民文学出版社,2002。

210.〔俄〕契诃夫:《打赌》,汝龙译,北京,人民文学出版社,2002。

211.〔美〕弗兰克·诺里斯:《麦克提格》,徐汝椿译,上海,上海译文出版社,1984。

212.〔美〕弗兰克·诺里斯:《章鱼》,吴劳译,上海,上海译文出版社,1984。

213.〔美〕马克·吐温:《哈克贝利·费恩历险记》,成时译,北京,人民文学出版社,1998。

214.〔美〕马克·吐温:《傻瓜威尔逊》,张友松译,北京,人民文学出版社,1959。

215.〔挪威〕易卜生:《易卜生戏剧四种:社会支柱》,潘家洵译,北京,人民文学出版社,1987。

216.〔挪威〕易卜生:《易卜生戏剧四种:人民公敌》,潘家洵译,北京,人民文学出版社,1987。

217.〔法〕龚古尔:《热曼妮·拉瑟顿》,董纯、杨汝生译,北京,人民文学出版社,1986。

218.〔法〕龚古尔:《勾栏女艾丽莎》,董纯译,北京,外国文学出版社,1991。

219.〔法〕左拉:《小酒店》,北京,人民文学出版社,1982。

220.〔法〕左拉:《娜娜》,郑永慧译,北京,人民文学出版社,1985。

221.〔法〕左拉:《萌芽》,符锦勇译,上海,上海译文出版社,2007。

222.〔法〕罗曼·罗兰:《约翰·克里斯朵夫》,傅雷译,天津,天津社会科学出版社,2009。

223.〔英〕D·H·劳伦斯:《查特莱夫人的情人》,赵苏苏译,北京,人民文学出版社,2004。

224.〔英〕乔治·奥威尔:《动物农场》,荣如德译,上海,上海译文出版社,2010。

225.〔美〕杰克·伦敦:《野性的呼唤》《白牙》,刘荣跃译,上海,上海译文出版社，2011。

226. 〔美〕西奥多·德莱塞：《嘉莉妹妹》，裘柱常译，上海，上海译文出版社，1997。

227. 〔美〕西奥多·德莱塞：《美国悲剧》，潘庆舲译，上海，上海译文出版社，1996。

228. 〔美〕理查德·赖特：《土生子》，施咸荣译，南京，译林出版社，2008。

229. 〔美〕欧内斯特·米勒尔·海明威：《太阳照常升起》，赵静男译，上海，上海译文出版社，1984。

230. 〔美〕欧内斯特·米勒尔·海明威：《永别了，武器》，林疑今译，上海，上海译文出版社，2009。

231. 〔美〕欧内斯特·米勒尔·海明威：《丧钟为谁而鸣》，程中瑞、程彼德译，上海，上海译文出版社，1982。

232. 〔苏〕鲍里斯·瓦西里耶夫：《这里的黎明静悄悄》，王金陵译，北京，人民文学出版社，2004。

233. 〔英〕威廉·戈尔丁：《蝇王》，龚志成译，上海，上海译文出版社，2009。

234. 〔德〕雷马克：《西线无战事》，李清华译，南京，译林出版社，2001。

235. 〔德〕赫尔曼·黑塞：《荒原狼》，赵登荣、倪尘恩译，上海，上海译文出版社，1986。

236. 〔德〕施林克：《朗读者》，钱定平译，南京，译林出版社，2009。

237. 〔英〕艾略特：《荒原》，赵萝蕤、张子清译，北京，北京燕山出版社，2006。

238. 〔美〕尤金·奥尼尔：《奥尼尔剧作选：琼斯王》，欧阳基等译，北京，人民文学出版社，2007。

239. 〔美〕尤金·奥尼尔：《奥尼尔剧作选：毛猿》，荒芜译，上海，上海文艺出版社，1982。

240. 〔奥地利〕弗兰茨·卡夫卡：《审判》，孙坤荣，黄明嘉译，上海，上海译文出版社，2003。

241. 〔奥地利〕弗兰茨·卡夫卡：《城堡》，高年生译，上海，上海译文出版社，2003。

242. 〔奥地利〕弗兰茨·卡夫卡：《在流放地》，冯亦代编，广州，广东人民出版社，1980。

243. 〔法〕让·保罗·萨特：《萨特文集（六）：禁闭》，沈志明译，北京，人民文学出版社，2005。

244. 〔法〕阿贝尔·加缪：《加缪文集（一）：西绪福斯神话》，郭宏安译，南京，译林出版社，2011。

245. 〔法〕阿贝尔·加缪：《加缪文集（一）：局外人》，郭宏安译，南京，译林出版社，2011。

246. 〔美〕约瑟夫·海勒：《第二十二条军规》，南文、赵守垠、王德明译，上海，上海译文出版社，1981。

247. 〔瑞士〕迪伦马特：《老妇还乡（1956 年)》，叶廷芳、韩瑞祥译，北京，人民文学出版社，2002。

248. 〔瑞士〕迪伦马特：《迪伦马特小说集：诺言（1956 年)》，张佩芬译，上海，上海译文出版社，1985。

249. 〔瑞士〕迪伦马特：《迪伦马特小说集：抛锚（1956 年)》，张佩芬译，上海，上海译文出版社，1985。

250. 〔苏联〕阿尔森·古留加：《黑格尔传》，刘半九、伯幼译，北京，商务印书馆，1995。

二、外文文献

（一）专著

251. J. B. White. *Legal Imagination：Studies in the Nature of Legal Thought and Expression*. New York：Little，Brown & Co.，1973.

252. J. B. White. *When Words Lose Their Meaning：Constitution and Reconstitution of Language，Character，and Community*. Chicago：Chicago University Press，1984.

253. J. B. White. *Heracle's Bow：Essays on the Rhetoric and Poetics of the Law*. Madison：University of Wisconsin Press，1985.

254. Stanley Fish. *Working on the Chain Gang in The Politics of Interpretation*，ed. W. T. Mitchell. Chicago：Chicago University Press，1983.

255. Robert Ferguson. *Law and Letters in American Cuture*，Harvard University Press，1984.

256. Sanford Levinson and Steven Mailloux eds. *Interpreting Law and Literature*，Evanston. IL：Northwestern University Press，1988 .

257. Thomas Grey. *The Wallace Stevens Case：Law and Practice of Poetry*. Cambridge：Harvard University Press，1991.

258. Richard H. Weisberg. *The Failure of the Word*: *the Protagonist as Lawyer in Modern Fiction*. Hartford: Yale University press, 1984.

259. Gary Minda. *Postmodern Legal Movements*: *Law and Jurisprudence at Century's End*. New York: New York University Press, 1990.

260. Richard H. Weisberg. *Poetics and Other Strategies of Law and Literature*. Manhatton: Columbia University Press, 1992.

261. Richard H. Weisberg. *Don't Know Much About the Middle Ages*: *Posner on Law and Literature*. Durham: Duke University Press, 1989.

262. Ian Ward. *Law and Literature*: *Possibility and Perspectives*. London: Cambridge University Press, 1995.

263. Martha C. Nussbaum. *Poetry Justice*: *The Literature Imagination and Public Life*. Boston: Beacon Press, 1995.

264. Gary Minda. *Postmodern Legal Movements*: *Law and Jurisprudence at Century'send*. New York: New York University Press, 1995.

265. Peter Brooks , Paul Gewirtz eds. *Law's Stories*: *Narrative and Rhetoric in the Law*. Hartford: Yale University Press, 1996.

266. Douglas E Litowitz. *Postmodern Philosophy & Law*: *Rorty, Nietzsche, Lyotard, Derrida, Foucault*. Lawrence: University Press of Kansas, 1997.

267. Guyora Binder, Robert Weisberg. *Literature Criticism of Law*. Princenton: Princeton University Press, 2000.

268. Melanie Williams. *Empty justice*: *One Hundred Years of Law and Literature and Philosophy*. London: Cavendish Publishing Limited, the Glass House, Wharton Street, 2002.

269. Peter Brooks. *Troubling Confessions*: *Speaking Guilt in Law and Literature*. Chicago: Chicago University Press, 2000.

270. Jerome S. Bruner. *Making Stories*: *Law, Literature, Life*. Cambridge: Harvard University Press, 2003.

271. Brian C. lockey. *Law and Empire in Renaissance Literature*. Cambridge: Cambridge University Press, 2006.

272. Sheila Brown. *Crime and Law in Media Culture*. New York: McGraw-hill Press, 2003.

（二）期刊论文

273. Simon Lee. "Review of Posner's law and literature", *Oxford Journal of Legal Studies* Summer 1990 Vol. 10, No 2, Oxford University Press, Autumn (1994).

274. Lan Ward. "From literature to ethics: the strategies and ambitions of law and literature", *Oxford Journal of Legal Studies*, Vol. 14, No. 3, Oxford University Press, Autumn (1994).

275. James Boyd White. "What Can a Lawyer Learn from Literature?" *Harvard Law Review* 2014 (1989).

276. Zhangliqing. "The Research of Comparison between Law and Literature: As Illustrated by Kafka's 'The Trial'", *National Taiwan University Law Review volume* 3 1edt (2009).

277. Richard H. Weisberg. "20th Anniversary Issue: Wigmore and the Law and Literature Movement", The Cardozo School of Law of Yeshiva University, *Cardozo Studies in Law and Literature*, Spring (2009).

278. Richard H. Weisberg. "Three Lessons from Law and Literature," *Loyola of Los Angeles Law Review* 285 (1993).

279. Robin West. "Authority, Autonomy, and Choice: the Role of Consent in the Moral and Political Vision of Franz Kafka and Richard Posner," *Harvard Law Review* (1985).

280. Posner. "A Response to Richard Weisberg on 'Billy Budd,'" *Cardozo Studies in Law and Literature* (1989).

281. Richard Weisberg. "Family Feud: A Response to Robert Weisberg on Law and Literature," *Yale Journal of Law and the Humanities* (1988).

282. Richard Weisberg. "Prelude, onBilly Budd and Antigone," the preface to Robert Cover's book *Justice Accused: Antislavery and the Judicial Process*, *New Haven*: Yale University Press, 1975.

283. Weisberg. "How Judges Speak: Some Lessons on Adjudication inBilly Budd, Sailor, with an Application to Justice Rehnquist," *NYU Law Review* (1982).

284. J. Allen Smith. "Law and the Humanities: A Preface," *Rutgers Law Review* (1976).

285. Jacques Derrida. "Force of Law: The Mystical Foundation of

Authority," *Cardozo Law Review*（1990）.

286. Jack Balkan. "Transcendental Deconstruction, Transcendent Justice," *Michigan Law Review*（1994）.

287. Drucilla Cornell, Michel Rosenfeld & David Gray Carlson, eds. "Deconstruction and the Possibility of Justice", New York and London: Routledge（1992）.

288. J. Allen Smith. "Undisciplining Literature: Literature, Law & Culture", *Cardozo Studies in Law and Literature*, 12 Cardozo Stud. L. & Lit. 293, Fall/Winter,（2000）.

289. Thomas Morawetz. "Ethics and Style: The Lessons of Literature for Law", 45 Stan. L. Rev. 497, *Stanford Law Review*, January,（1993）.

290. Stephen M. Feldman. "The Politics of Postmodern Jurisprudence", *Michigan Law Review* 95 Mich. L. Rev. 166 October,（1996）.

291. Daniel Solove. "Judges CitingLiterature , Concurring Opinions", April 9, 2008 Wednesday.

292. Culture. Transnational Narrative: The Failure of The International Laws of War And The Role of Art And Story-Telling As a Self-Help Remedy For Restoritive Justice. 12 Tex. Wesleyan L. Rev. 91 *Texas Wesleyan Law Review*, Fall,（2005）.

后 记

终于敲完了最后一个字，最后一个句点。

合上电脑，站起身来，却睡意阑珊。倚窗而望，满月西垂，夜凉似水。学位论文的封笔，象征着求学生涯告一段落。回顾着同样清辉映照之下的千余个夜晚，宛若昨日。面对这段注定铭刻终生的岁月，一时无语，心头翻滚而至的唯有感激。

师恩如海。在我求学的日子里，我的导师——黄京平教授给予我极大的关怀与启迪。黄教授宽厚温润、和而不同的人格魅力，慎思明辨、独立自在的学术精神以及落拓不羁、因材施教的为师之道对我影响颇深。学高为师，身正为范，通过言传身教，黄教授令我于潜移默化中领悟到做人与治学的真谛。本篇论文是在黄教授的提议、启发、鼓励与督促之下完成的。对此，我颇感幸运，亦心存感激。黄教授不仅引导我在刑法学领域中进行探索，更为我提供了一个难得的对自身人文素养进行发掘与完善的机会——整部论文的撰写过程中，我不得不对西方各个时期的经典名著逐一研读、梳理、分析、总结，硬着头皮坚持下来，辛苦自知。现在看来，我的收获远远超过付出——穿梭往返于历经世代淘炼、流传至今的文学典籍中，亲手触摸着人类数千年文明积淀而成的璀璨菁华，与各个时期的仁者、智者与圣者进行着绵绵不绝的对话……这种温润而厚重的心灵历练所带给我的启迪与警谕，终生受用不尽。从此意义而言，黄教授更是我心灵的导师。我的师母，杨楠女士，总是温婉安静地伴随在黄教授身边，对每一位学生无微不至地关怀着，鼓励着，岁月静好，画面隽永。

我最为敬重的高铭暄先生，在本文完成的过程中，给予我极大的鼓励与指点。在开题陈述阶段，先生对论文的选题给予了充分认可，并在框架构思、样本选择以及行文思路等各方面为我提出详细建议，其细致严谨的治学精神令人肃然起敬。预答辩阶段，针对一介晚辈的拙朴之作，先生在学术科研任务甚为繁重、讲座会议安排极为稠密的情况下，认真圈阅了全文，同时提出了大量切中肯綮的质疑与建议，恳挚关怀，令我感铭心切。可以说，没有先生的鼓励、关怀与支持，本文是绝难坚持完成的。

同时必须致以诚挚谢意的，是法理学教研室的朱景文教授与史彤彪教授。朱景文教授于百忙之中阅读了我的开题报告，对本文选题予以认可、点评的同时，高屋建瓴地拟出多种行文方向，提示我根据自己的主客观条件，选择研究进路之一。史彤彪教授更是抽出宝贵的时间与我探讨本文的核心价值与研究思路，对我的开题报告逐项分析、质疑，提出了许多务实而睿智的建议，其渊博的史学知识与严谨细致的治学态度令我敬佩。西北政法大学的柯岚教授，于法律文学领域素有独到见解，在未曾谋面的情况下，她迅速而热情地给我回了电子邮件，坦言思路，并对我文中的可取与不足之处进行了切中要害的分析，鼓励我进一步完善本文，同时为我提供了大量法律与文学领域的英文原始资料。此外，在朱景文教授的介绍下，中国社会科学院的胡水君教授对论文选题进行了宏观分析，并对将要展开的研究过程中需要特别注意的事项进行提示，使我受益匪浅。

在本文撰写阶段，中国人民大学刑法教研室的肖中华教授、张小虎教授、时延安教授均给予我及时而热情的帮助与指点，在不同层面使我的视野得以扩展、思路得以细化、行文得以规范。在此，对肖中华教授、张小虎教授、时延安教授致以诚挚的谢意。三年的学业攻读中，我还受到了王作富老先生、戴玉忠教授、刘明祥教授、谢望原教授、冯军教授、田宏杰教授、赫兴旺教授、付立庆教授等诸多师长的关怀与教导，这段岁月将成为我一生珍藏的回忆。

博士学位答辩期间，本文得到了北京大学法学院陈兴良教授的充分肯定，令我欣喜。陈教授对该研究进路提出诸多建设性意见，并就其中相关章节详细指教，评析鞭辟入里、发人深思。不仅如此，获取学位后，陈教授还就未来的研究方向与学术环境逐一分析，提示因学科差异性而导致的研究结论的开放性，要求学生继续夯实法学功底、提升文学修养，方能对此领域之探求驾驭自如；并警示因跨学科、边缘性研究可能遭遇的诸种困境，嘱咐学生务必做到坚持与忍耐。陈教授敏逊谦煦，教诲之言如行云流水、润物无痕，学生铭记在心。在本文修改出版的过程中，北师大刑科院卢建平教授也给予诸多指点与帮助，及时指出本文对意大利文艺复兴三杰之一彼得拉克生平介绍中的谬误，学生在此诚挚感谢。

另外，旅居美国的金大辉先生，对中国与西方文学史颇感兴趣，他利用美国各大学图书馆资源为我搜集了关涉论文题材的大量原始电子资料，在此，对金先生的无私帮助致以诚恳谢意。台湾的柯莹芳女士，应我要求奔波劳顿于台湾各个书店，购买到张丽卿教授出版的《法律与文学》一书并寄送于我。感谢台湾的许靖仪女士，花费极大心血为我搜集着关涉法律与文学题材的台湾硕博论文。感谢我的同门师兄包涵及其妻昝玮实，他们在本文动笔之前就给与我诸多建议，鼓励我踏上了这条"痛并快乐着"的写作道路；感谢我的同学安军、周岸东、栗相恩、侯刚，他们在关涉纯粹刑法之形而上理论方面给予我颇多指教。

　　我亲爱的家人在我攻读博士学位期间付出最多。这份宏阔无私、不求回报的大爱令女儿如何能够回报得了？亲爱的女儿，妈妈读博士时你才一年级，稚嫩的小手每天攥着重重的铅笔在本子上涂抹着永远写不完的作业。每次妈妈离开家时，你总是紧紧抱住妈妈的脖子，大声喊出"妈妈再见"，宝贝，还记得你用来考查妈妈刑法知识的《皮皮鲁和419宗罪》吗？这是妈妈看过的最有趣的一本刑法教科书，妈妈的博士学位论文，也许会写的和"皮皮鲁"一样好看，你一定会读得懂，妈妈希望在潜移默化中完成对你的人文素养与法学素养的熏陶。这份礼物，不知能否弥补妈妈不在身边时你心中的落寞与无助？至于我的先生，他已经成为我灵魂的一部分，始终站在我的身后，安静地关注着我、默默地支持着我，在人生突然变得暗无天日的时候，在各种压力劈面而来难以应对之时，我只有投入他的怀抱，聆听彼此的心跳，才会坚强起来、继续前行。

　　三年前，走进这所全国知名的法学院。彼时天空正蓝，慵懒的阳光伴随着斑斓秋叶萧然坠落，洒下遍地璀璨。毕业十载，我又回到不食人间烟火的象牙塔，再次安坐学堂享受知识的浸润，打量着眼前年轻饱满的面庞，欣赏着身边青春靓丽的身影，庆幸再次成为他们中的一员，连梦里都在微笑。以后岁月的艰辛与无奈却是我始料不及的。毕竟学业已经荒疏多年，毕竟年少时的知识积淀太过浅薄，毕竟既要读书又要糊口，毕竟为人女为人妻为人母，所有的沉重与落寞，均是踏入校园之初的我估计不足的。但我深知，人生总在改变，生活总是未知，安然走过了这三年，今天的我依然可以开心地宣称——我始终保持着一颗柔软、敏感、向往着爱与美好的心，收获了生活赐予的无数厚礼——我见到了本科时就崇拜敬仰的老师并亲耳聆听着他们的教诲，我结识了众多善良睿智的朋友并将与他们惺惺相惜共度一生，我遇到了魅力独具的人生导师并在其指导下探索着、完善着自我的精神世界……

　　回首求学生涯，弹指一挥间。人生旅途中难以忘怀的一段岁月，我踏实走过，采撷着充盈遍地的阳光雨露。正如拉伯雷笔下的巨人庞大固埃，又似歌德笔下的浮士德博士，我拥抱着生活赐予的所有欢乐与悲伤，经历着、享受着、回味着、喜悦着……

2012 年 4 月 17 日

于中国人民大学品园四号楼 326 室初稿

2015 年 6 月 25 日

于山西大学法学院修订稿

索　引

图书在版编目（CIP）数据

西方刑法思想的起源与进化：以西方文学罪罚观为视角/刘春园著.—北京：中国
人民大学出版社，2016.10
ISBN 978-7-300-23089-4

Ⅰ.①西… Ⅱ.①刘… Ⅲ.①刑法-思想史-研究-西方国家 Ⅳ.①D914.02

中国版本图书馆 CIP 数据核字（2016）第 155996 号

国家社科基金后期资助项目

西方刑法思想的起源与进化——以西方文学罪罚观为视角

刘春园 著

Xifang Xingfa Sixiang de Qiyuan yu Jinhua

出版发行	中国人民大学出版社		
社　　址	北京中关村大街 31 号	**邮政编码**	100080
电　　话	010 - 62511242（总编室）	010 - 62511770（质管部）	
	010 - 82501766（邮购部）	010 - 62514148（门市部）	
	010 - 62515195（发行公司）	010 - 62515275（盗版举报）	
网　　址	http://www.crup.com.cn		
	http://www.ttrnet.com（人大教研网）		
经　　销	新华书店		
印　　刷	涿州市星河印刷有限公司		
规　　格	165 mm×238 mm　16 开本	**版　次**	2016 年 10 月第 1 版
印　　张	50.75 插页 4	**印　次**	2016 年 10 月第 1 次印刷
字　　数	872 000	**定　价**	128.00 元